Geschichte Der Stadt Braunschweig Im Mittelalter

Hermann Dürre

Nabu Public Domain Reprints:

You are holding a reproduction of an original work published before 1923 that is in the public domain in the United States of America, and possibly other countries. You may freely copy and distribute this work as no entity (individual or corporate) has a copyright on the body of the work. This book may contain prior copyright references, and library stamps (as most of these works were scanned from library copies). These have been scanned and retained as part of the historical artifact.

This book may have occasional imperfections such as missing or blurred pages, poor pictures, errant marks, etc. that were either part of the original artifact, or were introduced by the scanning process. We believe this work is culturally important, and despite the imperfections, have elected to bring it back into print as part of our continuing commitment to the preservation of printed works worldwide. We appreciate your understanding of the imperfections in the preservation process, and hope you enjoy this valuable book.

Dr. H. Dürre:

Geschichte der Stadt Braunschweig.

Geschichte

der

Stadt Braunschweig

im Mittelalter,

bearbeitet

von

Dr. Herm. Dürre,

Oberlehrer am Ober-Gymnasio zu Braunschweig.

Braunschweig,
Verlag von Grüneberg's Buch-, Kunst- und Musikalienhandlung.
1861.

DD901
B95D8

Sanctus amor patriae dat animum.

Vorwort.

Der Verfasser, ein geborner Braunschweiger, schon von Kindheit auf im väterlichen Hause mit lebhaftem Interesse für Braunschweigs Geschichte und mit warmer Liebe zur Heimath erfüllt, hatte 1842 bald nach Beendigung seiner akademischen Studien das Glück, in dem vom damaligen Stadtdirector Dr. Bode begründeten historischen Vereine hieselbst, dessen Mitglied er ward, vielfache Anregung zum Studium der Geschichte seiner Vaterstadt zu empfangen. Die reichen Schätze des von Bode eben neu geordneten Stadtarchivs reizten auch den Verfasser um so nachhaltiger zu archivalischen Studien, je mehr er erkannte, wie viel historisches Material, bisher wenig benutzt, dort der Verwerthung noch wartete, und wie viel die Arbeiten Ribbentrop's, Lachmann's, Bogel's, Assmann's, Sack's u. A. noch zu thun übrig ließen. Er entschloß sich, die Erforschung jenes Gebietes zu unternehmen. Als Ziel schwebte ihm dabei eine durchgehends quellenmäßige Darstellung vor, welche sich nicht auf eine allgemeine Geschichte der Stadt beschränken sollte, sondern auch den inneren Verhältnissen derselben, ihrer Verfassung, ihrer Finanzverwaltung, ihrem Güterbesitz, dem Kirchen- und Schulwesen, ihrer Armenpflege und den milden Stiftungen, dem Handel und Gewerbe, ihrer Wehrverfassung und Topographie die gebührende Berücksichtigung zu Theil werden ließe.

Daß der Verfasser dies Ziel nicht vollständig erreicht hat, kann Niemand lebhafter fühlen, als er selbst. An die Zusammenfassung und Herausgabe seiner Arbeiten würde er sich auch jetzt nach fast zwanzigjährigen Studien noch nicht gewagt haben, wenn nicht die ermuthigenden Zureden seines einstigen Lehrers und jetzigen lieben Freundes und Collegen, des Prof. Dr. W. Assmann, ihn in der Ansicht bestärkt hätten, eine Veröffentlichung der bisher gewonnenen Resultate werde am gewissesten zu weiteren Forschungen Anlaß geben, und so die Sache selbst, das Studium der Geschichte unserer Vaterstadt, gefördert werden. So entschloß sich der Verfasser zu Anfang des Jahres 1860 zur Herausgabe der Geschichte der Stadt Braunschweig im Mittelalter.

Seine Arbeit aus dem Jahre 1857 über „Braunschweigs Entstehung und städtische Entwicklung bis in den Anfang des 13. Jahrhunderts" kam ihm dabei kaum noch zu Statten; denn der dort gelegte Grund bedurfte in einzelnen Partien des völligen Umbaues. Auf manche Versehen hatten ihn Privatbesprechungen mit einem gründlichen Forscher auf diesem Gebiete, dem Herrn Bibliothekar Dr. Bethmann in Wolfenbüttel, hingewiesen, und besonders kräftige Anregung zur nochmaligen Durchprüfung fehlerhafter Abschnitte gab ihm ein Vortrag, welchen jener Gelehrte im April 1860 im hiesigen Kunstclub hielt, welcher leider bis jetzt ungedruckt geblieben ist und dem Verfasser darum eine Bezugnahme im Einzelnen unmöglich machte. Für manche Aufklärung dunkler Theile der Gründungsgeschichte Braunschweigs fühlt er sich Herrn Dr. Bethmann zu aufrichtigem Danke verpflichtet, nicht minder für die Gewährung so mancher Hilfsmittel aus den reichen Schätzen der Wolfenbüttler Bibliothek. Herzlichen Dank sagt er hiermit auch Herrn Archivar Dr. Schmidt und Herrn Archivregistrator Ehlers in Wolfenbüttel, welche ihm in zuvorkommendster Weise mit Rath und That vielfach förderlich waren, ebenso dem Herrn Kreisgerichtsregistrator Sack hieselbst, welcher ihm mehrere Bände seiner handschriftlichen Sammlungen in uneigennützigster Weise zur Benutzung überließ.

Die Herausgabe des vorliegenden Werkes ward außerdem dadurch entscheidend gefördert, daß das vom Hochlöblichen Stadtmagistrate schon 1860 berufene Jubelfest-Comité sich mit der Herausgabe von Festschriften einverstanden erklärte, und daß die Commission zur Auswahl der Festschriften auch dies Werk zu einer Gabe für die Gäste der Stadt empfahl. In Folge davon eröffneten Herr Oberbürgermeister Caspari und die Verehrlichen Stadtbehörden mit liberaler Bereitwilligkeit die Subscription auf dies Buch.

Indem der Verfasser allen Förderern seiner Arbeit den innigsten Dank ausspricht, übergiebt er sein Werk nicht nur den Männern der Wissenschaft und den Freunden deutscher Geschichte mit der Bitte um nachsichtige Beurtheilung, sondern auch allen Braunschweigern, insonderheit den Bürgern seiner lieben Vaterstadt mit dem Wunsche, daß es auch bei seinen Mängeln und Unvollkommenheiten die Liebe zur Heimath erhöhen und den Patriotismus beleben helfe, welcher in Braunschweigs Mauern zu allen Zeiten segensreich gewaltet hat.

Braunschweig, am 6. August 1861.

Hermann Dürre.

Inhaltsübersicht.

Einleitung. Seite
Die Quellen und Bearbeitungen der Stadtgeschichte im Mittelalter 1

A. Allgemeine Geschichte der Stadt.

Erstes Buch: Braunschweig vor seiner Erhebung zur Stadt bis c. 1150.

1. Anbau in heidnischer Zeit 13
2. Die Beschaffenheit und Wichtigkeit des Stadtterrains 16
3. Erbauung der Burg Thoneguarderoth und der Villa Brunesguik . . 25
4. Sagenhafte Nachrichten über Braunschweig im 9. und 10. Jahrhundert 40
5. Braunschweig unter den Brunonen Bruno und Ludolf 42
6. Braunschweig unter den Brunonen Ecbert I. und II. 49
7. Braunschweig unter der Brunonin Gertrud 52
8. Braunschweig kommt an die Welfen 57

Zweites Buch: Das Aufblühen der Stadt unter den älteren Welfen c. 1150—1299.

1. Braunschweigs Erhebung zur Stadt 59
2. Die Stadt unter Herzog Heinrich dem Löwen 65
3. Braunschweig unter den Söhnen Heinrichs des Löwen, Kaiser Otto IV. und Pfalzgraf Heinrich 1195—1227 79
4. Braunschweig unter Herzog Otto dem Kinde 1227—1252 93
5. Braunschweig unter Herzog Albrecht dem Großen 1252—1279 . . 102
6. Braunschweig unter den Söhnen Herzog Albrechts 1279—1292 . . 110
7. Der Erbstreit und der erste Aufstand der Gilden 1292—1299 . . 112

Drittes Buch: Braunschweigs Blüthezeit im 14. und 15. Jahrhundert, 1299—1492.

1. Die Stadt zur Zeit Herzog Albrechts des Feisten 1299—1318 . . . 126
2. Die Stadt zur Zeit Herzog Otto des Milden 1318—1344 133

Inhaltsübersicht.

	Seite
3. Die Stadt zur Zeit der Herzöge Magnus I. und II. 1345—1373	140
4. Der Aufstand vom Jahre 1374	151
5. Die Stadt unter Herzog Friedrich bis 1400	169
6. Die Stadt unter den Herzögen Bernhard und Heinrich 1400—1409	186
7. Die Stadt unter Herzog Bernhard 1409—1428	191
8. Die Stadt unter den Herzögen Wilhelm und Heinrich 1428—1432	212
9. Die Stadt unter Herzog Heinrich dem Friedsamen 1432—1445	214
10. Die Unruhen der Jahre 1445 und 1446	219
11. Die Stadt unter Herzog Heinrich dem Friedsamen 1447—1473	226
12. Die Stadt wieder unter Herzog Wilhelm dem Aelteren. 1473—1482	239
13. Die Stadt unter Herzog Wilhelm dem Jüngeren 1482—1491	241

B. Die inneren Verhältnisse und Zustände der Stadt.

I. Die Stadtverfassung.

1. Verfassungszustände des Ortes Braunschweig	259
2. Die herrschaftlichen Rechte und Beamten in der Stadt vor 1300	262
3. Die Standesclassen der Stadtbewohner vor 1300	270
4. Die Rathsverfassung vor 1300	278
5. Das Aufstreben der Stadtbehörden im 14. Jahrhundert	285
6. Die weitere Ausbildung der Stadtverfassung im Mittelalter	295

II. Die städtische Finanzverwaltung.

1. Die Einnahmen des Rathes	314
2. Die Ausgaben des Rathes	333
3. Die städtischen Finanzbeamten	345

III. Der Güterbesitz der Stadt.

1. Die Güter außerhalb des Stadtgebietes	348
2. Die Grundstücke im Stadtgebiete	365

IV. Das Kirchenwesen.

1. Die kirchliche Verfassung der Stadt	368
2. Die kirchlichen Hauptfeste der Stadt	376
3. Das alte Stift in der Burg Dankwarderode	380
4. Das Stift St. Blasius in der Burg	383
5. Die Capellen in der Burg	414
6. Das Cyriacusstift	419
7. Die Martinikirche	445
8. Die Katharinenkirche	456
9. Die Andreaskirche	466
10. Die Magnikirche	477
11. Die Ulrichskirche	483
12. Die Petrikirche	491
13. Die Michaeliskirche	495

	Seite
14. Das Benedictinerkloster St. Aegidien	502
15. Das Kreuzkloster	515
16. Das Franziskanerkloster	523
17. Das Kloster der Dominikaner oder Pauliner	528
18. Die Kirchen der Ritterorden	532
19. Die Pfarrcapellen St. Jacobus, St. Nicolaus und St. Bartholomäus	537
20. Die Capellen	543
21. Die Kalandsbrüderschaften	552
a) Der Kaland des heil. Geistes zu St. Matthäus.	
b) Der Gertrudenkaland.	
c) Der Petrikaland.	

V. Das Schulwesen.

1. Die Stifts- und Klosterschulen	563
2. Die Stadtschulen zu St. Martinus und St. Katharinen	573

VI. Milde Stiftungen für Arme und Kranke.

1. Die Armen- und Krankenpflege im Allgemeinen	578
2. Die Hospitäler.	
a) Das Hospital St. Johannis	581
b) Das Hospital der Jungfrau Maria	581
c) Das Hospital St. Leonhard	589
d) Das Hospital St. Thomas	591
e) Das Hospital St. Jodoci	596
f) Kleinere Spitäler	598
3. Die Beguinenhäuser	598

VII. Gewerbe und Handel.

1. Die Gilden und Innungen	603
2. Wohnungen, Verkaufs- und Arbeitslocale der Gewerbsleute . .	611
3. Die Gilden- und Krankenhäuser der Gewerbsleute	616
4. Gewerbe- und Handelspolizei	617
5. Handelsverbindungen und Handelsbündnisse	624
6. Handelsbetrieb	629
7. Die Juden in Braunschweig	637

VIII. Sicherheit und Ordnung.

1. Die Befestigungen der Stadt	640
2. Die Streitkräfte der Stadt	646
3. Kriegerische Anstalten	648
4. Sicherheitspflege in der Stadt	651
5. Sorge für Reinlichkeit und Gesundheit	655
6. Sorge für den Wohlstand	661

IX. Topographie.

1. Allgemeine Vorbemerkungen	671

Inhaltsübersicht.

Seite

2. Die Burg Dankwarderobe 673
3. Die Altstadt 680
4. Der Sack 704
5. Die Neustadt 710
6. Der Hagen 717
7. Die Altewik 729
8. Die Vorstädte 737

Register 741

Topographischer Plan der Stadt und Nachweisungen zu demselben . hinter 782

Einleitung.

Die Quellen und Bearbeitungen der Stadtgeschichte im Mittelalter.

Der wichtigsten Quellen für die Geschichte der Stadt Braunschweig im Mittelalter, der Originalurkunden, giebt es noch eine ganz ansehnliche Zahl. Größtentheils werden sie im hiesigen Stadtarchiv oder im herzoglichen Landesarchiv zu Wolfenbüttel, aber auch bei einzelnen Kirchen, milden Stiftungen und zum Theil in den Laden der Gilden und Innungen hierselbst aufbewahrt. In dem von dem verstorbenen Stadtdirector Dr. Bode geordneten Stadtarchiv befinden sich 1160 mittelalterliche Originalurkunden. Die älteste ist im Jahre 1199 ausgestellt, 25 gehören dem dreizehnten, 350 dem vierzehnten und die übrigen 784 dem fünfzehnten Jahrhundert an. Eine große Anzahl der wichtigsten ist durch den Druck veröffentlicht, namentlich in Rehtmeiers Chronik[1] und Kirchenhistorie[2]; eine wohl eben so große Zahl ist noch ungedruckt. — Im Landesarchiv zu Wolfenbüttel befindet sich auch eine bedeutende Menge von Urkunden, welche sich zum Theil auf die Stadt Braunschweig im Allgemeinen, insbesondere aber auf die Stiftskirchen St. Blasius und St. Cyriacus und auf die Klöster St. Aegidien und St. Crucis beziehen. Dort wird namentlich auch die

---

1) Ph. J. Rehtmeier, Braunschweig-Lüneburgische Chronik. Braunschweig 1722. 3 Bde.
2) Ph. J. Rehtmeier, Kirchenhistorie der Stadt Braunschweig. Braunschweig 1707. 5 Bde.

älteste Urkunde, in welcher Braunschweigs als einer Villa gedacht wird, aufbewahrt. Die älteren Urkunden des Landesarchivs, welche für die Stadtgeschichte von Belang sein dürften, sind wenigstens zum Theil [3] gedruckt. — Die bisher zerstreuten Urkunden hiesiger Kirchen und milder Stiftungen im Stadtarchiv niederzulegen und den bis jetzt auf der herzoglichen Kammer aufbewahrten Vorrath von Handschriften mit den Schätzen des Stadtarchivs wieder zu vereinen, ist der Hochlöbliche Stadtmagistrat eifrig bestrebt. Diese Documente sind der gelehrten Welt meist noch unbekannt; nur Einiges haben Rehtmeier[4], Gebhardi[5] und Pistorius[6] abdrucken lassen.

Außer jenen obenerwähnten Originalurkunden beziehen sich auf die Geschichte der Stadt im Mittelalter noch an 100 Bände Handschriften mit urkundlichen Notizen. Diese Urkundenbücher werden im Stadtarchiv hierselbst aufbewahrt. Sie wurden seit 1268 im Auftrage des Rathes von städtischen Beamten geschrieben und enthalten theils Abschriften besonders wichtiger Originalurkunden, theils andere für die Stadtgeschichte mehr oder minder wichtige Aufzeichnungen, Notizen und Rechnungen. Mit der Ausbeutung der in diesen Büchern vergrabenen Schätze ist kaum begonnen. Unter diesen Umständen werden sich die Reichthümer unseres Archivs der Wissenschaft erst dann eröffnen, wenn, gleich Hamburg, Lübeck, Frankfurt a. M. und Hannover, auch Braunschweig sein Urkundenbuch herausgeben läßt[7]. Bis dahin muß Jeder, der tiefer eindringen will, das mühselige und zeitraubende Geschäft übernehmen, Urkunden und Urkundenbücher selbst einzusehen und sich mit ihrem reichen Material bekannt zu machen. Was der Verfasser davon seit einer Reihe von fast 20 Jahren kennen gelernt und für dies Werk benutzt hat, theilt er hier mit. Es sind:

1) Drei Degedingbücher der Altstadt, welche Nachrichten enthalten aus den Jahren a) 1268—1345[8], b) 1345—1387, c) 1388—1407.

---

3) Namentlich in den Origines Guelficae. Bd. 3 und 4.
4) Kirchenhistorie. Bd. 1 und 2.
5) Stift St. Matthäi. Braunschweig 1739.
6) Amoenitates historico-juridicae. Bd. 8.
7) Der Anfang eines solchen, vom hiesigen Archivvereine besorgt, erscheint zum Jubelfeste der Stadt und wird die Urkunden mittheilen, welche für das Recht und die Verfassung der Stadt von größter Bedeutung sind. Möge das vollständige Urkundenbuch kein frommer Wunsch bleiben!
8) Dieses befindet sich auf der herzoglichen Kammer hierselbst.

2) Liber consulum Antiquae civitatis, enthält Verträge aus den Jahren 1298—1387.

3) Zwei Degedingbücher des Hagens: a) 1268—1392, b) 1393—1427.

4) Drei Degedingbücher der Neustadt: a) Ende des dreizehnten Jahrhunderts bis Ende des vierzehnten Jahrhunderts, b) 1310—1343, c) 1343—1445.

5) Zwei Degedingbücher des Sackes: a) 1328—1401, b) 1401—1435.

6) Ein Degedingbuch der Alten Wik von 1433—1467 reichend.

7) Die Copialbücher der Martini- und Ulricikirche.

8) Die Vermögensbücher der Katharinen- und Andreaskirche, jenes aus dem Jahre 1403, dies aus dem Jahre 1383.

9) Der goddeshuse register, 1412 begonnen und bis in's sechszehnte Jahrhundert fortgeführt.

10) Die Copialbücher des gemeinen Rathes: a) 1433—1569, b) 1375—1396, c) 1366—1433.

11) Die Benutzung der Copialbücher des gemeinen Rathes: d) 1425—1444, e) 1485—1494, f) 1410—1439 und eines Gedenkbuches von 1340—1400 ward mir durch die im Auftrage der Stadtbehörden von Herrn Hänselmann, einem jungen hiesigen Gelehrten, vorgenommene sehr zweckmäßige Regestirung dieser Bände wesentlich erleichtert, was ich hiermit dankend anerkenne.

12) Die in den Jahren 1401—1403 angelegten Zins- und Kämmereibücher der fünf Weichbilder der Stadt.

13) Liber proscriptionum et judicii Vemeding, fortgeführt von 1306—1369.

14) Liber proscriptionum aus den Jahren 1320—1402.

15) Die 1401 geschriebene und weiter unten zu erwähnende Hemelik rekenscop.

16) Die Polizeigesetze aus der Mitte des vierzehnten Jahrhunderts im Besitz der Erben des Stadtdirectors Bode.

17) Das Echteding von 1401.

18) Das Stadtrecht von 1403.

Von jedem dieser beiden Statute sind vier Handschriften im Stadtarchiv. Zwei derselben gehörten dem Rath der Altstadt und sind, die ältere 1403, die jüngere um 1437 geschrieben. Ein dritter Codex gehörte dem Rath des Sackes, der es Pfingsten 1432 zusammentragen ließ, der vierte endlich ward auf Befehl des Rathes der Neustadt um 1433 geschrieben.

19) Die Eidbücher aus dem vierzehnten und dem Anfange des funfzehnten Jahrhunderts. — Wenn der Verfasser außer diesen nur handschriftlich vorhandenen Quellen einzelne Urkundenbücher hat unbenutzt lassen müssen, so tröstet er sich vorläufig damit, daß er wenigstens die von Bode in dem Aufsatze über die Statute der Stadt Braunschweig [9]) als besonders wichtig bezeichneten Handschriften alle und noch weit mehrere benutzt hat [10]).

Neben den Originaldiplomen und Urkundenbüchern sind eine zweite Hauptquelle der Stadtgeschichte mittelalterliche Chroniken, Annalen und sonstige historische Schriften. Zwar behandelt mit Ausnahme der jüngsten nach 1500 geschriebenen Werke keines speciell die Geschichte der Stadt Braunschweig; aber sie enthalten doch mehr oder minder zahlreiche Beiträge zur Geschichte derselben. Da das Gewicht solcher Quellenberichte der Hauptsache nach davon abhängt, wie nahe deren Verfasser den von ihnen erzählten Begebenheiten der Zeit nach stehen, so wollen wir die wichtigsten nach der Abfassungszeit zusammenstellen. Dann wird es leicht sein, sich über die Glaubwürdigkeit einzelner Erzählungen in bestimmten Fällen ein Urtheil zu bilden.

1) Helmoldi Chronicon Slavorum [11]). Helmold war gegen Ende des zwölften Jahrhunderts Pfarrer zu Bosau am Ufer des Plöner Sees im Lande Wagrien, und gehörte somit in die Diöcese Lübeck, welcher damals Bischof Gerold vorstand. Auf Antrieb desselben schrieb er sein Werk, das für die Geschichte Heinrichs des Löwen von großer Bedeutung ist. Es beginnt mit der Bekehrung der Sachsen durch Karl den Großen und geht hinab bis zum Jahre 1170 [12]).

2) Annales Pegavienses [13]). Die erste bis zum Jahre 1182 und die zweite von 1182—1190 reichende Fortsetzung gehören hierher.

---

9) Hagemann, Prakt. Erörterungen. Bd. 9, S. 123 ff.
10) Was er etwa während des Druckes noch benutzen kann, wird am Schlusse des Werkes angegeben werden.
11) Abgedruckt bei Leibnitz, S. R. Br. II, 537 sq.
12) Leibnitz, S. R. Br. II, Introd. 49.
13) Pertz, M. G. H. XVI, 265—267.

3) **Gerhardi Annales Stederburgenses** [14]). Der Verfasser war von 1163—1209 Propst des Klosters Stederburg. Sein Werk, dessen ältere Theile von 1000—1163 meist aus den Annales Hildesheimenses und Pegavienses entlehnt sind, ist selbstständige Quelle für die Zeit 1163—1195.

4) **Arnoldi Lubecensis Chronicon Slavorum** [15]). Der Verfasser war Abt des Benedictinerklosters St. Johann zu Lübeck und lieferte in seinem mit dem Jahre 1170 beginnenden Werke eine Fortsetzung der Chronik Helmolds, welche für die Geschichte Heinrichs des Löwen und seiner Söhne von großer Bedeutung ist und bis 1209 hinabreicht [16]). Sie ist zu Anfang des dreizehnten Jahrhunderts geschrieben.

5) **Chronicon Halberstadense** [17]), geschrieben zu Anfang des dreizehnten Jahrhunderts von einem Geistlichen, der entweder dem niederen Secularclerus angehörte, oder Mönch war und zu Halberstadt lebte. Für das Letztere spricht namentlich die Benutzung vieler urkundlichen Nachrichten, welche wohl nur am Orte des Stiftsarchivs selbst möglich war [18]).

6) Von den im Kloster St. Jakob zu Lüttich geschriebenen Annalen gehören hierher, wegen einiger Notizen zur Geschichte unserer Stadt, die **Annales Reineri** [19]). Reiner, geboren 1155, erhielt 1180 die Priesterweihe und ward 1181 Mönch des Jakobsklosters zu Lüttich, machte 1184 und 1186 mehrere Reisen in Angelegenheiten seines Klosters nach Rom. Seit dem Jahre 1191 schrieb er die vorliegenden Annalen, die er bis zum Jahre 1230 hinabführte. 1197 ward er Prior jenes Klosters, um 1212 Propst zu Wonek und starb um 1230.

7) **Alberti Annales Stadenses** [20]). Der Verfasser, wahrscheinlich zu Ende des zwölften Jahrhunderts in Norddeutschland ge-

---

14) Abgedruckt sind sie zuerst vollständig in Pertz, M. G. H. XVI, 199—231. Unvollständig stehen sie bei Leibnitz, S. R. Br. I, 860 sq.

15) Leibnitz, S. R. Br. II, 629 sq.

16) Leibnitz, S. R. Br. II, Introd. 49 sq.

17) Einen fehlerhaften Abdruck dieser bis 1209 hinabreichenden Chronik finden wir bei Leibnitz, S. R. Br. II, 110 sq.; sehr verdienstlich ist die von W. Schatz 1839 zu Halberstadt erschienene Ausgabe des Werkes.

18) Schatz in dem Vorwort zu seiner Ausgabe p. VII.

19) Pertz, M. G. H. XVI, 651—680.

20) Pertz, M. G. H. XVI, 271—374.

boren, war erst Prior und seit 1232 Abt des Benedictinerklosters St. Mariä zu Stade. Er bekleidete diese Würde bis 1236, trat dann in den Minoritenorden und starb um 1264. In den Jahren 1240—1256 schrieb er sein Werk, welches mit Erschaffung der Welt beginnt und bis zum Jahre 1256 fortgeführt ist. Als seine Hauptquellen bezeichnet Lappenberg[21] das Werk Bedas, de sex aetatibus mundi und Ekkehards Chronicon universale für den Anfang der Annalen bis zum Jahre 1106, Adams von Bremen Kirchengeschichte für die Zeit von 755—1072 und Helmolds Slavenchronik für den Zeitraum 1058—1164.

8) Die Erzählung de S. Autore et translatione reliquiarum ejus in regionem Brunsvicensem[22] ist im dreizehnten Jahrhundert geschrieben. Daß ihre Abfassung in die Zeit nach 1200 fällt, zeigt die darin aufgenommene Erzählung von der Bestürmung der Stadt in jenem Jahre; daß sie am Ende des genannten Jahrhunderts fertig war, folgt aus ihrer Benutzung durch den zwischen 1279 und 1292 schreibenden Verfasser der Reimchronik. Dieser übersetzt manche Stellen jener Schrift fast wortgetreu und bekennt sich selbst zur Benutzung derselben mit den Worten: Dat hebbe ek an der scrift gehort sunte Autores.

9) Chronicon vetus ducum Brunsvicensium et Luneburgensium[23]. Der Verfasser lebte zu den Zeiten König Eduards I. von England (1272—1307) und schrieb noch bei Lebzeiten König Erichs von Dänemark, welcher 1282 starb. Sein Werk ist also zwischen 1272 und 1282 abgefaßt; nur eine Schlußnotiz zum Jahre 1288 ist nach Leibnitz[24] Meinung nachgetragen.

10) Chronicon rhythmicum principum Brunsvicensium[25]. Da der Verfasser dieser in sassischer Sprache geschriebenen Reimchronik am Ende des Werks den 1279 erfolgten Tod Herzog Albrechts des Großen noch erzählt, so hat er frühestens 1279 geschrieben. Er hat sein Werk aber auch vor dem Jahre 1292 abgefaßt; denn am Ende desselben (S. 147) preist er „Braunschweigs edle Jugend", d. h. jenes Herzogs junge Söhne, unter ihnen auch Wilhelm, welcher 1292 starb,

---

21) M. G. H. XVI, 274 sq.
22) Leibnitz, S. R. Br. I, 701.
23) Leibnitz, S. R. Br. II, 14 sq.
24) S. R. Br. II, Introd. 3.
25) Leibnitz, S. R. Br. III, 1—147.

zur Nachahmung der väterlichen Tugenden an. Der Verfasser hat besonders das Chronicon vetus ducum, welches er der forsten scrift nennt, fleißig benutzt und zeichnet sich durch eine in seiner Zeit seltene Kritik so vortheilhaft aus, daß seinen Berichten ein besonderes Gewicht beizulegen ist.

11) Excerpta Blasiana [26]), deren Verfasser um 1314 geschrieben hat.

12) Antiquissimae leges municipales civitatis Brunsvicensis [27]). Sie sind aus einem Pergamentcodex abgedruckt, welcher sich einst im Besitze des Stadtsecretärs Heinrich Avemann befand. Jetzt wird derselbe auf der königlichen Bibliothek zu Hannover aufbewahrt. Das erste Stück dieser Gesetzsammlung ist nach Ausweis des Neustädter Degedingbuchs a, fol. 7 im Jahre 1303 publicirt. Sie kann also nicht, wie eine neuere Hand im Codex angiebt, dem Jahre 1232 angehören. Sondern da in ihr des Handels mit eingesalzenen Häringen Erwähnung geschieht, so muß sie erst gegen Ende des vierzehnten Jahrhunderts — wahrscheinlich von einem Privatmann — zusammengetragen sein. Bode in Hagemanns Prakt. Erörterungen 9, 136.

13) Registrum memoriarum St. Blasii Brunsvicensis. Dies Memorienbuch, zunächst für kirchliche Zwecke um's Jahr 1380 in lateinischer Sprache zusammengetragen, enthält manche interessante Notiz zur Geschichte der brunonischen und welfischen Fürsten, besonders der hiesigen Stiftskirche St. Blasius, aber auch zur Geschichte der Stadt. Das vom Verfasser benutzte Original liegt im Landesarchiv zu Wolfenbüttel; einen dürftigen Auszug daraus veröffentlichte der verdienstvolle A. C. Wedekind, Noten I, 427 ff.

14) Narratiuncula de fundatione coenobii S. Crucis apud Brunswic [28]). Da das Kreuzkloster 1230 gegründet ist, so ist diese Erzählung jedenfalls nach diesem Jahre geschrieben; wie lange nachher, ist nicht genau zu bestimmen; doch scheint dies Werkchen dem vierzehnten Jahrhundert anzugehören.

15) Ordinarius senatus Brunsvicensis [29]), im niedersächsischen Dialekt, auf Befehl des Rathes 1408 zusammengetragen, ist

---

26) Leibnitz, S. R. Br. II, 60.
27) Leibnitz, S. R. Br. III, 434—446.
28) Leibnitz, S. R. Br. II, 469.
29) Leibnitz, S. R. Br. III, 446 sq.

ein sehr interessantes Actenstück, da es ein anschauliches Bild von der Verfassung und Verwaltung der Stadt im Anfang des funfzehnten Jahrhunderts giebt und nicht unbedeutende Beiträge zur Sittengeschichte jener Zeit liefert.

16) Compilatio chronologica [30]), welche bis 1410 reicht, enthält nur einige Notizen zur Geschichte der Stadt.

17) Chronicon Theod. Engelhusii [31]) reicht hinab bis zum Jahre 1420; zwei Fortsetzungen führen die Chronik bis 1428 respective bis 1433 fort. Sie stehen bei Leibnitz, S. R. Br. II, 84 sq. Der Verfasser, ein ausgezeichneter Gelehrter, war Priester in seiner Vaterstadt Eimbeck, trat 1434 in's Kloster Wittenburg und starb dort in demselben Jahre im Anfang des Monats Mai [32]).

18) Chronicon Luneburgicum [33]) ist bis zum Jahre 1421 fortgeführt und enthält manche nicht unwichtige Beiträge zur Stadtgeschichte.

19) Eine niedersächsische Chronik, welche bis 1438 hinabgeht, ist im Auszug gedruckt in Abel, Sammlung alter Chroniken [34]).

20) Joh. Stadtwegs Chronik [35]) geht bis zum Jahre 1441, sie ist im niedersächsischen Dialekt geschrieben und liefert für die ältere Zeit manche freilich unkritische Nachricht.

21) Ordinarius ecclesiae St. Matthaei in Brunswic [36]) ist um 1460 lateinisch geschrieben [37]).

22) Chronicon St. Aegidii Brunsvicensis [38]), in lateinischer Sprache verfaßt, geht bis 1474 hinab.

23) Excerpta chronologica de ducibus Brunsvicensibus et de reliquiis ecclesiae St. Blasii [39]) liefern auch einige interessante historische Notizen. Diese Mittheilungen sind von drei verschiedenen Händen geschrieben, also auch vielleicht von drei Verfassern. Von der

---

30) Leibnitz, S. R. Br. II, 62 sq.
31) Leibnitz, S. R. Br. II, 977 sq.
32) Leibnitz, S. R. Br. II, Introd. 54 sq.
33) Leibnitz, S. R. Br. III, 172 sq.
34) (v. Praun) Bibliotheca Brunsvico-Luneb. Nr. 16.
35) Leibnitz, S. R. Br. III, 263 sq.
36) Gebhardi, Stift St. Matthäi S. 65—80.
37) Excerpte daraus theilt Leibnitz, S. R. Br. II, 470 mit.
38) Leibnitz, S. R. Br. III, 558 sq.
39) Leibnitz, S. R. Br. II, 59.

ältesten Hand finden sich Angaben bis 1312, von einer zweiten bis 1370, von einer dritten bis 1482.

24) Das Chronicon picturatum oder die Bilderchronik[40]), von einem hiesigen Bürger, Konrad Botho, zwischen 1489 und 1492 in niedersächsischer Sprache verfaßt. Im Jahre 1492 kam das Werk unter dem Titel „Chronecke der Sassen" zu Mainz heraus. Es ist von einem ganz unkritischen Verfasser gefertigt, der gar oft den historischen Kern der Begebenheiten in ein phantastisches Gewand hüllt, der Wahres und Falsches so mit einander vermengt, daß seine Nachrichten stets mit großer Vorsicht aufzunehmen sind[41]).

25) Telomonii Ornatomontani descriptio belli inter Henricos duces Brunsvicenses et Luneburgenses civitatemque Brunsvicensem a. 1492 gesti[42]) ist von einem hiesigen Bürger Tilemann Zierenberger im Jahre 1494 geschrieben. Dies Werk enthält in der Einleitung S. 90—92 interessante Beiträge zur inneren Geschichte der Stadt im Mittelalter.

26) Die Chronik von Ribbagshausen[43]) ist erst 1508 in lateinischer Sprache geschrieben und enthält nur acht dürftige aber zum Theil interessante Notizen zur Stadtgeschichte.

27) Shigt-bók der stad Brunswyk ist um das Jahr 1513 zusammengetragen und enthält außer der Erzählung mehrerer Aufstände und Aufläufe auch den sogenannten Papenkryg und ein Verzeichniß aller hiesigen Kirchen und Capellen, nach den Weichbildern geordnet. Zwei Handschriften dieses Werkes bewahrt die Bibliothek zu Wolfenbüttel, herausgegeben ist es von K. F. A. Scheller, Braunschweig 1829.

28) Tabula Blasiana[44]), in niedersächsischer Sprache geschrieben, ihre erste Notiz gehört zum Jahre 861, die letzte zum Jahre 1514, sie scheint erst im zweiten Decennium des sechszehnten Jahrhunderts geschrieben zu sein.

Ueber die bisherigen Bearbeitungen der Geschichte der Stadt Braunschweig ist Weniges zu bemerken. Zwar wurden schon im

---

40) Leibnitz, S. R. Br. III, 277 sq.
41) Vergl. Leibnitz, S. R. Br. III, Introd. 11.
42) Leibnitz, S. R. Br. II, 88 sq.
43) Leibnitz, S. R. Br. II, 68 sq.
44) Leibnitz, S. R. Br. III, 148.

sechszehnten Jahrhundert mehrfache Versuche zu einer Stadtgeschichte gemacht, über die v. Praun in seiner bibliotheca Brunsvico-Luneburgensis unter Nr. 743 fg. Nachricht giebt. Aber die Werke kamen nicht zum Druck, die Manuscripte der Verfasser ruhen in der Bibliothek zu Wolfenbüttel oder im hiesigen Stadtarchive. Gleiches Schicksal hatten die Stadtgeschichten des siebenzehnten Jahrhunderts, von denen v. Praun ebenfalls berichtet. Erst in neuerer Zeit sind mehrere Uebersichten der Stadtgeschichte, in populärer Weise geschrieben, durch den Druck veröffentlicht. Sie haben dazu beigetragen, daß der Sinn für die große Vergangenheit unserer Stadt in den Gemüthern ihrer Bewohner nicht ganz erloschen ist. In dieser Hinsicht haben wir zu nennen:

Ch. P. Ribbentrop, der in der Einleitung zu seiner 1789 erschienenen Beschreibung der Stadt Braunschweig auch deren Geschichte liefert. Die Zeit des Mittelalters ist Seite I—CXV behandelt.

C. F. Lachmann, Geschichte der Stadt Braunschweig, 1816. Hierher gehören die ersten beiden Abschnitte S. 1—151.

E. F. Vogel, Andeutungen zur Geschichte von Braunschweig, welche Sacks 1841 herausgekommenen Alterthümern der Stadt und des Landes Braunschweig als Einleitung vorangeschickt sind. Die Geschichte der Stadt im Mittelalter stellen die vier ersten Abschnitte dar S. I—XLI.

W. Assmann, Geschichte der Stadt Braunschweig in dem Buche „die Stadt Braunschweig," aus dem Jahre 1841, stellt die Schicksale der Stadt im Mittelalter S. 1—33 dar.

Allgemeine Geschichte der Stadt.

Brunsvicium hodie (1494) totius Saxoniae metropolis et civitas permaxima, Germanis abunde cognita, sicuti pluribus apparet ut totius vere Saxoniae centrum.

Tel. Ornatomontanus bei Leibnitz, S. R. Br. II, 90.

Erstes Buch.

Braunschweig vor seiner Erhebung zur Stadt [1]).
861 (?) bis c. 1150.

1. Anbau in heidnischer Zeit.

Wie die Anfänge so mancher bedeutenden Stadt von der Sage oder von historischen Träumern in eine weit ältere Zeit hinaufgerückt worden sind, als die besonnene Forschung zuzugeben vermag, so hat man dies auch mit Braunschweig versucht. Die Juristen Siegfr. Petri zu Köln [2]) († 1596) und Werdenhagen zu Helmstedt [3]) († 1651) nahmen an, das von Ptolemäus erwähnte Tulisurgium sei das nach-

---

1) Fr. Algermann, Kurzer Bericht von Erbauung der Stadt Braunschweig. 1605.

M. Krüger, De originibus et incrementis Brunsvici. Jenae 1684.

Beck, Unvorgreifliche Gedanken und Muthmaßungen von der Stadt Braunschweig Anfang, Fortgang und Erweiterung, in den Braunschweigischen Anzeigen 1758, Stück 16, 56, 62, 84, 99.

Leiste, Ueber das Alter der Stadt Braunschweig, in den Braunschweigischen Anzeigen 1788, Stück 17—21.

Ribbentrop, S. VIII—XIX.

Lachmann, S. 14—29.

Bogel, S. V—XIV.

Assmann, S. 3—7.

Dürre, Braunschweigs Entstehung und städtische Entwickelung bis in den Anfang des dreizehnten Jahrhunderts. Programm des Ober-Gymnasiums zu Braunschweig. 1857.

2) De origine Frisiorum, lib. I, cap. 10.

3) De rebus publicis Hanseaticis, lib. III, cap. 2.

malige Braunschweig, dieses habe also bereits vor dem Jahre 200 bestanden. Aber nach Cluvers Untersuchungen⁴) ist Tulisurgium nicht fern von der Weser in der Nähe des teutoburger Waldes zu suchen; v. Spruner auf seinen historischen Karten verlegt den Ort an die Mündung der Aller in die Weser. Jedenfalls kann nicht nachgewiesen werden, daß derselbe an der Ocker und zwar an der Stelle des nachmaligen Braunschweig gelegen habe. Jene Annahmen sind also, wie schon M. Krüger (S. 16) und Leiste (S. 260) fanden, unbedenklich in das Gebiet der historischen Träumereien zu verweisen, an welchen das sechszehnte und siebenzehnte Jahrhundert so überreich sind.

Um nichts besser begründet erweist sich die Meinung, daß Braunschweig schon im siebenten Jahrhundert oder spätestens zu Anfang des achten erbaut sei. Ihr neigt sich sogar Leibnitz⁵) und Scheib⁶) zu. Sie stützt sich auf zwei Zeugnisse des funfzehnten Jahrhunderts. Johann von Essen berichtet nämlich in seiner Erzählung⁷) von den Sachsenkriegen, Karl der Große sei gelangt ad fluvium Obacrum, qui fluit per Brunonis vicum, hodie Brunswik, nunc dictum Auacrum. Das ist eine Nachricht, deren wesentlicher Gehalt aus Einhards Annalen zu den Jahren 775 und 780 entlehnt ist. Es ist aber sodann ein grobes Mißverständniß, wenn man aus den angeführten Worten herausgelesen hat, Johann von Essen behaupte, daß die Ocker damals, zu den Zeiten Karls des Großen, durch Braunschweig geflossen sei. Der Wortlaut giebt zu dieser Auffassung keinen Anlaß und offenbar ist die Absicht des Autors, seinen Lesern, falls ihnen der Fluß Auacrus oder Obacrus unbekannt sein sollte, durch Anführung eines zu seiner Zeit daran belegenen Ortes, den Jeder kannte, den Zug Karls recht deutlich zu machen⁸).

Anders steht es mit dem, was Marcellin in seiner am Ende des funfzehnten Jahrhunderts verfaßten vita S. Suiberti vorbringt⁹). Er behauptet, daß sein Held, der heilige Suibert, welcher nach den Actis Sanctorum am 1. März des Jahres 713 starb, in einen großen Ort,

---

4) Germania antiqua p. 580.
5) S. R. Br. II, Introd. p. 23.
6) Orig. Guelf. IV, p. 371*.
7) Bibliotheca hist. Gotting. p. 38.
8) Leiste, S. 263 ff.
9) Leibnitz, S. R. Br. II, 234.

Brunswik genannt, gekommen sei und dort einige Tage das Christenthum verkündet habe [10]). Danach müßte also der Ort Brunswik wenigstens im Jahre 713 vorhanden gewesen sein. Aber ebenso entschieden ist dieser Nachricht jede Glaubwürdigkeit abzusprechen. Ist das Zeugniß eines Schriftstellers aus dem Ende des funfzehnten Jahrhunderts über Begebenheiten aus dem Anfange des achten bei dem Schweigen der gleichzeitigen Quellen schon an sich verdächtig, so kommen in diesem Falle noch die deutlichsten Kennzeichen der Legende [11]) und grobe Verstöße gegen alle historische Möglichkeit [12]) hinzu. Und zu letzteren zählt gerade auch die hier in Frage stehende Thatsache. Denn in der Zeit vor Karl dem Großen wurden nachweislich nur in den südwestlichen Grenzmarken des Sachsenlandes, in Westphalen, und in den an Thüringens Nordgrenze belegenen Gauen Versuche gemacht, das Christenthum auszubreiten [13]). So lange aber die Westphalen, Engern und Ostsachsen der Hauptmasse nach noch Heiden waren, mußten Bekehrungsversuche an der Ocker, im Herzen des Ostsachsenlandes, eine Unmöglichkeit sein. Auch Marcellinus ist demnach mit Nichten geeignet, das Dasein Braunschweigs fast zwei Menschenalter vor Karl dem Großen zu bezeugen.

Wohl aber sprechen einige Zeugnisse ganz anderer Art dafür, daß auf der Stätte des nachmaligen Ortes Bruneswik schon in heidnischer Zeit ein Ort unbekannten Namens gelegen habe. Dies glauben wir, nicht etwa weil Botho zum Jahr 861 mit Berufung auf eine ältere Quelle berichtet [14]), dat dar gelegen hadde eyn torppe, dar nu de oldewick licht. Zu jenem Glauben treiben uns ältere, unverdächtige Beweise. Heidnische Grab- und Todtenurnen sind an verschiedenen Stellen des jetzigen Stadtareals im vorigen und in diesem Jahrhundert aufgefunden worden [15]). Auch noch andere Spuren sind zu beobachten.

---

10) Pervenitque in grandem vicum, dictum Brunswic.
11) So wird in jener Vita z. B. erzählt, Suibert habe hier einen Menschen, welcher an einer Seite des Körpers gelähmt und auf einem Auge blind war, durch bloße Berührung mit der Hand von seinen Gebrechen geheilt.
12) Zahlreiche Aerzte sollen hier — im Anfang des achten Jahrhunderts — zu Hülfe gerufen sein! Die Bewohner nennen Brunswik eine Stadt (civitas) und es giebt darin bereits einen Bürgermeister (satrapa vici).
13) Schaumann, Geschichte des niedersächsischen Volkes, 338 ff.
14) Leibnitz, S. R. Br. III, 299 sq.
15) Auf der Hagenbrücke wurden wenige Jahre vor 1758 bei der Austiefung

In dem Kämmereibuch der Alten Wik vom Jahre 1401 fol. 10 wird unter der Rubrik „Gartenzins" ein außerhalb des damaligen Aegidienthores am tiefen Graben belegener alter Todtenacker erwähnt, welcher mit einer Mauer umgeben war und den Namen der heydene Kerkhof führte. Wenn dieser bis in's sechszehnte Jahrhundert hinab in den Stadtbüchern erwähnte Heidenkirchhof war, was sein Name andeutet, so müssen auch in seiner Nähe Ansiedlungen vorhanden gewesen sein, deren Bewohner dort ihre Todten bestatteten. Diese Ansiedlungen auf dem Raum der jetzigen Stadt zu suchen, legen jene Graburnen nahe. Vielleicht darf auch in dem Namen der Heinenstraße, welcher, wie die Degedingbücher der Altstadt bezeugen, aus de Heydene strate verschliffen ist, eine Hindeutung auf eine Ansiedlung in heidnischer Zeit erkannt werden.

Daß diese, wie Botho [16]) erzählt, von Karl dem Großen verheert sei, ist, da der Frankenherrscher nach Einhards Annalen 775 und 780 an der Ocker erschien, zwar nicht unmöglich, namentlich da Karl Ostsachsen öfters verheerend durchzog und dessen Ortschaften verbrannte [17]); aber als historisch erwiesene Thatsache vermag Bothos Bericht allein dies nicht hinzustellen.

―――――

2. Die Beschaffenheit und Wichtigkeit des Stadtterrains.

Jedenfalls war, wie schon die spätere Bedeutung Braunschweigs anzunehmen nöthigen würde, die hiesige Localität von der Natur eigenthümlich begünstigt [1]).

―――――

eines Kellers im Haus Nr. 1310 elf solcher Begräbnißtöpfe gefunden (Braunschweigische Anzeigen 1758, S. 245). Ebenso fand man noch neulich auf der Gildenstraße, beim Abbruch des Hauses Nr. 607, unter dem an der Echternstraße belegenen Hintergebäude, 12 Fuß tief unter der Erde mehrere solcher Aschenkrüge (Kalender von 1861, Aufsatz von Sack, unter b). Einen gleichen Fund machte man vor etwa zwanzig Jahren bei der Erbauung des Hauses Nr. 1108 am Neuenwege.

16) Leibnitz, S. R. Br. III, 300.
17) Einhard zum Jahre 784.
1) Die Erzählung vom heiligen Autor (Leibnitz, S. R. Br. I, 702), erzählt von der Stifterin des Aegidienklosters, der Brunonin Gertrud, die 1117 starb: Cum

2. Die Beschaffenheit und Wichtigkeit des Stadtterrains.

Von besonderer Wichtigkeit auf dem nachmaligen Stadtterrain, von dem ein bedeutender Theil bis in den Anfang des zwölften Jahrhunderts wüst und öde, mit Buschwerk und kleinen Waldflecken bewachsen, von Bruch und Wiesen erfüllt dalag, war schon früh die Ocker. Sie bildete in vorkarolingischer Zeit bis etwa hierher abwärts die Stammesgrenze zwischen Sachsen und Thüringern. Auch Botho [2]) weiß dieses. Er erzählt, die Sachsen hätten nach ihrer Landung bei Stade die älteren Bewohner unserer Gegenden, die Thüringer, besiegt. Dann fährt er fort: unde schlogen se ut dem lande wente an de Oveker, dar repen de Doring eynen freden, so dat de Sassen legen uppe eyne sit des waters, de Doring uppe de andern sit des waters. Man braucht nicht Bothos ganzem Berichte über das Vordringen der Sachsen Glauben zu schenken, und kann in dieser Angabe doch auch Wahrheit erkennen. Die Gauen auf beiden Seiten der Ocker waren wirklich von verschiedenen Stämmen bewohnt. Das Land westlich, bis zur Innerste bei Hildesheim hin, heißt seit Karl dem Großen der Ostfalengau nach dem bekannten dritten Hauptzweige des Sachsenstammes, war also entschieden sächsisch. Das Land östlich von der Ocker dagegen, bis zur Elbe bei Magdeburg, war und blieb thüringisch. Für die Gegenden zwischen der Elbe und dem Elm beweist das schon der Name des Nordthuringaus; daß aber auch der zwischen Elm und Ocker belegene Darlingau wenigstens zum größten Theile thüringisch war, scheint bei dem Zusammentreffen der gleich darzulegenden Umstände unzweifelhaft zu sein. Darauf, daß der Darlingau auch den Namen Thoringa [3]) führt, der thüringischen Ursprungs sein mag, soll kein großes Gewicht gelegt werden. Wichtiger schon ist das Vorkommen

---

ad locum, qui nunc Brunswigk dicitur, tunc nemorosum et solitarium, pervenisset. Damit stimmt überein der Bericht des Reimchronisten (Leibnitz, S. R. Br. III, 38), der bei der Gründung des Aegidienklosters 1115 erzählt: De stat, de nu genant is Bruneswich, de was da noch waldes rich. Botho (Leibnitz, S. R. Br. III, 349) endlich bemerkt zum Jahre 1172 von dem Raume, uf welchem damals der Hagen entstand: unde was eyn hagen vull brokes, busche, wische, garden, bomhoven. Diese Berichte späterer Zeit werden bestätigt theils durch die niedere Lage namentlich des Hagens, theils durch den Namen der Burg Dankwarderobe, welcher auf die Ausrodung eines Haines oder Holzfleckes hinweist.

[2]) Leibnitz, S. R. Br. III, 280.
[3]) Urkunde von 966 in Gerken, Cod. diplom. Brand. IV, 431 sq.

mehrerer Ortsnamen in diesem Gau, die offenbar auf thüringische Bewohner[4] hinweisen, wie Thuringesgibutle und Duringesrod. Jenes kommt in Urkunden von 1007[5]) und 1031[6]) vor und lag auf dem östlichen Okerufer so nahe bei der damaligen Villa Brunswik, daß es in letzterem Jahre mit in die hiesige Magnikirche eingepfarrt wurde. Duringesrod, wie der Name andeutet, auf einem ausgerodeten Waldterrain entstanden, lag an der Oker, an der Grenze des Darlingau, wie das Fulbaische Güterregister[7]) meldet. — Auf thüringische Bewohner im Darlingau, namentlich in den südlichen Gegenden desselben, weist aber auch das dort häufige Vorkommen von Ortsnamen mit der Endung leben hin, welche sich auch im jetzigen Thüringen noch sehr häufig findet. Aus dem Darlingau nennen wir Gevensleben, Ingeleben, Bansleben, Ambleben, Sambleben, Langeleben und Wetzleben. In dem unzweifelhaft thüringischen Nordthuringau liegen zwischen Magdeburg, Neuhaldensleben, Helmstedt und Schöningen über hundert Orte, die sich auf leben endigen, während im sächsischen Ostfalengau auch nicht ein einziger Ortsname mit dieser Endung vorkommt. — Aber noch ein anderer Umstand zeigt, daß beide Ufer der Oker von verschiedenen Volksstämmen bewohnt wurden. An Nichts hielt und hält noch jetzt der norddeutsche Bauer auch unserer Gegenden mit größerer Zähigkeit fest, als an alter Sitte und dem Herkommen, wie überhaupt, so namentlich im Baustil seiner Häuser und Gehöfte. Wenn wir noch jetzt denselben Stil im Hausbau im conservativen Westfalen, wie in den engernschen Gegenden an der Weser und in unserer Heimath wiederfinden, so leidet es keinen Zweifel, daß wir in solchem das altsächsische Haus zu erkennen berechtigt sind. Das Charakteristische an demselben ist Folgendes[8]). Die Einfahrt in's Haus ist in der Mitte der Giebelseite; durch diesen Haupteingang, der gewöhnlich etwas eingerückt ist, gelangt man auf eine lange Tenne oder Hausflur, zu deren beiden Seiten sich die Ställe für das Vieh befinden nebst Schlafstellen für das mit der Sorge

---

4) Lüntzel, Die ältere Diöcese Hildesheim S. 5 und v. Wersebe, Gaue S. 126.
5) Urkunde bei Leibnitz, S. R. Br. I, 851.
6) Rehtmeier, Kirchenhistorie I, Beilage S. 1.
7) Tradit. Fuld. p. 340, N. 86.
8) Hiermit stimmt auch die Beschreibung des altsächsischen Hauses bei Schaumann, Geschichte des niedersächsischen Volks S. 146.

für das Vieh betraute Gesinde. Im Hintergrund der Tenne, der Einfahrt gerade gegenüber, liegt die Feuerstelle mit der Küche, zu deren beiden Seiten sich Stube und Kammer oder zwei Stuben befinden. Auf den beiden Langseiten des Hauses befinden sich nur kleinere Haus- und Stallthüren. Die älteren sächsischen Häuser, in welchen also Menschen und Vieh unter einem hohen Dache zusammenwohnen, unter welchem die Erntevorräthe untergebracht werden, sind noch mit dem alterthümlichen Strohdache versehen. Dies ist gewöhnlich selbst jetzt noch mit den sich kreuzenden Pferdeköpfen, dem sächsischen Stammeszeichen, geschmückt und hat den Schornstein, der in alter Zeit ganz fehlte, immer auf der der Einfahrt entgegengesetzten Seite des Hauses. Recht viele solche altsächsische Häuser findet man noch in der Nähe der Stadt Braunschweig z. B. in Oelper, Timmerlah und Weddel. — Ganz anders ist das thüringische Haus. In diesem lebt die Familie in einem eigenen fast immer zweistöckigen Gebäude, dessen Haupteingang befindet sich gewöhnlich an der Langseite; daneben steht in einem eigenen Stallgebäude das Vieh, und endlich ein drittes Gebäude dient zur Aufbewahrung der Vorräthe und Ackergeräthschaften. An der Langseite desselben ist das Schauer angebracht, unter welchem die Getreidevorräthe abgeladen werden. An solchen thüringischen Häusern findet man nie die sächsischen Pferdeköpfe; in ihnen ist Alles größer und behäbiger, der Fruchtbarkeit und Ertragsfähigkeit der von Thüringern bewohnten Gegenden und der größeren Wohlhabenheit dieses Stammes angemessen.

Nun sind aber die Dörfer westlich von der Ocker mehr oder weniger entschieden sächsisch in ihrer Bauart. Am meisten sind es die Dörfer, wo Brand und Baulust am wenigsten die alten Häuser zerstört haben, so namentlich in unserer Nähe Oelper, Watenbüttel, Völkenrode, Timmerlah und Groß-Gleidingen. In anderen, wie in Rüningen, Liebingen, Lehndorf, Bettmar, ist das Alte schon mehr, in noch anderen, wie Leiferde, Köchingen fast ganz verschwunden; aber ein oder einige altsächsische Häuser mit den altehrwürdigen Pferdeköpfen finden sich doch fast noch in jedem Dorfe auf der Westseite der mittleren und unteren Oder. Und ältere Bewohner selbst der am stärksten modernisirten Dörfer erzählen noch jetzt an den verschiedensten Orten jenes Bezirkes wie aus einem Munde, in ihrer Jugend seien „der alten Häuser" noch weit mehr in ihrem Dorfe gewesen. — Einen anderen Typus finden wir auf der Ostseite im thüringischen Darlingau. Außer etwa in den

2*

an der Ocker belegenen Grenzdörfern, wie in Melverode, Klein Stöckheim, findet man nicht ein sächsisches Haus zwischen Ocker und Elm. Erst wenn man die Heerstraße, welche Braunschweig mit Königslutter verbindet, nach Norden zu überschreitet, kommt man wieder in sächsisches Gebiet. Wedbel, Schanbelah, Scheppau sind wieder rein sächsische Dörfer und von da nach Norden ist wieder kein Dorf, wo man nicht das altsächsische Haus entweder allein oder doch in mehreren Exemplaren noch heute vorfände. Mit einziger Ausnahme von Fallersleben findet sich auch hier kein einziger Ort mit der thüringischen Endung leben. Beinrode, Rennau, Rottorf im hannoverschen Hasenwinkel bezeichnen jenseit Königslutter die Südgrenze des sächsischen Stammes und Hauses. Demnach liegt Braunschweig gerade an der Stelle, wo die Ocker aufhört Stammesgrenze zwischen sächsischer und thüringischer Bevölkerung zu sein und wo sie ganz in sächsisches Gebiet eintritt.

Nach der Einführung des Christenthums ward die Ocker, wie sie seit längerer Zeit Stammesgrenze war, auch Diöcesan- und Gaugrenze. Sie war von ihrer Quelle auf den Höhen des Oberharzes bis an die Schuntermündung die Grenze zwischen dem halberstädtischen[9] und dem hildesheimischen Kirchensprengel[10].

Sie schied ferner, wie schon erwähnt wurde, den östlich von ihr gelegenen Darlingau von dem westlich sich ausdehnenden Ostfalengau, von denen also jener in der halberstädter, dieser in der hildesheimer Diöcese lag. Nun giebt es aber im Stadtterrain der Ockercandle, welche die Stadt umfließen oder durchschneiden, mehrere. Darum fragt sich, welcher von ihnen war das ursprüngliche Flußbett, welches Gauen und Diöcesen schied? Der äußere und innere Stadtgraben sind erst bei der Ummauerung und Befestigung der Stadt, also etwa seit der Mitte des zwölften Jahrhunderts angelegt. Diese kommen also nicht in Betracht. Nimmt man nun die Urkunden zu Hülfe, welche von jedem bedeutenderen Gotteshause der Stadt angeben, in welcher der beiden Diöcesen es lag, so ergiebt sich mit völliger Sicherheit der Arm,

---

[9] Chron. Halberstad. bei Leibnitz, S. R. Br. II, 111: Hi autem sunt termini Halberstadensis dioecesis: .... altitudo silvae, quae vocatur Hart, Ovacra, Scuntra ....

[10] Leibnitz, S. R. Br. II, 155: Isti sunt termini — Hildensemensis ecclesiae: Ab oriente flumen, quod dicitur Ovekara, de illo loco, ubi Sountera incidit.

2. Die Beschaffenheit und Wichtigkeit des Stadtterrains.

welcher die Scheidelinie bildete. Er tritt beim jetzigen Tummelplatze in die Stadt, fließt unter der langen Brücke beim Waisenhause, unter der Dammbrücke, der Langenhofs-, Burgmühlen-, Hagen- und Nickelnkulksbrücke durch und verläßt unterhalb der Wendenmühle die Stadt.

Allmälig erhielt das Terrain, auf dem jetzt die Stadt liegt, durch die Eigenthümlichkeiten seiner Lage eine höhere Bedeutung sowohl in commercieller, als auch in militärischer Hinsicht. Fassen wir die Eigenthümlichkeiten der Lage zuerst im Allgemeinen in's Auge.

Hier treten die beiderseitigen Uferhöhen der Oker so nahe zusammen, wie es auf der ganzen etwa zehn Meilen langen Strecke ihres Laufes außerhalb des Harzgebirges nur noch an wenigen Stellen der Fall ist. Hier reichen die westlichen Uferhöhen mit dem Hügel, auf welchem später die Burg Dankwarderode erstand, und mit der „Höhe" bis dicht oder nahe an den Fluß; die östlichen treten etwas weiter oberhalb mit dem Hügel, auf welchem noch jetzt die Aegidienkirche liegt, auch unmittelbar an den Fluß und entfernen sich abwärts von da im Klint nicht weit von dem östlichen Ufer. — Es liegt in der Natur der Sache, daß ein solcher Punkt zum Uebergang über einen Fluß, dessen Thalsohle in alten Zeiten bei der größeren Wassermenge voller Sümpfe war, sehr geeignet sein mußte. — Ein solcher Punkt wird um so wichtiger, wenn der Fluß daselbst, ohne daß die Anlegung einer Brücke nöthig wäre, überschritten werden kann. Und eben das scheint hier mit der Oker der Fall gewesen zu sein. Die Schrift de fundatione ecclesiarum [11]) giebt einen älteren Namen von Brunswik an, Tanquardevorde. Damit stimmt Engelhus [12]) überein, indem er von der civitas Brunswik sagt: quae tamen et ab alio fratre Tancwordo scribitur in multis antiquis literis Tancwordevoerde. Da kein Grund vorhanden ist, in diesem Namen einen bloßen Schreibfehler für Tankwarderode zu erkennen, so lernen wir hier als älteren Namen von Brunswik die Benennung Tanquardsfurth kennen. Diese kann aber nur von einer wirklichen Okerfurth hergenommen sein, welche ihren Namen davon bekommen haben mag, daß

---

11) Leibnitz, S. R. Br. I, 261: Bruno dux urbem Brunswik fundavit, quae ante Tanquardevorde vocabatur.
12) Leibnitz, S. R. Br. II, 1070.

ste einen Tanquard veranlaßte, in der Nähe jener Furth Anlagen zum Schutze des Flußüberganges in's Leben zu rufen [13]).

Dazu kam noch, daß die Ocker von hier ab wasserreich und tief genug war, um dem Handel dienen zu können. Größere Kähne oder Flußschiffe konnten auf ihr in die Aller und Weser hinabfahren. Sie verbanden also unsere Gegend auf dem wenn auch nicht kürzesten, so doch bequemsten Wege mit den Gestaden der Nordsee und mit dem schon am Ende des achten Jahrhunderts aufblühenden Bremen. Daß dieser Wasserweg schon in den Zeiten Heinrichs des Löwen zum Handel zwischen hier und Bremen benutzt wurde, zeigen die Jura Indaginis [14]); daß dasselbe noch in der zweiten Hälfte des funfzehnten Jahrhunderts geschah, ersehen wir aus Urkunden von 1459 und 1461 [15]). Auch oberhalb Braunschweigs diente die Ocker im funfzehnten Jahrhundert [16]) — wie es scheint nur vorübergehend — zum Transport der im Oesel bei Reindorf gebrochenen Steine hierher.

Bedeutung hatte das Stadtterrain ferner durch die hier zusammentreffenden Landstraßen. Zwar lernen wir die wichtigen Straßenzüge und Verkehrswege des alten Ostsachsens erst durch Urkunden kennen, welche dem zehnten bis funfzehnten Jahrhundert angehören; es scheint also ihr Vorhandensein in älterer Zeit nicht erwiesen zu sein. Bedenkt man aber, wie stationär die großen Verkehrswege seit alter Zeit geblieben sind und, da sie sich an die Verhältnisse des unwandelbaren Bodens schließen, auch zu allen Zeiten bleiben werden; bedenkt man, wie die wichtigsten Glieder des jetzigen deutschen Eisenbahnnetzes oft dicht neben den viele Jahrhunderte alten Landstraßen hinlaufen; bedenkt man, wie durch gewisse Gegenden seit einem Jahrtausend große Straßen gehen, weil ihr Zug von der Natur des Landes gewissermaßen vorgeschrieben und vorgezeichnet ist: so wird man kein Bedenken tragen, die Existenz und Benutzung der seit dem zehnten Jahrhundert meist nur zufällig erwähnten Handelswege durch unsere Gegenden auch schon in früheren Zeiten anzunehmen, sobald sich nachweisen läßt, daß zwischen

---

13) Wie übrigens Stromfurten zur Entstehung von Ortschaften beitrugen, zeigt das Vorhandensein so vieler Ortsnamen auf furt. Man denke an Frankfurt, Schweinfurt, Fürth, Oxford (Ochsenfurt).
14) §. 1.
15) Rehtmeier, Chronik S. 1321 ff.
16) Urkunde vom Jahre 1433 bei Rehtmeier, Chronik S. 721.

2. Die Beschaffenheit und Wichtigkeit des Stadtterrains.

den Orten, welche sie mit einander verbinden, ein früherer Verkehr stattfand.

Hier in Ostsachsen, zwischen Weser und Elbe, waren nun schon zu den Zeiten Karls des Großen einige wichtige Handelsorte vorhanden, nämlich Magdeburg, Bardowik und Schezla [17]), bedeutend durch Verkehr mit den östlich von der Elbe wohnenden Slaven; hinter ihnen stand Bremen, freilich seit 788 Sitz eines Bisthums, aber erst 966 mit Markt-, Münz- und Zollrecht begabt [18]), und das günstig gelegene Minden [19]) noch weit zurück. Zwischen den genannten Orten und dem schon 833 von Kaiser Ludwig dem Frommen mit dem Marktrecht begabten Corvey [20]), in dessen Nähe die vom Niederrhein her kommende Straße in's Ostsachsenland eintrat, lag der Raum, auf welchem Braunschweig entstehen sollte, recht günstig etwa mitten inne.

Hier erreichte die aus den meißnischen Ländern an der mittleren Elbe kommende und über Magdeburg führende kaiserliche Straße die Oker. Sie führte dann, wie es in einer Urkunde [21]) von 1433 heißt, over de Oveker, over de Fusen unde over de Alre in dat Norden unde in dat Westen, lief also von hier weiter theils nach Bardowik, theils nach Minden und Bremen. Mit diesem Handelswege kreuzte sich hier der aus dem Westen von Köln über Soest, Paderborn, Corvey und Gandersheim ziehende Straßenzug, mit welchem sich in der Nähe des letztgenannten Ortes die aus dem Südwesten des Reiches von Mainz über Fulda kommende strata regia [22]) verband. Diese Straße führte von der Oker weiter nach Norden, überschritt die Aller bei dem späteren Orte Celle und lief von da unter dem Namen Dietwech [23]) (Volksweg) durch die Magetheide [24]) nach Bardowik.

---

17) Capitul. des Jahres 805. §. 7, bei Pertz, M. G. H. III, 133. Die Lage von Schezla ist unbekannt.

18) Urkunde in Lindenbrog, Scr. rer. septentr. 131.

19) Barthold, Geschichte der deutschen Städte I, 56 ff.

20) Ann. Corbej. zu 833 bei Leibnitz, S. R. Br. II, 296 und Barthold I, 87.

21) Urkunde bei Rehtmeier, Chronik 721: De keyserlike strate ut Missen, Doringen unde ut dem Magdeborgeschen lande.

22) Unter diesem Namen kommt sie in den welfischen Theilungsurkunden von 1203 vor. Rehtmeier, Chronik 421 ff. Orig. Guelf. III, 626 sq.

23) In einer Urkunde vom Jahre 1060 bei Lüntzel, Die ältere Diöcese Hildesheim S. 122 wird erwähnt publica strata, quae vulgo dicitur Dietuncht, wofür Pertz gewiß richtig vermuthet Dietuech.

Im nachmaligen Stadtterrain trafen demnach drei Verkehrswege zusammen:

1) Die Straße aus den oberen und mittleren Elbgegenden nach der Nordsee und an die untere Weser.

2) Die Straße, welche vom Niederrhein an die Elbe bei Magdeburg und in das Slavenland führte.

3) Die Straße aus dem Südwesten des Reiches an die untere Elbe und nach Nord- und Ostsee.

Ein Terrain von so wichtigen Handelswegen ohne Zweifel schon im neunten Jahrhundert durchschnitten, mußte eben dadurch auch politische, ökonomische und namentlich strategische Bedeutung gewinnen. Sobald der Handel einigermaßen lebhaft wurde, entstand naturgemäß zu dessen Schutze hier eine Burg. Dasselbe verlangte aber auch der Zweck, den wichtigen Uebergang über einen Fluß zu sichern, dessen strategische Bedeutung schon im Kampfe der Franken mit den Thüringern, dann in den Sachsenkriegen Karls des Großen und noch einmal in der Zeit der Ungarneinfälle hervortritt.

Die von den Sachsen nach deren Elbübergang im Lande Hadeln[24]) allmälig nach Süden zurückgedrängten Thüringer bewohnten im Anfang des sechsten Jahrhunderts noch das Land zwischen Weser und Elbe nördlich bis etwa zur Aller hin. Das Chronicon Quedlinburgense[26]), eine Quelle aus dem dritten Decennium des elften Jahrhunderts, versichert Widukinds[27]) Erzählung ergänzend, daß der Thüringerkönig Hermannfried nach seiner Besiegung bei Runibergun im Gau Maerstem am Deister bis an die Ocker geflohen sei. An der habe ihm der Frankenkönig Dietrich bei der Villa Arhen (Ohrum) eine zweite siegreiche Schlacht geliefert, habe, durch die erlittenen Verluste erschöpft, dort ein Lager bezogen und dann, durch Sachsen verstärkt, den Kampf mit den Thüringern an der Unstrut bei Scithingi siegreich beendet.

Karl der Große machte während seiner Kriege mit den Sachsen mehr als ein Mal an der Ocker Halt. 775 unterwarfen sich ihm dort

---

24) Sie zog durch die vier nördlich von der Aller in der Lüneburger Haide gelegenen Gauen Laingo, Moltbizi, Grete und Bardengau.
25) Widukind I, cap. 3.
26) Leibnitz, S. R. Br. II, 274.
27) Widukind I, cap. 9—13.

die Oftfalen unter Haffio, an diesem Fluſſe ließ er 780 eine große Menge derſelben bei Orheim (Ohrum) taufen [28].

In den Zeiten der erſten ſächſiſchen Kaiſer war das in der Ebene breite, ſumpfige Ockerthal den Schwärmen der Ungarn mehrmals ein Hinderniß am weiteren Vorrücken. Hinter dem breiten Bette dieſes Fluſſes befand ſich Heinrich I. 924 in völliger Sicherheit in ſeiner Pfalz Werla, als er mit ſeinem Heere den Feinden in offener Feldſchlacht nicht entgegen zu treten wagte [29], obgleich jene damals bis in dieſe Gegend vorgedrungen waren. Auch 938 kam noch einmal ein Ungarnhaufe an die Ocker in die Nähe des damaligen Caſtrums Stederburg, auch dieſen hielt nach erlittener Niederlage der Fluß von weiterem Vordringen ab [30].

3. Erbauung der Burg Thoneguarderoth und der Villa Brunesguik.

Auf dieſer in commercieller und militäriſcher Hinſicht nicht unwichtigen Stelle, wo die Steinbrüche des nahen Nußberges und benachbarte Wälder [1]) genügendes Baumaterial liefern konnten, ſollen bald nach der Mitte des neunten Jahrhunderts die erſten Anfänge der nachmaligen Stadt durch Begründung einer Burg und einer ihr nicht fern liegenden Villa entſtanden ſein.

Die Burg benennen die alten Quellen mit folgenden Namen. Thoneguarderoth heißt ſie in einer urkundlichen Notiz über die

---

28) Ann. Lauriſſenſes und Ann. Einhardi zu 775 und 780, bei Pertz, M. G. H. I, 154. 161.

29) Widukind I, cap. 32.

30) Widukind II, cap. 14. Vergl. des Verfaſſers Diſſertation: De Ungarorum incursionibus in Saxoniae ducatum factis p. 34 sq.

1) Die Wälder zwiſchen Timmerlah und dem Raſtthurme, zwiſchen Lamme und Oelper, zwiſchen Rühme und Querum und bei Ribbagshauſen liegen etwa eine Stunde von der Stadt entfernt. In dem jetzt ganz entwaldeten Stadtgebiete lag einſt das Wäldchen Hitdenla auf der Weſtſeite der Ocker. Im Jahre 1187 hatte man mit deſſen Ausrodung begonnen. Den Zehnten von dem ſo gewonnenen Neuland übertrug damals der Biſchof von Hildesheim an das Kloſter Stederburg. Gerhardi Ann. Stederburg. bei Pertz, M. G. H. XVI, 220.

Schenkung, welche der Propst Adelold an die Stiftskirche in der Burg zur Zeit des Markgrafen Ecbert I. († 1068) gemacht haben soll. Diese Notiz steht auf dem ersten Blatte des in den Orig. Guelf. II, 334 sq. beschriebenen Plenariums der Blasiusstiftskirche, welches sich jetzt in Hannover befindet. Sie ist, wie aus dem Eingange hervorgeht, geschrieben, als das alte Burgstift noch bestand, also zwischen c. 1068 und 1173. — Tanquerode heißt die Burg im Chron. vetus, dessen Verfasser diese Benennung öfters „in alten Privilegien" gelesen zu haben erklärt[2]). Dankwerderode und Thanquarderode finden wir öfters beim Reimchronisten[3]), jenen Namen auch bei Botho. In der Tabula Blasiana[4]) endlich heißt die Burg Danckquarderobe.

Schon aus diesen nur orthographisch verschiedenen Namen geht hervor, daß die Burg von einem gewissen Thoncguard oder Dankwarb und zwar auf einem Raume erbaut wurde, wo man das Holz und Buschwerk, das dort bisher gestanden, ausgerobet und weggeräumt hatte. Noch jetzt liegt sie auf einem flachen, sanft ansteigenden Hügel hart am westlichen Ufer des Oderflusses, vermuthlich an der Stelle, wo die schon erwähnte Tanquarbsfurth durch die anzulegende Burg geschirmt werden sollte.

Der Name der nachmaligen Stadt Braunschweig kommt zuerst in einer Urkunde[5]) vom Jahre 1031 vor und zwar in der Form Brunesguik, welches damals eine Villa, d. i. ein Dorf genannt wird. Die seit dem zwölften Jahrhundert meistens vorkommende Namensform ist Bruneswich, Brunswik oder Bruneswik (Brunonis vicus). Der Name bedeutet nichts weiter als Brunos Wik, d. h. Wohnort[6]). Daraus ergiebt sich fast mit Nothwendigkeit, daß man einen Bruno als den Begründer der Wik annehmen muß, wie einen Dankwarb als Erbauer der Burg. Beides bestätigen auch die gleich anzuführenden Quellenberichte fast einstimmig.

Dies Resultat, aus den Namen abgeleitet und durch die Quellen bestätigt, steht unzweifelhaft fest; soweit die Quellen nur dies melden,

---

2) Leibnitz, S. R. Br. II, 14.
3) So z. B. Leibnitz, S. R. Br. III, 13. 27.
4) Leibnitz, S. R. Br. III, 148.
5) Bei Rehtmeier, Kirchenhistorie I, Beilage 1.
6) Brandes, Ueber das Wörtlein Wik, Programm des Gymnasiums zu Lemgo 1858.

verdienen sie vollen Glauben. Aber zweifelhaft wird ihre Glaubwürdigkeit in dem, was sie weiter über die Person namentlich des Erbauers der Burg, über den Gang der Gründung des Ortes und über das Jahr derselben berichten. Aber hören wir zunächst ihre Berichte, ehe wir uns ein Urtheil erlauben.

Die älteste Nachricht von Braunschweigs Erbauung hat das im Anfang des dreizehnten Jahrhunderts geschriebene Chronicon Halberstadense. Da heißt es [7]): Hic Bruno fundator exstitit civitatis, quae Brunonis vicus vocatur. Die dann folgenden Worte: Qui cum ducatum totius Saxoniae administrasset, duxit exercitum contra Danos et inundatione repentina circumfusus periit cum omni exercitu Ottoni, fratri suo, ducatum relinquens zeigen, daß der Chronist von dem 880 im Kampf gegen die Dänen gefallenen Herzog von Sachsen redet.

Das ebenfalls dem dreizehnten Jahrhundert angehörende Schriftchen De fundatione quarundam Saxoniae ecclesiarum bei Leibnitz, S. R. Br. I, 261, berichtet: der Sachsenherzog Ludolf habe drei Söhne gehabt, Otto, Bruno und Tanquard. Dann heißt es weiter: Bruno Dux urbem Brunswik fundavit, quae ante Tanqwardevorde vocabatur, anno domini 890.

Wieder etwas mehr weiß das Chron. vetus bei Leibnitz, S. R. Br. II, 14. Es berichtet: Hi duo, Bruno et Tanquardus, — kurz vorher Söhne des Sachsenherzogs Ludolf genannt — civitatem Brunswik, sicut habetur in quibusdam chronicis, fundaverunt.

Der kritische Verfasser des Chron. rhythmicum beschränkt seine Aussage dahin, bei Leibnitz, S. R. Br. III, 13: Van Hertogen Brune wart begunnen, dat nu heitet Bruneswich unde de borch algelich, de men Dankwerderode jach. Er nennt Tanquard nicht. Den Grund giebt er selbst S. 9 an. Nachdem er dort Bruno und Otto als die Söhne Herzogs Ludolf genannt hat, fährt er fort: An eynem andern boke ek las, dar mek noch eyn sone genennet wart, der solde heiten Danckwart; dat spreke ek doch nicht vor wâr. Er zweifelt also an der Existenz Dankwards als eines Sohnes des Herzogs Ludolf.

---

[7]) Leibnitz, S. R. Br. II, 113.

Nach diesen Zeugnissen des dreizehnten Jahrhunderts haben wir über ein Jahrhundert lang gar keine Quellenaussage über Braunschweigs Gründung. Erst seit den ersten Decennien des funfzehnten Jahrhunderts reden wieder Chronisten auch von der Entstehung Braunschweigs.

Um 1420 berichtet der Chronist Engelhustus bei Leibnitz, S. R. Br. II, 1070: Idem Ludolfus genuit tres filios, quorum primus, nomine Bruno, pugnaturus contra Danos, inundatione repentina periit sine prole, a quo Brunswick civitas nomen habet; quae tamen et ab alio fratre Tancwordo scribitur in multis antiquis literis Tancwordevörde. Tertius autem filius — — erat Otto.

Das Chronicon Luneburgicum, ein wenig später geschrieben, kennt nur zwei Söhne des Herzogs Ludolf, Otto und Bruno, und sagt von Letzterem: de Brunsewick, na öme genomet, buwede, den schlogen de Denen dot.

Die niedersächsische Chronik bei Abel meldet zum Jahre 859, nach Ludolfs Tode sei sein Sohn Bruno Herzog von Sachsen geworden, he buwede Brunswick unde van öme hefft de stad den namen. Dies Factum wird in dem Berichte zum Jahre 861 weiter ausgeschmückt erzählt. Da reiten Herzog Bruno „und sein Bruder Herzog Danckwort", nachdem sie beschlossen haben sich nicht zu verheirathen, von Gandersheim an die Ocker. „Da gefiel ihnen die Stelle wohl, wo jetzt Braunschweig liegt, so buwede hertog Danckwert de stidde, dar nu de dom steyt unde buwede dar eyne kerke in de ere S. Peters — unde nomede dat Danckwerderode; unde hertoge Bruno buwede de stidde, dar nu de Eygermarket is to Brunswick unde buwede dar eyne kerken in de ere des groten S. Jacobs — unde nomede dat Brunswick."

Um die Mitte des funfzehnten Jahrhunderts erzählt Joh. Stadtweg bei Leibnitz, S. R. Br. III, 265 etwas abweichend von seinen Vorgängern zum Jahre 861: Brunswick wart in dussem jare gebuwet, de hertoge Ludeleff began unde syne sone Bruno unde Tanquart vulbrachten, unde streden mit den Denen, dar Bruno geschlagen wart. Van orem broder Otto quemen de Keysere.

Am meisten weiß Botho. Er erzählt bei Leibnitz, S. R. Br. III, 299 sq. zum Jahre 861 Folgendes: Brunswick wart begunt to buwen in dussem jare van den tweien broderen Hertoghen to Sassen Bruno unde Danckwort. So vinde ick in der schrifft, dat dar ge-

3. Erbauung von Thoncguarberoth und Brunesguif.

legen hadde eyn torppe, dar nu de olde wick licht, unde dat hadde konig Karle vorherdet. Do quam hertoghe Danckwort unde buwede dar eyn borch unde leyt de bemuren unde is nach (!) de ringhmuren umme den dom in Brunswick, unde so wart de borch geheten Danckwerderode. Do quam syn broder hertoch Bruno unde betengede dar wedder eyn huse upp to richten, do de woyste dorpestidde was — unde wart geheten de wick. Do dusse forsten wolden, dat yd eyn bestand solde hebben unde hertoch Brun dar grote leve to hadde, do quam syn broder Danckwort unde leyden de wick uppe der (!) andern syt de (!) Oveker, unde buweden dar eyne kerken in de ere sunte Jacobi des apostell unde dar van steyt de torne nach upp deme ayermarke in Brunswick, also dat de erste wick up der dorppestidde so bleyff bestande, de hertoghe Brun hadde betenget to buwen unde heten dat Bruneswick, dat wart do geheten de olde wick, asset nach het hude in den dach, sunder dat bleyff bestande mit de olden husen, wente dat Gerdrudis dat closter funderde — unde de nyge wick, dat nu de olde stad het, dat wart geheten Brunswick.

Telom. Ornatomontanus bei Leibnitz, S. R. Br. II, 90 sagt: Saxoniae dux Ludolffus — — tres reliquit filios, Ottonem — Danckwordum et Brunonem. Hi igitur fratres duo posteriores ad annum 861 regnante Loduico secundo, dum bina hoc in loco, ubi nunc Brunsvicium suum habet situm, castella collocassent, brevi profecto tempore tanta hominum frequentia hunc coepit locum incolere, ita ut temporis cursu in magnam populosamque coaluerit civitatem.

In den Anfang des sechszehnten Jahrhunderts fallen endlich die Berichte des Chron. Riddagshusanum und der Tabula Blasiana. Jenes berichtet (bei Leibnitz, S. R. Br. II, 75) zum Jahre 1026 mit lakonischer Kürze im Widerspruch zu allen früheren Angaben: Bruno princeps fundat Brunswik. Die Tabula Blasiana beginnt nach Leibnitz, S. R. Br. III, 148 mit den Worten: Alse me schreff na goddes gebort 861, hefft hertog Danckquart to Sassen erstlick dusse borch bemüret unde Danckquarderode geheten unde nömen laten. —

Mehreren der angeführten Quellenberichte, namentlich den aus dem funfzehnten und dem Anfange des sechszehnten Jahrhunderts stammenden, lassen sich historische Irrthümer nachweisen; anderentheils ist es auffallend, daß diese späteren Quellen, den dürftigen Angaben des dreizehnten Jahrhunderts gegenüber, sich durch eine Reichhaltigkeit der Nachrichten über Braunschweigs Gründung auszeichnen, welche die Vermuthung nahe legt, daß ihre Verfasser durch Aufnahme von Sagen, ja selbst eigener Vermuthungen ersetzten, was die Dürftigkeit alter Nachrichten zu wünschen übrig ließ. Sehen wir zunächst einige der bedeutenderen Irrthümer an.

Den Bruder Brunos, Tanquard, der die hiesige Burg erbaut haben soll, nennen einen Herzog die spätesten Quellen, nämlich die niedersächsische Chronik, Botho und die Tabula Blasiana. Das ist ein offenbarer Irrthum. Als Herzöge von Sachsen in der zweiten Hälfte des neunten Jahrhunderts kennen wir aus Roswitha, bei Leibnitz, S. R. Br. II, 319 und aus Widukind I, 14 nur Ludolf und seine beiden Söhne Bruno und Otto.

Auf einem Irrthum beruht auch die Angabe des Chron. Riddagshusanum, daß ein princeps Bruno 1026 Braunschweig gegründet habe; denn 1026 gab es keinen princeps Bruno, dem jene Gründung zugeschrieben werden könnte. Der Graf Bruno, welcher der älteste bis jetzt bekannte Brunone ist, welchen z. B. Leiste, gestützt auf jene Quelle, zum Gründer des Ortes macht, starb nach den Angaben bei Falcke, Trad. Corb. p. 671, schon 1010. Sein gleichnamiger Sohn, welcher 1034 zum Bischof von Würzburg[8]) erhoben wurde, widmete sich dem geistlichen Stande und würde darum von dem Chronisten sicherlich nicht princeps allein genannt sein. Sein gleichnamiger Enkel endlich, der 1057 bei Niendorf an der Saale fiel, war 1026 höchstens ein Jüngling. Auch von ihm kann Braunschweig weder begründet noch benannt sein, da bereits sein Großvater vom Ann. Saxo ad 1026 (Pertz, M. G. H. VIII. 676) comes Bruno de Bruneswic genannt wird.

Irrthümlich ist auch die Jahresangabe der Gründung Braunschweigs in der Schrift de fundatione ecclesiarum. Wenn Herzog Bruno nach den Annal. Fuldenses im Jahre 880 gegen die Normannen fiel, so kann er nicht 890 den Ort Braunschweig gegründet haben.

Einer anderen Angabe der meisten Quellen müssen wir, obgleich wir sie nicht geradezu als irrthümlich erweisen können, doch allen Glauben versagen. Mit Ausnahme des Chron. Halberstadense und des Chron.

---

8) Wedekind, Noten II, 182.

3. Erbauung von Thoncguarberoth und Brunesguik.

rhythmicum berichten die Quellen des dreizehnten und nach diesen die des funfzehnten Jahrhunderts, mit alleiniger Ausnahme des Chron. Luneburgicum, daß der Sachsenherzog Ludolf drei Söhne gehabt habe, Bruno, Otto und Dankward. An der Existenz Brunos und Ottos ist nach Widukinds Angaben nicht zu zweifeln. Anders steht es mit Dankward. Widukind, welcher I, 16 als Ludolfs Kinder Liudgard, Gemahlin Ludwigs II., Bruno und Otto nennt, sagt von Dankward Nichts. Noch entschiedener sagt das aus Widukind abgeleitete Chron. Ekkehardi bei Pertz, VIII, 178: Hic (Ludolfus) habuit filios duos, Brunonem et Ottonem. Roswitha spricht von Bruno und Otto; Dankward kennt sie nicht. In keiner Urkunde des Stifts Gandersheim, welches Herzog Ludolf begann und sein Sohn Otto vollendete, wie Roswitha im Eingange ihres Gedichtes sagt, kommt Dankward vor. Auch keiner der alten in Pertz [9]) Monumenten mitgetheilten Stammbäume der ludolfingischen Familie nennt einen Dankward als Sohn des Herzogs Ludolf. Dem gegenüber können die entgegenstehenden Behauptungen der Chroniken des dreizehnten Jahrhunderts kein besonderes Gewicht haben. Zwar erzählt das Chron. vetus, bei Leibnitz, S. R. Br. II, 14, von dem fraglichen Dankward, er sei mit seinem Bruder Bruno auf der Heimkehr aus der siegreichen Schlacht wider die Dänen durch einen verderblichen überschwemmenden Regen umgekommen. Wenn man mit dieser Erzählung die Angabe der gleichzeitigen Annalen von Fulda, bei Pertz, M. G. H. I, 393, vergleicht, so findet man, daß das Chron. vetus die Begebenheit ganz entstellt. Es läßt die Sachsen einen glorreichen Sieg über den Feind davon tragen (gloriosa de eis habita victoria), während nach den Annalen die Feinde siegen und viele sächsische Große tödten und gefangen nehmen. Während nach den Annalen Herzog Bruno in der Schlacht von den Feinden getödtet wird, ist er nach dem Chron. vetus auf dem Rückzuge (cum ad sua redirent) durch ein Elementarereigniß (inundatione gravi imbrium perierunt) umgekommen. In den Annalen werden zwei Bischöfe, Herzog Bruno und eine Anzahl comites und satellites regii als Gefallene namhaft gemacht, aber ein Dankward wird nicht als gefallen aufgeführt, was doch bei einem Bruder des Herzogs gewiß geschehen sein würde. Dem Allen gemäß können wir weder die Erzählung von Dankwards Tode im Kampf

---

[9]) M. G. H. VIII, 32. 28 und 194.

mit den Dänen, noch überhaupt die Angaben über die Existenz eines Sohnes Ludolfs, der jenen Namen führte, für historisch beglaubigt halten. Wir müssen also die kritischen Zweifel, welche schon der Reimchronist in dieser Beziehung vorbrachte, vollkommen anerkennen und theilen. Demnach steht fest, daß der Dankward, von welchem die hiesige Burg Dankwarderode erbaut oder benannt ist, weder ein Sohn des Herzogs Ludolf, noch ein Bruder Herzogs Bruno, noch ein Herzog von Sachsen war.

Bei einer aufmerksamen Vergleichung der nach der Zeitfolge geordneten Quellenberichte bemerkt man sehr bald, daß der von dem Chron. Halberstadense mitgetheilte Kern der Gründungsgeschichte allmälig durch immer bedeutender werdende Zusätze von den Späteren umkleidet und verhüllt wird. Die Zusätze der Chronisten des dreizehnten Jahrhunderts sind nur unbedeutend; im funfzehnten Jahrhundert aber werden sie namentlich bei dem Verfasser der niedersächsischen Chronik und Botho so maßlos reichhaltig, daß diese Berichterstatter den Verdacht erregen, Wahrheit und Dichtung verbunden und die nackte Wahrheit der Thatsachen durch historische Phantasiegebilde mannigfach verhüllt und entstellt zu haben; ein Fehler, den sie mit manchen ihrer Zeitgenossen theilten. Völlig zur Wahrheit gelangen wir in dieser Frage wahrscheinlich nie; aber wir nähern uns ihr wenigstens so viel als möglich, wenn wir uns an die ältesten noch vorhandenen Quellen, an die des dreizehnten Jahrhunderts, halten und dabei dem kritischen Verfasser der Reimchronik ein besonderes Gewicht beilegen.

Diese ältesten Quellen berichten nun übereinstimmend wenigstens das Eine, daß Herzog Bruno der Gründer von Brunswick gewesen sei. Das Chron. Halberstadense, die Schrift de fundatione und das Chron. vetus sagen dies mit dürren Worten; nur das Chron. rhythmicum, könnte man meinen, stelle selbst dies Factum wo nicht geradezu in Abrede, so doch in Zweifel; und ein solcher müßte bei dem kritischen Sinne des Verfassers gerade dieser Quelle von besonderem Gewichte sein, könne sogar die klare Aussage der drei anderen Schriften werthlos machen. Die bedenklich scheinende Stelle steht im Anfang des achten Capitels bei Leibnitz, S. R. Br. III, 12 sq.

Nachdem der Reimchronist gesagt hat, daß er von den beiden Söhnen des Herzogs Ludolf, Bruno und Otto, reden wolle, fährt er fort:

3. Erbauung von Thoneguarderoth und Brunesguik.   33

>Ek hope, dat uns icht spotte 10)
>De scrift, an der ek horte,
>Wo van hertogen Brune warte
>Begunnen, dat nu heitet Brunswich
>Unde de borch algelich,
>De ichteswanne darto lach,
>De men Dankwerderode jach.

Diese Worte können allerdings so aufgefaßt werden, als ob der Chronist befürchte, Jemand werde die Quelle verspotten, welche berichte, daß Herzog Bruno Brunswick und die Burg Dankwerderode begründet habe. Es kann aber auch der gerade entgegengesetzte Sinn in diesen Worten liegen, der Chronist hoffe, keinen Spott für die Beziehung auf die von ihm benutzte Quellenschrift zu ernten. In welchem Sinne die Worte zu nehmen sind, kann natürlich nur der Zusammenhang entscheiden. Nun fährt der Chronist, nachdem er über das Gründungsjahr von Braunschweig gesprochen hat, S. 13 so fort:

>Got gheve öme (dem Herzog Bruno) der eren stat,
>De Brunswik geeret hat,
>Unde mote ome heiles unde salde meren,
>De noch gunnen oren heren!
>He is an hogen preise funden
>Dike, wen de sine gunden.
>Dit is de werde forste rich,
>Na deme geheiten is Brunswig,
>Van Sassen hertogen Ludolfes kint,
>Van deme men also gescreven fint,
>Dat Brunswik van öme begunnen wart.

Bei einer so bestimmten Sprache des Chronisten kann man die zuerst angeführten Worte unmöglich im Sinn des Zweifels fassen, sondern man muß in ihnen, wenn man den Erzähler in diesen beiden Stellen nicht mit sich selbst in Widerspruch bringen will, die entschiedene Behauptung finden, Braunschweig sei von Herzog Bruno begründet. Das sagt er auch an einer anderen Stelle im vierzehnten Capitel am Ende ganz entschieden. Auch da kommt er auf Herzog Ludolf von Sachsen und sagt S. 26:

>De ok hertogen Brunes vader was,
>Der to ersten, also ek las,

---

10) Hinter diesem Worte steht in der zu Wolfenbüttel auf der herzoglichen Bibliothek aufbewahrten Handschrift kein Punkt, wie es Leibnitz hat drucken lassen.

> De festen to buwende began,
> Dat den namen sedder Brunswik gewan;
> De borch men do Dankwerderode jach u. f. w.

Wer etwa in den Worten also ek las einen beschränkenden Zweifel erblicken möchte, den müssen wir auf die Reimarmuth des Chronisten verweisen. Im dreizehnten und vierzehnten Capitel macht er auf wenigen Seiten siebenmal den Reim was und also ek las. Dieser Reim kommt auch in jedem der dann folgenden Capitel mindestens einmal vor. Will man hierin nicht eine abgeschmackte Gewohnheit erblicken, so muß dieser bei wohlbeglaubigten Factis vorkommende Zusatz eher für eine Bestätigung des Erzählten gelten, als für einen Zweifel an dessen Wahrheit.

Nach Allem, was bisher mitgetheilt ist, hält der Verfasser an der einmüthigen Behauptung der Quellen des dreizehnten Jahrhunderts fest, daß Braunschweig vom Herzog Bruno begründet sei. Allerdings gesteht er gern zu, daß dieselbe erst dann vollkommen sicher beglaubigt wäre, wenn die Quellen, welche dies Factum melden, nicht dem dreizehnten, sondern dem neunten oder zehnten Jahrhundert angehörten, oder wenn Urkunden aus jener Zeit das Gemeldete irgend wie bestätigten.

Aber hatten denn die Ludolfinger, deren Familie der Gründer Braunschweigs angehören soll, in unseren Gegenden, im Darlingau oder Oftfalengau, überhaupt jemals Besitzungen von einiger Bedeutung?

Herzog Ludolf von Sachsen, der Begründer der Klöster Brunshausen und Gandersheim [11]), stattete diese Stiftungen mit seinem Eigenthum zu Dengdi aus, wie der unechte Stiftungsbrief [12]) behauptet und wie es durch eine Urkunde Kaiser Ottos I. [13]) vom Jahre 946 bezeugt wird. Der Ort ist Denkte, wo das Kloster Gandersheim seit 965 auch den Zehnten besaß [14]), er liegt im Darlingau am nordwestlichen Fuß der Asse. Nach Lüntzel [15]) soll auch Ahlum, nördlich von Denkte, zur ursprünglichen Dotation Gandersheims gehört haben, was ich nicht glaube [16]).

---

11) Lüntzel, Geschichte der Diöcese und Stadt Hildesheim I, 33.
12) Leuckfeld, Antiq. Gandershem. p. 22. Lüntzel a. a. O.
13) Leuckfeld, Antiq. Gandershem. p. 98.
14) Leibnitz, S. R. Br. II, 374.
15) Geschichte der Diöcese und Stadt Hildesheim I, 33.
16) In dem von Pertz (Probedruck eines Urkundenbuchs 4) als ächt anerkannten Stiftungsbriefe (Leuckfeld, Antiq. Walkenred. 288) wird auch dem

3. Erbauung von Thuncguarderoth und Brunesguik.

Daß die Söhne Ludolfs schon vor dem Jahre 888 bedeutende Besitzungen in den Gegenden östlich von der Ocker namentlich im Darlingau hatten, ergiebt sich aus einem Tausche, welchen Otto, Ludolfs Sohn, mit dem Abt Bovo von Corvey „des gegenseitigen Nutzens wegen" 888 schloß [17]). Beide vertauschten die ihnen ungelegenen Güter an einander für gelegenere Besitzungen. Der Ludolfinger Otto überließ bei dieser Gelegenheit an Corvey sein Gut in Godelheim im Gau Ritherfi und erhielt dafür von jenem Kloster außer etwa 140 Hufen Landes ein Achtel einer ganzen Feldmark, ein Sechstel der Salzdahlumer Saline und eine Anzahl von Hofhörigen. Die Orte, in denen dies Gut lag, waren ultra fluvium Ovacram, d. h. östlich vom Flusse belegen. Ihre Namen sind Dalhem (Salzdahlum), Odonhem (Ahlum), Kifti (Sifte), Leri (Lehre), Lauhingi (Lauingen), Scoderstedt (ausgegangener Ort zwischen Lauingen und Königslutter), Mullumstedt (unbekannt), Sephinge (Scheppau?), Uredu (Uhri im Hasenwinkel oder Uehrde bei Scheppenstedt), Robenesleve (Robensleben westlich von Magdeburg), Dallangibutli (vielleicht Dannenbüttel an der Aller), Beriuuidi (Barwede, nordöstlich vom vorigen), Slabvorde und Ailimundesroth (unbekannt). Welche Güter mögen die Ludolfinger in diesen Gegenden 888 schon gehabt haben, wenn auch sie die Rücksicht auf major commoditas in locorum situ zu diesem Tausche trieb! Von der Großartigkeit des ludolfingischen Besitzes hier zu Lande legen auch die Schenkungen Zeugniß ab, mit denen Otto I. die bischöflichen Kirchen zu Magdeburg und Halberstadt und das Ludgerikloster bei Helmstedt bedachte [18]).

Wann geschah aber die Gründung des Ortes Brunswik? Jedenfalls zur Zeit des Herzogs Bruno. Dieser ward Herzog im Sachsenlande nach dem Tode seines Vaters Ludolf und blieb es bis zum Jahre 880, wo er im Kampf mit den Normannen fiel. Wann Herzog Ludolf starb, steht nicht fest. Im Jahre 856 bei der Fundation des

---

Kloster überwiesen alles Eigenthum Ludolfs in Alvunga marca. In den Urkunden Ottos I. bei Leuckfeld, Antiq. Gandersheim. p. 98 steht der Name in den Formen Alfengen und Alvunga. Ahlum aber heißt im Mittelalter gewöhnlich Odonhem oder Adenem; dort besaß das Kloster Gandersheim — soweit uns bekannt — keine Güter. Der Abdruck in den Antiq. Gandersh. p. 28 nennt jene Mark nicht.

17) Falcke, T. C. 293.
18) Die Beweise sind aus dem Diplomatarium von Hempel leicht zusammenzustellen.

Klosters Gandersheim lebte er noch. Gewöhnlich bezieht man auf ihn die Nachricht der Annales Weingartenses und der Annales Alamannici[19]) zum Jahre 864, wonach unter anderen Reichsfürsten, welche in jenem Jahre starben, auch ein Liudolf genannt wird. Daß der Sachsenherzog gemeint ist, wird nicht gesagt. Die Annales Xantenses[20]) melden zu 866 den Tod eines Ludolf, welchen sie comes a septentrione nennen. Daß damit der Sachsenherzog gemeint, kann nicht bewiesen werden. Mit Sicherheit können wir also nur sagen, daß Ludolf nach 856 starb. Wahrscheinlich ist, daß sein Tod bald nach diesem Jahre erfolgte, da er seitdem weder in der Geschichte des Sachsenlandes, noch in den Urkunden der mit ihm und seinem Hause in naher Verbindung stehenden Klöster Corvey und Gandersheim irgendwo noch vorkommt. Wenn wir ihn also um 860 als gestorben annehmen, so werden wir wohl nicht weit von der Wahrheit abirren. Wenn demnach Bruno etwa von 860—880 Herzog des Sachsenlandes war, so müßte in diese Zeit auch Braunschweigs Gründung fallen.

Die Angabe eines bestimmten Jahres lehnt der vorsichtige Reimchronist (bei Leibnitz, S. R. Br. III, 13) mit den Worten ab:

>Wilkes jares dat geschege,
>An neyner scrift ek dat spehe.

Zur Erklärung fügt er dann hinzu:

>Ek wil ok wenen wol vor war,
>Dat Brunswik da noch nicht so achtbar
>Noch vornomen an dem lande were,
>Also et sedder wart wit mere;
>Des is et lichte bleven
>An den böken ungescreven.

Er schließt dann mit den Worten:

>Doch also ek dat kan vorsten,
>So is et under den andern lüden geschen.

Diese letzten, wie sie bei Leibnitz gedruckt stehen, unverständlichen Worte erhalten erst Sinn, wenn man statt lüden liest Luden. So las schon der alte hochdeutsche Bearbeiter dieses Werkes, dessen Uebersetzung bei Leibnitz dem sassischen Texte gegenübersteht. Er giebt die beiden letzten Verse in den Worten wieder:

---

19) Pertz, M. G. H. I, 66. 50.
20) Pertz, M. G. H. II, 231.

3. Erbauung von Thoneguarberoth und Brunesguik.

> Doch so ich best kan verstehn,
> So ist's under dem andern Ludwigen geschehn.

„Der andere Ludwig" ist Ludwig der Deutsche, welcher von 840—876 regierte. In dessen Regierungszeit fällt also nach dem Reimchronisten die Gründung Braunschweigs.

Das von der Schrift de fundatione angegebene Jahr 890 ist schon oben als irrthümlich nachgewiesen, vielleicht beruht die Zahl auf einem Schreib- oder Druckfehler.

Unter den Quellen des funfzehnten Jahrhunderts nennt zuerst die niedersächsische Chronik, dann Johann Stadtweg und Botho, endlich aus dem sechszehnten Jahrhundert die Tabula Blasiana das Jahr 861 als Erbauungsjahr des Ortes Brunswik oder der Burg Dankwarderode. Also auch hier wollen die späteren Quellen wissen, was die älteren nicht wußten und in keiner Schrift mehr finden konnten, wie der Reimchronist sagt. Wenn also auch jenes Jahr die Zeit der Gründung im Allgemeinen richtig bezeichnet, also möglichen Falls das rechte sein kann, so läßt doch die historische Zuverlässigkeit dieser Jahresangabe Vieles zu wünschen übrig.

Daß das Schweigen der Urkunden über Brunswik bis zum Jahre 1031 gegen ein früheres Vorhandensein des Ortes nichts beweist, liegt auf der Hand. Denn die Unrichtigkeit des Grundsatzes, daß ein Ort erst dann als vorhanden anzunehmen sei, wenn Urkunden seiner Erwähnung thun, leuchtet an sich ein, kann aber auch leicht an einem Beispiele nachgewiesen werden. Schöningen kommt meines Wissens urkundlich zuerst in einer Urkunde Kaiser Ottos III. vom Jahre 994[21]) vor und war doch nach Einhards Annalen schon im Jahre 747, also etwa 250 Jahre früher, vorhanden. So kommt auch Brunswik, d. h. die auf der Stelle der alten Wik erwachsende Ortschaft urkundlich erst 1031 vor. Aber mit wie geringem Rechte daraus gegen die Behauptungen freilich jüngerer, aber im Ganzen wohlunterrichteter Quellenschriftsteller von Eccard[22]), Harenberg[23]), Leiste[24]) und Ribbentrop[25]) gefolgert wird, daß es vor dem Anfang des elften Jahrhunderts kein Brunswik gegeben haben könne, ist leicht einzusehen.

---

21) Leuckfeld, Antiq. Halberstad. S. 665.
22) Orig. Guelf. IV, S. 410.
23) Nova Acta erudit. 1733, S. 125.
24) Braunschweigisches Magazin 1788, S. 305 flg.
25) Beschreibung der Stadt Braunschweig I, Einl. S. 8.

Auch die Diöcesanschneden von Halberstadt und Hildesheim erwähnen, obwohl sie die Oker nennen, den Ort Brunswik nicht. Nach der Schnedebeschreibung des Bischofs Arnulf von Halberstadt (996—1023) [26] läuft die Westgrenze seines Sprengels damals per descensum Calverae [27] usque in fluvium Ovecarae et per descensum ejus usque ad pontem Ellardesheim (Brücke bei Hillerse im Hannöverschen). Nach der Urkunde König Heinrichs II. vom Jahre 1013 [28] ist die Ostgrenze des hildesheimischen Sprengels Scuntere, inde Ovekare, sic Rotanbiki (Rabau?). Von Brunswik ist überall keine Rede. Aber wie kann daraus folgen, daß es um's Jahr 1000, als beide Urkunden ausgestellt wurden, diesen Ort noch nicht gegeben habe? Sonst würde ja z. B. aus dem Schweigen der Diöcesanschneden über das an der Oker zwischen Schladen und Burgdorf belegene wichtige Palatium Werla folgen, daß auch dies um's Jahr 1000 noch nicht existirt habe. Und doch war es erweislich schon zur Zeit der Ungarnkämpfe unter König Heinrich I. vorhanden [29]. Ferner muß ja Jedem, der beide Diöcesanschneden aufmerksam durchliest, sogleich einleuchten, daß Ortschaften, die an Grenzflüssen liegen, nur dann mit genannt werden, wenn die Grenze da gerade eine andere Richtung annimmt. Da dies bei Brunswik nicht der Fall war, so ward es mit Fug und Recht gleich Werla übergangen.

So möchte denn folgendes als das der Wahrheit möglichst nahe kommende Resultat anzusehen sein, daß Brunswik vom Herzog Bruno aus der Familie der Ludolfinger zwischen etwa 860 und 880 begründet ist. Als sicher darf auch gelten, daß die Burg Dankwarderode von einem Dankward gebaut und benannt sei. Diesen kann man mit Sicherheit weder als einen Ludolfinger, noch als einen Bruder des Herzogs Bruno nachweisen. Nur als Vermuthung kann die Ansicht ausgesprochen werden, daß Dankward, der Erbauer der Burg, nicht nur gleichzeitig mit Herzog Bruno gelebt habe, sondern auch ihm befreundet, ja wohl selbst nahe verwandt gewesen sei. Denn sonst bleibt es unerklärlich, warum beide Männer ihre Kräfte demselben Werke weiheten.

Für eine solche Verwandtschaft scheint auf den ersten Blick auch

---

26) Leibnitz, S. R. Br. II, 121.
27) Die Kalbe, ein östlicher Zufluß der Oker im Oberharze.
28) Leibnitz, S. R. Br. II, 155.
29) Widukind I, 32.

eine Notiz des blasianischen Memorienregisters [30]) zu sprechen. Dort heißt es unter der Ueberschrift: Istae memoriae peraguntur in Februario gleich zu Anfang des betreffenden Monats: Tanquardus et Bruno comites in Brunswich obierunt. Die Gemeinsamkeit der Todtenfeier und des Titels „Grafen in Braunschweig" läßt theils auf einen gemeinsamen Tod beider Männer im Februar eines dort nicht genannten Jahres, theils auf ihre sehr nahe Verwandtschaft schließen. Da nun Herzog Bruno in der Normannenschlacht am 2. Februar 880 fiel, so hat man diesen und den im Memorienregister genannten Grafen Bruno für dieselbe Person gehalten und fernerhin kein Bedenken getragen, den mit ihm verbundenen Grafen Tanquard, der ja nach dem Chron. vetus Brunos Bruder gewesen und mit ihm im Kampf gegen die Normannen gefallen sein soll, für dessen Bruder zu erklären und in diesem Brüderpaar die Gründer von Brunswik und Dankwarderobe zu erkennen [31]). Und doch ist dies Alles bloßes Luftgebilde! Herr Bibliothekar Dr. Bethmann in Wolfenbüttel hat bei einer Recognition des Originals des Memorienregisters, welches im Landesarchiv zu Wolfenbüttel aufbewahrt wird, entdeckt, daß Wedekind, durch einen Irrthum des Rubricators verführt, die betreffende wichtige Notiz an eine falsche Stelle hat drucken lassen. Sie gehört nämlich nicht in den Februar, unter dem sie bei Wedekind aufgeführt ist, sondern in den vorhergehenden Monat, und zwar zum Agnetentage, welcher auf den 21. Januar fällt. Der an diesem Tage gestorbene Bruno, comes in Brunswich, kann also nicht der Herzog Bruno sein, der am 2. Februar starb.

Wer waren denn nun jene beiden Männer Bruno und Tanquard, die Grafen in Braunschweig genannt werden? Seit den Zeiten Kaiser Heinrichs II. hatte die Herrschaft hieselbst das Grafengeschlecht der Brunonen; als ältestes sicheres Mitglied dieser Familie kennen wir Bruno, der im Anfang des elften Jahrhunderts lebte [32]) und von dem das Chron. vetus sagt: his temporibus in Brunswick princeps fuit Bruno, qui Comes dictus est. Sehr wahrscheinlich ist die naheliegende Vermuthung, daß auch jene Grafen in Braunschweig, für die eine Memorienstiftung in dem brunonischen Familienstift in der hiesigen Burg

---

30) Wedekind, Noten I, 427.

31) Programm des Obergymnasiums zu Braunschweig 1857, S. 15.

32) Als Comes Bruno de Bruneswic kommt er schon beim Annal. Saxo zum Jahre 1026 bei Pertz, M. G. H. VIII, 676 vor.

bestand, der Familie der Brunonen angehörten. Unter den uns bekannten Brunonen seit dem Jahre 1000 ist einerseits kein Bruno auf den 21. Januar gestorben, andererseits kommt unter ihnen gar kein Tanquard vor. Demnach müßten diese beiden Männer Familienglieder aus der Zeit vor dem Jahre 1000 sein. In einer bald nach der Mitte des zehnten Jahrhunderts ausgestellten Urkunde[39]) begegnet uns ein Bruno als Gaugraf im Darlingau, der vermuthlich ein Brunone war. Daß dieser Gaugraf Bruno mit dem im Memorienregister erwähnten „Grafen Bruno in Braunschweig" identisch sei, kann nicht bewiesen werden, ebensowenig daß der letztere der Erbauer von Brunswik gewesen sei. Den mit ihm verbundenen Grafen Tanquard für den Erbauer der Burg Tanquarderode zu halten, berechtigt ebenfalls keine Quellenangabe. Wir müssen uns also begnügen, in jenen beiden „Grafen in Braunschweig" zwei alte Besitzer und Herren der ältesten Ansiedlungen hieselbst kennen zu lernen, die jedenfalls vor dem Anfang des elften Jahrhunderts lebten. Wie sie in den Besitz des von dem ludolfingischen Herzog Bruno gegründeten Ortes kamen, darüber wissen die Quellen nichts.

4. Sagenhafte Nachrichten über Braunschweig im neunten und zehnten Jahrhundert.

Gleichzeitig mit der Gründung sollen in Brunswik und Dankwarderode im Jahre 861 zwei Kirchen begründet sein. Die niedersächsische Chronik bei Abel S. 74 berichtet in dieser Beziehung zum Jahre 861: Herzog Dankwart habe die Stätte bebaut, wo jetzt der Dom stehe, und habe dort eine Kirche dem Apostel Petrus in Dankwarderode erbaut; ebenso habe Herzog Bruno in Brunswik an der Stelle des nachmaligen Eiermarktes die Jacobskirche gegründet. Dieser Quelle aus der Mitte des funfzehnten Jahrhunderts schließt sich am Ende desselben Jahrhunderts Botho an und schreibt die Erbauung der Jacobskirche ebenfalls dem Herzog Bruno zu. Aber dies ist wenig glaublich.

Die Kirche in der Burg Dankwarderode ward nach dem Zeugniß des weit älteren Reimchronisten[1]) erst von Bischof Godehard von

---

39) Gerken, Cod. diplom. Brand. VIII, 633.
1) Cap. 31, v. 52—63 bei Leibnitz, S. R. Br. III, 53.

Hildesheim geweihet. Da dieser 1038 starb, so hat die Angabe Bothos[2], daß die Weihe im Jahre 1030 geschehen sei, wenigstens nichts geradezu Falsches. Jedenfalls muß dieselbe in den Regierungsjahren jenes Bischofs[3] 1022—1038 erfolgt sein. Wenn der Reimchronist über den Stifter der Kirche zu keiner sicheren Kunde gelangen konnte[4], so möchte die Angabe der so späten niedersächsischen Chronik wohl mehr Sage, als Geschichte enthalten.

Unter solchen Umständen ist auch die andere von jener Quelle zuerst gebrachte Nachricht mit Vorsicht aufzunehmen. Daß der unkritische Botho und Spätere dieselbe aufnahmen, kann ihre Glaubwürdigkeit nicht erhöhen. Ebenso wenig ist der Umstand von Gewicht, daß man etwa seit 1440 geglaubt hat, daß die Jacobskirche von dem Herzog Bruno gebaut sei. Wenn an dem Thurme dieser Kirche die Jahreszahl 861 in arabischen Ziffern zu lesen war, so beweist das nur, daß man bei dem Neubau des Thurmes im Jahre 1519 meinte, die Kirche sei 861 gegründet. Und weil man dieses Glaubens war, so fügte man auch damals den 1614 wieder aufgefundenen Einlagen[5] in den Thurmknopf die Nachricht bei: Praesens turris divi Jacobi apostoli memoriae fundata est anno domini 861 ab illustrissimo duce Danckwardo Brunsw. (!) et renovata anno 1519. Der niedersächsischen Chronik können wir hier zwar keinen Irrthum nachweisen, sehen sie aber auch nicht als vollgültigen Beweis für jenes hohe Alter der Jacobskirche an.

Ueber die ältesten Bewohner von Braunschweig berichtet die niedersächsische Chronik: Hertoge Bruno gaff sine stidde den koplüden unde hantwercksluden, de makeden de stad vullens rede. Der erste Theil dieser Nachricht möchte einigen Glauben verdienen, da es in der Natur der Verhältnisse lag, daß an einem Fürstensitze, an einer für den Handel günstig belegenen Ansiedlung sich sehr früh auch Handwerker und Kaufleute niederließen. Die Schlußworte lassen die Zeit unbestimmt und sind nur richtig, wenn sie sagen sollen, daß jene Elemente der Bevölkerung die spätere Vollendung der Stadt ganz besonders herbeiführten.

---

2) Leibnitz, S. R. Br. III, 323.
3) Lüntzel, Geschichte der Diöcese und Stadt Hildesheim I, 203 ff.
4) Cap. 31, v. 62. 63. a. a. O.
5) Rehtmeier, Kirchenhistorie I, 15.

Von Braunschweigs weiteren Schicksalen erzählt Botho⁶) zum Jahre 861: Dat (Brunswick) bestot wente an Keyser Hinrikes tyden, de Vinckeler (!), de let de oldenstat Brunswick bemuren unde buwede de nyge stad dar by. Dat kam van den Ungeren, do he mit dene stridede, do worden erst de stidde bemuret unde gebuwet. Botho spricht offenbar von König Heinrich I., der nie die Kaiserwürde erlangt hat, beginnt also mit einem groben historischen Fehler. Was er von ihm erzählt, ist zwar nicht geradezu als falsch oder unwahrscheinlich zu erweisen, kann aber auch auf Glauben keinen Anspruch machen, so lange nicht bessere Quellen⁷) jene Aussagen stützen.

Demnach denken wir uns Braunschweig in den ersten Jahrhunderten seines Bestehens bis in die zweite Hälfte des zwölften Jahrhunderts als unbefestigt; es war ein Dorf, eine Villa, ein offener Ort, welcher in der Nähe der Burg Dankwarderode allmälig heranwuchs. In demselben kann bis zum Jahre 1031 noch nicht einmal das Bestehen einer Kirche oder Capelle historisch erwiesen werden, in ihm mag landbauende Bevölkerung den Kern gebildet haben, an den sich vielleicht auch einige Handwerker und Handelsleute anschlossen.

5. Braunschweig unter den Brunonen Bruno und Ludolf.

Von einer Thätigkeit der Nachkommen des Gründers von Braunschweig, der dem Geschlecht der Ludolfinger angehörenden sächsischen Herzöge und Kaiser, welche das Wachsthum des Ortes gefördert hätte, findet sich außer jener sagenhaften Befestigung der Altstadt keine Spur,

---

6) Leibnitz, S. R. Br. III, 300.
7) Auf die urbs Brunswick, welche der Verfasser der Fundatio eccl. Saxon. bei Leibnitz, S. R. Br. I, 261 nennt, können wir uns zur Bestätigung der Aussage Bothos jetzt nicht mehr berufen, da Waitz nachgewiesen hat, daß jenes Schriftchen nicht dem zehnten, sondern dem dreizehnten Jahrhundert angehört. Auch die Worte des Reimchronisten bei Leibnitz, S. R. Br. III, 50: Von Herzog Heinrich den Löwen wart gemeret unde gebreit de veste to Brunswick beweisen Nichts für eine frühere Befestigung Braunschweigs aus König Heinrichs I. Zeiten. Sie haben guten Sinn, wenn man sie so versteht: die älteren Befestigungen zu Braunschweig, die nur die Burg umfaßten, mehrte und dehnte Heinrich der Löwe aus, indem er auch die Stadt damals mit Mauern umgeben ließ.

selbst nicht bei dem erfindungsreichen Botho. Erst in der Zeit, wo Mitglieder der Familie der Brunonen Herren und Grafen in Braunschweig waren, fallen in das sagenhafte Dunkel der städtischen Vorzeit einige erhellende Strahlen wahrer, beglaubigter Geschichte.

Als älteste „Grafen in Braunschweig" haben wir bereits[1]) aus dem Memorienregister von St. Blasius Bruno und Tanquard kennen gelernt, die beide auf den 21. Januar eines uns unbekannten Jahres starben und jedenfalls vor Anfang des elften Jahrhunderts lebten. Sehr wahrscheinlich gehörten schon sie der Familie an, welche seit Anfang des elften Jahrhunderts die Herrschaft in Braunschweig besaß und dem bis dahin unbedeutenden Ort einen erfreulichen Aufschwung verlieh, der Familie der Brunonen.

Der Erste, den wir mit Sicherheit dieser Familie zuzählen, ist jener Graf Bruno, welchen uns eine Urkunde[2]) König Heinrichs IV. vom Jahre 1057 als Vater Ludolfs und als Großvater Ecberts I. vorführt. In dieser wird der bischöflichen Kirche zu Hildesheim der Comitat überwiesen, quem Brun, ejus filius Liudolfus nec non et ejus filius Eckbrecht comites ex imperiali auctoritate in beneficium habuerunt in pagis Darlingen etc. Bruno war also Gaugraf im Darlingau. Von ihm erzählt das Chronic. vetus[3]): His temporibus (zu den Zeiten König Heinrichs II.) in Brunswick princeps fuit Bruno, qui comes dictus est. Daß unser Bruno gemeint ist, zeigt die weitere Erzählung, in welcher er der Vater Ludolfs und Gemahl der Gisela genannt wird. Diese Angabe ist ganz glaublich, auch die Zeitbestimmung erregt keinen Anstoß, wenn der brunonische Graf Bruno 1010 gestorben ist[4]). — Weniger Werth hat die Angabe Bothos[5]), wonach Kaiser Otto III. diesem Bruno für männlichen Beistand in den Kämpfen am Ende des zehnten Jahrhunderts Melverode mit der hohen Worth geschenkt habe. Dieser Bruno wohnte nach dem Zeugniß Bothos uppe dusse vorbenomede stidde (Brunswick), dat weren do borchgesete unde steyne veste. Die Glaubwürdigkeit dieser an sich nicht unwahrscheinlichen Nachricht lassen wir dahin gestellt. Daß endlich die Nach-

---

1) S. 39 ff.
2) Orig. Guelf. IV, 415. Auch der Annal. Saxo zum Jahre 1026 a. a. O.
3) Leibnitz, S. R. Br. II, 15.
4) Falcke, Trad. Corb. 671.
5) Leibnitz, S. R. Br. III, 315.

richt des Chron. Riddagshusanum⁶), welches zum Jahre 1026 die Gründung von Brunswik durch den princeps Bruno berichtet, auf einem Irrthum beruht, ist S. 30 nachgewiesen.

Einen bedeutenden Aufschwung nahm Brunswik erst unter dem Sohne Brunos, dem Grafen Ludolf, welcher von 1010—1038 hier als Herr waltete. In Bothos⁷) Bericht zum Jahre 1025 wird dieser Ludolf ein Markgraf zu Sachsen und ein Herr zu Braunschweig genannt und dann gesagt, „sein Land" sei ihm angestorben von der Kaiser wegen, die zuvor regiert hätten und seine Vettern gewesen wären. Weiter unten zum Jahre 1030 erzählt derselbe: Greve Ludeleff, de nam Danckwerderode unde Brunswick ersten in na der Keyser dode, do de alle vorstorven weren. So wart dusse Marggreve Ludeleff eyn here over Brunswik. Auch diese Nachrichten Bothos müssen wir verwerfen, da sie einer weit älteren Quelle und einer fast gleichzeitigen Urkunde widersprechen. Mit dem „Lande", das nach Botho „Ludolf angestorben", d. h. durch das Aussterben des sächsischen Kaiserhauses zugefallen sein soll, müßte der Comitat gemeint sein, welchen Ludolf und sein Sohn Ecbert I. im Darlingau, Nordthuringau, Ostfalengau, Saltgau und den Gauen Grethe und Muldese urkundlich besaßen. Im Besitze desselben befand sich nach der oben erwähnten Urkunde vom Jahre 1057 auch schon Ludolfs Vater Bruno. Da dieser aber 1010 starb, so kann von einem durch den Tod Heinrichs II. (1024) dem Grafen Ludolf angestorbenen Lande ohne einen historischen Irrthum keine Rede sein. Auch here over Brunswik ward Ludolf nicht auf die von Botho angegebene Weise. Nach dem Annal. Saxo war ja schon sein Vater comes de Bruneswic. Also kann es Ludolf nicht erst durch das Aussterben der sächsischen Kaiser geworden sein, sondern ohne Zweifel als Erbe des väterlichen Grundbesitzes und der väterlichen Herrschaftsrechte hieselbst.

Ludolf hatte zunächst ein dynastisches Interesse, Brunswik zu erheben. Da er nämlich nicht blos den Darlingau, sondern auch wenigstens die östlichen Theile des Ostfalengaus als Gaugraf verwaltete, also Herr auf beiden Seiten der Oker war, so mochte er wohl einsehen, daß in diesen Gegenden das am Flußübergange gelegene Brunswik der

---

6) Leibnitz, S. R. Br. II, 75.
7) Leibnitz, S. R. Br. III, 323.

geeignetste Mittelpunkt seiner hiesigen Besitzungen werden könne. Darum mag er weitere Anbauten hieselbst auf jede Weise begünstigt haben. Den erfreulichen Aufschwung, den Brunswik durch Ludolfs Thätigkeit nahm, förderte auch der immer lebhafter werdende Verkehr, welcher sich seit den letzten Decennien des zehnten Jahrhunderts in unseren Gegenden entwickelte. Zwar hatte sich das zu wiederholten Malen von den Dänen und Obotriten zerstörte Hamburg[8] noch nicht wieder zu neuem Glanze erhoben; dagegen begann Bremen schon unter Bischof Adaldag, durch kaiserliche Gunst gefördert, die Rolle einer Seehandelsstadt zu spielen; schon damals fuhren seine Schiffe in's baltische Meer, an Norwegens öde, aber fischreiche Küsten, ja selbst bis in's Mittelmeer[9]. Magdeburg, seit 968 Sitz eines Erzbischofs, ging einer großen Zukunft entgegen[10]; Quedlinburg[11] war 994 mit Marktrecht beliehen; Hildesheim[12] hob sich seit dem Ende des zehnten Jahrhunderts unter der sorgfältigen Pflege des kunstsinnigen und gewerbthätigen Bischofs Bernward. Die Auffindung der Silber- und Erzschätze des Harzes verschaffte Goslar[13] rasches Gedeihen und brachte eine Menge edlen Metalls in Umlauf. Lüneburg[14] erwuchs an reichhaltigen Salzquellen unter dem Schutze der Mauern des Klosters auf dem Kalkberge zu einer Nebenbuhlerin des ihm benachbarten alt-berühmten Bardowik. Ein gesteigerter Verkehr zwischen diesen aufblühenden Handelsorten mußte auch unserer etwa im Mittelpunkte zwischen ihnen allen gelegenen Gegend neues Leben, neue Thätigkeit in commercieller Beziehung verleihen, und diese konnte dem Aufblühen Brunswiks nur förderlich sein.

Daß dieser Ort unter dem Grafen Ludolf bedeutend gewachsen ist sowohl an Umfang, als auch an Zahl seiner Bewohner, beweist am deutlichsten die damals vorgenommene Gründung mehrerer Gotteshäuser. Unter Ludolf wurden nämlich erbaut die alte Stiftskirche in der Burg Dankwarderobe, die Pfarrkirche St. Magni in der Villa

---

8) Bartholb, Geschichte der deutschen Städte I, 88. 114. 167.
9) Bartholb I, 107.
10) Bartholb I, 109.
11) Bartholb I, 117.
12) Bartholb I, 128.
13) Bartholb I, 133.
14) Bartholb I, 134.

Brunswik auf der Ostseite der Ocker und die Pfarrkirche St. Ulrici für die Ansiedlungen auf der Westseite des Flusses.

Die älteste Stiftskirche in der Burg, in einer sehr alten Urkunde [15]) ecclesia Thoneguarderoth genannt, wo eine Anzahl Geistlicher in kanonischer Weise zusammenleben und den Gottesdienst besorgen sollten, ward nach der Sage [16]) schon von dem Erbauer der Burg, Tanquard, in Wahrheit aber erst zu den Zeiten Ludolfs begründet. Denn sowohl der Reimchronist [17]) und nach ihm Botho [18]) zum Jahre 1030, als auch die wohl noch viel ältere Notitia dedicationis altarium in eccl. S. Blasii [19]) berichten übereinstimmend, daß Bischof Godehard von Hildesheim (1022—1038) den Hochaltar der Stiftskirche geweiht habe. Als Patron derselben nennt der Reimchronist und Botho nur die Apostel Petrus und Paulus, jene alte oben erwähnte Urkunde dagegen nur Johannes den Täufer und den heiligen Blasius. Beide Angaben sind unvollständig; die schon genannte Notitia dedic. altar. nennt als Schutzpatrone des Hochaltars, denen zugleich die ganze Kirche geweiht war und nach denen sie benannt wurde, außer unserem Herrn Jesus Christus, dem heiligen Kreuze und der heiligen Jungfrau noch Johannes den Täufer, die Apostel Petrus und Paulus, den heiligen Blasius und eine Anzahl von Heiligen, von denen Reliquien in den Hauptaltar aufgenommen sein mochten. Die Stiftskirche [20]) muß, wenn Bischof Godehard zwei Altäre in ihr weihete, vor dem Jahre 1038 wenigstens der Hauptsache nach vollendet sein; die übrigen Altäre sind von Bischöfen geweihet, welche der Zeit von 1038—1055 angehören. Die Erbauung der Kirche fällt dem-

---

15) Orig. Guelf. II, 334. Sie scheint vor 1173 geschrieben zu sein.
16) Abel, Samml. alt. Chron. p. 74.
17) Cap. 31, v. 52—61 in Leibnitz, S. R. Br. III, 53.
18) Leibnitz, S. R. Br. III, 323.
19) Orig. Guelf. II, 492.
20) Die alte Stiftskirche, welche nach Eccards Angaben (Orig. Guelf. II, 333) da gestanden haben soll, wo jetzt der Hochaltar des Blasiusstiftes steht, scheint ein dreischiffiger byzantinischer Bau gewesen zu sein. Denn in der schon erwähnten Notitia dedic. altar. (Orig. Guelf. II, 493) wird außer der media ecclesia auch eine septentrionalis und eine australis pars monasterii genannt, in jeder standen zwei Altäre. Im Mittelschiff der Hochaltar und der Kreuzesaltar, im nördlichen Schiff der Marien- und der Clemensaltar, im südlichen der Stephans- und der Moritzaltar. Auch ein Thurmbau wird dem Ganzen hinzugefügt, in welchem sich zwei Capellen mit Altären befanden, die südliche war dem Erzengel Michael, die nördliche dem Erzengel Gabriel geweiht.

nach ganz oder ihrem Anfange nach in die Zeit des Grafen Ludolf. Diesem schreibt Botho zum Jahre 1030 die Erbauung der Kirche zu. Das ist aber unrichtig. Der Umstand, daß Ludolf sich in der Kirche keine Memorie gestiftet hat und daß er sich in ihr nicht hat begraben lassen, was aus dem Schweigen des Memorienregisters über ihn zu folgern ist, spricht gegen Bothos Angabe. Seine Gemahlin dagegen, welche der Annal. Saxo zum Jahre 1038[21]) richtig Gertrud nennt, ward in der Kirche begraben[22]), ihr wurden noch 1380 jedesmal im Monat Juli in der Krypte der späteren Stiftskirche Vigilien und Todtenmessen gehalten[23]). Darum scheint sie als Gründerin des alten Stiftes angesehen werden zu müssen, und es begreift sich dann leicht, wie Bothos ungenauer Bericht entstanden ist. Das Jahr 1030 endlich, in welches Botho[24]) und die Tabula Blasiana[25]) die Weihe der Kirche verlegen, ist durch das Zeugniß so später Quellen schlecht beglaubigt, obwohl nach dem Zeugniß der Notitia dedic. altar. feststeht, daß die Weihe der ältesten Altäre durch den Bischof Godehard zwischen 1022 und 1038 geschehen ist.

Wir sind somit zu der Zeit gelangt, in welcher die Villa Brunesguik, d. h. die spätere Altewik auf der Ostseite der Ocker zum ersten Male urkundlich erwähnt wird. Diese erhielt im Jahre 1031 in der Magnikirche ihr erstes Gotteshaus. Ein gewisser Hatheguard, ein freier Mann (liber homo), welcher Güter vom Grafen Ludolf zu Lehen trug, erbaute zu seinem und seiner Gemahlin Atta Seelenheil in jener Villa eine Kirche und stattete dieselbe mit zwei Hufen Landes aus. Als auch Graf Ludolf ein nahe gelegenes Grundstück (rus proximum huic atrio) hinzugeschenkt hatte, weihete Bischof Branthago von Halberstadt die Kirche und machte sie zur Pfarrkirche für die Villa Brunesguik und siebenzehn ihr benachbarte Ortschaften[26]).

---

21) Pertz, M. G. H. VIII, 682.
22) Ihres Grabsteines Inschrift steht in Orig. Guelf. II, 836.
23) Bethmann im Braunschweigischen Magazin 1860, S. 136.
24) Leibnitz, S. R. Br. III, 323.
25) Leibnitz, S. R. Br. III, 148.
26) Urkundliche Notiz in Rehtmeier Kirchenhistorie I, Beilage 1 und Falcke, Cod. trad. Corb. 35. Dasselbe berichten mit einer geringfügigen Abweichung das Chron. rhythm. cap. 17 v. 15 sq. bei Leibnitz, S. R. Br. III, 30 und Botho zum Jahre 1030 daselbst S. 323. Sechs jener Orte sind noch jetzt vorhanden, nämlich die Dörfer Belittunum, im Mittelalter auch Beltheim (Vege, Burgen und

I. Braunschweig vor seiner Erhebung zur Stadt.

In derselben Zeit soll auf der Westseite der Oker in der nachmaligen Altstadt, die sich damals „zu breiten" begann, ein größeres Gotteshaus entstanden sein. Es war die auf dem jetzigen Kohlmarkte einstmals belegene St. Ulrichskirche. Nach dem Zeugniß des kritischen Reimchronisten [27] ward sie vom Bischof Godehard von Hildesheim geweiht. Da der 1038 starb, so mußte die Weihe spätestens in diesem Jahre erfolgt sein. Urkundlich bezeugt wird ihr Bestehen erst durch eine Urkunde [28] des Jahres 1254, in welcher ein hiesiger Bürger Rudolf erwähnt wird, der sich nach seiner Wohnung juxta S. Odalricum nennt. Damals, wenn nicht schon früher [29], muß also die Kirche im Stande und der Raum in ihrer Nähe bewohnt gewesen sein.

Familien S. 68) oder Beleten (Diplom. Stederb. p. 9 im Landesarchiv zu Wolfenbüttel), jetzt Beltenhof genannt; Guinuthun oder Wenethen (Urkunde vom Jahre 1251 bei Bege S. 37), jetzt Wenden; Ibanroth, jetzt Bienrode; Riubun, später Rubem (Kämmereibuch des Hagens von 1401 fol. 66), jetzt Rühme genannt und bis auf den heutigen Tag in die Magnikirche eingepfarrt; Glismoberoth, jetzt Gliesmarode, und Ruotnun, später Rothen, Rothem (Urkunde bei Bege, S. 58. 59. 73), jetzt Rautheim genannt. — Elf jener Filialdörfer sind untergegangen. Von den meisten derselben, wie von Everikesbutli, Thuringesbutli, Huneshem, Fritherikeroth, Morthorp, Reinbagerob, Limbele und Elthi weiß man nicht einmal mehr, auf welcher Stätte sie einst standen; Hanroth, später Honrobe oder Honrob genannt, lag in der Nähe von Beltenhof an der Oker und war 1316 noch vorhanden (Bege S. 68); nach Marquarberoth, später Markwerobe oder Markerobe genannt (Kämmereibuch des Hagens 1401 fol. 2¹. 15⁴), scheint das auf dem Bülten belegene Arkerober Feld, nordwestlich von Gliesmarobe an der Wabe gelegen, noch jetzt zu heißen; Ottonroth endlich, welches 1161 unter dem Namen Ottenrobe (Bege S. 102) vorkommt, soll östlich vom Nußberge gelegen haben.

27) Cap. 17 v. 39 sq. bei Leibnitz, S. R. Br. III, 30. Dem schließt sich Botho an in seinem Bericht zum Jahre 1030 daselbst III, 323.

28) Pistorius, Amoenit. VIII, 2335.

29) Wenn nach dem Memorienregister p. 35 bei Gelegenheit der 1227 erfolgten Weihe des Blasiusstifts septem plebani hieselbst erwähnt werden, so war, wenn die Stiftung der Gedächtnißfeier dieses Festes gleich 1227 geschah, was die beigesetzte Zahl der $\frac{20}{3}$ Stiftsgeistlichen sehr wahrscheinlich macht, die Ulricikirche schon 1227 im Stande.

6. Braunschweig unter den Brunonen Ecbert I. und Ecbert II.

Nach dem Tode des Grafen Ludolf[1]) war dessen Sohn[2]) Ecbert I. dreißig Jahre lang Herr von Brunswik und Besitzer der brunonischen Güter, die nach dem Zeugniß des Reimchronisten[3]) in der Umgegend von Dankwarderode belegen waren. Er starb nach dem Memorienregister von St. Blasius[4]) im Januar des Jahres 1068.

Zu seiner Zeit ward der innere Ausbau der alten Stiftskirche in der Burg Dankwarderode weiter gefördert, wahrscheinlich besonders durch seine Mutter Gertrud, welche ihren 1038 gestorbenen Gemahl Ludolf fast noch um vierzig Jahre überlebte. Wenigstens zeigt uns die Notitia dedic. altar.[5]), daß bis gegen 1060 das Innere der Kirche mit noch vier Altären geschmückt und auch der Thurmbau vollendet wurde. Denn dieser Zeit gehören die Bischöfe an, welche jene Altäre und die in den beiden Thurmkapellen belegenen weiheten. Es waren das die Bischöfe Hunold von Merseburg (1036—1050)[6]), Hezelin von Hildesheim (1044—1054), Bruno von Minden (1036—1055) und Folkward von Brandenburg († vor 1068)[7]).

Zur Zeit Ecberts I. wurde der Grund zu dem späteren Reichthum des Burgstifts gelegt. Schon damals erwarb der Propst Athelold dieser Kirche einen nicht unbedeutenden Güterbesitz von 38½ Hufen oder etwa 1100 Morgen Landes, welche er in verschiedenen Orten für 100 Mark, 55 Pfunde und 16 Schilling erkauft hatte. Der Haupthof mit 20 Hufen oder 600 Morgen Landes lag in dem unbekannten Orte Hurnihusen, kleinere Besitzungen unter Anderem in Lehndorf (Lenthorp), Bienrode (Ibanrob) und Sickte (Ficthi). So giebt es die in einem spätestens dem dreizehnten Jahrhundert angehörenden Plenarium der Stiftskirche stehende Urkunde an, welche in den Orig. Guelf. II, 334 mitgetheilt ist[8]).

---

1) 9 Kal. Maji obiit 1038, Ann. Hildeshem. bei Pertz, M. G. H. V, 102.
2) Ann. Saxo ad 1038 bei Pertz, M. G. H. VIII, 682.
3) Cap. 18, 55. Leibnitz, S. R. Br. III, 32.
4) Wedekind I, 427: Anno dom. 1068 obiit Eghbertus marchio.
5) Orig. Guelf. II, 493.
6) Pertz, M. G. H. XII, 179. Ann. Saxo bei Pertz, M. G. H. VIII, 680. 688.
7) Chron. Hildes. bei Pertz, M. G. H. IX, 848.
8) Dort heißt es: Notum sit .... qualiter praepositus hujus ecclesiae

Auch die ältere Gertrud, Ludolfs Gemahlin, welche wir schon als die wahrscheinliche Begründerin des Burgstifts bezeichneten, erwies sich bis zu ihrem Tode, welcher am 21. Juli 1077 erfolgte [8]), freigebig gegen dies Gotteshaus. Welchen Antheil sie an der eben erwähnten Schenkung Athelolds hatte, mag dahingestellt bleiben, weil die Worte jener Urkunde per manus dominae nostrae Gertrudis, auch wenn sie nicht späterer Zusatz wären, zu unbestimmt sind, als daß man auf mehr als auf eine Einwilligung Gertruds und ihrer Familie in jene Schenkung schließen könnte. Sicher ist, daß sie dem Stifte Güter in Machtersem schenkte. Es scheint, daß aus den Einkünften derselben die Stiftsgeistlichen für die Vigilien und Seelenmessen remunerirt wurden, welche sie dieser Fürstin jährlich an ihrem Todestage zu halten hatten [9]). Aber nicht allein auf das Wohl ihrer eigenen Seele war Gertrud bedacht; sehr wahrscheinlich [10]) war sie es auch, welche in der Stiftskirche ein Gedächtniß aller Seelen stiftete, welches jährlich am 29. September, am Tage des Erzengels Michael abgehalten wurde [11]). Da der von der Kirche für eine solche Feier bestimmte Allerseelentag auf die Anregung des Odilo von Clugny erst später allgemein gefeiert ward, so mag Braunschweig wohl zu den ersten Orten Norddeutschlands gehören, die eine solche Feier hatten. Und diese hatte hier nicht die Geistlichkeit, nicht die Kirche begründet, sondern der echt christliche Sinn einer frommen Fürstin.

Wahrscheinlich von dieser Gertrud wurden dem alten Stifte diejenigen Kostbarkeiten verehrt, welche noch jetzt theils in Hannover, theils auf dem hiesigen Museum aufbewahrt werden und deren Inschriften sämmtlich auf eine Gertrud hinweisen [12]).

Thoncguarderoth Atheloldus tradidit patronis nostris S. Johanni Baptiste et S. Blasio martyri praedia subscripta [per manus dominae nostrae Gertrudis et späterer Zusatz] per manus domini marchionis Egberti majoris et filii sui.

9) Memorienregister bei Wedekind I, 430.

10) Die Gründe dafür bei Bethmann, im Braunschweigischen Magazin 1860, S. 135.

11) Memorienregister p. 57 bei Wedekind I, 432: Commemoratio omnium animarum, quam fecit domina Ghertrudis marchionissa.

12) Es war ein goldenes Kreuz, welches Reliquien des Apostels Petrus und der heiligen Liutrubis enthielt und mit Bildern, Perlen und edlen Steinen reich verziert war; ferner ein Reliquienkästchen mit einer Porphyrplatte bedeckt und an den Seiten mit Statuen des Heilandes, der Apostel und mehrerer Engel geschmückt, wie die in den Orig. Guelf. II, 335 gegebenen Abbildungen zeigen; endlich ein auf dem

Gertrud ward nach ihrem 1077 am 21. Juli erfolgten Tode in der Stiftskirche vor einem Altar [13]) begraben. Als man ihr Grab 1668 öffnete [14]), fand man noch den vermoderten Körper im schwarzen Anzuge nebst einem bleiernen Täflein, welches die Inschrift trug: Hic requiescit Gerdrudis devota Christi famula. XII Kal. Augusti. Jahrhunderte lang sangen die Geistlichen des Burgstifts Vigilien und Seelenmessen jährlich an Gertruds Todestage in der Krypte [15]) der älteren Stiftskirche, wahrscheinlich an dem Altare, vor dem die fromme Fürstin ruhete.

Ecbert I. soll nach den Berichten der niedersächsischen Chronik [16]) zum Jahre 1044 und Bothos [17]) zum Jahre 1065 den Bau einer zweiten Stiftskirche auf einer Anhöhe an der Südseite des Ortes Brunswik begonnen haben, welche durch seinen Sohn Ecbert II. vollendet und dann dem heiligen Cyriacus geweihet wurde. Aber diese Angaben müssen wir verwerfen, da sie dem Zeugniß des weit älteren Reimchronisten [18]) widersprechen. Auch dieser weiß, daß mehr als eine Schrift, die den älteren und jüngeren Ecbert ohne Unterschied nenne und beide mit einander verwechsle, jenen als Stifter des Gotteshauses auf dem Cyriacusberge anführe, und spricht sich dann ganz entschieden dahin aus, er könne diesen Angaben nicht folgen. Dieser gewiß wohl begründeten Kritik schließen auch wir uns an und halten demnach Ecberts I. gleichnamigen Sohn, Ecbert II., welchem Botho nur die Vollendung

---

hiesigen Museum aufbewahrter Arm aus Silberblech, von zwei mit Steinen und Perlen besetzten Armbändern umschlossen und an jedem Finger mehrere Ringe tragend. Die Inschrift besagt, daß derselbe den Arm des heiligen Blasius in sich schließe und auf Veranlassung Gertruds gefertigt sei. Bethmann im Braunschweigischen Magazin 1820, S. 135.

13) Rehtmeier, Kirchenhistorie I, 99.
14) Rehtmeier, Kirchenhistorie I, 59 und Orig. Guelf. II, 336.
15) Memorienregister p. 37 bei Wedekind I, 430: Vigilie et missa cantantur in cripta.
16) Abel, S. 108.
17) Leibnitz, S. R. Br. III, 328.
18) Cap. 18, v. 84 sq. und Cap. 19, v. 86 sq. bei Leibnitz, S. R. Br. III, p. 34: Wente ek warlich vornomen han, dat her sin (Ecbert I.) son were, der de vom Richtore. — He stichtede ok hir tovorn unde richtede dat godeshus up dem berge sente Cyriacus, dat da lit bi Bruneswich. Daher heißt Ecbert II. in den Excerpt. Blas. bei Leibnitz, S. R. Br. II, 60 zum Jahre 1090 fundator Cyriaci martyris.

4*

der Kirche zuschreibt, für den Gründer des Cyriacusstiftes. — Jener jüngere Ecbert war es, welcher dem Kaiser Heinrich IV. als Anführer der Sachsen entgegenzutreten wagte. Als er im Verlauf dieser Kämpfe im Jahre 1090 sein Leben durch Mord in einer Mühle nicht zu Eisenbüttel[19], sondern an der Selke[20] verloren hatte, fand er in jenem von ihm erbauten Heiligthum die letzte Ruhestätte[21]. Zu seinem Gedächtniß wurden auch im Burgstift Memorien gehalten, deren Kosten aus den Einnahmen von Gütern in Söllingen (Solynge) bestritten[22] wurden. Da Ecbert II. keine Kinder hinterließ, so fiel der Ort Braunschweig mit der Burg Dankwarderobe an seine Schwester Gertrud[23].

---

7. Braunschweig unter der Brunonin Gertrud.

Gertrud sollte sich dieses Besitzes nicht lange erfreuen. Denn Kaiser Heinrich IV. übertrug seinen Haß wider den ermordeten Ecbert, gegen den zu Regensburg die Reichsacht ausgesprochen war, auch auf dessen Schwester und Erbin. Er war nicht gemeint, ihr die Güter desselben, welche in Folge jener Aechtung dem Reiche verfallen waren, zu überlassen. Um sie für das Reich einzuziehen, schickte der Kaiser einen Heerhaufen gen Braunschweig. Anfangs leistete Gertrud mit treuen Dienstmannen Widerstand; bald aber gab sie in weiblicher Zaghaftigkeit dem Drang der Umstände nach, sie schloß mit den übermächtigen Gegnern einen Vergleich, vermöge dessen ihnen die Burg Dankwarderobe und wahrscheinlich auch der Ort Brunswik als Pfand über-

---

19) So erzählt z. B. irrthümlich auch Botho S. 330.
20) Sigeberti Chron. zum Jahre 1090 bei Pertz, M. G. H. VIII, 366. Ekkehardi Chron. ad 1090 Pertz, M. G. H. VIII, 207 und Chron. Sanpetrin. bei Menden III, 204.
21) Chron. rhythm. cap. 19, 96 sq. bei Leibnitz, S. R. Br. III, 34: He wart gedragen in sin eigen, dat he hadde gesticht, dar wart he vil herliken gegraven. So auch Botho S. 330.
22) Memorienregister p. 35 bei Wedekind I, 430 Anno dom. 1090. Egbertus marchio occisus, unde datur fratribus nostris X sol. ad servitium in Solynge.
23) Chron. vetus bei Leibnitz, S. R. Br. II, 16: Quae defuncto fratre .... haereditatem in Brunswik obtinuit. — Chron. rhythm. cap. 19, v. 110 bei Leibnitz, S. R. Br. III, 35: Des erve sin herschap sint up sine süster Gerdrut. Vergl. auch Botho zu 1090, S. 330.

geben wurde. Dann begab sie sich auf ihr Gut Scheverlingenburg¹). Gedachte sie dort bessere Zeiten abzuwarten, so ward diese Hoffnung nicht getäuscht.

Es wird erzählt, die kaiserliche Besatzung der Burg, aus Baiern bestehend, habe in trotzigem Uebermuthe die Bewohner des Ortes auf mannigfache Weise geplagt und so in den Gemüthern der beleidigten Männer von Brunswik Gedanken der Rache erweckt. Die Fremden, welche „nicht zu des Landes Ehren, sondern den Leuten zur Ueberlast" da waren, sollten vertrieben, und Gertrud, die angestammte Fürstin aus der Familie, welcher Brunswik soviel verdankte, in ihr Erbgut zurückgeführt werden. Vor Allem erbittert durch vielfache Unbill — wird erzählt — war ein Mann, der bei der Burg Dankwarderode wohnte, den die Reimchronik einen stövere, d. i. Besitzer eines Stovens oder einer Badstube, nennt. Ihn trieb sein grimmerfülltes Herz zu mannhafter That. Es mag ihm wohl bekannt gewesen sein, daß gleiche Gefühle die meisten Bewohner von Brunswik erfüllten. Zu gelegener Stunde zündete er die feste Burg an ausgewählter Stelle an. Von der Gluth bedrängt floh die Besatzung und räumte Land und Feste. Auf die Kunde von dieser Begebenheit kehrte Gertrud froh in ihre Stammburg zurück und blieb seitdem bis 1115 ungestört in deren Besitz²). So hielt schon damals Braunschweig fest am angestammten Fürstenhaus, während manche der Vasallen aus dem Ritterstande, unter Anderen Herr Wedekind von Wolfenbüttel, welchem der Kaiser das Schloß Scharzfeld am Oberharze, den Bergzehnten um Goslar und die einträgliche Vogtei über das Kloster Pölde als Reichslehen übertragen hatte, noch längere Zeit, freilich erfolglos, dem Kaiser treu blieben und sich darüber dem Dienst der angestammten fürstlichen Herrin entzogen³).

Wie wechselvoll das Leben gerade der Hochgestellten sei, hatte Gertrud somit erfahren. Nicht minder bewegt war ihr Leben auch in anderer Beziehung, namentlich beugte Familienunglück sie mehr als einmal.

---

1) Jetzt Walle genannt und an der Schuntermündung im hannoverschen Amt Gifhorn belegen.
2) So erzählt das Chron. rhythm. cap. 20, v. 21 sq. Weiter ausgeschmückt ist die Erzählung in der niedersächsischen Chronik zum Jahre 1090 bei Abel, S. 121 und bei Botho zum Jahre 1090 und 1091 bei Leibnitz, S. R. Br. III, 330.
3) Chron. rhythm. cap. 20, v. 73 sq. bei Leibnitz, S. R. Br. III, 35.

Ihr erster Gemahl, Graf Dietrich II. von Katelnburg, war schon im Januar 1085 auf einer Versammlung sächsischer Großen erschlagen. Nach kurzem Wittwenstande hatte sie sich 1086 mit dem Grafen Heinrich dem Fetten von Nordheim wieder vermählt, dem Sohne des bekannten Otto von Nordheim, welcher einst Herzog von Baiern war. Auch dies Eheband zerriß ein gewaltsamer Tod. Bei der Besitznahme ihm verliehener friesischer Gauen fiel ihr Gemahl 1101 nach einer bei Norden verlorenen Schlacht durch die Hand friesischer Bootsleute an der Küste der Nordsee. Nur mit genauer Noth ward Gertrud selbst bei dieser Gelegenheit gerettet. Kaum zum zweiten Male Wittwe geworden und bald nachher in dritter Ehe mit Heinrich von Eilenburg, dem Markgrafen von Meißen, verbunden, verlor sie im Jahre 1103 auch diesen Gemahl, noch ehe dessen Sohn das Licht der Welt erblickt hatte.

Als Gertrud so binnen achtzehn Jahren drei Männer verloren hatte, sah sie noch zwei ihrer Söhne vor sich in's Grab sinken, 1106 Dietrich, den Abkömmling der ersten, etwa zehn Jahre später auch den einzigen Sohn zweiter Ehe, Otto, welche beide ohne Leibeserben verstarben.

Von so vielen herben Schlägen des Schicksals betroffen, richtete Gertrud Herz und Gedanken zum Himmel. Nach des Herrn Huld ringend beschloß sie im Geiste ihrer Zeit eine fromme Stiftung zur Ehre Gottes und der Jungfrau Maria zu begründen. Tag und Nacht war sie bedacht, so dem Beispiel ihres zweiten Gemahls zu folgen, welcher um das Jahr 1093 das berühmte Benedictinerkloster zu Bursfelde an der Weser gegründet hatte. Mit diesem Werke hat die Legende sie in ihr Gewebe gezogen. Als „die gute" Gertrud von derartigen Gedanken und Plänen erfüllt war, erschien ihr einst im nächtlichen Traum ein Mann von einnehmendem Blick, schön von Gestalt und ehrwürdig durch das weiße Haar seines Hauptes. Es war der heilige Autor, einst Bischof von Trier, dessen Gebeine damals im Benedictinerkloster St. Maximin zu Trier aufbewahrt wurden. Ich bin Autor, sprach er, einst Bischof zu Trier; meine Seele wird jetzt im Himmel gekrönt, doch mein Körper ruht ungeehrt und vergessen zu Trier. Darum wünsche ich, daß er in dein Land in das Gotteshaus gebracht werde, welches du vom heiligen Geist getrieben zu stiften gedenkst! Der erschrockenen Frau spendete der Heilige Trost, indem er fortfuhr: Habe keine Angst; Gott wird deine Reise segnen! Wenn du nach Trier kommst, so findest du im dortigen Benedictinerkloster an der Südseite neben einer Mauerecke einen hervorragenden Leichenstein, unter dem man einst meine irdischen Ueberreste barg. Erhebe meine vergessenen Gebeine aus jener Gruft und bringe sie in deinem Lande wieder zu Ehren, leg sie nieder in der Kirche, deren Erbauung du vorhast! Nach diesen Worten verschwand er[4]).

Gertrud kam dieser Aufforderung ohne Säumen nach. Auf den Rath ihrer Umgebung machte sie sich auf und gelangte glücklich nach Trier. Entschlossen, jedes Mittel anzuwenden, um die Gebeine des Heiligen zu erlangen, betrat sie Morgens zur Zeit der Frühmesse das Kloster der Benedictiner. Nach beendetem Gottesdienst fand der Custos, welcher die Kirche verlassen wollte, die edle Frau im Gebete versunken. Als sie sich erhoben, führte er sie in der Kirche umher, zeigte ihr unter anderen Gegenständen auch das Grab des heiligen Autor, ohne den frommen Betrug zu ahnen, welchen die Fürstin im Sinne hatte. Da sie zum Gebete an dem Sarkophag des Heiligen niederkniete, so wollte der Custos, welchen zudem das Glöcklein zum Frühstück berief, ihrer Andacht nicht hinderlich sein und ließ sie unbedenklich in der Klosterkirche zurück. Sogleich verriegelte Gertrud die Kirchenthüren, nachdem sie zuvor ihre Diener, welche zur Handreichung bereit standen, eingelassen hatte. Dann wurde der große Deckstein vom Grabe entfernt, der Sarg erhoben, der Grabstein wieder aufgelegt, aus allen Glocken die Klöppel genommen und in der Kirche versteckt und die Reliquien auf einem bereit stehenden Wagen rasch aus Trier weggeführt.

Als die Mönche nach dem Frühstück zum Lobgesange in die Kirche zurückkehren wollten, fanden sie nach Erbrechung der verriegelten Thüren, daß ihnen die Gebeine des heiligen Autor geraubt waren. Als sie Sturm zu läuten gedachten, um mit Hülfe des zusammeneilenden Volks die Frevler zu fangen, o Wunder, da tönte keine Glocke. Nach langem Suchen fand man die versteckten Klöppel. Nun erst konnte man Sturm läuten und Leute zur Verfolgung der Geflohenen aufbieten. Aber diese blieb vergeblich. Mit Gottes Hülfe entging Gertrud den Verfolgern[5]).

Glücklich kehrte sie mit dem geraubten Schatze heim in's Vaterland. Schon war sie dem Endziel der Reise, der Fürstenburg Dankwarderobe,

---

4) Hauptquelle dieser legendenartigen Erzählung ist die Translatio S. Autoris bei Leibnitz, S. R. Br. I, 701, Pertz, M. G. H. XIV, 815 und die auf sie gestützten Berichte des Chron. rhythm. cap. 21, v. 23 sq. bei Leibnitz, S. R. Br. III, 37.

5) Translat. S. Autoris a. a. O.

nicht mehr fern, als ein Wunder geschah. Der Wagen, auf welchem die Gebeine des Heiligen lagen, auf einem wüsten nur mit Buschwerk bewachsenen Hügel an der Ocker angekommen, haftete plötzlich im Boden so fest, daß man ihn trotz aller Anstrengungen nicht von der Stelle bringen konnte. Störrisch stand auch das ermüdete Zugvieh still. Darin erkannte Gertrud die höhere Weisung, daß auf dieser Stelle das Gotteshaus erbaut werden solle; darin den Wunsch Autors, hier seine Ruhestätte zu finden.

Hier also ließ Gertrud den Bau eines Klosters beginnen. Störend mag immerhin der Umstand gewesen sein, daß Braunschweig zu Anfang des Jahres 1115 einmal auf kurze Zeit vom Kaiser Heinrich V. besetzt wurde. Er that dies, da Herzog Lothar und andere sächsische Große den Besuch des Hoftages zu Goslar (Weihnachten 1114) trotz seiner Ladung versäumt und eine feste Stellung bei Walbeck in der Nähe von Helmstedt eingenommen hatten. Aber die Besetzung Braunschweigs scheint nicht lange gedauert zu haben, da den Kaiser die im Anfang des Februars 1115 verlorene Schlacht bei Welpesholt zwang, Norddeutschland zu verlassen[6]). Noch im Laufe des Jahres 1115 ward der von Gertrud begonnene Klosterbau vollendet. So wurde es am 1. September des Jahres 1115 vom Bischof Reinhard von Halberstadt, dessen Diöcese durch die vorbeifließende Ocker begrenzt ward, in Gegenwart Gertruds, ihres Schwiegersohnes, des damaligen Sachsenherzogs Lothar, und seiner Gemahlin Richenza, auch des päpstlichen Legaten Dietrich und einer großen Zahl Geistlicher zur Ehre des Heilandes und der Jungfrau Maria feierlich eingeweiht und Mönchen des Benedictinerordens übergeben[7]). Das neugebaute Kloster stattete Gertrud mit 48 Hufen Landes in Mönche-Vahlberg und Beyerstedt und mit einem Gute in Friesland aus[8]). Erst später ward dasselbe nach den aus Frankreich geholten Gebeinen des heiligen Aegidius das Aegidienkloster

---

6) Annal. Hildeshem. zu 1115 bei Pertz, M. G. H. V, 113, bei Leibnitz, S. R. Br. I, 738: Imperator Bruneswich occupat. Das Chron. Luneburgicum bei Pertz, M. G. H. XVI, 76 verlegt den Angriff des Kaisers auf Braunschweig wohl nur irrthümlich in's Jahr 1114.

7) Urkunde Kaiser Lothars vom Jahre 1134 in Orig. Guelf. II, 519. Translat. S. Autoris a. a. O. Chron. rhythm. cap. 22, v. 29 sq. und cap. 23, v. 95 sq. bei Leibnitz, S. R. Br. III, 38 und 41. Botho zu den Jahren 1111 und 1115 daselbst III, 334.

8) Urkunde Kaiser Lothars vom Jahre 1134 in den Orig. Guelf. II, 519.

genannt, oder wie der Mund des Volkes am Ende des Mittelalters diesen Namen verunstaltete, das Kloster to sunte Ilien.

Etwa zwei Jahre nach der Vollendung des Gotteshauses starb Gertrud am 8. December 1117; ihre Leiche ward in der alten Stiftskirche der Burg Dankwarderode „mit großen Ehren" begraben; ihren Todestag ehrte man durch ein Gedächtniß [9]).

8. Braunschweig kommt an die Welfen.

Wenige Jahre nach dem Tode Gertruds starb 1123 auch ihr jüngster Sohn Heinrich; nun waren ihre beiden Töchter zweiter Ehe, Richenza und Gertrud, die einzigen Erbinnen des brunonischen Besitzes. Gertrud, mit dem Grafen Siegfried von Orlamünde vermählt, stattete ihrer Mutter Stiftung, das hiesige Aegidienkloster, welches ihr in der Erbtheilung zugefallen war, mit 10 Hufen Landes zu Berchem (?) aus, gab demselben in Goswin, den sie aus dem Benedictinerkloster Ilsenburg berief, einen eigenen Abt; ihn weihete zu dieser Würde Bischof Diethmar von Verden [1]). Einige Jahre nachher, jedenfalls vor 1134, nach dem Chron. rhythm. im Jahre 1133, trat sie ihren Erbtheil hier zu Lande tauschweise an ihre Schwester Richenza ab, deren Gemahl Kaiser Lothar dadurch auch in den Besitz von Brunswik und Dankwarderode kam [2]).

Aus der Ehe des Kaisers mit Richenza ging eine Tochter Gertrud hervor. Diese wurde mit Heinrich dem Stolzen, Herzog von Baiern, vermählt, der durch seine Mutter Wulfhilde auch einen großen Theil der billungischen Güter geerbt hatte. Ihn, den mächtigen Welfen,

---

[9]) Memorienregister von St. Blasius p. 72 bei Wedekind I, 434.

[1]) Urkunde Kaiser Lothars von 1134 in Orig. Guelf. II, 520.

[2]) Chron. vetus bei Leibnitz, S. R. Br. II, 16: Cessit eidem Ludero ex uxore sua Rikiza Brunswigk hereditas dignitatis. Chron. rhythm. bei Leibnitz, S. R. Br. III, 42: Dissem forsten (Kaiser Lothar) was ok gebleven to Danckwerderode de herschap, de ome dorch wessel weddergaf Palenzgrevinne Gertrud umme ander lant unde ander gut, do dusent jar dre unde drittich unde hundert van Christi gebort waren gesundert. Auch S. 47: He (Kaiser Lothar) besat algelich de herschap van Brunswich, de war siner frowen eygen.

erhob sein Schwiegervater zum Herzog von Sachsen³), durch des Kaisers Tod ward er auch „Fürst in Braunschweig"⁴). Als Heinrich der Stolze 1139 starb, kam also auch Brunswik, damals noch ein bloßer Ort⁵), an seinen Erben, Herzog Heinrich den Löwen⁶).

---

3) Chron. vetus bei Leibnitz, S. R. Br. II, 16: Gertrudem, filiam suam ex Rikiza, Henrico duci Bavariae dedit, cui et ducatum Saxoniae contulit tunc vacantem. Chron. rhythm. bei Leibnitz, S. R. Br. III, 42: Gerdrut — gaf — ör vader van Beygern hertogen Henrich unde makede öne to Sassenhertoghe. Vergl. Jaffé, Geschichte des deutschen Reichs unter Lothar von Sachsen S. 230 ff.

4) Chron. rhythm. bei Leibnitz, S. R. Br. III, 48: Hertoge Henrich was ok förste in Brunswich.

5) In der Urkunde von 1134 nennt Kaiser Lothar Bruneswich noch einen locus, während er ebendaselbst von dem castrum Tanquarderoth spricht. Orig. Guelf. II, 520.

6) Chron. vetus bei Leibnitz, S. R. Br. II, 16: Henricus Leo, qui ex patre duos ducatus Bavariae atque Saxoniae obtinuit, ex matre proprietatem in Brunswigk possedit. Chron. rhythm. bei Leibnitz, S. R. Br. III, 48: De junge lowe Henrich de ward gebracht to Brunswich — an sine eygene stat.

Zweites Buch.
Das Aufblühen der Stadt unter den älteren Welfen[1].
C. 1150 bis 1299.

1. Braunschweigs Erhebung zur Stadt.

In seiner sechsundfunfzigjährigen Regierungszeit hat Herzog Heinrich der Löwe einen großartigeren Aufschwung Braunschweigs bewirkt, als irgend einer seiner fürstlichen Vorgänger. Nicht nur daß er die Burg Dankwarderode in einen seiner Macht würdigen Fürstensitz umwandelte, auch den Ort Brunswik erweiterte er fast zu seinem nachmaligen Umfange, ließ Kirchen und Kapellen erstehen, verlieh wo auch nicht dem ganzen vorhandenen Orte, doch einzelnen vielleicht besonders dicht bebauten Theilen desselben mit schützenden Mauern ein Stadtrecht und schuf so sein Brunswik zu einer Stadt (civitas) um. War Bruno Gründer des Ortes, so war Heinrich der Löwe der Gründer der Stadt Braunschweig.

Versuchen wir zunächst uns die Gestalt zu vergegenwärtigen, zu welcher der Ort gediehen war, als dieser Wendepunkt seiner Geschichte eintrat. Den Mittelpunkt des Ganzen bildete die Burg Dankwarderode, auf einem unbedeutenden Hügel dicht am westlichen Ufer der Ocker gelegen. Oberhalb und unterhalb derselben umzog der Fluß wohl schon damals mit seinen Armen drei Inseln, oberhalb den Bruch

---

[1] Ribbentrop, S. XIX—LIV.
Lachmann, S. 30—110.
Bogel, S. XV—XXVI.
Assmann, S. 7—20.

und die Damminsel, beide niedrig und morastig. Von jenem ist mit Gewißheit, von dieser mit großer Wahrscheinlichkeit zu sagen, daß sie damals noch ohne Anbau waren. Unterhalb der Burg lag in einiger Entfernung der sumpfige, jener Zeit wohl auch noch unbebaute Werder[2]); rings um die Burg her freie, noch unbebaute Flächen. Auf dem westlichen Flußufer waren bereits mehrfache Ansiedlungen erwachsen, am dichtesten geschlossen wohl in der Umgebung der Ulrichskirche und der uralten Jacobskapelle, der Kern der späteren Altstadt. Anbau darf man wohl auch schon auf dem Areal der nachmaligen Neustadt denken, namentlich in der Nähe der durch Handelsverkehr belebten Kaiser- und Reichsstraße. Auf dem anderen Ufer der Ocker lag südöstlich von der Burg zwischen der Magnikirche und dem Benedictinerkloster die alte Villa Brunswik, nachmals die alte Wik wohl im Gegensatz zur Stadt genannt. Den weiten Raum endlich im Nordosten der Burg deckten sumpfige Niederungen, Wiesen und Buschwerk; von dem dort später erwachsenden Weichbild des Hagens war damals ebenso wenig eine Spur vorhanden, wie von dem noch jüngeren Sack.

Mit Ausnahme der Burg, des Castrums Tanquarberoth, war der ganze Ort noch unbefestigt, ein Mangel, dessen Gefahren sich Herzog Heinrich bereits in den ersten Jahren seiner Herrschaft auf das Eindringlichste darlegten. Während er nämlich 1150, also in einem Alter von einundzwanzig Jahren, in Schwaben um die Wiedergewinnung seines Herzogthums Baiern unglücklich kämpfte, welches von Kaiser Konrad III. an seinen Stiefvater, Heinrich von Oesterreich, vergabt war, faßte sein Gegner, Markgraf Albrecht von Brandenburg, den Entschluß, ihm Braunschweig, den Mittelpunkt seiner sächsischen Allodien, zu entreißen. Von Albrecht und anderen Widersachern Heinrichs gerufen, machte sich auch der Kaiser gegen Ende des Jahres 1150 auf, um an der Belagerung Braunschweigs Theil zu nehmen. Kurz vor Weihnachten erschien er zu Goslar. Damals rettete der Welfe sein Braunschweig durch rasches Handeln. Mit drei treuen Männern begab er sich in Verkleidung auf die mühevolle und gefahrreiche Winterreise. In fünf Tagen erreichte er die Heimath. Seine tiefbetrübten Freunde gewannen dadurch wieder Vertrauen und Muth. Schon näherte sich der Kaiser. Als dieser aber die Nachricht von Heinrichs plötzlicher Rückkehr in seinem

---

2) Er wird 1305 Insula genannt im Degedingbuch der Altstadt I, fol. 33.

1. Braunschweigs Erhebung zur Stadt.

Lager zu Heiningen erhielt, gab er sein Vorhaben auf und kehrte über Goslar in den Süden des Reiches zurück[3]), wo er 1152 starb.

In Folge dieser Begebenheiten wird es geschehen sein, daß Herzog Heinrich eine Befestigung des Ortes als nothwendig erkannte[4]). Gleichzeitig, vielleicht zur Abrundung des zu schirmenden Terrains, scheint er auch zu einer bedeutenden Erweiterung der Anbauten hieselbst Gelegenheit geschafft zu haben. Wenigstens sagt die Reimchronik[5]), Herzog Heinrich habe auch den Raum zum Anbau ausgegeben, welcher der Hagen genannt ward, und habe diesen — wohl nur vorläufig — mit Verhauen und Schlagbäumen befestigen lassen gegen Feinde von Osten und Westen. In welche Zeit der Beginn jener Befestigungsarbeiten und der Anbau im Hagen fällt, giebt das Chron. rhythm. zwar nicht direct an; indessen da es Obiges unmittelbar vor der Erzählung vom Tode Kaiser Konrads III. berichtet, so scheinen jene Begebenheiten in des Kaisers letzte Regierungszeit, etwa in's Jahr 1151 oder 1152 zu gehören. Ein Befestigungswerk von solchem Umfange wird nicht in einem Jahre vollendet. Erst 1166 scheint Graben, Wall und Mauer die Stadt — mit Ausnahme der später befestigten Altenwik — umschlossen zu haben[6]).

In jene Jahre fällt auch Braunschweigs Erhebung zu einer Stadt. Zwar nennt Gerhard, der Propst des benachbarten Klosters Stederburg, Braunschweig erst in seinen Erzählungen zu 1179[7]), 1181,

---

3) Helmold I, 72 bei Leibnitz, S. R. Br. II, 597 und Albert. Stad. zum Jahre 1151 bei Pertz, M. G. H. XVI, 327.

4) Wenn der Reimchronist cap. 29, v. 65 bei Leibnitz, S. R. Br. III, 50 berichtet: Van dissem forsten gar gemeit wart gewidet unde gebreyt de veste to Bruneswich, so kann dies keinen anderen Sinn haben, als daß er Befestigungen, welche bis dahin bloß das Castrum Tanquarberoth schirmten, nun auch zum Schutze des bis dahin offenen Ortes Brunswik errichten ließ.

5) Cap. 29, v. 68 sq. bei Leibnitz, S. R. Br. III, 50.

6) Albert. Stad. zum Jahre 1166 bei Pertz, M. G. H. XVI, 345 sagt: Henricus dux urbem fossa et vallo circumdedit. Ihm schließen sich die Quellen des funfzehnten Jahrhunderts an. Das Chron. Luneburg. bei Leibnitz, S. R. Br. III, 173 bemerkt zum Jahre 1166: unde leth de stad mit daren (doren) unde graven bevesten. Die niedersächsische Chronik bei Abel S. 142 berichtet zum Jahre 1166: unde leyt den Haghen to Brunswick bemuren unde bevesten to eyner stad. Botho dagegen bei Leibnitz III, 349 sagt erst zum Jahre 1172: Ock so leyt he begraven unde bemuren den Haghen to Brunswik.

7) Pertz, M. G. H. XVI, 214.

1187 und 1189⁸) eine Stadt (civitas). Eine andere noch einige Decennien ältere Quelle⁹), die bis zum Jahre 1182 hinabreicht, spricht zum Jahre 1182 von der civitas Brunswich. Aber zwei Urkunden des Stadtarchivs erweisen ein höheres Alter der Stadt. Dem Hagen gab Herzog Heinrich der Löwe „seit der anfänglichen Begründung dieses Weichbildes" Rechte und Freiheiten¹⁰), welche die von Herzog Otto dem Kinde bestätigte Urkunde anzugeben behauptet. Daß diese Verleihung des Weichbildrechts wirklich zu der Zeit geschehen sei, als Herzog Heinrich „den Hagen zu gründen und zu erbauen begann," bestätigt Herzog Albrecht der Große in einer Urkunde vom Jahre 1268¹¹) und beruft sich dabei auf die Aussagen der seniores ac discreti de Indagine. Wenn demnach der Hagen sein Recht bei seiner ersten Begründung, also bald nach 1150 erhielt¹²), so muß die Stadt im engeren Sinne des Wortes, d. h. die Altstadt, von welcher sich erst im Anfange des dreizehnten Jahrhunderts die Neustadt absonderte, ihr Recht noch früher erhalten, muß es wenigstens um 1150 bereits vor dem Hagen besessen haben, da sie diesem Weichbild im Range stets voranging. Jenen beiden urkundlichen Zeugnissen zufolge haben wir also Braunschweig etwa seit der Mitte des zwölften Jahrhunderts für eine Stadt im rechtlichen Sinne des Wortes zu halten, die damals aus den beiden Weichbildern Stadt oder Altstadt und Hagen bestand. In einer Urkunde Heinrichs des Löwen¹³) vom Jahre 1175 finden wir zuerst die den Umständen längst entsprechenden Worte: Actum in Bruneswich, in civitate nostra.

8) Pertz, M. G. H. XVI, 214. 220. 222.
9) Ann. S. Petri Erphesfordenses bei Pertz, M. G. H. XVI, 25.
10) Jur. Ind. Eingang: Notum sit, ... quod hec sunt jura et libertates Indaginis, quas burgenses a prima fundatione ipsius civitatis ab illustri viro Heinrico duce Saxonie atque Bawarie obtinuerunt.
11) Urkunde Herzog Albrechts von 1268 (Stadtarchiv Nr. 16): Dum Henricus, dux Bawarie atque Saxonie Indaginem Brunswich primo fundaret et construeret ac ei jura burgimundii et libertates daret.
12) Wenn die in den Jura et libert. §. 11 schon erwähnte St. Katharinenkirche den Quellen des funfzehnten Jahrhunderts zufolge wirklich erst um 1166 oder 1172 gegründet ist, so muß der betreffende Satz erst bei der Bestätigung durch H. Otto hinzugefügt sein. Spuren solcher späteren Hinzufügung sind auch in §. 15, vielleicht auch in §. 16 zu erkennen.
13) Urkunde in Orig. Guelf. III, 530.

1. Braunschweigs Erhebung zur Stadt. 63

Alle anderen Beweise, die für die städtische Berechtigung Braunschweigs im Anfang der zweiten Hälfte des dreizehnten Jahrhunderts hier und da vorgebracht sind, sind als ungenügende zu erachten. So z. B. der Bericht Alberts von Stade [14]) zum Jahre 1166, daß Heinrich der Löwe die urbs mit Wall und Graben umgeben habe, beweist nichts; denn daß jener Schriftsteller urbs in gleichem Sinne mit civitas zur Bezeichnung einer Stadt gebrauchte, läßt sich nicht darthun. Jenen Ausdruck gebrauchen aber Schriftsteller, die um 1200 schrieben, auch zur Bezeichnung bloßer Burgen [15]), die niemals Stadtrecht besaßen. Vögte von Braunschweig können wir seit 1147 nachweisen [16]). Aber auch das beweist für Braunschweigs Eigenschaft als Stadt nichts; denn Vögte haben auch Klöster und Orte, welche kein Stadtrecht besaßen. Auch der 1157 hier nachweisliche Marktverkehr und die damals erwähnten cives in vicinia S. Michaelis, quae est in Brunswik [17]) erweisen nicht, daß Braunschweig damals Stadt war. Denn Märkte und Marktverkehr finden wir auch in Flecken und Villen, cives aber sogar in Dörfern des flachen Landes [18]). Endlich ist noch zu erwähnen, daß die civitas Bruneswich in den der Lebensbeschreibung des heiligen Bernward angehängten Wundererzählungen vorkommt [19]). Diese sind zum größten Theil [20]) schon im Anfang des zwölften Jahrhunderts geschrieben; diejenige aber, in welcher der civitas Bruneswich gedacht wird, gehört als eins der sechs letzten Mirakel späterer Zeit an.

Als Herzog Heinrich der Löwe Braunschweig also zur Stadt erhob, hat er es auch mit Stadtrecht begabt. Das dem Hagen verliehene Recht kennen wir zwar nicht aus der ursprünglichen Verleihungsurkunde Hein-

---

[14]) Pertz, M. G. H. XVI, 345.
[15]) Das Castrum Harzburg heißt z. B. gleich der Burg Lichtenberg urbs in den Annal. Palidenses zum Jahre 1180 bei Pertz, M. G. H. XVI, 95 und in den Annal. S. Petri Erphesford. zum Jahre 1180 daselbst 25.
[16]) Urkunde bei Falcke, Trad. Corb. 766.
[17]) Urkunde von 1157 in Rehtmeier, Kirchenhistorie Suppl. 52.
[18]) Z. B. in einer Urkunde der Herzöge Albrecht und Otto vom Jahre 1317 werden Bewohner des Dorfes Ballstädt genannt cives ejus villae Valstede, Rehtmeier, Kirchenhistorie I, Beilage 8.
[19]) Miracula S. Bernwardi Nr. 22 bei Pertz, M. G. H. VI, 786 und bei Leibnitz, S. R. Br. I, 468: Qui (miles quidam Herebordus de villa Horhusen) postmodum alterius causae occasione Bruneswich civitate consistens etc.
[20]) Nämlich die unter Nr. 1—19 mitgetheilten.

richs des Löwen, sondern nur aus dem Document, in welchem Herzog Otto das Kind jene Rechte durch Besiegelung bestätigt[21]). Der Inhalt jener Jura et libertates Indaginis bezieht sich zum großen Theil auf Rechtsverhältnisse; er betrifft einzelne Punkte des Civil-[22]) und Criminalrechts[23]); aus ihm ersehen wir ferner, daß Ocker, Aller und Weser schon im zwölften Jahrhundert als Verkehrsweg zwischen hier und Bremen benutzt wurden und daß hiesige Kaufleute in Lüneburg und anderen Orten unter welfischer Jurisdiction Handel trieben[24]). Hinsichtlich der städtischen Verfassung verordnet §. 15, daß die Bürger die Angelegenheiten ihres Weichbildes durch Rathsherren (consules) verwalten und ordnen lassen durften. Aus §. 4 ersieht man, daß sie durch einen von ihnen aus der Bürgerschaft gewählten Vorsteher (advocatus) die Gerichtsbarkeit unter der Oberaufsicht des herrschaftlichen Gerichtsbeamten (judex) mit ausübten und von eingenommenen Gerichtsgeldern ein Drittel an die herrschaftliche Curie ablieferten, während zwei Drittel dem Weichbild zu Gute kamen. Die Bürger wählen nach §. 12 den Priester an ihrer Pfarrkirche selbst und dürfen die in ihre Gemeinschaft aufnehmen, welche Jahr und Tag hier gewohnt haben, ohne als Hörige in Anspruch genommen zu sein (§. 9).

Diese Rechte und Freiheiten des Hagens haben um die Mitte des zwölften Jahrhunderts aller Wahrscheinlichkeit nach auch den Bürgern der älteren Altstadt wohl in Folge fürstlicher Verleihung bereits eine Zeitlang zugestanden. Nur was sich dort bewährt und als förderlich erwiesen hatte, mag Heinrich auch dem jüngeren zweiten Weichbild gewährt haben, um so mehr, damit der Stadt, welche gemeinsame Befestigung äußerlich zu einem Ganzen verband, auch die innere Einheit nicht fehle. Ist diese Voraussetzung richtig, so gewinnt das Hägener Weichbildrecht noch an Bedeutung, insofern wir aus demselben nicht bloß das Recht eines Weichbildes, sondern das der Stadt, soweit sie unter Heinrich dem Löwen reichte, und somit den ursprünglichen aus

---

21) Fehlerhaft ist der Abdruck in Sack, Alterth. S. 88; richtig der im Programm des Obergymnasiums von 1857, S. 31; diplomatisch genau der in den Urkunden und Statuten der Stadt Braunschweig S. 2.
22) §. 10. 11. 13. 14.
23) §. 5. 6. 7. 8.
24) §. 2. 3. 16.

dem zwölften Jahrhundert stammenden Kern des gesammten städtischen Rechts hieselbst kennen lernen [25]).

2. Die Stadt unter Herzog Heinrich dem Löwen.

Die Sicherheit der in den Jahren c. 1151—1166 befestigten Stadt, ihr mehr und mehr erblühender Handel, die Möglichkeit, hier die Früchte eigener Arbeit unverkümmert durch grundherrliche Bedrückung zu genießen, und überhaupt die mannigfachen Begünstigungen, welche das Weichbildsrecht gewährte, haben auch in Braunschweig einen raschen Zuwachs der Bevölkerung veranlaßt. Daß sich schon seit der Mitte des zwölften Jahrhunderts die leeren Räume innerhalb der Mauern allmälig mit neugebauten Wohnungen füllten, ist aus dem Entstehen neuer Pfarrkirchen zu schließen. Zu den beiden ältesten, St. Magnus und St. Ulrich, die aus dem elften Jahrhundert stammen, kam 1157 zunächst eine dritte, die zu St. Michaelis, gleich der Ulrichskirche und der Jacobskapelle in der Altstadt belegen. Ein Bürger Benbarz schenkte damals sein Grundstück, damit auf demselben der Bau der Kirche begonnen würde; die Nachbarn und andere fromme Christen gaben Beisteuern an Geld, Grundstücken und sonstigem zinstragenden Gut, kauften auch zwei Hufen Landes zur Dotation der Kirche und zur Erhaltung eines Priesters, dessen Erwählung sie sich als ihr Recht vorbehielten [1]).

Wie die Entstehung der Michaeliskirche auf fortschreitenden Anbau in der Altstadt schließen läßt, so soll nach Bothos [2]) Bericht der Anbau auch im Hagen um diese Zeit sich allmälig weiter ausgedehnt haben. An die Stelle der unwirthlichen Niederungen sollen dort in

---

[25]) Ob auf jene in der Sache begründete Vermuthung auch das von Herzog Otto dem Kinde bestätigte Stadtrecht hinleitet, wenn es §. 60 sagt: Alsogedan recht alse de borgere von Bruneswich hadden bi unses alden herren tiden an lande unde an watere, dat selve recht hebbe we nu von unses herren genaden lassen wir dahin gestellt. Denn mit dem Recht an „Land und Wasser" scheint uns das Stadtrecht nicht bezeichnet zu sein.

1) Stiftungsurkunde bei Rehtmeier, Kirchenhistorie Suppl. S. 52.
2) Botho zu 1172 bei Leibnitz, S. R. Br. III, 349.

wachsender Anzahl Häuser, umgeben von Gärten, Baumpflanzungen und Höfen getreten, auch ein Markt und einzelne Burghöfe entstanden sein (entele borchgeseten). Dies ist an sich nicht unglaublich, zumal wenn man die weitere Entwicklung bedenkt, welche der Hagen noch unter Heinrich dem Löwen genommen hat. Die Zuverlässigkeit der weiteren Angaben Bothos, der Markt im Hagen habe damals der Holzmarkt geheißen, es seien bereits der Werber, der Tempelhof, der Ritterborn und der graue Hof vorhanden gewesen, muß dahin gestellt bleiben[3]). Bedurfte es noch äußerer Anstöße, um Heinrich zu kräftiger Förderung der städtischen Geschlossenheit des erblühenden Braunschweigs zu bewegen, so mögen solche von jener mächtigen Verbindung ausgegangen sein, zu welcher 1166 meistens sächsische Fürsten und Bischöfe zusammentraten, um die Abwesenheit Friedrichs I. in Italien zur Demüthigung des siegberühmten, gefeierten Herzogs von Sachsen und Baiern zu benutzen[4]). In das Jahr 1166 setzt denn auch Albert von Stade[5]) die Befestigung der urbs Braunschweig und erzählt in unmittelbarem Zusammenhange damit die Errichtung jenes ehernen Löwenbildes im Hofe der Burg Dankwarderode, welche schon von den Alten verschieden gedeutet wurde[6]). — Diesen Gefahren aber folgen,

---

3) Der graue Hof erhielt seinen Namen wohl erst nach der Erwerbung desselben durch die Mönche zu Ribbagshausen im Jahre 1268.

4) Helmold, Buch 2, cap. 7 bei Leibnitz, S. R. Br. II, 623.

5) Pertz, M. G. H. XVI, 345.

6) Albert. Stad. a. a. O.: Henricus dux supra basin erexit leonis effigiem et urbem fossa ac vallo circumdedit. Damit übereinstimmend erzählt das Chron. rhythm. cap. 31, v. 110 bei Leibnitz, S. R. Br. III, 54: Ok heit he van metall eynen lauwen gheten van richer kost, den he leit setten up eynen post van steine wol gehowen. Die Excerpta Blas. Leibnitz, S. R. Br. II, 61 stimmen fast wörtlich mit Albert von Stade überein. Lerbeccii Chron. Schauenburg. zum Jahre 1164: Henricus Leo super basin erexit leonis aerei effigiem in Brunswick tanquam colossum suum, cum ipse Leo vocaretur. Vergl. noch Chron. Luneb. Leibnitz, S. R. Br. III, 173, die niedersächsische Chronik bei Abel, S. 142. Stadtweg zum Jahre 1166 bei Leibnitz, S. R. Br. III, 271. Catal. Episc. Hildeshem. zum Jahre 1166 bei Leibnitz, S. R. Br. II, 153. Botho (Leibnitz, S. R. Br. III, 348) und die Membrana Blasiana (Leibnitz, S. R. Br. III, 148) erzählen die Errichtung des Löwen erst zum Jahre 1172. Der Zweck der Errichtung ist den Alten nicht klar. Der Reimchronist sagt, Heinrich habe den Löwen aufstellen lassen nach sines namen schine unde art; der noch jüngere Lerbecke erzählt, Heinrich habe das Bild des ehernen Löwen hier errichtet tanquam colossum suum, cum ipse Leo vocaretur.

2. Die Stadt unter Herzog Heinrich dem Löwen.

namentlich seitdem Heinrich aus dem gelobten Lande heimgekehrt war und seine zweite Gemahlin Mathilde mit ihrem erstgeborenen Töchterlein Richenza vorfand, wohlerkennbar Jahre der rührigsten Thätigkeit für den inneren Ausbau Braunschweigs, zunächst der Gebäude in seiner Fürstenburg Dankwarderode.

Um die aus dem Orient mitgebrachten kostbaren Reliquien[7] in einem würdigen Gotteshause niederlegen zu können, ließ er das alte unansehnliche Burgstift abbrechen und auf der Stelle, wo es gestanden, den Bau einer neuen stattlichen Stiftskirche im byzantinischen Stile 1173 beginnen[8], deren Chor im Jahre 1188 so weit fertig wurde, daß der Hochaltar vom Bischof Adelhog von Hildesheim der Jungfrau Maria geweiht werden konnte[9]. Die Vollendung der Kirche nach dem von ihm beliebten Entwurfe erlebte Heinrich freilich nicht[10]; erst 1227 erfolgte die Weihe des gesammten Gotteshauses durch den Bischof Conrad von Hildesheim[11]. Dennoch hat Heinrich noch selbst die fertigen Theile der Kirche mit jenem herrlichen siebenarmigen Candelaber geziert[12], der jetzt auf dem Chor der Burgkirche steht, auch mit reichen Reliquienschätzen, in Gold, Silber und Edelstein gefaßt, und mit herrlichen aus mitgebrachten morgenländischen Kleidern gefertigten Meßgewändern ausgestattet[13].

Wahrscheinlich um während des Baues der Stiftskirche, der wohl auf mehrere Decennien berechnet war, in der Burg nicht ohne Kirche zu sein, ließ Heinrich in der Nähe seines dortigen Palastes eine Doppelkapelle erbauen. Das Chron. rhythm.[14] benennt dieselbe nach

---

7) Abbildungen und Beschreibungen der merkwürdigsten finden sich in den Orig. Guelf. III, 80 sq.

8) Chron. rhythm. cap. 31, v. 27 sq. bei Leibnitz, S. R. Br. III, 52. Chron. Luneb. daselbst III, 173. Tabula Blasiana daselbst III, 148. Botho zum Jahre 1172 daselbst III, 348.

9) Excerpta Blas. zu 1188 bei Leibnitz, S. R. Br. II, 61. Catal. Episc. Hildesheim. zu 1188 bei Leibnitz, S. R. Br. II, 154.

10) Arnold. Lubec. I, 12 bei Leibnitz, S. R. Br. II, 637: ecclesia beati Blasii, quam tamen adversitatibus succedentibus .... ad libitum non consummavit.

11) Excerpta Blas. zu 1227 bei Leibnitz, S. R. Br. II, 61.

12) Chron. rhythm. cap. 31, v. 92 bei Leibnitz, S. R. Br. III, 53.

13) Arnold. Lubec. I, cap. 12 bei Leibnitz, S. R. Br. II, 637.

14) Cap. 31, v. 103 bei Leibnitz, S. R. Br. III, 54.

dem heiligen Georg; die Tabula Blasiana ¹⁵) spricht von zwei Kapellen, St. Jurgen unde St. Gertruden; nach dem Shigtbok ¹⁶) und Botho ¹⁷) war es eine Doppelkapelle, eyn boven der andern; Patron der oberen war St. Georg, die untere war der heiligen Gertrud geweiht. Dieser Bau stand nach Bothos Angabe „nahe bei dem Dome". Die auf der Bibliothek zu Wolfenbüttel befindliche Ansicht der Stadt vom Jahre 1547 zeigt noch das Thürmchen, womit diese Kapelle, dort St. Jürgen genannt, versehen war, und zeigt, daß sie nördlich vom Dom, also dicht am alten Fürstensitze, der jetzigen Burgcaserne, gestanden habe. Wahrscheinlich war es ein Bau, wie deren namentlich in Burgen und Pfalzen gewöhnlich neben größeren Kirchen vorkommen. Sie waren, wie es scheint, für den Privatgottesdienst der fürstlichen Herrschaft bestimmt; während diese im oberen Raume dem Gottesdienste beiwohnte, befand sich im unteren, der vermittelst einer Oeffnung in der Decke mit der oberen Kapelle in Verbindung stand, die Hofdienerschaft ¹⁸).

Ferner soll Heinrich der Löwe damals bemüht gewesen sein, seine Residenz, die Burg Dankwarderobe, in würdigen Stand zu bringen. Die einfache Wohnung der brunonischen Grafen mochte dem mächtigen Herzog von Sachsen und Baiern, welcher die herrlichen Bauwerke alter Kunst in Südeuropa, in Italien und dem griechischen Reiche geschaut und an ihnen seinen Geschmack geläutert hatte, nicht mehr genügen. Ein neues Schloß (de pallas) erhob sich auf der Stelle des alten Burgsitzes, daneben ein Küchenhaus mit den nöthigen Nebengebäuden (dat moyshus) ¹⁹).

Auch die Stadt ²⁰) selbst hatte sich noch ferner der Lust ihres Herzogs am Gründen und Schaffen zu erfreuen. Damals soll er zunächst im Weichbild des Hagens die St. Katharinenkirche haben erbauen lassen. So berichten Quellen des funfzehnten Jahrhunderts ²¹); ihre

---

15) Leibnitz, S. R. Br. III, 148.
16) S. 248 der Ausgabe von Scheller.
17) Zum Jahre 1172, Leibnitz, S. R. Br. III, 348.
18) Schiller, Die mittelalterliche Architektur Braunschweigs, S. 15, Anm. 1.
19) Chron. rhythm. cap. 31, v. 104 bei Leibnitz, S. R. Br. III, 54 und Botho zum Jahre 1172 daselbst 348.
20) Tabula Blasiana bei Leibnitz, S. R. Br. III, 148: Anno 1172 hefft hertoge Hinrik .... sambt anderen drepeliken gebuweten dusser stad angerichtet.
21) Die niedersächsische Chronik bei Abel S. 142 erzählt zum Jahre 1166 von

2. Die Stadt unter Herzog Heinrich dem Löwen.

Berichte finden in der Erwähnung dieser Kirche in den Rechten und Freiheiten (§. 11), mit denen Heinrich den Hagen begabt hat, keine volle Bestätigung. Denn jener Satz könnte gleich einem anderen (§. 15) erst in der Zeit Ottos des Kindes hinzugefügt sein; auf ihn läßt sich also ein Beweis für das Bestehen jener Kirche unter Heinrich dem Löwen nicht gründen [22]).

Sicherer begründet ist, daß das St. Nicolaus geweihete Kirchlein, welches am östlichen Ende des Dammes nicht fern von der Stobenbrücke stand, vor dem Jahre 1178 gegründet sei, da dasselbe in diesem Jahre bereits urkundlich [23]) erwähnt wird. Es war damals Pfarrkirche für einen Theil der alten Wik und stand unter dem Patronat der Benedictiner von St. Aegidien. Wer es gegründet hat, ist nirgend überliefert.

Andere Bauten werden Heinrich entschieden ohne Grund zugeschrieben. Rehtmeier erzählt in der Kirchenhistorie der Stadt Braunschweig I, 118: Heinrich der Löwe habe nach dem Abbruch der alten Stiftskirche in der Burg, „damit er dem heiligen Petro an seiner Ehre und Heiligkeit keinen Abbruch thun möchte, eine neue Kirche in der alten Stadt wieder aufbauen lassen", welche dann dem Apostel Petrus geweiht worden sei. Das bezeugt aber keine mittelalterliche Quelle. Daß die Petrikirche zur Zeit des Pfalzgrafen Heinrich (1195—1227) vorhanden war, zeigt das von diesem Fürsten besiegelte Inventarium der Güter des Cyriacusstiftes [24]), wonach demselben das Patronat der Petri-

---

Herzog Heinrich dem Löwen: he leyt den Haghen to Brunswick bemuren unde bevesten to eyner stad unde leyt darin buwen S. Katerinen kercken. Dasselbe berichtet Botho bei Leibnitz, S. R. Br. III, 349 zum Jahre 1172: Ock so leyt he begraven unde bemuren den Hagen to Brunswick, unde buwede dar eyne kercken in de ere S. Katherina. Danach könnte der Bau der Kirche 1166 begonnen und um 1172 bei Heinrichs Rückkehr aus dem gelobten Lande vollendet sein.

22) Das erste sichere Zeugniß ihres Bestehens gehört dem Jahre 1224 an; damals wird urkundlich in den Orig. Guelf. III, 698 als ihr plebanus ein gewisser Henricus erwähnt.

23) Urkunde P. Alexanders III. von 1178 in Rehtmeiers Kirchenhistorie I, Beilage S. 38: Ecclesiam S. Magni et ecclesiam S. Nicolai in eodem vico (Brunswich) cum earum parochiis et dotibus. Mit dem vicus Brunswich, in welchem nach der Urkunde auch das Aegidienkloster liegt, ist die alte Wik gemeint.

24) Orig. Guelf. III, 608 sq.

kirche zustand. Von ihrer Gründung berichtet das Shigtbok S. 249: Sie sei gebaut „for de kapellen, de up der borg avgebroken ward, dar S. Blasii dom itsund stait"; aber von einer Erbauung durch Heinrich den Löwen steht dort kein Wort.

Auch die Erbauung der Paulskapelle schreibt Rehtmeier[25]) Herzog Heinrich dem Löwen zu. „Nach einer alten wahrscheinlichen Tradition" soll er diese Kapelle, die bis 1791 auf dem Martinikirchhofe stand, „damit dem Apostel Paulus durch den Abbruch des Burgstifts nichts von seiner ihm in jener Kirche erwiesenen Ehre abginge, diesem heiligen Paulo zu Ehren haben einweihen lassen." Diese Kapelle muß um die Mitte des dreizehnten Jahrhunderts vorhanden gewesen sein; denn damals nannte sich nach ihr die sicherlich in ihrer Nähe wohnhafte Familie ad sanctum Paulum, die späteren Pawel. Das älteste bis jetzt bekannte Mitglied dieser Familie Jordanus ad S. Paulum kommt 1253 vor[26]). Aber die Erbauung der Paulskirche durch Herzog Heinrich den Löwen läßt sich ebensowenig erweisen, als jenes Motiv ihrer Gründung.

Was Botho[27]) berichtet: Dusse Hagen wart eyn sunderlike stad unde heyt in dem Hagen by Brunswick, ist im Allgemeinen vollkommen richtig; nur gehört diese Notiz nicht in's Jahr 1172, sondern in eine frühere Zeit, wie Urkunden meldeten. Beachtenswerth sind auch die Worte, mit denen Botho an jener Stelle noch sagt, der Hagen sei damals to den anderen wickbelden gelacht. Verdienen diese Worte Glauben, so würde aus ihnen folgen, daß es damals wenigstens schon zwei andere Weichbilder gab, die natürlich als solche auch städtische Rechte haben mußten. Die damals bereits vorhandene Altewik erhielt das Weichbildsrecht wahrscheinlich erst bei oder nach ihrer Ummauerung, die in Folge der Belagerung des Jahres 1200 vorgenommen ward; sie kommt also hier nicht in Betracht, ebensowenig der Sack, welcher erst im dreizehnten Jahrhundert entstand; demnach müßten jene beiden anderen Weichbilder, zu denen der Hagen 1172 gelegt sein soll, nothwendig Alt- und Neustadt sein. Aber es ist eben nur Botho, auf dessen schwache Autorität jener Schluß sich stützen könnte. Daß die Neu-

---

25) Kirchenhistorie I, 119 ff.
26) Sack, Das Altstadtrathhaus zu Braunschweig S. 5.
27) Leibnitz, S. R. Br. III, 349.

2. Die Stadt unter Herzog Heinrich dem Löwen.

stadt (nova civitas) zuerst 1257 urkundlich erwähnt wird [28]), soll nicht gegen ihn angeführt werden; denn sie konnte ja längst als Weichbild vorhanden sein, ehe sie gelegentlich einmal in einer Urkunde genannt ward. Wenn in Urkunden von 1231 [29]) und 1245 [30]) von Bürgern und Gewerken der Altstadt (antiqua civitas) die Rede ist, so muß wenigstens damals auch eine Neustadt bestanden haben, deren Pfarrkirche zu St. Andreas in jener Zeit nachweislich auch schon im Stande war. Aber ein anderer gewichtiger Umstand spricht gegen Botho und verbietet, die Neustadt schon 1172 als Weichbild anzusehen. Die Rangordnung der städtischen Weichbilder war, so lange wir sie beobachten können, folgende: Altstadt, Hagen, Neustadt, Altewik, Sack. Daß sie sich nicht auf das Alter des Anbaus gründete, erhellt sogleich, da der jüngere Hagen der älteren Altenwik vorangeht; daß sie sich auch nicht auf die Lage der Weichbilder gründet, zeigt ein Blick auf die Karte. Die Stelle, an der Altewik und Sack erscheinen, macht es sehr wahrscheinlich, daß dieser Rangordnung nichts Anderes zu Grunde liegt, als die Zeitfolge, in welcher die Begabung mit Weichbildsrecht geschah. Demnach müßte die Neustadt nach dem Hagen und vor der Altenwik in die Reihe der städtischen Weichbilder aufgenommen sein. Eine genauere Bestimmung der Zeit ist nicht möglich.

Die wachsende Kraft Braunschweigs und die dankbare Anhänglichkeit seiner Bürger, auf welche Heinrich so gegründetes Anrecht hatte, bewährte sich in den schweren, drangvollen Zeiten, als sich der Zorn Barbarossas über den vielfach Beneideten und Gefürchteten entlud. Während der Kaiser 1180 im Anfang des August das Castrum Lichtenberg einnahm [31]), lagerten in der Nähe von Braunschweig die Erzbischöfe von Cöln und Trier nebst den Bischöfen von Hildesheim, Minden, Paderborn, Osnabrück und Münster sammt vielen meist westfälischen Grafen, wie es scheint, ohne bedeutende Erfolge zu erringen. Denn während eine vom Erzbischof Philipp von Cöln in expeditione Saxonica prope Brunswich ausgestellte Urkunde [32]) sie noch am 10. August in jener Stellung nachweist, werden sie bereits für den 15. August

---

[28]) Pistorius, Amoen. VIII, 2345.
[29]) Sack, Alterthümer S. 100. Taf. 12.
[30]) Braunschweigische Anzeigen 1757, S. 1510.
[31]) Chron. Pegav. bei Mencken, S. R. G. III, 147.
[32]) Orig. Guelf. III, 554.

nach der Pfalz Werla bei Schladen zu jenem Fürstentage beschieden, auf welchem der Kaiser, und nicht vergebens³³), an die Edeln des Landes seine Aufforderung zum Abfall von ihrem welfischen Herrn ergehen ließ.

Auch im folgenden Jahre 1181³⁴) kamen die Feinde Heinrichs des Löwen wieder in die Nähe von Braunschweig. Der Kaiser selbst wollte dem Anfangs angeblich nach Braunschweig³⁵), dann in seine überelbischen Lande geflohenen Löwen folgen; der gefürchtete Erzbischof Philipp von Cöln mit anderen Fürsten geistlichen und weltlichen Standes blieb an der Ocker zurück, lagerte sich bei Leiferde in der Nähe von Steberburg und beobachtete von da aus Braunschweig, um alle Ausfälle der Kriegsleute des Herzogs zu verhüten³⁶). Die Belagerung, wenn man dies Verfahren mit Gerhard von Steberburg so nennen will, dauerte vom 13. Juli, dem Margarethentage, bis an's Ende des Monats August³⁷), unter Drangsalen für das offene Land, welche das nahe Kloster Steberburg nur zu schwer empfand. Am 31. August führte dann aber der Kaiser selbst nach der Heimkehr aus den Elbgegenden sein Heer gegen das feste Braunschweig, doch vergeblich; er hob die Belagerung auf, als er gegen die „tapfer widerstehenden Bürger Nichts ausrichtete"³⁸).

Freilich konnte Braunschweigs treues Ausharren das Schicksal seines

---

33) Arnold. Lubec. II, 31 bei Leibnitz, S. R. Br. II, 648. Auch Godefrid. Colon. und die Annal. Palid. bei Pertz, M. G. H. XVI, 95 erzählen dies zum Jahre 1180.

34) Ueber die Jahresbestimmung siehe Böttiger, Heinrich der Löwe, S. 370. Nr. 423.

35) Sigeb. Gemblac. contin. Aquicinctina (1179—1237) ad 1181 bei Pertz, M. G. H. VIII, 419: Fridericus .... Henricum in quandam insulam, que Brunswich lingua Saxonica nuncupatur, fugere compulit.

36) Gerhard. Stederburg. bei Leibnitz, S. R. Br. I, 860 und bei Pertz, M. G. H. XVI, 214. Vergl. noch Arnold. Lubec. II, 34 bei Leibnitz, S. R. Br. II, 650. — Annal. Pegav. zum Jahre 1181 bei Pertz, M. G. H. XVI, 265: destinantur juxta Brunisvich, ne qua excursio fieret a militibus ducis. — Godef. Colon. zum Jahre 1181. — Annal. Palid. ad 1181 in Pertz, M. G. H. XVI, 96: Coloniensi presule cum aliis episcopis ad coercendos eos, qui duci favebant, prope Bruneswich relicto.

37) Gerhard. Stederb. a. a. O.: a festo b. Margarethae ....; in vigilia b. Aegidii terga vertentes castra moverunt.

38) Otto de S. Blasio cap. 24: (Imperator) deinde contra civitatem munitissimam Brunswich aciem dirigens eam obsedit, civibusque acriter resistentibus cum minime proficeret ...., soluta obsidione discedit. Die Annal. Egmundani, welche bis 1205 reichen, bei Pertz, M. G. H. XVI, 469, erzählen dies ganz ungenau, fälschlich schon zum Jahre 1178. Vergl. Chron. Urspergense p. 227.

erlauchten Herrn nicht abwenden, zumal da nach dem Verluste der beiden Herzogthümer Sachsen und Baiern, welcher die Folge seiner Aechtung war, der Kampf gegen den Kaiser und die zahlreichen Gegner ein hoffnungsloser sein mußte. So beschloß Heinrich, Friedrichs I. Gnade anzuflehen. Um die Mitte des Novembers 1181 [39]) erschien er auf des Kaisers Gebot zu Erfurt. Dort unterwarf er sich, wie Arnold von Lübeck erzählt [40]), ganz der Gnade des Kaisers und fiel ihm zu Füßen. Dieser erhob und küßte ihn mit bethränten Augen, konnte ihn aber in den Besitz der verlorenen Würden und Länder nicht wieder einsetzen, da er den durch Heinrichs Fall erhöheten Fürsten bei seines Reiches Thron geschworen hatte, den Gestürzten ohne ihre Einwilligung nicht wieder in seine frühere Stellung zu erheben. Das Einzige, was Heinrich erlangte, war des Kaisers Zusage, daß er, wahrscheinlich unter Enthebung aus der Reichsacht, alle sein Erbgut, namentlich die Städte Braunschweig und Lüneburg [41]), frei und ohne Widerspruch besitzen solle, wenn er auf drei Jahre das Land verlassen wolle [42]). Heinrich mußte sich fügen. Er verließ die Heimath und zog mit Weib und Kindern zu seinem Schwiegervater, König Heinrich II. von England, bei welchem er drei Jahre, 1182—1185, zubrachte [43]).

Als die Zeit der Verbannung verlaufen war, kehrte Heinrich 1185 heim in's Vaterland. Damals hielt er sich meist bei seiner Gemahlin Mathilde und seinen Söhnen in der Burg zu Braunschweig auf, zufrieden mit seinen Erbgütern, die doch zum großen Theil von seinen Geg-

---

39) Ueber die Zeitbestimmung s. Böttiger, S. 376. Nr. 430. Die Annal. S. Petri Erphesford. in Pertz, M. G. H. XVI, 25 setzen diesen Reichstag in das Jahr 1182. Dagegen Albert. Stad. in's Jahr 1181, Pertz, M. G. H. XVI, 349.

40) Arnold. Lubec. II, 36 bei Leibnitz, S. R. Br. II, 652.

41) Annal. S. Petri Erphesford. ad 1182 in Pertz, M. G. H. XVI, 25: duas tantum civitates, quarum una Bruniswik, alia Luoneburk .... Augusti clementia concedente recepit.

42) Arnold. Lubec. a. a. O.: Hoc tamen circa ipsum dispensatum est, ut patrimonium suum, ubicunque terrarum fuisset, sine omni contradictione liberrime possideret. Dux vero per triennium terram abjuravit, ut infra tempus id terram suam non intraret, nisi per imperatorem revocatus. Gobel. Persona Cosmodr. 6, cap. 60 nennt Braunschweig unter den Heinrich gelassenen Besitzungen.

43) Arnold. Lubec. II, 36 am Ende bei Leibnitz, S. R. Br. II, 653. Orig. Guelf. III, p. 118. §. 100 und p. 122. §. 107. Nach den Annal. Palid. ad 1182 bei Pertz, M. G. H. XVI, 96 reiste Heinrich am 25. Juli ab.

nern in Besitz genommen waren. Er schickte sich in Geduld, bessere Zeiten erwartend, auf welche selbst der Kaiser ihn in Briefen öfters vertröstete⁴⁴).

Das Jahr 1189 brachte neue Kämpfe, in denen auch der Stadt Braunschweig abermals ihre Rolle zugewiesen war. Ehe Kaiser Friedrich I. den Kreuzzug antrat, von welchem keine Heimkehr ihm beschieden war, hatte Heinrich nach Beschluß der auf dem Reichstage zu Goslar⁴⁵) im August 1188 versammelten Fürsten sich einer zweiten Verbannung unterworfen⁴⁶). Aber treulos benutzten die Feinde seine und des Kaisers Abwesenheit, um plündernd über die welfischen Güter herzufallen. Der Tod seiner Gemahlin Mathilde (am 28. Juni 1189)⁴⁷) kam hinzu und verlangte schleunige Rückkehr. Rasch schickte Heinrich seinen ältesten ihm gleichnamigen Sohn nach Braunschweig voran, bald nachher, um Michaelis 1189⁴⁸), trat auch er den Rückweg zur Heimath an.

Während er nach dem Falle von Bardewik am 28. October Lübeck und Lauenburg in Besitz nahm, hatte Friedrichs I. Sohn Heinrich auf einem im October gehaltenen Reichstage die Fürsten zum Heereszug entboten⁴⁹), welcher den Sturz des Welfen vollenden sollte. Mit dem Herzog Bernhard von Sachsen, dem Erzbischof von Mainz, dem Bischof Adelhog von Hildesheim zog er von Hornburg heran, indeß der jüngere Welfe Heinrich, zu entschlossener Gegenwehr bereit, zur Verproviantirung Braunschweigs die Vorräthe der benachbarten Dörfer in die Stadt bringen ließ. Zunächst schien es dem Könige weniger um eine Belagerung Braunschweigs, als um die Verwüstung der umliegenden Gegend zu

---

44) Arnold. Lubec. III, cap. 12 bei Leibnitz, S. R. Br. II, 665.

45) Ueber die Zeitbestimmung s. Böttiger, Heinrich der Löwe, 405. Nr. 468.

46) Arnold. Lubec. III, cap. 28 bei Leibnitz, S. R. Br. II, 676. Gerhard. Stederb. bei Pertz, M. G. H. XVI, 221, Leibnitz, S. R. Br. I, 861.

47) Nach Gerhard. Stederb., dem die ganze Darstellung entlehnt ist, starb sie in vigilia apostolorum Petri et Pauli; nach dem Necrol. Mindense (Orig. Guelf. III, 128) die Leonis (28. Juni). Das Chron. rhythm. und das Memorienregister p. 33 bei Wedekind I, 429 setzen ihren Tod irrthümlich in's Jahr 1188, Botho in's Jahr 1187.

48) Hoveden. bei Leibnitz, S. R. Br. I, 877. Arnold. Lubec. 4, 1 bei Leibnitz, S. R. Br. II, 684.

49) Ann. Pegav. 1189, Pertz, M. G. H. XVI, 267: Heinricus rex in festo S. Galli curiam habuit in Merseburg. Ibidem expeditio contra Heinricum ducem et contra Bruniswic pro querimonia Bernhardi ducis post quatuor ebdomadas proponitur.

2. Die Stadt unter Herzog Heinrich dem Löwen.

thun, bei welcher sich der Erzbischof von Mainz durch rohe Grausamkeit hervorthat. Aber der des Königs Heere vorangehende Schrecken übte keine Wirkung auf Braunschweigs Bewohner. Ungeachtet mehrfacher Angriffe waren die Krieger seines Heeres nicht im Stande, die vor der Stadt gelegenen Hütten, welche nicht Gräben oder Befestigungswerke, sondern Schleuderer (balistarii) und Lanzenträger vertheidigten, zu vernichten, geschweige denn der Stadt selbst erheblichen Schaden zu thun. So zog das Heer im November unrühmlich ab [50]). Des Königs Hoffnung, Heinrichs des Löwen erwartete Flucht bei der Strenge des Winters noch beschwerlicher zu machen und seinen Sturz zu vollenden, war ganz fehlgeschlagen [51]).

Vorläufig machte der Winter, dann 1190 die zu Fulda geschehene Aussöhnung Heinrichs des Löwen mit dem Sohn Friedrichs I. dem alten Streit ein Ende. Eine ihrer Bedingungen betraf unsere Stadt. Ihre Mauern sollten an vier Stellen niedergerissen werden [52]). Es geschah wie zu ihrem Glücke, daß die Hoffnung, welche Heinrich gemacht war, er werde die frühere Ehre, d. h. seine verlorenen Herzogthümer wiedererlangen [53]), nicht in Erfüllung ging; so hielt auch er sich an das gegebene Wort nicht gebunden. Und wie er nach Arnolds von Lübeck Bericht andere Bedingungen nicht erfüllte, so geschieht auch der versprochenen stellenweisen Niederreißung der Mauern Braunschweigs keine Erwähnung.

In neue Noth kam Braunschweig im Jahre 1191, als die Flucht des jungen Welfen Heinrich vom Heere Kaiser Heinrichs VI. den alten Zwiespalt zwischen Welfen und Hohenstaufen wieder wach gerufen hatte. Die welfischen Güter in Italien, Schwaben und Baiern nahm der Kaiser in Besitz, in Heinrichs Erblande fielen feindliche Fürsten ein, an ihrer

---

50) Annal. Pegav. ad 1189, Pertz, M. G. H. XVI, 267: quia hiemps imminebat.

51) Hauptquelle der Darstellung ist Gerhard. Stederb. bei Pertz, M. G. H. XVI, 221 und Leibnitz, S. R. Br. I, 860 sq. Kürzer erzählt ist das Ganze von Arnold. Lubec. IV, cap. 3. §. 1 bei Leibnitz, S. R. Br. II, 685 und den Annal. Pegav. ad 1189 in Pertz, M. G. H. XVI, 267. Vergl. noch Chron. rhythm. bei Leibnitz, S. R. Br. III, 69 sq.

52) Arnold. Lubec. 4, 3 bei Leibnitz, S. R. Br. II, 685: ita eum in gratiam recepit, ut muros Brunswig in quatuor partibus deponeret. Vergl. Stadtweg bei Leibnitz, S. R. Br. III, 272.

53) Gerhard. Stederb. bei Pertz, M. G. H. XVI, 222; bei Leibnitz, S. R. Br. I, 862.

Spitze die Bischöfe von Halberstadt und Hildesheim. Am Barnabastage (11. Juni) 1191[54]) bezogen sie bei Leiferde an der Oker ein durch den Fluß und Gräben befestigtes Lager. Von da aus verheerten sie das Land in zügellosester Weise, während sie kriegerisch unthätig den Angriff der ihnen entgegentretenden Schaaren abwarteten. Eine größere Gefahr drohte dem Herzog aus seiner eigenen Burg in Braunschweig. Der dortige Vogt Ludolf erregte Parteiung zu Gunsten des Feindes draußen; um einige Gefangene — es wird nicht gesagt, welcher Partei — kam der Aufstand zum Ausbruch. Als derselbe mißlang, ließ Ludolf seine Untreue noch offenkundiger werden. Mit seinen Söhnen verließ er die Stadt, begab sich auf seine Burgen Wenden und Vogtsdahlum und schloß sich den Feinden des Herzogs an. Diese aber hatten vergebens auf des Kaisers Ankunft und Braunschweigs Ergebung gewartet; ihre Lage war inzwischen so mißlich geworden, daß sie unter Vermittelung des Propstes Gerhard von Steberburg am 18. August (die Agapiti martyris) gern einen Waffenstillstand mit Heinrich dem Löwen schlossen und abzogen[55]).

Die letzten Jahre seines thatenreichen Lebens brachte Heinrich meist in Braunschweig zu. Gebeugt von Alter und Mißgeschick, ohne Lust und Muth zu großen Thaten, endlich 1194 durch die Vermittelung seines ihm gleichnamigen Sohnes, der sich mit Agnes, der Tochter des hohenstaufischen Pfalzgrafen Conrad am Rhein vermählt, mit dem Kaiser versöhnt und zufrieden mit dem ungestörten Besitz seiner Allodien, wandte er nochmals Braunschweig seine aufmerksame Fürsorge zu. Etwa 65 Jahre alt mochte er fühlen, daß das Ende seiner Tage herannahe; darum war er, wie seine Zeitgenossen erzählen, eifrig bestrebt, sich durch gute Werke den Eingang in den Himmel zu erleichtern. Seine Hauptsorge war, den Schmuck der Gotteshäuser und des Blasiusstifts, das er von Grund auf gebaut hatte, zu vermehren[56]).

Mitten in der Stiftskirche ließ er ein Bild des gekreuzigten Hei-

---

54) Ueber die Zeit s. Böttiger, Heinrich der Löwe, S. 432, Nr. 507.

55) Gerhard. Stederb. ad 1191 bei Pertz, M. G. H. XVI, 225. Leibnitz, S. R. Br. I, 865. Chron. rhythm. cap. 42 daselbst III, 74—77. Bothos Bericht zu 1192 und 1193 daselbst III, 353 ist verworren, er confundirt die Züge der Jahre 1189 und 1191.

56) Gerhard. Stederb. bei Pertz, M. G. H. XVI, 230 und bei Leibnitz, S. R. Br. I, 867 und Arnold. Lubec. IV, 20 bei Leibnitz, S. R. Br. II, 699.

2. Die Stadt unter Herzog Heinrich dem Löwen.

landes aufstellen, dessen Kreuz mit Bildern von wunderbar schöner Arbeit und mit den Statuen der Patrone St. Blasius und Johannes des Täufers geschmückt war[57]). Auch mit einem getäfelten Fußboden und mit Fensterzierrathen versah er das Gotteshaus. Dann ließ er ein goldenes Kreuz fertigen, das reich mit Edelsteinen besetzt und im Innern mit werthvollen Reliquien angefüllt war[58]). Dieses Kreuz scheint mitten in der Kirche vor dem Chor aufgestellt zu sein[59]). Er verlieh endlich, wie erst die Reimchronik erzählt[60]), der Stiftskirche ihren großartigsten Schmuck in den „edelen bilden, de he dar satte aldar, de he let werken, also dat men daran mochte merken riker kost vil unde kunst. Gemeint sind ohne Zweifel jene herrlichen Wandgemälde, die wir jetzt wiederhergestellt schauen, nachdem sie lange Zeit unter der Kalktünche verborgen waren. Daß die Kirche damals auch mit den Statuen Johannes des Täufers, des heiligen Blasius, eines Bischofs von Hildesheim und des Herzogs Heinrich, welche letzteren noch vorhanden sind, geschmückt sei, wird von Neueren ohne Beweis behauptet[61]). Endlich ließ Heinrich noch eine Anzahl Meßgewänder in seiner Gegenwart fertigen, die er theils anderen Kirchen vertheilte, theils für den Gebrauch in seiner Hauskapelle reservirte[62]). Daß er auch auf den Schmuck seiner fürstlichen Burg noch immer bedacht war, erzählt uns Arnold von Lübeck[63]).

In die letzten Jahre Heinrichs des Löwen fällt wahrscheinlich noch die Erbauung der zweiten Hauptkirche der Altstadt, der St. Martini- oder Marktkirche. Auch diese scheint von dem Herzog begründet zu sein; sonst hätte sie nicht bis zum Jahre 1204, welchem die erste sie betreffende Urkunde[64]) angehört, in einer solchen Verbindung mit dem

---

57) Gerhard. Stederb. a. a. O.

58) Der Zeitgenosse Gerhard von Steberburg schätzte dessen Werth auf 1500 Mark Silbers.

59) Gerhard. Stederb. a. a. O. Chron. rhythm. cap. 46, v. 31 bei Leibnitz, S. R. Br. III, 83. Excerpta Blasiana bei Leibnitz, S. R. Br. II, 59.

60) Cap. 46, v. 15 bei Leibnitz, S. R. Br. III, 83.

61) Eccard in den Orig. Guelf. III, 153.

62) Gerhard. Stederb. bei Pertz, M. G. H. XVI, 230 und Leibnitz, S. R. Br. I, 867. Chron. rhythm. cap. 46, v. 47 bei Leibnitz, S. R. Br. III, 83.

63) Annal. Lubec. II, 699.

64) Urkunde Ottos IV. vom Jahre 1204 in Rehtmeiers Kirchenhistorie I, Beilage 107.

Blasiusstift stehen können, daß sie als ein Zubehör der Stiftsdechanei angesehen wurde. Ferner stand sie bis dahin unter herrschaftlichem Patronat; der Welf Otto IV. nennt sie darum in jener Urkunde ecclesia nostra scilicet Sancti Martini, quae forensis dicitur, tradirt sie förmlich an die Bürger und giebt diesen das Recht, sich den Pfarrherrn selbst zu wählen. Daß diese bis 1204 herrschaftliche Kirche noch in den Zeiten Heinrichs des Löwen erbaut ist, beweist nur indirect theils der Umstand, daß Otto IV. in jener Urkunde nicht sagt, er habe die Kirche erbaut, was er, wenn dies der Fall war, gewiß nicht unterlassen haben würde; theils folgt aus den Worten jener Urkunde: cives nostri .... saepius petebant, ut eis daremus in ecclesia St. Martini .... jus instituendi sacerdotem, daß dies Gotteshaus 1204 bereits eine Zeitlang bestanden haben muß. Unter diesen Umständen halten wir die Annahme [65]), daß der älteste Bau der Martinikirche den Jahren zwischen 1180 und 1190 angehöre, im Ganzen für sehr wahrscheinlich.

In thätiger Uebung frommer Werke und mit dem Sammeln alter Chroniken, die er sich oft bis tief in die Nacht hinein vorlesen ließ, eifrig beschäftigt [66]), erwartete Heinrich der Löwe auf der Burg Dankwarderode das Ende seiner Tage. Gar bald sollte es erscheinen! Um Ostern 1195 verfiel er in eine Krankheit, gefährlich ward sie durch die Erschütterung und den Schmerz, den ihm ein Brand im Dache des Blasiusstiftes, in welches das Gewitter einschlug, verursachte [67]). Kurze Zeit nachher, am 6. August 1195, endete er sein thatenreiches Leben. Im Schiff der Stiftskirche vor dem von ihm errichteten Kreuze ward

---

65) C. Schiller, Die mittelalterliche Architektur Braunschweigs, S. 66.

66) Gerhard. Stederb. bei Pertz, M. G. H. XVI, 230 und bei Leibnitz, S. R. Br. I, 867.

67) Gerhard. Stederb. bei Pertz, M. G. H. XVI, 231 und bei Leibnitz, S. R. Br. I, 867: ex ipsa occulta vi sub tecto plumbeo inter murum et plumbum monasterii tegillae ligneae incensae sunt. Nachher ruft man um Hülfe für den Herzog, quia super caput ipsius erat incendium. Nach dem Chron. rhythm. Leibnitz, S. R. Br. III, 84 bewirkt der Wetterstrahl, dat dat monster schone under dem dake wart entzünt, wat van holde up der müren stunt, sparen, latten under dem blig. Nachher wird gesagt, dat des monsters spare breit van deme blixen was entzünt. Der Schlag scheint das Dach des nördlichen Kreuzflügels getroffen zu haben; nur so haben Gerhards Worte Sinn, daß das Feuer über Heinrichs Haupt brannte. An diesen Theil der Kirche reichte der Palast nahe heran. Vergl. noch die niedersächsische Chronik bei Abel, S. 148.

er neben seiner Gemahlin Mathilde beerdigt⁶⁸). Seine Statue, aus Stein gehauen, in der Linken das Schwert, in der Rechten das Modell der Blasiuskirche haltend, deckt das Grab⁶⁹). In ihm verlor Braunschweig den Hauptbegründer seiner späteren Größe und Bedeutung.

2. Braunschweig unter den Söhnen Heinrichs des Löwen, Kaiser Otto IV. und Pfalzgraf Heinrich (1195—1227).

Heinrich der Löwe hinterließ bei seinem Tode außer mehreren Töchtern drei noch jugendliche Söhne: Heinrich, der kaum das zwanzigste Jahr überschritten hatte¹), Otto und Wilhelm. Unter sie soll er das in den Stürmen der Zeit ihm gebliebene Erbgut durch ein Testament getheilt haben. Zuerst gedenkt desselben Hermann Korner²), ein Chronist, welcher um 1440 schrieb; am Ende des 17. Jahrhunderts bestritt C. Sagittarius³) die Glaubwürdigkeit dieser Angabe, wenige Jahrzehnte später aber empfing Eccard eine Abschrift des Testamentes, die bis dahin in der bischöflichen Bibliothek zu Mainz aufbewahrt war, und theilte dieselbe in den Orig. Guelf. III, 160 mit. Danach wäre Heinrich Braunschweig mit dem dazu gehörigen Erbgut (Brunswick cum patrimonio attinenti), Otto Haldensleben mit allem Zubehör und Wilhelm Lauenburg und Lüneburg sammt den zugehörigen Gütern angewiesen. Aber das Document ist unecht⁴). Zunächst trägt es das Datum 1197, indict. 6, Kal. Septembr.; wäre also zu einer Zeit ausgestellt, wo

---

68) Gerhard. Stederb. bei Pertz, M. G. H. XVI, 231 und bei Leibnitz, S. R. Br. I, 867: Deportatus itaque inter manus flentium in monasterium S. Blasii, quod ipse exstruxerat, in medio pavimento ante crucem, quam erexerat, in dextro latere uxoris suae Mathildis .... honorifice sepultus est. — Arnold. Labec. IV, 24 bei Leibnitz, S. R. Br. II, 702 erzählt dasselbe kürzer. Vergl. auch das Chron. rhythm. cap. 46, v. 126 und cap. 47 bei Leibnitz, S. R. Br. III, 85 sq. und Botho zum Jahre 1195 daselbst 353.
69) Eine Abbildung steht in den Orig. Guelf. III, p. 157. Tab. XIV.
1) Braunschweigisches Magazin 1755, S. 307.
2) Bei Eccard, Corp. histor. med. aevi II, 805.
3) In der 1684 zu Jena erschienenen Schrift Origines ducum Brunsvico-Luneburgensium Buch 4, cap. 24.
4) Scheids Anmerkungen zu Orig. Guelf. III, 159 und (Koch) pragmatische Geschichte S. 62 Note b.

II. Das Aufblühen der Stadt unter den älteren Welfen.

Heinrich bereits etwa zwei Jahre todt war. Sodann aber ist nicht abzusehen, wie eines solchen von ihm hinterlassenen Testamentes Gerhard von Steberburg, der seinen Tod so umständlich erzählt, und insbesondere Heinrichs Söhne selbst bei der 1203 vorgenommenen Theilung nicht sollten gedacht haben.

In den beiden nächsten Jahren nach Heinrichs des Löwen Tode führte Heinrich, wahrscheinlich weil seine beiden jüngeren Brüder Otto und Wilhelm noch minderjährig waren, allein das Regiment in den welfischen Landen. Schon früh scheint er sich die Stadt Braunschweig zum Mittelpunkt seines demnächstigen Landesantheils ausersehen zu haben. Sie sah er schon vor erfolgter Theilung als sein Eigenthum an, nach ihr nennt er sich in Urkunden 5) zuweilen Dux de Brunswick, sie nennt er seine Stadt, eine Eigenthumsübertragung in der Altenwik hieselbst wird 1197 gültig durch seine Zustimmung, die Propstei des hiesigen Blasienstifts ist seiner Botmäßigkeit untergeordnet 6), die Güter derselben stehen unter seiner Obhut 7), die Vögte der Stadt nennt er 1196 seine Ministerialen 8). In Angelegenheiten, welche die Stadt Braunschweig betreffen, läßt stets er allein die betreffenden Urkunden ausstellen und gedenkt nie der Zustimmung seiner Brüder; welche er dagegen in Landesangelegenheiten in Urkunden der Jahre 1196, 1197 und 1199 öfters erwähnt 9).

Nachdem Heinrich 1196 durch den Tod seines Schwiegervaters Pfalzgraf am Rhein geworden war, verließ er gleich nach der Mitte des Maimonats 1197 10) Braunschweig und schiffte sich zu Anfang

---

5) Urkunde aus dem October 1195 in Orig. Guelf. III, 603.

6) Urkunde des Pfalzgrafen Heinrich von 1196 in Orig. Guelf. III, 606: Acta sunt haec in civitate nostra Bruneswich. Mit dem Plural bezeichnet Heinrich in der ganzen Urkunde nur sich selbst. Da heißt es auch Praepositura nostrae potestati (est) subdita.

7) Urkunde des Pfalzgrafen Heinrich von 1197 in Orig. Guelf. III, 617: Eo vero tempore, quo sub custodia patris nostri vel nostra fuerunt bona praepositurae.

8) Urkunde des Pfalzgrafen Heinrich von 1196 in Orig. Guelf. III, 606: Baldewinus et Ludolfus, ministeriales nostri, advocati de Bruneswic.

9) Urkunde Heinrichs von 1196 in Orig. Guelf. III, 607; vom Jahre 1197 daselbst 615; vom Jahre 1197 daselbst 739. Urkunde von 1199 in Pertz, M. G. H. XVI, 229. Anm. 79.

10) Am 16. Mai (16 Kal. Jun.) weilte er noch in Braunschweig (Urkunde in Orig. Guelf. III, 617), am 27. Mai schon in Stahleck am Rhein (Urkunde in Orig. Guelf. III, 619).

Septembers mit anderen Reichsfürsten nach dem gelobten Lande zu einem Kreuzzuge ein [11]), von welchem er erst 1198 heimkehrte [12]). Während dieser Abwesenheit scheint Otto, der damals mündig geworden sein mag, nicht bloß die Landesregierung geführt zu haben, sondern auch in ein engeres Verhältniß zu der Stadt Braunschweig getreten zu sein [13]). In dieser Zeit geschah auch die Wahl Ottos zum deutschen Könige. Diese Wahl, welche auf Heinrich hatte fallen sollen [14]), von diesem gebilligt und gegen Philipp von Schwaben verfochten wurde, führte auch für Braunschweig harte Kämpfe herbei.

Schon im Januar des Jahres 1199 hatte der nunmehrige König Otto IV. die Bürger Braunschweigs wegen ihrer treuen Ergebenheit gegen seinen verstorbenen Vater und wegen der vielfachen willigen Dienste, die sie ihm und seinen Brüdern erwiesen, in seinen Schutz genommen und ihnen die Zollfreiheit durch das gesammte Reichsgebiet verliehen [15]). Während Otto dann am Rhein weilte, standen sie treu zu seinem Bruder Heinrich und waren bereit, die Sache des welfischen Herrschers mit zu verfechten. Bald ward ihre Treue erprobt.

Das Weihnachtsfest 1199 feierte König Philipp zu Magdeburg mit großer Pracht [16]). Dort verabredete er mit den Fürsten seines Anhanges eine Heerfahrt gegen Braunschweig, zu welcher sich die Theilnehmer vor St. Johannistag einzufinden versprachen [17]). Darob entspann sich eine Reihe von Fehden. Noch während der Dauer des Hoftages zu Magdeburg brannte Pfalzgraf Heinrich das magdeburgische Kalbe nieder; seinerseits zog dann Erzbischof Ludolf von Magdeburg gen Warberg am Elme, erstürmte und brach diesen Dynastensitz, wobei auch Helmstedt niedergebrannt wurde [18]). Wahrscheinlich um den Bischof Hartbert von Hildesheim zu hindern, sich dem gegebenen Versprechen gemäß bei Philipps Heere einzufinden, fiel Pfalzgraf Heinrich am 23.

---

11) Orig. Guelf. III, 192.
12) Urkunde in Orig. Guelf. III, 194.
13) In einer Urkunde aus dem Januar 1199 Orig. Guelf. III, 761 nennt er die Bürger derselben burgenses nostri de Bruneswic.
14) Hoveden. bei Leibnitz, S. R. Br. I, 776.
15) Orig. Guelf. III, 760 und Rehtmeiers Chronik 435. Original im Stadtarchiv Nr. 1.
16) Chron. Halberstad. ed. Schatz p. 67, Hist. Imp. bei Mencken, S. R. G. III, 117 und Chron. rhythm. p. 96. Ueber das Jahr s. Böhmers Regesten.
17) Chron. rhythm. cap. 51, v. 16—22 bei Leibnitz, S. R. Br. III, 96.
18) Chron. rhythm. daselbst v. 23—35.

Juni 1200 in das Stift Hildesheim ein. Durch seine Bogenschützen siegte er in einem Treffen vor den Thoren der Bischofsstadt und schickte sich an, dieselbe zu belagern. Aber schon am dritten Tage nachher ward ihm gemeldet, König Philipp ziehe mit seinem Heere gegen Braunschweig heran. Da kehrte er mit den Seinigen zurück nach der Erbstadt seines fürstlichen Hauses [19]). Sie standhaft zu vertheidigen war er fest entschlossen, da sein Bruder Otto nicht anwesend war [20]).

König Philipp begann die Belagerung [21]) der Stadt 1200 nach Johannis [22]). Er lagerte mit seinem Heere „wohl so fern von der Feste, als zwei Bogenschüsse reichen", „in einer Grund der alten Wik gegenüber", welche damals noch nicht „durch hohe Mauern und tiefe Gräben", sondern nur durch einen Verhau geschützt war [23]). Oeftere Ausfälle der Belagerten beraubten das Heer der Belagerer der Zufuhr. Um dem drohenden Mangel zu entgehen, ordnete der König den Sturm an [24]). An zwei Stellen sollte derselbe unternommen werden. Mit der Hauptmacht griff der König selbst die Stadt, wie es scheint, auf der Westseite an. Nach der Volkssage geschah es zwischen dem Hohen- und Petrithore; dort liegt noch jetzt der „Königsstieg". Während der Kampf dort ohne Erfolg fortdauerte, brach plötzlich eine andere Abtheilung des königlichen Heeres von Südosten her gegen die Stadt los. Die dort gelegene Altewik mit ihren unbedeutenden Verhauen war für die Stürmenden kein Hinderniß; am Aegidienkloster drangen sie ein und gelangten bis an die Brücke, welche schon beim Reimchronisten, wie bis auf den heutigen Tag die lange heißt — es ist die, welche beim jetzigen Waisenhause über die Ocker führt. Nicht viel fehlte, so wären sie weiter in die durch das Löwenthor wohl schon damals befestigte Altstadt eingedrungen. Schon waren sie nach Botho [25]) bis an die Löwen-

---

19) Chron. rhythm. cap. 51, v. 46—94 bei Leibnitz, S. R. Br. III, p. 97 sq.

20) Arnold. Lubec. VI, cap. 4 bei Leibnitz, S. R. Br. II, 712.

21) Albert. Stad. ad 1200 bei Pertz, M. G. H. XVI, 353: Rex Philippus Brunswich obsidet nec obtinet.

22) Jedenfalls nach dem 5. Juli, wo er noch in Würzburg eine Urkunde ausstellte; aber doch auch vor dem August, in welchen Monat Böhmer in den Regesten die Belagerung verlegt.

23) Chron. rhythm. cap. 52, v. 1—14 bei Leibnitz, S. R. Br. III, 99.

24) Chron. rhythm. cap. 52, v. 20—32 bei Leibnitz, S. R. Br. III, 99.

25) Bei Leibnitz, S. R. Br. III, 355. Die Löwenbrücke ist die jetzige Hutfilternbrücke.

brücke gekommen. „Aber die Streiter drinnen verzagten nicht" und wandten sich gegen die hier Andringenden. Auf der langen Brücke und in deren Nähe kam es zu einem erbitterten Kampfe. „Da erklang manches scharfen Schwertes Schneide in der Hand theurer Helden," blutig gefärbt ward sie in des Streites Hitze. So ward des Königs zahlreiches Kriegsvolk „mit Kraft und Gewalt aus der Feste geschlagen"[26].

Während dieses Kampfes drangen Kriegsknechte räuberisch in das nahe Benedictinerkloster St. Aegidien, mißhandelten die Mönche, beraubten Küche und Schlafsaal des Klosters; selbst die alte jetzt längst zerstörte Kirche gedachten sie nicht zu verschonen. Schon wollten sie die Thüren mit Aerten öffnen, um die Kostbarkeiten des Heiligthums zu rauben, als Konrad, des Königs Kanzler, rettend dazwischen trat[27].

Auch nach dem abgeschlagenen Sturme dauerte die Belagerung noch „einige Tage", ohne jedoch Philipp zum erhofften Ziele zu führen. Denn während die Belagerten Ueberfluß an Lebensmitteln hatten und voller Muth waren, litten die Belagerer Mangel aller Art. In Wäldern und Gründen der Umgegend waren der Stadt Wachen versteckt, welche alle dem königlichen Heere bestimmten Zufuhren wegnahmen und vernichteten. Schon wünschte der bedrängte Feind eine Aufhebung der nutzlosen Belagerung[28]. Sehr gelegen kam dem König in dieser Lage die Nachricht von folgender Wundergeschichte.

In einer Nacht — so hieß es damals — erschien Autor, „der heilige Mann", dem Erzbischof von Trier, welcher sich in dem Heere König Philipps befand, im Traume und sprach: Siehe, ich bin Autor; ehmals war ich Bischof zu Trier, jetzt habe ich mir Braunschweig, die Feste, zur Ruhestätte erkoren; diese Stadt will ich in der Noth nie verlassen, so lange man mich da ehrt. Sag darum dem Könige, er solle mit seinem Heere baldigst abziehen, wenn er und die Seinen verschont bleiben wollen von des Todes Macht[29]. Mit solcher Drohung verschwand der Heilige. Der Erzbischof aber meldete die Wundermähr dem

---

[26] Hauptquelle ist Arnold. Lubec. VI, cap. 4. §. 3 bei Leibnitz, S. R. Br. II, 712 und Chron. rhythm. cap. 52, v. 1—63 a. a. O. Vergl. auch Botho zum Jahre 1199 bei Leibnitz, S. R. Br. III, 355.

[27] Arnold. Lubec. VI, cap. 4. §. 4 bei Leibnitz, S. R. Br. II, 712.

[28] Arnold. Lubec. VI, cap. 4. §. 6 bei Leibnitz, S. R. Br. II, 712.

[29] Chron. rhythm. cap. 52, v. 72—95 a. a. O. p. 100.

Könige. In derselben Nacht wollte man den Heiligen auch mit einem Schwerte auf der Mauer gehend gesehen haben [30]); der König selbst meinte beim Nachsehen der Wachen Engel mit Kreuzen auf den Mauerzinnen der Stadt zu erblicken [31]). Dazu kam, daß auch einige Fürsten seines Heeres offen erklärten, sie wollten nicht länger vor der Stadt liegen [32]). Aber erst am Ende des Julimonats zwang ein neuer Verlust den König zur Aufhebung der Belagerung. König Otto IV. war nämlich im Laufe dieses Monats zurückgekehrt und lieferte seinem Gegenkönig bei Braunschweig kurz vor Petri Kettenfeier (1. August) eine offene Feldschlacht. Er gewann darin den Sieg und fing mehr als 200 Ritter vom Gefolge seines Gegners [33]). So erzählt der unparteiische Rog. Hoveden im Anfang des dreizehnten Jahrhunderts. Anders freilich weiß der Verfasser des Chron. Halberst. diesen Ausgang darzustellen. Auch er räumt ein, daß, nachdem die Belagerung von Braunschweig eine Zeit lang gedauert [34]), König Philipp zur Aufhebung derselben gezwungen sei durch Mangel an Lebensmitteln und durch den Willen und Wunsch der Seinigen heimzukehren. Dann aber fährt er so fort. Die Abziehenden überfiel ein so furchtbarer Sturm, daß sie alles Ihrige unterwegs verließen und kaum für ihre Person sich retteten. Rosse, Waffen, auch Kleidung, Lebensmittel und Geräthschaften aller Art mußten sie zurücklassen und in solcher Unordnung und Verwirrung abziehen, daß alle jene Sachen der Gegenpartei in die Hände fielen [35]). Daß selbst ein noch so furchtbarer Sturm nicht solche politisch-militärische Folgen haben konnte, steht wohl fest. Die horrida tempestas, welche das bewirkt haben soll, mag ein den Zeitgenossen wohl verständlicher Euphemismus gewesen sein, zu welchem den Halberstädter Cleriker,

---

30) Botho zum Jahre 1199 bei Leibnitz, S. R. Br. III, 355.

31) Translat. S. Autoris bei Pertz, M. G. H. XIV, 316 und Leibnitz, S. R. Br. I, 702.

32) Chron. rhythm. cap. 52, v. 116—126 daselbst III, p. 100.

33) Hovedenus zum Jahre 1200 bei Leibnitz, S. R. Br. I, 880: Eodem anno paulo ante festum S. Petri ad vincula habitum est campestre bellum inter Ottonem regem et Philippum ducem Suaviae apud Bruneswich; in quo praelio Otto extitit victor etc.

34) In qua obsidione dum per aliquantum temporis perstitissent milites.

35) Chron. Halberstad. ed. Schatz p. 68: Discedentes tam horrida involvit tempestas, quod ipsi omnibus suis in via relictis vix incommoda tanti discriminis evaserunt.

3. Braunschweig unter Otto IV. und Pfalzgraf Heinrich.

dessen Bischof zu dem geschlagenen Heere stand, seine persönliche Stimmung veranlassen mochte. Jedenfalls steht fest, was Arnold von Lübeck und der Reimchronist erzählen [36]), daß Philipps Heer ohne Ruhm abzog und die Stadt nicht weiter belästigte. Auch ein Vertrag scheint zwischen den Parteien zu Stande gekommen zu sein. Zwar will der Halberstädter Chronist [37]) auch davon nichts wissen; aber Arnold und der Reimchronist reden davon in unzweideutiger Weise. Nach jenem ward der Friedensvertrag, wie es scheint, noch vor Aufhebung der Belagerung gemacht [38]); nach diesem zog Philipp mit den Seinen erst nach Hornburg, und während der dort gehaltenen dreitägigen Rast schloß er auf Anrathen der Fürsten seiner Partei auf sieben Wochen einen Stillstand mit seinem Gegner [39]).

In Braunschweig sah frommer Glaube in dieser Rettung das Wirken der Wunderkraft, durch welche St. Autor schon im Leben von seinem Bischofssitze Trier die Wuth der Hunnen abgewendet haben sollte. Damals gelobte man hier, „ihm zum Lohne jährlich vier schöne Buchskerzen" auf seinen Tag darzubringen [40]). Und wenn seitdem der Stadt eine Gefahr drohete, schöpfte man getrosten Muth, indem man die Gebeine des Heiligen unter Litaneien und Lobliedern rings um die Stadt hertrug und reichliche Almosen zu seiner Ehre spendete [41]).

Um aber die Stadt vor Ueberfällen und Angriffen besser zu sichern, ließ König Otto IV., welchem 1202 in der Erbtheilung mit seinen Brüdern auch die Stadt Braunschweig zufiel [42]), nun auch die alte Wik mit Gräben und Mauern befestigen [43]). Mit ihr ward nach Bo-

---

36) Arnold. Lubec. VI, 4. §. 6 und Chron. rhythm. cap. 52, v. 127 a. a. O.

37) Chron. Halberstad. a. a. O.: nec treugis etiam institutis.

38) Arnold. Lubec. a. a. O.: Conditione tamen quadam pacis interposita obsidio soluta est.

39) Chron. rhythm. cap. 52, v. 127—137 a. a. O. Danach Botho a. a. O. p. 355.

40) Chron. rhythm. cap. 52, v. 107—115 bei Leibnitz, S. R. Br. III, 100 und Botho zu 1199 daselbst 355. Aus Bothos Bericht erhellt, daß jedes Weichbild eine solche Kerze opferte, während später, als auch der Sack unter die städtischen Weichbilder aufgenommen ward, dem Heiligen jährlich fünf Kerzen dargebracht wurden.

41) Arnold. Lubec. VI, 4. §. 7 a. a. O.

42) Urkunde Pfalzgraf Heinrichs in den Orig. Guelf. III, 627 und in Lünig, Reichsarchiv 8, 122 und 9, 251.

43) Chron. rhythm. cap. 62, v. 81—33 bei Leibnitz, S. R. Br. III, 128. Niedersächsische Chronik zum Jahre 1199 bei Abel, S. 152 und Botho zum Jahre 1199 bei Leibnitz, S. R. Br. III, 355.

thos Bericht auch das Benedictinerkloster St. Aegidien in die Ringmauer der Stadt aufgenommen. Wir wissen nicht, ob diese Maßregel schon zu Ende geführt war, als 1204 Philipp wiederum mit einem Heere in's nördliche Deutschland einrückte und in der Nähe der Reichsstadt Goslar lagerte. Otto, der sich in Braunschweig aufhielt, zog ihm mit einem zahlreichen Heere entgegen. In demselben befand sich auch eine Anzahl hiesiger Bürger, „welche in Folge fortwährender Kriegsübung mit Schwert, Lanze und Bogen etwas auszurichten verstanden". Otto begleitete sein Bruder, der Pfalzgraf Heinrich, nebst seinen Ministerialen aus der Gegend von Aldenburg, Bremen und Stade. Bei Burgdorf in der Nähe von Schladen standen die Brüder im Herbste [44] kampfbereit dem Feinde schon nahe; da trennte sie Uneinigkeit. Pfalzgraf Heinrich verlangte nämlich als Preis seines ferneren Beistandes die Stadt Braunschweig und das Schloß Lichtenberg. Auf die Weigerung Ottos trat er zu König Philipp über, worauf Otto IV. nach Braunschweig zurückkehrte und sich mit Befehdung der Reichsstadt Goslar begnügen mußte [45].

Die Bürger der Altstadt, welche 1200 den Angriff Philipps, der namentlich ihrem Weichbilde gegolten zu haben scheint, so männlich abgeschlagen hatten und auch 1204 beim Zug gen Goslar ihren Theil wehrhafter Bürger gestellt haben mögen, belohnte König Otto IV. im October 1204 durch Gewährung einer Bitte, mit welcher sie ihn schon öfters angelegen hatten. In Anerkennung des „treuen und unermüdlichen Gehorsams, welchen sie ihm und seinem Vater öfters bewiesen", begabte er „seine lieben Bürger seiner Stadt Braunschweig" mit dem Rechte, den Pfarrherrn in ihrer Haupt- und Marktkirche St. Martini selbst zu wählen, während er das Blasienstift, zu dessen Dechanei jene Kirche bisher gehört hatte, durch Abtretung der in der Burg gelegenen Georgskapelle entschädigte [46].

In allen folgenden Kämpfen war Braunschweig stets Ottos Zufluchtsort. Aus Cöln durch Philipp 1206 etwa im September verdrängt,

---

44) Böhmer, Regesten 1198—1254, p. 36.

45) Arnold. Lubec. VI, cap. 6 bei Leibnitz, S. R. Br. II, 714. Kurz erzählt dasselbe auch Albert. Stad. zum Jahre 1204 in Pertz, M. G. H. XVI, 854. Vergl. auch Orig. Guelf. III, 204.

46) Urkunde Ottos IV. in Rehtmeier, Kirchenhistorie I, Beilage S. 107 und in Orig. Guelf. III, 773 sq.

zog er sich nach Braunschweig zurück⁴⁷), dessen Bewohner mit den Dienstmannen Ottos am 9. Juni Goslar, das der Sache Philipps anhing, eingenommen und ausgeplündert hatten⁴⁸).

Nach König Philipps grauenvollem Tode⁴⁹) — seinen Mörder ächtete Otto — trat auf dessen Seite eine Menge von Fürsten, die bisher den Hohenstaufen angehangen hatten. In königlicher Herrlichkeit feierte er 1209 am 17. Mai das Pfingstfest hier zu Braunschweig. Damals strömte eine Menge erlauchter Männer in der Burg Dankwarderode zusammen, der Erzbischof Albrecht von Magdeburg, die Bischöfe von Halberstadt, Hildesheim, Merseburg und Havelberg, die Aebte von Corvey und Werden, ferner Herzog Bernhard der Ascanier, der Landgraf Hermann von Thüringen, die Markgrafen Friedrich von Meißen, Konrad von Landsberg und Albert von Brandenburg, auch Ottos Bruder, Wilhelm von Lüneburg, und der nun mit dem Bruder wieder versöhnte Pfalzgraf Heinrich, mit ihnen eine große Anzahl von Grafen, Rittern und Herren. Vor der versammelten Menge hielt der Erzbischof von Magdeburg am Festtage das Hochamt in der Kirche wahrscheinlich des ehrwürdigen Burgstifts St. Blasius⁵⁰). Bei dieser Gelegenheit soll Otto nach der Erzählung des Reimchronisten⁵¹) in Gegenwart der beiden Cardinallegaten Hugo und Leo und der versammelten Fürsten auf das Evangelium geschworen haben, „die heilige Kirche zu frieden an allen Werken und die Freiheiten der Geistlichkeit zu schirmen, ein rechter Richter zu sein, Feind zu sein allen Feinden der Christenheit und in allen Dingen rechten Glauben zu üben." Dort soll er sich auch mit Beatrix, der jugendlichen Tochter seines bisherigen Gegners Philipp, verlobt haben. Beide Nachrichten beruhen aber auf einer Verwechslung des Reimchronisten⁵²). Die Cardinäle Hugo und Leo, vor denen jener Eid

---

47) Reiner. Leod. ad 1206 bei Pertz, M. G. H. XVI, 665 und Godefr. Colon. ad 1206 bei Böhmer, F. R. G. II, 342.

48) Arnold. Lubec. VI, cap. 7 bei Leibnitz, S. R. Br. II, 714. Chron. rhythm. cap. 55, v. 101 sq. daselbst III, 111. Böhmer, Regesten 1198—1254, p. 38.

49) Nach der Contin. Claustroneoburg. 2 bei Pertz, M. G. H. XI, 621 wird Philipp ermordet, als er sich eben zu einem Heereszuge gegen Braunschweig rüstete.

50) Arnold. Lubec. VII, cap. 18 §. 2. 3 bei Leibnitz, S. R. Br. II, 740. Vergl. Urkunde 1209, 14 Kal. Junii in Orig. Guelf. III, 640 und Hist. Imp. bei Mencken III, 118.

51) Chron. rhythm. cap. 58, v. 1—67 bei Leibnitz, S. R. Br. III, 117. 118.

52) Böhmer, Regesten 1198—1254, p. 43.

geleistet sein soll, waren nicht hier, sondern auf dem am 24. Mai 1209 zu Würzburg gehaltenen Hoftage anwesend[53]). Dort geschah es auch, daß Otto IV. sich öffentlich mit Beatrix verlobte[54]), im Einverständniß mit den Fürsten des Reiches, welche so eine endliche Versöhnung der Welfen und Hohenstaufen herbeizuführen gedachten. Während er sich dann zum Römerzuge anschickte, ließ er seine Verlobte von einer Ehrenbegleitung nach Braunschweig führen[55]), wo sie mit ihrer Schwester bis zu ihrer Vermählung im Jahre 1212, welche sie nur vier Tage überlebte, geblieben sein mag[56]).

Auf dem Zuge nach Rom, wo Otto IV. um Michaelis 1209 aus den Händen Innocenz III. die Kaiserkrone empfing, sollen ihn viele Bürger aus Braunschweig, nämlich 350 mit Pickelhauben wohlbewehrte Männer, begleitet haben. Die Sicherheit dieser Nachricht indessen, welche sich nur bei Botho[57]) findet, ist unverbürgt.

Aber auch während Ottos Laufbahn sich abwärts neigte, blieben die Bande zwischen ihm und der Stadt seiner Väter unzerrissen. Erst 1212 kehrte er, jetzt vom Papste mit dem Banne belegt, hieher zurück. Wie wir ihn am 10. Juni 1212 in Scheverlingenburg[58]) finden, so treffen wir ihn im Januar 1213 hieselbst, indem er die in jenem Orte[59]) von ihm begründete Kirche mit Gütern reich dotirte. In demselben Jahre mußte sich Otto vor seinem von Merseburg heranziehenden Gegner Friedrich II. in die Stadt einschließen; denn in offener Feldschlacht wagte er dem Staufen nicht entgegenzutreten[60]). Friedrich folgte Otto in der Absicht Braunschweig zu belagern, kehrte aber bald nach Queblinburg

---

53) Arnold. Lubec. VII, cap. 19. §. 2 bei Leibnitz, S. R. Br. II, 741.

54) Arnold. Lubec. VII, cap. 19 a. a. O. Otto de S. Blasio zu 1209.

55) Arnold. Lubec. VII, cap. 19 a. a. O.: Ordinatis etiam legatis honoratis honestissime eam una cum sorore usque Brunswich deduci praecepit. Otto de S. Blasio ad 1209. Godefr. Colon. zum Jahre 1209 bei Böhmer, F. R. G. II, 346.

56) Otto de S. Blasio zum Jahre 1209: Reginaque Saxoniam perducta apud Bruniswich aliquamdiu mansura collocatur.

57) Botho zum Jahre 1208 bei Leibnitz, S. R. Br. III, 357.

58) Orig. Guelf. III, 802. Jetzt Walle an der Schuntermündung im hannoverschen Amt Gifhorn.

59) Urkunde Orig. Guelf. III, 818.

60) Annal. Reineri ad 1213 bei Pertz, M. G. H. XVI, 666: Ottone non valente resistere, sed infra Bronsuhic se detinente.

3. Braunschweig unter Otto IV und Pfalzgraf Heinrich.

zurück⁶¹). Nach der entscheidenden Niederlage, welche Otto am 27. Juli 1214 bei Bovines erlitt, lebte er von seinen meisten früheren Anhängern verlassen gewöhnlich in seinen welfischen Erblanden. 1216 beschäftigte ihn eine Fehde gegen den Erzbischof Albrecht von Magdeburg. Auf dessen Bitten erschien der aufstrebende Staufe Friedrich II. 1216 im September bei Quedlinburg, mit ihm verband sich der Erzbischof; vor beiden zog sich Otto in's feste Braunschweig zurück und konnte es nicht wehren, daß seine Gegner von Königslutter aus das Land bis unter die Mauern seiner Hauptstadt verheerten⁶²). Von einem ernstlichen Angriff auf Braunschweig wird nichts berichtet. Aber 1217 im Herbst schloß Friedrich seinen Gegner eine Zeitlang in die Stadt ein, ohne dieselbe erobern zu können⁶³). In dem Testamente, welches er kurz vor seinem Tode im Jahre 1218 am 18. Mai auf der Harzburg in Gegenwart des Bischofs Siegfried von Hildesheim, des Grafen Heinrich von Woldenberg und anderer Edeln machte, bedachte er auch zwei Gotteshäuser der Stadt mit Gaben, welche in jenen Zeiten nicht geringen Werth hatten. Seinen Königsmantel (pallium) vermachte er den Benedictinern zu St. Aegidien; alle von seinem Vater ererbten Reliquien sollte die von seinen Eltern erneuerte Stiftskirche St. Blasius erhalten, welcher er auch all sein Gut in Scheverlingenburg sammt der dort fundirten Kirche mit ihren Gütern übertrug⁶⁴). Seine treuen Ministerialen und seine „lieben und getreuen Bürger in Braunschweig" bittet er, für die gewissenhafte Ausführung aller getroffenen Bestimmungen sorgen zu wollen. Von der Harzburg ward der Leichnam des Kaisers nach Braunschweig gebracht, wo er im Blasiusstift vor dem Chor neben seiner ersten Gemahlin Beatrix und nicht weit von seinen Eltern beigesetzt ward⁶⁵). Diese Begräbnißstätte hatte sich der Kaiser selbst

---

61) Albert. Stad. ad 1213 bei Pertz, M. G. H. XVI, 356: Rex eum (Ottonem) sequitur Brunswich obsessurus, sed Quedlingeburg revertitur.

62) Magdeburger Schöffenchronik bei Schirrmacher, König Friedrich II., Band I, 288: De Koning Frederik toch to Luther .... unde branden al dat lant dor wente vor Brunswik.

63) Annal. Reineri Leod. zum Jahre 1217 bei Pertz, M. G. H. XVI, 676: Fredericus rex .... Ottonem infra Bronsuwic artatum claudit, terram devastat et incendit.

64) Urkunde vom 18. Mai 1218 in Rehtmeiers Kirchenhistorie I, Beilage p. 59; das Testament ist abgedruckt in Rehtmeier, Chronik 457.

65) Godefr. Colon. zum Jahre 1218 bei Böhmer, F. R. G. II, 354:

ausgesucht; über seinem Grabe sollte eine Krone brennen, für deren Anschaffung er noch auf seinem Todtenbette 30 Mark Geldes aussetzte [66]).

Zu erwähnen sind noch drei Ereignisse, welche in die Zeit Ottos IV. fallen oder von vaterländischen Historikern in dieselbe verlegt werden. Auch sie legen Zeugniß ab von der fortschreitenden Entwickelung der Stadt und von der wachsenden Bevölkerung derselben.

In dem Stadtrechte von 1401 [67]) und schon in einer Gesetzsammlung des vierzehnten Jahrhunderts [68]) heißt es: De inninge schal stan, alze to Keyser Otten tiden. Da in dieser Verbindung an die sächsischen Kaiser dieses Namens unmöglich gedacht werden kann, so bleibt nur die Annahme übrig, daß Otto IV. es gewesen, welcher das Innungswesen der Stadt in einer auch für die Folgezeit maßgebenden Weise geordnet habe.

Otto IV. soll ferner auch die ersten Barfüßer-Mönche nach Braunschweig gebracht haben, wie Botho [69]) zum Jahre 1209 berichtet. Letzner erzählt in seiner ungedruckten braunschweig-lüneburgischen Chronik [70]), Otto habe die älteste Franziskanerkirche hieselbst 1215 erbaut und 1216 an Mönche übergeben, welche er aus Frankreich habe kommen lassen. Wenn ein noch 1780 vorhandener Grabstein der alten Ordenskirche die Jahreszahl 1248 trug [71]), so könnte man daraus schließen, daß die Kirche 1248 bereits im Stande war. Daß die fratres minores hieselbst damals zum städtischen Clerus mitgehörten, zeigt eine Urkunde [72]) Herzogs Otto des Kindes, ausgestellt in Brunswic 1249 die Marci coram fratribus minoribus et omnibus aliis clericis dictae

---

Corpus Bruniswich translatum et imperialibus indumentis et ornamentis indutum juxta patrem suum et matrem in ecclesia S. Blasii sepelitur. Albert. Stad. zu 1218. Chron. vetus bei Leibnitz, S. R. Br. II, 17 (Otto) fuit sepultus in urbe Brunswik cum uxore Beatrice .... in ecclesia S. Blasii ante chorum. Vergl. auch Chron. rhythm. cap. 61, v. 89—93 daselbst III, 128, ferner Botho und die Tabula Blasiana zum Jahre 1218 daselbst 358 und 148.

66) Vetus narratio de morte Ottonis in den Orig. Guelf. III, 843.
67) Tit. 22. §. 2 in Hagemann und Spangenberg, Praktische Erörterungen IX, 564.
68) Antiq. leges municipales II, 5 bei Leibnitz, S. R. Br. III, 437.
69) Botho zum Jahre 1209 bei Leibnitz, S. R. Br. III, 357.
70) Letzner, Braunschweig-Lüneburgische Chronik III, cap. 23 bei Rehtmeier, Kirchenhistorie, Supplem. 49.
71) Schiller, Mittelalterliche Architektur Braunschweigs S. 151.
72) Orig. Guelf. IV, 210.

villae. Die Nachrichten Bothos und Letzners sind demnach nicht unglaubwürdig, bedürfen aber weiterer Bestätigung.

In Ottos Zeit soll endlich auch das Weichbild des Sackes entstanden sein, indem Anbauer die aus leeren Plätzen, Gärten und großen Höfen bestehende Gegend westlich und nordwestlich von der Burg Dankwarderode besetzten. So erzählt Ribbentrop [73]); eine Quelle, aus der die Nachricht floß, wird nicht angegeben und ist auch wohl nicht vorhanden. Die Entstehung dieses Stadttheiles, der seit dem Ende des dreizehnten Jahrhunderts das fünfte Weichbild bildete, fällt ohne Zweifel in das dreizehnte Jahrhundert. Im Jahre 1200 war das Areal desselben nach Bothos Angabe [74]) noch ein vorblek vor der borch; 1289 werden zuerst Häuser erwähnt, welche im Sack belegen waren [75]); 1296 erscheint der Sack als ein der Landesherrschaft zuständiges oppidum [76]) und 1299 werden zuerst Rathsherren dieses Weichbildes erwähnt, welche sich Consules ante urbem in Brunswig nennen [77]).

Nach dem Tode Ottos kam Braunschweig an seinen älteren Bruder, den Pfalzgraf Heinrich. Seit 1204 war dieser, wie wir oben gesehen haben, namentlich um des Besitzes der Stadt willen, mit seinem königlichen Bruder zerfallen und zu dessen Gegnern übergegangen, hatte sich nach Philipps Tode mit ihm wieder ausgesöhnt [78]) und befand sich schon 1209 zu Pfingsten wieder mit auf dem Fürstentage, den sein Bruder damals in Braunschweig hielt [79]). Unter welchen Bedingungen die Aussöhnung erfolgt sei, wissen wir nicht. Auffallend ist der Umstand, daß Otto IV. seitdem in zwei Urkunden [80]) über Schenkungen an Kirchen des Landes der Einwilligung des Pfalzgrafen Heinrich — einmal als seines nächsten Erben — erwähnt. Hatte er vielleicht bei seiner Kinderlosigkeit dem Bruder Aussicht auf sein Erbe eröffnet? Gleich nach des Kaisers Tode finden wir Pfalzgraf Heinrich im Besitz der Stadt. Schon im

---

73) Beschreibung der Stadt Braunschweig, Einleitung S. XXIX.
74) Botho zum Jahre 1199 bei Leibnitz, S. R. Br. III, 855.
75) Degeb. der Altstadt I, fol. 12¹ und fol. 15.
76) Urkunde Albrechts des Feisten im Copialbuch I, fol. 29 in Urkunden und Statuten p. 17.
77) Copialbuch St. Ulrici fol. 169.
78) Eccarb in Orig. Guelf. III, p. 208. §. 19.
79) Arnold. Lubec. VII, cap. 18 bei Leibnitz, S. R. Br. II, 740.
80) Urkunde Ottos IV. von 1213 in Orig. Guelf. III, 818 und Urkunde desselben von 1215 daselbst p. 625.

Jahre 1218 stellt er eine Urkunde aus, worin er Braunschweig seine Stadt nennt[81]); demgemäß heißt er nach Ottos Tode auch im Chron. rhythm.[82]) „Fürst in Braunschweig". Aber da er selbst keinen Sohn hatte, so übertrug er im Monat Juli 1223 auf Otto, den Sohn seines schon früher verstorbenen jüngsten Bruders Wilhelm, die Anwartschaft auf sein ganzes Erbgut und namentlich auch auf die Stadt Braunschweig. Damals erklärte der Pfalzgraf den neunzehnjährigen Neffen vor einer Versammlung seiner getreuen Mannen zu seinem Erben und zum rechtmäßigen Nachfolger im Besitz der Stadt Braunschweig und der zu ihr gehörigen Schlösser und Güter und setzte ihm zum Zeichen dessen die Fürstenmütze (cupheus) auf, die er sich selbst vom Haupte nahm[83]). Daß er ihm das Eigenthum der Stadt schon damals überlassen habe, wie bei Ribbentrop[84]) zu lesen ist, beruht auf einem Irrthum. Zwar steht in der Urkunde: Nos ipsi porreximus et in proprium dedimus Brunswich civitatem cum universis ministerialibus et cum omnibus castris et bonis pertinentibus ad eandem; aber die von Ribbentrop übersehenen Worte: tanquam heredi nostro et legitimo successori ergeben das richtige Verständniß. Otto erhält nur die Anwartschaft; in den Besitz soll er erst kommen, wenn der Pfalzgraf todt und zu beerben ist. Daß die Worte so gemeint sind, zeigt sich, wenn im Folgenden der Pfalzgraf seine Ministerialen, Bürger und Landleute bittet, seinem Neffen treu zu dienen und als rechtem Herrn gehorsam zu sein, wenn sie seinen, des Pfalzgrafen, Tod vernommen (quando perceperint nos obisse). Heinrich blieb bis an das Ende seines Lebens im Besitze seiner Güter, namentlich auch der Stadt Braunschweig; in seiner Pfalz[85]) daselbst stellte er noch manche Urkunde aus[86]). Er starb 1227[87]) am Vitalistage[88]), dem 28. April, und ward im

---

81) Urkunde des Pfalzgrafen Heinrich von 1218 in Orig. Guelf. III, 661: Acta sunt hec in civitate nostra Bruneswic.

82) Chron. rhythm. cap. 63, v. 26—27 bei Leibnitz, S. R. Br. III, 132.

83) Urkunde in Orig. Guelf. IV, 99.

84) Beschreibung der Stadt Braunschweig, Einleitung XXX.

85) Die Unterschrift Actum est hoc in palatio nostro Brunsvic findet sich z. B. 1223 in den Orig. Guelf. IV, 99 und 1226 daselbst III, 713.

86) Sie stehen in den Orig. Guelf. III, 695 sq.

87) Das Jahr hat Albert. Stad. ad 1227. Chron. rhythm. cap. 63, v. 37—40 bei Leibnitz, S. R. Br. III, 132. Botho zum Jahre 1227 bei Leibnitz, S. R. Br. III, 361 und Tabula Blasiana daselbst 148.

88) Diese Angabe haben die Excerpta Blasiana bei Leibnitz, S. R. Br.

4. Braunschweig unter Herzog Otto dem Kinde (1227—1252).

hiesigen Blasiusstift[89]) bei seinem Bruder, dem Kaiser Otto IV., bestattet.

Die vom Pfalzgrafen Heinrich schon 1223 seinem Neffen Otto ertheilte Anwartschaft auf Stadt und Land Braunschweig erkannte Kaiser Friedrich II. nicht an. Um einen Vorwand zu einer weiteren Schwächung der durch Vereinigung aller Besitzungen in Ottos Hand wieder bedeutender werdenden welfischen Macht zu erhalten, wandte er sich zunächst an Irmgard, die älteste Tochter des verstorbenen Pfalzgrafen Heinrich, welche mit dem Markgrafen Hermann von Baden vermählt war. Ihre Ansprüche auf Braunschweig kaufte oder ertauschte der Kaiser. Nun machte auch der Gemahl der jüngeren Tochter des Pfalzgrafen Agnes, der Herzog Otto von Baiern[1]), sein Erbrecht auf Braunschweig geltend[2]). Die Reimchronik[3]) läßt deutlich erkennen, daß bald nach dem

---

II, 61. Auch das Memorienregister p. 24 Wedekind I, 429 führt Heinrich als am Ende des Aprilmonats gestorben auf. Irrthümlich sind die Angaben des Chron. vetus bei Leibnitz, S. R. Br. II, 17: 1217 die X Kal. Maji (23. April), ebenfalls die des Chron. Winhusanum in den Orig. Guelf. III, 231. §. 87: in die Valentini martyris (14. Februar), welcher Tag freilich auch einen Vitalis zum Patron hat. Böhmer, Regesten 1198—1254, S. 376.

89) Chron. vetus bei Leibnitz, S. R. Br. II, 17. Chron. rhythm. cap. 63, v. 41—44 bei Leibnitz, S. R. Br. III, 132. Botho zum Jahre 1227 bei Leibnitz, S. R. Br. III, 361 und Bodo, Syntagma de ecclesia Gandersheim. bei Leibnitz, S. R. Br. III, 724.

1) Albert. Stad. ad 1227 bei Pertz, M. G. H. XVI, 359: Heinricus, imperatoris filius, civitatem Brunswich pro eo, quod imperator eam a majori dicti principis filia comparaverat emptionis titulo, impetebat, et dux Bawarie pro eo, quod ejusdem junior filia suo filio nupserat, jus hereditarium allegabat.

2) Die Ansprüche dieser jüngeren Tochter brachte der Kaiser später ebenfalls durch Kauf an sich; denn er sagt in der Errichtungsurkunde des Herzogthums Braunschweig-Lüneburg 1235: civitatis de Brunswich — medietatem proprietatis dominii a marchione de Baden, et reliquam medietatem a duce Bawarie — emimus, pro parte uxorum suarum. Ob Theodor Lange, welchen Engelhusius als seine Quelle angiebt, Recht hat, wenn er den Kaufpreis Braunschweigs auf 4000 Mark Geldes angiebt, mag dahingestellt bleiben. Den Verkauf der Stadt durch die Töchter des Pfalzgrafen bezeugen das Chron. vetus bei Leibnitz, S. R. Br. II, 14; die Excerpta Blasiana daselbst II, 60; das Chron. Bardewic. zum Jahre 1227 daselbst III, 218 und Botho daselbst III, 361.

3) Cap. 64, v. 27 sq. bei Leibnitz, S. R. Br. III, 132.

Tode des Pfalzgrafen Sendboten jener beiden Prätendenten nach Braunschweig kamen und daß die Dienstmannen des welfischen Fürstenhauses und ein überwiegender Theil der Bürger sich mit ihnen verbanden. Ueber die leitenden Motive fehlt jede ausdrückliche Andeutung; aber es wird nicht auf falsche Fährte leiten, wenn an die Gefahren erinnert wird, mit denen die fortschreitende Ausbildung der Landeshoheit den niederen Adel wie die Städte bedrohete. Gerade damals war aber das Auftreten König Heinrichs dazu angethan, daß jene Kreise in ihm einen Rückhalt zu finden hoffen konnten.

Herzog Otto war indessen nicht gemeint, auf sein gutes Recht an die braunschweigische Erbschaft zu verzichten; seiner Vorfahren Hauptstadt und Feste wollte er nicht in fremde Hand kommen lassen. Ehe der König und der Baiernherzog heranrücken konnten, bezog er mit einem Heere von lüneburgischer Ritterschaft bei dem Kloster Ribbagshausen ein Lager. Von hier aus eröffnete er zuerst „mit den Fremden, den Dienstmannen und den Bürgern" Unterhandlungen; bald indessen wurde zum Schwerte gegriffen. In der Stadt war ein Anhang Ottos, freilich kein zahlreicher; aber diese einigen wenigen Leute ließen ihn zum Hagen herein. In den Straßen dieses Weichbildes entbrannte der Kampf, in welchem die Darstellung des Chronisten Bürger und Dienstmannen dem Herzog und den Seinen unverkennbar gegenüber gruppirt. Auch dieser Kampf brachte noch keine Entscheidung; erst in Folge eines Tages, an welchem „Friedes gepflogen wurde", erscheint Herzog Otto endlich im Besitze der Stadt. Es ist anzunehmen, daß er durch „die vielen Gnaden", von denen die Reimchronik berichtet, die Bürger auf seine Seite gebracht habe[4]). Diese Bedeutung der geschilderten Vorgänge hat auch

---

4) Chron. rhythm. a. a. O. Kurz giebt das Resultat Albert. Stad. zum Jahre 1227 bei Pertz, M. G. H. XVI, 359: cum interim Otto, dominus de Lunenborch, portas Brunswich irrupit et eam in deditionem recepit. Dasselbe melden die Excerpta Blasiana bei Leibnitz, S. R. Br. II, 61 und Engelhusius daselbst II, 1113. Unrichtigkeiten und ausschmückende Zusätze sind dieser Erzählung zugefügt im Chron. Bardewic. zum Jahre 1227 bei Leibnitz, S. R. Br. III, 218, in der niedersächsischen Chronik bei Abel, 158 und bei Botho zum Jahre 1227 bei Leibnitz, S. R. Br. III, 361. Auf den wahren Hergang der Dinge bei Ottos Ankunft in Braunschweig ist zuerst aufmerksam gemacht von Hänselmann in Urkunden und Statuten der Stadt Braunschweig, 3. Ribbentrop und die Neueren folgen den späteren Quellen und stellen den Hergang darum ganz anders dar.

4. Braunschweig unter Herzog Otto dem Kinde.

Botho aus den Ueberlieferungen erkannt, denen er folgte. Auch er läßt den Herzog im Kampfe Stadt und Burg gewinnen, freilich kämpft dieser nach ihm nur „mit des Kaisers Leuten". Aber als der Herzog die Burg inne hatte, so erzählt Botho weiter, rief er mit den Bürgern einen Frieden und sprach: Nehmt mich für einen Herrn, ich will euch frei geben und alle Gerechtigkeit! Da riefen die Bürger alle ja und huldigten ihm.

Die „Gnaden", welche der Herzog den Bürgern damals gab nach dem Bericht des Reimchronisten, scheinen identisch zu sein mit den „großen Privilegien, Freiheiten und Gerechtigkeiten", welche Otto der Stadt nach Bothos Angaben verlieh. Sie erkennen wir in den von ihm damals verliehenen und bestätigten Rechten der Stadt. Die einst von Herzog Heinrich dem Löwen dem Weichbild Hagen verliehenen Rechte und Freiheiten erkannte er an durch Anhängung seines Siegels an die damals gefertigte Aufzeichnung derselben [5]). Sodann verlieh er der Stadt, d. h. wahrscheinlich den drei Weichbildern der Altstadt, des Hagens und der Neustadt [6]), das älteste uns bekannte Stadtrecht [7]). Dieses umfaßt bei Weitem nicht alle damals in Braunschweig geltenden Gesetze; die Auswahl, welche getroffen ward, macht einleuchtend, daß der leitende Gesichtspunkt der war, die Einmischungen des herzoglichen Vogts in die Rechtspflege an feste Bestimmungen der Art zu binden, wie sie dem Rathe und der Bürgerschaft am gedeihlichsten waren [8]). Der Inhalt ist nicht systematisch geordnet. Neben criminalrechtlichen Bestimmungen über Gewaltthat [9]), Diebstahl und Raub [10]) stehen an mehreren Stellen zerstreut civilrechtliche Satzungen über das Verfahren gegen Schuldner [11]), über das Erbrecht [12]), das Pfandrecht [13]); auch mehrere Bestimmungen

---

5) Originalurkunde im Stadtarchiv Nr. 2 gedruckt in Urkunden und Statuten 2.

6) Hänselmann in Urkunden und Statuten 4.

7) Originalurkunde im Stadtarchiv Nr. 2a, gedruckt in Orig. Guelf. IV, 107, in Rehtmeiers Chronik 465 und in Urkunden und Statuten 4 flg. Siehe auch die Einleitung dazu von Hänselmann.

8) Bode in Hagemann und Spangenbergs Praktischen Erörterungen IX, 124.

9) §. 4—11. 65.

10) §. 26—29. 32. 53. 61.

11) §. 14—19. 21.

12) §. 33—38. 43. 44.

13) §. 30. 31. 52.

über den Handel mit Pferden [14]) und mit Grundstücken [15]). Mehrere Satzungen beziehen sich auf die Gerichtsverfassung [16]), namentlich auf das gerichtliche Verfahren; andere auf das Zollwesen [17]); es findet sich auch schon ein Polizeigesetz [18]), auch Bestimmungen über Handels- und Gewerbsverhältnisse [19]) und über einzelne Rechte der Bürgerschaft [20]).

Die Einnahme der Stadt und die Begnadung ihrer Bürger durch Herzog Otto das Kind muß 1227 zwischen dem 28. April, dem Todestage des Pfalzgrafen Heinrich, und dem 22. Juli [21]), dem Tage der Schlacht bei Bornhövde, und zwar nach der Darstellung des Reimchronisten [22]) kurze Zeit vor der letzteren geschehen sein. Sie brachte Otto in die Gefangenschaft des Grafen Heinrich von Schwerin [23]). Nun schien die Zeit gekommen, Braunschweig in des Kaisers Hand zu bringen. Schon im August 1227 rückte König Heinrich mit dem Baiernherzog in's Sachsenland gegen die Welfenstadt; aber ihr Vorhaben scheiterte an der Treue und Festigkeit der Bürger, ohne Erfolg kehrten sie zurück in den Süden des Reiches [24]).

Von längerer Dauer war eine andere Gefahr, welche die Stadt für ihren Herzog bestand. Ihre früheren Bundesgenossen, die fürstlichen Dienstmannen, waren ihr zur Unterwerfung unter Ottos Herrschaft

---

14) §. 23—25.
15) §. 22. 41. 64.
16) §. 1—3. 12. 13. 59. 62. 63.
17) §. 46—51.
18) §. 20.
19) §. 55—58. 60.
20) §. 42. 54. 66.
21) Godefr. Colon. zum Jahre 1227 bei Böhmer, Font. II, 361: in die Mariae Magdalenae. Denselben Tag nennt die Histor. archiepisc. Bremens. bei Lappenberg 10, ihn bezeichnet Lerbeckes Chron. Schauenburg. in dem Verse: Magdala quando pia scandit super astra Maria. Am 22. Juli feierten daher die Lübecker lange Zeit das Gedächtniß dieser Schlacht nach Eccard in den Orig. Guelf. IV, 23. Das Chron. vetus bei Leibnitz, S. R. Br. II, 17 läßt den Kampf schon einige Tage vor dem bezeichneten Tage stattfinden, offenbar irrthümlich.
22) Cap. 64, v. 72—84 bei Leibnitz, S. R. Br. III, 183.
23) Albert. Stad. zum Jahre 1227 bei Pertz, M. G. H. XVI, 359: Dominus de Lunenburg ab Heinrico Comite captivatur.
24) Albert. Stad. a. a. O.: Heinricus rex ut Brunswich optineret Saxoniam intrat cum duce Bawariae; sed regreditur sine sui propositi actione. Dieser mißglückte Zug Heinrichs ist mit Albert von Stade in's Jahr 1227 zu setzen, vielleicht auch in den Monat August, da sich König Heinrich vom 16. bis 29. August in Goslar aufhielt. Böhmer, Regesten von 1198—1254, S. 229.

nicht nachgefolgt. Auch sie nahmen jetzt die Gelegenheit wahr, ihre Pläne zu fördern. Unterstützt von dem Erzbischof von Magdeburg und dem Bischof von Halberstadt, die, wie man sagte, im Einverständniß mit dem Kaiser handelten, erhoben sie die Fehde wider Braunschweig [25]). Die Einzelnheiten derselben sind nicht überliefert. Aber eine erfolgreiche bei dieser Gelegenheit bewiesene Treue der Bürger wird es gewesen sein, in deren Anerkennung König Waldemar II. von Dänemark im September 1228 der Stadt seines Neffen die Zollfreiheit und andere Handelsprivilegien in seinem Reiche gewährte [26]). Der Tod des Grafen Heinrich von Schwerin am 17. Februar 1228 [27]) brachte Herzog Otto die Freilassung noch nicht [28]). Das Jahr 1228 scheint noch vergangen zu sein, bevor die Verwendung Papst Gregors IX. [29]) zum Ziele führte. Auch bei der dadurch bewirkten [30]) Freilassung Ottos tritt das gute Einvernehmen, in welchem der Herzog mit der Stadt stand, klar hervor; dreißig Bürger von Braunschweig verbürgten sich für die Haltung der Urfehde, welche ihr Herr dem Schweriner Grafen leistete [31]).

Heimkehrend fand Otto die Dienstmannen noch im Aufstande und im Kampfe mit der Stadt Braunschweig. Schon waren die jungen Markgrafen Otto und Johann von Brandenburg, deren Schwester

---

[25]) Albert. Stad. zum Jahre 1228 bei Pertz, M. G. H. XVI, 360: Absolutus autem (Otto) plurimam gwerram circa Brunswich a suis ministerialibus est perpessus, episcopis Magdeburgense et Halverstadense partem eorum foventibus imperatoris, ut dicitur, voluntate. Chron. rhythm. 64, 85—92 bei Leibnitz, S. R. Br. III, 133.

[26]) Originalurkunde im Landesarchiv zu Wolfenbüttel, gedruckt in Rehtmeier, Chronik 468 und Orig. Guelf. IV, 111.

[27]) Am 17. Februar ward sein Gedächtniß in Schwerin begangen nach einer Mittheilung des Herrn Archivraths Dr. Lisch in Schwerin.

[28]) Albert. Stad. zum Jahre 1228 bei Pertz, M. G. H. XVI, 360.

[29]) Das Schreiben des Papstes vom 3. December 1228 steht in Orig. Guelf. IV, praef. 90.

[30]) König Heinrich III. dankt am 4. April 1229 dem Papst, quod vestra dignata fuit paternitas vestras misericorditer partes interponere pro deliberatione consanguinei nostri Ottonis ducis de Bruneswic a carcere, in quo detinebatur vinculis mancipatus. Rymer, Foedera I, 194. Am 7. März 1229 war Otto spätestens frei; damals schreibt ihm König Heinrich III. von England: De deliberatione corporis vestri a manibus inimicorum vestrorum, qui vos captos detinebant, grates referimus Altissimo! Rymer, Foedera I, 194. Vergl. Chron. Bardowic. bei Leibnitz, S. R. Br. III, 218 und Chron. rhythm. cap. 64, v. 84 bei Leibnitz, S. R. Br. III, 133.

[31]) Zeitschrift des historischen Vereins für Niedersachsen 1857, S. 33.

Mathilde mit Herzog Otto verlobt war, der Stadt ihres Verwandten zu Hülfe gekommen, hatten aber keine Entscheidung herbeizuführen vermocht. Erst als Otto aus der Gefangenschaft heimkehrte, machte er jenem Kampfe ein Ende, wie es scheint am Ende des Jahres 1229, wo er die geistlichen Verbündeten der Ministerialen, die Kirchenfürsten von Magdeburg und Halberstadt, zu gütlichem Austrage vermochte[32]).

Als so der Frieden wiederhergestellt war, erblühete 1230 eine neue geistliche Stiftung vor den Thoren der Stadt. Auf einem sanftansteigenden Hügel vor dem Petrithore, welcher schon damals den Namen des Rennelberges[33]) führte, an der Stelle einer schon vorhandenen Klause, neben welcher ein Wunderbaum stand, ward von dem Ritter Balduin von Campe ein Kloster für Cisterciensernonnen begründet, welches 1230 vom Bischof Konrad von Hildesheim zur Ehre des heiligen Kreuzes und der Jungfrau Maria geweihet sein soll[34]) und nach dieser Weihe gewöhnlich das Kreuzkloster genannt wurde.

Das Privilegium, durch welches König Heinrich III. von England am 10. November 1230 den homines de Brunswic, d. h. „den Unterthanen seines lieben Verwandten Ottos, Herzogs von Braunschweig", freien Verkehr in seinem Lande zusagt[35]), war wohl vorzugsweise für die Handel treibenden Bürger unserer Stadt bestimmt. Aber Freiheiten wie diese und die 1228 von Waldemar II. verliehenen konnten der Betriebsamkeit der Bürger erst dann recht zu Gute kommen, wenn endlich einmal der verderbliche Streit zwischen den Welfen und dem hohenstaufischen Kaiserhause beendet war und wenn im Schutze des Friedens Handel und Wandel erblühen konnten. Und dieser Zeitpunkt kam recht bald.

Es ist bekannt, wie Otto sich 1235 im August auf des Kaisers Einladung zum Reichstage nach Mainz begab, dort vor des Kaisers Majestät sich beugte, ihm den Eid der Treue schwur und sein unbestrit-

---

32) Urkunden in Orig. Guelf. IV, 117. 118 und Chron. rhythm. cap. 65, v. 35—38 bei Leibnitz, S. R. Br. III, 133.

33) Urkunde des Pfalzgrafen Heinrich vom Jahre 1224 in Orig. Guelf. III, 694.

34) Narratiuncula de fundatione coenobii S. Crucis apud Bruneswic bei Leibnitz, S. R. Br. II, 469. Niedersächsische Chronik zum Jahre 1229 bei Abel, 160. Vergl. auch Meibom. Chron. Riddagshus. in S. R. G. III, 359.

35) Urkunde in den Orig. Guelf. IV, 116.

unes Erbe und Eigenthum, Lüneburg sammt Zubehör, an Kaiser und Reich übergab, wie dann Friedrich II. die Stadt Braunschweig, auf die er von den Töchtern des Pfalzgrafen Heinrich durch Kauf ein Anrecht erworben habe, ebenfalls an das Reich übertrug und mit Zustimmung der Fürsten die Stadt Braunschweig und das Schloß Lüneburg mit allen Zubehörungen zu einem Herzogthum vereinigte und an Otto als ein Reichslehen vergabte, welches auf Söhne und Töchter vererben solle [36]).

Vielfache Anzeichen lassen erkennen, welchen Aufschwung Braunschweig seit dieser Zeit genommen hat. Schon 1231 hatten sich die Goldschmiede der Altstadt mit Einwilligung des Advocatus und der Rathsherren der Altstadt zu einer Innung constituirt [37]). 1240 ward das Innungsrecht, welches in den drei ältesten Weichbildern von Kaiser Otto IV. geordnet zu sein scheint [38]), auch „den Bürgern" eines vierten Weichbildes, der Altenwik (burgensibus de Veteri Vico), durch den herzoglichen Vogt, Hermann von Borsne, übertragen [39]). Bei der Verleihung dieses Rechtes, welche der Vogt im Namen seines Herrn, des Herzogs Otto, vornahm, fungirten als Zeugen Bartoldus Advocatus, Johannes frater Jordanis, Johannes de Valeberge, Ertmerus, die damals Consuln waren, und noch zwölf Bürger. Die vier erstgenannten Personen möchten wohl unbedenklich [40]) für den Bürgermeister und die Rathsherren der Altenwik zu halten sein. Eine weiterreichende Begabung erfolgte im Jahre 1245 durch Herzog Otto selbst [41]). Er verleiht allen Bewohnern der Altenwik nochmals das Innungsrecht, na-

---

36) Urkunde in Orig. Guelf. IV, 51 und Rehtmeier, Chronik 473. Albert. Stad. zum Jahre 1235. Anonymus Saxo bei Mencken zum Jahre 1235 S. R. G. III, 128. Chron. vetus bei Leibnitz, S. R. Br. II, 17. Chron. rhythm. cap. 65, v. 25—34 bei Leibnitz, S. R. Br. III, 133. Excerpta Blasiana bei Leibnitz, S. R. Br. II, 60. Chron. Luneburgic. zum Jahre 1235 bei Leibnitz, S. R. Br. III, 175. Engelhusius bei Leibnitz, S. R. Br. II, 1113. Botho zum Jahre 1238 bei Leibnitz, S. R. Br. III, 362.

37) Der Innungsbrief ist gedruckt in Sacks Alterthümern S. 100 und Urkunden und Statuten der Stadt Braunschweig S. 8.

38) S. 90.

39) Urkunde in Rehtmeiers Chronik p. 1830, in den Orig. Guelf. IV, 183 und in Urkunden und Statuten der Stadt Braunschweig S. 9.

40) Vergl. Lüntzel, Geschichte der Diöcese und Stadt Hildesheim II, 82.

41) Urkunde in den Braunschweigischen Anzeigen 1757. St. 90. S. 1510 und in Urkunden und Statuten der Stadt Braunschweig S. 10.

mentlich den dortigen Tuchmachern die Freiheit, mit Tuch Handel zu treiben, wie das auch in der Altstadt der Fall sei; außerdem aber gewährt er den Bewohnern der Altenwik „in allen Beziehungen dasselbe Recht, wie es die Bürger der Altstadt haben". Somit haben wir hier vielleicht den Beweis, daß die Altewik damals in die Reihe der städtischen Weichbilder eingetreten sei.

In dieser Zeit kommen die ersten Spuren lebhafter Handelsverbindungen zwischen Braunschweig und Stade vor. Rath und Bürgergemeinde dieser Stadt erklärten[42]) angeblich 1248, sie wollten die nach Stade mit ihren Gütern und Waaren kommenden Bürger von Braunschweig in ihren Schutz nehmen und jeden ihnen zugefügten Schaden so ansehen und ahnden, als sei er Bürgern von Stade zugefügt. 1249 erneuern Gotfried und Heinrich, Vögte, sammt den Rathsherren und Bürgern zu Stade den Bürgern und Kaufleuten Braunschweigs die Zusage freien Verkehrs, wie sie denselben „bis dahin gehabt hatten"[43]). Daß dies Verhältniß auf Gegenseitigkeit beruhte, zeigt eine andere Urkunde des Jahres 1249, worin die Stadt Braunschweig den Bürgern von Stade freien Handelsverkehr hieselbst verstattete[44]).

Damals, wo Handel und Gewerbe immer fröhlicher aufblüheten, wo Reichthum und Wohlhabenheit immer mehr in die Stadt einzog, ward eine der großartigsten hiesigen Wohlthätigkeitsanstalten von Bürgern unserer Stadt begründet. Allerdings bestand schon längere Zeit hieselbst ein zur Unterstützung der Armen bestimmtes Hospital (domus hospitalis), das Johannes dem Täufer geweihet war und welches der Pfalzgraf Heinrich 1224 in seinen Schutz nimmt[45]). Wahrscheinlich genügte dies dem steigenden Bedürfniß nicht mehr. Darum gründeten Bürger, bestrebt, das ihnen „vom Herrn anvertraute Gut vielfach nutzbar zu machen", auf dem neben der langen Ockerbrücke im Gebiet der alten Wik belegenen Areal zur Ehre der Jungfrau Maria 1245 ein Hospital und Pflegehaus, in welchem „schwache und gebrechliche Leute" Aufnahme und den nöthigen Unterhalt finden sollten. In Anerkennung ihres frommen Sinnes gab Herzog Otto seine Einwilligung und ver-

---

42) Urkunde in Rehtmeier, Chronik p. 481.
43) Ungedruckte Urkunde des Stadtarchivs Nr. 4.
44) Urkunde von 1249 in (Pratje) Bremische und Verdensche Sammlung VI, 120.
45) Urkunde von 1224 im Braunschweigischen Magazin 1774, S. 353.

sprach), die Stiftung von allen Lasten der Vogtei zu befreien und ihre Güter in seinen Schutz zu nehmen [46]).

Gegen Ende seines Lebens verlobte Herzog Otto seine Tochter Elisabeth mit dem 1248 in Aachen zum Gegenkönig gekrönten Grafen Wilhelm von Holland. Hier zu Braunschweig ward 1252 [47]) am 25. Januar [48]) die Hochzeit gefeiert, welche ebenso berühmt geworden ist durch ihre Pracht wie durch einen schlimmen Unglücksfall. Damals gerieth nämlich die Pfalz in der hiesigen Burg Nachts durch ein in Stroh fallendes Licht in Flammen; kaum gelang es der jungen Königin, welche mit den Localitäten bekannt war, ihren Gemahl aus dem brennenden Palaste zu entfernen. Außer einigen Menschen verbrannten des Königs Krone und viele Kostbarkeiten [49]).

An dem Hofe seines Schwiegervaters hielt sich König Wilhelm in jenen Jahren vielfach auf, wie eine Menge von Urkunden beweist, welche er von 1251 bis 1253 hier ausgestellt hat [50]). Hier gab er ein Beispiel frommer Demuth und Achtung vor der Kirche. Im leinenen Gewande ging er am Charfreitage 1252 barfuß durch die Stadt, besuchte die Kirchen und spendete reichliche Almosen [51]).

1252 am 9. Juni [52]) starb Herzog Otto, als er sich eben zu einer Reise nach Frankfurt anschickte, wohin sein Schwiegersohn, König Wilhelm, einen Reichstag ausgeschrieben hatte. Wo er begraben ward, berichten die Quellen verschieden. Nach der Sachsenchronik [53]) und der Tabula Blasiana [54]) ward er hieselbst im Blasiusstift bestattet; nach der

---

46) Urkunde in Rehtmeier, Kirchenhistorie I, Beilage 136 sq. und in Orig. Guelf. IV, 204.

47) 1252, s. Pertz, M. G. H. XVI, 373. Note 4.

48) 8 Kal. Febr. Annal. Erphesford. in Pertz, M. G. H. XVI, p. 38.

49) Albert. Stad. zum Jahre 1251 bei Pertz, M. G. H. XVI, 373. Annal. Erphesford. zum Jahre 1252 in Pertz, M. G. H. XVI, 38. Chron. rhythm. cap. 66, v. 27—53 bei Leibnitz, S. R. Br. III, 134 sq. Engelhusius bei Leibnitz, S. R. Br. II, 1114. Chron. Bardewic. zum Jahre 1245 bei Leibnitz, S. R. Br. III, 218. Botho zum Jahre 1258 bei Leibnitz, S. R. Br. III, 366.

50) S. Böhmers Regesten und die betreffenden Jahre im Urkundenbuch der Stadt Lübeck, Band I. Vergl. auch Orig. Guelf. IV, 78.

51) Guden, Cod. diplom. Mogunt. I, 621.

52) Albert. Stad. zum Jahre 1252 bei Pertz, M. G. H. XVI, 373: die dominica Primi et Feliciani infra vesperas 48 annorum obiit.

53) Niedersächsische Chronik zum Jahre 1252 bei Abel, 165.

54) Tabula Blasiana zum Jahre 1252 bei Leibnitz, S. R. Br. III, 148.

Reimchronik[55] dagegen, dem Chron. vetus[56] und Botho[57] zufolge bei seinem Vater in Lüneburg. Daß er seine letzte Ruhestätte doch im hiesigen Blasiusstift fand, macht Eccard[58] wahrscheinlich.

5. Braunschweig unter Herzog Albrecht (1252—1279).

Nach dem Tode des Herzogs Otto übernahm die Regierung sein ältester Sohn, Herzog Albrecht, Anfangs allein im Namen seiner noch minderjährigen Brüder[1]. In Braunschweig feierte der achtzehnjährige Fürst 1254 am Margarethentage (13. Juli) ein großes Fest, welches gleichfalls durch ein Brandunglück berühmt geworden ist. In Anwesenheit vieler Fürsten und Herren ließ er sich von seinem Oheim, dem Markgrafen von Brandenburg, zum Ritter schlagen und verlieh dann selbst einer Menge von Grafen und Herren die Ritterwürde[2]. Als das Fest acht Tage gedauert hatte, betraf die Stadt wieder ein großes Brandunglück, wie wenige Jahre zuvor. Um Ostern 1252 war das Feuer in der Altstadt entstanden und hatte die Hälfte dieses Weichbildes vernichtet[3]. Jetzt 1254 am 22. Juli, dem Jahrestage der Schlacht bei Bornhöved, entstand wieder ein Feuer in der Altstadt, welches durch die Neustadt hinüberflog in den Hagen und viel Herzeleid anrichtete[4].

Während der Kämpfe Kaiser Friedrichs II. mit seinen Gegenkönigen traten auch manche norddeutsche Städte, auf Selbsthülfe angewiesen, zu Einigungen und Bündnissen zusammen, um ihren aufblühenden Handel gegen Straßenräuber zu schirmen. Schon 1241 schlossen Hamburg und Lübeck „als eins in Freud und Leid" die Verabredung, sie wollten

---

55) Chron. rhythm. cap. 67, v. 1—6 bei Leibnitz, S. R. Br. III, 135.
56) Chron. vetus bei Leibnitz, S. R. Br. II, 17.
57) Botho zum Jahre 1252 bei Leibnitz, S. R. Br. III, 365.
58) Eccard, Orig. Guelf. IV, 77 mit Scheids Note.
1) Urkunde bei Gruber, Göttingische Beschreibung III, praef. 96.
2) Chron. rhythm. cap. 68, v. 64—115 bei Leibnitz, S. R. Br. III, 136. Daß bei dieser Festlichkeit auch Albrechts Vermählung mit Elisabeth von Brabant stattfand, wie Rehtmeier, Chronik 492 erzählt, steht in den Quellen nicht.
3) Chron. rhythm. cap. 66, v. 58—60 bei Leibnitz, S. R. Br. III, 135.
4) Chron. rhythm. cap. 68, v. 116—124 bei Leibnitz, S. R. Br. III, 136.

auf gemeinsame Kosten verfolgen und ausrotten Alle, die den Landweg zwischen ihren Städten unsicher machten [5]).

Auch in unseren Gegenden führte „die Gelähmtheit der Reichsgewalt" zu einer Verbindung der sächsischen Landhandelsstädte, die mit den gewerbreichen Städten Flanderns, namentlich mit Gent, schon eine Zeit lang in lebhaftem Verkehr gestanden hatten. Kaum könnten sie, so klagen sie um's Jahr 1252 [6]) urkundlich, ihr Gut vor den Angriffen der Raubritter schirmen; geraubtes Gut vermöchten sie deren Händen nicht wieder zu entreißen, da ihre Burgen, auf Berggipfeln und steilen Felsenwänden gelegen, so fest wären, daß auch die Landesfürsten solchen Frevel nicht zu bändigen im Stande seien. Unter solchen Umständen scheinen „die Städte Sachsens" zu einem Bunde zusammengetreten zu sein, an welchem damals Hamburg, Bremen, Stade, Lüneburg, Hannover, Hildesheim, Braunschweig, Goslar, Helmstädt, Halberstadt, Quedlinburg und Wernigerode Theil nahmen. Unter gleichen Zuständen trat im Juli 1253 ein Bund von vier westphälischen Städten [7]) und 1254 ein Bund mehrerer mittelrheinischen Städte zusammen [8]); in dieser Zeit erweiterten sich auch die öfteren Einigungen zwischen Hamburg und Lübeck durch Verträge mit Städten Niedersachsens allmälig zum Hansebunde [9]).

Mit den Städten dieser Vereinigung war auch Braunschweig früh in Bundesfreundschaft getreten. Der Beziehungen zu Stade ist schon oben gedacht [10]); einer nicht sicher verbürgten Nachricht zufolge [11]) soll Braunschweig schon 1247 mit Hamburg eine Uebereinkunft geschlossen haben, wie sie der Handelsverkehr zwischen den Bürgern beider Städte mit sich bringen mußte [12]). Erst unter Herzog Albrechts Regierung finden sich sichere Spuren solcher Verbindung. 1254 ertheilten die Grafen

---

5) Urkunde in Klefeker, Sammlung hamburg. Verfass. VI, 253. Barthold II, 134.

6) Barthold, Geschichte der deutschen Städte II, 202.

7) Barthold II, 203 und Urkunde bei Häberlin, Annal. med. aev. 231.

8) Barthold II, 204—207.

9) Barthold II, 298.

10) S. 100.

11) Tratziger, Hamburgische Chronik bei Rehtmeier, Chronik S. 1884.

12) Daß die Stadt 1247 in den Hansebund aufgenommen ward, wie Neuere erzählen (Ribbentrop, Beschreibung der Stadt Braunschweig, Einleit. XL, und Vogel in Sack Alterthümern XXIII), sagt keine alte Quelle.

von Holstein [13]) den Kaufleuten von Braunschweig, Magdeburg und anderen umher belegenen Städten, womit die verbündeten Städte Niedersachsens gemeint sein mögen, auf deren Bitte Befreiung von allen Abgaben, wenn sie nur den bestimmten Zoll zahlen. Von den Waaren und Gegenständen, welche die genannten Städte nach Hamburg brachten oder dort einkauften, nennt die Urkunde Kupfer, Zinn, Erz, Blei, Metall, ferner Wein und Thran (unguentum oder Talg?), Tuch, Leinwand, Buntwerk (varium opus, nach Sack, Alterth. 91 Hausgeräth), Pfeffer, Kümmel, Weihrauch, Schwefel, Weinstein, Mandeln, allerlei Felle, Fettwaaren, Getreide, Haare, Galmei und Kreide. Bei etwaigen Zwistigkeiten und Fehden mit den Herzögen von Braunschweig wollen die Grafen von Holstein die Kaufleute der Stadt Braunschweig doch frei in Hamburg handeln lassen und schützen, oder ihnen eine Frist von vierzig Tagen zum Abzuge von da gönnen.

Aehnliches wurde wenige Jahre später für Braunschweig in Bremen erwirkt. 1256 am 3. April sagten Vogt und Rathsherren daselbst den Braunschweigern, die mit Waaren nach Bremen kämen, gleichen Schutz und dieselbe Sicherheit zu, wie sie die Bürger Bremens genössen [14]). Aehnliche Zusicherungen werden öfters wiederholt. 1258 am 16. März ertheilen Vogt und Rathsherren von Hamburg [15]) den Braunschweigern für ihren Verkehr daselbst die Zusicherung des Schutzes. Beim Ausbruch einer Fehde zwischen den Herzögen von Braunschweig und den Grafen von Holstein wird ihnen der Schutz noch drei Monate nach dessen Aufkündigung gestattet. Dasselbe Privilegium ertheilen die Grafen von Holstein [16]).

Auch auf anderen Gebieten des Lebens strebte Braunschweigs Stadtbehörde schon damals nach Privilegien. Das Verhältniß zu den Bischöfen von Hildesheim und Halberstadt, in deren Diöcesen die Stadt lag, scheint in mancher Hinsicht zu Unannehmlichkeiten geführt zu haben. Auch dem Herzog konnte es nicht gleichgültig sein, daß jene Bischöfe, deren Vorgänger seinen Vorfahren so oft verfeindet gewesen, gerade in

---

13) Urkunde in Rehtmeiers Chronik 493 und in Thorkelin, Dipl. Arna-Magnaean. I, 195. Das Original befindet sich im Stadtarchiv Nr. 6. Zur Erläuterung vergl. Sack's Alterthümer S. 91.
14) Urkunde des Stadtarchivs Nr. 10 bei Rehtmeier, Chronik 493.
15) Urkunde im Stadtarchiv Nr. 12, gedruckt bei Rehtmeier, Chronik 494.
16) Urkunde im Stadtarchiv Nr. 11, ungedruckt.

seiner Hauptstadt Einfluß auf die Bürger zu gewinnen Gelegenheit hatten. Darum wandte sich Herzog Albrecht mit der Bitte um Eremtion seiner Hauptstadt vom Diöcesanverbande an Papst Alexander IV. Und mit gutem Erfolge. In einer 1255 am 12. August zu Anagnia ausgestellten Urkunde lösete der Papst alle Kloster= Stifts= Pfarrkirchen und Kapellen in und außerhalb der Stadt aus dem Rechtsverbande mit ihren Diöcesanbischöfen [17]. Durch ein gleichzeitig erlassenes Schreiben beauftragte er dann den Abt des benachbarten Cistercienserklosters Ribbagshausen, darüber zu wachen, daß die eximirten Kirchen von Niemand belästigt würden, und denjenigen, welcher dies etwa wage, durch geistliche Strafen abzuschrecken [18]. Im Januar 1256 wurde an denselben Abt das päpstliche Mandat erlassen, nicht zu dulden, daß ohne einen speciellen Befehl des apostolischen Stuhles ein Interdict über die Kirchen der Stadt von irgendwem ausgesprochen werde [19].

Auch dem von Herzog Otto verliehenen Stadtrechte sollte die Bestätigung seiner Söhne nicht fehlen. Am 10. October 1265 hängten beide Brüder, die Herzöge Albrecht und Johann, ihre Siegel an die zu diesem Zwecke nochmals angefertigte Aufzeichnung desselben [20].

Bald nachher beschlossen die fürstlichen Brüder, der bisherigen gemeinschaftlichen Regierung durch eine Theilung des Landes ein Ende zu machen. Unter Vermittelung des ihnen nahe verwandten Markgrafen Otto von Brandenburg einigten sie sich 1267 in der Woche vor Judica hier zu Braunschweig [21]. Das Loos entschied, daß Herzog Albrecht die Theile bestimmen, Johann aber zuerst einen wählen sollte. Auch nach der Theilung, welche bis zum 4. Mai vorzunehmen und bis Himmelfahrt zu vollziehen war, sollte die Stadt Braunschweig im Gemeinbesitz der Brüder bleiben [22]. Aber an diese Theilungsgrundsätze scheint man

---

[17] Urkunde im Stadtarchiv Nr. 7, gedruckt bei Rehtmeier, Kirchenhistorie II, Beilage 172: ecclesias conventuales nec non parochiales cum suis capellis extra et infra civitatem Brunsvicensem — a jure dioecesanorum — duximus eximendas.

[18] Urkunde im Stadtarchiv Nr. 8, gedruckt bei Rehtmeier, Kirchenhistorie II, Beilage 172.

[19] Ungedruckte Urkunde des Stadtarchivs Nr. 9.

[20] Urkunde des Stadtarchivs Nr. 14; gedruckt in Urkunden und Statuten der Stadt Braunschweig S. 11.

[21] Urkunde in Orig. Guelf. IV, praef. 13—18.

[22] Urbem Brunswic tenebunt ambo et de ea debent principes nominari.

sich wenigstens insofern nicht gehalten zu haben, als die Stadt Braunschweig nicht zwei Herren erhielt[23]), sondern in den Alleinbesitz Herzog Albrechts überging. Dies ergiebt sich aus der Erzählung des gleichzeitigen Reimchronisten[24]). Er sagt, im Jahre 1267 hätten die fürstlichen Brüder getheilt also, dass Braunschweig die statt zu theil gab herzogen Albrecht das gefelle. Von einem gemeinsamen Besitz der Stadt berichtet weder er etwas, noch das Chron. Luneburg.[25]), noch das Chron. Bardewic.[26]), noch Botho[27]), noch Engelhusius[28]). Für die Ungetheiltheit der Stadt spricht auch der Umstand, daß sich keiner der Nachkommen Johanns jemals in Angelegenheiten der Stadt einmischte, was doch bei einem Mitbesitz oftmals hätte geschehen müssen. Der Antheil dieser altlüneburgischen Herzöge an Braunschweig beschränkt sich auf einige Patronatsrechte in den hiesigen beiden Stiftskirchen St. Blasius und St. Cyriacus. In jener hatten sie allein die Präbende des Marienaltars[29]), in dieser alle Präbenden abwechselnd mit den Herzögen der braunschweigischen Linie zu besetzen[30]).

Die erste Regierungshandlung, welche Herzog Albrecht als alleiniger Herr in der Stadt vollzog, geschah am 12. October 1268. Damals bestätigte er den Einwohnern des Hagens, welche wollene Tuche bereiteten, d. h. den Lakenmachern und Wantschneidern dieses Weichbildes, ein älteres Privilegium. Schon bei Begründung des Weichbildes hatte ihnen Herzog Heinrich der Löwe die Gerechtsame verliehen, ihre Waaren im Hause oder auf dem Markte zu verkaufen und durch zwei Gildemeister die vorkommenden Streitigkeiten der Gildegenossen schlichten zu lassen; nur Renitenten verwiesen diese an den herzoglichen Richter (ad Ducis judicem)[31]).

Das Jahr 1269 brachte einen bedeutsamen Fortschritt der städtischen

---

23) So wird selbst noch von Havemann, Braunschweig-Lüneburg. Geschichte I, 401 erzählt:
24) Chron. rhythm. cap. 72, v. 92—99 bei Leibnitz, S. R. Br. III, 142.
25) Chron. Luneburg. bei Leibnitz, S. R. Br. III, 176 oben.
26) Leibnitz, S. R. Br. III, 218.
27) Botho zum Jahre 1269 bei Leibnitz, S. R. Br. III, 368.
28) Engelhusius bei Leibnitz, S. R. Br. II, 1114.
29) Urkunde von 1269 in Orig. Guelf. IV, praef. 19.
30) Urkunde von 1267 in Orig. Guelf. IV, praef. 15.
31) Urkunde des Stadtarchivs Nr. 16, gedruckt in Urkunden und Statuten der Stadt Braunschweig S. 14.

5. Braunschweig unter Herzog Albrecht.

Verfassung. Bisher hatten vier Weichbilder, Altstadt, Neustadt, Hagen und Altewik, mit gesonderten Rathscollegien neben einander bestanden; zwar hatten wohl alle dasselbe Weichbildsrecht, aber doch gesonderte Verwaltung namentlich auf finanziellem Gebiete. Diese Stellung mochte nicht selten ein kräftiges gemeinsames Handeln der Rathscollegien erschwert, wo nicht unmöglich gemacht haben. Ohne dieses war aber eine gleichmäßige Fortbildung des statutarischen Rechts und eine allseitige Wahrung der Gesammtinteressen der Stadt kaum denkbar. Darum einigten sich 1269 um Martini [32]) „alle Rathsherren der Stadt" [33]), d. h. der drei Weichbilder Altstadt, Hagen und Neustadt, nachdem sie mit älteren, durch Einsicht hervorragenden Leuten [34]) Rath gepflogen hatten, zu mehreren Beschlüssen, deren Beobachtung sie beschwuren. Ueber Angelegenheiten, welche nicht ein einzelnes Weichbild, sondern die ganze Stadt beträfen, wollen sie in einem Hause gemeinsam berathen. Der Schoß der Bürger und andere Einkünfte des Rathes sollen von nun an in eine gemeinsame Stadtcasse fließen und aus dieser die Ausgaben für gemeinnützige Zwecke bestritten werden. Endlich traf man die praktische Bestimmung, daß der Rath jedes der genannten drei Weichbilder sich jährlich nur zu etwa zwei Dritteln erneuen solle. Es blieb also jedesmal etwa ein Drittel der Rathsherren des vergangenen Jahres auch für das folgende Jahr im Amte, ohne Zweifel um die neu eintretenden Collegen mit den Angelegenheiten und Interessen der Stadt rasch bekannt zu machen. Die Rathscollegien der Altenwik und des Sackes werden dabei nicht erwähnt, letzteres war vielleicht noch gar nicht vorhanden [35]). Kurz vorher im Jahre 1268 hatten die Rathscollegien es für gut und nützlich erachtet, die von ihnen erledigten Geschäfte jeder Art, auch erlassene Verordnungen und wichtige Vorkommnisse in eigene Stadtbücher eintragen zu lassen, damit künftigen Geschlechtern Kunde des Geschehenen zu Theil würde. So begann man mit dem Jahre 1268 die Aufzeichnungen der Degedingsbücher, von denen die der Altstadt und des Hagens bis in jenes Jahr zurückgehen.

---

32) Anno domini 1269 infra octavam beati Martini.

33) Bruneswicensis civitatis Consules universi, womit aber, wie aus der Urkunde selbst hervorgeht, nur die Rathscollegien der drei Weichbilder Altstadt, Hagen und Neustadt gemeint sind.

34) Habito seniorum et discretorum nostrorum consilio.

35) Urkunde des Stadtarchivs Nr. 17, zuerst gedruckt in Urkunden und Statuten der Stadt Braunschweig S. 15.

In das Ende der Regierungszeit Herzog Albrechts fallen noch zwei große Feuersbrünste. 1277 auf St. Gallentag (16. October) brannte wieder die halbe Altstadt nieder, und schon am 12. Mai (St. Pancratius) des folgenden Jahres 1278 entstand ein noch größeres Feuer in der Altenwik. Die Gluth verzehrte diesmal einen großen Theil dieses Weichbildes und der Altstadt, sie vernichtete auf ihrem Wege Münster und Kloster St. Aegidien, das Marienhospital an der langen Brücke und das ältere Hospital der Johanniter. Bedeutende Brandmale erhielten auch die alte Nicolaikapelle auf dem Damme und die Michaeliskirche [36]). So war wieder ein bedeutender Theil der Stadt niedergebrannt [37]); aber bei dem festbegründeten Wohlstande der Bürgerschaft konnte auch dieser Verlust bald verschmerzt werden.

Herzog Albrecht starb im kräftigsten Mannesalter, erst dreiundvierzig Jahre alt, 1279 am 15. August. Schon vorher krank, ging er noch an seinem Todestage zu Mariä Himmelfahrt in die Kirche, wohnte der Messe bei, sang die frommen Lieder mit; bald nachdem er die Kirche verlassen hatte, verschied er. Im Blasiusmünster in der Burg zu Braunschweig ward er neben seiner ersten Gemahlin, Elisabeth, die schon 1261 gestorben war, zur Erde bestattet [38]). In ihm betrauerte Braunschweig einen durchaus redlichen, tüchtigen, mannhaften, weisen, treuen, züchtigen und milden Fürsten [39]). An seinem Grabe standen sechs Söhne, meist

---

36) Chron. rhythm. cap. 72, v. 172—192 bei Leibnitz, S. R. Br. III, 143.

37) Annal. Stederb. ad 1278 bei Leibnitz, S. R. Br. I, 868 sagen übertreibend: Eodem anno fere tota civitas Brunswich est exusta.

38) Chron. vetus bei Leibnitz, S. R. Br. II, 18. Chron. rhythm. cap. 74, v. 132—165 bei Leibnitz, S. R. Br. III, 146. Annal. Stederb. bei Leibnitz, S. R. Br. I, 868: Dux (Albertus) in die assumptionis beatae Mariae debitum omnis carnis non sine magno gemitu et dolore suorum heu! persolvit, cujus corpus quinto die cum magno honore in Brunswich est sepultum. Annal. Lubicenses (geschrieben bald nach 1324) zu 1279 bei Pertz, M. G. H. XVI, 415: obiit Albertus Dux de Brunswich, magnus, potens et sapiens. Excerpta Blasiana ad 1279 bei Leibnitz, S. R. Br. II, 61. Fragm. geneal. duc. Brunsvic. bei Leibnitz, S. R. Br. II, 19. Tabula Blasiana irrthümlich zum Jahre 1278 bei Leibnitz, S. R. Br. III, 148. Botho zum Jahre 1278 bei Leibnitz, S. R. Br. III, 369.

39) Das Chron. rhythm. cap. 75 bei Leibnitz, S. R. Br. III, 147 nennt ihn allweg recht; purpurfarb in aller tugend; bezeichnet ihn als einen Fürsten, des herze je was manheyt beger, und fügt hinzu: he was der kluge Hector an weisheit und treue, zucht, milte unde ehr wonet in sines herzen dwenge.

5. Braunschweig unter Herzog Albrecht.

noch Kinder, der älteste Heinrich erst zwölf Jahre alt⁴⁰). Noch die letzten Tage Herzog Albrechts hatten eine Gelegenheit für Braunschweigs Bürger herbeigeführt, zu bethätigen, wie eifrig sie auf die Erhaltung ihrer Privilegien einer anmaßenden Geistlichkeit gegenüber bedacht waren⁴¹).

In Folge eines Streites mit Herzog Albrecht sprach sein Bruder Bischof Otto von Hildesheim über denselben und sein Land die Excommunication aus. Brieflich zeigte er das der Stadt an und verlangte Einstellung des Gottesdienstes. Da ward die Geistlichkeit berufen: der Abt von Ridbagshausen als Conservator der etwa zwanzig Jahre vorher vom päpstlichen Stuhle der Stadt verliehenen geistlichen Freiheiten, der Abt von St. Aegidien mit seinen Mönchen, die Minoriten, die Stiftsherren von St. Blasius und Cyriacus und die Pfarrgeistlichkeit. Als vor ihnen und einer großen Menge Volks die betreffenden Privilegien lateinisch und deutsch öffentlich verlesen waren, erklärten jene, sich an den Befehl des Bischofs von Hildesheim nicht kehren zu wollen; so namentlich auch die Minoriten, die überhaupt keinem Bischof Gehorsam schuldig zu sein behaupteten. Die Excommunication blieb also wirkungslos. Ja Bischof Otto ward, nachdem er binnen einer Frist von sechs Wochen das Interdict nicht zurückgenommen hatte, vom Abt zu Ridbagshausen selbst excommunicirt. Er starb bald nachher am 4. Juli eines plötzlichen Todes. Dem Begräbnisse des sechs Wochen später verschiedenen Herzogs Albrecht wohnten mit der gesammten Geistlichkeit der Stadt auch die Minoriten bei; auch an den üblichen Seelenmessen und Memorien während der folgenden dreißig Tage betheiligten sie sich mit; dann aber gaben sie plötzlich vor, in Folge einer Weisung ihres Generals die verhängte Excommunication für gültig halten und den Gottesdienst in ihrer Kirche einstellen zu müssen. Obgleich die Herzogin Wittwe und die Bürger Braunschweigs den Mönchen die durch den Papst angedrohten Strafen vergegenwärtigen ließen, so verharrten sie hartnäckiger Weise doch noch eine Zeit lang bei ihrer Meinung. Der Rath der Altstadt aber ließ dies widerspenstige Benehmen der Mönche in das Stadtbuch eintragen, „damit die Nachkommen den genannten Orden aus der Stadt entfernten, wenn sie sich nochmals dergleichen Dinge erlaubten."

---

40) Chron. rhythm. cap. 75, v. 95 bei Leibnitz, S. R. Br. III, 147.
41) Notiz im Degedingbuch der Altstadt I, fol. 1.

6. Braunschweig unter den Söhnen Herzog Albrechts (1279—1292).

Die Bürger von Braunschweig schwuren Herzog Albrechts Söhnen 1279 treue Unterthänigkeit, so lange sie von ihnen „gut behandelt würden", und stellten dabei die Bedingung, nach einer etwaigen Landestheilung nur dem, welchem Braunschweig zu Theil fiele, unterthänig sein zu wollen, ebenfalls mit der Klausel, so lange er sie gut behandle [1]).

Drei von jenen Söhnen traten in geistliche Ritterorden, Otto ward Tempelherr, Konrad Johanniter und Lüder Ritter des deutschen Ordens. Für die drei anderen, Heinrich, Albrecht und Wilhelm, führte der Oheim, Bischof Konrad von Verden [2]), vielleicht auch ihre Mutter Adelheid [3]) die vormundschaftliche Regierung. Schon 1280, vielleicht in Folge der Wiedervermählung der Mutter mit dem Grafen von Schauenburg, scheint Herzog Heinrich, der älteste der Brüder, die Regierung auch im Namen der jüngeren beiden übernommen zu haben. In den Urkunden, welche er 1280 bis 1286 ausstellen läßt, wird der Zustimmung seiner Brüder regelmäßig erwähnt [4]). Erst im Jahre 1286 wird die Theilung erfolgt sein, in deren Gefolge dann jene Uebereinkunft zwischen Albrecht und Heinrich am 29. Juni 1286 zu Braunschweig getroffen sein mag, welche eine eventuelle Wiedervereinigung der damals getheilten Länder bezweckte [5]). In dieser Theilung fiel die Stadt Braunschweig an Herzog Wilhelm [6]), welcher in den nächsten Jahren bis 1289 noch mit seinem Bruder Albrecht gemeinschaftlich regiert zu haben scheint. Beide stellen wenigstens in diesen Jahren noch mehrere Urkunden in Regierungsangelegenheiten gemeinsam aus [7]). Erst zum Jahre 1289 meldet auch

---

1) Handschriftliche Notiz im Degedingsbuch der Altstadt I, 1, abgedruckt in Urkunden und Statuten der Stadt Braunschweig S. 15.
2) (Koch) Pragm. Geschichte 113.
3) Scheid, Vorrede zum Cod. diplom. p. 34.
4) Beispiele sind Urkunden aus den Jahren 1280, 1282, 1283, 1284, 1285, 1286 in Leibnitz, S. R. Br. I, 868; (Koch) Pragm. Geschichte 114, d. 115, a. Falcke, Tr. Corb. 884; Scheid, Anmerkungen und Zusätze 595.
5) Urkunde in Orig. Guelf. IV, praef. 19 sq. und in Rehtmeier, Chronik 523.
6) Botho zum Jahre 1288 bei Leibnitz, S. R. Br. III, 369: hertoghe Wilhelm — de nam Brunswick.
7) Urkunden von 1288 in den Braunschweigischen Anzeigen 1750, S. 1796 und S. 1795, und Urkunde von 1289 in Jung, De jure recipiendi Judaeos p. 150.

die niedersächsische Chronik⁸) eine Theilung, in der Braunschweig Wilhelm zufiel. Die erste von diesem allein ausgestellte Urkunde⁹) ist datirt vom 13. Juli 1291; damals hat er also die Regierung selbst geführt. Daß ihm bei Uebernahme derselben die Braunschweiger die Huldigung leisteten, erzählt Botho ¹⁰).

In diese Zeit fällt wieder eine große Feuersbrunst, welche 1290 einen großen Theil der Stadt in Asche legte. Nach der niedersächsischen Chronik¹¹) entstand das Feuer bei einem Bäcker in der Altenwik am Sonntag vor Jacobus, also in der zweiten Hälfte des Juli, als zu St. Magnus Kirchweih gehalten ward. Von der wüsten Worth brannte das Feuer in nordwestlicher Richtung weiter nach der Altstadt und durch diese hin bis an's Petrithor, so daß man vom Markt bei St. Aegidien bis zum Petrithor hin blicken konnte. Beim Rebingerthore am südlichen Ende des Bohlwegs drang das Feuer auch in den Hagen und brannte einen Theil dieses Weichbilds nieder. Auch der Sack litt einigen Schaden, und von der Neustadt verzehrte das Feuer den Rabeklint. Schon 1292 am 30. September starb Herzog Wilhelm, zwar vermählt, doch ohne Kinder und ward im Blasiusstift hieselbst bestattet ¹²). Zum Gedächtniß und zu Seelenmessen hatte er der Stiftskirche die Advocatie über 10½ Hufen Landes in Jerrheim, Beyerstedt und Broitsem angewiesen¹³).

Mit seinem Tode hatte die Zeit der Ruhe, deren sich die Stadt seit etwa zwei Menschenaltern erfreuet, in der sie so herrlich zugenom-

---

8) Abel, S. 175.
9) Urkunde in den Braunschweigischen Anzeigen 1750, S. 1797.
10) Bei Leibnitz, S. R. Br. III, 369.
11) Niedersächsische Chronik zum Jahre 1290 bei Abel, S. 176. In der Notiz Stadtwegs zum Jahre 1290 bei Leibnitz, S. R. Br. III, 274: Brunswich bernde in Marsels kerkmisse ist Marsels wohl durch ein Verlesen des Wortes Magnus entstanden. Botho zum Jahre 1290 bei Leibnitz, S. R. Br. III, 371 schreibt den Fehler nach, macht daraus gar Morsels kerkmissen dag.
12) Urkunde vom Jahre 1293 in Gebhardi, Vom Stift St. Matthäi p. 81: in crastino S. Michaelis. Memorienregister von St. Blasius bei Wedekind I, 432. Niedersächsische Chronik zu 1292 bei Abel, S. 176. Botho zu 1292 bei Leibnitz, S. R. Br. III, 371. Excerpta Blasiana II, 61. Tabula Blasiana zu 1292 bei Leibnitz, S. R. Br. III, 148.
13) Memorienregister von St. Blasius bei Wedekind I, 432 und Urkunde in den Braunschweigischen Anzeigen 1750, S. 1836.

men hatte an Macht und Wohlstand, für's Erste ein Ende [14]). Schlimme Jahre folgen bis gegen das Ende des Jahrhunderts. Durch einen Aufstand im Innern, wie durch den Erbstreit zwischen Wilhelms Brüdern, den Herzögen Albrecht und Heinrich, ward die Stadt auf längere Zeit hin geschwächt. Weiterhin allerdings hat der Umstand, daß sie seit dieser Zeit unter die Botmäßigkeit erst zweier, dann mehrerer Linien des Welfenhauses kam, im vierzehnten Jahrhundert ihr Emporstreben auf Kosten ihrer fürstlichen Herren so sehr gefördert, daß wir füglich mit dem Ende dieser Krisis eine neue Periode der Stadtgeschichte ansetzen müssen.

7. Der Erbstreit und der erste Aufstand der Gilden (1292—1299).

Den ersten Anlaß zum Mißverständniß zwischen den fürstlichen Brüdern des am 30. September 1292 gestorbenen Herzogs Wilhelm, welche das erledigte Land Braunschweig jetzt dem Rechte gemäß hätten theilen müssen, soll nach der niedersächsischen Chronik[1]) und dem Shigtbok[2]) Herzog Heinrich von Grubenhagen gegeben haben. Er nahm, so heißt es da, das Land zu Braunschweig gänzlich ein und wollte seinem Bruder zu Göttingen keinen Theil daran gestatten. Fast alle Neueren erzählen dasselbe[3]). Mancherlei indessen läßt den Hergang in einem anderen Lichte erscheinen.

Schon vor dem Jahre 1292 scheint Herzog Albrecht den Unwillen und Argwohn seines älteren Bruders durch mehr als eine Handlung rege gemacht zu haben. Zwar hatten beide Fürsten 1286 „zur Erhaltung der Einigkeit in brüderlicher Liebe" einen Vertrag[4]) geschlossen, wonach sie ihre beiderseitigen Landestheile gleichsam wie ein Ganzes

---

14) Botho bei Leibnitz, S. R. Br. III, 371: Do stod Brunswich wol by sinen tyden unde sines vaders.

1) Bei Abel, Sammlung alter Chroniken, S. 176.
2) Ausgabe von Scheller, S. 5.
3) So Rehtmeier, Chronik 526 flg.; Ribbentrop, Beschreibung der Stadt Braunschweig XLVIII sq.; Bogel in Sacks Alterthümern XXV sq., selbst Havemann I, 414 sq.
4) Urkunde von 1286 am Peter-Paulstage bei Rehtmeier, Chronik 523 und in Orig. Guelf. IV, praef. 19.

anzusehen und alle wichtigeren Regierungshandlungen gemeinsam vorzunehmen sich verpflichteten. Dem entsprach es aber wenig, wenn Albrecht, als zu Würzburg ein Streit mit dem Erzstift Mainz ausgeglichen werden sollte, nicht erschien und dann im Verein mit Wilhelm, den er ganz geleitet zu haben scheint, mit dem Gegner einen gesonderten Vergleich abschloß 5). Und bald gingen die beiden jüngeren Brüder noch weiter. In einer Fehde, welche sie 1287 Anfangs gemeinsam mit Heinrich gegen den Bischof von Hildesheim führten, traten sie bald nachher auf die Seite des Bischofs und belagerten mit demselben 1288 die Stadt Helmstedt, wohin sich Heinrich begeben hatte 6). Auch in dem herlingsbergischen Kriege um 1290 traten Albrecht und Wilhelm dem Bruder entgegen 7). Als Albrecht endlich am 16. Mai 1292 mit Herzog Otto dem Gestrengen von Lüneburg gar einen Erbvergleich schloß 8), da mußte sich Heinrich aufs Empfindlichste verletzt fühlen. Denn falls Albrecht oder einer seiner Nachkommen kinderlos verstarb, so hatte er und seine Nachkommen doch ohne Zweifel ein näheres Anrecht an das Land Göttingen, als die Vettern von Lüneburg.

Nach solchen Vorgängen war Albrechts Absicht kaum mißzuverstehen, wenn er am 12. November 1292 9) einseitig eine Schenkung bestätigte, welche Herzog Wilhelm dem Blasiusstifte gemacht hatte; und es ist wohl zu glauben, was Herzog Heinrich einige Monate später vorträgt, daß er trotz aller Beschickungen Herzog Albrecht nicht von dem Vorhaben abbringen könne, das eröffnete Erbe des Bruders einzunehmen und sich von dessen Unterthanen huldigen zu lassen. Diesem ihm und seinen Nachkommen drohenden Unrechte beschloß Heinrich zuvorzukommen. Am Sonnabend nach Estomihi, dem 14. Februar 1293, erließ er bei seiner Anwesenheit auf der Burg hieselbst ein Schreiben 10) an die „ehrbaren

---

5) Guden, Cod. dipl. Mogunt. I, n. 390. 391. 396.
6) Chron. Hildeshem. bei Leibnitz, S. R. Br. I, 756.
7) (Koch) Pragmat. Geschichte 119 flg.
8) Urkunde in Orig. Guelf. IV, praef. 20.
9) Urkunde in den Braunschweigischen Anzeigen 1750, S. 1836.
10) Diese Urkunde Herzog Heinrichs, abgedruckt in Letzner, Dasselsche Chronik III, 15 fol. 81 und in Rehtmeiers Chronik p. 527, ist angeblich am Sonnabend nach Estomihi, b. i. am 29. Februar 1292 ausgestellt. Da aber in ihr die Rede ist von Herzog Wilhelms nagelaten andeil landes und da seiner weiter unten erwähnt wird als unses affgestorvenen broders, so muß sie nothwendig nach dem 30. September 1292, wo Herzog Wilhelm starb, ausgestellt sein. Mit dem Verfasser

Räthe, Ritter, Knappen und Städte" des Landes Braunschweig, worin er über das ihm drohende Unrecht klagt. Dann ersucht er sie Alle, die sie sowohl ihm als Albrecht nach des Bruders Tode mit Pflichten und Eiden zugethan und verwandt seien, seinen Bruder Albrecht in seinem unbequemen und unfreundlichen Vornehmen nicht zu unterstützen, sondern ihn davon abzuhalten, wie es die Billigkeit fordere. Kein Wort deutet an, daß Heinrich allein in den Besitz des Landes Braunschweig zu gelangen strebte, er fordert nur eine Theilung desselben mit seinem Bruder. Diese öffentliche Berufung an den Rechtssinn der Besten im Lande und das, was über Heinrichs Wesen berichtet wurde [11]), läßt den Verdacht nicht aufkommen, es sei damit nur eine diplomatische Verdrehung der Thatsachen versucht worden.

Wie es scheint, stellte sich der Rath zu Braunschweig in dieser Sache auf Herzog Albrechts Seite; für Herzog Heinrich sprachen sich die Gilden aus. Das Shigtbok [12]) berichtet, dieser habe den gemeinen Mann, insonderheit die Gildemeister an sich gezogen. So viel scheint gewiß, daß sich ihm ein tiefer liegender Gegensatz [13]) zwischen den Elementen der städtischen Bevölkerung als Handhabe darbot, seine Absichten zu erreichen, und daß dieser von ihm benutzt wurde.

Auch in Braunschweig zeigen die Urkunden schon während des dreizehnten Jahrhunderts [14]) einen engen Kreis von altbürgerlichen Geschlechtern — etwa funfzig derselben könnten genannt werden, sämmtlich durch Güterbesitz hervorragend — die sich ausschließlich zum Rathe berufen erachteten. Wie sie das Regiment gehandhabt, welche Klagen gegen sie im Laufe der Zeit laut wurden, darüber giebt es keine besondere Ueber-

---

des Aufsatzes in den Braunschweigischen Anzeigen 1750, S. 1837 setzen wir sie darum in's Jahr 1293, in welchem der Sonnabend nach Estomihi auf den 14. Februar fällt; wir thun dies um so unbedenklicher, da eine andere weiter unten zu erwähnende Urkunde Herzog Heinrichs vom 19. Februar 1293 zeigt, daß dieser Fürst 1293 um die Mitte des Februars hier anwesend war.

11) Der gleichzeitige Verfasser der Annal. Lubec. zum Jahre 1279 bei Pertz, M. G. H. XVI, 415 nennt Heinrich einen vir longus et fortis, minus gnarus.

12) S. 5 Ausgabe von Scheller.

13) Niedersächsische Chronik bei Abel, S. 177: Darover makede he eynen twipart bynnen der stad, dat de gildemester — sik upholen tigen den Rad mit worden und werken. Botho zum Jahre 1292 bei Leibnitz, S. R. Br. III, 371. Aehnlich das Shigtbok S. 5: He makede mit dene (den gildemästeren) eynen forbund, so dat sik de gildemäster upholden unde satten sik tegen oren rad.

14) Die weiteren Nachweisungen folgen in der Verfassungsgeschichte.

7. Der Erbstreit und der erste Aufstand der Gilden.

lieferung. Jedenfalls ist anzunehmen, daß sie sich früh genossenschaftlich verbanden, gegen die große Menge abschlossen und eifrig bedacht waren, ihre bevorzugte Stellung zu wahren. Das war Grund genug für die aufstrebenden Kreise des Bürgerthums, für die Gilden und Innungen der Handwerksgenossen, mißvergnügt auf jene Bevorrechteten hinzublicken. Denn schon waren auch sie durch Gewerbthätigkeit, welche der steigende Handelsverkehr förderte, zu Wohlstand und durch die Führung der Waffen zu Kraft und Selbstgefühl gelangt. Gehoben durch das Bewußtsein der Handwerksehre strebten auch sie nach Theilnahme am Stadtregimente. Jetzt, da der Rath sich gegen Herzog Heinrichs gutes Recht mit Herzog Albrecht verband, konnte ihnen der Augenblick gekommen scheinen, durch um so eifrigere Parteinahme für Heinrich zu ihrem Ziele zu gelangen.

Leider kennen wir die nun folgenden Vorgänge fast nur aus dem späten Shigtbok, dessen Bericht durch eine öfters ausgesprochene Vorliebe für das Rathsregiment der Geschlechter gefärbt ist [15]).

Zunächst einigten sich nach der Darstellung des Shigtboks [16]) die Gildemeister eidlich zu einer Verbindung, der auch die Gemeinde [17]) Anfangs beitrat. Zehn Jahre lang wollten sie „bei einander bleiben" und gemeinsam streben, „auf daß Jedermann von nun an mehr zu seinem Rechte komme", als es bisher hätte geschehen können. Aus zwölf Abgeordneten, deren jede Gilde einen stellte, bildete man ein Zunftregiment, welches ganz unbeschränkt mit Ausschluß des Rathes über

---

[15]) Die gleichzeitigen Quellen haben für die Geschichte dieses Aufstandes leider nur ganz kurze Notizen. Selbst die dem fünfzehnten Jahrhundert angehörende niedersächsische Chronik bei Abel, S. 176 und Botho zu 1292 und 1294 enthalten nur die Grundlinien des ganzen Gemäldes. Erst das Shigtbok, im Anfang des sechszehnten Jahrhunderts geschrieben, stellt den Verlauf eingehend, wenn auch parteiisch dar. Dem Verfasser desselben, der unter Anderem den Wortlaut eines Vertrages zwischen dem Rath und den Gilden vom 5. August 1293 mittheilt, scheinen indessen Urkunden und sonstige alte Quellen zu Gebote gestanden zu haben.

[16]) S. 6.

[17]) Wo der Ausdruck Gemeinde nicht mehr, wie in älterer Zeit, die Gesammtheit aller Bürger (universitas civium) umfaßt, sondern wie hier im Gegensatz zu den Geschlechtern und den Gilden nur einen Theil derselben begreift, da scheinen mit demselben die Bürger bezeichnet zu werden, welche vom Acker- und Gartenbau lebten oder ein Gewerbe betrieben, das keine Gilde bildete und keine Innungsverfassung hatte. Zur Gemeinde gehörten also z. B. außer der zahlreichen Classe von Ackerbürgern die Brauer, die Müller, die Maurer, Zimmerleute, Handschuhmacher und Andere, welche, wie der große Brief von 1445 zeigt, zu den anerkannten Innungen selbst damals noch nicht gehörten.

die Gildegenossen richten und für sie rathen sollte. Den Thurm des St. Ulrichs- oder Löwenthores [18]), noch jetzt gewöhnlich Lauenthurm genannt, wählten sie zu ihrem Pallas. Dort hielten sie Rath und Gericht über die Bürger, die etwas verbrochen hatten, und nahmen die Strafgelder ein, welche bisher dem Rathe gebührten; bald war es, als wäre derselbe gar nicht mehr vorhanden. So gewann der Aufstand Form und Anhalt; der Rath aber wagte nicht einzuschreiten, aus Furcht vor Herzog Heinrich, dessen gutes Einvernehmen mit den Gilden bekannt war. Aber die Ausübung einer zu strengen Marktpolizei verfeindete bald mit einander Gemeinde und Gilden. Daß die Gildemeister alle zu Markt gebrachten Waaren nachmaßen oder nachwogen und nach vorgenommener Tarirung den Preis bestimmten, führte zu heftigen Scenen auf den Märkten, vermuthlich weil sich die Leute aus der Gemeinde solche Beschränkung nicht gefallen lassen wollten [19]). Dennoch wurden die neuen Gewalthaber von Tage zu Tage kühner und rücksichtsloser, besonders gegen den Rath. Um Johannis 1293 hielten auch die Gildemeister und ihre zwölf Vertreter zur Feier des Autorfestes ihr besonderes Gelage, wie es bis dahin nur der Rath mit den Geschlechtern gehalten zu haben scheint. Die dazu nöthigen Fische nahmen sie, wie erzählt wird, aus den Gewässern und Fischhältern des Rathes. Als Herzog Albrecht damals gerade hier anwesend war [20]), beschloß der Rath mit den zwölf Gilderäthen zu unterhandeln. In Gesammtheit begab er sich zu den Zwölfen auf den Löwenthurm und ermahnte sie demüthig und freundlich, sich mit dem bisherigen Rathe, der ja der Stadt Bestes wohl kenne, zu vereinigen und zu vertragen [21]). Aber diese Vorstellungen bewirkten gerade das Gegentheil des Beabsichtigten. Ermuthigt durch das milde Auftreten der Rathsherren wählten die Zwölf eigene Bauermeister und Schreiber und nahmen ein eigenes Siegel an, sprachen nach wie vor Recht, nahmen Schuldner des Rathes in Schutz und gingen so weit, daß sie die Bürger, welche ein solches Verfahren tadelten, in's Gefäng-

---

18) Niedersächsische Chronik bei Abel, 177: unde nemen in den torn bi S. Olrick vor eynen pallas. Shigtbok S. 6. Botho zu 1292: se gingen to samende up dat Lauwendor.

19) Shigtbok S. 6 flg. Botho sagt ähnlich: Hirvan wart vele jamers in der stad under dem volcke twischen den gilden unde der meynheit.

20) Eine Urkunde desselben vom 24. Juni 1298 steht in Orig. Guelf. III, 707.

21) S. 7.

niß warfen oder aus der Stadt verwiesen und ihr Vermögen einzogen [22]). Es ist auffallend, daß auch die urkundlich erwiesene sechstägige Anwesenheit Herzog Albrechts [23]) hierin keinen Wandel herbeiführte.

Dies gewaltthätige Regiment trieb die Gemeinde vollends wieder auf die Seite des alten Rathes zurück. Es sei nicht gut, so sprachen manche „fromme Leute", den Rath also zu vernichten; dem müsse man steuern! Bei solcher Stimmung entstand am Margarethentage (13. Juli) 1293 ein Auflauf. Die Gilden, um die Sicherheit ihrer zwölf Räthe besorgt, „kamen zu Harnisch mit Bogen und Schilden", unter ihren Bannern sich sammelnd. Auf die Gemeinde gestützt trat ihnen der Rath entgegen. Doch aus Furcht vor dem in der Burg jetzt wieder anwesenden Herzog Heinrich enthielt er sich der Gewalt. Im Anfang des August legte sich endlich der Herzog in's Mittel, indem er die Parteien zu einem dreitägigen Stillstande bewog, während dessen am 5. August, dem Tage des heiligen Oswald, ein Vertrag zwischen dem Rath und den Gilden geschlossen, besiegelt und beschworen wurde [24]).

Dieser Vertrag, den nur das Shigtbok [25]) uns aufbewahrt hat, ist zum Theil dunkel. Man sei übereingekommen, heißt es, dat de råd unde de gildemästere shullen alle ding raden unde daden unde gerigten gelyk sunder wapen, sunder sturlüde, banren unde shilde unde jenige were. Danach scheint es, daß die Gilden Theilnahme am Stadtregiment erhalten haben, wobei nur das, was zur kriegerischen Ausrüstung der Stadt und ihrer Gewappneten gehört, dem alten Rathe vorbehalten blieb. Für diese Auffassung spricht auch die folgende Bestimmung, wonach sich der Rath die Thorschlüssel vorbehält. Wer von Neuem Zwietracht stifte zwischen dem Rath und den Gilden, dessen „Leib und Gut solle stehen in des Rathes Gewalt". Diejenige Partei, welche diesen Vertrag breche, solle der anderen unverzüglich fünfhundert Mark (etwa 7000 Thaler) Strafe zahlen.

Dieses Abkommen indessen vermochte der Stadt die Ruhe nicht wieder zu geben. Denn im Rathe machten die Vertreter der Gilden Gesetzvorschläge, die zwar das Interesse der Unvermögenden zu wahren

---

[22]) Shigtbok, S. 7. 8.

[23]) Daß er noch am 29. Juni hier war, zeigt eine von ihm ausgestellte Urkunde bei Pistorius, Amoen. VIII, p. 2856.

[24]) Shigtbok, S. 8. 9.

[25]) Daf. S. 9, auch gedruckt in Urkunden und Statuten d. St. Braunschweig, S. 16.

schienen, aber doch dem städtischen Handel empfindliche Wunden schlugen. So setzten sie am 24. August 1293 eine Beschränkung des Kornhandels durch. Um billige Kornpreise zu erhalten, sollte Niemand ohne Erlaubniß der Gildemeister Korn aus der Stadt führen. Der Schaden, welcher aus diesem Gesetze erwuchs, trat bald zu Tage; die Producenten konnten ihr Korn nicht verwerthen, denn kein Kornhändler machte Ankäufe, und die Fremden umgingen mit ihren Kornwagen die Stadt, um nicht beeinträchtigt zu werden[26].

Ein neuer Auflauf entstand am Michaelistage 1293. Die Zwölf mit den Gildemeistern beschlossen, dem Herzog Heinrich, der sich damals längere Zeit in der Burg hieselbst aufhielt[27], zu huldigen. Jetzt wollten sie ihn allein zum Herrn haben und von seinem gleichberechtigten Bruder Albrecht nichts wissen. Sie zogen hin in die Burg, gaben Heinrich Brief und Siegel und huldigten ihm[28] als dem Erben des Landes. Durch diese Huldigung gedachten die Gildemänner den Herzog unauflöslich in ihr Interesse gezogen zu haben; prahlend ließen sie verlauten, wenn der Rath nicht huldige, so könne es dahin kommen, daß sie die Schlüssel zu den Thoren erhielten und die Finanzverwaltung der Stadt übernähmen. So verging der Winter in gespannter Stimmung; der Rath fürchtete den oft anwesenden Herzog Heinrich, die Gilden dagegen die erklärte Verbindung der Gemeinde mit dem Rathe[29].

Kurz vor Pfingsten 1294 kam es zur ersten offenen Gewaltthat. Während die Gilden bewaffnet vor dem Rathhause der Neustadt sich sammelten und zu dessen Erstürmung sich anschickten, forderten die Zwölf von dem dort versammelten Rathe die Schlüssel zu den Thoren und völlige Abtretung der städtischen Finanzverwaltung. Aber der Rath widerstand. Ein heimlich fortgeschickter Bote mußte die Gemeinde zur Hülfe entbieten. Als diese bewaffnet herbeieilte, entstand auf der Hagenbrücke ein blutiges Handgemenge, welches bis zum Abend dauerte. Zehn Bürger waren getödtet und an hundert verwundet[30].

26) Shigtbok, S. 10.
27) Am 19. October 1293 bestätigte Herzog Heinrich den hiesigen Schmieden ihre alten Gerechtsame. Cop. der Urkunde im Gedenkbuch Nr. I, 48', gedruckt in Urkunden und Statuten der Stadt Braunschweig, S. 17.
28) Shigtbok, S. 10. 11.
29) Das. S. 11.
30) Das. S. 11. 12.

7. Der Erbstreit und der erste Aufstand der Gilden.

Am folgenden Tage kam es von Neuem zum Kampfe, als Gildegenossen die Stadtthore vernagelten und der Rath mit Bürgern der Gemeinde sie wieder öffnete. Abermals floß Bürgerblut. Endlich vermittelte Herzog Heinrich einen dreitägigen Waffenstillstand und brachte während desselben einen Vertrag zu Stande. Danach sollte das Stadtregiment an zwölf Männer übergehen, von denen sechs „den Rathspersonen", sechs den Gilden angehören mußten. Mit dieser billigen Abkunft, welche den Interessen beider Parteien Rechnung trug, schienen Alle zufrieden, zumal da die Thorschlüssel an Gildemeister übergeben wurden[31]). Aber schon nach vierzehn Tagen trennte sich dieser gemischte Rath in Folge innerer Zwietracht, die sechs Gilderäthe begaben sich wieder auf den Löwenthurm, zogen die sechs jüngst zurückgetretenen Genossen wieder zu und geberdeten sich als rechtmäßiger Rath, indem sie Schoß und Zins forderten[32]).

Jene blutigen Scenen mit ihren Folgen und die geschehene Huldigung mögen endlich Herzog Albrecht bewogen haben, für die Sache der Ordnung aufzutreten, da sein Bruder Heinrich allein dieser Aufgabe nicht gewachsen erschien. Er wandte sich Johannis 1294 in einem Schreiben an die übrigen Hansestädte, stellte ihnen vor, wie Braunschweig trotz der großen, gottlosen und tollkühnen Thaten, die dort geschehen seien, doch in Hartnäckigkeit verharre und nicht daran denke, sich zu demüthigen, Recht und Billigkeit zu üben und das Geschehene zu büßen. Von Seiten der Hanse erhielten nun die Städte Lübeck, Hamburg und Lüneburg den Auftrag, zwischen den Parteien in der Stadt und zwischen dieser und dem Herzog Albrecht zu vermitteln. Aber da auch ihre Bemühungen nicht zum Ziele führten, so beschlossen die Hansestädte, die unfügsame Bundesstadt zu strafen. Auf einem Tage zu Lübeck bestimmten sie, kein hansischer Kaufmann in Flandern, Holland und Brabant solle sich da aufhalten dürfen, wo man Braunschweiger zulasse, und an jedem Orte, wo sich dieselben aufhalten oder gewohnt haben, solle der Tuchhandel verboten sein bis einen Monat nach ihrer Entfernung. Diese Bestimmungen, welche nicht bloß allen Hansestädten zur Nachachtung zugesandt, sondern auch dem Grafen von Flandern und seinen Städten Gent, Ypern und Brügge mitgetheilt wurden[33]), ver-

---

31) Shigtbot, S. 13.
32) Daf. S. 14.
33) S. Urkunde in Sartorius-Lappenberg, Geschichte der deutschen Hanse

nichteten einen der wichtigsten Zweige des städtischen Handels, den mit Tuch, wie mit einem Schlage.

Am 13. Juli 1294 sandte Herzog Albrecht auch seinem Bruder Heinrich ein Schreiben. Darin verlangte er den ihm gebührenden Antheil an Wilhelms Erbe und drohte für den Weigerungsfall mit Krieg. Heinrich ließ nun die Zwölf sammt den Gildemeistern zu sich auf die Burg entbieten und pflog Rathes mit ihnen. Aber diese meinten doch, bevor sie ihm Hülfe zusagten, mit dem alten Rathe eine Rücksprache halten zu müssen. Im Verlauf derselben traten die Zwölf der Meinung bei, daß beide Herzöge Anrecht am Lande und an der Stadt Braunschweig hätten. Sie wurden mit dem Rathe einig, man wolle den Fürsten selbst die Einigung über das Erbe ihres Bruders überlassen; wem dann Land und Stadt zufiele, dem wollten sie huldigen. Diese Erklärung überbrachten die Gilderäthe dem Herzog Heinrich. Aber die Gildemeister wollten von dieser Uebereinkunft nichts hören; sie beharrten jetzt dabei, nur Herzog Heinrich zum Herrn zu haben, und droheten nun auch ihrem Rathe mit Absetzung. Wieder traten Gilden und Gemeinde kampfbereit einander gegenüber. Nur die Behutsamkeit des alten Rathes, welcher weniger zur Furcht vor Herzog Heinrich als zu der Erwartung Grund hatte, daß eine ihm erwünschte Lösung nahe bevorstehe, verhütete neue Gewaltthaten. Es kam zu einem achttägigen Waffenstillstande, während dessen die Gilden dem Rathe die Thorschlüssel wieder überantworteten [34]).

Noch im Juli 1294 nahm der Aufstand ein Ende mit Schrecken. Insgeheim war der Rath mit Herzog Albrecht in Verbindung getreten. Mit seinem Wissen und Willen geschah es nun, daß der Müller Curd in der Neustadtmühle den Herzog und die Seinen bei Nacht über den Graben in's Thor der Neustadt einließ. Sofort besetzte er das Rathhaus in der Neustadt; hier traten der alte Rath und die Bürger der Gemeinde zu ihm; sie besetzten alle Stadtthore und die anderen Rathhäuser, während die überraschten Gilden sich zu keinem gemeinsamen Auftreten einigen konnten [35]).

II, 167. Die Urkunde, datirt vom Tage Johannis des Täufers, kann ihrem Inhalte nach nur in's Jahr 1294 gehören.

34) Shigtbok, S. 14. 15.
35) Shigtbok, S. 15. 16. Niedersächsische Chronik zum Jahre 1294 bei Abel, Nr. 177.

7. Der Erbstreit und der erste Aufstand der Gilden.

Den Zwölfen, welche darnach auf das Neustadtrathhaus gefordert wurden, sagte Herzog Albrecht Straflosigkeit für Alles, was geschehen sei, unter der Bedingung zu, daß sie ihm den Brief auslieferten, welchen sie seinem Bruder ausgestellt hätten. Sie weigerten sich dessen nicht; aber als sie mit dieser Forderung vor Herzog Heinrich traten, machte dieser Ausflüchte; doch wollte er ihnen die Zurückgabe ihres Briefes mit einer Handfeste verbürgen. Mit diesem Bescheide verließen die Zwölf die Burg, um nach dem Neustadtrathhause zurückzukehren. Ihr Vorsprech indessen, Johann Drake, welcher prunkend einen Hut trug, dessen Rand mit Pfennigen benäht war, trennte sich unterwegs von seinen Genossen unter dem Vorwande, den Herzog zur Herausgabe des Briefes allein bewegen zu wollen. Mit noch vierzig Gildebrüdern und Herzog Heinrich entwich er dann schleunig über die Mauern.

Die elf übrigen Gilderäthe gingen einer harten Strafe entgegen. Sie wurden gefangen genommen, während der Monate August und September ward ihnen der Proceß gemacht; als Hochverräther, die dem Herzog Albrecht sein Erbe zu entziehen gestrebt hätten, starben alle nach einer neun Wochen langen Haft am Galgen vor der Altstadt[36]. Es waren: Ludolf Karnestaff, Claus Becker, Johann Faulacker, Friedrich vom Vorhofe, Bertold der stolze Kürschner, Johann Sosat, Heinrich Dungelbeck, Johann Lemmeken, Ludolf Germens und Hermann Trampeleve. Dem elften, Dietrich von Alfeld, der ein alter Mann war, ward auf Fürbitte das Haupt abgeschlagen. Ueber die entflohenen Gildebrüder und Johann Drake ward die Verfestung erkannt[37].

Nach diesen Hinrichtungen setzte Herzog Albrecht am Matthäustage, dem 21. September, den alten Rath wieder ein und vollzog dann eine Sühne des geschehenen Blutvergießens. Mit der gesammten Geistlichkeit

---

36) Shigtbok, S. 16—18. Stadtweg zum Jahre 1293 bei Leibnitz, S. R. Br. III, 274: magistri gyldorum suspenduntur.

37) Niedersächsische Chronik zum Jahre 1294 bei Abel 177. Botho zum Jahre 1294 bei Leibnitz, S. R. Br. III, 372. Shigtbok, S. 17. 18. Nach den Excerpt. Blas. bei Leibnitz, S. R. Br. II, 61 erfolgte die Erhängung und Hinrichtung der Gildemeister erst am 1. October 1294 (in die S. Remigii). Vergl. noch Gobelin. Persona im Cosmodrom. bei Meibom., S. R. G. I, 282. Gegen die Angabe der ältesten Quelle verlegt die Compil. Chronol. bei Leibnitz, S. R. Br. II, 67 die Hinrichtung der Gildemeister in's Jahr 1299, und das Chron. Riddagshus. bei Leibnitz, S. R. Br. II, 80 in's Jahr 1298.

der Stadt zog die Bürgerschaft in Procession von der Münzschmiede nach der Burg, dort opferte der Herzog und verordnete die Fundation, daß man zu ewigen Zeiten auf den Matthäustag im Blasiusstift eine Procession halten (umme hov gan) und dann Gott und dem Apostel Matthäus zu Ehren eine Messe singen solle zum Andenken an die wiederhergestellte Eintracht in der Stadt und zum Danke für die Wiedereinsetzung der alten Herren vom Rathe [38]). Somit hatte der Aufstand um Michaelis 1294 ein Ende. Braunschweig ward nunmehr von den Hansestädten nicht länger feindselig behandelt [39]).

Seit dieser Zeit galt Herzog Albrecht als Herr von Braunschweig; ihm leisteten die Bürger die Huldigung [40]). Aber damit beruhigte sich sein Bruder Heinrich, der nach dem Abzuge aus Braunschweig seine Hofhaltung nach dem Schloß Grubenhagen bei Eimbeck verlegt hatte, keineswegs. Nach vergeblichen Unterhandlungen im Jahre 1295 [41]), in denen er die Hälfte des Landes Braunschweig in Anspruch nahm, rüstete er sich zu einer Fehde wider seinen Bruder. Den Bürgern von Braunschweig fügte er mancherlei Gewaltthat und Unbill zu. Darum schloß Herzog Albrecht im October 1296 gegen ihn mit der Stadt ein Bündniß. Darin verspricht er, sie gegen solche Gewaltthätigkeiten in Schutz zu nehmen und ohne sie keinen Friedensvertrag mit seinem Bruder Heinrich einzugehen, ihre Feinde sollen auch seine Feinde sein. Weitere Bestimmungen des Vertrages beziehen sich auf den gegen Herzog Heinrich zu führenden Krieg; es wird sogar bestimmt, daß, falls sie den Fürsten gefangen nähmen, zwei Drittheile des Lösegeldes Herzog Albrecht, ein Drittheil der Stadt zufallen solle. Ueber Irrungen unter ihnen selbst soll ein Sühngericht entscheiden, bestehend aus drei herzoglichen Räthen und drei Bürgern der Stadt, als welche der Herzog erwählte: Ecbert vom Kirchhof, David Kronsben und Dietrich Döring [42]).

---

38) Shigtbol, S. 18. 19.

39) Am 9. December 1294 erscheint Braunschweig wieder als vollberechtigte Hansestadt. S. Urkunde in Sartorius, Geschichte der deutschen Hanse. Urkundenbuch II, 182.

40) Botho zum Jahre 1294 bei Leibnitz, S. R. Br. III, 372. Shigtbol, S. 19.

41) Von einer Unterhandlung am Montag nach Jubica 1295 erzählt Rehtmeier in der Chronik S. 529, ohne seine Quelle anzugeben.

42) Urkunde Herzog Albrechts vom 22. October 1296 im Stadtarchiv Nr. 24, gedruckt in Rehtmeiers Chronik 592, in Urkunden und Statuten der Stadt Braunschweig S. 18.

7. Der Erbstreit und der erste Aufstand der Gilden.

Zu einem offenen Kampfe zwischen beiden Brüdern scheint es nicht gekommen zu sein; vielmehr muß ein gütlicher Vergleich den Streit beendet und durch diesen Herzog Heinrich wenigstens einen Antheil am Lande Braunschweig erhalten haben. Denn Urkunden aus dieser Zeit zeigen, daß er um 1300 Theile des Landes besaß. 1300 befestigt er den Hasenwinkel, einen Theil des Amtes Fallersleben, und nennt denselben terram nostram [43]). Die Gegend um Vorsfelde verlor er um 1300 durch eine Fehde. Beides sind Gebiete, welche nicht ursprünglich zum grubenhagischen Landestheile gehörten [44]).

Der Zusammenhang der nun folgenden Begebenheiten ist bei der Mangelhaftigkeit der Quellen nicht klar zu erkennen. Um's Jahr 1299 scheint die ganze Verwickelung zu endgültigem Austrage gekommen zu sein. Nach der Urkunde über denselben und anderen Notizen zufolge hatte inzwischen die Stadt auch mit Herzog Albrecht Streit gehabt. Die Veranlassung desselben ist jedoch nicht bekannt, alle übrigen Urkunden zeugen nur von gutem Einvernehmen. Im Einverständniß mit dem Herzog Albrecht hatte die Stadt 1296 am Sonntag Oculi den Juden David mit Frau, Kindern, Schwägern und Gesinde und damit, so viel wir wissen, die erste jüdische Familie in die Stadt aufgenommen. Mit Einwilligung der Gemeinde übernahm der Rath auf zwölf Jahre die Verpflichtung, sie vor ungerechter Schatzung und Gewaltthat zu schützen, gewiß nicht, ohne sich ein angemessenes Schutzgeld zusichern zu lassen [45]). In demselben Jahre um Pfingsten verpfändete Herzog Albrecht der Stadt für 350 Mark, welche der Rath für ihn theils ausgab, theils ihm baar darlieh, alle Einnahmen, welche er aus dem Vogteigericht, dem Zoll, der Münze und den beiden Weichbildern Sack und Altewik [46]) einzunehmen hatte [47]). Ward vielleicht eine der damals getroffenen Vereinbarungen nicht pünktlich eingehalten, oder gedachte die Stadt der einst auch Herzog Heinrich geschworenen Huldigungseide, oder erkannte sie,

---

43) Urkunde in (Koch) Pragm. Geschichte 122a.
44) (Koch) Pragm. Geschichte 123.
45) Notiz im Degedingbuch der Altstadt I, fol. 18¹ Manuscr.
46) De distinctis nostris oppidis Sacco et Veteri Vico.
47) Die Urkunde Herzog Albrechts vom Sabbatho infra festum Pentecostes ist im Stadtarchiv nicht mehr vorhanden. Abschrift im Copialbuch I, fol. 29, jetzt gedruckt in Urkunden und Statuten der Stadt Braunschweig S. 17.

daß eine Theilung der fürstlichen Herrschaftsrechte ihrem Emporstreben nur förderlich werden könne, genug die Bürgerschaft fiel entweder offen von Herzog Albrecht ab, oder machte Miene, dies zu thun. Mit einem ansehnlichen Heere erschien nun der Herzog am Pancratiustage, dem 12. Mai 1299, vor der Stadt, ward auch diesmal vom Müller Cord am Andreas- oder Neustadtthore eingelassen und bemächtigte sich auch diesmal der Stadt ohne Kampf und Blutvergießen [48].

Hiernach erfolgte eine Sühne zwischen den fürstlichen Brüdern auf der einen und der Stadt auf der anderen Seite [49]. Damals ward von den Bürgern geschworen, die Stadt solle fortan den fürstlichen Brüdern und ihren rechten Erben verbleiben. Die Herzöge versprechen der Stadt, die sie in keiner Noth veräußern wollen, ihren Beistand, sowie ihn diese verspricht; sie wollen der Stadt Recht bessern, aber auch alle die Rechte behalten, welche sie seit ihres Aeltervaters Zeiten hatten. Die fürstlichen Dienstmannen, Burgmannen und ihr Gesinde soll die Stadt in ihren Rechten nicht schmälern und Schuldklagen wider dieselben vor dem fürstlichen Marschall anbringen. Die Fürsten wollen die in der Stadt Verfesteten nicht hegen; die Einnahmen aus Münze und Zoll wollen sie wieder haben, wie in alten Zeiten. Sie erkennen an den Rath der Altstadt, des Hagens und der Neustadt; jeder derselben soll schwören, zu regieren nach der Herzöge Ehre und der Stadt Frommen, wie es alte Gewohnheit sei. Sack und Altewik zahlen den Schoß an die Stadt. Von dem gewöhnlichen Gerichte ist Appellation an's Hofgericht der Herzöge erlaubt. Die Fundation eines Altars in der Kapelle zum heiligen Geist zum Seelenheil der Gildebrüder, die das Leben verloren haben, und die Anordnung anderer guten Werke wird anerkannt; die in der Schicht Vertriebenen werden in die Stadt zurückgerufen. Hundert Bürger der Altstadt und hundert aus den anderen Weichbildern beschwuren diesen Vertrag.

---

[48] So berichten die gleichzeitigen Excerpta Blas. bei Leibnitz, S. R. Br. II, 61 zum Jahre 1299. So auch die späteren Excerpta Blas. das. 60: At 1299 hic victor Brunsvik superavit nemine laeso. Chron. Riddagshus. ad 1299 bei Leibnitz, S. R. Br. II, 80: Albertus cepit Brunswik sine tumultu.

[49] Eine Abschrift des alten um 1560 verbrannten Originals fand Herr Registrator Sack als Umschlag eines alten Buches. Ihm verdanke ich die Kenntniß dieses jetzt in Urkunden und Statuten der Stadt Braunschweig S. 20 gedruckten Sühnebriefes.

7. Der Erbstreit und der erste Aufstand der Gilden.

Daß derselbe in seinem Hauptpunkte gehalten wurde, daß also die Stadt jetzt unter zwei Herren kam, zeigen die von beiden Herzögen in städtischen Angelegenheiten seit Anfang des vierzehnten Jahrhunderts erlassenen Urkunden, die gehörigen Orts erwähnt werden sollen, namentlich aber auch der Umstand, daß die Stadt von nun an sowohl den grubenhagenschen, wie den göttingenschen Herzögen bei ihrem Regierungsantritte die Huldigung leistete.

Drittes Buch.

Braunschweigs Blüthezeit im vierzehnten und funfzehnten Jahrhundert[1]).
1299 bis 1492.

1. Die Stadt zur Zeit Herzog Albrechts des Feisten (1299—1318).

In dem 1299 zwischen den herzoglichen Brüdern Albrecht dem Feisten und Heinrich dem Wunderlichen und der Stadt geschlossenen Vertrage gelobte diese eidlich, beiden Brüdern und ihren Erben verbleiben zu wollen. Sie kam also damals unter zwieherrisch Regiment. Ob beide Herzöge gleichen Antheil an der Stadt erhielten, steht nicht fest. Dagegen scheint der Umstand zu sprechen, daß sich Herzog Heinrich fast nie in städtische Angelegenheiten einmischt. Nur in Betreff der in der Burg gelegenen Gotteshäuser stellt er einige Urkunden aus[2]); einige Male tritt er zusammen mit seinem Bruder Albrecht auf; so am Sonntag Quasimodogeniti 1314 bei einem Vergleiche zwischen dem Stift St. Blasius und dem Rath im Sacke[3]), und am 18. April 1307

---

1) Ribbentrop, S. LV—CXV.
Lachmann, S. 110—139.
Bogel, S. XXVI—XLI.
Assmann, S. 20—33.

2) Zwei derselben aus den Jahren 1306 und 1307 in (Kochs) Pragm. Geschichte 125, b. beziehen sich auf die innere Ordnung im Blasiusstift, eine dritte vom 26. Mai 1318 auf die Gertrudenkapelle in der Burg. Rehtmeier, Kirchenhistorie I, 124.

3) Urkunde bei Rehtmeier, Chronik 530. 596.

1. Die Stadt zur Zeit Herzog Albrechts des Feisten.

bei der den Paulinern gegebenen Erlaubniß zum Bau eines Klosters hieselbst[4]). Wenn es dagegen eine nicht unbedeutende Anzahl von Urkunden giebt, welche Herzog Albrecht in städtischen Angelegenheiten seit 1299 allein hat ausstellen lassen[5]), so liegt die Vermuthung nahe, daß dieser Fürst als Besitzer der meisten Theile des Landes Braunschweig[6]) auch Hauptherr in der Stadt gewesen sei und daß diese zu ihm in engerer Verbindung gestanden habe als zu seinem freilich mitberechtigten Bruder Heinrich. Fassen wir nun in's Auge, was in seiner Regierungszeit bis 1318 in der Stadt Merkwürdiges geschah.

Schon in dem Sühnevertrage von 1299 gestehen die Herzöge der Stadt die Befugniß zu, ihr Recht bessern zu dürfen, wo sie könne, wenn daraus der Herrschaft kein Schaden erwachse[7]). Seitdem übte sie die Autonomie aus, um das städtische Gemeinwesen im Innern weiter auszubauen. Davon geben die erhaltenen Rechts- und Degedingsbücher mehr als einen Beweis. Zunächst finden wir um 1300 ein Statut Van deme rechte[8]), welches im Wesentlichen eine Wiederholung des ottonischen Stadtrechts ist; doch sind einige bereits antiquirte Bestimmungen[9]) weggelassen, andere neue sind dafür eingeschoben. Dies Statut zeigt uns also die Ausbildungsstufe des städtischen Rechts um den Anfang des vierzehnten Jahrhunderts. 1303 einigte sich der Rath zu einem Statut Van dem herwede[10]); darin wird bestimmt, welche Stücke zur kriegerischen Ausrüstung eines hiesigen Bürgers gehören und als solche besonders vererbt werden.

---

4) Urkunde bei Rehtmeier, Kirchenhistorie I, 131.

5) Für das Blasiusstift 1306 (Rehtmeier, Kirchenhistorie, Suppl. 33), für das Cyriacusstift 1300 und 1317 (Sammlung ungedruckter Urkunden II, 3, 76 und Rehtmeier, Kirchenhistorie I, 8), für das Aegidienkloster 1312 und 1317 (Rehtmeier, Kirchenhistorie, Suppl. 14), für das Hospital B. Mariae V. von 1304 und 1305 (Pistorius, Amoen. VIII, 2370), für den Matthäusfaland 1313 (Gebhardi 81), hinsichtlich der bürgerlichen Lehnsleute in Braunschweig 1304 (Rehtmeiers Chronik 594).

6) Als solchen erweisen ihn die Urkunden bis 1318. S. auch Havemann, Geschichte der Lande Braunschweig und Lüneburg I, 421.

7) Urkunden und Statuten der Stadt Braunschweig, S. 20, §. 5.

8) Handschrift im Degeb. der Neustadt I, fol. 1—6¹, jetzt zuerst gedruckt in Urkunden und Statuten der Stadt Braunschweig, S. 21.

9) §. 4. 11. 20. 22. 39. 46—51. 54. 66.

10) Handschrift im Degeb. der Neustadt I, fol. 6¹, jetzt gedruckt in Urkunden und Statuten der Stadt Braunschweig, S. 25.

Dem Anfange des vierzehnten Jahrhunderts gehört noch an[11]) das Statut Van deme tollen, welches die Zollsätze der hier zum Verkauf gebrachten Waaren in 50 Paragraphen bestimmt[12]), die Ordnung Van der mate unde van der waghe[13]) über das gesetzliche Maß und Gewicht und das Statut Van den beckeren[14]), welches bestimmt, welches Gewicht die verschiedenen Brodsorten bei den jedesmaligen Kornpreisen haben sollen.

1304 am Cäcilientage (22. November) bezeigte Herzog Albrecht seinen getreuen Bürgern von Braunschweig seine Gnade durch die Bestimmung, daß keiner seiner Vasallen und Ministerialen einen von ihm belehnten Bürger der Stadt mit seinem Lehn an einen Lehnsherrn geringeren Standes verweisen dürfe[15]). In solchem Lehnsverhältnisse zu den Herzögen und anderen Fürsten wie zum Adel und zu Kirchen standen schon in der ersten Hälfte des dreizehnten Jahrhunderts eine nicht geringe Anzahl hiesiger Bürger. Das Lehnregister des edlen Herrn Luthard von Meynersen aus der Zeit um 1226[16]) führt unter dessen Lehnsleuten auf: Konrad Holtnicker, Heinrich Timmonis, Johann von Velstede. Um 1274 finden wir als Lehnsleute desselben Geschlechts[17]) Johann von Velstede, Hermann Stapel, Konrad Holtnicker, Wedego von Astfeld, Heinrich Timmeke, Hermann von Gustedt, Johannes von Honlage und Johann Obwines. Lehnsleute des Bischofs von Hildesheim waren am Ende des dreizehnten Jahrhunderts z. B. die Böneken und die Holtnicker[18]), die von Velstede und die von Astfeld[19]); des Bischofs zu Halberstadt die von den sieben Thürmen und die Pawel[20]). Von Herzog Albrecht dem Großen trugen um 1250 Lehen die Familien Ruff[21]) und die bei St. Ulrich[22]); von den Herren von

---

11) Sie stehen hinter dem Statut vom Herwede (1303) und vor einem Vergleich der Lakenmacher mit den Juden (1312).
12) Handschrift im Degeb. der Neustadt I, fol. 7. 8; noch ungedruckt.
13) Handschrift im Degeb. der Neustadt I, fol. 10, noch ungedruckt.
14) Handschrift im Degeb. der Neustadt I, fol. 8. 9; noch ungedruckt.
15) Urkunde des Stadtarchivs Nr. 29, gedruckt bei Rehtmeier, Chronik 594.
16) In Sudendorf, Urkundenbuch I, 11. 12.
17) Sudendorf, Urkundenbuch I, 50—52.
18) Pistorius, Amoen. VIII, 2351.
19) Bege, Burgen S. 40 zu 1278.
20) Pistorius, Amoen. VIII, 2352.
21) Pistorius, Amoen. VIII, 2337.
22) Pistorius, Amoen. VIII, 2336.

1. Die Stadt zur Zeit Herzog Albrechts des Feisten.

Wolfenbüttel 1261 Johann von Monstede [23]) und Hildebrand Lange [24]). Als Lehnsleute des Klosters Steterburg um 1300 nennt uns ein Diplomatarium dieses Gotteshauses [25]) die Bürger Martini, Slengerus, Stapel, Hildebrand, Ludeke Matthid, Salgen, Konrad und Johann Holtnicker, Johann von Bornum, Wedekind von Gandersem, Hermann Eike, Ulrich Reiche, Ludeke Geltwort, Eggeling Kirchhof, Johann von Luckenum, Hackelnberg, Heinrich Böneke, Konrad und Heinrich Elye. In gleichem Verhältniß erscheinen Bürger auch zum Kloster Dorstadt [26]) und zum Stift St. Blasius [27]).

Seit 1307 entstand hier die letzte größere kirchliche Stiftung in Folge der Aufnahme der Predigermönche des Dominicanerordens. Am 18. April 1307 erlaubten die Herzöge Albrecht und Heinrich den Brüdern jenes Ordens, in der Stadt [28]) den zu einem Klosterbau nöthigen Raum anzukaufen, ein Kloster zu erbauen und dort einen Convent aufzunehmen, in welcher Weise es ihnen beliebe [29]). Den nöthigen Raum erwarb der Orden unter Vermittlung der Lectoren seiner Klöster zu Magdeburg und Hildesheim noch in demselben Jahre von dem herzoglichen Truchseß Jordan. Dieser entschloß sich, vermuthlich weil die Herzöge jetzt nur selten in der Pfalz Dankwarderode residirten [30]), seinen hiesigen Amtshof [31]), am Bohlwege belegen, sammt Wohnhaus und Kapelle für 65 Mark reinen Silbers zu verkaufen. Nachdem er den Herzögen als seinen Lehnsherren diesen Verkauf angezeigt und seine Anrechte ihnen resignirt hatte, setzte er den Orden mit Einwilligung der Fürsten um die Mitte des Monats August in den Besitz des Grundstücks [32]). 1314 bewohnten bereits Ordensbrüder das neue Eigenthum, welches ihnen die Herzöge Albrecht und Heinrich am 1. Juni jenes Jahres nochmals

---

23) Bege, Burgen, S. 50 zu 1261.
24) Vergl. die Urkunde von 1266 im Ordin. S. Blasii Nr. 33.
25) Diplomat. Stederburg. im Landesarchiv zu Wolfenbüttel p. 9. 10.
26) Urkunde in den Braunschweigischen Anzeigen 1740, S. 1822.
27) Degeb. der Altstadt, I, S. 157 und Pistorius, Amoen. VIII, 2835.
28) In civitate nostra Brunswic.
29) Urkunde in Rehtmeier, Kirchenhistorie I, 131 und in Heffenmüller, H. Lampe, S. 109.
30) Ribbentrop, S. LVI.
31) Curiam meam — ad ipsum officium Dapiferi pertinentem.
32) Urkunde Jordans vom 13. August 1307 im Copialbuch der Katharinenkirche S. 17 und eine andere ausgestellt 1307 in octava Laurencii martiris im Stadtarchiv Nr. 31, beide gedruckt in Heffenmüller, H. Lampe, S. 108 flg.

bestätigten³³); 1319 werden wir einen vollständigen Klosterconvent unter einem Prior nachweisen.

Daß Braunschweig bereits 1309 einen lebhaften Handel nach den berühmten Emporien Flanderns trieb, zeigen zwei in jenem Jahre ausgestellte Urkunden der Stadt Brügge und des Grafen Robert von Flandern³⁴).

1312 als Papst Clemens V. auf dem Concilium zu Vienne die Aufhebung des Templerordens ausgesprochen hatte, sollte auch der hiesige Tempelhof am Bohlwege der päpstlichen Bulle zufolge an den Johanniterorden fallen. Aber ein fürstlicher Tempelritter, Herzog Otto, ein Sohn Herzog Albrechts des Großen, widersetzte sich dem und behauptete sich Zeit seines Lebens im Besitz des Tempelhofs, welcher somit erst 1357 an den Johanniterorden kam³⁵).

1312 ward hier zum ersten Male das Vehmeding gehalten. Dies Gericht, vor welches bis 1321 nur Klagen über Diebstahl gezogen wurden, scheint von dem Rathe in der Absicht eingerichtet zu sein, den herzoglichen Vögten einen Theil der Criminaljurisdiction zu entziehen. Die Vehmgerichtsordnung³⁶) beschreibt uns das dabei übliche Verfahren. Zwei Bürgermeister aus der Altstadt berathen mit einem oder zwei angesehenen Bürgern, ob ein Vehmeding nöthig sei. Ist dies der Fall und die Abhaltung eines solchen Gerichts beschlossen, so zeigten jene es einem Bürgermeister der vier anderen Weichbilder an, baten aber, es heimlich zu halten. Diese kamen dann um Mitternacht auf den Kirchhof zu St. Martinus und ließen den Rath dahin entbieten. Nun wurden alle Thore der Stadt stärker besetzt und danach gesehen, daß Niemand aus der Stadt entkomme; auch die Brücken und Schiffe wurden beachtet. Dann erhielten die entbotenen Vemenoten und der Vehmschreiber Auftrag, ihres Amtes zu warten. Bei Anbruch des Tages luden die Bauermeister jeden Hauswirth ihres Bezirks zum Vehmeding, dann läuteten die Glocken dreimal Sturm. Beim dritten Male zog alles Volk mit dem Rath aus dem alten Petrithor. Auf der jetzigen Wallpromenade lag

---

33) Copialbuch St. Katharinen S. 18, abgedruckt in Hessenmüller, S. 109.

34) Sartorius, Geschichte der Hanse, herausgegeben von Lappenberg, Urkundenbuch II, 254. 255.

35) Ordin. eccl. S. Matthaei bei Gebhardi, 66.

36) Sie steht im Lib. judicii Vemeding gegen das Ende, gedruckt bei Rehtmeier, Chronik 626 und in Urkunden und Statuten der Stadt Braunschweig, S. 27.

1. Die Stadt zur Zeit Herzog Albrechts des Feisten.

zwischen jenem Thore und dem Neustadtthore auf einem fast ganz von Oderarmen umschlossenen Raume der Gerichtsplatz, den gegen das Petrithor zu der Vehmegraben begrenzte. Vor demselben dem Petrithor zunächst blieb der Rath, auf die andere Seite des Grabens begab sich das Volk. Der Büttel rief dann zum Volke: Gy herren, gad in de achte! Dann brachte Jeder die ihm bekannten Diebstähle an die Bemenoten. Diese berichten das ihnen Gemeldete an den Vehmschreiber, der außerhalb des Grabens in der Nähe des Rathes sitzt. Dieser bringt die vorliegenden Fälle vor den im Kreise sitzenden Gemeinrath, welcher die unbedeutendsten Klagen, die nicht den Betrag von vier Schillingen erreichen, zurückweist. Unterdessen hat der Vehmgraf das Gericht eröffnet, einige Rathsherren, die Vögte und die zwölf Vemenoten sind seine Beisitzer; er sitzt auf der höchsten Stelle des Vehmgrabens. Der Schreiber theilt die vorliegenden Fälle mit und läßt nun die durch Diebstahl Beschädigten nach der Reihe der Weichbilder vortreten. Wer den Dieb nicht kennt, beschwört das und gelobt, ihn dem Rathe anzuzeigen, sobald er ihn erfahre. Wenn der Bestohlene den Dieb nennt, so mußte dieser erscheinen. Leugnete er, so mußte er seine Unschuld beschwören, bei einer zweiten Anklage müssen sechs Eidhelfer mit ihm schwören, bei der dritten mußte er sich dem Ordal unterwerfen und ein glühendes Eisen in der Hand neun Fuß weit tragen. Ohne Erlaubniß des Rathes durfte Niemand den Gerichtsplatz verlassen. Daß dieses Gericht von den Frevlern sehr gefürchtet ward, zeigt schon der Umstand, daß es im Verlauf eines halben Jahrhunderts 1312—1362 nur dreizehn Mal gehalten zu werden brauchte. Dies geschah nach dem Lib. jud. Vemeding 1312; 1314 in der Johanniswoche; 1319 in der Peter-Paulswoche am Ende Juni; 1321 am Tage der sieben Brüder (10. Juli); 1322 in der Woche vor Pfingsten; 1323 in der Woche nach Himmelfahrt; 1326 in der Woche nach Peter-Paul; 1329 am Freitag nach Margarethen im Juli; 1331 am Donnerstag vor Peter-Paul; 1334 in der Woche nach Trinitatis; 1337 am Dienstag nach Jubilate; 1345 am Tage nach Margarethen; 1362 am Tage vor Vitus (14. Juni).

Wohl noch früher gelang es dem Rathe, den Vögten auch die meisten Civilprocesse zu entziehen. Dies geschah durch die Einrichtung eines Schiedsgerichts, über welches eine eigene Ordnung, um 1320 niedergeschrieben[37]), Auskunft giebt. Danach war jeder Rechtsstreit unter Bürgern, bei welchem es sich nicht um ein Verbrechen handelte, welches Verweisung aus der Stadt zur Folge hatte, zunächst dem Rath zu gütlicher Ausgleichung vorzulegen. Gelang diesem der Vergleich der Parteien nicht, so wies er sie an das Collegium der Sühnemannen, Anfangs acht, dann neun Personen[38]), welche dies Amt zwei Jahre lang verwalteten. Diese hatten spätestens binnen vier Wochen in Güte oder nach Recht die Sache zu entscheiden. Wer mit solcher Entscheidung nicht zufrieden war, ward aus der Stadt verwiesen; wollte er zurückkehren, so hatte er eine Strafe von 50 Mark, später von 100 Pfund Pfennigen zu zahlen. So wurden die Civilklagen den Vögten entzogen und von Bürgern entschieden.

Der Stadt mußte daran liegen, daß ihre Bürger nicht bloß von den grubenhagenschen und göttingenschen Fürsten, ihren speciellen Herren, als Freie anerkannt wurden, sondern wünschenswerth mußte ihr auch eine Anerkennung dieser Freiheit durch die nahe verwandten Lüneburger sein, da diese seit dem 16. Mai 1292 eventuelle Nachfolger in der Herrschaft über Land und Stadt Braunschweig waren[39]). Darum wandte sich der Rath der Stadt bittend an Herzog Otto den Strengen von Lüneburg. Dieser erklärte urkundlich am 17. März 1314, er befreie hiemit alle Bürger der Stadt, welches Standes oder Geschlechtes sie seien, und entsage allen ihm etwa zustehenden Rechten an ihren Personen und Gütern[40]).

Albrechts letzte That für die Stadt soll 1318 ein Zug gegen das Haus Weferlingen bei Helmstedt gewesen sein. Die ritterlichen Bewohner desselben thaten dem Handel zwischen Braunschweig und Magdeburg, wie eine geschriebene Chronik[41]) erzählt, vielen Schaden, indem sie den Kaufleuten auf offener Heerstraße ihr Gut abnahmen.

---

37) Sie steht in den Degedingsbüchern der Altstadt I, S. 122 und II, fol. 90 und im Codex der Stadtgesetze aus der Mitte des vierzehnten Jahrhunderts fol. 28; gedruckt in Urkunden und Statuten der Stadt Braunschweig, S. 31 und 36.

38) Jurare debent ad concordiam quatuor de Antiqua civitate, duo de Indagine, duo de Nova civitate, de Veteri vico et de Sacco tantum unus, alternatim una vice de Veteri Vico, alio tempore de Sacco.

39) Urkunde in Orig. Guelf. IV, praef. 20.

40) Zu Rehtmeiers Zeit war das Original noch im Stadtarchiv (Chronik 526, 5), jetzt ist es verschwunden, gedruckt im Thesaur. homag. I, 738.

41) Aus ihr erzählt dies Rehtmeier, Chronik 597.

Mit den Bürgern von Braunschweig und Magdeburg nahm Herzog Albrecht Weserlingen ein und verbrannte es. Noch im Herbst desselben Jahres starb er am 22. September; im Blasiusstift ward er zur Ruhe bestattet [42]).

2. Die Stadt zur Zeit Herzog Otto des Milden (1318—1344).

Nach dem Tode Herzog Albrechts folgte in den Landen Braunschweig und Göttingen und in der Mitherrschaft über die Stadt Braunschweig Herzog Otto der Milde, damals sechsundzwanzig Jahre alt [1]), welcher die Verwaltung des väterlichen Erbes in seinem und seiner Brüder Magnus und Ernst Namen bis zu seinem Tode 1344 fortgeführt zu haben scheint [2]). Am 28. October 1318 empfing er zu Braunschweig die Huldigung [3]) und sagte der Bürgerschaft bei dieser Gelegenheit neue Rechte und Freiheiten zu. Er verspricht:

1) Mit seiner und seiner Erben Erlaubniß solle kein Kloster und kein Convent geistlicher Leute in der Stadt und deren Gebiete innerhalb ihrer Viehtrift mehr angelegt werden (§. 1).

2) Die Bürger der Altstadt, des Hagens, der Neustadt und der Altenwik sollen als Freie gelten, also von keinem Grundherrn in Anspruch genommen werden (§. 2).

---

42) Das Jahr giebt an die niedersächsische Chronik bei Abel 179 und Chron. S. Aegidii bei Leibnitz, S. R. Br. III, 593. Der Herzog starb die Mauritii mane nach einem alten Verse in den Excerpt. chronol. bei Mader, 168. Die Begräbnißstätte nennt Botho zum Jahre 1318 bei Leibnitz, S. R. Br. III, 375. Mit diesen späten Nachrichten stimmen die Urkunden recht gut. Herzog Albrecht stellte seine letzte Urkunde am 10. Juni 1318 aus (s. Hempel, Inventarium diplomaticum II, 117); sein Sohn Otto der Milde empfing die Huldigung zu Braunschweig am 28. October 1318 (Rehtmeier, Chronik 623). Am 21. September lebte Albrecht noch; eine Urkunde des Kapitels zu St. Blasius führt ihn damals noch als lebend auf (Rehtmeier, Kirchenhistorie I, 125).

1) Bei dem Empfang des Ritterschlages 1311 war er neunzehn Jahre alt. Membr. Blasiana zu 1311 bei Leibnitz, S. R. Br. II, 61.

2) Als Vormund seiner Brüder erscheint Otto in Urkunden von 1322—1341, (Koch) Pragm. Geschichte 181, c. d.

3) Originalurkunde im Stadtarchiv Nr. 42, gedruckt in Rehtmeier, Chronik 623 und in Urkunden und Statuten der Stadt Braunschweig, S. 30.

3) Dasselbe Recht erhalten zuziehende Fremde, sobald sie „ohne Ansprache" Jahr und Tag in einem jener vier Weichbilder gewohnt haben und Bürger geworden sind (§. 3). Wird der Einwanderer als Höriger in Anspruch genommen, so muß er sich mit seiner Herrschaft vergleichen (§. 4). Derartige Klagen, auch sonstige Beschuldigungen gegen Bürger sollen vor dem fürstlichen Gerichte in der Stadt angebracht werden (§. 6).

4) Die fünf Weichbilder (de vif stede user stat to Bruneswich) will der Herzog gleich seinem Vater in ihren alten Rechten und Freiheiten beschirmen; auch er will ihr gestatten, ihr Recht zu bessern, wo sie könne, aber so, daß er dadurch nicht in Schaden komme (§. 7. 12).

5) Die Bürger der fünf Weichbilder und ihr Gut sollen zollfrei sein in des Herzogs Lande und in allen seinen Schlössern (§. 8).

6) Die Bürger sollen vor dem Vogte, herzogliche Dienstmannen von Bürgern vor dem Marschalk verklagt werden (§. 9. 10).

7) Wenn Jemand die Stadt in den ihr zugestandenen Rechten und Gnaden beeinträchtigen wolle, so will der Herzog ihr Beschirmer sein zu allen Zeiten und in allen Röthen (§. 13).

1319 am 31. October brachte Herzog Otto eine Uebereinkunft zwischen dem Clerus und dem Rath zu Braunschweig einerseits und den Predigermönchen, die damals, wie es scheint, mit ihrem Kirchenbau beginnen wollten, andererseits zu Stande[4]), bei welcher außer dem Ordensprovinzial für Sachsen auch die Prioren der Ordenshäuser zu Magdeburg, Bremen, Lübeck, Halberstadt, Hildesheim, Soest und Hamburg zugegen waren. Für die Erlaubniß hier ein Kloster zu haben verpflichten sich Prior und Convent des zu gründenden Dominicanerklosters zur Beobachtung folgender Punkte. Sie sollen alle der Stadt ertheilten päpstlichen Privilegien beachten und schützen. Sie dürfen an Sonn- und Festtagen nicht während des Hochamts und der Vesper, sondern erst Nachmittags predigen; nur am Fest ihrer Kirchweih können sie nach Belieben, an den Vigilien der Marienfeste und vor dem Tage des Evangelisten Johannes selbst nach der Vesper predigen. An Wochen-

---

4) Originalurkunde im Stadtarchiv Nr. 43, gedruckt bei Rehtmeier, Kirchenhistorie I, 131 und bei Hessenmüller, H. Lampe, 110 flg. Eine Copie aus dem vierzehnten Jahrhundert findet sich auch im Degeb. des Hagens I, fol. 2. 3; dort steht aber irrthümlich das Jahr 1309.

tagen sollen sie nicht mit Uebermaß predigen, um das Volk nicht von der Arbeit abzuziehen. Gestattet wird ihnen an Werkeltagen nur eine Predigt am Freitag Morgen; in der Fastenzeit können sie am Sonnabend Abend in der Katharinen- und Martinikirche abwechselnd mit den Minoriten predigen. An den Festtagen des heiligen Autor und an Kirchweihtagen der städtischen Gotteshäuser ist ihnen die Predigt untersagt. Verboten wird ihnen, Aenderungen an gemachten Testamenten zu versuchen, die Geistlichen der Stadt in ihren Rechten irgendwie zu beschädigen; in keiner Pfarrkirche sollen sie ohne Erlaubniß des Pfarrherrn derselben predigen dürfen. Erbgut, das ihnen durch Testament zufällt, müssen sie binnen Jahr und Tag verkaufen, dürfen kein weiteres Grundstück erwerben, keine Bürgerssöhne zum Eintritt in ihren Orden locken, auch Niemand übertreden, sich auf ihrem Kirchhof beerdigen zu lassen. Bei solchen Bestattungen haben sie dafür zu sorgen, daß dem betreffenden Pfarrer die Leichengebühren gezahlt werden. Der Prior des hiesigen Klosters endlich sollte in den ersten vierzehn Tagen nach Antritt seines Amtes dem Dechant des Blasiusstiftes anzeigen, daß er zur Beobachtung obiger Bestimmungen bereit sei.

1320 erwarb sich der Rath von den auf dem Generalkapitel zu Citeaux versammelten Cistercienseräbten Theilnahme an allen durch jenen Orden schon vollbrachten oder noch zu vollbringenden guten Werken[5]). Wenn er sich auch die Nichtvermehrung der Kloster- und Stiftskirchen hieselbst von Herzog Otto dem Milden hatte zusagen lassen, so verschmähte er also doch die Fürbitte des Clerus und Theilnahme an dessen vermeintem Verdienst durchaus nicht. Daß aber der Rath über der Sorge für sein Seelenheil die weltlichen Angelegenheiten der Stadt nicht aus den Augen verlor, ist aus mehreren Anordnungen desselben zu ersehen.

1320 ward die älteste Bürgerrolle angelegt, d. h. ein Verzeichniß der Personen, welche „das Bürgerrecht gewannen"[6]). Man kann daraus sehen, eine wie große Menge von Leuten aus den benachbarten Dörfern in die Stadt hereinzogen. Register der wegen schwerer Verbrechen aus der Stadt Verfesteten[7]) hatte man schon 1306 zu führen

---

5) Originalurkunde im Stadtarchiv Nr. 47, noch ungedruckt.

6) Die älteste Bürgerrolle reicht von 1320 bis 1402 und steht im Liber proscriptionum p. 38—74.

7) Verzeichnisse von 1306—1369 und von c. 1340—1398 stehen in den beiden Libri proscriptionum.

begonnen; seit 1321 werden sie besonders genau und ausführlich und sind, da sie die begangenen Verbrechen mit angeben, eine wichtige Quelle der Sittengeschichte. Um 1320 scheint die Ordnung für das schon erwähnte Schiedsgericht erlassen zu sein[8]). Aus dieser Zeit stammt auch die älteste Maklerordnung[9]), welche für den städtischen Handelsbetrieb von Bedeutung ist, insofern sie zeigt, mit welchen Waaren in jener Zeit hier besonders viel gehandelt wurde. Für die Lebhaftigkeit des hiesigen Verkehrs spricht schon die Anordnung, daß hier zwölf Makler sein sollen, vier in der Altstadt, in Hagen und Neustadt je drei, in Altewik und Sack je einer. Nach dem Werthe der durch sie verkauften Waaren erhielten sie bestimmte Gebühren, welche Käufer und Verkäufer jeder zur Hälfte zahlten.

Als Herzog Heinrich der Wunderliche von Grubenhagen 1322 im September gestorben war, empfingen seine Söhne Heinrich, Ernst, Wilhelm und Johann 1323 am 30. Mai, dem Montag nach St. Urban, zu Braunschweig die Huldigung[10]). Die Rechte, welche sie bei dieser Gelegenheit der Stadt neu einräumten, sind folgende:

1) Bürger, deren adlige Lehnsherren ohne Erben versterben, wollen die Herzöge selber als Lehnsleute annehmen und mit dem innegehabten Gute belehnen lassen (§. 12).

2) Sie versprechen, den Handel der Stadt in Fehbezeiten nicht zu stören; nur Gut ihrer offenbaren Feinde wollen sie wegnehmen (§. 14).

3) Sie wollen die Bürger in der Verfolgung ihres Rechts selbst gegen das Gesinde des fürstlichen Hauses nicht hindern (§. 15).

4) Gegen einen Bürger, der sich an der Herrschaft vergeht, wollen sie, außer im Fall eines offen verübten Todtschlags, keine Selbsthülfe anwenden, sondern das Geschehene der Stadt behuf Einleitung eines Rechtsverfahrens zur Anzeige bringen (§. 16).

5) Von jeder Beschuldigung soll sich die Stadt durch einen Eid zweier Rathmänner reinigen können (§. 17).

Als Herzog Johann 1325 auf die Mitregierung verzichtete und in

---

8) Im Degeb. der Altstadt I, S. 122, gedruckt in Urkunden und Statuten der Stadt Braunschweig, S. 31 und 36.
9) Van den underkoperen im Lib. proscript. II, p. 77 sq., noch ungedruckt.
10) Huldbrief im Original im Stadtarchiv Nr. 50, gedruckt bei Rehtmeier, Chronik 532 und in Urkunden und Statuten der Stadt Braunschweig, S. 32.

2. Die Stadt zur Zeit Herzog Otto des Milden.

den geistlichen Stand übertrat [11]), entband er den Rath des auch ihm kurz zuvor geschworenen Huldigungseides [12]). Die Herzöge von Grubenhagen wandten sich schon damals in Geldverlegenheiten zuweilen an die Stadt, so z. B. am 23. Februar 1329 erbittet Herzog Ernst durch seinen Schreiber Johannes eine Summe von 110 Mark [13]); daß auch sein Bruder Herzog Wilhelm Geldgeschäfte mit der Stadt machte, zeigt dessen Urkunde vom 7. October 1332 [14]). Ihren Antheil an Sack und Altewik hatten die grubenhagenschen Fürsten der Stadt schon 1325 für 450 Mark verpfändet. Dasselbe that Herzog Otto der Milde mit dem göttingenschen Antheil an jenen Weichbildern; diesen erhielt die Stadt 1325 für 590 Mark. Auch den ihm und seinen Brüdern zustehenden Antheil an der hiesigen Vogtei überließ er damals an den Rath der Altstadt für 100 Mark [15]).

Der am 3. August 1331 erfolgte Tod des Bischofs Otto II. von Hildesheim greift auch in die Geschichte der Stadt Braunschweig ein. Eine zwiespältige Bischofswahl theilte das Bisthum zwischen Heinrich, dem Sohne Albrechts des Feisten, und Erich, einem Grafen von Schauenburg. Heinrich kam zwar in den Besitz des Bisthums und der Kathebrale; aber die Stadt Hildesheim stand zu Erich, mit dem es auch Papst Johann XXII. hielt. Erst als Blut geflossen war, kam es zwischen Heinrich und der Stadt Hildesheim 1333 in der Fastenzeit zu Unterhandlungen. Da die Räthe von Braunschweig und Goslar noch vor dem Palmensonntage einen Vertrag zu Stande brachten, so ward ihnen damals auch die Entscheidung etwa noch vorfallender Irrungen übertragen. Und dazu boten die fortwährenden Klagen des Bischofs wider die Stadt in den Jahren 1334 und 1335 noch mehrfach Gelegenheit [16]). Durch die Anerkennung des ohne päpstliche Einwilligung regierenden Bischofs Heinrich ward die Stadt Braunschweig in schlimme Unannehmlichkeiten verwickelt. Der Papst scheint sie vor sein Gericht geladen zu haben. Vor ihm erschienen 1337 Hermann von Gandera und Johann von Göttingen als Procuratoren derselben und des Theils ihres Cle-

---

11) Sammlung ungedruckter Urkunden I, 32. II, 153.
12) Originalurkunde im Stadtarchiv Nr. 52, noch ungedruckt.
13) Originalurkunde des Stadtarchivs Nr. 63, ungedruckt.
14) Originalurkunde des Stadtarchivs Nr. 73, ungedruckt.
15) Degeb. der Altstadt II, fol. 29. Degeb. der Neustadt I, fol. 78, jetzt zuerst gedruckt in Urkunden und Statuten der Stadt Braunschweig, S. 34.
16) Lüntzel, Geschichte der Diöcese und Stadt Hildesheim II, 299—307.

rus [17]), welcher der hildesheimischen Diöcese angehörte. Der Papst scheint die Stadt verurtheilt zu haben; später erscheint sie mit dem Banne belegt. Erst 1340 am 22. März ward die Excommunication durch den Bischof Bernhard von Paderborn, welchen der Papst damit beauftragt hatte, wieder aufgehoben [18]) und diese Entscheidung im ganzen nordwestlichen Deutschland bekannt gemacht. In derselben Zeit war die Stadt auch in eine Fehde mit dem Grafen Konrad von Wernigerode verwickelt, deren Veranlassung und Verlauf bis jetzt unbekannt sind, welche aber 1339 am Tage Mariä Magdalend (22. Juli) durch Schiedsleute ausgetragen wurde [19]).

Im Jahre 1340 sah sich der Rath durch den überhand nehmenden Unfug der Glücksspiele genöthigt, eine Verordnung wider das damals beliebte Dobbelspiel zu erlassen [20]). Es wird dem Rathe zur Pflicht gemacht, Jeden, der wider diese Verordnung handle und angezeigt werde, zur Untersuchung und Strafe zu ziehen. Man beschränkte diese Spiele durch die Bestimmung, daß Jemand, der höher als fünf Schillinge spiele, sowohl beim Gewinnen, als auch beim Verlieren eine Strafe von zwei Pfund Pfennigen zahlen, den etwa gemachten Gewinn herausgeben und die Stadt auf ein Vierteljahr verlassen solle. Bei einem Spiel außerhalb des Weichbildes erhöhete sich die letzte Strafe auf ein halbes Jahr. Der Schuldige mußte die Stadt binnen sechs Wochen verlassen, durfte sich ihr während seiner Verfestung auf eine Meile Weges nicht nähern und ward nicht eher wieder aufgenommen, als bis er jene Strafe bezahlt hatte. Wer verbotenes Dobbelspiel in seinem Hause gestattete oder Geld dazu vorlieh, zahlte fünf Mark Strafe und mußte die Stadt auf ein halbes Jahr verlassen.

In demselben Jahre ließ der Rath, dessen Schreiber bisher nur die Degedings- und Gerichtsbücher (libri proscriptionum) geführt hatten, auch ein Fehdebuch und bald nachher auch ein Gedenkbuch anlegen. In jenes [21]) wurden die von der Stadt geführten Fehden eingetragen,

---

17) Urkunde des Stadtarchivs Nr. 86 vom 3. Mai 1337; noch ungedruckt.
18) Urkunde des Stadtarchivs Nr. 103 vom 22. März 1340, ungedruckt. Nur der Mag. Albert von Ghetlebe, Pfarrherr zu St. Martinus, blieb excommunicirt. Vergl. die Urkunden Nr. 102. 104—109.
19) Originalurkunden im Stadtarchiv Nr. 92. 93, beide noch ungedruckt.
20) Liber proscriptionum II, p. 1—5, jetzt zuerst gedruckt in Urkunden und Statuten der Stadt Braunschweig, S. 85.
21) Jetzt auf herzoglicher Kammer hieselbst aufbewahrt.

2. Die Stadt zur Zeit Herzog Otto des Milden.

in diesem²²) wurden verschiedene vor dem Rath erledigte Sachen, seine Verordnungen, geschworene Urfehden, auch Gilderechte verzeichnet.

Im Interesse der Sicherheit der Straße von hier nach Lüneburg scheint der Bund gemacht zu sein, welchen die Stadt 1342 am 14. April mit den fürstlichen Brüdern von Lüneburg, den Herzögen Otto und Wilhelm, abschloß. Sie will den Fürsten behülflich sein gegen Jedermann außer gegen die Herzöge des Welfenhauses und den Grafen Konrad von Wernigerode; wenn es verlangt wird, stellt sie funfzig Gewappnete zu Roß unter ihrem Banner; etwa vorfallende Irrungen sollen durch ein Schiedsgericht entschieden werden²³).

In Otto des Milden Regierungszeit ward das hiesige Paulinerkloster am Bohlwege vollendet, so daß Bischof Albrecht von Halberstadt am Sonntag Jubilate 1343 die Kirchweih vornehmen konnte²⁴). Auch mehrere Wohlthätigkeitsanstalten entstanden in der Zeit jenes Herzogs und seines Vaters in unserer Stadt. Zu dem alten Hospital der Johanniter kam 1245 das Hospital Beatae Mariae Virginis, später das Hospital zum heiligen Geist vor dem Hohenthore und das 1290 begründete Beguinenhaus zu St. Petri. Seit 1300 kam dazu das Leprosenhaus zu St. Leonhard, welches 1306 schon vorhanden war; der alte Convent hinter den Brüdern, in welchem bereits 1316 Beguinen Aufnahme fanden; der Annenconvent, auf dem Küchenhofe in der Burg 1326 gestiftet, und das dem heiligen Thomas geweihete Pilgrimshaus vor dem Petrithore, 1327 begründet²⁵).

Als Lehnsleute Herzog Ottos nennt dessen Lehnbuch²⁶) auch eine nicht unbedeutende Anzahl hiesiger Bürger. Aus den 43 genannten Familien, die 96½ Hufen, also nahe an 3000 Morgen Landes vom Herzog zu Lehen hatten, wollen wir nur die hervorheben, welche einen größeren Gütercomplex vom Herzog zu Lehen trugen. An Lehnbesitz hatten vom Herzog die Familien:

---

22) Gedenkbuch I, 1342—1400. Nur ein älterer Artikel vom Jahre 1325 ist fol. 19ᵗ aufgenommen.

23) Urkunde in Sudendorf, Urkundenbuch II, 7.

24) Niedersächsische Chronik bei Abel 235 und Botho zum Jahre 1343 bei Leibnitz, S. R. Br. III, 377.

25) Die Nachweisungen aus den Quellen siehe in dem Abschnitt über die milden Stiftungen.

26) Sudendorf, Urkundenbuch I, 174 sq.

Holtnicker 5 Hufen Landes in Machtersen, Berklingen und Gilzum,
de Domo 11 Hufen in Abenum und Wierthe,
von Ganderſem 7 Hufen in Broitzem,
von Seinſtedt 6 Hufen in Salzdahlum und Wendeſſen,
von Pawel 8½ Hufen in Remlingen und Denkte,
von Peyne 9 Hufen in Linden und Engelnſtedt,
von Belſtede Güter in Sierſe, Remlingen, Dahlum,
Stapel 6 Hufen in Dettum und einen Hof in Honrode,
Davidis 3½ Hufen in Broitzem,
Johann von Bortfeld 3 Hufen in Bortfeld,
von der Treppen und Elye 5 Hufen in Dahlum,
Hakelenberg 6 Hufen in Broitzem,
von der Heyde 5 Hufen in Sonnenberg,
von Luckenem 5½ Hufen in Berklingen und Bornum.

Die Familien Kirchhof und Salghen bezogen Einnahmen aus dem hieſigen Mühlenzins, Bierzoll und der Münze und hatten 9 Hufen in Berklingen und Abenum zu Lehn.

1344 im Anfang Septembers [27] ſtarb Herzog Otto. Im Blaſiuſſtift, deſſen ſüdliches Seitenſchiff er faſt vollendete [28], fand er ſeine Ruheſtatt [29], in welche ihm ſeine zwei Gemahlinnen Jutta und Agnes ſchon 1318 und 1334 vorangegangen waren.

3. Die Stadt zur Zeit der Herzöge Magnus I. und II. (1345—1373).

Nach dem Tode Otto des Milden empfingen ſeine Brüder, die Herzöge Magnus und Ernſt, am erſten Dienſtage in der Faſtenzeit, am 15. Februar 1345 zu Braunſchweig die Huldigung. Da verſammelte

---

[27] Das Jahr nennt die Inſchrift über der ſüdlichen Eingangsthür der Burgkirche. Daß Otto im Anfang des Septembers ſtarb, zeigt das Memorienregiſter St. Blaſii S. 50 bei Wedekind, Noten I, 431.

[28] S. die Inſchrift über der ſüdlichen Kirchthür.

[29] Niederſächſiſche Chronik zu 1333 bei Abel 183 und Botho zu 1334 bei Leibnitz, S. R. Br. III, 378.

sich, wie es die Huldigungsordnung¹) beschreibt, der Rath der fünf Weichbilder auf dem Saale (der dorntzen) des Altstadtrathhauses. Dahin kamen die Herzöge und gelobten, alle von ihren Vorfahren der Stadt gegebenen Zusagen treulich und vollständig zu halten und etwaiger Irrungen nicht gedenken zu wollen. Als dies in Gegenwart der fürstlichen Räthe feierlich beschworen war, erbat sich der Rath von den Herzögen den besiegelten Huldebrief, in welchem die früher von den fürstlichen Vorfahren bewilligten Rechte und Freiheiten anerkannt und in den auch die Zusagen neuer Gnaden mit aufgenommen wurden. Dann schwur der Rath, „den Herzögen und ihren Erben so treu und hold sein zu wollen, wie es ein Bürger seinem Herrn nach Recht sein solle, und ihnen behülflich zu sein, die Stadt zu Gute zu halten." Dann trat der Worthalter des Rathes, der erste Bürgermeister der Altstadt, aus dem Saale hinaus auf den Laubengang des Rathhauses und ließ die auf dem Markte versammelte Bürgerschaft denselben Eid schwören, welchen er ihr vorsprach. Der damals von der Herrschaft ausgestellte Huldebrief²) enthält dieselben Zusagen wie der 1318 von Herzog Otto dem Milden ausgestellte, nur daß hier zuerst erklärt wird, auch die Bürger des Weichbildes Sack sollen für Freie gelten. An demselben Tage bestätigten sie auch mehrere schon von ihrem Bruder Otto geschehene Verpfändungen an die Stadt. Zunächst die der hiesigen Vogtei und der beiden Weichbilder Altewik und Sack für 690 Mark Silbers³), sodann auch die des Schlosses Asseburg sammt dessen Zubehörungen⁴). Der schon am 17. April 1345 zu Münden errichtete Erbtheilungsreceß machte Ernst zum Herrn des Landes Göttingen, wogegen das Land Braunschweig mit der Stadt an Magnus I. kam. Dennoch behielten die

---

1) Modus omagii dominis nostris Ducibus in Brunswik faciendi im Degedingsbuch der Altstadt II, fol. 27¹, gedruckt bei Rehtmeier, Chronik 630 und in Urkunden und Statuten der Stadt Braunschweig, S. 39. Vergl. auch Sudendorf, Urkundenbuch II, S. 61.

2) Urkunde im Landesarchiv zu Wolfenbüttel, gedruckt in Rehtmeier, Chronik S. 631; Knichen, Epopsis p. 177; Braunschw. hist. Händel I, 99 und III, 1017; Sudendorf, Urkundenbuch II, 59 und Urkunden und Statuten der Stadt Braunschweig, S. 37.

3) Copie im Copialbuch des Herzogs Magnus fol. 1¹ im Landesarchiv zu Wolfenbüttel, abgedruckt bei Rehtmeier, Chronik 632, in Sudendorf, Urkundenbuch II, 60 und in Urkunden und Statuten der Stadt Braunschweig, S. 40.

4) Urkunde in Sudendorf, Urkundenbuch II, 61.

Fürsten der göttingenschen Linie Antheil an allen von Herzog Albrecht dem Feisten vererbten geistlichen Lehen zu St. Blasius und St. Cyriacus und an den weltlichen Rechten in der Stadt, namentlich an der Vogtei und sonstigen mit Einnahmen verbundenen Nutzungen; nur die Verleihung der Lehen an Pfarrkirchen und städtischen Klöstern behielt Herzog Magnus sich und seinen Nachkommen vor[5]). Seit 1345 waren also Hauptherren in der Stadt Herzog Magnus I. und seine Nachkommen, an den Hoheitsrechten participirten aber auch die grubenhagenschen und göttingenschen Fürsten; Braunschweig hatte also nun drei Herren. Diese Zersplitterung der Hoheitsrechte erleichterte der Stadt die Erwerbung der wesentlichsten Theile derselben. Wie Herzog Otto der Milde ihr seinen Antheil an der Vogtei, an Sack und Altewik überlassen hatte[6]), so geschah dasselbe durch die Söhne Herzog Heinrich des Wunderlichen von Grubenhagen. Nachdem sie 1325 für 450 Mark die Einnahmen aus jenen beiden Weichbildern verpfändet hatten, gaben sie auch die Vogtei noch vor 1361 auf[7]). Weitere Verpfändungen folgten. Am 29. Mai 1345 überließ Herzog Magnus dem Rathe seinen Antheil an der dortigen Münze auf drei Jahre; 1348 sogar auf fünf Jahre, 1360 wieder auf drei Jahre[8]).

Ungewöhnlich bulbsam und vorurtheilsfrei zeigt sich Herzog Magnus gegen die hiesigen Juden. 1345 am 15. Mai gab er dem Juden Jordan von Helmstedt bei seiner Aufnahme hieselbst alles Recht, das die Juden in Braunschweig hatten, namentlich daß man sie nur vor ihrer Synagoge verklagen dürfe, wo der Verklagte durch einen Reinigungseid seine Unschuld erweisen konnte. Für die Zahlung einer jährlichen Abgabe von zwei Mark wird dem Aufzunehmenden zugesichert, es solle ihn Niemand unredlich beschatzen; selbst gegen die anderen in der Stadt berechtigten Herzöge des Welfenhauses wird ihm Schutz zugesagt[9]). Am 6. December 1346 versicherte Herzog Magnus sämmtliche Juden hieselbst

---

5) Rehtmeier, Chronik 1846 und Erath, Erbtheilungen 13; Sudendorf, Urkundenbuch II, 64.

6) Degedingsbuch der Altstadt II, fol. 29, gedruckt in Urkunden und Statuten der Stadt Braunschweig, S. 34.

7) Daselbst und Copialbuch I, fol. 29¹, gedruckt in Urkunden und Statuten der Stadt Braunschweig, S. 33.

8) Braunschweig. hist. Händel I, 113. III, 1041; Knichen, Epopsis 284; Sudendorf, Urkundenbuch II, 75. 149.

9) Urkunde in Sudendorf, Urkundenbuch II, 74.

3. Die Stadt zur Zeit der Herzöge Magnus I. und II.

seines Schutzes und gelobt, sie bei ihrem Rechte zu vertheidigen und zu erhalten[10]). Um sie vor unrechter Gewalt noch mehr zu schützen, verfügte er am 27. März 1349, daß ein Jude wegen eines Verbrechens nur dann zu strafen sei, wenn er durch vier unbescholtene Männer, zwei Juden und zwei Christen, überführt oder auf frischer That ergriffen sei, und daß jedenfalls die anderen Juden seine Verbrechen nicht entgelten sollten[11]).

In dieser Zeit ward eine erweiterte Sammlung von Stadtgesetzen[12]) angelegt, die einmal im Jahre dem Volke öffentlich vorgelesen werden sollten. In ihr trug man alle bisher erlassenen gesetzlichen Bestimmungen zusammen, namentlich die, welche sich auf die öffentliche Sicherheit, Ruhe und Ordnung, Reinlichkeit, gute Sitte und Anstand bezogen. Hinter der ursprünglichen Ordnung, welche aus 90 einzelnen Bestimmungen besteht, ließ man in der Originalhandschrift den nöthigen Raum zu Nachträgen, welcher in der zweiten Hälfte des vierzehnten Jahrhunderts fast ganz benutzt wurde und noch sehr viele neue Bestimmungen aufnahm. 1345 verzeichnete man auch die schon erwähnte Huldigungsordnung[13]) zur Nachachtung für spätere Geschlechter. Dieser Zeit gehörten noch an die Hochzeitsordnung[14]), welche bestimmt, welcher Aufwand bei Hochzeiten gemacht, welche Geschenke gegeben, wie viele Gäste geladen werden dürfen, und endlich die Bestimmungen über die Rathsscheffel[15]) sammt Nachträgen zu der älteren Zollordnung[16]).

Ihrem Herzog Magnus I. stand die Stadt in einer Fehde, die er mit dem Erzbischof Otto von Magdeburg wegen einzelner in Anspruch genommener Landestheile 1347 durchzukämpfen hatte, treu bei. Das Glück lächelte diesmal den Braunschweigern nicht. Der Herzog erlitt

---

10) Urkunde in Sudendorf, Urkundenbuch II, 113.

11) Urkunde in Sudendorf, Urkundenbuch II, 165.

12) Sie steht in einer Handschrift, welche den Erben des Herrn Stadtdirectors Bode gehört, fol. 1—14. Da die ältesten Nachträge dem Jahre 1349 angehören, so scheint die Sammlung selbst kurz vor diesem Jahre gemacht zu sein. Diese Ordnung ist zuerst gedruckt in Urkunden und Statuten der Stadt Braunschweig, S. 42.

13) Im Degeb. der Altstadt II, fol. 27¹—28¹; gedruckt in Urkunden und Statuten der Stadt Braunschweig, S. 39.

14) Van der brutlachte unde brudbade. Im Degeb. der Neustadt I, fol. 12¹, ungedruckt.

15) Im Degeb. der Neustadt I, fol. 14 sq., ungedruckt.

16) Das. fol. 80, ungedruckt.

bei Garbelegen eine Niederlage, und bei dieser Gelegenheit fiel auch eine Anzahl angesehener hiesiger Bürger, wie Hennig von Belstede, Gereke Stapel, Bertram Kale, Brand Osse, Bernd von dem Damme und Tile Döring den siegreichen Magdeburgern in die Hände. Zwar wurden dieselben im Anfang November, am Montag nach dem Allerheiligentage, wieder freigelassen; aber Ende des Monats mußte sich die Stadt dafür zu einem Lösegelde von 700 Mark löthigen Silbers verstehen, von denen sie am 25. November 300 Mark zahlte mit dem Versprechen, den Rest zu Weihnachten und Ostern 1348 zu berichtigen [17]).

1349 entstand ein Zerwürfniß zwischen der Stadt und Herzog Magnus. Da dieser Beden vom Lande forderte, wodurch die Meier der Bürger beschwert wurden, und von den Bürgern durch seine Amtleute Zoll erheben ließ, so fühlte sich die Stadt in ihren Rechten gekränkt. Den darob entstandenen Unwillen schlichtete ein am Freitag vor Judica 27. März 1349 gemachter Vergleich, welcher zwischen Abgeordneten des Herzogs und des Rathes auf dem Schlafhause in der Burg dahin abgeschlossen ward, daß der Herzog die Rechte der Stadt anerkannte und ihr „ein holder, gnädiger Herr" zu sein versprach. Ein Geschenk von 100 Mark nahm der Herzog bei dieser Gelegenheit von der Stadt gnädig an [18]). Um den „Thurm bei dem Bruche" entstand später noch einmal eine Irrung zwischen der Stadt und dem Herzog; auch diese ward durch Schiedsleute 1353 am Sonntag Reminiscere zu Wolfenbüttel gütlich geschlichtet [19]).

Eine große Pest suchte 1350 auch Braunschweig heim und richtete in der Stadt große Verheerungen an. Das Barfüßerkloster soll damals bis auf einen Mönch ausgestorben sein. Damit Gott die Stadt vor solchem Unheil behüten möge, bestimmte der gemeine Rath 1350, man solle fortan St. Autors Tag jährlich feiern und dann in Procession nach dem Aegidienkloster ziehen, um dort dem Heiligen fünf Wachslichte zu verehren. Auch des heiligen Kreuzes Erhebung solle man in allen Kirchen der Stadt feiern und an oder kurz vor diesem Tage den Armen eine Spende reichen [20]). In Folge jener Noth begründete der Rath

---

17) (Koch) Pragm. Geschichte 205, b und die Urkunden im Stadtarchiv Nr. 141—143, noch ungedruckt.
18) Gedenkbuch I, fol. 6¹.
19) Gedenkbuch I, fol. 8.
20) Gedenkbuch I, fol. 7¹ und Niedersächsische Chronik zu 1350 bei Abel 185.

des Hagens 1351 vor dem Wendenthore das Hospital St. Jodoci, in welches arme Leute aufgenommen werden sollten, welche obdachlos auf der Straße liegend gefunden wurden [21]). Auch ein mildthätiger Privatmann, Albrecht von Lesse, verschaffte in dem von ihm 1353 hinter den Brüdern begründeten Lessen-Convente achtzehn armen Jungfrauen ein Unterkommen [22]). — Eine andere Maßregel traf man damals im Dienste des gemeinen Nutzens. Damit nämlich beim Handel Jedem sein Recht werde, ließ der Rath in der Altstadt 1354 ein Wagehaus „auf dem Markte" erbauen, womit sich die damals noch herzoglichen Vögte [23]) einverstanden erklärten, als ihnen der Rath eine Geldsumme zahlte. Der Verkäufer hatte nach des Rathes Verordnung [24]) sein verkauftes Gut nach der Wage zu schaffen, der Käufer zahlte den bestimmten Wagelohn und besorgte das Fortschaffen der richtig befundenen Waare. Daß 1356 an mehreren Stellen der Stadt solche Wagestätten im Stande waren, zeigt die eben genannte Verordnung, welche verfügte, daß man die Waaren an den vom Rath bestimmten Stellen wägen solle. Wahrscheinlich wurden damals auch die Wagehäuser in der Neustadt und im Hagen eingerichtet [25]).

Vielfache Fehden zwangen Herzog Magnus I., größere Ausgaben zu machen, als die Einkünfte aus dem Lande gestatteten. So mußte er oft bedacht sein, durch Verkäufe, Verpfändungen und Anleihen seinen Säckel zu füllen. Auch mit der Stadt und einzelnen Bürgern brachten ihn solche Geschäfte in öftere Verbindungen. Für die Zahlung von 150 Mark, die Pfingsten 1345 fällig waren, verbürgten sich die reichsten Bürger der Stadt auf des Herzogs Bitte [26]). 1346 am 5. Januar überließ er gegen eine Summe von 110 Mark an Kirchhofs und Konrad Elers das Hühnerbruch vor dem Wendenthore, Gut zu Lauingen

---

[21]) Degeb. des Hagens I, fol. 63.
[22]) Degeb. des Sackes I, p. 67. 133.
[23]) Sie heißen de Vöghede user herren van Brunswich in der betreffenden urkundlichen Notiz im Gedenkbuch I, fol. 9.
[24]) Diese um 1356 erlassene Verordnung, noch ungedruckt, steht im Gedenkbuch I, fol. 11 und im Degebingsbuch der Neustadt I, fol. 15.
[25]) Die Wage im Hagen soll 1366 urkundlich erwähnt sein (Sack, Alterth. S. 113), die in der Neustadt findet sich zuerst 1401 im Kämmereibuch der Neustadt S. 30.
[26]) Urkunden bei Sudendorf, Urkundenbuch II, 74.

Dürre, Geschichte Braunschweigs.

und den Zehnten zu Rieseberg[27]); 1348 am 16. März den Gebrüdern von Wendhausen für 90 Mark das Dorf Bornum am Elme mit allem Zubehör und die Vogtei über acht Hufen zu Honrobe[28]); am 18. Juni an Achatius Grube und Tile vom Damm für 100 Mark 9½ Hufen mit zwei Acker- und sechs Kothöfen zu Bornum bei Kissenbrück[29]); 1355 am 15. Juni an Heinrich von Belstibbe, Bernhard vom Damme und die Gebrüder Elers für 350 Mark das Dorf und Amt Dettum[30]); am 24. Juni an mehrere Bürger zwei Holztheile im Bruche zwischen Wendeburg und Bortfeld für 36 Mark[31]); 1356 am 9. Februar an Eggeling von Strobeke und Bruno von Gustibbe für 70 Mark 22 Hufen zu Süd-Gleidingen[32]). Bei fast allen Ueberlassungen behielt sich der Herzog das Recht des Wiederkaufes vor. An den Rath im Hagen verkaufte er 1354 am 4. Juni für 110 Mark drei Wiesen vor dem Wendenthore, das große und kleine Hühnerbruch und eine neben der Hägener Masch belegene[33]).

In dieser Zeit war die Stadt öfters in Fehden mit dem Adel der Nachbarschaft verwickelt, ohne Zweifel auf Grund von verübten Räubereien und Wegelagerungen. Nach solchen Vorfällen wurde 1353 am Dienstag nach Reminiscere mit den Familien Papestorpe, Loben, Hoyer, von Uehrde, von Wettin und Anderen[34]); 1354 im Juli mit Aschwin von Lutter und Beseke von Werle[35]); 1358 am Tage des Apostels Thomas mit Jordan von dem Knesebeck, Ermbrecht von Seggerde und Boldewin von dem Campe[36]); 1359 am Dienstag nach Lätare mit denen von Bodenteich Frieden geschlossen[37]). Auch die lückenhaften Ueberlieferungen lassen erkennen, daß dieser dauernde Kriegszustand dem Wohlstand der Bürger tiefe Wunden schlagen mußte. Massenhafte Wegelagerungen beraubten den Handelsmann seines Gutes. So nahm

---

27) Urkunde bei Sudendorf, Urkundenbuch II, 88.
28) Daſ. II, 142.
29) Daſ. II, 151 und 280.
30) Daſ. II, 271.
31) Daſ. II, 277.
32) Daſ. II, 293.
33) Daſ. II, 244.
34) Gedenkbuch I, fol. 8.
35) Daſ. fol. 9.
36) Daſ. fol. 12.
37) Daſ. fol. 12.

3. Die Stadt zur Zeit der Herzöge Magnus I. und II.

z. B. Heinrich von Wenden 1360 mehreren hiesigen Bürgern funfzehn Tonnen Häring ab; 1361 raubte Hennig von Gustidde einem Bürger drei Last Häringe; in der Fastenzeit 1362 verlor ein Kaufmann der Neustadt durch Straßenraub 450 Pfund Mandeln, 200 Pfund Reis, ein Faß Stör und vier Tönnchen Häring; 1363 wurden hiesigen Bürgern Waaren vom Kirchhofe zu Eggelsen durch Leute des Bischofs von Hildesheim geraubt [38]); in einer Fehde 1363 nahmen die Herren von Bartensleben den dem Thomashofe hieselbst pflichtigen Meiern zu Halkendorf zwölf Stück Vieh sammt einem Knechte weg [39]). Zur Sicherung gegen solche Unbill, welche den Handel der Bürger zu lähmen drohte, diente hier, wie überall in Norddeutschland, ein Geleitssystem in Verbindung mit benachbarten Bundesstädten, vermöge dessen Gewappnete die abgehenden Waarenzüge von einer bis zur anderen Stadt geleiteten. Man mußte ferner an den Hauptstraßen feste Plätze zu gewinnen suchen, diese mit städtischen Söldnern besetzen oder sie an Männer ritterlichen Standes, auf deren Redlichkeit und Friedensliebe man sich verlassen konnte, mit der Verpflichtung übergeben, von dort aus die vorbeiziehende Straße von Wegelagerern und Strauchdieben rein zu erhalten. Diese Mittel wandte seit etwa 1350 auch Braunschweig an.

Söldner hielt die Stadt etwa seit 1345 [40]), namentlich Armbrustschützen [41]). Selbst mit Rittern, z. B. 1351 mit Ludolf von Hohnhorst, schloß sie bestimmte Verträge über Stellung Gewappneter für eine oder mehrere Reisen [42]). Auch war es üblich, Bürgern, die zu einer Geldstrafe verurtheilt waren, diese gegen die Verpflichtung zu erlassen, daß sie dem Rath zu bestimmter Zeit eine Anzahl Gewappneter stellten [43]) oder selbst eine Zeit lang dienten [44]). Schon [45]) 1362 am 17. October

---

38) Sack, Alterthümer S. 93.

39) Sack, Alterthümer S. 88. Weitere Straßenräubereien aus dieser Zeit enthält das Gedenkbuch I, fol. 1.

40) Das zeigt der um 1345 geschriebene Abschnitt von den städtischen Söldnern, welcher im Codex der ältesten Polizeigesetze fol. 1 steht.

41) Ein Vertrag mit „Meister Hentze dem Schützen" von 1348 steht im Gedenkbuch I, fol. 5¹; ein anderer mit Meister Andreas dem Schützen von 1362 das. I, 14¹; der 1365 mit Meister Ludolf von Ringelem geschlossene das. I, 17.

42) Gedenkbuch I, fol. 7¹.

43) Gedenkbuch I, fol. 12 (1359). fol. 13 (1360).

44) Gedenkbuch I, fol. 13¹. 14.

45) Dies geschah während einer Fehde des Herzogs Magnus gegen den Bischof von Hildesheim.

verbanden sich 151 hiesige Bürger, nach des Raths Aufforderung selbst in Waffen auszuziehen, oder „einen guten Knecht" für sich zu stellen. Dieser Verbindung traten auch Handwerksleute und Gilden bei. Die Knochenhauer der Altstadt versprachen sechzehn, die Schneider vierzehn, die Bäcker zehn, die Gerber und Schuhmacher zwanzig, die Schmiede sechs, die Krämer acht, die Siebmacher drei Gewappnete zu stellen. So finden wir damals hier eine Bürgerwehr von etwa 230 Mann[46]. Eine besondere Verbindung scheint sich 1365 in der Altstadt gebildet zu haben. Die Theilnehmer, damals zweiundfunfzig, verpflichteten sich, als Bogenschützen zu dienen[47]. Daß jene erste Waffenverbindung Bestand hatte, sehen wir aus mehreren Verzeichnissen der Theilnehmer[48]. Die Bewaffnung bestand 1364 in Helm, Panzerkragen, Panzer (platen), grusener (?), Schild, Waffenhandschuhen, Tartsche und berewand (?), später kamen noch glevye, Sporen und Stiefel dazu. Die andere Abtheilung, wie es scheint aus Leichtbewaffneten bestehend, hatte Armbrust, Eisenhut, Schild, Panzerkragen, Waffenhandschuhe, Spieß und Art (barde)[49]. Auch an Geschützen und sonstigem Belagerungsgeräth fehlte es der Stadt nicht, wie ein im Jahre 1368 aufgenommenes Inventarium zeigt[50]. Erwähnt werden namentlich mehrere Bliden und bewegliche Berchfreden, Streitwagen und einige unbekannte Kriegsmaschinen, wie ein kepere, zwei padderrels, zwei ribolde, ein Werk auf zwei Rädern, das Batennest geheißen, und ein tumeler. Diese Gegenstände wurden 1368 unter dem Schuppen auf dem Kleiberhofe, im Altstadtrathhause, im Gewandhause, auf dem alten Schranke und auf der alten Münzschmiede hinter den Brüdern aufbewahrt.

Auch Burgen brachte die Stadt in ihren Besitz. So an der wichtigen Straße nach Leipzig die Asseburg wahrscheinlich 1331 und Hessen 1355; an der Straße in die Altmark 1354 das Haus zum Campe und 1364 Haus und Stadt Vorsfelde; zum Schutz der Straße nach Goslar um 1348 Hornburg, 1366 die Liebenburg, 1370 selbst Wolfenbüttel, um 1365 auch Schladen; unfern des Weges

---

46) Gedenkbuch I, fol. 85¹.
47) Das. fol. 86¹.
48) Das. fol. 83¹. 84.
49) Das. fol. 82¹.
50) Das. fol. 23.

3. Die Stadt zur Zeit der Herzöge Magnus I. und II.

nach Schöningen saß Heinrich von Wenden seit 1365 zu Jerxheim dem Rathe zu Dienst [51]).

Gegen das Ende der Regierung des Herzogs Magnus I., welcher 1369 im Sommer starb und zu St. Blasius beigesetzt wurde [52]), ward die Stadt von großen Unglücksfällen heimgesucht. In Folge nasser Witterung entstand 1365 eine Ueberschwemmung; das Wasser floß damals sogar in das Becken des Brunnens auf dem Hagenmarkte und am Wendenthore warf die Fluth ein Haus um [53]). Auch eine Pest soll die Stadt damals heimgesucht haben, so daß die Gestorbenen fast nicht zu zählen waren [54]).

In der Herrschaft über Land und Stadt Braunschweig folgte Herzog Magnus II. mit dem Beinamen Torquatus. Schon 1367, als er nach dem Tode seines Bruders Ludwig von Wilhelm, dem letzten Herzog aus dem alten Hause Lüneburg, zum Nachfolger und Mitregenten ernannt ward [55]), hatte er am 21. October den Bürgern Braunschweigs in dem sogenannten kleinen Huldebriefe [56]) die Zusage ertheilt, sie in ihren Rechten treulich zu vertheidigen und stets bei Gnaden und Rechten zu lassen, ihre Meier mit Beden und Diensten nicht zu beschweren oder durch neue Satzungen zu beschädigen, das als der Stadt Recht anzuerkennen, was nach der Aussage zweier Rathmannen ihre alte Gewohnheit und Recht gewesen sei, und endlich auch ihre Rechte und Privilegien bestätigen und bessern zu helfen. Als er sodann durch seines Vaters Tod 1369 Herr im Lande Braunschweig ward, hatten außer ihm noch Albrecht von Grubenhagen, welchem 1361 am 29. Juni [57]),

---

51) Die Quellenangaben folgen im Kapitel: Güterbesitz der Stadt.

52) Das Jahr 1369 nennt das Chron. Aegidianum bei Leibnitz, S. R. Br. III, 593 und die Compil. chronol. bei Pistorius, 747. Die niedersächsische Chronik bei Abel, 190 und Botho bei Leibnitz, S. R. Br. III, 384 versetzen seinen Tod in's Jahr 1368 mit Unrecht, denn am 4. April 1369 stellte er für das Kloster Mariexthal noch eine Urkunde aus (Scheidt, Vom Abel 318).

53) Niedersächsische Chronik bei Abel, 188. Botho erzählt dasselbe erst zum Jahre 1366 bei Leibnitz, S. R. Br. III, 383.

54) Botho zum Jahre 1366 a. a. O.

55) Urkunde Herzog Wilhelms vom 21. October 1367 in Orig. Guelf. IV, praef. 31.

56) Originalurkunde im Stadtarchiv Nr. 226, gedruckt im Thesaur. homag. I, 140 und Rehtmeier, Chronik 639.

57) Originalurkunde im Stadtarchiv Nr. 199. Sein Bruder Johann, welchem die Huldigung damals mit geleistet ward, war 1369 schon gestorben.

und Otto der Quade von Göttingen, welchem am 1. September 1367 gehuldigt war [58]), Antheil an den Hoheitsrechten über die Stadt. Herzog Magnus II. empfing die Huldigung erst 1371 am Valentinstage [59]), dem 14. Februar.

Schon 1370 hatte diesen Fürsten, der in eine Menge unglücklicher Fehden verwickelt war, Geldverlegenheit genöthigt, der Stadt gegen ein Darlehen von 1200 Mark Geldes das Schloß Wolfenbüttel zu verpfänden. Diese überließ dasselbe am Sonntag Jubica 1370 den Familien von Honlege, von Veltheim, von Isenbüttel und von Weferlingen. Da Herzog Magnus nach Ablauf der Pfandfrist zu Pfingsten 1371 nicht im Stande war, die Pfandsumme zurückzugeben, so blieb die Stadt auch weiterhin noch im Besitze dieses Schlosses [60]). Ferner verschrieb ihr der Herzog am Tage der Huldigung für 300 Mark nochmals die Weichbilder Altewik und Sack [61]). Bald nachher am 12. März 1371 erlaubte er der Stadt, die Ocker zur Schifffahrt einrichten zu lassen und sie dann als Handelsstraße zu benutzen [62]). — Durch die Fehdelust ihres Herzogs ward die Stadt damals in eine Menge von Kämpfen mit verwickelt. In Feindschaft stand sie z. B. im Anfang des Jahres 1372 mit den Familien von Bartensleben auf Wolfsburg, mit denen von Steinberg zu Bodenburg [63]), mit dem Landgrafen Heinrich von Hessen und schon seit 1371 mit dem Markgrafen von Brandenburg [64]). In jener fehdereichen Zeit trieb das Interesse an der Sicherheit der Landstraßen die Stadt, mit benachbarten Städten Bündnisse zu jenem Zwecke einzugehen. So schloß sie 1370 am 1. September mit Hannover auf drei Jahre eine Einigung ab [65]), welcher am 6. December 1370 noch die Städte Hildesheim, Minden, Hameln, Eimbeck und Goslar beigetreten sein sollen [66]).

---

58) Originalurkunde im Stadtarchiv Nr. 225, zuerst gedruckt in Urkunden und Statuten der Stadt Braunschweig.

59) Originalurkunde im Stadtarchiv Nr. 237, zuerst gedruckt in Urkunden und Statuten der Stadt Braunschweig.

60) Originalurkunden des Stadtarchivs Nr. 230. 243. 245, ungedruckt.

61) Urkunde im Copialbuch I, fol. 30.

62) Originalurkunde des Stadtarchivs Nr. 288, gedruckt bei Rehtmeier, Chronik 649.

63) Gedenkbuch I, fol. 27¹.

64) Gedenkbuch I, fol. 75¹.

65) Originalurkunde des Stadtarchivs Nr. 231, ungedruckt.

66) Chronik der Stadt Hannover zum Jahre 1370 bei Rehtmeier, Chronik 642, o.

In einer Fehde mit dem Grafen von Schauenburg verlor Herzog Magnus II. am 25. Juli 1373 bei Leveste am Deister sein Leben. Im Blasiusstift hieselbst ward er begraben 67).

4. Der Aufstand vom Jahre 1374 1).

Herzog Magnus II. hinterließ vier Söhne: Friedrich, Bernhard, Heinrich und Otto. Um die „Herrschaft Braunschweig" nicht durch weitere Theilungen zu zersplittern, einigte seine Wittwe Katharina ihre vier Söhne 1374 am 1. Februar zu der Uebereinkunft, das Land Braunschweig solle fortan ungetheilt bleiben in der Hand des ältesten der Brüder 2). Somit ward Friedrich Herr des Landes. Ihm und seinen Brüdern als eventuellen Nachfolgern ward schon wenige Tage nach jener Einigung, am 3. Februar 1374, von der Stadt die Huldigung geleistet 3). Aber auch Herzog Ernst, der jüngere Bruder Magnus II., ließ sich am Mittwoch vor Pfingsten, am 17. Mai 1374, von der Stadt huldigen; denn auch ihm standen Ansprüche auf dieselbe zu 4).

Von den in Braunschweig mitberechtigten göttingenschen Fürsten

---

67) Chron. Luneburg. bei Leibnitz, S. R. Br. III, 187. Niedersächsische Chronik bei Abel, S. 193. Botho zum Jahre 1373 bei Leibnitz, S. R. Br. III, 386. Das Chron. S. Aegidii bei Leibnitz, S. R. Br. III, 593 nennt nur das Jahr.

1) Hauptquellen sind: Detmars Lübecksche Chronik (geschrieben um 1395) besonders zu den Jahren 1374, 1380 in der Ausgabe von Grautoff, Bd. I.; Hemelik rekenscop p. 4—14; die niedersächsische Chronik zu den Jahren 1374 und 1381 bei Abel, S. 194 flg.; Botho zu den Jahren 1374. 1379 bei Leibnitz, S. R. Br. III, 386 sq.; im Shigtbok der Abschnitt Shigt des rades bei Scheller, S. 21—32. Bearbeitet ist die Geschichte dieses Aufstandes mit Benutzung einiger nicht genannten Quellen von v. Bechelde, Braunschweigische Geschichten, S. 191—215. Vergl. auch Sartorius, Geschichte des Hansebundes II, 217—219.

2) Originalurkunde des Stadtarchivs Nr. 251, gedruckt bei Rehtmeier, Chronik 661 und Erath, Erbtheilungen 25.

3) Originalurkunde im Stadtarchiv Nr. 252, zuerst gedruckt in Urkunden und Statuten der Stadt Braunschweig.

4) Nach einem Schreiben des Herzogs Friedrich vom Sonntag Reminiscere 1385 soll sich Herzog Ernst, der sich damals wegen seines väterlichen Erbes an den Rath gewandt hatte, mit Herzog Magnus II. um dasselbe vertragen haben. Gedenkbuch I, fol. 39¹. Herzog Ernsts Huldebrief im Stadtarchiv Nr. 256.

nahm Herzog Otto der Quade schon 1373 bald nach dem Tode Magnus II. Wolfenbüttel ein und gedachte sich von da aus auch in den Besitz des Landes Braunschweig zu setzen[5]). Den Grund solchen Handelns kennt man nicht[6]). Vielleicht lag er in Zerwürfnissen über die Vormundschaft, in welcher die Söhne Magnus II. bis zu ihrem fünfundzwanzigsten Lebensjahre stehen sollten. Herzog Magnus hatte etwa 1370 einer Anzahl von Rittern seines Landes, die er zu Vormündern über seine Söhne bestellte, das Recht gegeben, nach seinem Tode den tüchtigsten derselben zur Landesregierung zu erkiesen[7]). Dennoch erscheinen in einer Urkunde vom 25. November 1373 Albrecht und Wenceslaus, die damaligen Herren im Lande Lüneburg aus dem sächsisch-ascanischen Hause, als Vormünder der Söhne Magnus II.[8]). Reizte das vielleicht Herzog Otto zur Einmischung in die Angelegenheiten des Landes Braunschweig? Mehrere Jahre lang behauptete er sich im Besitz des Schlosses Wolfenbüttel und geberdete sich als Herr des Landes.

Diese Verhältnisse mögen den Ausbruch des Aufstandes mit beschleunigt haben, an dessen Folgen die Stadt längere Zeit zu leiden hatte. Die wichtigste Ursache desselben war die noch immer vorhandene Rivalität unter den verschiedenen Classen der Bürgerschaft. Noch immer war das Stadtregiment ungetheilt in den Händen der Geschlechter, wie die in den Degedingsbüchern erhaltenen Rathsregister dreier Weichbilder unzweifelhaft erkennen lassen.

Obgleich in der Neustadt jährlich sechs Rathmänner regierten, so finden wir doch in den zwanzig Jahren 1320 bis 1340 nur sechszehn Familien im Rathe dieses Weichbildes vertreten; dort sind 1320—1374, also in 54 Jahren, wo 324 Rathsherrenstellen zu besetzen waren, doch nur sechsundzwanzig Familien am Regimente des Weichbildes betheiligt. Eine derselben hat in jenem Zeitraum fünf ihrer Mitglieder im Rathe gehabt, nämlich die Familie Gervinus; durch vier Familiengenossen sind dort in jener Zeit vertreten die Blivot und Grotejan; durch drei die von Monstede, Sonnenberg und Ledinchusen; durch zwei die von Ringelem, von Peyne, von der Koppersmeden, von der Mölen und von Berberge. Eine so geringe Zahl von Familien genügte in 54 Jahren

---

5) Botho zum Jahre 1874 bei Leibnitz, S. R. Br. III, 386.
6) (Koch) Pragm. Geschichte 193.
7) Urkunden in Orig. Guelf. IV, praef. 50 sq.
8) Urkunde in den Orig. Guelf. IV, praef. 52.

4. Der Aufstand vom Jahre 1374.

zur Besetzung des dortigen Rathes, weil viele Rathsherren öfters in den Rath gewählt wurden. So war Ludolf von Ringelem seit 1320 elfmal Rathsherr, Albert Blivot seit 1322, Hermann Sonnenberg seit 1333 und Luthard von Berberge seit 1346 je zwölfmal, Dietrich des Abtes seit 1320 und Konrad von Stockem seit 1352 je vierzehnmal, Hans von der Mölen seit 1346 dreizehnmal Rathsherr der Neustadt.

Aehnlich war es im Hagen, wo der Rath jährlich mit acht Personen besetzt wurde. In den 54 Jahren von 1320 bis 1374, wo 432 Stellen zu besetzen waren, finden wir im dortigen Rathe Genossen von nur 43 Familien. Am stärksten sind dort vertreten die Familien Stapel, von Wettlenstedt, Frederekes durch je sechs Rathsherren; die von Witinge durch vier; die von Wendhausen, Kahle, von dem Amberga durch je drei; die Steffens, von Twelken, Pepperkeller, von Himstedt, von Honlege, von Schanlege, von Fallersleve, Ruscher, von Gustidde und Roleves durch je zwei; die übrigen sechsundzwanzig Familien durch je einen Rathsherren. Dort waren Jordan Stapel der Aeltere und der Jüngere je vierzehnmal; Hermann von Wettlenstedt zwölfmal; Gerhard Pepperkeller und Hans Pepperkeller je elfmal; Konrad von Lutter sogar einundzwanzigmal; Ludolf von Wenthausen neunzehnmal und Fricke Frederekes funfzehnmal Rathsherren.

In jener Zeit finden wir im Sacke, wo jährlich vier Rathsherren regierten, in fünfundzwanzig Jahren, wo also 100 Stellen zu besetzen waren, zwanzig Familien im Rathe. Hier ist also die Abgeschlossenheit des Weichbildsregiments weniger weit gediehen. Ueberwiegend sind hier im Rath vertreten die von Velstede durch vier; die Rütze durch drei; die von Gottinge, von Rammelsberg und Bock durch zwei Familienglieder. Hier kommen auch die Rathsherren weniger oft in's Amt. Hans bei dem Wasser ist zehnmal; Lambrecht Rütze achtmal; Hartmann von Eldagsen siebenmal im Rathe; sechs Rathsherren sind in jener Zeit im Sacke nur einmal zu jener Würde gelangt.

In dieser abgeschlossenen bevorrechteten Stellung hatten sich die Geschlechter lange mit Erfolg behauptet. Theils stützte sie der Hansebund, der wesentlich aristokratisch war, weil er aus Städten mit solcher Geschlechterherrschaft zusammengesetzt war, also auch ein Interesse hatte, solche Verfassung und solch Regiment zu erhalten. Anderntheils gewährte großartiger Reichthum jenen Familien die Mittel, ihre Stellung lange zu behaupten. Zu einem Beweise hiefür, der in eine Specialgeschichte des hiesigen Patriciats gehören würde, bieten namentlich die Degedings- und Copialbücher des Stadtarchivs ein reiches Material; hier nur einige Nachweise über den Reichthum der im vierzehnten Jahrhundert hervorragenden Geschlechter. Erworben ward jener Reichthum theils durch Großhandel, theils durch großartigen Gewerbebetrieb, theils durch den Besitz ländlicher Grundstücke und erworbener herrschaftlicher Nutzungen. Am Großhandel z. B. betheiligten sich in hervorragender Weise die Stapel und Pepperkeller[9]; Lakenmacher und Tuchhändler von Bedeutung waren z. B. Dithmar Bregen, Hans Woltwische und Hennig von Velstibbe. Die ländlichen Besitzungen der hiesigen Patricier waren zum großen Theil Lehengüter, welche sie von den Herzögen, Fürsten und Herren oder Kirchen empfangen hatten, zum Theil aber auch Allodien. Hier nur einige Beispiele[10]. Die Familie von dem Huse (de domo), schon 1204 hier angesehen, hatte von Herzog Otto dem Milden sieben Hufen zu Ahlum und vier in Wierthe zu Lehen[11]; sie trug 1316 ferner zu Lehen sieben Hufen in Veltenhof (Veltum); fünf in Stibdien und drei in Rautheim[12] und seit 1324 ein Vorwerk zu Dahlum[13]. Sie besaß also nachweislich über 700 Morgen Landes. Die Familie Holtnicker besaß an Lehengütern von Herzog Otto dem Milden fünf Hufen Landes und Antheil an der Fährmühle bei Ohrum[14]; von den Edlen von Meinersen den Zehnten zu Alvesse, auch Güter dort und in Geitelde[15]; vom Kloster Stederburg um 1330 vier Hufen in Klein-Schwülper, die Fischerei und den Zehnten daselbst[16]. Zusammen mit der Familie Böneken besaß sie 1318 ein Lehngut in Cramme[17]; zwölf Hufen erkaufte sie 1318 mit den Dörings von den Johannitern hieselbst zu Vechelde und Timmerlah und besaß 1321 auch zwei Hufen Lehngut zu Ahlum[18]. Sechs Hufen in Rüningen waren 1323 Allo-

---

9) Sack, Alterthümer 89.
10) Weitere Angaben finden sich in Menge im Lehnbuch der Herzöge Magnus und Ernst bei Sudendorf, Urkundenbuch II, 47 sq.
11) Sudendorf, Urkundenbuch I, 174.
12) Degeb. der Altstadt I, S. 97.
13) Degeb. der Altstadt I, S. 138.
14) Sudendorf, Urkundenbuch I, 174.
15) Sudendorf, Urkundenbuch I, 11, 51.
16) Diplomat. Stederb. p. 9 im Landesarchiv zu Wolfenbüttel.
17) Degeb. der Altstadt I, S. 106¹.
18) Das. S. 107¹. 126¹.

kum der Familie [19]). 1340 besaß sie sieben Hufen zu Scheppenstedt, vier zu Bordorf, vier zu Watenstedt; sie hatte den Zehnten zu Reindorf am Oesel, auch Antheil am Zehnten zu Denkte und Gevensleben [20]). Die von St. Paul (Pawel) haben von Herzog Otto dem Milden 8½ Hufen in Remlingen und Denkte zu Lehen [21]) und erhielten 1339 dazu als Lehen des Archidiaconus zu Scheppenstedt den halben Zehnten zu Küblingen, erwarben dort auch ½ Hufe Landes von den Steffens [22]). Die Familie Stapel endlich hatte zu Lehen sechs Hufen in Dettum und einen Hof in Honrode von Herzog Otto dem Milden [23]); sechs Hufen in Broitzem von den Johannitern hieselbst bis 1303 [24]); drei Hufen in Thiede, zwei in Veltenhof und zwei in Flöthe vom Kloster Stederburg um 1330 [25]); zu Lehen hatte sie 1368 den halben Zehnten zu Abenbüttel [26]), 1364 den halben Zehnten und vier Hufen zu Broistedt [27]). Sie besaß ferner bis 1298 vier Hufen in Timmerlah [28]), ihr gehörten 1336 auf dem Stadtfelde 75 Morgen Landes [29]); ferner 1339 vier Hufen zu Rautheim [30]) und vier Hufen zu Bornum [31]), 1350 ein Gut zu Rüningen [32]) und 1367 eine Hufe zu Weddel [33]). Leicht könnte ein Verzeichniß von hundert hiesigen Familien geliefert werden, welche durch Güterbesitz im Lande, oder durch die Nutzung von Zehnten oder herrschaftlichen Gefällen hieselbst reich begütert erscheinen. Aber für unseren Zweck mögen obige Beispiele genügen. Zum Schluß nur noch die Bemerkung, daß die Altstadt die meisten reichen Familien aufzuweisen hat, ihr folgt auch in dieser Beziehung der Hagen und dann erst die Neustadt; arm an auswärtigen Gütern sind dagegen die rathsherrlichen Familien im Sack und in der Altenwik.

19) Degeb. der Altstadt S. 137¹.
20) Das. S. 247.
21) Sudendorf, Urkundenbuch I, 174.
22) Degeb. des Hagens I, fol. 20.
23) Sudendorf, Urkundenbuch I, 175.
24) Degeb. der Altstadt I, S. 30.
25) Diplom. Stederb. 9. 11.
26) Degeb. der Neustadt II, fol. 59¹.
27) Degeb. des Hagens I, fol. 114.
28) Degeb. der Altstadt I, S. 22¹.
29) Das. S. 188¹.
30) Degeb. des Hagens I, fol. 20.
31) Das. fol. 20.
32) Das. fol. 59.
33) Das. fol. 124.

Während die Geschlechter, gestützt auf ihre Verbindung mit den Städten der Hanse wie auf ihren Reichthum, sich gegen Gilden und Gemeinde streng abschlossen und nicht gewillt waren, am Stadtregiment, welches sie gar wohl zu verwalten meinten [34]), jene Theil nehmen zu lassen, strebten die Bürger der Gilden und der Gemeinde mächtig empor. Bei ihrer Zahl, Wohlhabenheit und Wehrhaftigkeit hegten sie den natürlichen Wunsch, im Rathe auch vertreten zu sein. Nur so konnten auch ihre Standesinteressen, die des beweglichen Vermögens, bei den meist auf Grundbesitz gestützten Geschlechtern die nöthige Berücksichtigung finden. Dieser Wunsch ward immer lebhafter, je mächtiger und einflußreicher der Rath in der fast schon autonomen Stadt geworden war. Seit dem Aufstande von 1293 hatten Gilden und Gemeinde in vielfachen Fehden und Kriegszügen ihre Kraft kennen gelernt; ihrem vereinten Andringen konnte der Rath nicht widerstehen, zumal wenn er unter Umständen auf fürstlichen Beistand nicht rechnen konnte. Nun war aber der damalige Landesherr, Herzog Friedrich, noch in jugendlichem Alter; von Wolfenbüttel aus bedrohte Herzog Otto mit verderblicher Uneinigkeit das fürstliche Haus. So war Alles danach angethan, die Unzufriedenheit der Bürger mit dem Geschlechterregimente gelegentlich in einen blutigen Sturm ausbrechen zu lassen.

Nun traf es sich auch, daß die Schuldenlast der Stadt 1374 auf eine bedenkliche Höhe gestiegen war. Theils im Interesse der Sicherheit der Landstraßen, auf welchen die städtischen Großhändler ihre Waaren aus- und einführten, theils aber auch „von Dranges wegen" [35]) hatte der Rath etwa seit der Mitte des vierzehnten Jahrhunderts manches Schloß als Pfandbesitz an sich gebracht, „der Herrschaft, der Stadt und dem Lande zu Gute", damit nicht fremde Herren im Lande sich festsetzten. Durch Zahlung der dafür auszugebenden Pfandsummen und durch Vergütung der in einer Fehde mit den Besitzern des Schlosses Wolfsburg erlittenen Schäden war die Stadt schon in der Zeit vor 1367 in Schulden gerathen. Diese hatte sie zwar bis auf etwa 1600 Mark wieder abgetragen, mußte aber diesen Rest jährlich mit etwa 150 Mark, also mit fast zehn Procent verzinsen [36]).

---

34) Hemelik rekenscop, S. 4.
35) Das. S. 5.
36) Das. S. 4. 5.

4. Der Aufstand vom Jahre 1374.

Da geschah es, daß 1367 am 3. September Herzog Magnus II. im Streite bei Dinklar vom Bischof von Hildesheim geschlagen und gefangen genommen wurde. Da er die für seine Lösung geforderten 7000 Mark Silber nicht vollständig aufzubringen vermochte, so verpfändete er dem Bischof das Schloß zu Wolfenbüttel für 3800 Mark. Als beim Ablauf der Pfandzeit die Herrschaft dasselbe nicht einlösen konnte, legte der Rath der Stadt, um Wolfenbüttel nicht sich und dem Lande zu Schaden in fremde Hand kommen zu lassen, das Geld aus und nahm jenes Schloß 1370 ein. Dadurch vermehrten sich die Schulden der Stadt auf etwa 5400 Mark [37]).

Bald nachher suchte das Kriegsunglück die Stadt selbst heim. Sie mischte sich in eine Fehde zwischen denen von Wenden zu Jerxheim und Erzbischof Peter von Magdeburg, dessen Hauptmann Busso Dus einige Dörfer am Elme niederbrannte, da von Jerxheim aus an Magdeburgern Gewalt verübt war. Herzog Ernst, dessen Bruder Magnus II. vor Kurzem gestorben war, wollte den Magdeburgern die Verwüstung des braunschweigischen Landes, auf das auch er Anrecht hatte, nicht gestatten. Um Martini 1373 zog er mit den Bürgern Braunschweigs aus, am Elme kam es zum Treffen. Der Herzog ward geschlagen und mit etwa sechzig Rittern und Knappen gefangen. Mit ihm gerieth auch eine Anzahl „der reichsten Bürger zu Braunschweig" sammt dem Stadthauptmann Anno von Heimburg am 10. November 1373 in Gefangenschaft. Der Rath von Magdeburg nahm sich der Braunschweiger an und vermittelte einen Vergleich, der am Sonntag Misericordias, am 16. April, 1374 zu Stande kam. Der Erzbischof gab die Gefangenen gegen ein zu zahlendes Lösegeld von 4000 Mark frei; außerdem hatte die Stadt noch sechshundert Mark auszugeben, um die bei jener Niederlage verlorene Habe zu ersetzen [38]). Dadurch stieg ihre Schuldsumme auf 9987½ Mark (etwa 150,000 Thlr.). Der Rath mußte nun ernstlich auf deren Minderung Bedacht nehmen; an eine Erhöhung der Abgaben durfte er nicht denken, da diese bereits eine bedenkliche Höhe erreicht

---

[37]) Hemelik rekenscop, S. 5. 6 und Urkunde des Stadtarchivs Nr. 230.
[38]) Hemelik rekenscop, S. 6. Niedersächsische Chronik zum Jahre 1373 bei Abel, S. 194. Botho zum Jahre 1373 bei Leibnitz, S. R. Br. III, 386. Vergl. auch die Originalurkunde des Stadtarchivs Nr. 254.

hatten³⁹). Da überraschte ihn die grauenvolle Katastrophe des Aufstandes.

1374 am Montag nach Misericordias, am 17. April, Morgens 8 Uhr, sammelte sich der Rath im Refectorium des Barfüßerklosters. Dort sollten die von Magdeburg zurückgekehrten Gesandten Bericht erstatten über die Bedingungen, unter welchen die in dem Treffen am Elme gemachten Gefangenen freigelassen werden sollten. Auch die Gildemeister waren zu dieser Versammlung entboten und erschienen. Hier vernahmen sie, daß für die Lösung der gefangenen „reichsten Bürger" die Stadt 4000 Mark Lösegeld zahlen sollte und wie der Rath die Schulden der Stadt zu tilgen gedenke⁴⁰). Daß bei diesen Verhandlungen Alles in Freundschaft zugegangen, daß der blutige Aufstand nur durch ein falsches Gerücht von der Gefangennahme der Gildemeister durch den Rath entstanden sei, ist kaum zu glauben⁴¹). Glaublicher ist die Darstellung, wie sie das Shigtbok giebt, der wir uns im Folgenden anschließen. Danach begannen die Gildemeister, wohl verstimmt über die großen Schulden, in welche die Stadt trotz der hohen Steuern unter dem bisherigen Regimente gerathen war, mit dem Rathe zu zanken; sie mögen manche unangenehme Wahrheit ausgesprochen, manche wohlbegründete Forderung gestellt haben. Andererseits scheint der Rath mit Gewalt gedroht zu haben. Da entfernte sich heimlich ein Kleinschmied aus dem Barfüßerkloster, eilte in den Hagen und verbreitete die Kunde, der Rath wolle den Gildemeistern Gewalt anthun. Nun entstand ein Auflauf, was die Bauermeister dem Rathe nach dem Barfüßerkloster meldeten. Um Mittag ward die dortige Versammlung aufgehoben; die Rathsherren und die Mehrzahl der Gildemeister ging nach Haus zu Tisch. Nur die Gildemeister der Schuhmacher und Gerber, deren Gilde gerade Morgensprache hatte, gingen vom Kloster nach dem Schuhhofe am Altstadtmarkte, um ihren Genossen das Vorgefallene zu erzählen⁴²).

Dadurch geriethen die Gildebrüder in solche rasende Wuth⁴³), daß sie sogleich das neben dem Schuhhofe belegene Haus des Bürgermeisters

---

39) Hemelik rekenscop, S. 7. Der Schoß betrug damals 6½ Schilling von der Mark steuerbaren Vermögens, also über 20 Procent.
40) So weit stimmt Hemelik rekenscop, S. 7 mit dem Shigtbok, Ausgabe von Scheller, S. 21 überein.
41) So stellt es Hemelik rekenscop, S. 8 dar.
42) Shigtbok S. 22.
43) Niedersächsische Chronik bei Abel, 195: de borger warden rasenedull.

Tile von dem Damme angriffen. Leute aus der Gemeinde verbanden sich mit ihnen und warfen Feuer in das bestürmte Haus. Des Bürgermeisters Frau und Kinder wurden selbst der Kleider beraubt und fast nackt aus dem Hause gestoßen, Hausrath und Möbeln trug man fort, als das Feuer um sich griff, Tile selbst entzog sich der Wuth des Volkes durch Flucht in ein Nachbarhaus, wo er sich in eynem privat versteckt hielt. Während sein Haus brannte, lief der Frohnbote zu Tile Döring, dem zweiten Bürgermeister der Altstadt, welcher an dem Steinmarkte wohnte. Dahin kam auch der Stadthauptmann. Dieser schlug vor, man solle Sturm läuten, gegen das Volk einschreiten, das brennende Haus löschen und Tile vom Damm retten. Aber Furcht hielt den zweiten Bürgermeister von raschem, entschiedenem Handeln zurück. Mit drei anderen Rathspersonen, denen ihre Person über das Gemeinwohl ging, eilte er nach dem festen Thurme des Michaelisthores. Unterdessen ward die Volksmenge vor dem brennenden Hause immer zahlreicher; es trat ihr ja Niemand entgegen, ja es waren selbst viele von den angesehensten Bürgern unter ihnen, die dem vom Damm diese Noth gönnten. Endlich fand man den Bürgermeister, zog ihn aus seinem Versteck hervor, schleppte ihn unter Schmähungen durch die Stadt [44]) in den Hagen nach Eckermanns Hause, der am Wendengraben nach der Katharinenpfarre zu wohnte, und banden ihn da um eine Säule, wahrscheinlich die Schandsäule [45]).

Der wilde Haufen, der bisher ungestraft gewüthet hatte, wollte nun alle mißliebigen Rathspersonen festnehmen. Damit Keiner entrinne, wurden die Thore geschlossen. Dann ergriff man noch mehrere Bürgermeister und reiche Leute aus den Geschlechtern und setzte diese gefangen in die Diebeskeller unter den Rathhäusern, so namentlich die Bürgermeister Ludolf von Ingeleve aus dem Hagen und Tile Döring aus der Altstadt, den man auch an die Schandsäule im Hagen band [46]). Daß es unter solchen Umständen an Gewaltthaten nicht fehlte, läßt sich wohl denken. Im tollen Muthwillen lief das Volk in die Weinkeller des Raths und zerschlug die Fässer, während das Wohnhaus Tiles vom Damm vollends niederbrannte [47]).

---

44) Detmar, Lübecksche Chronik zu 1374 bei Grautoff I, 299.
45) Shigtbof, S. 22. 23.
46) Shigtbof, S. 23—24.
47) Detmar, Lübecksche Chronik zu 1374 bei Grautoff I, 299.

Am Mittwoch, den 19. April, begannen die Mordscenen. Sieben Bürgermeister fanden an diesem Tage den Tod. Tile vom Damm und Hans von Himstedt wurden auf dem Hagenmarkte enthauptet, Hermann von Gustedt und Hennig Lusken vor dem Weinkeller und dem Rathhause der Neustadt, Hans von Göttingen und Brun von Gustedt vor ihren Häusern. Der Bürgermeister des Sackes, welcher den Uebelthätern mit warnenden Worten entgegentrat, ward am Papenstiege erschlagen[48]).

Freitags, den 21. April, wurden noch die Bürgermeister Tile Döring aus der Altstadt und Ambrosius Sonnenberg aus der Neustadt vor das Gericht der Altstadt gestellt und nach gefälltem Todesurtheil enthauptet. Dieser starb lautlos; Tile Döring aber trat „mit weinenden Augen" zum Gericht. Ehe er den Todesstreich empfing, ermahnte er das Volk zur Eintracht; Haß und Rache sei „mehr als zu viel" befriedigt; sie möchten sogleich einen neuen Rath wiederwählen, dessen könne die Stadt nicht entbehren, und möchten dem Morden ein Ende machen. Dann bat er Jeden, dem er etwa Unrecht gethan, um Vergebung um Gottes Willen. Da diese Worte ihren Eindruck nicht verfehlten, da man Männer, Weiber und Kinder weinen sah, riefen die Aufrührer dem Scharfrichter zu, seines Amtes zu warten. Da kniete Tile Döring und ließ sich das Haupt abschlagen[49]). Nun war die Mordlust gestillt.

Während der Mordtage hatten sich, obgleich die Thore geschlossen waren, viele der „reichen Leute" heimlich aus der Stadt geflüchtet. Gegen diese erkannte man nun Verfestung; auch von den noch gefangen gehaltenen Rathsherren wurden mehrere verwiesen und zu einem Schwur genöthigt, sich der Stadt bis auf zehn Meilen nicht zu nähern; Andere, denen Gnade zu Theil ward, erhielten Hausarrest und scheinen eines Theils ihrer Güter beraubt zu sein[50]).

---

48) Shigtbok, S. 24. 25.

49) Shigtbok, S. 25. 26. Stadtweg, Chron. zu 1374 bei Leibnitz, S. R. Br. III, 275: Sex de consulatu Brunsvicensi occiduntur in foro. Chron. S. Aegidii zum Jahre 1373 ebendas. 594. Botho zu 1374 das. S. 386. Wie spätere Chroniken dies entstellten, zeigen die Mittheilungen aus denselben bei Rehtmeier, Chronik S. 659.

50) Detmar, Lübecksche Chronik zu 1374 bei Grautoff I, 299. Niedersächsische Chronik bei Abel 195. Botho bei Leibnitz, S. R. Br. III, 386. Shigtbok, S. 26.

4. Der Aufstand vom Jahre 1374.

Alle jene Gewaltthaten trafen die Geschlechter nur in vier Weichbildern. Allein die Bürger der Altenwik blieben ihrem Rathe treu und schlossen sich gegen die aufrührerische Stadt dadurch ab, daß sie die lange Brücke beim Spital Unserer lieben Frau sammt der Stobenbrücke abbrachen und das Friesenthor, das bei St. Magnus und das St. Iltenthor zuschlossen. Auch legten sie Waffen und Harnisch an, damit ihrem Rath kein Leid geschehe [51].

In den aufrührerischen Weichbildern ward nun aus „den Hauptleuten des Aufstandes" ein neuer Rath eingesetzt [52]. Genannt werden als Vertreter der Stadt urkundlich [53] Hans Eckermann, Klaus von Uehrde, Hans Meyse Vater und Sohn, Eggeling Capellen, Meister Ludolf, Hennig von Kemme, Berthold von Osterode, Hermann Schiefbein, Eggeling Schalling, B. Kannengießer, Jan Grotejanes und Hans Albrechtes. Das Shigtbok nennt außerdem die Kippelt, Brandenburg, Engelnstedt, ferner den reichen Claus, die von Gilzem und Tile von Odelem. Dieser neue Rath trat schon am Sonnabend nach Pfingsten (27. Mai), um einen Bundesgenossen zu gewinnen, mit Herzog Otto dem Quaden zu Wolfenbüttel in Verhandlung; für eine Summe Geldes verpflichtete sich dieser, der Stadt in der Noth beizustehen, so lange er lebe [54], und die aus ihr Vertriebenen als Feinde zu behandeln [55].

Aber dennoch gerieth die Stadt in schlimmere Noth. Die vertriebenen Geschlechter und die geflohenen Angehörigen der Gemordeten hatten in den Städten und Gebieten der welfischen Fürsten, in der Mark Brandenburg, in den Stiftern Magdeburg, Halberstadt und Hildesheim, namentlich auch in den befreundeten Hansestädten Aufnahme gefunden. Mit deren Erlaubniß nahmen sie die Kaufmannsgüter der Braunschweiger weg, wo sie derselben habhaft werden konnten [56]. Gleichzeitig suchte auch die Ritterschaft der Stadt allen möglichen Schaden zu thun. Die Ritter von Wenden, von Estorp und von Verfelde raubten schon im

---

[51] Shigtbok, S. 27.
[52] Detmar zu 1374 a. a. O.: Se setten eynen nygen raad van allen anneten, also id en behagede.
[53] Urkunde bei Rehtmeier, Chronik 601 und urkundliche Notizen zu 1374 und 1375 im Gedenkbuch I, fol. 34.
[54] Gedenkbuch I, fol. 33¹.
[55] Shigtbok, S. 27.
[56] Das. S. 27. 28.

Mai⁵⁷) 1374 Vieh, das den Bürgern gehörte. Von Hennig von Walmoden, Aschwin, Hennig, Burchard und Cord von Steinberg und dem Marschall von Peyne, welche die Stadt befehdeten, erkaufte diese am 27. Mai 1374 einen Vergleich mit 160 Mark Geldes⁵⁸). Dennoch nahm Aschwin von Steinberg, der Vogt des Bischofs von Hildesheim zu Steuerwald, eine Anzahl hiesiger Bürger am 10. August bei Dusem in der Nähe von Lesse gefangen und beraubte sie aller Pferde und ihrer Habe, wofür sich freilich der Bischof am 29. August zum Ersatze verstand⁵⁹). Den Schaden, welcher den Handelsleuten der Stadt in der Nähe von Hessen auf der Straße nach Halberstadt von Pabstdorf und Vogelsdorf aus zugefügt ward, berechnete die Altstadt 1374 zu ihrem Theil auf mehr als 300 Mark⁶⁰).

In jener drangvollen Zeit suchte die Stadt an ihren Fürsten einen Rückhalt zu gewinnen. Am 10. August brachte sie einen Vertrag mit den fürstlichen Brüdern Friedrich und Bernhard zu Stande. Die Herzöge versprachen damals, um der Schicht willen, die zwischen dem alten Rathe und der Gemeinde entstanden sei, Niemand belästigen zu wollen⁶¹). An Herzog Otto den Quaden zu Wolfenbüttel, der seine Hülfe früher zugesagt hatte, wandte sich der Rath in öfteren Schreiben; ihm klagte er den Schaden, welchen die von Steinberg, von Walmoden und Andere seinen Bürgern zugefügt, und bat dringend um Vermittelung und Hülfe⁶²). Um den Herzog dazu geneigter zu machen, überließ ihm die Stadt auch das Schloß Wolfenbüttel, für welches sie einst 3800 Mark als Pfandsumme gegeben hatte. Aber dennoch war er ihr nie hold, schirmte sie in der Noth nie nachdrücklich⁶³). Folgten die Bürger ihm in's Feld, so erlaubte er sich Eigenmächtigkeiten mancher Art, nahm die Beute allein oder raubte auch Sachen, welche den Bürgern gehörten⁶⁴). Solche Vorkommnisse störten endlich das gute Einvernehmen und ermuthigten die Bedränger der Stadt. So wuchs die Zahl und Keckheit

---

57) Gedenkbuch I, fol. 34.
58) Das. fol. 33¹.
59) Originalurkunden des Stadtarchivs Nr. 260. 261 und Gedenkbuch I, fol. 34.
60) Gedenkbuch I, fol. 31.
61) Urkunde in Rehtmeier, Chronik 661.
62) Gedenkbuch I, fol. 29¹. 31.
63) Hemelik rekenscop, 9.
64) Gedenkbuch I, fol. 35¹ und 36.

4. Der Aufstand vom Jahre 1374.

der Feinde, welche die Güter der Bürger raubten⁶⁵). Ein Verzeichniß „der Feinde des Landes Braunschweig" aus dem Jahre 1374, deren die Bürger „sich verdenken", läßt vermuthen, wie vielfach man die Handelsleute der Stadt bedrängte. Vom Adel des Landes sind darunter Hennig von Semmenstedt, Swiber von Varsfelde, Bernd von Algherstorpe, die Gebrüder von Beyerstedt, Knop von Süpplingen, Hans von Winnigstedt und Rolef von Vahlberg⁶⁶). Im Jahre 1375 sagten der Stadt außerdem Herzog Albrecht von Sachsen, Graf Gerd von Hoya, Hunold von Plettenberg, Graf Wilhelm von Berg und Othrav von Wenden und Andere Fehde an⁶⁷).

Aber schlimmer als dies Alles war, daß Braunschweig in Folge des blutigen Aufruhrs gegen das aristokratische Regiment „von den Seestädten aus dem Hansebunde" gestoßen wurde. Denn da der neue Rath zu seiner Rechtfertigung an die Gilden in vielen Hansestädten Briefe sandte, worin er sich über die großen Schatzungen des alten Regiments beklagte und dadurch auch anderswo die Gemeinden gegen das Rathsregiment reizte, so mußte der Bund der aristokratisch regierten Hansestädte dagegen einschreiten. Er wies Braunschweig aus dem Bunde. Nun trieb keine Hansestadt mit ihr Handel, das einträgliche Stapelrecht ging ihr verloren; wo man Güter der Braunschweiger fand, wurden sie weggenommen. Dadurch gerieth die Stadt in große Noth, „ihr Reichthum und ihre Stärke vergingen"⁶⁸). Zur Vertheidigung der städtischen Waarenzüge mußte der Rath Fremde durch vieles Geld für den städtischen Dienst gewinnen. Dennoch zwangen die zahlreichen Fehden und Raubzüge die Bürger, oft selbst in's Feld zu ziehen und ihre Geschäfte zu versäumen. Dabei sah sich der Rath genöthigt, viele der fremden Söldner bei den Bürgern in deren Häusern unterzubringen⁶⁹). Trotz alledem war man oftmals dicht vor den Stadtthoren vor feindlichen Ueberfällen nicht sicher; dies hatte zur Folge, daß sich die Bürger kaum aus den Mauern hervorwagten⁷⁰). Zogen sie aus, um Rache zu neh-

---

65) Beispiele liefert das Gedenkbuch I, fol. 61.
66) Gedenkbuch I, fol. 75¹.
67) Das. fol. 75¹.
68) Detmar zu 1374 bei Grautoff I, 299. Hemelik rekenscop, 10. Niedersächsische Chronik bei Abel 195. Botho zum Jahre 1374 bei Leibnitz, S. R Br. III, 386. Shigtbok, S. 28.
69) Hemelik rekenscop, 10. 11.
70) Niedersächsische Chronik bei Abel 195. Shigtbok, S. 28.

men für erlittene Beschädigung, so traf es sich nicht selten, daß sie bei der Verwüstung und Beraubung der Besitzungen ihrer Gegner auch das Gut und die Grundstücke ihrer eigenen Meier mit verbrannten und ausplünderten [71]).

Da der Aufstand und das neue Regiment solche Noth, in der mancher Bürger sein Bürgerrecht aufgab [72]), über die Stadt brachte, so trat der neue Rath wahrscheinlich bereits am Ende des Jahres 1375 zurück. Wenigstens schon im Anfange des Jahres 1376 war der Rath wieder mit Männern aus den Geschlechtern besetzt. Als Bürgermeister standen damals an der Spitze der Weichbilder: Hans Döring und Holtnicker in der Altstadt, Ludolf von Ingeleben im Hagen, Hans Stapel in der Neustadt, Cord Immenrod in der Altenwik und Hermann von Syrdessen im Sacke [73]). Ohne Zweifel waren dies Männer, die einer minder exclusiven aristokratischen Richtung angehörten, die auch den Gilden einen Antheil am Regimente gönnten. Zwar ist eine förmliche Aufnahme von Gildegenossen in den Rath nicht nachzuweisen; aber fest steht, daß der Rath in finanziellen Angelegenheiten seit 1376 an die Zustimmung der Gildemeister gebunden war [74]). — Um der bedrängten Stadt Freunde zu erwerben, verschenkte der Rath seit 1376 mehrere der früher erworbenen Schlösser, wobei freilich die dafür bezahlten Pfandsummen verloren gingen. Wolfenbüttel ließ er Herzog Otto dem Quaden [75]), entschädigte sogar am Johannistage 1377 Herzog Ernst, der als Magnus II. Bruder Anspruch auf dasselbe erhob, noch mit dreihundert Mark [76]), und erreichte dadurch eine „freundliche Sühne" mit jenem Fürsten und die Zusage, daß er die Stadt und die Ihrigen stets treulich vertheidigen und ihre Privilegien anerkennen wolle. Hornburg cedirte sie mit Verlust von sechshundert Mark an der Pfandsumme dem Bischof Albrecht von Halberstadt und erreichte so auch mit diesem eine Sühnung im November 1378 [77]). Hessen gab der Rath, wie es scheint

---

71) Hemelik rekenscop, S. 12.
72) Beispiele aus den Jahren 1375 und 1376 stehen im Gedenkbuch I, fol. 35¹ flg.
73) Copialbuch II, fol. 2. 3.
74) Das. fol. 2¹. 3¹.
75) Hemelik rekenscop, S. 9.
76) Gedenkbuch I, fol. 33 und Copialbuch II, fol. 5¹.
77) Originalurkunde des Stadtarchivs Nr. 268. Botho zu 1379 bei Leibnitz, S. R. Br. III, 387.

nur für kurze Zeit, den Herzögen von Braunschweig, Gifhorn den Herzögen von Lüneburg zurück [78]). Auch an einen gütlichen Vergleich zwischen Herzog Otto dem Quaden und Herzog Friedrich, welcher auf der unbekannten Erdburg zu Stande kam, wandte die Stadt 1600 Mark [79]).

Durch solche Ausgaben und Verluste gerieth die Stadt unter jenen Umständen natürlich immer tiefer in Schulden. Sie mußte bei Rittern, Knappen und Städten Anleihen machen, namentlich in Goslar, Magdeburg, Göttingen, Hildesheim, Helmstedt, Peine, Celle und Lüneburg. Obgleich sie oft über zehn Procent Zinsen versprach, so mußten sich doch bei jeder Anleihe zwölf bis sechszehn der reichsten Einwohner zu Bürgen stellen. In dieser Geldnoth forderte der Rath zweimal im Jahre einen sehr hohen Schoß von der Bürgerschaft, und doch reichte derselbe sammt den Einnahmen aus Zoll und Accise nur aus, um die hohen Zinsen zahlen zu können. Da man die laufenden Bedürfnisse der Stadt aus neuen Anleihen bestritt, so wurde ihr Credit allmälig so schlecht, daß ihr endlich Niemand mehr borgen wollte [80]).

Rettung war nur zu hoffen, wenn Braunschweig die Wiederaufnahme in den Hansebund erlangte; erst dann konnten in der Stadt Gewerbe, Handel und Wohlstand wieder erblühen. Zu dieser Einsicht war schon jener Rath gekommen, welchen man 1374 aus den Häuptern des Aufstandes gebildet hatte. Bereits 1375 soll derselbe an die vornehmsten Städte der Hanse Briefe gesandt haben, worin er die verübten Gräuel entschuldigte und um Wiederaufnahme in den Bund bat, dessen Mitglied Braunschweig so lange Jahre gewesen sei. Aber die Hansestädte sollen erklärt haben, muthwilliger und mörderischer sei noch keine Stadt im ganzen deutschen Reiche gegen ihre Obrigkeit verfahren; sie forderten, Braunschweig solle sich vor der Wiederaufnahme in den Bund einer Buße unterwerfen und die Rädelsführer des Aufstandes ausliefern [81]). Auf solche Bedingungen konnte der aufständische Rath nicht eingehen. Dies mag seinen Rücktritt ganz besonders mit herbeigeführt haben; vor einer Herstellung des alten Regiments war ja keine Wiederaufnahme in den Bund zu hoffen. Der für das Jahr 1376 aus den

---

78) Shigtbok. S. 28.
79) Hemelik rekenscop. S. 12.
80) Hemelik rekenscop. S. 12—14.
81) von Bechelde, Braunschweigische Geschichten 203 flg., berichtet dies aus ungenannter Quelle.

Geschlechtern erwählte Rath begann die Unterhandlungen mit den Hansestädten von Neuem, in deren Namen Lübeck, Hamburg, Lüneburg und Bremen die Sache führten. Dennoch zog sich die Wiederaufnahme der Stadt in die Länge, obwohl selbst Kaiser Karl IV. schon 1375 im Herbst und nochmals 1377 im December Fürsprache einlegte und die Hansestädte bat, Braunschweig nicht länger vom Bunde auszuschließen[82]). Aber diese blieben bei ihren Beschlüssen[83]).

Indessen ward die Noth in Braunschweig immer größer. Schon ging es in's fünfte Jahr, daß Gewerbe und Handel danieberlagen und daß den Bürgern aller Verdienst fehlte. Zwar schloß der Rath im Interesse des ersehnten Friedens 1377 und 1378 manchen Friedensvertrag mit dem feindlichen Adel, so z. B. mit Hennig von Walmoden und mit denen von Weferlingen[84]). Anderen Rittern, welche die Straßen beunfriedeten, brach die Stadt ihre Burgen, so 1379 Vogtsdahlum, 1380 Bansleben und Glentorp[85]), auch Twieflingen[86]). Solche Erfolge bewirkten, daß seit Anfang des Jahres 1380 immer mehr Feinde mit der Stadt Frieden schlossen, so z. B. der Ritter Gerd Grevinge zu Hattorp, Gereke von Reventlow, Papestorpe, Daniel Grambow aus der Prignitz[87]) und die von Veltheim zu Gifhorn[88]).

Aber was half der Frieden, so lange die Ausschließung von der Hanse fortdauerte. Jetzt zeigte sich, daß Hunger und Noth mächtigere Triebfedern waren, als der Trieb zur Freiheit. Denn im Winter des Jahres 1378—79 begehrten Gemeinde und Gilden, welche sich der verlangten Auslieferung der Rädelsführer bisher widersetzt haben mochten, der Rath solle das alte Bündniß mit den Hansestädten um jeden Preis wieder herzustellen suchen, damit endlich durch Handel und Wandel der alten Zeiten Ruhm und Reichthum wiederkehre; wo nicht, so würden

---

82) Originalurkunde des Stadtarchivs Nr. 264 und von Bechelde a. a. O. 205.
83) von Bechelde, das. 206.
84) Gedenkbuch I, fol. 37 und 37¹. Vergl. die Urkunden des Stadtarchivs Nr. 266. 267.
85) Stadtweg zu 1379 und 1380 bei Leibnitz, S. R. Br. III, 275. Niedersächsische Chronik zum Jahre 1374 bei Abel 195. Chron. S. Aegidii bei Leibnitz, S. R. Br. III, 594. Botho zum Jahre 1379 das. 387.
86) Shigtbok, S. 28.
87) Gedenkbuch I, fol. 76.
88) Das. fol. 38.

4. Der Aufstand vom Jahre 1374.

sie selbst Einige aus ihrer Mitte zu jenem Zwecke nach Lübeck entsenden [89]).

Der Rath erklärte sich nun gegen die Hansestädte zu jeder Buße bereit, wenn man nicht auf der Auslieferung der Rädelsführer bestehen wolle. Durch rasches Eingehen auf diese Forderung, so mochte der Rath befürchten, könne ein nochmaliges Aufflammen der Volksleidenschaft herbeigeführt werden. Auf der zu Johannis 1379 gehaltenen Tagefahrt der Hanse zu Lübeck [90]), auf welcher an dreißig Städte vertreten waren, ward endlich beschlossen, Braunschweig, für welches sich der junge Herzog Friedrich als Landesherr eifrig verwandt zu haben scheint, in den Bund wieder aufzunehmen, wenn das frühere Regiment hergestellt und der Rath nach alter Gewohnheit „mit Rentnern, Kaufleuten und ehrwürdigen Leuten, die dazu nützlich seien," besetzt werde. Ferner sollten Gilden und Gemeinde die vertriebenen Geschlechter wieder in die Stadt aufnehmen, ihre Güter zurückgeben und allen erlittenen Schaden ihnen vergüten. Dem Bunde war für die Wiederaufnahme eine Geldsumme zu zahlen. Bei etwa wiederkehrenden Streitigkeiten mit dem Rathe hatten Gilden und Gemeinde ihr Recht vor der Hanse zu suchen. Abgeordnete Braunschweigs sollten im Bußgewande in Lübeck um Verzeihung bitten und die Stadt verpflichtet sein, zur Sühne der begangenen Frevelthaten eine Kapelle zu erbauen und für das Seelenheil der unschuldig Gemordeten Pilger nach Rom zu senden [91]).

Auf diese demüthigenden Bedingungen mußte der Rath eingehen. Am 13. August 1380 (am Hippolytustage) wurde zu Lübeck jenen Bedingungen theils genügt, theils ihre Erfüllung versprochen. Eine Botschaft, aus einem Bürgermeister und acht Bürgern von hier bestehend, zog im Bußgewande barhaupt und barfuß mit brennenden Kerzen in der Hand aus der dortigen Marienkirche in Procession nach dem Hansesaale. Dort fielen sie den Abgeordneten des Bundes zu Füßen, baten um Verzeihung für ihre Missethat und um Wiederaufnahme und beschwuren die Vertragsbedingungen, unter denen dies gewährt wurde [92]).

---

[89]) von Bechelde, S. 206.
[90]) Sartorius, Geschichte des Hansebundes II, 739.
[91]) Hauptquelle sind die Hanseschen Recesse in Kopenhagen. S. Sartorius, Geschichte des Hansebundes II, 735. von Bechelde, 207—210. Urkunde des Stadtarchivs Nr. 274. Shigtbok, S. 29.
[92]) Detmar zu 1380 bei Grautoff I, S. 314 und Urkunde des Stadtarchivs Nr. 270.

Mit ihnen kamen Abgeordnete der Städte Lübeck, Hamburg und Lüneburg, um sich von der Erfüllung der beschworenen Verpflichtungen zu überzeugen und den Rath in alter Weise wieder zu ordnen. Die versprochene Kapelle baute man auf der Breitenstraße neben das Altstadtrathhaus, weihete sie 1386 St. Autor, dem Schutzpatron der Stadt, hing in ihr die Wappenschilde der getödteten Bürgermeister auf und verordnete zwei Priester, welche dort zum Seelenheil derselben Messen zu lesen beauftragt wurden [93]. Die um der Schicht willen Geflohenen oder Vertriebenen kehrten nun in die Stadt zurück. Schon am Ende des Monats Juni 1380 hatte der Rath eine Anzahl von Männern, die jenen befreundet oder verwandt sein mochten, beauftragt, wegen des zu leistenden Schadenersatzes mit ihnen zu unterhandeln [94]. Als eine Einigung erzielt war und jene am 4. Juli dieselbe zu befolgen versprochen hatten [95], kehrten sie in die Stadt zurück. Es waren folgende Männer aus den Geschlechtern, denen Herzog Otto der Quade am Dienstag nach Laurentius seine Gnade und seinen Schutz zusagte [96]: Eylard von der Heyde, Cord Holtnicker, Cord von Kübbelinge, Hermann und Tile von Gustidde, Heinrich Kirchhof, Eggeling von Strobeke, Bertram von dem Damme, Hennig und Gereke Pawel, Jordan von Alfeld, Cord und Brand Elers, Hermann, Rolef und Bertram von Velstidde, Heinrich Kirchhof, Brand und Cord Notberg, Gerlach von dem Broke, Ludolf von Wenthusen, nebst Hans und Eggeling von der Mölen [97]. Diese hatten nach ihrer Heimkehr noch eine Urfehde zu leisten und darin zu schwören, um des in der Schicht ihren Vätern und Anverwandten Geschehenen willen nie eine Rache nehmen zu wollen [97].

---

93) Urkunde im Copialbuch III, fol. 23¹. Niedersächsische Chronik bei Abel 197. Shigtbok, S. 29 flg.

94) Gedenkbuch I, fol. 76¹ flg.

95) Urkunde des Stadtarchivs Nr. 271, ungedruckt.

96) Urkunde des Stadtarchivs Nr. 275, ungedruckt.

97) Gedenkbuch I, fol. 77¹. Daß man Diejenigen genau verzeichnete, welche jenen Eid nicht leisteten, zeigt das Gedenkbuch I, fol. 78.

5. Die Stadt unter Herzog Friedrich (bis 1400).

Der Aufstand und die schlimmen Zeiten der Verhansung hatten Braunschweigs Wohlstand und Kraft gebrochen. Aber beide erstarkten bald wieder, jener durch Herstellung des Verkehrs, diese durch Reformen in der städtischen Verfassung und Verwaltung. Zwar war die Herrschaft der Geschlechter factisch schon 1376 und de jure 1380 hergestellt; doch wurden nachweislich seit 1381 Gildemeister und Vertreter der Gemeinde bei Erledigung wichtiger Angelegenheiten vom Rathe zugezogen, oder ihre Einwilligung eingeholt. Zuerst erscheinen Rath, Gildemeister und Gemeinde im Hagen 1381 bei einem Vergleich über eine Viehtrift zwischen Gliesmarode, Querum und dem jetzt untergegangenen Dorfe Marquarderode[1]. Der Rath der ganzen Stadt, die Meister aller Gilden und die ganze Gemeinde erscheinen öfters verbunden bei Contrahirung größerer Anleihen[2]. Wie Reformen der Verwaltung auf Verminderung der Stadtschulden hinarbeiteten, soll weiter unten nachgewiesen werden.

Braunschweigs erste That nach der Schicht war eine Rechtsfühne. Noch immer war Herzog Otto der Quade im Besitze von Wolfenbüttel. Der Rath konnte es ihm nicht vergessen, wie er dies Schloß hingenommen hatte, ohne ihn für die aufgewandte Pfandsumme von 3800 Mark irgendwie zu entschädigen, wie die in den Jahren der Noth so oft an ihn gerichtete Bitte um Vermittelung stets erfolglos geblieben war, wie er der Stadt, der er nie hold war, oftmals noch „Geld abgezwungen" oder sie durch Rücksichtslosigkeiten allerlei Art gekränkt hatte[3]. Als rechtmäßigen Landesherrn erkannte die Stadt den Herzog Friedrich, ihm war sie für seine Verwendung bei den Hansestädten noch besonders zum Danke verpflichtet, ihm gedachte sie zum Besitze des Landes zu verhelfen, zumal da ihr Mißverhältniß zu Herzog Otto durch einen Bruch des Landfriedens, bei welchem er den Schuldigen beistand, noch gesteigert war.

Wenn die lüneburgischen Herzöge Albrecht und Wenzeslaus 1380

---

1) Degedingsbuch des Hagens I, fol. 152. Das vor der Stadt auf dem Bülten belegene Arlerober Feld scheint noch die Spuren jenes Namens zu tragen.
2) So z. B. 1384 und 1387 im Copialbuch II, fol. 45. 87¹, und öfters 1382 im Gedenkbuch I, fol. 80.
3) Hemelik rekenscop, S. 9. 12. Vergl. S. 162.

ein Landfriedensgebot publicirt hatten⁴), so war es um so strafbarer, daß von Twieflingen aus, welches seit 1269 zum lüneburgischen Lande gehörte⁵), die von Uetze den Handel zwischen Braunschweig, Schöningen und Magdeburg dennoch störten. Vielleicht um nachdrücklicher gegen sie einschreiten zu können, hatte der Rath mit den lüneburgischen Rittern von Marnholte, Rabode Wale, von Berfelde und Wasmod Kannenschläger am 31. März 1381 ein Bündniß geschlossen⁶). Wahrscheinlich schon im Mai 1381 zogen die Braunschweiger und Magdeburger mit den lüneburgischen Fürsten vor Twieflingen, gewannen es im ersten Sturme am Morgen des Lucastages⁷) und brannten es rein aus. Zwar machte Otto der Quade einen Versuch, das Raubnest wieder zu bauen. Aber auf die Kunde davon zogen die Städter abermals hin, brachen Thürme und Mauern nochmals und füllten die Gräben der Burg sammt der sie umgebenden Niederung mit Steinen und Erde aus⁸). Da Herzog Otto sich bei dieser Gelegenheit als Schirm und Hort der Landfriedensbrecher zeigte, da er von Wolfenbüttel aus der Stadt vielen Schaden that mit Brennen, Rauben und Gefangennahme von Bürgern und Kaufleuten, so war die Stadt im eigenen Interesse bereit, Alles zu thun, um ihn aus Wolfenbüttel zu entfernen. Zu diesem Zwecke setzte sie sich mit Herzog Friedrich, ihrem rechtmäßigen Landesherrn, in's Einverständniß. Mit der Bürger Hülfe gelang es diesem am 19. September 1381, sich durch eine List in den Besitz jenes Schlosses zu setzen und den Vetter von Göttingen zu vertreiben⁹).

Erst 1383 entsagte Otto seinen Ansprüchen auf das Land Braunschweig zu Gunsten Herzog Friedrichs, wobei er sich und seinen Nachkommen nur die etwaige Erbfolge in demselben vorbehielt. Ein weiterer

---

4) Diese Angabe hat Sack, Alterthümer, S. 94.
5) Chron. rhythm. cap. 72, v. 100 bei Leibnitz, S. R. Br. III, 142.
6) Urkunde des Stadtarchivs Nr. 277, ungedruckt.
7) Der Lucastag fällt auf den 18. October, die Translation dieses Evangelisten auf den 9. Mai. Der letztere Tag muß gemeint sein, wenn anders Botho die Begebenheiten in rechter Ordnung berichtet.
8) Niedersächsische Chronik zum Jahre 1381 bei Abel, 197 und Botho zum Jahre 1381 bei Leibnitz, S. R. Br. III, 388.
9) Detmar, Chronik zu 1381 bei Grautoff I, 319. Niedersächsische Chronik zu 1381 bei Abel, S. 196. Stadtweg bei Leibnitz, S. R. Br. III, 275. Chron. S. Aegidii das. 594: A. d. 1381 fer. 4 in quatuor temporum ante festum Michaelis. Botho zum Jahre 1381 das. 388. Havemann I, 533 giebt als Datum den 25. März an ohne Grund.

5. Die Stadt unter Herzog Friedrich.

Vertrag räumte ihm 1386 das Oeffnungsrecht an Wolfenbüttel ein; hinsichtlich seiner Anrechte an der Stadt Braunschweig ward keine Aenderung stipulirt [10]). Als daher seine Gemahlin Margaretha 1386 zu Pfingsten hieher kam, ward sie von Seiten des Rathes fürstlich empfangen und bewirthet. Sie logirte mit ihrem Gefolge von etwa zwanzig Personen bei dem Bürger Hildebrand von Hone, dem der Rath die Bewirthungskosten mit 28 Mark (etwa 400 Thlr.) bezahlte. Reiche Geschenke an Gold und Silber, namentlich an Ringen, wurden der Fürstin, ihren vier Hofdamen, ihren vier Hoffräulein, zwei sie begleitenden Cavalieren und drei Priestern von dem Rathe verehrt, selbst Kammermagd, Koch und Schließer gingen nicht leer aus [11]).

Den wiederaufblühenden Wohlstand der Stadt scheint der umwohnende Adel mit Mißgunst betrachtet zu haben; mit einer Menge von Fehden und Wegelagerungen suchte er die Bürger heim. Schon zu Anfang des Jahres 1381 ist die Stadt in einen Streit mit denen von Veltheim verwickelt; nicht erfüllte Verpflichtungen von Seiten jener Familie, so wird erzählt, hätten die Mißhelligkeit herbeigeführt. Bestimmteres wissen wir nicht. Indessen scheint doch verübter Landfriedensbruch den Zwist veranlaßt zu haben. Von Gifhorn aus, das jener Familie von der Stadt zum Pfandbesitze übergeben war, muß der Handel der benachbarten Städte irgendwie beeinträchtigt sein; denn diese schritten 1382 ein. Ehe dies geschah, sicherte sich Braunschweig durch eine Verhandlung mit Herzog Otto dem Quaden, der damals noch in Wolfenbüttel residirte, vor einer Hinderung in der Execution durch denselben. Am 22. April 1381 versprach er, sich nicht in diesen Streit einmischen zu wollen [12]). Nun erklärten sich am 25. Mai die von Veltheim bereit, den Streit durch Schiedsleute austragen zu lassen [13]). Aber es muß keine Einigung zu Stande gekommen sein; der Kampf entbrannte von Neuem und ward erst 1382 beendet. Braunschweig hatte sich inzwischen mit den Städten Hannover, Uelzen und Lüneburg, auch mit dem Comthur der Johanniter zu Süpplingenburg gegen die von Veltheim ver-

---

10) Diese Angaben giebt (Koch) Pragm. Geschichte 194 ohne Beziehung auf eine Quelle.

11) Gedenkbuch I, fol. 43.

12) Gedenkbuch I, fol. 83: use here scolde us mit den van Veltem ringhen laten unde scolde us dar nichtes umme voteren. Vergl. das. fol. 78.

13) Urkunde des Stadtarchivs Nr. 278.

bunden.[14]); und so geschah es, daß das Aufgebot jener Städte mit den lüneburgischen Fürsten Albrecht und Wenzeslaus Gifhorn 1382 belagerte und einnahm. Als das eroberte Schloß der Stadt Braunschweig als lüneburgisches Pfandlehen wieder überantwortet war [15]), überließ sie es mit Fallersleben 1382 am Michaelistage gegen eine Pfandsumme von tausend Mark auf sechs Jahre an den Ritter Hennig von Walmoden und bedang sich dabei namentlich aus, daß beide Orte den Leuten der Stadt in jeder Noth offen ständen und daß der Besitzer nie der Stadt Feind werden solle. Ferner machte man ihm zur Pflicht, Braunschweigs Bürger und deren Meier nicht zu beschädigen, die Bauern und das Landvolk in den zugehörigen Gerichten bei Gnaden und Recht zu lassen und die zu den Burgen gehörigen Holzungen nicht zu verwüsten [16]). Sodann erfolgte 1382 auch eine Sühne mit denen von Veltheim [17]).

Schlimmer erging es den Bürgern bei einer anderen Gelegenheit. Am 25. August 1382 raubten die von Schwicheld mit ihren Genossen, zu denen namentlich die von Steinberg gehört haben müssen, die Kühe, welche auf dem Altfelde bei Lehndorf weideten, angeblich ohne irgendwelchen Grund. Die Bürger, empört über einen so frechen im Stadtgebiete verübten Raub, setzten den Gegnern nach; aber weil sie zu ungestüm bei der Verfolgung sein mochten, fielen sie in der Nähe von Nortenhof beim Krähenholze in einen Hinterhalt und erlitten dort einen Verlust von zwanzig Todten und vierzig Gefangenen [18]).

Auf weitere Fehden lassen die Notizen des Gedenkbuches und des Fehdebuches schließen. Nach ihren Angaben machte die Stadt 1384 Waffenstillstandsverträge mit Heinrich von Bortfeld, mit Burchard von Gobbenstibbe, mit denen von Wenden und mit Erich Schenke; Sühne und Frieden schloß sie mit denen von Oberg zu Oebisfelde und mit Ludolf von Honlage, welchem der Rath bei dieser Gelegenheit die Hälfte des Lehrerwohldes und das Dorf Scheppau zurückgab [19]). 1385

---

14) Urkunde des Stadtarchivs Nr. 279.
15) Chron. S. Aegidii zum Jahre 1382 bei Leibnitz, S. R. Br. III, 594. Stadtweg zum Jahre 1383 das. 275.
16) Copialbuch II, fol. 13 und 32.
17) Gedenkbuch I, fol. 79.
18) Niedersächsische Chronik zum Jahre 1382 bei Abel 198 und Chron. S. Aegidii a. a. O.
19) Gedenkbuch I, fol. 66¹. 65. 64¹. 67¹. 68¹.

5. Die Stadt unter Herzog Friedrich.

kehrte sie zum Frieden zurück mit denen von Veltheim, von Marnholte und mit Cord von der Asseburg [20]). Um dieselbe Zeit verübten die von Salbern bei Lichtenberg [21]) Wegelagerung und Straßenraub an Braunschweigs Bürgern. Die von Bartensleben verbrannten im Frühjahr 1387 Thune und das jetzt untergegangene Dorf Lawerdesbüttel [22]). Hans von Dalum, in der Stadt gewöhnlich Pape Otto oder Paporte genannt, trieb Straßenraub in der Nähe seines Schlosses Wenden, versöhnte sich dann mit der Stadt um Martini 1387; aber schon 1390 raubte er wieder zwölf Pferde von der städtischen Weide vor dem Wendenthore [23]).

Solchen Uebelständen trat die Stadt seit 1384 energisch entgegen. Mehr als eine Maßregel ergriff sie, um dem raub- und fehdelustigen Adel der Nachbarschaft die Lust an Gewaltthat und Wegelagerung zu nehmen oder doch zu beschränken. Zunächst erhöhete sie ihre Wehrhaftigkeit durch die Stiftung der Lilienvente, eines patricischen Waffenbundes, der am 23. April 1384 geschlossen ward. Etwa sechzig hiesige Bürger aus den vornehmsten Geschlechtern [24]) machten damals eine Vereinigung zunächst für die Dauer eines Jahres [25]). Ihr ausgesprochener Zweck war gegenseitige Hülfe, wenn ihnen außerhalb der Stadt Jemand ein Unrecht zufüge. Der Bund ward militärisch organisirt; jedes Mitglied stellte eine Anzahl Gewappneter und zog selbst mit zu Felde, wenn ein Genoß „schelhaftig" wurde mit Jemand außerhalb der Stadt. An der Spitze der Streiter standen Hauptleute. Diese ließen etwaige Streitigkeiten im Bunde durch zwei Genossen desselben, welche sie dazu aufforderten, binnen vierzehn Tagen in Güte schlichten; war das nicht möglich, so entschied der Rath, welcher zu allen Zeiten der Gesellschaft mächtig sein sollte. Daß die Verbindung länger als ein Jahr bestand, beweisen Thatsachen; noch 1435 stellten ihre Genossen eine Anzahl von etwa vierhundert Berittenen in's Feld [26]). Außer jenem ausgesprochenen Zwecke mag auch noch ein anderer verfolgt sein. Es lag nahe, daß

---

20) Gedenkbuch I, fol. 39. 40.
21) Sack, Alterthümer, S. 93.
22) Gedenkbuch I, fol. 43¹. Es lag bei Walle an der Schunter.
23) Urkunde des Stadtarchivs Nr. 311 und Sack, Alterthümer, S. 38. 39.
24) Ribbentrop, S. LXXXI nennt alle Theilnehmer der Verbindung.
25) Urkunde des Stadtarchivs Nr. 291, gedruckt in Rehtmeier, Chronik S. 666.
26) Ribbentrop, S. LXXXIV aus Gerikens geschriebener Chronik.

dieser Verbindung von Männern aus den Geschlechtern auch die Erhaltung der inneren Ruhe, die Sicherung des bestehenden Regimentes gegen Aufruhr nicht gleichgültig war.

Ein zweites Werk des Jahres 1384 war die Landfriedenseinigung, bei welcher Braunschweig eine hervorragende Rolle spielte. Am 5. Februar einigten sich zunächst die Räthe von Braunschweig, Goslar, Lüneburg, Hildesheim, Hannover, Halberstadt, Quedlinburg und Aschersleben zu einem Bunde auf zehn Jahre[27]). Daß der Landfrieden besser gehalten werde, sprechen sie als Zweck desselben offen aus. Für denselben wollte man auch den Kaiser und die betreffenden Landesfürsten gewinnen; jenen beschloß man zu bitten, auch für diese Gegenden des Reiches einen Landrichter zu ernennen, vor dessen Gericht jeder Landfriedensbruch zu ziehen sei; die Landesfürsten gedachte man einzuladen, diesem Bunde beizutreten. Die Mitglieder gelobten, sich in ihren Nöthen treulich beizustehen, und erboten sich, ein bewaffnetes Aufgebot zu stellen, welches, wie es scheint, über die Erhaltung des Landfriedens in unseren Gegenden wachen sollte. Goslar erklärte sich bereit, zehn Gewappnete (glevien) zu stellen, Hildesheim übernahm zwanzig, Braunschweig dreißig Glevien und zehn Schützen, Helmstedt fünf Glevien, Halberstadt, Quedlinburg und Aschersleben vierzig Glevien zu rüsten. Am Sonntag Lätare (21. März) ging das Bittschreiben um die Einsetzung eines Landfriedensrichters an den Kaiser ab[28]). Schon am 14. Februar waren jenem Bunde die Herzöge Friedrich und Heinrich von Braunschweig, Bernhard und Albrecht von Lüneburg, der Bischof von Halberstadt, die Grafen von Regenstein und Wernigerode und die Ritter von Walmoden, von Oberg, von der Asseburg und von Mahrenholz beigetreten. Zur Erhaltung des Landfriedens konnte nun eine um so größere Macht aufgestellt werden. Viertausend Mann wurden für diesen Zweck zugesagt; von den lüneburgischen Fürsten 150 Gewappnete zu Roß und tausend Mann zu Fuß, vom Lande Halberstadt ebenso viel, von Land und Stadt Braunschweig hundert Berittene, zu denen die Stadt noch sechshundert Streiter zu Fuß stellen wollte[29]). Am 1. April, den Donnerstag nach Judica, trat auch der Erzbischof von Magdeburg mit einigen seiner Edeln dem Bunde bei und versprach, noch vor dem

---

27) Gedenkbuch I, fol. 62.
28) Das. fol. 62¹.
29) Das. fol. 63¹.

1. Mai sollten seine Mannen und Städte den Landfrieden ebenfalls beschwören[30]). Am 4. April trat auch der Bischof von Hildesheim bei und gelobte, Otto den Quaden zu Göttingen und Friedrich von Grubenhagen zum Beitritt einzuladen, während Braunschweig versprach, die Städte jener Landestheile aufzufordern, der Einigung beizutreten[31]). Beide Aufforderungen scheinen fast ganz erfolglos geblieben zu sein. Nur das grubenhagensche Eimbeck, damals bedeutender als Hannover und Goslar, finden wir im Anfang des Juli unter den Mitgliedern des Bundes[32]). Der Kaiser Wenzel scheint jenen Bestrebungen zur Erhaltung des Landfriedens förderlich gewesen zu sein; denn von der Thätigkeit des eingesetzten Landfriedensrichters Lambert von Alben sind bereits 1384 mehrfache Spuren nachzuweisen[33]). Braunschweig insbesondere begnadete der Kaiser 1385 am 23. März mit einem Privilegium. Die Bürger sollten nicht gehalten sein, nach geschehener Vorladung vor dem Landfriedensgerichte in Person zu erscheinen, sondern zwei ihrer Rathsherren sollten stets genügen, die Vorgeladenen aus der Stadt vor jenem Gericht zu vertreten[34]).

Ein drittes Werk, welches der Rath 1384 rüstig in Angriff nahm, war die Befestigung des städtischen Gebietes durch die Landwehren. Den ganzen Raum, welchen die Stadt und ihre Feldmark einnimmt, also das gesammte städtische Weichbild, beschloß man mit einem Bollwerke zu umgeben, welches aus einem Erdwalle bestehen, durch tiefe Gräben und da, wo Heerstraßen diese Werke durchschneiden, durch Thürme und andere Befestigungsmittel geschützt werden sollte. Um gerade, leicht zu übersehende Linien zu erhalten, mußte man auch Theile von den Feldmarken der benachbarten Dörfer Rüningen, Broitzem, Timmerlah, Lehndorf, Lamme, Oelper, Rühme und Gliesmarode mit in die Befestigungslinie ziehen. Ein Anfang war schon 1376 bei Oelper gemacht[35]), 1381 wird der Landwehrgraben zwischen Querum und dem ausgegan-

---

30) Gedenkbuch I, fol. 64.
31) Das. fol. 64.
32) Das. fol. 65¹.
33) Copialbuch II, fol. 28.
34) Urkunde vom Donnerstag vor Palmarum im Stadtarchiv Nr. 299, gedruckt in Rehtmeier, Chronik 656 und in Hempel, Europäisches Staatsrechtslexikon IV, 801.
35) Am 1. September 1376 macht der Rath schon einen Vergleich mit dem Stift St. Blasius um den Graben und die Landwehr, welche die Stadt über die dortige Weide des Stifts gezogen hat. Copialbuch II, fol. 4¹.

genen Orte Marquarderobe erwähnt [86]). 1384 übernahm es der Bürgermeister Ludolf von Ingeleben und Ludolf Rebeen, den Rath für die Fortsetzung der Landwehren zu gewinnen [87]). Dies gelang. Bereits am 7. Juli 1384 erklärte Herzog Friedrich, vermuthlich auf vorheriges Ansuchen, er werde dem Rathe, falls dieser mit dem Bau der Landwehren fortfahren wolle, dabei behülflich sein und ihm gestatten, zum Bau die Landleute zu benutzen [88]). Nun ging man an's Werk. 1390 muß der größte Theil der Landwehren sammt Thürmen und Bergfrieden im Stande gewesen sein, wie der Pfingsten jenes Jahres mit Herzog Friedrich geschlossene Vertrag zeigt [89]). 1393 waren die Werke im Westen der Stadt bis auf eine kleine Strecke bei Oelper ganz fertig; diese sollte mit Hülfe der Bauern jenes Dorfes vollendet, die Landwehr bis an die vorbeifließende Ocker ausgedehnt und zufolge einer Uebereinkunft mit dem Blasiusstift mit einem Bergfried, dem Oelper-Thurme, versehen werden [40]). Auf der Ostseite der Ocker scheinen die Landwehren erst 1395 größtentheils vollendet zu sein [41]). Dies Befestigungswerk zog, wie man aus den noch jetzt vorhandenen Spuren sehen kann [42]), von der Ocker bei Rüningen an dem Augraben aufwärts nach der Rothenburg vor Broitzem, von da in nordwestlicher, dann nördlicher Richtung vor dem Kröppelholze her nach dem Raffthurme, darauf nordöstlich an das von Pawelsche Holz und von da östlich nach Oelper, dies Dorf einschließend, an die Ocker. Weit unterhalb desselben, nicht fern von Veltenhof, verließ die Landwehr die Ocker, welche auf der Strecke von Oelper bis an jenen Punkt schwer zu überschreiten ist, theils weil westlich davor sumpfige Wiesenflächen liegen, theils weil steile Sandhügel das Ostufer des Flusses bilden. Von der Ocker zog die Landwehr in nordöstlicher Richtung nach dem Wendenthurme und schloß dann das Dorf Rühme an der Schunter ein. Von da ab scheint die Schunter bis in die Nähe der Wabemündung die Stelle der Landwehr vertreten

---

36) Degeb. des Hagens I, fol. 152.
37) Gedenkbuch I, fol. 64¹.
38) Urkunde im Stadtarchiv Nr. 290.
39) Urkunde des Stadtarchivs Nr. 322.
40) Urkunde des Stadtarchivs Nr. 335 bei Rehtmeier, Chronik 674.
41) Vertrag des Klosters Ribbagshausen mit dem Rath zu Pfingsten 1395 im Stadtarchiv Nr. 345.
42) Diesen Tractus zeigt deutlich die Papensche Karte der welfischen Lande und der Schent'sche Plan der Umgebungen von Braunschweig.

5. Die Stadt unter Herzog Friedrich.

zu haben. Dann ging die Befestigung an der Wabe in südlicher Richtung aufwärts über Gliesmarode, lief hinter d. h. östlich vom Nußberge her, zog dicht vor Ribbagshausen durch und erreichte immer neben der Wabe herlaufend die Straße nach Königslutter am Schöppenstedter Thurme. Von da sollte sie weiter nach Melverode geführt werden, um sich dort wieder an die Ocker anzuschließen. Aber mit dieser letzteren Strecke kam man nicht zu Stande, angeblich weil die Herzöge die Anlegung streitig machten[43]). Die Landwehrthürme und Bergfriede, von denen bereits 1390 urkundlich die Rede ist[44]), scheinen gleichzeitig mit den Landwehren selbst angelegt zu sein. Ihre Bewachung war schon 1402 so unter die Weichbilder getheilt, daß die Hut des Bergfrieds zu Rüningen dem Sack, die des Bergfrieds zu Broitzem und des Steinthurms auf dem Rashofe der Altstadt, die des Bergfrieds zu Oelper der Neustadt, die des Thurmes bei Rühme und zu Gliesmarode dem Hagen und die des Bergfrieds am Schöppenstedter Damme der Altenwik oblag[45]). Ganz innerhalb der Befestigungslinien lagen[46]) die Dörfer Rüningen, Lehndorf, Oelper und Rühme, vielleicht auch das später ausgegangene Marquarderobe. Die vier ersten sind noch jetzt unter dem Namen der Pfahldörfer d. h. der eingepfählten bekannt.

In dieser Zeit suchte sich die Stadt der Pfandschlösser, welche sie in der zweiten Hälfte des vierzehnten Jahrhunderts allmälig erworben hatte, wieder zu entledigen. Dazu mag die Stadtbehörden weniger die Hoffnung veranlaßt haben, daß die Wirksamkeit des Landfriedensgerichtes so bald friedlichere Zeiten bringen werde, als die schlimme Erfahrung, daß die Erhaltung solcher Schlösser in baulichem und vertheidigungsfähigem Zustande große Kosten mache, und daß sie trotzdem, weil die städtischen Söldner allein sie nicht nachdrücklich genug vertheidigen konnten, in Kriegen leicht erobert wurden, so daß alles an sie gewandte Geld der Stadt verloren ging[47]). Namentlich die entfernter gelegenen Schlösser suchte der Rath los zu werden. Er verpfändete sie ganz oder zum Theil an Ritter, von denen kein Straßenraub zu fürchten war, behielt sich nur freien Durchzug für seine Bürger vor und verpflichtete die

---

43) Aßmann, S. 24.
44) S. Note 39.
45) Kämmereibücher der fünf Weichbilder.
46) Irrthümlich sind die Angaben von Ribbentrop, S. LXXXVIII.
47) Hemelik rekenscop, S. 19.

Pfandinhaber, von dem Schlosse aus die durchziehende Straße in aller Weise zu schirmen. So ward die Hälfte des Schlosses Hessen 1381 im Juli an Burchard und Lippold von Salbern und Heinrich von Cramm und durch diese wieder an Hermann und Otto von der Gowische verpfändet[48]), 1384 kam das Schloß an die Gebrüder von Wale und Rabod von Wierthe erst auf drei, dann auf sechs Jahre[49]) und nach Ablauf dieser Zeit 1392 wieder an die Herrschaft[50]). Am 22. April 1384 überließ der Rath die Asseburg mit Zubehör der Ritterfamilie Bock[51]) zum Pfandbesitz und gab sie nach der Einlösung an den Herzog Friedrich 1392 zurück[52]). 1384 verpfändeten die Stadtbehörden die Hälfte des Hauses zu Vogtsdahlum an Mitglieder der Familie von Veltheim, 1388 an den Bürger Bertram vom Damm auf mehrere Jahre, endlich 1399 das Ganze an Cord von der Asseburg auf neun Jahre[53]). Gifhorn, schon 1382 an Hennig von Walmoden überlassen, gab die Stadt 1392 gegen Zahlung von 2200 Mark wahrscheinlich an die lüneburgischen Fürsten zurück[54]).

Die für jene zurückgegebenen Schlösser zurückgezahlten Pfandsummen im Betrage von 5400 Mark wandte der Rath zur Abtragung der städtischen Schulden an[55]). Auf die Erreichung dieses Zieles wandte er besonders seit 1387 sein Hauptaugenmerk, wie das der zweite Theil der Hemelik rekenscop S. 15—67 berichtet. Danach berechneten die Aeltesten aus dem Rathe aller Weichbilder die verzinsbaren Schulden der Stadt 1387 auf 22087½ Mark; seit dem Jahre 1374 war die Schuldsumme also um 12100 Mark gestiegen[56]). Durch eine nicht klar beschriebene Maßregel, die Abbitien, lösete man für die Stadtcasse zunächst zwar 1500 Mark; aber davon mußten schon 1388 wieder sechshundert Mark an den Herzog Friedrich gezahlt werden, wofür dieser in

---

48) Copialbuch II, fol. 10. 11.
49) Copialbuch II, fol. 33 und Urkunde des Stadtarchivs Nr. 308, Gedenkbuch I, 42¹.
50) Hemelik rekenscop, S. 30.
51) Copialbuch II, fol. 35.
52) Hemelik rekenscop, S. 30.
53) Urkunden des Stadtarchivs Nr. 298. 314. 369.
54) Copialbuch II, fol. 13¹. Hemelik rekenscop, S. 30.
55) Hemelik rekenscop, S. 30 flg.
56) Das. S. 15.

5. Die Stadt unter Herzog Friedrich.

einer Geldverlegenheit dem Rath sein Schloß Wolfenbüttel verpfändete[57]). Auch die sechs- bis siebenhundert Mark, welche der Stadt als Antheil an der in der siegreichen Schlacht bei Winsen 1388 gemachten Beute zu Theil wurden, waren kein reeller Gewinn; denn fast ebenso viel betrugen die Kosten der Vorbereitungen zu jenem Heerzuge[58]). Bei genauerer Untersuchung des Finanzzustandes fanden sich noch Schuldposten im Betrage von 2500 Mark, welche man einzelnen Bürgern und Kirchen schuldete; etwa 1100 Mark hatten die städtischen Diener 1388 an rückständigem Lohn zu fordern; 680 Mark mußten verausgabt werden, um die durch die von der Schulenburg und Johann von Escherde gefangenen Bürger und Diener der Stadt zu lösen. So war die Summe der Stadtschulden zu Anfang des Jahres 1389 auf 29513 Mark gestiegen. Da endlich ergriff der Rath energische Maßregeln zur Minderung derselben[59]).

Als den von der Stadt in Sold genommenen Dienern das Verleihen und Verkaufen der ihnen aus den städtischen Marställen gelieferten Pferde 1389 strenge untersagt war[60]), brachten die Finanzoperationen der 1390 eingesetzten zehn Beutelherren binnen wenigen Jahren den verlorenen Credit wieder; Bürger und Fremde legten seit 1392 ihr Geld wieder beim Rathe an. Mit dem so einkommenden Gelde und mit den aus den Pfandschlössern gelösten 5400 Mark wurden Stadtschulden abbezahlt und dadurch die Summe der jährlich zu zahlenden Zinsen bedeutend verringert[61]). Eine Finanzcommission von fünf Männern änderte 1396 die Termine der Zinszahlung. Man zahlte die Zinsen von Stadtschulden seitdem nicht mehr Ostern und Michaelis, sondern stets nur um Martini, wo die Bürgerschaft den Schoß zahlte, also im Stadtseckel das baare Geld nicht fehlte. Weil die Zinsen nun pünktlich gezahlt werden konnten, so stieg der Credit bald wieder so weit, daß der Rath seit 1396 die Stadtschulden nicht mehr mit zehn, sondern mit acht, seit 1397 mit sieben, seit 1399 mit sechs und bald nachher nur mit vier Procent verzinsete[62]).

---

57) Hemelik rekenscop, S. 16. 17.
58) Das. S. 18.
59) Das. S. 20—25.
60) Das. S. 26.
61) Das. S. 27—31.
62) Das. S. 34—38. 62.

Auch durch die Abschaffung mancher unnützen und übertriebenen Ausgaben besserte der Rath die Finanzlage der Stadt. Die Gelage, welche er am Autorfeste um Johannis zu halten pflegte und zu welchen er stets noch eine Anzahl angesehener Bürger einlud, wurden 1397 ihrer Kostspieligkeit wegen ganz abgeschafft. Auch andere Gelage zur Fastnachtszeit, am grünen Donnerstage, in der Kreuzwoche, am Burchardsabend und zu St. Autors Wachsweihe nebst Zuschüssen zu den Constabelgelagen wurden abgeschafft oder beschränkt [63]. Ferner ermäßigte man 1398 den Bauetat, löste manche verpfändete Zinse und Einnahmequellen ein und versetzte sie jetzt unter viel vortheilhafteren Bedingungen wieder [64].

Die bessere Finanzlage der Stadt erlaubte es auch, daß man den Schoß seit 1389 immer weiter herabsetzen durfte. Während 1388 jeder Bürger acht Schilling und von jeder Mark seines Vermögens acht Pfennige zu zahlen hatte, schoßte man zehn Jahre nachher nur vier Schilling zuvor und von jeder Mark vier Pfennige und seit 1404 sogar nur zwei Schilling nebst zwei Pfennigen von jeder Mark [65]; obwohl man um 1400 den Korn- und Mühlenzoll aufhob, so konnte man mit den geringeren Abgaben der Bürger die weise beschränkten Ausgaben doch sehr wohl bestreiten. 1406 war man so erfreulich weiter gekommen, daß die Schulden der Stadt nur noch 8159 Mark betrugen, wovon jährlich etwa siebenhundert Mark Zins zu zahlen waren; davon standen 5835 Mark auf Leibgedinge zu zehn Procent Zinsen, 2324 Mark dagegen auf Wedbeschat zu fünf Procent [66].

An auswärtigen Gütern erwarb die Stadt in dieser Zeit Schloß und Dorf Vechelde, und auch dies nur durch die Umstände gedrängt. Herzog Friedrich war wieder in Geldverlegenheit; für neunhundert Mark, welche ihm die Stadt lieh, verpfändete er ihr zu Weihnachten 1392 jenes Gut nebst dem Dorfe auf sechs Jahre [67].

Des Verhältnisses, in welchem die Stadt zu Herzog Otto dem Quaden von Göttingen stand, ist schon gedacht. Daß auch die gruben-

---

63) Hemelik rekenscop, S. 39—41.
64) Das. S. 41—46.
65) Das. S. 65—67.
66) Das. S. 69. 70.
67) Urkunde in Rehtmeier, Chronik S. 627 und in den Braunschw. hist. Händeln I, 122. Hemelik rekenscop, S. 89.

5. Die Stadt unter Herzog Friedrich.

hagenschen Fürsten noch Antheil an den Herrschaftsrechten über die Stadt hatten, zeigt die am Mittwoch vor Fastnacht 1384 Herzog Friedrich, dem Sohne Herzog Ernsts des Aelteren, geleistete Huldigung [68]. Als Landesherrn sah die Stadt seit der Huldigung 1374 die Söhne Magnus II. an, unter ihnen besonders den ältesten, Herzog Friedrich. Auch nach der Wiedereinnahme Wolfenbüttels stand die Stadt ihren Landesherren treu zur Seite, wenn gleich das gute Verhältniß zuweilen einmal gestört wurde. Zwar gab der Rath am 15. Juli 1383 das Versprechen, sich in den nächsten acht Jahren in keinen Bund mit Herzog Otto dem Quaden gegen die Brüder Friedrich und Heinrich zu verbinden [69]. Dennoch entstand bald nachher aus unbekannten Gründen eine „Irrung und Zwietracht" zwischen Bernhard und der Stadt. Am 7. Juli 1384 machte ein gütlicher Vergleich derselben ein Ende. Obgleich Herzog Friedrich damals versprach, die Stadt bei Gnaden, Recht und Gewohnheit zu lassen, so setzte man trotzdem am folgenden Tage fest, daß etwa entstehende neue Streitigkeiten durch zwei Schiedsrichter und einen Obmann ausgetragen werden sollten [70]. Aber die Eintracht ward dennoch bald wieder gestört [71], so daß Herzog Friedrich 1386 sogar mit Otto dem Quaden eine Vereinigung einging wider die Stadt, welche die Fürsten „ihrer Verbrechungen halber mit gewehrter Hand zu strafen" entschlossen waren [72]. Aber schon am 1. April 1386 erfolgte wieder eine gütliche Uebereinkunft zwischen ihr und den drei fürstlichen Brüdern Friedrich, Bernhard und Heinrich [73].

Bald nachher erhielt die Stadt eine Gelegenheit, sich um die Interessen ihres Fürstenhauses ein hervorragendes Verdienst zu erwerben.

---

68) Originalurkunde des Stadtarchivs Nr. 296, gedruckt in Urkunden und Statuten der Stadt Braunschweig.

69) Copialbuch II, fol. 24¹.

70) Originalurkunde des Stadtarchivs Nr. 290 und eine andere vom 8. Juli, deren Original Rehtmeier noch bekannt war, die jetzt aber verloren ist. Sie ist gedruckt in Rehtmeiers Chronik, S. 667.

71) Nach einer Andeutung im Gedenkbuch I, fol. 46 scheint die Anlegung der Landwehren das gute Verhältniß der Stadt zu Herzog Friedrich öfters getrübt zu haben.

72) Ein Auszug dieser Vereinigung steht in den Braunschw. hist. Händeln I, 1, 146.

73) Der Vertrag mit Friedrich und Heinrich ist nur aus dem Abdruck bei Rehtmeier, Chronik 668 bekannt; von der Urkunde Heinrichs, das. S. 713, befindet sich das Original im Stadtarchiv Nr. 301.

Obgleich der lüneburgische Erbstreit durch einen Vergleich zu Hannover beendet sein sollte, so entstand doch 1387 von Neuem Streit über Celle, wo sich die Wittwe Magnus II. mit ihrem Sohn Heinrich aufhielt. Kurfürst Wenceslaus von Lüneburg sammelte sein Kriegsvolk bei Winsen an der Aller und zog von da gen Celle, welches er einzunehmen gedachte. Während der Belagerung starb er am 15. Mai 1388 angeblich an Gift. Dennoch setzte sein Heer die Belagerung fort. In dieser Noth wandte sich Herzog Heinrich an seinen Bruder Friedrich zu Wolfenbüttel mit der Bitte um Hülfe. Dieser ritt mit ihm nach Braunschweig, entbot den Rath und stellte ihm vor, Lüneburg, seines Vaters Erbe, werde dem Welfenhause verloren gehen, wenn die Stadt nicht helfe. Nach langer Umsprache beschloß der Rath, er wolle helfen mit Leib und Gut, wogegen der Herzog der Stadt zusagte, in der bevorstehenden Fehde mit den Lüneburgern ohne Braunschweig keinen Frieden schließen zu wollen [74]). Während Heinrich, erfreut ob der zugesagten Hülfe, zu seiner bedrängten Mutter nach Celle heimritt, rüstete die Stadt ihre Schützen und Gewaffneten, 84 Glevien stark. Mit Herzog Friedrich und seinen Kriegsleuten zogen die Braunschweiger auf achthundert Wagen am Mittwoch vor Frohnleichnam gen Celle, am Festtage selbst, den 11. Juni, 1388 überfielen sie den Feind bei Winsen an der Aller und erfochten dort einen so glänzenden Sieg über die Lüneburger, daß man das Andenken desselben durch ein öffentliches Denkmal hieselbst verewigte. An den südwestlichen Eckpfeiler des Franziskanerklosters setzte man die noch erhaltene Inschrift: A°. dom. 1388 in des hilgen lichnames daghe wunnen de vorsten van Brunswik den strid vor Wynsen. Hermann von Bechelde, ein Bürgermeister der Stadt, ward auf dem Schlachtfelde zum Ritter geschlagen [75]). Die Folge des Sieges war die Wiedererwerbung des Landes Lüneburg für die Welfen. Wenige Wochen nachher, am 6. Juli 1388, kam zwischen den fürstlichen Brüdern ein Vergleich zu Uelzen zu Stande, durch welchen Friedrich die Regierung

---

74) Urkunde in Rehtmeiers Chronik 671. Das Original ist jetzt nicht mehr im Stadtarchiv.

75) Detmar, Chronik zu 1388 bei Grautoff I, 343. Porners Gedenkbuch, fol. 4. Chron. Luneburg. bei Leibnitz, S. R. Br. III, 189. 190. Niedersächsische Chronik zum Jahre 1388 bei Abel 200. Brevis narratio belli etc. bei Leibnitz, S. R. Br. III, 676. Chron. S. Aegidii das. III, 594. Botho zum Jahre 1388 das. III, 390.

in der Herrschaft Braunschweig, Bernhard und Heinrich dagegen Lüneburg erhielten [76]).

Der Sieg bei Winsen hatte die Eintracht der verbündeten Hansestädte Braunschweig und Lüneburg gestört. Die benachbarten ebenfalls jenem Bunde angehörigen Städte Niedersachsens, Hannover, Hildesheim, Goslar, Göttingen und Minden und der Abt Hermann von Ribbagshausen schlugen sich in's Mittel, veranstalteten eine Zusammenkunft der Braunschweiger und Lüneburger zu Hannover und brachten dort am 15. Juli 1389 eine Versöhnung zu Stande, wobei sich beide Parteien das Versprechen gaben, alle bisherige „Zwietracht zu vergessen und einander wieder förderlich und diensthaftig zu sein ohne Arglist und Gefährde" [77]).

Seit dem Siege bei Winsen lebte Herzog Friedrich mit Braunschweig stets im besten Einvernehmen, zumal da ihm die Stadt in den öfteren Geldverlegenheiten seiner fehdereichen Regierung stets willig aushalf. 1390 zu Pfingsten schoß sie ihm dreihundert Mark vor; wenn Weihnachten keine Rückzahlung erfolge, will er ihr das Amt Dettum oder die Hälfte des Hauses Jerrheim überantworten [78]), welches er seit dessen Eroberung 1388 [79]) in Besitz gehabt haben mag. Dagegen nahm er die Stadt mit in das Friedensbündniß auf, zu welchem er sich am 1. August 1392 mit den welfischen Brüdern und Vettern von Lüneburg, Göttingen und Grubenhagen, mit Landgraf Hermann von Hessen und den Bischöfen Gerd von Hildesheim und Rupert von Paderborn verband [80]). Wenn er dabei der Stadt „Privilegia, Gnade, Freiheit und alte Gewohnheiten" zu achten gelobt, so geschah das wohl mit „um der Liebe willen", welche ihm der Rath noch wenige Monate vorher bewiesen, indem er dem Herzog gegen Zahlung von hundert Mark das Dorf Bornum vor dem Elme, welches mit der Asseburg an die Stadt verpfändet war, wieder zurückgab [81]). Mit ihrem Herzog erfochten die Bür-

---

76) Die gegenseitigen Ueberlaßbriefe sind gedruckt bei Rehtmeier, Chronik 670. 682; das Original der Urkunde Bernhards und Heinrichs ist im Stadtarchiv Nr. 313.

77) Originalurkunde im Stadtarchiv Nr. 318, gedruckt bei Rehtmeier, Chronik 671.

78) Originalurkunde im Stadtarchiv Nr. 320.

79) Chron. S. Aegidii zum Jahre 1388 bei Leibnitz, S. R. Br. III, 594.

80) Originalurkunde des Stadtarchivs Nr. 381, gedruckt in Rehtmeier, Chronik 673.

81) Urkunde vom 1. Mai 1392 im Copialbuch II, fol. 105.

ger Braunschweigs 1393 am Tage der elftausend Jungfrauen, am 21. October, den blutigen Sieg bei Beinum über Johann von Schwichelb und Hans von Steinberg[82]). Eine Inschrift an der Franziskanerkirche gedenkt auch dessen in den Worten: Anno 1393 in der XI dusent meghede daghe wunnen vor Benem de vorsten van Brunswik den strid.

Vor Ablauf des vierzehnten Jahrhunderts erwarb endlich die Stadt noch manches wichtige Recht von ihren Fürsten, namentlich von Herzog Friedrich. Der Erlaubniß, Landwehren anzulegen, ist schon gedacht. Bei Gelegenheit eines Vergleichs erhielt die Stadt 1386 am 1. April von den Herzögen Friedrich und Bernhard das Recht, von Wein und Bier eine Accise zu erheben, von jedem Scheffel auszuführenden oder in den Mühlen zu vermahlenden Kornes einen Pfennig Zoll zu nehmen und sonstige Abgaben von ihren Bürgern zu fordern. Auch wird dem Rathe erlaubt, eine eigene Mühle auf das Blek, das der Gieseler heißt, an den Stadtgraben zu bauen[83]). Die Herzöge Otto der Quade von Göttingen und Friedrich von Grubenhagen gaben zu dem Allen ihre Zustimmung am Sonntag Judica[84]). Alle früher verliehenen Rechte bestätigte Pfingsten 1390 Herzog Friedrich, dem die Stadt damals dreihundert Mark lieh, nochmals[85]). Ganz am Ende des vierzehnten Jahrhunderts gelang der Stadt noch die Erwerbung des Mühlenzinses und der aus den hiesigen Mühlen zu ziehenden Gefälle. Am Donnerstag vor St. Matthäus, am 18. September 1399, verpfändete ihr Herzog Friedrich seinen Antheil an jenen Einnahmen, ein Viertel des Ganzen, für 410 Mark[86]). Das zweite Viertel überließ ihr Herzog Otto Cocles von Göttingen ebenfalls für 410 Mark schon vor 1400[87]) zum Pfande. Die grubenhagenschen Herzöge Friedrich und Erich dagegen übereigneten am Mittwoch nach St. Gallentag, 22. October 1399, dem

---

82) Chron. S. Aegidii zum Jahre 1393 bei Leibnitz, S. R. Br. III, 594. Engelhusius bei Leibnitz, S. R. Br. II, 1134 spricht ungenau vom bellum prope Goslar. Botho zum Jahre 1393 bei Leibnitz, S. R. Br. III, 391.

83) Urkunde bei Rehtmeier, Chronik 668.

84) Urkunden des Stadtarchivs Nr. 303. 304.

85) Urkunde des Stadtarchivs Nr. 322.

86) Urkunde gedruckt in Braunschw. hist. Händeln I, 116 und in Rehtmeier, Chron. 679. Vergl. Hemelik rekenscop, S. 74.

87) Das beweist der am 25. August 1400 von der Stadt jenem Herzog ausgestellte Revers. Braunschw. hist. Händel I, 117 und Hemelik rekenscop, S. 74.

5. Die Stadt unter Herzog Friedrich.

Rathe zu ewigen Zeiten ihre beiden Viertheile des Mühlenzinses⁸⁸). So kam diese wichtige Einnahme schon vor 1400 an die Stadt, die in den folgenden Jahren auch die Mühlen selbst erwarb⁸⁹).

Auch auf kirchlichem Gebiete erwarb sich die Stadt in dieser Zeit manche bedeutende Privilegien, von denen beim Kirchenwesen weiter zu reden ist. Hier nennen wir nur das am 19. Mai 1389 ertheilte Privilegium Papst Bonifacius IX., daß kein Bürger vor ein auswärtiges Sendgericht gezogen werden dürfe, wenn er bereit sei, sich vor dem Gerichte eines von den Diöcesanbischöfen zu ernennenden Officials zu stellen⁹⁰). Der Abt der Benedictiner zu St. Aegidien und der Dechant des Blasiusstifts wurden vom Papst beauftragt, über Beachtung dieser Bestimmung zu wachen⁹¹); von demselben erhielten die Bischöfe von Minden und Verden und der Dombechant zu Magdeburg 1390 den Auftrag, die Klerisei der Stadt in allen ihren Freiheiten erhalten zu helfen⁹²).

So schritt Braunschweig auf den wichtigsten Lebensgebieten unaufhaltsam vorwärts; unter Friedrichs kräftiger Regierung empfand es, im Innern durch zeitgemäße Reformen gekräftigt, die schlimmen Folgen des unheilvollen Aufstandes nicht zu lange. Nur zu früh verlor es an Herzog Friedrich einen nicht bloß in Niedersachsen, sondern auch in weiteren Kreisen geachteten Herrn⁹³); auf der Heimkehr von Frankfurt, wo man Kaiser Wenzel entsetzen und Friedrich die deutsche Krone übertragen wollte, ward er 1400 am 5. Juni in der Nähe von Fritzlar überfallen und erstochen. Im Blasiusstift fand er seine letzte Ruhestätte⁹⁴).

---

88) Originalurkunde des Stadtarchivs Nr. 371.
89) Hemelik rekenscop, S. 74. 75.
90) Originalurkunde des Stadtarchivs Nr. 325, gedruckt bei Rehtmeier, Kirchenhistorie II, Beilage 161.
91) Originalurkunde des Stadtarchivs Nr. 323.
92) Urkunde bei Rehtmeier, Kirchenhistorie II, Beilage 173.
93) (Koch) Pragm. Geschichte 265.
94) Compilatio chronol. ad 1400 bei Leibnitz, S. R. Br. II, 67. Engelhusius das. 1137. Niedersächsische Chronik zum Jahre 1400 bei Abel, S. 204. Stadtweg zu 1400 bei Leibnitz, S. R. Br. III, 276. Chron. S. Aegidii das. 566. Botho das. 893. Tabula Blasiana das. 148.

6. Die Stadt unter den Herzögen Bernhard und Heinrich (1400—1409).

Da Herzog Friedrich keinen Sohn hinterließ, so vererbte das Land Braunschweig nach den Bestimmungen des Uelzener Vergleiches auf seine beiden jüngeren Brüder Bernhard und Heinrich[1]). Somit kam auch die Stadt Braunschweig 1400 in ihren Besitz. An den Hoheitsrechten über dieselbe hatten außer ihnen noch Antheil Herzog Otto Cocles von Göttingen und die grubenhagenschen Vettern Friedrich und Erich. Dies beweisen die nach Friedrichs Tode erfolgenden Huldigungen.

Am Sonnabend nach dem Tage aller Apostel, am 17. Juli 1400, huldigte die Bürgerschaft den Herzögen Bernhard und Heinrich, welche die damals vereinten Lande Braunschweig und Lüneburg bis 1409 gemeinsam regierten. Bei dieser Huldigung gelobten beide Fürsten in althergebrachter Weise, „die Stadt bei den Gnaden, Gewohnheiten und Rechten" zu lassen, welche sie zu ihrer Eltern Zeit gehabt habe; sie versprechen außerdem, keine settinge im Lande anzusetzen ohne der Bürger Einwilligung. Namentlich gestehen sie der Stadt ein unbeschränktes Recht zu, Mordbrenner und Straßenräuber im Lande anzugreifen[2]). In einem anderen Documente versprach Herzog Heinrich damals, die Bürger Braunschweigs, welche vom Fürstenhause etwas zu Lehen trügen, bei dem etwaigen früheren Tode seines Bruders Bernhard ohne Gabe und Widerspruch belehnen zu wollen[3]). Am Freitag nach St. Matthäus, den 24. September 1400, leistete die Stadt auch Herzog Otto Cocles von Göttingen die Huldigung[4]), und 1401 am 18. April dem Herzog Erich von Grubenhagen[5]). Dessen Oheim, Herzog Friedrich, hatte dieselbe hier schon 1384 empfangen.

Der Rachekrieg, welchen die Herzöge Bernhard und Heinrich seit

---

1) Ein vierter Bruder Otto war in den geistlichen Stand getreten.
2) Originalurkunde im Stadtarchiv Nr. 373, gedruckt in Rehtmeier, Chronik 686 und in Urkunden und Statuten der Stadt Braunschweig.
3) Originalurkunde des Stadtarchivs Nr. 372, gedruckt in Rehtmeier Chronik 714.
4) Originalurkunde des Stadtarchivs Nr. 375, ungedruckt.
5) Originalurkunden des Stadtarchivs Nr. 380. 381, letztere gedruckt in Rehtmeier, Chronik 554.

6. Die Stadt unter den Herzögen Bernhard und Heinrich.

1401 gegen den Erzbischof von Mainz, als den Anstifter der Ermordung ihres Bruders Friedrich, greift in seinen Folgen auch in die Stadtgeschichte ein. Die großen Kosten jener Fehde und die Auslösung des in die Gefangenschaft des Grafen von der Lippe gerathenen Herzogs Heinrich brachte die fürstlichen Brüder in große Schulden. Um diese zu tilgen, konnten sie ungeachtet der jährlich vom Lande aufgebrachten Beden⁶) nicht umhin, auch an das reiche Braunschweig mancherlei Gut zu verpfänden. Am 14. Juni 1404 erlaubten sie dem Rathe, auf dem Lindenberge bei Thiede eine Steingrube anzulegen⁷), vermuthlich gegen Zahlung einer Geldsumme. Für zweitausend Mark verpfändeten sie dem Rathe am 24. Februar 1406 Schloß und Gericht Asseburg sammt allen dazu gehörigen Dörfern und Leuten⁸).

Bei der Mittellosigkeit der Fürsten stieg das Ansehen der reichen Stadt um so mehr, da sie sich selbst aus schwerer Schuldenlast eben so glücklich herausgearbeitet hatte, wie oben erzählt ist. Da sie bei der Wehrhaftigkeit ihrer Bürger, denen der Rath berittene Söldner, Schützen und Donnerbüchsen in's Feld mitzugeben pflegte, in jeder Fehde ein bedeutendes Gewicht in die Wagschale der Kampfesentscheidung legte, so waren Fürsten und Städte Niedersachsens bestrebt, mit ihr Verbindungen zu Schutz und Trutz abzuschließen. So verband sich mit ihr am 10. August 1406 Herzog Otto von Göttingen zur nachdrücklichen Bekämpfung der Herren von Hardenberg, welchen Bischof Johann III. von Hildesheim als Bundesgenoß beistand⁹). Als kurz zuvor auch zwischen diesem Kirchenfürsten und den Herzögen Bernhard und Heinrich Zwistigkeiten ausgebrochen waren, gelang es dem Rathe von Braunschweig, dieselben am Sonnabend nach Himmelfahrt 1406 mit zu schlichten¹⁰). Nach Ablauf des damals geschlossenen Vertrages brachte der Rath am 15. April 1407 eine Einigung auf acht Jahre zwischen jenen

---

6) Originalurkunde des Stadtarchivs Nr. 415, bei Rehtmeier, Chronik 715.
7) Originalurkunde des Stadtarchivs Nr. 398, ausgestellt 1404 in S. Viti unde Modesti avende.
8) Urkunde in Braunschw. hist. Händel I, 118. 120. Hemelik rekenscop, S. 67.
9) Originalurkunde des Stadtarchivs Nr. 420, gedruckt bei Rehtmeier, Chronik 620. Vergl. Lünkel, Geschichte der Diöcese und Stadt Hildesheim II, 881.
10) Originalurkunden des Stadtarchivs Nr. 419. 421, ungedruckt.

Herzögen und dem Bischof zu Stande, welcher dann auch Braunschweig und Goslar beitraten [11]).

Das unter solchen Umständen gewonnene Ansehen und seine günstige Finanzlage [12]) veranlaßten Braunschweig, das längst im Besitze der wichtigsten herrschaftlichen Rechte war, noch höher emporzustreben. Es wünschte gleich Goslar eine freie Reichsstadt zu werden. Um dies Ziel zu erreichen, ließ der Rath seit dem Anfang des funfzehnten Jahrhunderts keine Gelegenheit unbenutzt, mit dem Oberhaupte des Reichs in Verbindung zu treten. Der Anfang ward 1402 gemacht. Am 25. September dieses Jahres verlieh König Ruprecht ihr das Privilegium, daß zwei Personen aus dem Rathe die Stadt zu vertreten berechtigt sein sollen sowohl vor jedem anderen weltlichen Gerichte, als auch vor des Kaisers Hofgericht. Sodann erkannte er auch die von den Herzögen bereits an hundert Jahre früher gegebene Zusage an, daß keiner ihrer Bürger, welcher Lehen trage, von einem höheren an einen niederen Lehnsherrn gewiesen werden dürfe [13]). Daß Ruprecht das Streben der Stadt nach Reichsunmittelbarkeit nicht mißfiel, zeigen die Schreiben, welche er in den folgenden Jahren an den Rath richten ließ. Ihm zeigte er 1405 am 15. December von Heidelberg aus an, daß er den Edlen Bernhard von der Lippe und dessen Genossen für die Gefangennahme und Beraubung Herzog Heinrichs in des Reiches Acht gethan habe [14]), und am 21. Februar 1407 notificirte er von ebendaher dem Rathe auch die über jenen erkannte Aberacht [15]).

Auch den inneren Angelegenheiten der Stadt wandte der Rath aufmerksame Fürsorge zu. In dem Streben, sich der kostspieligen Pfandschlösser allmälig zu entledigen, übergab er das Haus zum Campe dem Ritter Rolef von Garsnebüttel am 14. Februar 1403 gegen Zahlung von dreihundert Mark auf sechs Jahre zum Pfande [16]). Dagegen kaufte er 1403 am 15. August für sechzig Mark den am Bohlweg südlich neben

---

11) Originalurkunde des Stadtarchivs Nr. 426, gedruckt bei Rehtmeier, Chronik 692.
12) Die Schulden der Stadt betrugen 1406 nur noch 8159 Mark, der Schoß war wieder auf den geringsten Satz gesunken. Hemelik rekenscop, S. 67. 69.
13) Urkunde des Stadtarchivs Nr. 384, gedruckt bei Rehtmeier, Chronik 690.
14) Originalurkunde des Stadtarchivs Nr. 414, noch ungedruckt.
15) Originalurkunde des Stadtarchivs Nr. 427, noch ungedruckt.
16) Originalurkunde des Stadtarchivs Nr. 388, noch ungedruckt.

6. Die Stadt unter den Herzögen Bernhard und Heinrich.

der Tempelkirche belegenen Ritterhof derer von Weferlinge, um fortan von diesem Grundstück den Schoß ziehen zu können 17). Durch geordnete Finanzverwaltung minderte der Rath die Schuldenlast der Stadt 1406 auf 8159 Mark und setzte den Schoß soweit herab, daß seit 1404 nur ein Viertheil der 1388 zu zahlenden Schoßquote den Bürgern auferlegt ward 18). Dennoch vermochte er in den ersten fünf Jahren seit 1401 noch 1169 Mark auf nothwendige Bauten zu verwenden 19). 1406 waren schon wieder nahe an tausend Mark disponibel, die man zur Erbauung eines neuen Marstalls und zu dessen erster Einrichtung verwandte 20). In das erste Decennium fällt noch die Erbauung der beiden städtischen Ziegeleien, von denen eine vor der Altstadt, die andere vor der Altenwik belegen war 21).

Auch die innere Ordnung der Stadt wurde gefördert durch eine neue Redaction der Stadtgesetze, welche in's Jahr 1403 fällt. Seit der Veröffentlichung der spätestens 1349 angelegten Gesetzsammlung waren wieder eine Menge von Statuten und Rechtsbestimmungen erschienen 22). Jetzt mochte man das Bedürfniß empfinden, die nach der Entstehungszeit zusammengetragenen Bestimmungen der leichteren Uebersicht wegen dem Inhalte nach zu ordnen. In ein Ganzes konnte man die Verordnungen bei ihrer Menge und Verschiedenartigkeit nicht wohl zusammenfassen; darum machte man aus dem überkommenen Material zwei Rechtsbücher. Die mehr in die Sphäre des Rechts gehörenden Satzungen vereinigte man zum Stadtrecht von 1403; aus denjenigen aber, welche sich auf das Polizeiwesen bezogen, machte man das sogenannte Echteding 28). Damals wurden auch die sogenannten Eid-

---

17) Originalurkunde des Stadtarchivs Nr. 393, noch ungedruckt. Hemelik rekenscoop, S. 84.

18) Daſ. S. 69 sq. 66 sq.

19) Daſ. S. 57.

20) Daſ. S. 80. 81.

21) Daſ. S. 84.

22) Das zeigen die zahlreichen Nachträge, welche der ursprünglichen Redaction theils angehängt, theils zwischen die einzelnen Bestimmungen eingefügt sind.

23) Stadtrecht, Echteding und Eidbuch von 1403 sind in fünf zum Theil gleichzeitigen Handschriften enthalten. Codex Nr. VIII ist 1402 begonnen und auf Geheiß des Rathes der Altstadt geschrieben. Demselben gehörte der nicht viel jüngere Cod. Nr. IX. 1432 zu Pfingsten ward Cod. Nr. VII auf Befehl des Rathes im Sade angefertigt, und aus dieser Zeit stammt auch Cod. Nr. VI, welcher einst dem Rath der Neustadt gehörte (fol. 77¹). Eine Privatsammlung, in der ersten Hälfte

bücher angelegt. In ihnen trug man die seit etwa 1330 gebrauchten [24]) und allmälig vermehrten Eidformeln zusammen, welche die städtischen Beamten und Diener bei Uebernahme ihres Amtes zu schwören hatten. In Folge eines Beschlusses, der von den Aeltesten des Rathes 1401 gefaßt ward, begann man 1402 im Februar die Anfertigung der Zins- oder Kämmereibücher [25]). In diese Bücher, deren jedes Weichbild eins anlegte, schrieb man alle Einnahmen, welche der betreffende Rath aus seinen Grundstücken in der Stadt und deren Feldmark, aus Worthzinsen, Erbenzinsen, für die Benutzung der Gewandhäuser, Bäcker- und Knochenhauerscharen, aus den Ausständen der Kürschner, Krämer und anderer auf den Märkten ausstehenden Gewerbsleute, ferner aus den Wagehäusern und an einzelnen Abgaben einzunehmen hatte. Auch manche Ausgaben sind dort verzeichnet, so z. B. für kirchliche Feste, welche der Rath auf seine Kosten feiern ließ, für Armenpflege, für Glockenläuten, für Besoldung und Kleidung der Rathsdiener und dergleichen. Endlich ließen einige von den Rathsältesten die öfters erwähnte Heimliche Rechenschaft [26]) 1401 schreiben und dem Rath überantworten. Dies Buch besteht aus vier Theilen. Der erste (S. 4—14) weist nach, wie die Stadt durch Unglücksfälle verschiedener Art, namentlich durch die Schicht in große Schulden gerathen sei. Der zweite (S. 15—67), wie sie sich seit 1387 aus denselben wieder herausgearbeitet habe. Der dritte um 1406 geschriebene Theil (S. 69—71) giebt den damaligen Stand der städtischen Finanzen an, während der letzte Theil (S. 74—103), der bis 1416 fortgeführt ist, darstellt, was der Rath für die Mühlen und den Mühlenzins, für den Marstall und sonstige Bauten, namentlich auch für die Landwehren und für die Erwerbung einzelner Privilegien verausgabt hatte. Dies Buch sollte den neu eintretenden Rathsherren jährlich wenigstens einmal vorgelesen werden, damit sie mit den Angelegenheiten der Stadt bekannt würden. In

---

des sechszehnten Jahrhunderts angelegt, ist im Besitz der Erben des Herrn Stadtdirectors Bode. Echteding und Stadtrecht sind gedruckt in Hagemann und Spangenberg, Prakt. Erörterungen IX, S. 522—570.

24) Die ältesten Eidsammlungen stehen im Liber proscriptionum II, S. 25. 26 und im Cod. Nr. X. am Ende.

25) Die Zins- und Kämmereibücher der fünf Weichbilder sind noch im Stadtarchiv erhalten; sie sind auch Hauptquelle für die Kenntniß der Weichbilder und Bauerschaften der Stadt, namentlich auch der Begrenzung derselben.

26) Sie befindet sich im Stadtarchiv.

den ersten Decennien des funfzehnten Jahrhunderts ward endlich noch der Ordinarius des Rathes zu Braunschweig[27] niedergeschrieben. In dieser Schrift, welche der gemeine Rath 1408 zu Ostern verfassen ließ, ist die ganze Organisation des Rathsregiments dargestellt, wie ein neuer Rath eingesetzt wird (§. 1—5), welche Aemter die Mitglieder des Raths selbst verwalten (§. 6—19), welche Stellung der gemeine Rath, der Küchenrath und die Rathsgeschworenen neben den fünf Weichbildsräthen einnehmen (§. 20—27); da ist ferner die Rede von den Rathsversammlungen (§. 28—34), von des Raths Commissionen (§. 35—46), von den öffentlichen Aemtern, die der Rath besetzt (§. 49—73), vom Gesinde des gemeinen Rathes (§. 74—91) und der Weichbildsräthe (§. 92—114) und endlich von den Geschäften, welche der Rath zu bestimmten Zeiten im Laufe eines Jahres vorzunehmen hat (§. 115—148). Den Inhalt der hier aufgeführten Quellen werden wir gehörigen Orts genauer kennen lernen.

7. Die Stadt unter Herzog Bernhard (1409—1428).

Nachdem die Stadt Braunschweig fast zehn Jahre lang die fürstlichen Brüder Bernhard und Heinrich zu Landesherren gehabt hatte, kam sie in Folge der Theilung des Jahres 1409 wieder unter einen Landesherrn, den Herzog Bernhard. Anrechte an ihr behielt sich indessen auch Herzog Heinrich vor, der damals die Herrschaft Lüneburg erhielt[1]. Außer ihm hatten auch die Herzöge der göttingenschen und grubenhagenschen Linie ihre Anrechte an Braunschweig. Aber gerade dies Verhältniß gereichte der Stadt zum größten Vortheil; unter getheilter Herrschaft strebte sie um so leichter und ungehinderter empor.

Bald nach jener Theilung erwarb sie das Münzrecht von allen

---

27) Das Original ist verschollen, spätere Handschriften befinden sich zwei auf der Königlichen Bibliothek zu Hannover (Schrank 7, 135), eine dritte um die Mitte des sechzehnten Jahrhunderts geschriebene im hiesigen Stadtarchiv. Abdruck bei Leibnitz, S. R. Br. III, 446 sq.

1) Chron. Luneburg. zu 1409 bei Leibnitz, S. R. Br. III, 196. Die Theilung geschah am Montag nach Oculi, am 11. März 1409 nach dem Auszug der Theilungen nahe in Vera et perspicua ocul. demonstratio. Beilage E.

in ihr berechtigten Herzögen völlig. Schon seit den Zeiten Herzog Magnus I. waren ihr Antheile an den Aufkünften aus der Münze oft auf mehrere Jahre versetzt worden. Ein völliger Verzicht auf jenes wichtige Recht, welches um 1400[2]) jährlich einen Reingewinn von etwa hundert Mark einbrachte, scheint jetzt auch im Interesse der Fürsten gelegen zu haben. Durch die Einrichtung, daß die gemünzten Pfennige nur ein Jahr ihren vollen Werth behielten, später aber ein Viertheil desselben verloren, kam nicht bloß das Land und die Unterthanen in Schaden, sondern auch die herzoglichen Zollkassen, da jener Einrichtung wegen viele Kaufleute den Verkehr mit Braunschweig mieden. Darum verzichteten die Herzöge auf ihr Recht, Münzen namentlich Pfennige zu schlagen und berechtigten den Rath zu Braunschweig, Geld zu münzen, das im ganzen Lande gelten solle. Die Herzöge versprachen dabei, weder selbst eine Rente oder einen Schlagschatz dafür zu fordern, noch Anderen zu verkaufen, verleihen oder zu verpfänden. Diese Zusagen ertheilte zuerst der Landesherr Herzog Bernhard am Sonntag Lätare, den 14. März[3]); die anderen in Braunschweig mitberechtigten Fürsten des Welfenhauses folgten. Zunächst am Himmelfahrtstage (13. Mai) Herzog Heinrich von Lüneburg, dann Herzog Otto Cocles von Göttingen am Montag nach Mariä Heimsuchung (5. Juli), darauf Herzog Erich zu Salzderhelden am Jacobustage (25. Juli), endlich Herzog Friedrich zu Osterode am Tage Mariä Himmelfahrt (15. August) 1412[4]). Jedem der berechtigten Herzöge zahlte die Stadt ein Geschenk von dreißig rheinischen Gulden, dem Herzog Friedrich zu Osterode gab man noch funfzehn Mark dazu[5]). Als die Stadt sodann die auf der Münze haftenden von den Herzögen im Laufe der Zeit bei den Grafen von Regenstein, den Edlen von Dorstadt und bei vielen abligen Familien des Landes[6]) oder Patriciern der Stadt gemachten Schulden abgetragen und andere Ansprüche, welche hiesigen und auswärtigen Bürgern und Corporationen daran zustanden, bis 1416 mit fast viertausend Mark abgefunden[7]),

---

2) Porner, Gedenkbuch, fol. 12.
3) Urkunde im Copialbuch I, fol. 26.
4) Das. fol. 26¹—28.
5) Porner, Gedenkbuch, fol. 11.
6) Jeder ihr Münzlehen auflassenden Familie ward eine Geldentschädigung von der Stadt gezahlt. Porner, Gedenkbuch, fol. 11.
7) Hemelik rekenscop, S. 101—102. Der Abfindungsurkunden giebt es im Stadtarchiv noch eine große Menge, Nr. 454—501. 504—506. 510—518. 521.

7. Die Stadt unter Herzog Bernhard.

endlich fünfhundert Mark zur Anlegung der Münze angewandt hatte⁸), konnte sie ihre eigenen Pfennige schlagen.

Auch den hiesigen Marktzoll erwarb die Stadt 1412 für 690 Mark, zu denen sie freilich später noch hundert Mark zulegen mußte⁹), gleichzeitig auch die eine Hälfte des Straßenzolls, welche seit den Zeiten der Söhne Herzog Albrechts des Fetten denen von der Heyde für dreißig Mark versetzt war ¹⁰). Der Rath zahlte jener Familie 180 Mark dafür, fand auch den Herzog Bernhard mit fünfhundert Mark ab und kam so 1412 am 16. October in den Besitz der einen Hälfte¹¹). Die andere war durch die ablige Familie von Uetze, welche diese von den Herzögen zu Lehen trug, den Retwegen überlassen, welche die Stadt mit 190 Mark abfand¹²). Auch die auf dem Zolle lastenden Hypotheken sammt der Verpflichtung, die Zinsen dafür jährlich mit dreißig Pfund Pfennigen zu zahlen, übernahm die Stadt, begann aber schon 1416 mit der Ablösung dieser Verpflichtungen¹³). — Noch andere nutzbare Erwerbungen machte der Rath seit 1400 an den acht hiesigen Mühlen, deren Besitz er mit etwa 640 Mark Geldes erkaufte. Zwei derselben lagen neben dem Bruchthore am Südende der Stadt, davon die Südmühlen genannt, die Dammmühle stand auf dem Damme an der Stelle der Münze, neben der Burg waren die zwei Burgmühlen belegen, zwei lagen am Neustadtthore und eine vor dem inneren Wendenthore¹⁴). Für die Erwerbung des Malz- oder Mühlenzinses hatte die Stadt schon vor 1400 bedeutende Summen aufgewandt, nothwendige Bauten und Ablösung kleiner Zinse und sonstiger Leistungen kosteten noch viel Geld; aber 1406 berechnete der Rath, daß die aufgewandten 2965 Mark die Zinsen von über viertausend Mark einbrachten¹⁴).

Auch an ihre Vertheidigungsanstalten wandte die Stadt bis 1416 manche Summe Geldes. Ueber vierhundert Mark kostete die Vollendung der Landwehren in den Jahren 1406 bis 1416. In dieser Zeit ward der steinerne Berchfried auf der Landwehr zu Oelper erbaut

---

8) Hemelik rekenscop, S. 84.
9) Daf. S. 100.
10) Urkunde in Rehtmeier, Chronik 634.
11) Borners Gedenkbuch, fol. 6¹.
12) Daf. fol. 7.
13) Daf. fol. 7¹—9¹.
14) Hemelik rekenscop, S. 74 flg. und 123.

und die Landwehr zwischen Rüningen und Broitzem durch eine Mauer befestigt [15]). Damals ließ der Rath auch den St. Johannishof und den daran stoßenden Hof bei der Südmühle mit einer Mauer umziehen, versah diese dann mit Thürmen, um die Südseite der Stadt mehr zu sichern [16]), welche bisher nur durch die Niederungen des unbebauten Bruches geschützt war. Für den Stadthauptmann, den Führer der städtischen Streiter, richtete man dem Barfüßerkloster gegenüber ein eigenes Haus ein [17]). Auch die Zahl ihrer schweren Geschütze vermehrte die Stadt durch die 1411 gegossene sogenannte faule Mette, welche an 180 Centner Metallgewicht hatte und bei einer Ladung mit etwa funfzig Pfund Pulver eine Steinkugel von drei bis vier Centner Gewicht schoß. Nachdem der Rath für deren Herstellung 617 Mark verausgabt hatte, wandte er in den folgenden Jahren noch an fünfhundert Mark auf die Anschaffung mehrerer kleineren „Donnerbüchsen" [18]).

Unter Kaiser Sigismund setzte Braunschweig sein Streben nach Reichsunmittelbarkeit fort, es trat mit dem kaiserlichen Hofe so oft als möglich in Verbindung. Durch Bestätigung alter und Ertheilung neuer Privilegien förderte auch Sigismund die Emancipationsversuche der Stadt. Im Anschluß an das Privilegium König Ruprechts von 1402 verlieh er am 1. Februar 1415 von Costnitz aus der Stadt die erbetene Gnade, daß ihre Bürger in Civil- und Criminalprocessen nur vor ihrem Stadtgerichte belangt werden könnten, und untersagte bei Strafe allen Fürsten, Herren und Obrigkeiten, die Bürger vor irgend ein anderes weltliches Gericht außerhalb der Stadt, mit Ausnahme des kaiserlichen Hofgerichts, zu laden [19]). Am 2. Februar bestätigte der Kaiser alle Privilegien, Rechte und Freiheiten, welche die Stadt von Kaisern, ihren Fürsten und sonstigen Herrn in der Vorzeit erlangt habe, und versprach den an ihn gesandten Bürgermeistern, Rathmännern und Bürgern, ihre Stadt dabei gnädiglich zu erhalten und zu schirmen [20]). 1417 am 18.

---

15) Hemelik rekenscop, S. 94.

16) Das. S. 96.

17) Das. S. 86.

18) Originalurkunde des Stadtarchivs vom 12. November 1411 Nr. 445. Hemelik rekenscop, S. 100. Botho zu 1411 bei Leibnitz, S. R. Br. III, 396. Vergl. den Aufsatz: „Die faule Mette" in Sacks Alterthümern, S. 71 flg.

19) Originalurkunde des Stadtarchivs Nr. 529, gedruckt bei Rehtmeier, Chronik 700.

20) Originalurkunde des Stadtarchivs Nr. 528, bei Rehtmeier, Chronik 701.

7. Die Stadt unter Herzog Bernhard.

März erkannte der Kaiser eine der ältesten und wichtigsten Grundlagen der städtischen Freiheit, welche schon Heinrich der Löwe verliehen haben mag, öffentlich an, indem er erklärte, Jeder, der Jahr und Tag in der Stadt gewohnt habe, ohne von Jemand in Anspruch genommen zu sein, solle als Freier gelten [21].

Bei der immer inniger werdenden Verbindung der Stadt mit dem Reichsoberhaupte blieb den Herzögen, wenn sie sich nicht des Ungehorsams gegen jenes schuldig machen wollten, nichts übrig, als die vom Kaiser ertheilten Rechte anzuerkennen, wie es Herzog Otto 1423 hinsichtlich des Privilegiums de non evocando that [22]. Daß der Fürsten Ansehen in der Stadt darunter litt, läßt sich denken. Dies mußte um so mehr der Fall sein, wenn die Herzöge zu ihren Fehden die Waffengenossenschaft der Stadt zu erlangen suchten oder gar Zwistigkeiten zwischen Mitgliedern des Welfenhauses durch den Rath schlichten ließen. Daß solche Dinge geschahen, zeigen Urkunden. Herzog Erich zu Salzderhelden bat am 28. Mai 1415 den Rath, ihm behülflich zu sein in einer Fehde wider Burchard und Heinrich von Bortfeld [23]; ihm stand die Stadt auch bei, als Herzog Heinrich von Lüneburg 1416 das Schloß Eberstein ihm abnehmen wollte [24]. 1418 am 2. Februar kam ein förmlicher Bundesvertrag zwischen Erich und dem Rathe auf drei Jahre zu Stande. Der Herzog verspricht, den Rath und die Bürger zu Braunschweig treulich zu vertheidigen und zu beschirmen gegen Jedermann „nach Ehre und Recht", in Kriegszeiten will er ihr auf ihr Begehren zehn bis dreißig Glevien zu Hülfe senden [25]. Als Vermittler zwischen den verschiedenen Linien des fürstlichen Hauses erscheint der Rath 1416 in einem Streite, welchen die Brüder Bernhard und Heinrich mit ihren Vettern Friedrich, Erich und Otto von Grubenhagen hatten [26].

Ihre unter solchen Umständen immer mehr begründete Selbständigkeit benutzte die Stadt im zweiten Decennium des fünfzehnten Jahrhunderts, mit benachbarten Fürsten und Städten Bündnisse zu schließen theils im

---

21) Originalurkunde des Stadtarchivs Nr. 554, gedruckt in Braunschw. hist. Studien II, 989.
22) Originalurkunde des Stadtarchivs Nr. 531, ungedruckt.
23) Urkunde des Stadtarchivs Nr. 538, gedruckt bei Rehtmeier, Chronik 555.
24) Chron. Luneburg. bei Leibnitz, S. R. Br. III, 198.
25) Urkunde des Stadtarchivs Nr. 560, gedruckt bei Rehtmeier, Chronik 555.
26) Urkunde des Stadtarchivs Nr. 545 vom 1. September 1416, ungedruckt.

Interesse des Landfriedens und zur Sicherung der Land- und Handelsstraßen, theils aber auch zur Wahrung der einmal erlangten Privilegien. Mit Lüneburg und Hannover machte es einen solchen Bund auf vier Jahre 1415 am 10. März[27]), mit Magdeburg, Halberstadt, Quedlinburg und Aschersleben am 17. November desselben Jahres[28]). Mit dem Bischof Johann III. von Hildesheim verbündete sich die Stadt 1416 am 21. August auf acht Jahre zur gegenseitigen Vertheidigung der Rechte und Freiheiten, welche Kirche und Reich ihnen verliehen hätten und die namentlich „von den niederen Herren verkürzt würden"[29]).

Damals war Braunschweig in eine Fehde mit den Gebrüdern von Mahrenholz verwickelt. Sie entstand um den Besitz des Schlosses Neubrück an der Oker. Als Herzog Bernhard und sein Sohn Otto 1411 am 28. November vom Rathe vierhundert Mark Silbers liehen, hatten sie sich verpflichtet, falls das Geld binnen Jahresfrist nicht zurückgezahlt werde, der Stadt das Schloß Neubrück zu überantworten[30]). Da eine vollständige Zurückzahlung nicht erfolgte, so verpfändete Herzog Bernhard für die noch restirenden dreihundert Mark jenes Schloß, welches er erst vor Kurzem von denen von Mahrenholz eingelöst hatte, dem Rathe am 14. Februar 1413[31]). Etwa zwei Jahre nachher, am 7. Februar 1415, kaufte die Stadt den Gebrüdern von Mahrenholz ihr Burglehn zu Neubrück sammt dem Immenhof und dem Weingarten für 118 rheinische Gulden ab[32]). In Folge dieses Kaufes entstand Streit. Die von Mahrenholz verboten ihren in den benachbarten Dörfern wohnenden Meiern, dem Schloß Neubrück ferner die herkömmlichen Dienste zu thun, welche die Stadt fordern mochte. So kam es 1415 zur Fehde. Nach mehrfachen Räubereien versuchten die von Mahrenholz mit den Ihrigen einen Sturm auf Neubrück, welches die Schützen des Rathes vertheidigten. Bei demselben ward Heinrich von Mahrenholz erschossen, sein Bruder Cord ward gefangen und nach Braunschweig geführt, wo man ihn in den Keller des Hagenrathhauses sperrte, bis er Frieden zu hal-

---

27) Urkunden des Stadtarchivs Nr. 536. 537; auch im Copialbuch VI, fol. 20.
28) Urkunden des Stadtarchivs Nr. 540. 541 und Urkunde im Copialbuch VI, fol. 25¹; alle noch ungedruckt.
29) Urkunde des Stadtarchivs Nr. 544, gedruckt bei Rehtmeier, Chronik 703.
30) Urkunde des Stadtarchivs Nr. 446, ungedruckt.
31) Urkunde des Stadtarchivs Nr. 508, ungedruckt.
32) Urkunde des Stadtarchivs Nr. 583, ungedruckt.

7. Die Stadt unter Herzog Bernhard.

ten gelobte. Dies that er vor Ablauf des Jahres 1415[33]). Schon 1416 überließ jene Familie für hundert rheinische Gulden dem Rathe als Pfand einen Hof und den Zehnten zu Rolfsbüttel bei Neubrück[34]), und 1417 am 30. November sah sie sich, wahrscheinlich durch Geldverlegenheit, sogar genöthigt, Fricke vom Damm und Heinrich Lutherdes als Vertreter des Rathes mit ihrem Stammsitze, dem Dorf Schwülper an der Oker und der zugehörigen Schweinmast im Haynwebel zu belehnen[35]). — In demselben Jahre am 26. Juli hatten die von Burgdorf dem Rathe die Gerichtsbarkeit im Dorfe Achim bei Seinstedt verkauft[36]). Andere weniger gelegene oder minder einträgliche Güter gab die Stadt fort, z. B. Vogtsdahlum zwischen Schöppenstedt und Schöningen. Zwar hatte der Rath siebenhundert Mark darauf als Pfandsumme gegeben; dennoch gestattete er am 14. Februar 1413 dem Herzog Bernhard die Wiedereinlösung für vierhundert Mark. Als diese zu Stande gekommen war, überließ der Herzog jenes Schloß wieder der Familie von Beuben[37]).

Das bei Weitem wichtigste Ereigniß des zweiten Decenniums des fünfzehnten Jahrhunderts war der sogenannte Pfaffenkrieg[38]). Denn er zeigt, wie abhold Braunschweigs Bürger selbstsüchtigem Pfaffenthum waren und wie sie zu höherer Geistesbildung emporstrebten, als die Geistlichkeit sie mittheilen konnte oder wollte. Zu derselben Zeit, wo das Verderbniß des Clerus Johann Huß zum ersten Versuch einer Reformation der Kirche an Haupt und Gliedern trieb, entbrannte in Braunschweigs Mauern ein Kampf gegen pfäffische Unsitten und geistlichen Obscurantismus. Die ersten Vorboten desselben finden sich schon im vierzehnten Jahrhundert. Bereits seit 1318 ließ sich die Stadt von jedem

---

33) Niedersächsische Chronik zum Jahre 1415 bei Abel 209. Urkunde im Copialbuch VI, fol. 28.

34) Urkunden des Stadtarchivs Nr. 546 und 552, ungedruckt.

35) Urkunde des Stadtarchivs Nr. 557, ungedruckt.

36) Urkunde des Stadtarchivs Nr. 558a, ungedruckt.

37) Urkunden des Stadtarchivs Nr. 509. 507, ungedruckt.

38) Die Quellen desselben sind theils gleichzeitige Urkunden, theils das 1418 Judica geschriebene Papenbok des Stadtarchivs, theils der Abschnitt des Shigtboks: De Papenkryg, S. 33—48. Kurze Notizen stehen in der niedersächsischen Chronik zu 1413 und 1420 bei Abel 208. 211; im Chron. S. Aegidii zu 1419 bei Leibnitz, S. R. Br. III, 595; in Bothos Chronik zu 1420 das. 398 und im Chron. Riddagshus. das. II, 82.

die Huldigung empfangenden Herzog die Zusage geben, daß nun kein Kloster oder Stift fernerhin hier angelegt werden solle. Auch hier beschränkte das „Gesetz von der todten Hand" die Expansionskraft der geistlichen Grundbesitzungen. Da führte 1413 ein Conflict des Rathes mit dem Blasiusstift um die Ulrichskirche und der Wunsch, bessere vom clericalen Geiste freigehaltene Schulen zu erhalten, zum Pfaffenkriege.

Mehrfache Veranlassungen führten denselben herbei. Die erste war ein Streit über die Besetzung des Pfarramts zu St. Ulrich. Dieses hatte das Blasiusstift zu vergeben. Das Capitel machte einen seiner Diaconen, Johann Monstede, zum Pfarrer; dieser übertrug aber die Besorgung des Amtes an einen anderen Geistlichen, wie es in anderen hiesigen Kirchen leider auch Sitte war. Eine so leichtsinnige Vergabung des Seelsorgeramtes mag die Pfarreingesessenen empört haben, diese verlangten nun den Magister Heinrich Herbordes zum Pfarrer. Die beiden Geistlichen brachten ihre Sache vor das päpstliche Gericht zu Rom; dies erklärte Herbordes zum rechtmäßigen Pfarrer und beauftragte dessen Sachwalter mit der Einweisung ihres Clienten in die betreffende Kirche, in welcher Johann Monstede die Sacra bereits verwaltete. Den 25. Mai 1413, am Donnerstag vor Himmelfahrt, holten jene Procuratoren Johann Monstede während der Vesper aus der Kirche und entfernten ihn mit Hülfe vieler Bürger und Knechte aus dem Pfarrhause. Da Herbordes Sachwalter die päpstliche Entscheidung vorzeigten, so ließ der Rath, dem dieser Geistliche genehmer sein mochte, die Entfernung Monstedes ruhig geschehen, obwohl sich einige Stiftsherren für ihn verwandten[39]). Bei einer Unterhandlung am 31. Mai gab der Rath den Abgeordneten des Stifts den Bescheid, daß eine Wiedereinnahme des Pfarrhofes zu St. Ulrich mit Gewalt nicht gestattet werden könne[40]). Darauf ließ das Stift die Kirche schließen und verweigerte den Aelterleuten die Herausgabe der Schlüssel. Nun ward von Bürgern in Gegenwart der Sachwalter Herbordes am 3. Juni eine der Kirchthüren zu St. Ulrich mit Gewalt geöffnet, an den folgenden Tagen sollen auch die übrigen Thüren des Gotteshauses sammt den Thüren zum Chor, zur Sacristei und zum Sacrament von dem Schmied Junge Herbordes mit Gewalt geöffnet

---

39) Shigtbot, S. 34 und Papenbot, S. 1. 27. 28. 17. 35. Porner, Gedenkbuch, fol. 4¹.

40) Papenbot, S. 2. 3. 18. 35.

7. Die Stadt unter Herzog Bernhard.

sein, was dieser freilich in Abrede stellte[41]). Die Stiftsherren, somit auch aus dem Besitze der Kirche verdrängt, suchten Hülfe. Zunächst wandten sie sich an den hildesheimischen Archidiaconus wahrscheinlich des Baunes Stöckheim. Dieser ließ eine Warnung und einen Spruch gegen Herbordes Sachwalter ergehen und beauftragte mit dessen Ausführung den Pfarrer in der Burg und den zu St. Andreas, Johann von Embern. Als sich aber die Sachwalter dem Archidiaconus gegenüber auf die päpstliche Entscheidung beriefen, nahm dieser seinen Spruch zurück[42]). Der sodann in's Interesse gezogene Bischof von Hildesheim lud den Schmied Herbordes vor sein Gericht und drohte mit dem Banne, wenn man seinem Richterspruche nicht gehorsam wäre. Eine nach dem Barfüßerkloster vom Rath berufene Versammlung des hiesigen Clerus, zu welcher nur die Canonici von St. Blasius nicht eingeladen waren, erklärte das Verfahren des Bischofs für ungesetzlich, weil es die der Stadt verliehenen geistlichen Privilegien nicht respectire[43]). Die Berufung solcher Versammlung, die seit Alters nur dem Stift St. Blasius zustand, ward vom Capitel übel aufgenommen; der Bischof sandte nun noch „schwerere Briefe" an seine Commissarien, Herrn Johann von Embern und den Pfarrer in der Burg. Als diese sie veröffentlichten, berief der Rath den Clerus zum zweiten Male. Mit Ausnahme der beiden Capitel zu St. Aegidien und St. Cyriaci schloß sich die Geistlichkeit der von Herbordes Sachwaltern entworfenen Appellation an den Papst wider den Bischof von Hildesheim an[44]), welche schleunig nach Rom gesandt wurde.

Nach der gewaltsamen Oeffnung der Ulrichskirche am Sonnabend nach Himmelfahrt (3. Juni) versahen dort Herbords Sachwalter den Gottesdienst. Sie gingen nun zum Angriff gegen die Stiftsherren von St. Blasius über. Sie beriefen einen Archidiaconus des Erzbisthums Mainz, zu dessen Sprengel das Bisthum Hildesheim mitgehörte, aus dem Eichsfelde, damit dieser gegen das Stift St. Blasius einschreite. Dieser erschien am 5. Juni. Er ließ die Stiftsgeistlichkeit, welche eben eine Seelenmesse für den 1400 erschlagenen Herzog Friedrich beginnen wollte, vor sein Gericht laden, welches Nachmittags zur Vesperzeit auf

---

41) Papenbot, S. 19. 20. 36—38.
42) Das. S. 4.
43) Das. S. 5.
44) Das. S. 5. 6. 21.

dem St. Martinikirchhofe gehalten werden sollte. Vergeblich suchte das Capitel des Stifts den Rath der Neustadt, deren Pfarrer Johann von Embern auf seiner Seite stand, zum Einschreiten zu bewegen, umsonst suchten die Stiftsherren durch Beredung einiger Schmiede, Knochenhauer und Messerschmiede Zwietracht in der Stadt zu erregen, umsonst protestirten sie gegen den Spruch eines fremden Geistlichen; dennoch wurde in Gegenwart einer großen Volksmenge im Namen des Papstes der Bann ausgesprochen über das Capitel St. Blasius, den Dechanten zu St. Cyriacus und den Pfarrer zu St. Andreas. Diese Entscheidung ward durch Verkündigung von der Kanzel der Ulrichskirche recht stadtkundig [45]).

Nun schickte das Blasiusstift zwei aus dem Capitel an den Herzog Bernhard und klagte über das ihm an der Ulrichskirche zugefügte Unrecht. Von Calenberg aus ermahnte der Herzog den Rath am 9. Juni, solche Unbill nicht zu gestatten [46]). Klagende Briefe sandte das Capitel auch an die übrigen Fürsten des welfischen Hauses, die Anrecht an der Stadt hatten, und an die Domcapitel zu Hildesheim, Halberstadt und Magdeburg [47]).

Die gegenseitige Erbitterung des Stifts St. Blasius und der Bürgerschaft zeigte sich leider bei mehreren kirchlichen Festen der nächsten Zeit recht offen. Es nahete der Freitag vor Johannis, an welchem die Bürgerschaft mit dem Clerus St. Autors Sarg in Procession um die Stadt zu tragen pflegte. Murrend erklärte das Volk schon vorher, mit Gebannten gehe es die Procession nicht. Um Scandal zu vermeiden, berief der Rath den Clerus Tags zuvor nach dem Franziskanerkloster [48]). Als dort siebenzig Priester erklärten, sie würden mit den Gebannten keine Gemeinschaft haben, und als auf die Anzeige davon das Blasiusstift dennoch erklärte, an der Feier des folgenden Tages Theil nehmen zu wollen, beschloß der Rath, die Procession zu unterlassen und die Feier des Tages (23. Juni) auf ein Hochamt in den Stadtkirchen zu beschränken [49]). Wenige Tage nachher, am 28. Juni, war die Procession des heiligen Leichnams von St. Cyriacus nach St. Blasius zu halten und dort mit

---

45) Papenbot, S. 7. 20. 28.
46) Das. S. 10 flg.
47) Das. S. 27.
48) Das. S. 7.
49) Das. S. 8. 9.

feierlichem Gottesdienst zu beschließen. Um Streit zu vermeiden, holten die Bürger und die städtische Geistlichkeit diesmal den Frohnleichnam von St. Katharinen, trugen ihn in Procession nach St. Martini und feierten da das Hochamt⁵⁰). Die Geistlichkeit der beiden Stifter und des Benedictinerklosters sammt den Pfarrern von St. Martini und Andreas hielten aber eine gesonderte Procession, an der sich kein Bürger betheiligte, an der nicht einmal die Kinder der Stiftsschulen Theil nehmen durften⁵¹).

Auf den 7. Juli, wo zu St. Blasius Kirchweih gehalten zu werden pflegte, verlegte der Rath die früher ausgesetzte Procession mit St. Autors Sarge. Da an derselben die meisten Geistlichen der Stadt sich betheiligten, so fiel die Feierlichkeit in der Stiftskirche, an der Theil zu nehmen den Schulkindern untersagt war, sehr dürftig aus⁵²). Zum Entgelt störte das Stift die Procession, welche am 20. August, dem Tage St. Autors, nach dem Benedictinerkloster zu ziehen pflegte. Auch zu dieser hatte der Rath die gebannten Stiftsherren nicht eingeladen, sondern sie gebeten, nicht zu erscheinen. Schon sammelten sich die Theilnehmer der Procession vor dem Lauenthurme neben der Ulrichskirche; da erschienen dennoch die Stiftsherren von St. Blasius und St. Cyriacus auf dem Platze; sie mochten hoffen, das dort versammelte Volk und die Geistlichkeit solle sich ihnen zum Zuge nach St. Aegidien anschließen, ohne den Bann zu achten. Da trat Hermann von Vechelde von des Raths wegen dazwischen. Seiner Weisung gemäß ließ man die Stiftsherren unter Drohungen durchziehen, dann ging aber der übrige Clerus und das Volk nach Hause, ohne die Procession zu halten⁵³).

Unterdessen waren bereits mehrere Versuche gemacht, die Sache auszugleichen, so am 7. Juli durch die Herzöge Bernhard und Otto von Osterode, aber ohne Erfolg, da der Rath dem Stift nicht gestatten wollte, sich mit Gewalt wieder in den Besitz der Pfarre St. Ulrich zu setzen⁵⁴). Auch die Einigungsversuche zu Ribbagshausen am 16. und 17. August und auf dem Moshause in der hiesigen Burg am 22. August blieben erfolglos. Erst am 1. November auf einem Tage zu Celle

---

50) Papenbok, S. 9. 10.
51) Das. S. 21. 31.
52) Das. S. 22.
53) Das. S. 22. 32.
54) Das. S. 11. 12.

waren beide Parteien erbötig, ihre Klagen gegen einander bis zum 11. November aufzuschreiben und den Fürsten zur Entscheidung zu überlassen [55]). In Folge davon bestellte Herzog Bernhard am 15. November eine Schiedscommission, die aus drei Stiftsherren und drei Rathsherren bestand [56]). Dennoch kam die Aussöhnung nicht zu Stande. Ein neuer Versuch, den man am 17. März 1414 machte, war ebenso vergeblich, da Herbordes sich aus dem Besitz der Ulrichskirche nicht verdrängen ließ [57]). Erst am 30. März scheinen sich die Parteien unter Vermittelung des Herzogs Bernhard über die meisten streitigen Punkte vertragen zu haben [58]). Da aber die Frage über die Ulrichskirche noch unentschieden gelassen wurde, so wandte sich das Stiftscapitel jetzt an den Papst mit der Bitte, die Kirche dem Stift wieder zuzusprechen. Als dies der Rath am 9. Mai 1414 erfuhr, machte er dem Capitel Vorstellungen; da diese vergeblich blieben, so brach der Streit von Neuem aus [59]). Auch dieses Mal wurde das Stift St. Cyriacus und das Benedictinerkloster mit in den Streit verwickelt [60]), welcher jetzt durch Hereinziehung anderer Beschwerdepunkte noch größere Dimensionen annahm.

Es war in der Stadt Sitte geworden, wenn ein Pfarrherr oder ein Geistlicher einer Kirche in den Bann gethan ward, so kam seine ganze Gemeinde gleichsam mit in den Bann, da der Gottesdienst in ihrer Kirche aufhörte. Unzufriedenheit erregte auch die Forderung der Pfarrgeistlichen, daß Niemand außerhalb seiner Pfarre zur Beichte gehen solle. Nun beichtete aber Mancher mit besonderer Vorliebe bei den Paulinern und Barfüßern. Wer das that, dem versagten die Pfarrgeistlichen die Sacramente. Im Streite hierüber hielten es die Laien meistens mit den Bettelmönchen gegen ihre Pfarrgeistlichen [61]). Endlich genügten der Bürgerschaft die älteren Stifts- und Klosterschulen zu St. Blasius, St. Cyriacus und St. Aegidien mit ihrer Zucht und Bildung

---

55) Papenbol, S. 15.
56) Daf. S. 16.
57) Daf. S. 46 flg.
58) Daf. S. 53—59. Urkunde des Stadtarchivs Nr. 526.
59) Daf. S. 47 flg.
60) Daf. S. 49—51.
61) So erzählt das Shigtbot S. 34, dessen Darstellung hier im Folgenden zu Grunde liegt.

damals nicht mehr. Zwar hatten die Vorsteher derselben schon 1370 Manches in ihnen besser geordnet [62], mancherlei Zügellosigkeiten hatte das Capitel St. Blasius noch 1407 am 21. Februar den Schülern der Stiftsschule untersagt [63]; aber die Abstellung einzelner Mißbräuche befriedigte nicht. Der wissenschaftliche Standpunkt der meisten Lehrer der alten Schulen mochte wohl ein zu niedriger sein; eine vielseitigere und doch solide Bildung war nur auf Schulen zu erwarten, die von den Stadtbehörden abhingen, auf denen man nicht vorzugsweise auf den geistlichen Stand, sondern auch für das praktische Leben vorzubilden Bedacht nahm. Solcher Stadtschulen beschloß der Rath 1414 zwei zu errichten, eine im Hagen, eine in der Altstadt; jene in der Katharinen-, diese in der Martinigemeinde [64].

Sobald der Rath mit der Ausführung seines Beschlusses Ernst machte, erklärten beide Stiftscapitel, sie würden keine Schule mehr gestatten, könnten nicht erlauben, daß Geistliche privatim mehr als zwei Knaben unterrichteten, und müßten sich auch der Vermehrung der Schreibschulen widersetzen [65]. Ohne Zweifel fürchteten sie eine Verminderung der Schülerzahl in ihren Schulen und die aus den neuen Anstalten hervorgehende Aufklärung der Geister. Unter diesen Umständen richtete der Rath gegen Ende des Jahres 1414 ein Schreiben an Papst Johann XXIII., worin er seine Wünsche aussprach und motivirte [66]. Im Februar 1415 ertheilte der Papst von Costnitz aus die erbetene Erlaubniß [67].

Als man nun mit dem Bau der nöthigen Locale begann, verbanden sich die Stiftscapitel mit dem Benedictinerabt von St. Aegidien zu gemeinsamen Gegenmaßregeln. Klagend wandten sie sich am 22. Juni 1415 an den kaiserlichen, später auch an den päpstlichen Hof [68]. Letzterer entschied die Angelegenheit endlich für die Capitel, wobei die Stadt

---

[62] Rehtmeier, Kirchenhistorie I, Beilage S. 18.
[63] Das. II, Beilage S. 231.
[64] Dürre, Geschichte der Gelehrtenschulen in Braunschweig im Programm des Obergymnasiums 1861, S. 17 flg.
[65] Shigtbot, S. 35.
[66] Dürre, im Programm des Obergymnasiums 1861, S. 18.
[67] Urkunde des Stadtarchivs Nr. 535, gedruckt in Rehtmeier, Kirchenhistorie II, Beilage S. 320.
[68] Urkunde im Copialbuch VI, fol. 28 und in Rehtmeiers Kirchenhistorie II, 222.

auch in die Kosten verurtheilt wurde. Aber durch den thätigen Stadtsecretär Dietrich Fritze, welchem das Geld in reichem Maße zur Verfügung gestellt war, ließ die Stadt ihr Gesuch bei Papst Martin V. erneuern. Nachdem 1417 Herzog Otto von Grubenhagen und 1418 Herzog Bernhard die von den Stiftern gegen die Errichtung der Schulen vorgebrachten Gründe für falsch erklärt hatten [69]), genehmigte dieser Papst endlich im Wege der Gnade am 16. September 1419 von Florenz aus die Errichtung der beiden Stadtschulen [70]).

Es war die höchste Zeit, daß dieser widerliche Streit zwischen Stadt und Clerus zu Ende kam. Die Pfarrer zu St. Martinus Heinrich von Schöningen und zu St. Andreas Johann von Embern hatten mit dem Dechant des Blasiusstifts die Stadt geräumt und den Rath in den Bann thun lassen. Ein Theil der Kirchen stand nun mehrere Jahre leer, sie „waren wüst wie die Hundeställe". Gottesdienst ward nur gehalten zu St. Katharinen, im Pauliner- und Barfüßerkloster, zu St. Michaelis und in den Capellen zum heiligen Geiste, St. Johannes und im Marienhospitale. Unter diesen Umständen stieg die Erbitterung der Parteien so hoch, daß man sich gegenseitig nicht bloß durch frevelnde Worte, sondern auch durch Hohngedichte und Pasquille zu ärgern und durch Mummereien zu schrecken suchte. Ja selbst Thätlichkeiten blieben nicht aus, so daß die Stiftspersonen zu St. Blasius und St. Cyriacus zu ihrer Sicherheit eine Zeitlang die Stadt räumten. Auch finanziell thaten sich die Parteien gegenseitig manchen Schaden. Der Rath zog Einnahmen der Stifter ein und wandte sie den ihm ergebenen Geistlichen zu; die Stiftsgeistlichen dagegen hielten sich an die Einnahmen, welche der Rath von auswärtigen Gütern zog [71]).

Endlich war man des kostspieligen [72]) Streites müde; die Stiftsgeistlichen mochten einsehen, daß die päpstliche Erlaubniß zum zweiten Male nicht zu redressiren und daß dem Drängen des Zeitgeistes auf die Dauer nicht zu widerstehen sei. So kam unter Vermittelung Herzog Bernhards 1420 am 24. Februar ein Vergleich zu Stande, mit welchem

---

[69]) Urkunden des Stadtarchivs Nr. 553. 565, ungedruckt.
[70]) Urkunde bei Rehtmeier, Kirchenhistorie II, Beilage S. 222.
[71]) Shigtbok, S. 35 flg.
[72]) Die Berechnung der Kosten der Stadt steht in Porners Gedenkbuch fol. 72¹ und in Hemelik rekenscop, S. 103.

7. Die Stadt unter Herzog Bernhard.

sich sodann auch die übrigen in der Stadt berechtigten Mitglieder des Fürstenhauses einverstanden erklärten [73].

Durch denselben kam das Patronat der Ulrichskirche an Herzog Bernhard als Herrn „des Landes zu Braunschweig und Wolfenbüttel", das Blasiusstift entschädigte er dafür durch die ihm zustehende Capelle zur Stecklenburg. Die Stadt, so ward bestimmt, soll in der Anlegung ihrer Schulen nicht ferner gehindert werden, auch Schreiberschulen darf sie halten; aber die Schüler jener müssen im Blasiusstift am Gottesdienste Theil nehmen am Blasiustage, am Kirchweihfeste und an den Seelmessen, welche für Mitglieder des Fürstenhauses dort gehalten werden. Wenn ein Pfarrer in den Bann kommt, so dürfen seine Pfarrkinder in anderen Kirchen zum Gottesdienst und Sacramente gehen. Alle ehrenrührigen gegen den Rath gesprochenen oder geschriebenen Worte nahm der Dechant des Blasiusstifts in Gegenwart Herzog Bernhards, seiner Prälaten, Mannen und vieler Bürger der Stadt zurück und bat deshalb um Verzeihung. Die ihm nach alter Gewohnheit zustehende Jurisdiction über den hiesigen Clerus in Civil- und Criminalklagen, welche Papst Johann XXIII. 1415 am 25. August bestätigt hatte [74], blieb auch jetzt bestehen; aber es soll dem Dechanten dafür keine Abgabe gezahlt werden. Eine besondere Urkunde stellten sich endlich das Blasiusstift und der Rath darüber aus, daß sie nach Beendigung der alten Zwietracht einträchtiglich wieder zusammenhalten wollen [75].

Herzog Bernhard, seit 1409 Herr im Lande und der Stadt Braunschweig, blieb in dieser Stellung bis zu der Theilung, welche 1428 vorgenommen ward. Er stand mit der Stadt meist in gutem Vernehmen, sowie sie ihm in seinen Kämpfen treu half. So z. B. in einer Fehde, in welche der Herzog, sein Sohn Otto und sein Neffe Wilhelm von Lüneburg um Michaelis 1420 mit Bischof Johann III. von Hildesheim verwickelt wurden [76]. Vielfache Verheerungen führten zu keiner Entscheidung. Im Winter warben darum beide Parteien Bundesgenossen. Als sich die Herzöge am 26. November 1420 auch

---

73) Urkunden des Stadtarchivs Nr. 572. 574. 577. 602, erstere gedruckt bei Rehtmeier, Kirchenhistorie II, 223 und im Shigtbof, S. 38.

74) Urkunde in Rehtmeier, Kirchenhistorie I, Beilage S. 68.

75) Urkunde des Stadtarchivs Nr. 571, ungedruckt.

76) Chron. Luneburg. zu 1420 bei Leibnitz, S. R. Br. III, 198.

mit der mächtigen Stadt Braunschweig[77] verbunden hatten, entbrannte der Kampf 1421 von Neuem. Die Entscheidung erfolgte vor Grohnde an der Weser bei Hameln, wo die Herzöge Wilhelm und Otto die Hildesheimer am grünen Donnerstage (9. April), wie es scheint erst 1422, entscheidend besiegten. Daß auch die Stadt ihren Antheil an jenem Siege hatte, ist daraus zu schließen, daß sie denselben durch eine Inschrift an dem hiesigen Franziskanerkloster verewigte[78]).

Jedoch schon 1423 ward die Eintracht zwischen der Stadt und Herzog Bernhard durch mehrere Umstände gestört. Eine Anzahl von 25 Leuten, Hörige des Herzogs, waren nach Braunschweig gezogen und dort Bürger geworden. Die fürstlichen Aemter erhoben Ansprache. Aber der Herzog, so scheint es, ließ Gnade für Recht ergehen und stellte am 1. Mai für jene Leute einen Freilassungsbrief aus[79]). In demselben Jahre scheint Bernhard und sein Neffe Wilhelm von Lüneburg an die Einlösung der beiden verpfändeten Weichbilder Sack und Altewik gedacht zu haben. Zunächst forderten die Herzöge vom Rath die Herausgabe der betreffenden Pfandbriefe. Dieser verweigerte sie. Den Zwist, der hieraus entstand, und den andere Streitigkeiten verschlimmerten, sollten gütlicher Uebereinkunft zufolge[80]) die Landstände entscheiden. Diese brachten am 16. November 1423 eine Einigung zu Stande[81]) und erlegten darin der Stadt zunächst die Herausgabe der Warneburg bei Schladen auf, wofür die Herzöge ihr zweihundert Mark und vierhundert rheinische Gulden zahlen und Neubrück wieder auf drei Jahre für siebenhundert Mark verpfänden mußten. Andere Punkte des Vergleichs betreffen die hiesigen Mühlen, die Münze, den Zoll hier, in Celle und in Gifhorn. Hinsichtlich der beiden Weichbilder ward der Stadt die Herausgabe der Pfandbriefe auferlegt[82]). Aber zu einer Lösung der Pfand-

---

77) Urkunde des Stadtarchivs Nr. 582, gedruckt in Braunschw. hist. Händeln II, 706 und III, 1453.

78) Inschrift an der Brüdernkirche: Anno 1422 in dem guden donnersdage wunnen de vorsten van Brunswik den strid vor Grone. Chron. Korneri bei Leibnitz, S. R. Br. III, 201 und Botho das. S. 399 setzen den Kampf in's Jahr 1422. Das Chron. S. Aegidii das. III, 595 hat 1421. S. Lüntzel Geschichte der Stadt und Diöcese Hildesheim II, 396.

79) Ungedruckte Originalurkunde des Stadtarchivs Nr. 592.

80) Auszug aus der betreffenden Urkunde in Braunschw. hist. Händeln I, 404.

81) Originalurkunde des Stadtarchivs Nr. 602, im Auszuge gedruckt bei Rehtmeier, Chronik 1853.

82) Urkunde in Braunschw. hist. Händeln I, 111.

objecte kam es bei dem Geldmangel der Fürsten nicht. Darum war denn das gute Verhältniß des Landesherrn zur Stadt bald wieder hergestellt 83), zumal als ihr neue Gnaden verliehen wurden. Nämlich zu Pfingsten 1425 erlaubte ihr der Herzog und seine beiden Söhne Otto und Friedrich, auf dem Oesel bei Reindorf „auf ewige Zeiten" Steine brechen und Kalk brennen zu lassen. Auch gestatten sie den Bürgern die freie Wasserfahrt auf der Ocker von da ab bis Braunschweig für jene Gegenstände, Holz und Schiefersteine. Alles Schiffsgut ist zollfrei; nur muß jedes beladene Schiff in Wolfenbüttel einen Centner Steine ausladen 84). Vermuthlich zum Danke für jene „ohne alle Hinderung und Kosten" verliehene Gnade erlaubte die Stadt am 24. August 1425 ihrem Landesherrn, auf drei Jahre eine Kuh- und Haferbede von ihren Meiern zu erheben 85). Dagegen gab ihr der Herzog 1428 am 19. August, als bereits an eine neue Landestheilung gedacht wurde, noch das Privilegium, daß kein ausländisches Malz zum Bierbrauen im Lande gelitten werden solle 86). Das letzte Geschäft, welches Bernhard mit der Stadt abschloß, war die 1428 am 1. September gemachte Einigung 87).

In loserer Verbindung stand Braunschweig zu den übrigen Fürsten des Welfenhauses. Als Herzog Heinrich von Lüneburg, der Sohn von Magnus II., im October 1416 gestorben war 88), ging der ihm seit 1409 noch zustehende Antheil an den Herrschaftsrechten in der Stadt an seine beiden damals noch unmündigen Söhne Wilhelm und Heinrich über. Die Streitigkeiten Wilhelms mit der Stadt im Jahre 1423 sind schon oben berührt. Seitdem waltete Freundschaft zwischen Fürst und Stadt; auf seine Bitten leistete sie ihm sogar Beistand in einer Fehde gegen den Erzbischof Nicolaus von Bremen 89). Nachzuweisen sind auch einige Beziehungen Braunschweigs zu Herzog Otto von Gru-

---

83) Originalurkunde vom 20. April 1425 im Stadtarchiv Nr. 612.
84) Originalurkunde des Stadtarchivs Nr. 615.
85) Originalurkunde des Stadtarchivs Nr. 616.
86) Originalurkunde des Stadtarchivs Nr. 645, gedruckt im Thesaur. homag. I, 142.
87) Originalurkunde des Stadtarchivs Nr. 646.
88) Chron. Luneburg. bei Leibnitz, S. R. Br. III, 198; Chron. S. Aegidii daſ. 595; Botho daſ. 397.
89) Der Bundesvertrag ward 1426 am Sonntag Cantate geschlossen. Urkunde des Stadtarchivs Nr. 622, gedruckt bei Rehtmeier, Chronik 788.

benhagen. Nach dem Tode seines Vaters Friedrich (1421) leistete ihm die Stadt 1422 am 13. September die Huldigung und erhielt bei dieser Gelegenheit von ihm außer dem Huldebriefe [90]) die Zusicherung, daß er die ihrer Bürger, welche Lehen von ihm trügen, ohne Gabe belehnen wolle [91]). Als er in Folge des Verlustes von Greene, welches die Bischöfe von Hildesheim ihrem Stift einverleiben wollten, mit Bischof Magnus in Fehde gerieth, verband er sich mit der Stadt am 24. December 1424 [92]). Bald nachher verkauften die grubenhagenschen Fürsten den Rest ihrer Rechte in Braunschweig. Am 13. Mai 1428 überließ nämlich Otto in seinem und seiner Vettern Heinrich, Ernst und Albrecht Namen für eine Summe Geldes, die er zur Einlösung des Schlosses Salzderhelden anwandte, der Stadt den halben Marktzoll, wobei er sich an demselben „aller Herrschaft, Eigenthums und Besitzes" begab [93]). Seitdem hört die Verbindung der grubenhagenschen Fürsten mit Braunschweig thatsächlich auf; es ward ihnen nicht einmal mehr die Huldigung in der Stadt geleistet. Herzog Otto Cocles von Göttingen ist schon seit 1406 in keine Verbindung mit der Stadt mehr getreten.

Eine Hauptsorge des Rathes war auch im dritten Decennium des funfzehnten Jahrhunders auf die Erhaltung des Landfriedens und Sicherung der Handelsstraßen gerichtet. Bündnisse mit Städten und Fürsten geschlossen und Fehden gegen Landfriedensbrecher und Raubritter durchgekämpft liefern den Beweis dafür. In richtiger Berechnung der bei solchem Streben ihrer wartenden Kämpfe und Gefahren verband sich Braunschweig 1423 am 21. September mit den Städten Lüneburg, Hannover und Uelzen dahin, daß sie in den nächsten fünf Jahren einander wider alle ihre Feinde treulich beistehen wollten [94]). Den Zwecken des Landfriedens sollte auch die Verbindung dienen, welche Bischof Johann von Hildesheim mit Braunschweig, Hildesheim und Hannover am 15. Februar 1424 auf fünf Jahre einging. Die Contrahenten versprachen, sich in dieser Zeit gegenseitig nicht zu bekriegen, sondern ein-

---

90) Originalurkunde des Stadtarchivs Nr. 588, ungedruckt.
91) Originalurkunde des Stadtarchivs Nr. 589, ungedruckt.
92) Originalurkunde des Stadtarchivs Nr. 605, gedruckt bei Rehtmeier, Chronik 552. Lüntzel, Geschichte der Stadt und Diöcese Hildesheim II, 407 flg.
93) Urkunde im Copialbuch I, Art. 16.
94) Originalurkunde des Stadtarchivs Nr. 597, ungedruckt.

7. Die Stadt unter Herzog Bernhard.

ander in allen Gefahren getreulich beizustehen [95]). Am 25. Juli 1424 trat zu einem Bunde „wider die Straßenräuber" Braunschweig auch mit Magdeburg und Halle zusammen [96]). Hätte diese Sorge der Städte um Erhaltung des Landfriedens kein günstiges Resultat erzielt, so hätte Kaiser Sigismund wohl schwerlich die Stadt Braunschweig beauftragt, ihn vom Zustand der Straßen, zu deren Sicherung in den Landen Braunschweig und Hildesheim er Herzog Bernhard und Bischof Magnus am 13. Mai 1425 verpflichtet hatte, zu benachrichtigen [97]).

Diese Sorge für die Sicherheit der Straßen trieb die Stadt 1425 zur Zerstörung von Ambleben vor dem Elme. Von dort aus beraubte Heinrich von Uetze den vorbeiziehenden Kaufmann. Da belagerten die Bürger von Braunschweig und Magdeburg das Schloß, gewannen es, brachen es nieder bis in den Grund und nahmen den von Uetze gefangen. Ihn brachten sie erst nach Magdeburg, dann nach Braunschweig. Auf das Versprechen, binnen bestimmter Frist sein Lösegeld zu zahlen, ward er entlassen. Aber der Ritter hielt sein Wort nicht [98]). Die Städte Braunschweig und Magdeburg, welche sich am 23. December 1425 über die Theilung des zu zahlenden Geldes bereits verständigt hatten [99]), erhielten nun nichts. Später mußte er der Stadt die Urfehde schwören und dabei auf den halben Marktzoll, den er von den grubenhagenschen Fürsten zu Lehn trug, verzichten [100]). Dadurch daß die Stadt im Besitz der zerstörten Burg blieb, kam sie in einen Streit mit ihrem Herzog Bernhard. Dessen Sohn Otto nahm sich der Sache an und verglich die Stadt 1426 am 31. Mai mit seinem Vater, welcher damals in den Besitz der Burg gekommen zu sein scheint [101]).

Solche Erfolge kraftvollen Handelns verschafften der Landfriedenseinigung der Städte immer weitere Ausdehnung und Braunschweig stets neue Bundesgenossen. Bischof Johann von Halberstadt trat in einen

---

95) Originalurkunde des Stadtarchivs Nr. 603, ungedruckt.
96) Originalurkunden des Stadtarchivs Nr. 606. 607, ungedruckt.
97) Originalurkunde des Stadtarchivs Nr. 614, ungedruckt.
98) Niedersächsische Chronik bei Abel 213. Chron. S. Aegidii bei Leibnitz, S. R. Br. III, 595. Botho das. 400.
99) Urkunde des Stadtarchivs Nr. 617, ungedruckt.
100) Bege, Geschichte von Seesen und Scheppenstedt, S. 65.
101) Originalurkunde des Stadtarchivs Nr. 624, gedruckt im Thesaur. homag. I, 308.

Bund mit dem Rathe unserer Stadt auf drei Jahre 1426 am 5. Februar [102]). Namentlich waren es die kleineren Städte Niedersachsens, die zwischen Weser, Aller, Elbe und Saale liegen, welche sich den beiden mächtigen Vororten Braunschweig und Magdeburg anschlossen. So kam am Sonntag Jubilate, 21. April 1426, „die große Union der Hansestädte" in Niedersachsen zu Stande. Außer Braunschweig und Magdeburg gehörten ihr an Helmstedt, Halle, Aschersleben, Quedlinburg, Halberstadt, Goslar, Hannover, Hildesheim, Eimbeck, Nordheim, Osterode und Göttingen. Andere Städte traten später bei, Hameln schon am 28. Juni, Alfeld am 23. August [103]) 1426; Bokenem am 10. April und Gronau am 12. April 1427 [104]).

Den Beitritt der letztgenannten Städte scheint eine Fehde gegen die von Schwicheld veranlaßt zu haben. Verübter Landfriedensbruch veranlaßte mehrere niedersächsische Städte und Fürsten zum Einschreiten gegen jene Familie. Zu diesem Zwecke verbanden sich am 26. Februar 1427 mit den Bundesstädten Braunschweig, Magdeburg, Goslar und Hildesheim der dortige Bischof Magnus und Herzog Bernhards Sohn Otto [105]). Binnen wenigen Wochen waren den Gebrüdern Brand und Cord die Schlösser Wiedelah und Lutter am Barenberge abgenommen [106]); aus der gemachten Beute [107]) erhielt die Stadt 350 Mark. Aber die Fehde war damit nicht zu Ende. In Verbindung mit denen von Bültensleben setzten die von Schwicheld dieselbe fort. Darum verbanden sich die früheren Verbündeten sammt dem Grafen Heinrich zu Wernigerode 1427 den 13. Juni wiederum gegen jenes Geschlecht [108]). Der Rath zu Braunschweig aber nahm am 22. September die Brüder Hennig und Heinrich Wolters in Dienst und versprach ihnen bedeutenden Lohn, wenn

---

102) Urkunde des Stadtarchivs Nr. 620, ungedruckt.
103) Urkunde des Stadtarchivs Nr. 626 und Urkunde im Copialbuch VI, fol. 76¹, beide ungedruckt.
104) Originalurkunden des Stadtarchivs Nr. 682. 683, ungedruckt.
105) Originalurkunden des Stadtarchivs Nr. 628. 629, erstere gedruckt in Rehtmeier, Chronik S. 1283, und Handelsbuch der Stadt Braunschweig im Landesarchiv (1420—1485) ad 1427.
106) Originalurkunden des Stadtarchivs Nr. 630 und 631, erstere gedruckt bei Rehtmeier, Chronik S. 1284.
107) Lüntzel, Geschichte der Stadt und Diöcese Hildesheim II, 409.
108) Originalurkunde des Stadtarchivs Nr. 634, gedruckt bei Bogell, Geschichte derer von Schwicheld, Urkunde 149.

7. Die Stadt unter Herzog Bernhard.

sie einen der von Schwicheld oder Bültensleben gefangen nähmen [109]. Jedoch die Wolters hatten kein Glück, sie wurden geworfen und verloren Pferde, Habe und Rüstung, wofür sie der Rath am 7. Februar 1428 entschädigte [110]. Kurz zuvor am 27. Januar war endlich eine Sühne mit denen von Schwicheld zu Stande gekommen [111].

Das reichsstädtische Streben verlor die Stadt Braunschweig auch in dieser Zeit nicht aus den Augen. Wie Kaiser Sigismund sie 1425 mit dem Auftrage beehrte, ihm über die Sicherheit der Landstraßen in unseren Gegenden Bericht zu erstatten, ist schon erzählt. Nicht minder schmeichelhaft mochte es dem Rathe sein, als der Kaiser am 8. December 1426 Vertreter derselben einladen ließ, im Februar 1427 in Wien zu erscheinen, wo die Reichsstände im Beisein der Kurfürsten über „hochwichtige Angelegenheiten" sich berathen sollten [112]. Damit war die Reichsstandschaft factisch errungen. Wie eine Reichsstadt konnte Braunschweig sich ansehen, als am Tage vor Pfingsten 1428 fünf Kurfürsten den Rath aufforderten, das in der Stadt gesammelte Geld gegen die Hussiten auf Johannis nach Nürnberg zu senden [113].

Noch vor seinem Lebensende verlor Herzog Bernhard das Land Braunschweig in Folge der Theilung 1428. Auf Andringen seiner Neffen, die seit 1416 in Lüneburg herrschten, ließ er sich zu einer solchen herbei. So wurde denn am 8. März 1428 unter Vermittelung des verwandten Landgrafen Ludwig von Hessen die Theilung zu Celle verabredet; Herzog Wilhelm sollte bis zum Sonntag nach Pfingsten die Theile machen, und binnen der nächstfolgenden zwölf Wochen hatte Herzog Bernhard zu wählen [114]. Am Dienstag nach Pfingsten veröffentlichte Wilhelm den von ihm vorgeschlagenen Theilungsrecess [115]. Am 22. August wählte Bernhard das Lüneburgische. Dadurch kam das Land Braunschweig an Wilhelm und Heinrich, denen es am 24.

---

[109] Originalurkunde des Stadtarchivs Nr. 636, gedruckt bei Bogell, das. Urkunde 152.

[110] Originalurkunde des Stadtarchivs Nr. 641, gedruckt bei Bogell, das. Urkunde 154.

[111] Urkunde im Copialbuch VI, fol. 78¹.

[112] Originalurkunde des Stadtarchivs Nr. 627, gedruckt in E. E. Raths der Stadt Braunschweig Abfertigung rc. I, 349.

[113] Originalurkunde des Stadtarchivs Nr. 644d., ungedruckt.

[114] Urkunde in Erath, Erbtheil. S. 86 flg.

[115] Das. S. 89 flg.

October 1428 übergeben wurde [116]). Auch jetzt blieb die Stadt Braunschweig wie 1409 im Gemeinbesitz beider Linien, welche auch hinsichtlich der drei Freiheiten in der Burg, auf dem Cyriacusberge und auf dem Aegidienhofe ungetheilt bleiben wollten [117]).

8. Die Stadt unter den Herzögen Wilhelm und Heinrich (1428—1432).

Durch die Erbtheilung von 1428 war das Land Braunschweig mit Calenberg an die Söhne Herzog Heinrichs († 1416) an Wilhelm den Aelteren und Heinrich den Friedsamen gekommen; beiden zusammen wurden jene Gebiete damals überwiesen [1]). Da aber Heinrich noch unmündig war, so übernahm Wilhelm die Regierung Anfangs allein und führte sie in seinem und des Bruders Namen. Das Hausgesetz von der Untheilbarkeit des Landes vom 1. Februar 1374 [2]) war aber durch spätere Theilungen schon zu oft gebrochen, als daß Heinrich der Friedsame hätte glauben sollen, durch dasselbe von dem Besitze eines Landestheiles ausgeschlossen zu sein. Indessen er wartete bis zu den Jahren der Mündigkeit, ehe er seine Anrechte geltend machte.

Während der ritterliche Wilhelm seine Zeit mit Fehden hinbrachte, gegen den König von Dänemark nach Jütland zog, nach Oesterreich und dann nach Frankreich sich begab, um an den Kämpfen gegen Burgund Theil zu nehmen, konnte die Stadt Braunschweig in ihrem Entwickelungsgange ungestört fortgehen. Am 2. April 1429 half sie den Städtebund des Jahres 1426 erneuern; außer den dreizehn Genossen der anfänglichen Einigung finden wir jetzt auch Hameln und Merseburg in derselben [3]). Am 4. Mai 1430 traten derselben auch Erfurt, Mühlhausen und Nordhausen bei [4]). Andererseits knüpfte sich das Verhältniß

---

116) Urkunde in Erath, Erbtheil. S. 51 flg.
117) Theilungsreceß bei Erath, Erbtheil. S. 40.
1) So sagen es die Urkunden des Landgrafen von Hessen und Herzog Bernhards bei Erath, Erbtheil. S. 47. 51.
2) S. 151.
3) Urkunde im Copialbuch VI, fol. 79.
4) Originalurkunde des Stadtarchivs Nr. 652, ungedruckt.

8. Die Stadt unter den Herzögen Wilhelm und Heinrich.

der Stadt zum Kaiser immer inniger besonders durch die Noth des Hussitenkrieges. Selbst unsere Gegenden bedrohte das Gerücht mit einem Einfall „der böhmischen Ketzer"; darum wurden viele Städte hier zu Lande an Thürmen, Mauern und Gräben ausgebessert, wie Botho[5]) erzählt. Auch in Braunschweig begann man 1429 am 7. November in Folge einer Einigung des Rathes mit dem Clerus „den Ketzergraben in der Altenwik"; daß es eine Befestigung war, sagen gleichzeitige Quellen[6]). Zum Kampf gegen die Hussiten hatte die Stadt in Folge des Frankfurter Anschlages von 1428 auch eine Summe von 839 rheinischen Gulden nach Erfurt eingezahlt, die ihr später zurückgegeben wurden[7]). Am Ende des Jahres 1429 verlangte der Kaiser Sigismund zu wiederholten Malen Hülfe an Streitern wider die Hussiten; die Stadt wird gebeten, ihre Mannschaft dem Kurfürsten von Sachsen zuzuschicken[8]).

Während Wilhelms des Aelteren Abwesenheit trat sein jüngerer Bruder Heinrich öfters in Verbindungen mit Braunschweig. In einer Geldverlegenheit lieh er am 8. April 1431 vom Rath zweihundert rheinische Gulden[9]). Im folgenden Jahre 1432 am zweiten Ostertage[10]) nahm er mit Hülfe der Bürger von Braunschweig in Abwesenheit seines Bruders dessen Schloß Wolfenbüttel ein, wahrscheinlich um so eine Theilung des Landes zu erzwingen. Heimgekehrt sah sich Wilhelm nach Bundesgenossen wider seinen Bruder um. Während sich mit ihm Bischof Magnus von Hildesheim, Erzbischof Günther von Magdeburg und die von Veltheim verbanden, standen auf Heinrichs Seite Herzog Otto und die Städte Braunschweig und Magdeburg[11]). Am 5. August schickte Herzog Wilhelm den Absagebrief an die Stadt, welche er des Verraths an ihrem Landesherrn beschuldigte. Die Stadt entschuldigte ihr Verfahren in einem Schreiben vom 15. August. Herzog Heinrich,

---

5) Botho zum Jahre 1425 bei Leibnitz, S. R. Br. III, 400.
6) Contin. 2. Engelhusii zum Jahre 1429 bei Leibnitz, S. R. Br. II, 86 und Chron. S. Aegidii zum Jahre 1429 bei Leibnitz, S. R. Br. III, 595.
7) Urkunde des Stadtarchivs Nr. 652 a., ungedruckt.
8) Urkunden in Braunschw. hist. Händeln II, 936. 937. 934.
9) Originalurkunde im Stadtarchiv Nr. 657, ungedruckt.
10) Chron. S. Aegidii zum Jahre 1432 bei Leibnitz, S. R. Br. III, 596. Botho zum Jahre 1431 das. 401.
11) Originalurkunden des Stadtarchivs Nr. 662. 664, gedruckt in Braunschw. hist. Händeln II, 706. 912. und Rehtmeier, Chronik 719.

heißt es dort, habe befürchtet, daß Wolfenbüttel in der mit Bischof Magnus von Hildesheim bevorstehenden Fehde an diesen verloren gehe, wenn dort Cäcilie, seines Bruders Gemahlin, wohne. Von ihm um Hülfe ersucht, habe die Stadt jenes Schloß mit besetzt, um es „zum Nutzen und Frommen der Herrschaft" zu erhalten. Wenige Tage nachher entschuldigte Herzog Heinrich sein Verfahren in gleicher Weise [12]). Aber der Kampf war leider schon ausgebrochen. Schwere Verheerungen betrafen damals das Braunschweiger Land, in welchem beide Parteien raubten und mordeten. Die Städter brannten Destedt, Melverode, Stöckheim und andere Dörfer nieder [13]). Erst am 23. November 1432 kam ein Vertrag unter den Brüdern zu Stande. Sie theilten das bisher gemeinsam besessene Land so, daß Wilhelm Calenberg, Heinrich der Friedsame dagegen das Land Braunschweig erhielt. Die Stadt Braunschweig blieb zwar Herzog Heinrich, war aber auch Herzog Wilhelm zur Huldigung verbunden; auch an den drei Freiheiten in der Burg, zu St. Aegidien und zu St. Cyriacus behielt Wilhelm Antheil [14]). Bei dieser Gelegenheit erfolgte auch eine Sühne der Stadt mit ihrem bisherigen Landesherrn durch die Vermittelung des Landgrafen Ludwig zu Hessen [15]).

Somit hatten seit 1432 außer dem Landesherrn Herzog Heinrich Antheil an den Hoheitsrechten über Braunschweig: Wilhelm der Aeltere von Calenberg, Bernhard von Lüneburg, Otto Cocles von Göttingen und die Fürsten der grubenhagenschen Linie.

9. Die Stadt unter Herzog Heinrich dem Friedsamen (1432—1445).

Herzog Heinrich der Friedsame scheint der erste Herzog des Welfenhauses gewesen zu sein, welcher erkannte, daß die welfischen Fürsten,

---

12) Urkunde im Archiv der Stadt Göttingen nach den Mittheilungen Havemanns, Geschichte der Lande Braunschweig und Lüneburg I, 669.
13) Chron. S. Aegidii zu 1432 bei Leibnitz, S. R. Br. III, 596. Vergl. Botho zu 1431 das. 401 und Chron. Ridagshus. das. II, 82.
14) Urkunde in Erath, Erbtheil. S. 54.
15) Originalurkunde des Stadtarchivs Nr. 665, ungedruckt.

9. Die Stadt unter Herzog Heinrich dem Friedsamen.

durch vielfache Landestheilungen geschwächt, durch Verpfändung der wichtigsten Herrschaftsrechte in Braunschweig fast machtlos geworden, durch Kriege und Fehden zu stets neuen Verpfändungen gezwungen, nur durch friedliche Regierungen und durch Beschränkung des Aufwandes in ihrer Hofhaltung im Stande sein würden, ihr gesunkenes Ansehen wieder zu heben und der aufstrebenden Stadt gegenüber größere Machtfülle wieder zu gewinnen. Darum liebte er den Frieden und ließ sich immerhin den Lappenkrieg nennen[1]), darum führte er zu Wolfenbüttel eine so bescheidene Hofhaltung, daß „sein Tafellaken, wie der Chronist[2]) sagt, ganz kurz war". Andererseits war er ein kräftiger Herr und nicht gesonnen, von seinen herrschaftlichen Rechten, die schon gering genug geworden waren, noch irgend eins ohne Noth aus der Hand zu geben.

Wahrscheinlich in Folge früherer Fehden muß er sich 1433 noch in großer Geldnoth befunden haben. Denn am 17. März verkaufte er dem Rath von Braunschweig für 1200 rheinische Gulden alle seine Rechte an dem Patronat der Dorfkirche zu Ampleben, an der dortigen Schloßkapelle und an allen Zubehörungen des 1425 zerstörten Schlosses daselbst[3]). Im eigenen und im städtischen Interesse verordnete er an demselben Tage nach dem Rathe seiner treuen Mannen und Städte Folgendes. Die Kauf- und Fuhrleute sollen mit ihren Waaren stets auf der kaiserlichen Straße, die durch Braunschweig führt, bleiben und nicht auf Umwegen die Stadt umgehen und dadurch dem herzoglichen Zolle und der Nahrung im Lande Schaden thun. Schenken in Dörfern des Landes, die keine Brauerei haben, dürfen nur Bier aus Braunschweig oder Helmstedt führen; ausländisches Bier ist ihnen bei Strafe verboten. Die Stadt behält das Recht, im Oesel Steine zu brechen, welche sie an die Leute im Lande verkaufen darf. Zum Transport derselben vom Oesel nach Braunschweig dürfen die Bürger die Ocker benutzen. Ihre Landwehren soll die Stadt weiter ausbauen und mit Gräben und Thürmen befestigen dürfen[4]).

---

1) Havemann, Geschichte der Lande Braunschweig und Lüneburg I, 666.
2) Niedersächsische Chronik bei Abel, S. 217 und Botho zu 1436 bei Leibnitz, S. R. Br. III, 404.
3) Originalurkunde des Stadtarchivs Nr. 679, gedruckt im Thesaur. homag. I, 143.
4) Originalurkunde des Stadtarchivs Nr. 678, Copie im Copialbuch I, fol. 5, ungedruckt.

Wie gering Heinrichs Credit 1433 noch war, ist aus Folgendem zu ersehen. Selbst ihre Kleinodien hatte seine Mutter Margarethe für ihren Sohn hergegeben; dieser hatte sie für tausend rheinische Gulden an einen Bürger in Hildesheim versetzt. Am 24. August wünschte die Fürstin dieselben vermuthlich zu Festlichkeiten bis Martini wieder zu leihen; aber der Pfandgläubiger gab sie erst heraus, als sich der Rath der Stadt für die Wiederablieferung der Kleinodien verbürgte [5]. Doch schon am 20. September hatte der Herzog zehntausend rheinische Gulden beim Rathe deponirt [6]. Durch weise Sparsamkeit besserten sich Heinrichs Finanzen rasch. Kaum ein Jahr nachher, am 23. Juni 1434, war er schon im Stande, mit dem Rath der Stadt denen von Bartensleben eine Summe von tausend Mark darzuleihen, wofür beiden Gläubigern ein Viertheil des Schlosses Wolfsburg versetzt wurde [7]. Am 23. Februar 1444 löste er sodann den von seinen Vorfahren verpfändeten Zins der Juden zu Braunschweig wieder ein und gewann damit wenigstens eine einträgliche Nutzung wieder [8].

Mit der Stadt Braunschweig war der Herzog meistens in freundschaftlichem Verhältniß; so wie er ihr in Nöthen half, so stand sie ihm in Fehden treu zur Seite. So im October 1433, als er der Stadt Magdeburg gegen ihren Erzbischof Hülfe leistete [9], so auch im December, als er mit Ulrich von Weferlingen in Fehde gerieth [10]. In der Burg zu Braunschweig feierte Heinrich 1436 seine Vermählung mit Helene, der Tochter des Herzogs Adolph von Cleve [11]. Daß auch einmal Störungen des guten Verhältnisses zwischen Fürst und Stadt vorkamen, ist bei den oft weit auseinander gehenden Interessen beider wohl denkbar. Davon zeugen Urkunden, in denen beide Theile sich dahin einigen, es solle nunmehr „aller Scheel und Gebrech" gänzlich abgethan und beigelegt sein [12]. Erst 1440 am Sonntag Cantate (25. April)

---

5) Originalurkunde im Stadtarchiv Nr. 676, ungedruckt.
6) Originalurkunde im Stadtarchiv Nr. 677, ungedruckt.
7) Originalurkunde des Stadtarchivs Nr. 690, ungedruckt.
8) Braunschw. hist. Händel I, 81.
9) Knichen, Epopsis 241.
10) Originalurkunde des Stadtarchivs Nr. 684, ungedruckt.
11) Niedersächsische Chronik zu 1436 bei Abel 218 und Botho zu 1436 bei Leibnitz, S. R. Br. III, 403.
12) So z. B. 1438 den 16. Juli am Mittwoch nach Aposteltheilung. Original-

9. Die Stadt unter Herzog Heinrich dem Friedsamen. 217

empfing der Herzog von der Stadt die Huldigung und ertheilte ihr dabei in dem Huldbriefe mehrere Zusagen, welche sie gegen etwaige Uebergriffe der Stiftsherren zu St. Blasius und St. Cyriacus sicher stellen sollten[12]). Als die Bürger von Braunschweig 1441 gegen Erxleben auszogen, weil von da aus die von Alvensleben Straßenraub verübt hatten, standen ihr auf Bitten des Rathes auch Herzog Heinrich und sein Vetter Otto von Lüneburg bei[14]). Endlich auch in einer Fehde, mit der Wilhelm der Aeltere die Stadt sodann heimsuchte, hielt es Heinrich und seine lüneburgischen Vettern Otto und Friedrich mit Braunschweig[15]), bis Landgraf Ludwig von Hessen am 21. März 1442 die Parteien mit einander versöhnte[16]).

In besonders freundschaftlichen Beziehungen stand Braunschweig damals auch zu den Herzögen Otto von der Heide und Friedrich dem Frommen von Lüneburg, den Söhnen Bernhards, ihres ehemaligen Landesherrn. Als Otto mit dem Grafen Moritz von Spiegelberg 1434 in Fehde gerieth, an welcher auch Wilhelm der Aeltere sich betheiligte, verband sich Otto am Montag nach Neujahr mit der Stadt gegen den Grafen und im October auch gegen dessen Verbündete[17]). Nach Beendigung dieser Fehde leistete die Stadt ihm am 3. Juli 1435 die Huldigung[18]), da sein Vater Bernhard 1434 gestorben war. Mit Otto und seinem Bruder und dem Bischof Magnus von Hildesheim verband sich der Rath von Braunschweig am 17. August 1437 auf fünf Jahre zur Erhaltung des Landfriedens[19]), wogegen Otto der Stadt bei der Belagerung des Raubnestes Erxleben 1441 und in der Fehde gegen Wilhelm den Aelteren 1442 hülfreich beistand. Mit seinem Bruder Friedrich brachte er auch 1444 am 20. October über die streitige Schifffahrt auf der Ocker einen Vergleich zwischen Braunschweig einerseits

---

urkunde des Stadtarchivs Nr. 710 bei Rehtmeier, Chronik 725. So auch 1440 Urkunde des Stadtarchivs Nr. 721.

13) Originalurkunde des Stadtarchivs Nr. 722 im Thesaur. homag. p. 92 und im Auszug bei Rehtmeier, Chronik 725.

14) Botho zu 1441 bei Leibnitz, S. R. Br. III, 404 und Shigtbok, S. 50.

15) Originalurkunde vom 2. September 1441 im Stadtarchiv Nr. 724.

16) Originalurkunde des Stadtarchivs Nr. 729 bei Rehtmeier, Chronik 736.

17) Originalurkunden des Stadtarchivs Nr. 686 und 698, erstere bei Rehtmeier, Chronik 1285. Ueber den Verlauf der Fehde s. (Koch) Pragm. Gesch. 302. 371.

18) Originalurkunde des Stadtarchivs Nr. 698, ungedruckt.

19) Originalurkunde des Stadtarchivs Nr. 708, ungedruckt.

und Lüneburg und Magdeburg andererseits zu Stande. Gegen die Fahrt braunschweigischer Waaren zu Wasser nach Bremen müssen jene Städte Einspruch erhoben haben, aus welchem Grunde und mit welchem Recht, ist nicht bekannt. Als Braunschweig sich daran Anfangs nicht kehrte, erließ Lüneburg als Repressalie ein Verbot des Kornhandels gegen die Braunschweiger und setzte im Vergleich zu Gardelegen 1440 die Bestimmung durch, es solle unbeschadet der Rechte beider Parteien jene von Braunschweig begonnene Wasserfahrt noch auf sieben Jahre suspendirt bleiben[20], damit während dieser Zeit eine Einigung erreicht werde. Diese kam denn auch 1444 am 20. October unter Vermittelung der Fürsten von Lüneburg zu Stande. Danach sollte es mit der Wasserfahrt 23 Jahre lang im bisherigen Zustande bleiben; nur die Strecke von der Stadt bis Neubrück sollen die Bürger ungehindert benutzen dürfen; jedoch von Neubrück abwärts wird ihnen die Schifffahrt untersagt, dafür aber gestattet Lüneburg den Bürgern wieder freien Handel in jener Stadt[21]. Den Verlust des Wasserwegs nach Bremen konnte die Stadt allenfalls verschmerzen, da die Landstraßen allmälig besser und durch die Macht des sich befestigenden Städtebundes weit sicherer geworden waren.

Auch mit dem Reichsoberhaupte erhielt sich die Stadt zur Zeit Herzog Heinrichs in der angebahnten Verbindung. Am 10. August 1434 ließ sie sich vom Kaiser Sigismund alle ihre Privilegien bestätigen[22]. Am 11. Mai desselben Jahres erließ derselbe von Basel aus eine Requisition an die Stadt, seinem Rath, Konrad von Winsperg, in der Execution wider das geächtete Bremen mit ganzer Macht beizustehen[23]. Im Interesse der öffentlichen Sicherheit erwirkte sich die Stadt 1436 am 4. December vom Kaiser ein Mandat zur Verfolgung der Straßenräuber. Sie erhielt damals die Befugniß, „solche Missethäter anzugreifen, aufzuhalten, erlangen und fahen zu lassen", wo es auch sei; „über solch schedlich Leute möge sie richten nach Gebüre ihrer Missethat zu Haut, zu Harn und zu dem Tod." Solche gefangene

---

20) Originalurkunde des Stadtarchivs Nr. 728, ungedruckt.
21) Originalurkunde des Stadtarchivs Nr. 744 bei Rehtmeier, Chronik 1289.
22) Originalurkunde des Stadtarchivs Nr. 691 in Braunschw. hist. Händeln II, 941 und Thesaur. homag. I, 148.
23) Originalurkunde des Stadtarchivs Nr. 689 in Braunschw. hist. Händeln II, 760.

Friedebrecher darf die Stadt führen lassen durch alle Landgerichte und andere Gerichte, doch mit Umgehung von Städten, Marktflecken und Schlössern, die ihr eigen Halsgericht haben [24]).

Auch von Albrecht II., dem Nachfolger Sigismunds, erbat die Stadt die Bestätigung aller ihrer Privilegien, welche am 8. August 1438 erfolgte [25]). Von ihm erlangte sie am 15. October desselben Jahres auch die Bestätigung des Wappens, welches sie schon „vor langen Zeiten" und länger denn Menschen denken könnten, zu Schimpf und zu Ernst geführet [26]) habe, nämlich „einen weißen Schild und darin einen erhaben roten Lewen mit einem aufgerichteten Zagell über sich über des Lewen Rücken gestreckt". So hatte die Stadt den Höhepunkt ihrer Macht erstiegen, sie galt als Hauptstadt des Landes Braunschweig nicht nur, sondern hatte factisch beinahe das Ansehen einer Reichsstadt erlangt.

10. Die Unruhen der Jahre 1445 und 1446.

In den Jahren 1445 und 1446 erschütterte die Stadt Braunschweig eine gefährliche Zwietracht, welche aber doch zu einer weiteren Fortbildung der städtischen Verfassung führte. Der Keim jener Unruhen lag theils in den Mißverhältnissen zwischen den Bestandtheilen der Einwohnerschaft [1]), theils in der Abgeschlossenheit des Rathsregiments. Jedenfalls war es ein Mißverhältniß, daß die Gilden etwa dreimal soviel Vertreter in den Rath schickten als die Gemeinde. Die Rathsregister des Andreas Paul [2]), welche mit dem Jahre 1402 beginnen, liefern hierfür den Beweis. Nach denselben gehörten von den 105 für ein Triennium zu wählenden Rathsherren nur 26 der Gemeinde, die übrigen 79 den Gilden an. Zu jenen stellte zehn die Altstadt, sechs der Hagen, drei die Neustadt, fünf die Altewik und zwei der Sack. Von

---

24) Originalurkunde des Stadtarchivs Nr. 706 bei Rehtmeier, Chronik 723.
25) Originalurkunde des Stadtarchivs Nr. 713 in Braunschw. hist. Händeln II, 924 und im Thesaur. homag. I, 8, 150.
26) Originalurkunde im Stadtarchiv Nr. 712 bei Rehtmeier, Chronik 724.
1) Aßmann, Geschichte der Stadt Braunschweig, S. 30.
2) Ein Auszug aus dem Rathsregister der Altstadt für die Jahre 1422—1424 steht bei Aßmann, S. 71.

den Gilden und Innungen dagegen wählte für ein Rathstriennium die der Wandschneider und Lakenmacher 26 Rathsherren, die Schuhmacher und Gerber eilf, die Knochenhauer zwölf, die Wechsler sechs, die Beckenschläger sechs, Bäcker und Schmiede je vier, Schneider und Kürschner je drei, die Goldschmiede zwei und die Krämer einen Rathsherrn. Die Geschlechter als solche waren also unvertreten. Wahrscheinlich ergänzte der Rath sich selbst. So mag es gekommen sein, daß doch immer nur eine unverhältnißmäßig kleine Zahl von Bürgern im Besitz der Rathsstellen war. Diese schlossen sich natürlich leicht gegen die übrige Bürgerschaft ab und erregten bei dieser um so leichter Unzufriedenheit, wenn entweder irgendwelche Mißgriffe in der Verwaltung vorkamen, oder wenn Zwietracht unter den Rathsfamilien entstand. Beides kam um 1445 hier vor.

Im Hagen, so berichtet das Shigtbok, entstand damals eine Zwietracht zwischen den Geschlechtern, d. h. unter denjenigen Familien aus Gilden und Gemeinde, aus welchen der Rath besetzt zu werden pflegte. Die Gründe der Zwietracht werden nicht angegeben. Es scheint aber, als sei man im Rathe verschiedener Ansicht darüber gewesen, ob den Gilden ein noch größerer Antheil am Stadtregiment einzuräumen sei. Diejenigen, welche dafür waren, scheinen in der Majorität gewesen zu sein; nicht einverstanden mit solcher Aenderung zogen nun etliche Bürgermeister aus dem Hagen in die Altstadt. Die Gegenpartei aber verstärkte sich durch Leute aus den Lakenmachern, Kürschnern, Beckenschlägern und aus anderen Gilden. Da die Räthe der vier anderen Weichbilder den so geänderten Rath im Hagen nicht achteten, sondern mit Haß verfolgten, so entstand in der Bürgerschaft Mißachtung gegen das zwieträchtige Rathsregiment. Anderes kam dazu.

Als in Folge des schon erwähnten Zuges gegen Errleben und durch andere Fehden der Rath wieder in große Schulden gerathen war, ließ er Rathsgeschworene und Gildemeister auf's Neustadtrathhaus laden. Hier beschloß man, höheren Zoll und doppelten Schoß zu nehmen, bis „der Rath seinem Schaden nachkäme". Den Schoß wollte man in zwei Terminen erheben, in der Woche vor Pfingsten und um Martini. Selten ist eine Obrigkeit, die höhere Abgaben verlangt, bei der Menge beliebt. So ging es auch damals. Die Folge Anfangs heimlicher Besprechungen und Zusammenkünfte war, daß man in der Stadt ganz öffentlich erklärte, man müsse den Rath köpfen, denn er verzehre der

10. Die Unruhen der Jahre 1445 und 1446.

Stadt Gut. Da beschloß der Rath von der Erhebung des Schoßes zu Pfingsten abzustehen und that somit Alles, um die Wünsche der Bürgerschaft in dieser Hinsicht zu befriedigen³).

Aber nun machten die Unruhestifter (do hät'shen partybroder) die Mißbräuche des Rathsregiments zum Ziel ihrer Angriffe. Sie tadelten die alte Gewohnheit, daß mehrere Mitglieder einer Familie zu gleicher Zeit im Rathe oft selbst desselben Weichbildes sich befänden, ja daß zuweilen zwei Brüder zu gleicher Zeit Bürgermeisterstellen bekleideten. So überwiege das Familieninteresse die Rücksicht auf das Gemeinwohl; Niemand, der außerhalb jener sich nahe befreundeten Kreise stehe, könne zu seinem Rechte kommen. Um Aufruhr und Gewaltthat zu verhüten, einigten sich Rath, Rathsgeschworene und Gildemeister auf dem Neustadtrathhause zu dem Beschlusse, es sollten alle jene Ursachen der Unzufriedenheit beseitigt werden. So erschien 1445 am Margarethentage, den 19. Juli, der sogenannte große Brief⁴).

In diesem wurde zunächst Amnestie für alles Geschehene ausgesprochen; aller Unwille sollte beigelegt sein; wer nunmehr noch Aufläufe anstifte, dessen Leib und Gut solle in des Raths Gewalt stehen⁵). Hinsichtlich der Erwählung des Rathes ward sodann bestimmt, daß bei der alle drei Jahre vorzunehmenden Erneuerung desselben die Vorsteher und Geschworenen der Gilden die gesetzliche Anzahl von Rathsherren aus ihrer Gilde wählen sollten, wie es seit alter Zeit gewesen sei. Eine solche indirecte Wahl ihrer Vertreter ward jetzt auch der Gemeinde eingeräumt. In jeder der vierzehn Bauerschaften, in welche die Stadt damals eingetheilt war, sollte die Gemeinde zwei Vertreter erwählen. Die so erkorenen 28 Hauptleute, die ihr eigenes Siegel erhielten, sollten sodann die Rathleute für die Gemeinde erwählen und alle drei Jahre erneuen⁶). Gildemeister und Hauptleute, so wurde weiter bestimmt, dürfen sich selbständig versammeln, wenn ihnen das nothwendig erscheint (§. 24). Die Wahl der Bürgermeister bleibt den gewählten Rathsherren selbst überlassen. Allen Geboten des Raths haben Gilden

---

3) Shigtbot, S. 50. 51.
4) Originalurkunde des Stadtarchivs Nr. 746, gedruckt in Braunschw. hist. Händeln I, 90; III, 1019 und Knichen, Epopsis 183. Vergl. auch Shigtbot, S. 52.
5) §. 2 und Shigtbot, S. 52.
6) §. 3 und Shigtbot, S. 52.

und Gemeinde sich zu fügen (§. 4). Es sollen fortan Brüder und nahe Verwandte nicht zu gleicher Zeit Bürgermeister, noch Rathsherren weder in demselben Weichbilde, noch in der Stadt überhaupt, noch auch Mitglieder des Küchenrathes, eines engeren Ausschusses, sein dürfen[7]). Der Eintritt in's Rathscollegium ist unehelich Geborenen und deren Kindern versagt, ebenso auch denen, die sich mit einer Frau verheiratheten, welche selbst unehelich geboren war oder einer unehelich geborenen Mutter Kind war (§. 6). Die Gesetzgebung und die Entscheidung über Krieg und Frieden steht dem Rath nicht mehr allein zu, sondern er ist für solche Fälle nunmehr an die Einwilligung der Gildemeister und der 28 Hauptleute gebunden (§. 7. 8). Finanzieller Art sind folgende Bestimmungen. Der Rath sollte keine Rente, weder Leibgeding, noch Weddeschat, ohne Zustimmung einer dazu verordneten Commission verkaufen (§. 14). Die sieben Stadteinnehmer, „die der gemeinen Stadt Gut empfangen", sollen vor dem Rathe jährlich Rechnung ablegen (§. 15). Zu dem mit fünf Schlössern versehenen Schatzkasten der Stadt führt jeder Bürgermeister der fünf Weichbilder einen Schlüssel (§. 16).

So wurde durch den großen Brief die Abschaffung mancher Mißbräuche des Rathsregiments verheißen, die Verfassung ward fortgebildet, insofern nun auch die Vertretung der Gemeinde mehr zeitgemäß eingerichtet wurde, auch waren jetzt Maßregeln genommen, um Ungehörigkeiten in der Finanzverwaltung vorzubeugen. Daß es dem Rathe mit der Abschaffung jener Mißbräuche Ernst war, zeigt der weitere Verlauf. Zwei Bürgermeister, Hermann Kahle in der Altstadt und Werneke Kalm im Hagen, mußten ihr Bürgermeisteramt niederlegen, weil ihre Brüder Hans Kahle und Hennig Kalm auch im Rathe waren. Andere Verwandte, die bloße Rathsherren gewesen sein mögen, ließ man im Rathscollegium; erst bei der demnächstigen Wiederbesetzung der durch ihren Tod erledigten Stellen wollte man nach den Bestimmungen des großen Briefes verfahren[8]).

Die Unruhstifter erregten dennoch allerlei Unordnungen. Sie fischten in des Raths Gewässern, hielten viele Sondergelage und liefen Schauteufel. Die Tuchmacher und Beckenschläger unter ihnen störten die Ruhe der Stadt, jene zogen umher und schnarrten mit ihren Wollbogen, diese

---

[7]) §. 5 und Shigtbok, S. 53.
[8]) Shigtbok, S. 58.

10. Die Unruhen der Jahre 1445 und 1446.

ließen ihre Becken lärmend ertönen. Dies frevelhafte Spiel ging stets vom Hause des Alke Burgholz aus, welcher auf der Fallersleberstraße am Wendengraben rechter Hand nach dem Thore zu wohnte. Bei ihren Rundzügen durch die Stadt bewaffneten sich die Beckenschläger mit Harken und Hacken und drohten die einträglichen Hopfenpflanzungen der Gärtner zu zerstören, damit der dann mehr gepflanzte Kohl billiger werde. Andere verlangten schreiend Herabsetzung der Preise des eimbeckschen Bieres, damit auch arme Leute dasselbe trinken könnten. Zwar traten andere Gilden, besonders die Schmiede, Schuhmacher, Knochenhauer und Bäcker ihnen entgegen und warnten; aber dennoch verabredeten jene in nächtlichen Zusammenkünften, den Rath durch einen Aufstand zu stürzen. Reime, welche sie an Mützen und Hüten trugen, machten sie einander kenntlich, heimlich ließen sie ein Banner machen, blau und roth, darin stand ein Hase und über diesem die Worte: Hui Hase, hui! [9])

Bei der Feier der Fastnacht 1446 tanzten die Gesellen der Beckenschläger und Kürschner mit ihren Mägden öffentlich durch die Stadt. Anzügliche Reime, welche die Tänzerinnen auf dem Kopfe trugen, erregten den Zorn der Schmiede- und Schuhmachergesellen. Mit Messern und Beilen unter den Mänteln stellten sich diese auf dem Bäckerklint auf, um die Tanzenden blutig zu empfangen. Aber von den Meistern jener Gewerke entboten schritt der Rath schleunig ein, dessen Bitten gehorchten die Gesellen, gingen fort und ließen jene tanzen. Auch später hielt sie der Rath von Gewaltthat gegen die Unruhstifter zurück [10]). Nachdem sich die Parteien durch öftere Neckereien gegenseitig erbittert hatten, zwang endlich die Unbotmäßigkeit zweier Bürger den Rath zum Einschreiten erst gegen Einzelne, dann gegen die ganze Partei der Unruhestifter. Dem Schmied Drewes Faber hatte der Herzog und der Rath in einer Klage, welche Bauern zu Bebdingen gegen ihn erhoben, Unrecht gegeben. Wegen einer ungehörigen Aeußerung vor Gericht bedrohten ihn der Herzog und die Bürgermeister mit Haft im Diebeskeller. Da erklärte er, wenn man ihn dahin setze, so wisse er Leute in Braunschweig, die ihn wieder herausholen würden. Auf weiteres Befragen nannte er ganz offen die Tuchmacher, Kürschner und Beckenschläger. Rath, Gildemeister und Hauptleute verwiesen den kecken Schmied

---

9) Shigtbot, S. 54. 55.
10) Daf. S. 56—58.

auf Jahr und Tag aus der Stadt [11]). Ein Beckenschläger, Hans Dedeken, welchem der gemeine Rath um Martini 1446 in einer Klage Unrecht gab, warf den Rathsherren vor, „sie entschieden unrecht nach Gift und Gabe". Als er auf dem Rathhause auch unter dem Volke gleich unnütze Worte redete, und wieder vor den Rath berufen „gleich frevelhaft und steif von Worten" war, so ward ihm die Wahl gelassen zwischen Verfestung und Hausarrest, in welchem letzteren Falle sich der Rath ein weiteres Verfahren vorbehielt. Er wählte ohne langes Bedenken das Letztere und fügte dabei noch hinzu, er wisse noch Hülfe und gedächte vor dem Rath wohl zu bestehen. Dann ging er fort, aber nicht in sein Haus, sondern nach dem Rathe einiger Kumpane nach der Stiftsfreiheit St. Cyriaci, wo ihn der Rath nicht festnehmen konnte [12]). Da verurtheilte ihn ein aus zehn Richteherren gebildetes Gericht zur Verweisung auf ein Jahr. Eine Anzahl Unzufriedener, die mit besudelten oder bemalten Wangen vor das Gericht traten, erbot sich zwar für ihn Bürgerschaft zu leisten. Aber dies Anerbieten ward zurückgewiesen. Mit der trotzigen Drohung, darob sollten noch Einige ihre Köpfe verlieren, gingen jene vom Rathhause [13]).

Dies veranlaßte den Rath, Nachts die Wachen zu verstärken und die Häuser der Unruhestifter beobachten zu lassen. Am 19. December 1446 ward der Rath vor einem Handstreiche gewarnt, der noch vor Weihnachten beabsichtigt werde. In einer Nacht kurz vor dem Feste hatten sich die Aufrührer in Burgholz Hause an der Fallersleberstraße versammelt. Durch Belauschung eines angetrunkenen Beckenschlägers erfuhr Ludeke Grevenstein, der jenes Haus zu beobachten hatte, die Pläne der Versammelten, namentlich daß sie noch diese Nacht einen Aufstand beabsichtigten, um die Reichen zu tödten und sie ihrer Schätze zu berauben. Durch ihn erfuhren dies die Bürgermeister und der schleunigst entbotene Rath. Schmiede, Schuhmacher, Knochenhauer, Bäcker, Schneider und Krämer sagten dem Rath ihren Beistand zu. Rasch wurden nun die Bürger aller Weichbilder, mit Ausnahme des Hagens, bewaffnet nach ihren Rathhäusern entboten. Drei Tage und drei Nächte blieb die Bürgerschaft in den Waffen, bis die Unruhestifter, die meist im

---

11) Shigtbok, S. 58—61.
12) Daſ. S. 61—62.
13) Daſ. S. 62—63.

10. Die Unruhen der Jahre 1445 und 1446.

Hagen gewohnt zu haben scheinen, gestraft wären [14]). Am Sonntag vor Weihnachten wurden unter Mittag Alle, die als schuldig vermeldet waren, nach dem Rathhause im Sacke entboten. Dort versammelt merkten sie, daß die Zeit der Strafe gekommen sei. Einer von ihnen, der Kürschner Stockmann, sprang aus dem Fenster des Rathhauses und lief dann in die Burgfreiheit, wo der Rath keine Gewalt hatte. Den Uebrigen ließ man die Wahl, ob sie in ihren Häusern des Rathes Spruch abwarten, oder die Stadt auf zehn Meilen Weges verschwören wollten. Sie wählten die Verfestung und leisteten den verlangten Schwur. In der Dunkelheit verließen noch Sonntag Abends 28 Rädelsführer die Stadt und begaben sich an den folgenden Tagen über Königslutter nach Magdeburg. Dort blieben die meisten derselben, Andere zogen in die kleinen Städte Westfalens und der Mark. Siebenzehn jener Männer gehörten dem Hagen, acht der Neustadt, zwei dem Sacke und nur einer der Altstadt an [15]).

Nach dem Abzuge derselben dankte der Rath der Bürgerschaft, nahm sie von Neuem in Eid und Pflicht und versprach Amnestie für alles Geschehene. Die ruhigen Bürger dankten nun Gott, daß „sie die tückischen Wölfe los waren"; die unruhigen freuten sich ihrer Straflosigkeit, dankten dem Rathe zum Theil fußfällig für die erwiesene Milde und wurden gute, gehorsame Bürger [16]). Der Rath aber dachte jetzt an die Erfüllung eines Gelübdes, das er in der Zeit der Noth gethan. Er hatte dem Patron der Stadt, St. Autor, einen neuen Sarg gelobt, damit auf seine Fürbitte Gott seinen heiligen Geist über die Stadt sende, daß Mord und Blutvergießen vermieden werde. Das war glücklich erreicht. Darum ließ der Rath dem Heiligen einen Sarg machen aus Silber und Gold und opferte diesen später am Sonntag zu Mitfasten 1456, bei welcher Gelegenheit die Reliquien des Heiligen aus dem alten in den neuen Sarg übertragen wurden [17]).

Während des unruhigen Jahres 1446 versäumten die Stadtbehör-

---

14) Shigtbot, S. 63—65.

15) Das. S. 65—68, wo die 28 Verwiesenen genannt sind. Vergl. auch Chron. S. Aegidii zu 1446 bei Leibnitz, S. R. Br. III, 596; Botho das. 405 und Chron. Riddagshus. das. II, 83.

16) Das. S. 68. 69.

17) Das. S. 70 und Bartholdus, Van dem levent und der overhalinge S. Autors, Theil 3, Cap. 3 bei Rehtmeier, Kirchenhistorie II, 253 sq.

ben doch nicht, eine Botschaft an Friedrich III. nach Wien zu senden, welche ihn um Bestätigung aller von früheren Kaisern, namentlich der von Albrecht II. 1438 ertheilten Privilegien bitten sollte. Friedrich erhörte die Bitte in Anbetracht der treuen Dienste, welche die Bürger und ihre Vorfahren „dem Reiche allzeit williglich und unverdrossentlich gethan", auch in Zukunft „wohl thun sollen und mögen", und bestätigte alle von seinen Vorgängern im Reiche der Stadt ertheilten Privilegien am 4. Juli 1446 [18]). Am folgenden Tage beauftragte der Kaiser die Bischöfe von Hildesheim und Halberstadt, den Herzog Heinrich als Landesherrn und Graf Ulrich von Regenstein, die Stadt in ihren so eben bestätigten Privilegien schützen zu helfen [19]).

11. Die Stadt unter Herzog Heinrich dem Friedsamen (1447—1473).

Nach Beendigung der inneren Unruhen hatte die Stadt einige unangenehme Folgen derselben zu verwinden. Die vertriebenen Bürger scheinen wider den Rath beim Kaiser Klage erhoben zu haben. Denn am Paulstage 1448 beauftragte dieser von Wien aus den Herzog Adolph zu Schleswig und den Landgraf Ludwig zu Hessen, zwischen dem Rathe und jenen Bürgern nach Güte oder zu Recht zu entscheiden [1]). Ob diese Entscheidung erfolgte und wie sie ausfiel, wird nicht angegeben. Fest steht, daß die Vertriebenen hie und da, namentlich auch in der Mark Brandenburg, dadurch Rache an Braunschweig nahmen, daß sie ihre ehemaligen Mitbürger, welche auf Handelsreisen dahin kamen, in so mannigfacher Weise anfeindeten und beschädigten, daß die Stadt deshalb bei Markgraf Friedrich dem Jüngeren Beschwerde führte. Dieser versprach am 15. August 1449, solche Anfeindung in seinen Landen nicht mehr zu gestatten und jene Vertriebenen mit ihren etwaigen An-

---

[18]) Originalurkunde des Stadtarchivs Nr. 749, gedruckt bei Rehtmeier, Chron. 726.

[19]) Originalurkunde des Stadtarchivs Nr. 750, gedruckt in Braunschw. hist. Händeln III, 1443.

[1]) Urkunde des Stadtarchivs Nr. 757, ungedruckt.

11. Die Stadt unter Herzog Heinrich dem Friedsamen.

sprüchen an Herzog Heinrich, den Landesherrn, verweisen zu wollen²). Manche der Ausgewiesenen, die sich in Thüringen, in der Altmark und in Bremen aufgehalten haben mögen, scheinen gewillt gewesen zu sein, sich an den Eid, welchen sie bei ihrer Ausweisung geschworen hatten, nicht zu kehren. Das mag der Rath erfahren haben. Vermuthlich bewog eine durch ihn gemachte Anzeige den Papst Nicolaus V., dem Abt des Schottenklosters zu Erfurt und den Stiftsdechanten zu Bremen und Stendal am 18. Juni aufzutragen, jene Bürger zur Heilighaltung des geleisteten Eides anzuhalten³). Noch 1455 finden sich die letzten Spuren von der Erbitterung der Vertriebenen. Am 15. Juli dieses Jahres verpflichtete sich Markgraf Friedrich der Jüngere von Brandenburg gegen den Rath, zwanzig derselben in seinen Gebieten zum Schaden der Braunschweiger nicht hausen und hegen zu wollen oder ihnen wenigstens nicht zu gestatten, daß sie ihre ehemaligen Mitbürger in seinem Lande „befehden, beschädigen und bekümmern"⁴).

1448 nahm die Stadt als Bundesgenossin⁵) ihres Herzogs Heinrich an einer Fehde desselben gegen die Brüder Heinrich, Ernst und Albrecht, Söhne Erichs von Grubenhagen, Theil. Eine Uneinigkeit mit dem Landgrafen von Hessen hatte Heinrich, den ältesten der grubenhagenschen Brüder, zu einem Einfall in's Hessenland bewogen, bei welchem er den Bewohnern des Städtchens Geismar ihr Vieh fortgetrieben haben und mit Beute reich beladen nach dem Schloß Grubenhagen zurückgekehrt sein soll. Das scheint als Bruch des Landfriedens angesehen zu sein. Mit den Bundesgenossen Herzog Heinrichs des Friedsamen zogen auch die Bürger von Braunschweig gegen das Schloß Grubenhagen. Aber ungeachtet die Belagerung vier Wochen dauerte, blieb die Feste ungewonnen, weil keiner der belagernden Theile sie für den anderen stürmen wollte⁶).

Im Interesse des Landfriedens in Norddeutschland geschah 1450 unter Braunschweigs Mitwirkung ein weiterer Schritt. Die dreizehn Städte Niedersachsens, welche schon 1426 einen Bund zur Sicherung

---

2) Originalurkunde des Stadtarchivs Nr. 766, ungedruckt.
3) Originalurkunde des Stadtarchivs Nr. 771, ungedruckt.
4) Originalurkunde des Stadtarchivs Nr. 791, ungedruckt.
5) Der Bundesvertrag kam am 21. Juli 1448 zum Abschlusse. Originalurkunde im Stadtarchiv Nr. 759, gedruckt bei Rehtmeier, Chronik 727.
6) Botho zum Jahre 1448 bei Leibnitz, S. R. Br. III, 406.

der Reichsstraßen geschlossen hatten, gingen zu diesem Zwecke 1450 ein Bündniß mit Lübeck und Cöln auf sechszehn Jahre ein. Diese beiden Städte standen aber an der Spitze ähnlicher Einigungen zur Beschützung des Handels [7]).

Auf seiner Reise durch Norddeutschland kam der Cardinal Nicolaus von Cusa, welchen der Papst mit einer Reformation der deutschen Klöster beauftragt hatte, 1451 auch in unser Land, ja selbst in unsere Stadt. Hier verkündete er die vom Papst bei Gelegenheit des Jubelfestes 1450 erlassenen Indulgenzen. Einen Ablaß von hundert Tagen verhieß der Cardinal allen hiesigen Einwohnern, welche Freitags um 11 Uhr Morgens beim Klang der Betglocke drei Vaterunser hersagten und dabei an den Tod Jesu Christi dächten. In gleicher Weise sagte er allen hiesigen Priestern einen Ablaß von funfzig Tagen zu, wenn sie Sonntags bei der Messe nach der ersten Collecte Gott anfleheten, er möge den Papst, den Diöcesanbischof und die katholische Kirche vor allem Unglück beschirmen [8]). Jener Cardinal war hier 1451 zwischen dem 25. Juni und 12. Juli oder zwischen dem 19. und 28. Juli [9]), hat sich auch vielleicht beide Male hier aufgehalten. Indulgenzbriefe stellte er von Hildesheim aus dem Cyriacusstifte und der Ulrichskirche und von Mainz aus der hiesigen Matthäuscapelle aus [10]). „Für fromme Zwecke" steuerten die Gläubigen auf seinen Antrieb auch hier Geld zusammen; der Rath der Altstadt übernahm die Sammlung und übergab diese für den Papst bestimmten Gelder am 1. März 1452 dem Secretär des Cardinals, Heinrich Pomert [11]).

Für den guten Zustand der städtischen Finanzen in dieser Zeit spricht der Umstand, daß Mitglieder des Fürstenhauses und des Landadels beim Rath gern Capitalien deponirten. Herzog Heinrichs Mutter hatte bei demselben zuweilen an zehntausend rheinische Gulden im De-

---

[7]) Originalurkunde des Stadtarchivs Nr. 770, ungedruckt.

[8]) Chron. S. Aegidii zum Jahre 1451 bei Leibnitz, S. R. Br. III, 596.

[9]) Am 25. Juni war er noch zu Magdeburg (Urkunde bei Leibnitz, S. R. Br. II, 962); dort war er wieder am 28. Juli (Urkunde das. II, 596). Am 12. und 19. Juli stellte er Urkunden in Hildesheim aus (Rehtmeier, Kirchenhistorie II, 214 und Heineccius, Ant. Goslar. p. 398).

[10]) Rehtmeier, Kirchenhistorie II, 213. 214. Gebhardi, Stift Matthäi, S. 123.

[11]) Originalurkunde des Stadtarchivs Nr. 780, ungedruckt.

11. Die Stadt unter Herzog Heinrich dem Friedsamen.

postum [12]). Aus dem Landadel gaben dem Rath solche Beweise von Vertrauen Cord von Schwicheld, Hildebrand von Saldern, Heinrich von Schirstidde und Heinrich von Veltheim der Aeltere 1451, Heinrich von Saldern 1452 und Heinrich von Verselde 1464 [13]).

Ueber die Verpflichtung der Bürger, in Wolfenbüttel und anderen Städten des Landes Zoll zu zahlen, und über die Rechte, welche jenen gegen ihre Meier zustanden, war die Stadt mit den herzoglichen Amtleuten und Vögten in mancherlei Differenzen gerathen. Am Sonntag Lätare 1454 kam über die streitigen Punkte ein Vergleich zu Stande. Damals bestimmte Herzog Heinrich, daß seine Beamten weder in Wolfenbüttel, noch in anderen Städten des Landes von Braunschweigs Bürgern Weinzoll oder Wagenschilling nehmen sollten. Auf den Meiergütern der Bürger sollen nur diese das Pfandrecht haben, wie sie es seit alter Zeit gehabt, aber nicht die herzoglichen Beamten. Die Meier der Bürger haben Freizügigkeit im Lande, müssen diese aber zur rechten Zeit ausüben. Andererseits steht es den Bürgern frei, ihre Meier zur rechten Zeit abzumeiern; nur bei offenbarer Unredlichkeit und Ungebührlichkeit kann der Meier auch „zur Beizeit" vom Gute entfernt werden. Den Bürgern und ihren Meiern stehen des Landes freie Straßen, Wasser und Weiden offen; ihr Gut darf man nur dann „aufhalten", wenn sie nicht zu Recht stehen wollen. Bürger darf man vor kein herzogliches Gericht schleppen, außer wenn sie bei einem offenbaren Todtschlage auf der That ertappt sind. Zum Schluß verspricht der Herzog, der Bürger Meier nicht zu beschweren mit Forderung von Kühen, Schafen, Schweinen und Pferden [14]).

Eine andere wichtige Freiheit erwarb die Stadt am 30. October 1454. Johannes, Truchseß von Beyerrod, Pfalzgraf des königlichen Hofes und des kaiserlichen Consistorii, wie er sich nennt, welchem schon 1433 Kaiser Sigismund und 1452 auch Friedrich III. die Erlaubniß gegeben hatte, im ganzen Reiche öffentliche Notare zu erwählen, gestattete

---

12) Originalurkunden des Stadtarchivs Nr. 677 und 688, ungedruckt.

13) Originalurkunden des Stadtarchivs Nr. 774. 777. 782. 840, alle ungedruckt.

14) Originalurkunde des Stadtarchivs Nr. 788, steht mit falschem Jahr (1453) auch im Copialbuch I, fol. 84 und Copialbuch XVI, fol. 1, gedruckt bei Rehtmeier, Chronik 728.

1454 bei seiner Anwesenheit hieselbst dem Rathe der Stadt Braunschweig funfzig öffentliche Notare zu ernennen [15]).

Reich an Streitigkeiten der hiesigen Priesterschaft scheinen die Jahre seit 1450 gewesen zu sein. Schon 1450 am 26. Januar beauftragte Bischof Magnus von Hildesheim seinen hiesigen Official, die zwischen den Clerikern der Stadt entstandenen Streitigkeiten zu schlichten [16]). Am 6. December 1453 sah sich der Administrator des Stifts Hildesheim sogar genöthigt, den Rath aufzufordern, dem Official bei Entscheidung jener Streitigkeiten wirksamen Beistand zu leisten [17]). Wohin solche Streitigkeiten führten, zeigt die kurze Erzählung des Chronicon S. Aegidii [18]). Der Pfarrherr zu St. Martinus, so heißt es da, gerieth 1455 mit einem anderen Pfarrer in Streit. Beide mußten in den Bann gethan werden. In Folge davon blieb die Martinikirche etwa zwei Jahre lang geschlossen, kein Gottesdienst ward gehalten und die Pfarrangehörigen mußten sich die Sacramente in der Michaeliskirche spenden lassen.

Ein großartiges kirchliches Fest feierte Braunschweig 1456 am Sonntag Lätare. Der in den Unruhen des Jahres 1446 St. Autor gelobte silberne Sarg war endlich fertig geworden; in diesen sollten die Gebeine des Heiligen, die bis dahin in einem kupfernen Sarge gelegen hatten, nun feierlichst übertragen werden. Am 28. Februar 1456 öffneten die Benedictiner zu St. Aegidien in Gegenwart des Rathes den alten Sarg unter vielen Feierlichkeiten und nahmen aus demselben vier Reliquienbündel, deren eins die Ueberreste St. Autors enthielt. Unter noch größeren Feierlichkeiten, zu denen auch die Benedictineräbte von Königslutter und von St. Godehard in Hildesheim erschienen waren, wurden am Sonntag Lätare, den 8. März, von einem vor dem Kloster für diesen Zweck erbauten Gerüste dem versammelten Volke alle Heiligthümer und Reliquien des Klosters gezeigt und sodann St. Autors Gebeine in den geweihten neuen Sarg übertragen. Damals verordnete der Abt des Klosters, daß fortan auf jeden Sonntag Lätare zur Ehre des Heiligen ein hohes Fest zu St. Aegidien gefeiert werden solle [19]).

---

15) Originalurkunde des Stadtarchivs Nr. 790, ungedruckt.
16) Originalurkunde des Stadtarchivs Nr. 769, ungedruckt.
17) Originalurkunde des Stadtarchivs Nr. 786, ungedruckt.
18) Leibnitz, S. R. Br. III, 596.
19) So erzählt es der damals lebende Abt Barthold in dem jetzt im Privatbesitz befindlichen Werke über den heiligen Autor, Theil 3, Cap. 3—6, zum Theil

11. Die Stadt unter Herzog Heinrich dem Friedsamen.

Zu dem Ordenscapitel, welches die Franziskaner hier 1458 hielten, fanden sich an dreihundert Mönche jenes Ordens ein. In feierlicher Procession besuchten sie viele Kirchen der Stadt und hielten bei dieser Gelegenheit auf dem Altstadtmarkte eine Station mit Gottesdienst. Damals, so wird erzählt, ließ sich ein Herr vom Landadel, Ribbag von Benden, unter Darreichung einer bedeutenden Gabe in die Gemeinschaft aller ihrer guten Werke aufnehmen, worüber ihm Matthias, der Provincial der sächsischen Minoriten, eine Urkunde ausstellte [20].

Im Jahre 1459 ward der schon längere Zeit bestehende Bund niedersächsischer Städte wieder erneuert. Außer den dreizehn ursprünglichen Genossen desselben finden sich damals auch die altmärkischen Städte Stendal und Tangermünde mit in diesem Bunde, dagegen ist das thüringische Erfurt nebst Mühlhausen und Nordhausen nicht mehr unter den Bundesgenossen [21].

Am 25. Mai 1459 kam Braunschweig durch Vertrag wieder in den Besitz der freien Wasserfahrt auf der Ocker, Aller und Weser nach Bremen, welche ihm seit etwa zwanzig Jahren durch die Städte Magdeburg und Lüneburg fast ganz entzogen war. Jetzt ward die Verbindung jener Städte aufgehoben, aller Unwillen mit Braunschweig beigelegt und das Recht der Braunschweiger anerkannt, nach Bremen und von da zurück allerlei Waaren außer Salz und Eisen zu verschiffen. Nur die Verpflichtung ward den Bürgern auferlegt, auf Verlangen des Herzogs zu Lüneburg oder der Stadt Lüneburg den dritten Theil des stromabwärts beförderten Kornes in Celle, Rethen oder Ahlden für den in Braunschweig gewöhnlichen Marktpreis auszuladen und an die Einwohner jener kornarmen Gegenden zu verkaufen [22]. Die Herzöge Bernhard und Otto von Lüneburg waren damit einverstanden und sagten den Bürgern von Braunschweig am 1. Juli 1459 die Erlaubniß des freien

---

gedruckt in Rehtmeier, Kirchenhistorie II, 253—261. Vergl. Chron. S. Aegidii zum Jahre 1458 bei Leibnitz, S. R. Br. III, 597 und die ungedruckte Urkunde des Stadtarchivs Nr. 795; auch die Urkunde im Copialbuch I, fol. 35 bei Rehtmeier, Kirchenhistorie II, 192.

[20] Chron. S. Aegidii zu 1458 bei Leibnitz, S. R. Br. III, 597 und Meibom. Chron. Riddagsh. in S. R. Germ. III, 378.

[21] Ungedruckte Urkunde im Copialbuch X, fol. 189 und 144; letztere auch im Original Nr. 806 vorhanden.

[22] Originalurkunde des Stadtarchivs Nr. 807 und Urkunde im Copialbuch I, fol. 36; beide ungedruckt.

Handels nach Bremen zu; nur Salz und Eisen sollten sie nicht dahin und Häring und sonstige von Bergen in Norwegen kommende Fischsorten zu Wasser nicht von daher führen; den üblichen von den Waaren zu zahlenden Zoll versprechen die Herzöge nicht zu erhöhen [23]. Der Betrag des Wasserzolls, des Geleites und des Willegeldes, welches von den zwischen Braunschweig und Bremen zu Schiffe transportirten Waaren in Celle zu zahlen war, ward durch einen Vertrag geordnet, welchen Friedrich der Fromme von Lüneburg und seine Söhne Bernhard und Otto der Kriegerische am 5. Mai 1461 mit der Stadt abschlossen [24]. Nun erst gab Herzog Friedrich der Fromme am 25. Juni 1461 seine Zustimmung zu der von seinen Söhnen schon 1459 der Stadt ertheilten Erlaubniß zur freien Benutzung des Wasserwegs zwischen Bremen und Braunschweig [25]. Um die für beladene Schiffe nöthige Tiefe des Fahrwassers zu erzielen, ließ der Rath mancherlei Anlagen machen, so 1459 zu Wienhausen an der Aller, 1460 in der Ocker bei Hillerse und 1462 in der Aller bei Celle, wo eine Schleuse auf des Raths Vermittelung erbaut wurde [26].

Unter der Regierung Heinrichs des Friedsamen ward die Stadt mehrmals von der Pest heimgesucht. Ob die Seuche, welche seit 1449 ihren Kreislauf durch alle Länder machte und einige Jahre dauerte, auch Braunschweig heimsuchte, wird von den Quellen nicht angegeben [27]. Auch ob die Anordnung einer öffentlichen freien Badstube beim Jodocushospitale hieselbst, welche um 1450 erfolgt sein soll, damit zusammenhängt, muß dahingestellt bleiben [28]. Sicher ist aber, daß 1460 gleich zu Anfang des Jahres eine verderbliche Pest auch hier erschien. Sie war ganz eigenthümlicher Art. Kräftige Männer erlagen ihr in Menge, Frauen nur wenige und Kinder ganz selten. Um dies Unheil abzuwenden, wurde am Sonntag Quadragesima in allen Pfarrkirchen eine Pest-

---

23) Originalurkunde des Stadtarchivs Nr. 808, gedruckt bei Rehtmeier, Chronik 1321.

24) Originalurkunde des Stadtarchivs Nr. 821, gedruckt bei Rehtmeier, Chronik 1321. Vergl. auch Urkunde im Copialbuch I, fol. 39.

25) Originalurkunde des Stadtarchivs Nr. 823, gedruckt bei Rehtmeier, Chronik 1322. Vergl. die Urkunde im Copialbuche I, fol. 40¹.

26) Notiz aus Gedenkbuch II, jetzt im Landeshauptarchiv zu Wolfenbüttel.

27) Chron. S. Aegidii zum Jahre 1449 bei Leibnitz, S. R. Br. III, 596.

28) Urkunde in den Braunschweigischen Anzeigen 1747, S. 1897. Vergl. Hempel, Invent. diplomat. III, 180 Nr. 28.

messe mit bestimmten Gebeten abgehalten. Dabei standen alle Anwesenden barfuß und hielten brennende Lichter in den Händen. Drei Tage hintereinander wurden solche Messen gehalten und allgemein gefastet, am vierten Tage wurde nur Wasser und Brod genossen. Dies versöhnte, so erzählt die Chronik, den Herrn zum Mitleid, wunderbarer Weise erhörte er das Volk und befreite es von dieser Plage[29].

Das Jahr 1460 war auch in anderer Beziehung ein Jahr der Noth. Die Winterkälte hielt so lange an, daß erst einige Tage nach dem Osterfeste, welches auf den 14. April fiel, mit dem Pflügen, Graben und Äckern der Anfang gemacht werden konnte. Der folgende Sommer war sehr trocken. Auf den Wiesen wuchs so wenig Futter, daß vieler Leute Vieh vor Hunger umkam. Damals bezahlte man einen Scheffel Hafer mit zehn Schillingen (= 5 Thaler). Gewaltige Hagelstürme steigerten die Theuerung. Am 28. Juni erhob sich eine furchtbare Windsbraut, Bäume wurden in Menge zerbrochen, zersplittert und aus dem Boden gerissen und Häuser der Dächer beraubt[30].

Als 1461 der Landgraf von Hessen Eimbeck mit Fehde bedrohete, kam außer Goslar und Hildesheim auch Braunschweig der bedrängten Bundesstadt zu Hülfe. Als auch die grubenhagenschen Herzöge Albrecht und Heinrich ihr Beistand leisteten, zogen die Hessen in ihr Land zurück[31].

1462 sah sich Braunschweig genöthigt, gegen ein Mitglied des welfischen Fürstenhauses wegen Störung des Landfriedens aufzutreten. Herzog Friedrich, der Jüngere oder der Unruhige genannt, der Sohn Wilhelms des Aelteren, hatte an den Untersassen des Stifts Hildesheim in den Gerichten Lindau und Bornumshausen und in der Nähe von Catelnburg Gewaltthätigkeit verübt, hatte im November 1461 auch Kaufleuten der sächsischen Hansestädte zwischen Nörten und Nordheim mehrere Wagen voll Tuch und Silber abgenommen und selbst Wanderer beraubt. Dadurch veranlaßte er, daß am 25. Januar 1462 Bischof Ernst von Hildesheim mit den dreizehn niedersächsischen Hansestädten einen Bund wider ihn abschloß. Damals verabredete man, zuerst in die Herrschaft Homburg zu ziehen, Stadtoldendorf und Eschershausen

---

29) Chron. S. Aegidii zu 1460 bei Leibnitz, S. R. Br. III, 597.
30) Chron. S. Aegidii das. 597.
31) Botho zum Jahre 1461 bei Leibnitz, S. R. Br. III, 410.

zu besetzen und den daraus etwa entstehenden Krieg so zu führen, daß die eine Hälfte der Streitkräfte vom Bischof, die andere dagegen von den Städten gestellt werde. Auch Herzog Bernhard von Lüneburg versprach dem Bunde der Städte gegen den Friedebrecher allen Beistand zu leisten. Einer solchen Verbindung mochte Friedrich nicht entgegentreten. Sein Vater Wilhelm der Aeltere und sein Oheim Heinrich der Friedsame brachten daher im Mai 1462 durch Vermittelung einen Vergleich zu Stande. Um den Krieg abzuwenden, versprach Friedrich, des Reiches Straße nicht wieder unsicher zu machen, auch keine Straßenräuber und Mordbrenner zu hegen. Für den den Kaufleuten von Lüneburg, Frankfurt, Cöln und Braunschweig zugefügten Schaden, welcher auf 2700 rheinische Gulden abgeschätzt ward, versprach derselbe am 8. Mai, dem Rathe zu Braunschweig das Schloß Moringen, von wo aus der Raub verübt war, so lange einzuräumen, bis die Schadensersatzfrage von erwählten Schiedsleuten entschieden sei [32]).

Pfingsten 1463 ward in Braunschweig das Gralfest gefeiert, welches in den Quellen bei diesem Jahre zuerst erwähnt wird [33]). Alle sieben Jahre, so erzählt Tielemann Zierenberger, ein hiesiger Bürger am Ende des fünfzehnten Jahrhunderts, feiern Braunschweigs Bürger angemessen dem Ruhm und Glanz ihrer Stadt in den Pfingsttagen mit großer Fröhlichkeit das Gralfest auf einem grasreichen mit Bäumen bepflanzten Orte außerhalb der Stadt nahe bei den Mauern derselben. Die Anordnung und Leitung des Festes besorgen die Bürger aus dem Hagen. Zu solchem Schauspiel werden vom Rath Braunschweigs Fürsten, Edle und Ritter sammt den Nachbarstädten eingeladen. Aus Stadt und Land strömte dann eine große Menge von Menschen, Clerikern und Laien hier zusammen. Beim Schall der Pauken, Pfeifen, Trompeten und anderer Instrumente führte die Jugend der Stadt mannigfaltige Tänze auf dem Festplatze auf, in jedem der dort aufgeschlagenen Zelte saßen zwei Frauen aus den Geschlechtern reich geschmückt an einer Tafel mit Würfeln. Zu ihnen konnte Jeder herantreten und bestimmen, um was er zu würfeln wünsche. Nach dem Schätzungswerth des bezeich-

---

32) Originalurkunden des Stadtarchivs Nr. 825—829; alle ungedruckt. Vergl. Botho zum Jahre 1462 bei Leibnitz, S. R. Br. III, 410; auch die Urkunde Herzog Friedrichs vom 17. Januar 1462 bei Staphorst, I, 4, 900 und Heineccius, Antiq. Goslar. p. 405 sq.

33) Botho zum Jahre 1463 bei Leibnitz, S. R. Br. III, 410.

neten Gegenstandes mag sich der Einsatz ebensowohl gerichtet haben wie die Bestimmung, wie hoch jeder Wurf anzurechnen sei. Wer die drei entscheidenden Würfel so warf, daß alle eine gleiche Anzahl Augen zeigten, hatte gewonnen und konnte Anspruch auf die Beschaffung des gewünschten Gegenstandes machen; jeder andere Wurf kostete Strafe. Um die von den Spielern verlangten Sachen bald beschaffen zu können, pflegte sich auf einer anderen Seite des Festplatzes eine Menge von Händlern und Krämern mit ihren Waaren aufzustellen. Während des Festes wurden die von der Stadt Eingeladenen bei herrlichen Gastmählern unter lautem Frohsinn bewirthet [34]).

Am 25. Juli 1463 kam der neugewählte Erzbischof Heinrich von Bremen, der Sohn eines Grafen von Schwarzburg, durch Braunschweig. Mehrere Fürsten und Herren begleiteten ihn, unter denselben war auch Herzog Heinrich der Friedsame von Braunschweig und sein Bruder Wilhelm der Aeltere von Calenberg. Hier hielt man bei jener Gelegenheit ein Tournier [35]). — In demselben Jahre ward die Stadt von „einem großen Sterben" heimgesucht, welches auch in den Nachbarstädten wüthete. Die Seuche begann im Herbste, dauerte bis zur Zeit der Fasten 1464 und raffte viele Menschen dahin [36]). Während derselben einigte sich am 19. December 1463 der Rath aller Weichbilder zu dem Beschlusse, daß Gildemeister und Hauptleute die Rathmänner nach den Bestimmungen des großen Briefes von 1445 wählen und daß die so Gewählten Zeitlebens im Rathe bleiben sollten, es sei denn, daß sich herausstelle, daß einer der Gewählten „zum Rathe nicht bequem wäre". Auch die Bürgermeister sollten bis zu ihrem Tode im Amte bleiben [37]).

Herzog Friedrich der Unruhige und sein Bruder Wilhelm der Jüngere störten 1465 wiederum die Sicherheit der Landstraßen. Sie nahmen nürnbergischen Kaufleuten in der Nähe des Schlosses Eberstein mehrere Wagen mit Tuch ab. Als sich die Beschädigten klagend an Kaiser Friedrich III. wandten, erließ dieser am 25. September 1465 ein Mandat an den hiesigen Rath in dieser Angelegenheit [38]). Da der

---

34) Telomon. Ornatomont. bei Leibnitz, S. R. Br. II, 91.
35) Botho zum Jahre 1463 bei Leibnitz, S. R. Br. III, 410.
36) Botho das. S. 411.
37) Degeb. der Altstadt IV, zum Jahre 1463.
38) Urkunde in Braunschw. hist. Händeln II, 946 und Botho zum Jahre 1465 bei Leibnitz, S. R. Br. III, 411.

Herzog die Kaufleute auf den Heerstraßen und Königswegen gar vielfach belästigte, so nahm sich Braunschweig nebst Hannover, Hildesheim und Göttingen der Sache an; mit dem Aufgebot des sächsischen Städtebundes fielen sie Friedrich und seinem Vater Wilhelm dem Aelteren in's Land. Nach einem siegreichen Treffen eroberten die Städter Hardegsen und verwüsteten das Land um Hannover; in der Umgegend von Ricklingen brannten sie neunzehn Dörfer nieder und legten kurz vor Weihnachten die Neustadt vor Hannover in Asche. Für den angerichteten Schaden ließen sich die Städter Schloß und Städtchen Moringen einräumen [39]). Erst 1467, nachdem in Folge wiederholten Straßenraubes die Städter die Umgegend von Calenberg verwüstet hatten, kam unter Vermittelung des Markgrafen Friedrich von Brandenburg und des Erzbischofs Johann von Magdeburg am 29. Mai zu Quedlinburg ein Friedensvertrag zu Stande [40]). In Folge desselben wurde Moringen vom Rath der Stadt Braunschweig dem Markgrafen von Brandenburg bis auf Weiteres überantwortet.

Als im Herbst desselben Jahres die von Alvensleben Kaufleuten aus Magdeburg und Breslau Tuch abgenommen und nach Calvörde gebracht hatten, zogen der Erzbischof und die Bürger von Magdeburg vor dies Schloß und belagerten es. Schon waren auch Braunschweigs Bürger mit ihrem Herzog Heinrich auf dem Wege dahin, um Magdeburg den bundesmäßigen Beistand zu leisten. Aber ehe sie dahin kamen, vertrugen sich die von Alvensleben mit ihren Gegnern, denen sie das geraubte Tuch zurückgaben [41]).

Im Jahre 1468, in welchem Mathilde, die zweite Gemahlin Herzog Wilhelm des Aelteren, starb und am 22. Juli im hiesigen Blasiusstift bestattet wurde, war die Zeit der Aernte auch hier übermäßig regenreich. Das Getreide konnte zum Theil nicht einmal gemäht werden; anderes war zwar gemäht, wuchs aber auf dem Felde in den Garben aus. Aus Mangel an Korn blieb mancher Acker im Herbste unbesäet. Durch fortwährende Regengüsse schwoll die Ocker so sehr an, daß ihr Wasser von dem in der Nähe des Wendenthores belegenen Kirchhof von St. Jobst

---

39) Chron. S. Aegidii irrthümlich zu 1465 bei Leibnitz, S. R. Br. III, 598. Botho zu 1466 das. 411.

40) Chron. S. Aegidii und Botho zu 1467 a. a. O. Originalurkunde des Stadtarchivs Nr. 848, gedruckt in Rehtmeiers Chronik 747.

41) Botho zum Jahre 1467 bei Leibnitz, S. R. Br. III, 412.

einzelne Todte fortschwemmte. Bereits am 4. October fiel der Schnee „wohl Fuß hoch"; auch dann dauerte das nasse Wetter noch so lange, daß die Saat erst im Anfang Novembers gesäet werden konnte [42]).

Aus unbekannten Gründen zogen die Bürger Braunschweigs im September 1469 vor das Schloß Thune, unfern der Straße nach Gifhorn bei Wenden belegen. Am 3. September nahmen sie es ein und vertrieben Friedrich von Langelde aus demselben [43]).

Wenige Monate später, am Sonntag den 5. November 1469, hielt Herzog Heinrich hier mit königlicher Pracht die Vermählung seiner einzigen Tochter Margarethe mit dem Grafen Friedrich [44]) von Henneberg, welchem er sie am Mittwoch nach Estomihi 1467 durch den Abt von St. Aegidien feierlich hatte verloben lassen. Mit zahlreichem Gefolge hielt der Bräutigam seinen Einzug in's Steinthor, welches der Rath allein geöffnet hatte. Die Bürgerschaft stand bewaffnet, durch den Rath geordnet, auf ihrem Posten, wohl damit bei der Anwesenheit so vieler Fremden keine Unordnung in der Stadt vorfiele. Nach viertägiger Hochzeitsfeier entfernten sich die Fremden wieder [45]).

Daß die Verbindungen der Städte zur Erhaltung des Landfriedens und zur Sicherung der Straßen noch immer ein dringendes Bedürfniß waren, zeigt das am 18. Juni 1471 wieder auf sechs Jahre erneuerte Bündniß der niedersächsischen Städte. Theilnehmer desselben waren damals außer Braunschweig die Städte Goslar, Magdeburg, Halle, Halberstadt, Hildesheim, Göttingen, Stendal, Eimbeck, Nordheim und Helmstedt [46]).

Das letzte Lebensjahr Herzog Heinrichs des Friedsamen ist durch mehrere Begebenheiten ausgezeichnet, zunächst durch einen am 1. Februar abgeschlossenen Landfrieden, an welchem außer Braunschweig eine Anzahl niedersächsischer Fürsten, Ritter und Städte Theil nahmen und der auf zwanzig Jahre in Gültigkeit bleiben sollte [47]). Sodann ist das Jahr

---

[42]) Chron. S. Aegidii und Botho zum Jahre 1468 bei Leibnitz, S. R. Br. III, 598. 412.

[43]) Chron. S. Aegidii zum Jahre 1469 bei Leibnitz, S. R. Br. III, 599.

[44]) So nennt ihn das Chron. S. Aegidii zum Jahre 1467; nach Botho hieß er Wilhelm.

[45]) Chron. S. Aegidii und Botho zum Jahre 1469 bei Leibnitz, S. R. Br. III, 598. 418.

[46]) Originalurkunde des Stadtarchivs Nr. 865, ungedruckt.

[47]) Urkunde im Gedenkbuch II zu 1473, ungedruckt.

1473 merkwürdig durch einen ungemein zeitig kommenden Frühling. Am Liebfrauentage in der Fastenzeit, am 25. März 1473, blüheten hier bereits Bäume und Rübsaat. Ostern, am 18. April, waren „auf der Linde zu Braunschweig"[48] Blätter zu sehen, welche die ungewöhnliche Breite von sechs und eine Länge von über vier Zoll hatten. Es folgte ein heißer trockner Sommer[49]. Während desselben wüthete in der Stadt die Pest. Das Aegidienkloster allein verlor sieben junge kräftige Mönche. Damals brachte man auf Veranlassung Herzog Heinrichs die Reliquien des Märtyrers Sebastian hieher. Um Trinitatis kamen sie hier an; in feierlicher Procession des Clerus und der Laien zog man mit dem vermeinten Heiligthum durch die Stadt. Die erste Station mit einer Messe zu Ehren des Heiligen hielt man im Aegidienkloster, eine zweite im Blasiusstift, dann ging's nach der Katharinen- und zuletzt nach der Martinuskirche. In jenem Jahre der Noth nahm der Rath hier die Zellbrüder (fratres cellitas) zum Behuf der Krankenpflege auf und räumte ihnen eine Wohnung auf dem Damme ein. Dies waren Leute, die freiwillig arm blieben und sich die Verpflichtung auferlegt hatten, Kranke zu besuchen, zu warten, zu verpflegen und die Todten zu bestatten. Damals war in der Pestzeit große Noth hinsichtlich der Krankenpflege, und das war wohl der Grund, warum der Rath jene Brüder aufnahm und ihnen die Wohnung anwies, die nach ihrem Schutzheiligen, St. Alexius, wohl noch jetzt benannt wird[50]. Gegen Ende des Jahres 1473 folgte Herzog Heinrich seiner 1471 gestorbenen Gemahlin Helena nach in den Tod. Er starb an der Wassersucht in der Nacht vom 7. auf den 8. December. Wie seine Gemahlin, so ward auch er zu St. Blasius in der Grabstätte seiner Väter beerdigt; der Benedictinerabt von St. Aegidien sang ihm die Todtenmesse, die Dechanten von St. Blasius und Cyriacus assistirten dabei. Der Ruf eines edlen, thatkräftigen Friedensfürsten folgte ihm in's Grab[51].

---

48) Daß die uralte Linde an der Burgkirche gemeint ist, möchte nicht unwahrscheinlich sein.

49) Botho zum Jahre 1473 bei Leibnitz, S. R. Br. III, 414.

50) Chron. S. Aegidii zu 1473 bei Leibnitz, S. R. Br. III, 599. Vergl. Rehtmeier, Kirchenhistorie I, 214.

51) Chron. S. Aegidii und Botho zum Jahre 1473 bei Leibnitz, S. R. Br. III, 600. 415. Nach Botho war der Sterbetag der 6. December.

12. Die Stadt wieder unter Herzog Wilhelm dem Aelteren (1473—1482).

Als Herzog Heinrich den Tod nahen fühlte, hatte er Vertretern des Raths zu Braunschweig die Schlüssel seiner Feste Wolfenbüttel überantwortet mit der Bitte, nach seinem Tode für die Vollstreckung seines Testamentes zu sorgen. Diesen Wunsch des fürstlichen Herrn erfüllte der Rath. Am 20. December 1473 ließ der damals schon 73 Jahre alte Herzog Wilhelm, Heinrichs älterer Bruder, Braunschweig den sogenannten kleinen Huldebrief ausstellen. Darin erklärt derselbe, er habe sich mit der Stadt gütlich vertragen um „alle Schel, Gebrech und Sache", die zwischen ihr und ihm bisher gewesen sei. Da sie ihm Wolfenbüttel[1]) nebst den anderen Burgen des Landes und sein ganzes väterliches Erbe überantwortet habe, so verspreche er, dieselbe bei ihren Privilegien und Freiheiten zu lassen und zu erhalten, sie zu beschirmen vor ungerechter Gewalt und sie nicht zu verlassen[2]). Damals überließ Wilhelm der Aeltere seinen Söhnen Theile des bisher von ihm besessenen Landes zur Verwaltung; so erhielt Wilhelm der Jüngere Göttingen, Friedrich der Unruhige Calenberg. Er selbst nahm das Land Braunschweig und lebte seitdem mit der Stadt Braunschweig in gutem Frieden[3]). Den großen Huldebrief ließ er derselben erst 1476 am Donnerstag nach Valentin, den 15. Februar, ausstellen; damals mag also auch die Huldigung erst erfolgt sein[4]).

Seitdem Herzog Wilhelm wieder Herr der Stadt war, vereinfachte sich die Zahl der Fürsten, welche Antheil an den Herrschaftsrechten in Braunschweig hatten, noch mehr. Da die grubenhagenschen Fürsten in der Stadt seit etwa 1430 keine Rechte mehr geltend machten, ja nicht einmal eine Huldigung forderten; da ferner durch das Aussterben der göttingenschen Linie 1463 deren Anrechte auf die braunschweigisch-calen-

---

1) Nach dem Chron. S. Aegidii erhielt der Herzog Wolfenbüttel erst am 27. December (Leibnitz, S. R. Br. III, 600).
2) Originalurkunde des Stadtarchivs Nr. 872 bei Rehtmeier, Chronik 749. Chron. S. Aegidii und Botho zum Jahre 1473 bei Leibnitz, S. R. Br. III, 600. 415.
3) Botho zu 1473 bei Leibnitz, S. R. Br. III, 415.
4) Originalurkunde des Stadtarchivs Nr. 881 im Thesaur. Homag. I, cap. 2, 100.

bergische Linie vererbten, so gab es gegen Ende der Regierung Heinrich des Friedsamen nur noch drei in der Stadt berechtigte Fürsten, nämlich außer dem Landesherrn nur noch Wilhelm den Aelteren von Calenberg und Otto den Kriegerischen von Lüneburg. Durch den Tod Heinrich des Friedsamen 1473 vereinfachte sich dies Verhältniß dahin, daß außer dem Landesherrn Wilhelm nur noch die lüneburgische Linie Anrechte an Braunschweig hatte und geltend machte. Unter solchen Umständen ging die Zersplitterung der Herrschaftsrechte über die Stadt ihrem Ende entgegen. Vielleicht veranlaßte diese Aussicht die Stadt, nun wieder mehr nach Verbindung mit Kaiser und Reich zu streben, was sie unter Heinrich des Friedsamen Regierung nicht gethan hatte. Im September 1474 beschickte sie den Reichstag zu Augsburg durch ihren Syndicus Heinrich Wunstorf[5]), 1475 am 11. Januar sandte sie denselben an den Kaiser wegen der Heeresfolge gen Cöln. In Verbindung mit den Cölnern, dem Landgrafen Hermann von Hessen und anderen Städten des Reiches, wie Lübeck, Bremen, Magdeburg, Nordhausen und Mühlhausen half Braunschweig damals dem Kaiser wider den Herzog Karl von Burgund, der Neuß belagerte, aber gezwungen wurde, die Belagerung aufzuheben[6]).

Die Sorge für Erhaltung des Landfriedens beschäftigte den Rath auch in dieser Zeit mehrfach. Als zu diesem Zwecke am 1. Februar 1476 viele Fürsten, Ritter und Städte in den Landen zwischen Weser, Aller, Elbe und Harz eine Vereinigung auf zwanzig Jahre schlossen, trat mit seinem Landesherrn und dessen beiden Söhnen auch Braunschweig und die meisten Städte des etwa ein halbes Jahrhundert bestehenden sächsischen Städtebundes jener Einigung bei[7]). Gleichem Zwecke dienten die besonderen Verbindungen, welche Braunschweig mit Städten jenes Bundes, wie mit denen der Hanse damals einging. Am 26. Juni 1476 half auch unsere Stadt jenen Bund der sächsischen Städte auf zehn Jahre erneuern; die Bundesurkunde ist interessant durch die Angaben über die Zahl der Mannschaften, welche jede Bundesstadt im Nothfalle zu stellen hat[8]). Am 1. November 1476 vereinigten sich zwölf

---

5) Urkunde in Braunschw. hist. Händeln II, 943.
6) Urkunde in Braunschw. hist. Händeln II, 944 und Botho zu 1475 bei Leibnitz, S. R. Br. III, 416.
7) Originalurkunde des Stadtarchivs Nr. 888, ungedruckt.
8) Originalurkunde des Stadtarchivs Nr. 884, ungedruckt.

Städte jenes Bundes, unter ihnen auch Braunschweig mit den an der Ostsee, in Nordalbingien und an der Lüneburger Heide belegenen Städten Lübeck, Rostock, Wismar, Stralsund, Hamburg, Bremen, Stade, Lüneburg und Uelzen, auf sechs Jahre zu gegenseitiger Hülfeleistung [9]. Noch ein Specialbündniß, zwischen Braunschweig und Magdeburg am 20. April 1482 abgeschlossen, verpflichtete jede Stadt auf zehn Jahre, in Nothfällen der Schwesterstadt mit zweihundert raschen, wohlgerüsteten Fußknechten beizustehen [10].

Das Jahr 1479 brachte einen so heißen Sommer, daß man aus Mangel an Wasser hier in der Stadt weder backen noch brauen konnte. Das nöthige Brod brachten die Bewohner der benachbarten Orte hieher zu Markte [11].

Am 25. Juli 1482 starb in einem Alter von 82 Jahren Herzog Wilhelm der Aeltere zu Wolfenbüttel; der Dom, wie die Blasiuskirche damals schon heißt, nahm seine Gebeine auf [12].

13. Die Stadt unter Herzog Wilhelm dem Jüngeren (1482—1491).

Nach dem Tode Herzog Wilhelm des Aelteren nahmen seine Söhne Wilhelm der Jüngere und Friedrich der Unruhige Wolfenbüttel ein [1], um die Regierung des Landes Braunschweig gemeinsam zu führen. Die neuen Landesherren gaben der Stadt am 1. Juni 1483 in dem kleinen Huldbriefe das Versprechen, sie im Genuß aller Privilegien und alten Gewohnheiten zu lassen, sie zu beschirmen „vor unrechter Gewalt" und sie nicht zu verlassen [2]. Die gemeinschaftliche Regierung der fürstlichen Brüder dauerte indessen nicht lange. Da Friedrich seinen älteren Bruder zu einer Theilung zwingen wollte, die wider frühere Verabredungen und Zusagen verstieß, so sah sich Wilhelm, als sein Bruder ungeachtet

---

9) Originalurkunde des Stadtarchivs Nr. 885, ungedruckt.
10) Originalurkunde des Stadtarchivs Nr. 906, ungedruckt.
11) Botho zum Jahre 1479 bei Leibnitz, S. R. Br. III, 417.
12) Botho zu 1482 bei Leibnitz, S. R. Br. III, 420.
1) Botho zum Jahre 1483 bei Leibnitz, S. R. Br. III, 420.
2) Originalurkunde des Stadtarchivs Nr. 908 bei Rehtmeier, Chronik 757.

vorgenommener Mutschirung ihm während des hildesheimischen Krieges feindlich entgegentrat, gezwungen, ihn 1484 der Freiheit zu berauben und bis zu seinem Tode 1495 in Gewahrsam zu halten³). So ward Wilhelm 1484 Alleinherr im Lande Braunschweig, mit welchem damals das Göttingensche und Calenbergische für kurze Zeit verbunden waren.

Das Decennium von 1482 bis 1491, wo Herzog Wilhelm hier die Herrschaft hatte, war für die Stadt voll von Unruhe und Noth; im Interesse ihres Herrn und einzelner ihr verbündeten Städte hatte sie manche Fehde durchzukämpfen und ward obenein von einem Aufstande im Innern heimgesucht.

Die Verbindung Braunschweigs mit anderen niedersächsischen Städten dauert auch in dieser Zeit fort. Am Mittwoch nach Laurentius, den 13. August 1482, schloß es sich mit Magdeburg, Goslar, Hildesheim, Göttingen, Hannover und Eimbeck an die Städte Hamburg und Lüneburg⁴), und versprach diesen Bund zunächst drei Jahre zu halten. Am 17. September 1482 verabredete es eine ähnliche Einigung theils mit Magdeburg und Lüneburg auf zehn Jahre, theils mit Goslar, Hildesheim, Halberstadt, Göttingen, Stendal, Hannover, Eimbeck und Uelzen auf vier Jahre⁵). Die versprochene Bundeshülfe leistete Braunschweig z. B. 1483 der Stadt Magdeburg, die mit ihrem Erzbischof Ernst in Streit gerathen war⁶).

1484 ward auch unsere Stadt von der Pest schwer heimgesucht. Um den nöthigen Platz zur Bestattung der Leichen zu finden, mußte man sogar die über die Kirchhöfe hinführenden Steinwege aufnehmen⁷).

Nach überstandener Seuche ward Braunschweig 1485 in eine Fehde zwischen der Stadt Hildesheim und ihrem Bischof Barthold⁸) verwickelt. Herzog Wilhelm der Jüngere, mit dem und mit dessen Sohn Heinrich sich der Bischof bereits am 28. Februar 1483 auf zwanzig Jahre verbündet hatte⁹), bewirkte durch seine Parteinahme für den Bischof, daß Braunschweig sich der bedrängten Bundesstadt um so eifriger annahm.

---

3) (Koch) Pragm. Geschichte, S. 318—321.
4) Urkunde im Gedenkbuch II, zum Jahre 1482, ungedruckt.
5) Originalurkunden des Stadtarchivs Nr. 905. 907, ungedruckt.
6) Botho zum Jahre 1483 bei Leibnitz, S. R. Br. III, 420.
7) Botho zum Jahre 1484 das. 420.
8) Lüntzel, Geschichte von Hildesheim II, 479—488.
9) Urkunde bei Rehtmeier, Chronik 757.

13. Die Stadt unter Herzog Wilhelm dem Jüngeren.

Als Herzog Wilhelm am 30. Januar 1485 den Hildesheimern die Landstraßen in seinen Gebieten verlegen und seinen Unterthanen allen Verkehr mit jener Stadt untersagen ließ, kamen die Bundesstädte in Bewegung. Die Stadt Braunschweig erklärte damals dem eigenen Landesherrn, da sie in dieser wichtigen Sache nicht mit zu Rathe gezogen sei, so brauche sie auch nicht mit zu thaten. Des Reiches freie Straßen zu sperren, sei nur der Kaiser befugt; sie könne sich in ihrem Handel und Wandel nicht stören lassen; da sie endlich Hildesheim durch Bündnisse so nahe stehe, so wolle sie jene Stadt auch "nicht in der Noth stecken lassen"[10]. Als dennoch 1485 die Fehde ausbrach, belagerte Herzog Heinrich in der zweiten Woche nach Ostern Hildesheim vergeblich, nahm den dieser Stadt zu Hülfe ziehenden Grafen Johann von Rittberg am 29. Juni mit vierhundert Mann im Deister gefangen, und belagerte Hildesheim mit dem Bischof am Ende des Juli zum zweiten Male. Da die Stadt an Lebensmitteln Mangel litt, so schickten die benachbarten Bundesstädte 250 Wagen mit Mundvorrath von Braunschweig aus ihr zu. Als der Zug unter einer Bedeckung von siebenhundert Reisigen und achthundert Knechten bis an den Krähenberg bei Hildesheim gelangt war, holten ihn die Hildesheimer am 10. August unbelästigt von den Feinden in die Stadt[11]. Nach diesem Erfolge traten die Bischöfe von Minden, Paderborn und Osnabrück und die Grafen von Lippe, Schauenburg, Hoya und Diepholz mit den verbündeten Städten auf zwanzig Jahre zu einem Bunde wider den Bischof von Hildesheim und seine Genossen zusammen[12]. Das Heer der Verbündeten zog, achthundert Reiter und sechstausend Fußgänger stark, im September von Braunschweig aus zum Entsatz von Hildesheim, welcher am 21. September 1485 durch Herzog Heinrichs Rückzug von Drispenstedt herbeigeführt wurde. Die von Raub- und Plünderungszügen heimgekehrten Kriegsknechte, die den Winter, wie es scheint, hier verbringen sollten, störten die Ruhe einmal in bedenklicher Weise. Die Fußknechte schlugen sich unter einander todt und stürmten die Herberge des Bischofs von Osna-

---

10) Urkunde in Werdenhagen IV, 79. Lüntzel, Geschichte von Hildesheim II, 479.

11) Botho zu 1485 bei Leibnitz, S. R. Br. III, 421.

12) Urkunde im Gedenkbuch II, zum Jahre 1485, gedruckt in Lauenstein, Deser. episcop. Hildesheim. 35; Letzner, Dasselsche und Einbecksche Chronik II, 34; Botho zu 1485 a. a. O.

brück. Da erscholl die Sturmglocke zu St. Martinus, die Bürger griffen zu den Waffen, nahmen neunzehn Rädelsführer gefangen und ließen fünf von ihnen hinrichten [13]). — In den hildesheimischen Zwist mischte sich endlich die Reichsgewalt. Am 25. October 1485 erließ der Kaiser an die streitenden Parteien den Befehl, ihren Zwist durch Herzog Albrecht von Sachsen und Markgraf Johann von Brandenburg gütlich austragen zu lassen. Als kaiserliche Commissarien citirten diese auch Braunschweig am 10. November nach Zerbst [14]). Aber der dahin angesagte Tag kam nicht zu Stande. So wurde die Fehde auch 1486 von beiden Parteien fortgesetzt. Zur Unterstützung der Bundesstadt schickten die Braunschweiger am Freitag und Sonnabend nach Valentin, am 17. und 18. Februar, jedesmal sechszig Wagen mit Lebensmitteln nach Steinbrück. Dort nahmen die Hildesheimer die Sendung in Empfang und kehrten damit in ihre Stadt zurück. Da die Braunschweiger auf dem Rückwege die Stiftsdörfer Oberg, Schmedenstedt und Münstedt plünderten, so verbrannten des Herzogs Leute von Wolfenbüttel aus in der Nacht vom 27. auf den 28. Februar zum Entgelt zwei städtische Windmühlen, welche damals vor dem Hohenthore an der Goslarschen Heerstraße standen [15]). Ungeachtet wiederholter Mahnungen des Kaisers dauerte die Fehde noch immer fort. Nach mancherlei Streifzügen waren endlich beide Parteien dieses nur in Brennen und Rauben bestehenden Krieges müde. Am 29. August 1486 schlossen die Fürsten zu Hameln Frieden [16]), am 20. December kam ein solcher auch zwischen Bischof Barthold, den Herzögen Wilhelm und Heinrich einerseits und den verbündeten Städten andererseits zu Stande. Wie dort die Herzöge auch Braunschweig bei seinen Privilegien und Freiheiten zu erhalten geloben, so versprach die Stadt, sich gegen den Herzog Wilhelm, ihren natürlichen Landesfürsten, als getreue Unterthanin zu halten, wie es billig sei [17]).

Aber auch Noth anderer Art suchte die Stadt heim. Nämlich das

---

13) Braunschw. geschriebene Chronik bei Rehtmeier, Chronik 760 flg.

14) Urkunden in Letzner, Dasselsche Chronik II, 39 und in Lünig, Spicil. eccl. II, 264 und Contin. I, 522.

15) Braunschw. geschriebene Chronik bei Rehtmeier, Chronik 762.

16) Urkunde in Letzner, Dasselsche Chronik II, 44.

17) Originalurkunde des Stadtarchivs Nr. 936, gedruckt bei Rehtmeier, Chronik 762. Letzner, Dasselsche Chronik II, 46. 48.

13. Die Stadt unter Herzog Wilhelm dem Jüngeren.

Jahr 1486 war auch hier ein sehr nasses. Schon im Juni hinderte der massenhafte Regen die Städter an einem Zuge gegen die Burg Hessen, wohin Ulrich von Weserlingen während der hildesheimischen Fehde einen angesehenen Bürger der Stadt, Lubeke Suring, hatte bringen lassen. Die Braunschweiger kamen nur bis Groß-Vahlberg an der Asse; das Unwetter zwang sie, nach acht Tagen ihr Feldlager zu verlassen und heimzukehren [18]). Der Regen schwellte damals die Flüsse so an, daß am 23. August die Oker aus ihrem Bette trat und mehrere Straßen Braunschweigs überschwemmte. Auf dem Hagenmarkte stand das Wasser so hoch, daß die am Marktbrunnen stehenden Wassertröge fortgeschwemmt wurden [19]).

Nach Beendigung der hildesheimischen Fehde stand Braunschweig mit Herzog Wilhelm in gutem Vernehmen. Davon zeugt die von der Stadt ihm geleistete Hülfe, mit welcher er 1487 am Sonntag Eraudi das Schloß Hämelscheburg gewann, von wo aus ein westfälischer Edelmann Ludwig von Sunder die Straßen unsicher machte [20]). Bald nachher am 5. August leistete die Stadt ihrem Herzog die, wie es scheint, noch immer nicht geschehene Huldigung, und es warb ihr bei dieser Gelegenheit der Huldebrief ausgestellt [21]). Für ein dauerndes gutes Verhältniß der Stadt zu ihrem Fürstenhause spricht auch der Umstand, daß die Herzöge Wilhelm und Friedrich sich in Geldverlegenheiten öfters von ihr aushelfen ließen. Wie der Rath 1484 dem Herzog Friedrich tausend rheinische Gulden vorschoß [22]), so lieh er dessen Bruder Wilhelm 1483 am 1. August sechzig [23]) und 1485 am 29. Januar sechshundert rheinische Gulden [24]); 1487 schoß ihm die Stadt auf das kurz zuvor von den sächsischen Städten ihm versprochene Darlehn von achttausend Gulden die Summe von 4331 rheinischen Gulden vor [25]). Für solche Darlehen, welche noch 1489 am 30. Januar im Betrage von siebenhundert rheinischen Gulden dem Herzog und am 29. März in einer

---

18) Braunschw. geschriebene Chronik bei Rehtmeier, Chronik 762.
19) Botho zu 1486 bei Leibnitz, S. R. Br. III, 421.
20) Botho zum Jahre 1487 bei Leibnitz, S. R. Br. III, 422.
21) Originalurkunde des Stadtarchivs Nr. 940 im Thesaur. homag. I, 2, 108.
22) Originalurkunden des Stadtarchivs Nr. 918 und 919 vom 28. April und vom 28. November 1484, ungedruckt.
23) Originalurkunde des Stadtarchivs Nr. 909, ungedruckt.
24) Originalurkunde des Stadtarchivs Nr. 925, ungedruckt.
25) Originalurkunde des Stadtarchivs Nr. 941, ungedruckt.

Summe von hundert Gulden seiner Gemahlin Elisabeth auch später noch öfters gezahlt werden[26]), verpfändete der Herzog der Stadt die Aufkünfte aus den verwilligten Landbeden[27]).

Im Verlauf der hildesheimischen Fehde hatten die verbündeten Städte so gut erkannt, was sie durch festes Zusammenhalten auszurichten vermochten, daß sie auch ferner bestrebt waren, ihre Verbindung zu erhalten. Darum schlossen am 22. Mai 1488, am Mittwoch nach Eraudi, die Räthe von Braunschweig, Hildesheim, Göttingen, Hannover, Eimbeck und Nordheim hier wiederum ein Vertheidigungsbündniß[28]) ab. So wohlgesichert die Stadt dadurch nach Außen war, so erschütterte sie doch im Innern ein Aufruhr, welchen eine Veränderung im Münzfuße und Zwiespalt im Rathsregiment veranlaßte. Das Shigtbok benennt ihn nach dem Hauptanstifter de shigt Lüddeke Hollandes[29]).

Am 18. December 1487 einigten sich Rath und Rathsgeschworene mit den Gildemeistern und Hauptleuten zu dem Beschlusse, daß am 6. Januar 1488 eine neue Münzordnung in Kraft treten solle. Ein neuer braunschweigischer Pfennig sollte danach in allen Zahlungen für einen Pfennig gelten. Der Ferling sollte einen viertel, der Scherf einen halben Pfennig werth sein; zwölf Pfennige einen Schilling, 7½ Schillinge einen Ferding und 30 Schillinge eine Mark ausmachen. Fremde hier im Verkehr gängige Münze (utmünte) erhielt einen bestimmten Cours. Danach sollte gelten der rheinische Gulden 8⅓ Schilling, der große goslarische Schilling 7½, der kleine 3½ hiesige Pfennige; 1½ goslarische Pfennige erhielten den Werth eines hiesigen; lübecksche Schillinge sollten gelten ein alter 4½, ein neuer 4 Pfennige. Außer diesen wurden nur noch göttingensche und hildesheimische Schillinge, meißensche Groschen und bremer Grote zu einem bestimmten Werthe im Verkehr geduldet, andere Münzen wurden verboten[30]). Mit der Erlassung dieser Verordnung, welche an den Rathhäusern angeschlagen wurde, war ein Theil des Rathes nicht einverstanden, da durch solche Bestimmungen der gemeine Mann in Schaden kam, weil ihm ein Theil seiner

---

26) Originalurkunden des Stadtarchivs Nr. 959. 960. 965. 971, ungedruckt.
27) Originalurkunden des Stadtarchivs Nr. 953. 959, ungedruckt.
28) Lüntzel, Geschichte von Hildesheim II, 488, ohne Quellenangabe.
29) Shigtbok, S. 71—164. Vergl. auch den Abschnitt Van der pagemünte, das. S. 165—220. Botho zum Jahre 1488 bei Leibnitz, S. R. Br. III, 422.
30) Shigtbok, S. 189 flg.

13. Die Stadt unter Herzog Wilhelm dem Jüngeren.

baarschaft für ungültig erklärt ward. Die Ueberstimmten mögen es gewesen sein, welche Unzufriedenheit unter den Bürgern erregten. So entstand noch vor dem Dreikönigstage, an welchem die Verordnung in Geltung kommen sollte, große Aufregung. Bei Nacht lief man vor die Häuser einiger Bürgermeister unter dem Rufe: Münzmeister, Kopf ab! Die Anschläge an den Rathhäusern wurden mit Koth besudelt und auf dem Hagenmarkte ward allerlei Unfug getrieben[31].

Als der neue Rath zu Anfang des Jahres 1488 sein Amt angetreten hatte, benutzten die Schuhmacher und Kürschner ihre Morgensprache, welche am 7. Januar gehalten wurde, sich gegen des Rathes Münzedict mit einander zu verbinden. Zu derselben Zeit hatte der Rath mit den Gildemeistern und Hauptleuten auf dem Neustadtrathhause beschlossen, das Münzedict zu widerrufen und es mit dem Werth der fremden Münzen beim Alten zu lassen. Aber dieser Beschluß kam leider zu spät; das Volk „mußte nun einmal seinen Muth kühlen und nach der Herrschaft bringen"[32]. Obgleich zwei Meister der Schuhmacher den Ihrigen auf dem Schuhhofe die Aufhebung jenes Edicts verkündeten und sie baten, den gemachten Bund nun wieder zu lösen, so erklärten die Gildebrüder doch unter Prahlen und Drohungen, sie wollten von jenem Bunde nicht lassen. Diese bewirkten vielmehr durch eine Botschaft, daß auch die Schmiede, Krämer, Beckenschläger und Leinweber sammt der Gemeinde im Sack und der Altenwik in den Bund eintraten. Als im Einverständniß mit dem Rath auch die meisten übrigen Gilden und die drei Gemeinden der Altstadt, des Hagens und der Neustadt dem Bunde beigetreten waren, scheint derselbe nunmehr die Fortbildung der städtischen Verfassung in die Hand genommen zu haben[33].

Die somit verbundenen Gilden und Gemeinden erwählten nun zu Vertretern „die Vollmächtigen", welche ihre Wünsche und Forderungen in einen Receß zusammentrugen. Der Rath, obwohl von „frommen Leuten, die diese Verrätherei merkten", gewarnt, schritt nicht ein. Einzelne seiner Mitglieder, unter ihnen Lübbeke Holland, Bürgermeister des Sackes, wollten in jenem Treiben nichts Bedenkliches sehen. Dazu kam, daß die Gildemeister dem Küchenrathe auf der Münzschmiede am 25.

---

31) Spigtbok, S. 73 flg. 191.
32) Das. S. 75. 191.
33) Das. S. 75—77.

Januar erklärten, was sie trieben, solle weder dem Rathe, der Stadt, noch sonst Jemand beschwerlich sein. Darum ließ ihnen der Rath ihren Willen und beschloß das Weitere abzuwarten. „Wenn man im Regimente zu gelinde ist", — sagt der Verfasser des Shigtboks — „das bringet böse Frucht!"[34])

Am 5. Februar traten die Gildemeister und Vollmächtigen vor den Rath, der auf dem Neustadthause versammelt war. Sie baten um die Erlaubniß, sich einen der Rathsherren zum Vorsprecher in ihrer Sache erwählen zu dürfen. Als das bewilligt ward, erkoren sie Ludeke Holland. Nach einer Besprechung mit ihnen erklärte dieser dem Rathe mit „bösem Gesichte, freventlichen Worten und hochmüthigem Tritt", die Gildemeister und Vollmächtigen hätten einen Receß aufgesetzt und verlangten dessen Annahme. Der Rath, selbst nicht einig, ließ sich die 75 Artikel dieses Actenstückes vorlesen[35]). Die wichtigsten der gestellten Forderungen, welche die Verfassung betreffen, sind folgende.

Statt eines rechtsgelehrten Beisitzers sollen dem Rathe noch 24 Männer aus den Gilden und Gemeinden beigeordnet werden. Sie sollen sitzen nächst dem Bürgermeister; fünf von ihnen, einer aus jedem Weichbilde, sollen in den geheimen Rath gehören. Sie gehen mit zu allen Gelagen des Rathes, namentlich zum Autorsgelage, erhalten auch alle kleinen Einkünfte des Rathsherrn mit, als Schüsseln Fische, Wildbraten und Antheil an den Bürgergeldern. Sie haben zu beschwören, daß sie die Eintracht zwischen dem Rath, den Gilden und den Gemeinden erhalten zu helfen bereit sind und daß sie keinen Krieg und keine neue Steuer beschließen wollen, ohne mit Gilden und Gemeinden Rücksprache genommen zu haben. Sie sollen auch mit zu Rathe gehen, wenn es nöthig ist, und die Aemter mit tauglichen Rathspersonen besetzen helfen. Selbst der Stadthauptmann darf nur mit Einwilligung der 24 Männer angenommen werden[36]). — Der Beschluß, neue Steuern zu erheben und Fehde zu führen, sei erst rechtsgültig, wenn Rath und Rathsgeschworene, Gildemeister und Hauptleute in demselben einig sind[37]). Stadthauptmann dürfe kein Fremder sondern nur ein geborener Bür-

---

34) Shigtbok, S. 77—78.
35) Das. S. 78. 79.
36) Das. S. 79. 83. 84. 81.
37) Das. S. 80 unten.

13. Die Stadt unter Herzog Wilhelm dem Jüngeren.

ger sein. Er und seine Diener sind mit Zustimmung der 24 Männer anzunehmen[38]). An der Aufsicht über das Waffenhaus sollen auch die Gilden Theil haben[39]). Nahe Verwandten dürfen nicht zu gleicher Zeit mit einander im Rathe sein, wie es der große Brief von 1445 bestimme[40]).

Nach der Verlesung dieses Recesses brachten die Gilden noch viele gewerbliche Klagen gegen andere Gewerbsleute vor, die ihnen mit Erlaubniß des Rathes die Nahrung beschränkten oder entzögen. Dann verlangte Holland trotzig, jenen Receß solle der Rath annehmen und beschwören. Dieser war aber mit mehreren Artikeln nicht einverstanden und wollte namentlich von den 24 Männern nichts hören, da „der aus Gilden und Gemeinden besetzte Rath schon weit genug sei." Umsonst erbat sich die städtische Obrigkeit vierzehn, dann acht, dann drei Tage Zeit zur Berathung; man gestattete ihr nur einen Tag[41]).

Während des Tages theilten die Gildemeister ihren Gilden den Receß mit, welcher den Leuten wohl gefiel. Nachts besetzten sie das Rathhaus im Sack und ließen die Thore verwahren. Der Rath aber beschwur den Receß am folgenden Tage, den 6. Februar, da er durch längere Weigerung das Volk zu Gewaltthaten zu reizen fürchtete[42]).

Unmittelbar darauf wurde auf Hollands Antrag eine Läuterung zunächst des Küchenrathes vorgenommen; wegen zu naher Verwandtschaft nöthigte man zehn Bürgermeister und Rathleute, unter ihnen Cord Brostidde, Cord Broitzem, Lüder Horneborg, Tile Kalmes und Hennig Bardenwerper, ihre Aemter sogleich niederzulegen. Am 9. Februar erfolgte durch Holland eine gleiche Läuterung des gemeinen Rathes. Ausgestoßen wurden nach den Bestimmungen des Recesses fünf Rathsherren der Altstadt, zwei im Hagen, zwei der Neustadt, zwei der Altenwik und einer der Sacks, also noch zwölf Personen, unter ihnen Tile Döring, Tile und Lübbert von Twedorp, Arend Bote, Hans Kramer und Hennig Borgdorp[43]).

---

38) Shigtbot, S. 80. 81.
39) Daf. S. 81.
40) Daf. S. 79, 82.
41) Daf. S. 84—86.
42) Daf. S. 86—87.
43) Daf. S. 87—89.

An die Stelle der Ausgestoßenen wurden am 14. Februar neue Rathsherren gewählt. An den folgenden Tagen erfolgte die Wahl der 24 Männer. Nach langem Streiten einigte man sich dahin, daß fünf von ihnen der Gemeinde, neunzehn den Gilden angehören sollten, von den letzteren wurden jedoch Wandschneider und Wechsler, wohl meist reiche Aristokraten, nicht berücksichtigt. Altstadt, Hagen und Neustadt stellten je sechs, Sack und Altewik je drei zu den 24 Männern. Dann wurden fünf derselben zu Mitgliedern des engeren oder Küchenraths ernannt[44]).

Der so bedeutend erweiterte Rath überlieferte auf Hollands Forderung den Vollmächtigen die Thorschlüssel und mußte sich verbinden, ihnen und den 24 Männern Rechenschaft abzulegen von der Münzschmiede, dem Zeughause, den Mühlen, den Wein- und Bierkellern, und von Kirchen, Klöstern und Spitälern. Von dem demokratischen Geist der Aenderungen zeugt namentlich die Bestimmung, daß die Aemter nicht bloß von Rathspersonen, sondern auch von einfachen Bürgern bekleidet werden könnten, und um die Bedeutung der Aemter zu mindern, besetzte man jedes mit recht vielen Personen. An die Stelle des einen Mühlenherrn und des einen Bierherrn traten jetzt je zehn; außerdem „verwandelten sie alle Aemter", d. h. besetzten sie mit Leuten, welche diesem demokratischen Regimente zugethan waren[45]).

Dieses bestand demnach aus dem „engeren oder heimlichen Küchenrath", dem gemeinen Rath, den 24 Männern des weiteren Rathes, den Gildemeistern und den 28 Hauptleuten als Vertretern der Gemeinde in den vierzehn Bauerschaften. Die wichtigsten Aemter in dieser neuen Verfassung bekleideten zwei Bauherren, zehn Mühlenherren für die Stadtmühlen, zwei für die Oelper-Mühle, zwei Müsekenherren, welche die Geschütze commandiren, Streitwagen und Wagenburg zu Felde bringen lassen sollten, zehn Bierherren zur Beaufsichtigung des Bierverkaufs, sechszehn Dammherren, denen die Erhaltung der Heerstraßen, namentlich der Dämme zu Oelper, Vechelde, Stöckheim, Klein-Schöppenstedt, Gliesmarode, Lehre, vor dem Steinthore und des Dammes bei Hessen anvertraut war; endlich zwei Oberaufseher der Steinbrüche im Nußberge und im

---

44) Shigtvof, S. 90—92.
45) Daf. S. 90—93.

Thieder Lindenberge und zwei Oberaufseher über die städtischen Ziegeleien [46]).

Eine grobe Rechtsverletzung eröffnete die Zeit des neuen Regiments. Während man die Aemter neu besetzte und die meisten Stadtthore geschlossen hielt, liefen arme Leute, durch Einflüsterungen ermuthigt und geleitet, aus dem offen gelassenen Steinthore und hieben binnen zwei Stunden das dem Abt zu St. Aegidien gehörige Ellernholz [47]) nieder. Sie scheuten sich nicht, das Holz am offenen Tage zu rauben, ohne daß man dagegen einschritt. Aus Furcht vor anderen Ungesetzlichkeiten mag es geschehen sein, daß für die bevorstehende Fastnacht vom Rath alle Mummerei untersagt wurde. Nun unterblieben alle Tänze und Reigen, auch die Gelage auf den Rathhäusern, und so „war eine betrübte Fastnacht" [48]).

Weitere Ungehörigkeiten, ja selbst Streitigkeiten im Rathe brachten Manchen zu der Einsicht, „daß dies Regiment nicht tauge". Wer diese Meinung äußerte, „ward eingelegt" und mit Geldstrafen „abgeschätzt". Darum schwieg, wer etwas zu verlieren hatte, „und sah das Spiel an", um so mehr, da bekannt ward, daß Horcher umgingen und den Häuptern des neuen Regiments mißliebige Aeußerungen hinterbrachten. Durch allerlei Ränke wußte Holland zu bewirken, daß die Anhänger der alten Verfassung, namentlich die abgesetzten Rathspersonen, um Ostern 1488 die Stadt verließen, in welcher sie in vielfacher Weise gehöhnt und geplagt waren [49]). So erfolgte am 24. April die noch vorhandene Vereinigung über das Fortbestehen der neuen Verfassung [50]).

Die fortgezogenen Rathsherren wandten sich klagend an die sächsischen Bundesstädte. Umsonst suchten diese eine Rückberufung Jener zu erwirken. Auch Herzog Wilhelm, welcher sich für sie verwandte, erhielt die Antwort, welche um Johannis den Bundesstädten gegeben war: Man habe sie nicht verjagt; darum wolle man sie auch nicht wieder-

---

46) Shigtbok, S. 93—97.
47) Dies Ellernholz lag nach einem 1489 am 17. Januar geschlossenen Vergleiche (Originalurkunde des Stadtarchivs Nr. 957) an der Oder, und zwar, wenn es mit dem in den Kämmereibüchern erwähnten Ilienholze identisch ist, in der Nähe des Gänsewinkels (des jetzigen Tummelplatzes).
48) Shigtbok, S. 97. 98.
49) Das. S. 98—108.
50) Originalurkunde des Stadtarchivs Nr. 955, ungedruckt.

kommen heißen⁵¹). Als unter solchen Umständen Lüder Hornburg am 15. October in die Stadt zurückzukehren wagte, begrüßte ihn Holland zwar persönlich in seiner Wohnung, ließ ihn aber Tags darauf gefangen nehmen und in den Diebskeller des Altstadtrathhauses sperren. Solches Benehmen des hochmüthigen Mannes empörte aber die Gemeinde der Altstadt, der Neustadt und des Hagens nebst der Gilde der Knochenhauer; drohend verlangten sie Hornburgs augenblickliche Befreiung. Dadurch ward Holland ängstlich; noch vor Abend ließ er den Gefangenen auf freien Fuß setzen. Seit diesem Vorfalle trat er weit vorsichtiger auf und wußte es so zu bewirken, daß Hornburg, den er fürchten mochte, gegen Ende des Jahres selbst ohne genügenden Grund doch aus der Stadt verwiesen wurde⁵²).

Holland blieb auch im Jahre 1489 im Rathe. Als er aus dem Sacke nach der Reichenstraße gezogen war, ward er Bürgermeister der Neustadt. Auch jetzt noch spielte er die Hauptrolle. Vier Bürgermeistern, Albert von Vechelde, Hennig Kalm, Heinrich von Lafferde und Lambert Baumhauer, die nicht fügsam genug sein mochten, drohte er am 13. Juli, er werde sie „in Stock und Block setzen lassen." Da machten sich die vier Männer „über die Halbe", sie flohen auf die Freiheiten in der Burg, zu St. Aegidien, zu St. Cyriaci und nach dem Kreuzkloster, wo sie vor Hollands Nachstellungen sicher waren. Dies führte zu einer Reaction gegen des Dictators Willkür. Bei einer Berathung auf dem Neustadtrathhause setzten seine Gegner es durch, daß jene vier in den Rath zurückberufen wurden. Durch ein fröhliches Gelage auf dem Klipphause der Altstadt feierten Hollands Gegner den errungenen Sieg⁵³).

Die Zahl der Widersacher des anmaßenden Holland vermehrte das Jahr 1490, namentlich als in der Stadt bekannt wurde, Herzog Wilhelm habe ein Fuder Streitärte in die Burg bringen lassen. Man scheint von dem Herzog einen Handstreich gegen die bisherige Machtstellung der Stadt gefürchtet zu haben, wie ihn sein Sohn Heinrich der Aeltere gegen Hannover versucht hatte. Um jene Maßregel, so erzählte man, sollte Holland mitgewußt haben. Kein Wunder, wenn man ihn

---

51) Spigtbot, S. 105. 108.
52) Das. S. 109—112.
53) Das. S. 113—115.

13. Die Stadt unter Herzog Wilhelm dem Jüngeren.

nun für einen Verräther an der Stadt hielt. Daher erklärten 1490 am 29. November, an dem Tage, an welchem die Hauptleute für das bevorstehende Jahr gewählt zu werden pflegten, die versammelten Weichbildsgemeinden, sie wollten vom neuen Stadtregiment und dem Receß von 1488 nichts mehr wissen, würden auch Niemand mehr zu dem Amte der 24 Männer erwählen, sondern verlangten, den Rath wieder zu haben, wie sie ihn ehedem gehabt [54].

Als Holland und sein Anhang mit Gewalt drohten, besetzten die Gemeinden am 30. November Rathhäuser und Marstall und sammelten sich gewaffnet auf dem Altstadtmarkte. Dort verbanden sich mit ihnen die Knochenhauer der Altstadt sammt den Wechslern, Goldschmieden und Krämern, während die Knochenhauer und Lakenmacher des Hagens das dortige Rathhaus mit besetzten. Unterdessen hatte Holland mit seinen Anhängern auf dem Andreaskirchhofe eine Wagenburg aufgeschlagen und erwartete dort einen Angriff seiner Gegner. Schon schickten sich diese zu einem solchen an; schon wurden die Donnerbüchsen, Feldschlangen und Scherpentiner in Bereitschaft gesetzt, da gelang es drei Bürgermeistern, das Blutvergießen zu verhüten. Sie schlossen einen Vertrag. Holland und die Seinen ergaben sich in den Willen der Bürgerschaft. Demgemäß wurde am 1. December der Receß von 1488 auf dem Altstadtrathhause zerrissen und verbrannt, der Beirath der 24 Männer ward aufgehoben und das frühere Regiment wieder eingeführt, wie es seit 1445 gewesen war [55]. Alles dies ward durch den sogenannten neuen Brief vom 30. November 1490 festgesetzt [56].

Am 5. Januar 1491 trat Holland und mehrere seiner Anhänger aus dem Rathe; entschiedene Gegner desselben wie Ludeke Breiger, Lüder Hornburg und Hennig Barbenwerper wurden dafür in den Rath gewählt. Als dieser einige Anhänger Hollands für beabsichtigten Verrath an der Stadt am 27. Januar gefangen nehmen ließ und deren Freunde am 29. Januar jene mit Gewalt zu befreien drohten, ließ der Rath die Bürger nach den Rathhäusern ihrer Weichbilder entbieten und legte ihnen die Sache vor. Erzürnt über den beabsichtigten Verrath verlangten sie die Verweisung der Schuldigen. Am 1. Februar wurden daher funf-

---

[54] Shigtbol, S. 115. 116.
[55] Das. S. 117—122.
[56] Originalurkunde des Stadtarchivs Nr. 970, gedruckt im Shigtbol, S. 120 flg.

zehn, am 3. noch fünf der Hauptanstifter der Unzufriedenheit auf fünf, ja zwanzig Meilen aus der Stadt verwiesen. In Folge davon ergriff nun auch Lübeke Holland mit drei Anderen die Flucht; dreißig andere Bürger erhielten Hausarrest, aber nach Verlauf eines Viertel- oder halben Jahres wurden sie begnadigt. Dadurch erhielt die Stadt im Februar 1491 endlich die lang entbehrte Ruhe wieder[57].

Herzog Wilhelm der Jüngere enthielt sich während dieser unruhigen Jahre wohl mit Absicht jeder Einmischung in die Angelegenheiten der Stadt Braunschweig. Die innere Zerrüttung derselben scheint ihm nicht ungelegen gekommen zu sein. Mit der demokratischen Partei stand er in gutem Verhältniß, verlieh Holland zum Zeichen seiner Anerkennung ein Wappen und lud ihn und seine Freunde im Sommer 1488 sogar einmal zur Tafel. Da die Eingeladenen sich weigerten, auf das Moshaus in der Burg zu Gaste zu gehen, so ward die Mahlzeit auf dem Rathhause der Neustadt gehalten und die Bürgermeister und Rathspersonen mit zugezogen. Als damals die 24 Männer dem Herzog den Receß vorlegten, soll er „gelacht und sich so geberdet haben, als ob ihm das wohl gefiele"; aber im Herzen, heißt es dann weiter, dachte er andere Tücke[58]. Schon jetzt mag der Herzog daran gedacht haben, die Stadt, welche damals noch auf dem Gipfel der Macht und des Ansehens stand, bei günstiger Gelegenheit in das frühere Verhältniß der Abhängigkeit von ihrem Landesherrn zurückzubringen. In solchen Bestrebungen scheint auch sein Sohn Heinrich der Aeltere erwachsen zu sein; denn schon früh war dieser bestrebt, der Stadt allen möglichen Schaden und Abbruch zu thun, und zu diesem Zwecke trat er selbst mit Lübeke Holland und anderen Vertriebenen, die sich meist in Helmstedt aufhielten, in Verbindung[59]. Herzog Wilhelm, damals bereits über sechszig Jahre alt, überließ die Ausführung jener gegen die Stadt gerichteten Absichten seinem etwa dreißigjährigen Sohne Herzog Heinrich dem Aelteren und dessen Bruder Erich dem Aelteren. Ihnen übergab er somit am 22. Juni 1491 die Regierung auch des Landes Braunschweig, wobei er sich in der Stadt nur den Hof in der Burg vorbe-

---

57) Shigtbok, S. 123—127.
58) Das. S. 108.
59) Das. S. 128 flg.

13. Die Stadt unter Herzog Wilhelm dem Jüngeren.

hielt[60]). So kam Braunschweig unter die Herrschaft der beiden Brüder, welche im Bestreben, die fürstliche Macht der Herzöge wieder zu heben, die Stadt zuerst nachdrücklich und ernstlich bekämpften und die Zeit des Verfalls der städtischen Macht mit einer Belagerung derselben inaugurirten. Somit schließt in der Mitte des Jahres 1491 mit dem Rücktritt Wilhelms des Jüngeren von der Regierung des Landes Braunschweig die Periode mittelalterlicher Macht und Herrlichkeit für die Stadt Braunschweig.

---

60) Urkunde in Erath, Erbtheil. S. 88 flg.

Die inneren Verhältnisse und Zustände der Stadt.

Brunswick is van daghe to daghe, van jaren to jaren beter, stercker, mechtiger geworden unde is eyn krone unde speygel des landes to Saxsen unde der fursten to Brunswick unde Lüneborch.

> Niedersächsische Chronik zum Jahre 861 bei Abel, Sammlung alter Chroniken, S. 74.

I. Die Stadtverfassung.

1. Verfassungszustände des Ortes Braunschweig.

Wenn wir die älteste Verfassung des aus einer Villa und aus einem Suburbium der Burg Dankwarderobe erwachsenen Ortes Braunschweig betrachten, so tritt uns zunächst die wichtige noch unerledigte[1]) Frage entgegen, wem der Grund und Boden des nachmaligen Stadtterrains in alter Zeit gehörte. Versuchen wir diese Frage für die einzelnen Theile der späteren Stadt zu beantworten. Daß die Burg Dankwarderobe den Brunonen erb- und eigenthümlich gehörte, ist weniger aus der Gründung des alten Burgstifts um 1030[2]) als aus der oben (S. 52) erzählten Geschichte der Brunonin Gertrud zu ersehen. Durch Kaiser Lothar, welcher 1134 das Castrum Tanquarderoth selbst als sein Erbgut bezeichnet[3]), welchem auch spätere Quellen „die Herrschaft zu Dankwarderobe und Braunschweig" zuschreiben[4]), kam jenes Eigenthum an das Haus der Welfen, aus welchem Heinrich der Löwe Braunschweig als seine Stadt ansah[5]). Als sein Erbgut bezeichnet Lothar 1134 außer der Burg auch deren Zubehör. Obwohl er nicht sagt, worin dies bestand, so liegt doch die Vermuthung nahe, daß dies mindestens die Außenhöfe umfaßte, welche nachweislich zur Zeit der älteren welfischen Fürsten herrschaftlichen Dienstleuten und Burgmannen gegen die Verpflichtung zu Hofdiensten, oder dem Burgstift,

---

1) Assmann, Geschichte der Stadt Braunschweig, S. 10.
2) S. 46.
3) Urkunde vom Jahre 1134 in Orig. Guelf. II, 520.
4) Chron. rhythm. bei Leibnitz, S. R. Br. III, S. 42. 47.
5) S. 62 und Chron. rhythm. a. a. O. 48.

vielleicht schon zur Zeit der Brunonen übergeben waren. Solche Höfe lagen theils westlich von der Burg auf dem Gebiete des nachmaligen Weichbildes Sack⁶), theils östlich von ihr im Hagen, namentlich an dem Bohlwege auf dem Raume des jetzigen Zeughauses, des herzoglichen Residenzschlosses und demselben gegenüber⁷). Zubehör der Burg Dankwarderode im weiteren Sinne waren vielleicht auch die Besitzungen hieselbst, welche im Folgenden als herrschaftliche nachgewiesen werden sollen. Der Herrschaft gehörte nämlich ferner die ganze Stadthälfte, welche auf dem rechten Ockerufer lag, d. h. das Areal der späteren Weichbilder Altewik und Hagen. In der Altewik, welche aus der 1031 urkundlich erwähnten Villa Brunesguik hervorgegangen ist, lag nicht allein das Grundstück, welches der brunonische Graf Ludolf der damals erbauten Magnikirche schenkte⁸), sondern auch das Areal, auf welchem die Brunonin Gertrud um 1115 das Aegidienkloster gründete. Ferner zeigt das Degedingsbuch der Altewik⁹), daß noch im fünfzehnten Jahrhundert fast alle Häuser dieses Weichbildes an diese brunonische Familienstiftung den Worthzins zu zahlen hatten. Jenes Weichbild muß demnach auf einem Terrain angebaut sein, an welchem das Eigenthumsrecht damals dem genannten Kloster zustand. Da es diesem nur von den Brunonen oder deren Erben übertragen sein kann, so bestätigt dieser Umstand die Vermuthung, welche schon die zuerst angeführten Thatsachen nahe legten, daß die Altewik auf brunonischem Areal erwachsen ist. Wenn ferner die Reimchronik¹⁰) berichtet, daß Heinrich der Löwe den Hagen zum Anbau „ausgab", so ist es unzweifelhaft, daß dies „Blek", wie der Chronist es nennt, bis dahin sein also herrschaftliches Eigenthum war. Das dort belegene Paulinerkloster entstand auf dem Drostenhofe, der bis in den Anfang des vierzehnten Jahrhunderts von der Herrschaft zu Lehen ging¹¹). Wenn Heinrich der Löwe nach späteren Quellen¹²) die Katharinenkirche erbaute und den Bewohnern des

---

6) So z. B. der große Hof am Papenstiege. Die Quellennachweise finden sich im Abschnitt Topographie.

7) Dürre, Der Bohlweg um's Jahr 1400, im Braunschweigischen Magazin 1860, St. 12—14.

8) Urkunde in Rehtmeier, Kirchenhistorie I, 1.

9) S. 3. Nr. 6.

10) Leibnitz, S. R. Br. III, 50.

11) S. 129.

12) S. 68.

Hagens spätestens unter seinem Enkel, Herzog Otto, das Recht ihren Priester selbst zu wählen von der Herrschaft eingeräumt ward[13]), so folgt auch daraus wohl, daß die Kirche auf herrschaftlichem Grund und Boden entstanden war. Daß das Areal auf dem linken Okerufer, wo die Weichbilder Alt- und Neustadt nebst dem Sack liegen, nicht herrschaftlich gewesen sei, ist nicht zu erweisen. Vielmehr ist der Sack, welchen Botho „ein Vorblek vor der Burg" nennt, in welchem fast alle Häuser noch im vierzehnten und funfzehnten Jahrhundert Worthzins „an die Herren in der Burg", d. h. an den Clerus des Blasiusstiftes zu zahlen hatten[15]), welchen endlich die Herzöge noch 1296 distinctum oppidum nostrum nennen[16]), gewiß auf herrschaftlichem Areal entstanden. Dasselbe glauben wir auch von Alt- und Neustadt annehmen zu dürfen, da das Patronat über alle dortigen Kirchen, deren Priester zu wählen der Bürgerschaft freilich eingeräumt war[17]), nachweislich noch bis gegen das Ende des sechzehnten Jahrhunderts der Herrschaft zustand[18]), oder im Besitz der beiden von ihr gegründeten Stiftskirchen St. Blasius und St. Cyriacus war. Der Umstand, daß in den Degedingsbüchern dieser beiden Weichbilder vom Worthzins fast keine Spur mehr vorkommt, widerspricht jener Ansicht nicht. Entweder war dort diese Abgabe in der Zeit, wo jene Bücher beginnen (1268), längst abgelöst, oder sie ward den Bürgern als ein Document der Grundhörigkeit mit der Ertheilung des Stadtrechts erlassen.

Wenn demnach Braunschweig auf einem Areal erwuchs, das wo nicht ganz, doch zum bei Weitem größten Theil der fürstlichen Herrschaft gehörte, so wird es mit Recht zu den fürstlichen Städten gerechnet[19]). Dann lebten seine ältesten Bewohner ohne Zweifel im Verhältniß der Grundhörigkeit[20]), sie waren Laten oder Hintersassen der Grundherrschaft und standen unter einem von derselben verliehenen Hofrecht[21]).

---

13) Jur. Ind. §. 12 in Urkunden und Statuten der Stadt Braunschweig, S. 2.
14) Zu 1199 bei Leibnitz, S. R. Br. III, 355.
15) Das zeigen die beiden Degedingsbücher des Sackes von 1328—1435.
16) Urkunden und Statuten, S. 18.
17) Ottonisches Stadtrecht §. 54 in Urkunden und Statuten, S. 7.
18) Urkunde des Stadtarchivs vom Jahre 1569. Nr. 1624.
19) Hegel, Italienische Städteverfassung II, 417.
20) Hegel, das. II, 419.
21) Barthold, Geschichte der deutschen Städte I, 147. Schaumann, Geschichte des niedersächsischen Volkes, S. 558.

An eine alte Gemeinde von Freien, die auf eigenem Grund und Boden saßen, darf man hier selbst in der Altstadt nicht denken; denn das verstößt entschieden gegen die Analogie anderer fürstlicher Städte; wohl aber mögen einzelne Freie schon in brunonischer Zeit hieher gezogen und zu jener Familie in's Lehnsverhältniß getreten sein. So wird z. B. jener Hatheguard, welcher 1031 die Magnikirche erbauen ließ, ein homo liber, d. h. ein freier Lehnsmann genannt, der vom Grafen Ludolf mehrere Hufen Landes zu Lehen trug[22]). Wie weit das Hofrecht, unter welchem die meisten Bewohner von Braunschweig vor der Zeit der Welfen standen, unter den Brunonen im Interesse der Förderung weiterer Anbauten in Altewik und Altstadt schon gemildert ward, ist nicht mehr zu ermitteln.

2. Die herrschaftlichen Rechte und Beamten in der Stadt vor 1300.

Spätestens als Herzog Heinrich der Löwe um 1150 Braunschweig das Stadtrecht ertheilte, ist das Hofrecht, welches bis dahin gegolten, in manchen Punkten gemildert, in anderen geradezu aufgehoben[1]), um die bisherigen Einwohner festzuhalten und neue Anbauer herbeizulocken. Die Verpflichtung zu manchen Frohndiensten mag erlassen sein, die drückenden Lasten der Butheils, des Besthaupts und anderer Abgaben, wie sie Hörige geben mußten, mögen auch hier abgeschafft sein, der Heirathszwang mag aufgehört haben, durch Einräumung des Waffenrechts, des freien Erbrechts und unbeschränkter Verfügung über das Privatvermögen mag der große Welfenfürst den nunmehrigen Bürgern diejenige Freiheit gegeben haben, auf welcher alle weiteren politischen Rechte, namentlich auch die Freiheit des Verkehrs erst aufgebaut werden konnten[2]). Erst seit der Ertheilung eines solche Freiheiten gewährenden

---

22) Rehtmeier, Kirchenhistorie I, 1.
1) Hegel, Italienische Städteverfassung II, 410. 424 und Barthold, Geschichte der deutschen Städte I, 143.
2) Hegel a. a. O. II, 411 und 425.

Stadtrechts konnten sich die bisherigen Hörigen als Freie ansehen, als solche will auch der Herzog sie und Jeden, welcher „Jahr und Tag"[3]) hier gewohnt hat, ansehen[4]). Erst jetzt, als auch Antheil an der Gemeindeverwaltung den Bürgern eingeräumt ward, konnten auch bisherige Freie, ja vielleicht gar Ritterbürtige des flachen Landes von der Freiheit, welche nur in den Städten erblühete und dort Sicherheit zu weiterer Entwickelung fand, sich angezogen fühlen. Jetzt kamen auch Leute jener Stände in die Stadt, wo ihre Freiheit gesichert war und wo der Handelsverkehr auch ihnen Reichthum in Aussicht stellte.

Gehen wir nun auf die älteste Verfassung der Stadt, wie sie sich von etwa 1150 bis gegen Ende des dreizehnten Jahrhunderts hier entwickelt hat, weiter ein, so finden wir, daß den welfischen Fürsten als **Herren der Stadt** in jener Zeit die unbeschränkte Ausübung mancher Rechte in derselben zustand, welche sie im vierzehnten und funfzehnten Jahrhundert meist an den Rath verpfändeten oder verkauften. Das wichtigste derselben war die **Gerichtsbarkeit** in ihrem ganzen Umfange. Criminal- und Polizeivergehen, Civilklagen und Handlungen der freiwilligen Gerichtsbarkeit gehörten vor das herrschaftliche Gericht[5]). Darum kamen auch die von demselben erhobenen Strafgelder nebst anderen ihm vindicirten Einnahmen, z. B. Antheil an erblosem Gut[6]) und an gestohlenen vom Gerichte angehaltenen Sachen[7]), der Landesherrschaft zu. Ohne Zweifel stand dieser auch das Recht zu, die Bürger zum **Waffendienst** zu entbieten, namentlich wo es die Vertheidigung der Stadt galt. Wie oft die Bürger unter Heinrich dem Löwen und seinen nächsten Nachkommen zu jenem Zwecke zu den Waffen gerufen wurden, ist oben erzählt. Daß die Herrschaft in den Weichbildern Sack und Altewik **Schoß**, vielleicht auch andere Steuern zu erheben berechtigt war, zeigen die Urkunden[8]); ob und wie weit sich dies Recht auf die drei anderen Weichbilder mit erstreckte, berichten die Quellen nicht. Der

---

3) Das heißt ein Jahr und sechs Wochen. Urkunde Engelberts, Dechanten von St. Blasius, vom Jahre 1325 im Ordin. S. Blas.; fol. 61¹. Nr. 42.

4) Jur. Ind. §. 9 in Urkunden und Statuten, S. 2.

5) Das zeigen die Jura et lib. Ind. und das Ottonische Stadtrecht an vielen Stellen.

6) Jur. Ind. §. 11 in Urkunden und Statuten, S. 2.

7) Ottonisches Stadtrecht §. 61, das. S. 7.

8) 1296. Nr. 13. §. 1 in Urkunden und Statuten, S. 18; 1299. Nr. 15. §. 16, das. S. 21; 1325. Nr. 26, das. S. 33.

I. Die Stadtverfassung.

Herrschaft stand auch der Zoll in seinem ganzen Umfange zu. Diesen ließ sie für die Gestattung des sicheren Verkehrs sowohl von Fremden als auch von hiesigen Bürgern erheben[9]. Von dem Münzrecht, dessen Ausübung an eine Gesellschaft von Münzern[10] auch hier verpachtet gewesen zu sein scheint, erhielten die Fürsten gewisse Summen als Schlagschatz[11]. Daß diese sehr bedeutend waren, zeigt die große Summe von 3990 Mark, welche die Stadt später für die Erwerbung dieses einträglichen Rechtes angewandt hat. Die Herrschaft hatte auch den Judenschutz. Für „den Frieden und die Beschirmung", in welche sie die seit 1296 hier wohnenden Juden[12] nahm, erhielt sie von denselben einen Zins, neben welchem auch Bede von ihnen erhoben ward[13]. Aus den hiesigen Mühlen endlich, welche sich schon 1269 als herrschaftliche nachweisen lassen[14], ergaben sich gewisse Einnahmen. Die Urkunden nennen das brazium[15] und den Malzzins[16]; ob beide identisch sind, steht dahin.

Diese für die Stadt besonders wichtigen Rechte überwiesen die welfischen Fürsten seit den Zeiten Heinrichs des Löwen zur Handhabung gewissen Beamten. Unter ihnen war der Vogt[17] der vornehmste und wichtigste.

In den lateinischen Urkunden des zwölften Jahrhunderts heißt dieser Beamte Advocatus[18], in dem zur Zeit Otto des Kindes besiegelten Rechte des Hagens und anderswo wird er Judex[19] genannt, in deut-

---

9) Ottonisches Stadtrecht §. 46—51 und 57, das. S. 6. 7.

10) Monetarii kommen seit 1204 hieselbst eine ganze Reihe vor. Sack, Alterthümer, S. 100.

11) Hemelik rekenscop, S. 101 und Urkunde von 1412 im Copialbuch I, fol. 26.

12) Urkundliche Notiz im Degeb. der Altstadt I, fol. 18¹ in Urkunden und Statuten, S. 41.

13) Urkunde Nr. 33 in Urkunden und Statuten, S. 41.

14) Urkunde in Orig. Guelf. IV, praef. 18.

15) Urkunden und Statuten Nr. 13. §. 3, p. 18.

16) Hemelik rekenscop, S. 74.

17) Dürre, Die Stadtvogtei zu Braunschweig, im Archiv des historischen Vereins für Niedersachsen 1847, S. 171—193.

18) Zuerst kommt ein advocatus de Bruneswic 1147 vor in einer Urkunde bei Falcke, Trad. Corb. 766.

19) Urkunden und Statuten Nr. 1. §. 5. 6. S. 2, Nr. 7. S. 14.

2. Die herrschaftlichen Rechte und Beamten in der Stadt vor 1300.

schen Urkunden heißt er „der Vogt" oder „unsers Herren Vogt"[20]. Er hatte hier einen weiteren Amtskreis, als ihn Stadtvögte gewöhnlich hatten; denn er war mit der Ausübung der Gerichtsbarkeit in ihrem ganzen Umfange betraut. Vor ihm mußte jeder hiesige Bürger und Einwohner „Rechtes pflegen"[21], selbst Dienstleute der Herrschaft, welche zeitweise in der Burg oder auf deren Vorhöfen wohnten, hatten Klagen gegen Bürger bei dem Vogt anzubringen[22]. Ihm stand zunächst die Criminaljurisdiction zu. Vor das Vogtding gehörten also alle Verbrechen; genannt werden namentlich Diebstahl, Raub, Todtschlag, Verwundungen, offene Gewaltthat, Hausfriedensbruch und wahrscheinlich auch Nothzucht[23]. Aber auch die Civilklagen, für welche in größeren Städten neben dem Vogt ein Schulze eingesetzt zu werden pflegte[24], gehörten hier vor den Vogt. Er entscheidet die Streitigkeiten über Mein und Dein, namentlich die Vindicationsprocesse (anevang), auch Schuldklagen und dergleichen Sachen[25]. Er bestätigt endlich die Handlungen der freiwilligen Gerichtsbarkeit, wie Eigenthumsübertragungen, welche er durch „das Friedewirken" für gültig und rechtskräftig erklärte[26].

Da der Vogt im Gerichte den Vorsitz führte, so heißt nach ihm jede Gerichtssitzung im Allgemeinen das Vogtding[27]. Solcher „Dinge" gab es hier wie überall, wo sächsisches Recht galt, zwei Arten. Das Echteding ward alle sechs Wochen gehalten[28], fand also im Laufe eines Jahres acht bis neun Male statt. Dort wurden die Uebertragungen von Grundstücken[29] vorgenommen, dort kamen aber auch Criminalsachen zur Entscheidung[30]. Daneben fand alle vierzehn Tage eine gewöhnliche

---

20) Urkunden und Statuten Nr. 2. §. 1. S. 4 und Nr. 16. §. 40. 41. S. 23.
21) Urkunden und Statuten Nr. 2. §. 13. S. 5.
22) Das. §. 18. S. 5.
23) Das. §. 27. 32. 4. 5. 6. 9. 8. 65. S. 4—7 und Nr. 1. §. 5. 6. S. 2.
24) Hüllmann, Städtewesen II, 353.
25) Urkunden und Statuten Nr. 1. §. 13. S. 2, Nr. 2. §. 23. 24. 2. 18. 45. S. 4—7.
26) Urkunden und Statuten Nr. 2. §. 64. 38. 41. S. 6. 7.
27) Urkunden und Statuten Nr. 2. §. 38. S. 6.
28) Das. §. 12.
29) Sachsenspiegel I, 52, 1.
30) Urkunden und Statuten Nr. 2. §. 12. S. 5.

Gerichtssitzung, ein Ding, zur Erledigung aller übrigen Rechtssachen statt [31]).

Im Gerichte fanden Schöffen oder Dingleute [32]) das Recht. Je nach der Wichtigkeit des vorliegenden Rechtsfalles waren ihrer drei bis neun, wie die in den Verfestungsregistern angemerkten Fälle von 1355—1363 darthun. Sie wurden aus den dingpflichtigen Bürgern genommen; doch durfte der Einzelne jährlich höchstens dreimal herangezogen werden [33]). Von einem Schöffencollegium findet sich hier, wie in anderen niedersächsischen Fürstenstädten keine Spur [34]). Das von den Schöffen gefundene Urtheil verkündet der Vogt und läßt es ausführen, er zieht die erkannten Geldstrafen für das Gericht ein und liefert sie ganz oder theilweise an die herrschaftliche Casse ab [35]).

Als Remuneration für seine Amtsgeschäfte erhielt der Vogt, wie es scheint vom Rath der Stadt, für jedes Echteding drei Schillinge [36]); für jede Eigenthumsübertragung zahlte ihm der neue Eigenthümer des übertragenen Objects die sogenannten Friedepfennige [37]). Dem Vogte gebührte ferner ein Antheil an erblosem Gute; von jedem Heergewäte und Gerade, das durch Erbschaft aus der Stadt kam, erhielt er das nächstbeste Stück [38]). Heergewäte, zu dem sich kein Erbe fand, nahm er nach Verlauf von Jahr und Tag ganz, allein mit Ausnahme des Harnisches [39]). Später gebührte dem Vogt ein Drittheil an allem erblosen Gute [40]). Auch dieses als seine Amtsremuneration anzusehen erscheint bedenklich. Da die Jura Indaginis bestimmen [41]), daß ein Drittheil alles erblosen Gutes „dem Gerichte" zukommt, so ist wohl anzu-

---

31) Daſ. §. 24, S. 5. Vergl. auch Gaupp, Städtewesen 195, Sachsenspiegel I, 2, 2 und I, 67, 1 und Vaterl. Archiv 1847, S. 177.

32) Diese Namen finden sich in den Eidbüchern Cod. VIII, p. 10 und in dem Liber proscript. I, seit 1355.

33) Urkunden und Statuten Nr. 2. §. 59. S. 7.

34) Hegel, Italienische Städteverfassung II, 463.

35) Urkunden und Statuten Nr. 1. §. 5. 6, Nr. 2. §. 24. 10. 4—6 und Vaterl. Archiv 1847, S. 182.

36) Rechtsbuch der Neustadt fol. 10. §. 5, ungedruckt.

37) Urkunden und Statuten Nr. 2. §. 64.

38) Daſ. §. 44.

39) Daſ. §. 43.

40) Daſ. Nr. 16. §. 39. S. 23 und Stadtrecht von 1403, XIV, 7.

41) Daſ. Nr. 1. §. 11. S. 2.

nehmen, daß der Vogt dies nur als fiscalische Gebühr für die Herrschaft erhielt.

Dieses wichtige Amt war auch hier erbliches Lehen[42] eines ritterschaftlichen Geschlechtes, welches sich nach seinen Hauptbesitzungen bald von Wenden, bald von Dalem nannte. Heinrich der Löwe scheint dies Amt noch in der ersten Hälfte des zwölften Jahrhunderts an Balduin aus jenem Geschlechte übertragen zu haben, schon 1147 kommt derselbe urkundlich als Advocatus de Bruneswic vor[43]), 1156 findet er sich in diesem Amte wieder[44]). Seinen Sohn Ludolf sehen wir dasselbe etwa dreißig Jahre lang bekleiden, Urkunden zeigen ihn im Besitze desselben von 1160–1190[45]). Seit 1196 hatten seine beiden Söhne Balduin und Ludolf die hiesige Vogtei, Ludolf wie es scheint nur bis 1201, Balduin dagegen bis 1220[46]). Letzterem folgte Ludolfs Sohn Balduin, welcher sich 1221 „von Gottes Gnaden" Vogt von Braunschweig nennt. Aber schon in demselben Jahre wird als hiesiger Vogt Gotfried genannt[47]), der dem Geschlechte derer von Varsfelde[48]) angehörte und als Vogt bis 1232 urkundlich erwähnt wird[49]). Warum man von der ursprünglichen Familie abging, liegt im Dunkeln; jener Balduin, der 1221 hiesiger Vogt war, kommt bis 1239 als Advocatus de Dalem noch öfters urkundlich vor; sein Bruder Heinrich scheint 1233 hier Vogt gewesen zu sein[50]); eine 1235 hier ausgestellte Urkunde gedenkt gar zweier Vögte, Johanns und Dietrichs[51]). Der erstere wird noch öfters bis in den December des Jahres 1240 als hiesiger Vogt in Urkunden genannt[52]) und gehörte dem Geschlechte

---

42) 10½ Hufen Landes waren 1190 das Amtsbeneficium des hiesigen Vogtes. Urkunde in Orig. Guelf. III, 560.

43) Falcke, Trad. Corb. 766.

44) Das. 223.

45) Urkunde in Orig. Guelf. III, praef. 36 und III, 494. 510. 523. 531. 560.

46) Urkunde in Orig. Guelf. III, 664.

47) Urkunde in Orig. Guelf. III, 691.

48) Urkunde in Orig. Guelf. III, 696.

49) Urkunde in Orig. Guelf. IV, praef. 63.

50) Urkunde in Orig. Guelf. IV, 134.

51) Urkunde in Orig. Guelf. IV, 153.

52) So im Ordin. S. Blasii in Urkunden von 1237, fol. 8¹. Nr. 27 und von 1240, fol. 20¹. Nr. 80. Vergl. die Urkunden in Orig. Guelf. IV, praef. 68 und S. 176.

von Brunsrode⁵³) an, später ward er Vogt zu Hannover und ist als solcher von 1243—1254 nachzuweisen⁵⁴). Im Jahre 1240 nennt sich Hermann von Borsne Vogt in Braunschweig⁵⁵), 1241 war Ludolf hiesiger Vogt⁵⁶), 1254 und 1256 Winand⁵⁷) und 1271 Anno⁵⁸). Seit Anfang des vierzehnten Jahrhunderts, als dies Amt seine hohe Bedeutung den aufstrebenden Stadtbehörden gegenüber immer mehr verlor und endlich ganz in die Hand des Rathes kam, bekleideten dasselbe meistens Bürger⁵⁹).

Dem Vogt war untergeordnet ein Schreiber zum Registriren der gefällten Urtheile und der gerichtlichen Auflassungen. Für jedes Echteding erhielt derselbe ein Stübchen Wein⁶⁰). Zur Ausführung gerichtlicher Erkenntnisse stand dem Vogt ein Frohnbote (bodellus) zu Befehl. Mit dessen Hülfe durften die Bürger säumige Schuldner von auswärts, welche sie in der Stadt ertappten, vor's Gericht bringen⁶¹). Auch er erhielt gewisse Gebühren⁶²). Wenn der Vogt sein Richteramt nicht selbst versehen konnte, so durfte er einen Richter an seiner Stelle fungiren lassen, und dies scheint namentlich bei Eigenthumsübertragungen öfters vorgekommen zu sein⁶³). Der Vogt setzte ihn ein, ob aus der Bürgerschaft, ob aus seinen Mitdienstleuten, ist dunkel.

Ein anderer herrschaftlicher Ministerial, der in einigen Beziehungen zur Bürgerschaft stand, war der Marschall (marescalcus). Bei ihm hatten die Bürger ihre Klagen anzubringen, wenn sie einen der herrschaftlichen Dienstleute wegen Schuldforderung belangen wollten⁶⁴). Letztere konnten nämlich nach damaligen Rechtsbegriffen vor dem Vogteigericht nicht zu Recht stehen, weil dort Bürger das Recht

---

53) Urkunde von 1239 bei Sudendorf, Urkundenbuch I, p. 18.
54) Urkundenbuch der Stadt Hannover Nr. 12. 13. 16.
55) Urkunde in Orig. Guelf. IV, 183.
56) Urkunde in Orig. Guelf. IV, 192.
57) Urkunden in Pistorius, Amoen. VIII, p. 2338 und 2339.
58) Ord. Blas., fol. 16. Nr. 62.
59) S. ein Verzeichniß derselben in des Verfassers Aufsatz im Vaterl. Archiv 1847, S. 193.
60) S. Note 36.
61) Urkunden und Statuten Nr. 1. §. 13.
62) Stadtrecht von 1403, Nachtrag §. 7.
63) Urkunden und Statuten Nr. 2. §. 1 und Hegel, Italienische Städteverfassung II, 395.
64) Urkunden und Statuten Nr. 2. §. 17.

2. Die herrschaftlichen Rechte und Beamten in der Stadt vor 1300.

fanden, welche nicht ihre Standesgenossen waren. Wollte aber ein Dienstmann gegen einen Bürger Klage erheben, so wandte er sich an das Vogteigericht[65]). Daß auch diese Beamten angesehene Ministerialen waren, zeigen die Namen der dem dreizehnten Jahrhundert angehörigen Marschälle. Genannt werden als solche urkundlich: Konrad 1218[66]), Billefinus von 1218 bis 1235[67]), Heinrich von Gruben 1245[68]), Burchard von der Asseburg 1252[69]), Balduin von Dalem 1259[70]) und Burchard von der Asseburg der Jüngere 1280[71]). Das Marschallsgericht bestand noch um die Mitte des fünfzehnten Jahrhunderts[72]).

Ein Beamter von weit geringerer Bedeutung war der Mühlenzinsbote; nuncius noster nennt ihn 1296 Herzog Albrecht der Fette, quem ad ipsum (brazium) colligendum statuimus[73]). Dahin gehört auch der Zöllner, welcher freilich erst in einer zu Anfang des vierzehnten Jahrhunderts geschriebenen Zollrolle[74]) erwähnt wird, aber vielleicht viel früher schon die bereits im Ottonschen Stadtrecht erwähnten Zollabgaben hieselbst einnahm. Ein Beamter der Herrschaft war auch der Münzmeister, meist ein angesehener Bürger, welcher auch Güter von der Herrschaft zu Lehen trug. Wir kennen um die Mitte des dreizehnten Jahrhunderts Ludolf, welchen Herzog Albrecht 1254 monetarius noster und der sich selbst 1253 archimonetarius nennt[75]). Im vierzehnten Jahrhundert werden als Münzmeister genannt Heinrich 1326[76]), David 1336, Wolf 1332—1343 und Hans Hilmers 1376[77]).

---

65) Urkunden und Statuten Nr. 2. §. 18.
66) Bege, Burgen, S. 32.
67) Rehtmeier, Chronik 1824, 1826 und 473.
68) Rehtmeier, Kirchenhistorie I, 137.
69) Bege, Burgen, S. 48.
70) Das. S. 114.
71) Das. S. 54. 55.
72) Huldebrief von 1435 im Copialbuch I, fol. 8. §. 14.
73) Urkunden und Statuten Nr. 13. §. 8.
74) Rechtsbuch der Neustadt, fol. 8. §. 47.
75) Urkunden von 1254 in Pistorius, Amoen. VIII, 2338 und von 1253 in Sack, Altstadtrathhaus, S. 5.
76) Liber proscript. zu 1326.
77) Degeb. der Altstadt I, p. 191 und 284; Liber proscript. zu 1382 und Copialbuch II, fol. 3.

3. Die Standesclassen der Stadtbewohner vor 1300.

Es ist nun die schwierige Frage zu beantworten, aus welchen Bestandtheilen die Bevölkerung der Stadt zur Zeit der älteren Welfen namentlich bis gegen Ende des dreizehnten Jahrhunderts zusammengesetzt war. Nur vereinzelte Notizen bieten die Quellen über diesen Gegenstand, über welchen kaum mehr als einige allgemeine Ansichten bekannt sind[1]).

Zur Bürgerschaft gehörten nicht die Bewohner der drei fürstlichen Freiheiten, in denen das Stadtrecht nicht galt, wo auch ohne Zweifel kein Schoß gezahlt wurde. Dies waren die Burg Dankwarderode, der Klosterbezirk St. Aegidien und die Stiftsfreiheit St. Cyriaci. Die Bewohner jener Freiheiten, Geistliche wie Laien, waren keine Bürger. In der Burg namentlich wohnte die fürstliche Familie und die Stiftsgeistlichen von St. Blasius; aber auch mehrere zu Hofdiensten verpflichtete Ministerialen hatten Lehnhöfe, welche entweder in der Burg selbst oder in ihrer unmittelbaren Nähe lagen[2]). Wie der herzogliche Truchseß einen Amtshof am Bohlwege besaß, auf welchem im vierzehnten Jahrhundert das Paulinerkloster entstand, so mögen auch der herrschaftliche Marschall, der Schenk, der Kämmerer, der Vogt und der fürstliche Notar in der Burg oder in deren Nähe ihre Dienstwohnungen gehabt haben. Solcher von Ministerialen bewohnten Höfe kennen wir mehrere, aus dem Lehnbuch Herzog Otto des Milden[3]) die beiden Höfe derer von Bortfeld, die Besitzung der Scadewolds vor der Burg und den Hof Ludolfs von Watzum in der Stadt. Das Lehnbuch der Herzöge Magnus und Ernst nennt folgende Besitzer hiesiger Höfe, welche herzogliche Lehen waren[4]): die von Weferlinge, welche den Kampfhof beim Ritterbrunnen und einen Hof am Bohlwege neben dem Tempelhofe, die von Uetze, welche als herzogliche Kämmerer einen Hof in der Burg, die von Sambleben, welche beim Tempelhofe, und die von Stöckem, welche in der Burg einen Hof besaßen. Aus anderen Quellen sind noch zu nennen die von Veltheim als Besitzer des Küchenhofes in der

---

1) Aßmann, Geschichte der Stadt Braunschweig, S. 9.
2) Dürre, Der Bohlweg, im Braunschweigischen Magazin 1860, S. 117.
3) Sudendorf, Urkundenbuch I, 168. 169. 170.
4) Sudendorf, Urkundenbuch II, 40. 42. 50.

3. Die Standesclassen der Stadtbewohner vor 1300.   271

Burg neben dem Hofe derer von Uetze⁵) und die Herren von Warberg als Lehnsinhaber eines Hofes neben dem Thurme des Blasiusstiftes⁶). Am südlichen Ende des Bohlweges lagen ferner die Höfe der Familien von Honbelage, von Campe, von der Asseburg und von Werle, alle auf dem Raum des jetzigen Schloßplatzes⁷), ihnen gegenüber die Höfe derer von Veltheim, von Barsfelde und von Sambleben⁸); lauter Lehen der fürstlichen Familie.

Ebenfalls nicht zur Bürgerschaft gehörten die Fremden, welche in die Stadt kamen, entweder um sich hier eine Zeitlang in Handelsgeschäften aufzuhalten, oder um hier das Bürgerrecht zu gewinnen. Schon 1157 erwähnt eine Urkunde sie als peregrini und advenae⁹). Daß es solche Leute hier stets in ziemlich großer Menge gab, läßt schon der Umstand vermuthen, daß in das Recht des Hagens Bestimmungen¹⁰) aufgenommen werden, wie es mit dem Nachlaß solcher und anderswo verwiesener Leute, die sich hier niederlassen wollten, zu halten sei. Durch solche Zuzügler, die Anfangs auf dem Michaeliskirchhofe zu bestatten waren, mögen die jüngeren Weichbilder Hagen, Neustadt und Sack vorzugsweise angebaut sein. Wenn sie Jahr und Tag hier gewohnt hatten und von Niemand als Hörige in Anspruch genommen waren, so konnten sie das Bürgerrecht gewinnen. Als Bürger benannten sie sich zum großen Theil nach den Ortschaften, von woher sie in die Stadt gezogen waren. Aus den wenigen erhaltenen Rathsherren- und Bürgernamen des dreizehnten Jahrhunderts geht doch hervor, daß die benachbarten Städte, namentlich aber die Dörfer schon damals eine Menge solcher Zuzügler lieferten, welche dieser Classe der Fremden angehörten, bis sie in's Bürgerrecht aufgenommen wurden. Die Bürgerrollen des vierzehnten und funfzehnten Jahrhunderts zeigen, daß es auch später hier wie an Zuzug vom Lande fehlte.

Die Hauptmasse der städtischen Bevölkerung bildeten aber von jeher die Bürger, cives schon 1157, burgenses im Hägener Recht, borgére im Ottonischen Stadtrecht genannt. Dies waren, wenn man aus der

---

5) Rehtmeier, Kirchenhistorie Suppl., S. 59.
6) Bege, Burgen, S. 149.
7) Dürre, Bohlweg, Braunschweigisches Magazin 1860, S. 108 flg.
8) Dürre, das. S. 113.
9) Urkunde in Rehtmeier, Kirchenhistorie Suppl., S. 53.
10) §. 11.

Analogie anderer Städte schließen darf[11]), alle Besitzer und Eigenthümer eines Grundstücks (erve), das in einem der fünf städtischen Weichbilder belegen war. Sie galten als Freie, an welche kein Grundherr Anspruch machen könne[12]). Diese Bürger scheinen bis gegen das Ende des dreizehnten Jahrhunderts nur ein Ganzes, die Bürgergemeinde oder die Stadtgemeinde (universitas civium, universitas civitatis oder universitas Brunsvicensis) gebildet zu haben[13]). Von Standesunterschieden unter den Genossen derselben ist nirgends die Rede. Erst allmälig sonderten sich aus ihr auch hier zwei Abtheilungen von Bürgern aus, die den Rath bildenden Geschlechter und die Gilden[14]). Nach späteren Quellen, nämlich nach Botho und dem Shigtbok, zeigen sich diese Corporationen neben der Gemeinde zuerst in der Zeit des ersten Gildeaufstandes um 1292[15]). Gleichzeitige Urkunden bestätigen jene Angaben. Rath und Gilden erscheinen als engere Corporationen in einer Vertragsurkunde vom 5. August 1293[16]); ebenso zeigt sich die Gemeinde (de meynheyt) als Theil der Bürgerschaft in einer urkundlichen Notiz aus dem Jahre 1296[17]).

Ueber die Bürger der ursprünglichen Stadtgemeinde ragten sicherlich schon im dreizehnten Jahrhundert manche Einzelne durch erworbenen oder ererbten Reichthum hervor. Nahe liegt die Vermuthung, daß derselbe sich namentlich bei den Bürgern fand, welche sich als Kaufleute, Münzer oder Wechsler am hiesigen Handel, dessen Bedeutung um 1200 schon das Hägener Recht ahnen läßt, betheiligten, oder welche durch großartigen Gewerbebetrieb, namentlich der Tuchmacherei, wohlhabend zu werden Gelegenheit hatten. Reich müssen aber namentlich auch die Familien gewesen sein, deren Mitglieder als Besitzer größerer ländlicher Grundstücke einst in die Stadt gezogen waren, entweder um ihre Freiheit oder gar Ritterbürtigkeit vor dem von mächtigen Grundherren ihnen aufgedrungenen Dienstverhältniß zu retten[18]), oder auch um in der Zeiten

---

11) Hüllmann, Städtewesen II, 199.
12) Urkunden und Statuten Nr. 1. §. 9 und Nr. 2. §. 42.
13) Degeb. der Altstadt I, S. 1. 8.
14) Hüllmann, Städtewesen II, 225 flg.
15) S. 115.
16) Urkunden und Statuten Nr. 11. §. 1. 4.
17) Urkunden und Statuten Nr. 33, Einleit.
18) Barthold, Städtewesen I, 150 flg.

3. Die Standesclassen der Stadtbewohner vor 1300.

Noth für sich und ihre bewegliche Habe dort Sicherheit zu finden. Ihre ländlichen Besitzungen mögen sie an Meier zur Bewirthschaftung überlassen haben, um ihre oft sehr bedeutenden Einnahmen in der Stadt zu verzehren, wo sie sich auch nicht selten der gewinnbringenden Beschäftigung mit dem Großhandel ergeben haben mögen. Der so auf großen Grundbesitz oder bewegliches Vermögen, oft aber auch auf beides sich gründende Reichthum verschaffte seinen Besitzern Einfluß und Ansehen. Mit Leuten dieser Art, die stets einflußreich gewesen sind, besetzte man schon damals die Rathsstellen, wie es scheint, ziemlich ausschließlich. So kam es denn, daß sich diese hervorragenden Familien mit der Zeit als allein zum Rathe berechtigt erachteten. Früh mögen sie sich auch hier [19]) genossenschaftlich verbunden, gegen die große Menge der Bürger abgeschlossen und als Rathsgeschlechter eine bevorrechtete Stellung eingenommen haben. So bildete sich analog der römischen Amtsnobilität auch hier im Verlauf des dreizehnten Jahrhunderts eine durch Reichthum, Ansehen und öftere Bekleidung obrigkeitlicher Stellen ausgezeichnete und hervorragende Abtheilung der ursprünglichen Stadtgemeinde, welche später die Geschlechter oder Patricier [20]) genannt wird.

Diese hervorragenden Geschlechter erkennt man nicht etwa an dem Wörtchen von vor dem Namen. Dieses bezeichnet in jener Zeit bei Bürgern meistens die Herkunft aus dem Orte, von wo der Inhaber dieses Namens entweder selbst, oder von wo dessen Voreltern in die Stadt gezogen sind. Namen mit von kommen daher bei jeder Art von Bürgern, auch bei kleinen Handwerkern, selbst bei Schutzjuden oft genug vor, um zu bezeichnen, von woher sie hier in die Stadt gezogen sind. Wir nennen aus den Degedingsbüchern den Zimmermann T. von Peyne, die Knochenhauer H. von Scheppenstedt und T. von Monstede, die Beckenschläger W. von Waggen und L. von Bortfeld, die Bäcker H. von Bansleben, H. von Peyne, L. von Equord und A. von der Leyne, den Karrenführer H. von Lengede, die Zeugscherer H. von Celle und H. von Goslar, die Schneider C. von Heiningen und H. von Kahlefeld, den Oelschläger U. von Sottrum, den Steinsetzer H. von Hameln, den Wollenweber H. von Achum und den Armbrustmacher C. von Geitelde.

---

19) Hegel, Italienische Städteverfassung II, 396 flg.
20) Von Geschlechtern in diesem Sinne ist hier erst am Ende des funfzehnten, von Patriciern gar erst im sechszehnten Jahrhundert die Rede.

274   I. Die Stadtverfassung.

Hiesige Schutzjuden waren[21]) Moses von Meißen, Isaac von Helmstedt, Moses von Magdeburg, Isaac von Goslar, Jakob von Prenzlau und David von Stendal. Das Wörtchen von ist auch dann kein Kennzeichen patricischer Abkunft, wenn es wie bei manchen hiesigen Familien[22]) nur dazu dient, den Wohnort in der Stadt genauer zu bezeichnen. Wer zu den Rathsgeschlechtern der ältesten Zeit gehörte, wird am einfachsten aus den Namen derer erkannt, welche die Rathscollegien zu bilden pflegten. Aber leider kennen wir von den Rathsherren des zwölften Jahrhunderts nicht einen. Das älteste sichere Rathsregister findet sich in einer Urkunde von 1231, sie nennt den damaligen Rath der Altstadt[23]); bis gegen das Ende des dreizehnten Jahrhunderts sind noch elf Register der consules civitatis Brunsvicensis aus Urkunden[24]) bekannt. Die Familien, welche nach jenen Quellen bis 1292 Rathsherrnstellen bekleideten, sollen mit den Jahren angegeben werden, seit denen oder in welchen sie im Rathe waren.

Es sind die Familien: von Achem 1269, Arnoldi 1253, von Asfeld 1258, von der Breitenstraße 1231, Böneke 1253, von Blekenstedt 1265, Conradi 1249, von Calve 1249, Davids 1249, Elers 1231, Elye 1269, Engelhards 1249, Ertmer 1240, Eyko 1258, Ecbert*[25]) 1231, Franke 1258, Grote 1258, vom Haus oder de domo 1254, Holtnicker*) 1231, von Helmstedt 1275, Kahle 1231, Kirchhof 1254, Karl 1269, vom Klinte 1269, Kramer oder Mercator 1265, Jordanus 1249, Lange*) 1231, von Luckenem*) 1253, Menricus und Martinus 1231, Monetarius 1231, von St. Michaelis*) 1249, von Oldendorf und von Ovesfelde 1265, Pape (Clericus) 1253, Peters 1258, von Peyne 1257, Pawel (apud Sanctum Paulum) 1253, von Pattenhusen*) 1231, von Remninge 1282, Rese (Gigas) 1265, Steffen 1257, Sophie 1249, Schwarz (Niger) 1258, von Salbern 1231,

---

21) Neustädt. Rechtsbuch, fol. 71¹.

22) Wir nennen die Familien: von den sieben Thürmen, Pawel (eigentlich bei St. Paul), von der Breitenstraße, vom Kirchhof, von St. Ylien, bei St. Ulrich und von St. Michaelis.

23) Urkunden und Statuten Nr. 3.

24) Sie stehen bei Rehtmeier, Chronik 1830, Pistorius, Amoen. VIII, 2332. 2335. 2345. 2358. 2347. 2357, in den Urkunden des Stadtarchivs Nr. 13. 17 und 20 und in Sack, Altstadtrathhaus, S. 5.

25) Die mit * bezeichneten Familien haben im dreizehnten Jahrhundert mindestens drei ihrer Genossen im Rathe gehabt.

3. Die Standesclassen der Stadtbewohner vor 1300.

Stapel*[26]) 1253, von Scheppenstedt 1231, Timmonis 1254, Thebildis 1231, von Velstede 1258, von Vahlberg*) 1240, Wolfram 1249, von Werle 1269 und vom Werder (de insula) 1269.

Von mehreren der genannten Familien läßt sich nachweisen, daß sie bedeutende Landgüter und Zehnten in der Nachbarschaft meist von geistlichen und weltlichen Fürsten, aber auch von ritterbürtigen Familien oder Stiftern und Klöstern schon im dreizehnten Jahrhundert zu Lehen trugen. Die Familie Holtnicker, bereits 1204 hier wohnhaft, trug den Zehnten zu Alvedissen (Alvesse) und ihr dortiges Allodium mit vier Hufen Landes um 1226 von den edlen Herren von Meinersem zu Lehen, hatte außerdem um 1274 auch Antheil an der Windmühle zu Geitelde mit 1½ Hufen Landes und 1284 den halben Zehnten zu Bechelde als Lehen des Bischofs von Hildesheim[27]). Die Familie Stapel, seit 1253 hier nachzuweisen, hatte um 1274 von denen von Meinersem zu Lehen sechs Hufen in Broitzem, vier in Lebenstedt und vom Kloster Stederburg einen Hof mit zwei Hufen Landes in Flöthe[28]). Johann von Velstede trug im dreizehnten Jahrhundert von denen von Meinersem zu Lehen zwei Hufen Landes in Gitter und eine Hufe in Winnigstedt, vom Bischof zu Hildesheim den halben Zehnten zu Dörnten[29]). Die Familie Lange hatte einen Antheil am Zehnten zu Gadenstedt bis 1266, welcher hildesheimisches Afterlehen der Herren von Wolfenbüttel war[30]). Die Familie Timmonis war mit vier Hufen Landes in Machtersen von den Edlen von Meinersem belehnt[31]). Zu denselben standen um 1274 in Lehnsbeziehungen die Familien Schwarz und von Astfeld; jene hatte von ihnen Güter in Lindede, Machtersen und Clauen, diese in Gitter und Klein-Mahner[32]). Den Hof beim Raffthurme trugen die von Luckenum und von der Breitenstraße seit 1228 vom Kloster Dorfstadt zu Lehen[33]). Ludolf der Münzmeister hatte in Lehndorf außer seinem Eigenthum 1255 auch

---

26) Die Familien Stapel und Holtnicker haben im dreizehnten Jahrhundert je fünf ihrer Mitglieder im Rathe gehabt.

27) Sudendorf, Urkundenbuch I, 11. 51. Pistorius, Amoen. VIII, 2351.

28) Sudendorf, das. I, 51 und Diplomatar. Stederb. p. 11.

29) Sudendorf I, 11. 50 und Bege, Burgen, S. 40.

30) Bege, Burgen, S. 50 zum Jahre 1261 und Ordin. Blas. fol. 10. Nr. 33.

31) Sudendorf I, 11. 52.

32) Sudendorf I, 51.

33) Urkunde in den Braunschweigischen Anzeigen 1745, S. 1822.

Lehen vom Stift Blasius[34]); Herwich Münzer besaß 1254 2½ Hufen in Salzdahlum, welche Lehen theils des Blasiusstifts, theils des Ritters Heinrich von Langeln waren[35]). Antheil am Zehnten in Vinsleve trugen die von den sieben Thürmen und die Pawels bis 1292 vom Bischof zu Halberstadt zu Lehen[36]). In Salzdahlum hatten Lehengüter von Herzog Albrecht dem Großen die Ruffs und die bei St. Ulrich[37]). Mögen diese Beispiele hervorragender Familien des dreizehnten Jahrhunderts genügen. Daß diese in besonders hohem Ansehen standen, beweist auch der Umstand, daß fast immer nur Mitglieder der obengenannten Familien es sind, welche bei Ausstellung von Urkunden durch die Herzöge oder durch die Vorsteher der hiesigen Stiftskirchen zugezogen werden, um das Geschehene als Zeugen mit zu beglaubigen.

Außer den Rathsgeschlechtern sondern sich aus der ursprünglichen Bürgergemeinde im dreizehnten Jahrhundert auch die Gilden oder Innungen und bilden sich zu einer eigenen Corporation aus. Wie Handelsverkehr, so dürfen wir auch Handwerksbetrieb unbedenklich schon zur Zeit Heinrichs des Löwen hier annehmen. Ohne Handwerke ist städtisches Leben nicht denkbar; die 1157 der Michaeliskirche zugewiesenen Einnahmen aus Marktbänken[38]) weisen auf Marktverkehr, an dem ohne Zweifel auch Handwerker sich betheiligten. Schon unter Heinrich dem Löwen, der den Lakenmachern des Hagens erlaubte, ihre Waaren im Hause oder auf dem Markte zu verkaufen[39]), mögen sich die Genossen desselben Gewerks allmälig zu Innungen verbunden haben, wie das in der Zeit lag. Daß Kaiser Otto IV. über die Bildung und Einrichtung solcher Innungen weitere Bestimmungen getroffen zu haben scheint, ist schon erzählt (S. 90). Das Ottonische Stadtrecht[40]) zeigt das hiesige Innungswesen um 1230 bereits als ein geordnetes. Meister stehen an der Spitze jeder Innung, diese besteht aus den Werkgenossen (de werken), ohne ihre Einwilligung kann Niemand in die Verbindung aufgenommen werden. Die Erlaubniß eine solche Innung zu bilden er-

---

34) Degeb. der Altstadt I, S. 157.
35) Pistorius, Amoen. VIII, 2335.
36) Pistorius, das. 2352.
37) Das. 2386. 2389.
38) Urkunde in Rehtmeier, Kirchenhistorie Suppl., S. 54.
39) Urkunden und Statuten Nr. 7. S. 14.
40) §. 55 in Urkunden und Statuten Nr. 2. S. 7.

theilte den Goldschmieden in der Altstadt 1231 der dortige Rath mit Zustimmung der Bürgergemeinde⁴¹), die Bürger der Altenwik dagegen erhielten ihr Innungsrecht 1240 noch von dem herzoglichen Vogt, Hermann von Borsne⁴²); die Lakenmacher der Neustadt 1293 von Herzog Heinrich dem Wunderlichen⁴³). Daß sich die Innungsgenossen ihre Freiheiten und Rechte im dreizehnten Jahrhundert von jedem Herzog wieder bestätigen zu lassen pflegten, zeigt recht deutlich die Urkunde für die Wandschneider und Lakenmacher im Hagen von 1268⁴⁴). Zur Zeit des ersten Aufstandes der Gilden 1292—1294 bestanden hier nach den Angaben des Shigtbofs (S. 6) zwölf Gilden. Welche waren es? Der große Brief von 1445 nennt vierzehn Gilden und Innungen. Läßt man die beiden erweislich erst im vierzehnten Jahrhundert eingerichteten Gilden der Schneider und Leinweber fort, so bleiben als die um 1294 bestehenden übrig: die Gilden und Innungen der Wandschneider oder Tuchhändler, der Lakenmacher oder Tuchmacher, der Gerber, der Schuhmacher, der Knochenhauer, der Schmiede, der Wechsler oder Münzer, der Goldschmiede, der Beckenschläger, der Bäcker, der Krämer und der Kürschner.

Nach dieser Absonderung der Geschlechter einerseits und der Gilden oder Innungen andererseits blieb der Rest der alten Bürger- oder Stadtgemeinde als dritter Stand, als die Gemeinde im späteren Sinne des Wortes, übrig. Diese umfaßte etwa seit Ende des dreizehnten Jahrhunderts hier wie anderswo⁴⁵) alle die Bürger, die jenen erstgenannten Corporationen nicht angehörten, also namentlich die zahlreiche Classe von Ackerbürgern und Gärtnern und die Leute, welche Gewerbe trieben, ohne in Gilden und Zünfte vereinigt zu sein (S. 115. N. 17).

Diese Standesverhältnisse entwickelten sich ohne Zweifel in der ganzen Stadt auf gleiche Weise; in dem Sack und der Altenwik freilich mit dem Unterschiede, daß diese Weichbilder im dreizehnten Jahrhundert noch in viel engeren Abhängigkeitsverhältnissen zur Herrschaft blieben, als die drei anderen, welche schon Heinrich der Löwe mit städtischen Rechten und Freiheiten begabte und aus Hofrecht und Grundsassenver-

---

41) Urkunden und Statuten Nr. 3. S. 8.
42) Urkunden und Statuten Nr. 4.
43) Urkunden und Statuten Nr. 10.
44) Urkunden und Statuten Nr. 7, vergl. Nr. 12.
45) Hegel, Italienische Städteverfassung II, 400. 408. N. 1 und 406.

hältniß entließ. Jene beiden Weichbilder nennt Herzog Albrecht 1296, als er die Einnahmen aus ihnen dem Rathe verpfändet, „unsere besonderen Städte" (distincta nostra oppida)[46], sei es, weil die Herrschaft aus ihnen Einnahmen[47] bezog, die sie aus den übrigen Weichbildern nicht erhielt, oder weil sie hier beim Anbau oder bei Ertheilung des Weichbildsrechtes sich größere Rechte vorbehalten hatte. Dieses Recht ertheilte die Herrschaft beiden Stadttheilen erst im dreizehnten Jahrhundert; der Altenwik wahrscheinlich Otto IV., als er sie mit Mauern und Gräben zu Anfang des dreizehnten Jahrhunderts befestigte (S. 85). 1240 werden bereits Bürger der Altenwik (burgenses de Veteri vico) urkundlich erwähnt[48], was auf eine vorangegangene Ertheilung des Weichbildsrechts schließen läßt; wahrscheinlich ist es auch der Rath der Altenwik, welcher 1240 bei der Verleihung des Innungsrechts an dies Weichbild als Zeuge zugegen war. Wenn der Sack schon 1290 eine Stadt (oppidum) genannt wird[49], so muß er damals auch Weichbildsrecht gehabt haben.

4. Die Rathsverfassung vor 1300.

Ohne Zweifel ging der Rath auch hier aus dem allgemeinen Streben deutscher Städtebewohner nach Selbstverwaltung ihrer Angelegenheiten hervor. Unter welchen Umständen derselbe sich hier bildete, liegt allerdings im Dunkeln; aber fest steht doch, daß derselbe unter Heinrich dem Löwen, also bereits vor dem Ende des zwölften Jahrhunderts im Stande war. Schon in der von Herzog Otto dem Kinde anerkannten Aufzeichnung der Rechte und Freiheiten, mit denen Heinrich der Löwe den Hagen im Laufe der Zeit begabt hatte, heißt es[1]: „Die Bürger sollen ihre Rathsherren (consules) haben, wie sie dieselben zu haben gewohnt sind, damit nach ihrem Rath die Stadt regiert werde." Dies

---

46) Urkunden und Statuten Nr. 13. §. 1.
47) Erwähnt werden 1325 die precaria et proventus und die collecta Veteris Vici et Sacci in Urkunden und Statuten Nr. 26.
48) Urkunden und Statuten Nr. 4.
49) Ordin. S. Blasii fol. 27. Nr. 5.
1) Urkunden und Statuten Nr. 1. §. 15.

4. Die Rathsverfassung vor 1300.

dem Hagen zugestandene Recht kann Heinrich der älteren Altstadt unmöglich vorenthalten haben, so wenig wie es später der Neustadt und den jüngeren Weichbildern versagt werden konnte. Demnach dürfen wir annehmen, daß mindestens Altstadt und Hagen bereits zu Heinrichs des Löwen Zeit ihren Rath hatten. Bedenkt man, daß jener große Fürst das kraftvolle Aufstreben der lombardischen Städte in der Nähe geschaut und ihre inneren Einrichtungen kennen gelernt, daß er die Grundlage ihrer großartigen Blüthe und Macht in dem Besitz innerer und äußerer Freiheiten und einer wohlgeordneten Rathsverfassung erkannt hatte, so kann man es nicht wunderbar finden, daß er das dort als zweckmäßig Erkannte auch seiner Lieblingsstadt Braunschweig gestattete. Wenn wir demnach an der Existenz hiesiger Consuln in der zweiten Hälfte des zwölften Jahrhunderts zu zweifeln keinen Grund haben, so gehört Braunschweig zu den wenigen deutschen Städten[2]), wo sich ein Stadtrath von Consuln bereits in der zweiten Hälfte des zwölften Jahrhunderts findet. Die Annahme, der Rath sei hier aus einem Schöffencollegium erwachsen, dürfte der Begründung entbehren. Von einem solchen Collegium findet sich in Braunschweig keine Spur[3]) und sie kann sich nicht finden, weil hier keine altfreie Bürgergemeinde bestand[4]). Ferner wenn hier wirklich zur Zeit Heinrichs des Löwen ein solches Collegium gewesen wäre, so wäre wohl nichts mit größerer Nothwendigkeit in die Jura Indaginis aufgenommen, als Bestimmungen über das Verhältniß der neuen Consuln zu dem älteren Schöffencollegium.

Der Rath sollte nach den Worten des Hägener Rechts das Stadtregiment führen. Aber in welchem Umfange? Die Analogie anderer fürstlicher Städte zeigt, daß die Consuln Bürgervorsteher waren, welche die Gewerbe-, Markt- und Sicherheitspolizei hatten und die Verwaltung der Gemeindeangelegenheiten besorgten[5]). Andeutungen in den

---

2) Consuln finden sich in Soest um 1150, in dem westphälischen Medebach 1165, in Lübeck 1188, in Hamburg 1190. Hegel, Italienische Städteverfassung II, 464.

3) Schöffen, für jede Gerichtssitzung aus der Bürgerschaft genommen, sind bekanntlich etwas ganz Anderes. Hegel, Italienische Städteverfassung II, 393.

4) Hegel, das. II, 420.

5) Hegel, Italienische Städteverfassung II, 461. So war es in Soest (Hegel II, 445 flg.), in Freiburg im Breisgau (das. II, 448) und in Lübeck (das. II, 450), welches sein Stadtrecht etwa gleichzeitig mit Braunschweig auch von Heinrich dem Löwen erhielt. Vergl. Hüllmann, Städtewesen II, 384.

Quellen erweisen Jenes wenigstens theilweise auch für Braunschweig. Die Erlaubniß zur Errichtung der Innung der Goldschmiede giebt 1231 der Rath der Altstadt; er hat also mindestens einen bedeutenden Antheil an der Aufsicht über das Gewerbewesen. Für eine Betheiligung des Raths an der Sicherheitspolizei spricht der Umstand, daß von den Strafgeldern, die für verübte Gewaltthaten zu zahlen waren, zwei Drittel der Stadt zufielen[6]). Die Verwaltung der Gemeindeangelegenheiten bezeichnet das Hägener Recht[7]) als Hauptaufgabe der Consuln. Von diesem Theil ihrer Amtsthätigkeit zeugt auch die 1269 von dem Rathe der Alt-, der Neustadt und des Hagens getroffene Verabredung, in einem Hause zusammenzukommen, wenn über Angelegenheiten der ganzen Stadt und nicht bloß eines Weichbildes zu berathen sei[8]).

Ueber die Zahl der Rathsherren, die jedes Weichbild hatte, belehren uns weder die Rechte des Hagens, noch das Ottonische Stadtrecht. In der Altstadt, deren ältestes Rathsherrencollegium in einer Urkunde von 1231[9]) vorkommt, werden damals zwölf Consuln genannt. Ebenso viele sind als Consuln der Stadt Braunschweig 1253 in einer Urkunde aufgeführt, deren Inhalt allein die Altstadt betrifft[10]). Dagegen werden in Urkunden, die ebenfalls nur dies Weichbild angehen, 1254 und 1258 nur zehn Personen als Rathsherren der Stadt genannt[11]). Eine Urkunde beweist, daß 1269 nur zehn Personen den Rath der Altstadt zu bilden pflegten; wogegen er im Hagen damals aus sechs und in der Neustadt aus vier Rathsherren bestand[12]). Die Gesammtzahl der Rathsherren in jenen drei Weichbildern betrug also 22, später 20 Personen. Unbedenklich möchten wir daher die 22 oder 20 als „Bürger von Braunschweig" unterschriebenen Zeugen in Urkunden[13]), welche entweder nur der Rath auszustellen hatte, oder die dem Rath ausgestellt werden mußten, für die vereinigten Rathsherren jener drei Weichbilder

---

6) Urkunden und Statuten Nr. 2. §. 4. Vergl. Hegel II, 444.
7) Urkunden und Statuten Nr. 1. §. 15.
8) Urkunden und Statuten Nr. 8.
9) Urkunden und Statuten Nr. 3.
10) Urkunde in Sack, Altstadtrathhaus, S. 5. N. 13.
11) Urkunde bei Pistorius, Amoen. VIII, 2335 und 2358.
12) Urkunden und Statuten Nr. 8.
13) Urkunde von 1204 in Rehtmeier, Kirchenhistorie I, 108; Urkunde von 1245 das. I, 137 und Urkunde des Stadtarchivs Nr. 17 in Urkunden und Statuten Nr. 8.

4. Die Rathsverfassung vor 1300.

erklären, um so mehr, da sich hier fast dieselben Namen finden, welche in den vorhandenen Rathsregistern genannt sind. In der Altenwik finden wir 1240 einen Advocatus und drei Rathsherren, wenn anders die Zeugen der betreffenden Urkunde [14]) diesem Weichbilde angehören, was sehr wahrscheinlich ist. Das älteste Rathscollegium des Sackes [15]) vom Jahre 1299 zeigt vier Rathsherren.

Jeder Rathsherr bekleidete sein Amt in alter Zeit nur ein Jahr lang. Erst allmälig ward es Sitte — etwa seit der Mitte des dreizehnten Jahrhunderts ist es nachzuweisen — daß einzelne Rathsherren unmittelbar nach der Bekleidung ihres Amtes noch ein zweites Jahr im Rathe sind, wohl um die neu eintretenden Rathmannen mit den Interessen und Angelegenheiten der Stadt schneller bekannt zu machen. Hermann Holtnicker war nachweislich der erste, der zwei Jahre hintereinander 1253 und 1254 unter den Consules der Stadt erscheint [16]). Von den zehn bekannten Rathsherren des Jahres 1257 finden sich drei, Arnold von Calve, Konrad Sohn der Frau Sophie und Gerhard Steffens auch 1258 im Stadtrathe wieder [17]). Diese Einrichtung scheint sich bewährt zu haben. Wohl in Folge davon bestimmte der Gesammtrath, welchen die Weichbildsräthe der Altstadt, des Hagens und der Neustadt bildeten, am 11. November 1269, es solle bei den jährlichen Rathswahlen stets etwa ein Drittheil der alten Rathsherren in den neuen Rath übergehen. Dies übergehende Drittheil wurde durch Wahl bestimmt; wer wählte, wird nicht gesagt; doch ist anzunehmen, daß der abgehende Rath diese Wahl traf, wenn anders jener Zweck erfüllt werden sollte. So sollten seit 1269 in der Altstadt jährlich sieben Rathsherren neu gewählt werden, zu ihnen kamen noch drei aus dem Rath des vorigen Jahres. Im Hagen bleiben zwei, neugewählt werden vier; in der Neustadt bleibt einer, neugewählt werden drei Rathsherren [18]).

---

[14]) Urkunden und Statuten Nr. 4.

[15]) Das Copialbuch von St. Ulrich fol. 169 nennt vier Consules ante urbem in Brunswig. „Rathmannen vor der Burg" nennt sich der Rath des Sack noch bis gegen 1328 im ältesten Degedingbuch dieses Weichbildes.

[16]) Das zeigen die Urkunden bei Sack, Altstadtrathhaus, S. 5 und bei Pistorius, Amoen. VIII, 2335.

[17]) Urkunde bei Pistorius, Amoen. VIII, 2345 und Urkunde des Stadtarchivs Nr. 13, ungedruckt.

[18]) Urkunden und Statuten Nr. 8. §. 4.

Von wem und in welcher Weise die neuen Rathsherren erkoren werden, liegt im Dunkeln.

Bürgermeister als Vorsitzer des Rathes kommen im dreizehnten Jahrhundert noch nicht vor. In dem um 1300 geschriebenen Stadtrechte [19]) wird der Vorsitzende im vereinigten Rathe „der drei Städte", der Alt- und Neustadt und des Hagens, bezeichnet durch die Worte „der des Rathes Wort spricht." Daß jeder Weichbildsrath einen solchen Wortführer oder Worthalter [20]) gehabt hat, ist wahrscheinlich, aber für die Zeit vor 1300 nicht zu erweisen. Wahrscheinlich hat der Vorsteher des Weichbildrathes im zwölften und dreizehnten Jahrhundert den Titel Advocatus geführt. Eine Urkunde aus dem Jahre 1231, ausgestellt vom Advocatus, consules et burgenses in Bruneswich, faßt die Aussteller weiter unten in den Worten nos burgenses Antiquae civitatis zusammen. Die Vermuthung, daß demnach jener Advocatus nicht der herzogliche Vogt, sondern ein bürgerlicher Beamter, der den Rathsherren im Range vorangeht, sei, wird durch die Zeugenreihe bestätigt. Diese eröffnet als presidens in advocatia nostra ein Bürger, H. von der Breitenstraße, ihm folgen die Rathsherren des Weichbildes [21]). Es liegt nahe, ihn für den Vorstand des altstädtischen Gerichtssprengels und seines Rathes anzusehen. Ebenso unzweifelhaft ist in einer Urkunde von 1240, in welcher der herzogliche Vogt Hermann von Borsne der Altenwik das Innungsrecht ertheilt, der unter den Zeugen zuerst genannte Bartoldus advocatus ein Bürger und der erste von den Consuln wahrscheinlich der Altenwik als des betreffenden Weichbildes [22]). Auch in ihm glauben wir einen Bürger- oder Rathsmeister erkennen zu müssen, wenn anders advocatus dort eine Amtsbezeichnung ist. Schon Heinrich der Löwe gestattete den Bürgern im Hagen, einen advocatus aus ihren Mitbürgern zu erwählen [23]). Demnach war dieser advocatus, von dem die Jura Indaginis den herzoglichen Vogt unter dem Namen Judex streng unterscheiden, schon damals ein bürgerlicher

---

[19]) Urkunden und Statuten Nr. 16. S. 21. §. 45.

[20]) Urkunden und Statuten Nr. 30. §. 6 und Nr. 41. §. 2. In der um 1312 geschriebenen Vehmgerichtsordnung §. 2 heißen sie „des Raths Meister." Urkunden und Statuten Nr. 21. S. 28.

[21]) Urkunden und Statuten Nr. 3. S. 8.

[22]) Urkunden und Statuten Nr. 4. S. 9.

[23]) Urkunden und Statuten Nr. 1. §. 4.

4. Die Rathsverfassung vor 1300.

Beamter. Er konnte ganz passend so genannt werden, weil auch er einen Antheil an der Gerichtsbarkeit hatte. So ist denn auch begreiflich, warum die Rathsherren der Altstadt 1231 ihr Weichbild mit dem Ausdruck advocatia nostra bezeichnen konnten.

Anfangs scheint nach den Bestimmungen des Hägener Rechts [24] jeder Rath nur in seinem Weichbilde regiert zu haben. Diese vereinzelte Stellung mag die Wirksamkeit der Gemeindebehörden oftmals erschwert haben. Ohne eine engere Gemeinschaft derselben, ohne gemeinsames Berathen und Handeln war eine Erweiterung der städtischen Rechte und Freiheiten und eine kräftige Wahrung des Interesse der ganzen Stadt nicht wohl möglich. Daher einigten sich um Martini 1269 die Rathscollegien der Altstadt, des Hagens und der Neustadt eidlich dahin, sie wollten an einem Orte zusammenkommen, wenn Angelegenheiten zu berathen seien, welche nicht ein Weichbild, sondern die ganze Stadt beträfen. Auch die Einkünfte und Steuern derselben sollten in eine gemeinsame Casse fließen, um aus ihr die Ausgaben zum Nutzen des gesammten Gemeinwesens bestreiten zu können [25].

Bei besonders wichtigen Angelegenheiten scheint der Rath noch einen Beirath zugezogen zu haben. Wie man schon 1258 in Cöln nach alter Gewohnheit aus der Gemeinde der Bürger einige redliche und geschickte Leute zum Rathe zuzog [26], so war es seit etwa 1250 auch hier. 1253 erschienen bei dem Verkaufe des alten Rathslocals in der Altstadt außer den Rathsherren noch „andere zur Berathung Erkorene", also die erste Spur eines Beirathes [27]. Die eben erwähnte Rathseinigung des Jahres 1269 erfolgte habito seniorum et discretorum nostrorum consilio. Ob ein Vehmgericht zu halten sei, besprechen nach der um 1312 erlassenen Ordnung die Rathsmeister mit einem oder zwei „der namhaftigsten und weisesten Bürger" [28]. Bestand dieser Beirath, der wohl nur bei wichtigen Dingen berufen wurde, etwa aus

---

24) Urkunden und Statuten Nr. 1. §. 15: Consules, quorum consilio civitas (d. i. das Weichbild) regatur.

25) Urkunden und Statuten Nr. 8. S. 15.

26) Assumi possunt ad consilium civitatis. Hegel, Italienische Städteverfassung II, 404. N. 1.

27) Sack, Altstadtrathhaus, S. 5. N. 13.

28) Urkunden und Statuten Nr. 21. §. 2.

gewesenen Rathsherren, die augenblicklich nicht im Rathe waren (seniores) und anderen auserlesenen (discreti) Bürgern?

Die Grundsätze, von denen ein Rathsherr sich in seiner amtlichen Wirksamkeit leiten lassen sollte, sind in dem Schwure zusammengefaßt, der bei dem Antritt dieses Amtes zu schwören war. Schon im dreizehnten Jahrhundert schwuren die Rathleute nach alter Gewohnheit, ihr Amt führen zu wollen „nach der Herrschaft Ehre und zum Frommen der Stadt"[29]. Daß die letztere Rücksicht die erstere oftmals überwog, lag in den Verhältnissen, deren Entwickelung die Herzöge nicht hinderten. So räumte schon Otto das Kind bei der Ertheilung des Stadtrechts den Behörden der Stadt eine wenn auch nur unwesentliche Beschränkung seines Vogtes ein. Wenn nämlich dieser sich weigerte, den Verkauf eines Grundstücks durch Friedewirken zu bestätigen, so sollte die Auflassung auch „vor der Stadt", d. h. vor der städtischen Behörde, also wohl vor dem Rath des betreffenden Weichbildes rechtsgültig geschehen dürfen[30]. Dadurch wurde die Stadtbehörde zuerst bei Eigenthumsübertragungen eventuell Concurrentin des Vogtes. Daß dem Rath schon im dreizehnten Jahrhundert die Erwerbung einzelner herrschaftlicher Nutzungen und Rechte wenn auch nur vorübergehend gelang, zeigen urkundliche Notizen. In einem Urkundenverzeichniß, welches hier zu Anfang des vierzehnten Jahrhunderts angelegt wurde[31], ist erwähnt Littera ducis Ottonis antiqua super advocatia consulibus censualiter data. Weil dabei nur an eine Urkunde Otto des Kindes gedacht werden kann, so zeigt diese Notiz, daß schon jener Herzog dem Rathe die Vogtei zinsweise überlassen hat; unter welchen Modificationen, ist leider nicht anzugeben. Gegen Ende des dreizehnten Jahrhunderts verpfändete Herzog Albrecht 1296 dem Rathe der Stadt bereits alle Einkünfte, die ihm aus dem Gerichtswesen oder der Vogtei, aus den Zöllen, der Münze, den beiden Weichbildern Sack und Altewik und aus den hiesigen Mühlen zukamen[32]. Daß der Vogt unter diesen Verhältnissen noch immer ein herzoglicher Beamter blieb, der die Ueberschüsse seiner Amtseinnahmen an die Stadt abliefern mußte, zeigt die-

---

[29] Urkunden und Statuten Nr. 15. §. 9.
[30] Urkunden und Statuten Nr. 2. §. 64.
[31] Jetzt im Besitz des Herrn Registrators Sack in dessen Urkundensammlung, S. 358.
[32] Urkunden und Statuten Nr. 13. §. 1—3.

selbe Urkunde. Mehrere dieser Rechte kamen aber bald wieder an die Herrschaft, namentlich die Münze und der Zoll, wogegen das Recht, im Sack und der Altenwik Schoß zu erheben, dem Stadtrathe blieb[33]).

5. Das Aufstreben der Stadtbehörden im vierzehnten Jahrhundert[1]).

Das Aufstreben der Stadtbehörden zu größerer Selbständigkeit hatte schon im dreizehnten Jahrhundert einigen Erfolg gehabt, wie wir gesehen haben. Dies ermunterte im vierzehnten Jahrhundert zu weiterem Streben. Die 1299 von den Herzögen dem Rath gegebene Freiheit, das Recht der Stadt bessern zu dürfen, wo er könne, wenn daraus der Herrschaft kein Schaden erwachse, verlieh der Stadt die Autonomie zur weiteren Ordnung der inneren Angelegenheiten[2]). Aber auch den Herzögen gegenüber strebte der Rath nach größerer Selbständigkeit, ja endlich selbst nach Unabhängigkeit. Diese konnte er aber nur erreichen, wenn die der Herrschaft zustehenden Rechte allmälig immer mehr beschränkt und endlich durch Pfändung oder Kauf für die Stadt erworben wurden. Erst wenn sie im Besitz der ganzen Gerichtsbarkeit, der Nutzungen aus Zoll, Münze, Mühlenzins, Judenschutz und der aus Sack und Altenwik zu ziehenden Einkünfte war, konnte jenes Ziel als erreicht gelten. Unausgesetzt verfolgten Bürger und Stadtbehörden im vierzehnten Jahrhundert die Erreichung desselben; aber nicht in offenem Kampfe, nicht durch Empörung oder mit roher Gewalt trotzten sie der Herrschaft Rechte ab; sondern wie sie im dreizehnten Jahrhundert langsam und fast unmerklich vorschreiten, so verfolgen sie im vierzehnten Jahrhundert wenn auch rascheren Schrittes doch stets nur bei guter Gelegenheit ihr Ziel und erreichen es in der Hauptsache vor dem Jahre 1374. Begünstigt wurden sie in diesen Bestrebungen durch mancherlei Umstände. In vielfachen Kämpfen hatten Braunschweigs Bürger ihre Kraft kennen ge-

---

33) Sühnebrief von 1299 in Urkunden und Statuten Nr. 15. §. 8 und 16.
1) Dürre, Die Stadtvogtei zu Braunschweig, im Archiv des historischen Vereins für Niedersachsen 1847, S. 182 flg.
2) S. 127.

lernt, durch die Blüthe des Handels und der Gewerbe waren sie zu Wohlhabenheit und Reichthum gelangt, dessen Besitz durch den Anschluß an die Hanse gesichert war. Der aufstrebenden Stadt gegenüber war die Macht der welfischen Fürsten seit dem Anfang des vierzehnten Jahrhunderts entschieden im Sinken. Es ist bekannt, wie die Söhne und Enkel Heinrich des Wunderlichen den diesem zugefallenen Landestheil Grubenhagen durch fortgesetzte Theilungen zersplitterten; ebenso machten es die Nachkommen Albrechts des Fetten mit den auf kurze Zeit vereinigt gewesenen Landen Braunschweig und Göttingen. Im Vergleich zu der Macht Heinrichs des Löwen, ja selbst noch seiner nächsten Nachkommen bis auf Otto das Kind mußten die welfischen Fürsten des vierzehnten Jahrhunderts, welche die einzelnen Landestheile regierten, schon im Allgemeinen ziemlich machtlos erscheinen. Namentlich mußte dies aber in der Stadt Braunschweig der Fall sein, da an den Hoheitsrechten über dieselbe seit 1299 außer dem Landesherrn nun auch die Herzöge der grubenhagenschen und seit 1345 auch die der göttingenschen Linie Antheil hatten. Nicht ohne Einfluß mag auch der Umstand gewesen sein, daß gerade die Beherrscher des Landes Braunschweig ihre Residenz nicht mehr dauernd hier hatten. So waren sie auch nicht mehr im Stande, die Entwickelung des städtischen Wesens gleich ihren Vorfahren zu beachten und zu leiten, sondern wurden namentlich nur durch oft wiederkehrende Geldverlegenheiten oder durch sonstige Noth gezwungen, mit der aufstrebenden Stadt in geschäftlichem Verkehr zu bleiben. Betrachten wir zunächst, wie die Stadt den Vogt in den Befugnissen eines herrschaftlichen Gerichtsbeamten allmälig immer mehr einschränkte.

In Folge des Erbstreites ward das Dominium über die Stadt 1299 ein getheiltes, es stand seitdem den göttingenschen und grubenhagenschen Fürsten gleichmäßig zu. Da jede dieser Linien seitdem hier einen eigenen Vogt hielt, so gab es deren nun zwei[3]). Dadurch ward

---

3) In den Huldebriefen der Fürsten beider Linien (z. B. Herzog Otto des Milden von 1318 in Urkunden und Statuten Nr. 23 und der Söhne Heinrich des Wunderlichen vom Jahre 1323, das. Nr. 25) sagen die Aussteller: We ok in der stad to Brunswich Voget is van unser wegen. Daß nicht an einen gemeinsamen Vogt zu denken ist, zeigt eine Urkunde von 1314 bei Rehtmeier, Chronik 590, wo bestimmt wird, in einem benannten Falle solle Anzeige gemacht werden der Vogede eineme, de van unser (der Fürsten beider Linien) wegene to Brunswick syn. Der Vögte geschieht auch Erwähnung in der Behmgerichtsordnung in Urkunden und Statuten Nr. 21. §. 10 und im Liber proscriptionum I. zum Jahre 1357.

5. Das Aufstreben der Stadtbehörden im vierzehnten Jahrhundert.

das Ansehen der Vögte gemindert, und dem Rathe die weitere Beschränkung ihrer Befugnisse erleichtert, zumal wenn jene bei der Ausübung derselben nicht einig zusammenhielten.

Seit dem Anfange des vierzehnten Jahrhunderts suchte die Stadt immer öfter bei gerichtlichen Verhandlungen mit den herrschaftlichen Vögten zu concurriren, und so deren Wirkungskreis mehr und mehr zu beschränken. Weigerte sich ein Vogt, in einer Sache Recht zu sprechen, so trat der Rath „der drei Städte" Altstadt, Hagen und Neustadt zusammen und ließ durch seinen Worthalter, den vorsitzenden Bürgermeister der Altstadt, entscheiden, was Rechtens sei [4]).

Schon im Anfang des vierzehnten Jahrhunderts gelang es dem Rath, den Vögten die meisten Civilprocesse zu entziehen. Das geschah durch die Einrichtung des oben S. 131 erwähnten Schiedsgerichts, welchem jeder Rechtsstreit unter Bürgern, bei dem es sich nicht um ein Verbrechen handelte, das Verweisung aus der Stadt zur Folge hatte, von dem Rathe zur gütlichen Ausgleichung zugewiesen werden konnte. Durch die Einrichtung dieses Gerichts wurden die Vögte factisch auf die Criminaljurisdiction beschränkt. Aber auch von dieser suchte ihnen der Rath schon früh einen Theil zu entreißen. Schon 1312 gelang ihm dies mit den Klagen über Diebstahl, welche bisher vor die Vögte gehört hatten. Jetzt brachte man sie vor das S. 130 beschriebene Behmeding. In diesem hatten freilich auch die Vögte Sitz und Stimme; aber im Ganzen war dies Gericht doch ein fast rein städtisches Institut. Zunächst entschieden zwei Bürgermeister mit Zuziehung von höchstens zwei angesehenen Bürgern, ob ein solches Gericht vieler vorgekommener Diebstähle halber zu halten sei [5]); der gemeine Rath nimmt an dem Gerichte, welches vor dem alten Petrithore im Peters- [6]), Neustadt- [7]) oder Behmgraben [8]) gehalten wurde, Theil und bestimmt,

---

4) Urkunden und Statuten Nr. 16. §. 45 und Stadtrecht von 1403 I. §. 8.

5) Urkunden und Statuten Nr. 21. §. 2.

6) In fossa St. Petri oder in fossato St. Petri heißt der Gerichtsplatz im Liber judicii Vemeding bei den Notizen zu den Jahren 1314, 1321, 1322, 1326 und öfter.

7) In fossa Novae civitatis, das. zum Jahre 1319.

8) Urkunden und Statuten Nr. 21. §. 7. Seine Lage bezeichnet das Behmedingsbuch zum Jahre 1345: in fossa inter valvas S. Petri et S. Andreae oder 1362: in fossa inter valvas S. Petri et Novae civitatis. Nach den Angaben der Behmgerichtsordnung und des Neustädt. Rechtsbuch I, fol. 16, wo von der Ausbesse-

welche unter den dem Behmschreiber berichteten Klagen vor das Gericht zu bringen seien⁹); den Vorsitz führt der Behmgraf, wahrscheinlich einer der Rathsherren; seine Schöffen sind die zwölf Behmnoten, vier aus der Altstadt, aus jedem anderen Weichbilde zwei¹⁰), neben ihnen haben auch die Vögte und einige Rathsherren Sitz und Stimme im Behmeding¹¹). Im ersten Decennium seiner Existenz richtete dies Gericht stets nur über Diebstähle, wie man aus den im Liber judicii Vemeding verzeichneten in den Jahren vor 1321 erledigten Fällen ersehen kann. Aber dann erweitert es seine Competenz auf dem Gebiete der Criminaljurisdiction allmälig. Seit 1321 citiren die Behmschreiber auch Leute wegen Diebeshehlerei, wegen Fälschung, Betrug, Mord und Gewaltthat¹²). Was das städtische Behmding somit an Befugnissen gewann, mußte natürlich der herrschaftlichen Vogtei verloren gehen. Während diese in früheren Zeiten mit angesehenen Ministerialen der Herzöge besetzt war, ward sie jetzt, wo das Amt immer mehr an Bedeutung verlor, an Bürger¹³) verliehen und diese mögen sich einer Schmälerung der Vogteirechte, die ja der Stadt zu Gute kam, gewiß nicht mit besonderem Nachdruck widersetzt haben.

So hatte die Stadt die wesentlichsten Amtsrechte der Vogtei durch zeitgemäße Einrichtungen allmälig verkümmert. Es blieb nur noch ein Schritt zu thun übrig, sich der herrschaftlichen Gerichtsbarkeit durch die Erwerbung der Vogtei endlich ganz zu entziehen. Auch dies gelang bald. Factisch war ja die Stadt bereits im Besitz fast der gesammten Jurisdiction, dem factischen Zustande mußte nur noch die rechtliche Anerkennung durch die Herzöge verschafft werden. Da die Vogtei für die Herr-

---

rung der Stadtmauer tigen dem vemegraven durch den Rath der Neustadt berichtet wird, ist wahrscheinlich, daß der Behmgraben zwischen den oben genannten Thoren auf der jetzigen Wallpromenade lag.

9) Urkunden und Statuten Nr. 21. §. 7.

10) Vergl. im Liber judicii Vemeding das Register der Bemenoten am Ende des Buches.

11) Urkunden und Statuten Nr. 21. §. 9.

12) Liber judicii Vemeding zu 1321, 1322, 1329, 1334 u. s. w.

13) Als solche kennen wir Oldenborp, unses herren Voghet 1312—1328, Lubemann Osse und Heyne von Polede, ebenfalls noch herzögliche Vögte 1352 und 1356, Hans von Kissenbrügge 1357—1361, Lubemann Muntaries und Konrad Backermann 1362, 1363 und Webbege Abbet 1365 aus dem Liber judic. Vemeding und aus dem Liber proscriptionum zu den genannten Jahren und aus dem Gedenkbuch I, fol. 8. 9.

schaft seit Ende des dreizehnten Jahrhunderts immer mehr an Werth verloren hatte, so entschlossen sich die Herzöge namentlich in Geldverlegenheiten leicht, dieselbe mit der gesammten Jurisdiction und deren Nutzungen der Stadt zum Pfandbesitz zu überlassen. So blieb ihnen wenigstens die Möglichkeit des Wiedererwerbes, zu dem es ihnen freilich im Mittelalter fast immer an Geld fehlte.

Die ersten Schritte zur Erwerbung der Vogtei hatte die Stadt schon im dreizehnten Jahrhundert gethan, wie oben erwähnt ist. Herzog Albrecht behielt sich 1296 bei Verpfändung seines Antheils an der hiesigen Vogtei noch das Recht vor, daß sein Vogt in seinem Namen dem Gerichte vorsitze; aber er mußte schon zugestehen, daß derselbe die Ueberschüsse von den Gerichtsgeldern in die Stadtcasse abliefern solle [14]. Bald nachher kam auch die Vogtei selbst an die Stadt. Den Antheil, welcher seit 1299 den göttingenschen Fürsten an derselben zustand, erwarb sie von Otto dem Milden, welcher zwischen 1318 und 1325 für sich und als Vormund seiner jüngeren Brüder Magnus und Ernst die Vogtei für hundert Mark an den Rath der Altstadt überließ [15]. Nach Ottos Tode bestätigten seine eben genannten Brüder um Pfingsten 1345 jene Verpfändung, behielten sich jedoch das Recht der Einlösung ausdrücklich vor [16]. Als Herzog Magnus der Jüngere jene Verpfändung 1371 noch einmal bestätigte [17], ward aus dem Pfandbesitz allmälig ein factisches Eigenthum, da jenes verpfändete Recht nicht wieder eingelöst wurde. Etwas später kam auch der Antheil, welcher den grubenhagenschen Herzögen an der Vogtei zustand, an die Stadt. Die Söhne Heinrichs des Wunderlichen hatten sich bei mannigfachen anderen Verpfändungen die Vogtei 1325 noch erhalten [18]; erst Herzog Ernst der Aeltere († 1361) verpfändete auch sie, und sein Sohn Albrecht bestätigte dies 1370 am Donnerstag vor Kreuzeserhöhung [19]. Die Folge aller dieser Erwerbungen war die Exemtion der Stadt von der Gerichtsbarkeit der welfischen

---

[14] Urkunden und Statuten Nr. 13. §. 2.

[15] Urkunden und Statuten Nr. 26. S. 34.

[16] Urkunden und Statuten Nr. 32.

[17] Urkunde aus dem Copialbuch I, fol. 30, zuerst gedruckt in Urkunden und Statuten Nr. 49.

[18] Urkundliche Nachricht aus Degeb. der Altstadt II, fol. 29: Domini Consules habent omnia jura .... excepta advocacia ex parte filiorum Ducis Henrici. Zuerst gedruckt in Urkunden und Statuten Nr. 26.

[19] Copialbuch I, fol. 29¹. Zuerst gedruckt in Urkunden und Statuten Nr. 48.

Herzöge[20]). Die Vögte werden nun[21]) zu städtischen Beamten, welche der Rath in Eid und Pflicht nimmt[22]). Als die Stadt somit die Gerichtsbarkeit in ihrem Gebiete vollständig besaß, mußten die Einrichtungen, durch welche man die Vögte früher beschränkt hatte, ihre praktische Bedeutung verlieren. Daß die Wirksamkeit des Schiedsgerichts und des Bemedings seit dieser Zeit ganz aufgehört habe, ist nicht erwiesen. Nach dem 1403 erlassenen Stadtrechte scheinen beide Institute damals noch bestanden zu haben.

In derselben Zeit suchte die Stadt auch andere herrschaftliche Gerechtsame an sich zu bringen, damit die mit jenen verbundenen Nutzungen und Gefälle von den Herzögen oder deren Beamten nicht willkürlich erhöht oder bei dringender Geldnoth an einzelne Bürger überlassen würden, weil diese, um guten Gewinn an dem Pfandgut zu machen, gewöhnlich minder human in der Nutzung solcher Rechte sein mochten als die Stadtbehörden[23]). Auch die nun zu nennenden Erwerbungen geschahen selten auf einmal, sondern meist stückweise; bei passender Gelegenheit kaufte man den berechtigten Linien des Welfenhauses die Rechte ab, zu deren Verpfändung diese eben bereit waren.

Bei dem bedeutenden Handel der Stadt war der hiesige Zoll gewiß eine einträgliche Einnahmequelle. Die Verpfändung derselben auch an Dienstleute und Aftervasallen konnte zu unangenehmen Collisionen adeliger Familien mit der Stadt führen[24]); daher strebte der Rath nach diesem Besitz. Als Herzog Albrecht der Feiste 1296 seinen Antheil am Zoll der Stadt verpfändet hatte, nahm der Zöllner für die grubenhagensche Linie die eine, der Rath für die Stadt die andere Hälfte

---

20) Die Formel: We ok in der stad to Brunswich Voget is van unser wegene kommt daher in den herzoglichen Huldebriefen seit Mitte des vierzehnten Jahrhunderts nicht mehr vor.

21) Im Jahre 1363 überträgt der Rath nachweislich zuerst selbständig die Vogtei dem Bürger Konrad Backermann auf ein Jahr. Gedenkbuch I, fol. 15.

22) Eidbuch im Rechtsbuch Nr. VIII, p. 23 und Nr. IX, fol. 27¹. Vergl. das Gedenkbuch I, fol. 15.

23) Hüllmann, Städtewesen II, 102.

24) Nach dem Lehnbuch Herzog Otto des Milden hatten Einnahmen aus dem hiesigen Zolle Wilhelm von Sambleben und die von Werle (Sudendorf, Urkundenbuch I, 166. 168). Das Lehnbuch der Herzöge Magnus und Ernst (das. II, 40 flg.) nennt als berechtigt zu Einnahmen aus dem hiesigen Zolle Hermann von Brunsrode, Bertram und Heinrich von Werle, die Dörings und die Kirchhofs.

5. Das Aufstreben der Stadtbehörden im vierzehnten Jahrhundert.

der Zollabgaben²⁵). Durch den Sühnevertrag von 1299 scheint Albrecht wieder in den Besitz des Zolls gekommen zu sein²⁶). Aber sein Sohn Otto der Milde erneuerte die Verpfändung seiner Hälfte gegen eine Summe von dreißig Mark, und seine Brüder, die Herzöge Magnus und Ernst, bestätigen dieselbe 1360 den Bürgern Eilard von der Heide und dessen Vetter Böneke, welche nun den halben Zoll vom Herzog zu Lehen trugen²⁷). Den Antheil der grubenhagenschen Fürsten am Zoll und Marktzoll erwarb die Stadt 1428 von Herzog Otto von Grubenhagen, der ihn für sich und als Vormund der Söhne Herzog Erichs der Stadt überließ²⁸). Im Ganzen wandte dieselbe für die Erwerbung dieser Einnahmequelle die Summe von 790 Mark Geldes an²⁹). Die Hälfte, welche den göttingenschen Fürsten am Bierzoll zustand, trugen schon zur Zeit Otto des Milden die Bürger Heinrich Kirchhof, Ludolf und Elias Salghe von diesem zu Lehen³⁰). Dieselben Familien waren auch unter den Herzögen Magnus und Ernst Lehnsbesitzer des halben Bierzolls hieselbst³¹).

Nach Erwerbung des Münzrechts strebte die Stadt theils wegen des Schlagschatzes, der dem Münzherrn zukam, theils auch um der Willkür und den Münzfälschungen der herrschaftlichen Münzmeister zu entgehen³²). Den göttingenschen Antheil an den Einkünften aus dem Münzwesen verpfändete zuerst Herzog Albrecht der Feiste 1296 der Stadt³³) wie es scheint nur auf kurze Zeit. Im Sühnevertrag von 1299 behält er sich die Münze wieder vor, aus welcher schon damals auch einzelne Bürger Einnahmen zu ziehen berechtigt waren³⁴). Sein Sohn

---

25) Degeb. der Neustadt I, fol. 8. c. 1300: Ein Fuder Bier kostet zwei Schillinge Zoll, dere wert 1 sol, dem Rade, de andere dem tolnere.

26) Urkunden und Statuten Nr. 15. §. 8.

27) Urkunde im Copialbuch des Herzogs Magnus fol. 66¹, gedruckt in Rehtmeier, Chronik 634 und Braunschw. hist. Händeln I, 114. Vergl. das Lehnbuch der Herzöge Magnus und Ernst bei Sudendorf II, 48.

28) Urkunde vom Jahre 1428 im Copialbuch I, fol. 16.

29) Notiz in der Hemelik rekenscop, S. 100.

30) Sudendorf, Urkundenbuch I, 175.

31) Sudendorf, das. II, 49. 52.

32) Hüllmann, Städtewesen III, 73 flg.

33) Urkunden und Statuten Nr. 13. §. 1.

34) Urkunden und Statuten Nr. 13, Einleitung. Wie die Verpfändungen der Einkünfte aus der Münze allmälig immer weiter gingen, zeigen die Lehnbücher Otto des Milden und seiner Brüder Magnus und Ernst bei Sudendorf.

Magnus der Aeltere verpfändete seinen Antheil an der Münze seit 1345 öfter stets auf mehrere Jahre und 1369 auf unbestimmte Zeit [35]). Die erste Verpfändung von Seiten der grubenhagenschen Fürsten geschah 1370 [36]), und eine völlige Ueberlassung dieses wichtigen Rechts von Seiten aller berechtigten Herzöge kam 1412 zu Stande [37]).

In den hiesigen Mühlen, welche herrschaftlich waren [38]), hatte ein herzoglicher Beamter (nuncius noster) eine Abgabe zu erheben; Anfangs bestand sie in einem Antheil an dem dort zu mahlenden Korne [39]), später scheint man statt dessen Geld gezahlt zu haben, für den Scheffel einen Pfennig [40]). Die so sich ergebenden Einnahmen aus den Mühlen verpfändete Albrecht der Fette 1296 zu seinem Antheil an die Stadt; die grubenhagensche Hälfte des Mühlenzinses erwarb dieselbe 1370 und in den folgenden Jahren [41]).

Die seit 1296 hier vorkommenden Juden hatten für den ihnen gewährten Schutz an die Herzöge ein Schutzgeld zu zahlen, wie eine Urkunde des Herzogs Magnus [42]) zeigt. Auch diese Einnahmequelle ward wenigstens zum Theil an die Stadt oder einzelne Bürger derselben überlassen. Den grubenhagenschen Antheil an den Judenschutzgeldern erhielt die Stadt 1370 zum Pfandbesitz [43]). Andererseits überließ Herzog Otto der Milde für ein Darlehen von funfzig Mark 1320 am 22. December an die Bürger David Kronesben und Hildebrand Elers fünf Mark jährlicher Rente aus den Abgaben, welche die hiesigen Juden zu zahlen hatten [44]). Nach dem Lehnbuch der Herzöge Magnus und Ernst

---

35) Nach den im Copialbuch des Herzogs Magnus fol. 16¹, 34¹, 45, 67, 78¹ stehenden Urkundenabschriften geschah dies zuerst 1345 am Sonntag vor Bonifacius auf drei Jahre, gedruckt in Urkunden und Statuten Nr. 34, 1348 auf fünf Jahre, das. Nr. 36; 1357 auf drei Jahre, das. Nr. 40; 1860 auf drei Jahre das. Nr. 43; 1369 auf unbestimmte Zeit, das. Nr. 47.

36) Urkunden und Statuten Nr. 48.

37) Urkunden im Copialbuch I, fol. 26—29, gedruckt in Urkunden und Statuten.

38) Urkunde von 1269 in Orig. Guelf. IV, praef. 18 flg.

39) Quidquid brazii nobis derivari poterit de molendinis nostris omnibus in Bruneswich heißt es in Herzog Albrechts Urkunde von 1296. §. 3, in Urkunden und Statuten Nr. 13.

40) Urkunde von 1386 bei Rehtmeier, Chronik 668.

41) Urkunde von 1370 in Urkunden und Statuten Nr. 48 und S. 184 dieses Werkes.

42) Urkunde von 1345 in Urkunden und Statuten Nr. 33.

43) Urkunde Herzog Albrechts 1370 in Urkunden und Statuten Nr. 48. §. 4.

44) Sudendorf, Urkundenbuch I, 195.

5. Das Aufstreben der Stadtbehörden im vierzehnten Jahrhundert. 293

waren um 1350 Antheile an den Aufkünften von den Juden verpfändet an die Familien Holtnicker und Elers[45]).

Endlich erreichte die Stadt im vierzehnten Jahrhundert noch die Aufnahme der Altenwik und des Sackes in den städtischen Verband. Diese beiden Stadttheile, noch 1296 von Herzog Albrecht dem Fetten *distincta nostra oppida* genannt, hatten zwar schon im dreizehnten Jahrhundert das Weichbildsrecht und ihren eigenen Rath; aber sie hatten außer dem Worthzins an das Benedictinerkloster resp. an's Blasiusstift noch Schoß und Beden an die Herrschaft zu zahlen (S. 278). Alle Einnahmen aus ihnen, soweit sie der göttingenschen Linie zukamen, verpfändete zuerst Herzog Albrecht der Fette 1296 an die Stadt[46]), 1299 gab auch Heinrich der Wunderliche dem Rath die Befugniß, in diesen beiden Weichbildern den Schoß zu erheben[47]). Albrechts Söhne Otto, Magnus und Ernst überließen ihre Ansprüche auf solche Einnahmen nebst allen Anrechten an jene Weichbilder um 1325 der Stadt für 590 Mark[48]) und die beiden letzteren Fürsten bestätigen dies nochmals 1345[49]), ebenso Magnus der Jüngere 1371 für einen Nachschuß von dreihundert Mark[50]). Die Anrechte der grubenhagenschen Herzöge an jenen Weichbildern erwarb die Stadt 1325 von den Söhnen Heinrichs des Wunderlichen für 450 Mark[51]), dessen Enkel, Herzog Albrecht, obige Verpfändung seines Vaters und seiner Oheime 1370 bestätigte[52]). Daß Altewik und Sack bald nach dem Anfang des vierzehnten Jahrhunderts mit in den städtischen Verband gezogen waren, lassen mehrere Anzeichen annehmen. Das „liber judicii Vemeding totius civitatis" zeigt, daß dies Gericht auch für jene Weichbilder bestimmt war, deren Rath nach den Angaben zu 1319 und 1329 dort Recht suchte. An der Uebereinkunft, das städtische Schiedsgericht einzusetzen, nehmen die Räthe dieser Weichbilder um 1320 bereits Theil[53]). Am 29. Januar 1325

---

45) Sudendorf, Urkundenbuch II, 49. 58.
46) Quidquid de distinctis nostris oppidis, Sacco et Veteri vico poterit derivari, omnia tollent (Consules). Urkunden und Statuten Nr. 13. §. 1.
47) Urkunden und Statuten Nr. 15. §. 16.
48) Urkunden und Statuten Nr. 26.
49) Urkunden und Statuten Nr. 32.
50) Urkunden und Statuten Nr. 49.
51) Urkunden und Statuten Nr. 26.
52) Urkunden und Statuten Nr. 48.
53) Urkunden und Statuten Nr. 24. §. 1.

finden wir in der universitas Consulum zum ersten Male auch die Rathsherren der Altenwik und des Sackes⁵⁴). Freilich fehlen bei einer Verhandlung des gemeinen Raths im Jahre 1327 die Räthe dieser beiden Weichbilder wieder⁵⁵).

Wie die Stadt für die Erwerbung der genannten herrschaftlichen Gerechtsame Geld aufzuwenden nicht zögerte, so pflegte sie für die Sicherstellung des Erworbenen und zur Befestigung der Rechte, die nicht mit Geldnutzungen verbunden waren, den Zeitpunkt zu benutzen, wo ein neuer Herzog die Regierung antrat und von der Stadt die Huldigung empfing. Erst wenn der Herzog in Gegenwart seiner Räthe gelobt hatte, alle von seinen Vorgängern und Vorfahren der Stadt gegebenen Zusagen treulich und vollständig halten und etwaiger Irrungen nicht gedenken zu wollen, erst wenn er den üblichen Huldebrief⁵⁶) hatte ausstellen lassen, in welchem auch die der Stadt etwa neu bewilligten Gnaden und Freiheiten mit aufgenommen wurden, dann erst schwur der Rath, „dem Herzog und seinen Erben so treu und hold sein zu wollen, wie es ein Bürger seinem Herrn nach Recht sein solle, und ihm behülflich zu sein, die Stadt zu Gute zu halten." Denselben Eid leistete sodann auch die auf dem Markte versammelte Bürgerschaft (S. 141).

Wie man sich bei solchen Gelegenheiten immer weiter gehende Zusagen von der Herrschaft geben ließ, zeigt eine Betrachtung der Huldebriefe und Huldigungsnotizen. Als die Bürger 1279 den Söhnen Herzog Albrechts des Großen huldigten, schwuren sie, ihnen unterthänig und treu zu sein, so lange sie von den fürstlichen Brüdern „gut behandelt würden." Dabei stellten sie gleich die Bedingung: Wenn die Brüder das Land dereinst theilten, so wollten sie nur dem unterthan sein, dem Braunschweig zufiele, so lange er sie gut behandle (S. 110). Daß Herzog Otto der Milde bei seiner Huldigung 1318 schon manche neuen Rechte und Freiheiten bewilligen mußte, haben wir aus dessen Huldebrief schon oben (S. 133) erwiesen. Dasselbe geschah durch die Söhne Herzog Heinrich des Wunderlichen, als sie 1323 die Huldigung empfingen (S. 136). In dem Huldebriefe, welchen die Herzöge Magnus und Ernst 1345 ausstellten, wurden auch die Bewohner des Sacks als freie

---

54) Urkunde im Ordin. S. Blasii fol. 61. R. 42.
55) Degeb. der Neustadt II, zum Jahre 1327.
56) Die bei solchen Gelegenheiten ausgestellten Huldebriefe sind mitgetheilt in den Urkunden und Statuten der Stadt Braunschweig.

anerkannt (S. 141). Eine damals geschriebene Notiz zeigt, daß die Stadt den Herzögen das Zugeständniß abzubingen sich vornahm, sie sollten keine Fehde beginnen ohne Wissen und ohne den Rath der Stadtbehörden, sollten die aus der Stadt Verfesteten in ihren Schlössern nicht hegen, sondern dem Rath erlauben, solche Verwiesene durch ihre Schlösser und Gerichte zu führen [57]. Dennoch ward ihnen die erste und letzte der Forderungen nie bewilligt, die zweite erlangten sie erst 1400. Die 1361 und 1367 ausgestellten Huldebriefe [58] enthalten kein neues Zugeständniß, wohl aber die von Herzog Magnus II. der Stadt 1367 und 1371 ertheilten Privilegien [59].

Bei einem so unausgesetzten und erfolgreichen Streben der Stadtbehörden, „ihr Recht zu bessern", kann es uns nicht wundern, schon vor 1374 Zeichen jener trotzigen Unabhängigkeit zu finden, welche später noch offener hervortritt in dem Streben, sich von den welfischen Fürsten loszumachen und Braunschweig als Reichsstadt an Kaiser und Reich zu bringen. Man lese nur die kecken Auslegungen am Ende der Huldigungsordnung [60]. „Wenn die Herren Recht und Gewohnheit brechen und die Stadt nicht bei Gnaden lassen, so sind die Bürger von Rechts wegen nicht verbunden, den Huldigungseid zu halten. Thut die Herrschaft dem Rathe und den Bürgern Gutes und vertheidigt sie die Stadt in ihrem Rechte, so dankt man ihnen das billiglich; thut sie das nicht, so ist die Stadt nicht pflichtig, sie in ihren Nöthen zu unterstützen; denn, so schließt die Ordnung, durch Gottes Güte ist Braunschweig eine freie Stadt. Das sollen unsere Nachkommen wissen!"

6. Die weitere Ausbildung der Stadtverfassung im Mittelalter.

Schon im dreizehnten Jahrhundert hatte sich eine Anzahl von Familien, ausgezeichnet durch Reichthum und Güterbesitz, sowie durch öftere Bekleidung von Rathsherrnstellen, von der Gemeinde der übrigen Bür-

---

[57] Urkunden und Statuten Nr. 31.
[58] Urkunden und Statuten Nr. 44 und 45.
[59] Urkunden und Statuten Nr. 46 und 50.
[60] Urkunden und Statuten Nr. 30. §. 9.

ger allmälig abgeschlossen und einen höheren Stand rathsherrlicher Geschlechter gebildet (S. 114 und 272). Sie führten das Stadtregiment bis 1293 unangefochten. Damals zuerst traten ihnen Gilden und Gemeinde entgegen, verbündet in der Absicht, „daß Jedermann von nun an mehr zu seinem Rechte komme" (S. 115). In welcher Hinsicht diesen Ständen der Bürgerschaft ihr Recht verkümmert war oder beeinträchtigt zu sein schien, wird nicht gesagt; doch zeigt ihr weiteres Benehmen, namentlich ihr Streben nach Theilnahme am Stadtregiment, daß ihre bisherige politische Berechtigung ihnen nicht genügte. Obgleich die Gemeinde von jener Verbindung bald zurücktrat und sich dem Rathe wieder anschloß, so räumte dieser doch den Gilden am 5. August 1293 eine gewisse Theilnahme an der Stadtregierung ein (S. 117 flg.). Aber dies gemischte Regiment, aus Rath und Gildemeistern zusammengesetzt, trennte sich bald nach Pfingsten 1294 wieder. Herzog Albrechts Einschreiten stellte nun die aristokratische Rathsverfassung her, die Gilden wurden von dem Stadtregimente wieder ausgeschlossen und durch Hinrichtung mehrerer Führer derselben die Lust zu neuen Aufständen unterdrückt, wie dies oben S. 119 flg. erzählt ist.

Seitdem bestand wieder aristokratische Geschlechterherrschaft und blieb bis 1374 unangefochten. Von der Abgeschlossenheit dieser bevorrechteten Familien ist S. 152 flg. die Rede gewesen; wie der aus ihnen besetzte Rath fast zur Selbständigkeit der Herrschaft gegenüber gelangte, ist im vorigen Abschnitt dargestellt. Zur inneren Geschichte der Rathsverfassung bis 1386 geben die Quellen wenigstens einige interessante Beiträge.

Die mit der Einwohnerzahl und Bedeutung der Stadt sich mehrenden Geschäfte des Raths mögen der Grund gewesen sein, welcher eine Vermehrung der Zahl der Rathsherren in mehreren Weichbildern nöthig machte. 1269 regierten ihrer zehn in der Altstadt, sechs im Hagen, vier in der Neustadt[1]). In der Altstadt findet sich 1298 noch dieselbe Zahl[2]), seit 1304 regieren dort meistens zwölf Rathsherren[3]), wenn zuweilen nur elf genannt werden[4]), so ist das wohl durch das Ausbleiben eines derselben genügend zu erklären. Im Hagen regierten schon

---

1) Urkunden und Statuten Nr. 8. §. 4.
2) Urkunde in Rehtmeier, Kirchenhistorie II, Beilage S. 191.
3) Degeb. der Altstadt I, 3. 4. 304.
4) So z. B. 1301, 1307, aber auch 1343 und 1392 in den Degedingsbüchern der Altstadt I, 2. 4. 287 und III, zum Jahre 1392.

6. Die weitere Ausbildung der Stadtverfassung im Mittelalter.

1304 acht Rathsherren⁵), dieselbe Zahl blieb vor wie nach der Schicht von 1374. Der Neustadt standen 1310 noch vier Rathsherren vor, seit 1312 jährlich fünf, seit 1322 sechs. In den Jahren nach dem Aufstande bis 1417 schwankt die Zahl der jährlichen Rathsherren dort zwischen sechs und acht, seit dem Jahre 1418 stehen wieder stets nur sechs an der Spitze dieses Weichbildes, wie die Degedingsbücher darthun. In der Altenwik, wo 1240 drei Rathsherren und ein Bürgermeister gewesen zu sein scheinen⁶), fehlt es bis jetzt leider an jedem Zeugniß über die Zahl der dortigen Rathmannen im vierzehnten Jahrhundert; die drei in einer Urkunde von 1374⁷) genannten werden schwerlich das ganze Collegium gebildet haben. Nach 1400 bestand dasselbe dort aus fünf Rathsleuten. Im Sack endlich ist seit 1299 die Zahl der vier Rathsherren stets dieselbe geblieben.

Die Einrichtung, bei der jährlichen Erneuerung des Rathes einen Theil der alten Rathsherren in das Collegium für das folgende Jahr mit hinüberzunehmen, bestand seit 1269 bis 1385 fort, wie aus den Rathsverzeichnissen erhellt. Aber eine Aenderung scheint im vierzehnten Jahrhundert insofern eingetreten zu sein, daß Rathsherrnwahlen nicht mehr jährlich, sondern nur alle zwei Jahre gehalten wurden. Der abtretende Rath⁸) bestimmte, wer von den für die zweijährige Rathsperiode Gewählten im ersten Jahre des Turnus regieren sollte; der Rest der Gewählten mit den nach Ablauf des ersten Jahres zum Uebertritt in den folgenden Rath Erkorenen regierten im zweiten Jahre des Turnus. Demnach scheinen für die zweijährige Rathsperiode in der Altstadt zwanzig Rathmannen gewählt zu sein; im ersten Jahre regierten zwölf, im zweiten die acht übrigen mit vier zum Uebertritt Erkorenen⁹). Im Hagen wurden vierzehn gewählt, obwohl jährlich acht Rathsherren regierten; denn zwei traten in's zweite Turnusjahr hinüber. In der Neustadt wählte man zehn Rathsherren auf zwei Jahre; im ersten regierten sechs, im zweiten vier mit den zwei Uebertretenden. Nur wenn diese Einrichtung bestand, sieht man den Grund ein, warum die um die Mitte des vierzehnten Jahrhunderts geschriebene Eidsamm-

---

5) Degeb. des Hagens I, 1.
6) Urkunden und Statuten Nr. 4.
7) Originalurkunde des Stadtarchivs Nr. 258.
8) Urkunden und Statuten Nr. 53. §. 109.
9) Urkunden und Statuten Nr. 41. §. 1.

lung¹⁰) und ein 1360 erlassenes Gesetz¹¹) zwischen den Herren des sitzenden Rathes und den Rathsgeschworenen unterscheidet; jene führen die Regierung, diese bilden ihren Beirath, wenn sie dazu entboten werden. Wer sich nach seiner Wahl in das Collegium der Bestimmung des abgehenden Raths darüber, ob er zu dem zunächst regierenden Rathe oder zu den Rathsgeschworenen gehören sollte, nicht fügte, der ward verfestet und mußte die Stadt auf ein Jahr verlassen¹²).

Bei dem Antritt ihres Amtes hatten die regierenden Rathsherren zu schwören, sie wollten der Stadt vorstehen nach ihren fünf Sinnen so gut als möglich, „der Herrschaft zur Ehre und der Stadt zu Nutz und Frommen." Sie versprachen ferner, die Einigkeit in der Stadt zu erhalten, Armbrüste nicht zu entfernen, für das Bürgerrecht mindestens einen Verding zu nehmen, auf Beobachtung der Verordnungen über Dobbelspiel und Hochzeiten zu halten und nicht zu leiden, daß Grundstücke von den Pflichten gegen die Stadt befreit werden¹³).

Der Rath jedes Jahres wählte sich einen Vorsitzenden, „der des Rathes Wort führen soll". Dieser erkor sich einen Beistand, beide besetzten dann die dem betreffenden Rathe obliegenden Aemter aus den regierenden Rathsherren nach bester Einsicht. Wer die auf ihn fallende Wahl nicht annehmen will, bezahlte eine hohe Geldstrafe, in der Altstadt hundert Mark¹⁴).

Der oben S. 158 flg. erzählte blutige Aufstand von 1374 stürzte das aristokratische Regiment in der ganzen Stadt mit Ausnahme der Altenwik, aber nur für kurze Zeit. Schon 1376 standen wieder Männer aus den Geschlechtern an der Spitze der Rathscollegien. Diese mögen einer weniger exclusiven aristokratischen Richtung angehört haben, die auch den Gilden und der Gemeinde Antheil am Regiment gönnte. In finanziellen Angelegenheiten sehen wir diesen Rath bereits die Zustimmung der Gildemeister öfters einholen. Obwohl das alte Rathsregi-

---

10) Urkunden und Statuten Nr. 42. §. 1. 2.
11) Urkunden und Statuten Nr. 53. §. 109.
12) Daß auch aus einer Rathsperiode die angegebenen Zahlen von Rathsherren in die folgende übergingen, zeigen die Rathsregister und die Urkunde von 1360 in Urkunden und Statuten Nr. 41. §. 1.
13) Urkunden und Statuten Nr. 42. §. 1.
14) Rathsordnung der Altstadt von 1360 in Urkunden und Statuten Nr. 41. §. 2—4.

6. Die weitere Ausbildung der Stadtverfassung im Mittelalter. 299

ment 1380 durch die Hansestädte förmlich wieder hergestellt ward, so wurden doch seitdem die Gildemeister und Vertreter der Gemeinde zur Erledigung wichtiger Angelegenheiten vom Rathe öfters zugezogen (S. 169). Ja ganz aus freiem Antriebe, so scheint es, that dieser am Ende des Jahres 1385 einen entscheidenden Schritt, um die aufstrebenden Elemente der Bürgerschaft auf die Dauer zu befriedigen und so die Ursachen innerer Zerrüttungen ganz hinwegzuräumen. So erfolgte 1386 eine wesentliche Aenderung der Rathsverfassung [15]). Diese, bisher rein aristokratisch, erhielt jetzt jenen Zusatz demokratischer Elemente, welchen die Musterverfassungen aller Zeiten hatten. Daraus erklärt sich denn auch ihr Fortbestehen bis über das Ende des Mittelalters hinaus.

Zunächst müssen die bisher rathsfähigen Geschlechter 1386 ihre bevorrechtete Stellung ganz aufgegeben haben. Mit Aufopferung ihrer gehässigen Abgeschlossenheit traten sie je nach ihrer Beschäftigung oder Neigung in eine der bestehenden vierzehn Gilden oder in die Gemeinde ein, um fortan nicht mehr als privilegirte Familien, sondern als hervorragende Genossen dieser volksthümlichen Corporationen am Regimente der Stadt Theil zu nehmen. Nur wenn man dies annimmt, was freilich direct keine Quelle meldet, so begreift man die sonst unerklärliche Einrichtung, daß der Rath seit 1386 nur aus Vertretern der Gilden und der Gemeinde gebildet wird, während von den Geschlechtern nirgends die Rede ist [16]). Die Grundzüge der neuen Rathsverfassung sind nach dem 1408 geschriebenen „Ordinarius des Rathes" [17]) folgende.

Während der Rath Anfangs jährlich, dann immer auf zwei Jahre gewählt wurde, wählte man ihn seit 1386 [18]) stets auf eine dreijährige Rathsperiode, „man setzte einen dreifaltigen Rath ein" und erkor für jene drei Jahre im Ganzen für alle fünf Weichbilder 105 Rathsherren. Von ihnen bildeten 36 den dreifaltigen Rath der Altstadt, 24 den im Hagen, 18 den in der Neustadt, 15 den in der Altenwik und 12 den im Sacke. In jedem der drei Jahre war ein Drittheil

---

15) Ordinar. 148.
16) Ordinar. 148.
17) Gedruckt in Leibnitz, S. R. Br. III, 446 und in Urkunden und Statuten.
18) Diese Weise, den dreifaltigen Rath einzusetzen, bestand 1410 am Montag nach den heiligen drei Königen 24 Jahre, ist also eingeführt zu Ende 1385 oder zu Anfang 1386. Ordinar. 148.

jener Männer regierende Rathsherren, die beiden anderen Drittheile heißen die Zugeschworenen. Jeder der 105 Erwählten war also während seiner Rathsperiode ein Jahr regierender Rathsherr und zwei Jahre lang Zugeschworener [19]). In den Rath wurden seit 1386 nur gewählt Vertreter der Gilden und der Gemeinde. In der Altstadt wurden die für drei Jahre nöthigen 36 Rathmänner genommen: neun aus der Gemeinde, sechs aus den Wandschneidern, sechs aus den Wechslern, drei aus den Gerbern, drei aus den Schuhmachern, drei aus den Knochenhauern; aus Krämern, Goldschmieden und Bäckern je zwei und einer aus den Schneidern [20]). Zu Anfang des funfzehnten Jahrhunderts trat dort die unwesentliche Aenderung ein, daß aus der Gemeinde zehn, aus den Knochenhauern und Bäckern nur je ein Rathsherr gewählt und daß auch der Schmiedegilde ein Rathsherr zugestanden ward [21]). Im Hagen wurde das dreijährige Rathscollegium gebildet durch sechs Vertreter der Gemeinde, elf Wandschneider und Lakenmacher, drei Knochenhauer und durch je einen Vertreter der Schmiede, Bäcker, Schneider und Kürschner. In der Neustadt bildeten den dreifaltigen Rath drei Männer aus der Gemeinde, sechs Wandschneider und Lakenmacher, sechs Beckenschläger und drei Knochenhauer. In der Altenwik finden wir neben fünf Vertretern der Gemeinde noch drei Lakenmacher, zwei Schuhmacher und Gerber, zwei Knochenhauer; von den Schmieden, Bäckern und Schneidern je einen. Im Sack endlich ist der dreifaltige Rath zusammengesetzt aus drei Knochenhauern, drei Schuhmachern, zwei Kürschnern, einem Schmied, einem Bäcker und zwei Männern aus der Gemeinde [22]). Wie die den Gilden und der Gemeinde zukommende Zahl von Rathsherren erwählt ward, ist nicht völlig klar. Namentlich ob die Rathsherren für die Gemeinde von dieser erwählt, oder von dem alten Rathe aus ihr erkoren wurden, wird nicht gesagt, doch ist Letzteres wahrscheinlicher. Die Gilden dagegen präsentirten am Schluß einer Rathsperiode dem abgehenden Rathe ein Verzeichniß

---

19) Ordinar. 1.

20) Ordinar. 148. Da die Summe 37 ist, so mag der Vertreter der Schneidergilde erst zwischen 1386 und 1410 hinzugefügt sein.

21) So war es 1413 nach der Sack'schen Manuscriptensammlung, den Rath betreffend.

22) Diese Angaben stehen im Ordinar. nicht, sie sind dem Sack'schen Manuscript, den Rath betreffend, entnommen.

6. Die weitere Ausbildung der Stadtverfassung im Mittelalter. 301

„ehrlicher frommer Leute" aus ihrer Mitte, dieser wählte dann zwischen Weihnachten und Neujahr diejenigen 105 Personen für die kommende Rathsperiode aus, die ihm „dazu nützlich und bequem" zu sein schienen [23]).

Da in jedem Jahre nur ein Drittel der Gesammtzahl regierte, in der Altstadt zwölf, im Hagen acht, in der Neustadt sechs, in der Altenwik fünf und im Sacke vier, welche den regierenden oder sitzenden Rath bildeten, während die übrigen zwei Drittel so lange Zugeschworene hießen, bis sie selbst zur Regierung kamen, so mußte zunächst bestimmt werden, in welcher Ordnung die Gewählten regieren sollten. Den regierenden Rath des ersten Jahres erkor nach vorheriger Besprechung mit den Rathsältesten der abtretende Rath aus allen Neuerwählten in den ersten Tagen nach Neujahr [24]). Der so eingesetzte regierende Rath wählte dann nach Ablauf seines Amtsjahres aus den Rathsgeschworenen die Hälfte aus, welche im zweiten Jahre der Periode regieren sollte; die Uebrigbleibenden waren der regierende Rath des dritten Jahres [25]). Wer sich solchen Bestimmungen nicht fügen wollte, den traf eine Strafe von hundert Mark [26]). Am Montag nach dem Dreikönigstage gingen die abtretenden Räthe des verflossenen Jahres nach dem Neustadtrathhause zur Besprechung über die Erneuerung des Rathes. Dort legte jeder Weichbildsrath den vier übrigen Weichbildsräthen die Liste der von ihm zur Regierung erkorenen Rathsherren vor, trat dann ab, damit die Uebrigen sich besprechen könnten. Erhoben diese gegründete Bedenken gegen einen Erwählten, so einigte man sich durch gütliche Besprechung oder durch Abstimmung [27]). War eine Einigung erreicht, so ging jeder Rath nach dem Rathhause seines Weichbildes. Wenn die durch Glockengeläute entbotene Bürgerschaft [28]) sich dort versammelt hatte, ließ der Bürgermeister des vorigen Jahres die für das neue Jahr bestimmten Rathsherren durch den Rathsschreiber öffentlich verkündigen [29]).

Am Montag Nachmittag trat der neue Rath sein Amt an. Glocken-

---

23) Ordinar. 1 und 148. §. 3.
24) Ordinar. 148. §. 4.
25) Ordinar. 148. §. 4 und 1. §. 1.
26) Ordinar. 6. Note.
27) Ordinar. 2.
28) Im Sacke, wo keine Kirche lag, wurden die Bürger durch den Rathsboten vor das Rathhaus geladen. Ordinar. 3.
29) Ordinar. 3.

geläut berief ihn sammt dem alten Rath nach dem Weichbildsrathhause; dort saßen sie zusammen auf des Rathes Bank, Wein oder Bier wurde geschenkt und dem neuen Rath die Schlüssel zu den Thoren, den Rathhäusern und anderen Rathsgebäuden, sammt den Kleinodien, Büchern und Briefschaften überantwortet. Dann zog jeder Weichbildsrath nach dem Neustadtrathhause, der alte Rath voran, der neue hinterdrein [30]). Dort wurden die fünf neuen Weichbildsräthe beeidigt. Wenn der Rathsschreiber den zu schwörenden Eid vorgelesen, so nahm der abtretende Bürgermeister jedes Weichbildes dem neuen Rathscollegium den Eid ab [31]). Wenn es die Zeit erlaubte, so begab sich dann jeder Rath nach seinem Rathhause, erwählte dort die Bürgermeister und vertheilte unter sich die Beaufsichtigung der Stadtthore. Der Bürgermeister, die den Vorsitz in den Rathsversammlungen führten, hatte Neustadt, Altewik und Sack je einen, Altstadt und Hagen dagegen zwei. Bei Versammlungen des gesammten Raths aller Weichbilder führte der erste Bürgermeister der Altstadt den Vorsitz; war er abwesend, so that es der zweite [32]). Zu Bürgermeistern pflegte man die Rathsherren zu wählen, die am längsten im Rathe gewesen waren [33]). Die Oberaufsicht über seine Stadtthore sammt deren Schlüsseln überwies jeder Weichbildsrath an bestimmte Rathsherren. In der Altstadt, wo die beiden Bürgermeister und der buchführende Kämmerer von dieser Pflicht befreit waren, war je drei Rathsherren, im Hagen je zweien ein Weichbildsthor überwiesen [34]).

Wenn die Zeit am Montage fehlte, so besetzte jeder Rath bei seiner nächsten Zusammenkunft die höheren Aemter seines Weichbilds mit den Rathsherren, von denen jeder demnach ein Jahr hindurch eins, oft auch mehrere bekleidete [35]). Wer ein Amt ablehnte, zu dem der Rath berief, ward mit hundert Mark gebüßt [36]). Zunächst ernannte der Rath

---

30) Ordinar. 4.
31) Ordinar. 5.
32) Ordinar. 6.
33) Telomonius Ornatomont. bei Leibnitz, S. R. Br. II, 91 sagt: Summa tamen regiminis apud magistros civium est, qui ex ordine in magistratu juxta senium creantur.
34) Ordinar. 7. 31.
35) Auch Rathsgeschworene wurden zu den minder wichtigen Aemtern herangezogen. Ordinar. 15.
36) Ordinar. 7.

aus seiner Mitte die Kämmerer, in der Altstadt zwei, in den übrigen Weichbildern je einen, zur Führung der Weichbildsrechnung [87]); ferner die Weinherren, welche nur in der Altstadt, im Hagen und der Neustadt vorkommen. Diese besorgen den Einkauf und die Herbeischaffung des Weines, welchen der Rath verkaufen lassen will, verwahren denselben, besorgen dessen weitere Behandlung und Verkauf und legen dem Rath davon Rechnung ab. Gemeinsam bestimmen sie ferner den Preis der Weine, welche Bürger oder Fremde hier verkaufen wollen, und beeidigen deren Verkäufer [38]). Dann ernannte der Rath jedes Weichbildes zwei Richteherren. Diese standen den beiden Vögten, deren einer in der Altstadt, einer im Hagen Gericht hielt, von Raths wegen zur Seite und sahen danach, daß Jedem nach der Stadt Recht und Gewohnheit Recht gesprochen wurde. Sie gaben Vollmacht zur Execution gerichtlicher Urtheile; erschienen ihnen solche unrecht oder auch nur bedenklich, so theilen sie dieselben dem Rathe mit, falls nicht der Betheiligte an den Rath appellirt. Solche Appellationen sollen sie zu verhüten suchen, wenn der Fall vor Gericht oder durch Vergleich beendet werden kann. Sie notiren die vorkommender Eigenthumsübertragungen wegen des von dem Eigenthümer zu zahlenden Schosses, machen eventuell bei Käufen das Näherrecht des Rathes geltend und beaufsichtigen die Sendgerichte der Officiale und das Treiben der Sendwroger [39]). Der Rath in jedem Weichbilde wählte ferner eine Baucommission, welche bei Neubauten darauf zu achten hatte, daß nichts von der Straße zum Hause gezogen und daß Schaufenster nicht zu weit herausgerückt wurden [40]); sodann die Aufseher über den Mauergraben und über die Landwehren [41]), endlich einen Einnehmer der Gelder, welche für das Bürgerrecht zu zahlen waren [42]). In der Altstadt wurden außerdem noch bestellt zwei Müsemeister zur Beaufsichtigung der städtischen Rüstkammern im Martinithurme, im Rathhause und auf den Thorthürmen [43]); ein Zeichen- oder Aichmeister, welcher richtig befundenen Gemäßen

---

37) Ordinar. 8. 31. 32.
38) Ordinar. 9. Vergl. das Eidbuch der Altstadt, p. 12. 13.
39) Ordinar. 10. 34.
40) Ordinar. 11.
41) Ordinar. 13. 15.
42) Ordinar. 16.
43) Ordinar. 12.

auf dem an der Martinikirche belegenen „lickhuse" das gesetzliche Zeichen geben ließ[44]), und einer der alle vier Wochen in die Rathsküche der Neustadt ging, um die Zahlung der Accise zu beaufsichtigen, welche die Schenkwirthe dort zu entrichten hatten[45]).

Waren alle Aemter besetzt, so überantwortete der Rath in der Altstadt einem Rathsherrn den Schlüssel zum großen Stadtsiegel, einen zweiten Schlüssel zu demselben erhielt ein Rathsherr der Neustadt; nur in Gegenwart beider durften Urkunden mit demselben besiegelt werden[46]). Zwei Rathsherren der Altstadt, und wahrscheinlich zweien aus Hagen und Neustadt wurden die Schlüssel zu den Kisten und Behältnissen auf drei Jahre anvertraut, in welchen die Urkunden der Stadt lagen. Zu jeder gehörten mehrere Schlüssel, welche in verschiedene jener drei Weichbilder vertheilt waren. Jene Urkunden aber lagen theils in zwei Kisten in der Sacristei zu St. Martinus, theils in der vorderen Lade des Heiligenstocks jener Kirche; die Urkunden, welche die Altstadt allein betrafen, barg eine Kiste, welche auf der Dornze des Altstadtrathhauses stand, zu welcher die Kämmerer der Altstadt die Schlüssel hatten[47]). Endlich wurde noch einem Rathsherren der Altstadt die Aufbewahrung des baaren Geldes, welches der Stadt gehörte, anvertraut. Dieses lag in einer Geldkiste, die in der Sacristei der Martinikirche stand; einen zweiten Schlüssel zu derselben führten die dortigen Provisoren[48]).

Für diese vielen Aemter scheint die Zahl der Rathsherren namentlich in den kleineren Weichbildern nicht ausgereicht zu haben. Ein Blick in die Rathsregister selbst der Altstadt zeigt, daß man sich zu helfen wußte. Oft bekleidete ein Rathsherr mehrere jener Aemter; aber man zog auch die Rathsgeschworenen mit heran. Ein Beispiel aus dem vierten Degedingsbuch der Altstadt mag genügen. 1425 waren in diesem Weichbild wie gewöhnlich zwölf Rathsherren. Bürgermeister waren Statius Velhower und Tile von Adenstedt; Kämmerer Hans Kale und Gerwin Pamme; als Rathsherren sind noch genannt Tile von Evensen, Wasmod von Kemme, Hennig von Wimmelsen, Tile Kovot, Cord von Scheppenstede, Hinrik Twedorp, Hennig Rode und Cord Mul. Der

---

44) Ordinar. 13.
45) Ordinar. 14.
46) Ordinar. 17.
47) Ordinar. 18.
48) Ordinar. 19.

erste Bürgermeister bekleidete kein weiteres Amt, der zweite ist zugleich Weinherr und Großsiegelbewahrer; der zweite Kämmerer ist auch Weinherr; Tile von Evensen ist Richteherr; W. von Kemme ist Baumeister, Zeichenmeister und Einnehmer der Bürgergelder; H. von Wimmelsen ist Baumeister, T. Kovot Richteherr, C. von Schepenstede Aufseher des Mauergrabens und der Landwehr, H. Twedorp Acciseaufseher, H. Rode Baumeister, C. Mul Aufseher des Mauergrabens und ein Rathsgeschworener Johann Brandes Mitaufseher der Landwehr.

Am Mittwoch nachher ließ jeder Rath seine Zugeschworenen nach dem Rathhause entbieten und dort beeidigen. Im ersten Jahre der Rathsperiode leisteten die zwei Drittel der Gesammtzahl den Eid, welche nicht im regierenden Rathe des ersten Jahres waren; im zweiten der Rath des ersten Jahres, im dritten war natürlich keine solche Beeidigung mehr nöthig[49]. Die Zugeschworenen kamen nur auf besondere Einladung zu den Rathssitzungen[50].

Die Sitzungen wurden nach Verabredung regelmäßig an bestimmten Wochentagen zu festgesetzter Stunde auf dem Weichbildsrathhause gehalten; wer zu spät kam oder ohne Grund ausblieb, zahlte eine Geldstrafe. In der Altstadt z. B. kam der Rath jeden Mittwoch und Freitag beim letzten Läuten der Vesperglocke zusammen[51] und erledigte die vorliegenden Angelegenheiten. Sollte keine Sitzung sein, so ließ der Bürgermeister die Rathsherren abbestellen[52]. Wenn die Bürgermeister es für nöthig hielten, eine Angelegenheit erst im kleineren Kreise zu besprechen, so ließen sie die Aeltesten aus dem Rath und den Rathsgeschworenen „auf die Bude über dem Schranke am St. Martinikirchhofe" zu einer Vorberathung entbieten[53].

In jedem Weichbilde gab es noch eine Anzahl von Ehrenämtern, zu denen der Rath die passenden Personen berief ohne Rücksicht darauf, ob sie im Rathe waren oder nicht[54]. Diese waren von dem ihnen zugewiesenen Geschäftskreise dem Rathe zur Rechenschaft verpflich-

---

49) Ordinar. 22.
50) Ordinar. 24. 30 und Eidbuch 3.
51) Dies war nach dem Degedingsbuch der Altstadt III im Jahre 1398 verabredet.
52) Ordinar. 28.
53) Ordinar. 29.
54) Ordinar. 48 am Ende.

tet. So ernannte jeder Rath die Vorsteher der im Weichbild belegenen milden Stiftungen, die Provisoren oder Aelterleute seiner Pfarrkirchen und Capellen und die Aufseher über die an den Heerstraßen belegenen Dämme [55]).

Zur Besprechung der Angelegenheiten, welche kein einzelnes Weichbild, sondern die ganze Stadt betrafen, und um Streitigkeiten zwischen Bürgern verschiedener Weichbilder in Güte zu schlichten, trat jeden Mittwoch im Winter um neun, im Sommer um acht Uhr Morgens auf der Dornze des Neustadtrathhauses der gemeine Rath, d. h. die regierenden Rathsherren aller Weichbilder zusammen [56]). Dort stimmte man nicht nach Köpfen, sondern nach Weichbildern ab [57]). Kamen Angelegenheiten zur Sprache, welche nur ein Weichbild oder eine Gilde betrafen, so entfernte sich der betreffende Rath oder die jener Gilde angehörigen Rathsherren während der Besprechung. Wurden Angelegenheiten einzelner Bürger besprochen, so mußten diese, wenn sie im Rathe waren, oder ihre dort etwa befindlichen Anverwandten die Sitzung so lange verlassen [58]). Den Vorsitz im gemeinen Rathe führte der erste oder in dessen Abwesenheit der zweite Bürgermeister der Altstadt [59]). Wer zu spät oder gar nicht kam, zahlte eine Strafe, wenn nicht etwa öffentliche Geschäfte, Krankheit oder Abwesenheit ihn hinderten [60]). Bei besonders wichtigen Angelegenheiten zog man auch die Rathsgeschworenen zu [61]). Auch der gemeine Rath wählte zur Erledigung der ihm zugewiesenen Geschäfte aus sich und den Rathsgeschworenen gewisse Beamte, nämlich fünf Zinsherren, sieben Beutelherren, fünf Münz- oder Gießherren, sieben Baumeister, vier Mitglieder des geistlichen Schiedsgerichts, einen Kleinsiegelbewahrer, einen Mühlenbaumeister, zwei Herren zum Ein- und Verkauf der nöthigen Mühlsteine, vier Vorsteher des Marstalles und zwei Herren zur Oberaufsicht über die Steinbrüche im Nußberge und im Lindenberge bei Thiede [62]).

---

55) Ordinar. 51—54, 55—62; 70—73. 63.
56) Ordinar. 20.
57) Ordinar. 26.
58) Ordinar. 27.
59) Ordinar. 6.
60) Ordinar. 20.
61) Ordinar. 24.
62) Ordinar. 35—45.

6. Die weitere Ausbildung der Stadtverfassung im Mittelalter. 307

Ein engerer Rath kommt in den deutschen Städten bekanntlich dann vor, wenn Gilden und Gemeinde den Zutritt zum Rathe errungen haben. In ihm pflegte ein Ausschuß das im Voraus zu berathen, was demnächst dem gesammten Rathscollegium vorgelegt werden sollte. Etwas Aehnliches war der hiesige Küchenrath, so genannt, weil er sich gewöhnlich auf der Rathsküche in der Neustadt, zuweilen auch wohl auf der Münzschmiede in der Altstadt versammelte. Dort traten die ältesten[63] Mitglieder des Rathes, regierende Herren wie Rathsgeschworene, auf Entbieten der Bürgermeister mit diesen zusammen zur Berathung von Angelegenheiten, die eilig waren und noch geheim gehalten werden sollten[64]. Bei einer wichtigen Finanzberathung im Jahre 1387 bestand der Küchenrath aus 21 Personen; von diesen waren acht aus der Altstadt, sechs aus dem Hagen, drei aus der Neustadt, zwei aus der Altenwik und zwei aus dem Sack[65]. Ob er stets so viele Mitglieder zählte, ist nicht anzugeben; gewiß aber ist, daß auch in ihm nach Weichbildern abgestimmt wurde[66].

Es ist nun noch von den Rathsgewohnheiten zu reden, d. h. von den Geschäften, welche dem Rathe zu bestimmten Zeiten des Jahres oblagen, wie sie der Ordinarius angiebt. In den ersten vier Wochen nach dem Dreikönigstage des ersten Jahres einer Rathsperiode hatte der neue Rath das Buch, welches „die heimliche Rechenschaft" hieß, dem ganzen Rathe und den Zugeschworenen durch die Aeltesten des Raths vorlesen zu lassen, damit Jeder wisse, wie sich die Stadt nach dem unheilvollen Aufstande von 1374 durch weise Sparsamkeit und patriotische Maßregeln wieder aus drückender Schuldenlast hervorgearbeitet hatte[67]. Bald nach dem Dreikönigstage legten die sieben Beutelherren des vorigen Jahres ihre Rechnung ab[68]. Vierzehn Tage oder drei Wochen vor der Fastenzeit verschenkte der Rath Häring, Lachs und Mandeln. Wer solche Geschenke erhielt, wird nicht angegeben; sie scheinen aber hauptsächlich aus der Stadt geschickt zu sein[69]. Zu der-

---

63) An einer anderen Stelle ist von den Edelsten des Raths die Rede.
64) Ordinar. 25. 136.
65) Hemelik rekenscop, p. 15.
66) Ordinar. 26.
67) Ordinar. 115.
68) Ordinar. 116.
69) Ordinar. 116. 118.

selben Zeit ernannte jeder Weichbildrath die Constabeln, welche den in der Fastnacht auf den Rathhäusern zu veranstaltenden Tanz arrangirten und die Beköstigung der dazu Eingeladenen aus eigenen Mitteln bestritten. Der Rath wählte für diesen Zweck stets eine Anzahl vermögender Bürger seines Weichbildes, in der Altstadt z. B. zwölf, und rechnete es ihnen zum Verdienst an, wenn sie die Kosten beschränkten, keine übermäßige Zehrung gaben und sich an alte, einfache Sitte hielten [70]. Auf den grünen Donnerstag (de gude donnersdag) sandte der Altstadtrath seinen Rathsherren und den Mitgliedern des Küchenrathes Fische und jedem ein halbes Stübchen Wein [71]. In die Woche nach Quasimodogeniti fiel die öffentliche Verkündigung und Vorlesung derjenigen Gesetze und polizeilichen Verordnungen, welche um 1400 in das sogenannte Echteding zusammengetragen waren. Dies geschah am Montag in der Altstadt, am Dienstag im Hagen, am Mittwoch in der Neustadt, am Donnerstag in der Altenwik und dem Sacke. Dann sammelte sich beim Glockengeläut die Bürgerschaft des Weichbildes vor ihrem Rathhause. In dem von den Vögten gehegten Gerichte konnte Jeder melden, wenn er etwas wußte, das gegen die Herrschaft, gegen den Rath, gegen Gilden und Gemeinden gerichtet war. Das Gemeldete ward dem Rathe angezeigt. War das Gericht gehalten, so dankten die Bürgermeister den Vögten dafür, daß sie der Bürger gnädige Richter gewesen seien, und bat sie, das auch fernerhin zu sein. Dann ging der Rath auf die Laube des Rathhauses und ließ dem versammelten Volke durch den Schreiber das Echteding vorlesen. In der Woche nach Michaelis ward diese Vorlesung wiederholt [72]. Den Barfüßern sandte der Rath an ihrem Kirchweihfeste zur Mittagsmahlzeit zwei Stübchen Wein. Am Frohnleichnamstage betheiligte sich auch der Rath an der festlichen Procession, welche er zur Erinnerung an den auf diesen Tag bei Winsen 1388 erfochtenen Sieg zu halten einst beschlossen hatte. Die Einrichtung dieser Feier werden wir in dem Abschnitt „Kirchenwesen" angeben [73]. Von dem Pfingsten zu entrichtenden Judenschoß zahlte der Rath den städtischen Dienern die erste Hälfte des ihnen gebührenden

---

70) Ordinar. 117. Daß der Rath schon 1356 den Aufwand der kunstavelen beschränken mußte, zeigt das Gedenkbuch I, fol. 11.
71) Ordinar. 119. Vergl. Sack, Alterthümer, S. 14 flg.
72) Ordinar. 120. 132.
73) Ordinar. 121.

Lohnes 74). Am Mittwoch nach Pfingsten, wenn die jungen Frauen der Altstadt ausgingen, um Kräuter zu einem jetzt unbekannten Zwecke zu suchen (se plegen umme krüde to gân), schickte der Rath der Altstadt den Abends Versammelten zwei Stübchen Wein zur Erquickung 75). An der Feier des Freitags vor Johannis, wenn man mit St. Autors Sarg um die Stadt ging, betheiligte sich auch der Rath 76). Am Tage vor dem Peter-Paulsfeste, wenn in Folge der Wallfahrt nach Königslutter viele Fremde in die Stadt kamen, ließ jeder Weichbildsrath wie bei anderen ähnlichen Gelegenheiten seine Stadtthore sorgfältig bewahren; der Sicherheit willen wurden dann stärkere Tag- und Nachtwachen an dieselben verlegt 77). Jährlich am Freitag vor dem Margarethentage gab der Rath den Armen eine Spende, die Hagelspende genannt, damit „unter Gottes gnädigem Schutze die Feldfrucht ohne Hagel und Unwetter eingebracht werde." Die große Glocke zu St. Martinus berief die Armen zur Empfangnahme 78). Während der bald folgenden Erntezeit mußte der Henker gegen Bettler besonders strenge einschreiten und sie nöthigen, auf's Feld hinauszugehen, um sich durch Arbeit Geld zu verdienen 79). Am 20. August ließ der Rath den Autorstag als hohes Fest in einer Weise feiern, die wir weiter unten beschreiben werden 80). Am 31. August ließ derselbe die neugemünzten Pfennige in folgender Weise kündigen. Wenn ein dreimaliges Geläut die Bürger vor das Altstadtrathhaus berufen hatte, so verkündete des Rathes Schreiber im Auftrage des Bürgermeisters, daß vom 1. September, dem Aegidiustage an neue Pfennige ausgegeben würden. Da für 30 Schillinge alter Pfennige nur 29 1/3 Schillinge neuer Pfennige gegeben wurden, so erlitt man an jeder Mark alten Geldes, das nun ungültig ward, also umgewechselt werden mußte, acht Pfennige Schaden 81). Seit der großen Pest des Jahres 1350 gab der Rath den städtischen Armen am Freitag

---

74) Ordinar. 122.
75) Ordinar. 123.
76) Ordinar. 124. Die weitere Beschreibung dieser Feier stehe beim Kirchenwesen.
77) Ordinar. 125.
78) Ordinar. 126.
79) Ordinar. 127.
80) S. Kirchenwesen. Ordinar. 128.
81) Ordinar. 129.

vor Kreuzeserhebung eine zweite Spende[82]) und ließ dieses Fest in allen Stadtkirchen als hohes Fest begehen[83]). Wenn in der zweiten Woche nach Michaelis die Rathsschreiber mit Hülfe der Bauermeister die Schoßregister angelegt hatten, so mußten in den beiden folgenden Wochen, also in der zweiten Hälfte des October, die Bürger „zum Schoß schwören", d. h. ihr Vermögen und Einkommen eidlich angeben, um danach demnächst den Schoß zu entrichten[84]). Um Martini verschenkte der Rath Wein theils an auswärtige Freunde und Gönner der Stadt, welche der Küchenrath bestimmte, theils an die Mitglieder des regierenden Rathes, dessen Bürgermeister und an den Küchenrath. Der Rathsherr erhielt ein halbes, ein Bürgermeister ein ganzes Stübchen. In der Altenwik allein war dies nicht Sitte, in den vier anderen Weichbildern verschenkte man bei dieser Gelegenheit 36 Stübchen Wein[85]). In der Woche nach Martini wurde der Schoß bezahlt, von den dann eingegangenen Summen bezahlte der Rath den fälligen Zins für die bei ihm von Bürgern belegten Capitalien, namentlich auf Leibzucht und Webbeschat. Den etwa bleibenden Cassenvorrath übergab man den sieben Beutelherren. Dann erhielten die Diener des Rathes die zweite Hälfte ihres fälligen Soldes[86]). Zwischen dem 25. und 30. November wurde dem Küchenrathe in der Rathsküche oder auf dem Neustadtrathhause Rechnung abgelegt von den Mühlen, dem Marstalle und den Landwehren durch die Rathsherren, welche der betreffenden Verwaltung vorgestanden hatten[87]). Am 1. December war ebendaselbst Rechnung abzulegen von den Ziegelhöfen und den städtischen Steinbrüchen[88]) und zwischen Neujahr und dem Dreikönigstage rechneten dort die Kämmerer vom städtischen Haushalt[89]). Am Tage vor Weihnachten wurde dem durch Glockengeläut versammelten Volke von der Laube der Rathhäuser durch den Rathsschreiber angekündigt, wie es mit dem Laufen der Schauteufel gehalten werden sollte[90]). In den letzten vierzehn Tagen

---

82) Ordinar. 130.
83) Ordinar. 131.
84) Ordinar. 133. 134.
85) Ordinar. 136. 137.
86) Ordinar. 138—141.
87) Ordinar. 142.
88) Ordinar. 143.
89) Ordinar. 145. 146.
90) Ordinar. 144.

des ablaufenden Rathsjahres ließ der gemeine Rath und der Rath jedes Weichbildes alle noch restirenden Strafgelder, welche an ihn zu zahlen waren, eintreiben, um dem nachfolgenden Rathe Alles geordnet übergeben zu können [91]). Die letzte Amtshandlung des abtretenden Rathes fiel auf den Montag nach dem Dreikönigstage, wo er auf dem Neustadt-rathhause zu berathen hatte, wer für das neue Jahr in den regierenden Rath eintreten solle [92]).

So freisinnig die Rathsverfassung 1386 auch geändert war, so blieben doch auch in ihr noch einzelne Mißstände übrig, deren Hinwegräumung mit der Zeit wünschenswerth wurde. Namentlich scheint die Art und Weise, wie die Rathmänner gewählt wurden, den Wünschen der Bürgerschaft nicht ganz entsprochen zu haben. Während die Gilden „ehrliche, fromme Leute" aus ihrer Mitte bezeichneten, aus denen der abgehende Rath die neuen Rathsherren für die Gilden erwählen mußte, scheint die Gemeinde nicht einmal zu einer solchen indirecten Wahl berechtigt gewesen zu sein. Beide Corporationen mußten bestrebt sein, die Wahl ihrer Vertreter im Rathe dem Rathscollegium zu entreißen und an sich zu bringen. Beides gelang noch vor der Mitte des funfzehnten Jahrhunderts, wie der große Brief von 1445 [93]) zeigt. Zuerst setzten die Gilden die Aenderung durch, daß ihre Meister und Geschworenen die jeder Gilde zugestandenen Rathsleute selbst aus der Gilde wählten. 1445 war dies bereits eine „alte Gewohnheit" geworden, welche der große Brief bestätigt und anerkennt [94]). Die Gemeinde erhielt 1445 die 28 Hauptleute, je zwei in den vierzehn Bauerschaften, zu ihren Vorstehern, welche dies Amt drei Jahre bekleideten und bei der Erneuerung des Rathscollegiums die von der Gemeinde zu stellenden Rathsherren zu erwählen hatten [95]).

Abgesehen von dieser zweckmäßigeren Vertretung der Gilden und Gemeinden im Rath erhielten die genannten Vertreter dieser Corporationen 1445 noch einen größeren Antheil an den wichtigsten politischen Rechten, nämlich an der Gesetzgebung und an der Entscheidung über Krieg und Frieden. Gesetze waren demnach nun erst gültig, wenn außer

---

91) Ordinar. 147.
92) Ordinar. 148.
93) S. 221.
94) Großer Brief §. 3 und Eidbuch der Altstadt, S. 43.
95) Großer Brief §. 3, Eidbuch der Altstadt, S. 42.

dem Rathe auch die Gildemeister und Hauptleute, die dann mit zu den Rathssitzungen entboten wurden, sich mit denselben einverstanden erklärt hatten[96]. In Kriegszeiten sollte eine Commission des Rathes, aus sechszehn Personen bestehend, zu denen die Altstadt fünf, der Hagen vier, die Neustadt drei, Sack und Altewik je zwei stellte, mit vierzehn Gildemeistern und fünf Hauptleuten, aus jedem Weichbild einer, zusammentreten, um die Last der Einquartierung der vom Rathe zu haltenden Knechte und Pferde gehörig zu vertheilen[97]. Nicht unwesentlich ist ferner das den Gildemeistern und den Hauptleuten damals zugestandene Recht, sich versammeln zu dürfen, sobald es ihnen nöthig scheine[98]; wogegen Gilden und Gemeinden zur Pflicht gemacht wird, dem ordnungsmäßig erwählten Rathe beizustehen und „ihm Alles treulich zu Gute zu halten"[99]. Endlich ward 1445 noch die Unsitte abgestellt, daß nahe Verwandten zusammen im Rathe wären. Namentlich sollten nicht mehr in einem Weichbilde zwei Brüder oder Vater und Sohn zu gleicher Zeit zum Rathe gehören; ebenso wenig sollten so nahe Verwandten im regierenden Rathe überhaupt in demselben Jahre sich befinden; zu Bürgermeistern endlich sollten niemals nahe Verschwägerte zu gleicher Zeit erwählt werden[100].

Als durch die Bestimmungen des großen Briefes die Verfassung 1445 in einer Weise fortgebildet war, daß sie allen billigen Wünschen der Bürgerschaft genügte, lag es auch im Interesse dieser, die Zusammensetzung des Rathes den Zufälligkeiten einer wenn auch nur alle drei Jahre erfolgenden Wahl immer mehr zu entziehen. Was vielleicht seit Jahrhunderten bei der Mehrzahl der Rathsherren Sitte gewesen war, ward 1463 am 19. December vom Rath, den Rathsgeschworenen, den Gildemeistern und Hauptleuten zum Gesetz erhoben, daß nämlich die nach den Bestimmungen des großen Briefes erwählten Rathsherren zeitlebens im Rathe bleiben sollten, außer wenn der gemeine Rath, die Gildemeister und Hauptleute erklärten, daß einer der Gewählten „zum Rathe nicht bequem wäre." Auch die von dem Rathe zu ernennenden Bürgermeister sollten fortan zeitlebens im Amte bleiben[101].

---

96) Großer Brief §. 7. 8.
97) Großer Brief §. 24.
98) Großer Brief §. 26.
99) Großer Brief §. 4.
100) Großer Brief §. 5.
101) Degeb. der Altstadt IV, zum Jahre 1463.

6. Die weitere Ausbildung der Stadtverfassung im Mittelalter.

Einen Versuch, die Rathsverfassung noch demokratischer zu gestalten, machte der bekannte Parteiführer Lübeke Holland. Obwohl der Rath 1488 am 6. Februar den vorgelegten Receß beschwor, obwohl er sich eine Läuterung durch Holland gefallen lassen und noch 24 Männern aus Gilden und Gemeinden zum Rathe und fünf derselben zum Küchenrathe Zutritt gestatten mußte, obwohl die ganze Stadtverwaltung in demokratischer Weise umgewandelt wurde; so hatten doch diese maßlosen Umgestaltungen nur kurzen Bestand. Schon am 29. November 1490 erklärten die Weichbildsgemeinden, sie wollten von dem Receß und dem neuen Stadtregiment nichts mehr wissen; zwei Tage nachher ward derselbe auf dem Altstadtrathhause zerrissen und verbrannt, der Beirath der 24 Männer aufgehoben und das frühere Rathsregiment von 1445 wieder eingesetzt, worauf Holland und eine Anzahl seiner Anhänger die Stadt verließen [102]).

---

[102]) S. 246—254.

II. Die städtische Finanzverwaltung.

Die Hauptquellen für die Kenntniß der städtischen Finanzverwaltung im Mittelalter sind die 1401 geschriebene Hemelik rekenscop, die seit 1402 aufgezeichneten Zins- und Kämmereibücher der fünf Weichbilder, der 1408 zu Ostern begonnene Ordinarius des Rathes und das Gedenkbuch des Kämmerers Hans Porner, von ihm selbst 1417 verfaßt[1]). Da diese Quellen alle dem Anfang des funfzehnten Jahrhunderts angehören und die wenigen älteren hieher gehörenden Nachrichten zu dürftig sind, um eine Geschichte der städtischen Finanzverwaltung geben zu können, so beschränken wir uns darauf, darzustellen, wie dieselbe im Anfang des funfzehnten Jahrhunderts war.

1. Die Einnahmen des Rathes.

Ein großer Theil der ordentlichen oder regelmäßigen Einnahmen der Stadt- und der Weichbildscassen[2]) ergab sich im Anfang des funfzehnten Jahrhunderts aus dem bedeutenden Eigenthum des Rathes an Grundstücken aller Art, welche meist in der Stadt, zum Theil aber auch außerhalb derselben im Stadtgebiete oder in der entfernteren Umgegend belegen waren. Zu solchen Grundstücken zählen wir zunächst die Ausstände und Waarenhallen für manche hiesige Gewerksleute, welche ihre Waaren lieber an öffentlichen Plätzen als in ihren Häusern zum

---

1) Allein der Ordinarius ist bis jetzt gedruckt, er steht bei Leibnitz, S. R. Br. III, 446 und in Urkunden und Statuten. Von den übrigen genannten Quellen ist oben S. 190 flg. die Rede gewesen.

2) Erst zu Ende dieses Abschnitts wird angegeben werden, in welche jener Cassen jede Einnahme zunächst floß. Der Stadt kamen sie zuletzt alle zu Gute.

1. Die Einnahmen des Rathes.

Verkauf ausstellten. Die dazu nöthigen Localitäten richtete der Weichbildsrath am Markte oder in dessen Nähe ein und überließ sie dann, das Eigenthumsrecht sich vorbehaltend, an Gewerksleute seines Weichbildes gegen einen jährlichen Zins zur Benutzung. Solche Waarenhallen wurden bald eine ergiebige Einnahmequelle der Stadtbehörden, wie aus den Kämmereibüchern zu ersehen ist. Der Rath der Altstadt nahm jährlich ein aus den 44 Ausständen seines Gewandhauses an 440 Schillinge, aus den 34 Leden des daneben liegenden Knochenhauerscharrens 272, aus den sechszehn Leden des Bäckerscharrens 128, von den siebenzehn Stellen der Kürschner auf dem Kleiderhofe neben dem Rathhause 51 und von den zwölf Stellen der Leinwandhändler daselbst 36³), also in Summa 927 Schillinge oder 30 Mark 27 Schillinge. Im Hagen brachten die Ausstände der Wandschneider und Lakenmacher im Gewandhause dem Rathe jährlich 384, der Brodscharren 96 und der Knochenhauerscharren neben dem Paulinerkloster 328 Schillinge⁴) ein, hier also in Summa 808 Schillinge oder fast 27 Mark. In der Neustadt trug der Knochenhauerscharren mit seinen 36 Stellen, von denen vier an der Judenstraße belegene für die Juden bestimmt waren, jährlich 280, das Gewandhaus mit seinen 22 Ausständen nur 44 und der Bäckerscharren mit seinen sechs Leden 48 Schillinge ein⁵), zusammen 372 Schillinge oder 12 Mark 12 Schilling. Der Rath der Altenwik nahm aus den 29 Ausständen seines Knochenhauerscharrens 116 Schillinge, und aus den Verkaufsstellen, welche den Tuchmachern jenes Weichbildes unten in dessen Rathhause eingeräumt waren, 10½ Schillinge ein⁶), also in Summa 4 Mark 6½ Schillinge. Von den Einnahmen dieser Art im Sacke ist nur bekannt, daß der dortige Knochenhauerscharren jährlich 264 Schillinge oder 8 Mark 24 Schillinge einbrachte⁷). Demnach lieferten die genannten Ausstände und Waarenhallen der Stadt einen jährlichen Gesammtertrag von 83¼ Mark.

Noch bedeutendere Einnahmen erwuchsen der Stadt aus Häusermiethe. Am einträglichsten waren die zu bestimmten Zwecken vermietheten Locale, wie die Waagehäuser, Hoken- und Krambuden, Wechsel-

---

3) Kämmereibuch der Altstadt, S. 25. 14. 26. 30. 35.
4) Kämmereibuch des Hagens, fol. 4¹. 7. 25¹.
5) Kämmereibuch der Neustadt, S. 9. 10.
6) Kämmereibuch der Altenwik, fol. 4. 7.
7) Kämmereibuch des Sackes, fol. 1¹.

und Scheerbuden und Weinkeller. In der Altstadt waren die Hoken- und Krambuden am Markte und am Martinikirchhofe so vermiethet, daß sie jährlich 31 Mark 7 Schillinge einbrachten[8]), das dortige Waagehaus trug elf Mark, die Wechselbude auf der Münzschmiede ¼ Mark und zwei Scheerbuden zwei Mark Miethzins[9]). Vermiethet waren in der Altstadt ferner die Keller unter dem Rathhause und unter der Münzschmiede[10]) für jährlich sieben Mark, endlich auch Thorthürme und Bergfriede, welche für die Sicherheit der Stadt keine Bedeutung hatten, z. B. das Südmühlenthor, der Lauenthurm auf dem Ulrichsthore und der Bergfried der Dammmühle gegenüber[11]). Die dem Rath der Altstadt gehörenden Häuser in der Garküche[12]) („hinter dem Scharren"), am Südmühlen- und Michaelisthore waren zusammen zu etwa 8½ Mark jährlich vermiethet[13]). Dem Rath im Hagen brachten die beiden Scheerbuden am Gewandhause jährlich zwei Mark, die Waage am Katharinenkirchhofe über zehn Mark, die Wechselbude am Gewandhause ¼ Mark, der Weinkeller 2½ Mark ein, die Einnahme aus vermietheten Bürgerhäusern betrug dort nur etwa 1½ Mark[14]). In der Neustadt waren die Scheerbuden am Gewandhause auch zu zwei Mark, die Waage dagegen zu 7½ Mark vermiethet. Die beiden Hirtenhäuser am Neustadtthore brachten 18¾ Schilling, der alte Bergfried zu Oelper acht Schilling an Miethe ein[15]). Die Haupteinnahme dieser Art zog der Rath der Neustadt aus den Häusern der Judenstraße, welche meist an Juden zu jährlich 22½ Mark vermiethet waren, der Gerbehof auf dem Rickerkulke und einige nahe dabei gelegene Häuser trugen 6½ Mark, einige Häuser auf der Langenstraße und auf dem Andreaskirchhofe vier Mark Miethe ein[16]). Der Rath der Altenwik nahm an Miethe jährlich nur 2⅔ Mark auf, nämlich eine Mark aus dem Keller unter dem Rathhause, neunzehn Schillinge aus zwei Bergfrieden in der Stadt-

---

[8]) Kämmereibuch der Altstadt, S. 26—34.
[9]) Das. S. 66. 67. 64.
[10]) Das. S. 35. 49. 66.
[11]) Das. S. 7. 68.
[12]) 1401 zahlten die Bewohner dieser Häuser keine Miethe, dafür besorgten sie das Schließen der Ketten und Schläge in der Altstadt und des Südmühlenthores, das. S. 5. 6.
[13]) Das. S. 5. 6. 15. 16.
[14]) Kämmereibuch des Hagens, fol. 7. 11¹. 30.
[15]) Kämmereibuch der Neustadt, S. 10. 30. 31.
[16]) Das. S. 10—12. 22. 23. 30. 31.

mauer an der Mönchstraße und den Rest aus zwei Häusern auf dem Klinte[17]). Der Rath im Sacke endlich hatte jährlich fast sechs Mark Mietheinnahme aus dem Keller unter seinem Rathhause und aus zwei Häusern, deren eins bei dem Rathhause, das andere an den langen Stegen neben der Burgmühle lag[18]). Aus allen vermietheten Häusern und Localen dieser Art hatten also die Weichbildscassen eine Einnahme von 130 Mark.

Eine weitere Einnahme aus Grundstücken lieferte der Worthzins, welchen die Besitzer mehrerer Häuser an den Rath der Altstadt zahlten, zu deren Anlage dieser den Grund und Boden einst hergegeben hatte. In der Regel liegen die worthzinspflichtigen Häuser, wo sie vorkommen, in Menge bei einander, was sich aus obigem Verhältniß erklärt, und zwar gewöhnlich auf einem Terrain, das noch lange unbebaut vom Rath bei zunehmender Bevölkerung allmälig mit zum Anbau hergegeben wurde. Solche Räume finden sich namentlich in der Nähe der Weichbildsthore der Altstadt. So ward der ganze Raum vom Ulrichsthor und Lauenthurm bis an die Hutfilternbrücke auf beiden Seiten der Straße mit Häusern bebaut, die noch 1402 an den Rath 4 Mark 16 Schilling Worthzins zahlten[19]). Am Südmühlenthore waren zum Zahlen desselben verpflichtet die Häuser Nr. 481—484, ebenso zwei Häuser am Hohenthore, Nr. 659 und 660, auch zwei Häuser am Petrithore[20]). Worthzins zahlten außerdem in der Altstadt nur noch vier Häuser im Kattreppeln, eins im vorderen Winkel der Schuhstraße, zwei im westlichen Theil der Neuenstraße, eins auf der Gildenstraße und drei vor dem Hohen- und Petrithore[21]). Aus allen genannten Häusern ergab sich für den Rath der Altstadt eine jährliche Einnahme von 14 Mark 6 Schillingen. In den vier anderen Weichbildern kommt kein an den Rath zu zahlender Worthzins vor mit alleiniger Ausnahme des auf dem Meymbernshofe belegenen Schmiedehauses Nr. 2757, welches an den Rath im Sack jährlich 8⅔ Schilling Worthzins zu entrichten hatte[23]).

---

[17]) Kämmereibuch der Altenwik, fol. 7.
[18]) Kämmereibuch des Sacks, fol. 3.
[19]) Kämmereibuch der Altstadt, S. 57. 59.
[20]) Das. S. 10. 20. 44.
[21]) Das. S. 58. 55. 54. 43—45.
[22]) Kämmereibuch des Sackes, fol. 1¹.
[23]) Kämmereibuch der Altstadt, S. 10—13. 20—23. 27. 43—46 und 51—62. Kämmereibuch des Hagens, fol. 8. 16. 24. Kämmereibuch der Neustadt, S. 6. 14. 26. Kämmereibuch der Altenwik, fol. 4. Kämmereibuch des Sacks, fol. 1. 2¹.

Eine nicht unbedeutende Einnahme des Rathes war in allen fünf Weichbildern der von Häusern zu zahlende Erbenzins. An solchem hatte der Rath der Altstadt 1402 einzunehmen 41½ Mark, der im Hagen fast 20 Mark, der in der Neustadt 17⅛ Mark, der in der Altenwik 5½ Mark, der im Sacke endlich etwas über 2½ Mark[24], woraus sich eine Gesammteinnahme an Erbenzinsgeldern von etwa 87 Mark ergiebt.

Innerhalb der die Stadt umschließenden Ockerarme lagen noch einige Räume, welche dem Rath Pachtgelder eintrugen; so namentlich die Werder und Niederungen des mit Weiden und Risch bewachsenen Bruches, ein Grashof mit Garten an der Südmühle, die große Wiese zwischen dem Cyriacusberge und dem Ilienholze[24]. Unbebaute Bleke an den Mauern verpachtete der Rath der Neustadt und des Hagens[25], letzterer hatte auch einen Garten am äußeren Fallersleberthore, zwei Plätze vor dem Lindenberge und einen vor dem Steinthore als Sägehöfe wie es scheint an Zimmerleute verpachtet[26]. Die Gesammteinnahme aus verpachteten Räumen betrug jährlich nur 3⅛ Mark. Was die um 1400 von der Stadt für etwa 640 Mark erworbenen hiesigen Mühlen[27] dem Rathe an Pacht einbrachten, wird von den Kämmereibüchern nirgends angegeben, vielleicht weil der Ertrag kein feststehender war.

Bedeutender war die Einnahme aus verpachteten Gärten, der Gartenzins genannt. Solcher Gärten hatten die Räthe der Altstadt und des Hagens eine nicht geringe Zahl. Jener löste aus den ihm gehörigen 56 Morgen 107 Ruthen eine jährliche Pacht von 14 Mark 19 Schillingen, dieser aus 64 Morgen nur 11 Mark 6 Schillinge[28], was sich aus der besseren Bodenbeschaffenheit der westlich vor der Stadt belegenen Gärten, die dem Rath der Altstadt gehörten, genügend erklärt. Während dort für einen Morgen Gartenlandes durchschnittlich acht Schillinge Pacht gezahlt wurden, erhielt der Rath des Hagens für die mehr sandigen Gärten seines Terrains im Durchschnitt für den Morgen wenig über fünf Schillinge Jahrespacht. Der Rath der Altenwik löste aus

---

24) Kämmereibuch der Altstadt, S. 16. 18. 15.
25) Kämmereibuch der Neustadt, S. 26 und des Hagens, fol. 17.
26) Kämmereibuch des Hagens, fol. 16. 20. 80.
27) Hemelik rekenscop, p. 74 und 123.
28) Kämmereibuch der Altstadt, S. 79—85, Kämmereibuch des Hagens, fol. 34—37.

1. Die Einnahmen des Rathes.

sieben Morgen Gartenlandes jährlich 44, der der Neustadt aus 1½ Morgen 13 Schillinge, der des Sackes hatte keine Gärten[29]). Die Gesammteinnahme aus dem Gartenzins betrug demnach 27 Mark 22 Schillinge.

Der Rath besaß um 1400 auch zwei Ziegeleien vor der Stadt, eine vor dem Petrithore neben dem Kreuzkloster, deren Stelle noch der Ziegelhof heißt, und eine in der Feldmark der Altenwik[30]). Das für die Erbauung und Einrichtung derselben angewandte Capital von 240 Mark verzinste sich sehr gut; denn es trug der Stadt jährlich mindestens zwanzig Mark, also ein Minimum von zwölf Procent ein[31]). Den Betrieb jeder Ziegelei leitete ein Ziegelmeister oder Ziegler, ein Ziegelschreiber besorgte das Rechnungswesen. Jener mußte die zum Ziegelbrennen geholte Erde sechsmal schlagen lassen, damit die Steine die rechte Härte erhielten, und besorgte dann das Formen und Brennen derselben[32]). Den fertigen Stein zählte er dem Ziegelschreiber zu und erhielt dann für das Tausend einen bestimmten Lohn, nämlich 5 Schillinge, seit 1417 aber 5½ Schilling, so daß er an einem Ofen voll, in welchem 12000 Steine gebrannt werden konnten, 2 resp. 2⅕ Mark verdiente. Außerdem lieferte ihm der Rath zu Ostern sieben Ellen aachensches, zu Michaelis sieben Ellen graues hiesiges Tuch zu zwei Anzügen[33]). Der Ziegelschreiber führte Rechnung über die Betriebsausgaben, namentlich über die Ziegelerde und das zum Brennen nöthige Holz. Gegen Anweisungen, die man auf der Zollbude gegen Baarzahlung erhielt, verabfolgte er den Stein vom Ziegelhofe und legte mit diesen Anweisungen dem Rathe Rechnung ab[34]). Er erhielt von jedem Ofen voll Steine, den er verkaufte, 7½ Schilling für seine Mühwaltung. Für einen Ofen voll 12000 Steine, welcher der Stadt 2½ Mark Kosten machte an Erde und Holz, nahm man beim Verkaufe fünf Mark, deckte von dem Ueberschuß den Lohn der Ziegelmeister und Ziegelschreiber und behielt dann ¼ Mark als Reingewinn[35]). Da diese Ziegeleien einträglich

---

29) Kämmereibuch der Altenwik, fol. 10 und Kämmereibuch der Neustadt, S. 33.
30) Nach dem Ordinarius 89 lag die zweite Ziegelei im Hagen.
31) Hemelik rekenscop, p. 84.
32) Eibbücher der Altstadt Nr. 30. S. 20 und fol. 26¹ und Nr. 62. S. 44. Ordinar. 90 bei Leibnitz, S. R. Br. III, 469.
33) Porner, Gedenkbuch, fol. 13¹. Ordinar. 89.
34) Ordinar. 89 und Eibbücher der Altstadt, S. 20. Nr. 31 und fol. 26.
35) Porner, Gedenkbuch, fol. 13¹.

waren, so legte der Rath, um dem Bedürfniß besser genügen zu können, 1443 noch eine Ziegelei in Schwülper an, wozu er sich einen Raum bei jenem Dorfe von Berthold von Mahrenholz erkaufte[36]).

Auch die Steinbrüche, welche die Stadt besaß, brachten ihrer Casse guten Nutzen. Schon 1278 wird nach langem Streite vom Abt Ludolf von Ribbagshausen den Bürgern Braunschweigs das Recht eingeräumt, im Nußberge Steine zu brechen[37]). Um 1310 kaufte der Rath von Johann Lange für hundert Schillinge eine der dortigen Steingruben und versprach, sie zum Nutzen der Stadt stets im Stande zu erhalten[38]). Später erwarb er auch die Steinbrüche im Lindenberge bei Thiede 1404 und im Oesel bei Reindorf 1425, besaß auch 1468 einen Steinbruch auf der Broitzemer Feldmark[39]). Jedem Steinbruch stand ein Steinbrechermeister vor, der das Brechen und Schichten der Steine leitete, die vom Rathe zu lohnenden Arbeiter treulich zur Arbeit anzuhalten und danach zu sehen hatte, daß von den Geräthschaften nichts wegkam. Nur gegen besiegelte Anweisungen des Rathes, welche auf der Zollbude zu erhalten waren, ließ er Steine verabfolgen und erhielt einen bedungenen Lohn[40]). 1406 berechnete Hans Porner den in den letzten acht Jahren aus dem Nußberge und dem Lindberge gezogenen Reingewinn für die Stadtcasse auf 163½ Mark, also jährlich auf etwa zwanzig Mark[41]).

Der Reinertrag auswärtiger Besitzungen scheint mindestens ein sehr unsicherer und schwankender gewesen zu sein, wenn überhaupt von einem Reinertrage die Rede sein kann. Denn die Erhaltung der auf solchen Gütern liegenden Schlösser und die Burghut daselbst durch städtische Schützen verursachten so große Kosten, daß in der Regel mehr Schaden als Vortheil aus ihrem Besitze entsprang[42]). Als einträgliche Güter nennt Porner die Asseburg, die jährlich vierzig bis funfzig Mark Reinertrag lieferte, Reubrück mit 37, Schwülper mit 24 und Achim mit 14 Mark Reinertrag[43]).

36) Copialbuch I, fol. 28.
37) Originalurkunde des Stadtarchivs Nr. 18, ungedruckt.
38) Degeb. der Altstadt I, p. 52.
39) Die Nachweisungen siehe bei Güterbesitz.
40) Eidbücher der Altstadt, S. 21 und fol. 26¹. Nr. 32 und Ordinar. 45.
41) Porner, Gedenkbuch, fol. 48.
42) So berichtet Hemelik rekenscop, p. 19.
43) Porner, Gedenkbuch, fol. 2. 46. 57.

1. Die Einnahmen des Rathes.

Wie die bisher besprochenen Einnahmen der Stadtcasse aus Grundstücken flossen, so bildete die Nutzung der im vierzehnten und zu Anfang des fünfzehnten Jahrhunderts erworbenen herrschaftlichen Gerechtsame eine zweite ergiebige Einnahmequelle. Hieher gehören zunächst die Einnahmen aus der Vogtei, welche der Stadt zum Theil schon seit 1296 überlassen wurden (S. 284). Seit der völligen Erwerbung der Vogtei um 1360 verpachtete der Rath dieselbe an zwei dazu geeignete Bürger, wo möglich an einen aus der Altstadt und an einen im Hagen[44]). 1363 zahlte der damals vom Rath gewählte Vogt Konrad Backermann zwölf Mark für die Vogtei auf ein Jahr[45]). 1417 flossen jährlich sechzehn Mark aus der Nutzung derselben; wahrscheinlich zahlte jeder der Vögte acht Mark[46]). Bei Antritt ihres Amtes hatten sie zu schwören, sie wollten recht richten nach dem städtischen Recht und nach alter Gewohnheit, wollten Niemand heimlich schatzen und nur die Strafen von Jedem nehmen, die vor offenem Gericht über ihn verhängt seien, endlich sich in allen zweifelhaften Sachen nach des Rathes Geheiß richten[47]).

Aus dem 1412 erworbenen Straßen- oder Stadtzoll (S. 193) ward mit der Zeit eine noch ergiebigere Einnahmequelle. Im ersten Jahre, wo die Stadt nur etwa 2½ Monat die Nutzung hatte, sind doch zwölf Mark Reingewinn verzeichnet. Dagegen 1413 nahm die Stadtcasse schon etwa 67½ Mark aus dem Zoll ein und erhob daneben noch etwa 24 Mark „Wegpfennige" vor den Thoren. Diese Einnahmeposten blieben in den folgenden Jahren ziemlich dieselben, stiegen aber 1421 auf 73½ Mark Gewinn aus dem Straßenzoll und 33⅓ Mark Wegpfennige, 1422 auf etwa 81 Mark aus dem Zoll und 42½ Mark Weggeld, 1424 auf 95½ Mark aus dem Zoll[48]). Seit 1423 ist keine Einnahme an Weggeld mehr verzeichnet.

Dunkler ist das Verhältniß des Marktzolles. Daß dieser 1412 zum Theil und 1428 vollständig an die Stadt kam, ist oben S. 193 und 208 berichtet. Dennoch zeigt das Kämmereibuch der Altstadt, daß der Rath dieses Weichbildes bereits 1402 von allen zu Markte gebrachten

---

44) Ordinar. 46.
45) Gedenkbuch I, fol. 15.
46) Porner, Gedenkbuch, fol. 2. 46.
47) Urkunden und Statuten Nr. 60. §. 84.
48) Porner, Gedenkbuch, fol. 19—24. 42¹—44¹.

Waaren, wie Hopfen, Fisch, Honig, Gartenfrüchten, Brod, Schuhen, Kleidern und dergleichen seine Marktpfennige im Betrage von über sechs Mark erhob[49]). Es scheint also eine frühere Verpfändung dieser Einnahmequelle an den Rath stattgefunden zu haben, von der wir nichts wissen. Da diese Abgabe in den anderen Weichbildern nicht gezahlt ward, so kam der Altstadtmarkt allmälig in Verfall; die Verkäufer mieden ihn. Das bewog den Rath, diese Abgabe noch im ersten Viertel des funfzehnten Jahrhunderts bedeutend zu verringern, zum Theil ganz aufzuheben[50]). Porner erwähnt in seinem 1417 begonnenen Gedenkbuch der aus dem Marktzoll gewonnenen Einnahmen nirgends.

Zu den Anfangs herrschaftlichen Regalien gehört auch der Bierzoll, welcher von fremdem Biere zu zahlen war. Die den göttingenschen Fürsten zustehende Hälfte war schon zur Zeit Otto des Milden an die Bürger Heinrich Kirchhof und an die Gebrüder Ludolf und Elias Salge verpfändet[51]); daß diese Familien noch zur Zeit der Herzöge Ernst und Magnus im Besitz derselben waren, zeigt das Lehnbuch dieser Herzöge[52]). Die grubenhagensche Hälfte scheint dem Rath schon lange vor 1400 verpfändet zu sein[53]). Er pachtete auch die jenen beiden Familien zustehende Hälfte zuerst 1353 auf ein Jahr, dann 1354 auf zwei Jahre für jährlich 24, dann 28 Mark[54]). Wenn er auch 1386 den in der Altenwik zu erhebenden Bierzoll an einige Bürger verpfändete[55]), so war er doch zu Anfang des funfzehnten Jahrhunderts wieder im Besitz seiner Hälfte des Bierzolles, welche, wie die Stadtbücher[56]) beweisen, jährlich sieben Mark einbrachte. Etwa denselben Ertrag lieferte die andere Hälfte des Bierzolls den Salgen[57]). Erst nachdem diese Familie mit vierhundert Gulden abgekauft war[58]), floß der ganze Bierzoll in die Stadtcasse. Bei Einführung fremden Bieres gab nun der Schenkwirth (taverner), welcher es erhalten sollte, ein Zeichen am

---

49) Kämmereibuch der Altstadt, S. 36—40.
50) Kämmereibuch der Altstadt, S. 114.
51) Sudendorf, Urkundenbuch I, 175.
52) Sudendorf, Urkundenbuch II, 49.
53) Kämmereibuch der Altstadt, S. 90.
54) Gedenkbuch I, fol. 5¹. 8¹.
55) Copialbuch II, fol. 56¹.
56) Kämmereibuch der Altstadt, S. 90.
57) Porner, Gedenkbuch, fol. 40¹.
58) Das. fol. 46¹.

1. Die Einnahmen des Rathes.

Thore ab und bezahlte dann auf der Zollbude den üblichen Zoll[59]). Dieser lieferte 1412 schon hundert Mark Ertrag. Bei der Angabe der Summen wird stets der alte und der neue Bierzoll geschieden, der Ertrag des letzteren ist etwas bedeutender als der des ersten. Der Unterschied scheint sich auf die früher erworbene grubenhagensche Hälfte im Gegensatz zu der später den Salgen abgekauften göttingisch-braunschweigischen Hälfte zu beziehen. Der Ertrag beider steigerte sich allmälig. 1413 brachten sie der Stadtcasse 124, 1414 schon an 170, 1416 nur 99, 1418 an 114, 1421 nur 72½ Mark, 1426 aber wieder 143 Mark ein[60]).

Als die Stadt nach der völligen Erwerbung des Münzrechts seit 1413 Pfennige und Verlinge selbst schlug und die städtischen Gießherren den Münzmeister beim Prägen beaufsichtigten, ward auch in der Münze jährlich noch ein Reingewinn gemacht. Zu Oculi 1418 berechnete Porner, daß an den 3313½ Mark, welche in den letzten fünf Jahren hier in Pfennigen gemünzt waren, ein Reingewinn von 180 Mark für die Stadt erübrigt war[61]).

Seit der Erwerbung des Judenschutzes hatten die hiesigen Juden ihr Schutzgeld an den Rath zu bezahlen, welches unter dem Namen einer Bede oder eines Schosses, welchen sie Pfingsten entrichteten, vorkommt[62]). Die Höhe dieser Abgaben stieg und sank, je nachdem die Zahl jener Schützlinge im Steigen oder Sinken war. 1351 zahlten die hiesigen Juden achtzig Mark Jahreszins, 1358 versprachen ihre Vertreter dem Rathe jährlich 24 Mark Zins zu zahlen; 1397 zahlen sie jährlich 50 Mark, 1417 nur 20 Mark[63]).

Vermöge des „Rechts an Land und Wasser" stand der Herrschaft auch die Fischerei in der Ocker hieselbst zu. Einkünfte aus derselben gab schon Herzog Otto der Milde zu Lehen an Busso von Dreynleve im Betrage zu vierzig Schillingen, ebenso an die Gebrüder von Gandersem die Fischerei in einem Theile des Flusses[64]). Diese Bürgerfamilie trug von den Herzögen Magnus und Ernst die Berechtigung zu achtzig

---

59) Eibbuch in Urkunden und Statuten Nr. 60. §. 21.
60) Porner, Gedenkbuch, fol. 19¹–24 und 44.
61) Porner, Gedenkbuch, fol. 13. Vergl. Ordinar. 36. 37.
62) Ordinar. 36. 122.
63) Gedenkbuch I, fol. 7. 11¹. 47 und Porner, Gedenkbuch, fol. 2. 46.
64) Sudendorf, Urkundenbuch I, 168. 174.

Schillingen jährlicher Einnahme aus der hiesigen Fischerei und dem Vogelfang zu Lehen [65]). Wann die Stadt die Fischerei von der Herrschaft erwarb, ist nicht anzugeben, im Besitz derselben erscheint sie im Anfang des fünfzehnten Jahrhunderts. Die Kämmereibücher zeigen, daß 1402 jeder der fünf Weichbildsräthe in bestimmten Okerarmen die Fischerei hatte, die er theils durch seine Fischer ausüben ließ, theils auch verpachtete. Der Rath der Altstadt behielt sich die Fischerei im Mauergraben von der Brücke am Gieseler bis an die hohe Zinne am Petrithore vor; im Graben von der Südmühle bis an die Burg hatte er sie für zehn Schillinge jährlich verpachtet [66]). Der Rath der Neustadt hatte zum eigenen Behuf die Fischerei vom inneren Petri- bis zum Neustadtthore und hinter dem bei der dortigen Mühle belegenen Fluthgerinne. Letztere Strecke verpachtete er später für eine Mark [67]). Der Rath im Hagen hatte die Fischerei in allen Gewässern seines Weichbildes vom Rebingerthor bis an's Wendenthor für zwei Mark und abwärts von letzterem Thore für vier Schillinge, die im Berwinkel auf dem Hühnerbruch vor dem Wendenthore für 11¼ Schillinge verpachtet [68]). Der Rath der Altenwik hatte die Fischerei in dem sein Weichbild im Süden und Osten einschließenden Mauergraben vom Wasserthore bis zum Friesenthore selbst in Benutzung [69]). Im Mühlenkulke hinter der Burgmühle stand die Fischerei dem Rath des Sackes zu [70]). Die Fischerei in dem Hauptarme der Oker, welcher die Stadt mitten durchfließt, hatte von der Eisenbüttler Mühle bis nach Oelper hin die Familie von der Mölen von Herzog Magnus und seinen Söhnen zu Lehen. 1355 hatte sie aus der dortigen Fischerei einen jährlichen Zins zu fordern [71]). Obwohl sie schon 1365 die Strecke unterhalb der Stadt verpachtete [72]), so resignirte sie ihr Anrecht doch erst 1383 den Herzögen Friedrich und Bernhard als ihren Lehnsherren. Diese übergaben sie damals dem Bürger Klaus Ludewiges [78]), welcher sie vor 1409 einem Altar in der

---

65) Sudendorf, Urkundenbuch II, 48.
66) Kämmereibuch der Altstadt, S. 8. 16.
67) Kämmereibuch der Neustadt, S. 4. 30.
68) Kämmereibuch des Hagens, fol. 11¹ und 24.
69) Kämmereibuch der Altenwik, fol. 2.
70) Degeb. des Sackes II, auf der inneren Seite des vorderen Umschlages.
71) Sudendorf, Urkundenbuch II, 52.
72) Degeb. der Neustadt II, fol. 56¹.
78) Originalurkunde des Stadtarchivs Nr. 283, ungedruckt.

Katharinenkirche überwies, worauf der Rath im Hagen 1409 die Administration derselben übernahm mit der Verpflichtung, dem Priester des Andreasaltars in jener Kirche jährlich 145 Schillinge aus derselben zu zahlen [74]. 1417 lieferte der Rath dieses Weichbildes einen Ueberschuß von 185 Schillingen in die Stadtcasse ab [75], von dem jene Summe an die Kirche wohl erst zu zahlen war.

Als Steuern, aus deren Ertrage die Stadtcasse bedeutende Einnahmen zog, sind bekannt die Wachtepfennige, der Schoß, der Rodenzins und die Accise.

Die Wachtepfennige waren eine Steuer, welche jeder Hausbesitzer für die Erhaltung der nächtlichen Sicherheit durch die Nachtwächter schon 1268 [76] zu entrichten hatte. Von jedem Reihenhause waren jährlich sechs Pfennige, von jeder Bude drei zu entrichten. Befreit waren von dieser Abgabe nur die Häuser der Nachtwächter, der Pfarrer und die Mühlen [77]. Diese Abgabe lieferte nach den Kämmereibüchern 1402 folgenden Ertrag: in der Altstadt 9 Mark $1^{3}/_{4}$ Schilling, im Hagen 7 Mark $14^{1}/_{2}$ Schilling, in der Neustadt 5 Mark $5^{11}/_{12}$ Schilling, im Sack 3 Mark und in der Altenwik nur 2 Mark 26 Schilling. Hier waren nämlich zwei der volkreichsten Straßen, Klint und Friesenstraße, und der Bezirk des Benedictinerklosters St. Aegidien von dieser Abgabe befreit; jene Straßen, weil ihre Bewohner die Bergfriede in der Mauer vom Friesen- bis zum Aegidienthore Nachts bewachten, der Klosterbezirk als fürstliche Freiheit [78].

Eine zweite Steuer war der Schoß, welche schon 1268 unter dem Namen collecta hier vorkommt [79], die aber wahrscheinlich schon seit Begründung des städtischen Gemeinwesens erhoben sein mag. In die Stadtcasse schossten erst seit 1296 oder 1299 auch die beiden Weichbilder Sack und Altewik in Folge fürstlicher Erlaubniß [80]. Der Schoß war eine Vermögenssteuer, die wie es scheint vom Grundbesitz aller Art, der

---

[74] Originalurkunde des Stadtarchivs Nr. 435, ungedruckt.
[75] Porner, Gedenkbuch, fol. 2.
[76] Urkunde des Stadtarchivs Nr. 15, ungedruckt.
[77] Kämmereibuch der Altstadt, S. 18.
[78] Kämmereibuch der Altewik, fol. 9.
[79] Originalurkunde des Stadtarchivs Nr. 15, ungedruckt. Daß der Schoß gemeint ist, zeigt eine Urkunde von 1345 in Urkunden und Statuten Nr. 32: collecta, que vulgo schot dicitur.
[80] Urkunden und Statuten Nr. 13. §. 1 und Nr. 15. §. 16.

im Weichbild der Stadt, d. h. innerhalb ihrer Landwehren lag, und Bürgern oder hiesigen Einwohnern gehörte, gezahlt werden mußte, aber auch vom Einkommen derer, welche kein Grundstück besaßen. Um die Eigenthümer jedes Grundstücks stets genau zu kennen und nach dessen Werth die Schoßquote derselben bestimmen zu können, hielt der Rath strenge darauf, daß alle Veränderungen im Besitz von Grundstücken, namentlich von Häusern, in die städtischen Degedingsbücher eingetragen wurden. Jene Veränderungen und die in den auf den Grundstücken lastenden Hypotheken wurden erst rechtsgültig durch Eintragung in jene Bücher vor Gericht, die nachweislich schon im vierzehnten Jahrhundert Sitte war[81]). Deshalb waren die städtischen Richteherren stets im Gerichte zugegen[82]). Selbst wenn ein Bürger Feldgut ankaufte, so mußte er dies dem Rathe zur Anzeige bringen[83]). Schwerer als der Grundbesitz war das bewegliche Vermögen der Bürger zu controliren. Der Rath that in dieser Hinsicht, was die Umstände gestatteten. Er hielt die Einwohner dazu an, auch ihre Einnahmen von ausstehenden Capitalien, Hypotheken, Leibrenten und Pfandzinsen und von ländlichen Grundstücken außerhalb des Stadtgebietes anzuzeigen, damit sie in die Degedingsbücher eingetragen würden; in diesen finden sich daher sehr eingehende Nachweise über das Vermögen der hiesigen Einwohner. Hinsichtlich des durch Handel und Gewerbe gewonnenen beweglichen Vermögens, wovon auch Schoß zu zahlen war, mußte sich der Rath auf die Angaben der Einwohner verlassen. Daher ließ man Jeden zum Schoß schwören, d. h. sein Gesammteinkommen eidlich angeben, wovon er dann den gesetzmäßigen Schoß zu geben hatte. Eine vorbereitende Maßregel war das Ausschreiben des Schosses, welches in der zweiten Woche nach Michaelis geschah. Dann stellten die Rathsschreiber mit Hülfe der Bauermeister, welche die Einwohner ihrer Bauerschaft am besten kannten, das Schoßbuch auf, d. h. ein Verzeichniß aller Einwohner der Stadt, nach den Bauerschaften geordnet[84]). Um dieselbe Zeit bestimmte der Rath die Schoßquote in folgender Weise. Um Michaelis kamen die fünf Herren der Finanzcommission und die sieben Beutelherren je für sich zusammen, prüften den Stand der städtischen Finanzen und

---

81) Urkunden und Statuten Nr. 16. §. 19 und Nr. 39. §. 4. 5.
82) Ordinar. 10.
83) Urkunden und Statuten Nr. 53. §. 36.
84) Ordinar. 133.

berichteten gesondert darüber an den Küchenrath. Ob der Schoß zu erhöhen oder zu vermindern, oder in dem vorjährigen Betrage wiederum zu erheben sei, beschloß der Rath mit Zuziehung der Rathsgeschworenen nach vorheriger Besprechung mit dem Küchenrathe [85]. In der dritten Woche nach Michaelis wurde zum Schoß geschworen. Am Montag begann man damit in der Altstadt, am Dienstag im Hagen, am Mittwoch in der Neustadt, am Donnerstag in Altewik und Sack. Nachdem am Morgen dieser Tage die Rathsherren und Rathsgeschworenen des betreffenden Weichbildes nach dem Schwören des Schoßeides ihr und ihrer Frauen Vermögen angegeben hatten, wurden die Einwohner des Weichbildes nach Mittag durch Glockengeläut oder durch des Rathes Boten nach ihrem Rathhause gefordert. Dort mußten sie den Schoßeid vor dem Rathe oder einigen Rathsherren schwören und spätestens binnen vierzehn Tagen die nöthigen Angaben machen [86]. Jeder Bürger mußte selbst kommen; nur bei echter Noth desselben ließ man dessen Frau zur Beschwörung des Schosses zu [87]. Für vaterlose unmündige Kinder schwuren deren Vormünder zum Schoß [88]. Die gemachten Angaben notirten des Rathes Schreiber in den Schoßbüchern. Wer beschwur, er habe „kein Gut im Werthe von drei Mark", mit dem accordirte der Rath um den Schoß, der Rathsschreiber trug auch solche Posten in's Schoßbuch ein [89]. Wer in den ersten vierzehn Tagen nach dem Anfangstermin nicht schwur, den konnte der Rath festnehmen lassen und festhalten, bis er die nöthigen Angaben machte. Nur wer in jener Zeit abwesend war, ward auch später noch zugelassen [90]. Die Schoßsumme war natürlich verschieden und richtete sich nach den Bedürfnissen der Stadt. Von 1404 bis 1406 zahlte man zwei Schilling Vorschoß und als Hauptschoß zwei Pfennig von der Mark, d. h. $1/180$ (oder $5/9$ Procent) des steuerbaren Vermögens; dieser Satz steigerte sich aber in schlimmen Zeiten oft auf das Doppelte, Dreifache, 1388 einmal selbst auf

---

[85] Ordinar. 148 b.

[86] Ordinar. 134. Urkunden und Statuten Nr. 39. §. 60. Eidbuch des Sackes, fol. 24¹.

[87] Eidbuch des Sackes, fol. 25. §. 3.

[88] Eidbuch des Sackes, fol. 24¹.

[89] Hemelik rekenscop, p. 32. Ordinar. 133. Eidbuch des Sackes, fol. 23¹ und Eidbuch in Urkunden und Statuten Nr. 60. §. 1.

[90] Ordinar. 134. 135. Hemelik rekenscop, p. 32 und die Eidbücher a. a. O.

das Vierfache; damals zahlte jeder Einwohner acht Schilling Vorschoß und acht Pfennige von der Mark, also $1/45$ oder $2\frac{2}{9}$ Procent seines Vermögens [91]). Gezahlt wurde der Schoß nach Martini; am Montag nach diesem Feste in der Altstadt, am Dienstag im Hagen, am Mittwoch in der Neustadt und am Donnerstag in Altewik und Sack auf den Weichbildsrathhäusern. Die Zahlung geschah in Gegenwart einiger Rathsherren, die den ganzen Tag dabei waren, Abends die eingegangenen Summen zählten und mit dem Schoßbuche, in welchem die eingelieferten Gelder verzeichnet standen, nach der Münzschmiede brachten [92]). Wer den Schoß nicht pünktlich zahlte, den verurtheilte der Rath wohl zum Steinetragen beim Bau der Mauern, oder ließ ihn eine Zeitlang mit der Armbrust Schützendienste thun [93]). Die Hauptsummen scheinen an den betreffenden Tagen eingekommen zu sein, wie Porners Gedenkbuch beweist. 1404 wurden an dem ersten Tage in den fünf Weichbildern eingezahlt etwa 1075 Mark, nachgezahlt nur etwa 29 Mark; 1414 wurden an den ersten Tagen gezahlt $1194\frac{1}{2}$ Mark, nur etwa 14 Mark kamen nach [94]). Von den aufkommenden Schoßsummen zahlte die Altstadt, der Sitz der reichsten Leute, fast die Hälfte, der Hagen kein ganzes Viertel, über ein Viertel brachten die drei übrigen Weichbilder auf, und zwar die Neustadt zur einen, Altewik und Sack zur anderen Hälfte. Dies beweisen Porners Notizen über die aus jedem Weichbild aufkommenden Schoßsummen. Da diese Angaben zugleich von dem steigenden Wohlstand der Stadt Zeugniß ablegen, so theilen wir einige [95]) in folgender Tabelle mit:

---

[91] Hemelik rekenscop, p. 65—67. Nach dem geringsten Steuersatze der alten Zeit zahlt jetzt nur die unterste Classe ihre Communalsteuer, die zehnte und elfte Classe zahlt etwa das Doppelte jenes geringsten Steuersatzes; die neunzehnte Classe mit 1000 Thaler Einnahme zahlt $2\frac{1}{3}$ Procent, also mehr als den höchsten alten Satz; die 23. Classe mit 1400 Thaler Einkommen zahlt 3 Procent, die noch höheren $3\frac{1}{3}$ Procent, also das Sechsfache der geringsten Schoßquote alter Zeit.

[92] Ordinar. 138 und Hemelik rekenscop, p. 33.

[93] Beispiele aus den Schoß- und Strafbüchern der Altstadt bei Sack im Vaterl. Archiv 1847, S. 256. 267.

[94] Porner, Gedenkbuch, fol. 25^1 und 26^1.

[95] Porner, Gedenkbuch, fol. 25^1. 26^1. 29. 31^1. 33.

Schoßeinnahmen der Stadt.

	1404.	1414.	1419.	1424.	1426.
	Mark.	Mark.	Mark.	Mark.	Mark.
Altstadt	496	553½	559	605¼	633
Hagen	253½	270	287	331¾	350¾
Neustadt	163	197	207½	236¾	249¼
Altewik	85	92	96¾	116	119
Sack	77½	82	88	104	103
Summe mit dem Nachschoß	1104	1209½	1251¼	1412¾	1475

Befreiung vom Schoß ward ausnahmsweise für einige Jahre solchen Bürgern verwilligt, welche sich hervorragende Verdienste um die Stadt erworben hatten, wie z. B. Cord Stapel dieselbe 1378 auf sechs Jahre, Junge Holtnicker 1383 auf zwei Jahre erhielt [96]).

Eine dritte Steuer war der Roden- oder Hopfenzins. Bald nach der Mitte des vierzehnten Jahrhunderts nahm der Rath von jedem Centner Hopfen, welcher auf dem Stadtgebiete gewachsen war und in einem hiesigen Rodenstoven getrocknet wurde, ein halbes Loth Steuer [97]). Damit identisch scheint die Steuer zu sein, welche nach den Eidbüchern der Altstadt die Gärtner, welche Hopfen bauten, in gleichem Betrage um Ostern an den Rath zu zahlen hatten und die der Rodenzins genannt wird [98]). Aus dreißig Morgen löste der Rath der Altstadt 1402 eine Steuer von 5½ Mark, der der Neustadt nahm 2¾ Mark, der des Hagens zwei Mark ein [99]).

Eine vierte sehr einträgliche Steuer war die Accise, welche von Wein, Bier und Mehl gezahlt ward. Die Weinaccise (de winzise) richtete sich nach dem Werthe des zu verkaufenden Weines, dessen Preis die vom Rathe ernannten Weinherren vor dem Verkaufe zu bestimmen hatten. Die Stadt nahm etwa 1/12 vom Werthe desselben, also 8⅓

---

96) Gedenkbuch I, fol. 37¹ und Copialbuch II, fol. 27¹ und 102.
97) Urkunden und Statuten Nr. 53. §. 106.
98) Urkunden und Statuten Nr. 60. §. 23. Kämmereibuch der Altstadt, S. 85.
99) Kämmereibuch der Altstadt, S. 85—89; der Neustadt, S. 83; des Hagens, fol. 86¹.

Procent als Accise. Von dem Wein nämlich, von welchem ein Stübchen (d. i. vier Quartier) unter 1½ Schilling kostete, zahlte der Weinhändler von einem vierzig Stübchen haltenden Ohm 3¾ Schilling Accise; kostete das Stübchen 1½ Schilling und darüber, so betrug die Accise vom Ohm 5⅝ Schilling [100]). Gegen Ende des Mittelalters setzte man die Weinsteuer auf die Hälfte herab, von jedem Ohm gab der Weinhändler ohne Unterschied des Werthes nur 1½ Loth (2¹³⁄₁₆ Schilling) [101]). Die Einnahmen aus der Weinaccise schwankten in den Jahren 1412—1426 zwischen 56 und 161½ Mark, jene Summe ward 1416, diese im Jahre darauf eingenommen; nur fünfmal in jenen fünfzehn Jahren gingen über hundert Mark Weinaccise ein [102]).

Die Bieraccise zahlten die Brauer, welche hiesiges Bier brauten. Sie durften das zum Biere nöthige Malz nicht eher zur Mühle bringen, als bis sie jene nach der Zollbude gebracht hatten. Von dem Preise des Malzes und des Hopfens, die zum Gebräu nöthig waren, zahlten sie ¹⁄₁₂ als Accise. Seit 1433 sah der Rath von dem Preise jener Materialien ab und ließ sich für ein aus elf Himpten Malz zu machendes Gebräu zehn Pfennige Accise zahlen, von jedem Himpten, den der Brauer mehr nahm, mußte er noch einen Pfennig entrichten [103]). Wie viel hiesiges Bier gebraut ward, ersieht man aus den bedeutenden Summen, welche die Accise für dasselbe einbrachte. Die Stadtcasse nahm 1412 an Bieraccise 287½ Mark ein, was auf 862 Gebräue schließen läßt, jedes mit zehn Pfennigen versteuert [104]).

Daß der Rath 1386 das Recht erhielt, von jedem Scheffel des in den damals noch herrschaftlichen Mühlen zu vermahlenden Kornes einen Pfennig Accise zu nehmen, ist oben S. 184 erzählt. Nachdem der herrschaftliche Mühlenzoll oder Mühlenzins um 1399 abgelöst (S. 184) und die Mühlen alle für die Stadt erworben waren, wurde auch diese Steuer für die Stadtcasse von Bedeutung. Statt der Anfangs zu gebenden

---

100) Urkunden und Statuten Nr. 60. §. 19. Ordinar. 9.
101) Eibbücher der Altstadt, S. 166 flg. und fol. 23.
102) Porner, Gedenkbuch, fol. 19¹—24 und 42¹—44.
103) Eibbuch der Neustadt, fol. 70. Kämmereibuch des Hagens, fol. 66.
104) Porner, Gedenkbuch, fol. 19¹—24 und 42¹—44. 1415 betrug diese Einnahme an 337 Mark, 1417 an 343 Mark, 1419 nur 285 Mark, 1421 etwa 380 Mark, 1422 sogar 403½ Mark, 1423 nur 351 Mark, 1424 wieder 391 und 1426 sogar 428 Mark, was auf 1284 Gebräue schließen läßt.

Mahlmetze entrichtete man seit etwa 1400 die Metzenpfennige. Bezahlte man sie auf der Zollbude, so erhielt man ein Zeichen, welches in der Mühle abgeliefert werden mußte [105]. Ob die in Porners Gedenkbuch angegebenen Einnahmen der Stadtcasse aus den Mühlen allein aus dieser Abgabe herrührten, oder auch die Mühlenpacht mit begreifen, ist nicht zu ermitteln. Es nahm aber der Rath aus den hiesigen Mühlen bis 1418 jährlich an drei- bis vierhundert, später auch über vierhundert Mark ein [106]. Demnach hat der Verfasser der Hemelik rekenscop Recht, wenn er den Werth der hiesigen Mühlen in einer Zeit, wo man bis zehn Procent Zinsen nahm, auf über viertausend Mark berechnet [107].

Von sonstigen Einnahmen der Stadtcasse kennen wir noch folgende. Von den Geldern, welche für Gewinnung des Bürgerrechts gezahlt wurden, erhielt der gemeine Seckel, was der neue Bürger über die gesetzlichen Gebühren [108] hinaus etwa freiwillig zahlte [109]. Die durch die Stadtgesetze angedrohten Geldstrafen, welche von deren Uebertretern zu entrichten waren, flossen gleichfalls in jene Casse, nachdem die damit beauftragten Leute sie eincassirt hatten [110]. Von Erbschaften, die nach Recht oder durch testamentarische Verfügung aus der Stadt in die Hand von Nichtbürgern kamen, blieb dem Rathe ein Drittel, welches die sieben Beutelherren in Empfang zu nehmen hatten [111]. Im vierzehnten Jahrhundert erhielt derselbe auch ein Viertel der Gebühren, welche ein Meister der Schuhmacher und Gerber bei seiner Aufnahme in die Gilde zu zahlen hatte [112]. Die Leinweberinnung gestand dem Rathe 1331 „den vierten Pfennig", d. h. ein Viertel aller Gildeeinnahmen zu [113]. Von den Strafgeldern, welche für Uebertretung der

---

[105] Ordinar. 86. Urkunden und Statuten Nr. 60. §. 24. 39.

[106] Porner, Gedenkbuch, fol. 19¹—24. Die Einnahme aus ihnen betrug 1412 etwa 348, 1413 etwa 312, 1414 an 380, 1415 an 345, 1419 über 400 und 1421 etwa 438 Mark.

[107] Hemelik rekenscop, p. 75.

[108] 7½ Schilling erhielten die Rathsherren, 1 Schilling das Rathsgesinde und ½ Schilling der Rathsschreiber. Ordinar. 47.

[109] Ordinar. 36. 16.

[110] Ordinar. 36. Urkunden und Statuten Nr. 60. §. 74.

[111] Urkunden und Statuten Nr. 53. §. 102. 125. Echtebing XII, 1. Ordinar. 86. Hemelik rekenscop, p. 27.

[112] Degeb. der Altstabt I zu 1329, S. 154.

[113] Degeb. der Altstabt I zu 1331, S. 157. Neustädt. Weichbildsbuch, fol. 11¹.

Gildeordnung zu zahlen waren, erhielt der Rath bei den Goldschmieden die Hälfte, bei den Beckenschlägern Anfangs ein Drittel, später auch hier die Hälfte [114]. Ob dies auch bei anderen Gilden der Fall war, berichten die Quellen nicht. Endlich wird noch der Grabenzins in dem Kämmereibuch der Neustadt erwähnt. Er kommt schon in dem alten Zinsregister dieses Weichbildes aus der Mitte des vierzehnten Jahrhunderts vor; danach zahlten ihn im Betrage von je $1/2$ bis $1 1/2$ Schilling alle Bewohner der Beckenschlägerstraße und einige der Kaiserstraße und des Rickerkulkes „von dem Graben bei der Mauer" [115]. Nach dem Kämmereibuche [116] von 1402 gaben alle Häuser der Neustadt, hinter denen der Mauergraben herfloß, diesen Zins an ihre Weichbildscasse in einem jährlichen Betrage von $25 1/3$ Schilling. Daß dieser Zins für die Unterhaltung des Mauergrabens gezahlt wurde, ist eine nicht unwahrscheinliche Vermuthung [117]. Die Summe aller Einnahmen betrug 1414 nach der Kämmereirechnung dieses Jahres etwa 2491 Mark, der Schoß brachte außerdem etwa 1209 Mark, was eine Gesammteinnahme von 3700 Mark ergiebt.

Die genannten Einnahmen flossen zum größten Theil unmittelbar in die allgemeine Stadtcasse, welche die unten zu erwähnenden sieben Beutelherren verwalteten. Nur einzelne Einkünfte waren den Kämmerern der einzelnen Weichbilder vorbehalten, um damit gewisse Ausgaben zu bestreiten, die man der Stadtcasse nicht aufbürden wollte. In die Weichbildscassen wurden entrichtet der Worthzins, Erbenzins, Miethe aus Häusern und Waarenhallen, Pachten, namentlich auch der Gartenzins und Fischereizins, Wachtepfennige und Grabenzins [118]. Daß alle anderen Einnahmen unmittelbar in die Stadtcasse flossen, zeigt der Ordinarius [119].

---

114) Degeb. der Altstadt I, S. 331 und II, fol. 32. Neustädt. Weichbildsbuch, fol. 13¹. §. 7. 12.
115) Neustädt. Weichbildsbuch, fol. 67. 70¹.
116) Kämmereibuch der Neustadt, S. 19. 28. 29.
117) Sack, im Vaterl. Archiv 1847, S. 256.
118) Das ist aus den fünf Zins- und Kämmereibüchern zu ersehen.
119) Ordinar. 86.

2. Die Ausgaben des Rathes.

Ordentliche, jährlich wiederkehrende Ausgaben, welche theils aus der Stadt-, theils aus den Weichbildscassen bestritten wurden, führte zunächst die Erhaltung der öffentlichen Bauwerke herbei. Zu diesen gehörten die Rathhäuser der fünf Weichbilder, an welchen oft bedeutende Summen verbaut wurden[1]), sodann die Mühlen, die öffentlichen Waarenhallen, z. B. die Gewandhäuser, die Krambuden, die Hokenbuden und Scharren, ferner die Thore und Bergfriede in der Stadtmauer, die Münzschmiede, die drei Waagehäuser, das Haus des Stadthauptmanns[2]) und das des städtischen Officials, für welches um 1400 an dreizehn Mark verausgabt wurden[3]). Die städtischen Cassen bestritten auch die nöthigen Bauten und Reparaturen an den zahlreichen Brücken und Stegen[4]), an der Stadtmauer[5]) und an den zu dieser gehörigen Befestigungen, namentlich an den Pallisaden des Mauergrabens[6]). Sie bezahlten die Ausbesserung des Straßenpflasters[7]) und der Steinwege vor den öffentlichen Gebäuden der Stadt[8]), die Reparaturen der Schläge

---

1) Hemelik rekenscop, p. 96. So z. B. zu Anfang des funfzehnten Jahrhunderts binnen wenigen Jahren an 1100 Mark.
2) Kämmereibuch der Altstadt, S. 117.
3) Hemelik rekenscop, p. 56.
4) So kostete der Stadt um 1400 die Brücke vor dem Hohenthore über 6½ Mark, die lange Brücke beim jetzigen Waisenhaus über 58 Mark, die kurze Brücke im Hutfiltern 9 Mark, die Brücke am Michaelisthor 21 Mark, die am Petrithor 28 Mark, die am Steinthor 5 Mark. Hemelik rekenscop, p. 47. 49. 53.
5) Um 1400 wandte man an die Ausbesserung der Mauer von dem Michaelisbis zum Petrithor 65 Mark; an die der Altenwik 24 Mark und erbaute die Mauer um den Johannishof und um den Südmühlenhof für 259 Mark. Hemelik rekenscop, p. 47. 48. 55. 96.
6) An die palinge vor dem Petrithor wandte der Rath um 1400 an 16 Mark, am Hohenthore etwa 17½ Mark, am Michaelisthor 16 Mark, am Gieseler 18 Mark, an dem Neustadtthore und dem Grashofe bei der dortigen Mühle über 44 Mark. Hemelik rekenscop, p. 48. 49. 54.
7) Für 144 Quadratruthen Straßenpflaster zahlte man damals eine Mark. Porner, Gedenkbuch, fol. 58⁴.
8) 23 Mark kostete um 1400 des Rathes Steinweg bei St. Ulrich vor dem Waagehause und der Münzschmiede bis an die nach St. Ulrich führende Stiege; 4 Mark der Steinweg vor dem Weinkeller, 15 Mark der Steinweg beim Paulinerkloster, vier Mark der Steinweg vor dem Rathhause des Sackes. Hemelik rekenscop, p. 49. 53. 56. Kämmereibuch der Altstadt, S. 117.

und Ketten, welche die Straßen Nachts gegen einander absperrten[9]), sie erhielten die Schilde an den Ecken, auf denen der Straßenname angegeben sein mochte, die aber vielleicht auch zu öffentlichen Anschlägen[10]) dienten, und besorgten endlich die Säuberung der Ockercanäle und Stadtgräben. Für die Erhaltung aller genannten Bauwerke sind in den Kämmereibüchern bestimmte Summen ausgesetzt, in der Altstadt 25 Mark, in den vier anderen Weichbildern zusammen etwa 17 Mark[11]). Ein besonderer Etat von sieben Mark ward ausgesetzt zur Erhaltung der drei Springbrunnen (jogheborn) auf dem Altstadtmarkte, dem Kohlmarkte und auf dem Hagenmarkte[12]).

Nachdem die Landwehren als äußerste Befestigungslinie des Stadtgebietes mit ihren Thürmen und Bergfrieden bis 1416 mit einem Kostenaufwande von 2652 Mark erbaut waren, genügten für die Erhaltung derselben geringe Summen. In der Altstadt waren für diesen Zweck jährlich zehn Mark ausgesetzt, in der Neustadt vier, im Hagen sechs Mark; für den etwaigen Mehrbedarf scheint die Stadtcasse eingetreten zu sein[13]).

Für die Erhaltung der Landstraßen, soweit sie durch das Stadtgebiet liefen, scheint aus der Stadtcasse nichts verausgabt zu sein. Man ließ die Wege in dem Zustande, in welchen sie durch Wind und Wetter kamen, und begnügte sich, für die besonderer Vorsorge bedürftigen Stellen eine städtische Aufsicht anzuordnen. So ernannte der Rath im Anfang des funfzehnten Jahrhunderts „Vormünder" für die Dämme zu Vechelde und vor Klein-Scheppenstedt. An diese wurde das dort bezahlte Weggeld eingeliefert, sie verwandten dies Geld an ihren Damm nach bestem Ermessen[14]). Reichten solche Mittel nicht aus, so ließ man

---

9) Kämmereibuch der Altstadt, S. 117.

10) Erwähnt werden solche Schilde am Eingang in die Gilden- und Echternstraße, am Petrithor und auf dem Bäckerklint um 1400. Hemelik rekenscop, p. 48. 49.

11) Kämmereibuch der Altstadt, S. 117; des Hagens, fol. 63¹; der Neustadt, S. 41; der Altenwik, fol. 23; des Sackes, fol. 14¹.

12) Kämmereibücher der Altstadt und des Hagens a. a. O. Daß größere Bauten an denselben mehr Geld in Anspruch nahmen, zeigt Hemelik rekenscop, p. 49.

13) Kämmereibuch der Altstadt, S. 117; der Neustadt, S. 41; des Hagens, fol. 63¹. Vergl. Ordinar. 36.

14) Ordinar. 63. 70. Von vierzig Mark erblosen Gutes aus dem Nachlasse eines Hennig von Abenstedt wurden 1402 jenen beiden Dämmen dreizehn Mark zugewiesen. Degeb. der Altstadt III zum Jahre 1402. Nr. 16.

2. Die Ausgaben des Rathes.   335

durch irgend einen geistlichen Würdenträger denen Ablaß zusagen, die zur Herstellung der verfallenen Strecke behülflich wären [15]).

Bedeutende Ausgaben verursachte der Stadtcasse die Erhaltung der der Stadt verpfändeten Schlösser [16]). Sie mußten in gutem Stande erhalten werden, wenn sie anders in Fehdezeiten vertheidigungsfähig sein und den städtischen Handelsleuten vor Wegelagerern einen sicheren Zufluchtsort gewähren sollten. Ueber die großen Kosten ihrer Erhaltung klagt schon der Verfasser der Hemelik rekenscop, p. 19 nicht ohne Grund. An der Asseburg hatte der Rath 1406 binnen wenigen Jahren 150, bis 1417 sogar schon 400 Mark, an dem 1392 erworbenen Schloß Vechelde bis 1416 über 464 Mark verbaut, ein neuer Steinthurm daselbst kostete allein über 142 Mark [17]). An die Baulichkeiten des Schlosses Neubrück mußte der Rath in den ersten sieben Jahren seines Besitzes 1010 Mark wenden [18]).

An kirchliche Feierlichkeiten und Stiftungen wandte der Rath jedes Weichbildes einiges Geld. Zum Andenken an eine eben überstandene große Pest beschloß der Rath 1350, den Tag der Erhebung des heiligen Kreuzes (14. September) fortan als hohes Fest in allen Stadtkirchen feiern zu lassen [19]). Damit die Pfarrgeistlichkeit bereit wäre, es mit allem Glanz zu verherrlichen, so ließ der Rath dem gesammten Personal der Pfarrkirchen bis zum Gehülfen des Opfermannes hinab an diesem Tage eine Gratification reichen, welche sich für alle sieben Pfarrkirchen auf etwa 33 Schillinge belief [20]). Ebenfalls 1350 erfolgte der Beschluß, St. Autorstag am 20. August als hohes Fest zu feiern und dem Heiligen Lichte im Aegidienkloster zu opfern [21]). Vor der Procession war feierlicher Gottesdienst in allen Pfarrkirchen der Stadt, verherrlicht durch Gesang von der Orgel. Dafür und für Betheiligung

---

15) Ein Ablaß des Bischofs Siegfried von Hildesheim ward 1281 zur Herstellung der langen Brücke bei Vechelde erlassen. Originalurkunde des Stadtarchivs Nr. 19, ungedruckt. Dies geschah im weiteren Umfange auch 1502, Urkunde im Copialbuch I, fol. 55¹, gedruckt bei Hessenmüller, H. Lampe, S. 142.

16) Ordinar. 36.

17) Hemelik rekenscop, p. 88 und 89 und Porner, Gedenkbuch, fol. 70¹.

18) Porner, Gedenkbuch, fol. 69 und Hemelik rekenscop, p. 100.

19) Gedenkbuch I, fol. 7¹. 11.

20) Kämmereibuch der Altstadt, S. 101; der Neustadt, S. 36; des Hagens, fol. 56¹; der Altenwik, fol. 16; des Sackes, fol. 11¹.

21) Gedenkbuch I, fol. 7¹.

an der Procession ließ der Rath der Geistlichkeit zu St. Martinus, St. Katharinen und St. Andreas je zwei, der der vier übrigen Pfarrkirchen an jenem Tage je ein Stübchen Wein reichen. Die Barfüßer und Pauliner erhielten je fünf Schillinge, wenn sie an der Procession Theil nahmen. In jedem Weichbilde bekam der Opfermann der Hauptkirche zehn Pfennige für das Festgeläut und für die Anfertigung des zu opfernden großen Lichtes, zu welchem das Wachs 18—30 Schillinge kostete. Die Pfeifer, welche der Procession voranzogen, lohnte der Rath mit fünf und den Opfermann im Aegidienkloster mit 2½ Schillingen für das Anzünden und Auslöschen dieser Lichter das Jahr hindurch. Ein Theil dieser Kosten ward aus dem Ertrag der milden Gaben bestritten, welche das Jahr über für diesen Zweck in den Kirchen einkamen [22]).

Von den milden Stiftungen und Capellen, welche der Rath stiftete, wird weiter unten die Rede sein. Von anderen kirchlichen Stiftungen kennen wir folgende. Der Rath der Altstadt hielt einen Priester am St. Annenaltar in der Martinikirche zum Messelesen und gab diesem jährlich 4⅔ Mark [23]). 7⅓ Mark wandte der Rath der Neustadt an, um zwei Capellane in der Andreaskirche zu täglichem Messelesen zu halten [24]); zwölf Mark der Rath im Hagen zur Fundation täglicher Messen an drei Altären vor dem Chor der Katharinenkirche [25]). Das Fest der elftausend Mägde am 21. October ließ der Rath in der Martinus- und Andreaskirche, das der heiligen Elisabeth am 19. November in der Martinuskirche feiern und zahlte bei dieser Gelegenheit an jedes Gotteshaus fünf Schillinge [26]). Für das Läuten der Ave Marienglocke zu St. Martinus und St. Katharinen zahlte der Rath den beiden Opferleuten jährlich 4½ resp. vier Schillinge als Gratification [27]).

An der Armenpflege betheiligte sich der Rath, indem er jährlich zwei öffentliche Spenden an die Armen gab, eine am Freitag vor dem Magarethentage, also im Anfang des Juli, die Hagelspende genannt,

---

22) Kämmereibuch der Altstadt, S. 102; der Neustadt, S. 36; des Hagens, fol. 56¹; der Altenwik, fol. 16¹; des Sackes, fol. 12. Ordinar. 128.
23) Kämmereibuch der Altstadt, S. 94.
24) Kämmereibuch der Neustadt, S. 34.
25) Kämmereibuch des Hagens, fol. 55.
26) Kämmereibuch der Altstadt, S. 99 und der Neustadt, S. 34.
27) Kämmereibuch der Altstadt, S. 103 und des Hagens, fol. 55¹.

2. Die Ausgaben des Rathes.

die andere am Freitag vor Kreuzeserhöhung, also im September[28]). Beide kosteten nach den Kämmereibüchern[29]) der Weichbildscasse in der Altstadt 44, im Hagen 40, in der Neustadt 34, in der Altewik 24 und im Sack 16 Schillinge, also zusammen 5 Mark 8 Schillinge.

Die Besoldung der Rathsdiener[30]), denen man die eine Hälfte ihres Soldes Pfingsten, die andere Martini auszahlte[31]), machte den Weichbildscassen nach den Angaben der Kämmereibücher folgende Kosten. Die Bauermeister, deren vier in der Altstadt, je zwei in Hagen und Neustadt, je einer in Sack und Altewik dem Rathe ihres Weichbildes Pedellendienste thaten[32]), erhielten jeder außer dem Zeug zu ihrer Amtskleidung[33]) noch einen festen Gehalt und zum Theil Remunerationen. In der Altstadt betrug ihr Gehalt sechszig Schillinge, im Hagen und der Neustadt funfzig, in Sack und Altewik dreißig. In der Schoßzeit um Martini erhielt jeder einen Schilling Gratification; die in der Altstadt bekamen jeder noch ¼ Schilling, wenn sie Wildbraten umtragen mußten, und zwei von ihnen noch 36 Schilling Rennepfennige dafür, daß sie die Reiter entboten, welche der Rath entsenden wollte[34]). Die zehn Bauermeister kosteten demnach der Stadtcasse 19 Mark 13 Schilling und 140 Ellen Tuch.

Jedes Weichbild hatte einen Bodel oder Gerichtsdiener, der die Parteien vor Gericht lud, Verurtheilte einsperrte und in Haft hielt, aber auch polizeiliche Dienste that und in den vier Weichbildern außer der Altstadt auch die Dienste eines Bauermeisters mit versah[35]). Jeder Bodel hatte

---

28) Ordinar. 126. 130.

29) Kämmereibuch der Altstadt, S. 102; der Neustadt, S. 36; des Hagens, fol. 56; der Altewik, fol. 16; des Sacks, fol. 11¹.

30) Außer diesen Dienern der Weichbildsräthe gab es noch Diener des gemeinen Rathes; dahin gehören der Stadthauptmann, der reitende Koch, die Landwehrbereiter, die Rathsschreiber, der Stadtsyndicus, der Zollschreiber, der Münzmeister, der Werkmeister, der Marstallswärter und der Scharfrichter (Ordinar. 74—91). Ueber deren Besoldung wissen wir aus den Kämmereibüchern Nichts.

31) Ordinar. 122. 141. Kämmereibuch der Altstadt, S. 107.

32) Ordinar. 92. 23. 111—114. Eidbuch in Urkunden und Statuten Nr. 54. §. 6.

33) Für den Sommer erhielten sie sieben Ellen aachensches Tuch, für den Winter sieben Ellen braunschweigisches Grautuch zur Bekleidung. Kämmereibuch der Altstadt, S. 105. 106.

34) Kämmereibuch der Altstadt, S. 107; der Neustadt, S. 38; der Altewik, fol. 19; des Sacks, fol. 13¹; das des Hagens im Zinsbuch aller fünf Weichbilder, S. 145.

35) Ordinar. 94. 111—114. Eidbuch in Urkunden und Statuten Nr. 54. §. 7.

Dürre, Geschichte Braunschweigs.

freie Wohnung in der Nähe des Rathhauses, erhielt Zeug zur Amtskleidung wie ein Bauermeister und einen Gehalt von 20 bis 25 Schillingen. Der Bodel der Altstadt hatte zum Gehülfen einen Jungen, dem der Rath dreizehn Ellen hägener Blautuch zur Kleidung und zwei Schilling für zwei Paar Schuhe verabreichen ließ. Der hägener Bodel konnte noch zehn Schilling Rennepfennige für Bestellung der Rathsdiener, die reiten sollten, verdienen [86].

Der Bote, welchen der Altstadtrath dem ganzen Rathe zu Gute hielt, damit er im Auftrage desselben über Feld gehe oder reite mit Briefen oder sonstigen Bestellungen, erhielt zwanzig Schilling Gehalt und Zehrungskosten auf seinen Reisen [87].

Die Nachtwächter, deren die Altstadt sechs, Hagen und Altewik je vier, Neustadt drei, Sack zwei hielt, bekamen als Lohn jeder vierzig Schillinge; die unter ihnen, welche die Aufsicht über die anderen Wächter führten, die Kurwächter, erhielten funfzig Schillinge. Sie kosteten demnach insgesammt 27½ Mark.

Zur Aufsicht hielt der Rath an jedem Thore einen Thorwärter, der Nachts auf dem äußeren Thore schlief. Ein solcher erhielt am Hohen- und Petrithore einen Jahresgehalt von funfzehn Schillingen, der Thorwärter am Michaelisthor neunzehn, der am Neustadtthore funfzehn, der am Magnithore sechszehn, der am Ilienthore drei Schillinge. Im Hagen bezahlte man jedem Thorwärter 7¾ Schillinge. Die Gehülfen derselben, welche Nachts auf dem inneren Thore schlafen mußten, besoldete der Rath an den meisten Thoren mit funfzehn, am Michaelisthore mit vierzehn, am Magnus- und Aegidienthore mit zehn Schillingen [89]. Die Gesammtkosten betrugen 7⅔ Mark für das Jahr.

Die Wärter der Landwehrthürme, welche die Passirenden überwachten, bezogen dafür einen bestimmten Sold. Je 1½ Mark erhielten die Wärter auf den Bergfrieden bei Broitzem und Rüningen, je eine Mark die auf dem Raffthurme, auf dem Wendenthurme, zu Gliesmarode und auf dem Scheppenstedter Thurm, 1¼ Mark der Wär-

---

[86] S. die Kämmereibücher an den N. 34 bezeichneten Stellen.

[37] Ordinar. 93. 36. Kämmereibuch der Altstadt, S. 108.

[88] Ordinar. 95. 111—114 und die Kämmereibücher a. a. O.

[89] Kämmereibücher der Altstadt, S. 109; der Neustadt, S. 89; der Altewik, fol. 19; des Hagens im allgemeinen Zinsbuch, S. 145. Ordinar. 98. 111—114.

2. Die Ausgaben des Rathes.

ter des Bergfrieds zu Oelper⁴⁰). Die Gesammtkosten beliefen sich demnach jährlich auf 8¼ Mark.

Die **Thurmmänner** zu St. Martinus und St. Katharinen, welche bei ausbrechendem Feuer, oder wenn sich ein Feind näherte, Sturmsignale gaben und die Thurmuhr nach der Sonnenuhr stellten, erhielten, weil sie daneben kein Geschäft treiben konnten, einen hohen Lohn, nämlich jeder 121⅛ Schilling⁴¹).

Rathsfischer, welche in den Teichen und Gewässern des Rathes zu bestimmten Zeiten fischen mußten, hielt man in Altstadt, Hagen und in der Neustadt. In jener gab man dem Fischer Zeug zu einem Beinkleide und zehn Schillinge, im Hagen fünf, in der Altenwik nur 3½ Schillinge jährlichen Lohn⁴²).

In jedem Weichbild miethete der Rath mehrere **Hirten** zur Hütung der Rindvieh- und Schweineheerden, wahrscheinlich auch zur Fütterung der von der Gemeinde zu haltenden Bullen und Kempen. Die Hirten lohnten die Eigenthümer des zu hütenden Viehes, der Rath gewährte ihnen die Schoßfreiheit. Die Haltung der Zuchtstiere und Eber kostete jährlich sechs Mark⁴³).

Diener, welche vom Rath gelöhnt wurden, waren endlich noch die drei **Waagemeister** in Altstadt, Neustadt und Hagen, welche außer Antheil an den Wägegebühren je dreißig Schilling Löhnung erhielten⁴⁴); die **Straßenkehrer**, deren jedem der Rath sechszehn Schilling zahlte⁴⁵); der **Grabenmeister**, der außer einer Kleidung 3¾ Schillinge Löhnung bekam⁴⁶); der **Marktmeister**, dem man das zu zwei Kleidungen

---

40) Kämmereibücher der Altstadt, S. 109. 111; der Neustadt, S. 88; der Altenwik, fol. 19¹; des Sacks, fol. 13¹ und des Hagens im allgemeinen Zinsbuch, S. 146. Ordinar. 99. 111—114.

41) Kämmereibücher der Altstadt, S. 110; des Hagens im allgemeinen Zinsbuch, S. 146. Ordinar. 100. 111.

42) Kämmereibücher der Altstadt, S. 105. 110; des Hagens, fol. 57; der Altenwik, fol. 19¹. Ordinar. 102. 111. 113.

43) Ordinar. 105. 106. 111. 112. Kämmereibücher der Altstadt, S. 110; der Neustadt, S. 39; des Hagens, fol. 57.

44) Ordinar. 96. 111. 112. Kämmereibücher der Neustadt, S. 38; des Hagens, fol. 57.

45) Ordinar. 108. Kämmereibuch der Altstadt, S. 111.

46) Ordinar. 109. Kämmereibuch der Altstadt, S. 106. 111.

nöthige Tuch gab⁴⁷), und die beiden Eiervögte in Altstadt und Hagen, deren Besoldung die Kämmereibücher nicht angeben⁴⁸).

Für kleine Ausgaben war in jedem Weichbilde eine bestimmte Summe ausgesetzt, in der Altstadt elf Mark, in der Neustadt sechs, im Hagen und in der Altenwik je fünf, im Sack drei Mark. Davon besorgte man die Heizung der Rathsstuben (Dornzen), Papier, Pergament und sonstiges Schreibmaterial für den Rath, die Reinigung der Zimmer auf den Rathhäusern, davon verabreichte man Bier bei den Rathssitzungen, davon das Essen, welches man an den Schofftagen dem Kämmerer, dem Schreiber und den Bauermeistern lieferte, davon bezahlte man den Wein, welcher am Martinsabend an die Rathsherren, den Schreiber, den Stadthauptmann und an die Bauermeister und Rathsboten geschenkt wurde⁴⁹).

Bis 1397 wurden öfters Ehrenmahlzeiten gehalten, zu denen jeder Weichbildsrath außer den Rathsgeschworenen auch mehrere angesehene Bürger einzuladen pflegte. Solch ein Festmahl wurde z. B. am Freitag vor Johannis veranstaltet, wo man mit St. Autors Sarge den Umzug hielt. Zu solchem Essen waren einst 180 Personen eingeladen. Der bedeutenden Kosten willen schaffte man dies 1397 ab⁵⁰). Den mit der Veranstaltung der Fastnachtslustbarkeiten beauftragten Constabeln gab der Rath allerlei Unterstützung, um ihre schon so großen Kosten etwas zu ermäßigen. Der Rath der Altenwik pflegte kurz vor 1400 in der Kreuzwoche ein Dorschessen, der Rath im Sacke am Burchardsabend (1. Februar) wie in der Fastnacht ein Gelage zu halten⁵¹). Dies Alles ward 1397 abgeschafft und für gemeinsame Mahlzeiten des Rathes, die dieser wohl selbst nicht ganz abstellen mochte, eine kleine Summe ausgesetzt, in allen fünf Weichbildern acht Mark⁵²).

Ehrengeschenke kosteten der Stadtcasse jedes Jahr Geld. Zu Fastnacht verschenkte der gemeine Rath Häringe, Lachs und Mandeln an seine Gönner außerhalb der Stadt. Am grünen Donnerstag sandte

---

47) Ordinar. 107. Kämmereibuch der Altstadt, S. 105. 106.
48) Ordinar. 108. 111.
49) Kämmereibücher der Altstadt, S. 116; der Neustadt, S. 41; des Hagens, fol. 63. 64; der Altenwik, fol. 23; des Sacks, fol. 14¹.
50) Hemelik rekenscop, p. 39.
51) Das. p. 40.
52) S. die Note 49 angeführten Quellen.

2. Die Ausgaben des Rathes.

der Rath der Altstadt seinen Rathsherren und den Mitgliedern des Küchenraths Fische und je ein halbes Stübchen Wein. Um Martini schickte man an Fürsten und vornehme Herren Ehrenwein, vergaß jedoch auch die regierenden Rathsherren und die Rathsältesten nicht[53]). Waren fürstliche Personen hier anwesend, so machte der Rath ihnen und ihrem gesammten Gefolge größere oder kleinere Geschenke und veranstaltete ihnen zu Ehren auf dem Altstadtrathhause festliche Gelage und Tänze. Rathsherren aus den verbündeten Städten bewirthete man festlich, selbst ihren Frauen erwies man auf etwaiger Durchreise ehrenvolle Aufmerksamkeiten[54]). So kam es, daß die für dies Alles aufgewandten Summen 1414 an 109 Mark betrugen. Am reichsten beschenkte der Rath natürlich die Herzöge und Mitglieder der herzoglichen Familie, sobald sie in die Stadt kamen[55]).

Eine sehr bedeutende Ausgabe führte für die Stadtcasse die Verzinsung der dem Rath entweder auf Leibgedinge oder als Webbeschat dargeliehenen Capitalien herbei. An solchen Zinsen[56]) zahlte sie in runden Summen:

	1414.	1417.	1420.	1423.	1426.
	Mark.	Mark.	Mark.	Mark.	Mark.
Webbeschat	172	249	292	326	322
Leibgeding	696½	772	854	900	924½

Diese Zinsen deckte etwa der Ertrag des Schosses, wie schon der Kämmerer Hans Porner[57]) berechnete.

Der städtische Marstall, 1406—1417 mit einem Kostenaufwande von über sechshundert Mark angelegt[58]), in welchem die Pferde standen, welche der Rath für die Söldner hielt[59]), kostete der Stadt-

---

53) Ordinar. 118. 119. 136. 137. Der 1414 zu Martini versandte Ehrenwein kostete nach der Kämmereirechnung 21 Mark.

54) Beweise liefert die Kämmereirechnung von 1414 unter der Rubrik: Geschenke.

55) Die fürstliche Familie kostete der Stadt jährlich etwa hundert Mark. Porner, Gedenkbuch, fol. 45¹.

56) Porner, Gedenkbuch, fol. 33¹—36.

57) Gedenkbuch, fol. 45¹.

58) Porner, Gedenkbuch, fol. 2¹. Hemelik rekenscop, p. 80. 81.

59) 1417 standen dort an sechzig Pferde in einem Gesammtwerthe von vierhundert Mark. Porner, Gedenkbuch, fol. 2¹.

caſſe⁶⁰) nach Porners Anſchlag 1417 etwa ſiebenhundert, 1418 etwa
ſechshundert Mark⁶¹). Bedeutende Koſten machte namentlich die An-
ſchaffung der Pferde, auf die jährlich etwa 150 Mark zu verwenden
waren, ferner ihre Erhaltung, für welche in einem Jahre 150 Fuder
Heu, 60 Fuder Stroh und 1000 Scheffel Hafer für 250 Mark nöthig
waren. Weniger koſtſpielig war der Hufſchlag der Roſſe, der jährlich
nur zwölf Mark koſtete, und die Beſoldung der Stallwärter und anderer
Diener des Marſtalles⁶²).

Auch in friedlichen Zeiten hielt der Rath eine Anzahl Söldner,
die unter dem Commando des Stadthauptmanns ſtanden und gleich
dieſem einen verabredeten Sold erhielten⁶³). Nach einer glaubwürdigen
Notiz⁶⁴) koſtete 1417 der Hauptmann, zehn Glevien, zwanzig Schützen
und vier Wartleute der Stadtcaſſe jährlich an 250 Mark⁶⁵). Unter
der Rubrik „Dienerſold" weiſen die Kämmereirechnungen nach, welche
Unkoſten das Halten der Söldner in jedem Jahre verurſachte.

Schwankender ſind natürlich die Summen, welche für Kriege
(orlege unde hêrvarden) zu verausgaben waren. Die für das Jahr
1418 ausgeſetzte Etatſumme von funfzig Mark vor dat krichwerk⁶⁶)
wird in kriegeriſchen Zeiten oftmals überſchritten ſein. Dann mußte
ſich der Rath, wie Hemelik rekenſcop, p. 10 erzählt, fremde Ritter
und Herren mit vielem Gelde zur Bundesgenoſſenſchaft gewinnen und
die Zahl der Söldner mehren, um die in der Stadt verpfändeten
Schlöſſer an den Haupthandelsſtraßen wirkſam vertheidigen zu kön-
nen⁶⁷). Wurden die Söldner in unglücklichen Kämpfen gefangen genommen, ſo mußte die Stadt ſie aus der Gefangenſchaft löſen und für
verlorene Habe entſchädigen, was ſie auch Bürgern zu thun pflegte.
Daß oft nach einem verlorenen Treffen mehrere tauſend Mark an Löſe-

---

60) Ordinar. 36.
61) Gedenkbuch, fol. 2¹ und 45¹.
62) Porner, Gedenkbuch, fol. 2¹. Hemelik rekenscop, p. 28. Ordinar.
36. 87.
63) Ordinar. 74. 36. Hemelik rekenscop, p. 28.
64) Porner, Gedenkbuch, fol. 2¹.
65) 1423 hielt die Stadt acht Glevien, 26 Schützen und vier Wartleute; mei-
ſtens löhnt ſie die Altſtadt; der Hagen ſtellt ſieben, die Neuſtadt ſechs Schützen oder
Wartleute. Porner, Gedenkbuch, fol. 51¹.
66) Porner, Gedenkbuch, fol. 45¹.
67) Hemelik rekenscop, p. 19.

geld und als Entschädigung für verlorene Habe zu zahlen waren, berichten die Quellen⁶⁸). Welche Kosten der Stadt die zahlreichen Fehden verursachten, mögen wenige Beispiele zeigen. Die Theilnahme an einem Zuge gegen die Harzburg kostete 1413 und im folgenden Jahre 492½ Mark, 1415 sind für Kriege 639 Mark verausgabt⁶⁹). Die Theilnahme an einer Fehde gegen Hildesheim kostete der Stadtcasse 1421 an 3400 und 1422 noch 1056 Mark⁷⁰). Mit den Ausgaben für den Krieg steht in enger Verbindung, was der Rath auf den Guß neuer Geschütze verwandte. In den Kämmereirechnungen sind die dafür verausgabten Summen unter der Ueberschrift Uppe de büssen oder Muserye aufgeführt. 1412 sind demnach 617 Mark „für die große Donnerbüchse" und deren Zubehör, 1414 für zwei neue große Büchsen, d. i. Kanonen 242½ Mark und 1416 für Donnerbüchsen 492 Mark verausgabt⁷¹). Porner berechnet die Kosten der von 1411 bis 1417 angeschafften Geschütze auf 1150 Mark⁷²).

Auch Processe kosteten der Stadtcasse oftmals nicht geringe Summen. In dem Etat von 1418 setzte Porner hundert Mark vor de pladeringe, d. i. für Plaidiren, an⁷³). Der Rath hatte bereits seit mehreren Jahren während des Pfaffenkrieges die Erfahrung gemacht, daß der frühere Etatsatz von dreißig Mark nicht genügte; denn in den vier Jahren von 1414 bis 1417 hatte die Stadt an 1343 Mark Processkosten gehabt⁷⁴), also jährlich etwa 336 Mark. Porners Etatsumme reichte auch 1418 bei Weitem nicht aus; denn die Processe kosteten in diesem Jahre über 674 und 1419 etwa 300 Mark⁷⁵). Allerdings scheinen hieher auch die Ausgaben gerechnet zu sein, welche jetzt zu politischen Zwecken aus den geheimen Fonds bestritten werden⁷⁶).

An Lohn für die drei Rathsschreiber, welche die Stadt zum Abfassen von Urkunden und deren Eintragung in die Weichbildsbücher,

---

68) Hemelik rekenscop, p. 6. 23. 24.
69) Vergl. die Kämmereirechnungen der genannten Jahre.
70) Porner, Gedenkbuch, fol. 45¹.
71) Hemelik rekenscop, p. 100 und Kämmereirechnung von 1414.
72) Porner, Gedenkbuch, fol. 64.
73) Das. fol. 45¹.
74) Die Processe kosteten der Stadtcasse 1414 an 256 Mark, 1415 an 340, 1416 etwa 315, 1417 sogar 432 Mark. Porner, Gedenkbuch, fol. 4¹.
75) Porner, Gedenkbuch, fol. 4¹ und 72¹.
76) Hemelik rekenscop, p. 103.

zum Protocolliren in den Rathssitzungen, zum Anlegen der Schoffregister und für dergleichen Geschäfte hielt, waren 1417 von der Stadtcasse funfzig Mark ausgesetzt [77]. Wie der Rath einzelnen besonders verdienten Schreibern, z. B. Dietrich Fritze, schon 1409 eine Alterspension aussetzte, wie er ihnen den Schoff erließ, zeigen Porners Notizen [78]. Zum Gebrauch jener Secretäre und des Rathes selbst dienten schon vor Erfindung der Buchdruckerkunst Bücher, die bereits um 1412 erwähnt werden und, weil aus der Stadtcasse angeschafft, als Grundlage der späteren Rathsbibliothek anzusehen sind. Genannt werden eine Institutio und Authentica, ein Liber pauperum, ein Liber decretalium, zusammen im Werthe von $4^3/_4$ Mark, ferner Summa juris canonici et legum von Johann von Erfurt, 24 Gulden werth, dann eine Concordantia legum et decretalium von Bartholomäus aus Brixen, 2 Gulden werth, endlich ein Speculum im Werthe von 45 Gulden [79].

Daß es im Rathe schon im Anfang des funfzehnten Jahrhunderts an Sinn für Wissenschaft nicht fehlte, zeigt der Umstand, daß derselbe Söhnen unbemittelter Bürger Stipendien zu ihren Studien auf mehrere Jahre aus der Stadtcasse bewilligte. 1417 sagte er Hennig von Goslar, dem Sohn eines hiesigen Dachdeckers, auf sechs bis acht Jahre während seiner juristischen Studien in Bologna jährlich zehn Gulden Beihülfe zu [80].

Erwähnt werden in dem Pornerschen Ausgabenetat der Stadtcasse von 1418 endlich noch hundert Mark „für Mühlenlohn, Zins und Bauwerk", hundert Mark „gemeiner Anfall" (?) und zehn Mark Lohn für Boten bei außerordentlichen Sendungen, welche der Rath ausrichten ließ [81].

Daß namentlich in kriegerischen Zeiten die Ausgaben die Einnahmen überwogen und daß die Stadt dadurch in Schulden gerieth, zeigen urkundliche Notizen. Von 1408 bis 1422 hatte der Rath an neuntausend Mark zugesetzt, in den folgenden beiden Jahren kamen tausend

---

77) Ordinar. 77. Eidbuch in Urkunden und Statuten Nr. 60. §. 4. Porner, Gedenkbuch, fol. 45¹.

78) Gedenkbuch, fol. 16.

79) Porner, Gedenkbuch, fol. 16¹ und 17.

80) Porner, Gedenkbuch, fol. 17¹. Daß dies auch um 1445 öfter geschah, zeigt der große Brief, §. 22.

81) Porner, Gedenkbuch, fol. 45. Ordinar. 86.

und 1425 noch tausend Mark Schulden dazu[82]). Daß der Rath es aber auch verstand, sich aus den Schulden wieder herauszuarbeiten, ist oben S. 178 erzählt.

8. Die städtischen Finanzbeamten.

Die höheren Beamten für die städtische Finanzverwaltung erwählte der gemeine Rath sowohl aus den regierenden Rathsherren, als auch aus den Rathsgeschworenen. Dahin gehören die sieben Beutelherren, die fünf Zins- oder Finanzherren und die fünf Gießherren.

Die sieben Beutelherren waren die hiesige Hauptfinanzbehörde und Verwalter der Stadtcasse. In großer Finanznoth 1390 eingesetzt, Anfangs zehn, dann seit Ende des vierzehnten Jahrhunderts nur sieben[1]), seitdem stets so ausgewählt, daß zwei der Altstadt, zwei dem Hagen und je einer den drei übrigen Weichbildern angehörte, besorgten sie alle Einnahmen und Ausgaben, welche wir in den vorhergehenden Abschnitten als der Stadtcasse zukommende kennen gelernt haben. Auf der Münzschmiede hatten sie eine große Kiste, die ward mit fünf Schlüsseln geöffnet, welche fünf Rathsherren der Alt- und Neustadt und des Hagens führten. In dieser verwahrten die Beutelherren die Gelder der Stadt und die Rechnungsbücher, in welche sie ihre Ausgaben und Einnahmen eintrugen, um nach Ablauf ihres Amtsjahres dem Küchenrathe Rechnung abzulegen[2]).

Die fünf Zins- oder Finanzherren, 1396 eingesetzt, von denen drei der Altstadt, einer dem Hagen und einer der Neustadt angehören mußte, bildeten eine Finanzcommission, welche den Auftrag hatte, die Stadtschulden zu verwalten. Sie zahlten Capitalien zurück, für welche der Rath zu hohen Zins geben mußte, lösten Leibgedingsverträge ab, welche unvortheilhaft waren, effectuirten aber auch Anleihen für die Stadt, indem sie die nöthigen Capitalien von den Bürgern unter guten

---

[82]) Porner, Gedenkbuch, fol. 39¹.
[1]) Hemelik rekenscop, p 27. 28.
[2]) Ordinar. 86. 116.

Bedingungen zu erhalten sich bemühten. In einer mit drei Schlössern versehenen Kiste auf der Münzschmiede verwahrten sie ihre Gelder und Rechnungsbücher, aus denen sie dem Küchenrathe jährlich Rechnung ablegten[3]).

Neben ihnen sind von Bedeutung die fünf Gießherren, von denen zwei der Altstadt, einer dem Hagen, einer der Neustadt angehören mußte, auch sie wurden vom gemeinen Rathe aus dem gesammten Rathscollegium zur Beaufsichtigung der Münze gewählt. Daher empfingen sie das Geld, welches der Rath auf der Münzschmiede durch den Münzmeister schlagen ließ; sie sahen danach, daß dies Geld die gesetzmäßig vorgeschriebene Mischung und das rechte Gewicht erhielt; daher mußte stets wenigstens einer von ihnen beim Münzen zugegen sein. Sie zahlen den auf der Münze haftenden Zins zu Michaelis aus und liefern ihren Ueberschuß an die sieben Beutelherren ab[4]).

Die wichtigsten Finanzbeamten der einzelnen Weichbilder, welche der betreffende Rath zur Verwaltung der Weichbildscasse aus seiner Mitte erwählte, waren die Kämmerer. Sie besorgten die ihrer Weichbildscasse zukommenden Einnahmen und Ausgaben, führten Rechnung darüber und scheinen dem Weichbildsrathe wie dem gemeinen Rathe Rechenschaft abgelegt und die Ueberschüsse den sieben Beutelherren auf der Münzschmiede für die Stadtcasse abgeliefert zu haben. Da dem Kämmerer oblag, die gemeinsamen Mahlzeiten des Weichbildsrathes in seinem Hause zu besorgen, so verwahrte er auch des Rathes Silbergeschirr und Kleinodien[5]).

Der Ziseherr war ein Rathsherr der Altstadt, welcher alle vier Wochen, wenn die Schenkwirthe ihre Accise auf der Zollbude abzuliefern hatten, dort zugegen war und danach sah, daß jeder die Abgabe vollständig in die Zisekiste schob. Säumige Zahler meldete er dem Rathe wahrscheinlich des betreffenden Weichbildes[6]). Noch ein Rathsherr ward in der Altstadt mit dem Empfange der Bürgergelder beauftragt. Was er über die nothwendigen Gebühren hinaus von einem Neubürger erhielt, lieferte er in die Stadtcasse auf der Münzschmiede ab[7]).

---

3) Ordinar. 35 und Hemelik rekenscop, p. 34—38.
4) Ordinar. 37.
5) Ordinar. 8. 31—34.
6) Ordinar. 14.
7) Ordinar. 16.

3. Die städtischen Finanzbeamten.

Von den niederen Finanzbeamten ist endlich noch der Zollschreiber zu nennen, dessen Stelle man mit keinem Rathsherrn, sondern mit einem zuverlässigen Manne, den der gemeine Rath wählte, zu besetzen pflegte. Sein Geschäftslocal war die Zollbude in der Neustadt. Dort nahm er die Zise der Brauer und Schenkwirthe, den Zoll und andere Einnahmen, die in die Stadtcasse flossen, an. Als Löhnung erhielt er, wie es scheint, Procente der bei ihm eingezahlten Gelder nebst Amtskleidung[8]).

---

8) Ordinar. 80. Eibbuch der Altstadt, S. 14. 26 flg.

III. Der Güterbesitz der Stadt.

1. Die Güter außerhalb des Stadtgebietes[1]).

Im Interesse ihres aufblühenden Handels war die Stadt schon vor 1350 bedacht, an den wichtigsten Verkehrswegen in ihrer Nähe wenigstens je einen Stützpunkt zu gewinnen, welcher den Handelsleuten eine sichere Zuflucht gewähren könnte (S. 147). Bis 1374 erwarb der Rath an der wichtigen Straße nach Leipzig und Wien die Asseburg und Hessen, an dem Wege in die Altmark und an die Ostsee das Haus zum Campe und Vorsfelde, an der Straße nach Lüneburg, Hamburg und Lübeck Gifhorn und an dem Wege nach Goslar Wolfenbüttel, Schladen, Liebenburg und Hornburg (S. 148). Die bedeutenden Unkosten, welche die Erhaltung solcher Stützpunkte nöthig machte, mögen dem Nutzen, welchen sie dem städtischen Handel brachten, nicht überall entsprochen haben; darum suchte sich der Rath in seiner Finanznoth seit 1380 der kostspieligsten wieder zu entledigen (S. 177). Zwar machte dann die Stadt im Anfang des funfzehnten Jahrhunderts wieder manche Erwerbungen an auswärtigen Gütern, behielt aber meist nur diejenigen längere Zeit, welche auch für den städtischen Seckel einigermaßen einträglich waren, z. B. Neubrück und Schwülper unfern der Straße nach Celle und Stade. Die so erworbenen größeren Güter wurden entweder von städtischen Vögten verwaltet, oder an zuverlässige, der Stadt befreundete ritterliche Familien zur Burghut übergeben. Dies geschah jedoch stets nur auf bestimmte Jahre, damit eine Aenderung möglich wäre, wenn

---

1) Den ersten Versuch, die Nachrichten über die Pfandschaften und käuflichen Erwerbungen der Stadt zusammenzustellen, machte C. F. von Bechelde, Braunschweigische Geschichten 1835, S. 287—296.

1. Die Güter außerhalb des Stadtgebietes.

sie den vom Rathe gehegten Erwartungen nicht entsprachen. Die folgende Aufzählung der städtischen Erwerbungen wird die Beläge für diese allgemeinen Bemerkungen liefern.

Das erste größere Besitzthum, welches die durch Handel reich gewordene Stadt erwarb, war die Asseburg[2]), welche Herzog Otto der Milde ihrem Rathe überließ. Für ein Darlehn von 1470 Mark Silber übergab er ihr jene Burg mit dem dazu gehörigen Gerichte, dem Goinge zum Altfelde, mit dem Weichbilde und dem Gute zu Kissenbrück, mit elf Hufen Landes zu Wittmar und dem Holze Wittmarhorn, mit dem Dorfe, dem Zehnthofe, Gericht und Vogtei zu Denkte und mit seinen Gütern zu Volzum, Sikte und Salzdahlum. So berichtet es eine Urkunde vom 15. Februar 1345, in welcher Ottos Brüder Magnus und Ernst jene Verpfändung bestätigen[3]). Daß diese vor das Jahr 1344 fällt, bedarf keines Beweises. Vielleicht geschah sie schon 1331. Denn daß die Stadt in jenem Jahre dem Herzog Otto eine bedeutende Geldsumme „auf die Asseburg gab", zu welcher der Rath der Neustadt allein 350 Mark beisteuerte, melden urkundliche Nachrichten[4]). Daß Braunschweig schon zu Otto des Milden Zeiten im Besitze jener Burg war, zeigt die durch Bischof Heinrich von Hildesheim vereinbarte Uebereinkunft, wonach die Stadt gehalten sein sollte, zu etwaigen Bauten an derselben die Zustimmung der von Otto dem Milden ernannten Vertrauensmänner einzuholen[5]). Wie viel von der Stadt dort an Bauten und sonstige Verbesserungen gewandt sein mag, ist vielleicht aus der Pfandsumme von 2500 Mark zu ersehen, für welche Herzog Magnus der Aeltere am 11. November 1367 die Verpfändung wieder auf drei Jahre verlängerte[6]). Die Stadt scheint die Burg Anfangs selbst innegehabt zu haben, überließ sie aber seit 1371 bald an Bürger, bald an ritterschaftliche Familien zur Burghut; so am 21. November 1371 an den Bürger Heinrich Kirchhof auf drei Jahre[7]); 1384 am 22. April dagegen an die adelige Familie Bock auf vier Jahre für tausend löthige Mark. Damals mußten sich die Pfandinhaber verpflichten,

---

2) Bege, Geschichte einiger Burgen und Familien, S. 13—21.
3) Sudendorf, Urkundenbuch II, 61.
4) Neustädt. Weichbildsbuch I, fol. 79.
5) Sudendorf, Urkundenbuch II, 199.
6) Bege, Burgen, S. 18.
7) Originalurkunde des Stadtarchivs Nr. 244, ungedruckt.

das Schloß den Bürgern gegen jeden Feind zu öffnen, die Meier und das Landvolk des zugehörigen Gerichtes bei alten Freiheiten zu lassen und die Wälder nicht zu verwüsten, auch aus der Stadt Verwiesene dort nicht zu hegen⁸). Unter diesen Bedingungen behielt jene Familie die Burg mit ihrem Zubehör bis zum 1. Mai 1392, wo der Rath das eingelöste Pfandgut an Herzog Friedrich zurückgab⁹).

Aber nur kurze Zeit behauptete sich die Herrschaft im vollen Besitze desselben. Nachdem Herzog Friedrich schon 1395 wieder 500 Mark vom Rath auf dasselbe geliehen, es dann mehreren Herren ritterlichen Standes überlassen hatte, nachdem ferner seine Brüder Bernhard und Heinrich am 22. Juli 1402 noch dreihundert Mark darauf von der Stadt geliehen hätten, übertrugen diese 1406 am 24. Februar Schloß und Gericht Asseburg für zweitausend Mark an die Stadt und erlaubten ihr, einen Vogt in demselben zu halten¹⁰). Seitdem ist das Schloß im Mittelalter der Stadt geblieben. Sie übte seit 1406 durch ihren dortigen Vogt¹¹) die Jurisdiction im Gericht Asseburg, zog die gutsherrlichen Einkünfte und vergrößerte ihre Besitzungen in demselben mit der Zeit so sehr, daß es den Anschein gewann, als suchte sie dort ein geschlossenes Territorium zu bilden¹²). Das Zubehör der Burg im engeren Sinne scheinen die erwähnten elf Hufen Landes bei Wittmar gebildet zu haben, 128 Morgen davon waren 1406 mit Weizen, Roggen und Gerste, die übrigen 165 mit Hafer bestellt¹³). Auf der zugehörigen Oekonomie hatte die Stadt 1417 4 Pferde, 60 Kühe, 120 Schweine und 280 Schafe und wie es scheint auch eine Brauerei. Daß sie die Burg in gutem Stande erhielt, zeigen die an derselben verbauten Summen¹⁴). Jenes Zubehör erweiterte die Stadt später durch weiteren

---

8) Urkunde im Copialbuch II, fol. 35 und 37.

9) Urkunde im Copialbuch II, fol. 108. Hemelik rekenscop, p. 30. Bege, Burgen, S. 15. 16.

10) Urkunde im Copialbuch III, fol. 74¹, gedruckt in Braunschw. hist. Händeln I, 118. Vergl. Rehtmeier, Chronik 689. 691. Hemelik rekenscop, p. 87. Bege, S. 17. 18.

11) Als Burgvögte kennen wir Hennig Blote (Gedenkbuch II zum Jahre 1424), Heinrich Oldendorf 1445 (Bege, S. 19) und Heydeke Kottorp 1471 (Originalurkunde des Stadtarchivs Nr. 863).

12) Bege a. a. O., S. 18.

13) Urkunde im Copialbuch III, fol. 74¹ und Porner, Gedenkbuch, fol. 73¹.

14) Porner, Gedenkbuch, fol. 70¹, fol. 38¹ und Hemelik rekenscop, p. 88. Von 1406—1417 hatte die Stadt 250 Mark an Bauten gewandt.

1. Die Güter außerhalb des Stadtgebietes.   351

Ankauf gelegener Grundstücke. So erwarb sie 1470 drei Hufen Landes unterhalb der Burg, die, wie ihr Name „Rodeland" zeigt, vorher Wald gewesen waren, auch einen Teich für 25 Mark[15]); 1478 kaufte sie den Meierhof zu Denkte mit drei Hufen Landes für dreißig rheinische Gulden von der Aebtissin zu Gandersheim[16]). Daß Pertinenzen der Burg auch in Denkte und Kissenbrück lagen, ist schon erwähnt. Das weitere Zubehör derselben war das Gericht Asseburg, d. h. der Landbezirk, welchen im Norden die Altenau, im Westen die Oker, im Süden der große Bruch und im Osten eine Linie einschließt, welche die Feldmarken von Winnigstedt und Klein-Vahlberg gegen die von Gevensleben, Uehrde und Berklingen begrenzt[17]).

Hornburg scheint der Rath um die Mitte des vierzehnten Jahrhunderts als Pfandbesitz vom Bischof von Halberstadt erworben zu haben; 1348 besaß er dasselbe bereits, ließ dort 1353 eine Dornze bauen und übergab das Schloß 1354 am 10. März zur Burghut dem Ritter Heinrich von Herlingsberg[18]). Bischof Ludwig von Halberstadt kündigte der Stadt 1364 am 16. Februar den Besitz von Hornburg[19]), soll auch nach späteren Quellen das Schloß wieder an sich gebracht haben[20]); war dies der Fall, so muß er oder sein Nachfolger dasselbe bald wieder an die Stadt verpfändet haben; denn 1372 ist der Rath wieder im Besitz des Schlosses, in welches er eine Besatzung verlegte[21]). Später, jedoch vor 1384, übergab es der Rath zur Burghut an Cord von Asseburg und Gumpert von Wanzleben[22]). Da der Besitz dieses Schlosses der Stadt nichts einbrachte, so suchte sie es wieder loszuwerden. Schon 1378 erließ sie dem Bischof bei Gelegenheit einer Sühne, die sie mit demselben abschloß, sechshundert Mark ihrer Forderung an

---

15) Gedenkbuch II zum Jahre 1470.
16) Originalurkunde des Stadtarchivs Nr. 886, ungedruckt.
17) Im Gericht Asseburg lagen nach Porner, Gedenkbuch, fol. 24¹ 1418 folgende Pfarrdörfer: Groß- und Klein-Denkte, Wittmar, Sottmar, Reindorf, Steckelenburg (jetzt Hedwigsburg), Oster- und Westerbiwende, Remlingen, Semmenstedt, Timmern, Kalm, Börssum, Seinstedt, Hedeper, Roklum, Groß- und Klein-Winnigstedt, Mönche-Vahlberg und Klein-Vahlberg.
18) Gedenkbuch I, fol. 5¹. 8¹.
19) Das. fol. 16.
20) Winnigstadii Chron. Halberst., geschrieben um 1600 zum Jahre 1365, bei Abel, Sammlung alter Chroniken.
21) Gedenkbuch I, fol. 28¹.
22) Urkundliche Nachricht bei Bege, Burgen, S. 15.

Hornburg[23]); 1392 erhielt sie sechshundert Mark baar, behielt aber doch noch eine Forderung von tausend Mark[24]); 1396 erkaufte sie einen Bund mit dem Stift Halberstadt durch nochmalige Erlassung von 400 Mark an der wieder auf 1400 Mark gewachsenen Pfandsumme[25]) und gestattete für diese die Einlösung. Diese muß spätestens 1404 erfolgt sein, für eine Summe von 2000 Mark sollte der Bischof das Schloß mit Zubehör wiedererhalten; er bezahlte 1300 Mark baar, von dem Reste wollte er 300 Mark im Februar 1405, die letzten 400 im October 1407 abtragen[26]). Da der Bischof die letzte Summe nicht bezahlen konnte, so mußte er das Schloß an die Stadt Braunschweig der getroffenen Abrede gemäß[27]) zurückgeben und ihr am Valentinstage 1427 förmlich „einthun"[28]). Wie lange die Stadt im Besitze Hornburgs seitdem wieder geblieben, ist nicht anzugeben.

Wie der Besitz der Asseburg für Braunschweigs Handel nach Halberstadt, Quedlinburg, Aschersleben und Halle von Bedeutung war, wie Hornburg den Verkehr nach dem Harze schirmte, so erwarb die Stadt zur Sicherung ihres Handels nach der Altmark bald nach der Mitte des vierzehnten Jahrhunderts das Haus und Schloß zum Campe an der Schunter. Nämlich 1354 am 7. April versetzte ihr Herzog Wilhelm von Lüneburg für 310 Mark Silber jenes Schloß mit allem Zubehör auf zwei Jahre zum Pfandbesitz[29]). Diese Verpfändung erneuerte der Herzog 1357 für eine Summe von 440 Mark Silber[30]); er lieh am 28. Juni 1359 vom Rathe sogar noch zweihundert Mark, wofür er eventuell das Haus zum Campe mit verpfändete[31]). Zu den dort vorzunehmenden Bauten hatte die Stadt die Zustimmung der lüneburgischen Fürsten einzuholen[32]). Als sich der Rath nach der Schicht von 1374 der

---

23) Originalurkunde des Stadtarchivs Nr. 268, ungedruckt.

24) Hemelik rekenscoop, p. 30.

25) Originalurkunde des Stadtarchivs Nr. 356, gedruckt bei Rehtmeier, Chronik 676.

26) Urkunde im Copialbuch III, fol. 69.

27) Hemelik rekenscoop, p. 99. Urkunde von 1424 im Gedenkbuch II.

28) Urkunde von 1427 im Gedenkbuch II.

29) Originalurkunde Herzog Wilhelms im Stadtarchiv Nr. 168, noch ungedruckt, und Urkunde des Rathes zu Braunschweig, gedruckt bei Sudendorf II, 287. Rehtmeier 633.

30) Originalurkunde des Stadtarchivs Nr. 174, ungedruckt.

31) Originalurkunde des Stadtarchivs Nr. 193, ungedruckt.

32) Originalurkunde des Stadtarchivs Nr. 218 vom 20. Januar 1366, ungedruckt.

1. Die Güter außerhalb des Stadtgebietes.

kostspieligen Pfandschlösser entledigte, verpfändete sie 1384 [33]) auch Campe. Etwa zehn Jahre später besaßen dasselbe als städtisches Pfand die Gebrüder Wale und Rabod von Wierthe, denen es der Rath 1393 am 30. November für 350 Mark auf die Lebenszeit des Rabod Wale übergeben hatte [34]). 1403 am 14. Februar kam Rolef von Garssenbüttel gegen Zahlung von dreihundert Mark auf sechs Jahre in den Besitz des Schlosses und seines Zubehörs [35]); wer es 1409 von der Stadt erhielt, ist nicht anzugeben. 1415 übernahm es der Rath zur eigenen Bewirthschaftung und behielt es drei Jahre lang. Damals gehörten zu der dortigen Oekonomie etwa 220 Morgen Landes, 4 Pferde, 50 Kühe, 17 Ochsen, 90 Schweine und 240 Schafe, auch war dort eine Brauerei. Die Abgaben an das Schloß betrugen jährlich an zweihundert Schillinge. Unter der Gerichtsbarkeit des dortigen Vogtes standen drei Gerichte, in denen 1417 belegen waren 22 bewohnte und 9 wüste Dörfer [36]). Da der Rath in drei Jahren an dem Besitze dieses Schlosses 109½ Mark Schaden gemacht hatte [37]), so gab er es seit 1417 stets zu so vortheilhaften Bedingungen als möglich an ritterliche Besitzer zu Pfande; 1417 am 2. November für hundert Mark an Siverd von Wenden auf sechs Jahre [38]); 1433 am Sonnabend vor Palmarum auf sechs Jahre an Basilius von Weferlinge [39]) und 1446 auf drei Jahre an die von Mahrenholz [40]). 1468 war Heinrich von Salbern im Besitz des Schlosses [41]), dessen Sohn Aschwin 1473 vom Rathe mit tausend Gulden abgefunden wurde [42]). 1476 wird Johann von Salbern als Hauptmann

---

33) Gedenkbuch I, fol. 75.

34) Urkunde im Copialbuch III, fol. 28¹. Vergl. Originalurkunde des Stadtarchivs Nr. 343, ungedruckt.

35) Originalurkunde des Stadtarchivs Nr. 388, ungedruckt.

36) Vorner, Gedenkbuch, fol. 71. 72. Die drei Gerichte mögen die späteren drei Gogrefschaften Essehof, Lehre und Garbessen gewesen sein. In späterer Zeit gehörten zum Amt Campen nur folgende vierzehn Dörfer: Essehof, Voltmarode, Dibbesdorf, Schapen, Weddel, Hordorf; Lehre, Flechtorf, Beienrode; Garbessen, Beimsdorf, Rotenkamp, Schandelah und Abbenrode. Hassel und Bege, Topographie I, S. 457.

37) Vorner, Gedenkbuch, fol. 75.

38) Urkunde im Copialbuch III, fol. 99¹.

39) Originalurkunde des Stadtarchivs Nr. 668, ungedruckt.

40) Gedenkbuch II zum Jahre 1446.

41) Originalurkunde des Stadtarchivs Nr. 853, ungedruckt.

42) Originalurkunde des Stadtarchivs Nr. 871, ungedruckt.

der Stadt zum Campe erwähnt⁴³) und 1490 that der Rath dies Schloß den Brüdern Dietrich und Hans von Ribbesbüttel gegen eine jährliche Abgabe von funfzig rheinischen Gulden ein⁴⁴). 1494 mußte die Stadt Campen sammt Zubehör den lüneburgischen Fürsten zurückgeben⁴⁵).

Eine zweite wichtige Erwerbung der Stadt an der Straße nach Halberstadt war Hessen. Am 22. März 1355 versetzte Herzog Magnus der Aeltere für vierhundert Mark Silber dem Rathe das dortige Schloß mit allem Zubehör, namentlich mit dem Dorfe Hessen, dem Kloster Stötterlingenburg, mit Leuten, Diensten, Vogtei und Gericht und falls das Gut binnen drei Jahren nicht eingelöst wird mit dreißig Mark jährlicher Einkünfte aus dem Zoll zu Linden; auch gestattet er dem Rathe, den dortigen Thurm, das Moshaus und die Mauern des Schlosses, auch die Mühle, Gräben, Planken und Bergfriede ausbessern zu lassen⁴⁶). Nach drei Jahren erneuerte er die Verpfändung für 1200 Mark⁴⁷). Den älteren Besitzer des dortigen Burglehens fand die Stadt 1363 mit vierzig Mark ab und kam nun auch in den Besitz der zwölf Hufen Landes, welche zur Burg gehörten⁴⁸). Nun versorgte der Rath dieselbe mit allerlei Kriegsgeräth und Victualien, nahm an ihr bedeutende Bauten vor⁴⁹), ließ sich vom Herzog die Erlaubniß ertheilen, von jedem über den Damm vor Hessen fahrenden Wagen zwei Pfennig Weggeld zu nehmen, und übernahm dafür die Pflicht, jenen Damm in gutem Stande zu erhalten⁵⁰). Bald nachher verpfändete die Stadt dies Schloß an ritterschaftliche Geschlechter. Bis 1370 besaßen es Heinrich und Ludolf von Wenden⁵¹), dann erhielt es für tausend Mark Cord von Lutter⁵²); für ein Darlehn von zweihundert Mark verpfändete der

---

43) Gedenkbuch II zum Jahre 1476.
44) Originalurkunde des Stadtarchivs Nr. 969, ungedruckt.
45) Originalurkunde des Stadtarchivs Nr. 1063, gedruckt in Rehtmeiers Chronik 833.
46) Urkunde im Copialbuch des Herzogs Magnus im Landesarchiv zu Wolfenbüttel, gedruckt in Sudendorf, Urkundenbuch II, 267.
47) Urkunde im Copialbuch des Herzogs Magnus bei Bege, S. 163.
48) Originalurkunde des Stadtarchivs Nr. 202, ungedruckt.
49) Notizen aus 1362 und 1365 im Gedenkbuch I, fol. 1. Vergl. Urkunde des Stadtarchivs Nr. 171, ungedruckt.
50) Originalurkunde des Stadtarchivs Nr. 203, ungedruckt.
51) Gedenkbuch I, fol. 25.
52) Hemelik rekenscop, p. 6.

1. Die Güter außerhalb des Stadtgebietes.

Rath die Hälfte desselben an Borchard und Lippold von Saldern und Heinrich von Cramm, welche es an die von der Gowische überantworteten [53]). Als diese es 1384 zurückgegeben hatten, gab es der Rath den Familien Wale und von Wierthe erst auf drei, dann auf sechs und endlich auf neun Jahre [54]). 1408 war Hessen wieder in der Hand des herzoglichen Hauses [55]).

Der Hof zu Lichtenberg, welchen die Gebrüder Burchard und Johann von Saldern, deren Familie damals im Besitz der Burgvogtei zu Lichtenberg war, dem Rath 1361 verpfändeten, blieb nur wenige Jahre im städtischen Besitz; 1368 hatte jene Familie das Pfand schon wieder eingelöst [56]).

Für 804 Mark verpfändete Herzog Magnus 1363 Schöningen mit dem dortigen Lorenzkloster, mit dem Schloß Esbeck und seinen Höfen zu Wobeck und Offleben dem hiesigen Rathe [57]). 1377 hatte sich dieser verbindlich gemacht, Schöningen sammt Zubehör an Herzog Ernst, den Sohn Magnus des Aelteren, auszuliefern. Für die Zahlung von dreihundert Mark erließ der Fürst der Stadt die Erfüllung jener Zusage [58]). Wann Schöningen nebst Zubehör wieder an die Herrschaft kam, liegt im Dunkeln; jedenfalls geschah es vor 1399, wo Herzog Friedrich dasselbe an die von Veltheim wieder verpfändete [59]).

„Haus und Stadt Vorsfelde" verpfändete Herzog Wilhelm von Lüneburg 1364 am 21. December an den hiesigen Rath für sechshundert löthige Mark [60]). 1365 am 24. December erneuerte er die Verpfändung „des Schlosses und der Stadt und aller Zubehörungen" für siebenhundert Mark auf drei Jahre [61]). Bis 1367 ließ der hiesige Rath

---

53) Urkunde im Copialbuch II, fol. 10 und 11.

54) Urkunde im Copialbuch II, fol. 27. 33. 53¹. Originalurkunde des Stadtarchivs Nr. 308, gedruckt bei Rehtmeier, Chronik 669 und urkundliche Nachricht zum Jahre 1393 bei Bege, Burgen, S. 89.

55) Bege, das. S. 91.

56) Originalurkunde des Stadtarchivs Nr. 196 bei Rehtmeier, Chronik 635 und Gedenkbuch I, fol. 23. Bege, das. S. 185.

57) Urkunde im Copialbuch des Herzogs Magnus nach Bege, Burgen, S. 164. Daher findet sich eine Aufzeichnung der damals nach Schöningen zu zahlenden Abgaben im Gedenkbuch I, fol. 15.

58) Gedenkbuch I, fol. 33.

59) Bege, Burgen, S. 168.

60) Originalurkunde des Stadtarchivs Nr. 206, ungedruckt.

61) Originalurkunde des Stadtarchivs Nr. 211, ungedruckt.

jenen Besitz durch seine Beamten verwalten; wie es scheint, war es ein ganz einträglicher. Die jährlich dahin zu zahlenden Zinse betrugen über zwanzig Mark in baarem Gelde, an Vieh waren zu liefern 3 Schweine, 36 Schafe und aus Danndorf so viele Hühner, als Männer im Dorfe waren, ferner 25 Scheffel Roggen und einiger Hafer. In's Gericht Vorsfelde gehörten alle Dörfer des Werders, d. h. des von der Aller und der kleinen Aller umflossenen noch jetzt braunschweigischen Landstrichs, in welchem damals sieben Dörfer von Wenden bewohnt waren, die jährlich 29 fette Schafe und zu Ostern 7 fette Böcke nach Vorsfelde lieferten; ferner südlich von der Aller die Dörfer Reislingen, Steimke, Hehlingen, Volkmarsdorf, Danndorf und die jetzt wüsten Orte Klein-Hehlingen, Berendorpe und Vogelsang [62]. Am 25. Januar 1367 überließ der Rath Vorsfelde den Gebrüdern Werner und Günzel von Bartensleben für dreihundert Mark auf drei Jahre zum Pfandbesitz [63], nachdem er an hundert Mark in demselben verbaut hatte [64]. Wann Vorsfelde wieder an die Herrschaft kam, ist dunkel.

Wenn der Rath 1365 mit Rötger von Ambleben übereinkommt, daß dieser auf dem Haus zu Schladen vier Lanzenträger, sechs Bepanzerte und Schützen, alle zu Roß, außerdem aber auch Thorhüter, Wächter, Schließer und Thurmleute halten solle; wenn der Rath 1366 das Inventar, welches sich zu Schladen und auf dem Vorwerke befindet, dem Schreiber Heinrichs von Salbern nachweist [65], so ist wohl anzunehmen, daß Schladen damals dem Rathe zustand und daß er es 1366 an Heinrich von Salbern überlassen haben mag. Wie und wann dasselbe an die Stadt kam, wissen wir nicht.

Am Sonntag nach Ostern 1366 versetzte Bischof Gerhard von Hildesheim dem Rathe die Liebenburg für fünfhundert löthige Mark, aber nur auf neun Monate; zu Weihnachten wollte er das Geld zurückzahlen und dann sollte ihm die Liebenburg wieder überantwortet werden. Bis dahin vertraute der Rath die Burghut an Aschwin Schenke und Timme Bock [66]. Wann der Bischof Liebenburg zurückerhielt, ist nicht anzugeben.

---

[62] Diese Angaben hat zum Jahre 1366 das Gedenkbuch I, fol. 18¹.
[63] Originalurkunde des Stadtarchivs Nr. 223, ungedruckt.
[64] Originalurkunde des Stadtarchivs Nr. 224, ungedruckt.
[65] Gedenkbuch I, fol. 16¹. 17¹.
[66] Originalurkunden des Stadtarchivs Nr. 219 und 222, ungedruckt. Vergl. (Koch) Pragm. Geschichte 206.

1. Die Güter außerhalb des Stadtgebietes.

Das Dorf Bornum vor dem Elme verpfändete Herzog Magnus am 11. November 1367 mit anderen Gütern an den hiesigen Rath, welcher es für hundert Mark 1392 am 1. Mai dem Herzog Friedrich zurückgab [67]).

Das Schloß Wolfenbüttel setzte Herzog Magnus der Jüngere dem Rathe 1370 am Sonntag Judica bis Pfingsten 1371 zum Pfande, die Stadt zahlte ihm dafür eine ansehnliche Summe [68]). Der Rath überließ das Schloß 1370 zur Burghut an Hans von Honlege und andere adelige Geschlechter [68]); als es der Herzog nach Ablauf der Pfandzeit nicht einlösen konnte, blieb es in deren Hand [69]). Am 21. October 1374 gab der Rath das Schloß den Söhnen Magnus des Jüngeren zurück, wogegen diese versprachen, aus der Bede demnächst wenigstens sechshundert Mark auf die Pfandsumme zurückzuzahlen. Aber auch das konnte nicht gehalten werden. Als sich nachher Otto der Quade in den Besitz von Wolfenbüttel setzte, verlor die Stadt das ganze für Wolfenbüttel gezahlte Geld im Betrage von 3800 Mark [70]).

Das Schloß und Städtchen Gifhorn, an der für Braunschweig so wichtigen Straße nach Uelzen, Lüneburg und Hamburg gelegen, war schon 1374 im Pfandbesitz der Stadt [71]). Die Herren von Veltheim, welche im Auftrage des Rathes dort eine Zeitlang die Burghut gehabt hatten, gaben es 1381 an die Stadt zurück [72]). Im folgenden Jahre zu Michaelis überließ der Rath für tausend löthige Mark an Hennig von Walmoden auf sechs Jahre Gifhorn mit Fallersleben sammt allem Zubehör an Gericht, Dörfern, Höfen, Holzungen und Leuten, wie es die Stadt von den lüneburgischen Fürsten bisher als Pfand besessen hatte [73]). Diese Uebertragung mag später erneuert sein, bis die Stadt 1392 Gifhorn mit allem Zubehör für 2200 Mark wahrscheinlich an die lüneburgische Herrschaft zurückgab [74]).

---

67) Urkundliche Nachricht bei Bege a. a. O., S. 14. Urkunde im Copialbuch II, fol. 108¹ und 108.
68) Nach der Urkunde des Stadtarchivs Nr. 230 betrug die Pfandsumme 1200 Mark, nach Hemelik rekenscop, p. 5 dagegen 3800 Mark.
69) Originalurkunde des Stadtarchivs Nr. 245, ungedruckt.
70) Gedenkbuch I, fol. 34¹ und Hemelik rekenscop, p. 9.
71) Gedenkbuch I, fol. 1.
72) Gedenkbuch I, fol. 78.
73) Urkunde im Copialbuch II, fol. 13¹, ungedruckt. Vergl. Gedenkbuch I, fol. 73.
74) Hemelik rekenscop, p. 80.

1382 am 27. September verpfändeten die Gevettern von Wenden dem hiesigen Rathe gegen ein Darlehn von dreihundert Mark ein Drittheil des Schlosses zu Jerxheim auf drei Jahre [75]). Dieses Anrecht übertrug die Stadt in demselben Jahre für die ausgelegte Summe an Hilmar von Oberg ebenfalls auf drei Jahre [76]). Später erhob der Rath um des Schlosses willen Ansprüche an's Blasiusstift hieselbst, deren Grund unbekannt ist. In einem Vergleiche, der am 13. December 1386 zu Stande kam, entsagte die Stadt dem Stift gegenüber allen weiteren Ansprüchen um jenes Schlosses willen [77]). 1388 kam Jerxheim in die Hand des fürstlichen Hauses zurück [78]).

Das Haus Vogtsdahlum oder Groß-Dahlum an der Straße nach Schöningen muß schon vor 1385 mindestens zur Hälfte in den Besitz der Stadt gekommen sein; denn diese Hälfte, welche sie für ein Darlehn von zweihundert Mark an die Gebrüder von Veltheim verpfändet hatte, erhielt sie damals gegen Rückzahlung dieser Summe wieder [79]). 1388 am 25. Juli überließ der Rath die Hälfte jenes Hauses nebst Zubehör für dreihundert Mark auf drei Jahre an Bertram vom Damme, einen hiesigen Bürger [80]). An wen es 1391 kam, wissen wir nicht. Am 4. Juli 1397 erscheint der Rath im Besitze des ganzen dortigen Schlosses, welches er damals für vierhundert Mark auf neun Jahre an Brand und Heinrich von Wobeck versetzte [81]). Nach Ablauf dieser Frist sollte dasselbe einem bereits 1399 gegebenen Versprechen zufolge dem Ritter Cord von der Asseburg für siebenhundert Mark auf neun Jahre eingethan werden [82]). Schon 1413 am 14. Februar gestattete der Rath dem Herzog Bernhard, das Schloß für vierhundert Mark wieder einzulösen. Daß die Einlösung erfolgte, steht fest, ob sogleich oder erst nach Ablauf der Pfandfrist, ist zweifelhaft [83]).

Zu Weihnachten verpfändete Herzog Friedrich dem Rathe für neunhundert Mark Schloß und Dorf Vechelde sammt der dortigen Mühle,

---

75) Originalurkunde des Stadtarchivs Nr. 282, ungedruckt.
76) Originalurkunde des Stadtarchivs Nr. 281, ungedruckt.
77) Originalurkunde des Stadtarchivs Nr. 302 bei Rehtmeier, Chronik 669.
78) Chron. S. Aegidii zum Jahre 1388 bei Leibnitz, S. R. Br. III, 594.
79) Originalurkunde des Stadtarchivs Nr. 298, ungedruckt.
80) Originalurkunde des Stadtarchivs Nr. 314, ungedruckt.
81) Urkunde im Capialbuch III, fol. 49, ungedruckt.
82) Originalurkunde des Stadtarchivs Nr. 369, ungedruckt.
83) Originalurkunde des Stadtarchivs Nr. 509, ungedruckt.

1. Die Güter außerhalb des Stadtgebietes.

dem Vogtbruche, vier Höfen und sonstigem Zubehör[84]). Bis gegen 1610 wandte die Stadt an dies Schloß etwa 464 Mark an Baukosten, ein neuer Steinthurm daselbst kostete allein über 142 Mark[85]). 1420 hatte der Rath für Bechelde im Ganzen schon über 1750 Mark ausgegeben[86]). Im Besitze dieses Schlosses, das die wichtigen Straßen nach Hildesheim und Hannover beherrschte, ist die Stadt noch über das Mittelalter hinaus geblieben[87]).

Auf dem Lindenberge bei Thiede eine Steingrube anzulegen, erlaubten dem Rathe die Herzöge Bernhard und Heinrich am 14. Juni 1404[88]). Wenige Jahre nachher verkaufte Heinrich von Mahrenholz zu Neubrück dem Rathe für acht Mark auf sieben Jahre das Ellernholz Liverbruch, das bei jenem Orte an der Oker belegen war[89]). Bald darauf kam Neubrück selbst in den Besitz des Rathes. Die Herzöge Bernhard und Otto hatten 1411 im November vom Rathe vierhundert Mark geliehen, um jenes Schloß von denen von Mahrenholz, denen es verpfändet war, einzulösen. Da sie jene Summe nach Jahresfrist nicht vollständig zurückzahlen konnten, so mußten sie Neubrück sammt Zubehör am 14. Februar 1413 der Stadt für dreihundert Mark zum Pfandbesitz übergeben[90]). Der Rath überließ das Schloß zunächst auf drei Jahre an Wilken von Gustedt[91]); dann nahm er es 1415 selbst in Bewirthschaftung, nachdem er im Februar 1415 für 118 rheinische Gulden das dortige Burglehn, welches die von Mahrenholz bis dahin von den Herzögen zu Lehn getragen hatten, mit dem Immenhof und dem Weingarten durch Kauf an sich gebracht hatte[92]). Auf dem Schlosse hielt der Rath einen Vogt. Zu der dortigen Oekonomie gehörten damals 6 Pferde, 80 Kühe, über 100 Schweine, an 240 Schafe und ein

---

84) Urkunde bei Rehtmeier, Chronik 672.
85) Hemelik rekenscop, p. 89.
86) Porner, Gedenkbuch, fol. 38¹.
87) Gedenkbuch II zu den Jahren 1423, 1451, 1456, 1460, 1461, 1470 im Landesarchiv zu Wolfenbüttel.
88) Originalurkunde des Stadtarchivs Nr. 398, ungedruckt.
89) Originalurkunde des Stadtarchivs Nr. 436 vom 5. Mai 1409, ungedruckt.
90) Originalurkunden des Stadtarchivs Nr. 446 und 508, ungedruckt. Nach Porner, Gedenkbuch, fol. 64¹ gab die Stadt zur 200 löthige Mark.
91) Urkunde im Copialbuch VI, fol. 9¹, ungedruckt.
92) Originalurkunden des Stadtarchivs Nr. 533 und 534, ungedruckt. Porner, Gedenkbuch, fol. 68¹.

Inventarium im Werthe von 150 Mark⁹³). Nach Neubrück hatten die jetzt hannöverschen Dörfer Elze, Catensen, das halbe Dorf Craetze (Kretfing), Wipshausen, Didbersen, Rethen, Abenbüttel und das jetzt wüste Lauersbüttel Herrndienste zu leisten. Die Bewohner dieser Dörfer zahlten auch Zinse und Schoff und lieferten dahin Naturalabgaben an Roggen⁹⁴). Die Mühle zu Neubrück brachte jährlich an funfzig Scheffel Roggen, einige Scheffel Malz und Weizen und etwa fünf Scheffel Hafergrütze⁹⁵) an Mühlenzins. Einige Mark Einnahmen ertrug auch die Fischerei in der vorbeifliessenden Ocker, etwa sechs Mark die dortige Schenke und das Walkhaus an jährlicher Pacht⁹⁶). Die Gesammteinnahmen von Neubrück schätzte man 1421 abgesehen vom Ertrag der Mühle auf jährlich 37 Mark⁹⁷). Da der Besitz dieses Schlosses so einträglich war, so liess der Rath die Baulichkeiten gut im Stande erhalten. In den sieben Jahren bis 1420 gab er 1010 Mark für dortige Bauten aus, die Ausgaben für Pferde, Hafer und Arbeitslohn ungerechnet⁹⁸). Die Verpfändung ward durch die Herzöge später noch mehrmals erneuert⁹⁹), und so blieb Neubrück der Stadt bis gegen das Ende des funfzehnten Jahrhunderts.

Der Besitz dieses Schlosses mag die Stadt veranlasst haben, in der Umgegend desselben noch mehr Güter an sich zu bringen. Schon 1416 erwarb sie von der Familie von Mahrenholz Gut in den Neubrück benachbarten Dörfern Rolfsbüttel und Warrbüttel. Am 17. December 1416 setzte jene Familie dem Rathe für hundert rheinische Gulden den Zehnten zu Rolevesbutle, den sie vom Stift Hildesheim zu Lehn trug, zum Pfande; überliess ihm auch einen vom Stift zum heiligen Kreuz in Hildesheim zu Lehn gehenden Hof daselbst¹⁰⁰). Für diesen und das mahrenholzsche Gut zu Werkesbutle¹⁰¹), welches ebenfalls an

---

93) Porner, Gedenkbuch, fol. 69¹.
94) Das. fol. 64¹. 65¹.
95) Das. fol. 70.
96) Das. fol. 52¹. 65¹.
97) Das. fol. 57.
98) Das. fol. 69.
99) Z. B. 1423 Urkunde in Rehtmeiers Chronik, S. 1853.
100) Originalurkunden des Stadtarchivs Nr. 546 und 552, ungedruckt. Die Leistungen an denselben s. Porner, Gedenkbuch, fol. 66.
101) Die Zinse, welche die Höfe zu Werkesbüttel zahlten, verzeichnete Porner im Gedenkbuch, fol. 66.

1. Die Güter außerhalb des Stadtgebietes.

jenem Tage an die Stadt kam, zahlte der Rath im Ganzen sechshundert rheinische Gulden [102]). Bis 1513 scheint die Stadt im Besitz dieser Güter geblieben zu sein; denn erst damals kündigten die Gebrüder von Mahrenholz den ferneren Besitz dieser Pfandstücke [103]), die im funfzehnten Jahrhundert ein Zubehör von Neubrück gebildet hatten [104]). Auch in Bollbüttel (Vollenesbutle) erwarb der Rath am 17. December 1416 einen Hof [105]). In der Umgegend von Neubrück gehörten der Stadt auch mehrere Holzungen, die zum Theil wenigstens von denen von Mahrenholz erkauft waren [106]). In der Nähe dieses Ortes erwarb der Rath 1417 auch Schwülper an der Oker. Nachdem er um Michaelis 250 Mark Silber an Everd von Mahrenholz für jenes Dorf, den dortigen Zehnten und die Gerichtsbarkeit und für die Berechtigung zur Schweinemast im Haynwedel bezahlt hatte, wurden am 30. November 1417 zwei Rathsherren, Fricke vom Damm und Heinrich Lutherdes, als Vertreter der Stadt mit jenem Gute und allem Zubehör von Everd förmlich belehnt [107]). An Zehnten brachte Schwülper dem Rath jährlich acht Mark ein, die dahin zu leistenden Herrndienste hatten einen Werth von sechs Mark, elf größere Bauhöfe zahlten jährlich 10½, vierzehn Kothöfe etwas über sechs Mark an Zins, die Mühle lieferte vier Scheffel Roggen, die Hetzerwiese, die Mühlenwiese und die Sikwiese brachten 1½, mehrere benachbarte Hölzer 12½ Mark Pacht [108]). 1443 erkaufte sich der Rath von Berthold von Mahrenholz für funfzig rheinische Gulden noch „ein Blek" vor Schwülper zur Anlegung einer Ziegelhütte [109]). Den Antheil, welchen die von Uetze am dortigen Ritterhofe hatten, kaufte der Rath Jasper von Uetze 1482 am 16. März für

---

102) Urkunde im Gedenkbuch II zum Jahre 1416. Porner, Gedenkbuch, fol. 88. 66.

103) Originalurkunde des Stadtarchivs Nr. 1274.

104) Porner, Gedenkbuch, fol. 38.

105) Urkunde im Gedenkbuch II zum Jahre 1416.

106) Porner, Gedenkbuch, fol. 67. 66. 58. So z. B. ein Holz bei Rolfsbüttel nebst dem Frankenmoor und dem Hagen, ein „großes Holz" bei Werkesbüttel und zwei Hölzer bei Neubrück.

107) Porner, Gedenkbuch, fol. 37¹. Originalurkunde des Stadtarchivs Nr. 557, ungedruckt.

108) Porner, Gedenkbuch, fol. 55—57. Unter den der Stadt gehörigen Hölzern bei Schwülper sind genannt das Stapelbruch und das Ellernholz bei der Mühlenwiese an der Oker, der Altekamp, der Breitehof, das Heinholz und der Kreuzhof.

109) Originalurkunde des Stadtarchivs Nr. 738, ungedruckt.

23 Mark ab[110]). Als Besitzungen der Stadt in der Nachbarschaft von Neubrück sind noch bekannt das Gut zu Alvesse (Alferse) nordwestlich von Wipshausen, welches der Rath um Pfingsten 1418 von Rolef Hohof für 32 Mark erkaufte und das aus zwei Höfen mit zwei Hufen Landes, Holztheilen und Wiesentheilen bestand und der Stadtcasse jährlich 1½ Mark einbrachte[111]). 1420 kaufte der Rath von Rötger von Elze für 7⅝ Mark die Mühle zu Elze an der Erse, aus der dann der Stadt eine jährliche Einnahme von vier Schillingen und 3 Scheffeln Roggen erwuchs[11]). In demselben Jahre erwarb er von denen von Salbern für siebenzig Mark eine jährliche Einnahme von fünf Mark Geldes und achtzehn Fudern Heu, welche Einwohner des Dorfes Abbensen an der Fuse nach Neubrück liefern mußten; auch Herrndienste scheinen sie dahin gethan zu haben[113]). Schon 1417 erwarb die Stadt das Holz zu Twischowe, das hinter Wendezelle gelegen haben soll, „von den Herzögen" Anfangs, wie es scheint, auf bret, dann um 1420 für zwanzig Mark auf zehn Jahre; nach Ablauf derselben kaufte sie es 1430 am 28. Mai, indem sie noch zehn Gulden zahlte[114]). Am 19. August 1423 gab der Rath dem Kreuzkloster sechs Mark für ein Ellernholz bei Wettlenstedt. Es ist nicht klar, ob es dafür gekauft oder auf zwei Jahre gepachtet ward; wahrscheinlich aber ist, daß es der Rath kaufte, um es binnen zwei Jahren schlagen zu lassen; das Holz war „zum Ziegelhause" bestimmt[115]).

Ueber das Dorf Achim bei Börsum erwarb die Stadt 1417 am 26. Juli von den Gebrüdern von Burgdorf mit Einwilligung des Grafen Heinrich von Wernigerode als Lehnsherrn die Gerichtsbarkeit, nachdem sie am 15. Juni von Alerd von Burgdorf für 150 Mark Silber achtzehn Hufen Landes daselbst erkauft hatte. Dieses Land brachte der Stadt jährlich 54 Scheffel Weizen ein[116]). In dem benachbarten Fallstein erwarb sich der Rath 1488 am Dienstag vor Weihnachten

---

110) Originalurkunde des Stadtarchivs Nr. 902, ungedruckt.
111) Borner, Gedenkbuch, fol. 38.
112) Das. fol. 38¹.
113) Das. fol. 38¹. 56¹ und Originalurkunde des Stadtarchivs Nr. 575, ungedruckt.
114) Borner, Gedenkbuch, fol. 39 und Gedenkbuch II zum Jahre 1417 und 1430.
115) Borner, Gedenkbuch, fol. 89.
116) Originalurkunde des Stadtarchivs Nr. 558a, gedruckt und Borner, Gedenkbuch, fol. 37¹.

ein Holzblek für 45 rheinische Gulden auf vier Jahre von Gebhard von Heyme zu Hornburg [117]).

Die Fährmühle (de Vere molen) bei Ohrum hatte der Rath nur wenige Jahre in seinem Besitz. Er kaufte sie 1421 für 55 Mark vom Müller Brand und veräußerte sie für 76 Mark 1425 wieder an Heinrich Fingerbank [118]). Auf dem nahe gelegenen Oesel durfte die Stadt in Folge einer von den Herzögen 1425 ertheilten Erlaubniß Steine brechen und Kalk brennen [119]).

Als 1427 am 16. März in der Fehde gegen die von Schwicheld die Schlösser Wiebelah und Lutter am Barenberge eingenommen waren, erwarb sich die Stadt gegen Geldsummen den Antheil, welcher einzelnen Theilnehmern der Fehde an dem Eroberten zustand, nämlich vom Bischof von Hildesheim dessen Antheil an Wiebelah und vom Herzog Otto dessen Antheil an Wiebelah und Lutter [120]). An jenem Schlosse hatte Braunschweig nun eine Forderung von fünfhundert Mark, den hierauf sich gründenden Antheil an demselben übertrug es 1429 auf die Familie von Schwicheld [121]). Das Drittel, welches dem Rathe am oberen Schlosse Bischofslutter seit 1427 zustand, überwies er 1428 am 30. September auf ein halbes Jahr an den Knappen Hans von Sauingen [122]). Dann scheint der Antheil der Stadt an's Bisthum Hildesheim übergegangen zu sein.

Das Dorf Schandelah mit der Hälfte des Lehrer Wohldes verkaufte 1432 am 25. Juni Heinrich der Friedsame für sich und im Namen seines Bruders Wilhelm des Aelteren an die Stadt [123]). Der Rath übergab das Dorf mit allem Zubehör 1433 am Tage vor Thomas an den Bürger Tile vom Broke auf sechs Jahre für 125 Mark zum Pfande [124]). Im Besitze dieses Dorfes blieb die Stadt bis über das Mittelalter hinaus.

---

117) Originalurkunde des Stadtarchivs Nr. 956, ungedruckt.
118) Porner, Gedenkbuch, fol. 39.
119) Originalurkunden des Stadtarchivs Nr. 615 und 678, ungedruckt.
120) Originalurkunden vom 16. März und 1. April im Stadtarchiv Nr. 630 und 631, gedruckt bei Bogell, Geschichte der Grafen von Schwicheld 148.
121) Bogell a. a. O. 157. Lüntzel, Geschichte der Diöcese und Stadt Hildesheim II, 409 flg.
122) Originalurkunde des Stadtarchivs Nr. 647, ungedruckt.
123) Gedenkbuch II zum Jahre 1432.
124) Urkunde im Copialbuch III, fol. 14¹, ungedruckt.

Nachdem das Raubnest Ambleben vor dem Elme 1425 zerstört war, verkaufte Heinrich der Friedsame 1433 am 17. März an den Rath von Braunschweig alle Zubehörungen dieses Schlosses sammt dem Patronat über die Schloßcapelle und über die Dorfkirche für 1200 Gulden [125]. Der Rath behielt sich das Patronat vor und verpfändete alles Uebrige für achthundert Gulden auf zehn Jahre an den Bürger Hans Kahle. Der dortige Besitz bestand in der Burgstätte, 24 Hufen und den zugehörigen Höfen in Ambleben, einem Holze, dem ganzen Zehnten und dem Vogtei- und Dienstrechte [126]. Später kam Ambleben wieder an die Stadt und blieb ihr bis 1671.

Für eine Summe Geldes ward dem Rathe 1434 am 23. Juni von Günther von Barteusleben ein Antheil am Hause Wolfsburg verpfändet. Wie lange die Anrechte der Stadt fortdauerten, ist nicht anzugeben [127].

Die Mühle zu Flechtorf bei Campen an der Schunter verkaufte der Rath Ostern 1462, die dortige Schenke 1468. In den Besitz dieser Grundstücke mag die Stadt mit dem Hause Campen gekommen sein [128].

Das Schloß Moringen war nur einige Jahre im Besitze der Stadt. 1462 am 12. Mai verpflichtete sich Herzog Wilhelm der Aeltere und sein Sohn Friedrich, jenes Schloß dem Rathe so lange einzuräumen, bis der durch einen Landfriedensbruch veranlaßte Streit durch die gewählten Schiedsrichter entschieden sei. Erst 1467 am 29. Mai ward der hiesige Rath aufgefordert, Schloß und Stadt Moringen an Markgraf Friedrich von Brandenburg zu überantworten [129].

Die letzte bekannte Erwerbung, welche die Stadt im Mittelalter machte, fällt in's Jahr 1468, wo der Rath Land auf der Broitzemer Feldmark ankaufte, um daselbst Steine brechen zu lassen [130].

---

125) Originalurkunde des Stadtarchivs Nr. 679, ungedruckt.
126) Urkunde im Copialbuch III, fol. 14, ungedruckt.
127) Originalurkunde des Stadtarchivs Nr. 690, ungedruckt.
128) Gedenkbuch II zu den Jahren 1462 und 1468.
129) Originalurkunden des Stadtarchivs Nr. 829 und 848, letztere gedruckt bei Rehtmeier, Chronik 747.
130) Gedenkbuch II zum Jahre 1468.

2. Die Grundstücke im Stadtgebiete.

Das Stadtgebiet umfaßt theils den Raum, auf welchem die Stadt liegt, theils aber auch die Ländereien um dieselbe her bis zu den oben S. 176 beschriebenen Landwehren hin, bis wohin auch die Geltung des Stadtrechts reichte. Von den innerhalb der Landwehr belegenen Dörfern war es Lehndorf, wo der Rath schon früh einige Grundstücke besaß. Schon 1326 am 11. Juni überwies Ludolf Münzer dem Rath der Altstadt dort einen Hof, welcher jährlich sieben Schillinge Zins und sieben Hühner als Abgabe lieferte [1]. Noch einige Höfe daselbst kamen 1345 im Januar von der Familie Wolfram an die Stadt [2]. Eins von den städtischen Grundstücken in Lehndorf hieß der Schäfereihof, welchen der Rath für etwa sechszehn Schillinge zu verpachten pflegte, bis er ihn 1354 am 23. März einem Altar in der Capelle zum heiligen Geiste überwies [3].

Der Stadt gehörten ferner außer den Landwehren auch die an den Eingängen in dieselbe erbauten Landwehrthürme bei Rüningen, bei Broitzem, der Raffthurm, der Bergfried zu Oelper, die Thürme bei Rühme und Gliesmarode und der Schöppenstedter Thurm. Sie alle werden bereits in den Kämmereibüchern im Anfang des funfzehnten Jahrhunderts erwähnt.

Die Hälfte der Mühle zu Eisenbüttel erwarb der Rath im Sacke mit der Ulrichskirche für ein Darlehn von funfzig Mark vom Bürger Peter von Wenden 1380 am 13. December [4] auf sechs Jahre. Ob dieser Antheil in der kleinen Mühle bestand, in deren Besitze der Rath 1454 nachzuweisen ist [5], kann nicht ermittelt werden.

Am Rußberge, welcher schon im dreizehnten Jahrhundert Steinbrüche enthielt, hatte der Rath bereits damals ein Anrecht, das ihn mit dem damaligen Eigenthümer, dem Kloster zu Riddagshausen, in einen langwierigen Streit verwickelte. Dieser ward 1278 am 21. März dahin ausgeglichen, daß der Stadt das Recht, dort Steine zu brechen, vom

---

[1] Originalurkunde des Stadtarchivs Nr. 54, ungedruckt.
[2] Originalurkunde des Stadtarchivs Nr. 135, ungedruckt.
[3] Gedenkbuch I, fol. 6¹ zum Jahre 1351 und fol. 8¹.
[4] Originalurkunde des Stadtarchivs Nr. 276, ungedruckt.
[5] Gedenkbuch II zum Jahre 1454.

Kloster zugestanden ward, diesem aber das Recht blieb, neue Steingruben anzulegen und das Terrain der alten ausgefüllten für sich hinzunehmen⁶). Um 1310 erkaufte sich der Rath eine der dortigen Steingruben, die er zum Nutzen der Stadt stets im Stande zu erhalten versprach⁷). Daß der Rath auch nach dem 1400 mit dem Abt von Ribdagshausen abgeschlossenen Vergleiche im Nußberge Steine brechen ließ, zeigen unverdächtige Quellen⁸).

Zum Schluß ist nach den Kämmereibüchern⁹) anzugeben, welche Grundstücke dem Rath in der Stadt und in ihrer unmittelbaren Nähe gehörten. Städtisches Eigenthum waren zunächst die gesammten Befestigungen der Stadt, wie die Stadtmauer mit ihren Mauerthürmen, Bergfrieden und Thorthürmen, die auf dem Plane der Stadt zu sehen sind. Ferner waren die Brücken und Stege theils an den Thoren, theils in der Mitte der Stadt, wie alle Straßen, Märkte und Plätze öffentliches Eigenthum; sodann die fünf Weichbildsrathhäuser mit allen in und neben ihnen oder in ihrer Nähe befindlichen Waarenhallen und Ausständen, wie sie S. 315 angegeben sind, namentlich auch die drei Waagehäuser, die Hoken- und Krambuden, Wechsel- und Scherbuden, Weinkeller und Mühlen, die Localitäten des Marstalls, die Rathsküche und Zollbude in der Neustadt, die Badstuben an den Thoren und die Münzschmiede am Kohlmarkt. Daß auch manche Bürgerhäuser städtisches Eigenthum waren, welches vermiethet oder gegen die Verpflichtung zu Worthzins oder Erbenzins ausgethan war, ist oben S. 316 flg. berichtet. Auch außerhalb des Mauergrabens war mancher Raum städtisches Eigenthum, wie die Kämmereibücher darthun. Als Eigenthum des Rathes in der Altstadt wird genannt der Girzwerder und zwei andere Werder auf dem Bruche; die große Wiese zwischen dem Cyriacusberge und dem an der Ocker belegenen Ilienholze; der Weingarten am Michaelisthore; Grashof und Garten an der Südmühle¹⁰); ihm gehörten um 1400 sechs Hufen oder etwa 180 Morgen Landes auf dem Stadtfelde, welche er 1399 für eine Summe von 110 Mark an den Bürger Hans Kahle

---

6) Originalurkunde des Stadtarchivs Nr. 18, ungedruckt.
7) Degeb. der Altstadt I, p. 52.
8) Urkunde des Stadtarchivs Nr. 874, jetzt verloren. Ordinar. 143.
9) Zu dem Abschnitt „Die städtische Finanzverwaltung", S. 314—318 sind die betreffenden Belegstellen citirt.
10) Kämmereibuch der Altstadt, S. 13. 15. 16.

2. Die Grundstücke im Stadtgebiete.

auf sechs Jahre verpfändete; endlich noch an 57 Morgen Gärten und eine Ziegelei [11]). Eigenthum des Rathes in der Neustadt war die große und die kleine Masch (de mersch), das Eichthal mit den dasselbe einschließenden Gräben; sodann das Saulager, der „Dingstatt des Hagens" gegenübergelegen, wahrscheinlich ein Anger für die Schweine; ferner die neue Weide, der Bruch und das Altfeld, alle am Wege nach Lehndorf belegen und zur Viehweide benutzt; endlich einiges Gartenland bei dem Klostercampe [12]). Zum Eigenthum des Rathes im Hagen gehörte der Kamphof am Ritterbrunnen; vor der Stadt die Hagen- oder Wendenmasch mit dem sie umgebenden Graben; das große und kleine Hühnerbruch östlich daneben, welches der Rath von Herzog Magnus dem Aelteren für 120 Mark erkauft hatte; der Karshof mit der krummen Wiese auf dem Bülten an der Landwehr in der Nähe von Querum; der Hagenbruch mit dem Hagenborn und mit allen zugehörigen Gräben; außerdem noch Sägehöfe am Fallersleber- und Steinthore, etwa 64 Morgen Gartenland vor dem Wenden- und Fallersleberthore und eine Ziegelei [13]). Dem Rath in der Altenwik stand zu das Eigenthum am Gänsewinkel, der vom Ilienthore bis an die Ocker reichte (der jetzige Tummelplatz), der Altewiker Bruch mit dem Schweineborn, wohin auch die Bürger des Hagens ihr Vieh zu treiben berechtigt waren, eine Ziegelei und einige Gärten vor dem Ilienthore bei dem Heidenkirchhofe [14]). Der Rath des Sackes besaß keine Grundstücke vor der Stadt.

---

11) Kämmereibuch der Altstadt, S. 42. 79 flg.
12) Kämmereibuch der Neustadt, S. 3. 83.
13) Kämmereibuch des Hagens, fol. 2. 15. 22. 34—36. Ordinar. 89.
14) Kämmereibuch der Altenwik, fol. 2. 10. Hemelik rekenscop, p. 84.

IV. Das Kirchenwesen.

Eine eingehende Betrachtung des hiesigen Kirchenwesens, die nach den fleißigen Vorarbeiten Rehtmeiers[1]) möglich ist, gewährt ein besonderes Interesse. Sie zeigt einen großen Reichthum an kirchlichen Stiftungen; neben zwei Stifts- und vier Klosterkirchen finden sich hier sieben zum Theil reichbegüterte Pfarrkirchen und eine Anzahl von Capellen. Sie giebt ferner den Nachweis, daß die Stadtbehörden schon früh den Uebergriffen des Clerus in heilsamer Weise Schranken setzten, theils um durch die Strahlen des Kirchenbannes, welche damals selbst Königen und Kaisern furchtbar waren, nicht vernichtet zu werden, theils um den Mißbräuchen, welche der Reichthum und die Anmaßung des Clerus herbeiführte, entgegentreten zu können. Sie liefert endlich zahlreiche Beiträge zur Sittengeschichte und erklärt, wie es kam, daß die Stadt das Epoche machende Ereigniß der Reformation schon 1528, bis wohin das kirchliche Mittelalter der Stadt reicht, allgemein so freudig begrüßte.

Indem wir zuerst den allgemeinen kirchlichen Verhältnissen der Stadt unsere Aufmerksamkeit zuwenden, betrachten wir

1. Die kirchliche Verfassung der Stadt[2]).

Im Weichbildsgebiete von Braunschweig schied die Ocker die Diöcesen Hildesheim und Halberstadt. Die östliche Hälfte der Stadt lag in dem halberstädtischen, die westliche in dem hildesheimischen

---

[1]) P. J. Rehtmeier, Kirchenhistorie der Stadt Braunschweig, 1707. 4. Theil I. und II.
[2]) Vergl. Rehtmeier, Kirchenhistorie II, 227—234.

Sprengel³). Als Gotteshäuser der halberstädtischen Hälfte werden genannt St. Magnus, St. Aegidien, die Kirche des Marienhospitals, St. Nicolaus auf dem Damme, St. Matthäus und das Paulinerkloster am Bohlweg, St. Katharinen und St. Jodocus am Wendenthore; wogegen alle anderen hier nicht genannten Kirchen und Capellen zur hildesheimischen Diöcese gehörten⁴). Daraus ist abzunehmen, daß die ursprüngliche Ocker, welche jene Sprengel schied, der Arm des Flusses ist, welcher beim jetzigen Tummelplatze in die Stadt tritt und in stets nördlicher Richtung unter der Waisenhausbrücke, der Dammbrücke, der Langenhofsbrücke, der Brücke am Ruhsäutchenplatz, der Stecherstraßen- und Hagenbrücke und der Nickelnkulksbrücke durchfließt und welcher sodann unterhalb der Wendenmühle aus der Stadt tritt. Demnach lagen der Hagen, die Altewik und die Klosterfreiheit von St. Aegidien in der halberstädter Diöcese; dagegen Altstadt, Neustadt, Sack und die Burg Dankwarderode sammt den Vorstädten zum Rennelberge, zum Steinwege und auf dem Cyriacusberge im hildesheimischen Sprengel. Aus diesem Verhältniß erklärt sich, daß von der westlichen Hälfte des Stadtgebietes innerhalb der Landwehren der Zehnten dem Bischof von Hildesheim, von der östlichen dem von Halberstadt zukam. Beide Kirchenfürsten gaben denselben schon früh anderen Besitzern zu Lehen. Der Zehnten von den zur Burg gehörenden Ländereien war schon zur Zeit Heinrichs des Löwen als hildesheimisches Lehen in dem Besitz Reinolds, eines Stiftsherrn zu St. Cyriacus, kam dann an Bruning, einen Stiftsherrn zu St. Blasius, und darauf an Arnold von Dorstadt. Den Zehnten von den städtischen Ländereien auf der Westseite der Ocker hatte damals das Kloster Stederburg als hildesheimisches Lehen. Da die Burgländereien und die Stadtländerei sehr durcheinander lagen, so entstand zwischen Arnold von Dorstadt und dem Kloster öfters Streit. Deshalb ward 1187 das Abkommen getroffen, daß Arnold für zehn Mark Entschädigung seinem Anrechte entsagte, worauf Bischof Adelhog den Zehnten vom Burg- und Stadtlande an's Kloster Stederburg übertrug, wozu er noch den Novalzehnten von dem damals ausgerodeten Wäldchen Hitdenlah in der Nähe der

---

3) Telomonius Ornatomont. bei Leibnitz, S. R. Br. II, 90: Animarum cura unius portionis ejus civitatis Halberstadensi, alterius autem Hildensemensi episcopis secundum directam fluminis intersectionem demandata est.

4) Heffenmüller, H. Lampe, S. 1.

Stadt hinzufügte⁵). Den Zehnten über die halberstädtische Hälfte trugen die von Wenden vom Bischof zu Halberstadt zu Lehen. Den Feld- und Novalzehnten über das zur Altenwik gehörige Land übertrugen sie 1257 am 6. Mai an das Marienhospital⁶); von dem Zehnten „auf dem Lappenberg bei Braunschweig" überließen sie 1299 ein Viertel dem Bürger Wittekind von Gandersem und 1304 die Hälfte dem Marienhospital⁷).

Das Verhältniß der Stadt zu ihren Diöcesanbischöfen ward schon um die Mitte des dreizehnten Jahrhunderts beschränkt. Auf Bitten Herzog Albrechts des Großen erimirte Papst Alexander IV. am 12. August 1255 die Stadt „vom Recht der Diöcesanbischöfe", namentlich wie es scheint insofern, als es diesen ohne besonderen Befehl des päpstlichen Stuhles nicht erlaubt sein solle, die Excommunication oder das Interdict über die Stadt auszusprechen. Ueber die Beachtung dieses Privilegiums zu wachen, beauftragte der Papst den Abt des benachbarten Cistercienserklosters Ribbagshausen in zwei besonderen Schreiben am 12. August 1255 und am 11. Januar 1256⁸). Jene Befreiung scheint sich indeß auch auf mancherlei Leistungen und Abgaben der hiesigen Geistlichkeit an jene beiden Bischöfe bezogen zu haben. Aus einer Urkunde des Papstes Sixtus IV. vom Jahre 1481 geht hervor, daß die Geistlichkeit dieser Stadt sich gegen den Papst darauf berief, seit mehr als zweihundert Jahren sei sie frei gewesen von aller Jurisdiction und Oberherrschaft ihrer Diöcesanbischöfe, hätte bisher auch keine Dienstgelder, keine Liebesgaben, keine regelmäßigen Geschenke noch Steuern an ihre Bischöfe bezahlt. Auch diese Eremtion scheint also Papst Alexander IV. ihr 1255 verliehen zu haben; Papst Sixtus bestätigte dieselbe 1481 am 3. Januar in ihrem ganzen Umfange und übertrug dem Abt von St. Blasius in Nordheim und dem Dechanten der Marienstifter in Erfurt und Hamburg, diese Freiheiten aufrecht zu erhalten⁹).

---

5) Gerhardi Annal. Stederb. bei Pertz, M. G. H. XVI, 220.
6) Urkunde bei Pistorius, Amoenit. VIII, p. 2345.
7) Urkunde in den Braunschw. Anzeigen 1747, p. 730.
8) S. 105. Urkunden des Stadtarchivs Nr. 7. 8. 9. Die beiden ersten gedruckt bei Rehtmeier, Kirchenhistorie, Beilage II, 172; letztere bei Hessenmüller, H. Lampe, S. 93.
9) Urkunde im Copialbuch I, fol. 46¹, gedruckt bei Rehtmeier, Kirchenhistorie, Beilage II, S. 174. Vergl. die Urkunde Alexanders IV. bei Rehtmeier, Kirchenhistorie, Beilage I, 62.

1. Die kirchliche Verfassung der Stadt.

Wenn demnach die hiesige Geistlichkeit von der Jurisdiction ihrer Diöcesanbischöfe eximirt war, so war dies doch keineswegs mit den Laien der Fall. Diese standen in geistlichen Sachen unter der Gerichtsbarkeit der Sprengelbischöfe, welche dieselbe durch Archidiaconen in ihrem Namen ausüben ließen. Die westliche Hälfte der Stadt gehörte gleich den Dörfern Rüningen und Broitzem vor das Forum des hildesheimischen Archidiaconus zu Groß-Stöckheim; Oelper und Lehndorf dagegen mit ihren Feldmarken, die zum Theil innerhalb der Landwehren liegen, standen unter dem Archidiaconus zu Denstorf [10]. Die östliche Stadthälfte lag in dem geistlichen Gerichtsbezirke des halberstädtischen Archidiaconus zu Athleveßen (Atzum) [11]. Wenn diese Stellvertreter der Bischöfe ihre geistlichen Sendgerichte hielten [12], so mußten die Einwohner der Stadt, die klagen wollten oder vorgeladen waren, nach Stöckheim oder Atzum wandern. Sendwroger, welche zuerst 1356 hier vorkommen, zeigten die vorgekommenen geistlichen Vergehungen und deren Thäter dort an. Aber damit sie sich im Interesse des Clerus keine Uebergriffe auf das Gebiet der weltlichen Gerichtsbarkeit erlaubten, so mußten sie bei Uebernahme ihres Amtes dem Rathe schwören, vor dem Sendgerichte nur das rügen zu wollen, was „gegen Gott und Christenheit" sei und was ihnen in ihrer Amtszeit kund werde [13]. In zweifelhaften Fällen hatte der Rath, der die Sendwroger durch seine Richteherren in ihrer Wirksamkeit überwachen ließ [14], sich vorbehalten zu entscheiden, was gottlos und unchristlich sei [15]. Wie zucht- und sittenlos es bei solchen geistlichen Gerichten herging, mußte die Stadt 1389 selbst dem Papste Bonifacius IX. klagen. Ihre Bürger und Einwohner beiderlei Geschlechts, so klagte sie, würden von den Archidiaconen durch öftere Citationen vor die Sendgerichte vielfach geplagt, grobe Unbill und Gewaltthätigkeiten verübe man da namentlich an Frauenzimmern aus der Stadt, selbst Mord komme bei solchen Gelegenheiten vor, der

---

10) Archidiaconatsregister bei Lüntzel, Die ältere Diöcese Hildesheim, am Ende.
11) Urkunde vom 5. Juli 1394, gedruckt bei Hessenmüller, H. Lampe, S. 101.
12) 1354 wurden die Sendgerichte in Stöckheim in der Fastenzeit und um Michaelis gehalten. Degeb. der Neustadt I, fol. 73¹. 74.
13) Gedenkbuch I, fol. 11, gedruckt bei Hessenmüller, H. Lampe, S. 97. Eidbuch in Urkunden und Statuten Nr. 60. §. 52. Ordinar. 10 am Ende.
14) Ordinar. 10 am Ende.
15) Hessenmüller, H. Lampe, S. 97.

unnützen Ausgaben und sonstigen Beschwerden nicht zu gedenken. Da der Rath mit diesen Klagen die Bitte verband, der Papst möge sich der Sache annehmen, so ertheilte dieser am 19. Mai 1389 der Stadt das Privilegium, es solle kein Bürger oder Einwohner gehalten sein, vor einem auswärtigen Sendgericht zu erscheinen, wenn er bereit sei, sich vor dem competenten geistlichen Richter in der Stadt zu stellen [16]). An demselben Tage beauftragte der Papst den Abt von St. Aegidien und den Dechanten zu St. Blasius, auf Beachtung dieses Privilegiums zu halten [17]).

Als aber die Bischöfe von Hildesheim und Halberstadt in Folge dieser Entscheidung dem Papste vorstellen ließen, welcher Nachtheil daraus für sie, ihre Domstifter, die Archidiaconen und die gesammte Geistlichkeit ihrer Diöcesen erwachse, so widerrief Bonifacius IX. jene Bewilligung. Aber auch der Rath wandte sich an den päpstlichen Hof. Er ließ dort vortragen, bei der Entfernung der beiden bischöflichen Residenzen von Braunschweig sei es den Einwohnern der Stadt sehr lästig, dort vor dem geistlichen Gerichte zu erscheinen; sie seien erbötig, vor einem geistlichen Gericht in der Stadt zu Recht zu stehen, und bäten um Wiederbewilligung obiger Erlaubniß. Darauf bestimmte der Papst 1391 [18]), die Bischöfe oder die Archidiaconen sollten als ihren Vicar einen Official anstellen; so lange die Stadtbewohner vor diesem zu Recht ständen, sollten sie vor kein auswärtiges Gericht geladen werden; für die Besoldung solcher Officiale habe der Rath zu sorgen. Die Ausführung dieser Anordnungen sollte der Abt zu St. Aegidien und die Dechanten zu St. Blasius und des Marienstiftes zu Hamburg überwachen. Dietrich von Dassel, der Archidiaconus zu Stöckheim, ernannte nun zu Ostern 1392 einen Commissarius als geistlichen Richter an seiner Statt, diesem sollte ein Priester der Stadt und zwei Rathsherren beim Halten des Gerichts zur Seite stehen; nur wenn Geistliche geschlagen oder verwundet werden, will der Archidiaconus selbst richten. Für diesen Verzicht zahlte ihm die Stadt jährlich sechs Mark [19]). Von halberstädtischer Seite scheint

---

16) Originalurkunde des Stadtarchivs Nr. 325, gedruckt bei Rehtmeier, Kirchenhistorie, Beilage 161.
17) Originalurkunde des Stadtarchivs Nr. 323, gedruckt bei Hessenmüller, H. Lampe, S. 94.
18) Urkunde im Copialbuch VI, fol. 83.
19) Urkunde im Copialbuch II, fol. 105ᵇ.

1. Die kirchliche Verfassung der Stadt.   373

Widerstand geleistet zu sein. Als daher der hamburgische Dechant Werner einzuschreiten drohte, appellirten die beiderseitigen Bischöfe und ihre Archidiaconen wiederum nach Rom. Der Papst beauftragte zuerst seinen Capellan Nicolaus, dann den Cardinal Bartholomäus, die Sache nochmals zu untersuchen. Während dies geschah, kam eine städtische Gesandtschaft nach Rom. Diese erhielt vom Papst Audienz. Durch Hervorhebung der Gefahren, welche der Sittlichkeit und damit dem Ansehen des Clerus drohten, wenn die alte Einrichtung bliebe, durch die Erwähnung, daß noch manches Aergerniß, ja selbst Krieg daraus hervorgehen könne, bewogen die Gesandten den Papst, die Sache selbst zu entscheiden. Im Juli 1394 bestimmte er, die Stadt solle einen Official haben, welcher die geistliche Gerichtsbarkeit im Namen beider Diöcesane zu verwalten und außer einer passenden Wohnung einen anständigen Gehalt von der Stadt zu beziehen habe. Er übt die geistliche Gerichtsbarkeit in der Stadt unbeschränkt, bei der Ausführung gefällter Urtheilssprüche muß der Rath ihn unterstützen und schützen. Den Official, welcher seine Pflicht nicht thut, können die beiden Bischöfe entfernen und durch einen von ihnen oder den betreffenden Archidiaconen neu ernannten ersetzen, die drei Executoren des päpstlichen Willens können die Bischöfe unter Umständen zur Ernennung eines neuen Officials anhalten. Von dem Spruch desselben ist an den betreffenden Diöcesanbischof die Appellation freigestellt [20]).

Der Official pflegte durch Abgeordnete der beiden Bischöfe und die beiden Archidiaconen von Stöckheim und Atzum dem Rathe vorgestellt und von diesem auf seine Amtspflichten beeidigt zu werden [21]). Er hatte hier in allen geistlichen Processen im Sendgericht Recht zu sprechen, also namentlich vor sein Gericht diejenigen zu ziehen, welche gegen christliche Gesetze und Ordnungen handelten, die ein anstößiges, ketzerisches Leben führten, Priester erschlugen, verwundeten oder beleidigten und die Freiheiten der Kirchen und des Clerus beeinträchtigten. Notarien, Procuratoren standen ihm zur Seite, Diener und Gerichtsboten waren ihm

---

[20]) Das Ganze erzählt die Urkunde, welche Papst Bonifacius IX. am 5. Juli 1394 ausstellte. Sie ist zuerst gedruckt bei Hessenmüller, H. Lampe, S. 98 –106. Die Gewinnung dieses Privilegiums kostete der Stadt im Ganzen 383 Marl nach Hemelik rekenscop, p. 95.

[21]) So geschah es z. B. noch 1507 mit Johann Kirchner, dem letzten hiesigen Official. Urkundliche Nachricht bei Hessenmüller, H. Lampe, S. 98.

untergeordnet. Es wird ihm von den geistlichen Oberen an's Herz gelegt, Bann und Interdict nicht in unbedeutenden Sachen zu verhängen, damit der Gottesdienst nicht ohne Noth gestört werde und die Unschuldigen unbeschwert bleiben [22]. In einem für dreizehn Mark gekauften Hause gab ihm der Rath freie Wohnung [23]; außerdem erhielt er für Abhaltung des Sendgerichts in jedem Weichbilde von dem betreffenden Rathe eine Gratification, die in der Altstadt acht, im Hagen drei, in der Neustadt sechs, in der Altenwik vier Schillinge betrug [24].

Die hiesigen aus Urkunden bekannten Officiale sind: Johann von Elze 1404, vom Rathe jährlich mit drei Mark besoldet [25]; Johann von Sneen 1424 [26]; Hennig Becker 1426 [27]; Arnold Lampe 1428 [28]; Bertram Schattenberg, 1450 und 1453 genannt [29]; Heinrich Brakel 1463 [30]; Jordan Rovere 1474 [31]; Hennig Henkel 1482 [32] und Johann Kirchner, 1507 am Dienstag nach Exaudi angestellt und bis 1534 als hiesiger Official erwähnt [33].

Die Pfarrherren der sieben städtischen Pfarrkirchen zu St. Martinus, St. Katharinen, St. Andreas, St. Magnus, St. Ulrich, St. Petrus und St. Michaelis bildeten mit den Prälaten, dem Abt zu St. Aegidien, den beiden Dechanten von St. Blasius und St. Cyriacus und dem Propst zum Kreuzkloster die sogenannte Union. Ohne deren Einwilligung durfte in Kirchensachen keine Neuerung vorgenommen werden, sie übte die Strafgewalt über alle Priester und Diener an städti-

---

22) Urkunde des Bischofs Albrecht von Halberstadt von 1523 im Copialbuch I, fol. 71, gedruckt bei Rehtmeier, Kirchenhistorie II, Beilage 167.
23) Hemelik rekenscop, p. 56.
24) Kämmereibuch der Altstadt, S. 103; der Neustadt, S. 85; des Hagens, fol. 55; der Altenwik, fol. 16.
25) Originalurkunde des Stadtarchivs Nr. 401, ungedruckt.
26) Originalurkunde des Stadtarchivs Nr. 611, ungedruckt.
27) Originalurkunde des Stadtarchivs Nr. 621, ungedruckt.
28) Originalurkunden des Stadtarchivs Nr. 640. 642 und 642a, ungedruckt.
29) Originalurkunden des Stadtarchivs Nr. 768. 769. 779. 785. 786, ungedruckt.
30) Originalurkunden des Stadtarchivs Nr. 884. 885, ungedruckt.
31) Originalurkunden des Stadtarchivs Nr. 875. 876, ungedruckt.
32) Originalurkunde des Stadtarchivs Nr. 904, ungedruckt.
33) Urkunde von 1507 bei Hessenmüller, H. Lampe, S. 98, und Originalurkunden des Stadtarchivs von 1519, Nr. 1306 und von 1534, Nr. 1392, alle ungedruckt.

schen Gotteshäusern, die ihren Oberen ungehorsam waren oder durch Lehre und Wandel irgendwie Aergerniß gaben. Die von ihr erkannten Strafen vollzog der Official. Alle Jahr um Johannis hielten die Mitglieder der Union ein gemeinschaftliches Gelage, bei welchem in der Zeit kurz vor der Reformation das Maß nicht selten überschritten sein soll [34]).

An der Spitze der Geistlichkeit jeder städtischen Pfarrkirche stand ein Pfarrer (rector oder plebanus). Um tüchtige von dem Papst und dem Diöcesanbischof möglichst unabhängige Geistliche in diese wichtigen Stellen bringen zu können, erwarb die Bürgerschaft spätestens im Anfang des dreizehnten Jahrhunderts das wichtige Recht, die Hauptpriester ihrer Pfarrkirchen selbst zu erwählen, welche die Herrschaft als Kirchenpatronin dem Bischof präsentirte und nach erfolgter Zustimmung mit der Kirche belehnte [35]). Sie zogen sich gegen das Ende des Mittelalters immer mehr vom Gottesdienst zurück und überließen ihre Amtsgeschäfte meistens an Pfarrpriester oder Vicare, neben denen jede Kirche noch einige Capellane für das Abhalten der vorgeschriebenen Messen an den zahlreichen Altären zu halten pflegte [36]). Die Einnahmen dieser Priester bestanden in den Renten der Capitalien, mit denen die ihnen verliehenen Altäre dotirt oder im Laufe der Zeit beschenkt waren, und in den Gebühren für Todtenmessen, Memorien und Seelmessen, welche jeder zu halten beauftragt wurde. Jede Kirche hielt auch einige Schüler. Deren gab es mehrere Classen. Die Pfarrschüler, welche die niederen Weihen empfangen hatten, leisteten beim Gottesdienst, namentlich bei der Messe, als Ministranten hülfreiche Hand, besorgten die Reinigung der Kirche und waren meistens beim Pfarrer in Kost. Die Chorschüler waren bestimmt zum Absingen der Psalmen, Antiphonen und Responsorien und der bei Processionen und Leichenbegängnissen üblichen Gesänge. Sie hatten im Chor der Kirche ihre bestimmten Stellen. Die Opfermannsschüler halfen den Opferleuten bei der Erleuchtung der Kirchen, sie zündeten die Lichter auf den Altären und Kronen an nach der für jedes Fest bestehenden Vorschrift. Die Schlafschüler endlich mußten abwechselnd in einem in der Kirche befindlichen Bette schlafen und dienten somit als Sicherheitswache für den kostbaren

---

34) Dies erzählt Rehtmeier in der Kirchenhistorie II, 230 nach dem handschriftlichen Berichte H. Lampe's, des ersten evangelischen Predigers hieselbst.

35) Urkunden und Statuten Nr. 1. §. 12, Nr. 2. §. 54.

36) Rehtmeier, Kirchenhistorie II, 231.

Kirchenschmuck, halfen auch mit beim Bälgentreten und Glockenläuten[37]). An jeder Kirche war auch ein Opfermann. Dieser hatte dieselbe zu öffnen und zu schließen, verwahrte die heiligen Geräthe, wie Meßgewänder, Kelche, Meßbücher, Monstranzen u. dergl., mußte auch wohl in der Kirche schlafen. Ihn ernannte der Rath des Weichbildes mit den Kirchenprovisoren[38]). Auch ein Glöckner war an jeder Kirche zur Besorgung des Geläutes. Das dienende Personal wird bei den einzelnen Gotteshäusern angegeben werden. Endlich hatte jede Pfarrkirche, auch manche Capellen und die Hospitäler je zwei Vormünder, Aelterleute oder Provisoren, welche das Vermögen des Gotteshauses oder der ihnen anvertrauten Stiftung zu verwalten, das Kirchengebäude zu erhalten und die Kosten des Gottesdienstes zu bestreiten hatten[39]).

2. Die kirchlichen Hauptfeste der Stadt.

Es sind nun die kirchlichen Feste zu nennen, deren Feier die Stadtbehörden besonders großartig begehen ließen, weil sich an dieselben Erinnerungen an die große Vergangenheit Braunschweigs knüpften, welche glorreich genug waren, um durch Feste verherrlicht zu werden. Dahin gehören namentlich die verschiedenen Feste St. Autors, des Schutzpatrons der Stadt, das Frohnleichnamsfest und das Fest der Kreuzeserhöhung.

Unter allen mittelalterlichen Heiligen ward hier seit dem dreizehnten Jahrhundert dem heiligen Autor die höchste Ehre erwiesen[1]). Nach der Legende war er der Sprößling einer berühmten griechischen Familie, Sohn des Licius, eines Chiliarchen, der von den Thaten des Apostels Paulus begeistert gegen die Ungläubigen stritt. Seinen Sohn bestimmte der Vater zum Kriegsmann, aber Autor verachtete den irdischen Ruhm,

---

37) Sack, Schulen, S. 23—26.
38) Ordinar. 55. 56.
39) Ordinar. 55.
1) Ueber sein Leben berichten die Acta Sanctorum zum 20. August Band 4, S. 45—48, eine Vita S. Autoris in Rehtmeiers Kirchenhistorie, Beilage 178—183 und der daraus von Barthold Meyer um 1450 gemachte Auszug, aus welchem Rehtmeier, Kirchenhistorie II, 242 viel mittheilt.

2. Die kirchlichen Hauptfeste der Stadt.

verließ heimlich Vaterland und Eltern, kam nach Rom und erlangte dort die Priesterweihe. Schon bekannt als Prediger wanderte er nach Gallien, um den dortigen Heiden Gottes Wort und den Glauben an Christus zu verkünden. In Metz nahm er seine Wohnung und gewann durch Lehre und Beispiel dem Christenthum dort viele neue Bekenner. Nach dem Tode des dortigen Bischofs berief ihn der einstimmige Wunsch des Clerus und Volks zum Nachfolger. Durch ein Wunder ermuthigt übernahm er das Amt. In demselben soll er sich um Metz sehr verdient gemacht haben, indem er vielen angeblich von Attila gefangenen Einwohnern die Freiheit wieder verschaffte. Nach dem Tode des Erzbischofs Legontius von Trier ward er zu dessen Nachfolger erkoren. Dem dortigen Erzbisthum stand er bis an's Ende seiner Tage vor; am 20. August eines unbekannten Jahres ging er ein zum Herrn, angeblich zur Zeit des Kaisers Valens und des Papstes Damasus, nachdem er 49 Jahre das bischöfliche Amt bekleidet hatte.

Sein Leichnam ward im Benedictinerkloster St. Marimin zu Trier in der Krypta bestattet. Dort prophezeihete Autor nach der Legende einst einem andächtigen Beter, welchem er Nachts erschien, sein Körper werde in's Sachsenland übertragen werden. Diese Prophezeihung erfüllte sich zu Anfang des zwölften Jahrhunderts, als die Brunonin Gertrud seine Gebeine von dort entführte und 1115 in dem hiesigen Benedictinerkloster niederlegte (S. 54—56). Hier sollen durch Autor allerlei Wunder geschehen sein²), namentlich schreibt ihm der fromme Glaube unserer Vorfahren die Rettung der 1200 von König Philipp hartbedrängten Stadt zu (S. 82). Als er deshalb zu ihrem Schutzpatron erhoben war, wurden ihm zu Ehren hier mehrere Feste³) mit besonderem Glanze gefeiert.

Sein Hauptfest fiel auf seinen Todestag, den 20. August⁴). Erst am 28. December 1298 bestimmten die Rathsherren der Altstadt in Anerkennung der Verdienste jenes „gnädigen Vertheidigers der Stadt", daß sein Tag fortan im Blasiusstift jährlich feierlich begangen werden

---

2) Translatio S. Autoris bei Leibnitz, S. R. Br. I, 702 und bei Pertz, M. G. H. XVI, 316.

3) Rehtmeier, Kirchenhistorie II, 250—267.

4) Autor starb XIII Kal. Septembr. nach den Angaben seiner Vita (Rehtmeier, Kirchenhistorie, Beilage 183). Vergl. Shigtbot S. 246.

solle durch Hochamt und Vesper mit Gesang von der Orgel[5]). 1350 nach überstandener Pest fügte ein Beschluß des gemeinen Rathes eine feierliche Procession der Bürgerschaft hinzu, die jährlich an diesem Tage nach Autors Ruhestatt, dem Benedictinerkloster St. Aegidien, gehen sollte, um dort dem Heiligen fünf große Wachslichter darzubringen. Mit der gesammten Geistlichkeit sollten auch alle Gilden der Stadt an derselben Theil nehmen[6]). Seitdem feierte die Stadt den Autorstag jährlich als hohen Festtag und zwar in folgender Weise. In allen Kirchen ward festlicher Gottesdienst gehalten, welchen Gesang von der Orgel verherrlichte. Einem Gelübde zufolge verehrte der Rath jährlich an diesem Tage fünf „herrliche Wachslichte" nach St. Aegidien, welche an hohen Festen dort „vor St. Autors Heiligthum" brennen sollten. Jedes Weichbild schenkte ein solches, das hundert Pfund an Gewicht hatte. Diese brachte man in Procession von St. Ulrich oder vom Blasiusstift nach St. Aegidien. An dieser nahm die gesammte Geistlichkeit und alles Volk Theil; jedes Weichbildes Bewohner folgten ihrem Lichte, voran zog der Sack, dann folgten die Altewik, die Neustadt, der Hagen und endlich die Altstadt. Jedem Lichte schritt ein eigenes Musikcorps mit Pfeifern und Posaunenbläsern voran; der Clerus folgte der Bürgerschaft. Im Benedictinerkloster angekommen, ging man mit St. Autors Sarge in Procession um den Klosterhof und hielt dann ein feierliches Hochamt daselbst. Diese Feier bestand bis zur Reformation[7]).

Ein zweites Fest feierte die Stadt zur Ehre ihres Schutzheiligen jährlich am Freitag vor Johannis. Dann trug man zum Andenken „an die gnädige Beschirmung, die St. Autor der Stadt in mancher Noth" erwiesen, den Sarg mit den Reliquien dieses Heiligen mit Kreuzen und Lichtern um die ganze Stadt. An den Tagen vorher lieh der Rath der Altenwik das Heiligthum vom Benedictinerkloster und schaffte es nach St. Cyriacus vor dem Michaelisthore. Von dort ging die feierliche Procession aus, bei welcher die Bürger der Altstadt den Sarg

---

5) Urkunde im Degedingsbuch der Altstadt II, fol. 28¹, gedruckt in Rehtmeier, Kirchenhistorie, Beilage II, 191. Vergl. Memorienregister von St. Blasius, S. 45.

6) Gedenkbuch I, fol. 7¹.

7) Ordinar. 128. Telomonius Ornatomont. bei Leibnitz, S. R. Br. II, 92; Urkunde des Cardinals Raymund vom Jahre 1502 bei Rehtmeier, Kirchenhistorie, Beilage II, 241 und Shigtbok, S. 246.

trugen und an welcher Rath, Gilden und Gemeinden aller Weichbilder sammt dem ganzen Clerus Theil nahmen. Wenn die Benedictiner von St. Aegidien vor vier Stadtthoren Abschnitte aus den Evangelien vorgelesen hatten und der Zug um die ganze Stadt gezogen war, so brachte er jenen Sarg nach dem Benedictinerkloster zurück, wo „eine herrliche Station mit einem Lobgesang" das Fest beschloß. Hierdurch glaubte man zu erreichen, „daß der heilige Herr St. Autor bei Gott fernerhin für die Stadt in allen ihren Nöthen Gnade und Beschirmung erwerbe"[8]).

Ein drittes Autorfest kam um die Mitte des funfzehnten Jahrhunderts in Gang. Als der in der Noth des Jahres 1445 vom Rathe gelobte silberne Sarg 1456 fertig geworden war und Autors Gebeine unter großen Feierlichkeiten in denselben übertragen waren (S. 225. 230), stiftete der Abt des Benedictinerklosters dem Heiligen ein neues Fest, welches zum Andenken an die Umlegung der Reliquien stets auf den Sonntag Lätare fallen sollte. Auch der Rath erklärte sich damit einverstanden und gebot der Bürgerschaft, dieses Fest mit zu feiern. Auch sollten von nun an bei dem Feste vor Johannis der alte und der neue Sarg zugleich um die Stadt getragen werden[9]).

Von den zahlreichen Festen, welche der katholische Ritus mit sich bringt, ließ der Rath auch das Fest der Kreuzeserhöhung am 14. September besonders feierlich begehen. Dies geschah in Folge eines 1350 gefaßten Beschlusses des gemeinen Rathes zum Andenken an die furchtbare Pest, welche die Stadt in jenem Jahre heimgesucht hatte. Das Fest, welchem eine Spende an die Armen vorherging, wurde in allen Kirchen der Stadt durch Hochamt und Gesang von der Orgel gefeiert, wofür die Geistlichkeit von dem Rathe angemessene Remunerationen (consolatien) aus den Weichbildscassen erhielt (S. 335). Auch diesen Tag mußte die Bürgerschaft feiern; wer ihn durch Arbeiten entheiligte, ward in eine Strafe von fünf Schillingen genommen[10]).

Zu den städtischen Kirchenfesten gehörte endlich noch das 1264 von

---

8) Ordinar. 124; Urkunde bei Rehtmeier, Kirchenhistorie, Beilage II, 241; Chigtbol, S. 246. Telomonius Ornatomont. bei Leibnitz, S. R. Br. II, 92.

9) Barthold, Van dem levent und der overhalinge St. Autors III, cap. 7. 8 bei Rehtmeier, Kirchenhistorie II, 264.

10) Gedenkbuch I, fol. 7¹. 11. Ordinar. 131.

Papst Urban IV. angeordnete Frohnleichnamsfest[11]). Als auf den Tag dieses Festes 1388 mit Hülfe der Bürger Braunschweigs der Sieg bei Winsen erfochten war, welcher das Land Lüneburg dem welfischen Fürstenhause rettete, vereinigten sich die Herzöge Friedrich und Heinrich mit dem Rathe dahin, sie wollten „dem heiligen Leichnam zu Lobe und zu Ehren" diesen Tag jährlich durch eine Procession feiern. Seitdem zog die gesammte Geistlichkeit der Stadt und die Bürgerschaft am Frohnleichnamstage mit Fahnen, Lichtern und sonstigem Schmuck mit dem heiligen Leichnam vom Blasiusstift nach dem Cyriacusstift und von da zurück nach St. Blasius, wo die ganze Clerisei die Messe des heiligen Leichnams sang. Die Procession, zu welcher der Rath die Geistlichkeit der städtischen Kirchen und Capellen, die Gilden und geistlichen Brüderschaften einladen ließ, ging in folgender Ordnung. Dem vom Clerus begleiteten heiligen Leichnam folgten diejenigen, welche „florirte" Lichter oder Leuchter trugen, ohne Rücksicht auf die Gilde oder Corporation, der sie angehörten. Dann folgten Gilden und Innungen jede mit ihren Lichtern in folgender Ordnung: Kaufleute, Mülter (Brauer), die Wandschneider aus Altstadt, Hagen und Neustadt, Wechsler, Goldschmiede, Krämer, Lakenmacher, Knochenhauer, Gerber, Schuhmacher, Bäcker, Beckenschläger, Schneider, Schmiede, Messerschmiede, Leinweber und Hutmacher. An sie schlossen sich die Kalandsgenossen, zuerst die von St. Gertrud, dann die von St. Matthäus, darauf die von St. Petrus; ihnen folgte die Brüderschaft zu St. Michaelis, „die Gilde Unsrer lieben Frau", die Dreyergilde und endlich die Müller und Badstubenbesitzer[12]).

---

3. Das alte Stift in der Burg Dankwarderode.

Die älteste Stiftskirche in der Burg, im elften Jahrhundert die Kirche zu Dankwarderode[1]) genannt, ward zu den Zeiten des brunonischen Grafen Ludolf vielleicht durch dessen Gemahlin Gertrud begründet

---

11) Hase, Kirchengeschichte, 5. Auflage, S. 297.
12) Ordinar. 122.
1) Urkunde aus der Zeit um 1060 in Orig. Guelf. II, 384: Ecclesia Thoneguarderoth.

3. Das alte Stift in der Burg Dankwarderode.

und von Bischof Godehard von Hildesheim angeblich 1030, jedenfalls vor 1038 Christus, der Jungfrau Maria, dem heiligen Kreuze, Johannes dem Täufer, den Aposteln Petrus und Paulus, St. Blasius und anderen Heiligen geweiht. Binnen wenigen Jahrzehnten ward dieselbe mit mehreren Altären ausgestattet. Im Mittelschiff standen der Hochaltar und der Kreuzesaltar, im nördlichen Seitenschiff der Marien- und der Clemensaltar, im südlichen der Stephans- und der Moritzaltar. Den Erzengeln Michael und Gabriel waren Capellen mit Altären im unteren Geschoss des Thurmbaues eingerichtet [2].

Die Kirche war eine Stiftskirche, an welcher zwanzig Canonici oder Stiftsherren [3] den Gottesdienst besorgten und ein gemeinsames Leben nach den canonischen Regeln Chrodegangs führten. Ihre Oberen waren ein Dechant und ein Propst; einer der Stiftsherren, der Scholasticus, hatte die Leitung der Stiftsschule, auch ein Cantor wird erwähnt [4]. Von den Dechanten des Stiftes ist nur Retiger bekannt, der 1157 urkundlich sancti Blasii decanus genannt wird [5]; von den Pröpsten dagegen mehrere. Zuerst Athelold, welcher dem Stift schon zur Zeit der Brunonen angehörte und sich durch Erwerbungen und Schenkungen um dasselbe sehr verdient machte. Bereits unter Ecbert I., also vor 1068, übergab er dem Stift einen Güterbesitz von 38½ Hufen Landes [6]. Der Haupthof mit zwanzig Hufen lag in dem unbekannten Orte Hurnihusen, kleinere Besitzungen in Geitelde, Lehndorf, Bienrode, Sifte, Uehrde, Seker (Sicuri) bei Jerxheim und in den unbekannten Orten Cavenheim und Egganrode [7]. Nach den Angaben der Reimchronik [8] verschaffte Athelold dem Stift zu Ecberts I. Zeiten „wohl hundert Hufen" Landes, nach dem Memorienregister auch mehrere Capellen [9]. Ob beide Quellen, welche sich bei Mittheilung dieser Nachricht einer

---

[2] S. 46. 49.
[3] Die Zahl ergiebt sich aus dem Memorienregister von St. Blasius, wo den Stiftungen aus der Zeit vor den Welfen stets die Zahl 20 beigeschrieben ist.
[4] Memorienregister, S. 5. 37.
[5] Urkunde bei Rehtmeier, Kirchenhistorie, Suppl. 53.
[6] S. 49 und Urkunde in den Orig. Guelf. II, 384.
[7] An Engerode bei Gebhardshagen ist schwerlich zu denken; dieser Ort heisst im vierzehnten und funfzehnten Jahrhundert Eddingerode. Lüntzel, Die ältere Diöcese Hildesheim, 254.
[8] Leibnitz, S. R. Br. III, 53.
[9] Memorienregister, S. 17 bei Wedekind, Noten I, 428.

groben Verwechslung schuldig machen, hier Glauben verdienen, ist sehr zweifelhaft [10]). Als Athelold 1100 am Ende des März starb, ward er im Stift begraben, in der von Heinrich dem Löwen erbauten Kirche ward er „inmitten des Münsters" vor dem Candelaber wieder beigesetzt [11]). Daß zu Athelolds Zeit die ältere Markgräfin Gertrud dem Stift Güter in „Machtersem", wahrscheinlich auch mehrere Kostbarkeiten schenkte, daß vermuthlich auch sie es war, die im Stift ein Gedächtniß aller Seelen für den 29. September anordnete, ist S. 50 erzählt. Als Propst von St. Blasius kommt sodann Bennico in Urkunden Kaiser Lothars von 1129 bis 1134 vor [12]). Rhetharb war Propst des Stiftes unter Heinrich dem Löwen; wenn er es zu Anfang der Regierungszeit dieses Fürsten war, was wahrscheinlich ist, so könnte er Bennicos Nachfolger gewesen sein [13]). Urkunden von 1146 und 1166 nennen als Propst Eckehard, der dem Stifte einige Hufen Landes in Lehndorf verschaffte und kurz vor Weihnachten eines unbekannten Jahres starb [14]).

In diesem Gotteshause stifteten sich die brunonischen Fürsten seit der zweiten Hälfte des elften Jahrhunderts durch milde Gaben Seelmessen und Memorien, die nach ihrem Ableben an ihrem Todestage gehalten zu werden pflegten. Solche Gedächtnisse sind dort gestiftet für Ecbert I., seine Mutter, die ältere Markgräfin Gertrud, für seinen Sohn Ecbert II., dessen Schwester Gertrud, für deren Tochter Richenza und ihren Gemahl Kaiser Lothar. Sie setzten zu diesem Zwecke theils Capitalien aus, von deren Zinsen jene Memorien und Seelmessen bezahlt wurden, theils wiesen sie Güter in Machtersem, Söllingen, Heerte, Beyerstedt, Vahlberg und Wirdeslem oder Wirdeshof an, deren Ertrag dem Stift zufiel [15]). Aber die Stiftsherren gedachten auch älterer Fürsten, die mit Braunschweig in Verbindung standen, so am 21. Januar des Todes der beiden „Grafen in Brunswich", Tanquard und Bruno; am 25. Januar hielten sie eine Erinnerungsfeier an König Heinrich und

---

10) Dürre, Geschichte der Gelehrtenschulen zu Braunschweig, I, S. 4.
11) Chron. rhythm. cap. 31, v. 82—93 bei Leibnitz, S. R. Br. III, 53.
12) Urkunden bei Harenberg, Histor. eccl. Gandersh., p. 705. 170 und Leuckfeld, Antiq. Gandersh., p. 167.
13) Urkunde vom Jahre 1197 in den Orig. Guelf. III, 617.
14) Harenberg, Histor. eccl. Gandersh., p. 708. 1690 und Memorienregister, S. 74.
15) Memorienregister, S. 5. 37. 85. 72. 31. 70.

um die Mitte Februars feierten sie das Gedächtniß eines Otto, der ebenfalls „Graf in Brunswich" genannt wird [16]).

Dies alte Burgstift, welches bald nach zweien seiner Hauptpatrone, St. Johannes und St. Blasius, oder nach Petrus und Paulus, bald nach St. Blasius allein benannt ward [17]), bestand bis 1173. Damals ließ Heinrich der Löwe die alten Gebäude „vergehen" und setzte an die Stelle derselben das neue Blasiusstift [18]).

4. Das Stift St. Blasius [1]).

Die Erbauung der neuen Stiftskirche St. Blasius fällt in die Zeit nach der Heimkehr Heinrichs des Löwen von Palästina, wahrscheinlich in's Jahr 1173 [2]). Der Bau war 1188 so weit fortgeschritten, daß ein Altar im Chore von dem damaligen Bischof Adelhog [3]) von Hildes-

---

16) Memorienregister, S. 7. 8. 11.

17) Urkunde in Orig. Guelf. II, 334; Chron. rhythm. cap. 31, v. 61; Urkunde in Rehtmeier, Kirchenhistorie, Suppl. 53.

18) Chron. rhythm. cap. 31, v. 30. 42. 86—89.

1) Die wichtigsten Quellen für die Geschichte dieses Stiftes sind außer den im Landeshauptarchiv zu Wolfenbüttel befindlichen Originalurkunden:

1. Ordinarium St. Blasii, ein von dem Stiftsherrn Johannes Crispus im Jahre 1301 angelegtes Copialbuch der dies Stift betreffenden Urkunden, welches von anderer Hand bis gegen Ende des vierzehnten Jahrhunderts fortgesetzt ist. Es befindet sich im herzoglichen Landeshauptarchiv.

2. Die Excerpta Blasiana, um 1314 geschrieben (S. 7).

3. Das Memorienregister von St. Blasius, etwa um 1380 zusammengetragen, im Landeshauptarchiv zu Wolfenbüttel befindlich. Ein kurzer Auszug aus demselben ist gedruckt in Wedekinds Noten I, 427.

4. Die Tabula Blasiana, um 1514 geschrieben (S. 9).

Die Grundlage aller neueren Bearbeitungen ist Rehtmeier, Kirchenhistorie I, S. 84—118. Als wichtige Ergänzungen desselben sind zu nennen die Aufsätze von von Schmidt-Phiseldeck und von Schmidt im Braunschw. Magazin 1802. Nr. 24—26 und 1817. Nr. 36—45, 1815. Nr. 1—2; endlich Görges, Der Blasiusdom zu Braunschweig, 1836.

2) Dies Jahr nennt die Reimchronik Kap. 31, 88 bei Leibnitz, S. R. Br. III, 53 und nach ihr spätere Quellen.

3) Durch Bischof Hermann, der nach dem Catal. episcop. Hildesheim. bei Leibnitz, S. R. Br. II, 154 die Weihe verrichtet haben soll, kann dies nicht geschehen sein, da Hermann schon 1170 starb. Lünzel, Geschichte der Diöcese Hildesheim I, 469.

heim der Jungfrau Maria geweiht werden konnte (S. 67). Die Vollendung der Kirche nach dem von ihm beliebten Plane erlebte Heinrich nicht, obwohl dieselbe 1195 seinen Leichnam in sich aufnehmen konnte. Erst 1227 am 29. December ward das ganz vollendete Gotteshaus vom Bischof Konrad von Hildesheim zu Ehren St. Johannis des Täufers, des heiligen Blasius und des 1173 heilig gesprochenen Erzbischofs Thomas von Canterbury geweihet[4]). Die Kirche war, nach dem Modell zu urtheilen, welches die Statue Heinrichs des Löwen auf dessen Grabe in der Hand hält, ein dreischiffiger byzantinischer Bau mit zwei Thürmen. An die Stelle des alten oberen Thurmgeschosses soll in der zweiten Hälfte des dreizehnten Jahrhunderts das noch vorhandene mit gothischem Glockenhaus geschmückte getreten sein; auch die beiden Spitzbogenfenster in den Wänden des Mittelschiffes dicht vor den Kreuzflügeln sollen nach dem Urtheil Kunstverständiger jener Zeit angehören[5]). Später genügten die anfänglichen Seitenschiffe, welche nur die halbe Höhe und Breite des Mittelschiffes gehabt zu haben scheinen, nicht mehr, breitere Hallen mußten an ihre Stelle treten und diese mußten namentlich mit größeren Fenstern versehen werden, wenn es im Innern der Kirche nicht an Licht fehlen sollte. Schon 1322 gaben die Herzöge Otto der Milde, Heinrich der Wunderliche und Otto von Lüneburg die Erlaubniß, die südliche Seite der Kirche niederzureißen, um den Erweiterungsbau vornehmen zu können[6]). So erstand dort die noch vorhandene gothische Doppelhalle, fundirt von Otto dem Milden und seiner Gemahlin Agnes und vermuthlich 1346 vollendet[7]). Die Weihe dieses Anbaues soll Bischof Albrecht II. von Halberstadt, der Bruder Otto des Milden, vollzogen haben[8]). Das alte nördliche Seitenschiff wurde durch Herzog Heinrich den Friedsamen 1469 zu einer Doppelhalle erweitert; aber erst 1474 ward dieser Bau vollendet, welchen Bischof Hennig von Hildesheim weihete[9]). So ist die

---

4) Excerpta Blas. zu 1227 bei Leibnitz, S. R. Br. II, 61.
5) Schiller, Die mittelalterliche Architektur, S. 17 und 18.
6) Urkunde im Ordinar. S. Blasii, fol. 59¹. Nr. 33 und 34 und Urkunde in Scheib, Anmerkungen und Zusätze, S. 444.
7) Botho zu 1319 bei Leibnitz, S. R. Br. III, 375. Braunschw. Magazin 1817, S. 672. Die über der Thür dieses Seitenschiffs stehende Inschrift theilt mit Schiller, S. 19.
8) Pomarius, Sachsenchronik, S. 368; Bünting, Braunschw. Chronik, S. 235.
9) Botho zum Jahre 1474 bei Leibnitz, S. R. Br. III, 415. Die Zahl 1469 steht über der Eingangsthür dieses Seitenschiffes.

4. Das Stift St. Blasius.

großartig einfache Kirche Heinrichs des Löwen allmälig zu einem Bauwerk geworden, welches den architektonischen Geschmack mehrerer Jahrhunderte neben einander zeigt [10]).

Der wesentlichste Theil seiner inneren Ausstattung waren die zahlreichen **Altäre** [11]), deren die Kirche am Ende des Mittelalters 26 aufzuweisen hatte. Zwei, vielleicht auch vier derselben, gehören der Zeit Heinrichs des Löwen an, fünf entstanden bis Ende des dreizehnten Jahrhunderts; noch acht kamen bis 1350, die übrigen neun bis zu den Zeiten der Reformation hinzu. Sie sind in folgender Ordnung von Mitgliedern des welfischen Hauses, Stiftsherren, adeligen oder bürgerlichen Familien begründet.

Der **Hochaltar** am Ostende des Chores, St. Blasius [12]) und ohne Zweifel auch dem ursprünglichen Mitpatron Johannes dem Täufer geweiht, von Heinrich dem Löwen begründet, muß spätestens 1188 bei der Einweihung des Marienaltars vorhanden gewesen sein. Dieser **Marienaltar**, eine Stiftung Heinrichs des Löwen und seiner Gemahlin Mathilde, 1188 vom Bischof Adelhog geweiht, stand mitten im Chor [13]). Beide Altäre sind noch vorhanden, nur ist der letztere jetzt im Schiff der Kirche zwischen den beiden auf den Chor führenden Treppen aufgestellt. Wahrscheinlich ebenso alt und wohl auch eine Stiftung Heinrichs oder seiner Gemahlin war der **Petrusaltar** im unteren Geschoß des nördlichen Kreuzflügels in der sogenannten Peterscapelle [14]).

Der **Kreuzesaltar**, vom Stiftsherrn Ludolf von Volkmarode fundirt und 1196 schon vorhanden, stand im Schiff der Kirche zwischen

---

10) Ueber die künstlerische Bedeutung der Stiftskirche St. Blasius siehe C. Schiller, Die mittelalterliche Architektur Braunschweigs, S. 13—21.

11) S. Rehtmeier, Kirchenhistorie I, 101 und Schmidt, im Braunschw. Magazin 1817, St. 36—45. Ihm stand als Vicar das Stiftsarchiv zur Benutzung offen.

12) St. Blasius wird als Hauptpatron des Hochaltars genannt in einer Urkunde von 1237 im Ordinar. S. Blasii, fol. 8¹. Nr. 27.

13) Inschrift in einer der ihn tragenden Säulen: Anno 1188 dedicatum est hoc altare in honorem Mariae ab Adelogo episcopo Hildeshemensi fundante ac promovente duce Heinrico et ejus consorte Mathildi. Die Urkunde des Pfalzgrafen Heinrich von 1223 in den Orig. Guelf. III, 676 schreibt die Gründung des Altars St. Mariae, quod est in medio choro b. Blasii, allein der Mathilde zu.

14) Urkunde von 1345 in Erath, Erbtheil. 15; Memorienregister, S. 2; Ordinar. S. Blasii, fol. 71¹. Nr. 79.

den beiden Chortreppen 15). Wenn das kostbare mit Reliquien gefüllte Kreuz, welches Heinrich der Löwe mitten in der Kirche vor dem Chore aufstellen ließ 16), zur Zierde dieses Altars dienen sollte, so war derselbe auch schon vor 1195 vorhanden. Vor diesem Kreuze und dem Kreuzesaltar stand ein Candelaber, wahrscheinlich jener von Heinrich angeschaffte siebenarmige Leuchter 17). Bei dem heiligen Kreuze hing auch ein ewiges Licht 18). Der Altar des Evangelisten Johannes, ebenfalls von jenem Ludolf von Volkmarode fundirt, ward 1203 geweiht und lag im unteren Geschoß des südlichen Kreuzflügels in der Johanniscapelle 19). Den Bartholomäusaltar fundirte im Mittelschiff der Kirche 1222 Pfalzgraf Heinrich 20); den Stephansaltar, „auf der Südseite des Chores", vermuthlich im oberen Geschoß des südlichen Kreuzflügels über der Johanniscapelle gelegen, stiftete ein Mitglied des fürstlichen Hauses zwischen 1222 und 1237 21); den Altar der Apostel Philippus und Jacobus der Ritter Ludolf von Bortfeld angeblich 1237 22); den Nicolausaltar im nördlichen Seitenschiff ein Mitglied der fürstlichen Familie, vielleicht Bischof Otto von Hildesheim, der Sohn Otto des Kindes 23) um 1266.

Die meisten Altäre des südlichen und nördlichen Seitenschiffs entstanden im vierzehnten und funfzehnten Jahrhundert. Den Autorsaltar fundirte 1317 Konrad Holtnicker 24); den Altar der zehntausend Märtyrer 1328 Konrad von Velstede 25), beide waren Patricier der Altstadt. Der Altar des Erzengels Michael im

---

15) Urkunde von 1196 im Ordinar. S. Blasii, fol. 6¹. Nr. 20; Memorienregister, S. 2. 52: Altare S. Crucis ante Chorum.

16) Excerpta Blas. bei Leibnitz, S. R. Br. II, 59.

17) Urkunde von 1196 im Ordinar. S. Blasii, fol. 6¹. Nr. 20.

18) Urkunde von 1250 im Ordinar. S. Blasii, fol. 21. Nr. 81.

19) Auszug einer Urkunde von 1203 in dem Braunschw. Magazin 1817, St. 37. S. 588: Oratorium, quod est in australi parte ecclesiae nostrae in honore b. Johannis evangelistae und Urkunde von 1206: Capellae S. Johannis evangelistae, quae in ecclesia nostra sita est.

20) Urkunde in den Orig. Guelf. III, 693.

21) Schmidt, im Braunschw. Magazin 1817, S. 596; Memorienregister, S. 52; zuerst urkundlich erwähnt 1276 im Ordinar. S. Blasii, fol. 60. Nr. 37.

22) Memorienregister, S. 14; urkundlich zuerst erwähnt 1277 im Ordinar. S. Blasii, fol. 36. Nr. 47; Rehtmeier I, 101.

23) Braunschw. Magazin 1817, S. 643; Rehtmeier I, 101.

24) Rehtmeier I, 101 und Braunschw. Magazin 1817, S. 649.

25) Rehtmeier I, 101; Braunschw. Magazin 1817, S. 650.

nördlichen Seitenschiff verdankt seine Stiftung einem Cleriker Konrad von Bornum 1329[26]); der Jacobsaltar dem Bürger Johann von Fallersleben 1334[27]). Der Andreasaltar, in einer eigenen Capelle an der Südseite der Kirche belegen, ward 1334 vom Magister Bruno, dem Pfarrer zu St. Andreas, gestiftet[28]); der Georgsaltar von dem Bürger Hermann Helmschläger zu derselben Zeit[29]); der Matthäusaltar im erweiterten südlichen Seitenschiff von Reinbold, Pfarrer zu St. Katharinen, ebenfalls 1334[30]) und der Lorenzaltar in der danach benannten Lorenzcapelle auf der Südseite der Kirche von Herzog Otto dem Milden durch testamentarische Verfügung vom 30. August 1344[31]). Den Altar des Apostels Thomas fundirte Herzog Magnus der Jüngere 1370[32]); den Martinusaltar in der Jacobscapelle 1393[33]) der Stiftsherr Gottfried von Mackenrode; den Altar des Leichnams Christi der Stiftspropst Aschwin von Saldern angeblich erst 1410, jedenfalls aber schon vor dessen Todesjahre 1369[34]). Den Annenaltar stiftete Konrad Flaschenbreyer, ein Geistlicher zu Lüneburg 1450[35]); den Dreieinigkeitsaltar im nördlichen Seitenschiff nächst der Nicolaicapelle 1473[36]) der Pfarrherr der Stiftskirche Ludolf Kirchhof; den Altar des heiligen Geistes im nördlichen Seitenschiff[37]) der Stiftsvicar Ludolf Remmerdes 1505; den Dionysiusaltar neben dem Martinsaltar der Stiftsherr Hildebrand von Elze 1484; den Marienaltar im nördlichen Seitenschiff 1487 der Stiftsherr Gerhard Ahrens; endlich den Erasmusaltar der Bürger Friedrich Hüneboftel 1521[38]).

In der unter dem hohen Chor belegenen dreischiffigen Krypta,

---

26) Urkundliche Angabe in dem Braunschw. Magazin 1817, S. 660.
27) Braunschw. Magazin 1817, S. 665.
28) Memorienregister, S. 15; Braunschw. Magazin 1817, S. 668.
29) Braunschw. Magazin 1817, S. 669. Bon dem altare S. Georgii in nostro monasterio situm spricht eine Urkunde des Dechanten Roland von 1381 im Ordinar. S. Blasii, fol. 75. Nr. 96.
30) Braunschw. Anzeigen 1757, S. 1289 und Braunschw. Magazin 1817, S. 670; Rehtmeier, Kirchenhistorie, Beilage I, 93.
31) Braunschw. Anzeigen 1757, S. 1289 und 1817, S. 671.
32) Braunschw. Magazin 1817, S. 680.
33) Memorienregister, S. 30 und Braunschw. Magazin 1817, S. 682.
34) Braunschw. Magazin 1817, S. 686 und Braunschw. Anz. 1757, S. 1286.
35) Braunschw. Magazin 1817, S. 691.
36) Braunschw. Magazin 1817, S. 692.
37) Braunschw. Magazin 1817, S. 693.
38) Braunschw. Magazin 1817, S. 711.

der jetzigen Fürstengruft, stand außer dem im Mittelschiff befindlichen Hochaltar, dessen Patron unbekannt ist, im südlichen Schiff der 1329 von Helmold von Oldendorf begründete St. Paulsaltar[39]); im nördlichen Schiff jenem gegenüber der Cyriacusaltar, den Ludolf von Honlage, Propst des Stifts Cyriacus, 1349 stiftete[40]). Der Katharinenaltar, welchen 1328 Bernhard Kahle fundirte, lag „unter dem Stephansaltar", nämlich im südlichen Schiff der Krypta[41]). Der 1492 vom Stiftsherrn Luder Hornburg begründete Matthiasaltar, „in der neuen Capelle S. Cyriaci belegen", scheint seine Stelle im nördlichen Kryptenschiff gehabt zu haben[42]).

Für die innere Ausstattung des ehrwürdigen Gotteshauses trug schon Heinrich der Löwe eifrig Sorge; er und seine Gemahlin Mathilde wollten ja dort ihre letzte Ruhestatt finden. Er war es, der den herrlichen siebenarmigen Candelaber im Schiff der Kirche aufstellte, welcher jetzt auf dem Chore steht[43]); er stattete seine Grabeskirche mit reichen Reliquienschätzen aus, die in Gold, Silber und Edelstein gefaßt wurden, und mit prächtigen Meßgewändern, welche er aus mitgebrachten morgenländischen Gewändern fertigen ließ (S. 67). Daß er das Gotteshaus in den letzten Jahren seines Lebens mit jenen jetzt wiederhergestellten herrlichen Wandgemälden[44]), mit Fensterzierrathen, mit einem getäfelten Fußboden, mit einem von Gold und Edelsteinen strahlenden Kreuze und mit einem Bilde des gekreuzigten Heilandes schmücken ließ, ist S. 76 erzählt. Jünger sind das Grabmal Heinrichs des Löwen, die Statue dieses Fürsten und eines Bischofs, beide neben dem Grabmal einander gegenüber aufgestellt[45]), während sie jetzt auf dem Chore stehen. Der Mitte des vierzehnten Jahrhunderts mögen die beiden steinernen Statuen angehören, welche noch jetzt zwischen zwei Fenstern des südlichen Seitenschiffs stehen; nach Rehtmeiers[46]) Vermuthung stellen sie die Erbauer desselben, Otto den Milden und seine Gemahlin

---

39) Urkunde im Ordinar. S. Blas., fol. 68 und Braunschw. Magazin 1817, S. 657.
40) Braunschw. Magazin 1817, S. 677.
41) Urkunde im Ordinar. S. Blasii, fol. 63. Nr. 47 und Braunschw. Magazin 1802, S. 405.
42) Braunschw. Magazin 1817, S. 712.
43) Schiller, Die mittelalterliche Architektur, S. 23.
44) Schiller a. a. O., S. 26—47.
45) Rehtmeier, Kirchenhistorie I, 89. 90.
46) Rehtmeier, Kirchenhistorie I, 93.

4. Das Stift St. Blasius.

Agnes, dar. Auch mehrere Gedenktafeln zur Erinnerung an Heinrich den Löwen und Otto den Milden schmückten die Kirche, auch Bilder, deren eins Heinrich den Löwen und seinen Sohn Otto IV. mit ihren Gemahlinnen darstellte und ein Lettner, der am Eingange zum Chor stand⁴⁷). Der Orgel wird bereits 1298 gedacht⁴⁸).

Die innere Einrichtung, welche Heinrich der Löwe im alten Stift vorgefunden hatte, behielt er im Wesentlichen auch im neuen Blasiusstift bei, mit der einzigen Ausnahme, daß in demselben statt zwanzig jetzt nur neunzehn Stiftsherren lebten⁴⁹). In jener unruhigen Zeit scheint das Stift bis 1227 keinen Scholasticus gehabt zu haben, vermuthlich weil es der Stiftsschule an Schülern fehlte. Denn bei den Stiftungen zum Gedächtniß der Kaiserin Beatrix († 1212), ihres Gemahls Kaiser Otto IV. († 1218) und des Pfalzgrafen Heinrich († 1227) sind stets nur neunzehn Stiftsherren berücksichtigt, des Scholasticus geschieht keine Erwähnung⁵⁰). Als aber kurz nach des Pfalzgrafen Tode im December 1227 die Weihe der Stiftskirche erfolgte, waren wieder zwanzig Stiftsherren vorhanden, neben denen nun auch die drei ältesten Vicare, nämlich des Kreuzesaltars, des Altars des Evangelisten Johannes und des Bartholomäusaltars genannt werden⁵¹). Im Jahre 1238 bildeten 24 Personen das Stift⁵²), wahrscheinlich 21 Canonici und 3 Vicare⁵³); als niedere Diener erscheinen außerdem der Cantor, der Kämmerer und der Glöckner. Seitdem stieg die Zahl der Stiftsgeistlichen rasch; um 1252 waren bereits 22 Stiftsherren und 17 Vicare vorhanden⁵⁴). Zu den 19 alten Stiftsherren und dem Scholasticus waren die jenen gleich geachteten Priester des Marienaltars und des Petersaltars, zu den oben erwähnten drei Vicaren waren noch drei Altarpriester, sechs Hülfspriester, zwei Diaconen

---

47) Rehtmeier, Kirchenhistorie I, 90. 93; Schiller, Die mittelalterliche Architektur, S. 23.

48) Urkunde bei Rehtmeier, Kirchenhistorie, Beilage II, 191.

49) Das zeigt das Memorienregister, in welchem neben den Stiftungen aus Heinrichs Zeit bis 1227 stets nur die Zahl 19 am Rande steht.

50) Memorienregister, S. 43. 27. 24.

51) Das. S. 85. 2.

52) Orig. Guelf. IV, 175.

53) Dies macht die im Memorienregister auf dem Rande oftmals geschriebene Zahl $^{21}/_3$ wahrscheinlich, z. B. S. 6. 10. 12. Der 21. Canonicus bediente den Marienaltar auf dem hohen Chore.

54) Memorienregister, S. 31.

und drei Subdiaconen hinzugekommen⁵⁵). Die Zahl der Vicare nahm seit Anfang des vierzehnten Jahrhunderts allmälig zu⁵⁶), sie stieg bis 1371 auf 31⁵⁷), bis 1388 sogar auf 34⁵⁸). Da seitdem noch sieben Altäre und zehn Commenden gestiftet sind, so mag die Zahl der Geistlichen am Ende des Mittelalters auf 40 bis 50 Vicare neben den 22 Stiftsherren angewachsen sein⁵⁹).

Das Patronat über das Stift stand von jeher dem fürstlichen Hause als dessen Begründer zu. Die Landestheilungen führten auch zu wunderlichen Theilungen des Patronats. Die Theilung, welche Albrecht der Große und Johann von Lüneburg 1267 vornahmen, sprach das Patronat über dies Stift dem Herrn des Landes Braunschweig zu; nur die Präbende des Marienaltars wollten die lüneburgischen Fürsten abwechselnd mit den braunschweigischen verleihen⁶⁰). Die Anrechte der letzteren kamen nach Herzog Wilhelms Tode um 1300 halb an Grubenhagen, halb an Göttingen. Die Theilung zwischen den Herzögen Magnus und Ernst führte zum Vergleiche vom 4. und 5. Mai 1345, wobei verabredet ward, die Fürsten der braunschweigischen und der göttingenschen Linie, von denen nun jeder ein Viertel am Blasiusstift zustand, sollten die in ihre Hälfte fallenden Präbenden stets wechselweise verleihen⁶¹). Das braunschweigische Viertel ward 1428 wieder getheilt, ⅛ blieb Braunschweig, ⅛ erhielt Lüneburg; als 1432 auch dies Achtel getheilt wurde, blieb ¹⁄₁₆ Heinrich dem Friedfertigen von Braunschweig und ¹⁄₁₆ kam an Wilhelm den Aeltern von Calenberg. Als aber 1463 Herzog Otto Cocles von Göttingen und 1473 Heinrich der Friedsame von Braunschweig ohne Erben starben und die göttingenschen, calenbergischen und braunschweigischen Lande wieder vereinigt wurden, ward das Verhältniß der Anrechte an St. Blasius dahin vereinfacht, daß den Fürsten von Grubenhagen die Hälfte, Lüneburg ein Achtel und Braunschweig drei Achtel des Patronats zustand. Daß bei so ver-

---

55) Memorienregister, S. 2—3.
56) Das Memorienregister zeigt bei einer Stiftung des Jahres 1307 neben den 22 Stiftsherren noch 18 Vicare (S. 64), 1317 schon 19 (S. 59), 1334 bereits 28 (S. 69), 1344 schon 29 (S. 37).
57) Urkunde im Ordinar. S. Blasii, fol. 74¹. Nr. 93.
58) Memorienregister, S. 76.
59) Rehtmeier, Kirchenhistorie I, 102.
60) Urkunde von 1269 in den Orig. Guelf. IV, praef. 19.
61) Urkunde in Sudendorf, Urkundenbuch II, 69.

wickelten Verhältnissen bei einer Wiederbesetzung erledigter Präbenden oft Irrung und Streit zwischen den berechtigten Linien des Fürstenhauses entstand, läßt sich wohl denken. Darum bestimmten die Stiftsstatuten, in streitigen Fällen solle der Präsentirte nicht eher zugelassen werden, als bis sich die Fürsten um das Präsentationsrecht vertragen hätten, zum Zweck solcher Einigungen wolle Dechant und Capitel gern behülflich sein [62].

Zum Canonicus oder Stiftsherrn konnte von den Fürsten Jeder ernannt werden, der ehelich geboren war [63]. Schon früh ward es Sitte, eröffnete Canonicate auch mit Geistlichen zu besetzen, die dem Stifte bereits eine Zeitlang als Vicare in den niederen Präbenden gedient hatten. Da sich die Patrone dabei nach dem Dienstalter der Vicare nicht richteten, so entstanden hierdurch oft ärgerliche Streitigkeiten. Um diese zu vermeiden, versprachen die Herzöge Albrecht, Heinrich und Otto 1306, sich bei der Besetzung von Canonicaten mit Vicaren fortan an die Anciennetät derselben zu halten [64].

Der Ernannte wurde auf dem Chor der Kirche durch den Dechanten oder den ältesten Canonicus in Anwesenheit des gesammten Capitels in folgender Weise feierlich installirt. Während die Stiftsherren in ihren Chorstühlen saßen und der Dechant vor dem Hochaltar stand, trat der Aufzunehmende mit flach zusammengelegten Händen vor ihn hin, der Dechant nahm diese zwischen seine Hände und sprach dann die Worte: Im Namen des Vaters, des Sohnes und des heiligen Geistes. In meinem und meiner Mitbrüder Namen nehme ich dich auf zum Canonicus und geistlichen Bruder! Wenn er ihn dann geküßt hatte, so ging Jener in gleicher Stellung zu jedem Stiftsherrn, um den Bruderkuß zu empfangen; dann kniete er vor einem auf dem Chor stehenden Kreuze, während die Capitularen zwei Psalmen lasen, nach denen der Dechant das Kyrie und das Vaterunser sprach. Wenn der Aufzunehmende nach der Vollendung einer Litanei mit Weihwasser besprengt war, so trat er

---

[62] Statuta eccl. S. Blasii vom Jahre 1442 bei Erath, Erbtheil., S. 17.

[63] Ehrlosen und an hervorstechenden körperlichen Gebrechen Leidenden sollte keine Stiftspräbende verliehen werden. Urkunde von 1444 in Sack's Urkundensammlung, S. 152. Seit 1435 sollten auch keine Geistlichen an städtischen Pfarrkirchen mehr zu einer Stelle am Stift befördert werden (Hulbebrief im Copialbuch I, fol. 8).

[64] Urkunden im Ordinar. S. Blasii, fol. 42. Nr. 74—76.

wieder vor den Dechanten, ward von ihm mit der Stola angethan und gelobte ihm auf das Evangelium Gehorsam und Beachtung der Stiftsstatuten, worauf er in einen bestimmten Chorstuhl (stallus) geführt und somit installirt ward⁶⁵). Später soll die Einführung eines neuen Canonicus auch wohl durch Ueberreichung eines Buches, eines Brodstückes oder eines Baretts, d. h. eines viereckigen Hutes von rothem mit Pelzwerk verbrämten Tuche vorgenommen sein⁶⁶). Der Aufgenommene hatte sechszig rheinische Gulden in die Baucasse der Stiftskirche zu entrichten, gab auch seinen geistlichen Brüdern wohl noch einen Schmaus und den Stiftsschülern kleine Gaben⁶⁷).

Die Stiftsherren hatten nach den Regeln des Bischofs Chrodegang von Metz ein canonisches Leben zu führen. In ehelosem Stande wohnten sie noch 1251 in demjenigen Stiftsgebäude bei einander, welches das Kloster hieß, aßen dort an demselben Tische zusammen und schliefen in dem gemeinschaftlichen Dormitorium. Erst gegen Ende des dreizehnten Jahrhunderts scheint Jeder eine einzelne Curie erhalten zu haben. Die ihnen vorgeschriebenen gottesdienstlichen Uebungen, namentlich die Hora, hielten sie im Chor gemeinsam singend und betend ab und bedienten bei der Messe den Hochaltar⁶⁸). Sie bildeten das Capitel, sie wählten aus sich den Dechanten, den Propst und die Officialen des Stiftes. Schon 1283 war es eine „alte Gewohnheit", daß alle Stiftsherren ein Gnadenjahr hatten, d. h. daß noch ein Jahr nach ihrem Tode die ihnen zukommenden Einkünfte keinem Anderen übertragen wurden, damit von diesem Gelde etwaige Schulden bezahlt und von dem Gestorbenen gewünschte milde Stiftungen gemacht werden könnten. Auch dem Magister oder Scholasticus ward 1283 ein solches Gnadenjahr zugestanden⁶⁹) und 1307 räumten die Herzöge den Stiftsherren sogar noch ein zweites Gnadenjahr ein, was später noch öfter von den Fürsten bestätigt wurde⁷⁰).

---

65) So beschreibt es der Ordinar. S. Blasii, fol. 47.

66) Von den Canonicis im mittlern Zeitalter im Braunschw. Mag. 1774, St. 91.

67) Urkunde Papst Sixtus IV. vom Jahre 1482 bei Rehtmeier, Kirchenhistorie, Beilage I, 71 und Gregors XII. von 1407, das. II, 235.

68) Braunschw. Magazin 1774, St. 91. Nur die Inhaber der beiden jüngsten Canonicate dienten dem Marienaltar auf dem Chore und dem Petrusaltar in der Petruscapelle. Memorienregister, S. 2.

69) Urkunde im Ordinar. S. Blasii, fol. 39. Nr. 59.

70) Urkunden im Ordinar. S. Blasii, fol. 43. Nr. 79—81; Urkunden von 1326,

4. Das Stift St. Blasius.

Seit etwa 1227 erhielt das Stift auch eine immer größer werdende Anzahl von Vicaren[71]), welche die Nebenaltäre der Kirche zu bedienen und die Stiftsherren in Verhinderungsfällen zu vertreten hatten. Sie gehörten nicht zum Stiftscapitel, mußten aber die geistliche Weihe erlangt haben und erhielten bestimmte Einkünfte. Einige Vicarien, welche an keinen bestimmten Altar gewiesen waren, deren es nur sechs gegeben zu haben scheint, wurden vom Capitel, welches das vorliegende Bedürfniß am besten kannte, nur auf bestimmte Zeit verliehen, diese nannte man beneficia volatilia. Die meisten Vicare aber waren als Meßpriester an bestimmte Altäre gewiesen, sie wurden auf Lebenszeit angenommen, hießen darum vicarii perpetui. An den von der fürstlichen Familie begründeten Altären ernannte natürlich diese die Vicare; an den von Privaten gestifteten bestimmte der Stifter wohl den ersten Priester selbst; die später nöthigen Geistlichen erwählte oft das Capitel, oft aber auch die Herzöge, welche im Anfang des vierzehnten Jahrhunderts in den ausschließlichen Besitz des Ernennungsrechts gekommen zu sein scheinen. Indeß schon 1327 am 11. Januar übertrugen die Herzöge der verschiedenen im Stift berechtigten Linien des Welfenhauses dem Dechanten und Capitel das Recht, zu allen fortan im Stift zu begründenden Altären die nöthigen Priester zu präsentiren[72]). So entstand die Unterscheidung der Vicarien in herzogliche und gewöhnliche (vicariae ducales und vicariae simplices); jenes sind die Vicarien des Bartholomäus-, Stephans-, Nicolaus-, Lorenz- und Thomas-altars, alle übrigen sind gewöhnliche. Aber jenes Zugeständniß der Herzöge ward dem Capitel bald eine Quelle mancher Verlegenheiten. Denn nun schlug der päpstliche Hof dem Stift für erledigte Vicarien oftmals fremde Cleriker in einer Weise vor, daß dieses eine Nichtberücksichtigung derselben nicht wagen durfte. So blieb dem Capitel von dem eingeräumten Rechte nur die Ehre übrig, die von Rom geschickten Aspiranten nach dem Willen des heiligen Vaters zu Vicaren anzunehmen. Da dies dem Stift durchaus nicht angenehm war, so suchte es, da eine

---

1327, das. fol. 63¹. Nr. 48. 49. 54; zum Theil gedruckt bei Scheib, Anmerkungen und Zusätze 448 und Vom hohen und niederen Adel 580 und Urkunde von 1377 im Ordinar. S. Blasii, fol. 75. Nr. 95.

71) S. von Schmidt-Phiseldeck Ueber die Verleihung der Vicarien am Blasiusstift, im Braunschw. Magazin 1802, St. 24—26.

72) Urkunde im Braunschw. Magazin 1802, S. 375.

Aenderung auf directem Wege mit Einwilligung des Papstes kaum zu erwarten war, auf Umwegen zum Ziele zu kommen. Die Stiftung der Martinsvicarie führte 1393 zu Verhandlungen des Capitels mit den Fürsten und zu dem Vergleiche von 1409, in welchem die Herzöge Bernhard und Heinrich versprachen, dies neue Vicariat stets dem Geistlichen zu ertheilen, welchen der Dechant und die beiden ältesten Mitglieder des Capitels dazu präsentirten. Als so wenigstens eine Vicarie dem römischen Einflusse entzogen war, strebte das Capitel weiter. Schon 1406 hatte es die Befreiung der auf unbestimmte Zeit zu verleihenden Vicarien (vicariae volatiles) vom päpstlichen Einfluß erreicht. Da es nämlich vorstellte, seit etwa hundert Jahren sei es Sitte, diese Stellen älteren Stiftspersonen zur Verbesserung ihrer oft geringen Pfründen zu verleihen, so konnte Papst Gregor XII. nicht umhin, diese Einrichtung zu bestätigen[73]). Ganz gelangte das Capitel erst 1414 zum Ziele. Angeblich zur Vermeidung ärgerlicher Streitigkeiten übertrug der damalige Papst Johann XXIII. am 25. August 1414 das Patronat auch der einfachen Vicarien auf den regierenden Fürsten des Landes Braunschweig[74]). Der Herzog Bernhard und sein Bruder Heinrich, denen die Befreiung ihres Stiftes vom päpstlichen Einfluß am Herzen lag, nahmen jenes Patronat an, machten sich aber schon am 11. November 1414 verbindlich, nur diejenigen zu Vicaren zu ernennen, welche das Capitel vorher erwählt und von ihnen erbeten habe[75]). So hörte die Einmischung von Rom her mit einem Male auf, das Capitel war aus aller Verlegenheit und erhielt doch die Vicare, welche es wünschte. Darum erwirkte es sich die Bestätigung obiger Zusagen auch von Heinrichs Söhnen, den Herzögen Wilhelm und Heinrich, im October 1429[76]). Seitdem verliehen die Herzöge alle herzoglichen und die vor dem Jahre 1327 gestifteten einfachen Vicarien nach eigenem Gefallen, die nach 1327 begründeten einfachen Vicarien aber nach vorgängiger Erwählung eines passenden Clerikers durch das Capitel. Später nahm man auf die Zeit der Stiftung bei den einfachen Vicarien keine Rücksicht mehr, sondern es wurde Gebrauch, daß das Stift zu drei erledigten einfachen

---

73) Urkunde in Rehtmeier, Kirchenhistorie, Beilage I, 63.
74) Urkunde, das. I, 65—68.
75) Diese höchst wichtige Urkunde ist gedruckt im Braunschw. Magazin 1802, S. 385.
76) Urkunde im Ordinar. S. Blasii, fol. 76. Nr. 99.

Vicarien das zu ernennende Subject wählte und das vierte den Herzögen zur freien Präsentation überließ, was 1536 am 23. Juni förmlich festgesetzt wurde 77).

An der Spitze der Geistlichkeit des Blasiusstifts stand ein Dechant, vom Capitel der Stiftsherren gewählt und an dessen Beschlüsse wie an die Statuten des Stiftes gebunden 78). Seit der Eremtion der Stadt vom Diöcesanverbande 1256 soll ihm die Jurisdiction in Civil- und Criminalfällen über die Stiftsgeistlichen und über den gesammten Clerus an den städtischen Pfarrkirchen und Capellen zugestanden haben. Weil die Geistlichen, welche ein anstößiges Leben führten, sich dieser Gerichtsbarkeit zu entziehen suchten, so wandte sich das Capitel an Papst Johann XXIII. und dieser bestimmte 1415, der Dechant solle jene geistliche Jurisdiction nach wie vor ausüben 79). Auch hinsichtlich der in der Stadt zu feiernden kirchlichen Feste, über die zu haltenden Fasten und über andere geistliche Sachen hatte er, gleichsam als Bischof der Stadt, mit dem Dechanten zu St. Cyriacus die nöthigen Anordnungen zu treffen 80). Die Würde eines Dechanten bekleideten seit den Zeiten Heinrichs des Löwen im neuen Blasiusstift 81): Balduin (Baldewinus), der 1196 und 1197 vorkommt 82); Herwich (Harwicus, Herewicus, Harwicus), als Dechant vom Jahre 1200 bis in den Juli 1236 in einer Reihe von Urkunden genannt, starb um die Mitte des August 1236—1238 83). Sein Nachfolger Winand nennt sich schon 1238 Dechant des Stiftes 84), bekleidete diese Würde nachweislich bis 1248 und starb um jene Zeit gegen Ende des März 85). Ihm folgte Ecbert von Medinge, der vor 1255 am Ende des März starb 86); diesem

---

77) Urkundliche Mittheilung im Braunschw. Magazin 1802, S. 894.
78) Amtreib der Dechanten bei Rehtmeier, Kirchenhistorie, Beilage I, 106.
79) Urkunde Papst Johann XXIII. bei Rehtmeier, Kirchenhistorie, Beilage I, 68.
80) Urkunde des Bischofs Otto von Hildesheim von 1322 im Ordinar. S. Blasii, fol. 64. Nr. 58.
81) Ein Verzeichniß ohne Nachweisungen giebt schon Rehtmeier, a. a. O. I, 114.
82) Urkunde in Orig. Guelf. III, 606. 616.
83) Urkunden in den Braunschw. Anzeigen 1753, S. 99; Rehtmeier, Kirchenhistorie, Beilage I, 107; und in Orig. Guelf. III, 779. 677. 693. 710, IV, 171; Ordinar. S. Blasii, fol. 85¹. Nr. 45 und 44; Memorienregister, S. 43.
84) Lüntzel, Geschichte von Hildesheim II, 255.
85) Urkunden in den Orig. Guelf. IV, 204 und von 1248 in Sack, Urkundensammlung, S. 179; Memorienregister, S. 16.
86) Memorienregister, S. 17.

Dethmar, welcher von 1255 bis 1268 in diesem Amte nachzuweisen ist[87]). Dietrich, vermuthlich sein Nachfolger, soll schon 1275 Dechant gewesen sein; in Urkunden erscheint er von 1280 bis 1287[88]). Gottfried, nach Rehtmeier schon 1288 Dechant, urkundlich als solcher 1294 erwähnt, starb im Februar spätestens 1297[89]). Im vierzehnten und funfzehnten Jahrhundert kommen folgende Dechanten in Urkunden der neben ihnen angegebenen Jahre vor: Balduin von Campe 1302 bis 1314[90]); Engelbert von Medinge vom 31. Mai 1317 bis zum 16. October 1330[91]); Florinus vom 9. Mai 1337 bis Mai 1356[92]); Heiso von Uslar vom 4. October 1358 bis in den Anfang des Jahres 1363[93]); Roland von Wettlenstedt vom 12. September 1371 bis zum 13. December 1387[94]); Ludolf von Melchov von 1391 bis 1404[95]); Ludolf von Bergfelde von 1414 bis 1427[96]); Johannes Schwaneflügel nach Rehtmeier seit 1427; Dietrich Arndes, angeblich schon 1440 Dechant, ist als solcher nachzuweisen von 1457 bis 1482[97]); Johannes Woldenberg, der demnach nicht 1480 nach Rehtmeiers Angabe Dechant gewesen sein kann, und Heiso Groven († 1496). Johann Becker, erwählt 1499,

---

87) Urkunde von 1255 im Degedingsbuch der Altstadt I, S. 157; Urkunde von 1268 bei Pistorius, Amoenit. VIII, 2348. Er starb im Anfang des März; Memorienregister, S. 13.

88) Rehtmeier, Kirchenhistorie I, 114; Urkunden von 1280 im Ordinar. S. Blasii, fol. 38¹. Nr. 55 und von 1287 in den Braunschw. Anzeigen 1745, S. 1725.

89) Ordinar. S. Blasii, fol. 34¹. Nr. 39 und Memorienregister, S. 11.

90) Urkunden vom 8. October 1302 im Ordinar. S. Blasii, fol. 38¹. Nr. 58 und vom 15. September 1314 bei Rehtmeier, Kirchenhistorie, Beilage I, 75.

91) Urkunden von 1317 im Ordinar. S. Blasii, fol. 54¹. Nr. 23 und von 1330 im Stadtarchiv Nr. 66.

92) Urkunde von 1337 im Ordinar. S. Blasii, fol. 68. Nr. 70 und von 1356, das. fol. 73. Nr. 86. Nach Rehtmeier kommt er schon 1333 urkundlich vor.

93) Urkunde von 1358 bei Rehtmeier, Kirchenhistorie, Beilage I, 141 und Urkunde von 1363 im Ordinar. S. Blasii, fol. 74. Nr. 89. Er starb am Ende des April; Memorienregister, S. 24.

94) Urkunde von 1371 im Ordinar. S. Blasii, fol. 74¹. Nr. 93. Urkunde des Stadtarchivs Nr. 312 bei Rehtmeier, Chronik 669. Er starb im Anfang des April nach dem Memorienregister, S. 21.

95) Urkundliche Mittheilung bei Sack, Schulen, S. 82; Urkunde des Stadtarchivs Nr. 405. Er starb im Februar nach dem Memorienregister, S. 10.

96) Papenbol, S. 58 und Copialbuch von St. Ulrich, fol. 172¹.

97) Urkunde des Stadtarchivs Nr. 799 und 800 und Urkunde bei Rehtmeier, Kirchenhistorie, Beilage I, 70.

war nachweislich noch 1515 Dechant[98]). Die beiden letzten katholischen Stiftsdechanten waren nach Rehtmeiers Angaben Johann Hantelmann um 1535 und Friedrich Burbian um 1543.

Der erste Propst[99], der mit der Verwaltung der Güter des neugegründeten Blasiusstiftes beauftragt war[100]) und dessen Nachfolger schon 1254 eine eigene Curie bewohnten[101]), scheint der in einer 1175 hier ausgestellten Urkunde[102]) an der Spitze der Zeugenreihe genannte Propst Heinrich zu sein; der nach ihm genannte Propst Gottfried mag dem Cyriacusstift angehört haben; der dann folgende Abt Friedrich war damals Abt der Benedictiner zu St. Aegidien. David bekleidete 1196 und 1197 die Propsteiwürde[103]). Noch in demselben Jahre scheint Burchard zu derselben gelangt zu sein, welchen Urkunden von 1197 bis 1226 in dieser Würde zeigen[104]). Werner, welcher in einer im Juli 1235 hier ausgestellten Urkunde mit Erachto als Propst genannt wird, ist wahrscheinlich Propst zu St. Blasius gewesen, wie jener es zu St. Cyriaci war[105]). Ihm mag Rudolf gefolgt sein, welchen Urkunden von 1237 bis 1249 in diesem Amte zeigen[106]). Heinrich wird als Propst von 1249 bis 1280 genannt, er soll es noch 1287 gewesen sein[107]). Odolricus, sein Nachfolger, kommt 1289 vor[108]); dann Balduin von Campe von 1292 bis 1297[109]); darauf wieder ein Heinrich aus dem Hause der Fürsten von Anhalt 1302

---

98) Rehtmeier I, 115 nennt ihn Bleder. Urkunde in Sacks Urkundensammlung, S. 128.

99) Verzeichnisse der Pröpste in den Braunschw. Anzeigen 1749, St. 59 und 67, vollständiger in dem Braunschw. Magazin 1815, St. 1. 2 von Schmidt.

100) Urkunde von 1196 in Orig. Guelf. III, 606 und von 1197 das. 617.

101) Urkunde bei Pistorius, Amoen. VIII, 2341.

102) Urkunde in den Orig. Guelf. III, 531.

103) Braunschw. Magazin 1815, S. 4 und Urkunde in Orig. Guelf. III, 616.

104) Urkunde in den Orig. Guelf. III, 617 und 711 und in Rehtmeier, Kirchenhistorie, Beilage I, 9.

105) Urkunde in den Orig. Guelf. III, 719.

106) Urkunden im Ordinar. S. Blasii, fol. 36. Nr. 48 und in den Orig. Guelf. IV, 230.

107) Urkunden in den Orig. Guelf. IV, 207 und 281 und im Ordinar. S. Blasii, fol. 38¹. Nr. 55; Braunschw. Magazin 1815, S. 5.

108) Braunschw. Magazin 1815, S. 5. 6.

109) Urkunden in den Orig. Guelf. IV, praef. 21 und im Ordinar. S. Blasii, fol. 26¹. Nr. 1.

und 1304, der 1307 als Erzbischof von Magdeburg starb[110]). Auch sein Nachfolger Siegfried um 1307 gehörte dem anhaltinischen Fürstenhause an[111]); Eugenius von Medinge war 1312 Propst und scheint es bis gegen 1327 geblieben zu sein[112]). Die Propstei bekleidete ferner Hermann von Eschwege von 1327 bis 1332[113]); dann Johann, wahrscheinlich ein Sohn Heinrich des Wunderlichen 1332 bis 1342, der 1367 als Propst des Alexanderstifts zu Eimbeck starb[114]); Aschwin von Saldern von 1342—1363, der 1363 Propst zum Moritzberge vor Hildesheim ward und als solcher 1369 starb[115]); Kurd von Oberg 1363—1369; Heinrich, ein Fürst von Schwarzburg 1369; Ludolf von Gladebeck 1370; Albrecht, ein Graf von Wernigerode 1383—1389[116]); Johann Lovessen, seit 1389 bis mindestens 1403, vielleicht bis 1432[117]); Engelbert Smullen 1432[118]); Gerhard, ein Graf von Hoya, 1432 bis um 1437[119]); Hermann Peutel 1438 bis 1456; Dietrich Kahle 1456, vielleicht bis 1476; Lüder Tobing, vermuthlich von 1476 bis 1494[120]); Wulbrand von Oberg 1494, auch Dompropst zu Osnabrück, Hildesheim und Eimbeck, Fundator der am Kreuzgang unseres Stifts belegenen Annencapelle und Stifter einiger kleinen Präbenden im Blasiusstift, starb am 8. Februar 1523[121]). Schon vor seinem Tode findet sich 1518 Johann Patmer als Stiftspropst[122]); ihm folgte 1523 Herzog

---

110) Urkunden im Ordinar. S. Blasii, fol. 50¹. Nr. 8, fol. 72¹. Nr. 85 und Memorienregister, S. 64.

111) Rehtmeier, Chronik 595.

112) Excerpta Blas. bei Leibnitz, S. R. Br. II, 59 und Braunschw. Magazin 1815, S. 7.

113) Urkunde im Ordinar. Blas., fol. 62. Nr. 44 und Braunschw. Magazin 1815, S. 7.

114) Braunschw. Magazin a. a. O.

115) Braunschw. Magazin 1815, S. 8—10; Rehtmeier, Chronik, S. 1842. Eine Urkunde von 1367 in den Orig. Guelf. IV, praef. 34 nennt ihn noch „Propst in der Burg zu Braunschweig".

116) Braunschw. Magazin 1815, S. 17. 18. Vergl. das. 1749, S. 1195.

117) Braunschw. Magazin 1815, S. 19.

118) Urkunde des Stadtarchivs Nr. 663.

119) Braunschw. Magazin 1815, S. 19 und 1749, St. 67.

120) Braunschw. Magazin 1815, S. 19—21 und 1749, St. 59. 67.

121) Braunschw. Magazin 1815, S. 21. 22; Braunschw. Anzeigen 1749, S. 1195 und Lauenstein, Hildesheim. diplom. Historie I, 300.

122) Urkunde des Stadtarchivs Nr. 1297.

4. Das Stift St. Blasius.

Georg, ein Sohn Heinrich des Aelteren, als Propst, der 1566 als Erzbischof von Bremen starb[123].

Als Vicedomini werden genannt: Hildebrand 1223 und 1224[124]; Wilhelm 1226[125]; Engelhard 1249[126] und Engelbert von Meding 1314[127].

Das Amt des Custos bekleideten Ludolf 1200[128]; Johann von Oberg 1204[129]; Ludolf 1207[130]; Johannes von Brunsrode, nachweislich von 1223 bis 1236 oder 1238[131]. Sein Nachfolger wird der nur aus dem Memorienregister S. 68 bekannte Balduin von Wendhausen gewesen sein, dem 1245 bereits Werner in dieser Stellung gefolgt war, der sich in derselben noch 1268 wiederfindet[132]. Der Custos Widekind kommt 1280 vor; er war der Stifter einer Vicarie und starb um die Mitte des Januar[133]. Balduin von Dalem, der im December starb, bekleidete neben der Custodie im Stift noch das Amt eines Pfarrherrn an der Katharinenkirche, urkundlich erwähnt wird er 1294[134]. Eckehard kommt als Custos des Stifts schon 1302 und 1312, aber auch noch 1343 vor[135]; Ludolf von Honlage war Custos zu St. Blasius und Propst zu St. Cyriacus 1347 und starb gegen Ende des Monats Juni[136]; Otto von Reden

---

123) Braunschw. Magazin 1815, S. 23.
124) Urkunden in den Orig. Guelf. III, 677. 698.
125) Urkunde das. 711.
126) Urkunde das. IV, 280.
127) Urkunde im Ordinar. S. Blasii, fol. 50. Nr. 5.
128) Urkunde in den Braunschw. Anzeigen 1753, S. 99.
129) Urkunde in Rehtmeier, Kirchenhistorie, Beilage I, 107 und Memorienregister, S. 13.
130) Lüntzel, Die ältere Diöcese Hildesheim, S. 390.
131) Urkunde in den Orig. Guelf. III, 677 und IV, 171. Vergl. Lüntzel, Geschichte von Hildesheim II, 255. Er starb nach dem Memorienregister S. 69 am Ende des November.
132) Urkunden in den Orig. Guelf. IV, 204 und bei Pistorius, Amoenit. VIII, 2348.
133) Urkunde im Ordinar. S. Blasii, fol. 38¹. Nr. 55; Memorienregister, S. 2. 6.
134) Memorienregister, S. 72 und Urkunde im Ordinar. S. Blasii, fol. 27¹. Nr. 10.
135) Urkunde im Ordinar. S. Blasii, fol. 46. Nr. 89; Excerpta Blas. bei Leibnitz, S. R. Br. II, 59 und Urkunde in Sack, Urkundensammlung, S. 142.
136) Urkunde im Memorienregister, S. 46 und das. S. 38.

zugleich Pfarrherr zu St. Martinus um 1357 [137]), gestorben im Juli; Friedrich von Bervelde 1377 [138]); Hermann 1414 und Johann 1420 als Custodes im Blasiusstifte erwähnt [139]).

Als Scholastici, welche der Stiftsschule vorstanden, sind bis jetzt bekannt Mag. Johannes vor 1307 [140]). In diesem Jahre stiftete Mag. Bertold das Fest der Translation des heiligen Blasius [141]). Der Scholasticus Leonhard um 1308 begründete eine Stiftsvicarie und war auch Pfarrer zu St. Magnus [142]). Mag. Heinrich von Luckenem, muß vor 1312 im October gestorben sein [143]); denn damals war Reinbold schon Scholasticus, der dies Amt noch 1318 bekleidete [144]). Als spätere Vorsteher der Stiftsschule sind noch bekannt: Bernhard von Hitzacker [145]) 1370; Mag. Ropertus 1407 bis 1409; Reyner 1413 [146]); Mag. Luder Rottorp 1418 [147]); Hermann Peutell 1432 [148]); Johann Swülber 1438; Heinrich Merkethus 1455 und Heinrich Clüer 1504 [149]).

Die niederen Diener des Stiftes mehrten sich mit der Zeit. Zu dem schon 1238 erwähnten Cantor, Kämmerer und Glöckner kam später auch ein Schließer (claviger) [150]); 1350 finden sich im Stift sogar mehrere Cantoren, ein Succentor, ein Glöckner, ein Sacristan, ein Organist und der Rector der Schüler.

Die kirchlichen Feste, welche die Geistlichkeit des Blasiusstiftes zu

---

137) Memorienregister, S. 35.
138) Urkunde im Ordinar. S. Blasii, fol. 75. Nr. 95.
139) Papenbof, S. 48 und Shigtbof, S. 47.
140) Memorienregister, S. 58. Er starb im October eines ungenannten Jahres vor 1307.
141) Memorienregister, S. 34. 37. Er starb zu Anfang des Juli wahrscheinlich 1308.
142) Memorienregister, S. 3. 13. Er starb zu Anfang des März.
143) Das. S. 9. 59.
144) Excerpta Blas. bei Leibnitz, S. R. Br. II, 59; Urkunde im Ordinar. S. Blasii, fol. 69¹. Nr. 72.
145) Urkunde bei Rehtmeier, Kirchenhistorie, Beilage I, 18.
146) Papenbof, S. 2.
147) Urkunde des Stadtarchivs Nr. 566.
148) Urkunde des Stadtarchivs Nr. 663.
149) Die Scholastici, bei welchen keine Quellenangabe gemacht ist, beruhen auf den Angaben Sacks, Schulen, S. 85.
150) Urkunden von 1337 im Ordinar. S. Blasii, fol. 69. Nr. 71 und von 1350, das. fol. 71¹. Nr. 79.

feiern hatte, sind zum Theil alter, zum Theil jüngerer Stiftung. Die ältesten derselben waren schon im alten Burgstift eingeführt, wie aus der im Memorienregister ihnen beigeschriebenen Zahl der 20 im alten Stift vorhandenen Canonici zu ersehen ist. Danach waren folgende die ältesten: das hohe Fest der Erscheinung Christi am 6. Januar, Pauli Bekehrung am 25. Januar[151]), Mariä Reinigung am 2. Februar, der Blasiustag als hoher Festtag mit Procession gefeiert am 3. Februar, das hohe Fest der Verkündigung Mariä am 25. März, Palmsonntag, Gründonnerstag und das Osterfest[152]), das Fest der Kreuzeserfindung am 3. Mai, Himmelfahrt, Pfingsten durch viertägigen Gottesdienst gefeiert und das Trinitatisfest, das Fest Johannis des Täufers am 24. Juni, der Peter-Paulstag am 29. Juni[153]), das Fest der sieben Brüder am 10. Juli, Kreuzeserhöhung am 14. September, als hohes Fest durch eine Procession nach dem Cyriacusstifte gefeiert, das Fest aller Heiligen am 1. November, der Nicolaustag am 6. December und das Weihnachtsfest, durch Gottesdienst an vier Festtagen verherrlicht[154]). Zu diesen Festen kam um 1200 das Fest der Enthauptung Johannis am 29. August und 1227 das Kirchweihfest, Anfangs am 29. December gefeiert, 1246 vom Bischof Konrad von Hildesheim auf den 7. Juli verlegt[155]). Bis etwa 1250 kamen hinzu das Matthiasfest am 24. Februar, das Maria-Magdalenenfest am 22. Juli, das Bartholomäusfest am 24. August, der Cosmas- und Damianustag am 27. September, das hohe Fest aller Seelen am 2. November, das Martinusfest am 11., der Tag der heiligen Katharine am 25. November und der des Bischofs Thomas von Canterbury am 29. December[156]). Um 1250, zu einer Zeit, wo neben den 22 Stiftsherren erst 12 Vicare am Stift waren, wurden als neue Feste eingeführt der Johannistag am 6. Mai und der Andreastag am 30. November[157]). Am Ende des dreizehnten und in den ersten beiden Decennien des vierzehnten Jahrhunderts kamen hinzu

---

151) Memorienregister, S. 4. 7.
152) Das. S. 8. 9. 16. 21.
153) Das. S. 25. 27. 29. 32. 33.
154) Das. S. 36. 53. 62. 70. 74.
155) Memorienregister, S. 49 und Ordinar. S. Blasii, fol. 2, Nr. 4; auch die Excerpta Blas. bei Leibnitz, S. R. Br. II, 61 zum Jahre 1227 und 1246; Urkunde im Ordinar. S. Blasii, fol. 2. Nr. 8. 9.
156) Memorienregister, S. 12. 39. 46. 57. 62. 65. 68. 75.
157) Das. S. 25. 69.

das Fest der heiligen Agnes am 21. Januar, der Sonntag nach Ostern, das Fest der Apostel Philippus und Jacobus am 1. Mai, der Frohnleichnamstag, der Cyriacustag am 8. August, das Autorsfest am 20. August, seit 1350 auch durch eine Procession nach St. Aegidien gefeiert, der Matthäustag am 21. September, das Fest der elftausend Jungfrauen am Ursulatage (21. October), der Tag der Apostel Simon und Judas am 28. October und der Cäcilientag am 22. November [158]. Zwischen 1320 und 1386 fügte man endlich noch hinzu das Fest des heiligen Vincentius am 22. Januar, das Fest der zehntausend Märtyrer am 22. Juni, Mariä Heimsuchung am 2. Juli, den Annentag am 26. Juli, den Euphemientag am 16. September, den Moritztag am 22. September, den Tag der heiligen Elisabeth am 19. November, wahrscheinlich auch das Fest der Geburt Mariä am 8. September [159]. Somit feierte man im Blasiusstift gegen Ende des vierzehnten Jahrhunderts außer den Sonntagen noch an funfzig zum Theil mehrtägige Feste. Daß auch bis zur Reformation noch manche Festtage durch milde Stiftungen hinzugekommen sind, ist wohl anzunehmen, obwohl davon Nichts berichtet wird. Natürlich machte die würdige Feier so vieler Feste bedeutenden Kostenaufwand nöthig. Diesen konnte das Stift bei der Menge von Geschenken, welche ihm die Frömmigkeit der Gläubigen aus allen Ständen zuwandte, sehr wohl bestreiten. Jene Gaben wandte es an, sich einen großartigen Güterbesitz in der Stadt wie außerhalb derselben zu erwerben. Die theils geschenkten, theils erkauften Güter waren theils zur Dotation einzelner Altäre bestimmt, theils gehörten sie dem Stift im Ganzen. Um den Reichthum desselben zu veranschaulichen, wird angegeben werden, was das Blasiusstift in den einzelnen Jahrhunderten erwarb.

Heinrich der Löwe scheint dem neuen Stift, welchem das Gut des alten ohne Zweifel zufiel, keine weiteren Grundstücke geschenkt zu haben. Die Reihe der Schenkungen eröffnete erst seine Gemahlin Mathilde, die dem neubegründeten Marienaltar auf dem Chore die Kirche in Deersheim

---

158) Das beweisen die beigeschriebenen Zahlen $\frac{22}{17}$ oder $\frac{22}{19}$ im Memorienregister, S. 7. 22. 24. 30. 43. 45. 56. 60. 61. 67.

159) Memorienregister, S. 7. 32. 34. 41. 53. 56. 66. 52. Die letzte Stiftung ist ohne beigeschriebene Zahl.

(Dersem) überwies [160]). Der Stiftsherr Friedrich von Veltheim überließ dem Stift 1196 drei Hufen Landes in der Feldmark der Altenwik; dies ist neben neun Gärten „vor dem Petrithor" das erste größere Gut, welches das Capitel vor der Stadt besaß [161]). Daß schon damals der Propst manche Güter der Kirche zu Lehen gab, zeigt diese Urkunde gleich der von 1197, in welcher Pfalzgraf Heinrich die Rechte des Stiftsvogts dahin beschränkt, er solle nur über Diebstahl, Mord und andere Unthaten, welche unter den Blutbann gehörten, richten, falls Liten des Stifts solches begingen, solle aber das Stift übrigens in keiner Weise beschweren [162]).

Zur Zeit der Söhne Heinrichs des Löwen, also bis 1227, bereicherte besonders Ottos IV. Freigebigkeit das Stift ansehnlich. Bei seinem Tode vermachte er demselben in seinem Testamente außer einer Menge von Reliquien alle sein Gut in Scheverlingenburg und alles Zubehör des dort 1213 von ihm begründeten Gotteshauses, dessen Patronat nun mit dem über die Kirchen in Bokeln, in der Elmsburg, zu Wendessen, zu Börsum und mit dem halben Patronat in Asleborg dem Stift zufiel. Weiteres Zubehör jener Kirche waren der Ort Walle, damals Scheverlingenburg genannt, siebenzehn Hufen, d. i. etwa fünfhundert Morgen Landes in dem jetzt wüsten Honrode an der Ocker mit der dortigen Mühle, eine Hufe in Waggen und der dortige Wald Bodenhorn, die Mühle in Gifhorn und ein Bienenstand in Gamsen [163]). Mit dieser Schenkung erklärten sich 1218 der Pfalzgraf Heinrich und Bischof Siegfried von Hildesheim, 1227 auch Herzog Otto das Kind und 1228 Papst Gregor IX. einverstanden [164]). Den neu begründeten Bartholomäusaltar dotirte Pfalzgraf Heinrich 1222 mit 3½ Hufen, also etwa hundert Morgen Landes und einer Wiese zu Süpplingen [165]).

---

160) Urkunde von 1228 in den Orig. Guelf. III, 676. Das Zubehör dieser Kirche bestand in einem Hofe daselbst mit sechs Hufen Landes. Braunschw. Magazin 1817, S. 582.

161) Urkunde in den Orig. Guelf. III, 605 und im Ordinar. S. Blasii, fol. 6. Nr. 20.

162) Urkunde in den Orig. Guelf. III, 617 und bei Rehtmeier, Kirchenhistorie, Beilage I, 57.

163) Urkunden bei Rehtmeier, Chronik 458 und Kirchenhistorie, Beilage I, 59.

164) Urkunden in den Orig. Guelf. III, 660 flg. und in Rehtmeier, Kirchenhistorie, Beilage I, 60. 61.

165) Urkunden in den Orig. Guelf. III, 693; Memorienregister, S. 24.

An auswärtigem Gut besaß das Stift in dieser Zeit noch zwei Hufen Ackers zu Uehrde [166], einiges Land bei Melverode (Meinolvesroth), für welches es sich 1218 den Neubruchszehnten auf dem im Stadtgebiet belegenen Hibbenlo eintauschte [167], vier Hufen in Meinerbingerobe (?), 1219 erkauft [168], und eine Hufe in Sambleben, 1224 von Johannes von Bornum geschenkt [169]. In dieser Zeit wurden bei Gelegenheit von Memorienstiftungen noch an's Stift geschenkt [170] ein Hof in Velten vom Priester Johannes von Cöln, eine halbe Hufe in Uehrde, eine Hufe in Winnigstedt, ein Hof mit vier Hufen Landes vom Stiftsherrn Hildebrand und verschiedene Geldeinnahmen.

Vor der Stadt besaß das Stift außer den schon erwähnten drei Hufen im Felde der Altenwik und den Gärten vor dem Petrithor 1206 noch zwei Hufen östlich und zwei Gärten nördlich von der Stadt (N. 166) und erhielt 1224 vom Bürger Konrad, Odas Sohn, einen Garten auf dem Rennelberg vor dem Petrithore.

Die Grundstücke und Rechte, welche das Stift zur Zeit Otto des Kindes († 1252) erwarb, erhielt es theils durch Tausch mit dem Herzog, theils durch Kauf, theils aus Schenkungen Geistlicher. Die Bürger der Stadt hatten dem Stift jährlich dreißig Schillinge „Fischpfennige" zu zahlen; diese Abgabe überließ es 1235 dem Herzog und erhielt von ihm dafür drei Hufen Landes in Allenem bei Schöppenstedt und eine in Sambleben, welche ihm 32 Schillinge Zins einbrachten [171]. In letzterem Orte gab ihm der Herzog 1240 noch zwei Hufen, wofür ihm das Stift den Wald im Hühnerbruche vor dem Wendenthore überließ [172]. Für das Patronat über die Kirche zu Bokeln bei Gifhorn gab der Herzog dem Capitel 1249 das Patronat über die Kirchen zu Honenstedt bei Ingeleben und zu Wedem sammt 7 Höfen mit 8½

---

166) Urkunden von 1206 und 1207 im Ordinar. S. Blasii, fol. 35. 36. Nr. 44 und 49.

167) Urkunde im Ordinar. S. Blasii, fol. 11. Nr. 42 und Memorienregister, S. 56.

168) Urkunde im Ordinar. S. Blasii, fol. 22. Nr. 85.

169) Urkunde in den Orig. Guelf. III, 694; Memorienregister, S. 63.

170) Das ist aus dem Memorienregister zu ersehen, wo den Stiftungen aus Heinrichs des Löwen Zeit und bis 1227 stets die Zahl 19 beigeschrieben ist, S. 17. 12. 28. 36. 13. 53.

171) Orig. Guelf. IV, 152.

172) Urkunde im Ordinar. S. Blasii, fol. 20¹. Nr. 80.

Hufen Landes in Wedem, Heerte, Lesse und Engelnstedt[173]). Durch Kauf kam das Stift 1237 in den Besitz zweier Höfe mit fünf Hufen Landes in Uesingen, eines Hofes in Sauingen und eines Viertheils vom Zehnten in Uesingen, welche ihm die Grafen Hermann und Heinrich von Wohldenberg verkauften[174]). Die Hälfte des Zehntens in jenem Orte war seit 1245 im Besitze des Stiftes[175]). Durch Schenkung erhielt es 1237 von Siegfried Scabewalt, Stiftsherrn zu St. Cyriacus, vier Hufen Landes zu Sonnenberg[176]) und von dem Canonicus Florinus drei Hufen zu Timmern 1238[177]). Wenn das Stift 1240 seine ihm ungelegenen Grundstücke zu Ergenstedt (?) an's Kloster Ilsenburg und 1251 den Zehnten in Astfeld an einen goslarischen Cleriker verkaufte[178]), so erwarb es dagegen 1251 von den Brüdern Ludolf und Gebhard von Bortfeld den halben Zehnten im nahe gelegenen Oelper, den Antheil am Zehnten zu Wahle (Welede), welcher bisher den Brüdern Berthold und Johann von Wettlenstedt zugestanden hatte[179]) und im Februar 1252 den halben Zehnten zu Rüningen von den Edlen Bernhard vom Hagen und Johann von Wolethe[180]). Auch einiges Zins tragende Gut in Broitzem erhielt es in dieser Zeit für Seelmessen[181]).

In der zweiten Hälfte des dreizehnten Jahrhunderts, wo Albrecht der Große und seine Söhne regierten, machte das Capitel noch bedeutendere Erwerbungen zunächst an ländlichen Grundstücken, welche zum Theil zur Dotirung neubegründeter Altäre erworben wurden. Drei Hufen Landes zu Broitzem erkaufte es 1256 vom Bürger Etheler vom Haus[182]); die Gerichtsbarkeit über 12½ Hufen vor Schöppenstedt

---

173) Urkunden in Orig. Guelf. IV, 229 flg., im Ordinar. S. Blasii, fol. 18. Nr. 50 und bei Sack, Urkundensammlung, S. 179. Vergl. Ordinar. S. Blasii, fol. 19. Nr. 77.

174) Urkunde im Ordinar. S. Blasii, fol. 8¹. Nr. 27.

175) Urkunde im Ordinar. S. Blasii, fol. 8¹. Nr. 26.

176) Urkunde im Ordinar. S. Blasii, fol. 12¹. Nr. 46.

177) Orig. Guelf. IV, 175 und Urkunde im Ordinar. S. Blasii, fol. 18. Nr. 48.

178) Urkunden in den Braunschw. Anzeigen 1746, S. 1988 und bei Heineccius, Antiq. Goslarienses, p. 271.

179) Urkunde im Ordinar. S. Blasii, fol. 9. Nr. 28.

180) Orig. Guelf. IV, 241.

181) Memorienregister, S. 42. 44.

182) Urkunde im Ordinar. S. Blasii, fol. 24. Nr. 96.

1260 von den Brüdern Johannes und Balduin von Dalem [183]; 4½ Hufen in Liedingen schenkte Herzog Albrecht 1260 zur Erhaltung des Lichtes, welches vor dem heiligen Kreuze in der Kirche brennen sollte [184]; ein Areal von etwa achthundert Morgen wurde vom Stifte 1264 in Vensleben (?), Honenstedt, Klein-Dahlum, Klein-Twieflingen und Twelken bei Schöppenstedt erkauft [185]. Noch großartiger war die Erwerbung, welche es 1267 in Ahlum (Adenem) machte, wo es für 184 Mark vom Kloster Hamersleben mit dem Kirchenpatronat ein Gut mit 35 Hufen Landes erkaufte, deren 20 von Liten gebaut wurden und 10 auf Zins ausgethan waren [186]. Ferner erwarb das Stift 5½ Morgen zu Söllingen 1268 [187], elf Hufen in Warle, zwei in Ambleben, eine in Klein-Osleben, vier in Gevensleben, eine in Jerrheim, eine in Crielinge und 2½ in Rüningen 1270 [188]. Das Jahr 1271 vergrößerte seinen Besitz um 78 Hufen, d. i. etwa 2300 Morgen Landes, die es meist von Herzog Albrecht erkaufte. Von diesen lagen 21 Hufen in Ahlum, 12 in Rautheim, 9 in Apelnstedt, je eine in Salzdahlum und Atzum, 7½ in Vensleben (?), 4½ in Sefer bei Jerrheim, 6 in Söllingen, 6 in Uehrde, je eine in Gevensleben und in Lamme, 6 in Timmerlah und 2 in Geitelde [189]. 43½ Hufen in Söhlde, Heerte, Thibersem und Plockhorst kaufte das Capitel 1272 vom Alexanderstift in Eimbeck [190]; 1275 erwarb es sechs Hufen in Sikte, eine in Söllingen und vier in Watenstedt bei Bahrum [191]; 1276 zwei in Zweidorf (Twethorpe) [192] und 1277 eine in Watzum [193].

Unter Herzog Albrechts Söhnen wurden 1281 dem Kloster Bursfelde 18½ Hufen abgekauft, die theils in den hildesheimischen Orten Binder, Holle, Sillium, Söderen und Sebecke, theils im hiesigen Lande

---

183) Urkunden im Ordinar. S. Blasii, fol. 13¹. Nr. 51—53.
184) Urkunde das. fol. 21. Nr. 81. Vergl. Braunschw. Magazin 1817, S. 585.
185) Urkunde das. fol. 21. Nr. 82.
186) Urkunden das. fol. 22. Nr. 86. 87.
187) Urkunde das. fol. 23¹. Nr. 93.
188) Urkunden das. fol. 14¹. Nr. 54—57.
189) Urkunde in Rehtmeier, Kirchenhistorie, Supplem. 32 und Urkunden im Ordinar. S. Blasii, fol. 15. Nr. 58—64.
190) Urkunde im Ordinar. S. Blasii, fol. 23¹. Nr. 92.
191) Urkunden das. fol. 17 und 18¹. Nr. 65. 75.
192) Urkunden das. fol. 22¹. Nr. 88. 89.
193) Urkunde das. fol. 36. Nr. 47.

in Ahlum, West- und Mittel-Vahlberg belegen waren[194]). Im folgenden Jahre erwarb das Stift eine Hufe in Salzdahlum[195]), 1285 9 Hufen in Beyerstedt vom Kloster Ribbagshausen[196]), 1287 einen Hof in Börsum[197]) mit neun Morgen Landes, 1292 das Patronat über die Kirche zu Holtdorp im Archidiaconatsbezirke Schöppenstedt und die Gerichtsbarkeit über die 25½ Hufen, welche es dort, zu Söllingen, Jerxheim, Beyerstedt und Broitzem besaß[198]). 1293 besaß das Stift 4½ Hufen in Bolthesem[199]), 1295 erwarb es drei Höfe zu Lehre[200]), 1296 zwei Hufen in Klein-Gleidingen bei Denstorf[201]), 1297 schenkte ihm Herzog Albrecht der Fette sechs Hufen in Sifte, Broitzem und Northum bei Uesingen[202]), 1298 kaufte es noch zwei Hufen in Beyerstedt und einen Hof mit zwei Hufen Landes in Köchingen[203]) und endlich 1299 drei Hufen in Alnum bei Scheppenstedt und in Mittel-Vahlberg[204]).

Zehnten erwarb das Stift in der zweiten Hälfte des dreizehnten Jahrhunderts mehrere in der hildesheimischen Diöcese belegene, so von dem zu Köchingen die eine Hälfte 1258 von den Edlen von Meinersen, die andere 1298 vom Ritter Eckhard von Lewenstedt[205]); ein Drittel des Zehntens zu Groß-Wahle 1258 von Heinrich von Wettlenstedt[206]); den Zehnten zu Klein-Wahle 1258 von den Edlen von Meinersen[207]); den kleinen Zehnten zu Gadenstedt von den Bürgern Heinrich Lange und Johann von Münstedt 1266[208]); vom Ritter Siegfried von Scadewolt 1277 einen Antheil am Zehnten zu Stedern, den es 1298 ganz besaß[209]); von den Edeln von Dorstadt 1278 den Zehnten über acht

---

194) Urkunde im Ordinar. S. Blasii, fol. 23. Nr. 91.
195) Urkunde das. fol. 19. Nr. 78.
196) Urkunde das. fol. 18¹. Nr. 73.
197) Urkunde das. fol. 18¹. Nr. 74.
198) Urkunden das. fol. 17. Nr. 67. 70 und 66, gedruckt in den Braunschw. Anzeigen 1750, S. 1833 flg.
199) Urkunde das. fol. 24. Nr. 94.
200) Urkunde das. fol. 27¹. Nr. 9.
201) Urkunden das. fol. 24. Nr. 95 und fol. 18. Nr. 71.
202) Urkunde das. fol. 22. Nr. 84.
203) Urkunden das. fol. 33¹. Nr. 33 und fol. 37. Nr. 50.
204) Urkunde das. fol. 37. Nr. 51.
205) Urkunden das. fol. 9. Nr. 30 und fol. 37. Nr. 50.
206) Urkunde das. fol. 9¹. Nr. 31.
207) Urkunde das. fol. 10. Nr. 32.
208) Urkunde das. fol. 10. Nr. 33.
209) Urkunden das. fol. 10. Nr. 34. 35. 36, fol. 34. Nr. 38.

Hufen vor Burgdorf am Lichtenberge²¹⁰); und vom Ritter Berthold von Godenstedt 1278 den halben Zehnten zu Stederdorp bei Peine²¹¹), endlich 1281 den Zehnten zu Dibegessen (Dibbersen bei Neubrück?) vom Bischof Siegfried von Hildesheim²¹²).

In der Stadt gehörten dem Stift außer der Kirche und den Stiftsgebäuden im engeren Sinne, in welchem die Canonici Anfangs unter einem Dache zusammenwohnten²¹³), schon im dreizehnten Jahrhundert mehrere Höfe und Häuser in der Burg Dankwarderode. Dort hatten eigene Wohnungen der Dechant, der Propst²¹⁴), der Kämmerer und selbst einzelne Vicare, wie der des Bartholomäus- und des Thomasaltars²¹⁵). In der Burg gehörten dem Stifte ferner schon damals die Stiftsschule mit dem zugehörigen Areal, das der Kinderhof hieß²¹⁶); ein Häuschen an dem Thor, das zu dem Schulstiege führte²¹⁷) und zwei Hausstellen am Burgthore nach der Mühle zu²¹⁸). Daß die Stiftsherren schon 1290 eigene Curien bewohnten, welche theils im Burgbezirke, theils im Weichbild des Sackes, wahrscheinlich an dem davon benannten Papenstiege lagen, zeigen Urkunden²¹⁹). Auch außerhalb der Burg, z. B. am Bohlwege und im Weichbild des Sackes, überließ das Stift manchen ihm gehörigen Raum zum Anbau an Bürger, von welchen es sich dann einen Worthzins zahlen ließ²²⁰).

---

210) Urkunde im Ordinar. S. Blasii, fol. 10. Nr. 37.

211) Urkunden das. fol. 10. Nr. 38—40.

212) Urkunden das. fol. 11. Nr. 41.

213) Von den Stiftsgebäuden werden erwähnt der Kornspeicher (granarium), neben welchem um 1290 ein Steg über den Burggraben führte (Ordinar. S. Blasii, fol. 24¹. Nr. 99); das Schlafhaus (dormitorium) und das Kloster, in welchem die Stiftsherren zusammen wohnten 1251 (Ordinar. S. Blasii, fol. 81. Nr. 27).

214) Curia decani und die Wohnung des camerarius 1294 im Ordinar. S. Blasii, fol. 34¹. Nr. 39; Curia praepositi 1254 bei Pistorius, Amoen. VIII, p. 2341.

215) Urkunde von 1295 im Ordinar. S. Blasii, fol. 28. Nr. 12; Memorienregister, S. 58.

216) Als Curia choralium vulgariter kinderhof dicta schon vor 1300 erwähnt in einer Urkunde im Ordinar. S. Blasii, fol. 24¹. Nr. 99.

217) Urkunde von 1293 im Ordinar. S. Blasii, fol. 34. Nr. 40.

218) Urkunde von 1296 das. fol. 35. Nr. 42.

219) Z. B. eine Urkunde von 1290 im Ordinar. S. Blasii, fol. 27. Nr. 5.

220) Dürre, Der Bohlweg in Braunschweig im Braunschw. Magazin 1860, S. 113 flg. Worthzins zahlten nach den Degedingsbüchern des Sackes fast alle Bürger dieses Weichbildes „an die Herren in der Burg".

4. Das Stift St. Blasius.

Auch einige Feld- und Gartenländerei vor der Stadt erwarb das Stift seit 1227. So besaß es 1250 fünf Hufen in der Nähe des Nuxelberges und zwei bei Lehndorf[221]), 1254 einen Garten zwischen dem Hohen- und Petrithore[222]) und 1290 einen vor dem Neustadtthore[223]), wo es 1300 und 1302 noch zwei an sich brachte[224]). Daß es vor 1300 endlich auch mehrere Salzgüter in Lüneburg erwarb, erhellt aus Urkunden[225]).

Auch bis zur Mitte des vierzehnten Jahrhunderts machte das Stift noch reichliche Erwerbungen an Grundstücken aller Art; aber seit 1350 werden die Schenkungen an das bereits überreiche Stift allmälig geringer. Unter Herzog Albrecht dem Fetten kamen an St. Blasius 1301 sieben Hufen zu Köchingen durch den Bürger Hermann von Ursleve[226]), ferner ein Hof mit drei Hufen Landes in Fallersleben 1302[227]), 1½ Hufen in Watenstedt 1304[228]), zwei Höfe mit vier Hufen zu Watzum[229]), das ringelheimische Klostergut zu Wackersleben mit einem Zubehör von über 36 Hufen Landes 1306[230]), vier Hufen und eine Mühle zu Reppner 1307[231]), zwei Höfe mit vier Hufen in Oster-Winnigstedt 1309[232]), ein Hof mit vier Hufen in Ingeleben, eine Hufe in Salzdahlum und ein Hof mit 5 Hufen in Lengede, für welche das Stift 1311 anderes Gut in der Umgegend von Peine, nämlich in Stederdorf, Equord, Adenstedt, Bültum und Dibbersen dem Bischof von Hildesheim tauschweise überließ[233]). 1312 wurde ein Hof in Semmenstedt und einer in Remlingen denen von Veltheim abgekauft[234]); noch zwei Höfe mit vier Hufen zu Ahlum und ein Hof zu

---

221) Originalurkunde des Landesarchivs von 1250 nach Bege, Burgen, S. 48.
222) Urkunde bei Pistorius, Amoen. VIII, S. 2886.
223) Urkundliche Nachricht im Braunschw. Magazin 1817, S. 589.
224) Urkundliche Nachricht das. S. 590.
225) Urkunden von 1282. 1285. 1287. 1290 und 1291 im Ordinar. S. Blasii, fol. 29. Nr. 14—25.
226) Urkunde im Ordinar. S. Blasii, fol. 37¹. Nr. 52.
227) Urkunden das. fol. 38¹. Nr. 57. 58.
228) Urkunden das. fol. 40. Nr. 65. 66.
229) Urkunde in Rehtmeiers Kirchenhistorie, Supplem. S. 83.
230) Urkunde im Ordinar. S. Blasii, fol. 41. Nr. 73.
231) Urkunde das. fol. 55. Nr. 25.
232) Urkunde das. fol. 44. Nr. 82.
233) Urkunden das. fol. 44. Nr. 83. 86—88 und 90, fol. 52. Nr. 14.
234) Urkunde das. fol. 46. Nr. 91.

Watzum wurden 1314 erworben [235]). Nach dem Memorienregister kam durch Begründung von Seelmessen bis 1318 noch an's Stift: Gut zu Watzum, Apelnstedt, Bültum, Rüningen, Atzum und Osdesbüttel [236]).

An Rechten erwarb das Stift in dieser Zeit die Gerichtsbarkeit über einige Besitzungen in Twelken bei Scheppenstedt 1305 [237], über funfzehn Hufen in Vensleben 1315 [238]) und über eine zu Bramhorst in der Nähe von Walle 1316 [239]), ingleichen die Zehnten zu Lengede 1311 [240]) und Atzum 1317 [241]).

Unter der Regierung Otto des Milden erwarb das Stift 1326 zwei Höfe in Zweidorf mit fünf Hufen Landes [242]), 1327 drei Hufen in Delper [243]), 1328 in Ballstedt 6½ Hufen, welche Bernhard Kahle bei Begründung des Katharinenaltars schenkte, ferner einen Hof in Remlingen mit einer Hufe Landes auf der Feldmark von Semmenstedt und einen Hof in Rautheim, für welchen es an's Kloster Riddagshausen eine halbe Hufe in Klein-Wobeck vertauschte [244]). 1329 schenkte der Bürger Helmold von Oldendorp bei Begründung des Paulusaltars in der Krypta zwei Hufen in Dettum und vier auf der Feldmark des schon damals wüsten Dorfes Westrem bei Atzum; in demselben Jahre dotirte der Cleriker Konrad von Bornum den Michaelisaltar mit vier Hufen Landes zu Alversdorf bei Schöningen [245]); 1333 fügte Herzog Otto dieser Dotation noch eine Hufe vor Schöningen hinzu [246]). Bei Begründung neuer Altäre schenkten die Pfarrer der Andreas- und Katharinenkirche 1334 vier Höfe zu Barnsdorf mit 8½ Hufen und zwei Höfe zu Gustedt mit acht Hufen Landes an's Stift, welches noch zwei Höfe mit 4½ Hufen in Gustedt zukaufte [247]). 1338 ertauschte das

---

235) Urkunden im Ordinar. S. Blasii, fol. 33. Nr. 32, fol. 50¹. Nr. 5.
236) Memorienregister, S. 41. 59. 66. 71. 61. 22.
237) Urkunde im Ordinar. S. Blasii, fol. 41. Nr. 71.
238) Urkunde das. fol. 51. Nr. 9.
239) Urkunde das. fol. 53. Nr. 18.
240) Urkunde das. fol. 45. Nr. 86.
241) Urkunde das. fol. 53. Nr. 20.
242) Urkunden das. fol. 66. Nr. 60. 61. Vergl. Braunschw. Mag. 1817, S. 650.
243) Urkunde das. fol. 62. Nr. 44.
244) Urkunden das. fol. 63. Nr. 47, fol. 66. Nr. 63 und Nr. 59.
245) Urkunden das. fol. 67. Nr. 64—66 und 68 und urkundliche Mittheilung im Braunschw. Magazin 1817, S. 661.
246) Urkundliche Mittheilung im Braunschw. Magazin 1817, S. 661.
247) Braunschw. Magazin 1817, S. 666 flg. 669.

4. Das Stift St. Blasius.

Capitel für eine Hufe in Norbaffel eine in Lobmachtersen [248] und erwarb wahrscheinlich 1344 in Hessen vier Hufen Landes und den Capellengarten [249]. An Rechten erwarb es unter Otto dem Milden die Gerichtsbarkeit über einige Besitzungen in Ahlum 1319 [250] und den Zehnten auf der Feldmark von Westrem bei Atzum 1318 [251].

Seit dem Tode Otto des Milden mindern sich die Schenkungen an's Blasiusstift in auffallender Weise. Unter Magnus I., seinem Sohn und Enkel, also bis 1400, wurden erworben die Einnahmen aus der Vogtei über 22 Höfe zu Delper und über 8 zu Rischau [252], welche 1345 7½ Pfund Pfennige betrugen, dort sollte das Stift auch Beede und Dienste fordern; nur der Blutbann blieb dem Herzoge [253]. 1346 ward das kleine Vorwerk zu Ahlum, welches die Gebrüder von Ebdesse in Anspruch nahmen, dem Stift von Herzog Magnus I. zugesprochen [254]. In demselben Jahre erhielt es zur Fundirung einer von Otto dem Milden gewünschten Stiftung zwei Höfe mit 5½ Hufen Landes zu Krautneindorf und einen Hof in dem jenem Orte benachbarten Westerbiwende [255]. Eine Uebereinkunft mit Hermann von Warberg zeigt, daß das Capitel 1351 Güter in Wackersleben, Büddenstedt und Hesekendorf besaß [256]; 1361 erkaufte es vom Kloster St. Michaelis zu Hildesheim siebenzehn Hufen Landes zu Ohrum [257] und 1363 noch einige Salzgefälle in Lüneburg, deren es seit 1304 mehrere erworben hatte [258]. Bei der spätestens 1369 erfolgten Gründung des Frohnleichnamsaltars wurde dem Capitel der halbe Zehnte zu Geitelde und ein Achtel des Zehntens zu Haberlah geschenkt [259]. Bei Stiftung des Thomasaltars überwies Magnus II. 1370 dem Stift acht Pfund Pfennige als jähr-

---

248) Urkunden im Ordinar. S. Blasii, fol. 70. Nr. 73. 74.
249) Braunschw. Magazin 1817, S. 574.
250) Urkunden im Ordinar. S. Blasii, fol. 55. Nr. 27. 28.
251) Urkunde das. fol. 55. Nr. 29.
252) Nach diesem Orte heißt noch jetzt das Rischauer Holz westlich von Delper.
253) Sudendorf, Urkundenbuch II, 86 und Rehtmeiers Kirchenhistorie, Supplem. S. 34.
254) Sudendorf, Urkundenbuch II, 111.
255) Braunschw. Magazin 1817, S. 672.
256) Urkunde im Ordinar. S. Blasii, fol. 72. Nr. 81.
257) Urkunden das. fol. 73. Nr. 87. 88.
258) Urkunden das. von 1304, fol. 40. Nr. 67; von 1329, fol. 68. Nr. 69; von 1330, fol. 69 und von 1363, fol. 74. Nr. 89 und 90.
259) Urkundliche Mittheilung im Braunschw. Magazin 1817, S. 680.

liche Einnahme aus dem Gräfenzins zu Sierße, zwei Meierhöfe in Wendeburg und Zweidorf und vier Hufen Landes zu Hülperode²⁶⁰). 1390 erwarb Gottfried von Mackenrode, der Stifter des Martinsaltars, für das Stift ein Viertheil des Zehntens zu Dettum²⁶¹). Bis gegen Ende des vierzehnten Jahrhunderts hat es nach den Angaben des Memorienregisters noch erhalten einen Hof in Holzelem (vielleicht Hötzen) von Konrad von Wolfenbüttel, der um 1320—1330 lebte²⁶²), 2½ Hufen in Seker bei Jerrheim vom Canonicus Ulrich und Güter in Wetzleben vom Bürger Johann von Halberstadt um 1370²⁶³).

Als Erwerbungen des Stifts im funfzehnten Jahrhundert sind nur zu nennen ein Hof zu Lesse und einer zu Hohenassel, jeder mit fünf Hufen Landes, 1437 für einen Altar der Stiftskirche erkauft und 1473 ein Grundstück zu Veltheim an der Ohe und vier Hufen Landes zu Saldern²⁶⁴). Jedenfalls noch in der Zeit vor der Reformation erworben sind die zum Eigenthum einzelner Altäre gehörigen Grundstücke, deren Erwerbung bis jetzt nicht genauer nachgewiesen werden kann. Dahin gehören fünf Hufen zu Denstorf, vier zu Watzum und eine zu Liebenburg, mit welchen der Stephansaltar dotirt war²⁶⁵), zwei Hufen in Watenstedt, dem Altar der Apostel Philippus und Jacobus gehörig²⁶⁶), zwei Hufen in Volzum, zum Altar der zehntausend Ritter geschenkt²⁶⁷), Grundstücke zu Ingeleben und Schöppenstedt, Eigenthum des Matthäusaltars²⁶⁸), zwei Hufen in Denkte, zum Thomasaltar und Gut zu Ingeleben, Ahlum, Remlingen und Schöppenstedt zum Frohnleichnamsaltar gehörig²⁶⁹). Den 1520 erworbenen Zehnten zu Ohrum hat das Stift nur eine Zeitlang besessen²⁷⁰).

Hier in der Stadt, wo das Stift wahrscheinlich schon seit den ältesten Zeiten und das ganze Mittelalter hindurch von städtischen Lasten

---

260) Urkundliche Mittheilung im Braunschw. Magazin 1817, S. 686.
261) Braunschw. Magazin 1817, S. 682.
262) Memorienregister, S. 32 und Bege, Burgen, S. 41.
263) Das. S. 12. 23.
264) Braunschw. Magazin 1817, S. 687 und 692.
265) Das. S. 597.
266) Das. S. 598.
267) Das. S. 652.
268) Das. S. 671.
269) Das. S. 681. 689.
270) Braunschw. Magazin 1815, S. 21.

und Abgaben frei war[271]), scheint dem Capitel wohl in Folge einer fürstlichen Schenkung das ganze Areal des Sacker Weichbildes gehört zu haben. Als es dasselbe im dreizehnten Jahrhundert zum Anbau an Bürger überließ, behielt es sich an jedem dort neugebauten Hause einen Worthzins vor, den die Eigenthümer noch im funfzehnten Jahrhundert an das Stift entrichteten[272]). Beim Verkaufe solcher Häuser konnte das Capitel ein Näherrecht geltend machen; wurde der Worthzins nicht pünktlich bezahlt, so durfte es am sechsten Tage nach dem Zahlungstermine einschreiten, es ließ dann die Thür des Hauses, worin der Schuldner wohnte, ausheben, und dieses erhielt seine Thür erst wieder, wenn der Zins entrichtet war[273]). Besonders lange gehörte dem Stift „der große Hof", welcher den ganzen Raum zwischen dem Papenstiege, dem Sacke und den vor der Burg gelegenen Häusern einnahm und der 1345, als die alten Gebäude sehr baufällig geworden waren, in achtzehn Baustellen getheilt ward, von denen zehn am Sacke, acht am Papenstiege dem Burggraben gegenüber gelegen waren. Die dort errichteten neuen Gebäude wurden an Bürger gegen Miethe oder Erbenzins überlassen[274]).

Dem Stift stand ferner das Patronat über die städtischen Kirchen St. Martini, S. Ulrici, St. Bartholomäi und über die Jacobscapelle zu. Das Patronat über St. Martinus verlor es schon 1204 durch Otto IV., der ihm dafür die Georgscapelle in der Burg überwies[275]), das der Ulrichskirche in Folge des Pfaffenkrieges 1420, wofür es die Kirche zu Stecklenburg erhielt (S. 205); die anderen beiden Patronate behielt es bis 1542[276]). Auch die in der Burg neben oder in der Nähe der Stiftskirche belegenen Capellen standen unter dem Patronat des Stifts.

Das vor der Stadt gelegene Land endlich, von welchem sechs Hufen, also an zweihundert Morgen schon 1304 vor dem Hohenthore erwähnt werden[277]) und wo um dieselbe Zeit die „todte Hufe" dem Stifte ge-

---

271) Urkunde des Rathes von 1295 in Braunschw. hist. Händeln II, 270.
272) Das zeigen die Degedingsbücher des Sackes.
273) Urkunde vom Jahre 1314 bei Rehtmeier, Chronik 530. 596.
274) Urkunde von 1345 bei Rehtmeier, Kirchenhistorie I, 72.
275) Urkunde bei Rehtmeier, Kirchenhistorie, Beilage I, 107.
276) Urkunde von 1414 im Braunschw. Magazin 1802, S. 885 und Urkunde von 1542 im Stadtarchiv Nr. 1401.
277) Urkunde im Ordinar. S. Blasii, fol. 50¹. Nr. 8.

hörte²⁷⁸), waren gegen Erbenzins an hiesige Bürger ausgethan, so z. B. 3½ Hufen Neuland 1363 an die Bürger Eggeling und Hilmar von Strombeck²⁷⁹).

---

5. Die Capellen in der Burg.

Wie einzelne Theile des Blasiusstifts nach den in ihnen stehenden Altären auch Capellen genannt wurden, haben wir oben gesehen. So lernten wir in der Kirche z. B. die Peters-, die Johannis-, die Andreas- und Lorenzcapelle kennen. An der Kirche stand als eigenes Gebäude

Die Gorgoniuscapelle¹).

Diese fundirte der Canonicus Lippold von Gadenstedt und sorgte testamentarisch für ihre Dotation. Für die von ihm legirte Summe erkauften seine Testamentsvollstrecker im Januar 1348 den halben Zehnten zu Lehndorf vom Bürger Heinrich Kirchhof dem Jüngeren, um davon einen Rector dieser Capelle zu besolden, welcher als Vicar des Blasiusstifts angesehen ward²). Die Capelle scheint an den südlichen Kreuzflügel der Stiftskirche angebaut gewesen zu sein, neben dem an der Südseite des Chores stehenden Stephansaltar ging man aus der Kirche in diese Capelle; daher kommt es, daß Urkunden hinsichtlich ihrer Lage sowohl sagen, sie stoße an die Stiftskirche, als auch sie liege in der Kirche³). Einer ihrer ersten Geistlichen war Friedrich von Veltheim, welcher im März 1367 starb⁴). Die Capelle existirt nicht mehr.

Die Anneucapelle⁵)

fundirte der Stiftspropst Wulbrand von Oberg 1519⁶). Der Bau scheint

---

278) Memorienregister, S. 60.
279) Urkunden im Ordinar. S. Blasii, fol. 24. Nr. 91. 92.
1) Schmidt, im Braunschw. Magazin 1817, S. 673—676.
2) Urkunden im Ordinar. S. Blasii, fol. 70¹. Nr. 75. 67; Memorienregister, S. 67.
3) Die Urkunde des Bischofs Erich von Hildesheim von 1848 im Ordinar. S. Blasii, fol. 70. Nr. 77 spricht von der Capella S. Gorgonii in ecclesia S. Blasii, quasi juxta altare S. Stephani versus partem australem noviter fundatae. Die Urkunde Nr. 75 sagt, die Capelle sei ecclesiae S. Blasii contigua.
4) Memorienregister, S. 14.
5) Früher ist sie fälschlich die Johanniscapelle genannt. Schmidt im Braunschweigischen Magazin 1817, S. 714.
6) Das besagte eine Inschrift an ihr. S. Rehtmeier, Kirchenhistorie I, 100.

1522 vollendet zu sein; denn erst damals ward die Stiftungsurkunde ausgestellt, aus der sich ergiebt, daß sie der Jungfrau Maria, ihrer Mutter St. Anna und dem heiligen Joseph geweihet war⁷). Sie war mit dem Zehnten zu Ohrum und einigen Einkünften zu Duttenstedt und Oberg dotirt⁸). Sie stand in dem von den Kreuzgängen umschlossenen inneren Hofe und stieß an die westliche Seite des Kreuzganges. Nach dem Abbruch des Cyriacusstifts diente sie dessen Capitel zum Versammlungslocal, später barg sie das Archiv desselben⁹), bis sie 1830 sammt den alterthümlichen Kreuzgängen niedergerissen ward.

Die Maria-Magdalenencapelle

in der kleinen Burg hat die Stürme der Zeit überdauert. Sie soll nach Neueren¹⁰) 1501 erbaut sein. Nämlich über einem Fenster der nördlichen Seite, welches mit dem Bilde der Jungfrau Maria geschmückt ist, die das Jesuskindlein auf dem Arme trägt und deren Haupt ein Strahlenkranz umgiebt, steht die Inschrift **Anno domini m⁰ v⁰ i⁰**. Diese kann sich aber nur auf das betreffende Fenster beziehen, welches damals wo nicht angelegt, so doch erneut zu sein scheint, denn die Capelle selbst ist viel älter, sie ist urkundlich schon im dreizehnten Jahrhundert nachzuweisen. Zuerst gedenkt derselben eine Urkunde des Jahres 1237, wonach der Stiftsherr Winandus ihr eine Hufe Landes in Börsum schenkte; von den daraus sich ergebenden Einkünften verpflichtet sich das Stift, einen ständigen Vicar zu halten, welcher jener Capelle als Rector vorstehen sollte¹¹). Solcher Rectoren sind bekannt Elemann aus der zweiten Hälfte des dreizehnten oder dem Anfang des vierzehnten Jahrhunderts, Johannes um 1330¹²) und Hermann von Lengede, welcher den bei der Capelle gelegenen Hof von dem Stiftsherrn Godeke von Mackenrode 1387 kaufte¹³). Daß nicht an eine im Blasiusstift belegene, sondern an die in der kleinen Burg stehende

---

7) Braunschw. Magazin 1817, S. 714.
8) Braunschw. Magazin 1815, S. 21.
9) Rehtmeier, Kirchenhistorie I, 100 und Braunschw. Magazin 1817, 713.
10) Rehtmeier, Kirchenhistorie I, 100.
11) Urkunde im Ordinar. S. Blasii, fol. 36. Nr. 48. Vergl. Memorienregister, S. 38.
12) Memorienregister, S. 63. 6. Jan von St. Maria-Magdalenen wird 1338 erwähnt im Degeb. des Sackes I, 7.
13) Urkunde im Ordinar. S. Blasii, fol. 76. Nr. 98.

Capelle zu denken ist, zeigt das Degedingsbuch des Sackes [14]). Außer dem Gut zu Börsum erhielt diese Capelle im Mittelalter noch zwei Höfe in Klein-Dahlum, einen Hof in Reppner und einen in Broitzem. Erbenzins zahlten ihr zwei Höfe in Watenbüttel, zwei Häuser hieselbst und einiges Gartenland vor dem Hohenthore [15]).

Die St. Georgs- und Gertrudscapelle.

Der untere Raum dieser schon von Heinrich dem Löwen nahe bei der Stiftskirche erbauten Doppelcapelle war der heiligen Gertrud, der obere St. Georg geweiht (S. 67 flg.); als Hauscapelle der fürstlichen Familie war sie an deren Palast gebaut [16]).

Die Georgscapelle [17])

blieb Eigenthum des Fürstenhauses bis 1204, wo sie von Kaiser Otto IV. an das Stift St. Blasius als Ersatz für das aufgegebene Patronat über die Martinikirche übertragen ward [18]). An diese Capelle schloß sich der 1265 gestiftete „Kaland zum heiligen Geiste"; er hielt dort seinen Gottesdienst, bis er 1367 nach der Templerkirche St. Matthäus am Bohlwege übersiedelte [19]). Der Georgscapelle vermachte Herzog Albrecht der Große ein Roß. Mit den 45 Mark, welche man aus dessen Verkauf löste, kaufte sein Sohn Heinrich derselben zwei Hufen Landes in Sambleben [20]). Sein zweiter Sohn Herzog Albrecht verordnete 1293 in ihr seinem Großvater Otto, seinem Vater Albrecht und seinem Bruder Wilhelm Seelmessen, bei denen alle Geistlichen seines Landes erscheinen sollten, die das Privilegium freier Verfügung über ihre Hinterlassenschaft genießen wollten [21]). 1317 gehörte der Capelle eine Hufe Landes in Bramhorst bei Walle [22]). Der an dieses Kirchlein gewiesene Kaland zum heiligen Geist erkaufte 1313 von den hiesigen Bürgern Heinrich und Wedekind von Gandersheim einen Hof in Son-

---

14) Nr. II, zu 1403 Art. 25; zu 1415, Nr. 1 und zu 1434. Nr. 11.
15) Braunschw. Magazin 1817, S. 600.
16) Ueber die Lage s. Schade, Archivalische Nachrichten über die Gertrudencapelle im Vaterl. Archiv 1836, S. 361 flg.
17) Braunschw. Anzeigen 1777, St. 59.
18) Urkunde bei Rehtmeier, Kirchenhistorie, Beilage I, 107.
19) Ordinar. eccles. S. Matthaei in Gebhardi, Stift St. Matthäi, S. 66 und 68.
20) Urkunde im Ordinar. S. Blasii, fol. 38. Nr. 54; Bege, Burgen, S. 54.
21) Urkunde bei Gebhardi, Stift St. Matthäi, S. 81.
22) Urkunde im Ordinar. S. Blasii, fol. 54¹. Nr. 23.

5. Die Capellen in der Burg.

nenberg mit zwei Hufen Landes, damit von dessen Einkünften Gebrechlichen und Bettlern in dem Kirchlein desto reichlichere Almosen gespendet werden könnten[23]). Ueber diesen Kaland wird weiter unten die Rede sein.

Die Gertrudscapelle[24]) lag unter der Georgscapelle und ward wie diese von Heinrich dem Löwen erbaut. 1318 scheinen bereits zwei Altäre in derselben vorhanden gewesen zu sein, der Hochaltar der heiligen Gertrud und ein Altar, welcher dem Erzbischof und Märtyrer Thomas von Canterbury geweihet war. Beiden wird aber die nöthige Dotation damals noch gefehlt haben[25]). Zwei Canonici des Blasiusstifts, Lukemann und Dietrich von Godenstede, schenkten damals zur Dotation der Capelle und ihres Hochaltars 38 Mark, für welche 1319 ein Hof in Uehrde mit zwei Hufen Landes dem Ritter Jordan von Wendhausen abgekauft wurde[26]). Für den Thomasaltar gab der Priester Berthold von Watzum 20 Mark her, mit diesem Gelde erwarb man 1326 eine Hufe Landes in Sambleben[27]). Auch einen dritten Altar, der Jungfrau Maria geweiht, stiftete ein Priester, Heinrich von Mörtze 1384, er dotirte ihn mit Salzeinnahmen zu Lüneburg und in Gemeinschaft mit dem Priester Hermann Fricke 1405 mit noch einem Hofe zu Apelnstedt, zu welchem eine Hufe Landes gehörte[28]). Daß es der Capelle an Meßgewändern, Altarlaken und anderem Ornate nicht fehlte, zeigen alte Register[29]). Außer jenen Gütern gehörten derselben auch mehrere Häuser, in ihrer Nähe „hinter dem Mosthause" bei der Burgmühle belegen. Eins derselben bewohnte seit 1375 der Rector der Capelle, jedes der übrigen brachte jährlich einige Schillinge Zins ein[30]).

---

23) Urkunde bei Gebhardi, Stift St. Matthäi, S. 82.
24) Außer dem Note 16 genannten Aufsatze von Schabe vergl. noch Sack im Braunschw. Magazin 1888, S. 198.
25) Urkunde bei Rehtmeier, Kirchenhistorie I, Beilage 124.
26) Urkunden vom 14. März 1820 im Copialbuch St. Ulrici II, S. 15—17; vom 27. Juli 1319 das. S. 11, vom 30. Juli 1319 das. S. 13 und von 1322 und 1323 das. S. 22 flg.
27) Urkunden von 1326 im Copialbuch der Ulricikirche II, S. 25. 27. 28.
28) Urkunden von 1384 im Copialbuch St. Ulrici II, S. 39; von 1390 das. S. 40, gedruckt bei Rehtmeier, Kirchenhistorie I, Beilage 127 und von 1405 im Copialbuch II, S. 62.
29) Schabe im Vaterländ. Archiv 1836, S. 380 und Sack, das. 1838, S. 199.
30) Urkunde im Copialbuch St. Ulrici II, S. 37 und Vaterländisches Archiv 1836, S. 382.

Das Patronat über die Gertrudscapelle, deren Hochaltar und den Thomasaltar hatte der Dechant des Blasiusstifts. Er hatte mit diesen Altären stets einen Priester zu belehnen, welcher dem Gertrudenkaland mindestens ein Jahr lang angehört hatte. Mit dieser Bestimmung, welche die Herzöge Heinrich der Wunderliche, sein Bruder Albrecht und Otto von Lüneburg 1318 trafen [31]), erklärten sich Dechant und Capitel jenes Stifts am 21. September 1318 einverstanden; erst wenn der Dechant 14 Tage nach eingetretener Vacanz die offene Stelle nicht besetzt hatte, besetzte sie der Propst des Kalands [32]). Das Patronat des Marienaltars stand dem Kaland zu [33]).

Somit hatte die Capelle drei Priester, auch wohl die drei Vicare von St. Gertrud genannt [34]), der dem Hochaltar dienende Priester heißt der Rector. Als Rectoren sind genannt: Heinrich 1320 [35]), Berthold von Watzum 1326 [36]), Johann von Adenstedt 1405 [37]), Bernhard Rovers 1443 [38]), Helmold Voltzer und Hennig Helingmann 1443 [39]). Der Rector hatte dem Dechanten des Blasiusstifts Gehorsam zu geloben, stand unter dessen Gerichtsbarkeit und konnte nöthigenfalls von ihm entsetzt werden. Er hatte wöchentlich zwei Messen, eine für die lebenden, eine für die gestorbenen Mitglieder der Kalands-Brüderschaft zu lesen. Zur Kirchweihe der Capelle, an den Tagen ihrer Patrone und zu den Memorien der Kalandsgenossen ließ er die Glocken der Georgscapelle läuten. Mit den beiden anderen Geistlichen von St. Gertrud mußte er am Kirchweihtage der Stiftskirche, am Blasiustage und bei anderen Festen dem Hochamte im Stifte beiwohnen [40]).

Auf die Gertrudencapelle beziehen sich noch zwei Urkunden des Bischofs Otto von Hildesheim. Die eine vom Jahr 1321 verlegt die

---

31) Urkunden vom 26. Mai 1318 bei Rehtmeier, Kirchenhistorie I, Beilage 124 und vom 2. und 3. Juli im Vaterländischen Archiv 1836, S. 365—369.
32) Urkunde bei Rehtmeier, Kirchenhistorie I, Beilage 125.
33) Urkunde von 1390 bei Rehtmeier, das. S. 128.
34) Memorienregister von St. Blasius, S. 76.
35) Urkunde im Copialbuch St. Ulrici II, S. 16.
36) Memorienregister St. Blasii, S. 41.
37) Urkunde des Stadtarchivs Nr. 412.
38) Urkunde im Copialbuch St. Ulrici II, S. 124.
39) Urkunde das. S. 128.
40) Urkunde im Ordinar. S. Blasii, fol. 56. Nr. 29, gedruckt bei Rehtmeier, Kirchenhistorie I, Beilage 125 und die Bestätigungsurkunde des Bischofs Otto von Hildesheim vom Jahre 1321, das. I, 129.

Kirchweih vom Silvestertage (31. December) auf eine gelegenere Zeit, nämlich auf den Sonntag nach dem Jacobstage, und das Fest der Translation St. Gertruds vom 4. September auf den 30. August [41]). Im Jahre 1322 verlieh jener Bischof Allen, welche jene Capelle am Tage ihrer Weihe, an den Tagen der Geburt und der Translation St. Gertruds und des Thomas von Canterbury, am Charfreitage und an jedem anderen Freitage in Andacht besuchen würden, Ablaß [42]). Von dem mit dieser Capelle verbundenen Gertrudenkaland wird weiter unten die Rede sein.

6. Das Cyriacusstift [1]).

Das 1545 zerstörte Cyriacusstift, welches „auf dem Berge" oder Mönchsberge an der Stelle des großen Eisenbahn-Güterschuppens vor

---

41) Urkunde im Copialbuch St. Ulrici II, S. 20. Sbigtbok 248.

42) Urkunde das. S. 21 flg.

1) Von den dies Stift betreffenden Urkunden sind bei der Zerstörung desselben 1545 viele verloren gegangen; die erhaltenen werden im Landeshauptarchiv zu Wolfenbüttel aufbewahrt. Abschriften von einer Anzahl der wichtigsten Stiftsdocumente, welche drei Foliobände füllen, sind jetzt im Besitz des Herrn Kreisgerichtsregistrators Sack, der dem Verfasser ihre Benutzung mit gütiger Bereitwilligkeit gestattete. Die wichtigsten der dort vorgefundenen noch ungedruckten Quellen sind:

a) Ein vom Vicarius Schmidt angelegter Auszug aus dem Registrum memoriarum et festorum S. Cyriaci, welches 1487 geschrieben ist und in seiner Anordnung dem Memorienregister von St. Blasius entspricht. Es steht in Band I, fol. 53—66.

b) Statuta ecclesiae S. Cyriaci, am 17. April 1483 erneuert und verbessert, in Band III, S. 17—47.

c) Thiderici Lutherdes computatio de officio custodiae facta anno 1476, welche über die Einnahmen und Ausgaben des Stiftscustos Aufschluß giebt; sie steht Bd. I, fol. 35—38.

d) Verzeichniß der Einnahmen des Cyriacusstifts vom Jahre 1542. Bd. I, fol. 68—72.

e) Verzeichniß der Vicariatspräbenden im Cyriacusstift, eine Abschrift aus neuerer Zeit in Band III, S. 86—98.

f) Zwei Verzeichnisse der Propsteilehen zu St. Cyriacus; das ältere auf Pergament gehört dem dreizehnten, das jüngere dem siebenzehnten Jahrhundert an. Sie stehen Band I, fol. 4. 6.

g) Eine Nachricht über die Fundation der Vicarien im Cyriacusstift aus dem Jahre 1627 in Band I, fol. 133 flg.

dem Wilhelmithore lag, hat nach der Angabe zuverlässiger Quellen des dreizehnten und vierzehnten Jahrhunderts²) der Brunone Ecbert II. zwischen 1068 und 1090 gegründet. Daß Bischof Hezilo von Hildesheim († 1079) diese Kirche zu Ehren des heiligen Kreuzes und der Märtyrer Cyriacus und Quirinus geweiht, daß ihr Gründer sie mit Gütern und Einkünften dotirt habe, melden erst Berichte aus dem Ende des sechszehnten Jahrhunderts³), deren Glaubwürdigkeit hinsichtlich dieser Nachrichten weiterer Bestätigung bedarf. Die erste sichere Nachricht vom Bestehen des Cyriacusstifts liefert eine Urkunde des Jahres 1144, unter deren Zeugen der Stiftspropst Anselm genannt wird⁴). Damals muß also das Stift und seine Kirche im Stande gewesen sein. Schon am Ende des dreizehnten Jahrhunderts machte die Kirche „in Folge ihres Alters" öftere Reparaturbauten nöthig; um die Mittel dazu herbeizuschaffen, forderte Bischof Siegfried von Hildesheim 1287 und eine Anzahl anderer Kirchenfürsten 1290 die Gläubigen zu milden Gaben an dies Gotteshaus auf⁵). Diese mögen denn auch so reichlich geflossen sein, daß die Stiftskirche erhalten wurde. Sie war ohne Zweifel ein Basilikenbau im romanischen Rundbogenstil. Ueber der Krypta⁶) erhob sich der Chor⁷) wie im Blasiusstift; die Menge der Altäre, für welche die Kirche Raum hatte, läßt vermuthen, daß auch sie drei Schiffe hatte. Erwähnt wird schon um 1200 ein Thurmbau⁸); daß dieser zwei viereckte Thürme trug, welche ein Sattelbach mit einander verband, zeigt die älteste Ansicht der Stadt vom Jahre 1547, welche sich auf der Biblio-

---

h) Ein Schreiben des Capitels St. Cyriaci aus dem Jahre 1543 über seine inneren Verhältnisse in Band I, fol. 74 flg.

Vorarbeiten für die Geschichte dieses Stifts lieferten Rehtmeier, Kirchenhistorie I, S. 31—42 und Sack in den Vaterländischen Alterthümern und Denkwürdigkeiten II, 107 flg.

2) Den S. 51 Note 18 angeführten Quellen ist hinzuzufügen die Notiz des Memorienregisters St. Cyriaci: Ecbertus Marchio fundator ecclesiae obiit. Da diese Notiz im Juli steht, so ist Ecbert II. gemeint, dessen Tod auch das Memorienregister von St. Blasius S. 35 in diesen Monat verlegt.

3) Jac. Reutelius (1573) bei Paullini, Syntagma rer. Germ. p. 84 und Pomarius in der 1589 erschienenen Sachsenchronik, S. 223.

4) Harenberg, Hist. eccles. Gandersh., p. 707, Note a.

5) Urkunden bei Rehtmeier, Kirchenhistorie Suppl. S. 70 flg.

6) Sie wird öfters erwähnt in den Custobienregistern z. B. von 1476, in den Sack'schen Samml. I, fol. 36.

7) Urkunde vom Jahre 1509 bei Rehtmeier, Kirchenhistorie II, Beil. 243.

8) Orig. Guelf. III, 612.

thek zu Wolfenbüttel befindet. Neben der Stiftskirche lag um 1200 auch das Klostergebäude, in welchem die Stiftsherren nach den canonischen Vorschriften anfangs zusammenwohnten, ebenso die Stiftsschule und ihr Refectorium [9]). Später wird erwähnt der Kreuzgang (ambitus) und die an ihm belegene 1312 gestiftete Mariencapelle [10]), über welcher 1448 die Stiftsbibliothek stand [11]); ferner das Kornhaus um 1350 [12]), das Capitelhaus 1536 [13]). Auch Krankenhaus, Schlafhaus, eine Choralei oder Wohnung der Chorschüler sollen nebst manchen ökonomischen Gebäuden zum Stifte gehört haben [14]).

In der Kirche entstand allmälig eine Menge von Altären [15]). Bis gegen Ende des Mittelalters wurden etwa zwanzig in ihr fundirt, zwölf von ihnen waren denselben Heiligen geweiht, wie die Altäre im Blasiusstift, manche standen sogar in beiden Kirchen an denselben Stellen. Dem elften Jahrhundert gehört der ohne Zweifel von Ecbert II., dem Stifter der Kirche, begründete Hochaltar im hohen Chore an, welcher den Patronen des Gotteshauses geweiht war. Als solche bezeichnen die älteren Urkunden das heilige Kreuz und den Märtyrer Cyriacus [16]), spätere nennen auch St. Quirinus und die Apostel Johannes und Paulus [17]). Daß bis zur Zeit des Pfalzgrafen Heinrich noch vier Altäre dazu gekommen waren, erhellt aus dem von jenem Fürsten um 1200 besiegelten Güterinventarium dieses Stifts, in welchem von fünf Altären die Rede ist [18]). Wie im Blasiusstift so erhob sich auch hier in dem mittleren Theile des Chors ein Marienaltar [19]), vor dem Aufgang

---

9) Orig. Guelf. III, 613.
10) Alte Nachrichten in Sack's Sammlung I, fol. 133.
11) Sack, Schulen, S. 115.
12) Memorienregister St. Cyriaci a. a. O. I, fol. 55.
13) Urkunde das. III, S. 47.
14) Sack, Schulen, S. 59.
15) Rehtmeier, Kirchenhistorie I, 41. Vergl. das Verzeichniß der Vicariae capituli S. Cyriaci in Sack's Sammlung III, S. 86—98, das Schreiben des Stifts von 1543, das. I, fol. 75 und die Nachrichten über die Fundation der dortigen Bicariate vom Jahre 1627, das. I, fol. 133.
16) Orig. Guelf. III, 608.
17) Urkunde des Cardinals de Cusa von 1451 bei Rehtmeier, Kirchenhistorie II, Beilage 213 und Urkunde des Bischofs Johann von Hildesheim von 1509, das. 242.
18) Orig. Guelf. III, 608 flg.
19) Die Bicarie B. Mariae virginis in medio choro ward 1308 am 12. November vom Bürger Hermann von Urslebe begründet. Sack I, fol. 133.

zum Chore stand auch hier unter dem Scheidbogen der dem heiligen Kreuze geweihte Laienaltar [20]), auf ihm mag das in den Stiftsstatuten §. 39 erwähnte Kreuz, vor welchem an Festtagen vierzehn Lichter brannten, gestanden haben. Vielleicht hatten noch mehrere Altäre, denselben Heiligen geweiht, in beiden Stiftskirchen gleiche Stellen. Um 1200 waren hier noch zwei andere Marienaltäre vorhanden, einer im westlichen Theil der Kirche und einer unter dem Thurme [21]). Im dreizehnten Jahrhundert kam dazu der Johannesaltar unter dem Thurme [22]), der Nicolausaltar, durch den Canonicus Dietrich [23]), und der Petersaltar, durch den Priester Johann begründet, vor der Thür zum Kreuzgange belegen [24]). Erst dem vierzehnten Jahrhundert gehören die von „den jüngeren Vicaren" bedienten Altäre an. Als solche nennt das Memorienregister [25]) den Bartholomäusaltar, wahrscheinlich von der Familie von Vechelde fundirt [26]), den Altar der Apostel Philippus und Jacobus, den Matthäusaltar, vom Priester Bernd von Haverla gestiftet, am 1. September 1309 geweiht und in einer eigenen Capelle belegen [27]). St. Quirinus, dem Mitpatron des Stifts, war ein Altar in einer eigenen Capelle geweiht, welche an den mittleren Theil des Chors gestoßen zu haben scheint [28]). Unbekannt ist die Stelle des Matthias- und des Michaelisaltars, beide von Ecbert Scheveling von Lutter fundirt und am 2. Februar 1315 und am 10. September 1316 geweiht [29]). Den Allerheiligenaltar stiftete Johann, Pfarrer der Michaeliskirche und Canonicus dieses

---

20) Der Altar S. Crucis ante chorum erhielt 1281 einen Vicar durch eine Stiftung des Canonicus Dietrich, Sack I, fol. 133, Orig. Guelf. III, 612 und Rehtmeier, Kirchenhistorie II, 242.

21) Orig. Guelf. III, 612 und Urkunde von 1451 in Sack's Samml. I, fol. 17¹.

22) Der Vicar Altaris S. Johannis sub turri ist Pfarrer der Stiftsgemeinde. Urkunde von 1543 bei Sack I, fol. 75 und von 1464 Nr. 91 der Michaeliskirche.

23) Sack's Sammlung I, fol. 133.

24) Das. und Copialbuch V, 12.

25) In Sack's Sammlung I, fol. 56.

26) Nach 1452 besaß diese Familie das Patronat dieses Altars. Urkunde das. I, fol. 18.

27) Nachrichten das. I, fol. 75 und 133.

28) Das Memorienbuch und Nachrichten aus dem Jahre 1543 a. a. O. I, fol. 75 und 56 sprechen von einer capella S. Quirini und dem Altar S. Quirini in medio chori.

29) Urkunde in Sammlung ungedruckter Urkunden Niedersachsens II, S. 81. Nachricht bei Sack I, fol. 133.

Stifts, die Einweihung geschah am 30. Juni 1330, den Altar der Apostel Simon und Judas und St. Magnus dotirte 1344 Friedrich von Remlingen, ein Bürger der Altenwik³⁰). Noch späterer Zeit gehört der von zwei Diaconen bediente Andreasaltar an, welcher angeblich „an der Thür beim großen Weihekessel" stand; ebenso der Cosmas- und Damianusaltar³¹), der Annenaltar und endlich der Maria-Magdalenenaltar³²). An den Kreuzgang des Stiftes stieß die Mariencapelle, deren Altar der Bürger Hans von Alfeld stiftete und 1312 am 8. Juni weihen ließ³³).

Als Zierrathen des Gotteshauses erwähnt das um 1200 besiegelte Güterinventar des Stifts eine Krone, auf welcher an Festtagen acht Lichter zu brennen pflegten, nebst zwei silbernen Leuchten, von welchen die eine über dem Marienaltar unter dem Thurme, die andere über dem Kreuzesaltar brannte. Schon um 1200 war es Sitte, daß an neunzehn hohen Festtagen dem Innern der Kirche durch Anzünden vieler Lichter ein festliches Ansehen gegeben wurde. An solchen Tagen stellte der Custos eine große Wachskerze, das Osterlicht genannt, neben den mit Kerzen besetzten Hochaltar, zwölf andere Lichter, rings um den Chor aufgestellt, umleuchteten denselben, acht Lichter brannten auf der Krone und vier „auf dem westlichen Marienaltar"³⁴). Die Zahl solcher zu gewissen Zeiten brennenden Lichter ward allmälig noch bedeutender. „Vor dem Chore" auf dem dem heiligen Kreuze geweihten Laienaltar standen vier große Kerzen, die sogenannten Seelen- oder Kreuzlichter, die jährlich auf den Allerseelentag aus hundert Pfund Wachs bereitet und öfters im Jahre, namentlich wohl bei Seelenmessen, angezündet wurden. An jener Stelle brannte auch eine ewige Lampe³⁵). 1451 ist auch von einem Cyriacuslicht die Rede, welches bei der Sonnabends zu haltenden Liebfrauenmesse „vor dem Chore" brennen sollte. Auf dem Liebfrauenaltar unter dem Thurme stiftete Johann Unverhowen, ein Vicar desselben, 1451 zwei Lichter, die dort Sonnabends bei der Messe und

---

30) Sudendorf, Urkundenbuch II, 57.

31) Urkunde von 1543 bei Sack I, fol. 75, Rehtmeier, Kirchenhistorie I, 41.

32) Urkunde bei Sack I, fol. 155 und Rehtmeier a. a. O.

33) Sie heißt capella B. Mariae virginis in ambitu ecclesiae in den Nachrichten bei Sack I, fol. 133.

34) Orig. Guelf. III, 612.

35) Memorienregister St. Cyriaci bei Sack I, fol. 53. Computatio de officio S. Crucis von 1476, das. I, fol. 39 und Stiftsstatuten §. 39.

der Vesper und bei feierlichen Gelegenheiten in der Fasten- und Osterzeit brennen sollten [36]. Derselbe Priester stiftete 1466 durch reichliche Gaben auch zwei ewige Lampen; die eine sollte zur Ehre des Frohnleichnams auf dem hohen Chore, die andere zur Ehre des heiligen Kreuzes im Schiff der Kirche bei dem Taufsteine brennen [37]. Rechnungen von 1476 gedenken noch mehrerer Lichter, eins hatten die von Bechelde, ein zweites die Familie Hahn, ein drittes die Bergfelds, ein viertes die von Lehndorf gestiftet [38]. Einer Lampe vor dem Petersaltar und einer anderen unter dem Thurme gedenken die Stiftsstatuten §. 39. — Unter den Reliquienbehältnissen der Stiftskirche mag eine geschnitzte Statue des heiligen Cyriacus besonders kostbar gewesen sein. Sie hatte die halbe Größe eines Mannes, war also etwa drei Fuß hoch, mit starkem Silberblech überzogen und mag dazu gedient haben, Reliquien dieses Heiligen aufzubewahren. Andere Statuen, Monstranzen und Arme waren noch zu Anfang des achtzehnten Jahrhunderts vorhanden [39]. Erwähnt wird ferner eine kleine Tafel auf dem Kreuzesaltare vor dem Chore, auf welcher ein Bild der Jungfrau Maria stand, welches ein frommer Priester aus dem heiligen Lande mitgebracht und hierher geschenkt hatte. Zu beiden Seiten derselben standen St. Cyriacus und St. Quirinus als Schutzpatrone des Stifts und hielten sie. Der Cardinal Raimund weihete das Bild, als er 1502 hier anwesend war, und sagte andächtigen Besuchern desselben reichlichen Ablaß zu, welchen Bischof Johann von Hildesheim 1509 auch allen denen verhieß, welche vor jenem Bilde „für den Frieden und die Einheit des Vaterlandes, für das Wohl der Kirche und ihrer eigenen Seele" andächtig beteten und dort eine Messe oder ein Salve regina absingen hörten [40]. Von den Glocken der Stiftskirche werden gegen Ende des funfzehnten Jahrhunderts erwähnt die Primen-, die Tertien- und eine Sacramentsglocke [41].

---

36) Urkunde in Sack's Sammlung I, fol. 17¹.

37) Urkunde von 1466, in Sack's Sammlung I, fol. 31. Zur Erhaltung einer ewigen Lampe gehörte jährlich ein Centner Oel, den man 1476 mit 28½ Schilling berechnete. Computatio de officio custodiae bei Sack I, fol. 36.

38) Computatio de officio custodiae a. a. O. I, fol. 36 und Computatio de officio S. Crucis bas. fol. 39.

39) Rehtmeier, Kirchenhistorie I, 41.

40) Urkunde in Rehtmeier, Kirchenhistorie II, Beilage 242 flg.

41) Computationes de officio custodiae von 1476, 1478, 1483 bei Sack I, fol. 37. 43¹. 50.

6. Das Cyriacusstift.

Das Patronat über dies Stift ging von den Brunonen durch Kaiser Lothar auf die Welfen über. In deren Hand blieb es bis 1267 ungetheilt. Als die Brüder Albrecht und Johann damals das Herzogthum theilten, verabredeten sie, die erledigten Präbenden dieses Stifts sollten abwechselnd von ihnen besetzt werden; so erhielt also die lüneburgische und die braunschweigische Linie des Fürstenhauses je eine Hälfte des Patronats [42]). Die braunschweigische Hälfte scheint nach Herzog Wilhelms Tode 1292 ungetheilt geblieben und auf Herzog Albrecht von Göttingen als Besitzer des Landes Braunschweig übergegangen zu sein, während der lüneburgische Antheil 1277 auf Otto Strenuus vererbte. Aus der Zeit, wo diese beiden Fürsten regierten, scheint der §. 1 der Stiftsstatuten von St. Cyriacus [43]) herzurühren, wonach „die Herzöge Albrecht von Braunschweig und Otto von Lüneburg und ihre Erben die Präbenden dieses Stifts abwechselnd übertragen". Nur bei dieser Auffassung erklärt sich der Umstand, daß die Grubenhagener keinen Antheil am Stift hatten, für welches sie darum auch nicht eine Urkunde ausstellten, in dessen Angelegenheiten sie sich nie einmischten. Albrechts Antheil ward 1345 wieder getheilt, ein Viertel erhielt Ernst von Göttingen, das andere kam an Magnus I. von Braunschweig [44]). Als durch das Aussterben des altlüneburgischen Hauses die Anrechte desselben an Braunschweig fielen, ward das Patronatsverhältniß wieder vereinfacht; Braunschweigs Fürsten hatten nun drei Viertel, Göttingen ein Viertel am Patronat über dies Stift. Durch die Theilung von 1428 kam die Hälfte der braunschweigischen Anrechte an das mittlere Haus Lüneburg. Nun hatte also Göttingen ein Viertel, Braunschweig drei Achtel und Lüneburg drei Achtel am Patronat. In der Theilung von 1432 behielt Braunschweig nur drei Sechszehntel und gab einen gleichen Theil seiner Rechte an das calenbergische Fürstenhaus ab. Somit hatte die Zersplitterung der Patronatsrechte ihren höchsten Grad erreicht. Seitdem wurden die Verhältnisse wieder einfacher. Das Aussterben des göttingenschen Fürstenhauses 1463 und der kinderlose Tod Heinrichs des Friedfertigen von Braunschweig 1473 bewirkten, daß Wilhelm der Ael-

---

42) Orig. Guelf. IV, praef. 15.

43) In Sad's Sammlung III, p. 18: Albertus et Otto, duces de Brunswic et Luneburg et horum heredes praebendas in ecclesia S. Cyriaci conferunt alternatim.

44) Sudendorf, Urkundenbuch II, 69 und Erath, Erbtheilungen S. 17—22.

tere von Calenberg mit seinem Antheile die der braunschweigischen und göttingenschen Linien vereinigte. Seitdem hatte also am Patronat über dieses Stift Braunschweig-Calenberg fünf Achtel und Lüneburg drei Achtel. Daß aber eine solche Theilung der Anrechte zuweilen zu Streit unter den patronatsberechtigten Linien führte, zeigen die Stiftsstatuten von 1483, welche in §. 2 bestimmen, der in solchem Falle präsentirte Canonicus solle erst aufgenommen werden, wenn der Streit über die Präsentation ausgeglichen sei. 1543 waren hier sogar sechs Canonicate vacant, weil sich die fürstlichen Patrone über deren Besetzung nicht hatten einigen können [45].

In alter Zeit bildeten zwölf Canonici das Capitel des Stifts [46]. Diese Zahl blieb nachweislich bis 1240 unverändert [47]. Seit welchem Jahre neben den Stiftsherren auch Vicare vorkommen, ist bis jetzt nicht anzugeben; mehr als anderswo ist unser Wissen in diesem Punkte nur Stückwerk. Eine Urkunde zeigt, daß 1315 neben den zwölf Stiftsherren auch neun Vicare im Stift waren [48], welche die älteren Altäre bedienten, nämlich den in der Mariencapelle, ferner den Altar des Evangelisten Johannes, des heiligen Kreuzes, St. Nicolaus, den Marienaltar im Mittelchore, den Altar St. Peters und den Bartholomäusaltar. Ob die beiden letzten der von jenen Vicaren bedienten Altäre der Philippus-Jacobusaltar und der Matthäusaltar [49], oder die Altäre St. Matthias und St. Michaelis [50] waren, hat sich bis jetzt nicht ermitteln lassen. Durch die bis 1344 erfolgte Vermehrung der Altäre des Stifts um noch fünf wurden auch noch fünf Vicare nöthig; um 1350 finden sich bereits funfzehn [51], um 1357 schon siebenzehn [52] und noch später achtzehn Vicare [53]. Seit Anfang des funfzehnten Jahrhunderts werden noch

---

45) Urkunde von 1543 bei Sack I, fol. 75.
46) Das zeigt das Memorienregister St. Cyriaci, das bei der Memorie Ecberts II. nur zwölf Canonici erwähnt. Sack I, fol. 55¹.
47) Auch die Memorienstiftung des 1240 gestorbenen Propstes Crachto gedenkt nur der 12 Canonici. Memorienregister St. Cyriaci a. a. O.
48) Sammlung ungedruckter Urkunden II, 3, 81.
49) So nach den Angaben des Memorienregisters St. Cyriaci a. a. O. fol. 56.
50) Diese nennt das Vicariatsregister von 1543 unter Nr. 8. 9. das. fol. 75.
51) Memorienregister St. Cyriaci a. a. O. fol. 56.
52) Memorienregister St. Cyriaci a. a. O. fol. 54¹. Gegen Ende des 14. Jahrhunderts zur Zeit Herzogs Friedrich werden 12 Canonici und 16 Vicare am Cyriacusstift erwähnt vom Memorienregister St. Blasii p. 76.
53) Urkunde vom Jahre 1451 bei Sack I, fol. 17¹.

6. Das Cyriacusstift.

zwei Commendisten⁵⁴) erwähnt, welche dem Marienaltar auf dem Mittelchore und dem Kreuzesaltar aggregirt waren; später kamen noch vier Commendisten hinzu, welche die Altäre St. Cosmas und Damianus, St. Anna, ad vultum tuum und den der Maria Magdalena bedienten⁵⁵). Die Verfassung des Stifts, namentlich die Stellung der Canonici und der Vicare war durch gewisse Gesetze geregelt, welche in eine Statutensammlung zusammengetragen wurden. Daß diese öfters geändert, verbessert und erweitert wurde, liegt in der Natur der Sache. Die letzte Redaction der Stiftsstatuten, welche am 17. April 1483 unter dem Dechanten Lambert von Dageforde zu Stande kam, ist handschriftlich noch erhalten⁵⁶) und giebt folgende Aufschlüsse über die innere Verfassung des Stifts.

Die Stiftsherren wurden von den fürstlichen Patronen ernannt (§. 1), aber nur ehelich Geborene konnten eine Präbende erhalten (§. 5). Nach ihrer Aufnahme durch den Dechanten oder Senior (§. 4), dem sie Gehorsam geloben mußten (§. 9. 10), hatten sie dreißig Gulden in die Baucasse der Kirche zu zahlen und dem Kämmerer und Glöckner je fünf Ellen Hägener Langtuch zu geben (§. 11)⁵⁷). Schon 1243 gestattete Otto das Kind, der Ertrag einer durch den Tod eines Stiftsherrn vacant gewordenen Präbende solle während des sogenannten Gnadenjahres nach dem Willen des Verstorbenen verwandt werden, während des dann folgenden Jahres aber in die Baucasse der Stiftskirche fließen⁵⁸); dahin kamen auch die Einkünfte einer Präbende, welche in Folge eines Streites der Patrone längere Zeit unbesetzt blieb⁵⁹). Die Einnahmen eines jeden der zwölf Stiftsherren, welche herzogliche Capellane genannt werden⁶⁰), bestanden in Kornzinsen⁶¹) und etwa zwanzig

---

54) Urkunde vom Jahre 1418 das. I, fol. 25.

55) Urkunde von 1543 das. I, fol. 75 und 155, vgl. Rehtmeier, Kirchenhistorie I, 41.

56) In den Sammlungen Sack's III, p. 17—47.

57) Urkunde Papst Innocenz VIII. vom Jahre 1484 in Rehtmeier's Kirchenhistorie I, Beilage 17. Stiftsstatuten von 1483 bei Sack III, p. 18 flg.

58) Sammlung ungedruckter Urkunden II, 3, 67 und Statuten von 1483 §. 12. 13.

59) Statuten §. 3.

60) Urkunde von 1488 bei Sack I, fol. 20.

61) Alle zwölf bezogen 132 Scheffel Roggen, 54 Scheffel Gerste, 40 Scheffel Hafer und 10 Scheffel Weizen.

Gulden baarer Einnahmen⁶²). Jeder hatte ferner eine Wohnung in einer der zwölf Stiftscurien, die gleich den achtzehn Curien der Vicare und Commendisten in der Nähe der Kirche lagen⁶³). Die volle Präbende erhielten nur die anwesenden Stiftsherren; die mit Erlaubniß des Dechanten und Capitels Abwesenden bezogen einen geringeren Antheil (portio absentium)⁶⁴). Einem Canonicus, der studiren wollte, pflegte das Capitel einen Urlaub auf drei Jahre zu ertheilen und ließ ihm auch während seiner Abwesenheit auf der Universität seine volle Präbende⁶⁵); zu Wallfahrten bewilligte es einen Urlaub auf ein Jahr⁶⁶). Die zwölf Stiftsherren sammt dem Dechanten und dem Propst bildeten das Capitel, welches Freitags bald nach ein Uhr Nachmittags zusammenkam und beschlußfähig war, wenn drei Personen mit dem Dechanten anwesend waren⁶⁷). Es bezeichnete den Herzögen bei Vacanzen die zu ernennenden Vicare⁶⁸), besetzte 1543 von fünf erledigten Vicarien und Commenden vier; die fünfte dagegen ward von den Herzögen besetzt⁶⁹). Vollzählig mußte das Capitel versammelt sein bei Verleihung der Stiftsbeneficien, sowie beim An- und Verkauf von Gütern und Liten⁷⁰). Es ernannte ferner den Rector der Stiftsschule, den Kämmerer, welchem das Kornhaus und das Schlafhaus zur Ueberwachung anvertraut wurden, den Subcustos oder Glöckner, welcher die zum Gottesdienste nöthigen Lichter verfertigte, die Glocken läutete und den Kirchenschmuck mit beaufsichtigte⁷¹), endlich den Vicedominus (monitor oder Ribemester), welcher die Eintreibung der Stiftseinnahmen besorgte, den Stiftsherren ihre Präbendengelder zahlte und jährlich um Johannis Rechnung ablegte⁷²). Das Capitel, ohne dessen Anwesenheit Urkunden weder besie-

---

62) Urkunde von 1543 das. I, fol. 74.
63) Statuten §. 46. 56.
64) Urkunde der Herzöge Albrecht und Otto vom Jahre 1300 in Sammlung ungedruckter Urkunden II, 3, 76. 78. und Statuten §. 18. 19.
65) Statuten §. 20. 22.
66) Das. §. 21.
67) Das. §. 34.
68) Das. §. 6.
69) Urkunde von 1543 bei Sack I, fol. 74¹.
70) Statuten §. 31.
71) Das. §. 34—36 und Computatio de officio custodiae 1476 bei Sack I, fol. 37.
72) Statuten §. 41. Urkunde von 1543 bei Sack I, fol. 74¹.

gelt, noch aus der Privilegienkiste entnommen werden durften [73], ohne dessen Einwilligung selbst der Dechant nichts von Bedeutung vornehmen durfte [74], wählte den Dechanten [75], wogegen den Propst die fürstlichen Patrone präsentirten [76]. Das Capitel hatte auch polizeiliche und richterliche Gewalt über die Stiftsherren und Vicare, alle wider dieselben erhobenen Klagen wurden von demselben entschieden [77]. Endlich besetzte es gemeinsam mit dem Dechanten in Erledigungsfällen die Pfarre St. Petri hieselbst [78] und die Stiftspfarre, welche mit der Vicarie des St. Johannesaltars verbunden war [79].

Zur Bedienung der Altäre wurde allmälig eine Anzahl von Vicaren nöthig. Neben den für diesen Zweck auf Lebenszeit angenommenen vicariis perpetuis gab es auch hier vicarii temporales oder volatiles, welchen nur vorübergehend einzelne kirchliche Dienste übertragen wurden [80]. Die Verhältnisse hinsichtlich der Ernennung der Vicare scheinen sich hier ebenso wie im Blasiusstift entwickelt zu haben (S. 393); fest steht, daß auch hier zu Anfang des funfzehnten Jahrhunderts nach der Bestimmung Papst Johanns XXIII. die Vicarien mit den Personen besetzt wurden, welche Dechant und Capitel erwählt und von den Herzögen von Braunschweig erbeten hatte [81]. Daß dieser Modus 1483 noch bestand, zeigen die Stiftsstatuten §. 6. Auch 1543 noch war es Sitte, daß das Capitel alle Vicarien- und Commendistenstellen durch seine Wahl besetzte, womit sich der Herzog sodann einverstanden erklärte. Erst damals wird eine Modification berichtet, die sicher längst bestanden hatte, daß nämlich von fünf vacanten Vicarien vier in der angegebenen Weise, die fünfte aber unbeschränkt durch den Herzog vergeben wurde; nur den Vicar des Matthäusaltars ernannte stets der Stiftspropst [82]. Jeder Vicar und Commendist bezog als Einnahmen die seinem Altar

---

73) Statuten §. 40.
74) Das. §. 42.
75) Das. §. 43.
76) Das. §. 32.
77) Das. §. 58. 50. 51. 48. 54. 55 und Urkunde von 1800 in Sammlung ungedruckter Urkunden II, 3, 76 und bei Rehtmeier, Suppl. S. 10.
78) Statuten §. 57.
79) Das. §. 58 und Urkunde von 1543 bei Sack I, fol. 74¹ flg.
80) Statuten §. 24. 17.
81) Urkunde von 1429 im Ordinar. Blasii, fol. 76. Nr. 99.
82) Urkunde von 1543 bei Sack I, fol. 74.

zugewiesenen Kornabgaben und Zinse in baarem Gelde[83]) und hatte außerdem freie Wohnung in einer der Stiftscurien; nur der Commendist des Cosmas- und Damianusaltars hatte keine Wohnung in einer Curie[84]). Zu einer Abwesenheit von acht Tagen ertheilte den Vicaren der Dechant oder Senior, auf längere Zeit das Capitel den nöthigen Urlaub[85]).

Der geistliche Vorstand des Stifts war der Dechant. Er ward vom Capitel gewählt[86]) und war in allen Angelegenheiten an dessen Einwilligung gebunden. Nur hinsichtlich der den Gottesdienst betreffenden Anordnungen war er unbeschränkt und mit Strafgewalt für Vergehungen dagegen ausgestattet[87]), er ertheilte Stiftsherren und Vicaren den nöthigen Urlaub, wenn sie das Stift auf einige Zeit zu verlassen wünschten[88]). Er hatte das Patronat über die Pfarre zu Wahle; seine Einnahmen bestanden in 7½ Gulden baaren Geldes, in zwanzig Scheffel Roggen und einigen anderen Naturalabgaben aus den Dörfern Wahle, Bettmar und Köchingen, auch besaß er Haus und Hof[89]).

Von den Dechanten des Stifts giebt schon Rehtmeier[90]) ein ziemlich vollständiges Verzeichniß, welchem hier, soweit es möglich ist, die nöthigen Nachweisungen hinzugefügt werden sollen. Den ersten bekannten Dechanten Reimarus, welchen das Güterinventar öfters erwähnt[91]), müssen wir in die Zeit um 1200 versetzen. 1204 wird in einer offenbar in Braunschweig ausgestellten Urkunde Ottos IV., welche das Stift Cyriaci anging und in welcher lauter hiesige Geistliche als Zeugen genannt sind, nach dem Propst dieses Stifts Rodolfus decanus als Zeuge aufgeführt. Da dieser dem Blasiusstift, welches damals einen Dechanten Herwich hatte, nicht angehört, so halten wir ihn unbedenklich für den Dechanten des Cyriacusstifts[92]). Im Jahre 1226 nennt eine

---

83) Ein altes Verzeichniß dieser Einnahmen findet sich bei Sack III, fol. 86 flg.
84) Urkunde von 1543 das. I, fol. 76 flg. und Statuten §. 39.
85) Statuten §. 23.
86) Das. §. 43.
87) Das. §. 42.
88) Das. §. 18. 23.
89) Präbendenverzeichniß bei Sack III, p. 97 und Urkunden von 1543 das. I, fol. 73 und 74.
90) Kirchenhistorie I, 89. Einige Verbesserungen desselben finden sich in Schmidt's handschriftlichem Verzeichniß der Dechanten und Pröpste St. Cyriaci bei Sack II.
91) Orig. Guelf. III, 609.
92) Orig. Guelf. III, 773.

6. Das Cyriacusstift.

Urkunde Elias als dessen Dechanten [93]). Ulrich erscheint in dieser Würde 1232 [94]), Hermann 1243 [95]), Ludwig 1251 [96]). Neben den Dechanten Rutgerus setzt Rehtmeier das Jahr 1298, neben Bartold von Honlage 1310, beides ohne Nachweis. Dessen Nachfolger Friedrich wird von ihm zum Jahre 1312 genannt und soll bis 1340 gelebt haben, urkundlich ist er von 1315 bis 1339 als Stiftsdechant nachzuweisen [97]). Hermann von Wittmar war nach Rehtmeier von 1340 bis 1352 Dechant, in Urkunden kommt er als solcher zuerst 1341 [98]), zuletzt 1357 am 4. Mai vor [99]) und im Anfang Mai 1358 starb er [100]). Den Dechanten Heinrich nennt eine im October 1358 ausgestellte Urkunde [101]), sein Nachfolger Lippold von Gadenstedt soll nach Rehtmeier von 1359 bis 1369 Dechant gewesen sein, kommt aber noch 1370 am 2. Februar in einer Urkunde vor [102]). Seine Nachfolger Wolmarus von Gadenstedt und Helmerich von Werle nennt Rehtmeier ohne weiteren Nachweis zu den Jahren 1370 und 1371. Die Zeit von da bis etwa 1386 mögen die beiden Dechanten Lubeger und Rötger von Abenstedt ausgefüllt haben [103]). Hildebrand von Goslar nennen Urkunden von 1386 und 1394 als Dechanten [104]); Reiner von Alfersen 1408 [105]), Hermann Gold-

---

93) Orig. Guelf. III, 712 und Rehtmeier, Kirchenhistorie I, Beilage 9.
94) Lüntzel, Geschichte der Diöcese Hildesheim II, 255 und Sammlung ungedruckter Urkunden II, 3, 69.
95) Sammlung ungedruckter Urkunden II, 3, 69.
96) Urkunde im Ordinar. S. Blasii, fol. 9. Nr. 28.
97) Sammlung ungedruckter Urkunden II, 3, 79 und Urkunden des Stadtarchivs Nr. 65. 87. 97.
98) Degebingsbuch der Altstadt I, p. 266.
99) Urkunde des Stadtarchivs Nr. 176.
100) Memorienregister St. Cyriaci in Sack's Sammlung I, fol. 54¹ und Rehtmeier, Suppl. S. 11.
101) Rehtmeier, Kirchenhistorie I, Beilage 141.
102) Rehtmeier, Kirchenhistorie I, Beilage 18.
103) Lubeger starb in der zweiten Hälfte Februars nach dem Memorienregister St. Cyriaci bei Sack I, fol. 54, vergl. Memorienregister St. Blasii S. 10; Rötger im October eines unbekannten Jahres. S. das Memorienr. St. Cyriaci a. a. O. fol. 53.
104) Urkunde des Stadtarchivs Nr. 305 und Urkunde der St. Michaeliskirche Nr. 41. Er starb im October eines unbekannten Jahres. Memorienregister St. Cyriaci a. a. O. fol. 53.
105) Memorienregister St. Cyriaci a. a. O. fol. 54. Urkunde St. Petri Nr. 23.
106) Er starb nach dem Memorienregister St. Cyriaci fol. 54 im Januar. Urkunde von 1424 in Gebhardi, Stift St. Matthäi S. 119.

Schmidt 1426 [106]). Heinrich Rasoris war noch 1443 Stiftsdechant [107]), sein Nachfolger Lambert Dagevorde kommt als solcher zuerst 1448 um Ostern, zuletzt 1484 urkundlich vor [108]). Heinrich von Dannenberg, welcher nach ihm genannt wird, bekleidete das Amt des Dechanten schon 1487 [109]), angeblich bis 1492. Sodann ward dasselbe sechs Jahre lang durch den Senior Hennig Bülow verwaltet. Erst 1498 ward wieder ein Dechant gewählt in der Person des Heinrich Halfpape. Seine Nachfolger Johann Evershausen und Johann Meißner waren 1505 bis 1510 immer abwesend, so daß der Senior Sperling des Dechanten Geschäfte versehen mußte [110]). Auf Bartold Binder, welcher von 1515 bis 1536 in Urkunden genannt wird [111]), folgte Conrad Flist als letzter katholischer Dechant, er soll diese Würde von 1538 bis an seinen Tod 1553 bekleidet haben [112]).

Mit der Verwaltung des sehr bedeutenden Stiftsvermögens war der Propst beauftragt. Ihn präsentirten die fürstlichen Patrone. Als Canonicus mußte er dem Dechanten Gehorsam geloben, seine geistlichen Functionen versah ein für diesen Zweck von dem Capitel erwählter Vicar [113]). Ihm stand das Patronat über die Pfarren zu Vallstedt und Heiligendorf zu, er vergab die Vicarie des Matthäusaltars in der Stiftskirche und verlieh etwa sechzig Hufen Landes als Lehngut [114]). Seine Einnahmen bestanden aus 17 Scheffeln Kornes und 31½ Gulden an Zins; später allein aus 50 Gulden; doch hatte er auch Haus und Hof [115]). Der erste bekannte Propst des Cyriacusstifts ist Anselm, welcher 1144 und 1164 in Urkunden genannt wird [116]). In

---

107) Urkunde im Copialbuch St. Ulrici II, p. 124. Er starb im Juni.

108) Urkunde von 1448 in Sack's Sammlung I, fol. 26 und Urkunde der Michaeliskirche Nr. 99 von 1484. Er starb nach dem Memorienregister St. Cyriaci fol. 54¹ um Ostern.

109) Urkunde der Michaeliskirche Nr. 103.

110) Rehtmeier, Kirchenhistorie I, 39.

111) Urkunde in Sack's Sammlung I, fol. 124.

112) So nach Schmidt's Verzeichniß der Stiftsdechanten. Vergl. Rehtmeier, Kirchenhistorie I, 39.

113) Statuten §. 32. 33.

114) Verzeichnisse der Propsteilehen finden sich in Sack's Sammlung I, fol. 4 und fol. 6.

115) Urkunden von 1543 bei Sack I, fol. 73, fol. 74 und Präbendenverzeichniß das. III, p. 97.

116) Urkunden bei Harenberg, Hist. eccl. Gandersh., p. 707 und in Orig. Guelf. III, 425.

6. Das Cyriacusstift.

einem Diplom, welches Heinrich der Löwe 1175 „in seiner Stadt Braunschweig" ausstellen ließ, erscheint der Propst Gottfried als Zeuge, der wahrscheinlich dem Cyriacusstift angehörte [117]). Eine lange Reihe von Jahren lenkte Volpert die ökonomischen Verhältnisse des Stifts, als dessen Propst er zuerst 1196, zuletzt 1226 genannt wird [118]). Crachto bekleidete diese Würde von 1233 bis 1240 [119]) und war zugleich Stiftsherr zu St. Blasius und Notar Herzog Otto des Kindes. Ihm folgte Hermann aus dem Geschlechte der Grafen von Gleichen, der von einem Theile der hildesheimischen Geistlichkeit 1246 zum Bischof gewählt seinem Gegner Heinrich das Bisthum eine Zeitlang streitig machte [120]). Als Stiftspropst kommt 1251 Dethmar vor [121]), Ulrich 1279 [122]), Heinrich 1290 und 1305 [123]), Ludolf von Wenden 1308 [124]) und Ludolf von Honlage 1338 bis 1348 [125]). Weiterhin werden als Stiftspröpste genannt Heinrich von Schwalenberg 1369, Bertram von Veltheim 1388, Conrad 1391 [126]) und Heinrich Spauge um 1432 [127]). Luder Hornburg kommt als Propst zuerst in einer Urkunde [127]) von 1456, zuletzt in einer von 1495 vor [128]). Im sechszehnten Jahrhundert waren Stiftspröpste Heino

---

117) Orig. Guelf. III, 531.

118) Urkunde von 1196 in Orig. Guelf. III, 605 und von 1226 das. III, 712.

119) Urkunde von 1233 in Orig. Guelf. IV, praef. 135 und von 1240 im Ordinar. S. Blasii Nr. 29. Er starb im Anfang August nach dem Memorienregister St. Blasii S. 42; am Ende des Juli nach dem Memorienregister St. Cyriaci a. a. O. fol. 55¹.

120) Chron. Hildesiense zum Jahre 1247 bei Pertz, M. G. H. VII, 861 und Lüntzel, Geschichte der Diöcese Hildesheim II, 258.

121) Urkunde in Orig. Guelf. IV, 233.

122) Urkunde im Landesarchiv zu Wolfenbüttel. Er starb im Anfang des Juli. Memorienregister St. Blasii S. 35.

123) Urkunde in Rehtmeier, Kirchenhistorie, Suppl. S. 9 und im Copialbuch St. Martini S. 25.

124) Ordinar. S. Blasii, fol. 48.

125) Urkunden von 1338 im Ordinar. S. Blasii, fol. 69¹. Nr. 72 und von 1348 das. fol. 70. Nr. 75.

126) Sack I, fol. 6.

127) Sack I, fol. 6. Er starb im Juni nach dem Memorienregister St. Cyriaci a. a. O. fol. 55.

128) Original-Urkunde im Besitz des Herrn Kreisgerichtsregistrators Sack und urkundl. Nachrichten in den Braunschw. Anzeigen 1817, S. 711.

von Werber schon 1498[129]) († 1535)[130]) und Konrad König von 1536 bis Michaelis 1574[131]).

Als Vicedomini oder Geschäftsführer des Stifts kommen urkundlich vor 1226 Ulrich[132]), 1236 Werner[133]), 1240 Willekinus[134]) und 1243 Johannes[135]). Diese Würde bestand am Cyriacusstift noch im funfzehnten Jahrhundert[136]). Im Amte des Custos[137]) finden wir 1243 Johannes[138]), 1317 wieder einen Johannes[139]), 1475 Nicolaus Havek[140]) und 1476 Dietrich Lutherbes[141]). Als Beamten und Diener des Stifts werden erwähnt der Kämmerer (camerarius), der Subcustos oder Glöckner (campanarius), der Bursarius, der Küster, der Cantor, der Organist und der Schulmeister (magister scholae)[142]).

Die kirchlichen Feste, welche im Stifte gefeiert wurden, waren wie zu St. Blasius älterer oder jüngerer Stiftung. Von den achtzehn hohen Festen, welche man schon um 1200 zu St. Cyriacus beging[143]), feierte elf auch die Geistlichkeit zu St. Blasius in alter Zeit. Es sind außer den drei hohen Festen noch Neujahr, Himmelfahrt, Kreuzeserfindung am 3. Mai und Kreuzeserhöhung am 14. September, der Trinitatissonntag, der Johannistag am 24. Juni, der Epiphaniastag und

---

129) Original-Urkunde im Besitz des Herrn Kreisgerichtsregistrators Sack.
130) Lauenstein, Diplomatische Historie des Stiftes Hildesheim I, 237.
131) So nach den handschriftlichen Notizen des Vicarius Schmidt.
132) Orig. Guelf. III, 712.
133) Orig. Guelf. IV, 171.
134) Ordinar. Blasii, fol. 32. Nr. 29.
135) Sammlung ungedruckter Urkunden II, 3, 69.
136) Urkunden von 1449 bei Sack I, fol. 26¹ und von 1436 das. fol. 36.
137) Der Custos hatte die Erleuchtung der Kirche, ihrer Kronen und der Altäre für den Gottesdienst, ferner die Hostien, den Weihrauch und Wein für die zu haltenden Messen zu besorgen. Orig. Guelf. III, 613. Stiftsstatuten §. 39 bei Sack III, p. 31.
138) Sammlung ungedruckter Urkunden II, 3, 69.
139) Urkunde bei Rehtmeier, Kirchenhistorie I, Beilage 11.
140) Urkunde in Sack's Sammlung I, fol. 31.
141) Rechnung der Custodie bei Sack I, fol. 35.
142) Sie alle werden im Memorienregister St. Cyriaci und in der Computatio de officio custodiae bei Sack I, fol. 37 öfters erwähnt. Urkunde von 1543 bei Sack I, fol. 74¹.
143) Orig. Guelf. III, 612.

Mariä Reinigung am 2. Februar. Die anderen sieben Feste feierte das Cyriacusstift entweder allein wie seine Kirchweihe am Tage St. Johannis und Pauli am 26. Juni [144]), das Fest der Himmelfahrt Mariä am 15. August, den Michaelistag am 29. September, den Adventssonntag und einen Cyriacustag, oder wenigstens in viel früherer Zeit als das Blasiusstift, so namentlich den Tag des glorreichen Märtyrers Cyriacus am 8. August und den Tag der Geburt Mariä am 8. September. An mehreren Festen des Blasiusstifts betheiligte sich auch der Clerus von St. Cyriacus, indem er die feierliche Procession mitmachte, so namentlich am Blasiusfeste, am Tage Johannis des Täufers und am Frohnleichnamsfeste [145]), wogegen die Geistlichkeit des Blasiusstifts die Feier der Kreuzeserhöhung im Cyriacusstift durch Theilnahme an der dortigen Procession schon in alter Zeit zu verherrlichen pflegte [146]). Gegen Ende des dreizehnten Jahrhunderts wurden hier als Feste ferner gefeiert der Charfreitag, die Tage Johannes des Täufers und des Evangelisten Johannes, der Peter-Paulstag (29. Juni), der Nicolaustag (6. December) und die Tage St. Katharinas (25. November) und St. Margarethas (13. Juli) [147]). Um die Mitte des funfzehnten Jahrhunderts ward außerdem auch das Frohnleichnamsfest und das Fest der Verkündigung Mariä im Cyriacusstifte gefeiert [148]). Die von Bischöfen und anderen Kirchenfürsten gegebenen Zusagen eines vierzig- ja hunderttägigen Ablasses für Alle, welche an solchen Festen dem Gottesdienst in der Stiftskirche beiwohnten und milde Gaben spendeten, trugen gewiß dazu bei, daß Schaaren Gläubiger dann dem Gotteshause zuströmten. Am Ende des funfzehnten Jahrhunderts war die Zahl der dort gefeierten Feste nochmals bedeutend gestiegen; urkundliche Nachrichten aus dem Jahre 1476 [149]) nennen als Feste auch den Sonntag nach dem Frohnleichnamstage, den Tag der zehntausend Ritter (22. Juni), Mariä Heimsuchung (2. Juli), den Ulrichstag (4. Juli), Aposteltheilung (15. Juli), die Translation der heiligen Katharina und die Tage St. Jacobus

---

144) Shigtbok S. 247.
145) Memorienregister St. Blasii S. 9, 32 und 76.
146) Memorienregister St. Blasii S. 53.
147) Urkunde von 1290 bei Rehtmeier, Kirchenhistorie II, Beilage 205. Vergl. Urkunde von 1287 das. Suppl. S. 71.
148) Rehtmeier, Kirchenhistorie II, Beilage 213.
149) Computatio de officio custodiae bei Sack I, fol. 86¹.

(25. Juli), St. Annas (26. Juli), St. Stephans (3. August), St. Lorenz (10. August), St. Bernwards (16. August), St. Eufemias am 16., St. Lamberts am 17., St. Moritz am 22., St. Cosmas und Damianus am 27., und den Hieronymustag am 30. September, ferner die Tage St. Placidus (5. October), St. Martins (11. November), St. Elisabeths (19. November), St. Antonius (17. Januar), St. Vincentius (22. Januar), der commemoratio Mariae und der Bekehrung Magdalenas (1. April). Endlich nennt das Memorienregister dieses Stifts noch einige Feste, welche bis 1487 hinzugekommen waren. Das Autorsfest am 20. August und das Allerseelenfest am 2. November rührten aus der Mitte des 14. Jahrhunderts, zwischen 1476 und 1487 ward die Feier folgender Tage verordnet: St. Fabianus und Sebastianus (20. Januar), St. Agnes (21. Januar), der Bekehrung Pauli (25. Januar), St. Ignatius (1. Februar), des Festes St. Dorotheä (6. Februar), des Valentinstages (14. Februar), des Gründonnerstages, des Festes des heiligen Blutes, der commendatio Mariae, des Vitustages (15. Juni), des Magnustages (19. August), des Matthäustages (21. September), des Festes illationis Mariae (21. November), des Barbaratages am 4., der Empfängniß Mariä am 8., der Feste des Apostels Thomas am 21., des Stephanus am 26. und des Evangelisten Johannes am 27. December.

Die nöthigen Mittel für die würdige Feier so vieler Feste lieferte dem Stifte eine Menge milder Stiftungen [150]), von denen das Memorienregister Kunde giebt, namentlich aber ein seit Heinrichs des Löwen Zeit sehr bedeutender Grundbesitz, über den bis jetzt Folgendes bekannt ist.

Den ersten ausführlichen Nachweis über denselben giebt ein von Pfalzgraf Heinrich besiegeltes Güterinventar [151]), welches demnach in die Zeit 1195 bis 1227 gehört. Dieses nennt zuerst die Orte, in welchen

---

150) Den gestorbenen Wohlthätern hielt man im Stift monatlich an jedem ersten Werktage ein Gedächtniß zu ihrem Seelenheil. Urkunde von 1448 bei Sack I, fol. 26¹.

151) Orig. Guelf. III, 608—613. Dies Document ist eine der interessantesten Urkunden der vaterländischen Geschichte nicht blos wegen der Nachweisungen über den bedeutenden Güterbesitz des Stifts um 1200, sondern auch weil eine Menge von Dörfern unseres Landes darin genannt werden, deren Existenz um 1200 dadurch erwiesen ist. Um so mehr ist zu bedauern, daß die Herausgeber der Orig. Guelf. viele Worte in der Urkunde nicht mehr lesen konnten. Vergl. den Anfang der Urkunde bei Rehtmeier, Kirchenhistorie I, 34 Note l.

"der erlauchte Fürst Heinrich seligen Angedenkens zu seinem Seelenheil" der Kirche Güter zutheilte. Dies kann nur Heinrich der Löwe sein. Der von ihm diesem Stifte überwiesene Güterbesitz ist ein großartiger, da er fast 100 Hufen Landes in 34 Orten umfaßte, welche fast alle im Darlingau, dem alten Comitat der Brunonen, belegen waren. Die bedeutendsten jener Güter lagen in Büddenstedt 12 Hufen, in Apelnstedt (Apelderstide) 8, in Sikte 6½, in Ergedstide (?) 5, in Reindorf 5, in Twelken, einem ausgegangenen Orte bei Scheppenstedt 6, in Jerrheim (Jerkesheim), Wendessen (Wenethesheim) und dem benachbarten Dorfe Westerheim je 4, in Alversdorf (Algotesdorp) 4½, in Rautheim (Rothne), Klein-Büddenstedt, Twieflingen, Aspenstedt am Huy, Atzum (Atlevesheim) und Dahlum je 3 Hufen Landes. Diese wie es scheint vermeierten Güter brachten dem Stift jährlich bestimmte Geldabgaben und Naturallieferungen ein, nämlich jede Hufe Landes durchschnittlich 8, bei schlechterem Boden 6 oder 7, bei besserem Boden wohl 10 Schillinge Meierzins, manche Hufe hatte außerdem jährlich noch 3 Maaß Getreide zu liefern [152]).

Diese Ausstattung der Stiftskirche vermehrte der Dechant Reimarus durch Ankauf ländlicher Grundstücke und verschiedener Nutzungsrechte in Orten auf beiden Seiten der Ocker. Auf der Westseite des Flusses werden genannt ein Haupthof (Allodium) mit 23 Hufen Landes in Groß-Vallstedt (Veledstide) und 8 Hufen in Klein-Vallstedt. Es gehörten dem Stifte ferner über 3 Hufen in Sonnenberg, ½ Hufe in Gleidingen (Gledinge), 4½ Hufen in Rüningen, 2 in Heerte, ½ in Cramme, 4 zu Halchter, ½ zu Bungenstedt und 1 zu Wendeburg. Auf der Ostseite der Ocker erwarb das Stift zwei Hufen in Beyerstedt, 1 in Watenstedt und 1 in Honrobe bei Veltenhof. Auch von diesen Gütern brachte die Hufe jährlich einen durchschnittlichen Zins von 8 Schillingen oder Abgaben an Korn, oft auch beides neben einander. Manche Güter wurden noch um 1200 erworben, welche neben der Abgabe der Honigpfennige Honig in natura lieferten, so z. B. in den Orten Eklethe, Gerswide, Hohnhorst und Metzingen [153]).

Außerdem besaß das Stift schon um 1200 eine Anzahl zinstragender Güter und zu Abgaben verpflichteter Höfe, deren Ertrag theils

---

[152] Orig. Guelf. III, 608 flg.
[153] Orig. Guelf. III, 609—610.

zur Erhaltung der Stiftsherren, theils zur Dotirung der Propstei und Dechanei dienten, theils dem Stiftscustos für gottesdienstliche Zwecke überwiesen waren. Für die Präbenden der Stiftsherren mag schon Ecbert II. die Einkünfte der Mühle zu Eisenbüttel und die Kornabgaben der 10 Hufen Landes bestimmt haben, welche neben der Anhöhe lagen, auf der das Stift erbaut war. Die 15 Schillinge, welche das neben demselben angelegte Neuland zu zahlen hatte, verdankte es einem anderen Wohlthäter, dessen Namen nicht mehr vollständig zu lesen ist. Dem Capitel gehörte auch das Dorf Bennestorp mit seiner Kirche und 31 Hufen Landes; etwa 24 Schillinge hatte es an jährlichem Zins aus den Dörfern Lehre, Waggen, Wetmarshagen, Bechtsbüttel, Warrbüttel und aus den jetzt wüsten Orten Eilardesbüttel, Herederob, Tithe, Medele und Dubinge einzunehmen. Zur Präbende der Stiftsherren gehörten endlich manche Einnahmen an Honig und Korn aus Brunsrode, Essenrode und Münstedt (Munnenstide) und aus einer Saline, wahrscheinlich der zu Salzhemmendorf. Die um 1200 erworbenen 3½ Hufen in Atzum (Atlevessen) und Klein-Vallstedt sind die letzten Güter, welche nach dem Inventar von geistlichen Brüdern des Stifts demselben gekauft sind [154]).

Die Propstei war mit etwa 90 Hufen Landes ausgestattet, von denen 7 in Salzdahlum, 6½ zu Broitzem (Brotsem), je 3 in Sickte, Brunestorp, Atzum, 4 in Adenstedt und 3½ in Seinstedt lagen. Die Einnahmen, welche ihr diese Güter einbrachten, sind auf 42 Pfunde d. h. auf 840 Schillinge berechnet. Dem Propst standen noch 32 Schillinge Zins aus der Mühle zu Eisenbüttel und zu Bernestorf und endlich das Patronat über die Kirche in Vallstedt zu [155]). — Für den Dechanten waren 12 Hufen Landes in Hattorf, Groß- und Klein-Heiligendorf angewiesen. Außer den Zinsen, welche jene Grundstücke einbrachten, hatte der Dechant abwechselnd mit dem Propst des St. Johannisstifts zu Halberstadt das Patronat über die Kirche in Groß-Heiligendorf auszuüben [156]). Der Custos endlich erhielt jährlich 45 Schil-

---

154) Orig. Guelf. III, 610. 611.
155) Orig. Guelf. III, 611. 612.
156) Orig. Guelf. III, 613.
157) Orig. Guelf. III, 612. 613.
158) Orig. Guelf. III, 710 flg. und Rehtmeier, Kirchenhistorie I, Beilage S. 8.

linge Zins aus Gütern zu Rautheim, Biwende und den Orten Hergerstedt und Bodenrode, außerdem hatte er das Patronat über die hiesige Petrikirche [157]).

Daß die obengenannten Güter des Stifts zum Theil von aller weltlichen Gerichtsbarkeit schon zur Zeit des Pfalzgrafen Heinrich erimirt waren, zeigt dessen 1226 ausgestellte Urkunde [158]). So wie er damals die Advocatie über das dem Stifte gehörige Dorf Bennestorp, welche bis dahin Heinrich von Wenden vom Welfenhause zu Lehen getragen hatte, dem Stifte übergab, so bestätigte er demselben die Exemtion von der Vogtei, die es bereits besessen hatte, für den Cyriacusberg sammt Zubehör und die Mühle zu Eisenbüttel (Eyserbetle), für 2 Allodien zu Ballstedt (Velerstibe), für 5 Hufen in Klein-Scheppenstedt, drei in Atzum, drei in Rüningen, je eine in Watzum (Wattekessem), in Wolethe, in Wendeburg, Winnigstedt, Glusinge und Watenstedt, eine halbe in Lehndorf, zwei Grundstücke in Bethmar und verschiedene Gefälle in 5 anderen Dörfern.

In Ansehung seiner Hauptbesitzung, des Dorfes Bennestorp, hatte das Stift manche Gewaltthat und Beschädigung zu erdulden. Selbst nicht im Stande, diesen Ungehörigkeiten mit Nachdruck entgegenzutreten, übertrug es dem Grafen Hermann von Wohlbenberg 1232 die Beschützung jenes Gutes zunächst auf drei Jahre [159]).

Ueber weitere Veränderungen im Güterbesitz des Stiftes während des 13. Jahrhunderts haben wir bis jetzt nur folgende Kunde. Zwei Hufen Landes in Tweleven (?) scheint es dem Kaiser Otto IV. überlassen zu haben, welcher sie 1204 dem Kloster Marienborn schenkte [160]). Die fünf Hufen, welche das Stift zu Klein-Scheppenstedt 1226 besaß, gab es durch Tausch an das Kloster Riddagshausen und erhielt zum Ersatz dafür mehrere Höfe mit 4 Hufen zu Weferlingen um 1240 zur Zeit, als Ulrich sein Dechant war [161]). Vom Ritter Ludolf von Wenden und seinen Brüdern erkaufte es 1272 die Gerichtsbarkeit über vier Hufen Landes zu Wackersleben [162]). Neu erworben hat es in jener Zeit, so viel wir bis jetzt wissen, nur eine Hufe Landes zu Atzum 1286 [163]).

---

159) Lüntzel, Geschichte der Diöcese Hildesheim II, 180.
160) Urkunde in den Orig. Guelf. III, 773.
161) Sammlung ungedruckter Urkunden II, 3, 69.
162) Das. II, 3, 70.
163) Das. II, 3, 72.

eine zu Watenstedt 1291 [164]) und sechs zu Wahle (Walede) mit dem halben Patronat der dortigen Kirche 1297 [165]). Von den Gütererwerbungen des Stifts im 14. Jahrhundert sind bis jetzt folgende bekannt. Vier Hufen Landes in Veltheim an der Ohe überwies ihm 1308 Herzog Albrecht der Fette, zwei derselben bildeten die Ausstattung der Vicarie, welche der Bürger Hermann von Ursleve damals für den Marienaltar auf dem Mittelchore stiftete [166]). 1309 verkaufte Albert, Edler von Alghestorpe dem Stift eine Hufe Landes zu Runstedt (Ronstede) [167]), 1315 schenkte ihm Conrad, Edler von Warberg das Eigenthum einer Hufe Landes in Bischofsdorf bei Gevensleben [168]), 1315 stattete Ecbert Scheveling von Lutter den von ihm fundirten Matthiasaltar mit einem Hofe und 5 Hufen Landes zu Sonnenberg aus, welche ihm die Familie von Gandersem für 80 Mark verkauft hatte [169]). In demselben Jahre erwarb das Stift zu Hedeper einen Hof mit 1½ Hufen von den Gebrüdern Hermann und Jan Wulveram [170]) und einen anderen Hof mit 2 Hufen von Hennig und Hildebrand, den Söhnen Ludolf Matthiäs für 34 Mark, zu denen jener Ecbert Scheveling die Hälfte hergab [171]). In dem Dorfe Vallstedt besaß es seit alten Zeiten die Gerichtsbarkeit über zwei Grundstücke, 1317 am 24. August verkaufte ihm Herzog Albrecht der Fette die gesammte Gerichtsbarkeit über jenes Dorf, so weit sie ihm zustand, mit alleiniger Ausnahme des Blutbannes, für 240 Mark [172]). Gefälle und Einnahmen von drei Hufen Landes in Feldbergen wurden 1323 für 33 Mark den Gebrüdern von Bortfeld abgekauft [173]). Einen Hof mit 5 Hufen Landes in Garmissen (Germerdissen) erwarb es 1327 vom Kloster Lockum für 115 Mark [174]). Zu

---

164) Braunschw. Anzeigen 1750, S. 1833.
165) Sammlung ungedruckter Urkunden II, 3, 73—75.
166) Original-Urkunde des Landesarchivs nach der Mittheilung Bege's, Burgen S. 64 und Notizen in Sack's Sammlung III, 89.
167) Sammlung ungedruckter Urkunden II, 3, 78.
168) Bege, Burgen S. 158.
169) Degedingsbuch der Altstadt I, S. 86 und Sammlung ungedruckter Urkunden II, 3, 81.
170) Degedingsbuch der Altstadt I, S. 87.
171) Degedingsbuch der Altstadt I, S. 89 und Sammlung ungedruckter Urkunden II, 3, 79.
172) Urkunde bei Rehtmeier, Kirchenhistorie I, Beilage 9 flg.
173) Bege, Burgen S. 73.
174) Sammlung ungedruckter Urkunden II, 3, 85.

6. Das Cyriacusstift.

den vier Hufen, die das Stift seit Heinrichs des Löwen Zeit in Westerheim oder Westerem bei Atzum besaß, erwarb es 1338 noch einen dortigen Hof mit vier Hufen Landes, welchen ihm die Brüder Burchard und Günzel von Asseburg schenkten [175]. Drei Hufen und drei Höfe zu Remlingen, die denen von Asseburg gehörten und an einen hiesigen Bürger, Friedrich von Remlinge, zu Lehen gegeben waren, wurden durch denselben 1342 zur Ausstattung des von ihm zu begründenden Magnusaltars bestimmt und dem Stift mit Einwilligung der Lehnsherren überwiesen [176].

Zu den Grundstücken, welche dasselbe seit alter Zeit in der Nähe der Stiftskirche besaß, erwarb es im 14. Jahrhundert noch manche andere im Stadtgebiete, andere befreite es von Lasten und Abgaben. Wie es 1327 am 21. October durch einen Vergleich mit dem Kloster Steterburg das Zehntrecht ablöste, welches jenem Kloster an einem Garten des Stifts zustand, der am Rüninger Wege lag [177], so überließ es um 1330 dem Thomashospital einen in dessen Nähe gelegenen Garten zinsweise [178]. An einer zwischen der Kuhfurth, dem Ellernholz und dem Wege nach Eisenbüttel belegenen Wiese, über welche es mit dem Rath der Altstadt in Streit war, erhielt es 1355 durch einen Vergleich das Miteigenthum, auch auf dem Altfelde sollten seine Heerden weiden dürfen [179]. 1376 erkaufte es sich für 96 Mark 8½ Morgen auf dem neuen Lande hinter dem Rennelberge, fünf Gärten vor dem Hohen- und einen vor dem Fallersleberthore und zog seitdem aus diesen Grundstücken einen jährlichen Zins von 96 Schillingen [180].

Von den Erwerbungen, welche das Capitel im 15. Jahrhundert machte, sind bis jetzt nur folgende bekannt. 1430 kaufte es für 1100 rheinische Gulden zu Adersheim den Burghof mit vierzehn Hufen und vier Rothöfe mit drei Hufen Landes von Hildebrand und Siegfried von Salder [181]. Für 150 Gulden, welche der Vicar Johann Unverhoven und seine beiden Schwestern hergaben, ward der halbe Zehnten zu Lesse

---

[175] Urkunde des Landesarchivs nach Bege, S. 77.
[176] Urkunde des Landesarchivs nach Bege, S. 77.
[177] Urkunde in Sack's Sammlung I, fol. 7.
[178] Urkunde des Stadtarchivs Nr. 65.
[179] Degedingsbuch der Altstadt II, zum Jahre 1355.
[180] Urkunde im Copialbuch II, fol. 2 und Copialbuch III, fol. 22¹.
[181] Urkundliche Notiz bei Sack I, fol. 18¹.

und einige dortige Meier- und Kothöfe mit neun Hufen Landes 1466 erwarben [182]). Bald nachher kaufte das Stift 1471 von Ribbag von Wenden für 300 Gulden den Korn- und Fleischzehnten im Dorfe Klein-Dahlum [183]).

Unbekannt ist die Erwerbungszeit folgender Kirchengüter, die theils zur Ausstattung einzelner Altäre gehörten, theils zur Besorgung von Memorien geschenkt waren. 1½ Hufen zu Timmerlah nebst 6 Gärten in der Nähe des Stifts und auf dem Königsstiege gehörten zum Johannisaltare, der Zehnten von 100 Morgen Landes im Laffertscampe dem Kreuzesaltare, dem Nicolausaltare 3 Hufen Landes zu Rienstedt im Gerichte Jerrheim und 2 Hufen zu Beyerstedt, dem Marienaltare auf dem Mittelchore 2 Hufen zu Veltheim an der Ohe, dem Bartholomäusaltare 6 Hufen zu Barnstorf, dem Michaelisaltare 3½ Hufen zu Remlingen, dem Matthiasaltare 1½ Hufen in Rautheim, dem Altare des Philippus und Jacobus Land und ein Antheil am Zehnten zu Volzum, dem Allerheiligenaltare 2 Hufen zu Hattorp und Grundstücke zu Wense, Rummelsheim und Veltheim an der Ohe, dem Matthäusaltare 1 Hufe zu Wense, dem Quirinusaltare 4 Hufen zu Groß-Biwende und dem Magnusaltare 3 Hufen zu Remlingen [184]). Für Memorien hatte das Stift im 14. und 15. Jahrhundert Grundstücke in Sickte, Vallstedt, Feldbergen und Garmissen (Germersen) und mehrere Geldzinse in Dettum, Hebeper, Vallstedt, Lesse und in den Städten Scheppenstedt, Königslutter, Hornburg und Lüneburg erworben [185]).

Seine ländlichen Grundstücke überließ das Stift seit alter Zeit an Meier, welche für deren Nutzung jährlich zu einem bestimmten Meierzins in Geld und allerlei Naturalleistungen verpflichtet waren. — Die Summe der aus dieser Quelle fließenden Einnahmen berechnete das Stift 1542 auf 469½ Scheffel allerlei Kornes und auf 523 Gulden 3½ Schillinge an baarem Gelde; außerdem hatte sein Dechant damals 21 Scheffel Roggen, der Propst 17 Scheffel und 31½ Gulden einzunehmen [186]). Andere Besitzungen gab das Stift zu Lehen. Als alte Lehnsleute dessel-

---

[182]) Urkunde bei Sack I, fol. 31.
[183]) Urkunde bei Sack I, fol. 31.
[184]) Die Vicarien zu St. Cyriacus bei Sack III, S. 86 flg.
[185]) Memorienregister St. Cyriaci bei Sack I, fol. 53—56.
[186]) Urkunde bei Sack I, fol. 73.

ben werben genannt Ludwig von Veltem, Berthold von Rothne und ein Ludger; jener trug 6½ Hufen in Atzum, Evessen und Uesingen, Berthold 4 in Salzdahlum und Beyerstedt, Ludger 8 in Büddenstedt und Drurberge zu Lehen [187]). Gegen Ende des Mittelalters standen zum Stift im Lehnsverbande die Bürgerfamilien von Damm seit 1369 wegen zweier Höfe in Atzum, die Lutherbes wegen eines Hofes in Rautheim, die von Weferlingen seit 1456 wegen eines Hofes in Timmerlah, die Dörings seit 1432 wegen eines Hofes in Seinstedt, die von Strobeke seit 1388 wegen eines Hofes in Salzdahlum und wegen einer halben Hufe Landes vor dem hohen Thore hieselbst, endlich die von Broitzem seit 1441 wegen eines Hofes zu Vallstedt [188]). Von noch anderen Besitzungen bezog das Stift bloß einen bestimmten Zins, wie aus den Güterinventaren erhellt.

Bei so bedeutenden Besitzungen mag es nicht selten geschehen sein, daß einzelne Leute, welche Stiftsgüter zu Lehen trugen oder als Meier inne hatten, den eingegangenen Verbindlichkeiten unpünktlich oder gar nicht nachkamen und dadurch das Stift in Schaden brachten. Wurde ein solcher Unfug zu arg, so wandte sich Dechant und Capitel an den päpstlichen Hof mit der Bitte um wirksamen Beistand. Bei einer solchen Gelegenheit trug Papst Clemens V. 1312 den Dechanten zum heiligen Kreuz in Hildesheim und des Liebfrauenstifts zu Halberstadt auf, die betreffenden Leute durch geistliche Strafen anzuhalten, den schuldigen Zins und sonstige Abgaben vollständig zu entrichten [189]). Dennoch halfen solche Maßregeln nicht für alle Zeiten. Zu Anfang des 15. Jahrhunderts scheint dem Stift wiederum vielfacher Schaden an seinen auswärtigen Gütern geschehen zu sein. Die Klagen über erlittene Beeinträchtigungen bewogen 1417 den Papst Martin V., den Dechanten zu St. Blasius hieselbst anzuweisen, sich der Restitution der dem Cyriacusstifte genommenen Güter anzunehmen [190]). Um gleicher Mißstände willen beauftragte Papst Pius II. 1460 den Benedictinerabt von St. Aegidien und die Dechanten zu Bremen und Erfurt, dahin zu wirken, daß dem

---

187) Urkunde bei Sack I, fol. 4.
188) Nachrichten bei Sack I, fol. 6 und Lehnbriefe für Hans von Broitzem von 1463 und 1476 im Besitz des Herrn Kreisgerichtsregistrators Sack.
189) Urkunde bei Rehtmeier, Kirchenhistorie I, Beilage 12.
190) Rehtmeier, Kirchenhistorie I, 36.

Cyriacusstifte die vorenthaltenen und entfremdeten Güter zurückgegeben und die rückständigen Gelder und Zinse gezahlt würden [191]. In Folge solcher Einwirkungen mag es geschehen sein, daß Bernd von Asseburg 1445 das Stift wieder in den Besitz von zwei Hufen Landes zu Reindorf am Oesel setzen ließ [192].

Daß von dem reichen Besitz älterer Zeit dem Stifte kurz vor seinem Uebertritt zu der Reformation Vieles verloren gegangen war, ist aus einem 1542 gefertigten Inventar seiner Güter und Einnahmen [193] zu ersehen. Danach besaß das Stift damals noch Folgendes. Im Gerichte Beddingen zu Vallstedt 6 Meierhöfe mit 22¼ Hufen, zu Abersheim 2 Meierhöfe mit 17 Hufen, in Halchter 1 Hof mit 7½ Hufen und in Fümmelse einen Hof; im Halbgericht zu Wahle 2 Höfe mit 8 Hufen, zu Bethmar und Woltorp je 1 Hufe; im Eichgerichte 5 Hufen zu Sonnenberg und 1½ Hufen zu Timmerlah. Im Gerichte Salzdahlum besaß es in Apelnstedt 2 Kothöfe mit 3 Hufen Landes, in Atzum 1 Hof mit 3½ Hufen, in Volzum den halben Zehnten und eine Hufe und in Rautheim 1 Hof mit 1½ Hufen. Im Gerichte Evessen waren Stiftseigenthum 1 Hufe zu Sickte, 4 zu Weferlingen und 4 zu Veltheim an der Ohe; im Gericht Scheppenstedt drei Hufen zu Scheppenstedt, mehrere Erbenzinsgefälle und einige Meierhöfe zu Barnstorf; im Gerichte Jerxheim 4 Hufen zu Beyerstedt und 3 auf der wüsten Feldmark von Rienstedt, endlich im Gericht Asseburg 8 Hufen Landes zu Hedeper, 2½ zu Winnigstedt, 7½ zu Remlingen, 4 in Wester-, 1 in Osterbiwende und 2 in Reindorf. Im Stadtgebiete gehörte dem Stift damals das ganze Bergfeld, welches ihm jährlich 38 Scheffel Roggen und 10 Scheffel Gerste einbrachte, bei Rüningen besaß es 6 Hufen Landes und „auf dem Roten Feld" einiges an die Familien von Broitzem und Kahle verliehene Land. Außerdem besaß es noch sechs Hufen in den hildesheimischen Dörfern Sossmar und Rüper und zwei im lüneburgischen Hattorf an der Schunter. Aus allen diesen Grundstücken hatte es jährlich an Naturallieferungen etwa 260 Scheffel Roggen, etwas über 50 Scheffel Weizen, an 70 Scheffel Gerste und fast 100 Scheffel Hafer, außerdem noch über 523 Gulden Geld- und Pfennigzinse einzunehmen.

---

191) Urkunde bei Rehtmeier, Kirchenhistorie I, Beilage 13—15.
192) Urkunde des Landesarchivs nach Bege, Burgen S. 93.
193) Eine Abschrift desselben findet sich bei Sack I, fol. 69—73. Vergl. das. fol. 183¹.

Außerdem bezog der Dechant des Stifts 21 Scheffel Roggen aus Gütern zu Wahle, Bethmar und Köchingen; dem Propst waren 17 Scheffel Korn und 31½ Gulden Zinse angewiesen. Dem Custos [194] endlich, welcher die Ausgaben für den Gottesdienst zu bestreiten hatte, waren an Einnahmen überwiesen Haus- und Gartenzinse im Stadtgebiete, Geldzinse aus 10 Dörfern des Landes, unter anderen aus Rüningen, Oelper und Rischau [195], Naturallieferungen an Weizen und Hafer aus 7 Dörfern im Werthe von 4⅔ Mark; endlich mehrere Einnahmen aus kirchlichen Stiftungen, namentlich von Memorien.

Bei seinem reichen Güterbesitze hatte das Stift bei geordneter Verwaltung seines Vermögens Gelegenheit, Capitalien zu sammeln. Diese belegte es bald auswärts [196], bald bei dem Rathe der Stadt, wovon die Copialbücher der Stadt und andere Urkunden Zeugniß geben. Für die hier belegten Capitalien wurden dem Stift entweder Zinse von bestimmten Häusern angewiesen [197], oder Zinsen bezahlt [198]. Daß das Stift auch den Herzögen, wie Wilhelm dem Aelteren 1480, und ritterlichen Familien, wie 1478 denen von Veltheim, mit Darlehen beistand, geht aus Urkunden hervor [199]. 1542 hatte dasselbe von ausstehenden Capitalien jährlich 90 Gulden einzunehmen, freilich war es damals in seinen Vermögensverhältnissen soweit zurückgekommen, daß es fast ebensoviel, nämlich 83½ Gulden für geliehene Gelder an Zinsen zu zahlen hatte [200].

7. Die Martinikirche [1].

Unter den sieben städtischen Pfarrkirchen war schon im Mittelalter die Martini- oder Marktkirche die bedeutendste. Wann und von wem

---

194) Computatio de officio custodiae von 1476 bei Sack I, fol. 35 flg.

195) In Oelper besaß das Stift noch 1476 vier, in Rischau acht Hufen Landes. Computatio fol. 36.

196) 1448 wurden für 55 Mark beim Rath zu Eimbeck Renten für das Stift gekauft. Urkunde bei Sack I, fol. 26.

197) So z. B. 1384 von Häusern am langen Stege und im Rosenwinkel. Copialbuch II, fol. 31.

198) So 1486 und 1493 Copialbuch V, fol. 20¹ und 91¹.

199) Bei Sack I, fol. 32.

200) Urkunde bei Sack I, fol. 73.

1) Die wichtigste Quelle für die Geschichte dieser Kirche im Mittelalter sind etwa 200 Originalurkunden, welche in der Registratur der Kirche aufbewahrt werden.

sie erbaut sei, berichtet freilich keine Urkunde; dennoch hält man Heinrich den Löwen für ihren Erbauer, und das nicht ohne Grund. Wenn Otto IV. dies Gotteshaus 1204 „unsere Kirche" nennt, so muß sie, da er selbst nicht ihr Stifter war, von einem seiner Vorfahren gegründet sein. Aus der romanischen Bauart namentlich der Thürme vermuthen Kunstkenner, sie sei um 1180—1190 erbaut, also im vorletzten Decennium Heinrichs des Löwen, welchen, wie man meint, das einst an der Ostseite des südlichen Thurmhelmes befindliche Löwenbild [2]) als Erbauer bezeichne. Diese an sich nicht unwahrscheinlichen Vermuthungen bedürfen urkundlicher Bestätigung; sicher ist, daß die Kirche 1204 am 22. October, wo zuerst eine Urkunde ihrer gedenkt [3]), im Stande war.

Zum ursprünglichen Bau soll [4]) außer den romanischen Doppelthürmen das auf 12 romanischen Pfeilern ruhende Mittelschiff und die beiden Kreuzflügel gehört haben, welche wie jenes von romanischen Gratbögen ohne Gurten überspannt sind. Die ursprünglich in Form eines lateinischen Kreuzes gebaute Kirche hatte wohl gleich Anfangs zwei Seitenschiffe ursprünglich nur von der halben Höhe und Breite des Mittelschiffs [5]). Daß die jetzigen Seitenschiffe, welche gleiche Höhe und Breite mit dem Mittelschiff haben und von spitzbogigen mit Rippen versehenen Kreuzgewölben bedeckt sind, einer späteren Zeit angehören, ist auf den ersten Blick zu erkennen. Diese Erweiterung des ursprünglichen Baues, welche vermuthlich die wachsende Zahl der Gemeindegenossen nöthig machte, wird in die Zeit 1250—1280 verlegt, eine Angabe, die noch des Beweises harrt [6]). Ebenfalls nur kunsthistorische Daten begründen die Vermuthung, daß etwa im 14. Jahrhundert die südliche und nördliche Stirn-

---

Abschriften derselben stehen in zwei Copialbüchern. Das ältere ist 1565 angefertigt, das andere von J. H. Wilmerding 1778 angelegt. Dieses befindet sich im Stadtarchiv, jenes in der Registratur der Kirche.

Von Bearbeitungen ist nach Rehtmeier, Kirchenhistorie I, 120 und Suppl. 40 flg. und Schiller, Die mittelalterliche Architektur S. 66 flg. namentlich zu nennen J. A. Schmidt, Die Martinikirche in Braunschweig 1846.

2) Beck in den Braunschw. Anzeigen 1777, St. 59.
3) Rehtmeier, Kirchenhistorie I, Beilage S. 107.
4) Schmidt S. 9, Schiller S. 68.
5) Schiller S. 72.
6) Schiller S. 66. 70. Zwar fehlt es für diese Bestimmung an jeder historischen Grundlage; doch mögen die in jener Zeit der Kirche gegebenen Ablaßindulgenzen immerhin mit auf Förderung auch dieses Baues berechnet gewesen sein.

wand der Kreuzflügel in die jetzigen Portale des Priesterthores und der Brautthür umgebaut und mit dem reichen Schmuck an Statuen versehen wurde, welcher sie noch jetzt ziert [7]). An der Südseite der Kirche ließ der Bürger Wasmod von Kemme die noch vorhandene Annencapelle erbauen, welche am 5. Januar 1434 dem Gottesdienst übergeben wurde [8]). Als letzte Erweiterung des Gotteshauses wird die angeblich um 1490—1500 erbaute Chornische bezeichnet [9]).

Wie die Stiftskirchen so wurden auch die hiesigen Pfarrkirchen allmälig mit einer Menge von Altären [10]) ausgestattet. Die Martinikirche hatte am Ende des Mittelalters etwa zwanzig aufzuweisen, deren Lage von den Urkunden nicht immer mit Genauigkeit angegeben wird. Im Chor stand der Hochaltar, welcher St. Martin, dem Hauptpatron der Kirche, geweiht war. Aus dem Legate des Bürgers Dietrich von der Treppen ward 1301 der Altar über der Sacristei dotirt, dessen Schutzheiliger nicht bekannt ist [11]); der Cäcilienaltar, welchen Johann von Alveld „im südlichen Seitenschiff an dem großen Pfeiler" erbauen ließ [12]), war 1304 schon vorhanden; 1311 fundirte der Rath der Altstadt den Annenaltar an dem südlichen Pfeiler der späteren Annencapelle gegenüber [13]) neben dem Taufstein. Auf der anderen Seite desselben erstand im nördlichen Theil der Kirche um 1316 der von dem Bürger Wenemar gestiftete Altar der heiligen vier Lehrer Hieronymus, Ambrosius, Augustinus und Gregorius, denen 1440 noch mehrere Patrone zugefügt wurden [14]). Der Andreasaltar „an dem Pfeiler vor dem Chore in der Nordseite" ward 1318 von Elisabeth, der Wittwe von Johann Salghe, reichlich beschenkt [15]), den Altar der

---

[7]) Schiller S. 72.

[8]) Urkunde Nr. 194.

[9]) Schiller S. 66 und 75.

[10]) Rehtmeier, Suppl. S. 40—43.

[11]) Urkunde Nr. 7: altare in septentrionali parte in ecclesia St. Martini supra sacrarium seu vestibulum constructum.

[12]) Degedingsbuch der Altstadt I, S. 5 und Urkunde Nr. 18. Schmidt S. 14.

[13]) Urkunden Nr. 18 vom Jahre 1311 und Nr. 209 vom Jahre 1475. Dieser Altar, ad quod prior missa diebus singulis est dicenda, heißt darum auch der Frühmessenaltar.

[14]) Urkunden von 1316 Nr. 27, von 1321 Nr. 35, von 1323 Nr. 43 und von 1440 Nr. 164.

[15]) Urkunden vom Jahre 1318 Nr. 31 und vom Jahre 1435 Nr. 148.

10,000 Ritter stiftete 1321 Ludolf Grube im südlichen Theil der Kirche, wo er hinter dem ersten am Chor stehenden Pfeiler in der sogenannten Grubencapelle stand [16]); eines Marienaltars, welchen Ecbert Scheveling beschenkte, geschieht schon 1323 Erwähnung, er lag „oben der Thür an der Nordseite gegenüber [17])", sein Stifter ist unbekannt. Eines Stephansaltars gedenkt eine Notiz über die Fundation eines Altars, den 1327 Bernhard Kahle gründete und reichlich dotirte [18]). Erst gegen das Ende des 14. Jahrhunderts wird von weiteren Altargründungen in dieser Kirche berichtet. Adelheid, die Wittwe Wasmods von Rudem, später die Ehefrau Wedege Pawels, fundirte 1392 einen Altar, welcher St. Petrus, St. Paulus und St. Livinus geweiht ward und bei dem ersten Pfeiler an der Südseite stand [19]). 1393 ließ ein Mitglied der Familie Holtnicker „an dem mittelsten Pfeiler der Nordseite" den 12 Aposteln, den 11,000 Jungfrauen und mehreren Heiligen einen Altar erbauen [20]). Den Lorenzaltar in der Nordseite stiftete 1395 Gieseke von Abenstedt [21]), nach anderen Nachrichten, wonach er „dem Taufstein gegenüber vor der Kosten" lag, hat ihn Lubeke von Wendessen 1397 dotirt [22]). Ebenfalls beim Taufstein lag der 1404 fundirte Theobaldusaltar [23]). In Folge testamentarischer Verfügung Heinrichs von Oelper entstand 1407 der Altar der heiligen drei Könige hinter dem Liebfrauenaltar in der Nordseite [24]). Den Altar der heiligen Dreieinigkeit stiftete 1407 der Bürgermeister Hermann von Vechelde und

---

16) Urkunden vom Jahre 1321 Nr. 34 und 37. Die Urkunde von 1462 Nr. 198 nennt als Patrone dieses „achter dem ersten pilere in der suderen halve tome kore wart" belegenen Altars noch St. Jacobus, St. Cäcilie, St. Maria, die heiligen drei Könige, St. Andreas, St. Anna und St. Gertrud. Der Grubencapelle gedenkt auch eine Urkunde vom Jahre 1473 Nr. 207.

17) Urkunde vom Jahre 1323 Nr. 42 und Urkunde von 1439 Nr. 160.

18) Degeb. der Altstadt I, S. 6.

19) Urkunde von 1392 im Copialbuch des Raths II, fol. 105 und III, fol. 26, Urkunden von 1404 Nr. 104 und von 1511 im Fundationsbuch der geistlichen Güter fol. 131.

20) Urkunden von 1393 Nr. 91, von 1408 Nr. 117, von 1403 im Copialbuch des Raths III, fol. 88¹ und vom Jahre 1430 Nr. 143.

21) Urkunde im Copialbuch III, fol. 33.

22) Urkunden von 1397 im Copialbuch III, fol. 43¹, von 1408 Nr. 115 und von 1484 Nr. 219.

23) Urkunde von 1404 im alten Copialbuch fol. 17.

24) Urkunden von 1403 im Copialbuch des Raths III, fol. 71 und vom Jahre 1407 Nr. 110.

7. Die Martinikirche.

seine Frau Ilse geb. Kirchhof „vor der Rosten hinter dem heiligen Stocke dem Frühmessenaltar gegenüber"[25]. Auf die Prieche über der Sacristei an die Nordmauer der Kirche ließ 1408 Kord Havek den Erasmusaltar bauen[26], in demselben Jahre stiftete Gieseke von Abenstedt an der nördlichen Kirchenmauer den Altar St. Philippi und Jacobi[27], welcher auch unter dem Namen des Eufemienaltars vorkommt[28]. An der östlichen Mauer des südlichen Seitenschiffes nächst dem Chore erstand 1413 von Thile Döring fundirt der Autorsaltar[29]. Der Altar in der Annencapelle war der Dreieinigkeit, St. Anna, den heiligen drei Königen und einer Anzahl anderer Heiligen geweiht[30]; den Bernwardsaltar fundirte 1435 Hennig Salgen[31], den Jacobusaltar 1462 Gerecke Pawel[32]. Der Nicolausaltar, neben einer Thür an der Südseite belegen, war 1484 vorhanden; wer ihn gestiftet, ist nicht bekannt[33]; der Kreuzesaltar endlich, dessen erst eine Urkunde von 1525 gedenkt[34], dessen Stifter aber unbekannt ist, scheint der noch jetzt vorhandene kleine Altar zu sein.

In der Kirche hingen zwei Kronen. Eine hatte ihr Hermann von Bechelde 1407 verehrt, damit sie an hohen Festen über dem Dreieinigkeitsaltare brenne[35]; eine zweite schenkte der Pfarrherr Johann Havekhorst (1459—1484), welche auf dem Chore an hohen Festen während des Hochamtes und der Vesper brennen sollte[36]. Ewige Lichter brannten vor dem Dreieinigkeitsaltar seit 1407, ein anderes fun-

---

[25] Urkunden von 1407 im Fundationsbuch fol. 14, vom Jahre 1438 Nr. 154 und 1439 Nr. 161.

[26] Er war auch St. Vincentius, St. Epiphanius und St. Thomas von Canterbury geweiht. Urkunde von 1408 Nr. 116.

[27] Urkunden von 1408 Nr. 116 und von 1411 Nr. 120.

[28] Urkunde von 1442 Nr. 169.

[29] Urkunde von 1413 Nr. 128.

[30] Urkunde von 1460 Nr. 194.

[31] Urkunde von 1435 im alten Copialbuch fol. 57.

[32] Urkunde von 1462 im alten Copialbuch fol. 96.

[33] Urkunde von 1484 Nr. 216. Dies ist vielleicht der in einer Urkunde von 1439 Nr. 157 erwähnte Altar, welchen die Gebrüder Warenholt und Hans Kale gestiftet hatten.

[34] Urkunde von 1525 Nr. 286.

[35] S. Note 25. Die Krone vor dem Frühmessenaltar, welche in einer Urkunde von 1458 Nr. 189 genannt wird, scheint dieselbe zu sein.

[36] Urkunde von 1512 Nr. 264.

birte 1429 Bele Zellemann[37]), ein drittes hing vor dem Hochaltar, ein viertes in der Annencapelle[38]). Andere Lichter wurden nur bei bestimmten gottesdienstlichen Handlungen oder zu gewissen Zeiten angezündet, so allnächtlich das von den Gruben 1401 gestiftete Licht[39]), so das von Bele Zellemann fundirte Licht, welches inmitten der Kirche hing und täglich während der Frühmesse und Sonnabends während der Liebfrauenmesse brannte[40]). Das messingene Taufbecken, mit sieben Darstellungen aus dem Leben Jesu geschmückt, auf den Gestalten der vier Paradiesflüsse ruhend, ist laut Inschrift 1441 gegossen. Der auf demselben befindliche Deckel und das schützende Gitter gehören dem 17. Jahrhundert an[41]). Der Orgel wird urkundlich zuerst 1356[42]), der „großen Glocken" schon 1311 gedacht[43]).

Da jeder Altar einem eigenen Priester überwiesen ward, so wuchs mit der Zahl der Altäre auch die der Geistlichen dieser Kirche. Während 1204 von nur einem Priester die Rede ist[44]), werden 1301 bereits mehrere Capelläne erwähnt, welche der Pfarrherr hielt[45]). Als 1357 außer dem Hochaltar mindestens noch 8 Altäre in der Kirche vorhanden waren, bestand ihr geistliches Personal aus dem Pfarrer (plebanus), 3 Pfarrpriestern (sacerdotes parochiales) und 7 Capellänen; außerdem werden 4 Schüler, 1 Glöckner (campanarius) und dessen Schüler erwähnt[46]). Am Ende des 14. Jahrhunderts standen dem Pfarrer bereits 13 Priester für den Dienst an den Altären zur Seite[47]); 1407 sogar 17 Cleriker, nämlich 3 Pfarrpriester, 7 Capelläne und 7 Vicare[48]). Die Zahl der letzteren war 1519 auf 25 gestiegen, so daß also das ganze geistliche Personal der Kirche damals aus 36 Personen

---

37) Sack, Schulen 25.
38) Urkunde von 1460 Nr. 194.
39) Urkunde von 1401 Nr. 96.
40) Urkunde von 1432 Nr. 145.
41) Schiller, S. 76.
42) Gedenkbuch I, fol. 11. Nach Schiller S. 77 wird die Orgel erst 1388 erwähnt.
43) Urkunde von 1311 Nr. 20. Vergl. Schiller, S. 78.
44) Rehtmeier, Kirchenhistorie I, Beilage 107.
45) Urkunde von 1301 Nr. 7.
46) Urkunde von 1357 Nr. 67.
47) Urkunde von 1396 Nr. 93.
48) Urkunde von 1407 im Fundationsbuch fol. 14.

7. Die Martinikirche.

bestand⁴⁹). Außerdem dienten an ihr seit alten Zeiten 4 Schüler, 1 Opfermann und dessen Schüler, 1 Glöckner und 1 Organist⁵⁰).

Als Pfarrherren der Kirche⁵¹) sind urkundlich bekannt geworden: Engelhard, auch Stiftsherr zu St. Blasius um 1240⁵²), Johannes, auch Notar Herzog Albrecht des Großen, 1246—1260⁵³), Siegfried von Alten, auch Canonicus zu St. Blasius, ist als Pfarrherr nachzuweisen von 1301 bis 1322⁵⁴). Gleichzeitig mit ihm wird als Pfarrer schon 1305 und zuletzt am 21. October 1327 Mag. Heinrich Holtnicker genannt⁵⁵). In welchem Verhältniß beide Pfarrer zu einander standen, ist nicht angegeben. Dietrich war 1331 Pfarrer, Notar Herzog Otto des Milden und Canonicus zu St. Blasius⁵⁶). Nicolaus wird in einer Urkunde vom 25. December 1332⁵⁷), Albert von Getelde 1340⁵⁸), und Hermann von Detten von 1347—1351 als Pfarrer genannt⁵⁹). Als Pfarrer der Martinikirche werden ferner urkundlich erwähnt: Otto von Reden, auch Canonicus und Custos des Blasiusstifts, 1357 und 1358⁶⁰), Ernst, auch Canonicus in jenem Stift, 1371 und noch 1387⁶¹), Günzel von Oberg, seit 1363 Canonicus zu St. Blasius, 1390 und noch 1398⁶²), Heinrich von Scheningen, 1404 bis 1425, wahrscheinlich auch Stiftsherr in der Burg⁶³), und Johann Westfal 1425, er war seit 1432 auch Stiftsherr in der

---

49) Urkunde von 1519 Nr. 276.
50) S. Noten 46. 47. 49.
51) Ein Verzeichniß derselben giebt Schmidt, S. 31 flg.
52) Memorienregister St. Blasii S. 75.
53) Urkunde vom Jahre 1252 in Orig. Guelf. III, 705 und die Beläge bei Schmidt, S. 31.
54) Urkunden von 1301 Nr. 7 und von 1322 Nr. 39. Memorienregister St. Blasii S. 62.
55) Urkunde in Sack's Sammlung das Stift St. Cyriaci betreffend I. fol. 7.
56) Memorienregister St. Blasii S. 36 und Urkunde St. Magni Nr. 20.
57) Schmidt, S. 31.
58) Urkunden des Stadtarchivs Nr. 103. 109.
59) Rehtmeier, Kirchenhistorie II, 171. Gedenkbuch I, fol. 4¹ und Memorienregister St. Blasii S. 85.
60) Urkunden von 1357 Nr. 67 und von 1358 im Stadtarchiv Nr. 189.
61) Urkunde von 1371 im Ordinar. Blasii fol. 74¹. Nr. 93. Schmidt, S. 32.
62) Schmidt, S. 32 und Urkunde von 1398 Nr. 94.
63) Urkunde von 1404 Nr. 104 und Schmidt, S. 32.

Burg und scheint 1446 gestorben zu sein [64]). Mag. Conrad Holmann, seit 1443 Canonicus, ist als Pfarrer von 1451 bis 1455 nachzuweisen; sein Nachfolger Giseler von Northen war es 1457 und erhielt später eine Präbende zu St. Blasius; Ludolf von Barum war es 1457 bis 1459 und Mag. Johann Havekhorst von 1459 bis 1484. Endlich Conrad Gossel, seit 1503 im Besitz einer Stiftspräbende zu St. Blasius, kommt als Pfarrer von 1499 bis 1530 vor; er zog sich an jenes Stift zurück, als Ludolf Petersen, welcher der evangelischen Lehre ergeben war, als Pfarrer angenommen wurde [65]).

Daraus daß Kaiser Otto IV. diese Kirche 1204 ecclesia nostra nennt, ist abzunehmen, daß das Patronat Anfangs den welfischen Fürsten zustand. Von diesen war es schon vor 1204 an's Blasiusstift gekommen, dessen Dechant den Pfarrherrn ernannt zu haben scheint. Nachdem der Dechant durch die Georgscapelle in der Burg entschädigt war, übertrug Otto IV. den Bürgern der Gemeinde das Recht, ihren Priester zu wählen, welchem dann die Fürsten das Kirchenlehen übertrugen [66]). Bis in's 15. Jahrhundert hinab scheint die Gemeinde mit besonderer Vorliebe Stiftsherren von St. Blasius zu ihren Pfarrern erwählt zu haben. Das Patronat über die Altäre behielten sich die Fundatoren für ein oder einige Male vor und übertrugen es für die späteren Erledigungsfälle an den Rath der Altstadt, welcher demnach am Ende des Mittelalters die meisten Altäre mit den nöthigen Geistlichen versah [67]).

Ihr bedeutendes Vermögen verdankt diese reichste der städtischen Pfarrkirchen den zahlreichen Schenkungen, welche ihr im Mittelalter, besonders bei der Begründung neuer Altäre, bei Stiftung neuer geistlichen Lehen, kirchlicher Feierlichkeiten oder von Vigilien und Seelenmessen überwiesen wurden und theils in Grundstücken, theils in Capitalien bestanden. Die Grundstücke, deren Erwerbung der Kirche urkundlich nachgewiesen ist, sind folgende. Ein Hof mit 5 Hufen Landes in Salzdahlum wurde 1301 aus dem Legate Dietrichs von der Treppen der Kirche geschenkt und 1321 übereignet [68]), 1316 kaufte ihr der Bürger Wenemar

---

64) Urkunden von 1425 im Copialbuch St. Ulrici II, 101 und von 1446 Nr. 172.

65) Schmidt, S. 32 flg. und Urkunde der Andreaskirche Nr. 122.

66) Rehtmeier, Kirchenhistorie I, Beilage 107 und Schmidt, S. 8.

67) So zeigen es die Urkunden über Altargründungen oder über die Stiftung geistlicher Lehen an denselben.

68) Urkunden von 1301 Nr. 7 und von 1321 Nr. 33.

7. Die Martinikirche.

einen Hof zu Köchingen, zu welchem 5 Hufen Landes und die Grashofswiese gehörten [69]). 1321 kaufte Johann Felix der Kirche den Osterhof zu Bortfeld mit 2 Hufen Landes [70]), Ludolf Grube stattete 1321 einen von ihm gestifteten Altar in derselben mit zwei Höfen zu Remlingen und Hedeper aus, zu jenem gehörten 2³/₄, zu diesem 1 Hufe Landes [71]). In Bortfeld erkaufte die Kirche 1322 noch einen Hof sammt einer Hufe Ackers [72]). 1327 schenkte ihr Bernhard Kahle den Zehnthof, 3 Kothöfe und 6½ Hufen Landes zu Vallstedt [73]). Erst 1357 erwarb die Kirche wieder 3 Hufen Landes zu Timmerlah und eben so viele zu Thiede [74]), 1392 einen Kothof zu Warle und 1393 noch 3 Hufen zu Timmerlah [75]). Im 15. Jahrhundert kamen zu den erworbenen 28³/₄ Hufen noch mehrere ländliche Grundstücke, so 1401 ein Hof zu Vordorf [76]), bald nachher auch 1½ Hufen auf dem hiesigen Stadtfelde, beides Geschenke der Familie Grube [77]); 1407 ein Hof zu Kalme mit 3½ Hufen Landes, ein Geschenk Hermanns von Bechelde [78]), 1408 ein Hof zu Dettum mit 2½ Hufen und ein Kothof zu Groß-Denkte [79]), 1434 ward die neben der Kirche belegene Annencapelle durch Wasmod von Remme mit 2 Meier- und 2 Kothöfen zu Lebenstedt ausgestattet, zu denen 11 Hufen Landes gehörten [80]), 1462 schenkte Gereke Pawel der Kirche dort noch 2 Ackerhöfe und 1 Kothof mit 8 Hufen Ackers [81]). 1495 endlich wurde zur Memorie für Arnd Lampe ½ Hufe Landes zu Gilzum an St. Martinus überwiesen [82]). Somit besaß diese Kirche am Ende des Mittelalters etwa 56 Hufen oder 1680 Morgen Landes, welche ihr jährlich bedeutende Korngefälle und andere Naturallieferungen und Geldzinse einbrachten.

---

69) Urkunden von 1316 Nr. 27. 28. 29.
70) Urkunden von 1321 Nr. 35. 36.
71) Urkunden von 1321 Nr. 34. 37.
72) Urkunde von 1322 Nr. 39.
73) Degedingsbuch der Altstadt I, S. 6.
74) Urkunde von 1357 Nr. 65.
75) Degeb. der Altstadt III, 1392 Nr. 114 und 1393 Nr. 127.
76) Urkunde von 1401 Nr. 96.
77) Schmidt S. 17, Note 3.
78) Fundationsbuch fol. 14.
79) Urkunde von 1408 Nr. 117.
80) Urkunde von 1460 Nr. 194.
81) Urkunde von 1462 Nr. 198.
82) Urkunde von 1495 Nr. 233.

IV. Das Kirchenwesen.

Naturallieferungen flossen der Kirche zu Zeiten auch aus Zehntberechtigungen zu. Ein Viertel des Zehntens zu Klein=Vahlberg versetzte ihr 1367 Heyse von Strobeke auf 8 Jahre [83]) und 1470 überließen ihr die von Bervelde den Zehnten des schon damals wüsten Dorfes Getelde bei Hillersen unter der Bedingung des Wiederkaufes, welcher 1485 zu Stande kam [84]).

Bedeutende Capitalien wurden dem Gotteshause im 15. und zu Anfang des 16. Jahrhunderts bei Begründung neuer Altäre, die man mit Grundbesitz nicht ausstatten konnte, oder bei Fundirung neuer geistlicher Lehen an vorhandenen Altären, oder bei Stiftung von Seelenmessen und kirchlichen Feierlichkeiten vermacht [85]). Mit den so erhaltenen Capitalien kaufte die Kirche einträgliche Renten; sie lieh das Geld theils an den hiesigen Rath gegen übliche Zinsen [86]), theils an die Fürsten, von denen sie dafür Anweisungen auf Gefälle aus dem hiesigen Zoll und der Münze erhielt [87]), theils an Privatpersonen und ließ sich von deren Grundstücken Zins dafür zahlen, oder sie kaufte Salzgefälle aus der Saline zu Lüneburg [88]).

Die Verwaltung des Kirchenvermögens war seit alter Zeit Sache der Provisoren [89]) oder Aelterleute (olderlude), welche der Rath der Altstadt ernannte. Sie empfingen alle Einnahmen der Kirche, besorgten die Ausgaben für Bauten, Licht, Zierrathen und die Kosten des Gottesdienstes und legten die Ueberschüsse zinsbar an [90]). Dieses Amt bekleideten meist angesehene und wohlhabende Gemeindegenossen [91]).

---

83) Urkunde von 1367 Nr. 73.
84) Urkunden von 1470 Nr. 206 und von 1484 Nr. 218.
85) Beispiele bei Schmidt, S. 14—28.
86) Beispiele liefern die Copialbücher des Rathes, z. B. III, fol. 64¹; V, fol. 34¹. 36.
87) Beispiele liefern die Urkunden Nr. 76 vom Jahre 1371, Nr. 88 vom Jahre 1396, Nr. 91 vom Jahre 1393, Nr. 122 vom Jahre 1411.
88) Urkunden von 1301 Nr. 14 und 1311 Nr. 18.
89) Den Namen provisores führen sie urkundlich schon 1316 (Urkunde Nr. 27).
90) Ordinar. Art. 55 im Urkundenbuch I, 163.
91) Provisoren zu St. Martini waren:
    1316: Heinrich Elie und Conrad Holtnicker (Urkunde Nr. 27).
    1321: Heinrich Elie und Johann Ludolves (Urkunden Nr. 33. 34. 35).
    1357: Tzabel von Strobeke und Johann von dem Amberga (Urkunde 65).
    1364: Cord Döring und Heinrich von Gandersem (Urkunde 72).

7. Die Martinikirche.

Außer den allgemeinen kirchlichen Fest- und Sonntagen feierte die Martinikirche ihre Kirchweih am Sonntage nach dem Frohnleichnamstage[92]), ferner den Martins- (11. November) und den Vitustag (15. Juni) schon 1276[93]). Für den Besuch des Gotteshauses an solchen Tagen verhießen Ablaßbriefe reichliche Indulgenzen[94]). Seit etwa 1356 ließ der Rath zum Andenken an die Rettung der Stadt von der großen Pest des Jahres 1350 hier wie in allen städtischen Pfarrkirchen das Fest der Kreuzerhöhung und den Autorstag feierlich begehen[95]).

Der heiligen Jungfrau zu Ehren hielt man in dieser Kirche Sonnabends eine Liebfrauenmesse[96]), jeden Abend gab den Gläubigen der Ton der Ave-Mariaglocke, welche der Opfermann nach einem Vermächtniß Heinrichs von Abenstedt zu läuten hatte, das Zeichen zum Gebet[97]). Seit 1424 ward in der Fastenzeit Abends 5 Uhr nach dreimaligem Geläut ein feierliches Salve Regina von den drei Pfarrpriestern, dem Schulmeister der Martinischule, dem Opfermann und einer Anzahl Schüler jener Schule vor dem Hochaltar oder dem Frühmessenaltar, auf dem dann sieben Lichter brannten, gesungen und die betreffenden Collecten gelesen,

---

1370: Conrad Döring und Rudolf von Belstede (Urkunde 75).
1393: Albert von Winnigstedt und Hilmar von Strobeke (Degeb. der Altstadt III, Nr. 127).
1412: Hans Krull und Lambert von Evessen*).
1428: Fricke von Damm und Lambert von Evessen.
1432 und 1448: Hans von Scheppenstedt und Heinrich Kirchhof.
1455: Hermann Kahle und Cord von Strobeke.
1465: Wedege von Belstedt und Cord von Strobeke.
1475: Jordan Holle und Albert von Bechelde.
1485: Jordan Holle und Wedege von Belstedt.
1495: Jordan Holle und Hans Kahle.
1503: Jordan Holle und Tile Döring.
1515: Tile von Damm und Gerlach Kahle.
1525: Tile von der Leyne und Ludolf Bode.

*) Diese und alle Folgenden nach dem Goddeshuse register von 1412.
92) Shigtbok S. 248.
93) Ablaßbrief des Bischofs Heinrich von Brandenburg von 1279 im Archiv der Kirche Nr. 3.
94) Ablaßbrief des Bischofs Heinrich von Hildesheim von 1311, ebendas. Nr. 20 und noch ein anderer von 1322 das. Nr. 38.
95) Gedenkbuch I, fol. 11 und Kämmereibuch der Altstadt S. 101.
96) Urkunde von 1432 Nr. 145.
97) Degeb. der Altstadt III, Nr. 495.

wie es Hans Porner bestimmt hatte [98]). Jener Lobgesang ward seit 1502 auch jeden Sonntag nach der Vesper in der Kirche gesungen [99]).

An der Südseite der Kirche stand auf dem Kirchhofe ein Marienbild. In die vor demselben befindliche Leuchte ward ein Licht während des Lobgesangs gestellt, welchen an jedem Sonntag, Dienstag, Donnerstag und Sonnabend Abend dort Priester mit Schülern zu singen hatten [100]). Endlich noch 1524 kurz vor der Reformation gaben zwei Bürger das nöthige Geld her, um jenen Gesang an noch zwei Abenden vor dem Marienbilde auf dem Kirchhofe singen zu lassen [101]).

8. Die Katharinenkirche [1]).

Chronisten des 15. Jahrhunderts nennen Heinrich den Löwen den Erbauer dieser Kirche und berichten, sie sei von ihm für das Weichbild des Hagens zur Pfarrkirche bestimmt [2]). Daß dies Gotteshaus in dem von jenem Fürsten verliehenen und von Otto dem Kinde bestätigten Rechte des Hagens §. 11 erwähnt wird, ist S. 68 angegeben; die erste sichere Spur ihres Bestehens gehört dem Jahre 1224 an, wo ein Pfarrer derselben urkundlich erwähnt wird [3]). Von dem ursprünglichen Bau ist das Mittelschiff mit den Kreuzflügeln und das untere Thurmgeschoß, beide im rein romanischen Charakter erbaut, erhalten [4]). In die Mitte des 13. Jahrhunderts fällt ein erweiternder Umbau der Kirche, wovon

---

[98]) Urkunden von 1424 Nr. 137. 138.
[99]) Urkunden von 1502 Nr. 246 und 252.
[100]) Schmidt, S. 27.
[101]) Urkunde von 1524 Nr. 283.

[1]) Quellen für die Geschichte dieser Kirche im Mittelalter sind außer etwa 80 Originalurkunden, die jetzt im Stadtarchiv aufbewahrt werden, ein Copialbuch in 4°, welches auf 48 Seiten Urkunden des 14. Jahrhunderts enthält, und zwei Finanzbücher in 4°, das eine 33 Blätter stark dem 14. Jahrhundert angehörend, das andere 68 Seiten zählend im Jahr 1403 begonnen, ebenfalls im Stadtarchiv aufbewahrt. Eine Bearbeitung ihrer Geschichte lieferte Rehtmeier, Kirchenhistorie I, 122 flg. Das Architektonische bespricht Schiller, Die mittelalterliche Architektur in Braunschweig, S. 48 flg.

[2]) S. 69. Daß Heinrich die Kirche dotirte, wie Rehtmeier I, 122 angiebt, erweisen weder Urkunden, noch sonstige Quellen.

[3]) Orig. Guelf. III, 698.

[4]) Schiller, S. 48.

der Ablaßbrief Zeugniß giebt, welchen Cardinal Hugo am 31. Januar 1252 ausstellte, in dem er Allen, welche den kostbaren Neubau der Kirche unterstützten, 40 Tage Ablaß zusagte[5]). Welcher Theil damals umgestaltet ward, sagt keine Urkunde; aber aus dem Charakter des Baues vermuthet man[6]) nicht ohne Grund, daß in jener Zeit die beiden Seitenschiffe vom Thurme bis an die Kreuzflügel und das zweite und dritte Thurmgeschoß hinzugefügt wurden. Das vierte Geschoß des Thurmes mit dem gothischen Glockenhause wurde angeblich gegen Ende des 13. Jahrhunderts erbaut[7]). Im Anfang des 14. Jahrhunderts muß ein Unglücksfall, wie es scheint eine Feuersbrunst[8]), die Kirche betroffen haben. In Folge davon ward eine fast vollständige Erneuerung des Gebäudes nöthig, welche unter der Leitung Conrads von Lutter, der auch Rathsherr im Hagen war, um 1320 vorgenommen wurde. Er begann mit einem Neubau des Chores, welcher 50 Mark kostete. Den neuen Hochaltar weihete 1321 ein Vicar des Bischofs Johann von Halberstadt. Dann wurde die Kirche, deren Wände und Pfeiler stehen geblieben zu sein scheinen, mit einem neuen Dache und mit einer Orgel versehen, auch die beiden Seitenschiffe mit einem Aufwande von 80 Mark wiederhergestellt[9]). Erst 1343 scheint die Restauration der Kirche beendet zu sein; denn erst damals soll sie Bischof Albrecht von Halberstadt von Neuem geweihet haben[10]). Der Thurm ward 1379 vollendet und mit einem achtseitigen Helmdach versehen[11]). Die Nachricht, daß die beiden von den Kreuzflügeln ab nach Osten gelegenen Quadrate der Seitenschiffe 1450 und die Chornische um 1500 erbaut seien, bedarf des Beweises[12]). Daß jene Theile jünger als die übrige Kirche sind, zeigt schon das Material, aus dem sie erbaut wurden. Auf der Stelle des östlichsten Quadrats des südlichen Seitenschiffs stand eine um 1400 er-

---

5) Rehtmeier, Kirchenhistorie I, Beilage S. 108.
6) Schiller, S. 50.
7) Schiller, S. 51.
8) Diese hatte 1302 auch das benachbarte Tuchhaus der Lakenmacher verzehrt. Copialbuch der Kirche S. 3.
9) Computatio Conradi de Luttere aus der Zeit um 1330 im Stadtarchiv und Notiz aus dem Jahre 1321 bei Ribbentrop, Beschreibung der Stadt Braunschweig I, 133.
10) C. Abel, Stiftschronik von Halberstadt, S. 347.
11) Botho zum Jahre 1379 bei Leibnitz, S. R. Br. III, 387.
12) Schiller, S. 54. 48.

baute Capelle, nach dem darin belegenen Altar die Andreascapelle benannt [13]).

Im Innern der Kirche standen nicht 12, sondern 16 Altäre [14]). Der Hochaltar im Chore, „der glorreichen Jungfrau Catharina" geweiht, ward erst 1295, wahrscheinlich nach Vollendung des um 1250 begonnenen Neubaues der Kirche, von einem Lübecker Halto fundirt und dotirt [15]). Den Altar St. Elisabeths in der Südseite der Kirche fundirten 1300 Stephan Stapel und andere Bürger [16]). Den Nicolausaltar, welcher ebenfalls in der Südseite der Kirche am Eingang zum Chore lag, dotirte 1302 Alexander von Mandere. Daß in jenem Jahre außer dem Altar der 11,000 Jungfrauen noch zwei oder drei andere Altäre vorhanden waren, zeigt dieselbe Urkunde, nach welcher damals außer dem Pfarrer noch sechs Priester der Kirche dienten, was auf sechs Nebenaltäre schließen läßt [17]). Der Thomasaltar war 1319 im November durch Wasmod von Roden [18]), der Altar der 10,000 Ritter 1320 durch Eckhard von Vallersleve und Berthold Grube und der Altar Simonis und Judä, am obersten d. h. östlichsten Pfeiler der Südseite belegen, durch Dietrich Steffens 1320 fundirt und dotirt [19]). Am mittelsten Pfeiler der Südseite stand der Altar Johannes des Täufers und der Maria Magdalena, welchen 1341 der Pfarrer Reimbold stiftete und fromme Gemeindemitglieder später weiter ausstatteten [20]). In der auf der Südseite des Chores belegenen kurz vor 1400 erbauten Andreascapelle finden wir den 1397 von Claus Lodewiges fundirten Andreasaltar [21]). Im nördlichen Seitenschiff stand an der Sacristei

---

13) Finanzbuch II, S. 53 und Urkunde von 1408 Nr. 44.

14) Rehtmeier, Kirchenhistorie I, 123—125. Dort sind leider keine Quellen angegeben.

15) Urkunde vom 22. September 1295 Nr. 6.

16) Urkunde vom 31. October 1300 Nr. 8, auch im Copialbuch S. 1. 2.

17) Urkunde vom 27. October 1302 Nr. 9, auch im Copialbuch S. 3.

18) Urkunde vom 6. November 1319, im Copialbuch S. 5.

19) Urkunde des Bischofs Albrecht von Halberstadt vom 17. October 1320 im Copialbuch S. 11 flg. und bei Rehtmeier, Kirchenhistorie I, Beilage 109 und Urkunde Nr. 54.

20) Urkunden vom Jahre 1360 Nr. 87 und vom Jahre 1429 Nr. 56. Notizen von 1397 im Degedingsbuch des Hagens II, Nr. 46. 33. 88. 203 und im Copialbuch III, Nr. 146 zum Jahre 1433 und Nr. 274—288 zum Jahre 1427.

21) Urkunden von 1397 Nr. 41 und von 1418 Nr. 46. Notizen im Degedingsbuch des Hagens II, zu 1399 Nr. 59. 71.

8. Die Katharinenkirche.

an dem Aufgange zu der über ihr befindlichen Prieche der Philippus- und Jacobusaltar, 1401 von Barthold Schwalenberg begründet[22]). Im Anfang des 15. Jahrhunderts war auch der Liebfrauenaltar, der vor dem vorhergenannten Altare stand, schon vorhanden. Wer ihn stiftete, ist nicht bekannt; doch ist zu vermuthen, daß der um 1400 von Heinrich von Amberga in dieser Kirche gegründete Altar mit diesem Altar identisch sei[23]). Auf der Prieche über der Sacristei wurde nach einem Vermächtniß Heinrichs Brandenborg 1411 der Altar der heiligen drei Könige erbaut[24]). Unbekannt ist die Lage des Dreifaltigkeits- altars, welchen 1429 Tile vom Broke fundirte[25]), ebenso die des Matthiasaltars, welchen 1437 Aschwin von Halberstadt wo nicht begründete, so doch reichlich beschenkte[26]). Mitten in der Kirche beim Taufstein stand der Frohnleichnamsaltar, gebaut von Grete, der Wittwe des Bürgers Bruns[27]). Endlich wird noch genannt der Annen- altar, welchen der Bürger Hennig Kalm stiftete[28]).

An Lampen und Lichtern besaß die Kirche im Mittelalter großen Reichthum. Um 1400 brannten Lampen auf dem hohen Chore, in der Andreascapelle vor dem Andreasaltare, über dem Taufstein und vor dem Liebfrauenaltare[29]). Vor dem Chore hing eine Krone, zu deren Be- leuchtung die Wittwe Blumenhagen um 1400 das Geld aussetzte[30]). An derselben Stelle etwa über dem kleinen Altar, der wohl auch hier als Laienaltar dem heiligen Kreuze geweiht gewesen sein wird, mag das heilige Kreuz seine Stelle gehabt haben, welches 1325 urkundlich erwähnt wird[31]). Vor diesem Kreuze erhielten die Meistergesellen der

---

22) Finanzbuch II, S. 24 und Urkunde vom Jahre 1402 Nr. 43 und Copial- buch des Raths II, fol. 8¹; III, fol. 120¹. Degeb. des Hagens II, S. 81 und Ur- kunde von 1429 Nr. 60. Daß 1405 in der Kirche zwölf Altäre bestanden, zeigt Fi- nanzbuch I, fol. 19¹.

23) Finanzbuch II, S. 24. Degedingsbuch des Hagens II, S. 64.

24) Urkunden von 1411 Nr. 50 und von 1429 Nr. 59 und im Degebingsbuch des Hagens II, S. 189. Weitere Vermächtnisse an diesen auch St. Barbara ge- weiheten Altar siehe im Copialbuch des Rathes III, fol. 111¹, 120¹ und 117.

25) Urkunde von 1441 Nr. 70.

26) Urkunde von 1437 Nr. 67.

27) Urkunde von 1440 Nr. 69 und Finanzbuch I, fol. 29.

28) Stiftungsjahr und Lage sind unbekannt. Rehtmeier I, 125.

29) Finanzbuch II, S. 48. Degeb. des Hagens II, S. 76 und S. 94.

30) Finanzbuch I, fol. 20¹.

31) Urkunden von 1325 Nr. 19 und Nr. 65 vom Jahre 1485.

Tuchmacherinnung im Hagen³²) ein Licht; eine andere 36 Pfund schwere Wachskerze, das Tauflicht, brannte am Taufstein, das 40 Pfund schwere Liebfrauenlicht vermuthlich vor dem Liebfrauenaltare³³). Vor dem Frohnleichnamsaltare brannte seit 1448 eine eigene Krone³⁴), vor dem Hochaltare hielten seit 1443 die Knochenhauer im Hagen einige Kerzen³⁵), erwähnt werden ferner die Apostel-Lichter³⁶). Am Charfreitage verfertigte man aus 13 Pfunden Wachs Kerzen zur Erleuchtung des für diesen Tag hergerichteten heiligen Grabes, am Tage Mariä Lichtmessen verwandte man ebenso viel Wachs zu Kerzen, am Frohnleichnamstage 10 Pfund zu den Frohnleichnamslichtern und am Kirchweihtage 30 Pfund zur Erleuchtung des Gotteshauses³⁷). Diese Kerzen beschaffte man meistens von milden Gaben, welche zu verschiedenen Zeiten in der Gemeinde gesammelt wurden³⁸). Zur Haltung von vier großen Kerzen oder Traglichtern, zu denen 100 Pfund Wachs verwandt werden sollten, setzte Hans von Halberstadt 1409 eine Summe Geldes aus³⁹). Diese Lichter wurden, wie es scheint, beim Leichenbegängniß armer Leute benutzt; am Frohnleichnamstage trug man sie in Procession dem heiligen Leichnam voran und ließ sie dann auf dem Frohnleichnamsaltar bis zum Ende der Vesper brennen; auch am Allerheiligen- und Allerseelentage brannten sie⁴⁰).

An Kirchenornat⁴¹) waren 1405 vorhanden zwölf Kelche, zehn Monstranzen, darunter eine aus Elfenbein, mehrere andere mit kostbaren Reliquien geschmückt⁴²), zwei Kreuze, mit denen der Priester den Segen ertheilte, ein Paar silberne Ampeln und zwei silberne Weinkannen. Zu Reliquienbehältern mögen mehrere aus Silber getriebene Arme und Häupter von Heiligen benutzt sein. Genannt wird das Haupt St. Katharinas und die Arme St. Valentins, St. Sylvesters und St. Bern-

---

32) Degeb. des Hagens II, S. 33. 143.
33) Finanzbuch II, S. 48.
34) Finanzbuch I, fol. 29.
35) Finanzbuch II, S. 65.
36) Finanzbuch II, S. 26. 49.
37) Finanzbuch II, S. 50. 27.
38) Finanzbuch II, S. 48—50.
39) Dusse lecht scalme setten unde bernen allen ellenden armen unde we ör begerd.
40) Degeb. des Hagens II, S. 167. Finanzbuch II, S. 68.
41) Finanzbuch I, fol. 17¹—20.
42) In einer befand sich ein Finger St. Elisabeths, in einer anderen ein Stück vom Haupt St. Katharinas, in einer dritten ein Stückchen vom Kreuze des Herrn.

8. Die Katharinenkirche.

ward. Die Statuen St. Katharinas, St. Matthias, St. Benedictus und St. Andreas zierten die Altäre des Gotteshauses, unter dessen Kostbarkeiten auch eine Krone Unserer lieben Frau erwähnt wird. An 20 Meßgewänder und eine Menge von Priesterröcken, Caseln und Kappen nebst Altardecken, Vorhängen und Teppichen waren 1405 vorhanden; 38 Bücher dienten zum gottesdienstlichen Gebrauch der Geistlichen, darunter 7 Meßbücher[43]), 4 Gradualbücher, 4 Antiphonaria, 6 Psalter, 2 Bibeln, 3 Agenden, 2 Legendenbücher und 1 Passionale. Die Orgel war 1400 schon „seit alter Zeit" vorhanden[44]), 1502 ward das Orgelwerk erneuert und bei der Anwesenheit des päpstlichen Legaten und Cardinals Raimund eingeweiht[45]).

Glocken haben sich im Thurme schon 1295 befunden, schon damals ist vom Morgengeläut dieser Kirche die Rede[46]); einen Glöckner finden wir bereits 1302[47]). Um 1400 werden zwei große Glocken offenbar im Gegensatz zu kleineren Glocken erwähnt[48]), zu diesen mag die 1401 erwähnte Ave-Marienglocke gehört haben[49]); eine der noch vorhandenen ist aus dem Jahre 1498, eine andere, die St. Bernward geweihete Stundenglocke ist 1512 gegossen[50]). Eine Sonnenuhr hat ein Meister Marquard 1385 am Thurme angebracht[51]).

Dem Pfarrer der Kirche standen 1302 schon sechs Priester, zwei Schüler und zwei Glöckner für die gottesdienstlichen Verrichtungen zur Seite[52]), 1322 werden neben ihm drei Pfarrpriester und fünf Capelläne, Altaristen oder Officianten genannt[53]), die Zahl der letzteren ist 1401 auf neun, die der Pfarrschüler auf vier gestiegen[54]). Das Amt des

---

43) Schon 1281 schenkten Conrad Stapels Söhne der Kirche ein Meßbuch. Urkunde des Stadtarchivs Nr. 21 und im Copialbuch der Kirche S. 35.
44) Finanzbuch II, S. 54 und I, fol. 17.
45) Finanzbuch II, S. 67 und Rehtmeier, Kirchenhistorie I, 126.
46) Urkunde von 1295 Nr. 6.
47) Urkunde von 1302 Nr. 9.
48) Finanzbuch I, fol. 11'. Eine der großen Glocken ward 1398 angeschafft. Finanzbuch I, fol. 33'.
49) Kämmereibuch des Hagens fol. 55'.
50) Schiller, Die mittelalterliche Architektur, S. 56.
51) Copialbuch des Raths II, fol. 54'.
52) Urkunde Nr. 9.
53) Degeb. des Hagens I, fol. 5.
54) Finanzbuch I, fol. 11' und Kämmereibuch des Hagens fol. 56'.

Pfarrers, welchen die Gemeinde wählte, der Herzog aber investirte[55]), bekleideten nachweislich folgende Geistliche:

1. Heinrich 1224[56]).
2. Nicolaus 1280. 1295[57]).
3. Balbewin von Dalem 1300. 1302, zugleich Custos im Blasiusstift[58]).
4. Reimbold 1301 Scholasticus am Blasiusstift, Pfarrer der Katharinenkirche seit etwa 1302, später auch Capellan Otto des Milden, stiftete den Johannisaltar in der Kirche, ließ noch 1350 für dieselbe eine Bibel schreiben und starb um 1351[59]).
5. Johannes von Verdingessen 1358. 1360[60]).
6. Conrad von Soltau 1377. 1400 auch Canonicus zu St. Blasius[61]).
7. Johannes Ryke 1402. 1411[62]).
8. Gerlach von dem Broke 1415. 1418[63]).
9. Otto Ottonis, ein unehelicher Sohn Herzogs Otto von Grubenhagen, als Pfarrer von 1429 bis 1456 genannt[64]).
10. Conrad Schwanenflügel 1479.
11. Johannes Seborch 1488. 1495[65]).
12. Johann Evernhusen 1500[66]).
13. Johann Kalm 1523[67]).

---

55) Jura Indag. §. 12 im Urkundenbuch der Stadt I. S. 2.
56) Orig. Guelf. III, 698.
57) Urkunde Nr. 3 in Rehtmeier, Kirchenhistorie, Supplem. S. 72 und Urkunde Nr. 6.
58) Urkunden Nr. 8. 9 und Memorienregister von St. Blasius S. 72.
59) Urkunde von 1301 der Martinikirche Nr. 7. Urkunde von 1349 im Degeb. des Hagens I, fol. 50; Urkunde von 1333 in Rehtmeier, Supplem. S. 60, von 1350 und 1351 Nr. 32. 34 und Degeb. des Hagens I, fol. 56.
60) Urkunde bei Rehtmeier I, 141 und Urkunde Nr. 37.
61) Ordinar. S. Blasii fol. 75. Nr. 95 und Finanzbuch I, fol. 16¹.
62) Urkunde Nr. 43 bei Rehtmeier, Kirchenhistorie I, 125 und Degeb. des Hagens II, S. 179.
63) Urkunden von 1415 Nr. 45 und von 1418 Nr. 46.
64) Urkunden von 1429 Nr. 53 flg. und Ordinar. S. Matthaei bei Gebhardi, S. 70.
65) Rehtmeier, Kirchenhistorie I, 125.
66) Urkunde des Stadtarchivs Nr. 1155.
67) Urkunde bei Hessenmüller, Heinrich Lampe S. 106. Rehtmeier, Supplem. S. 46.

8. Die Katharinenkirche.

Die Pfarre umfaßte im Mittelalter wie noch heut zu Tage das ganze Weichbild des Hagens, dessen einzige Pfarrkirche dieselbe ist.

Die ländlichen Grundstücke, welche das Kirchenvermögen bildeten, sind meistens im Verlauf des 14. Jahrhunderts bei Gelegenheit von Altargründungen erworben. Den Altar Simonis und Judä dotirte Dietrich Steffens 1315 mit einem Hofe und drei Hufen Landes in Bohnstedt [68]. Für den Thomasaltar erwarben die Kirchenvorsteher 1319 von den Gebrüdern von Rottorp den Brühlhof zu Ingeleben mit vier Hufen Landes [69]. Im April 1320 erkaufte die Kirche für 150 Mark fünf Höfe in Twelken bei Scheppenstedt, zu denen vier Hufen Landes, eine Wiese und ein Wäldchen gehörten, ferner die dortige Mühle und acht an Liten ausgethane Hufen Landes, endlich zwei Hufen in Gevensleben, drei in Remlingen und eine in Seker bei Jerxheim [70]. Vom Aegidienkloster erkaufte die Kirche 1327 zwei Höfe in Thiede mit zwei Hufen Landes [71]; noch einen Hof daselbst mit achtzehn Morgen Landes kaufte sie 1331 vom Kreuzstifte in Hildesheim [72]. Zur Dotation des Johannisaltars erwarb Pfarrer Reimbold durch Kauf von den Gebrüdern Reiners 1340 noch vier Hufen Landes in Twelken [73]. Einen Hof mit 1½ Hufen zu Dettum schenkte 1341 Adelheid, die Wittwe Johanns von Fallersleben; die Hälfte dieses Gutes sollte dem Kloster Wibrechtshausen bei Nordheim, ein Viertel der hiesigen Andreas- und ebenso viel der Katharinenkirche gehören [74]. 1398 fand die Katharinenkirche das Kloster ab und gelangte so in den Besitz dreier Viertel des Gutes zu Dettum [75]. 1343 kaufte die Kirche einen Hof mit einer Hufe Landes zu Remlingen [76]. Alle diese Güter sind ihr zur Zeit ihres Pfar-

---

68) Urkunde von 1315 im Copialbuch und von 1320 bei Rehtmeier, Kirchenhistorie I, Beilage S. 120.

69) Urkunden vom 6. November 1319 im Copialbuch S. 4 und S. 15.

70) Urkunden vom Jahre 1320 Nr. 12. 13. 14 und im Stadtarchiv Nr. 46, im Copialbuch S. 6, S. 9 und S. 11, letztere gedruckt bei Rehtmeier, Kirchenhistorie I, Beilage S. 109—111. Urkunde von 1332 im Copialbuch S. 26.

71) Urkunde vom 30. Mai 1327 Nr. 20 und im Copialbuch S. 19.

72) Urkunde vom 2. Mai 1331 im Copialbuch S. 22—24.

73) Urkunde vom 31. December 1341 Nr. 24 vergl. Nr. 21—23, im Copialbuch S. 27—29.

74) Urkunde vom 27. Mai 1341 im Copialbuch S. 33.

75) Finanzbuch I, fol. 10¹; II, p. 5 und Urkunden des Klosters von 1398 im Copialbuch S. 42. 43 flg.

76) Urkunde vom 28. März 1343 im Copialbuch S. 28.

rers Reimbold erworben. Nach dessen Tode um 1350 sind nur noch wenige ländliche Grundstücke acquirirt, so 1353 eine halbe Hufe in Abbenrode am Elme[77]) und 1366 zwei Hufen zu Kraut-Reindorf bei Kissenbrück[78]). Aus dem im Finanzbuch II. stehenden Inventarium der Kirche an Feldgut ergiebt sich, daß zu Anfang des 15. Jahrhunderts mehrere der früher erworbenen Güter wieder verloren gegangen waren; die Besitzungen zu Bohnstedt, Ingeleben, Twelken, Gevensleben, Thiede, Remlingen werden nicht mehr genannt. Das Vermögen der Kirche an Feldgut bestand damals nur noch in den Gütern zu Dettum, Abbenrode, Kraut-Reindorf, ferner in einer Hufe zu Watenstedt, drei Hufen und vier Höfen zu Bornum, in einem Hof zu Kissenbrück und in ½ Hufe zu Seker. Aus diesen Grundstücken hatte sie jährlich 8½ Scheffel an Weizen, 7 an Roggen, 6 an Hafer und etwas über 50 Schillinge baares Geld an Zinsen einzunehmen[79]).

Die Kirche hatte ferner jährlich einen halben Wispel Salz aus der Saline zu Lüneburg zu empfangen, woraus sich eine Einnahme von etwa fünf Mark ergab[80]). Die Feldmark des zwischen Jerrheim und Söllingen belegenen Dorfes Seker, welche 44 Hufen groß war, hatte an die Katharinenkirche den Zehnten zu entrichten[81]). Seit 1379 stand ihr die Fischerei in der Ocker oberhalb der Stadt bis Eisenbüttel und unterhalb bis Oelper zu, welche jährlich sieben Pfund Zins einbrachte[82]). An Erbenzins hatte sie um 1400 jährlich 168½ Schilling aus Häusern im Hagen einzunehmen[83]), an Worthzins über 27 Schillinge aus drei Häusern am Bohlwege bei der Tempelkirche und aus drei Häusern auf der Mauernstraße[84]), an Hausmiethe ungefähr 34 Schillinge[85]), an Pacht für etwa 12 Morgen Garten- und Feldländerei vor der Stadt

---

77) Urkunde vom Donnerstag nach Severus 1353 im Copialbuch S. 36.
78) Urkunden von 1366 Nr. 39, im Copialbuch S. 40. 42 und Finanzbuch II, S. 4.
79) Finanzbuch II, S. 4—7. 1408 gehörten der Kirche auch Wiesen zu Abbebüttel. Urkunde Nr. 44.
80) Finanzbuch II, S. 5.
81) Finanzbuch II, S. 7.
82) Urkunde von 1418 Nr. 46.
83) Finanzbuch II, S. 10—12.
84) Das. S. 12—13.
85) Das. S. 14.

8. Die Katharinenkirche.

etwa 90 Schillinge[86]) und an Zinsen für 190 Mark ausstehender Capitalien etwa 12 Mark[87]). Die Einnahme aus den Opfern, welche an Festtagen auf den Altären geopfert wurden, berechnete man um 1400 auf über 170 Schillinge, außerdem sammelte man für die in der Kirche brennenden Lichter in der Gemeinde jährlich über 50 Schillinge[88]).

Der Provisoren, welche der Rath im Hagen zur Verwaltung des Kirchenvermögens ernannte, gedenkt schon eine Urkunde vom Jahre 1295[89]).

Außer Weihnachten, Ostern, Himmelfahrt und Pfingsten wurden in der Katharinenkirche schon im 13. Jahrhundert als Feste gefeiert der Peter-Paulstag (29. Juni), der Katharinentag (25. November) und die Kirchweih, welche man am Sonntag nach dem Gallentage in der zweiten Hälfte des October beging[90]), ferner der Neujahrstag, der Tag der Erscheinung Christi, der Palmensonntag, Mariä Geburt, Verkündigung, Reinigung und Himmelfahrt, der Michaelistag, das Allerheiligenfest und der Nicolaustag (6. December)[91]). Aussicht auf die Erwerbung reichlichen Ablasses trieb die Gläubigen an diesen Tagen zum Besuch des Gotteshauses. Jener Ablaß ward 1300 auf den Besuch der Kirche am

---

[86]) Finanzbuch II, S. 15—17. Schon seit 1351 hatte die Kirche jährlich 71 Schilling Pachtzins aus 9½ Morgen Gärten einzunehmen. Copialbuch S. 38.

[87]) Das. S. 19—22. Weddescat.

[88]) Das. S. 25—27.

[89]) Urkunde Nr. 6. Dort heißen sie procuratores ecclesiae. Ordinar. 70 im Urkundenbuch I, 166. Bekannt sind von denselben:

Eggeling von Ringelem und Albert Kramer 1319 (Urkunde im Copialbuch S. 4).

Hermann von Honlage
Conrad von Lutter } um 1325 (Urkunde Nr. 19).

Tile von Odenum und Herwich Kahle 1388 (Degeb. der Neustadt II, fol. 77.

Gerlach vom Brole und Claus Berwer 1394. 1399 (Degeb. des Hagens II, S. 4. 59).

Ludeleff von Ingeleve und Cord Slachmann 1403 (Finanzbuch II, S. 1).

Cord Slachmann und Hans Kasenhusen 1409 (Degeb. des Hagens II, 167).

Meyne von Peyne und Heinrich Wittekop 1502 (Finanzbuch II, S. 67).

Heinrich Wittekop und Hennig Binder 1518.

Cord Hornburg und Hennig von Peyne bis 1528 (Der goddeshuse register).

[90]) Urkunde von 1252 Nr. 2 bei Rehtmeier, Kirchenhistorie II, Beilage S. 194 und Shigtbok S. 258.

[91]) Urkunde von 1280 Nr. 3 bei Rehtmeier, Kirchenhistorie, Suppl. S. 72.

Johannistage, am Stephans- (26. December), Vincentius- (22. Januar), Martins- (11. November), Magdalenen- (22. Juli) und am Lucientage (13. December), so wie auch auf alle Gläubigen ausgedehnt, welche unter Abbetung des Vaterunsers und des englischen Grußes um den Kirchhof gingen [92]). 1302 begründete ein Vicar des Blasiusstifts, Johann von Lüneburg, zwei Feste in der Katharinenkirche, das der 11,000 Jungfrauen (21. October) und das der heiligen Elisabeth (19. November) [93]). Im Verlauf des 14. und im Anfang des 15. Jahrhunderts kam noch dazu die Feier des Valentinstages (14. Februar); ein Marienfest nach Holtnickers Fundation am Sonnabend vor Jubilate zu begehen, das Frohnleichnamsfest, das Fest der Bekehrung St. Katharinas am Sonntage nach dem Peter-Paulstage zu feiern, von Claus Ludewigs Ehefrau fundirt; das Fest der Heimsuchung Mariä, von Rewerd von dem Campe gestiftet, das Theobaldusfest (29. Januar), eine Stiftung Hans Hornburgs, das Fest der heiligen Anna (26. Juli), das Eusemienfest (16. September), gestiftet von Bernd Kahle [94]), endlich das Fest St. Autors (20. August) und das der Kreuzeserhöhung (14. September), beide vom Rath um 1350 gestiftet [95]). In der Fastenzeit wurde seit 1426 auch hier gleich nach 5 Uhr Nachmittags ein Salve regina gesungen [96]). Von späteren gottesdienstlichen Stiftungen an dieser Kirche ist nichts mehr bekannt, weil die Urkunden von 1458—1524 bei der großen Ueberschwemmung des Jahres 1808 durch Benetzung mit Wasser unleserlich geworden sind.

9. Die Andreaskirche [1]).

Für die Erbauung dieser Kirche um's Jahr 1200 [2]) läßt sich kein altes Zeugniß anführen. Erst 1559 schrieb der Erbauer des Thurmes, Barward Tafelmaker, in einem 1835 im Thurmknopfe wieder aufgefun-

---

92) Urkunde von 1300 Nr. 7.
93) Urkunde von 1302 Nr. 9, im Copialbuch S. 3.
94) Urkunde von 1354 im Copialbuch S. 40 flg.
95) Finanzbuch II, S. 55—58, Kämmereibuch des Hagens fol. 56ᵇ.
96) Copialbuch des Rathes III, fol. 112.
1) Als Quellen sind hier zu nennen a) 120 Originalurkunden von 1290—1520, b) ein Zins- oder Vermögensbuch der Kirche, 42 Seiten in hoch

9. Die Andreaskirche.

denen Berichte³), daß das Fundament des Thurmes 1200 gelegt sei. Daraus hat man geschlossen, daß auch die Kirche um jene Zeit erbaut sein müsse. So unsicher der Grund dieses Schlusses ist, so nahe kommt er dennoch der Wahrheit. Daß 1227 bei der Weihe des Blasiusstiftes die sieben Pfarrkirchen der Stadt im Stande waren, leidet keinen Zweifel⁴), obwohl die älteste Urkunde, welche der Andreaskirche gedenkt, erst dem Jahre 1290 angehört⁵). Die Behauptung des Shigtboks S. 255, „reiche Kaufleute, welche Krüppel gewesen seien, hätten sie erbaut," scheint historisch unbegründet; mehr Glauben verdient die Angabe, daß dies Gotteshaus dem Apostel Andreas und St. Vitus geweihet sei, obwohl sich der Letztere als Patron urkundlich nicht nachweisen läßt. Im 13. Jahrhundert scheint nur das Mittelschiff mit den Kreuzflügeln und den beiden ursprünglichen Seitenschiffen, welche in romanischer Weise nur die halbe Höhe und Breite des Mittelschiffes gehabt haben mögen, nebst dem unteren Thurmgeschoß fertig geworden zu sein⁶). Seit 1360 bauete man am Thurme weiter. In den folgenden sechs Jahrzehnten ward „das Mittelhaus" oder Glockenhaus und die untere Etage beider Thürme im rein gothischen Style erbaut⁷). In dieser Zeit bauete man aber auch an der Kirche; 1397 ward die Sacristei vergrößert und mit mehr Fenstern versehen⁸); 1405 die Chornische vollendet, wie die Inschrift an ihrem Giebel besagt; 1419 endlich scheinen die erweiterten und erhöheten Seitenschiffe und ihre mit vielen Bildwerken verzierten Gie-

---

4⁰, auf dessen Umschlage die Jahreszahl 1383 steht, und c) ein 1399 angelegtes Copialbuch, in welchem die wichtigsten Urkunden der Kirche bis 1524 eingetragen sind, nebst einem Verzeichniß der ihr gehörenden Kleinodien, der ihr zu zahlenden Zinse und der von ihr zu entrichtenden Leibrenten. Es enthält 74 Blätter in hoch 4⁰. Alle diese Quellen werden jetzt im Stadtarchive aufbewahrt.

Beiträge zur Geschichte dieser Kirche lieferten:

Rehtmeier, Kirchenhistorie I, S. 129—137 und Supplem. 46 flg.

Wolff, Einige Nachrichten von der Andreaskirche im Braunschw. Magazin 1825, St. 42—44. Schiller, Die mittelalterliche Architektur, S. 80—92.

2) Rehtmeier I, 129 und Schiller, S. 81.
3) Abgedruckt in von Bechelde, Br. Geschichten, S. 299.
4) Memorienregister St. Blasii S. 35.
5) Urkunde Nr. 1 und Wolff im Braunschw. Magazin 1825, S. 681.
6) Schiller, S. 81—83.
7) Tafelmaler bei von Bechelde, S. 301.
8) Urkunde Nr. 38.

belselber fertig geworden zu sein [9]). Nachdem die Kirche somit um 1420 vollendet war, machte man sich um 1450 wieder an den Thurmbau [10]). 1454 nahmen der Rath und die Vorsteher derselben den Meister Jacob von Göttingen für den Thurmbau an [11]), verwandten seitdem nachweislich auch mehrere Capitale an die Erbauung des südlichen Thurmes [12]), welchen Barward Tafelmaker 1518—1532 vollendete, worauf er 1544 ein Kupferdach erhielt [13]).

In der Kirche wurden im Laufe des Mittelalters folgende Altäre gestiftet [14]). Am ältesten ist der Hochaltar im Chore, dem heiligen Andreas als dem Schutzpatron der Kirche wohl zu Anfang des 13. Jahrhunderts geweiht; vielleicht ebenso alt ist der Altar vor dem Chore, der jetzige kleine Altar, dessen Patron wir nicht kennen [15]). Im Anfang des 14. Jahrhunderts ward ein neuer Altar im südlichen Seitenschiff fertig, an welchem Theodolf von Graslege und andere Bürger 1316 eine täglich nach der Frühmesse abzuhaltende Messe fundirten [16]). Dieses Altars Patron scheint die Jungfrau Maria oder St. Nicolaus gewesen zu sein. Der Margarethenaltar mag um 1323 gestiftet sein; denn damals erwarb der Kaufmann Berthold von Holle und der Pfarrer Bruno die fünf Hufen zu Woltorp, welche dessen Ausstattung bildeten [17]). Er lag „oben in der Kirche in der Capelle am Chore nächst der Südseite", heißt darum auch der Capellenaltar [18]). Der Altar St. Barbaras ward 1353 von Ludeke Schermer begründet und mit dem halben Zehnten zu Südgleidingen und drei Hufen zu

---

9) Diese Jahrzahl steht am westlichsten Giebel der Nordseite neben dem Bilde des heil. Andreas.

10) Testamentenbuch S. 64. 71 zu den Jahren 1453 und 1454.

11) Copialbuch fol. 42.

12) Urkunde von 1454 im Copialbuch fol. 52¹, von 1484 Urkunde Nr. 92, von 1517 bei Rehtmeier, Supplem. S. 46.

13) Tafelmaker bei von Bechelde, S. 301 flg.

14) Ohne Angabe der Quellen nennt Rehtmeier I, 134 flg. die meisten derselben.

15) Daß der Altar vor dem Chore St. Vitus geweihet war, wie Rehtmeier I, 135 vermuthet, sagt keine Urkunde. Im Copialbuch fol. 32¹ heißt er de vromissen-altar.

16) Urkunde Nr. 8.

17) Urkunden Nr. 10. 11. 12 und Copialbuch fol. 6, in welchem die beigeschriebene Notiz ad altare S. Margarete von Wichtigkeit ist.

18) Urkunde von 1485 im Copialbuch fol. 66¹. Copialbuch fol. 32¹.

9. Die Andreaskirche.

Münstedt dotirt [19]). In demselben Jahre stiftete Hennig von Machtersem den Altar Johannis des Täufers und stattete ihn mit Gut zu Hallendorf und Bebbingen aus [20]). Nach dem letzten Willen Hennigs von Odenum ward 1377 der Lorenzaltar fundirt und mit 3 Hufen zu Beierstedt dotirt, wozu Arnd Perzekes noch 2 Hufen in Bornum bei Lutter fügte [21]). Spätestens am Ende des 14. oder im Anfange des 15. Jahrhunderts, jedenfalls vor 1407, entstanden noch die Altäre Unsrer lieben Frau und St. Nicolaus [22]). Der letztere, auch der Seelmessenaltar genannt, dessen eine Urkunde schon 1408 gedenkt [23]), lag bei dem Chore rechter Hand nach Süden hin; eine Stiftung der Bürgerin Heyse fügte diesem Altar 1516 St. Anna als zweite Patronin hinzu [24]). Im 15. Jahrhundert kamen noch acht neue Altäre zu den neun schon vorhandenen. Den Paulsaltar, am dritten Pfeiler im nördlichen Seitenschiff belegen, fundirte Hans Bosse und der Priester Valentin Easse 1407 [25]). Im Jahre 1408 war auch der Altar Mariä Magdalenä, welcher über der Sacristei stand, bereits vorhanden [26]). In der Mitte der Kirche stand „vor der Rosten hinter dem heiligen Stocke bei dem Tauffsteine" der Altar der heiligen Dreifaltigkeit, welchen 1429 Hans Blumenhagen stiftete [27]). An dem „untersten Pfeiler der nördlichen Seite" ward 1442 der Petersaltar durch Arnd von der Leyne [28]), und ihm gegenüber am untersten Pfeiler der südlichen Seite 1442 noch ein Dreifaltigkeitsaltar durch Thile Karstens gegründet, an welchem St. Andreas und

---

19) Urkunde Nr. 26 und Copialbuch fol. 12.
20) Urkunde Nr. 27 und Copialbuch fol. 25.
21) Urkunde Nr. 32 und Urkunde von 1403 im Copialbuch fol. 17¹.
22) Diese erwähnt das vor 1407 geschriebene Verzeichniß der Altarbehänge zu St. Andreas im Copialbuch fol. 32¹. Der Marienaltar wird erst 1429 wieder erwähnt im Degedingsbuch der Neustadt II, fol. 165.
23) Urkunde Nr. 48.
24) Urkunde von 1507 Nr. 107; von 1516 im Copialbuch fol. 71¹.
25) Urkunde von 1407 Nr. 46; von 1408 im Copialbuch fol. 21 und von 1428 Nr. 61. Mitpatrone waren St. Stephan, St. Alexius, Fabianus, Sebastianus, Cyriacus, Eustachius und Valentinus.
26) Urkunde Nr. 48.
27) Urkunde Nr. 62. Mitpatrone waren die Apostel Simon, Judas, Matthias und Paulus, St. Sylvester, Pancratius, Theobald, Jobocus, St. Brigitte und Katharina.
28) Urkunde Nr. 67.

St. Bartholomäus Mitpatrone waren[29]). Unten an der Sacristei fundirte im nördlichen Seitenschiff 1448 Dietrich Rutenberg den Kreuzesaltar[30]); 1463 stiftete der Licentiat Eggeling Becker den Altar der vier heiligen Lehrer in der Südseite in der Capelle neben dem Chor[31]); den Altar der 10,000 Ritter endlich stiftete Gereke vom Hagen 1495 über der Sacristei[32]). Ob der in einer Urkunde vom Jahre 1519 erwähnte Valentinsaltar[33]) ein selbstständiger Altar war, oder ob dies nur eine andere Benennung für den Paulusaltar ist, welcher St. Valentin zum Mitpatron hatte, ist nicht zu entscheiden.

Dafür, daß an hohen Festen der Schmuck der Lichter nicht fehlte, sorgten fromme Christen auch in dieser Kirche. Auf dem Chore stand ein siebenarmiger Leuchter, auf welchem nach einer Stiftung Thile Karstens an Festtagen 7 Lichter zu brennen pflegten[34]); ebendaselbst brannte, wahrscheinlich vor dem Hochaltar, eine ewige Lampe, welche einst die Lakenmacher der Neustadt dem Gotteshause verehrten[35]). Eine andere Lampe stiftete die Familie Gerwinus[36]). Lichter brannten an hohen Festen mehrere auf dem Chore[37]), eins vor dem Nicolausaltare[38]), eins vor dem Kreuze, das den Kreuzesaltar geschmückt haben mag[39]). Das Liebfrauenlicht, welches an einem der südlichen Pfeiler dem Standbilde St. Urbans gegenüber brannte, wenn Freitags das Hochamt, Sonnabends die Liebfrauenmesse und Sonntags die Seelenmesse gehalten wurde, wenn in der Fastenzeit das Salve regina gesungen oder ein hohes Fest gefeiert ward, hatten 1480 die Knochenhauer der Neustadt gestiftet und dotirt[40]). Auch an Kleinodien und sonstigen Kostbarkeiten fehlte es nicht. Ein um 1400 aufgenommenes Inventarium[41]) nennt

---

29) Urkunde Nr. 66.
30) Urkunde Nr. 70.
31) Urkunde Nr. 79.
32) Urkunde Nr. 101 und Copialbuch fol. 63¹.
33) Urkunde bei Rehtmeier, Supplem. S. 47.
34) Urkunde von 1429 im Copialbuch fol. 51 und im Degedingsbuch der Neustadt III, fol. 165.
35) Urkunde von 1395 im Degeb. der Neustadt I, fol. 18¹.
36) Vermögensbuch S. 9.
37) Das. S. 3.
38) Urkunde von 1447 Nr. 68.
39) Vermögensbuch S. 13 und Urkunde des Stadtarchivs Nr. 28.
40) Urkunde Nr. 87.
41) Copialbuch fol. 31¹—33¹.

8 silberne Kelche mit Patenen, für die damals vorhandenen Altäre ausreichend, 9 Monstranzen, meistens von Silber, nur zwei von Kupfer aber vergoldet; in einer silbernen Monstranz ward etwas vom heiligen Blute des Herrn aufbewahrt, welche zu bestimmten Zeiten ausgestellt ward, damit die Gläubigen vor ihr milde Gaben opferten[42]). Für die 1400 vorhandenen Altäre waren 22 Altardecken vorhanden, 8 Paar Altarleuchter, 4 große Leuchter auf dem Chor und 6 Ampeln; 18 Meßgewänder hatte die Kirche bald nach 1400, darunter ein sammetnes und eins von rother Seide; an Caseln, Alben, Chorkappen fehlte es nicht, auch ein Paar Fahnen für Processionen waren da. An Festtagen wurden auf den Altären die Kleinodien ausgestellt, z. B. St. Andreas Haupt und sein Arm, beides silberne Reliquienbehältnisse, 5 silberne Statuen von Aposteln, 4 vergoldete Kreuze aus Silber, ein Frauenhaupt als Reliquienbehältniß, eine Statue der heiligen Jungfrau, welche man mit silbernem Scepter, silberner Krone, Mantel und Spangen schmückte, ein elfenbeinernes Marienbild, Statuen der heiligen Barbara und Ursula und mehrere Reliquienbüchsen. Von gottesdienstlichen Büchern waren mehrere Missalien, Psalter, Antiphonarien, Gradualien, Legenden- und Taufbücher, Sequenzen- und Hymnenbücher vorhanden. Eine Orgel hatte die Kirche bereits 1392[43]), Glocken schon 1302, die älteste der noch erhaltenen stammt aus dem Jahre 1410[44]), eine Thurmuhr wird 1491 erwähnt[45]).

Das geistliche Personal wuchs auch in dieser Kirche mit der zunehmenden Zahl der Altäre. Um 1350 finden wir außer dem Pfarrer 2 Pfarrpriester und 2 Capelläne[46]), 1401 hat sich die Zahl der letzteren schon auf 6 vermehrt[47]). Im 15. Jahrhundert fügte man noch mehrere Vicare oder Altaristen hinzu, welche der Pfarrherr gleich den Capellänen annahm und beköstigte. Um 1430 finden sich 2, etwa 40 Jahre nachher 6, 1472 schon 9 und zu Anfang des 16. Jahrhunderts gar 12 Vicare[48]). Für die niederen Functionen hatte die Kirche einige

---

42) Urkunde Nr. 6 vom Jahre 1315.
43) Vermögensbuch S. 28.
44) Urkunde des Stadtarchivs Nr. 28 und Schiller, S. 90.
45) Urkunde im Copialbuch fol. 45¹.
46) Degeb. der Neustadt I, fol. 25.
47) Kämmereibuch der Neustadt S. 36.
48) Urkunden von 1432 im Copialbuch fol. 52; von 1468 Nr. 82; von 1472 Nr. 84; von 1507 Nr. 107 und 1517 bei Rehtmeier, Supplem. S. 46.

Schüler, und einen Opfermann, dem auch ein Schüler zugeordnet war. Das ganze geistliche Personal der Kirche stand unter der Aufsicht ihres Pfarrherrn. Das Amt eines solchen bekleideten, soweit uns aus Urkunden bekannt ist:

1) Mag. Jordanus um 1300, zugleich Canonicus des Blasiusstiftes und Begründer der Pfarrbibliothek zu St. Andreas, welcher er 16 Handschriften meist theologischen Inhalts vermachte[49].

2) Mag. Bruno Luckemann wird zuerst 1301 am 26. März als Pfarrherr zu St. Andreas erwähnt. Später ward er auch Canonicus zu St. Blasius und fundirte und dotirte in diesem Stift die Andreascapelle und deren Altar, er ist als Pfarrer bis in den Juni 1333 nachzuweisen. Er starb im März 1335 oder 1336[50].

3) Ortghis bekleidete das Pfarramt im October 1336 und besorgte dasselbe noch 1358 im März[51]. Pfarrer waren ferner:

4) Claus von Solvelde um 1360[52].

5) Ludolf von Steinfurt von 1365 bis 1393. Er beschenkte die Pfarrbibliothek mit mehreren Werken und lebte noch eine Zeit lang nach Niederlegung seines Amtes[53].

6) Johannes von Embern ward Pfarrer um 1399, urkundlich zuerst 1402 als solcher genannt, zuletzt 1422 im April[54].

7) Ludolf Quirre war am 27. März 1424 schon im Besitz des Pfarramtes zu St. Andreas, später erscheint er auch als doctor decretorum, als Archidiaconus des Bannes Stöckheim, endlich auch als Dompropst zu Halberstadt und starb als solcher 1468, nachdem er die Pfarre schon einige Jahre vorher aufgegeben hatte[55].

---

[49] Degeb. der Neustadt I, fol. 36. Noch 1308 kommt er in einer Urkunde im Ordinar. S. Blasii fol. 48 als Mag. Jordanus de S. Andrea vor. 1309 im November starb er nach dem Memorienregister St. Blasii, S. 64 und nach der Urkunde der Andreaskirche von 1310, in welcher er quondam plebanus dieser Kirche genannt wird.

[50] Urkunde der Martinikirche Nr. 7 von 1301 und Urkunde von 1333 bei Rehtmeier, Supplem. S. 60. Memorienregister St. Blasii S. 15.

[51] Urkunde der Andreaskirche Nr. 20 und Urkunde des Stadtarchivs Nr. 189.

[52] Vermögensbuch S. 4.

[53] Urkunde Nr. 30 vom Jahre 1365 und Notiz von 1393 im Degedingsbuch der Neustadt II, fol. 88. Urkunde von 1400 Nr. 44. 1399 kommt er als de olde perner vor im Vermögensbuch, S. 30. 1401 war er schon todt. Kämmereibuch der Neustadt, S. 34.

[54] Urkunde Nr. 41 von 1402 und Nr. 55 von 1422.

[55] Urkunde Nr. 58 von 1424; Nr. 67 von 1442; Nr. 70 von 1448 und Nr. 28 von 1468.

9. Die Andreaskirche.

8) Johannes Hornburg, Pfarrer 1463 [56]).

9) Mag. Heinrich Loseken von 1485 bis 1495, einige Male in Urkunden genannt [57]). Sein Nachfolger war

10) Wilken von Hamburg um 1497, der nur wenige Jahre dies Amt bekleidete [58]), da sein Nachfolger

11) Dietrich von Linde schon 1499 im Besitz desselben war, in welchem er bis 1524 blieb. Er war auch Canonicus zu Gandersheim [59]).

12) Hennig Schorkopf von 1525 Pfarrer zu St. Andreas [60]).

13) Kulstein endlich bekleidete dies Amt 1527 [61]).

Das Patronat über die Andreaskirche, in welche die ganze Neustadt eingepfarrt war [62]), stand den Herzögen zu, ob auch so, daß die Gemeinde den Priester wählte und der Herzog den Gewählten investiren ließ, ist fraglich, da in dem Recht der Neustadt [63]) von diesem Privilegium der Bürger jenes Weichbildes nicht die Rede ist. Die Herzöge scheinen die Ausübung ihres Patronats hinsichtlich der Besetzung der Pfarrherrnstelle an's Blasiusstift übertragen zu haben [64]). Das Patronat der Nebenaltäre stand dem Rath der Neustadt zu.

An ländlichen Grundstücken erwarb die Kirche namentlich bei Gelegenheit von Altarstiftungen folgende: Der Kaufmann Berthold von Holle und der Pfarrer Bruno schenkten 1323 zur Ausstattung des Margarethenaltars einen Hof in Woltorp mit 5 Hufen Landes [65]), 1329 erkauften die Kirchenvorsteher zwei Höfe in Beyerstedt mit einem Zubehör von 3 Hufen [66]). In Woltorp verkaufte der Ritter Siegfried Scadewalt der Kirche 1330 noch einen Meierhof und eine Köte mit 3

---

56) Urkunde Nr. 79 vom 11. November 1463.
57) Urkunde von 1485 im Copialbuch fol. 66¹ und Urkunde Nr. 101 von 1495.
58) Urkunde von 1497 Nr. 102.
59) Urkunde Nr. 103 von 1499 und von 1524 im Copialbuch fol. 73 und im Braunschw. Magazin 1825, S. 696.
60) Braunschw. Magazin 1825, S. 700.
61) Gedenkbuch XV, zum Jahre 1527.
62) Shigtbok S. 255.
63) Urkundenbuch I, S. 21.
64) Braunschw. Magazin 1825, S. 695.
65) Urkunden Nr. 10. 11.
66) Urkunde Nr. 15.

Hufen oder 72 Morgen Landes⁶⁷). Den Johannisaltar dotirte Hennig von Machtersem 1353 mit zwei Acker- und zwei Kothöfen, zu welchen 4 Hufen Landes vor Hallendorf und 4 vor Beddingen gehörten⁶⁸). Dem Barbaraaltar überwies Ludeke Schermer 1353 den halben Zehnten zu Südgleidingen und 3 Hufen zu Münstedt⁶⁹), dem Lorenzaltar Hennig von Odenum 1377 einen Hof mit 3 Hufen zu Beyerstedt⁷⁰). Gegen Ende des 14. Jahrhunderts wurde für die Kirche noch erworben ein Hof mit 2 Hufen in Bornum am Elme⁷¹), und ein Hof zu Dettum⁷²). Im 15. Jahrhundert, wo man das Geld schon mehr zinsbar belegte, sind an Grundstücken meist auf Wiederkauf erworben: 1408 ein Meierhof zu Seinstedt im Gerichte Asseburg mit 6½ Hufen Landes⁷³), 1409 ein Hof in Oberg mit 6 Hufen⁷⁴), 1427 zwei Höfe zu Bortfeld mit 4 Hufen⁷⁵) und 1458 ein Hof zu Alvesse mit einer halben Hufe Landes⁷⁶). So besaß St. Andreas um die Mitte des 15. Jahrhunderts 45 Hufen, d. i. etwa 1300 Morgen Landes.

Bedeutende Einnahmen hatte diese Kirche schon am Ende des 14. Jahrhunderts an Miet- und Erbenzinsen, welche die Besitzer von hiesigen Höfen und Gärten zu zahlen hatten, entweder weil die Kirche ihnen oder ihren Vorfahren Capitalien vorgeliehen hatte, oder weil von Privatleuten das Recht, solche Zinse zu heben, an die Kirche bei Memorien- oder Altarstiftungen übertragen war⁷⁷). Seit der Mitte des 15. Jahrhunderts belegten die Kirchenvorsteher die großen Geldsummen, welche der Kirche bei Altar- und Memorienstiftungen zugewiesen wurden oder welche sie erspart hatten, meistens beim hiesigen Rathe, nur selten einmal auswärts, wie eine Menge von Urkunden dieser Zeit darthut. Zur Verwaltung des Kirchenvermögens ernannte der Rath

---

67) Urkunde Nr. 18.
68) Urkunden Nr. 27. 29. 30 und Degedingsbuch der Neustadt II, fol. 47.
69) Urkunde Nr. 26.
70) Urkunde Nr. 32.
71) Urkunde von 1403 im Copialbuch fol. 17¹.
72) Vermögensbuch S. 13.
73) Urkunde Nr. 48.
74) Urkunde im Copialbuch fol. 22.
75) Urkunden Nr. 59. 60.
76) Urkunde Nr. 78.
77) Vermögensbuch S. 1—15. Verzeichnisse solcher Einnahmen aus dem Anfange des 15. Jahrhunderts finden sich im Copialbuch, fol. 35 flg.

9. Die Andreaskirche.

der Neustadt [78]) 2 Aelterleute, in Urkunden auch procuratores oder provisores genannt [79]).

Außer den kirchlichen Hauptfesten feierte man hier ohne Zweifel seit dem Bestehen des Gotteshauses das Kirchweihfest am Sonntag nach dem Bartholomäustage, also gegen Ende des Monats August [80]). Sehr alt mag auch die Feier des Andreastages (30. November) in dieser ihm geweihten Kirche gewesen sein. Reichlichen Ablaß verhießen noch 1475 mehrere Cardinäle für den Besuch der Kirche den Gläubigen, welche an jenen Tagen milde Gaben spendeten [81]). Seit der Mitte des 14. Jahrhunderts ward nach einer Anordnung des Rathes auch hier der Autorstag und das Fest der Kreuzeserhöhung feierlich begangen [82]). Im 15. Jahrhundert kam durch besondere Stiftungen noch hinzu ein Liebfrauenfest, 4 Wochen nach Ostern zu feiern [83]); der Barbaratag durch Vesper am Vorabend, Frühmesse und Hochamt am Festtage (4. December) zu feiern [84]); 1431 das Fest St. Elisabeths am 19. Novem-

---

78) Ordinar. 71 im Urkundenbuch I, 166.

79) Zuerst kommen die procuratores ecclesiae S. Andreas vor in Urkunden von 1302 und 1305, Nr. 28 des Stadtarchivs und Nr. 2 des Kirchenarchivs. Als solche sind bekannt:

1322 Dietrich des Abbedes und Dietrich von Bahlberg (Degedingsbuch der Neustadt II, zum Jahre 1322).
1408 Conrad Unverhowen und Heinrich von Engelnstedt (Copialbuch fol. 21).
1422 Ulrich vom Broke und Berthold Vogt (Urkunde Nr. 55).
1429 Hans Blomenhagen und Hans vom Rode (Copialbuch fol. 51).
1436 Ludolf von Barbeke und Gerwin Unverzagt (Copialbuch fol. 53).
1443 Thile Karstens und Gerwin Unverzagt (Copialbuch fol. 41¹).
1454 Hennig Royber und Thile Forster (Copialbuch fol. 52¹ und 59).
1461 Hennig Royber und Hennig vom Hagen (Copialbuch fol. 60).
1472 Hennig Royber und Lubeke Smilber (Urkunde Nr. 84).
1484 Lubeke Kramer und Hans von Barbeke (Urkunde Nr. 92).
1507 Gerlach von dem Broke und Hermann Rebbessen (Urkunde Nr. 106 und Urkunde des Stadtarchivs Nr. 1248).
1517 Gerlach von dem Broke und Hans Beren (Urkunde Nr. 114 und bei Rehtmeier, Supplem. S. 46).
1518—1528 Hans Beren und Barward Tafelmaker (von Bechelde, Br. Geschichten, S. 302.

80) Shigtbol S. 255.
81) Urkunde bei Rehtmeier, Kirchenhistorie II, Beil. 215.
82) Kämmereibuch der Neustadt S. 35. 36.
83) Vermögensbuch S. 31.
84) Urkunde von 1429 im Copialbuch fol. 51 und im Degeb. der Neustadt III, fol. 165¹.

ber⁸⁵); 1457 das Fest „der Einbringung Unser lieben Frau" ⁸⁶) und 1468 das Fest der Bekehrung der heiligen Katharina, am 20. Juli zu begehen⁸⁷). Nach 1500 kam noch hinzu das Fest der heiligen Dorothea (6. Februar), 1507 das Frohnleichnamsfest⁸⁸) und 1515 das Fest der heiligen Dreifaltigkeit⁸⁹). Am Mittwoch in der Osterwoche hielt man zu St. Andreas eine Procession; das geschah in Folge eines Gelübbes zur Sühne des Frevels einer Person, „die das Sacrament in den Ostertagen dort einst unnützlich empfing" ⁹⁰). Wie in anderen Pfarrkirchen, so sang man auch hier in der Fastenzeit jeden Abend um 5 Uhr nach einem Schauer Geläut ein Salve regina; ein Priester las dabei die Collecte, unterdessen brannten die Lichter auf dem siebenarmigen Leuchter und zwei Kerzen auf dem Liebfrauenaltare⁹¹). Alle Donnerstage ministrirten 2 Capelläne die Messe vom heiligen Leichname vor dem Dreifaltigkeitsaltar. Unter Orgelbegleitung ward dazu ein Kyrie eleison und die Lobgesänge Gloria in excelsis und Lauda Sion gesungen⁹²), dreimaliges Geläut lud zu dieser Messe ein⁹³). Der Rath der Neustadt endlich ließ täglich zwei Messen zu St. Andreas lesen, für diesen Zweck hatte der Pfarrherr 2 Capelläne zu halten, wofür ihm der Rath jährlich 14 Pfund Pfennige zahlte⁹⁴).

Bei der Andreaskirche befand sich die älteste Bibliothek unserer Stadt. Diese begründete am Ende des 13. Jahrhunderts der Pfarrherr Mag. Jordan, indem er seine aus 16 Büchern bestehende Bibliothek der Kirche zum Geschenk machte, damit ihr Pfarrer und dessen Capelläne sie benutzten. Es waren meist theologische Werke⁹⁵). Seine Nachfolger mußten bei ihrem Amtsantritt dem Dechanten des Blasiusstiftes Caution leisten,

---

85) Urkunde Nr. 63.
86) Urkunde Nr. 77.
87) Urkunde Nr. 82.
88) Urkunde Nr. 107.
89) Urkunde Nr. 112.
90) Shigtbok S. 255.
91) Urkunde von 1429 im Copialbuch fol. 51 und im Degeb. der Neustadt III, fol. 165'.
92) Urkunden von 1489 Nr. 98 und von 1495 Nr. 100.
93) Urkunde von 1491 im Copialbuch fol. 45.
94) Degedingsbuch der Neustadt I, fol. 25 und Kämmereibuch der Neustadt, S. 34.
95) Degedingsbuch der Neustadt I, fol. 36.

daß sie keines jener Werke veräußern oder verloren gehen lassen wollten [96]). Dennoch ist Manches verloren. Unter Bruno und Ortghis zählte die Bibliothek nur 14 Werke, Ludolf von Steinfurt schenkte 12 neue hinzu [97]), sein Nachfolger, Johann von Embern, verdoppelte die Sammlung, so daß Ludolf Quirre 1424 etwa 50 Werke vorfand [98]). Durch diesen Zuwachs ward ein größeres Local nöthig. Durch Meister Heinrich Werners ließen die Provisoren 1412 am Kirchhofe ein eignes zweistöckiges Gebäude für diese Sammlung erbauen, welches seitdem öfters unter dem Namen „der Liberei zu St. Andreas" erwähnt wird [99]). Durch Schenkungen, z. B. Gerwins von Hameln, des Rectors an der Capelle zum heiligen Geist, mehrte sich die Zahl der Bücher dieser Sammlung, für deren Vermehrung besonders die Pfarrer zu St. Andreas sorgen sollten, wogegen die Kirche das Gebäude erhalten wollte [100]). Ueber das Schicksal dieser Bibliothek im 16. Jahrhundert ist bis jetzt nichts bekannt geworden.

10. Die Magnikirche [1]).

Die Magnikirche ward zur Zeit des brunonischen Grafen Ludolf von Hatheguard, einem Freien und Lehnsmann jenes Grafen, und seiner Gemahlin Atta erbaut und 1031 vom Bischof Branthago von Halberstadt zur Ehre des Bischofs Magnus und anderer Heiligen einge-

---

96) Solche Cautionen gaben 1310 Pfarrer Bruno, 1386 Ortghis, 1424 Ludolf Quirre. S. Urkunden Nr. 3. 20. 58.

97) Urkunde von 1400 Nr. 44.

98) Urkunden von 1422 Nr. 55 und von 1424 Nr. 58.

99) Urkunden von 1412 Nr. 53. 54, auch Urkunde von 1424 Nr. 58 und Degedingsbuch der Neustadt III, fol. 152¹ und 180¹.

100) Urkunde von 1422 Nr. 55.

1) Auf die Geschichte der Magnikirche im Mittelalter beziehen sich 62 Originalurkunden, deren älteste vom Jahre 1031 im Landesarchive zu Wolfenbüttel aufbewahrt wird; die übrigen befinden sich im hiesigen Stadtarchive. Sie sind in einem Copialbuch, welches J. F. L. Robemeier 1778 angelegt hat, abschriftlich vorhanden. Die Geschichte der Kirche behandelten in neuerer Zeit Rehtmeier, Kirchenhistorie I, S. 20—25, Schmidt, Bruchstücke zur Geschichte der Magnikirche, im Braunschw. Magazin 1844, S. 12—14 und Schiller, Die mittelalterliche Architektur, S. 104.

weiht²). Das älteste Kirchengebäude, wahrscheinlich eine romanische Basilica³), von der auch nicht ein einziges Fragment übrig geblieben ist, war um die Mitte des 13. Jahrhunderts zusammengestürzt⁴). Da ein großartigeres Gebäude an die Stelle des alten treten sollte, so mußte man bei der Beschränktheit der vorhandenen Mittel und bei der Armuth der Kirche, die damals kaum 5 Hufen Landes besaß, die Mildthätigkeit der Gläubigen in Anspruch nehmen. Cardinal Hugo, als päpstlicher Legat gerade anwesend, spendete am Ende des Februars 1251 reichlichen Ablaß allen Förderern des Kirchenbaues⁵). Dieser muß spätestens 1259 so weit vollendet gewesen sein, daß in der neuen Kirche Gottesdienst gehalten werden konnte, wie aus dem Ablaß Papst Alexander IV. zu ersehen ist⁶). Nach Vollendung der Kirche ging man an den Thurmbau. Da auch zu diesem die Mittel nicht ausreichten, so legte Bischof Ludolf von Halberstadt den Gläubigen die Förderung desselben 1275 unter Verheißung eines vierzigtägigen Ablasses an's Herz⁷). Daß man noch 1290 mit den Bauten am Gotteshause beschäftigt war, zeigt der Ablaßbrief des Bischofs Johannes von Riga; denn er verheißt vierzigtägigen Ablaß, weil „die Kirche in ihrem Bau ohne die Hülfe der Gläubigen sonst gar nicht vollendet werden könne"⁸). Die anfangs schmaleren Seitenschiffe sollen später erweitert sein, das südliche erhielt seine jetzige Gestalt angeblich noch vor dem Schlusse des 13., das nördliche erst im 14. Jahrhundert. Architektonische Umstände mögen dies wahrscheinlich machen⁹); historische Belege giebt es dafür nicht. Endlich 1447 wurde der Chor erweitert¹⁰), wobei die beiden Seitenschiffe um je 2 Quadrate nach Osten hin verlängert sein sollen¹¹).

---

2) Urkunde des Landesarchivs in Wolfenbüttel vom Jahre 1031, abgedruckt bei Rehtmeier, Kirchenhistorie I, Beilage S. 3.
3) Schiller, S. 106.
4) Die Urkunde von 1251 Nr. 6 nennt die Kirche collapsa.
5) Urkunde Nr. 6 von 1251.
6) Urkunde Nr. 9, gedruckt in Rehtmeiers Kirchenhistorie II, Beilage 193.
7) Urkunde Nr. 3.
8) Urkunde Nr. 8 vom Jahre 1290.
9) Schiller, S. 106—109.
10) Inschrift am Chor: Anno dom. 1447 to paschen wart düsse kor betenget.
11) Schiller, S. 109.

10. Die Magnikirche.

1518 am Sonnabend vor Trinitatis warf ein Sturm die Spitze des Magnithurmes herab, welche erst 1534 wieder aufgesetzt wurde [12]).

Im Chor der Kirche stand der Hochaltar, welcher ohne Zweifel dem Kirchenpatron St. Magnus geweiht war und seit 1031 im alten, seit 1251 im neuen Kirchengebäude stand. Schon 1288 ist von mehreren Altären der Kirche die Rede [13]), 1327 bestanden deren bereits vier [14]); freilich wissen wir nicht, welchen Heiligen dieselben geweiht waren. Um 1331 ward der Andreasaltar wahrscheinlich durch Gerburg, die Wittwe Heinrichs von Odenem, „in der Capelle der Südseite neben dem Chore" gegründet [15]), um 1346 erstand ein von Ludolf von Dalem gegründeter Altar, dessen Patrone unbekannt sind [16]). Um 1409 ward die Kirche von Bürgern durch zwei neue Altäre bereichert; den einen stiftete Rolef von Scheppenstedt, den anderen Bernd von Remmeling. Jener, dessen Schutzheiligen unbekannt sind, lag in der Nordseite der Kirche unten an der Sacristei [17]), dieser, allen Aposteln, St. Moritz und anderen Heiligen geweiht, über derselben [18]). 1441 ließ Bartold Krevet (Krebs) [19]) einen Altar erbauen, welcher der Dreifaltigkeit, der Mutter Maria, den beiden Johannes und anderen Heiligen geweiht ward [20]). Den Annenaltar vor dem Taufsteine fundirte 1479 der Priester Johann Hermesburg mit den Bürgern Hennig Grieß und Hennig Barbenwerper [21]). In der Kirche waren im 15. Jahrhundert noch 4 andere Altäre vorhanden, deren Stiftungsjahr unbekannt ist. Dies sind der Seelmessenaltar im Südschiff, 1461 zuerst erwähnt [22]), der Antoniusaltar im Nordschiff bei dem heiligen Stocke,

---

12) Rehtmeier, Kirchenhistorie, Supplem. S. 6.
13) Urkunde Nr. 5.
14) Urkunde Nr. 19.
15) Mitpatrone waren St. Simon und Judas und St. Cäcilie. Urkunden Nr. 20 von 1331 und Nr. 52 von 1492.
16) Urkunde Nr. 24.
17) Urkunde Nr. 31.
18) Urkunde Nr. 33 vom Jahre 1409, gedruckt bei Rehtmeier, Kirchenhistorie I, Beil. S. 4, und Urkunde von 1418 Nr. 131 der Martinikirche und im Copialbuch des Rathes III, fol. 101¹.
19) Rehtmeier, Kirchenhistorie I, 23 las Greve heraus.
20) Urkunden Nr. 40 und Nr. 48.
21) Urkunden Nr. 50 von 1479 und Nr. 59 von 1506.
22) Urkunde Nr. 44.

1492 reich beschenkt[23]), der Altar der 11,000 Mägde und der Petrusaltar, um 1470 reicher dotirt[24]).

Ueber die innere Ausstattung dieser Kirche haben wir sehr dürftige Nachrichten. Die Urkunden gedenken eines heiligen Kreuzes, welches aus verschiedenen Häusern der Altenwik Einnahmen bezog[25]). Die Meistergesellen der Tuchmacher in der Altenwik scheinen dies Kreuz wo nicht geschenkt, so doch reich ausgestattet zu haben[26]). Eine Orgel war ohne Zweifel schon vor 1479 vorhanden, obwohl sie damals zuerst erwähnt wird[27]). Die älteste Glocke stammt, wie die Inschrift besagt, aus dem Jahre 1335[28]); eine zweite ward 1405, eine dritte 1495 gegossen[29]).

An der Magnikirche standen dem Pfarrer für die gottesdienstlichen Verrichtungen 1327 drei Priester zur Seite[30]); später finden wir neben ihm 2 Prediger und 2 Capelläne[31]). Mit der Zahl der Altäre muß sich auch die Zahl der Geistlichen vermehrt haben, bis zu welchem Maximum, ist nicht anzugeben. Die Stifter der Altäre pflegten die Altarpriester gewöhnlich nur ein Mal oder höchstens einige Male zu bestimmen, bei späteren Vacanzen hatte der Rath der Altenwik das Ernennungsrecht[32]). Den Pfarrer dagegen scheint das Aegidienkloster erwählt zu haben, als dessen Zubehör die Kirche schon 1178 genannt wird[33]). Als Pfarrer derselben werden urkundlich genannt:

1) Geveharbus 1275[34]),
2) Leonardus 1308, auch Scholasticus im Blasiusstift[35]),
3) Albert von Honlage 1327 und 1348[36]),

---

23) Urkunde Nr. 52.
24) Urkunden Nr. 47 von 1471 und Nr. 48 von 1472.
25) Das Degedingsbuch der Altenwik enthält dazu Beispiele.
26) Degedingsbuch der Altenwik zum Jahre 1456, Art. 3 und 1459, Art. 7.
27) Urkunde Nr. 49.
28) Ut clangem magne, conserva me, pie Magne. Ao. dni. 1335.
29) Schiller, S. 110.
30) Urkunde Nr. 19.
31) Rehtmeier, Kirchenhistorie II, 232.
32) Nur bei dem Altar aller Apostel und St. Moritz hatte der Rath der Altstadt mit dem der Altenwik das Patronat. Urkunde Nr. 33.
33) Urkunde von 1178 bei Rehtmeier, Kirchenhistorie I, Beilage S. 38.
34) Urkunde Nr. 3.
35) Memorienregister S. Blasii, S. 3. 13. Ordinar. S. Blasii, fol. 48.
36) Urkunde Nr. 18 und Urkunde von 1348 bei Rehtmeier, Kirchenhistorie II, Beil. 171.

10. Die Magnikirche.

4) Dietrich von Kalm 1409 [37]),
5) Roland von Dalem 1441 und 1464 [38]),
6) Hennig Kohlhase 1472 und 1492 [39]),
7) Mag. Dietrich Eynem 1523 [40]).

Seit Ende des 15. Jahrhunderts finden sich hier wie an anderen Kirchen auch Stellvertreter des Pfarrers unter dem Namen „Hüerperner", d. h. Miethpfarrer. Als solche werden Johann Hermesborch, Heinrich Hagemann und Johann Heytmoller in Urkunden von 1506 und 1523 genannt [41]).

Zur Pfarrgemeinde St. Magni gehörten außer der villa Brunesguik, der späteren Altenwik, 1031 noch 17 Ortschaften der Umgegend, welche sich später bis auf eine, das Dorf Rühme, alle vom Kirchenverbande der Mutterkirche abgelöst haben [42]). Hier in der Stadt war das Weichbild der Altenwik der Parochialbezirk der Magnikirche [43]).

Schon 1031 dotirte Hatheguard die Kirche mit 2 Hufen Landes, auch Graf Ludolf überwies ihr das Land, welches ganz in ihrer Nähe lag [44]). Nur wenig über 5 Hufen betrug das Eigenthum der Kirche 1211. Damals besaß sie eine Hufe in dem verschollenen Thüringesbüttel, drei in Beleten und 37 Morgen vor 9 zu ihrem Sprengel gehörigen Dörfern [45]). Bedeutender ward ihr Eigenthum an Grundstücken erst im 14. Jahrhundert. Einen Hof zu Ingeleben mit einer Hufe Landes erkauften die Provisoren 1308 von den Gebrüdern Ludolf und Helmold von Werle, einen Hof in Dettum mit einer Hufe Ackers 1313 von Heinrich von Dettum [46]). 1323 verkaufte Herzog Otto der Milde der Kirche für 95 Mark einen Hof und 5 Hofstellen in Oberstcte mit 4 Hufen Landes sammt dem Recht, jährlich 20 Schillinge Zins aus

---

37) Urkunde Nr. 38.
38) Urkunden Nr. 40 und 44.
39) Urkunden Nr. 48 und 52.
40) Urkunde Nr. 62.
41) Urkunden Nr. 59 und 62.
42) Urkunde Nr. 1. Das Dorf Honrode hatte z. B. 1300 seine eigene St. Autor und St. Magnus geweihte Kirche. Urkunde Nr. 8.
43) Shigtbot S. 255.
44) Urkunde Nr. 1: Hatheguardus.... (ecclesiae) duos mansus in dotem manciparunt. Comes vero Liudolfus rus proximum huic atrio domino optulit summo.
45) Urkunde Nr. 2.
46) Urkunden Nr. 12 und 13. Der Hof zu Ingeleben ward 1362 wiederkäuflich dem dortigen Pfarrer überlassen. Urkunde Nr. 27.

der Mühle in Niedersickte zu beziehen. Noch 4½ Morgen Landes zu Sickte wurden 1327 dem Ritter Wilhelm von Sambleben abgekauft⁴⁷). 5 Hufen Landes, welche zu dem dortigen „Sedelhofe" gehörten, scheint der Rath der Altenwik 1327 an die Kirche geschenkt zu haben⁴⁸). 1331 erwarb dieselbe als Dotation des Andreasaltars 2 Höfe in Osterbiwende mit 4 Hufen Landes und einem viridarium⁴⁹), für einen anderen Altar 1346 zwei Hufen Landes zu Kissenbrück⁵⁰), für den Altar, welchen Rolef von Scheppenstedt gegründet hatte, 1409 zwei Meierhöfe und 4 Kothöfe zu Lebenstedt mit 8 Hufen Landes, auch eine Hufe zu Nordassel⁵¹). 1465 kauften zwei Priester für die Kirche 2 Hufen zu Hachum⁵²) und 1479 schenkte Johann Sachtelevent ihr einiges Land bei Peine⁵³). So besaß sie gegen Ende des Mittelalters über 30 Hufen Ackerlandes. Baares Geld verlieh sie an Bürger der Stadt und ließ sich dafür Zinse von deren Häusern zahlen⁵⁴) oder gab es an den Rath, der dafür auch bestimmte Zinsen zahlte⁵⁵). Die Verwaltung des Kirchenvermögens hatten auch hier 2 Provisoren oder Aelterleute⁵⁶), welche der Rath der Altenwik erwählte⁵⁷).

Außer den Festen unsers Herrn Jesu Christi und der Mutter Maria wurden schon im 13. Jahrhundert in der Magnikirche gefeiert der Magnustag am 19. August und die Kirchweih, welche auf den

---

47) Urkunden Nr. 16. 17. 18.
48) Urkunde Nr. 19.
49) Urkunde Nr. 20.
50) Urkunde Nr. 24.
51) Urkunden Nr. 31. 32.
52) Urkunden Nr. 44. 45.
53) Urkunde Nr. 49.
54) Eine Menge von Beispielen liefert das Degedingsbuch der Altenwik.
55) Beispiele liefern die Copialbücher des Rathes, z. B. III, fol. 10. 85¹ und V, fol. 6¹. 45¹.
56) Provisores zuerst 1308 in Urkunde 12 erwähnt.
57) Ordinar. §. 72. Genannt werden urkundlich:
    1313 Heyheke Pistor und Heinrich von Lafforde (Urkunde Nr. 18).
    1323 Heyheke Pistor und Johann von Odenum (Urkunde Nr. 17).
    1383 Elemann von Stibbien und Albrecht von Detten (Copialbuch des Rathes II, fol. 18).
    1400 Bertold von Denkte und Lubeke von Remlingen (Urkunde St. Martini Nr. 95).
    1471 Hennig Harbenacke und Hennig Broyke (Urkunde Nr. 47).
    1472 Hennig Harbenacke und Hennig Woel (Urkunde Nr. 48).
    1520 Hans Mühe und Hans Broistedt (Der goddeshuse register).

Sonntag vor Jacobus, also in die zweite Hälfte des Juli fiel⁵⁸); ferner der Sonntag nach dem Vitustage (15. Juni) nebst dem Allerheiligen- und Allerseelentage⁵⁹). 1301 wurden als Feste außerdem gefeiert der Nicolaustag am 6. December, der Peter-Paulstag am 29. Juni, das Johannisfest am 24. Juni, der Stephanstag am 26. December, der Bonifaciustag am 5. Juni, St. Martinstag am 11. November, der Aegidientag am 1. September, der Augustinustag am 28. August und die Tage St. Katharinas am 25. November, St. Margarethas am 13. und Maria Magdalenas am 22. Juli⁶⁰). Auf Veranstaltung des Rathes wurden auch hier seit 1350 der Autorstag am 20. August und Kreuzeserhöhung am 14. September als hohe Festtage gefeiert⁶¹). Ein Salve regina ward auch hier in der Fastenzeit täglich, ebenso auch an jedem Sonnabend nach dem Läuten der Vesperglocke gesungen⁶²).

11. Die Ulrichskirche¹).

Nach den Angaben der Reimchronik²) wurde die Ulrichskirche in der Altstadt um 1036 vom Bischof Godehard von Hildesheim eingeweiht. Im 13. Jahrhundert war diese Kirche ohne Zweifel vorhanden; denn da bei der Gedächtnißfeier der 1227 erfolgten Einweihung des Blasiusstiftes, welche um jene Zeit gestiftet zu sein scheint, die sieben Pfarrherren der Stadt erwähnt werden, so muß damals auch die Ulrichskirche,

---

58) Urkunde Papst Alexander IV. vom Jahre 1259 bei Rehtmeier, Kirchenhistorie II, Beilage 193. Shigtbol 255.
59) Urkunde Nr. 5.
60) Urkunde Nr. 10.
61) Kämmereibuch der Altenwik, fol. 16.
62) Urkunde von 1425 Nr. 35.
1) Die Urkunden dieser Kirche sind in zwei Copialbüchern verzeichnet. Das ältere, Nr. I, 193 Folioseiten stark, stammt aus dem Ende des 16. Jahrhunderts, das jüngere, Nr. II, weit reichhaltiger als das ältere, ist 1777 angefertigt. Beide befinden sich im Stadtarchive. Auch in dem Fundationsbuch über geistliche Stiftungen, welches sich jetzt im Landeshauptarchive zu Wolfenbüttel befindet, stehen Copien mehrerer Urkunden, welche Altarstiftungen in dieser Kirche betreffen. Nur diese letzteren hat Rehtmeier benutzt. Er spricht über diese Kirche in der Kirchenhistorie I, 25—26 und Supplem. S. 6. 7.
2) Cap. 17, v. 89 sq. bei Leibnitz, S. R. Br. III, 30.

eine der sieben städtischen Pfarrkirchen, vorhanden gewesen sein[3]). Wenn sie dem 11. Jahrhundert angehört, so war sie im byzantinischen Style erbaut; sie hatte, wie aus der Lage der in ihr gegründeten Altäre zu sehen ist, drei Schiffe von ziemlich bedeutendem Umfange, von denen das Mittelschiff im Osten durch einen Chor geschlossen war. Im Westen stand ein Thurmbau mit zwei Thürmen. Gegen Ende des Mittelalters war das Gebäude so baufällig geworden, daß 1494 und 1511 eine Reparatur vorgenommen ward, welche aber aus Mangel an Mitteln nur bis 1514 fortgesetzt ward[4]). Dieser Bau scheint die Kirche nicht wesentlich verbessert zu haben. Denn schon nach einigen Jahrzehnten war sie wieder in einem Zustande, daß sie täglich mit Einsturz drohete, wie es scheint, weil die alten Mauern die neu eingefügten Gewölbe nicht tragen konnten. Ganze Theile der Mauern stürzten bei Nacht zusammen, ohne Furcht konnte man den Gottesdienst nicht mehr halten. Da schritt man 1544 zum Abbruch des Thurmes und der Kirche und verwandelte den bisherigen Kirchhof in einen geräumigen Marktplatz, den jetzigen Kohlmarkt[5]).

Wenn im Innern der Kirche 15 Altäre Platz hatten[6]), so muß sie an Größe und Umfang anderen Hauptkirchen der Stadt nicht viel nachgestanden haben. Im Chore stand der **Hochaltar**, ohne Zweifel St. Ulrich geweiht, vor dem Chor der **Frühmessenaltar**, wahrscheinlich beide aus der Zeit der Gründung der Kirche[7]). Im Mittelschiff stand vor dem Taufsteine der **Juvanitiusaltar**(?), von Johann Buder um 1493 gestiftet, und hinter dem heiligen Stocke der **Trinitatisaltar**, 1451 vom Bürger Gerb von Warendorp fundirt[8]). An den Pfeilern, welche das Mittelschiff von den beiden Seitenschiffen trennten, standen 6 Altäre, drei an den nördlich, drei an den südlich

---

3) S. 48. Die älteste Urkunde der Kirche ist aus dem Jahre 1288 und steht im Copialbuch II, S. 1.

4) Urkunden von 1494 und 1496 im Copialbuch II, S. 80 flg. und S. 204. Der goddeshuse register zum Jahre 1511 bis 1514 und Copialbuch I, fol. 21.

5) Urkunde des Stadtarchivs von 1544 Nr. 1478 und im Copialbuch I, fol. 57.

6) Rehtmeier, Supplem. S. 6. 7. kennt davon nur sieben. Ein vollständiges Verzeichniß steht im Copialbuch I, fol. 1.

7) Copialbuch I, fol. 1 und Degedingsbuch des Sackes I, S. 30, z. J. 1339.

8) Copialbuch I, fol. 1 und 132 und II, S. 147. Der Trinitatisaltar ward 1451 vom Cardinal Nicolaus de Cusa mit eigenem Ablaß begabt. Urkunde im Copialbuch St. Ulrici II, S. 151. Rehtmeier, Kirchenhistorie II, 214.

11. Die Ulrichskirche.

gelegenen. Am ersten der nördlichen Pfeiler nach dem goldenen Sterne zu der bereits vor 1349 von Johann Pust gestiftete Jacobusaltar[9]), am zweiten der Cosmas- und Damianusaltar, vor welchem die Brüderschaft der Baber und Barbirer schon 1439 ein ewiges Licht hielt[10]), am dritten der Altar des heiligen Kreuzes und St. Anna's, von Mette Wulfeskop 1511 gestiftet[11]). Gegenüber südwärts stand am ersten Pfeiler der Levinus- oder Mettenmessenaltar[12]), am zweiten der Lucasaltar, von der Wittwe Martin Boilings und ihrem Bruder Dietrich Woltmann 1520 dotirt[13]), am dritten der Matthiasaltar, von Martin Wulfeskop 1510 gestiftet[14]). In der Nähe des Taufsteines stand an einer nicht näher zu bezeichnenden Stelle der Altar „der Hülfe Gottes" und des „heiligen Kreuzes", 1505 von Claus Engelken und seiner Frau Gese, geb. Kräger, fundirt[15]). Vor dem Aufgang zur Prieche lag im südlichen Seitenschiffe, wahrscheinlich an dessen östlichem Ende, der Johannisaltar, nach dem letzten Willen Hermann Luckens 1485 gestiftet[16]); diesem gegenüber stand am östlichen Ende des nördlichen Seitenschiffs der Nicolaus- oder Schusteraltar, weil ihn die Innung der Schuhmacher begründet hatte und den Priester desselben besoldete. Auf der Prieche über der Sacristei stand noch der Thomasaltar, vor welchem der städtische Official zu Zeiten eine Messe las[17]). Ein Pantaleonsaltar endlich wird 1427 urkundlich erwähnt[18]).

Auf dem Hochaltar standen Statuen der heiligen Jungfrau und

---

9) Urkunde im Copialbuch II, S. 35. Vergl. auch das Testamentenbuch S. 33 und Urkunde der Martinikirche Nr. 152 von 1438.

10) Urkunde der Martinikirche von 1448 Nr. 174. Sack, Alterthümer S. 109 und Urkunde von 1468 im Copialbuch II, S. 166.

11) Urkunde im Copialbuch II, S. 232.

12) 1427 war er vorhanden. Urkunde im Copialbuch II, S. 95.

13) Copialbuch II, S. 252.

14) Copialbuch I, fol. 1 und II, S. 228. Dieser Altar, auch der Altar aller Christenseelen genannt, hatte zu Mitpatronen den Apostel Johannes und St. Juliane.

15) Der Fundationsbrief vom 20. December 1505 im Copialbuch I, fol. 137 und II, S. 213. Vergl. Urkunden von 1506 im Copialbuch I, fol. 27¹ und II, S. 219, von 1507 das. S. 221, von 1514 das. S. 243.

16) Urkunden im Copialbuch II, S. 186 und S. 236 vom Jahre 1511.

17) Copialbuch I, fol. 1. Des Altars auf der Prieche boven dem gerhuse wird schon 1386 im Degedingsbuch des Sacks I, 182 gedacht. Vergl. Urkunde von 1457 im Copialbuch II, S. 160.

18) Urkunde im Copialbuch II, S. 95.

der 12 Apostel[19]). Vor demselben brannte eine ewige Lampe, zu deren Unterhaltung 1339 vom Bürger Heinrich, der das Haus zum schwarzen Hahn bewohnte, Geldeinnahmen angewiesen wurden[20]). In der Mitte des Chores befand sich auch ein nicht näher bezeichnetes „Bild", wahrscheinlich die Statue eines Heiligen, etwa des Bischofs Ulrich, über welchem während des Hochamtes Lichter brannten[21]). Eine Bildsäule des Evangelisten Lucas zierte 1420 den Jacobusaltar, und eine Statue St. Katharinas im Südschiff der Kirche genoß sammt jener hohe Verehrung. Drei Vaterunser und drei Ave Maria vor einer jener Bildsäulen knieend gebetet verschafften seit 1420 einen Ablaß[22]). 1478 weihete der Vicar des Bischofs Hennig von Hildesheim in dieser Kirche „eine neue Tafel" für den Johannisaltar, der mit einem Marienbilde geschmückt war und wahrscheinlich zum Altarblatt diente, ferner das versilberte Haupt St. Ulrichs, zwei Statuen der Heiligen Cosmas und Damianus für ihren Altar und Bildsäulen des St. Christophorus und St. Dorotheas[23]). Der großen Glocke wird schon 1393[24]) und der Orgel 1410 urkundlich gedacht[25]); zwei Glocken kamen 1544 beim Abbruch des Gotteshauses in die Franziskanerkirche, die übrigen wurden später verkauft[26]). Daß es der Ulrichskirche an Kelchen, Meßgewändern und sonstigem gottesdienstlichen Schmuck nicht fehlte, zeigt das Inventarium im Copialbuch I, fol. 1.

Ueber die Zahl der Geistlichen zu St. Ulrich haben wir unvollständige Kenntniß. Eine Nachricht aus dem Jahre 1349 zeigt, daß bis dahin außer dem Pfarrherrn noch 3 Priester den Gottesdienst besorgten; damals kam ein vierter hinzu, zwei Schüler und ein Opfermann besorgten die niederen Dienste[27]). 1427 waren 6 Geistliche an

---

19) Urkunde von 1420 im Copialbuch II, S. 91.
20) Degedingbuch des Sackes I, 30.
21) Urkunde von 1427 im Copialbuch I, fol. 172¹.
22) Urkunde von 1420 im Copialbuch II, S. 91.
23) Urkunde von 1478, das. S. 177.
24) Urkunde im Copialbuch II, S. 44.
25) Degedingbuch des Sackes II, z. J. 1410, Nr. 13.
26) Copialbuch I, fol. 57. 36. Aus einer 65 Centner schweren Glocke löste man, à Centner 9 Thaler, etwas über 556 Thlr.
27) Copialbuch II, S. 36 und Degeb. des Sackes II, zum Jahre 1410, Nr. 13. Nach Rehtmeier, Kirchenhistorie II, 232 standen dem Pfarrherrn 2 Prediger und 2 Capelläne zur Seite.

11. Die Ulrichskirche.

der Kirche²⁸). Kurz vor der Reformation 1506 finden wir außer dem Pfarrer mehrere Prediger, Capelläne und Vicare, außer den Pfarr- und Opfermannsschülern werden Opfermann, Organist, Bälgentreter und Glockenläuter erwähnt²⁹). Da außer dem Levinus- und Thomas-altar jeder Altar seinen Priester hatte³⁰), so ist zur Zeit des Beginns der Reformation an 13 Priester außer dem Pfarrherrn zu denken. Wenn die anfängliche Zahl von 2 Predigern auch später beibehalten und die Zahl der 1427 vorhandenen 4 Capelläne nicht überschritten wurde, so müßte die Zahl der Vicare 7 gewesen sein.

Von den Pfarrherren zu St. Ulrich sind bis jetzt folgende bekannt, welche in den beigefügten Jahren urkundlich erwähnt werden. Bernhard 1288³¹), Dietrich 1322 und 1342³²), Albert von Hitzacker 1348 und 1358³³), Gottfried Konow 1388 und 1395³⁴), Johann von Monstede 1407³⁵), Heinrich Herbordes 1414³⁶), Johann von Uelzen 1426 und 1438³⁷), Lambert Dagevorde 1448³⁸), später auch Stifts-herr und Dechant zu St. Cyriacus. Genannt werden ferner Johann Woldenberg 1451 und 1467³⁹), Johann Lenthe 1485⁴⁰), Heinrich Trappe 1505 und 1511⁴¹), Georg Irrenberg 1514 und 1523⁴²) und Dietrich von Peine 1525⁴³).

Die Ulrichspfarre umfaßte außer dem ganzen Weichbilde des Sackes auch einen Theil der Altstadt; die Parochie ward 1544 an die ehemalige

---

28) Urkunde von 1427 im Copialbuch I, fol. 173.
29) Urkunde von 1506 im Copialbuch I, fol. 138¹.
30) Copialbuch I, fol. 1. Der Cosmas- und Damianusaltar hatte seit 1489 sogar 2 Priester. Copialbuch I, fol. 175.
31) Urkunde im Copialbuch II, S. 2.
32) Urkunden im Copialbuch I, fol. 170, Nr. 117 des Stadtarchivs und Nr. 63 der Martinikirche.
33) Urkunden in Rehtmeier's Kirchenhistorie II, 171 und Nr. 189 des Stadtarchivs und im Copialbuch II, S. 55.
34) Copialbuch II, S. 50 und 42. Papenhof S. 41.
35) Urkunde im Copialbuch II, S. 51.
36) Urkunde des Stadtarchivs Nr. 520.
37) Urkunden des Stadtarchivs Nr. 619 und Nr. 152 der Martinikirche.
38) Urkunde der Martinikirche Nr. 174.
39) Copialbuch St. Ulrici II, S. 147 und Copialbuch I, fol. 173¹.
40) Urkunde im Copialbuch St. Ulrici II, S. 186.
41) Copialbuch II, S. 213 und 282.
42) Inschrift am Pfarrhause zu St. Ulrich und Urkunde des Stadtarchivs Nr. 1319.
43) Rehtmeier, Kirchenhistorie, Supplem. S. 7.

Franziskanerkirche gewiesen und ist seitdem unverändert bei dieser geblieben⁴⁴). Das Patronat über die Kirche, anfangs wohl in der Hand der Herrschaft, war bis 1420 im Besitze des Blasiusstiftes. In Folge des sogenannten Pfaffenkrieges kam es durch Tausch an den Landesherrn⁴⁵), der noch 1533 im Besitze desselben nachzuweisen ist⁴⁶). Das Patronat über die Nebenaltäre hatte der Rath der Altstadt abwechselnd mit dem des Sackes.

Die ländlichen Besitzungen dieser Kirche scheinen unbedeutend gewesen zu sein. 1322 erwarb sie einen Hof und eine Hofstelle in Schliestedt mit einem Zubehör von 3 Hufen 6 Morgen Landes⁴⁷); 1380 versetzte ihr der Bürger Peter von Wenden auf 6 Jahre die Hälfte der Mühle zu Eisenbüttel⁴⁸) und 1410 vermachte ihr Gese, die Wittwe Brands von Rowen, eines Rathsherrn im Sacke, drei Höfe zu Groß-Elvede mit 46 Morgen Landes⁴⁹). Ihr Anrecht an Eisenbüttel scheint später wieder abgekauft und die Güter zu Elvede mögen veräußert sein, in einem Güterverzeichniß der Kirche⁵⁰), welches in der ersten Hälfte des 16. Jahrhunderts gemacht ist, stehen sie nicht mehr. Nach demselben besaß sie aber noch einen Hof in Rautheim und einen zu Ribbagshausen, deren Erwerbung nicht nachzuweisen ist. Aus diesen Besitzungen hatte das Gotteshaus jährlich 12¼ Scheffel Roggen, 3 Scheffel Weizen, 3 Scheffel Hafer, 1 Scheffel Gerste nebst 1 Himpten Bohnen und 1 Himpten Mohn einzunehmen.

Der Kirche gehörte auch eine Anzahl von Häusern, aus denen sie um 1540 an 38 Mark Hausmiete aufnahm⁵¹). Diese lagen meistens an der Südseite des sie umgebenden Ulrichskirchhofes, dort gehörten ihr die 7 Häuser vom Pfarrhofe bis zu dem der Jacobsstraße gegenübergelegenen Hause. Unter ihnen war am einträglichsten der Stoben in der südwestlichen Ecke des Kirchhofes, welcher jährlich 22 Gulden Zins eintrug, während das daneben liegende Opfermannshaus nur 6 Gulden einbrachte. In der Schuhstraße gehörten der Kirche 11 Häuser, in der

---

44) Sbigtbok S. 257 und Copialbuch I, fol. 57.
45) Sbigtbok S. 38 und Rehtmeier, Kirchenhistorie II, 223 flg.
46) Urkunde von 1544 im Copialbuch I, fol. 10.
47) Urkunde im Copialbuch I, fol. 169¹.
48) Urkunde des Stadtarchivs Nr. 276 und im Copialbuch I, fol. 171.
49) Degedingsbuch des Sacks II zu 1410 Nr. 18.
50) Copialbuch I, fol. 167¹.
51) Copialbuch I, fol. 161—165¹.

11. Die Ulrichskirche.

Kannengießerstraße zehn; die übrigen lagen meistens im Weichbilde des Sacks.

Mit den vorhandenen Ersparnissen an baarem Gelde kauften die Vorsteher der Kirche Renten beim Rathe [52]) oder Zinseinnahmen aus ländlichen Grundstücken, die vor der Stadt belegen waren; liehen aber auch Geld an Häuser, die dafür die Verpflichtung übernahmen, einen Erbenzins zu zahlen [53]). Andere Hauszinse wurden durch Vermächtnisse frommer Gläubigen erworben [54]).

Zur Verwaltung des Kirchenvermögens ernannte der Rath des Sacks aus der Pfarrgemeinde zwei Provisoren oder Aelterleute [55]), die als procuratores nachweislich 1288 zuerst erwähnt werden [56]).

Neben den kirchlichen Hauptfesten wurden hier 1339 der Ulrichstag als Tag des Kirchenpatrons, Neujahr, der Epiphaniassonntag, der Peter-Paulstag, der Tag aller Apostel, die Tage St. Martins, St. Nicolaus und St. Katharinas [57]) gefeiert. Noch älter ist ohne Zweifel das Fest der Kirchweihe, seit der Anwesenheit des Cardinals Roderich hier-

---

52) Siehe die Rentenbriefe von 1412 bis 1497 im Copialbuch II, S. 72. 92. 115. 119. 121. 122. 130. 146. 153 flg., 205 flg.

53) Ein Verzeichniß der um 1540 einzunehmenden Zinse liefert Copialbuch I, fol. 166¹.

54) Copialbuch I, fol. 3. 16¹. 26¹. 132.

55) Ordinar. Art. 79.

56) Urkunde von 1288 im Copialbuch II, S. 1. Bekannt sind als Provisoren der Kirche folgende Männer:

Johann Jürgeses und Ludolf Grope 1337 (Degeb. des Sacks I, 22).
Berthold Knochenhauer und Conrad Kerzeler 1395 (Copialbuch II, S. 42).
Johann Sunne und Gottfried Kerzeler 1407 (Copialbuch II, S. 52).

Der goddeshuse register nennt außerdem noch folgende:

Bosse von Bahlberg 1422.   Lubeke von Gilzum 1422—1434.
Thile von Seesen 1423—1434.   Lubeke vom Hagen 1434—1438.
Hennig Rode 1434—1438.   Hennig Salghe 1438—1440.
Volkmar v. Biwende 1438—1444.   Heinrich von Dalem 1440—1444.
Hennig Harbenacke 1444—1455.   Gereke Belkoper 1444—1449.
Eckhart Gropengeter 1455—1466.   Hans Ovemann 1449—1462.
Heinrich Henkel 1466—1485.   Friedrich Rode 1462—1472.
Arnd Spranke 1485—1489.   Lubeke von Bortfeld 1472—1480.
Arnd Meßmaker 1489—1507.   Berthold Broystedt 1480—1491.
Berthold Clawes 1507—1520.   Hermann Brekevelb 1492—1504.
Heinrich Brandes 1520—1526.   Hennig Barbenwerper 1505—1528.
Hennig Clawes 1526—1528.

57) Urkunde im Copialbuch II, S. 88.

selbst auf den Sonntag nach Ostern verlegt [58]). Das Autorsfest und Kreuzeserhöhung ließ der Rath auch hier feiern [59], Mariä Geburt feierlich zu begehen verordnete Gese, die Wittwe Brands von Rowen 1410 [60]); die Feier der Einbringung Marias stiftete 1466 die Familie Kestemeker [61]), die des Cyriacustages 1489 Lambert von Dageforde, früher Pfarrer zu St. Ulrich, damals Dechant des Cyriacusstifts [62]), die des Festes des heiligen Leichnams endlich am Sonntag nach dem Frohnleichnamstage fundirte Claus Engelke 1505 [63]). Ein eigenthümlicher Ablaß schloß sich an einen viereckigen Stein dieser Kirche, auf welchem die Kreuzigung des Herrn dargestellt gewesen zu sein scheint. Dieser war an der Kirchenmauer aufgerichtet und gläubigen Christen, welche vor demselben knieend 5 Vaterunser und Ave Maria beteten, ward 1392 vom Bischof Gerhard von Hildesheim ein vierzigtägiger Ablaß zugesagt [64]). Derselbe war seit 1393 auch von denen zu erlangen, welche Abends beim dreimaligen Läuten der Vesperglocke zur Ehre der heiligen Jungfrau knieend fünf Mal das Ave Maria beteten [65]). Selbst für andächtiges Anhören der Antiphonie Salve regina, welche auch hier in der Fastenzeit und zwischen Ostern und Pfingsten täglich und jeden Sonnabend nach dem Completorium abgesungen wurde, ertheilte Bischof Magnus von Hildesheim 1438 einen vierzigtägigen Ablaß [66]). An Ermunterung zur Werkheiligkeit fehlte es also auch hier durchaus nicht.

---

58) Shigtbok S. 258.
59) Kämmereibuch des Sacks in dem Capitel: Ausgaben.
60) Degedingsbuch des Sacks II, zum Jahre 1410, Nr. 18.
61) Copialbuch St. Andreas, fol. 63.
62) Copialbuch I, fol. 175.
63) Copialbuch I, fol. 137.
64) Urkunde im Copialbuch II, S. 43.
65) Urkunde im Copialbuch II, S. 44.
66) Urkunde das. S. 115. Vergl. Urkunden von 1512, S. 225 und 237.

12. Die Petrikirche[1].

Die Petrikirche soll angeblich „für die Capelle" gebaut sein, welche vor 1173 an der Stelle des späteren Blasiusstiftes gestanden hatte[2], daß Heinrich der Löwe ihr Gründer war, berichtet keine Quelle. Dennoch ist dies wahrscheinlich; denn zur Zeit des Pfalzgrafen Heinrich (1195 —1227) war sie vorhanden, wie aus dem von ihm besiegelten Güterinventarium des Cyriacusstiftes[3] hervorgeht. Einen Pfarrer hatte sie nachweislich spätestens 1227[4]. Bald nach der Mitte des 13. Jahrhunderts ward die Kirche durch Brand zerstört. Aber rasch ward der Neubau begonnen. Im November 1256 war das neue Gebäude bereits so weit wieder hergestellt, daß der Marienaltar in demselben geweiht werden konnte[5]. Noch über ein Decennium scheint man mit dem weiteren Ausbau der Kirche beschäftigt gewesen zu sein; denn bis 1267 spendeten mehrere Bischöfe für jenen Zweck reichlichen Ablaß[6]. Bei dem großen Brande im Juli 1290, welcher auch den Radeklint erreichte, mag auch diese Kirche beschädigt sein. Darauf deutet der Ablaß hin, welchen verschiedene Kirchenfürsten 1292 Allen zusagen, welche zur Reparatur des Gotteshauses sich hülfreich erweisen[7]. In Folge welches Unfalls 1358 wiederum eine Weihe der Kirche und ihres Hochaltars von dem Vicarius des Bischofs von Hildesheim vorgenommen werden mußte, ist nicht bekannt. Bei dieser Gelegenheit erhielt sie neben dem Apostel Petrus die heilige Eufemia zur Mitpatronin[8]. Um 1400 ward die Capelle erbaut, welche sich im Osten noch jetzt dem südlichen

---

1) Quellen für die Geschichte dieser Kirche sind 36 jetzt verschollene Urkunden. Nur einige derselben sind in Rehtmeiers Kirchenhistorie abgedruckt. Abschriften jener Urkunden, von dem früheren Stadtdirector Wilmerding verfertigt, stehen in der Bodeschen Sammlung, Supplementband 157; ihre Benutzung ward dem Verfasser vom Herrn Kreisrichter Bode und Herrn Staatsanwalt Zimmermann gütigst gestattet. Von Bearbeitungen sind zu nennen Rehtmeier, Kirchenhistorie I, 118 und Schiller, Die mittelalterliche Architektur, S. 111—118.

2) Shigtbot S. 249.

3) Orig. Guelf. III, 608 flg.

4) Memorienregister von St. Blasius, S. 35.

5) Urkunde vom 27. November 1256 Nr. 2.

6) Ad emendationem oder ad emendam ecclesiae heißt es in den betreffenden Urkunden aus den Jahren 1260, 1264 und 1267, Nr. 3. 4. 5.

7) Urkunde Nr. 6. Schiller, S. 111. Niedersächs. Chronik zum Jahre 1290 bei Abel, Sammlung alter Chroniken, S. 176.

8) Urkunde vom Sonntag Trinitatis 1358 Nr. 15.

Seitenschiff anschließt⁹). Sie kommt unter dem Namen der Levinus-capelle 1411, als Annencapelle 1408 vor¹⁰).

Im Chor der Kirche stand der Hochaltar, anfangs nur dem Apostel Petrus, seit 1358 auch St. Eufemia geweiht¹¹); in der Mitte der Kirche der schon 1256 geweihete Altar Unsrer lieben Frau und des Evangelisten Johannes¹²), ebendaselbst bei dem heiligen Stocke der Dreifaltigkeitsaltar, an welchem St. Andreas und wie es scheint St. Bartholomäus Mitpatrone waren¹³). In der Capelle stand außer dem Annenaltar, welchen Lüder von Levertzem und Debeken von Eldinge 1408 reichlich begabten¹⁴), gewiß auch noch ein Levinusaltar, wie aus dem Namen „Levinuscapelle" geschlossen werden darf¹⁵).

Hohe Verehrung genoß ein „Marienbild", welches seine Stelle über dem Liebfrauenaltar gehabt haben mag und welchem an Festen und Sonntagen Spenden dargebracht wurden¹⁶). Auf Bitten Webegos von Velstede, welcher der Kirche dies Bild verehrt haben mag, verhieß der Bischof Albrecht von Halberstadt 1332 Allen, die andächtig vor demselben beteten und Gaben opferten, reichlichen Ablaß¹⁷). Ferner befand sich in der Kirche eine Veronica, d. h. ein in einem Schweiß-tuche abgedrucktes Bild vom Antlitze Christi. Wer vor demselben an gewissen Tagen knieend ein Vaterunser oder ein Ave Maria betete, konnte vierzigtägigen Ablaß erwerben¹⁸). Eine ewige Lampe stiftete

---

9) In einem Documente von 1406 heißt sie de nye capellen in S. Peters kerken, de in dat suden gelecht is. Copialbuch des Rathes III, fol. 73¹.

10) Urkunde von 1411 im Copialbuch des Raths III, fol. 80 und Urkunde von 1408 im alten Copialbuche von St. Martini, fol. 174.

11) Urkunde Nr. 15: virginem ac martyrem Dei Eufemiam — ibidem prefecimus in patronam. Shigtbol S. 249.

12) Urkunde Nr. 2.

13) Urkunde Nr. 35 vom Jahre 1473 und Rehtmeiers Kirchenhistorie, Supplem. S. 40.

14) Urkunden von 1408 Nr. 22. 23.

15) Er scheint 1406 gestiftet zu sein. Urkunde im Copialbuch des Rathes III, fol. 73¹.

16) Von diesen erhielt nach einem 1331 geschlossenen Vertrage der Pfarrer ein Drittel, das Uebrige die Kirchenvorsteher zur Erhaltung des Kirchengebäudes. Degebingsbuch der Altstadt I, S. 157.

17) Urkunde vom 10. Februar 1332 Nr. 10, gedruckt bei Rehtmeier, Kirchenhistorie II, Beil. S. 218.

18) Urkunde vom 6. Juli 1326 Nr. 9, abgedruckt bei Rehtmeier, Kirchenhistorie II, Beil. 217.

12. Die Petrikirche.

in dieses Gotteshaus 1339 der Priester Johann Herbeke[19]); eine Urkunde von 1398 gedenkt auch einer Liebfrauenlampe, welche vor dem Liebfrauenaltar gebrannt haben mag[20]). Orgel und Glocke sind spätestens 1459 vorhanden gewesen[21]).

Neben dem Pfarrer finden sich 1339 an dieser Kirche zwei Priester, ein Opfermann und ein Schüler[22]); 1356 standen dem Pfarrer 3 Capelläne zur Seite[23]), 1385 werden neben ihm ein Prediger und 2 Capelläne genannt[24]), deren Zahl im 15. Jahrhundert auf drei stieg[25]). Von den Pfarrherren, welche schon um 1200 das Cyriacusstift zu ernennen hatte[26]), sind bis jetzt bekannt: Reynerus 1288[27]), Heinrich um 1310[28]), Bernardus 1322—1348[29]), Johann von Rinteln 1357—1376[30]), Wedekind 1383 und 1385[31]), Bernd von Gronau 1388 und 1406[32]), Johann von Stalberghe 1408 und 1432[33]), Hermann von Ursleve 1441[34]), Heinrich Hukebil 1448[35]), Ludolf Dankwards 1452 und 1474[36]), Karsten Porner, gest. 1507[37]),

---

19) Degedingsbuch der Altstadt I, S. 238.
20) Urkunde von 1398 Nr. 20.
21) Urkunde von 1459 Nr. 32. Nach Schiller, S. 112 war die Orgel schon 1410 da, was ich nicht nachweisen kann.
22) Urkundliche Notiz im Degedingsbuch der Altstadt I, S. 238.
23) Gedenkbuch I, fol. 11.
24) Urkunde Nr. 18.
25) Urkunde Nr. 31 vom Jahre 1459.
26) Orig. Guelf. III, 613. Nach den Statuten des Cyriacusstifts von 1483 §. 57 kommt die Ernennung des Pfarrers zu St. Petri dem Dechanten und dem Capitel des Stifts zu.
27) Copialbuch von St. Ulrich II, S. 2.
28) Nach den Memorienregistern von St. Blasius, S. 14 und von St. Cyriacus bei Sack I, fol. 54 starb er im März.
29) Urkunde der Katharinenkirche Nr. 15 vom 20. März 1322 und Urkunde der Petrikirche Nr. 18 vom Jahre 1348 bei Rehtmeier, Kirchenhistorie II, Beil. S. 171.
30) Urkunde der Martinikirche Nr. 65 und Urkunde im Copialbuch des Raths III, fol. 22. Er starb 1376 um Ostern nach dem Memorienregister von St. Blasius, S. 23 und der Inschrift seines Leichensteines in der Petrikirche.
31) Urkunden von 1383, gedruckt in den Br. Anzeigen von 1745, S. 1731, und von 1385 Nr. 18.
32) Urkunde Nr. 19 und Copialbuch des Raths III, fol. 78¹.
33) Urkunden Nr. 22. 23. 26.
34) Urkunde im Copialbuch des Raths IV, 104.
35) Urkunde der Martinikirche Nr. 174.
36) Urkunde Nr. 28 und Copialbuch St. Ulrici II, S. 175.
37) Sack, Urkundensammlung den Rath betreffend, S. 87.

Johann Lamberti 1517 ³⁸), Johann Hornburg und Heinrich Stappensen ³⁹).

Ländliche Grundstücke scheint die Kirche außer einer Hufe Landes zu Seker bei Jerxheim ⁴⁰) nicht besessen zu haben; ihre Einnahmen bestanden vorzugsweise in Zinsen, welche sie von ausstehenden Capitalien einzunehmen hatte. Solche Capitalien wurden ihr bei Altarstiftungen, bei Begründung geistlicher Lehne, bei Memorienstiftungen oder in Testamenten überwiesen. Sie lieh dieselben an Bürgerhäuser ⁴¹) oder an den hiesigen Rath ⁴²), auch wohl an das Cyriacusstift ⁴³). Die Verwaltung des Kirchenvermögens war auch hier zwei Aelterleuten oder Provisoren, welche der Rath der Altstadt ernannte, übertragen ⁴⁴). Um 1400 werden ihrer ausnahmsweise drei oder vier genannt ⁴⁵).

Außer den kirchlichen Hauptfesten, wie sie noch jetzt bestehen, feierte man die Weihe der Petrikirche seit 1358 am Eufemientage (16. September), später dagegen am Sonntag Cantate ⁴⁶). Zwei andere Hauptfeste dieser Kirche waren um 1250 Petri Stuhl- und Kettenfeier ⁴⁷). 1292 feierte man auch die Marienfeste, die Johannistage, die

---

38) Fundationsbuch, fol. 132.
39) Rehtmeier, Kirchenhistorie, Suppl. 39.
40) Finanzbuch der Katharinenkirche II, S. 7.
41) Davon geben die Degedingsbücher eine Menge von Beweisen.
42) Beispiele aus den Jahren 1412, 1485 und 1487 liefert das Copialbuch des Rathes V, fol. 4. 36¹. 84.
43) Urkunde von 1463 Nr. 33.
44) Ordinar. 67 im Urkundenbuch I, S. 164.
45) Dies Amt bekleideten:
 1385 Lange Hennig und Lubeger Meyer (Urkunde Nr. 18).
 1398 Lud. Meyer, Berthold Plockhorst, Kunstyn und Albert von Winnigstedt (Urkunde Nr. 20).
 1404 Lud. Meyer, Berthold Plockhorst, Kunstyn (Urkunde Nr. 21).
Der goddeshuse register nennt ferner:
 1418 Kunstyn und Hennig Ulenhot.
 1425 Schmedenstedt und Hennig Ulenhot.
 1435 Tilcke von Elze und Hennig Ulenhot.
 1445 Daniel von Denstorp und Luder Tönnies.
 1455 Wilken von Watenstedt und Hans von Abenstedt.
 1465 Wilken von Watenstedt und Hans Tönnies.
 1485 Hennig Remmelinges und Tile Broistedt.
Hans Buschmann 1514—1528. Hans Gumprecht 1495—1515.
Johann Cordes bis 1519 und Heinrich Breling bis 1527.
46) Urkunde von 1358 Nr. 15 und Shigtbok S. 249.
47) Urkunden von 1250, 1256 und 1267 Nr. 1. 2. 5.

Aposteltage und die Tage St. Katharinas (25. November), Maria Magdalenas (22. Juli), St. Nicolaus (6. December) und St. Lucas (18. October), die beiden Kreuzesfeste und den Palmensonntag[48]). 1300 wurde auch der Michaelistag (29. September) und die Tage St. Margarethas (12. Juli), St. Lucias (13. December), St. Agnes (21. Januar) und der Allerheiligentag (1. November) zu St. Petri gefeiert[49]). 1326 waren hinzugekommen die Tage St. Stephans (26. December), St. Lorenz (10. August), St. Ulrichs (4. Juli), St. Elisabeths (19. November), St. Ottilias (13. December), St. Ursulas (21. October) und das Frohnleichnamsfest[50]). 1358 ward auch der Allerseelentag (2. November), der Matthäustag (21. September), der Nicolaustag (6. December), der Annentag (26. Juli), der Levinustag (12. November) und der Tag St. Barbaras (4. December) in der Petrikirche festlich begangen; reichlicher Ablaß bewog die Gläubigen, das Gotteshaus dann zahlreich zu besuchen und milde Gaben zu spenden[51]).

---

13. Die Michaeliskirche[1]).

Die Michaeliskirche, die kleinste der sieben städtischen Pfarrkirchen, ist bald nach der Mitte des 12. Jahrhunderts gegründet. Ein gewisser Bendarz gab sein Erbgrundstück her und begann auf demselben den Bau der Kirche. Fromme Bürger der Nachbarschaft kamen ihm mit Spenden zu Hülfe, so daß das neue Gotteshaus um Michaelis 1157 durch Bischof Bruno von Hildesheim geweiht werden konnte. Arme Fremde

---

48) Urkunde von 1292 Nr. 6.
49) Urkunde von 1300 Nr. 7.
50) Urkunde von 1326 Nr. 9.
51) Urkunde von 1357 Nr. 14.
1) Hauptquelle für die Geschichte dieser Kirche sind etwa 140 Originalurkunden, bisher in der Sacristei, jetzt im Stadtarchive aufbewahrt. Die Benutzung derselben ward dem Verfasser durch Herrn Pastor Pagenbarm und Herrn Provisor G. Kallmeyer bereitwilligst gestattet. Nur etwa zehn derselben sind in Rehtmeiers Kirchenhistorie oder Chronik gedruckt. Eine kurze Geschichte der Kirche lieferte Rehtmeier, Kirchenhistorie I, 193—196; eine Beschreibung ihres Baues Schiller, Die mittelalterliche Architektur, S. 1—7.

und Verbannte sollten dort eine Begräbnißstätte finden²). Durch den Brand, welcher am 12. Mai 1278 einen großen Theil der Stadt in Asche legte, ward auch diese Kirche hart mitgenommen (S. 108). Aber sie wurde nicht ganz zerstört. Erst 100 Jahre später scheint ein Neubau nöthig geworden zu sein. Daß man auch damals einzelne Theile des alten Gebäudes stehen ließ, daß namentlich die westliche Façade verschont blieb, zeigt das erhaltene romanische Fenster in derselben. Der Neubau, mit dem man bereits 1370 beschäftigt gewesen zu sein scheint³), war bald so weit beendigt, daß 1379 eine neue Weihe der Kirche erfolgte⁴). Die Jahreszahl 1454, welche unter dem Bilde des heiligen Laurentius, des zweiten Patrons der Kirche, am Giebel nach der Güldenstraße zu eingehauen ist⁵), scheint sich auf die Erbauung des Giebels zu beziehen, welchen jenes Bild schmückt. An der Stelle des nordöstlichen Quadrats der Kirche stand nämlich anfangs eine Liebfrauencapelle, wahrscheinlich ein niedriger Bau, dessen Höhe 1454 der der Kirche gleichgemacht zu sein scheint⁶). Die der Capelle gegenüber gelegene Sacristei ward 1469 gewölbt⁷).

Das Innere der kleinen Kirche zierten mehrere Altäre⁸). Der Hochaltar im Mittelschiff muß St. Michael, dessen Mitpatron St. Lorenz war⁹), geweiht gewesen sein. Daß ein Altar vor dem Chore St. Lorenz geweiht war, ist nicht zu erweisen. Im Südschiff „unter der Prieche" stand der Maria-Magdalenenaltar, 1366 vom Pfarrer Engelbert von Achim und dem Priester Dietrich Dalborp dotirt¹⁰), ebendaselbst „am Pfeiler bei dem Taufsteine" der Altar, welchen 1442 Albert von Bansleve der Dreifaltigkeit, den heiligen drei Königen,

---

2) Urkunde vom 29. September 1157, gedruckt bei Rehtmeier, Kirchenhistorie, Supplem. 51—53.

3) Schiller, S. 3. Notiz zu 1370.

4) Inschrift an der nördlichen Thür: Na goddes bort 1379 is desse parkerke vernyget unde in S. Mychelis ere gewyget.

5) Br. Anzeigen 1757, S. 1286.

6) Dennoch behielt dieser Theil der Kirche auch später noch den alten Namen der Liebfrauencapelle. Urkunde der Martinikirche Nr. 241 vom Jahre 1500.

7) Dort ist erst in neuerer Zeit die Inschrift vernichtet: 1469 do wart dut gerhus welvet. Schiller, S. 3.

8) Rehtmeier, Kirchenhistorie I, 194. 195.

9) Urkunde Nr. 108 vom Jahre 1502.

10) Urkunde Nr. 14 von 1366 und Urkunde der Martinikirche Nr. 113 von 1408. Mitpatrone waren Johannes der Täufer, St. Nicolaus und St. Katharina. Urkunde Nr. 44.

St. Thomas und anderen Heiligen weihen ließ [11]). Auf der Prieche neben dem Chore stand im Südschiff auch der Jacobusaltar, welchen der Bürger Thile von Warberg 1380 stiftete [12]). Derselbe fundirte noch einen Altar über der Sacristei, welcher anfangs St. Maria und St. Michael geweiht war, später aber als Allerheiligenaltar öfters genannt wird [13]). In der an das Nordschiff stoßenden Liebfrauencapelle stand der Altar der 10,000 Ritter, welchen 1383 der Pfarrer Engelbert von Achim, Vinian und Grete von Eisenbüttel dotirten [15]). In der Nordseite stand neben dem an der Thür befindlichen Weihekessel noch ein Altar, welcher der Mutter Gottes, allen Heiligen, St. Peter, Paul, Stephanus, Blasius und anderen Heiligen geweiht war [16]). Der Philippus- und Jacobusaltar endlich, an welchem der Priester Hermann Berkhan 1392 eine Vicarie stiftete, lag „vor der capellen in der vordern halve" [17]). Genannt werden im ersten Viertel des 15. Jahrhunderts noch der Frühmessen- und der Seelmessenaltar [18]), indeß sind die Heiligen nicht angegeben, denen sie geweiht waren.

In der Kirche hing ein vergoldetes Metallkreuz. Es diente zur Erinnerung an das Leiden des Herrn. Wer es küßte, konnte einen Ablaß auf 40 Tage erlangen [19]). Auch einen Steinsessel bewahrte die Kirche, der „Tragsessel unsers Erlösers" genannt. Als 1431 Reliquien in ihn gethan waren, ward er geweiht und zur Verehrung ausgestellt.

---

11) Urkunde Nr. 76 von 1442.
12) Urkunde Nr. 27 vom Jahre 1380 und Nr. 32 vom Jahre 1383. Nach einer Urkunde der Martinikirche Nr. 205 vom Jahre 1468 stand dieser St. Jacob, Petrus, Paulus, dem Evangelisten Johannes und anderen Heiligen geweihete Altar neben dem Chore „to der vorderen halve, wanne men von S. Cyriacus berghe kumpt".
13) Urkunde der Martinikirche Nr. 103 vom Jahre 1404 und Urkunde der Michaeliskirche Nr. 105 vom Jahre 1490.
14) Urkunde der Martinikirche Nr. 241 vom Jahre 1500.
15) Urkunden Nr. 30. 32. 33 vom Jahre 1383.
16) Urkunde der Martinikirche Nr. 223 und der Michaeliskirche Nr. 102, beide vom Jahre 1487. Ob dieser Altar der von Karstens gestiftete sei, welcher in der Urkunde Nr. 58 erwähnt wird, steht nicht zu ermitteln.
17) Urkunden Nr. 38 vom Jahre 1392 und Nr. 51 vom Jahre 1409.
18) Urkunde Nr. 58.
19) Urkunde Nr. 52 vom Jahre 1411, gedruckt bei Rehtmeier, Supplem. S. 74.

Eine Statue Unsrer lieben Frau zierte den Maria-Magdalenenaltar[20], eine des Erzengels Michael ohne Zweifel den Hochaltar, welchen auch ein Umbraculum mit Heiligenbildern schmückte; reichlicher Ablaß reizte zur Verehrung dieser Bilder[21]. Ein geweihtes Bild des Gekreuzigten zierte 1378 den Maria-Magdalenenaltar[22]. Daß es dem Gotteshause auch an Meßgewändern, Reliquien und gottesdienstlichen Büchern nicht fehlte, zeigt ein um 1425 geschriebenes Verzeichniß[23]. Dieses nennt 7 Kelche, ein Paar Fahnen mit 24 silbernen Glöckchen verziert, und 2 Quaternen, in denen sich Reliquien von St. Cyriacus, St. Autor, von Unsrer lieben Frau und vom Leichnam des Herrn befanden.

Außer dem Pfarrer, welchen die Gemeinde schon 1157 zu wählen, der Dechant des Blasiusstiftes aber zu investiren hatte[24], war bereits 1366 ein Capellan an der Michaeliskirche. Die Stiftung des Maria-Magdalenenaltars machte einen zweiten nöthig[25], 1378 findet sich hier neben dem Pfarrer und jenen zwei Capelldnen auch ein Pfarrpriester[26], 1386 und 1402 werden neben dem Pfarrer vier, 1403 sogar fünf Capelläne urkundlich erwähnt[27]; endlich 1475 ist vom Pfarrer, dem Prediger oder Pfarrpriester, drei Capelldnen und den beiden ältesten Vicaren die Rede[28]; daraus folgt, daß auch noch ein oder einige jüngere Vicare vorhanden gewesen sein müssen. So hätten wir denn auch hier ein der Anzahl der Altäre entsprechendes geistliches Personal, welches der Rath der Altstadt zu ernennen hatte. Ein Opfermann war 1375 vorhanden[29]. Als Pfarrer werden genannt: Johannes 1305 und

---

20) Dies Bild schmückte man an Festtagen mit einem rothen Rock, mit Spangen, mit Tüchern und Kränzen und trug es in Processionen mit umher. Urkunde Nr. 58.

21) Urkunde Nr. 64 vom Jahre 1431, gedruckt bei Rehtmeier, Supplem. S. 75.

22) Urkunde Nr. 23 von 1378.

23) Urkunde Nr. 58.

24) Urkunde bei Rehtmeier, Kirchenhistorie, Supplem. S. 52: Debent iidem cives presbyterum inibi domino serviturum ... eligere et decano S. Blasii investiendum offerre.

25) Urkunde Nr. 14 von 1366.

26) Urkunde Nr. 19 von 1378.

27) Urkunde Nr. 37 von 1386, Nr. 46 von 1402, Nr. 47 von 1403, Nr. 79 von 1450.

28) Urkunde Nr. 94 von 1475.

29) Urkunde Nr. 17 von 1375.

1330 [80]), Dietrich 1332 und 1348 [81]), Engelbert von Achim 1366 und 1385, Begründer des Maria-Magdalenenaltars und Mitstifter des Altars der 10,000 Ritter [82]). Ferner Eggeling Steinweg 1386 und 1404 [83]), Hermann von Stockem 1406 [84]), Johann Floreken 1408 und 1437 [85]), Heinrich Gottschalk 1442 und 1482, für welchen am 9. November 1486 eine Memorie in der Michaeliskirche gestiftet wurde [86]). Endlich Jürgen Knochenhauer 1487 [87]), Hennig Breyer 1500 bis 1515 [88]) und Tilemann Krüger seit 1515, der zur Zeit der Reformation evangelisch wurde [89]).

Ländliche Grundstücke besaß die Kirche nur wenige. 1157 statteten sie die in ihrer Nachbarschaft wohnenden Bürger mit 2 Hufen Landes aus, eine zu Timmerlah war einem gewissen Benno für 8 Pfund Geldes abgekauft, die andere hatte der Einwohner Werpehof in Fümmelse für eine gleiche Summe verpfändet [40]). Dazu erhielt sie 1380 noch einen zehnt- und dienstfreien Hof in Groß-Stöckheim mit 4 Hufen Landes [41]).

An Geldeinnahmen wurden ihr schon 1157 mehrere Markt-, Haus- und Worthzinse zugewiesen [42]); aus einer Hufe zu Feldbergen hatte sie seit 1324 ein Pfund Pfennige [43]), und aus dem den Herren

---

30) Urkunde bei Rehtmeier, Supplem. S. 72 und bei Sack, Urkunden von St. Cyriacus I, fol. 133.

31) Urkunde des Stadtarchivs Nr. 75 und Urkunde bei Rehtmeier, Kirchenhistorie II, S. 171.

32) Urkunde Nr. 14 von 1366, Urkunde Nr. 36 von 1385. Urkunde Nr. 32.

33) Urkunde Nr. 87 von 1386 und Urkunde der Martinikirche Nr. 103 von 1404.

34) Urkunde Nr. 48 vom Jahre 1406.

35) Urkunde Nr. 50 vom Jahre 1408 und Nr. 67 von 1437.

36) Urkunden Nr. 75 und 76 von 1442, Urkunde der Andreaskirche Nr. 91 von 1482, Urkunde der Michaeliskirche Nr. 101 von 1486.

37) Urkunde der Martinikirche Nr. 223 vom Jahre 1487.

38) Urkunde Nr. 120 von 1500 und Nr. 126 von 1515.

39) Rehtmeier, Supplem. S. 56. Urkunde Nr. 126 von 1515 und Havemann bei Rehtmeier III, Beil. S. 461.

40) Urkunde bei Rehtmeier, Kirchenhistorie, Supplem. S. 52.

41) Urkunde Nr. 27, gedruckt bei Rehtmeier, Chronik S. 663.

42) Es waren 15½ Schilling Zins aus drei Marktbänken und 12 Schilling aus zwei Hausstellen und einem Stoven. Rehtmeier, Supplem. S. 52.

43) Urkunde Nr. 4, gedruckt bei Rehtmeier, Supplem. S. 53.

von Salbern zustehenden Zehnten zu Rettlingen seit 1414 fünf Mark Zins zu beziehen⁴⁴). 10 Mark Jahresrente hatte der herzogliche Vogt zu Dettum aus dem dortigen Gute seit 1408 an diese Kirche zu zahlen⁴⁵), und 7 Mark erhielt sie seit 1409 jährlich aus dem Hofe derer von Salbern zu Abersheim⁴⁶). Aus dem Zehnten zu Hedeper zahlte das Spital an der langen Brücke der Michaeliskirche seit 1406 jährlich 5 Mark⁴⁷), die hintere Südmühle entrichtete ihr seit 1383 einen Jahreszins von 5 Mark⁴⁸), und noch bedeutendere Summen hatte der Rath von den bei ihm belegten Kirchengeldern an Zins zu zahlen⁴⁹). Zur Verwaltung des Kirchenvermögens ernannte der Rath der Altstadt auch hier 2 oder 3 Provisoren, deren zuerst 1347 gedacht wird⁵⁰). Ihnen steht bei Verhandlung wichtiger Kirchenangelegenheiten ein Collegium der Kirchengenossen oder Pfarrleute zur Seite⁵¹).

Als kirchliche Feste feierte die Geistlichkeit der Michaeliskirche außer den hohen Festen des Herrn und Unsrer lieben Frau 1312 den Johannistag und die Tage St. Lorenz, Michaels, des Evangelisten Lu-

---

44) Urkunde Nr. 71 von 1414 bei Rehtmeier, Chronik S. 699.
45) Urkunde Nr. 49.
46) Urkunde Nr. 51.
47) Urkunde Nr. 48.
48) Urkunden Nr. 32 und 42.
49) Urkunden Nr. 53. 67. 72. 80. 82. 84. 87. 88. 89. 90. Copialbuch des Raths II, fol. 8¹· 106¹; III, fol. 18. 88.
50) Gedenkbuch I, fol. 5 und Ordinar., Art. 58. Als Provisoren oder Aelterleute der Michaeliskirche sind bekannt:
    1378 Lubeke Baserd, Hennig von Heinde und Thile Beber (Urkunde 19).
    1381 Thile Olslegher und Thile de Beber (Urkunde 31).
    1402 Olrik von Evessen und Hennig Floreken (Urkunde 46).
    1412 Heneke Bergfrede und Luttele Ludemann (Der goddeshuse register).
    1418 Heneke Bergfrede und Heneke Backmester (Urkunde 56).
    1430 Heinrich Grove und Hermann Suring (Der goddeshuse register).
    1448 Hennig Suring, Ulrich Wagenführer und Wilken von Repener (Urkunde 78).
    1452 Hennig Gobeken, Ulrich Wagenführer und Wilken von Repener (Urkunde 81).
    1466 Heinrich von Smedenstibbe und Hennig Gobeken.
    1475 Brand Witte und Hennig Gobeken.
    1483 Heinrich Fischer und Hennig Gobeken.
    1485 Rolof Gilberarth und Hennig Gobeken.
    1501 Sander Buschappel und Heinrich Bolsing.
Die Letzteren nennt der goddeshuse register.
51) So z. B. 1381. Urkunde Nr. 31.

13. Die Michaeliskirche.

cas, der heiligen Agnes und Katharina und den Allerheiligentag[52]). 1319 kamen dazu der Palmen- und Trinitatissonntag, Frohnleichnam, Kreuzeserfindung, die Tage aller Apostel und Evangelisten, Martini, der Nicolaus- und Godehardstag und die Tage Maria-Magdalenas, Barbaras, Agathes, St. Ursulas und der Tag der Kirchweihe, welche am Lorenztage gefeiert ward[53]). 1378 feierte man hier ferner die Erinnerungstage an St. Felix, Simplicius, Faustinus, Sebastianus, Autor, Bernward und an St. Beatrix, St. Anna, St. Elisabeth und St. Gertrud[54]). 1386 kam dazu das Fest der 10,000 Ritter[55]), 1392 feierte man an ihren Tagen Philippus und Jacobus, den Apostel Thomas, St. Eustachius, St. Erasmus und St. Lucia[56]); seit 1453 den Dorotheentag[57]), seit 1457 das Fest „Mariä Befehlung"[58]), seit 1502 den Allerseelentag und die Tage St. Andreas, St. Georgs und St. Apollonias[59]). Reichlicher Ablaß ermunterte die Gläubigen zum Besuche der Kirche an solchen Tagen.

An diese Kirche schloß sich seit dem Ende des 14. Jahrhunderts die Brüderschaft St. Michaelis. Diese stiftete 1394 der Pfarrer Eggeling Steinweg mit den an der Kirche dienenden Capellänen und einigen anderen Geistlichen; Laien beiderlei Geschlechts zunächst aus der Michaelisgemeinde traten zu, um einmal im Jahre, nämlich am Sonntage nach Epiphanias, gemeinsam Gottesdienst zu halten und für die Seelen der Gestorbenen zu beten. Auch für jedes Mitglied, das verstarb, wollte die Brüderschaft Memorien begehen. Der Bischof Gerhard von Hildesheim bestätigte sie 1394[60]). Die durch öftere Ablaßverleihungen[61]) geförderte Brüderschaft, die vorzugsweise aus Gärtnern der Michaelisgemeinde bestanden zu haben scheint, erwarb sich 1440 durch einige Mark Geldes, durch die Verpflichtung zur jährlichen Liefe-

---

52) Urkunde Nr. 2 von 1312, gedruckt bei Rehtmeier, Supplem. S. 72.
53) Urkunde Nr. 3 von 1319, gedruckt bei Rehtmeier, Kirchenhistorie II, S. 206 flg. Shigtbol S. 249.
54) Urkunde Nr. 28 von 1378.
55) Urkunde Nr. 37 von 1386.
56) Urkunde Nr. 39 von 1392.
57) Urkunde Nr. 83 von 1453.
58) Urkunde Nr. 85 von 1457.
59) Urkunde Nr. 108 von 1502.
60) Urkunde Nr. 40 von 1394, gedruckt bei Rehtmeier, Supplem. S. 54.
61) Urkunden Nr. 66 und 68 vom Jahre 1436 und 1437.

rung einiger Scheffel Rüben und durch das Versprechen, die Kirchweihe der Barfüßer mitfeiern zu wollen, die Theilnahme an allen guten Werken, welche jener Orden hieselbst verrichtete [62]).

---

14. Das Benedictinerkloster St. Aegidien [1]).

In dem Aegidienkloster wollte die brunonische Markgräfin Gertrud die aus Trier entwandten Gebeine St. Autors niederlegen. Als der Bau der Klosterkirche unter der Leitung Heinrichs, des Abtes der Benedictiner zu Bursfelde, vollendet war, weihte dieselbe am 1. September 1115 der Diöcesanbischof Reinhard von Halberstadt in Gegenwart vieler angesehenen Cleriker und Laien zur Ehre Gottes, Jesu Christi und der Mutter Maria, bald nachher ward auch St. Aegidius zum Mitpatron derselben erhoben [2]). Das an Benedictinermönche übergebene Kloster erhielt von Gertruds gleichnamiger Tochter seinen ersten Abt in dem aus Ilsenburg berufenen Goswin [3]). Nachdem es angeblich von Kaiser Otto IV. mit der Altenwik bald nach 1200 in die Ringmauern der Stadt aufgenommen war [4]), wurde es am 12. Mai 1278 durch eine verheerende Feuersbrunst (S. 108) bis auf den noch erhaltenen Ca-

---

62) Urkunde Nr. 73 von 1440.

1) Hauptquelle sind die im Landesarchive zu Wolfenbüttel befindlichen Urkunden. Eine Anzahl der wichtigsten ist in Rehtmeiers Kirchenhistorie und in dessen Chronik, sowie in den Origines Guelficae mitgetheilt; die übrigen harren noch auf Veröffentlichung und Benutzung. Das Chronicon S. Aegidii, von Leibnitz in den Scriptores rerum Brunsvicensium III, 558 mitgetheilt, enthält nur wenige Beiträge zur Geschichte des Klosters. Eine Bearbeitung derselben lieferte Rehtmeier in der Kirchenhistorie I, S. 46 flg., eine architektonische Darstellung giebt Schiller, Die mittelalterliche Architektur, S. 119 flg.

2) Schon 1146 muß auch St. Aegidius unter die Patrone des Klosters aufgenommen sein; denn damals heißen dessen Bewohner schon fratres Sancti Aegidii. Urkunde bei Rehtmeier, Chronik S. 312. Das Kloster wird darum in Urkunden des 12. Jahrhunderts monasterium S. Mariae virginis et S. Aegidii genannt, z. B. 1175 in den Orig. Guelf. III, 531 und 1178 bei Rehtmeier, Kirchenhistorie I, Beil. S. 38. Später heißt es meist blos ecclesia S. Aegidii, obwohl nach der Membrana Blas. bei Leibnitz, S. R. Br. II, 60 auch der Evangelist Johannes und St. Autor Mitpatrone waren.

3) S. 56, Note 7 und S. 57, Note 1.

4) Botho zum Jahre 1199 bei Leibnitz, S. R. Br. III, 356.

14. Das Benedictinerkloster St. Aegidien.

pitelsaal⁵) gänzlich zerstört. Alles war so jammervoll vernichtet, daß sich Abt Eberhard mit seinen Mönchen, die nicht einmal ein Obdach behalten hatten, zum völligen Neubau entschließen mußte. Da aber zu einem solchen die vorhandenen Mittel nicht auszureichen schienen, so wandte sich der Abt an verschiedene Cleriker mit der Bitte um Hülfe. Diese halfen mit Indulgenzen, indem sie allen Förderern des Neubaues reichlichen Ablaß verhießen. So 1278 am 10. Juni Bischof Otto von Hildesheim und im August der Diöcesanbischof Ludolf von Halberstadt⁶); in den folgenden Jahren bis 1284 ermunterten auch der Erzbischof von Bremen und die Bischöfe zu Osnabrück, Minden, Merseburg und Lübeck durch Indulgenzen zur Unterstützung des Neubaues, dessen Förderern die Stifts- und Klostergeistlichkeit der Stadt Hildesheim sammt dem Propst des hiesigen Kreuzklosters schon am 27. Juli 1278 Theilnahme an allen ihren guten Werken zugesagt hatte⁷). Daß der Bau des neuen Gotteshauses, des großartigsten, welches unsere Stadt aufzuweisen hat, längere Zeit in Anspruch nahm, liegt in der Natur der Sache. Noch 1290 versprachen vier italische Bischöfe Ablaß allen Gläubigen, welche das Kloster „bei seinem Bau, der alles Lobes würdig dort ausgeführt wird", unterstützten⁸). Nicht unwesentliche Dienste zur Förderung des Neubaues mögen auch wenige Tropfen Blutes geleistet haben. Heinrich der Löwe hatte einst von seinem Zuge nach Palästina einige Tropfen vom Blute des Herrn mitgebracht und sie an Heinrich, Abt des Aegidienklosters, welcher damals zum Bischof von Lübeck erhoben ward, geschenkt. Dieser überließ den kostbaren Schatz dem von ihm gestifteten Benedictinerkloster zu Wismar. Dieses aber, sich gleichsam als eine Tochter des hiesigen Aegidienklosters ansehend, theilte seinen Schatz mit der bedrängten Mutter im August 1283⁹). Um dies Blut zu Ehren zu bringen, verhieß Bischof Volrad von Halberstadt Ablaß an Alle, die sich zum Empfang des heiligen Blutes in dem Kloster einfänden¹⁰). Als bei dessen Ankunft hieselbst gar Wun-

---

5) Schiller, S. 123. Selbst die Thürme mit ihren Glocken wurden zerstört. Urkunde von 1278 bei Rehtmeier, Kirchenhistorie II, Beil. S. 196.

6) Urkunden bei Rehtmeier, Kirchenhistorie II, Beil. S. 196.

7) Urkundliche Nachricht aus dem Klosterarchive bei Rehtmeier II, S. 272 und Urkunde das. I, Beil. S. 50.

8) Urkunde bei Rehtmeier, Kirchenhistorie II, Beil. S. 204.

9) Urkunde bei Rehtmeier, Kirchenhistorie II, Beil. S. 197.

10) Urkunde das. II, S. 198.

der geschahen, wurde allen Verehrern jener Tropfen von mehreren Seiten vierzigtägiger Ablaß zugesagt, zumal wenn sie „zum Bau jenes Münsters behülflich wären"[11]). Einen gleichen Dienst scheint Bischof Volrad dem Aegidienkloster in der Bauzeit durch Uebersendung einiger in Halberstadt aufbewahrten Reliquien des heiligen Stephan im Juni 1282 erwiesen zu haben [12]).

Vollendet ward der Neubau, wie es scheint, erst im 15. Jahrhundert. Um 1400 muß der Rath den Orden im Bau der Klosterkirche gestört haben; denn zur Zeit, als die Herzöge Bernhard und Heinrich gemeinsam regierten, also vor 1409, ersucht das Kloster den Rath, er möge es nicht erkränken mit seiner Macht in dem Baue, wie er begonnen habe [13]). Auf Bauten am westlichsten Theil der Kirche und am Thurme von 1424—1434 weiset ein Testament von 1424 und die Jahreszahl 1434 hin, welche sich sonst an einer der westlichen Säulen befand [14]). Erst 1478 am Sonntag nach dem Vitustage ward die damals ganz vollendete Klosterkirche von Neuem zur Ehre Gottes, der Jungfrau Maria, St. Aegidius und St. Benedicts geweiht [15]).

In der Kirche waren über 10 Altäre. Wir kennen bis jetzt 6 derselben. Sie waren geweiht Johannes dem Täufer, den Aposteln Petrus und Paulus, St. Stephan, St. Benedictus, St. Matthias und dem Apostel Jacobus, den letzteren hatte Elisabeth, die Wittwe Arnolds von Stammeren, um 1483 fundirt [16]). An die Kirche stieß noch eine Mariencapelle, welche bereits 1273 mit einem Ablaß beschenkt ward [17]). Auch nach dem Brande finden wir sie wieder, ein eigener Priester bediente ihren ohne Zweifel der Mutter Maria geweihten Altar [18]).

Einen reichen Schatz häufte das Kloster allmälig in seinen Mauern auf. Schon um 1170 beschenkte Abt Heinrich dasselbe mit 12 kostbaren

---

11) Urkunden bei Rehtmeier, Kirchenhistorie II, Beil. S. 198 und 199. Selbst an einem ungeweihten Altare durften die Benedictiner von St. Aegidien Messe lesen, wenn nur das Blut Christi darauf stand. Urkunde das. II, S. 201.
12) Urkunde das. II, S. 194.
13) Notiz aus dem Fehdebuch S. 84, bei Schiller, S. 123.
14) Testamentenbuch S. 30 und Schiller, S. 123.
15) Rehtmeier, Kirchenhistorie, Supplem. S. 26.
16) Rehtmeier, Kirchenhistorie I, S. 84; Supplem. S. 27. Urkunde von 1483 das. II, Beil. S. 216 und Urkunde von 1308 das., Supplem. S. 21.
17) Urkunde bei Rehtmeier, Kirchenhistorie II, Beil. S. 195.
18) Urkunde von 1308 das., Supplem. S. 21.

Gewändern, die er aus dem Orient mitgebracht hatte [19]). Kaiser Otto IV. verehrte demselben in seinem Testamente seinen Königsmantel [20]), der Brand von 1278 veranlaßte die Schenkung des heiligen Blutes und einiger Reliquien St. Stephans, wie oben erzählt ist. Genannt wird ferner das silberne Haupt St. Autors, angeblich vom Rath der Stadt dem Kloster geschenkt [21]), sodann ein silberner Sarg für die Gebeine jenes Schutzpatrons der Stadt, welchen der Rath in Folge eines Gelübdes 1456 in der Fastenzeit dem Kloster übergab (S. 225). Endlich 1494, als nach langer Belagerung der Stadt der Friede wiedergegeben war, weihte der Rath seinem Schutzpatron im Aegidienkloster das aus Holz geschnitzte mit Silber überzogene Bild der Stadt, welches an einer Kette in der Kirche aufgehängt wurde [22]). Noch wird erwähnt eine große Krone, in Form der Stadt Braunschweig geschnitten, auf welcher an Festen 12 Lichter brannten, angeblich zu Ende des 12. Jahrhunderts von dem Benedictiner Johannes Zimmermann gefertigt [23]). Eine große Menge von Reliquien bewahrte das Kloster in Schachteln, kunstvoll gearbeiteten und verzierten Kästchen und in übersilberten oder vergoldeten Armen auf. Auch mehrere Plenarien waren mit Reliquien ausgestattet [24]). Von sonstigem Kirchenornat war zu Rehtmeiers Zeit um 1710 noch vorhanden ein mit Perlen besetzter Bischofshut, ein kleiner silberner Bischofsstab mit Edelsteinen geziert, ein krystallenes Kreuz, viele Meßgewänder nebst sonstigem Zubehör, kostbare Trinkgeschirre und ein altes Schwert, das neben dem Hochaltar an der Mauer hing [25]). Unter der Orgel am Westende der Kirche befand sich das erst 1446 angelegte oder erneuerte Grabmal der Aebte, auf welchem ein Abt in bischöflicher Kleidung, in Metall gegossen, liegt [26]).

Im Kloster befanden sich Benedictinermönche; wie viele, können

---

19) Arnoldus Lubecensis Cap. 13 bei Leibnitz, S. R. Br. II, S. 638.
20) Rehtmeier, Chronik S. 457.
21) Rehtmeier, Kirchenhistorie I, S. 76.
22) Aus einer geschriebenen Chronik theilt Rehtmeier dies in der Chronik S. 835 und in der Kirchenhistorie II, S. 267 mit.
23) Rehtmeier, Supplem. S. 25.
24) Rehtmeier, Kirchenhistorie I, S. 77—79.
25) Rehtmeier, Kirchenhistorie I, 79 flg.
26) Die Umschrift des jetzt entfernten Steines lautet: Haec est sepultura dominorum Abbatum hujus ecclesiae, quorum animae requiescant in pace. Amen. Ao. dom. 1446.

wir bis jetzt nicht angeben. Eine Urkunde Heinrichs des Löwen von 1175, welche das Kloster betrifft, unterschrieben als Zeugen außer dem Abte der Prior, 2 Priester, 4 Diaconen und 3 Subdiaconen [27]). An der Spitze stand der Abt, welchen der Klosterconvent erwählte. Der Gewählte schwur bei Antritt seines Amtes Treue und Gehorsam dem Papste, Unterstützung seiner Legaten, genaue Beobachtung seiner Befehle und der Ordensregeln und daß er die Besitzungen des Klosters ohne Einwilligung des Papstes, dem dasselbe unmittelbar untergeordnet war, nicht verschenken, verkaufen, verpfänden, noch von Neuem als Lehen vergeben wolle [28]). Bei feierlichen Gelegenheiten erschien der Abt mit dem Hute und dem Stabe eines Bischofs, mit rothen Pantoffeln, mit Ring und Handschuhen, er hatte also die wesentlichsten Attribute eines Bischofs; das Kreuz auf der Brust bezeichnete ihn als Abt [29]). Bekannt sind folgende Aebte [30]):

Goswin, vom Bischof Dithmar von Verden vor 1134 geweiht [31]). Heinrich, Abt von 1162—1172, ausgezeichnet durch Gelehrsamkeit und Beredtsamkeit, glänzte mit diesen Eigenschaften einst am Hofe des griechischen Kaisers bei einer Disputation über den heiligen Geist [32]). 1172 ward er zum Bischof von Lübeck erhoben, nachdem er sein Kloster zehn Jahre lang geleitet hatte [33]). Aebte waren ferner: Friedrich 1175 [34]), Renger 1178 [35]), Hartmann 1190 und 1191 [36]). Urkundlich erwähnt werden weiter: Albrecht 1204 und 1206 [37]), Andreas 1209 [38]), Dietrich, zuerst 1226, zuletzt 1249 [39]), Daniel

---

27) Orig. Guelf. III, 531.
28) Forma juramenti abbatum Aegidianorum bei Rehtmeier, Kirchenhistorie I, Beil. S. 53.
29) Rehtmeier, Kirchenhistorie I, S. 31.
30) Ein unvollständiges Verzeichniß giebt Rehtmeier, Kirchenhistorie I, S. 81 flg.
31) Orig. Guelf. II, 520.
32) Arnoldus Lubecensis Cap. 5 bei Leibnitz, S. R. Br. II, 633.
33) Arnoldus Lubecensis Cap. 13 a. a. O. S. 638.
34) Urkunde in den Orig. Guelf. III, 580.
35) Urkunde bei Rehtmeier, Kirchenhistorie I, Beil. S. 38.
36) Urkunden dieser Jahre in Orig. Guelf. III, 561. 574.
37) Urkunde in den Orig. Guelf. III, 773 und im Ordinar. S. Blasii, fol. 35¹, Nr. 44.
38) Rehtmeier, Supplem. S. 25.
39) Urkunden in Orig. Guelf. III, 711 und in Pistorius, Amoenitates VIII, S. 2350.

1257⁴⁰), Berthold 1259⁴¹), Eberhard 1278 und 1282⁴²), Gottfried um 1283⁴³), Hermann 1287⁴⁴), Martin 1287⁴⁵), Heinrich 1292⁴⁶) und Dietrich 1298 und 1302⁴⁷). Im 14. Jahrhundert werden als Aebte genannt: Petrus von 1308 bis 1311⁴⁸), Gottfried 1312 und 1319⁴⁹), Heinrich 1327 und 1330⁵⁰), Gottfried 1341 und 1342⁵¹), Petrus 1346⁵²), Gottfried 1353 und 1354⁵³), Heinrich von Söllingen 1370⁵⁴) und Berthold von Kalm 1386. Bis zur Mitte des 15. Jahrhunderts finden wir als Aebte: Arnold 1402⁵⁵), Rudolf von Welstede 1404⁵⁶), Heinrich Huenatel 1423 und 1430⁵⁷), Heinrich von Goltern 1442 und 1443⁵⁸) und Johannes Witten 1447⁵⁹). Dann folgt Berthold Meyer, als Abt 1456 und 1463 genannt. Er verfaßte das Werk: Van dem levent unde de wise der overhalinge des hilligen gebeentes S. Autoris, welches sich um 1700 noch im Archive des Aegidien-

---

40) Rehtmeier, Kirchenhistorie I, S. 82, ohne Angabe einer Quelle.

41) Rehtmeier, Supplem. S. 25, ohne Angabe einer Quelle.

42) Urkunde bei Rehtmeier, Kirchenhistorie II, Beil. S. 196 und Urkunde des Stadtarchivs Nr. 20.

43) Urkunde bei Rehtmeier, Kirchenhistorie II, Beil. S. 200.

44) Urkunde in den Br. Anzeigen 1757, St. 89.

45) Urkunde das. 1753, St. 6.

46) Urkunde bei Rehtmeier, Kirchenhistorie, Supplem. S. 19.

47) Urkunden bei Rehtmeier, Supplem. S. 19 und im Ordinar. S. Blasii, fol. 72¹, Nr. 85.

48) Urkunden bei Rehtmeier, Supplem. S. 20 und Chronik S. 595. Die Urkunde bei Rehtmeier, Supplem. S. 21 von 1315 trägt ohne Zweifel ein falsches Jahresdatum.

49) Urkunden der Martinikirche Nr. 23 und im Br. Magazin 1757, S. 1426.

50) Urkunde bei Gebhardi, Stift St. Matthäi, S. 87 und Urkunde des Stadtarchivs Nr. 68.

51) Degedingsbuch der Altstadt I, S. 265 und Urkunde des Stadtarchivs Nr. 117.

52) Braunschw. Anzeigen 1757, S. 1426.

53) Braunschw. Anzeigen 1757, S. 1426 und Copialbuch der Katharinenkirche, S. 40.

54) Urkunde bei Rehtmeier, Kirchenhistorie I, Beil. S. 18.

55) Braunschw. Anzeigen 1757, S. 1426.

56) Urkunde des Stadtarchivs Nr. 408.

57) Urkunden bei Rehtmeier, Chronik S. 1854 und Kirchenhistorie I, Beil. S. 41.

58) Sacks Sammlung, das Cyriacusstift betreffend, I, fol. 21 und Urkunde im Copialbuch St. Ulrici II, S. 123.

59) Rehtmeier, Kirchenhistorie II, S. 237.

Klosters befand, jetzt aber im Besitze des Herrn Senat. Culemann in Hannover ist [60]). Bis zur Reformation werden noch als Aebte genannt: Johannes Goltern 1468—1478 [61]), Johannes Stange 1485 und 1489 [62]), Arnold Papenmeyer 1505, starb 1510 [63]), und Dietrich Koch 1510—1543 [64]).

Von den Prioren dieses Klosters lebten, wie Urkunden darthun, Ernst 1175 [65]), Friedrich 1226 [66]), Johannes um 1240 [67]), Conrad um 1280 [68]), Eckhard 1282 [69]), Martin 1287 [70]), Heinrich von Maudere 1292 und 1308 [71]), Conrad Romann 1327 [72]), Nicolaus 1342 [73]), Conrad 1456 und 1460 [74]), Berthold Abbenrod 1485 und 1489 [75]), Conrad Bergen 1508 [76]), Hermann Goes 1513 und 1518 [77]) und Tilemann Wittmershagen 1532 [78]).

Die Mönche werden zuweilen nach den Aemtern genannt, welche sie im Kloster bekleideten. Schon um die Mitte des 13. Jahrhunderts trifft man in einer Urkunde den cellarius oder Kellner und den custos an [79]), einen Kämmerer (camerarius) 1292 [80]), 1308 auch einen hospitalarius und einen magister caritatum, von denen jener auch der magister infirmorum, dieser auch caritatarius genannt wird [81]), end-

---

60) Urkunden des Stadtarchivs Nr. 795 und Nr. 838. Rehtmeier, Kirchenhistorie I, S. 48 und II, S. 242 flg.
61) Rehtmeier, Supplem. S. 26, ohne Angabe einer Quelle.
62) Urkunde der Martinikirche Nr. 213 und Urkunde des Stadtarchivs Nr. 957.
63) Urkunde des Stadtarchivs Nr. 1203 und Braunschw. Anzeigen 1757, S. 1426.
64) Urkunden des Stadtarchivs Nr. 1462. 1463.
65) Orig. Guelf. III, 531.
66) Rehtmeier, Kirchenhistorie, Supplem. S. 25, ohne Quellenangabe.
67) Sammlung ungedruckter Urkunden II, 3. S. 70.
68) Urkunde bei Rehtmeier, Kirchenhistorie II, Beil. S. 200.
69) Urkunde des Stadtarchivs Nr. 20.
70) Urkunde in den Braunschw. Anzeigen 1745, St. 89, S. 1725.
71) Urkunde in Rehtmeier, Supplem. S. 19. 21.
72) Gebhardi, Stift St. Matthäi, S. 87.
73) Urkunde des Stadtarchivs Nr. 117.
74) Copialbuch des Rathes I, fol. 35. 38.
75) Urkunde der Martinikirche Nr. 213 und Urkunde des Stadtarchivs Nr. 957.
76) Urkunde im Copialbuch St. Ulrici II, S. 222.
77) Urkunden im Copialbuch St. Ulrici II, S. 241 und 247.
78) Urkunde des Stadtarchivs Nr. 1882.
79) Sammlung ungedruckter Urkunden II, 3. S. 70.
80) Urkunde bei Rehtmeier, Supplem. S. 19.
81) Urkunde das. S. 21 und Copialbuch der Katharinenkirche, S. 40.

sich 1327 auch einen thesaurarius, mit dem monetarius wohl identisch [82]).

Zur Erhaltung des geistlichen Personals dotirte schon die Stifterin Gertrud das Kloster mit einem Theile ihres Erbgutes, nämlich mit 38 Hufen Landes zu Vahlberg, später Mönche-Vahlberg geheißen, und mit 10 Hufen zu Beyerstedt. Die Bekleidung der Mönche sollte aus den 20 Pfunden Geldes beschafft werden, welche ein friesisches Gut Morheim jährlich zu entrichten hatte. Gertruds gleichnamige Tochter, die Gemahlin des Pfalzgrafen Conrad, schenkte dem Kloster noch 10 Hufen in Berchem [83]). So kam es mit dem schon bedeutenden Grundbesitz von 58 Hufen, d. i. etwa 1740 Morgen Landes, um 1134 an Lothar. Damals hatte es bereits einen Vogt, welchen der Besitzer von Dankwarderobe ernannte. Dieser sollte über die Hörigen des Klosters dreimal im Jahre Gericht halten, hatte sich aber in die Verwaltung des Klostergutes, welche dem Abt zustand, nicht einzumischen [84]). Schon in den ersten Jahren Heinrichs des Löwen besaßen die Benedictiner zu St. Aegidien auch 4 Hufen Landes zu Ribbagshausen, welche sie 1146 dem dort zu gründenden Cistercienserkloster überließen, nachdem ihnen von dessen Stifter Ludolf von Wenden Grundstücke zu Vahlberg als Entschädigung übergeben waren [85]). 1175 erkauften sie für 100 Mark Silber 11 Hufen nebst der Capelle und 3 Mühlen in Erkerode und eine Hufe im Dorfe tome Rothe von Ludolf von Peine [86]). Wie viel das Kloster außer den genannten Besitzungen schon unter Heinrich dem Löwen besaß, zeigt eine Urkunde Papst Alexanders III. vom Jahre 1178 [87]). Nach dieser gehörte ihm damals der Ort Braunschweig, d. h. die Altewik mit allen ihren Gebäuden, Mühlen, Aeckern, Wiesen, Gärten und Wäldern sammt der Magni- und Nicolauskirche daselbst. Außer dem Patronat über die Kirchen zu Rautheim, Erkerode, Lelm und Vahlberg besaß es Haupthöfe in diesen vier Orten und in Melverode, Linden, Berklingen, Alversdorf (Algorestorp), Lochtenhusen bei Celle,

---

82) Urkunde bei Gebhardi, S. 87 und Copialbuch der Katharinenkirche, S. 20.
83) Vielleicht Berkum westlich von Peine?
84) Urkunde von 1134 in den Orig. Guelf. II, 519. Den Besitz des Allodium in Baleberge bestätigte Pfalzgraf Heinrich dem Kloster 1226. Orig. Guelf. III, 709.
85) Urkunde bei Rehtmeier, Chronik S. 312.
86) Originalurkunde des Landesarchivs, gedruckt in den Orig. Guelf. III, 590.
87) Urkunde bei Rehtmeier, Kirchenhistorie I, Beil. S. 38—40.

Eilstringe bei Schwichelt und im ausgegangenen Mordorf. Kleinere Besitzungen, nur aus einem oder einigen Höfen bestehend, besaß es in der Nähe der Stadt östlich von der Ocker in Hondelage (Honloge), Stöckheim (Stockem), Lechlde am Lechlumer Holze und in Ahlum (Adenheim); westlich von der Ocker in Broitzem (Brotseim), Timmerlah (Timberlo), Wierthe (Wirite), in Calbecht und Machtersem. Am Elme und in dessen Nähe hatte es Grundstücke in Sunstedt und Schoberstedt bei Königslutter, in Twelken bei Scheppenstedt und in Twieflingen, Söllingen, Büddenstedt, Runstedt, Beyerstedt, Alversdorf, Krelinge bei Jerxheim [88]) und in Berklingen an der Asse. Westlich von Peine gehörte dem Kloster Gut in Ilsede, Equord, Mehrem und Solschen, in der Allergegend zu Saalsdorf, Volkmarsdorf, Dannenbüttel, Wienhausen, im Magdeburgischen zu Wackersleben und Seehausen, endlich die Dörfer Ebdesse (Ebdesheim) unweit der Fuse im Amte Meinersen und Ebesbüttel (Ebersbutle) im Amte Gifhorn [89]).

In der Villa Limbach bestätigte Otto IV. dem Kloster 1216 den Besitz von 9 Hufen Landes [90]); in dem untergegangenen Orte Wolfshagen hatte es 1226 4½ Hufen Landes erkauft, deren Besitz ihm Pfalzgraf Heinrich bestätigte [91]). 1242 erkaufte es eine Hufe zu Broitzem für 20 Mark [92]), 1261 eine halbe Hufe in West- oder Mönche-Vahlberg [93]), 1280 erwarb es durch Tausch eine Walkmühle bei Lucklum [94]) und 1291 die Gerichtsbarkeit über seine Güter in West-Vahlberg, die damals aus 6 Höfen mit 18 Hufen Landes bestanden. Für diese mußte es freilich an Herzog Wilhelm als Entschädigung 10 Hufen in Linden, vier in Berklingen, drei in Volzum, drei in Broitzem und eine in Klein-Wobeck abtreten [95]). 1292 erkaufte es sich den Zehnten zu

---

88) Bege, Burgen S. 59 zum Jahre 1298.

89) Genannt werden noch die unbekannten Orte Burchwede, Hefekestorp, Hutelem, Guthrem, Themaringerobe, Druclethe, Edenhusen, Swalentorp und Limbeke.

90) Originalurkunde im Stadtarchive Nr. 1a, gedruckt bei Rehtmeier, Kirchenhistorie I, Beil. S. 35 und in den Orig. Guelf. III, 883.

91) Urkunde in den Orig. Guelf. III, 709. Der Ort scheint am Heidberge vor Mascherode gelegen zu haben, wo der Wolfshagen noch heute vorhanden ist.

92) Urkunde bei Rehtmeier, Supplem. S. 18.

93) Urkunde das. S. 17.

94) Urkunde im Copialbuch des Kreuzklosters nach Bege, Burgen S. 55.

95) Urkunde in den Braunschw. Anzeigen 1750, St. 89, S. 1798.

14. Das Benedictinerkloster St. Aegidien.

Kissenbrück⁹⁶), dazu schenkte ihm Adelheid von Haula einen Hof in Ehmen bei Fallersleben⁹⁷). 1300 erkaufte Ritter Ludwig von Reindorf demselben 2 Hufen zu Rautheim und 3 auf dem Wolfshagener Felde nebst den beiden Wäldern zum Wolfshagen und dem Heidberge, beide in der Nähe von Mascherode belegen⁹⁸); 1302 kaufte es 2 Höfe, 7 Hofstellen und 6 Hufen in Volkmarode, zu denen 6 Wiesen und zwei Holzungen, der Lah und die Brochstibbe genannt, gehörten⁹⁹). 1310 verkaufte es die entfernt gelegenen Güter in Alversdorf und das Holz Alekenla bei Runstedt¹⁰⁰), kaufte dagegen 1311 einen Hof zu Beyerstedt mit 2½ Hufen Landes¹⁰¹) und 1313 für 350 Mark Silber von den Gebrüdern von Dalem 1 Hof und 22 Worthe zu Salzdahlum, zu welchen über 14 Hufen Landes, 28 Holztheile „im großen Walde", 13 Hufen Wiese in der Au (in palude), 37 Schwad Grases in der Gauwiese, Antheil am Salzwerke und die Bergmühle gehörten¹⁰²). 1317 überwies Herzog Albrecht dem Kloster die Gerichtsbarkeit über drei Hufen zu Hachum¹⁰³), 1327 verkaufte es der Katharinenkirche 2 Höfe in Thiede mit 2 Hufen Landes für 26 Mark und erwarb mit diesem Gelde den Zehnten zu Melverode und zu Ebbesse im Amte Meinersen¹⁰⁴). 1354 kaufte es 4 Hufen Landes in Broitzem¹⁰⁵), 1386 verpfändete es dagegen 6½ Hufen zu Seinstedt an das Michaeliskloster zu Hildesheim¹⁰⁶). Von späteren Erwerbungen an Grundstücken mangelt bis jetzt jede Kunde.

Vor der Stadt besaß das Kloster außer den Grundstücken am Heidberge auch einen Theil der Bruchniederungen an der Oker nach

---

96) Urkunde bei Rehtmeier, Supplem. S. 18.
97) Urkunde daf. S. 19.
98) Originalurkunde des Landesarchivs vom Jahre 1300 nach Bege, Burgen S. 59; vergl. Rehtmeier, Supplem. S. 14, wo irrthümlich das Datum 1312 steht.
99) Originalurkunde des Landesarchivs nach Bege, Burgen S. 108, Note 4.
100) Originalurkunde des Landesarchivs nach Bege, Burgen S. 65.
101) Urkunde in den Braunschw. Anzeigen 1755, S. 1584.
102) Urkunde Herzog Albrechts vom 30. März 1313 in Sack's Urkundensammlung S. 79.
103) Urkunde bei Rehtmeier, Supplem. S. 15.
104) Urkunde bei Rehtmeier, Supplem. S. 16 und Urkunde der Katharinenkirche Nr. 20.
105) Urkunde im Copialbuch der Katharinenkirche S. 40.
106) Urkunde im Vermögensbuch der Andreaskirche S. 20.

Eisenbüttel zu, von welchem es 1310 Theile an den Rath der Altstadt verkaufte [107]. Mehrere Gärten schenkte ihm Ecbert Scheveling 1308 [108]. Bis 1489 besaß es das Ilienholz an der Ocker nahe bei der Stadt, welches ihm in den Unruhen jenes Jahres durch Frevler umgehauen ward [109]. In der Stadt hatte das Kloster aus fast allen Häusern der Altenwik den Worthzins einzunehmen, wie das Degedingsbuch dieses Weichbildes auf fast jeder Seite zeigt; außerdem bezog es seit Ende des 14. Jahrhunderts auch bedeutende Einnahmen aus der Münze hieselbst und Zinsen von den beim Rath belegten Capitalien [110]. In der Stadt gehörte dem Kloster auch die nächste Umgebung seiner Kirche, namentlich der Kirchhof, die Mönchsstraße und die Mühlenstraße sammt der Klostermühle an der Ocker. Dies Alles bildete die Klosterfreiheit, welche um 1400 St. Ilienhof genannt wurde [111].

Von den dem Kloster ertheilten Privilegien verdienen folgende erwähnt zu werden. Schon 1178 nahm Papst Alexander III. dasselbe in seinen besonderen Schutz und entzog es dadurch wohl schon damals dem Diöcesanverbande. Von allem Neulande, welches das Kloster auf seine Kosten urbar machen ließ und von allem darauf gezogenen Vieh sollte es keinen Zehnten zahlen. Wenn das Land mit dem Interdict belegt wurde, durften seine Mönche Messe lesen und Gottesdienst halten, aber nur bei verschlossenen Thüren und ohne Glockengeläut. Jeder nicht im Banne Befindliche konnte sich beim Kloster begraben lassen, wenn die betreffende Pfarrkirche abgefunden war [112]. Von Herzog Magnus erhielt es 1369 das Versprechen, daß es und seine Güter nie sollte beschädigt werden mit Beden, Diensten, Herbergen, noch mit der Verpflichtung, fürstliche Jagdhunde zu halten [113]. Frei war es sammt seinem Bezirke vermöge der geistlichen Immunität ohne Zweifel auch von den meisten bürgerlichen Abgaben; daß aber der Rath im 15. Jahrhundert von dem reichen Kloster Steuern und Abgaben forderte, ist, wie es scheint, aus dem Schreiben zu schließen, welches das Concil

---

107) Urkunde des Stadtarchivs Nr. 36.
108) Urkunde bei Rehtmeier, Supplem. S. 20.
109) Urkunde des Stadtarchivs Nr. 957.
110) Urkunden des Stadtarchivs von 1387 und 1391, Nr. 306. 328 flg. Notizen im Copialbuch des Rathes V, fol. 58. 121.
111) Kämmereibuch der Altenwik fol. 9.
112) Urkunde bei Rehtmeier, Kirchenhistorie I, Beil. S. 39.
113) Urkunde bei Rehtmeier, Kirchenhistorie, Supplem. S. 17.

zu Basel 1434 an die Dompröpste zu Hildesheim und Halberstadt und den Dechanten zu Stendal über die Exemtion dieses Klosters offenbar in Folge eingelaufener Beschwerden ergehen ließ [114].

Daß mit dem fortschreitenden Reichthume der Klöster die Strenge der alten Zucht sich lockerte, daß man die alten Satzungen vielfach überschritt, zeigt auch das Aegidienkloster. Obwohl Innocenz III. und Benedict VIII. den Benedictinern den Genuß des Fleisches und das Tragen leinener Kleider an gewissen Tagen und Orten verboten, hatte man sich doch hier nie genau nach jenem Verbote gerichtet. Leinene Kleider trugen die Mönche stets, auch Fleisch aßen sie täglich außer am Mittwoch, Freitag und Sonnabend, freilich stets nur außerhalb des Refectoriums. Zur Entschuldigung beriefen sie sich auf das kalte Klima und auf die hohen Preise, für welche die zu Fastenspeisen dienenden Fische hier zu haben seien. Mit Gesundheitsrücksichten entschuldigten sie das Uebertreten jener Verbote. In Anbetracht dieser Umstände ließ ihnen Papst Nicolaus V. durch den Cardinal Dominicus 1453 im December erklären, der Genuß des Fleisches solle ihnen Sonntags und an zwei Wochentagen aber nur außerhalb des Refectoriums an einem anständigen Orte gestattet sein, leinene Kleider sollten sie stets tragen dürfen [115]. Gegen die auch hier vorkommende Simonie verfuhr man mit großer Nachsicht; statt die Schuldigen aus dem Kloster zu stoßen, oder in den Bann zu thun, belegte man sie mit ausdrücklicher Erlaubniß Papst Nicolaus V. nur mit gelinder Kirchenbuße [116]. Wie weit die Kirchenzucht um 1450 auch hier gesunken war, ist daraus zu ersehen, daß selbst an päpstliche Legaten die Klage über den verdorbenen Sittenzustand der hiesigen Klöster gelangte [117]. Auch die Reformation der Benedictinerklöster durch die Bursfelder Congregation konnte nicht durchgreifend zum Besseren wirken; der Klosterbrüder, welche den Sinn für Höheres auch durch die That bewährten, waren doch nur wenige [118]. Um so allgemeiner waren sie bedacht, es an äußerlicher Werkheiligkeit nicht fehlen zu lassen.

Mit benachbarten Klöstern schlossen sie viele Brüderschaften, die

---

114) Urkunde bei Rehtmeier, Kirchenhistorie I, Beil. S. 42 flg.
115) Urkunde bei Rehtmeier, Kirchenhistorie I, Beil. S. 48.
116) Rehtmeier, Kirchenhistorie I, 74.
117) Urkunde bei Rehtmeier, Kirchenhistorie II, Beil. S. 245.
118) Hessenmüller, H. Lampe, S. 19, Note 37 und S. 27, Note 50.

meistens darauf hinausliefen, daß man sich gegenseitig Theilnahme an den durch Singen, Beten und Fasten verrichteten guten Werken zusagte, sich gegenseitig gastfrei in den Klöstern aufnahm und für die Todten Vigilien und Seelmessen abhielt. In solche Verbindung trat unser Kloster z. B. mit dem Generalcapitel des Cistercienserklosters Citeaur 1299 [119]), mit den Benedictinerklöstern Nordheim 1325 [120]) und Hilwardshausen [121]).

Als besondere Feste feierten die hiesigen Benedictiner außer ihrer Kirchweihe, die auf den Aegidiustag, den 1. September fiel [122]), namentlich die dem Andenken St. Autors geweihten Tage, also den 20. August, den Freitag vor Johannis und den Sonntag Lätare, die zum Theil durch Processionen verherrlicht wurden, wie S. 377 erzählt ist. Als Festtage, an welchen die Kirchenbesucher Ablaß erwerben konnten, werden 1290 noch genannt Weihnacht, Charfreitag, Ostern, Himmelfahrt und Pfingsten, die vier Feste der glorreichen Jungfrau Maria und der Tag des heiligen Benedictus, der 21. März [123]). Eine Indulgenz mehrerer italischen Kirchenfürsten dehnte die Gelegenheit, 40 Tage Ablaß zu erlangen, 1351 noch weiter aus, nämlich auf den Besuch der Klosterkirche an allen Festen St. Autors, am Neujahrstage, am Epiphaniastage, am Gründonnerstag, am Trinitatissonntag, am Frohnleichnamsfeste, an den beiden Festen des heiligen Kreuzes und an den Tagen St. Michaels, St. Johannis des Täufers, Peter-Paulus, der vier heiligen Lehrer, aller Apostel und aller Heiligen, am Tage aller Seelen, an den Tagen St. Stephans, St. Lorenz, St. Georgs, St. Blasius, St. Marcus, St. Bonifacius, der Maria Magdalena, Katharina, Agathe und Margarethe und am Sonntage nach Vitus. Der Ablaß ward damals auch den andächtigen Besuchern der Klosterkirche an Sonntagen und Allen verheißen, welche dort Freitags zur Verehrung des heiligen Blutes erschienen, welche den Kirchhof betend umwandelten, welche beim Geläut der Abendglocke knieeten und drei Ave Maria beteten und welche dem Kloster im Leben oder auf dem Todtenbette etwas schenkten [124]). Wie sehr solche Verheißungen die äußere Werkheiligkeit

---

119) Urkunde bei Rehtmeier, Kirchenhistorie I, Beilage S. 49.
120) Urkunde das. S. 51 flg.
121) Urkunde das. S. 52.
122) Shigtbol S. 246.
123) Urkunde bei Rehtmeier, Kirchenhistorie II, Beil. S. 204.
124) Urkunde das. S. 210.

fördern und die innere Heranbildung des Menschen für das Gottesreich zur Nebensache machen mußten, ist leicht zu erachten.

15. Das Kreuzkloster [1]).

Vor der Begründung dieses Frauenklosters, welche Bünting [2]) ohne Grund Ecbert II. um 1068 zuschrieb, soll nach einer alten Legende [3]) an dessen Stelle eine kleine Klause gestanden haben, in welcher drei heilige Jungfrauen wohnten, in weiße Gewänder gekleidet, Gott dienend bei Tag und Nacht. Neben dieser Klause stand angeblich ein Baum, in Gestalt eines Kreuzes gewachsen. Durch Wunder, die im Schatten desselben geschahen, so erzählt die Legende, ward ein Ritter, Balduin von Campe, bewogen, dort ein Kloster zu gründen. Bei der Erbauung desselben, welche auch Spenden der Gläubigen förderten, sollen die Engel mit geholfen haben, und so ward das Kloster angeblich 1230 durch Bischof Konrad von Hildesheim in die Ehre des heiligen Kreuzes und der Jungfrau Maria geweiht [4]). Anfangs zogen Benedictinerinnen ein, wie daraus zu schließen ist, daß die älteren Urkunden [5]) das Kloster ein Benedictinerkloster nennen. Diese scheinen bis gegen 1400 die Bewohnerinnen des Klosters gewesen zu sein; eine Urkunde Bonifacius IX. von 1398 nennt das Kloster auf dem Rennelberge noch ein Benedictinerkloster [6]). Seit 1409 dagegen wird es „ein Kloster Cistercienser-

---

1) Die Urkunden dieses Klosters, zum größten Theil im Landesarchive zu Wolfenbüttel aufbewahrt, zum Theil auch in ein Copialbuch zusammengetragen, sind nur zum geringsten Theile in Rehtmeiers Kirchenhistorie und in anderen Werken gedruckt, von vielen theilt Bege in seinen Burgen wenigstens Regesten mit. Sehr Vieles bleibt hier noch zu thun übrig. Einen Versuch, die Geschichte dieses Klosters zu bearbeiten, machte Rehtmeier, Kirchenhistorie I, 42—46, über ihn sind auch spätere Aufsätze im Br. Magazin 1797, St. 9 und 1831, St. 45 nicht hinausgekommen.

2) Braunschw. Chronik I, fol. 55¹. In der Ausgabe, welche Meibom besorgte, steht S. 117 nichts mehr davon.

3) Narratiuncula de fundatione coenobii S. Crucis apud Brunsvic bei Leibnitz, S. R. Br. II, 409.

4) Außer jener Narratiuncula vergl. die Niedersächsische Chronik zum Jahre 1229 bei Abel 160 und Meibom, Chron. Riddagshus. in den Scr. R. Germ. III, 353.

5) Z. B. Urkunde von 1298 im Ordinar. S. Blasii fol. 38. Nr. 31.

6) Urkunde bei Rehtmeier, Kirchenhistorie I, Beil. S. 19.

ordens" genannt [7]). Die alte schon in den Zeiten der Reformation zerstörte Klosterkirche scheint der Hauptsache nach in der ersten Hälfte des 13. Jahrhunderts erbaut zu sein, von späteren Bauten an derselben wissen wir nur Folgendes. Eine Capelle ward 1403 an ihre Nordseite, und eine zweite in derselben Zeit vor 1410 an ihre Südseite angebaut [8]). Von den Nebengebäuden können wir bis jetzt nur den Kreuzgang (ambitus) [9]) und eine um 1482 gebaute Capelle nachweisen, welche am nordöstlichen Ende des Kirchhofes an der Heerstraße stand, von wo aus man den zur Richtstätte geführten Verbrechern eine Monstranz mit einer geweihten Hostie zu zeigen pflegte [10]).

Von den Altären der Klosterkirche kennen wir aus dem Anfange des 15. Jahrhunderts bis jetzt nur drei. In der nördlichen Capelle ward 1403 nach dem letzten Willen Hennigs von Adenstedt ein Altar gestiftet, welcher der Dreifaltigkeit, der Jungfrau Maria und dem heiligen Kreuze geweiht ward. Vor diesem Altar brannte eine ewige Lampe, außerdem hingen drei Lichter in der Capelle, die während der täglich dort zu haltenden Messe angezündet wurden [11]). In der von ihm erbauten Capelle an der Südseite hatte Jürgen Holtnicker um 1410 einen Altar erbauen und dem heiligen Kreuze, der Jungfrau Maria, dem Apostel Thomas und St. Bartholomäus weihen lassen [12]). Des Engelaltars gedenkt eine Urkunde von 1411 [13]), seine Stiftungszeit und seinen Begründer kennt man nicht. Urkundliche Nachrichten aus den Jahren 1472 und 1473 gedenken eines neuen Gemäldes auf dem Chore und eines „lieben heiligen Kreuzes", über welche Genaueres nicht bekannt ist. Eine Orgel war 1414 vorhanden [14]).

Die in dem Kloster lebenden Nonnen, meist hiesiger Bürger Töchter, welche sich nicht verheirathet hatten, standen unter einer Aebtissin und einer Priorin, denen zur Verwaltung der äußeren Angelegenheiten des Klosters ein Propst beigegeben war.

---

7) Zuerst im Copialbuch St. Ulrici II, 63.
8) Urkunde von 1408 im Archiv der Martinikirche Nr. 99 und von 1410 Nr. 120.
9) Urkunde von 1409 im Copialbuch der Ulrichskirche II, S. 64.
10) Urkunde von 1482 bei Rehtmeier, Kirchenhistorie I, Beil. S. 23.
11) Urkunde von 1403 im Archiv der Martinikirche Nr. 99.
12) Urkunde der Martinikirche Nr. 120 vom Jahre 1410.
13) Urkunde der Martinikirche Nr. 121 vom Jahre 1411.
14) Sack, Alterthümer, S. 48 und 49.

15. Das Kreuzkloster.

Als Aebtissinnen werden urkundlich erwähnt: Hilleburg 1269 [15]), Gertrud 1297, 1298, 1310 und 1318 [16]), Mechtildis 1333 und 1341 [17]), Gertrud 1358 und 1362 [18]), Gertrud von Luckenem 1383 und 1391 [19]), Sophie Kirchhof 1402 und 1410 [20]), Gese Rubers 1420 [21]), Walpurgis 1446 [22]), Elisabeth 1455 [23]), Margarethe 1468 und 1481 [24]), Elisabeth 1488 [25]), Mathilde 1504 [26]), Gertrud 1505 [27]), Mathilde 1506 und 1508 [28]), Gertrud 1515 [29]) und Adelheid 1544 [30]).

Als Priorinnen des Kreuzklosters kommen vor: Gertrud 1297 [31]), Irmgard 1341 [32]), Gertrud 1358 [33]), Gertrud Lampe 1391 [34]), Bertha Schalling 1402 [35]) und 1403 [36]), Johanna 1410 [37]) und Mathilde 1446 [38]).

---

15) Pistorius, Amoenitates VIII, p. 2343.
16) Ordinar. S. Blasii, fol. 26. Nr. 4 und fol. 33. Nr. 31; Urkunde des Stadtarchivs Nr. 37 und Copialbuch St. Ulrici II, S. 7.
17) Urkunde in den Br. Anzeigen 1745, S. 1939 und 1940.
18) Urkunden des Stadtarchivs Nr. 190 und in den Br. Anzeigen 1745, S. 1941.
19) Br. Anzeigen 1745, St. 89 und Degebingsbuch der Altstadt III zum Jahre 1391, Nr. 72.
20) Degebingsbuch der Altstadt III zum Jahre 1402, Nr. 58 und Urkunde der Martinikirche Nr. 120 vom Jahre 1410.
21) Degebingsbuch des Hagens II, S. 255.
22) Urkunde der Martinikirche Nr. 171.
23) Br. Anzeigen 1745, S. 1943.
24) Urkunden der Andreaskirche Nr. 81 und 88.
25) Urkunde der Michaeliskirche Nr. 104.
26) Urkunde des Stadtarchivs Nr. 1197.
27) Urkunde der Michaeliskirche Nr. 110.
28) Urkunde der Martinikirche Nr. 253 und Urkunde der Michaeliskirche Nr. 115.
29) Urkunde der Magnikirche Nr. 58.
30) Urkunde der Andreaskirche Nr. 125.
31) Ordinar. S. Blasii, fol. 26. Nr. 4 und fol. 33. Nr. 31; Urkunde des Stadtarchivs Nr. 37 und Copialbuch St. Ulrici II, S. 7.
32) Urkunde in den Br. Anzeigen 1745, S. 1939 und 1940.
33) Urkunden des Stadtarchivs Nr. 190 und in den Br. Anzeigen 1745, S. 1941.
34) Br. Anzeigen 1745, St. 89 und Degebingsbuch der Altstadt III zum Jahre 1391, Nr. 72.
35) Degebingsbuch der Altstadt III zum Jahre 1402, Nr. 58 und Urkunde der Martinikirche Nr. 120 vom Jahre 1410.
36) Urkunde der Martinikirche Nr. 99.
37) Degebingsbuch der Altstadt III zum Jahre 1402, Nr. 58 und Urkunde der Martinikirche Nr. 120 vom Jahre 1410.
38) Urkunde der Martinikirche Nr. 171.

Als Pröpste des Klosters werden genannt: Berthold 1269[39]), Johann 1297[40]), Heinrich von Beringerode 1310[41]) und 1314[42]), Johannes 1318[43]), Ludolf 1333 und 1341[44]), Herwich 1358 und 1362[45]), aber 1387 „der alte Propst auf dem Rennelberge" genannt[46]), Nicolaus 1383 und 1391[47]), Harneyd 1402[48]) und 1403[49]), Jacob 1405 und 1410[50]). Der goddeshuse register nennt ferner als Pröpste Dietrich 1446 bis 1451, Siegfried 1452, Dietrich Petri 1453 bis 1456, Arnold Heubein 1456 bis 1469, Dietrich Petri 1469 bis 1473, Ludwig Tiedemann 1474 bis 1479, Heinrich Karstens 1479 bis 1487, Heinrich von Bwende 1487 bis 1491, Jürgen 1491 bis 1501. Endlich sind noch aus Urkunden bekannt Hennig 1504[51]), Johannes Vogt 1505[52]) und 1506[53]), Hennig 1508[54]), Johannes 1515 und 1544[55]).

Den Propst des Klosters, welchem mehrere Capelläne beigegeben waren[56]), ernannte der Rath der Altstadt entweder auf eine bestimmte Frist oder auf Lebenszeit. Einen solchen Propst hatte der Bischof von

---

39) Pistorius, Amoenitates VIII, p. 2343.

40) Ordinar. S. Blasii, fol. 26. Nr. 4 und fol. 88. Nr. 31; Urkunde des Stadtarchivs Nr. 37 und Copialbuch St. Ulrici II, S. 7.

41) Ordinar. S. Blasii, fol. 26. Nr. 4 und fol. 88. Nr. 31; Urkunde des Stadtarchivs Nr. 37 und Copialbuch St. Ulrici II, S. 7.

42) Urkunde im Copialbuch St. Ulrici II, S. 6.

43) Urkunde das. S. 7.

44) Urkunde in den Br. Anzeigen 1745, S. 1939 und 1940.

45) Urkunden des Stadtarchivs Nr. 190 und in den Br. Anzeigen 1745, S. 1941.

46) Degebingsbuch der Neustadt III, fol. 74.

47) Br. Anzeigen 1745, St. 89 und Degebingsbuch der Altstadt III zum Jahre 1391 Nr. 72.

48) Degebingsbuch der Altstadt III zum Jahre 1402 Nr. 58 und Urkunde der Martinikirche Nr. 120 vom Jahre 1410.

49) Urkunde der Martinikirche Nr. 99.

50) Degebingsbuch der Neustadt III, fol. 109 und Urkunde der Martinikirche Nr. 120.

51) Urkunde des Stadtarchivs Nr. 1197.

52) Urkunde der Michaeliskirche Nr. 110.

53) Urkunde der Martinikirche Nr. 253 und Urkunde der Michaeliskirche Nr. 115.

54) Urkunde der Martinikirche Nr. 263 und Urkunde der Michaeliskirche Nr. 115.

55) Urkunden der Magnikirche Nr. 58 und der Andreaskirche Nr. 125. Vielleicht sind die 4 letztgenannten dieselbe Person.

56) 1410 waren ihrer vier. Urkunde der Martinikirche Nr. 120.

Hildesheim zu bestätigen, nur durch diesen konnte ihn der Rath unter Umständen wieder absetzen lassen. Des Propstes Nachlaß blieb bei seinem Tode dem Kloster. Er hatte dessen Güter zu verwalten, Rechnung zu führen über Einnahme und Ausgabe und Rechenschaft davon abzulegen „vor den Amtfrauen", d. i. vor Aebtissin und Priorin, vor den Aelterleuten, die ihm berathend zur Seite standen, und vor dem Rathe. Ohne die Einwilligung desselben und des Klosterconvents durfte er kein Klostergrundstück versetzen, verpfänden, verkaufen oder durch Capitalanleihen beschweren [57]).

Daß sich die Zucht in der Mitte des 15. Jahrhunderts auch in diesem Kloster in mancher Hinsicht von der alten Strenge entfernt hatte, zeigen Urkunden des Bischofs Johannes von Präneste [58]), welcher dem Bischof Magnus von Hildesheim 1447 im Namen des Papstes Nicolaus V. auftrug, für etwaige Simonie, angewandt um in's Kloster aufgenommen zu werden, und für Versäumnisse der canonischen Stunden nicht sogleich mit dem Banne gegen die Schuldigen einzuschreiten, sondern es bei einer Buße bewenden zu lassen, wenn sonst nichts Gröbliches begangen und das angewandte Geld dem Kloster zu gute gekommen sei. Als sonstige Vergehen, die im Kloster wohl vorgekommen sein mögen, nennt die eine jener Urkunden Gewaltthätigkeit der Nonnen unter einander und gegen Geistliche, Ungehorsam gegen Obere, Betretung verbotener, unanständiger Orte, Umgang mit Ercommunicirten und Uebertretung der Ordensregeln und anderer Satzungen.

Nicht unbedeutend war der Güterbesitz dieses Klosters. Mit welchen Grundstücken es bei seiner Stiftung ausgestattet wurde, ist nicht bekannt. Die Reihe der bekannten Schenkungen eröffnete der Ritter Johannes von Wolede und dessen Frau Sophie, welche dem Kloster 1245 einen Hof und das Patronat über die Kirche in Lehndorf übertrugen. 1249 verkaufte derselbe Ritter dem Kloster 11 Hufen Landes daselbst [59]). Durch Kauf erwarb es ferner 1254 zwei Hufen Landes zu Lobmachtersem [60]), 1260 den Raffthurm [61]) und 1262 drei Hufen zu Watzum [62]). 1265 verlieh Bischof Otto von Hildesheim demselben den

---

57) Ordinar. 50 im Urkundenbuch I, S. 162.
58) Urkunden von 1447 bei Rehtmeier, Kirchenhistorie I, Beil. S. 20—23.
59) Urkunden des Landesarchivs nach Bege, Burgen, S. 113.
60) Urkunde das. nach Bege, a. a. O. S. 114.
61) Urkunde in den Br. Anzeigen 1745, S. 1824.
62) Urkunde des Landesarchivs nach Bege, S. 114.

halben Zehnten vor Immendorf, welchen Burchard von Wolfenbüttel resignirt hatte⁶³). Drei Hufen zu Denstorf verkaufte es 1269 an die Kirche des Marienhospitales an der langen Brücke, um das damals erworbene Gut zu Weferlingen bezahlen zu können⁶⁴). Den Hof zu Wettlenstedt mit 13 Hufen Landes, welcher bis in die neuesten Zeiten dem Kloster gehört hat, schenkte ihm 1270 Ritter Johann von Wettlenstedt⁶⁵). Ritter Bertram von Veltheim verkaufte dem Kloster 1312 Güter in Watenstedt und Watzum, welchen Heinrich Herbord einiges Gut in Bortfeld als Schenkung hinzufügte⁶⁶). Zu Biscopesdorp bei Gevensleben verkaufte ihm der Ritter Rudolf von Winnigstedt 2 Höfe mit 2 Hufen Landes, welche es 1318 dem Gertrudenkaland überließ⁶⁷), nachdem ihm 1317 gegen eine Geldentschädigung der dortige Zehnten überlassen war⁶⁸).

Im 14. Jahrhundert erwarb das Kloster an auswärtigen Gütern noch folgende: einen Hof in Lehndorf mit 1 Hufe Landes 1322, welchen Heinrich Rüscher schenkte⁶⁹), den Steinhof an der Ocker schenkte Herzog Otto der Milde 1326⁷⁰), zwei Höfe in Weferlingen nebst 7 Hufen Landes, einem Wall, einem Teiche, einer Mühlenstelle, 2 Litenenhufen und den dazu gehörigen Liten erkaufte es 1331 für 200 Mark von Burchard und Günzel von Asseburg⁷¹), drei Hufen zu Lamme überließ es 1332 auf Lebenszeit an Kord von Oberg⁷²) und 6 Hufen zu Vallstedt erwarb es 1343⁷³). In Wettlenstedt erwarb es 1383 noch 7 Hufen Landes sammt der dortigen Kirche und deren sämmtlichem Zubehör durch Kauf vom Kloster Katelnburg⁷⁴). Mit den 130 Mark, welche ihm der Bürger Thile von Werberge in seinem Testamente ver-

---

63) Urkunde das. nach Bege, S. 39.
64) Urkunde bei Pistorius, Amoenitates VIII, p. 2843.
65) Urkunden in den Br. Anzeigen 1745, S. 1933 und 1724.
66) Originalurkunden des Landesarchivs nach Bege, S. 67.
67) Urkunden im Copialbuch der Ulrichskirche II, S. 4. 7.
68) Urkunde im Landesarchiv nach Bege, S. 69.
69) Sack, Alterthümer, S. 47.
70) Urkunde des Landesarchivs nach Bege, S. 74 und in den Hannöv. gelehrten Beiträgen 1759, St. 99.
71) Urkunde des Landesarchivs nach Bege, S. 75 und Hannöv. gelehrte Beiträge 1759, St. 99.
72) Degeb. der Altstadt I, S. 162.
73) Sack, Alterthümer, S. 47.
74) Urkunde in den Br. Anzeigen 1745, S. 1728.

machte, brachte es 1402 den Zehnten zu Krautweindorf bei Kissenbrück an sich⁷⁵). Von der Erwerbung auswärtiger Güter in späterer Zeit haben wir bis jetzt keine weitere Kunde.

Auch hier vor der Stadt besaß das Kloster mehrere Grundstücke, so z. B. das Blek Levekige, auf welchem seine Windmühle stand⁷⁶). In dem Campe to den Roden erkaufte es 1322 dreizehn Morgen Landes und besaß dort 1358 mehrere Gärten, die 6½ Morgen groß waren⁷⁷). Gärten besaß es 1402 auch an der Diebesstraße zwischen dem Petri- und Hohenthore, an dem Pferdemarkte vor dem Petrithore⁷⁸) und etwa 11½ Morgen Gartenland im Meybomskampe 1407; aus dem Neuen oder Cossmanns-Campe bei den Schölken Gartenland zu machen, erlaubte ihm der Rath 1435⁸⁰). In der Stadt besaß es zwei Grundstücke, das Vorwerk auf der Echternstraße schon 1378, vielleicht schon um 1347 und „des heiligen Kreuzes Haus" in der Petrithors-bauerschaft um 1500⁸¹).

An Zinsen hatte das Kloster nicht unbedeutende Summen aus Häusern, Gärten, Ackergrundstücken und aus einem Hofe in Waggum einzunehmen; um 1400 erhob es allein aus der Altstadt jährlich 17 Mark und 2 Pfund Geldes an Zins⁸²). Capitalien, die es dem Rathe geliehen hatte, brachten sichere Jahresrenten⁸³), auch aus der Münze hatte es jährlich 45 Schillinge zu beziehen, welche ihm die Familie Kirchhof 1383 überwiesen hatte⁸⁴). Baare Summen, aus denen es Capitalien bilden konnte, wurden ihm besonders bei Stiftungen von Altären und Seelmessen und in Testamenten zugewiesen, auch Lebensmittel, wie Butter und Häring, ja selbst Kleidungsstücke und Hausrath wurden ihm durch Testamente geschenkt⁸⁵).

---

75) Degebingsbuch der Altstadt III zum Jahre 1391, Nr. 72 und zum Jahre 1402, Nr. 58.

76) Urkunde des Stadtarchivs Nr. 37 von 1310.

77) Sack, Alterthümer, S. 47 und Urkunde des Stadtarchivs Nr. 190.

78) Degeb. der Altstadt III zum Jahre 1402, Nr. 49.

79) Das. zum Jahre 1404, Nr. 6.

80) Sack, Alterthümer, S. 47 und 49.

81) Sack, Alterthümer, S. 49. Nach dem Gedenkbuch I, fol. 5 hatte es bereits um 1347 ein Allodium in der Stadt.

82) Sack, Alterthümer, S. 49. Copialbuch des Rathes II, fol. 79¹ und Urkunde des Landesarchivs von 1330 nach Bege, S. 41.

83) S. z. B. Copialbuch des Rathes V, fol. 8. 35.

84) Urkunde des Stadtarchivs Nr. 283a.

85) Beispiele bei Sack, Alterthümer, S. 47—49.

In der ersten Hälfte des 15. Jahrhunderts scheinen dem Kloster manche seiner Güter entrissen zu sein. Der Convent beklagte sich darüber beim Papst Eugenius IV. und dieser erließ gegen Ende des August 1432 ein Schreiben, worin er den Dechanten des hiesigen Cyriacusstifts beauftragt, dafür zu sorgen, daß das Kloster jene entfremdeten Güter wieder erhalte, und selbst mit kirchlichen Strafen gegen dessen Beeinträchtiger vorzugehen [86]).

Zum Beirath des Propstes bei der Verwaltung der Klostergüter ernannte der Rath der Altstadt zwei Aelterleute oder Vormünder [87]).

Die Klosterkirche, deren Weihe am Sonntag vor Pfingsten gefeiert wurde, deren Bewohnerinnen 1492 während der Belagerung der Stadt nach dem Grauenhofe am Bohlwege versetzt wurden, wurde nach Einführung des evangelischen Glaubens 1545 gleich dem Cyriacusstift aus Furcht vor dem katholischen Herzog Heinrich dem Jüngern auf Befehl des Rathes abgebrochen [88]). Die jetzige Kirche ist erst 1567—1571 erbauet.

---

86) Urkunde bei Rehtmeier, Kirchenhistorie I, Beil. S. 20.

87) Ordinar. Art. 51. Dies Amt bekleideten: 1297 Eggeling Kirchhof, Alexander von den sieben Thürmen, Hermann Holtnicker und Dietrich Döring (Ordinar. S. Blasii, fol. 26. Nr. 4). Seit 1431 waren nach dem goddeshuse register Aelterleute:

Hennig Salge 1431—1433 } mit Albert von Bechelde 1431—1436.
Bodo Glümer 1433—1436 }

Gereke von Pawel 1437—1441, Thile vom Broke 1441—1442 und Hans Kahle 1448—1451 mit Thile von Seesen 1437—1449.

Albert von Bechelde 1451—1455, Cord von Kalve 1456—1462 und Albert von Bechelde 1462—1487 mit Cord von Scheppenstedt 1450—1477 und Bodo Glümer 1480—1487.

Jacob Roysen und Cord von Scheppenstedt 1488—1490.

Cord von Hübbesum 1490—1495, Bodo Glümer 1496—1501 und Cord von Broitzem 1502 mit Thile Döring 1491—1502.

88) Rehtmeier, Kirchenhistorie I, S. 45. Shigtbot S. 250 und Urkunde des Stadtarchivs Nr. 1381 vom Jahre 1532.

16. Das Franziskanerkloster [1].

Nach dem Berichte Bathos [2] war es Kaiser Otto IV., welcher die ersten Franziskaner oder Barfüßer nach Braunschweig brachte. Nach den Angaben des Chronisten Lezner [3] (um 1600) hat er ihnen 1215 hierselbst auch eine Capelle bauen lassen. Diese schon an sich nicht besonders glaubwürdigen Angaben haben eine vollkommene Bestätigung noch nicht [4] gefunden; das Vorhandensein einer Franziskanerkirche im zweiten Decennium des 13. Jahrhunderts ist noch unerwiesen. Daß die Franziskaner aber bereits vor 1250 zum Clerus der Stadt Braunschweig gehörten, also hier wahrscheinlich auch ein Kloster hatten, beweist eine hieselbst 1249 am 25. April „in Gegenwart der Minoriten und aller anderen Cleriker der Stadt" ausgestellte Urkunde Otto des Kindes [5]. Daß zum Kloster auch eine Kirche gehörte, welche 1375 im Gegensatze zu dem jetzigen neueren Gebäude „die alte Kirche" heißt und an der Nordwestseite jenes hart an der Straße „hinter den Brüdern" lag, zeigt eine urkundliche Notiz aus jenem Jahre [6]. 1375 stand die alte Kirche noch; wann sie abgerissen wurde, ist unbekannt.

Neben ihr erstand seit der Mitte des 14. Jahrhunderts die jetzige Kirche. Schon 1343 hatten die Mönche ein Steinmetzenhaus errichtet,

---

1) Urkunden, welche dies Kloster betreffen, sind bis jetzt fast gar nicht veröffentlicht und konnten es auch nicht, weil die hiesigen Franziskaner zur Zeit der Reformation bei ihrem Abzuge die Urkunden ihres Klosters mitgenommen haben, wie Rehtmeier, Kirchenhistorie I, S. 185 angiebt. Im Stadtarchive befindet sich nur eine kleine Zahl von Urkunden, welche sich auf dies Kloster beziehen, meistens sind es Testamente von Leuten, welche demselben etwas vermachen. Auch in den Testamenten-, Degedings- und Copialbüchern wird es im Ganzen nur selten erwähnt. Zur Geschichte dieses Klosters im Mittelalter hat Rehtmeier, Kirchenhistorie I, S. 184 nur dürftige Notizen, etwas mehr bietet Schmidt im Br. Magazin 1819, St. 46—49. Wichtiger sind die Aufsätze von Sack, Die Barfüßer und deren Besitzungen zu Braunschweig das. 1849, St. 49—52 und von C. Schiller, Die Brüdernkirche das. 1849, St. 21—23 und Die mittelalterliche Architektur S. 150 flg.

2) Botho zu 1209 bei Leibnitz, S. R. Br. III, 357.

3) Braunschw.-Lüneb. Chronik, Buch 3, Cap. 23, Msc. nach dem Bericht Rehtmeiers, Kirchenhistorie, Supplem. S. 49.

4) Schiller, Die mittelalterliche Architektur, S. 151.

5) Orig. Guelf. IV, S. 210. Lezners Angaben über Mönche dieses Klosters im Jahre 1240 entbehren leider quellenmäßiger Begründung, um Glauben zu verdienen.

6) Schiller, Die mittelalterliche Architektur, S. 153.

„in welchem die Steine zu ihrem Bau behauen und zugerichtet wurden" 7). Die Herren von Bortfeld sollen die Mittel zum Neubau meistens hergegeben haben, aber auch andere mildthätige Freunde des Ordens vermachten ihm, wie Testamente von 1347 bis 1391 zeigen, kleine Summen zu jenem Zwecke 8). Die Einweihung geschah angeblich durch Bischof Heinrich von Hildesheim (1331—1362), aber nicht 1345, sondern erst 1361, wahrscheinlich am Sonntag Rogate. Damals scheint aber nur der hohe Chor der glorreichen Jungfrau Maria, St. Franziskus und St. Bernwardus geweiht zu sein 9). Auch später noch waren die Mönche mit dem Bau ihrer Kirche beschäftigt. Das nördliche Seitenschiff scheint erst um 1375 begonnen und allmälig von Osten nach Westen weitergebaut zu sein 10). 1408 soll das Mauerwerk dieses Schiffes noch nicht überall die Höhe der Fenster erreicht haben, 1449 arbeitete man an der Ueberwölbung desselben und erst 1451 scheint der Bau seine Vollendung erreicht zu haben 11). Von den neben der Klosterkirche belegenen Capellen ward die Liebfrauencapelle um 1399, die Bernhardinuscapelle um 1450 erbaut 12). Die Lage beider ist unbekannt. Die Erbauungszeit mehrerer anderer Capellen neben dieser Kirche, wie der Annencapelle, der Bortfeldschen Capelle ist ebenfalls unbekannt 13). Die „Capelle neben dem Schlinge", die 1544 bereits zu einem Wohnhause umgewandelt war, scheint das jetzige Opfermannshaus zu sein. Die Sacristei (dat gerhus) war 1367 bereits vorhanden 14). Die auf der Südseite der Klosterkirche belegenen Kreuzgänge, die einen Kirchhof umschließen, der jetzt in einen anmuthigen Garten verwandelt ist, sollen, nach der Bauart zu schließen, dem Anfange des 15. Jahrhunderts an-

---

7) Urkunde des Stadtarchivs Nr. 122: domus, vulgariter en bichus dictum, in qua ad structuram nostram lapides secantur et aptantur.

8) Urkunden des Stadtarchivs Nr. 144. 147. 169. 170. 240. 327.

9) Bünting, Braunschw.-Lüneb. Chronik, S. 239. Diese Patrone nennt schon das Shigtbok S. 249.

10) Urkundliche Notiz von 1875 im Gedenkbuch I, fol. 35¹, gedruckt bei Schiller, S. 153.

11) Schiller, S. 158.

12) Testamentenbuch des Stadtarchivs S. 5. 63. 66. Letztere ist ohne Zweifel die 1451 erwähnte neue Capelle. Br. Magazin 1849, S. 174.

13) Schiller, S. 160. Ribbentrop, Beschreibung der Stadt Braunschweig I, S. 153. Die Bortfeldsche Capelle soll die jetzige Sacristei sein. Siehe dagegen Sack im Br. Magazin 1849, S. 415 flg.

14) Urkundliche Nachrichten bei Sack, Br. Magazin 1849, S. 416.

16. Das Franziskanerkloster.

gehören. Die obere Etage derselben aus Fachwerk ist erst 1522 erbaut, wie eine Inschrift darthut [15]). Oestlich von den Kreuzgängen liegt das Resectorium, ein langes massives Gebäude, dessen Saal vom Rath öfters zu Versammlungen benutzt wurde. Wenn es nach der an der östlichen Giebelmauer stehenden Jahreszahl erst 1486 erbaut ist, so ist anzunehmen, daß vorher schon ein älteres Gebäude Versammlungs- und Speisesaal enthielt [16]). Das Brauhaus des Klosters war 1460 vorhanden, seine Lage ist nicht mit Sicherheit anzugeben [17]). Die Klosterküche, 1419 urkundlich erwähnt, lag an dem Kloster nach Westen hin, vielleicht in dem 1840 abgebrochenen späteren Opfermannshause [18]). Diesem Hause gegenüber lag an der Westseite der Straße 1400 das Haus der Schaffnerin, welche den Klosterhaushalt besorgte [19]). Das 1436 erwähnte Siechen- oder Krankenhaus war ohne Zweifel schon viel früher beim Kloster vorhanden. Das Schlafhaus und wahrscheinlich daneben die Herberge oder das Gasthaus lagen an der Schützenstraße sub Nr. 128 und 129, jenes kommt urkundlich bereits um 1303, dieses 1409 vor. Die Schule, jetzt Nr. 130, am kleinen Kirchhofe belegen, ist laut Inschrift 1473 erbaut [20]). Die ganze Besitzung der Barfüßer, zu der auch ein Grashof und ein Friedhof gehörte, jener wahrscheinlich westlich, dieser östlich von der Kirche belegen, war von einer Mauer umschlossen, durch welche 3 Thore in das Innere führten. Eins steht noch an der Schützenstraße, ein zweites führte dem westlichen Hauptportale gegenüber in die Schützenstraße und ein drittes neben dem hohen Chore in die Straße hinter den Brüdern. Eine Pforte führte in die Kannengießerstraße [21]).

Von den Altären der alten Klosterkirche kennen wir allein den Nicolausaltar, an welchem die Mönche für die Genossen „der Liebfrauengilde" täglich eine Messe zu lesen hatten [22]). In der neuen Klosterkirche, deren Hochaltar 1361 mit geweiht sein muß, stiftete der Bürger Dietrich von Winnigstedt um 1383 einen zweiten Altar, dessen Patron wir nicht

---

[15]) Schiller, S. 161 und Sack, Br. Magazin 1849, S. 416.
[16]) Sack, Br. Magazin 1849, S. 417.
[17]) Sack, das. S. 418.
[18]) Sack, das. S. 419.
[19]) Sack, das. S. 419.
[20]) Sack, das. S. 419 flg.
[21]) Sack, das. S. 422.
[22]) Degedingsbuch der Altstadt I, S. 154.

kennen. Ein Liebfrauenaltar wird schon 1409 von Bele Lindenberg beschenkt, damit vor dem Liebfrauenbilde auf demselben ein Licht gehalten werden könne. An ihm ward seit 1412 täglich eine Messe für die gestorbenen Mitglieder der Steindecker- und Steinmetzeninnung gehalten[23]). Zur Gründung zweier neuen Altäre setzte Heinrich Lutherbes 1410 die Summe von 40 Mark aus. Der Jacobusaltar war 1409 vorhanden und lag an einem der Pfeiler, welche das Mittelschiff von den Seitenschiffen trennen; endlich kommt noch 1433 der Frohnleichnams- und 1476 der St. Annenaltar in Testamenten vor[24]).

Der Taufstein in einer Messinghülse, die mit 16 Tabernakeln verziert ist, in der der Gekreuzigte, umgeben von Maria und Johannes, Apostel, Bischöfe und Heilige stehen, ein Werk aus der Mitte des 15. Jahrhunderts, stammt wahrscheinlich aus der Ulrichskirche[25]). Im hohen Chor, den damals kein Lettner von der Kirche trennte, stehen noch jetzt die bald nach 1400 gefertigten 46 Chorstühle, in welchen die Mönche dem Gottesdienste beiwohnten[26]). Der älteren Orgel gedenkt zuerst ein Testament 1414, die jetzige ist 1516 von Erich Baß gefertigt[27]).

Die hiesigen Franziskaner hatten schon 1340 ihren Guardian[28]). Unter ihm stand ein Lector, später ein Ober- und ein Unterlesemeister, welche die Predigten hielten, und ein Biceguardian als Unteraufseher[29]). Als Guardiane kennen wir bis jetzt:

Friedrich 1375[30]), Conrad 1403[31]), Ludolf Sunne 1435[32]), Johannes Bremen 1439[33]), Albrecht 1440[34]), Ludolf 1441[35]), Conrad Wichmann 1506[36]) und Martin Uthwen um 1528[37]).

---

23) Sack im Br. Magazin 1849, S. 407 und Urkunden aus einem Copialbuch, das sich im Besitz der Dachdeckergilde befindet.
24) Sack, das. S. 407 flg.
25) Sack, das. S. 409 und Schiller, S. 157.
26) Schiller, S. 156. 158.
27) Schiller, S. 158 und Sack, a. a. O. S. 413 flg.
28) Urkunde des Stadtarchivs Nr. 107.
29) Urkunde im Br. Magazin 1819, S. 736.
30) Urkunde bei Schiller, S. 153.
31) Urkundliche Nachricht im Br. Magazin 1849, S. 394.
32) Urkunde im Br. Magazin 1819, S. 736.
33) Urkundliche Nachricht bei Sack, Alterthümer der Stadt, S. 108.
34) Urkunde der Michaeliskirche Nr. 73.
35) Urkunde im Copialbuch der Dachdeckerinnung.
36) Urkunde der Andreaskirche Nr. 105.
37) Urkundliche Nachricht im Br. Magazin 1849, S. 392.

16. Das Franziskanerkloster.

Als Lectoren oder Lesemeister werden urkundlich genannt: Bruno 1319 [38]), Johann Kerberg 1419 [39]), Hermann und Albrecht 1430 [40]), Hermann Haring und Nicolaus Steinfeld 1435 [41]), Heinrich Canrri und Marquardes 1440 [42]), Hermann und Albrecht 1441 [43]). Viceguardiane dieses Klosters waren Dietrich Kruse 1430 [44]), Ludolf Nordheim 1435 [45]) und 1440 [46]) und Dietrich 1441 [47]). Ueber die Zahl der das Kloster bewohnenden Mönche fehlt es bis jetzt an jeder Nachricht.

Ländliche Grundstücke scheint das Kloster nicht besessen zu haben. Nur ein Holzblek bei Hondelage, das Heidblek genannt, gehörte ihm. Berthold von Vorsfelde schenkte dasselbe 1401, damit die Franziskaner Seelmessen hielten für alle aus seiner Familie und aus den verwandten Geschlechtern derer von Honleghe und von Bartensleben Verstorbenen [48]). In der Stadt erhielt es durch Schenkung einige Häuser in seiner Nachbarschaft [49]). Schenkungen an Geld und anderen Sachen erhielt es namentlich oft in Testamenten, wofür sich die Schenkenden entweder eine Grabstelle auf dem Klosterkirchhofe oder Abhaltung von Vigilien und Seelmessen zu ihrem Seelenheil ausbedangen [50]).

Daß auch ganze Corporationen sich ein Gedächtniß bei den Barfüßern stifteten, haben die Stiftungen der Liebfrauengilde (s. Note 22) der Steindecker- und Steinwerchteninnung (Note 23) und der Brüder-

---

38) Urkunde des Stadtarchivs Nr. 44.
39) Copialbuch des Rathes VI, fol. 48¹.
40) Urkundliche Nachricht bei Sack, Alterthümer S. 107.
41) Br. Magazin 1819, S. 736.
42) Urkunde der Michaeliskirche Nr. 73.
43) Urkunde im Copialbuch der Dachdeckerinnung.
44) Urkundliche Nachricht bei Sack, Alterthümer S. 107.
45) Urkunde im Br. Magazin 1819, S. 736.
46) Urkunde der Michaeliskirche Nr. 73.
47) Urkunde im Copialbuch der Dachdeckerinnung.
48) Urkunden des Stadtarchivs Nr. 379 und 431.
49) Urkunde des Stadtarchivs Nr. 434 vom Jahre 1408 und Sack, Br. Magazin 1849, S. 420.
50) Sack, im Br. Magazin 1849, S. 398 und 399 und Schiller, das. S. 120, geben eine Menge von Beispielen aus alten Testamentenbüchern. Hinzufügen könnte man noch die Vermächtnisse an dies Kloster, welche die Urkunden des Stadtarchivs Nr. 144. 147. 169. 170. 240. 327. 392 und die Degedingsbücher der Altstadt I, S. 205, des Hagens I, S. 68 und der Neustadt I, zu den Jahren 1335 und 1344, II, fol. 74 und 165¹ enthalten.

schaft der Gärtner zu St. Michaelis bereits gezeigt. 1432 stifteten sich auch die Goldschmiede eine Memorie im Kloster. Für die gestorbenen Mitglieder jener Innung ward am Sonntag nach dem Andreastage nach der Nachmittagspredigt hier eine Vigilie und am folgenden Morgen eine Seelmesse gehalten, welcher die Gildegenossen beiwohnten, und nach welcher sie ihr Opfer darbrachten [51]).

Am glänzendsten feierten die Barfüßer des Klosters ihre Kirchweih, die auf den Sonntag Rogate fiel. Zu diesem Feste sandte der Rath den Mönchen 2 Stübchen Wein zur Mittagsmahlzeit und ließ ihnen eine Gratification an Geld verabreichen [52]). Dies Alles bestand bis 1528, wo die Mönche bei Einführung der Reformation die Stadt verlassen mußten [53]).

17. Das Kloster der Dominicaner oder Pauliner [1]).

Den Mönchen des Dominicaner- oder Predigerordens ertheilten am 18. April 1307 die Herzöge Albrecht der Fette und Heinrich der Wunderliche die Erlaubniß, sich den zum Bau eines Klosters nöthigen Raum in der Stadt zu kaufen und dort einen Convent ihres Ordens zu begründen [2]). Von dieser Erlaubniß machten sie sehr bald Gebrauch. Schon im August desselben Jahres erkauften sie von dem herzoglichen Truchseß Jordan den am Bohlwege belegenen Hof, welchen er als Truchseß inne hatte, sammt dem darauf stehenden Hause und der Capelle für 65 Mark [3]). Als Jordan den Herzögen diesen Hof resignirt

---

51) Urkundliche Nachricht bei Sack, Alterthümer, S. 107.
52) Ordinar. Art. 120, Shigtbok S. 249 und urkundliche Notizen im Br. Magazin 1849, S. 394.
53) Hamelmann bei Rehtmeier, Kirchenhistorie III, Beil. S. 461.
1) Der Urkunden, welche sich auf die Geschichte dieses Klosters beziehen, giebt es im Stadtarchive nur wenige, auch sie scheinen in der Reformationszeit entfernt oder verloren gegangen zu sein. Auch in den Degedings- und Testamentenbüchern wird dieser Anstalt nur selten gedacht. Darum konnte denn auch Rehtmeier, Kirchenhistorie I, S. 183 nur wenige Nachrichten über dasselbe mittheilen.
2) Urkunde der Katharinenkirche Nr. 10, gedruckt bei Rehtmeier, Kirchenhistorie I, Beil. S. 131 und bei Hessenmüller, H. Lampe, S. 109.
3) Urkunde des Stadtarchivs Nr. 31, gedruckt bei Hessenmüller, H. Lampe, S. 107. Die Capelle war 1347 noch vorhanden. Urkunde der Katharinenkirche Nr. 29.

17. Das Kloster der Dominicaner oder Pauliner.

hatte⁴), scheinen die Mönche sogleich den Bau der Klostergebäude begonnen zu haben, mit welchem sie um Johannis 1309 bereits in vollem Gange waren⁵). Am 1. Juni 1314 werden die Mönche schon als Bewohner jenes Hofes genannt, welchen jene beiden Herzöge ihnen damals förmlich überließen⁶). Binnen etwa drei Decennien waren sie, gefördert durch die Unterstützung Herzog Otto des Milden, mit dem Bau der noch vorhandenen, leider durch moderne Vorbauten verunstalteten Klosterkirche so weit vorgeschritten, daß Bischof Albrecht von Halberstadt, der Sohn Albrechts des Fetten, 1343 am Sonntag Jubilate die Weihe vornehmen konnte. Er weihte die Kirche dem Apostel Paulus und dem heiligen Thomas von Aquino (S. 139). Ueber die Erbauung der Nebengebäude wissen wir bis jetzt nur, daß man mit dem Bau der Kreuzgänge, die zum Theil noch vorhanden sind, 1438 beschäftigt war; das Refectorium war schon 1408 vorhanden⁸).

Von den in der Klosterkirche vorhandenen Altären kennen wir bis jetzt nicht einen; eine Krone wird 1439, die Orgel 1450 erwähnt; einen Kelch verehrte ihr Gese, die Wittwe Hilbebrand Zimmermanns um 1350, einen zweiten Dietrich von Altencelle 1452⁹). Das Paulinerkloster besaß einige kostbare Reliquien. Unter anderen nennen wir ein Büschel Haare der Jungfrau Maria, welche die Fürsten des Welfenhauses dem Kloster verehrt hatten. Ihre Verehrung an den Marienfesten verschaffte andächtigen Betern vierzigtägigen Ablaß, wenn sie es nicht vergaßen, dem Kloster eine milde Gabe zuzuwenden¹⁰).

Der Bau der Klostergebäude war 1319, wie es scheint, so weit vorgeschritten, daß ein Klosterconvent unter einem Prior seine geistliche Wirksamkeit beginnen konnte. Damit er sich in dieser keine Uebergriffe in die Rechte der städtischen Pfarrgeistlichkeit erlaube, brachte Her-

---

4) Urkunde im Copialbuch der Katharinenkirche S. 17, gedruckt bei Hessenmüller, a. a. O. S. 108.
5) Urkundliche Nachricht von 1309 bei Schiller, Die mittelalterliche Architektur, S. 147.
6) Urkunde im Copialbuch der Katharinenkirche S. 18, gedruckt bei Hessenmüller S. 109.
7) Botho zum Jahre 1319 bei Leibnitz, S. R. Br. III, 375.
8) Testamentenbuch des Stadtarchivs S. 46 und Urkunde der Katharinenkirche Nr. 44.
9) Urkunde von 1439 bei Sack, Alterthümer, S. 109. Testamentenbuch des Stadtarchivs S. 51. 60 und Urkunde das. von 1350, Nr. 147.
10) Urkunde vom Jahre 1466 bei Rehtmeier, Kirchenhistorie II, Beil. S. 219.

zog Otto der Milde unter Vermittlung seiner getreuen Ritter, Heinrichs von Wenden, Ecberts von Asseburg und Wedekinds von Garsnebüttel einen Vertrag zwischen dem Rath und dem Orden zu Stande, dessen Inhalt schon oben S. 134 mitgetheilt ist. Seitdem stand das Kloster unter einem Prior als Oberen, welchem ein Lector oder Lesemeister und ein Subprior untergeordnet waren [11]). Als Prioren sind urkundlich genannt Heinrich Dorstadt 1431, Hermann Bansleve 1442, Johannes 1448 und 1464; als Subprioren: Johannes Gravestorp 1442, Bartold 1448; endlich als Lesemeister: Johannes 1442, Paulus 1448 und Wilkinus 1464 [12]). Ueber die Zahl der im Kloster befindlichen Mönche findet sich keine Nachricht.

Grundstücke erwarb das Kloster weder in noch außerhalb der Stadt. Es erhielt seine Mönche allein durch die gespendeten oder vermachten milden Gaben. In Testamenten wird es seit dem Jahre 1335 oft bedacht, vorzugsweise von Bürgern des Hagens. Die frommen Geber ließen sich dafür auf dem Klosterkirchhofe bestatten oder stifteten sich mit ihren Gaben Vigilien und Seelmessen im Kloster [13]). Solche Stiftungen machten auch ganze Corporationen. 1329 verpflichteten sich die Pauliner ohne Zweifel für eine angemessene Remuneration, für alle gestorbenen Mitglieder der Liebfrauengilde täglich eine Messe zu singen an dem östlichen Altar ihrer Kirche [14]). Wenn die Meistergesellen der Tuchmacher im Hagen 1426 ein Capital aussetzten, von dessen Zinsen sie das hohe Dach des Paulinerklosters im Stande erhalten wollen, so hatte ihnen ohne Zweifel der Convent dafür ein Seelengedächtniß zugesagt [15]). Die Gilde der Goldschmiede, welche 1429 im Paulinerkloster ein ewiges Licht vor einem Altar stiftete, welche 1431 dem Kloster ein silbernes Rauchfaß verehrte, beschloß zu Anfang des Jahres 1432, fortan das Fest des heiligen Eligius, des Schutzpatrons ihrer Gilde, am 25. Juni im Paulinerkloster alle Jahre festlich zu begehen. Nach dem Hoch-

---

11) Urkunde von 1420 im Copialbuch des Raths III, fol. 103¹ und Urkunde von 1442 im Copialbuch I, fol. 25¹.

12) Urkundliche Nachricht von 1431 bei Sack, Alterthümer, S. 107. Urkunde von 1442 im Copialbuch des Raths I, fol. 25¹, von 1448 im Copialbuch der Dachdeckergilde, von 1464 in der Urkunde der Michaeliskirche Nr. 92.

13) Beispiele enthalten die Testamente in Urkunden des Stadtarchivs Nr. 116. 144. 147. 169. 170. 204. 221. 240. 327 und in den Degedingsbüchern des Hagens.

14) Degedingsbuch der Altstadt I, S. 153.

15) Copialbuch des Raths III, fol. 112¹.

17. Das Kloster der Dominicaner oder Pauliner.

amt opferte dort jeder Gildegenoß ein halbes Pfund Wachs. Nachmittags ward für alle Verstorbenen aus der Gilde im Kloster eine Vigilie gehalten, dieser folgte am Morgen darauf eine Seelmesse, bei der alle Mitglieder derselben anwesend sein mußten [16]). In diesem Kloster hatten auch die Gerbergesellen eine Brüderschaft. Dafür daß die Mönche der Seelen ihrer Verstorbenen gedachten, hielten sie das Licht auf einer in der Kirche hangenden Krone [17]).

Ueber das Recht, in dem Mühlenkulk hinter der Burgmühle zu fischen, gerieth das Paulinerkloster 1405 mit dem Rath in einen Streit. Dieser wurde aber bald geschlichtet. Das Kloster mußte auf dies in Anspruch genommene Recht verzichten; dagegen ward ihm erlaubt, dreimal im Jahre dort zu fischen, in der Woche vor seiner Kirchweih, die auf den Sonntag Jubilate fiel, in der Woche nach Frohnleichnam und endlich in der Woche vor dem Dominicustage (6. August) [18]). Gewöhnlich standen die Mönche des Dominicanerklosters mit der Stadt und der Bürgerschaft in gutem Verhältniß. Sie hielten während des Pfaffenkrieges gleich den Barfüßern Gottesdienst, als die meisten Pfarrkirchen der Stadt während des Bannes „wüst waren wie die Hundeställe" (S. 204). Als von Rom die Erlaubniß zur Errichtung zweier Gelehrtenschulen eingetroffen war, ward die in der Katharinengemeinde zu errichtende Schule in das Paulinerkloster verlegt, die ersten Lehrer an ihr sollen die Paulinermönche gewesen sein [19]). Darum wurden denn z. B. 1480 dem Prior des Klosters gewisse Einkünfte überwiesen, von denen er einen in der Schulkunst unterrichtenden Lehrer an jener Schule zu halten verpflichtet wurde [20]).

---

16) Sack, Geschichte der Schulen, S. 25 und Alterthümer, S. 107.
17) Urkundliche Nachricht bei Sack, Alterthümer, S. 109.
18) Urkunden des Stadtarchivs Nr. 417. 418.
19) Bremer, Brevis historia scholae Catharinianae vom Jahre 1712, fol. 3: Schola Cathariniana saeculo 15. ad coenobium Paulinum condi coepta est. Docuerunt in ea primum monachi ordinis Dominicani.
20) Urkunde des Stadtarchivs Nr. 897.

18. Die Kirchen der Ritterorden.

1. Die Kirche der Johanniter[1]).

Die Ritter des um 1118 gestifteten Johanniterordens besaßen hier schon früh den noch jetzt sogenannten Johannishof. Die Vermuthung, daß ihn Heinrich der Löwe nach seiner Rückkehr aus Palästina dem Orden verehrte[2]), ist nicht unwahrscheinlich, doch unerwiesen. Urkundlich erwähnt wird jene Ordensbesitzung zuerst 1224 als „das Hospitalhaus der Jungfrau Maria und Johannis des Täufers", das von Almosen der Gläubigen zur Unterstützung der Armen hieselbst begründet sei. Damals nahm Pfalzgraf Heinrich die Stiftung in seinen Schutz, verlieh ihr dieselben Freiheiten, wie sie alle Häuser des Johanniterordens genossen, und erlaubte ihr, Vermächtnisse frommer Christen anzunehmen[3]). Eine Urkunde von 1268 zeigt, daß „dem heiligen Hause St. Johannis zum Spital in Braunschweig" das Patronat über die Capelle zum heiligen Geist vor dem hohen Thore zustand und daß es damals 4 Hufen Landes in Cramme erworben hatte, von denen es eine jener Capelle überließ[4]).

Auf dem Johannishofe stand als Zubehör dieses ältesten Hospitales unserer Stadt an der Straße, welche der Kattreppeln heißt, ein Johannes dem Täufer geweihtes Kirchlein, welches erst 1784 abgerissen ist[5]). Außer dem Hochaltar, welcher ohne Zweifel dem Patron der Kirche[6]) geweiht war, finden wir in derselben 1328 noch einen Altar, welcher den Aposteln Simon und Judas geweiht war und von

---

1) Rehtmeier, Kirchenhistorie I, S. 187 flg. und Aufsätze im Br. Magazin von 1774, St. 44, von 1777, St. 59, von 1816, St. 24 flg., von 1817, St. 5 flg.
2) Rehtmeier, Kirchenhistorie I, S. 138 und Gebhardi, Vom Stift St. Matthäi, S. 43.
3) Urkunde im Br. Magazin 1774, S. 353.
4) Urkunde im Copialbuch der Martinikirche I, fol. 354 ¹.
5) Capella beati Johannis heißt sie 1328 in einer Urkunde der Martinikirche Nr. 49. Eine Abbildung aus einem Beck'schen Kupferkalender liefert der diesem Werke beigegebene Stadtplan, eine andere etwas abweichende das Sack'sche Erinnerungsblatt an die tausendjährige Jubelfeier.
6) Shigtbok S. 250 nennt als Patrone Johannes den Täufer und den Apostel Johannes.

18. Die Kirchen der Ritterorden.

Herwich von Watenstedt beschenkt ward⁷). Die Kirche schmückten „Bilder der Jungfrau Maria und St. Johannis", vor dem ersteren sollten nach einer Stiftung Ludolf Netwegs an bestimmten Festen und jeden Sonnabend Abend, wenn nach beendeter Vesper die Beichte begann, sieben Lichter brennen, noch 1516 stiftete Adelheid Jacobs in dieser Kirche ein ewiges Licht⁸).

Eine Anzahl Ordensbrüder, in einen Convent vereinigt, bewohnten Hof, ihre Vorgesetzten waren ein Comthur und ein Prior. Comthure sind bis 1358 nachzuweisen, seitdem sollen dem hiesigen Ordenshause nur Priore vorgestanden haben⁹). Der Prior und ein Capellan versahen den Gottesdienst in dem Kirchlein¹⁰), 1402 wird auch ein Pfarrer erwähnt, dem ein Schüler beigegeben war¹¹). Als Comthure dieses Ordenshauses werden urkundlich genannt: Erembert 1302¹²), Gebhard von Bortfeld 1318¹³), Dietrich von Peyne 1328¹⁴), Jan von Honlage 1340¹⁵) und Johann von Lüneburg 1358¹⁶), als Prioren: Conrad von Dorstadt 1318¹⁷), Heinrich von Werben 1328¹⁸), Ludolf von Goslar 1340¹⁹), Johannes von der Heyde 1359²⁰), Johannes von Stöven 1367²¹), Nicolaus 1383²²), Heinrich von Wendeburg 1414 bis gegen 1460²³), Peter Kanbawer 1459²⁴), Gerhard Visbeck 1460²⁵),

---

7) Urkunde der Martinikirche Nr. 49.
8) Sack, Schulen, S. 25 und Alterthümer, S. 109 und Urkunde von 1516 im Copialbuch St. Ulrici II, S. 245.
9) Br. Magazin 1816, S. 375.
10) Urkunde der Michaeliskirche Nr. 37 vom Jahre 1386.
11) Testamentenbuch S. 9.
12) Pistorius, Amoenitates VIII, p. 2368: Erembertus, commendator fratrum hospitaliorum domus St. Johannis Baptiste in Brunswich.
13) Degedingsbuch der Altstadt I, S. 107.
14) Urkunde der Martinikirche Nr. 49.
15) Degedingsbuch der Altstadt I, S. 245.
16) Pistorius, Amoenitates VIII, p. 2368.
17) Degedingsbuch der Altstadt I, S. 107.
18) Urkunde der Martinikirche Nr. 49.
19) Degedingsbuch der Altstadt I, S. 245.
20) Urkunde des Stadtarchivs Nr. 192, gedruckt bei Gebhardi, Vom Stift St. Matthäi, S. 90.
21) Urkunde bei Gebhardi a. a. O. S. 84. 86.
22) Urkundliche Nachricht bei Sack, Alterthümer, S. 109, wo statt Por zu lesen ist Prior.
23) Urkunden des Stadtarchivs Nr. 525 und 814.
24) Urkunde bei Gebhardi, Stift St. Matthäi, S. 128.
25) Urkunde das. S. 133.

Hermann Knakenhover 1476 [26]) und Hermann Gernegast 1515 [27]). Der Güterbesitz des Johanniterordenshauses war nicht unbedeutend. Drei Hufen zu Cramme erwarb es für sich 1269 [28]), zwei in Hötzum (Hotselem) schenkte sein Comthur 1302 dem Hospital an der langen Brücke [29]). 1303 überließen Johann und Heine Stapel dem Ordenshause 6 Hufen in Broitzen, welche sie von demselben bisher zu Lehen gehabt hatten [30]). Bis 1318 besaß der Orden 6 Hufen zu Timmerlah und 6 zu Vechelde, damals überließ er dieselben für 100 Mark wiederkäuflich an die Familien Holtnicker und Döring [31]). 1328 spendete ihm Herwich von Watenstedt die Mittel, jene 6 Hufen in Vechelde wieder einzulösen [32]). Als nach der Aufhebung des Tempelherrenordens durch Clemens V. Herzog Otto, der jenem Orden angehört und sich im Besitz des hiesigen Tempelhofes am Bohlwege behauptet hatte, 1357 starb, kam dieser Hof sammt der Comthurei Süpplingenburg an die hiesigen Johanniter [33]). Diese überließen dem Tempelhofe, um den Gottesdienst dort wieder herstellen zu können, 1359 neun Hufen in Schandelah (Scanlege) für 120 Mark [34]). 1367 verkaufte der Orden jenen Hof mit der Tempelkirche für 150 Mark an einen hiesigen Kaland, welcher sich nun nach dem Schutzpatron jener Kirche Matthäuskaland nannte [35]).

Die zwischen der Dammbrücke, der langen Brücke und dem Lauenthurme belegenen Häuser im Kattreppeln, Hutfiltern und auf dem westlichen Theile des Dammes sollen den Pfarrbezirk dieser Kirche gebildet haben [36]) und waren derselben zinsbar, wie die Degedingsbücher der Altstadt beweisen. Das Terrain hinter dem Johannishofe war Eigenthum des Ordens bis an die Südmühle, die demselben noch 1312 einen Zins zu zahlen hatte und 1328 an Johann von Ilsede verkauft wurde [37]).

---

26) Br. Magazin 1756, S. 1529.
27) Urkunde der Martinikirche Nr. 269.
28) Urkunde im Copialbuch der Martinikirche I, fol. 354¹.
29) Pistorius, Amoenitates VIII, p. 2368 und im Degedingsbuch der Altstadt I, S. 27.
30) Degedingsbuch der Altstadt I, S. 30.
31) Degedingsbuch der Altstadt I, S. 107.
32) Urkunde der Martinikirche Nr. 49.
33) Urkunde vom 28. December 1357 bei Gebhardi, S. 102.
34) Urkunde des Stadtarchivs Nr. 192.
35) Br. Magazin 1860, S. 105.
36) Das. 1816, S. 381 und 1758, S. 887.
37) Degedingsbuch der Altstadt I, S. 74 und 150.

Am Ulrichskirchhofe gehörte den Johannitern der Lindenstoven, welchen sie 1382 zu Erbenzins austhaten[38]).

Ein Hospital war ohne Zweifel schon 1224 auf dem Hofe der Johanniter. Es war zur Pflege armer alter Frauen bestimmt[39]) und wurde später zu einem Beguinenhause[40]), in welchem eine Elendsgilde sich mit der Pflege der Hülfsbedürftigen befasste[41]). Diese Anstalt war das älteste Spital in der Stadt Braunschweig, im Gegensatz zu demselben ward das 1245 gegründete Spital an der langen Brücke lange Zeit das neue Hospital genannt.

Unfern der Johanniskirche, deren Weihe am Sonntag Misericordias gefeiert ward[42]), stand eine Capelle, der Jungfrau Christine und den vierzehn Nothhelfern geweiht, deren Weihe man am Sonntag nach Michaelis feierte[43]). Weitere Nachrichten über dieselbe sind bis jetzt nicht vorhanden.

2. Die Templerkirche[44]).

Die Templer sollen ihren hieselbst am Bohlwege belegenen Hof sammt der darauf belegenen Kirche angeblich von Heinrich dem Löwen nach dessen Rückkehr aus Palästina erhalten haben[45]). Dies berichtet aber keine glaubwürdige Quelle. Auf Bothos Angabe[46]), dass beim Anbau des Hagens der Tempelhof schon vorhanden gewesen sei, ist nichts zu geben. Auf jenem Hofe stand eine dem Evangelisten Matthäus geweihte Kirche[47]), die zuerst 1289 urkundlich erwähnt wird, als eine Anzahl von Kirchenfürsten ihr und der Katharinenkirche einen Ab-

---

38) Urkunde des Stadtarchivs Nr. 280.
39) Rehtmeier, Kirchenhistorie I, S. 139.
40) So wurde z. B. 1435 Lubeke Menken als Beguine im Orden Johannis des Täufers genannt. Copialbuch des Rathes IV, fol. 55¹.
41) Der Elendsgilde zu St. Johannes gedenkt eine urkundliche Notiz von 1422 bei Sack, Alterthümer, S. 109.
42) Shigtbok S. 250.
43) Das. S. 252.
44) Rehtmeier, Kirchenhistorie I, S. 144 und Dürre im Br. Magazin 1860, S. 102—108.
45) Gebhardi, Stift St. Matthäus, S. 8 und Havemann, Braunschw.-Lneb. Geschichte I, S. 317.
46) Botho zum Jahre 1172 bei Leibnitz, S. R. Br. III, 349.
47) Shigtbok S. 253.

laß ertheilten⁴⁸). Bis 1312 wohnten etwa 10 Templer unter einem Comthur auf dem Tempelhofe und versahen dort den Gottesdienst; alle in der Tempelkirche geopferten Gaben kamen ihnen zu⁴⁹). Nach der Aufhebung jenes Ordens sollte dieser Hof mit der Tempelkirche dem hiesigen Ordenshause der Johanniter zufallen. Aber Herzog Otto, ein Sohn Albrecht des Großen, ein gewesener Tempelritter, behauptete sich im Besitze desselben. Erst nach seinem Tode überwies Magnus der Aeltere den hiesigen Johannitern 1357 jenen Hof⁵⁰), in dessen Kirche schon seit 1312 kein Gottesdienst mehr gehalten war. 1359 richteten die Johanniter dieselbe zu jenem Zwecke wieder ein und behielten sich dafür das Patronat zu zwei Dritttheilen vor, ein Drittheil überließen sie dem Rath des Hagens⁵¹). Den Hof und die Kirche, welche bald Matthäuscapelle, bald Tempelkirche genannt wird, verkauften die Johanniter 1367 für 150 Mark an die Kalandsbrüderschaft des heiligen Geistes⁵²), die sich nun nach der neuen Besitzung den Kaland zu St. Matthäus nannte⁵³).

Auf dem Tempelhofe⁵⁴), der seinen Namen bis an das Ende des Mittelalters behielt, lag die St. Matthäuskirche. In ihrem Chor stand der St. Matthäus geweihte Hochaltar, an welchem anfangs ein damit beauftragter Priester, seit 1367 der Dechant jenes Kalands den Gottesdienst besorgte. Vor dem Altar brannte eine von Hermann von Gustibbe gestiftete ewige Lampe. Vor dem Chor stand in der Mitte des Kirchleins der Dreifaltigkeitsaltar, der von Heinrich von Visbeck, einem Dechanten des Kalands, 1405 gestiftet ward, unter anderen Reliquien ein Stück vom angeblichen Gewande des Heilandes enthielt und seit 1407 mit einem Gemälde geschmückt war, welches die Verkündigung Marias darstellte. Ein dritter Altar, dessen Schutzheilige unbekannt sind, stand auf der Prieche. An den beiden letztgenannten Altären las der Kämmerer des Kalands Messe⁵⁵).

---

48) Urkunde der Katharinenkirche Nr. 4: Capella St. Matthaei sacrae domus militiae templi de Bruneswich. Urkunde bei Rehtmeier, Kirchenhistorie II, S. 202.
49) Ordinarius S. Matthaei bei Gebhardi, S. 68.
50) Ordinar. S. Matthaei das. S. 66.
51) Ordinar. S. Matthaei das. S. 66 und 67.
52) Ordinar. S. Matthaei das. S. 68.
53) Br. Magazin 1860, S. 105.
54) Beschreibung desselben im Br. Magazin 1860, S. 106—108.
55) Die betreffenden Quellenangaben aus dem Ordinar. S. Matthaei s. Br. Magazin 1860, S. 106.

Auch an Schmuck fehlte es der Kirche nicht. Kelche, Meßgewänder und andere Kleinodien wurden in der vor 1400 erbauten Sacristei aufbewahrt, mit ihnen zierte man an Festtagen die Kirche und deren Altäre. Gottesdienst ward dort täglich gehalten. Der Dechant des Kalands las die Messe jeden Morgen vor dem Hochaltar, der Kämmerer abwechselnd an einem der beiden anderen Altäre. Besonders feierlich war der Gottesdienst an jedem ersten Tage eines Monats, weil dann der Dechant ein Hochamt hielt, und am Tage der Kirchweih, welche auf den Moritztag, den 22. September, fiel[56].

Der Hochaltar ward 1359 neu dotirt durch drei fromme Wittwen, Mathilde Woltmann, Elisabeth von Plauen und Margarethe von Meinum. Mit ihren Gaben wurden 9 zehntfreie Hufen in Klein-Schandelah sammt dem Zehntrecht über drei der Kirche in Schandelah zugehörige Hufen Landes und ein Hauszins im Hutfiltern erkauft[57]. Nach 1359 waren Rectoren der Capelle Georg von Amelingsdorf oder von Helmstedt[58], Conrad Volkmerode seit 1388[59] und Heinrich von Wisbeck[60]. Seit 1403 bekleideten das Rectorenamt die jedesmaligen Dechanten des Matthäuskalands.

---

19. Die Pfarrcapellen.

Unter den zahlreichen Capellen der Stadt stellen wir die voran, welche wenn auch nur eine Zeit lang Pfarrrechte gehabt haben. Jede von ihnen hatte einen Geistlichen, welcher Rector, zuweilen auch Pfarrer genannt wird, sie werden gewöhnlich Capellen, nie oder selten Kirchen genannt. Ihre kleinen Pfarren wurden später mit denen benachbarter Kirchen verbunden.

---

56) Ordinar. S. Matthaei an den im Br. Magazin 1860, S. 107 angegebenen Stellen.
57) Ordinar. S. Matthaei bei Gebhardi, S. 67.
58) Urkunde von 1359 bei Gebhardi, S. 92.
59) Urkunde von 1388 das. S. 97.
60) Ordinar. S. Matthaei bei Gebhardi, S. 67.

V. Das Kirchenwesen.

1. Die Jacobscapelle[1].

Dieses am Eiermarkte belegene Kirchlein soll bereits 861 gegründet sein. Nach einer um 1440 verfaßten Chronik[2] soll Herzog Bruno, nach Botho[3] auch sein angeblicher Bruder Dankward der Erbauer desselben gewesen sein. Diese Angaben haben eben so wenig historische Beweiskraft, wie die dem Thurme bei dessen Neubau eingehauene mit arabischen Ziffern geschriebene Jahreszahl 861 oder wie die Angaben der auch aus neuerer Zeit stammenden Einlage des Thurmknopfes[4]. Diese sagenhaften Angaben vermögen nicht zu erweisen, daß die Jacobscapelle das älteste Gotteshaus Braunschweigs sei[5]. Das älteste Zeugniß ihrer Existenz enthält das Memorienregister des St. Blasiusstiftes S. 35. Als man die 1227 erfolgte Einweihung dieses Stiftes durch eine jährlich zu haltende Kirchweih zu feiern beschloß, was vermuthlich bei der Weihe selbst geschah[6], wurde auch bereits auf die Betheiligung des „Rectors der Jacobscapelle" gerechnet. In einer Urkunde wird die „Capelle des heiligen Jacobus" erst 1301 erwähnt[7].

Die Capelle ist noch vorhanden, sie steht, jetzt in ein Tuchhaus und in eine Kornbörse umgewandelt, an der nach ihr benannten Jacobsstraße. Bei einer Länge von 70, einer Breite von 20 und einer Höhe von 30 Fuß war sie in alter Zeit geräumig genug, eine kleine Gemeinde in sich aufzunehmen[8]. Im östlichen Theile derselben stand ein Altar, ohne Zweifel St. Jacobus und seinem Mitpatron St. Polycarpus geweiht[9]. Dort befand sich auch die Kanzel, dort mag auch die Lampe gebrannt haben, welche Hermann Holtnicker 1398 dem Gotteshause verehrte[10]. Ein Thurm, dem der Michaeliskirche ähnlich,

---

[1] Schmidt, Die St. Martinikirche, S. 57—59.

[2] Niedersächsische Chronik bei Abel, S. 74; die Stelle ist oben S. 28 angeführt.

[3] Leibnitz, S. R. Br. III, 299; auch diese Stelle ist S. 29 angeführt.

[4] S. 41.

[5] Dies meint schon der Verfasser des Shigtbols, wenn er sie S. 51 de ersta kerke nennt.

[6] Die im Memorienregister beigeschriebene Zahl $\frac{20}{3}$ zeigt, daß dieser Beschluß in die Zeit fällt, wo am Stift 20 Canonici und 3 Vicare waren, also zwischen 1227 und 1238. S. Seite 389.

[7] Urkunde der Martinikirche Nr. 7.

[8] Schmidt, S. 58.

[9] Shigtbol S. 251.

[10] Urkunde der Martinikirche Nr. 94.

19. Die Pfarrcapellen.

stand am Westende; dem jetzigen landschaftlichen Hause gegenüber, durch die westliche Thür desselben trat man auch in die Capelle [11]). An der Mauer der Thurmthür stand angeblich die Zahl 1375 [12]).

Die Capelle stand im Mittelalter unter der geistlichen Obhut des Blasiusstiftes [13]), dieses besetzte die Rectorstelle an derselben gewöhnlich mit einem Stiftsvicarius, weshalb unter den Vicarien des Stiftes die capella S. Jacobi mit aufgeführt wird [14]). Als Rector derselben wird Johann von Lüneburg 1301 und 1318 erwähnt, der zugleich Rector der Paulscapelle auf dem Martinikirchhofe war [15]). Das Rectoramt bekleideten ferner Herwich 1340 und 1344, Hermann 1347 [16]), Dietrich 1385, welcher sich Pfarrer zu St. Jacobus nennt [17]), Heinrich Becker 1470, Richard Riemenschneider 1491 und Conrad Lampe, ihr letzter Rector in der katholischen Zeit [18]).

Das Vermögen der Capelle scheint stets unbedeutend gewesen zu sein. Ihr Rector bezog 1323 eine Einnahme von 20 Himpten Weizen und 20 Himpten Roggen nebst einigen Geldgefällen [19]); außerdem hatte er freie Wohnung in dem an der Ecke des Eiermarktes belegenen Pfarrhause, welches jetzt der zweite Prediger zu St. Martinus bewohnt [20]). 1519 werden als Vorsteher oder Procuratoren dieser Capelle, deren Weihe am 25. Juli an dem Jacobustage gefeiert ward, Cord von Scheppenstedt und Albert Haberland genannt. Zur Zeit der Reformation hörte der Gottesdienst in ihr auf [21]).

---

11) Eine Abbildung derselben, dem Beckschen Kupferkalender von 1712 entnommen, gab Sack im Kalender von 1861 und im Erinnerungsblatt an Braunschweigs tausendjährige Jubelfeier.

12) Br. Anzeigen 1758, S. 888.

13) Die Stiftung neuer Altäre in der Capelle konnte es verbieten, wie es 1435 geschah. S. Urkunde der Martinikirche Nr. 148.

14) Rehtmeier, Kirchenhistorie I, S. 102.

15) Urkunde der Martinikirche Nr. 7 von 1301 und Nr. 31 von 1318. Er starb Ende Juli eines unbekannten Jahres nach dem Memorienregister von St. Blasius, S. 41.

16) Urkundliche Angaben bei Schmidt, S. 58.

17) Urkunde im Copialbuch des Rathes II, fol. 48.

18) Urkundliche Angaben bei Schmidt, S. 58.

19) Urkundliche Nachricht das. S. 8, Note 3.

20) Degedingsbuch der Altstadt III zum Jahre 1403, Nr. 19.

21) Inschrift einer bleiernen Tafel von 1519 bei Rehtmeier, Kirchenhistorie I, S. 15 und Shigtbok S. 251.

2. Die Nicolaicapelle.

Diese auf dem Damme auf der Stätte des Hauses Nr. 2131 belegene [22] Capelle war schon 1178 vorhanden und hatte einen eigenen Pfarrbezirk. Sie stand damals dem Benedictinerkloster St. Aegidien zu [23]. Bei der Feuersbrunst 1278 ward sie nicht vernichtet, sondern nur beschädigt (S. 108). Von einem Neubau ist nichts berichtet. In ihrem Chor stand ein St. Nicolaus und St. Anna geweihter Altar, dem seit 1506 ein eigener Capellan diente. Dieser hatte nach einer Stiftung Berthold Binders wöchentlich vier Messen zu halten, am Dienstag für die heilige Anna, am Mittwoch für alle Christenseelen, am Freitag die Messe von den fünf Wunden Christi und des Sonnabends die Liebfrauenmesse. Am ersten Montag in der Fastenzeit hatte derselbe in der Capelle für 2 Gulden Semmeln an arme Leute zu vertheilen [24]. Dieselbe Urkunde gedenkt auch einer Sacristei jenes Kirchleins.

Außer jenem Capellan war auch noch ein Priester an der Capelle, der sich ihren Rector nannte [25]. Das Amt eines solchen bekleidete Heinrich Kruse (Crispus) vor 1386 [26], Bode 1452 [27] und Friedrich Barkmann 1506 [28].

Während sie 1178 noch eine Kirche genannt wird und einen eigenen Pfarrsprengel hatte, heißt sie seitdem stets eine Capelle. Von ihrer Parochie ist seit 1178 niemals die Rede. Sie scheint die Eigenschaft einer Pfarrkirche früh verloren zu haben, ihre Parochie mag mit der von St. Magnus vereinigt sein. Ihre Kirchweih ward am Bonifaciustage am 5. Juni gefeiert [29]. Grundvermögen können wir ihr nicht nachweisen.

---

22) Br. Magazin 1817, S. 71.
23) Urkunde bei Rehtmeier, Kirchenhistorie I, Beil. S. 88.
24) Urkunde bei Rehtmeier, Kirchenhistorie, Supplem. S. 27—31.
25) Das Shigtbok S. 256 nennt ihn Pfarrer. Noch 1542 finden wir das Pfarrhaus dieser Capelle in einer Urkunde des Stadtarchivs Nr. 1462 erwähnt.
26) Memorienregister von St. Blasius, S. 72.
27) Urkunde der Petrikirche Nr. 28.
28) Urkunde bei Rehtmeier, Kirchenhistorie, Supplem. S. 27.
29) Shigtbok S. 256.

3. Die Bartholomäuscapelle[30].

Das Jahr der Erbauung dieser an der Schützenstraße belegenen Capelle, in welcher seit 1710 die reformirte Gemeinde ihren Gottesdienst hält, ist unbekannt. Jedenfalls ist sie älter, als man gewöhnlich annimmt[31]. Eine Notiz des Memorienregisters von St. Blasius S. 35 zeigt, daß sie zwischen 1227 und 1238 (s. Note 6) bereits nicht blos vorhanden war, sondern auch einen Rector hatte. Urkundlich kommt sie 1304 zuerst vor[32]. In ihr müssen im Mittelalter drei Altäre gestanden haben. Außer dem Hochaltar des heiligen Bartholomäus, der urkundlich nie erwähnt wird, finden wir den Eustachiusaltar an der südlichen Kirchenwand, welchen 1328 zwei hildesheimische Bürger, Bernhard und Albrecht vom Damm, stifteten[33]. Einen zweiten Altar, dem heiligen Gregorius geweiht und „nach dem Pfarrhause zu" belegen, hatte Claus Grife 1499 mit 100 Gulden dotirt und Grete Rickmann 1506 noch weiter ausgestattet[34]. An der Giebelfronte der Capelle steht neben zwei Heiligenbildern die Jahreszahl 1483, welche auf eine Reparatur an derselben hinzudeuten scheint. Weniger möchte wohl an einen Abbruch des Chorausbaues in jenem Jahre zu denken sein. Der auf beiden Seiten der Capelle belegene Kirchhof war nachweislich schon 1390 ihr Eigenthum[35].

Das Patronat stand dem Blasiusstift zu, welches das Rectoramt einem seiner Vicare zu verleihen pflegte[36]. Pfarrrechte hatte sie in der älteren Zeit nicht; noch 1325 wird sie urkundlich als eine in der Mar-

---

30) Rehtmeier, Kirchenhistorie I, S. 192. Schmidt, Die Martinikirche, S. 55 und Schiller, Die mittelalterliche Architektur, S. 145.

31) Nach Rehtmeier war sie 1325, nach Schmidt und Schiller 1804 in vollem Stande.

32) Urkundliche Notiz im Degedingsbuch der Altstadt I, S. 31.

33) Urkunde der Martinikirche Nr. 53, gedruckt bei Rehtmeier, Kirchenhistorie I, Beil. S. 134. 1486 schenkte Gerd Webbege noch 100 Mark zur weiteren Ausstattung dieses Altars. Urkunde der Martinikirche Nr. 222.

34) Urkunden der Martinikirche Nr. 254 und im Copialbuch I, fol. 262. Wenn richtig ist, was Schiller S. 146 angibt, daß das Strombecksche Haus auf der Gördelingerstraße die Rectorwohnung war, so wäre der Altar am Westende der Kirche gemeint.

35) Degedingsbuch der Altstadt III zum Jahre 1390, Nr. 61.

36) Die Parochia St. Bartholomaei wird von Rehtmeier, Kirchenhistorie I, S. 102 unter den Vicarien des Stiftes mit aufgeführt.

tiniparochie belegene Capelle aufgeführt [37]). Kurz vor 1350 scheint sie jene Rechte erhalten zu haben; wie wir 1346 einen ihrer Pfarrer kennen lernen [38]), so war dort noch im Anfange des 16. Jahrhunderts ein eigener Pfarrer [39]). Als Rectoren der Capelle sind bis jetzt bekannt geworden: Johannes Sagittarius zwischen 1252 und 1310 [40]), Heinrich 1328 [41]) und Dietrich 1346, letzterer als Pfarrer von St. Bartholomäus genannt [42]).

An Grundstücken besaß die Capelle, deren Kirchweih am 28. October gefeiert wurde [43]), einige Höfe zu Uefingen und Sauingen mit 2½ Hufen Landes, welche ihr die Söhne Albrechts vom Damm 1328 schenkten [44]), in Uefingen verkaufte ihr Ludolf Meyer 1331 noch einen Hof [45]). Ein anderes Gut erwarb sie 1346 vom Vater Ulrichs von Wetzleben [46]); ob dies die Hufe Landes war, welche ihr vor 1400 zu Sefer gehörte [47]), liegt im Dunkeln. Zur Verwaltung des Vermögens ernannte der Rath der Altstadt zwei Aelterleute oder Procuratoren [48]), die schon 1328 erwähnt werden [49]). Nach Einführung der Reformation überließ das Blasiusstift diese Capelle sammt der Jacobscapelle 1542

---

37) Urkunde des Stadtarchivs Nr. 51: Capella S. Bartholomaei infra limites parrae S. Martini existens.

38) Urkunde in den Br. Anzeigen 1745, S. 1826.

39) Shigtbok S. 250.

40) Memorienregister von St. Blasius, S. 15.

41) Urkunde der Martinikirche Nr. 53 bei Rehtmeier, Kirchenhistorie I, Beil. S. 135.

42) Urkunde in den Br. Anzeigen 1745, S. 1826.

43) Shigtbok S. 250.

44) Urkunde der Martinikirche Nr. 53 bei Rehtmeier, Kirchenhistorie I, Beil. S. 135.

45) Urkunde der Martinikirche Nr. 55.

46) Urkunde in den Br. Anzeigen 1745, S. 1826.

47) Finanzbuch der Katharinenkirche II, S. 7.

48) Ordinarius Art. 62. Als Aelterleute dieser Capelle nennt der goddeshuse register:

    Heinrich von Seggerde 1412—1419 und Lubeke von Bervelbe 1412—1422.

    Cord von Elvede 1422—1443 und Hans von Elze 1443—1465 neben Eggeling von Bansleve 1422—1438, Lubeke Gravestorp 1442—1451 und Bernhard Dreyer 1452—1464.

    Hermann Detten 1465—1481 und Hans Detten 1482—1528 neben Claus Grube 1473—1491, Hans Lampe 1495—1510, Dietrich Geier 1516—1524 und Webege Belstide 1528.

49) Urkunde der Martinikirche Nr. 53 bei Rehtmeier, Kirchenhistorie I, Beil. S. 135.

an den Rath⁵⁰), welcher sie eine Zeit lang als Zeughaus, dann seit 1626 zum Auditorium für die Vorlesungen des Stadtsuperintendenten und seines Coadjutors benutzen ließ⁵¹).

20. Die Capellen.

1. Die Paulscapelle.

Diese 1791 abgebrochene Capelle, deren Erdgeschoß erst 1860 aus der Erde weggebrochen ist, stand auf dem Martinikirchhofe schon um die Mitte des 13. Jahrhunderts. „nach einer alten Tradition" soll sie von Heinrich dem Löwen erbaut sein¹). Geweiht war sie außer dem Apostel Paulus auch Johannes dem Täufer, den Aposteln Petrus und Andreas und St. Autor²). Dies Kirchlein, dessen Weihe auf den Sonntag Cantate fiel³), war 40 Fuß lang und 24 Fuß breit. Die Ansichten desselben zeigen, daß die Eingangsthür der Martinikirche gegenüber lag, jede Langseite hatte zwei, die Ostseite ein Fenster, westlich über dem Eingang in das Erdgeschoß lag eine runde Maueröffnung. Auf der Spitze des östlichen Giebels stand eine Steinlaterne in Form eines Thürmchens, in welchem nach einer testamentarischen Verfügung des Bürgers Hennig Salge Nachts ein Licht zur Erleuchtung des Kirchhofs brannte⁴). Im Innern der Capelle stand eine aus weißem Marmor gefertigte Statue des Apostels Paulus in Lebensgröße, in einer Hand ein Buch, in der anderen ein Schwert haltend. Zu beiden Seiten des im Osten stehenden Altars waren die Apostel Petrus und Paulus auf die Wand gemalt⁵).

Von größeren Schenkungen an diese Capelle, welche um 1318 denselben Rector mit der benachbarten Jacobscapelle hatte⁶), kennen wir

---

50) Urkunde des Stadtarchivs Nr. 1461.
51) Rehtmeier, Kirchenhistorie, Supplem. S. 51.
1) S. 70. Schmidt, Die Martinikirche, S. 12, Note 1. Urkundlich wird die capella S. Pauli sita in cimiterio ecclesiae S. Martini in Bruneswich in einer Urkunde der Martinikirche Nr. 17 vom Jahre 1311 erwähnt.
2) Urkunde der Martinikirche Nr. 28 vom Jahre 1312.
3) Shigtbok S. 251.
4) Testament H. Salgen vom 15. Mai 1429 bei Schmidt, S. 24.
5) Br. Magazin 1777, St. 59. Schmidt, S. 47 flg.
6) Urkunde der Martinikirche Nr. 31 vom Jahre 1318.

nur folgende. Gottfried, Stiftsherr der Andreaskirche in Verden, schenkte ihr 1311 ½ Wispel Salz aus der Saline zu Lüneburg, ferner überwiesen ihr 7 Bürger der Altstadt aus den Familien Holtnicker, Elie, Felix oder Salge, Kirchhof und von Velstede 1311 noch ½ Wispel Salz daselbst. Von diesen Einkünften sollte täglich eine Messe gelesen werden. Mit deren Abhaltung ward damals der Rector der Jacobscapelle beauftragt, nach dessen Tode sollte der Pfarrherr zu St. Martinus zu diesem Zwecke einen geeigneten Priester halten [7]). Der Bischof von Hildesheim bestätigte diese Stiftung 1312 und verlieh für den Besuch der Capelle einen Ablaß von 40 Tagen [8]).

2. Die Sebastianscapelle.

Diese kleine von Holz erbaute Capelle, deren Weihe am Tage nach Martinus am 12. November gefeiert ward, bestand noch zu Anfang des 16. Jahrhunderts auf dem Pfarrhofe zu St. Martinus, welcher an der Stelle der jetzigen Alerdesschen Stiftung an der Turnierstraße gelegen haben soll [9]). Sie soll bereits 1374 vorhanden gewesen sein [10]). Wann sie abgerissen ist, liegt im Dunkeln.

3. Die Autorscapelle [11]).

Als nach Beendigung des verhängnißvollen Aufstandes von 1374 die Stadt Braunschweig 1380 wieder in den Hansabund aufgenommen wurde, übernahm der Rath auch die Verpflichtung, eine Capelle zu erbauen, in welcher zum Seelenheil der in den Zeiten des Aufstandes Gemordeten Messe gelesen werden sollte. Eine solche Capelle wurde neben dem Altstadtrathhause an der breiten Straße erbaut und 1386 vom Rathe dotirt [12]). Zwei Altäre wurden damals in dieser Capelle, von der der Autorshof noch heute den Namen führt, angelegt, der neben der nördlichen Thür gelegene ward St. Autor, dem Patron des Kirchleins, geweiht; ihm gegenüber lag an der südlichen Thür der Altar

---

[7]) Urkunden das. Nr. 17. 19. 22. 23 von 1311 und 1312.
[8]) Urkunden das. Nr. 20 und 24 von 1311 und 1312.
[9]) Shigtbok S. 252 und Schmidt, Die Martinikirche, S. 10.
[10]) Sack im Br. Magazin 1849, S. 169.
[11]) Rehtmeier, Kirchenhistorie I, S. 204. Schmidt, Die Martinikirche, S. 56 flg.
[12]) S. 167 flg. Urkunde von 1386 im Copialbuch des Rathes III, fol. 23'.

20. Die Capellen.

der heiligen drei Könige. Jeder Altar hatte seine besonderen Einkünfte an Haus- und Gartenzinsen, von denen zwei Priester gehalten werden sollten[13]). Diese hatten täglich Messe zu lesen und in dieselben Fürbitten einzuschalten für den Rath, für die Eintracht in der Stadt und für das Seelenheil der in der Schicht Gemordeten. Für diese hielten die Priester der Capelle am Montag nach Misericordias, dem Jahrestage des Aufstandes, und am Montag nach Michaelis Vigilien und Tags darauf Seelmessen. Die hohen Feste feierten sie in der Martinikirche mit und standen dem dortigen Pfarrer auch für andere gottesdienstliche Verrichtungen zu Gebote. Das Innere der Capelle schmückten acht Schilde mit den Wappen der in der Schicht gemordeten Bürgermeister[14]).

Die Einnahmen jener beiden Priester wurden durch Vermächtnisse Heinos von Kirchhof 1387 und Heinrichs von Schöningen, Pfarrers zu St. Martini, 1408 vermehrt[15]). Auch ein Opfermann, welchen der Rath der Altstadt miethete, diente der Capelle. Er öffnete und schloß sie, verwahrte die Messgewänder, Kelche, Bücher und anderen Ornat und diente bei der Messe[16]). Auch die Vormünder oder Provisoren ernannte der Rath der Altstadt[17]). Diese Capelle, in welcher in der Zeit der Reformation der Gottesdienst aufhörte, ward 1679 abgebrochen, Messausstände traten an ihre Stelle[18]).

---

13) Die beiden ersten waren Bertram von Pawel für den Autorsaltar und Gerhard Uppenlo für den Altar der drei Könige. Copialbuch des Raths II, fol. 84¹.

14) Urkunde vom Lucientage 1386 im Copialbuch des Raths II, fol. 84¹ und III, fol. 23¹. Der Fundationsbrief ward erneuert 1408 zu Pfingsten. Urkunde der Martinikirche Nr. 114 und im Copialbuch des Raths III, fol. 15¹. Shigtbok S. 80. 252. Die Wappen stehen im Shigtbok Tab. I. abgebildet.

15) Urkunde der Martinikirche Nr. 83 und Urkunde im Copialbuch des Raths III, fol. 15¹.

16) Ordinar. Art. 61.

17) Ordinar. Art. 60. Der goddeshuse register nennt als Provisoren:
Wasmod von Kemme 1412—1433 und Hans von Bornum 1412—1433.
Hennig von Bansleve 1433—1438 und Brun von Detten 1433—1443.
Heinrich von Walbeck 1439—1483, Dietrich Regenborn 1444—1466 und
    Hermann Soest 1466—1479.
Fricke von Walbeck 1484—1495 und Hermann von Bechelde 1490—1495.
Bode von Scheppenstedt 1495—1522 und Hans von Walbeck 1504—1528.

18) Schmidt, Die Martinikirche, S. 56, Note 2.

4. Die Valentinscapelle,

lag am südlichen Ende der jetzigen Leopoldsstraße auf der Stelle, wo jetzt die Häuser Nr. 338 und 339 stehen [19]). Sie scheint erst um 1500 gegründet zu sein; denn das Shigtbok nennt sie S. 252 „eine neue Capelle". Zuerst wird sie 1511 erwähnt, ihr Altar war St. Valentin und den 14 Rothhelfern geweiht [20]). Ihre Kirchweih fiel auf den Sonntag Misericordias [21]). 1536 war sie noch vorhanden; nach der Reformation ging sie ein und ward abgebrochen, zwei Häuser erstanden an ihrer Stätte [22]).

5. Die Capelle zum heiligen Geist [23]).

Diese einst vor dem Hohenthore auf der nördlichen Straßenseite des Steinwegs belegene Capelle wird zuerst 1268 in einer Urkunde genannt, durch welche Bischof Albrecht von Regensburg Allen Ablaß verleiht, welche derselben Almosen schenkten oder zur Weihe eines Altars in ihr kämen [24]). Sie scheint von den Rittern des hiesigen Johannishofes, denen 1269 das Patronat über sie zustand, gegründet zu sein [25]). Diese übertrugen um 1317 ihre Rechte an den Rath der Altstadt, womit sich Albrecht der Fette und sein Sohn Otto [26]), auch Bischof Otto von Hildesheim 1326 einverstanden erklärten [27]). Unter dem Patronat des Rathes erfolgte um 1400 wo nicht ein Neubau, doch eine so bedeutende Reparatur oder Erweiterung der Capelle, daß 1405 hinsichtlich „der neuen Kirche" zum heiligen Geiste beschlossen werden konnte, daß der Gottesdienst dort wieder in alter Weise gehalten werden solle [28]). Nach-

---

19) Schmidt, Die Martinikirche, S. 57.
20) Urkunde im Copialbuch der Martinikirche I, fol. 264. Damals ward ihr aus dem Testamente Heinrich Engerkens eine Jahresrente von 1 Gulden zugewiesen.
21) Shigtbok S. 253.
22) Schmidt, S. 57.
23) Rehtmeier, Kirchenhistorie I, S. 197 flg. Sack im Br. Magazin 1840, St. 21, S. 167 und Schmidt, Die Martinikirche, S. 49 flg.
24) Capella S. Spiritus extra muros civitatis Bruneswig heißt sie in der Urkunde der Martinikirche Nr. 2 vom 11. September 1268.
25) Urkunde von 1269 im Copialbuch der Martinikirche I, fol. 354¹.
26) Urkundliche Nachricht unter den Urkunden der Martinikirche Nr. 68 und Urkunde vom Tage Mariä Himmelfahrt 1317 im Stadtarchive Nr. 38.
27) Urkunde der Martinikirche Nr. 45.
28) Degedingsbuch der Altstadt III zum Jahre 1406, Nr. 26 und 54.

20. Die Capellen.

dem die Capelle bis zur Einführung der Reformation zum Gottesdienste gedient hatte, ward sie 1538 abgebrochen [29]).

In ihr standen um 1350 drei Altäre, der Hochaltar, der Kreuzesaltar und der Liebfrauenaltar [30]). Der Hoch- oder Homissenaltar [31]) auf dem Chore war jener Nachricht zufolge der Dreifaltigkeit und Johannes dem Täufer geweiht; er wird zwar erst 1331 genannt [32]), war aber ohne Zweifel seit der Gründung der Capelle vorhanden. Der Trinitatissonntag war der Tag seiner Weihe und der Einweihung der Capelle [33]). Der Kreuzesaltar, auch wohl der Peter-Paulusaltar genannt [34]), vor dem Chore nach Norden hin belegen, ward 1328 von Conrad Holtnicker und Ulrich von Gabenstedt fundirt und dotirt [35]). Der Liebfrauenaltar, mitten in der Kirche vor dem Chore belegen, war 1374 auch den beiden Johannes und dem heiligen Kreuze geweiht [36]). Den Altar der heiligen drei Könige, mit deren Statuen geschmückt, beschenkte der jüngere Holtnicker 1390 mit Grundstücken [37]). Ueber der Sacristei stand 1405 der Thomasaltar, angeblich durch Brand von Rowen, Bürgermeister des Sackes, begründet [38]); der Katharinenaltar endlich, an der Südseite neben dem Chor in einer eigenen Capelle belegen, ward 1412 durch die Testamentsvollstrecker Hennig Veltmanns gestiftet [39]). In dem wie es scheint dreischiffigen Kirchlein stand ein Leuchter mit sieben Armen, der Baum genannt, wahrscheinlich ein Werk alter Holzschnitzkunst. Auf ihm brannten Sonnabends während der Liebfrauenmesse sieben Lichter, wahrscheinlich auch an hohen Festen [40]).

---

[29]) Shigtbol S. 250 und Rehtmeier, Kirchenhistorie I, S. 198.

[30]) Urkunde der Martinikirche Nr. 68.

[31]) Testament von 1408 bei Sack im Br. Magazin 1849, S. 399.

[32]) Urkunde der Martinikirche Nr. 54.

[33]) Urkunde das. Nr. 68 und Shigtbol S. 250.

[34]) Mitpatrone waren auch St. Autor, Maria Magdalena und St. Barbara. Urkunde der Martinikirche Nr. 68.

[35]) Urkunde der Martinikirche Nr. 51; vergl. auch Nr. 277 vom Jahre 1526.

[36]) Urkunden der Martinikirche Nr. 68 und 79; vergl. Nr. 191 vom Jahre 1469.

[37]) Urkunde der Martinikirche Nr. 86.

[38]) Degedingsbuch der Altstadt III zum Jahre 1405, Nr. 54. Urkunde von 1433 bei Schmidt, S. 53; vergl. die Urkunde von 1432 im Copialbuch des Raths III, fol. 119¹.

[39]) Urkunde der Martinikirche Nr. 123, auch im Copialbuch des Raths III, fol. 82¹.

[40]) Degedingsbuch der Altstadt III zum Jahre 1402, Nr. 50.

Die Orgel bedachte Dietrich von Winnigstedt in seinem Testamente 1414 mit einem Vermächtniß[41]).

Jedem Altar diente ein Priester; 1405 werden ihrer fünf, 1412 sechs erwähnt[42]). Der mit dem Hochaltar belehnte Geistliche hieß der Rector der Capelle. Bekannt sind von den Rectoren:

Heinrich von Mandere 1269[43]), Friedrich 1304[44]), Werner von Bredenowe 1317[45]), Johann von Peyne 1326 und 1350[46]), Eggeling stand der Capelle bis etwa 1375 vor[47]), Johannes Marquardes ward 1375 Rector[48]), Dietrich von Senstede 1412[49]), Johann Droste 1433[50]) und Gerwin von Hameln, welcher 1445 zu dieser Stelle präsentirt ward und sie 1495 noch bekleidete, wo er seine Bücher der Pfarrbibliothek zu St. Andreas vermachte[51]).

Die Capelle besaß keine Parochialrechte, sondern lag in der Michaelispfarre und galt bereits 1326 als Zubehör derselben. Ihre Geistlichkeit stand zum Pfarrer der Michaeliskirche im Verhältniß untergeordneter, zu Gehorsam verpflichteter Capelläne. Dennoch sollten die auf den Altären gespendeten Opfergaben der Capelle verbleiben und nicht an den Pfarrherrn zu St. Michaelis abgeliefert werden. So hatte es Bischof Otto von Hildesheim 1326 bestimmt[52]). Gottesdienst fand in ihr 1405 täglich in folgender Weise statt. Früh Morgens, wenn die Stadt aufgeschlossen ward, hielt man die erste Messe vor dem Thomasaltar für Wanderer und die Arbeitsleute, welche zur Feldarbeit hinaus wollten. Die zweite Messe hielt man zur Mettenzeit vor dem Kreuzesaltar, die dritte vor dem Dreikönigsaltar, die vierte vor dem Marienaltar und die fünfte zur Zeit des Hochamts vor dem Hochaltar[53]).

---

41) Urkundliche Nachricht bei Sack im Br. Magazin 1849, S. 413.
42) Degedingsbuch der Altstadt III, 1405, Nr. 26 und Urkunde der Martinikirche Nr. 123.
43) Urkunde von 1269 im Copialbuch der Martinikirche I, fol. 354¹.
44) Urkunde der Martinikirche Nr. 9.
45) Urkunde des Stadtarchivs Nr. 38.
46) Urkunden der Martinikirche Nr. 46 und 64.
47) Urkunde der Michaeliskirche Nr. 17.
48) Copialbuch des Rathes II, fol. 1.
49) Urkunde der Martinikirche Nr. 123.
50) Urkundliche Nachricht bei Schmidt, S. 53.
51) Urkundliche Nachrichten bei Schmidt, S. 52, Note 1 und Sack im Br. Magazin 1849, S. 401.
52) Urkunde der Martinikirche Nr. 45.
53) Degedingsbuch der Altstadt III, 1405, Nr. 54.

20. Die Capellen.

Das Vermögen des Kirchleins scheint unbedeutend gewesen zu sein; doch besaß es einige ländliche Grundstücke. Eine Hufe zu Cramme erwarb ihm 1269 sein Priester Heinrich von Mandere [54], einen Hof zu Kissenbrück mit fünf Hufen schenkten Conrad Holtnicker und Ulrich von Gadenstedt 1328 [55]. Seit etwa 1350 gehörten ihm auch drei Hufen zu Broistedt und der Schäfereihof zu Lehndorf [56], 1383 kaufte es „den Hof vor dem Dorfe" zu Rüningen von Cord Stapel [57] und in einem nicht anzugebenden Jahre einen Hof zu Klein-Biwende mit vier Hufen Landes [58]. Auf dem Stadtfelde besaß es seit 1390 eine Hufe Landes vor dem Michaelisthore [59].

An Kornzinsen erhielt die Capelle schon um 1350 etwa 20 Scheffel aus einem Hofe, welcher der Familie Wolfram gehörte [60]. Ein Haus an ihrem Kirchhofe ward 1393 dem Opfermann, welchen die Capelle nachweislich schon 1331 hatte, zur Verwahrung der Kleinodien und des Ornates eingeräumt [61]. Auch einige Capitalien hatte sie theils beim Rath [62], theils auf der Münze [63], theils bei Bürgern [64] ausstehen. Diese Capitalien waren durch Schenkungen entstanden, die bei Fundirung oder besserer Dotirung von Altären, bei Memorienstiftungen, in Testamenten oder für die Erlaubniß, auf dem Kirchhofe bestattet zu werden, dem Gotteshause überwiesen zu werden pflegten [65]. Außer den Priestern der Capelle ließen sich dort z. B. 1358 und in den nächst folgenden Jahren Dietrich Döring, Elias Holtnicker, Abelheid, die Gemahlin Eylards von der Heyde, Heinrich und Hennig von Bonstede und seine Frau Mathilde, und Gese Wolframs, also meist sehr

---

54) Urkunde von 1269 im Copialbuch der Martinikirche I, fol. 354¹.
55) Urkunde des Stadtarchivs Nr. 62, Urkunde der Martinikirche Nr. 51 und Notizen im Gedenkbuch I, fol. 53. 55 zum Jahre 1388 und 1396.
56) Urkunden der Martinikirche Nr. 64 und Nr. 84 und Gedenkbuch I, fol. 8¹.
57) Urkunde der Martinikirche Nr. 82.
58) Schmidt, S. 52.
59) Urkunde der Martinikirche Nr. 86.
60) Urkunde der Martinikirche Nr. 64; vergl. Gedenkbuch I, fol. 4.
61) Urkunde der Martinikirche Nr. 54 und 89 von 1331 und 1392.
62) Urkunde der Martinikirche Nr. 54 und Copialbuch des Rathes III, fol. 83¹.
63) Urkunde der Martinikirche Nr. 74 vom Jahre 1367.
64) Urkunde der Martinikirche Nr. 64.
65) Beispiele finden sich bei Schmidt, S. 51—54 und Sack im Br. Magazin 1840, S. 168.

angesehene Personen bestatten⁶⁶). Auch hier förderten Ablaßindulgenzen die Lust zu Gaben an das Gotteshaus⁶⁷).

Zur Verwaltung des Vermögens waren die beiden Vorsteher oder Vormünder bestimmt, welche der Rath der Altstadt zu ernennen hatte⁶⁸). Genannt werden als solche:

1402 Bernd von Remmeling und Achilles von Thiede⁶⁹).
1416 Hans von Scheppenstedt und Ludeke Vahlberg⁷⁰).
1430 Hans von Scheppenstedt und Hans Retweg.
1440 Thile von Abenstedt und Eggeling von Strobeke.
1449 Volkmar von Abenstedt und Hilmar von Strobeke.
1459 Hans Krull und Hilmar von Strobeke.
1469 Hilbrecht Hilbrechts und Hilmar von Strobeke.
1487 Heinrich Fischer und Thile vom Damm.
1498 Gerlof Kahle und Hennig Robe.
1505 Cord Hantelmann und Hermann von Bechelde.
1520 Thile Breyer und Cord von Bechelde.

6. Die Capelle bei St. Andreas.

Dieser an dem Andreaskirchhofe belegenen Capelle gedenkt erst eine Urkunde vom Jahre 1524⁷¹); doch leidet es keinen Zweifel, daß dieser Backsteinbau viel älter ist.

7. Die Thomascapelle auf dem Grauenhofe.

Auf dem südlichen Theile des jetzigen Schloßplatzes lag noch im Weichbilde des Hagens der graue Hof, so genannt nach der grauen Kleidung der Cistercienser des Klosters Ribbagshausen, welchen er gehörte. Diese kauften nämlich 1268 von Johann Stapel dessen am Rebingerthor belegenes Grundstück⁷²) und erwarben später noch zwei

---

66) Urkunde der Martinikirche Nr. 68.
67) Ablaßbriefe Otto's, Bischofs zu Münster, vom Jahre 1304, des Bischofs Albrecht zu Halberstadt und des Bischofs Siegfried zu Hildesheim von 1305. Urkunden der Martinikirche Nr. 8. 10. 11.
68) Ordinar. 59.
69) Urkunde der Martinikirche Nr. 97.
70) Diese und alle Folgenden sind aus dem Register der goddeshuse entnommen.
71) Copialbuch der Andreaskirche fol. 73.
72) Urkunde des Stadtarchivs Nr. 15.

nördlich von jenem am Bohlweg liegende Höfe, 1286 den der Herren von Werle und 1337 den des Klosters Marienthal[73]). Aus diesen drei Grundstücken bildeten sie einen großen Hof, den sogenannten grauen Hof. Auf demselben erbauten sie eine Capelle, welche dem Apostel Thomas und St. Stephan geweiht war und ihre Kirchweih am 3. August feierte[74]). Sie kommt 1388 in einem Testamente zuerst vor und wird in späteren Testamenten zuweilen bedacht. Bei der Einführung der Reformation ging sie ein[75]).

8. Die Longinuscapelle.

Diese Capelle lag vor dem inneren Wendenthore neben dem Hospital St. Jodoci. Ihr Priester hatte die Verpflichtung, armen Leuten im Krankenbette das Sacrament zu geben. Ihre Kirchweih fand im Anfang des Mai am Sonntag nach Walpurgis statt[76]). Ihr Altar ward 1461 von Jutta Lüssen und ihrem Vetter Dietrich Regenborn gegründet, St. Longinus geweiht, mit Kelch, Missale, Messgewand und sonstigem Zubehör beschenkt und so dotirt, daß ein Priester den Altar bedienen konnte. Ihn ernannte der Rath im Hagen[77]). Vor jenem Altar ward 1485 eine ewige Lampe gehalten[78]).

Da wir die mit Hospitälern, Beguinenhäusern und anderen Wohlthätigkeitsanstalten verbundenen Capellen erst in Abschnitt VI behandeln werden, so sind hier zum Schluß nur noch zu nennen:

9. Die Privatcapellen.

Solche Hauscapellen finden wir in der Altstadt eine auf der Scharrenstraße neben dem ehemals von Vechelde'schen Hause, der jetzigen Berghandlung (Nr. 755). Zwei romanische Fenster in der straßenwärts belegenen Mauer könnten ihr angehört haben[79]). Auch am Altstadtmarkt ist im Hause Nr. 6 in alten Zeiten eine Capelle gewesen[80]); ebenso im Wrede'schen Hause auf der Breitenstraße Nr. 878[81]).

---

73) Dürre im Br. Magazin 1860, S. 109.
74) Shigtbok S. 254.
75) Dürre a. a. O. S. 110. Rehtmeier, Kirchenhistorie I, S. 148.
76) Shigtbok S. 254.
77) Urkundliche Mittheilungen bei Rehtmeier, Kirchenhistorie I, S. 220.
78) Copialbuch des Rathes V, fol. 2¹.
79) Ribbentrop, Beschreibung der Stadt Braunschweig I, S. 91.
80) Das. S. 86.
81) Das. S. 90.

Im Hagen fanden sich Hauscapellen am Wendengraben in Nr. 1536, die erst am Ende des vorigen Jahrhunderts nach Entfernung des Altars zu einer Wohnung umgewandelt ist [82]), und im Hause Nr. 1935, welche jetzt einem Neubau gewichen ist.

In der Neustadt waren Privatcapellen im Hause Nr. 1235 [83]) auf dem Nickerkulke, in Nr. 1305 und 1306 auf der Reichenstraße [84]), im Hause Nr. 1086 auf der Beckenwerchtenstraße [85]) und in einem nicht näher bezeichneten Hause der alten Waage gegenüber [86]). Auch in dem Hause Nr. 1314 auf der Hagenbrücke soll angeblich eine Capelle gewesen sein [87]).

Aus der Altenwik können wir nur eine Hauscapelle nennen, welche sich am Aegidienmarkte in Nr. 2731 befand [88]), ebenfalls nur eine aus dem Weichbilde des Sackes. Diese lag im Hinterhause des Hauses Nr. 2733 [89]) hinter den Brüdern.

21. Die Kalandsbrüderschaften.

Die im Charakter der Deutschen liegende Neigung zu freier Einigung führte etwa seit der Mitte des 13. Jahrhunderts im nordwestlichen Deutschland auch zur Bildung kirchlicher Vereine und geistlicher Brüderschaften, unter denen die Kalande die bekanntesten sind. Ihren Namen haben dieselben von den Kalenden, der lateinischen Benennung des ersten Monatstages, weil sie an jenem regelmäßig zusammenkamen. Dann pflegten sie eine gemeinsame Andacht zu halten, die im Verlauf des Monats zu haltenden Feste, Vigilien, Seelmessen und die auszutheilenden Almosen zu bestimmen; später hielten sie an diesem Tage

---

82) Ribbentrop I, S. 57.
83) Ribbentrop I, S. 60. Daß sie St. Nicolaus geweiht war, ist nicht erwiesen.
84) Ribbentrop I, S. 61.
85) Das. S. 69.
86) Das. S. 67.
87) Das. S. 61.
88) Das. S. 25.
89) Das. S. 65.

21. Die Kalandsbrüderschaften.

auch eine gemeinsame Mahlzeit. Demnach waren die Kalânde religiöse Gesellschaften oder Brüderschaften, bestehend aus Clerikern und Laien beiderlei Geschlechts. Ihr Hauptzweck bestand, wie es scheint, darin, für die Seelen derer zu beten, welche der Brüderschaft durch den Tod entrissen waren, und sich gegenseitig zur Vollbringung guter Werke zu ermuntern. Im nordwestlichen Deutschland gab es gegen Ende des Mittelalters kaum ein Städtchen, wo nicht wenigstens eine solche Brüderschaft bestand, selbst in Dörfern treffen wir sie an[1]. In Braunschweig gab es drei solcher Kalânde, die sich nach den Capellen zu benennen pflegten, in denen sie ihre gottesdienstlichen Uebungen hielten. Am ältesten war

Der Kaland des heiligen Geistes[2].

Die 1265 gestiftete Brüderschaft des heiligen Geistes verrichtete ihre gottesdienstlichen Handlungen in der Georgscapelle in der Burg und kam am ersten Tage jedes Monats im Hause des jener Capelle dienenden Priesters „zur Erquickung" zusammen[3]. Ihre Genossen standen schon 1313 unter einem Dechanten und einem Kämmerer. Beide Stellen bekleideten damals Geistliche des Landes; Dechant war Johannes, Pfarrer in Schöningen, Kämmerer Johannes, Pfarrer in Oelper. Auch Mitschwestern gehörten zur Brüderschaft; Gebrechlichen und Bettlern Almosen und Erfrischungen zu spenden, war einer ihrer Zwecke, zu dessen Förderung sie damals von den Gebrüdern von Gandersheim, hiesigen Bürgern, einen Hof in Sonnenberg mit zwei Hufen Landes erkaufte[4]. Wie 1347 die Kalandsbrüderschaften zu Lucklum und Bahrum diesem Kaland des heiligen Geistes Theilnahme an allen von ihnen zu vollbringenden guten Werken zusagten[5], so mag dies von mehreren anderen geistlichen Corporationen geschehen sein. Daß

---

1) Rehtmeier, Kirchenhistorie I, S. 149—152 und Gebhardi, Stift St. Matthäi, S. 47—49.
2) Rehtmeier, Kirchenhistorie I, S. 152—159 und Gebhardi, Stift St. Matthäi, S. 49 flg. Hauptquelle ist der Ordinarius ecclesiae S. Matthaei das. S. 65—80, von dem Leibnitz in den S. R. Br. II, 470 einen Auszug mittheilt, endlich die zahlreichen von Gebhardi, S. 80—151 mitgetheilten Urkunden des Kalands.
3) Ordinarius S. Matthaei bei Gebhardi, S. 66.
4) Urkunde vom 19. Januar 1313 bei Gebhardi, S. 81.
5) Urkunden das. S. 88 flg.

der Kaland unter den Herzögen gnädige Beschirmer fand, zeigt das Beispiel des Herzogs Ernst von Göttingen, welcher der Brüderschaft 1364 seinen Schutz zusagte und sie und ihr Gut nach Kräften zu beschirmen versprach⁶).

1367 am 4. April erkaufte der Kaland von dem Johanniterorden und dessen hiesigem Prior, Johannes von Stenen, für 150 Mark Silber den Tempelhof am Bohlwege mit der Tempelkirche, welche 1359 durch die Johanniter dem Gottesdienst wieder übergeben war⁷). Als der Kaland die Kaufsumme 1369 bezahlt hatte⁸), mußte er sich mit den Herren Ludwig von Sambleben und Conrad von Weferlinge einiger Ansprüche wegen abfinden, welche jener auf das Malzhaus am Bohlwege, dieser 1397 auf einen Theil des Kirchhofs machte. Beide wurden mit Geld abgefunden. Den Pfarrer der Katharinenkirche, welcher die geistliche Aufsicht über die in seiner Parochie belegene Capelle beanspruchte, wies der Kaland, der sich nun auch nach St. Matthäus benannte, mit einer päpstlichen Bulle zurück, wonach alle ehemaligen Güter der Tempelherren nur unter dem Johanniterorden stehen sollten⁹).

An der Spitze des Kalands stand der Dechant¹⁰). Ihn wählten die geistlichen Kalandsbrüder mit dem Beirath zweier weltlichen Brüder wo möglich aus der Genossenschaft, präsentirten ihn dann dem Johannitercomthur zu Süpplingenburg oder in dessen Abwesenheit dem Prior des hiesigen Johannishofes, welcher ihn bestätigte und mit dem Hochaltar der Matthäuscapelle belehnte. Dann hatte der Dechant zu geloben, daß er die Güter, Zinse und Einkünfte des Kalands und seiner Kirche erhalten und fördern wolle. Er erhielt eine Wohnung auf dem Tempelhofe, leitete die Angelegenheiten der Brüderschaft als deren Vorsteher mit dem Beirath eines Kämmerers, den die geistlichen Kalandsbrüder wählten, und mit vier Mitschaftern oder Cooperatoren, von denen zwei Geistliche, zwei aber Laien waren. Er leitete auch die gottesdienstlichen Uebungen der Brüderschaft; ward er krank oder alt, so konnte er dieselben durch einen Capellan verrichten lassen. Der Kämmerer hatte an den beiden Nebenaltären der Templerkirche den Gottesdienst zu verrichten. Auch er bewohnte ein eigenes Haus auf dem Tempelhofe,

---

6) Urkunde das. S. 84.
7) Urkunde das. S. 84 flg. und Ordinar. das. S. 68.
8) Urkunde das. S. 86.
9) Ordinar. das. S. 69. 67 flg.
10) Quelle für die Verfassung des Kalands sind dessen Statuten, gedruckt bei Rehtmeier, Kirchenhistorie I, Beil. S. 118—122 und Gebhardi, S. 73—76.

hatte die Kleinodien und Zierrathen der Kirche in der Sacristei zu verwahren und an Festtagen in der Kirche auszustellen, namentlich die Reliquien, das Plenarium und andere Kostbarkeiten auf die Altäre zu setzen. Er besorgte die Einnahmen und Ausgaben der Brüderschaft und legte jährlich von seiner Verwaltung Rechenschaft ab. Für die ihm obliegenden gottesdienstlichen Verrichtungen durfte er sich allenfalls einen Capellan halten. Die vier Cooperatoren bildeten einen Beirath, welchen Dechant und Kämmerer zu berufen pflegten, wenn ein neues Mitglied in den Kaland aufzunehmen war, wenn der Kämmerer seine Rechenschaft ablegte und wenn Urkunden auszustellen und zu besiegeln waren. Wenn es nöthig war, konnte auch der ganze Kaland zur Berathung berufen werden.

Als Dechanten[11]) desselben werden im Ordinarius und in Urkunden genannt Georg von Amelingstorpe, der bei der Erwerbung des Tempelhofs vom Kaland zum Dechanten angenommen ward. Nach seiner Resignation erscheint bereits 1367 Hermann, bisher Pfarrer zu Bodenstedt, in dieser Würde[12]). Dieser ließ auf dem Tempelhofe das durch Feuersbrunst zerstörte Ritterhaus wieder bauen, Küche, Scheuer, Backhaus anlegen und der Capelle eine Sacristei hinzufügen[13]). Auf den nach 1383 erfolgten Tod[14]) Hermanns folgte Ludolf von Arberge als Dechant, dann Johann Strunk. Beide waren nur kurze Zeit in dieser Stellung, schon 1391 war Johannes Rose in derselben[15]). Ihm folgte 1403 Heinrich von Visbeck, Syndicus des Raths im Hagen und seit 1401 Vicar des Matthäusaltars in der Templerkirche. Er ließ die Gebäude auf dem Tempelhofe vielfach verbessern, ließ Kirche und Scheuer nach Entfernung der Strohdächer mit Ziegelsteinen decken, schaffte für die Kirche Kleinodien und Ornate an und erbaute das neue Kalandshaus und die neue Kemnade. Nach seinem am 31. August 1422 erfolgten Tode[16]) ward Berthold von Hameln Dechant, welcher

---

11) Ein Verzeichniß der Dechanten giebt schon Rehtmeier, Kirchenhistorie I, S. 157 ohne Angabe seiner Quellen.

12) Ordinarius S. Matthaei bei Gebhardi, S. 69 und Urkunde das. S. 84.

13) Ordinar. a. a. O. S. 68.

14) In einer Urkunde vom 28. Juli des Jahres 1383 kommt er zuletzt vor. Gebhardi, S. 96.

15) Ordinar. S. 69 und Urkunde bei Gebhardi, S. 99. Er war Dechant bis 1403.

16) Ordinar. a. a. O. S. 69. 70.

am 31. August 1457 starb. Auf Leonhard Reynerdes, der 1459 am 20. April starb [17]), folgte Dietrich Petri, unter welchem die neuen Statuten des Kalands zu Stande kamen, 1465 war bereits Heinrich Muspel Dechant [18]) und 1467 erhielt diese Würde Johannes vom Ambergha [19]). Sein Nachfolger Dietrich Brandes starb am 21. November 1507 [20]), 1519 war Hermann Blavod Dechant [21]), 1523 Bruno Peyne [22]), 1534 Peter Reinecke [23]), 1539 Heinrich Düvel [24]) und 1553 Hennig Bungenstedt, welcher 1566 starb und der letzte von katholischen Kalandsbrüdern erwählte Dechant gewesen ist [25]).

Auch die Kämmerer sind seit 1367 ziemlich vollständig bekannt. Als solche werden genannt: Ulrich von Vintsleve 1367 [26]), Ludolf von Ingeleben 1381, Herwich 1383 [27]), Hermann von Bobenstedt der Jüngere 1391 [28]), Günther von Duseme 1404, der 1407 am 11. November starb [29]), dann wieder Hermann von Bobenstedt 1408 [30]), Berthold von Hameln 1422 [31]), Conrad Leonhardi 1423—1456 [32]), Hennig Bedding 1457 [33]), Hermann Küster 1467 [34]), Ludolf Havekhorst 1507 [35]), Meinhard Friese 1523 [36]), Heinrich Düvel 1534 [37]), Heinrich Bungenstedt 1539 [38]) und Heinrich Lippmann 1553 [39]).

---

17) Ordinar. a. a. O. S. 70.
18) Urkunde bei Gebhardi, S. 129.
19) Urkunde das. S. 136.
20) Urkunde das. S. 148.
21) Urkunde das. S. 150.
22) Urkunden das. S. 151 flg.
23) Urkunde das. S. 152.
24) Urkunde das. S. 153.
25) Urkunden das. S. 154. 155.
26) Urkunde das. S. 84.
27) Urkunden das. S. 96.
28) Urkunde das. S. 99.
29) Urkunde das. S. 105 und Ordinar. das. S. 72.
30) Urkunde das. S. 106.
31) Urkunde das. S. 115.
32) Urkunden das. S. 117 und 124.
33) Ordinar. das. S. 70. 71.
34) Urkunde das. S. 134.
35) Urkunde das. S. 148.
36) Urkunde das. S. 151 flg.
37) Urkunde das. S. 152.
38) Urkunde das. S. 153.
39) Note das. S. 154.

21. Die Kalandsbrüderschaften.

Schon früh waren die Vorsteher des Kalands bedacht, ihrer Genossenschaft Indulgenzen zu erwerben und Brüderschaften mit anderen geistlichen Gesellschaften zu machen, um Gläubige zum Eintritt oder zu Schenkungen zu bewegen. Die Uebersiedelung aus der Georgscapelle nach dem Tempelhofe hatte den Kaland in die Halberstädtische Diöcese gebracht. Daher bat derselbe den Bischof Albrecht von Halberstadt um Bestätigung der Erwerbung des Tempelhofs. Dieser gewährte dieselbe am 20. December 1372 und verhieß dabei einen vierzigtägigen Ablaß Allen, die der Brüderschaft Almosen spendeten und sonst wie hülfreich und förderlich wären [40]. Theilnahme an allen guten Werken sagte 1394 das Generalcapitel des Karthäuserordens der Genossenschaft zu [41].

Einige ländliche Grundstücke erwarb dieselbe im 14. und 15. Jahrhundert. Eine Wiese an der Oker bei Watenbüttel, die Erbburg genannt, wurde 1380 Cord Stapel abgekauft [42], und ein Raum zwischen dem Magni- und Aegidienthore ward damals als Weingarten erworben [43]. Zu Schliestedt besaß der Kaland 1393 ein zinstragendes Gut, welches er einem Meier zu überlassen pflegte [44]. Der Bürger Lambert von Evensen verkaufte ihm 1404 einen Hof zu Nieder-Sickte, zu welchem drei Hufen Landes gehörten [45]; Eilard von der Heyde der Aeltere verpfändete ihm 1408 vier Hufen zu Abbenrode am Elm für 40 Mark [46], der Knappe Wilhelm von Ambleben überließ ihm wiederkäuflich 1408 vier Hufen zu Remlingen für 60 Mark [47]; zu Sonnenberg wurden 1412 zwei Höfe mit 2½ Hufen Landes [48], zu Remlingen 1438 von den Gebrüdern Hinkel ein Kothof mit einer halben Hufe Landes erkauft [49], zu Dobbeln erwarb der Kaland 1465 vom Bürger Cord Sprakensen einen Hof mit zwei Hufen Landes auf Wiederkauf, der später öfters erneuert ward [50]. Der Knappe Bosse von Wendessen

---

40) Urkunde bei Gebhardi, S. 92 und Ordinar. das. S. 68. Aehnliche Ablaßbriefe von 1440 und 1451 s. bei Gebhardi, S. 121. 123.

41) Urkunde bei Gebhardi, S. 100.

42) Ordinar. das. S. 77.

43) Ordinar. das. S. 78.

44) Urkunde das. S. 98.

45) Urkunde das. S. 105 und Ordinar. das. S. 77.

46) Urkunde das. S. 108 flg.

47) Urkunde das. S. 106.

48) Ordinar. das. S. 78.

49) Urkunde das. S. 120.

50) Urkunden das. S. 129 flg.

endlich erkaufte der Brüderschaft 1478 eine halbe Hufe zu Bornum am Elme[51]).

Mehrere Zinse und Renten erkaufte der Kaland mit seinen Mitteln theils bei Privatpersonen[52]), theils beim hiesigen Rathe[53]), theils endlich beim Rathe zu Scheppenstedt[54]). Erhoben wurden dieselben theils aus hiesigen Häusern[55]), theils aus Mühlen und Bauerhöfen[56]), theils zu Scheppenstedt[57]).

Der Gertrudenkaland[1]).

Diese geistliche Genossenschaft stifteten am 10. Juli 1307 drei Priester, Herr Wilhelm von St. Jacobus, Mag. Conrad Stöver und Johannes Kruse. Obwohl sie aus Priestern und Laien beiderlei Geschlechts bestehen sollte, die sich im Tode mit Vigilien, Seelmessen und Gebeten förderlich zu sein versprachen, so wurde sie doch „die priesterliche Brüderschaft von St. Gertrud" genannt[2]). Zu ihren gottesdienstlichen Uebungen, die hauptsächlich in Abhaltung von Vigilien und Seelmessen bestanden, räumten ihr 1318 die fürstlichen Brüder Heinrich und Albrecht und deren Vetter Otto von Lüneburg, welche Antheil am Blasiusstift hatten, die Gertrudencapelle ein, welche bisher jenem Stifte zugestanden hatte. (S. 418, Note 31.) Damit erklärte sich Dechant und Stiftscapitel einverstanden und jener überließ der Capelle alle in ihr geopferten Gaben gegen eine Entschädigung von vier Mark[3]).

Den Laien der Genossenschaft, sowohl den Brüdern als den Schwestern, war zur Pflicht gemacht, täglich sechs Vaterunser und sechs Ave Maria für die lebendigen und gestorbenen Mitglieder des Kalands zu beten. Am Freitag in den Pfingsten hatte jeder dem Propste einen Schilling zu geben, der dafür zwölf Messen lesen ließ. An diesem Tage

---

51) Urkunde das. S. 141.
52) Urkunden von 1467 das. S. 134, von 1471 S. 136, von 1472 S. 137.
53) Urkunden von 1484 flg. S. 145 flg. 148. 149.
54) Urkunde von 1482 das. S. 144.
55) Z. B. Urkunde von 1391 das. S. 99. Ordinar. S. 78.
56) Urkunde von 1460 das. S. 133, von 1477 S. 137. 140, von 1478 S. 143.
57) Urkunde von 1419 das. S. 113 und von 1456 das. S. 125.
1) Rehtmeier, Kirchenhistorie I, S. 172—181.
2) Urkunde in den Br. Anzeigen 1750, S. 249.
3) Urkunde bei Rehtmeier, Kirchenhistorie I, S. 125—127.

mußten sich die in der Stadt anwesenden Kalandsgenossen, wenn die Brüderglocke läutete, in der Capelle einfinden, der für die gestorbenen Mitglieder zu haltenden Seelmesse beiwohnen und Almosen spenden, welche am Tage darauf an Arme vertheilt wurden. Auch am Todestage eines Genossen und am 30. Tage nachher kam die Brüderschaft zur Memorie und Seelmesse für ihn in der Capelle zusammen. Jeder Priester, der dem Kaland angehörte, mußte jährlich zwölf Messen in der Capelle halten oder halten lassen, sechs für die lebenden, sechs für die verstorbenen Mitbrüder und Mitschwestern. Außerdem hatte jeder zum Seelenheil der Genossenschaft täglich zwei Psalmen zu lesen und sich an den Seelmessen für die Mitbrüder und beim Almosenspenden zu betheiligen gleich den Laien [4]). Alle Aufzunehmenden, welche der Propst auf die Statuten beeidigte, zahlten je einen Gulden in die Baucasse der Capelle, einen Schilling an den Propst und vier Pfennige für den Schüler der Capelle [5]).

Das Haupt dieses Kalands war der Propst. Zu diesem Amte konnte von den anwesenden Brüdern nur ein hier wohnender Geistlicher, der dem Kaland angehörte, gewählt werden. Beim Antritt seines Amtes schwur er auf's Evangelium, die Statuten genau zu beobachten und Geheimnisse Keinem außerhalb des Kalandsrathes mitzutheilen. Handelte er pflichtwidrig, so ließ ihn der Kaland warnen und, war dies dreimal ohne Erfolg geschehen, absetzen [6]). Der Propst blieb Zeitlebens im Amte, legte um Neujahr Rechenschaft ab und erhielt bei allen Gaben, welche für Messen gespendet wurden, den doppelten Antheil eines geistlichen Bruders [7]). Für die Besprechung und Erledigung wichtiger Angelegenheiten standen ihm drei oder vier Mitschafter (cooperatores), die er selbst wählte, zur Seite; mit diesen erkor er jedesmal auf zwei Jahre noch drei oder vier Räthe (consiliarii). Sie alle bildeten den Kalandsrath, dessen Beschlüssen die Brüderschaft unbedingten Gehorsam schuldig war [8]).

Als Pröpste des Gertrudenkalands werden in Urkunden genannt:

---

[4]) Urkundliche Nachricht bei Rehtmeier, Kirchenhistorie I, S. 177 flg.

[5]) Statuten des Kalands aus der Zeit um 1420, §. 10. Sie stehen in Bodes Manuscripten, Supplementband 157.

[6]) Statuten des Kalands §. 1. 2. 3.

[7]) Statuten des Kalands §. 3. 5. 6.

[8]) Statuten des Kalands §. 4. 7.

Heinrich 1326⁹), Degenhard 1336¹⁰), Ludwig Salder 1408¹¹), Ludwig Karstens oder Christiani 1419 und 1420¹²), Ludwig Brunow 1428 und 1444¹³); Heinrich Kriter 1456¹⁴), Johann Wendhausen 1477¹⁵) und Johann Papestorp 1534¹⁶).

Der Kaland wandte die rechten Mittel an, um sich in Aufnahme zu bringen. Zunächst schloß er mit anderen geistlichen Genossenschaften die im Mittelalter so beliebte Brüderschaft, wobei man sich gegenseitig Theilnahme an allen vollbrachten oder noch zu vollbringenden guten Werken zusagte. Alte Nachrichten besagen, dieser Kaland habe solche Zusagen von verschiedenen Klöstern und Stiftern, aber auch vom ganzen Cistercienserorden, von den Dominicanern der Provinz Sachsen und von fünfzehn Kalandsgenossenschaften erhalten. Ferner ließ er sich vielfachen Ablaß ertheilen; dreißig Bischöfe sagten je 40 Tage Ablaß den Kalandsgenossen zu, welche den herkömmlichen Vigilien und Seelmessen beiwohnten, und Allen, welche milde Gaben spendeten¹⁷). Diese Verheißungen veranlaßten mancherlei größere oder kleinere Vermächtnisse¹⁸). Mit dem so erworbenen Gelde kaufte man in älterer Zeit Grundstücke, später belegte man Capitalien und zog dafür Jahresrenten.

In der Feldmark des schon zu Anfang des 14. Jahrhunderts ausgegangenen Dorfes Biscopesdorp bei Uehrde erkaufte der Kaland am 17. December 1318 von den Gebrüdern Dietrich und Conrad Döring zwei Hufen Landes¹⁹). Wenige Tage nachher, am 20. December 1318, überließ ihm das hiesige Kreuzkloster noch zwei Hufen daselbst pfandweise²⁰). Der Priester Johannes Blivot schenkte dem Kaland, dem er selbst angehörte, das ihm zukommende Drittel an fünf Hufen Landes zu Groß-Frellstedt 1343²¹). Für 75 Mark erkaufte die Brü-

---

9) Urkunde im Copialbuch St. Ulrici II, S. 26.
10) Urkunde bei Gebhardi, Stift St. Matthäi, S. 87.
11) Urkunde im Copialbuch St. Ulrici II, S. 386.
12) Urkunde das. S. 87. 98.
13) Urkunde das. S. 96. 126.
14) Urkunde das. S. 381.
15) Urkunde das. S. 173.
16) Urkunde das. S. 262.
17) Bei Rehtmeier, Kirchenhistorie I, S. 175.
18) Davon geben einzelne Testamente in den Testamentenbüchern Zeugniß.
19) Urkunde im Copialbuch St. Ulrici II, S. 9 flg.
20) Urkunde das. S. 7.
21) Urkunde das. S. 84.

derschaft 1410 drei Salzpfannen in Schöningen, welche eine jährliche Einnahme von 144 Schillingen in Aussicht stellten [22]), 1419 einige Hauszinse in Scheppenstedt [23]) und den Sattelhof in Groß-Denkte mit sechs Hufen Landes [24]), endlich 1442 vom Rath des Hagens ein Haus in der Burgtwete, welche vom Schulstieg nach der Templerkirche führte [25]).

Etwa seit Mitte des 15. Jahrhunderts legte der Kaland seine Gelder als Capitalien bei dem hiesigen Rathe [26]), bei dem Rathe zu Scheppenstedt [27]), bei dem Aegidienkloster [28]), bei dem Cyriacusstift [29]) und bei Privatpersonen in der Stadt und außerhalb derselben zinsbar an [30]). Mit anderen Capitalien erkaufte er sich 1456 Zinse in den Dörfern Kalberlah, Meinersen und Meyne und 1480 Kornzinse in Vallstedt [31]).

Der Petrikaland.

Eine rein priesterliche Genossenschaft war der Petrikaland, welcher 1348 entstanden zu sein scheint. Damals verbanden sich nämlich die Priester und Capelläne der Stadt zu einer Brüderschaft, indem sie sich verpflichteten, die gestorbenen Mitbrüder feierlich zu bestatten und für diese wie für fremde arme Priester, die etwa hier stürben, jährlich zwei Seelmessen zu halten. Als der Dechant des Blasiusstifts und die sieben Pfarrherren diese Verbindung 1348 gutgeheißen hatten [1]), bestätigte sie auch der Bischof Heinrich von Hildesheim am 24. Juni

---

22) Urkunden im Copialbuch St. Ulrici II, S. 65. 67.

23) Urkunden das. S. 77. 118. 167.

24) Urkunde das. S. 98.

25) Urkunde des Stadtarchivs Nr. 736. In den Braunschw. Anzeigen von 1750, S. 251 sind noch manche andere Güter des Gertrudenkalands angegeben, z. B. in Apelnstedt, Destedt, Gardessen und Abbenrode. Danach soll ihm auch der Zehnten zu Lehre und mancherlei Renten zugekommen sein. Leider sind keine Quellen jener Angaben genannt, auch ist nicht angegeben, in welcher Zeit dem Kaland jene Einnahmen und Güter zustanden.

26) Urkunden im Copialbuch St. Ulrici II, S. 174. 178. 242. 246. 256—260.

27) Urkunden das. S. 193. 201.

28) Urkunden das. S. 240. 247.

29) Urkunde das. S. 226.

30) Urkunden das. S. 381. 224 und 255. Sack im Vaterl. Archiv 1838, S. 203.

31) Urkunden im Copialbuch St. Ulrici II, S. 381 und 389.

1) Urkunde der Petrikirche Nr. 13, gedruckt bei Rehtmeier, Kirchenhistorie II, S. 171.

1357²). Auch die Pfarrer scheinen derselben beigetreten zu sein; denn 1377 heißt sie urkundlich "die gemeinsame Brüderschaft der Pfarrer und ihrer Capelläne"; ihre beiden Seelmessen hielt sie damals in der Petrikirche ³). Ihre Vorsteher waren nach Urkunden von 1522 ein Propst und zwei Cooperatoren⁴). 1388 findet sich dieser Verein zuerst unter dem Namen eines Kalandes⁵), welcher seit 1398 der "Kaland der elenden Priester zu St. Petrus" heißt⁶).

Schenkungen und Memorienstiftungen scheinen demselben die Mittel gegeben zu haben, sich zwar nicht liegende Gründe, aber doch mehrere Zinse an Grundstücken und Renten mit angelegten Capitalien zu erkaufen. Solche Zinse hatte der Kaland einzunehmen seit 1377 aus einem Garten am Königsstiege⁷), seit 1388 aus einem der Familie Pawel gehörigen Garten zu Lehndorf⁸), seit 1459 aus einem Hofe zu Linden⁹) und seit 1483 aus einem Gute zu Abersheim¹⁰). 1484 hatte er 100 Schillinge Rente am Zehnten zu Bortfeld für 200 Goldgulden erkauft¹¹); seit 1495 hatte er Renten an einem Hause und drei Hopfengärten zu Hornburg¹²) und seit 1522 auch aus einem Hofe zu Timmern einzunehmen¹³). Beim hiesigen Rathe kaufte er seit 1398 mehrere Renten¹⁴), 1518 auch eine vom Abt des Aegidienklosters¹⁵).

---

2) Urkunde der Petrikirche Nr. 12.
3) Urkunde der Petrikirche Nr. 16.
4) Als Propst wird Hennig Milnder genannt 1522 im Copialbuch St. Martini, fol. 390 und 393.
5) Urkunde der Petrikirche Nr. 19.
6) Urkunde im Copialbuch des Rathes III, fol. 47.
7) Urkunde der Petrikirche Nr. 16.
8) Urkunde der Petrikirche Nr. 19.
9) Urkunde der Petrikirche Nr. 32.
10) Urkunde im Copialbuch der Martinikirche, fol. 385¹.
11) Urkunde das. fol. 388¹.
12) Urkunde das. fol. 384¹.
13) Urkunde das. fol. 390.
14) Urkunde der Petrikirche Nr. 20 und Urkunde im Copialbuch III, fol. 47, V, 24. 39¹ und Urkunde des Stadtarchivs Nr. 637 vom Jahre 1427.
15) Urkunde im Copialbuch St. Martini, fol. 393.

V. Schulwesen¹).

1. Die Stifts- und Klosterschulen.

Auch hier waren im Mittelalter Stifter und Klöster die Pflanzstätten und Pflegerinnen der Bildung. Noch ehe Braunschweig zu einer Stadt erwuchs, hatte es bereits eine Schule, welche mit dem alten Stift in der Burg Dankwarderode verbunden war. Wenn eine Memorienstiftung für den 1068 gestorbenen Markgrafen Ecbert I., welche aus dem Ende des 11. Jahrhunderts herzurühren scheint, des Scholasticus gedenkt²), so muß bereits im alten Burgstift am Ende des 11.

---

1) Die wichtigsten Quellen für die Geschichte des hiesigen Schulwesens in den Zeiten vor der Reformation sind:
a) Concordantia praelatorum super regimine scholarum von 1370, gedruckt bei Rehtmeier, Kirchenhistorie I, Beil. S. 18.
b) Eine Urkunde Papst Gregor XII. von 1407, gedruckt bei Rehtmeier, Kirchenhistorie II, Beil. S. 231.
c) Auf die Stiftung der beiden städtischen Gelehrtenschulen beziehen sich die zum Theil noch ungedruckten Urkunden des Stadtarchivs Nr. 525. 569. 572. 574. 577 und 571. Mehrere derselben sind gedruckt bei Rehtmeier, Kirchenhistorie II, Beil. S. 219—231.
d) Die Schulordnung vom 9. März 1478 steht in einem Handelsbuche der Stadt (1420—1485) fol. 165, welches sich im Landeshauptarchive befindet. Sie ist noch ungedruckt.

Bearbeitungen der Schulgeschichte lieferten: Sack, Geschichte der Schulen zu Braunschweig bis zur Reformation. Braunschweig 1861; Dürre, Geschichte der Gelehrtenschulen zu Braunschweig bis zum Jahre 1671. Braunschweig 1861 im Programm des hiesigen Obergymnasiums.

2) Memorienregister von St. Blasius, S. 5, bei Wedekind, Noten I, S. 427. Derselben Zeit gehört wohl auch die Memorienstiftung für die 1077 gestorbene ältere Gertrud an, welche ebenfalls des Scholasticus des Stifts gedenkt. Memorienregister S. 37 bei Wedekind I, S. 430.

Jahrhunderts eine Schule vorhanden gewesen sein. Ein Lenker derselben scheint jener Gerold gewesen zu sein, welcher aus einem Capellan Heinrichs des Löwen und aus einem „Meister der Schule in Brunswich" 1155 zum Bischof von Aldenburg in Wagrien erhoben wurde³).

An dem durch Heinrich den Löwen erneueten Blasiusstifte scheint die Schule erst 1227 in Stand gekommen zu sein. Wenigstens war seit Heinrichs letzten Regierungsdecennien bis 1227 am Stift kein Scholasticus, wie die Memorienstiftungen jener Zeit darthun⁴). Ob die Schule in Folge der Unruhe, welche der Neubau der Stiftskirche und die stürmischen Zeiten verursachten, oder aus Mangel an Schülern geschlossen bleiben mußte, wird nicht berichtet. Da aber in den Memorienstiftungen seit 1227 der Scholasticus wieder mit berücksichtigt wird, so muß die Schule damals wieder eröffnet sein und sie bestand seitdem über die Zeiten des Mittelalters hinaus.

Das erste Zeugniß für das Bestehen einer Stiftsschule zu St. Cyriacus liefert ein vom Pfalzgraf Heinrich um 1200 besiegeltes Güterverzeichniß dieses Stifts, dessen Pröpste darin zur Pflicht gemacht wird, „das Refectorium der Schule" stets im Stande zu erhalten⁵). Noch früher ist die Klosterschule der Benedictiner zu St. Aegidien nachzuweisen. Ein Leiter derselben war bald nach der Mitte des 12. Jahrhunderts jener Heinrich, welcher diesem Kloster von 1162—1172 als Abt vorstand und dann zum Bischof von Lübeck erhoben wurde⁶).

Ueber die Einrichtung jener drei Schulen um das Jahr 1370 giebt die in Note 1 erwähnte Concordantia praelatorum super regimine scholarum folgende interessanten Aufschlüsse. Vorstand der Blasiusstiftsschule war in alter Zeit der Scholasticus. Er war der Lehrer der meist für den geistlichen Stand sich vorbereitenden jungen Leute, welche nach vollendetem Schulcursus ein geistliches Amt übernahmen. Gegen Ende des 14. Jahrhunderts hatte er sich, wie es scheint, vom Unterrichten zurückgezogen und sich nur die Oberaufsicht

---

3) Helmold, Chron. Slav. I, 79 bei Leibnitz, S. R. Br. II, 601.
4) S. 389 und Programm des Obergymnasiums zu Braunschweig 1861, S. 5.
5) Orig. Guelf. III, 612.
6) Arnold von Lübeck im Chron. Slavorum I, 13 und III, 3 sagt von ihm: Dei nutu venit Brunswich et scholarum curam suscepit regendam. Vergl. Programm des Obergymnasiums 1861, S. 6.

über die Stiftsschule vorbehalten. Seine Functionen hinsichtlich des Unterrichts waren auf einen Rector oder Magister übergegangen, welchen man als obersten Lehrer anzusehen hat [7]). Solche Rectoren standen 1370 auch den Schulen zu St. Cyriacus und am Aegidienkloster vor. Ihre Dienstzeit war in der Regel unbestimmt; nach vorheriger Kündigung konnten sie entlassen werden. Wie die Rectoren in der Schule den Unterricht leiteten, so führten sie in der Kirche beim Gottesdienst die Aufsicht über die Schüler und schritten ihnen bei Processionen und Leichenbegängnissen voran. Für die Mitbesorgung des Unterrichts hatten sie Lehrer zu miethen, welche locati genannt werden[8]) und den einzelnen Classen vorstanden. Den damals für kirchliche Zwecke so wichtigen Singunterricht ertheilte ein Cantor und sein Gehülfe, der Succentor[9]).

Die Schüler jener Schulen bildeten zwei Abtheilungen, vielleicht auch nur zwei Classen. In der unteren Abtheilung waren die pueri subjugales, Knaben, die noch unter dem Joche standen, etwa Unconfirmirte; in der oberen die socii secundarii, d. i. helfende Gesellen, die vielleicht darum so genannt wurden, weil sie den kleineren Schülern zugesellt wurden, um ihnen beim Unterricht und beim Arbeiten helfend zur Seite zu stehen [10]). Da sie dem Joche der Zucht schon mehr entwachsen waren, so setzten sie den Zurechtweisungen der Rectoren und Lehrer oftmals trotzige Unfügsamkeit entgegen, beleidigten die Zurechtweisenden, verließen wohl gar die Schule, um ihr Recht vor Gericht weiter zu verfolgen. Daher traf man 1370 die Verabredung, kein socius, der eine Schule unter solchen Umständen verlassen hatte, solle hier auf einer anderen aufgenommen werden, wenn er sich nicht mit dem bisherigen Rector geziemend versöhnt habe. Eine besondere Classe von Schülern waren noch die Schlafschüler (dormitoriales). Dies waren Söhne armer Eltern, welche in jenen Schulen freien Unterricht und im Schlafhaus (dormitorium) des Stifts oder Klosters freie Wohnung erhielten. Dafür mußten sie nach einer bestimmten Reihen-

---

7) Sack, Schulen, S. 22.
8) Testament von 1450 bei Sack, Schulen, S. 60.
9) S. die Memorienregister von St. Blasius S. 7. 65 und von St. Cyriacus bei Sack I, fol. 55¹ und 56.
10) Bei dem Mangel an tüchtigen Lehrern, über den noch in der Reformationszeit laut genug geklagt wird (Rehtmeier, Kirchenhistorie III, S. 56), mögen solche Einrichtungen unumgänglich nöthig gewesen sein.

folge in einem in der Kirche stehenden verschließbaren Bette schlafen und so für die Sicherheit der heiligen Gefäße, Meßgewänder, Reliquien und sonstiger Ornate Sorge tragen. Ihnen lag ferner ob, die Kirche, die Meßgewänder und die Kirchengefäße zu reinigen, im Winter den Schnee fortzufegen, die Bälgen auf der Orgel zu treten und sonstige kleine Dienste zu thun [11]).

Die Aufnahme neuer Schüler erfolgte schon 1370 um Ostern und Michaelis durch den Rector der betreffenden Anstalt. Da unfügsame Schüler oft muthwillig eine Schule verließen, um sich auf einer der beiden anderen aufnehmen zu lassen, und dies der Zucht vielen Eintrag that, so ward 1370 festgesetzt, daß ältere Schüler nicht eher aufgenommen werden sollten, als bis sie ihren bisherigen Lehrer zufrieden gestellt hätten. Sobald ein Schüler nach dem Beginn eines neuen Semesters dem Unterricht drei Tage lang beigewohnt hatte, war er zur Zahlung des Schulgeldes (pascum oder pretium) verpflichtet.

Auch die hiesigen Stifts- und Klosterschulen waren wohl besonders zur Ausbildung künftiger Priester bestimmt; auf die Vorbildung für andere Berufsarten mag auf ihnen wohl selten Rücksicht genommen sein. Außer den sieben freien Künsten: Grammatik, Rhetorik, Dialektik, Arithmetik, Musik, Geometrie und Astronomie ward nur noch etwas Lesen, Schreiben und Rechnen gelehrt und geübt. Eine besonders große Bedeutung hatte der Unterricht im Lateinischen, weil dies die Sprache der Kirche war.

Daß die Zucht auf jenen Schulen keine besonders gute war, ist bei der Rohheit der Zeiten, bei der Mangelhaftigkeit und Einseitigkeit des Unterrichts und bei der Concurrenz dreier Anstalten von vornherein anzunehmen. Aber es finden sich auch directe Beweise mancher Zuchtlosigkeit. Unfügsamkeit gegen Erinnerungen und Beleidigungen der Lehrer waren nichts Seltenes, Neckereien und Schlägereien zwischen den Zöglingen der drei Anstalten scheinen oft genug vorgekommen zu sein, selbst während des Gottesdienstes und bei Processionen mußte der jugendliche Uebermuth zuweilen durch leichte körperliche Strafen, wie Ohrfeigen, Zupfen am Ohr oder an den Haaren, in Schranken gewiesen werden.

---

[11] Sack, Schulen, S. 26. Das dormitorium des Blasiusstifts kommt schon 1251 vor in einer Urkunde des Ordinar. S. Blasii, fol. 31. Nr. 27.

1. Die Stifts- und Klosterschulen.

Am genauesten sind uns die Unbändigkeiten bekannt, welche die Schüler der Blasiusschule um 1400 bei der Feier des Nicolausabends (5. December) begingen und die so arg wurden, daß sich das Stiftscapitel 1407 dieserhalb an Papst Gregor XII. wenden mußte. Eine Urkunde desselben [12]) theilt über den Unfug Folgendes mit.

Die Schüler, wie es scheint der oberen Classe, erwählten am Vorabend des Nicolaustages einen Mitschüler, der als Verlarvter die Rolle eines Popanz zu spielen hatte. Dieser durfte während der Vesper am Vorabend jenes Tages in der Kirche des Blasiusstifts allerlei ungebührliche Possen und Thorheiten treiben. Wenn er damit aufhörte, so wählten die Schüler aus ihrer Mitte einen Bischof und einen Abt, bekleideten diese mit den Insignien ihrer Würde, selbst mit Infula und Hirtenstab und belustigten dann sich und das Publicum mit komischen Nachahmungen priesterlicher Handlungen selbst in der Kirche. Dies war ihnen in der Zeit vom Nicolaustage bis zum Tage der unschuldigen Kindlein am 28. December erlaubt. Dann spendete jener Knabenbischof in seinem Ornat feierlichst den Segen, an den Weihnachtstagen hielt er mit den übrigen Schülern Processionen durch die Stadt, Wachslichter und seidene Banner wurden ihm vorangetragen, auch eine Anzahl verkappter Knaben begleitete ihn, der mit lächerlicher Nachahmung der kirchlichen Gebräuche dem Volke den Segen spendete und mancherlei anderen anstößigen Unfug trieb. Die Zeit dieser zerstreuenden Mummereien endigte mit Schmausereien am 27. und 28. December. Diese veranstalteten die Schüler von einer kleinen Geldsumme, welche ihnen der Stiftsbursarius zahlte, und sie hielten dieselben unter dem Vorsitze des Knabenbischofs in einer Weise, daß Trunkenheit und sonstige Unmäßigkeiten dabei nichts Seltenes waren. Leider ging es bei den gleichzeitig gehaltenen Schmausereien der Vicare und Stiftsbeamten durchaus nicht besser zu.

Aehnliche Zügellosigkeiten beging die Jugend der hiesigen Schulen am Ulrichstage, dem 4. Juli. Dann führte sie ein simulacrum, welches das Volk den Papenbom nannte, in einem Aufzuge, bei welchem manche Schüler beritten erschienen, mit Bannern, in denen das Wappen der braunschweigischen Fürsten stand [13]), durch die Stadt. Wie dies ein

---

12) Urkunde des Papstes von 1407 bei Rehtmeier, Kirchenhistorie II, Beil. S. 281 flg.
13) Shigtbot S. 35.

Fest wilder Ausgelassenheit war, so störten die Vorbereitungen dazu die Schulen gewöhnlich schon lange vor jenem Tage, Unaufmerksamkeit und Ungezogenheiten allerlei Art waren daun zu bekämpfen.

Diese Misbräuche hatten im Anfang des 15. Jahrhunderts eine solche Ausdehnung erreicht, daß die Stiftsherren von St. Blasius 1407 am Montag nach Reminiscere in einer Versammlung des Capitels die Sache in ernste Erwägung zogen und den Beschluß faßten, allen jenen Ungehörigkeiten mit einem Male für immer ein Ende zu machen. Sie untersagten [14]) die Erwählung eines Knabenbischofs und alle damit in Verbindung stehenden Ungehörigkeiten, namentlich auch die Gelage in den Tagen nach Weihnachten. Die zu sparenden Gelder sollten fortan den beim Gottesdienst thätigen Chorschülern gegeben oder zur Erhaltung der Bücher und des sonstigen Inventariums der Stiftsschule verwandt werden. Diesen Beschluß übersandte das Capitel an Gregor XII., welcher denselben in allen Punkten bestätigte. Allein das Fest des Papenboms scheint nicht ganz abgeschafft, sondern nur bedeutend beschränkt zu sein; denn dies bisher alljährlich gehaltene Fest scheint seitdem nur alle sieben Jahre veranstaltet zu sein [15]).

Ueber die Geschichte jener drei Anstalten wissen wir außerdem noch Folgendes.

Die Klosterschule zu St. Aegidien bestand wahrscheinlich seit Gründung des Klosters, nachzuweisen ist sie bald nach der Mitte des 12. Jahrhunderts (Note 6). Die 1370 geschlossene Einigung der Prälaten der beiden Stiftskirchen und dieses Klosters scheint die vom Abt Heinrich erlassene Schulordnung im Gefolge gehabt zu haben, welche nur irrthümlich in's Jahr 1270 versetzt wird [16]). Diese Ordnung scheint aber die Klosterschule nicht gründlich gebessert zu haben, wie das 1415 hervortretende Verlangen der Stadtbehörden nach zwei eigenen städtischen Schulen vermuthen läßt. Durch die Errichtung der Stadtschulen zu St. Martini und St. Katharinen, die weiter unten zu erzählen sein wird, mag die Klosterschule gleich den beiden Stiftsschulen nicht unbedeutende Einbuße in ihrer Frequenz und damit auch in ihrem Ansehen erlitten haben. Dennoch bestand sie bis zur Einführung der

---

14) Urkunde bei Rehtmeier, Kirchenhistorie II, Beil. S. 235.
15) Shigtbok S. 35.
16) Sack, Schulen, S. 39 und Dürre, Programm des Obergymnasiums 1861, S. 11.

Reformation. Als aber 1529 der Rath das Kloster in Besitz nahm und die Benedictiner aus demselben entflohen, nahm die Klosterschule ein Ende [17].

Die Rectoren derselben sollen im Kloster freie Wohnung, die nöthigen Lebensbedürfnisse und Antheil am Schulgelde und an den Vermächtnissen milder Geber erhalten haben [18]. Von ihnen sind bekannt Heinrich vor 1162 [19], Heinrich von Grasleghe starb 1368 [20] und Mag. Johann Dravanus nach 1500, welcher später zur evangelischen Lehre übertrat und Prediger wurde [21].

Die Stiftsschule St. Cyriaci bestand schon um 1200 [22]; an ihrer Spitze stand 1370 ein Rector [23], welcher 1450 Schulmeister genannt wird, dem gemiethete Lehrer (locati) untergeordnet waren [24]. Ihn ernannte das Capitel und konnte ihn auch entlassen; seine Einnahmen bestanden im Schulgelde [25], in bestimmten Antheilen an Memorienstiftungen [26], angeblich auch in freier Kost, die ihm für den Unterricht der Schlafschüler verabreicht sein soll [27]. Unter dem Rector stand ein Cantor oder Sangmeister, welcher die Chorschüler im Singen unterrichtete und den Gesang in der Kirche und Schule zu leiten hatte. Später werden zwei Cantoren am Stift Cyriacus erwähnt, wahrscheinlich sind damit der Cantor und Succentor gemeint [28]. Mit der Zerstörung des Stifts 1545 ging auch die Stiftsschule unter. Als Lehrer oder Schulmeister sind genannt: Jan von Geißmar 1337, Hennig Westendorp und Johann Schraber 1489 [29], Mag. Johann Lafferdes 1524 [30].

---

17) Sack, Schulen, S. 44.
18) Das. S. 52.
19) Arnoldus Lubecensis I, 13. und III, 3 bei Leibnitz, S. R. Br. II, 638 und 655.
20) Sein Leichenstein ist im Kreuzgange des Klosters noch vorhanden. Sack, Schulen, S. 54.
21) Rehtmeier, Kirchenhistorie III, S. 163 aus dem Catal. msc. Nr. 29.
22) Orig. Guelf. III, 612.
23) Rehtmeier, Kirchenhistorie I, Beil. S. 18.
24) Testament des Bobo Glümer bei Sack, Schulen, S. 60.
25) Stiftsstatuten von 1483, §. 34, bei Sack III, S. 29.
26) So z. B. Memorienregister St. Cyriaci das. I, fol. 53. 55. 56.
27) Sack, Schulen, S. 61. 64.
28) Das Memorienregister St. Cyriaci a. a. O. I, fol. 53. 55 gedenkt nur eines Cantors, fol. 55. 56 kommen zwei Cantoren vor. Sack, Schulen, S. 64.
29) Sie nennt Sack, Schulen, S. 65 ohne Angabe von Quellen.
30) Hamelmann bei Rehtmeier, Kirchenhistorie III, Beil. S. 458.

V. Schulwesen.

Die Stiftsschule St. Blasii war bei der von Heinrich dem Löwen neuerbauten Stiftskirche seit 1227 wieder im Stande (S. 564). Daß ein Local für dieselbe im Schlafhause zu St. Blasius 1251 von Herzog Otto dem Kinde eingeräumt sei[31]), ist nicht zu erweisen. In der betreffenden Urkunde[32]) bestimmt vielmehr das Stiftscapitel 1251, der Magister der Schule solle im Schlafhause der Knaben gleich seinen Vorgängern eine Kammer haben, um dort Nachts zu schlafen und die Knaben zum Frühgottesdienste rechtzeitig wecken zu können. Die Schule mag sich auf dem sogenannten Kinderhofe (curia choralium) befunden haben, welcher der Brücke gegenüber lag, die westlich vom Kornspeicher des Stifts über den Burggraben führte[33]).

Den Leiter der Schule, welcher schon 1251 Scholasticus oder Magister genannt wird, hatte damals wie in späterer Zeit der Propst des Stifts zu ernennen, das Capitel hatte sich mit dieser Wahl einverstanden zu erklären, konnte sie aber auch verwerfen[34]). Der Gewählte mußte schwören, er wolle die löblichen Gewohnheiten und Gebräuche des Stifts und die Verpflichtungen seiner Amtsvorgänger genau beachten, der Schule und dem Chor wohl vorstehen, jede Nachlässigkeit verhüten und mit dem bisherigen Amtseinkommen zufrieden sein[35]). Um das Versprochene halten zu können, schlief der Scholasticus bereits lange vor 1251 in einer ihm angewiesenen Kammer im Dormitorium der Knaben, weckte sie Morgens zur Matutine, welcher er mit ihnen beiwohnte, um etwaigem Unfuge gleich steuern zu können. Wie er beim Gottesdienste die Knaben auf dem Chore in Ordnung hielt, so leitete er ihre Studien, über deren Geringschätzung bereits 1251 geklagt wird, im Einverständniß mit dem Dechanten und dem Capitel. Nebenlehrer (locati) zu halten ward ihm 1251 verboten und zur Pflicht gemacht, die Schüler selbst zu unterrichten. Dafür erhielt er ein bestimmtes Salarium; aber auch Geschenke, welche ihm ein Schüler gab, sollte er annehmen dürfen. Er war Canonicus, hatte aber den untersten

---

31) Sack, Schulen, S. 66.
32) Ordinar. S. Blasii, fol. 31. Nr. 27.
33) Urkunde im Ordinar. S. Blasii, fol. 24'. Nr. 99. Die Schule scheint also in dem Hause gelegen zu haben, in welchem sich bisher die Harbersche Schule befand.
34) Urkunde von 1251 im Ordinar. S. Blasii, fol. 31. Nr. 27. Statuten von 1308, §. 29 bei Sack, Schulen, S. 67.
35) Statuten von 1308, §. 86 bei Sack, Schulen, S. 67.

1. Die Stifts- und Klosterschulen.

Stuhl im Chore³⁶), durfte auch im Capitel nur dann erscheinen, wenn er dahin berufen wurde, um an der Wahl eines Dechanten oder an der Aufnahme eines Canonicus Theil zu nehmen³⁷). Seit 1283 ward auch dem Scholasticus oder Magister ein Gnadenjahr in der durch seinen Tod erledigten Präbende durch die Söhne Herzog Albrechts des Großen bewilligt³⁸). Der 1350 erwähnte Rector der Chorschüler (rector choralium) scheint der Cantor der Stiftsschule gewesen zu sein³⁹).

Die Schüler, welche in der Stiftskirche beim Gottesdienste vielfach mit verwandt wurden, welche namentlich den Chor bildeten, der beim Messelesen, bei der Hora und Vesper zu singen hatte, erhielten dafür mancherlei kleine Einkünfte. Diese bestanden theils in baarem Gelde, theils auch in Lebensmitteln. Solche Remunerationen, welche „den armen Schülern", den „Schlafschülern", oder „den Schülern des Dormitoriums", oder „den Chorschülern" bei bestimmten Gelegenheiten gegeben werden sollten, sind seit dem 13. Jahrhundert öfters in Urkunden und in den Notizen des Memorienregisters erwähnt⁴⁰). Eine Weißbrotspende erhielten sie z. B. zum Feste der Translation des Thomas von Canterbury schon 1238⁴¹).

Die Ausgelassenheiten und Zuchtlosigkeiten der Stiftsschüler, von denen bereits oben S. 567 die Rede war, mögen eine Hauptveranlassung gewesen sein, weshalb der Rath die Errichtung zweier städtischen Schulen beschloß. Während der dadurch hervorgerufenen Streitigkeiten zwischen dem Rathe einerseits und den beiden Stiftern und dem Aegidienkloster andererseits war die Schule des Blasiusstifts eine Zeit lang geschlossen, da sich die Stiftspersonen aus der mit dem Banne belegten Stadt entfernt hatten. Erst am 3. April 1416 ward die Schule wieder eröffnet. Aber bei der Concurrenz mit den beiden in freierem Geiste geleiteten Stadtschulen sank die Stiftsschule immer mehr, die Zahl ihrer Schüler ward immer geringer. Gewiß nicht ohne Grund klagte das Stift 1542: Es seien schon in langen Jahren nur sehr wenige Schü-

---

36) Urkunde im Ordinar. S. Blasii, fol. 31. Nr. 27.
37) Statuten von 1308, §. 41 bei Sack, Schulen, S. 69.
38) Urkunden im Ordinar. S. Blasii, fol. 39. Nr. 59. 60.
39) Urkunde im Ordinar. S. Blasii, fol. 71¹. Nr. 79.
40) Urkunden im Ordinar. S. Blasii, fol. 14ᵇ. Nr. 55 vom Jahre 1270; fol. 1. Nr. 1 von 1302; fol. 46¹. Nr. 91 von 1312; fol. 69. Nr. 71 von 1337. Notizen im Memorienregister S. 7. 80. 41. 66. 74.
41) Urkunde in den Orig. Guelf. IV, 175.

ler zur Schule gekommen; denn es möge dem Rathe der Stadt wohl nicht passend erschienen sein, daß die Bürgerkinder in die Stiftsschule gingen [42]). Dennoch erhielt sich dieselbe ein kümmerliches Dasein bis in's 17. Jahrhundert.

Als ihre Vorsteher und Lehrer in der Zeit vor der Reformation sind bekannt: Mag. Engelbertus 1251 [43]). Ebenfalls der zweiten Hälfte des 13. Jahrhunderts scheinen Mag. Heinrich und Mag. Johannes angehört zu haben [44]). Der Scholasticus Bertold, welcher das Fest der Translation St. Blasii im Blasiusstift mit anordnete, lebte um 1307 [45]), nach ihm wird Leonhard als Scholasticus genannt 1308 bis 1312 [46]), dann Reinbold 1312 [47]), Mag. Heinrich von Luckenum um 1317 [48]), Reinbold 1338 [49]) und Bernhard von Hitzacker 1370 [50]). Als Rectoren der Stiftsschule werden genannt: Gottfried 1398 und Heinrich von Stöckheim 1401 [51]). Als Scholastici werden urkundlich weiter genannt: Mag. Ropertus 1409 bis 1413 [52]), Reyner 1413 [53]), Mag. Luder Rottorp 1418 [54]) und Hermann Peutell 1432 [55]); bekannt sind außerdem endlich noch: Johann Swülper 1438, Heinrich Merkethus 1455 und Heinrich Clüer 1504 [56]).

---

42) Sack, Schulen, S. 70.
43) Ordinar. S. Blasii, fol. 31. Nr. 27.
44) Memorienregister St. Blasii, S. 9. 58. Die den Memoriennotizen beigeschriebene Zahl der 22 Canonici und 17 Vicare deutet auf jene Zeit hin.
45) Memorienregister St. Blasii, S. 34. 37.
46) Das. S. 3 und Sack, Schulen, S. 67.
47) Excerpta Blasiana bei Leibnitz, S. R. Br. II, 59.
48) Memorienregister St. Blasii, S. 59.
49) Ordinar. S. Blasii, fol. 69. Nr. 72.
50) Urkunde in Rehtmeiers Kirchenhistorie I, Beil. S. 18.
51) Urkunde im Copialbuch St. Ulrici II, 45.
52) Urkunden das., Nr. 63 und 99.
53) Papenhof S. 2.
54) Urkunde des Stadtarchivs Nr. 566.
55) Urkunde das. Nr. 663.
56) Sack, Schulen, S. 85.

2. Die Stadtschulen zu St. Martinus und St. Katharinen[1]).

Die Abstellung einzelner Misbräuche an den Stiftsschulen, die oben S. 568 erzählt ist, befriedigte Braunschweigs Rath und Bürgerschaft nicht. Die Jugend der dem Hansabunde angehörigen Stadt mußte mit vielseitigeren Kenntnissen und mit einer solideren Geistesbildung ausgerüstet werden, als jene veralteten Schulen bei ihrer Einseitigkeit sie zu geben vermochten, welche tüchtige Gewerbs- und Handelsleute vorzubilden nicht geeignet waren. Auch der wissenschaftliche Standpunkt ihrer Lehrer mochte meistens wohl ein zu niedriger sein, endlich hatten sich die Cleriker durch Rohheit und Unsittlichkeit um die Achtung gebracht, deren eine Corporation bedarf, wenn ihr der Jugendunterricht mit Aussicht auf Erfolg anvertraut werden soll. Auch in den hiesigen Stifts- und Klosterschulen fehlte die Zucht, welche, einmal in Verfall gerathen, durch den Stock und strenge Züchtigungen bei mangelnder Achtung vor den Lehrern kaum hergestellt werden konnte[2]).

Bei der durch solche Umstände wohlbegründeten Abneigung gegen jene Anstalten ging das Bestreben der Stadtbehörden auch hier dahin, Schulen zu errichten, die von ihnen abhingen, wo Rechnen und Schreiben mehr geübt und wo gemeinnützige Kenntnisse neben der lateinischen Sprache gelehrt werden sollten. Hinter anderen Städten des Hansabundes, welche sich im 13. und 14. Jahrhundert solche Schulen einrichteten[3]), wollte auch Braunschweig nicht länger zurückbleiben, zumal da es in den Paulinern und Franziskanern, die sich um Volksbildung überall so verdient machten[4]), die rechten Werkzeuge zu haben glaubte, jene Schulen in freier Weise einzurichten und zu erhalten. So beschloß denn der Rath 1414, neben den bereits bestehenden Schreibschulen[5]) auch zwei lateinische Stadtschulen zu errichten, eine in der Haupt-

---

1) Dürre im Programm des Obergymnasiums 1861, S. 14—22.
2) Shigtbot S. 34. Rehtmeier, Kirchenhistorie II, S. 278 flg. Bremer, Einladung zum Actus oratorius 1719.
3) Barthold, Geschichte der deutschen Städte III, S. 24 und Hüllmann, Städtewesen IV, S. 385 flg.
4) Hüllmann, das. S. 333.
5) Nach Bode, Die Stadtverwaltung zu Braunschweig, Heft 3, S. 32 bestanden diese angeblich bereits seit Ende des 13. Jahrhunderts.

gemeinde der Altstadt, zu St. Martinus, die andere zu St. Katharinen im Hagen.

Da sich aber die beiden Stiftscapitel der Ausführung dieser Maßregel widersetzten, richtete der Rath gegen Ende des Jahres 1414 ein Schreiben an den Papst Johann XXIII., in welchem er seine Wünsche aussprach und sehr vorsichtig motivirte [6]). So erreichte er, daß der Papst am 25. Februar 1415 die erbetene Erlaubniß zur Errichtung jener beiden neuen Schulen ertheilte [7]).

Als man mit dem Bau der nöthigen Locale begann, verbanden sich die Stiftscapitel St. Blasius und St. Cyriacus mit dem Benedictinerabt zu St. Aegidien zur Ergreifung von Gegenmaßregeln. Der dadurch hervorgerufene Streit mit dem Rathe, welchen nach einer Uebereinkunft vom 30. März 1415 vier Schiedsrichter ausgleichen sollten, verschlimmerte sich, als sich die Geistlichen am 22. Juni an den kaiserlichen und bald nachher auch an den päpstlichen Hof mit Beschwerden wandten [8]). Dennoch kam am 3. April 1416 unter Vermittlung der Herzöge Bernhard und Heinrich ein Vertrag zu Stande, wonach bis zu erfolgender Entscheidung jede Partei „ihres Rechtes mit den Schulen unversäumt sein" solle [9]).

Obgleich es der Rath während der mehrjährigen Dauer des Processes an Gesandtschaften nach Rom und Costnitz und an's kaiserliche Hofgericht nicht fehlen ließ, obgleich der Stadtsecretair Dietrich Fritze die größte Thätigkeit entwickelte [10]), so ward das erwünschte Ziel doch nicht erreicht. Denn das päpstliche Gericht zu Rom entschied 1419 die Sache für die Geistlichen und wider die Stadt, und letztere ward in die Kosten verurtheilt.

Aber durch den thätigen Secretair Fritze, welchem das Geld in reichstem Maße zur Verfügung gestellt war, brachte der Rath seine Sache nochmals vor den Papst Martin V. Dieser fand das Gesuch der Stadt doch wohlbegründet, genehmigte im Wege der Gnade am 16. September 1419 die Errichtung der beiden Schulen und gab dem Rath

---

[6]) Dürre im Programm des Obergymnasiums 1861, S. 18.
[7]) Urkunde bei Rehtmeier, Kirchenhistorie II, Beil. S. 220.
[8]) Urkunden im Copialbuch des Raths VI, fol. 23 und bei Rehtmeier, Kirchenhistorie II, Beil. S. 222.
[9]) Fehdebuch S. 100 bei Sack, Schulen, S. 93.
[10]) Copialbuch des Raths VI, fol. 34. 41¹. 44¹ und Sack, Schulen, S. 96.

2. Die Stadtschulen zu St. Martinus und St. Katharinen.

die Freiheit, dieselben „durch geeignete Personen" leiten und regieren zu lassen[11]).

Nun endlich war ein Ende dieses widerlichen Streites zu erwarten. Während desselben war die Stadt mit dem Banne belegt, die meisten Kirchen „waren unterdessen wüst wie die Hundeställe"; erlittene Verhöhnung, selbst Thätlichkeiten nöthigten die Stiftspersonen, die Stadt zu verlassen, bis zuletzt mannigfacher Verlust in den Einnahmen den Clerus vermochte, dem Drängen des Zeitgeistes nicht länger zu widerstehen und sich in die Entscheidung des Papstes zu fügen[12]). So kam endlich 1420 am 24. Februar unter Vermittlung des Herzogs Bernhard ein Vergleich dahin zu Stande, daß der Clerus der Errichtung der beiden Stadtschulen und der etwa noch anzulegenden Schreibschulen kein weiteres Hinderniß in den Weg zu legen versprach. Mit diesem Vergleiche erklärten sich auch die übrigen an den Stiftskirchen mitberechtigten Fürsten bald nachher einverstanden[13]).

Als die Stadt somit 1420 nach harten Kämpfen und nach Aufwendung großer Geldopfer namentlich in Rom[14]) an's erwünschte Ziel gelangt war, wurden die beiden Anstalten eröffnet, die Katharinenschule angeblich im Kloster der Pauliner am Bohlwege, wo sie sich wohl schon seit dieser Zeit in den Gebäuden befand, welche an der Südseite der jetzt in ein Zeughaus umgewandelten Klosterkirche um den inneren Hof herumlagen[15]). Die Martinischule ward damals in ein Haus der Jacobsstraße gelegt, welches östlich von der Jacobskirche lag und noch 1695 „die alte Schule" hieß, später aber zum Leihhause umgewandelt wurde[16]). Am Katharineum übernahmen angeblich die Mönche des Paulinerklosters die Ertheilung des Unterrichts[17]); wer es am Martineum that, ist unbekannt.

Aus dem Jahrhundert, welches von der Errichtung der beiden

---

11) Urkunde bei Rehtmeier, Kirchenhistorie II, Beil. S. 222.
12) S. 204. Shigtbok S. 36.
13) Urkunden des Stadtarchivs Nr. 572. 574. 577. 602, erstere gedruckt bei Rehtmeier, Kirchenhistorie II, Beil. S. 223 und Shigtbok S. 38.
14) Shigtbok S. 36; vergl. Hemelik rekenscop 103.
15) Jastram, Rede bei der Einweihung der Katharinenschule 1700. Dürre, Programm des Obergymnasiums 1861, S. 44. 20.
16) Gebhardi, De origine et incrementis gymnasii Martin. p. 5. Degedingsbuch der Altstadt III, 1415 und Kämmereirechnung der Altstadt, 1418, Cap. Bau bei Sack, S. 102.
17) Bremer, Brevis historia scholae Cathar., fol. 3. Msc.

Stadtschulen bis zur Einführung der Reformation verfloß, haben wir für die allgemeine Geschichte jener Anstalten nur wenige Nachrichten. Wichtig ist aus dieser Zeit nur die 1478 am 9. März veröffentlichte Ordnung für die fünf damals neben einander bestehenden Stifts-, Kloster- und Stadtschulen, welche die betreffenden Prälaten mit dem Rathe vereinbarten und den fünf Rectoren auf dem Capitelhause des Blasiusstifts zur Nachachtung mittheilen ließen [18]). Diese Ordnung bezieht sich theils auf die Schulen im Allgemeinen, theils auf deren Lehrer und Schüler insbesondere.

Einigen jener fünf Schulen fehlte es damals bereits so sehr an Schülern, daß die Rectoren und Lehrer manche Eltern privatim zu überreden suchten, ihre schulfähigen Kinder in ihre Schule zu senden. Solche Unwürdigkeiten verbietet jene Ordnung in §. 2 auf's strengste. Wer dem Unterrichte über drei Tage lang beiwohnte, war zur Zahlung des Schulgeldes verpflichtet (§. 1), welches in allen Anstalten gleich war. Söhne reicher Leute zahlten — wie es scheint halbjährlich — zwei neue, Kinder aus dem Mittelstande zwei alte Schillinge, Söhne armer Eltern nur einen neuen Schilling (§. 2). Hinsichtlich der Privatschulen ward bestimmt, daß in keiner mehr als 10 Knaben unterrichtet werden dürften und diese müßten nach vollendetem siebenten Lebensjahre in eine öffentliche Anstalt übergehen (§. 14).

Den Lehrern wird zur Pflicht gemacht, ihre Schüler zu fleißigem Schulbesuche anzuhalten, sie treulich zu lehren Tugend und gute Sitte, sie in den freien Künsten zu unterweisen und besonders danach zu sehen, daß sie lateinisch sprechen und „ihren Sang" singen lernten (§. 3). Die Lehrer sollen sich vor den Schülern züchtig halten und kein böses Beispiel geben (§. 8). Auch gelehrt sollen sie sein, damit sie „die Schüler regieren helfen zum Besten" (§. 9); mangelt es ihnen an Gelehrsamkeit für ihre Stellung, so sollen die Rectoren sie entlassen und durch tüchtige Männer ersetzen (§. 15). Die Lehrer sollen ihre Anstalt nicht zur Unzeit verlassen; beendigt einer die angefangenen Lectionen nicht, so verliert er die Hälfte des ihm gebührenden Schulgeldes (§. 11. 6). Etwaige Zwietracht zwischen den Lehrern einer oder mehrerer Schulen wird, wenn sie gütlich nicht zu endigen ist, durch eine Commission

---

18) Dieses noch ungedruckte Document steht in einem Handelsbuche der Stadt, das von 1420—1485 reicht und sich im Landeshauptarchive befindet, auf fol. 165 flg. unter dem Titel De regimine scholarum.

2. Die Stadtschulen zu St. Martinus und St. Katharinen.

ausgeglichen, welche die drei Prälaten der beiden Stifter und des Benedictinerklosters und drei Bürgermeister bilden (§. 10). Lehrern und Schülern wird untersagt, verbotene Waffen zu tragen (§. 5); jene sollen sich endlich selbst bei körperlichen Züchtigungen dieser human und gebildet erweisen (§. 7).

Schüler, welche ihren Lehrern ungehorsam sind und sich durch Verweise von unziemlichen Dingen nicht abbringen lassen, die gegen den Rector und die Lehrer freveln mit Worten und Thaten, sollen durch ein Erkenntniß jener Commission von der Schule entfernt und auf keiner hiesigen Anstalt wieder aufgenommen werden (§. 4).

Ueber einige die hiesigen Schulen betreffende Punkte meldet Mag. Tilemann Zierenberger, welcher 1494 die Belagerung beschrieb, welche Braunschweig damals eben überstanden hatte, noch Folgendes [19]). Er sagt: Auf heidnische Literatur verwendet man hier kein Studium, Poetik und Redekunst kennt man gar nicht, nur Grammatik und Dialektik betreibt man. Aus benachbarten Städten kommen hieher viele Jünglinge, die von Almosen leben. Der Magister, welcher der Schule vorsteht, erhält von seinen Zuhörern ein mäßiges Honorar (modicam collectam), von der Stadt nichts!

Um die Stellung zunächst der Rectoren zu bessern, übertrug man ihnen auch wohl kirchliche Aemter. Nach dem letzten Willen des Bürgers Achatius Grube wurde z. B. 1473 mit 200 Mark ein neues geistliches Lehn am Altar der 10,000 Ritter in der Martinikirche gestiftet. Die Zinsen jenes Capitals sollte Bartold Spranke, der damalige Rector der Martinischule und nach seinem Tode sein Nachfolger im Amte erhalten und dafür verpflichtet sein, an jenem Altar täglich eine Messe zu lesen [20]). Einen in der Schulkunst unterrichtenden Lehrer bezahlte der Prior des Paulinerklosters 1480 mit einem Gehalt von vier lübeckschen Pfunden Geldes. Nach der darüber ausgestellten Urkunde scheint die Mittel zur Erhaltung der bei den Paulinern befindlichen Katharinenschule der Rath im Hagen und die Aelterleute der Katharinenkirche hergegeben zu haben [21]).

---

[19]) Leibnitz, S. R. Br. II, 91.
[20]) Urkunde der Martinikirche Nr. 207.
[21]) Urkunde des Stadtarchivs Nr. 897. Was im 15. Jahrhundert an die Martinischule gewandt ist, hat Sack, Schulen, S. 102 verzeichnet.

VI. Milde Stiftungen für Arme und Kranke.

1. Die Armen- und Krankenpflege im Allgemeinen.

Schon seit alten Zeiten zeichneten sich die Bewohner Braunschweigs durch Wohlthätigkeitssinn aus. Bereits seit dem Anfang des 13. Jahrhunderts kann ihr reger Eifer, die Leiden der Hülfsbedürftigen zu lindern, nachgewiesen werden. Die Menge milder Stiftungen, welche im Mittelalter hier entstanden, zeigt, daß die von der Kirche geforderte Liebe in Werken der Menschenfreundlichkeit sich schon vor der Reformation hier thätig offenbarte. Armen, Kranken und der Verpflegung Bedürftigen wandte sie sich gleichmäßig zu; in Pflege- oder Beguinenhäusern und Hospitälern fanden die Nothleidenden Aufnahme und Verpflegung.

In Handelsstädten, wo gewöhnlich neben großem Reichthum Armuth und bitterer Mangel wohnt, ist die Armenpflege ein Gegenstand von besonders hoher Wichtigkeit. Von dieser Erkenntniß mögen auch Braunschweigs Stadtbehörden schon früh beseelt gewesen sein; denn bereits im Anfang des 13. Jahrhunderts nahmen sie auf Unterstützung der Armen Bedacht. Schon das alte Recht des Hagens bestimmt[1], daß von dem Gute hier gestorbener Fremdlinge, zu dem sich kein Erbe finde, ein Drittel den Armen zugewandt werden solle. Um 1300 zog man dies Drittel für die Armen von allem erblosen Gute ein, nicht allein, wenn es Fremde, sondern auch wenn es hiesige Bürger und Einwohner hinterlassen hatten[2]. Daß die auf Grund dieser Bestimmungen erworbenen Mittel vom Rath in eine eigene Armencasse gelegt

---

[1] Jura Indaginis §. 11 im Urkundenbuch I, S. 2.
[2] Stadtrecht §. 39 das. S. 23.

wurden, ist wahrscheinlich, aber nicht zu erweisen. Fest steht aber, daß der Rath den Armen zwei Mal im Jahre eine Spende gab, die in Brot bestanden zu haben scheint³). Die erste gab man ihnen Freitags vor dem Margarethentage, also in der ersten Hälfte des Juli kurz vor dem Beginn der Ernte. Sie hieß die Hagelspende und hatte den Zweck, „daß Gott die Gnade gebe," daß die Feldfrucht eingebracht werden möge ohne Hagel und Unwetter⁴). Die andere Spende gab der Rath zum Andenken an die verhängnißvolle Pest des Jahres 1350 am Freitag vor Kreuzeserhöhung, also in der ersten Hälfte des September. Diese Spenden wurden in den fünf Weichbildern zu gleicher Zeit ausgegeben; wenn die große Glocke zu St. Martinus das Zeichen gab, so riefen die Wächter „Brot" durch die Straßen. Jedes Weichbild gab seinen Armen. An beide Spenden wurden aus der Stadtcasse 5 Mark 8 Schillinge gewandt (S. 336), auch die Almosen, welche einzelne Bürger dazu einsandten, wurden mit an die Armen vertheilt⁵). Wie diese Gaben in der Altstadt auf dem Kleiderhofe neben dem Rathhause ausgegeben wurden⁶), so mögen sie auch in den anderen Weichbildern auf oder neben den Rathhäusern vertheilt sein.

Solche Spenden gaben ohne Zweifel auch die Klöster der Stadt, denen ja die Armenpflege hauptsächlich oblag; namentlich aber auch die deutschen Ordensritter auf ihrem am Bohlwege belegenen Hofe. Dort ward an jedem Quatembertage ein halber Scheffel Roggen zu Brot gebacken und dies den Armen gegeben⁷). Da auch die milden Stiftungen und die Wohlthätigkeit von Privaten⁸) der Armen Noth lindern halfen, so schritt man gegen das Betteln meist strenge ein. 1400 wurde es ganz untersagt⁹), besonders strenge war man gegen die Bettler in der Erntezeit, weil dann durch Arbeiten auf dem Felde genug zu verdienen war. In dieser Zeit ging der Henker in der Stadt umher, um arbeitsfähige Bettler von den Straßen auf's Feld hinauszutreiben¹⁰).

---

3) Kämmereibuch des Sackes, fol. 11¹.
4) Ordinar. §. 125 im Urkundenbuch I, S. 178.
5) Ordinar. §. 129 das. S. 179, §. 95 das. S. 175.
6) Ordinar. §. 95 das. S. 175 und Urkunde der Martinikirche Nr. 165 vom Jahre 1440.
7) Degedingsbuch des Hagens I, fol. 117¹.
8) Siehe z. B. eine Urkunde des Stadtarchivs, Nr. 201 vom Jahre 1362.
9) Echteding §. 116 im Urkundenbuch I, S. 137.
10) Ordinar. §. 126 das. S. 178.

Für schwache und gebrechliche Arme gab es aber eine Menge milder Stiftungen, wo auch die Armen ein Unterkommen fanden, welche durch Krankheit gehindert waren, sich ihren Lebensunterhalt zu erwerben.

2. Die Hospitäler.

Die milden Stiftungen, welche im Mittelalter hier entstanden, waren theils Hospitäler zur Heilung der Kranken, theils Convente oder Beguinenhäuser zur Verpflegung hülfsbedürftiger Armer. Betrachten wir zunächst die Hospitäler. Das älteste derselben war

1. Das Hospital St. Johannis.

Dieses Hospital war bereits 1224 vorhanden; daß es zur Pflege armer alter Frauen bestimmt und später in ein Beguinenhaus umgewandelt ward, in welchem eine Elendsgilde sich mit der Pflege der Hülfsbedürftigen befaßte, ist oben S. 535 erzählt. Um die Mitte des 13. Jahrhunderts mochte es bei der anwachsenden Einwohnerzahl der Stadt dem Bedürfniß nicht mehr genügen; darum entschlossen sich mehrere Bürger, ein neues Hospital zu begründen. So entstand 1245 auf einer von Ockerarmen umflossenen Insel im Gebiet der Altenwik, wo „die lange Brücke" von diesem Weichbilde nach der Altstadt hinüberführte,

2. Das Hospital der Jungfrau Maria[1]).

Da Gebrechliche und Kranke hier Aufnahme und Verpflegung finden sollten, so gab am 13. November 1245 Herzog Otto seine Einwilligung zum Bau dieser Anstalt, sagte ihr seinen Schutz zu und befreite alle von ihr zu erwerbenden Güter von der Gerichtsbarkeit seiner Vögte[2]). Am 15. November nahm Bischof Meinhard von Halberstadt, dessen Diöcese die unter der langen Brücke vorbeifließende Ocker hier begrenzte,

---

1) Die wichtigsten Urkunden dieser Anstalt, welche noch jetzt auf dem Waisenhause aufbewahrt werden, sind gedruckt bei Pistorius, der 1753 in seinen Amoenitates historico-juridicae VIII, p. 2330 flg. ein eigenes Chartularium hospitalis B. Mariae Virginis in Brunswick herausgab.

2) Urkunde von 1245, gedruckt bei Rehtmeier, Kirchenhistorie I, Beil. S. 186, bei Pistorius a. a. O. 2330 und in Orig. Guelf. IV, 204.

den Ort, auf dem die Stiftung erstehen sollte, in seinen Schutz. Um deren Erbauung zu fördern, sagte er Allen, die dabei irgend wie behülflich wären, einen zwanzigtägigen Ablaß zu³). So war das Hospital 1249 bereits in vollem Stande und einem Hospitalmeister (magister hospitalis) untergeordnet, welcher die ökonomischen Angelegenheiten besorgt zu haben scheint. Auf dem Hofe war eine Capelle der Jungfrau Maria erbaut; ein Priester besorgte an ihr den Gottesdienst und die Seelsorge der in die Anstalt Aufgenommenen, auf dem Begräbnißplatze wurden die daselbst Gestorbenen bestattet⁴).

Die so begründete Stiftung erhielt durch zahlreiche Schenkungen schon im ersten Jahrhundert ihres Bestehens bedeutende Geldmittel und erwarb sich mit denselben nicht allein einen sehr bedeutenden Grundbesitz in den Orten der Nachbarschaft, zum Theil auch hier vor der Stadt, sondern auch nutzbare Rechte, wie Zehnten und Zinsgefälle von ausstehenden Capitalien.

An Grundstücken erwarb das Hospital 1249 vom Kloster Dorstadt 3½ Hufen und mehrere Hofstellen in Biwende⁵), von dem Edlen Helmold von Biwende die Kirche jenes Dorfes mit allem Zubehör an Grundstücken 1250⁶). In demselben Jahre schenkte Heinrich von Wenden dem Hospital die Rottwiese bei Eickhorst und Balduin der Jüngere zu Scheppenstedt das Eigenthum von 1½ Hufen zu Rottorp⁷). 1254 überwies der Bürger Rudolf bei St. Ulrich der Anstalt die Anwartschaft auf 3½ Hufen Landes zu Salzdahlum, welche ihr nach seinem und seiner drei Kinder Tode ganz zufallen sollten⁸); in demselben Jahre verkaufte ihr der Ritter Heinrich von Uehrde drei Hufen Landes zu Uehrde⁹), 1256 übergab Herzog Albrecht ihr zwei Hufen zu Dahlum, welche bisher der Bürger Heinrich Ruff von ihm zu Lehn gehabt hatte¹⁰). Durch Kauf wurden 1258 erworben 1½ Hufen in Watenstedt bei Hallendorf, welche die Herren von Hagen bisher vom Bischof von Hil-

---

3) Urkunde bei Pistorius VIII, 2331.
4) Urkunde das. 2350.
5) Urkunde das. 2332.
6) Urkunde das. 2332 und Urkunde von 1263 das. 2334.
7) Urkunden in den Br. Anzeigen von 1747, S. 724. 731 flg.
8) Urkunden bei Pistorius VIII, 2335 und 2328.
9) Urkunden das. 2341 und 2342.
10) Urkunde das. 2339.

desheim zu Lehn gehabt hatten [11]), 1262 eine Hufe in Hötzum [12]), 1263 ein Hof und eine Hufe in Biwende [13]) und 1265 vom Kloster Marienthal 15 Hufen zu Berklingen [14]). Graf Moritz von Spiegelberg überwies dem Hospitale 1276 sechs Hufen zu Werle, welche Heinrich von Werle und seine Brüder bis dahin von ihm zu Lehn getragen hatten [15]). 1280 erwarb es noch vier Hufen zu Biwende [16]), 1291 eine Hufe zu Uehrde, eine zu Klein-Dahlum und die Guntheringhufe zu Bolzum [17]), 1293 fünf Hufen zu Schliestedt von der Familie von Veltheim [18]) und zwei Hufen zu Binsleve vom Ritter Balduin von Wenden [19]). 1296 besaß das Hospital bereits bedeutenden Grundbesitz in Velten (jetzt Veltenhof), sonst würde ihm Herzog Albrecht schwerlich die ihm bis dahin zustehende Gerichtsbarkeit über die dort belegenen Güter des Blasiusstifts übertragen haben [20]). Vier Hufen in Timmerlah erkaufte das Hospital 1298 von Konrad Stapel [21]), 3½ Hufen in Salz-dahlum 1300 von den Gebrüdern von Dahlem [22]), zwei Hufen in Hötzum schenkte ihm der Comthur des hiesigen Johanniterhauses 1302 [23]), die Mühlenwiese in Veltenhof überwiesen ihm die Brüder Heinrich und Balduin von Wenden 1304 [24]) und in demselben Jahre verkaufte ihm der Knappe Bertram von Werle einen Hof und eine Worth in Werle mit sechs Hufen, auch zwei Hofstellen in Schliestedt mit zwei Hufen Landes [25]). Herzog Albrecht der Fette schenkte 1305 vier Hufen zu Ahlum (Adenem) und zwei zu Osterbiwende, bisher an die Familie

---

11) Urkunden von 1258 das. 2358 und von 1260 das. 2360.
12) Urkunde das. 2342.
13) Urkunde das. 2389.
14) Urkunden das. 2845 und 2347.
15) Urkunden das. 2359 und 2360.
16) Urkunde in den Br. Anzeigen von 1747, S. 734.
17) Degedingsbuch der Altstadt I, S. 15 und Urkunden von 1325 bei Pistorius VIII, 2369 und 2357.
18) Urkunden das. 2356 und 2386.
19) Urkunde das. 2352, wo die Jahreszahl 1293 zu lesen ist.
20) Urkunden das. 2355 und 2378.
21) Degedingsbuch der Altstadt I, S. 22.
22) Urkunden bei Pistorius VIII, 2387 und 2370.
23) Urkunde das. 2368.
24) Urkunde das. 2378.
25) Urkunden das. p. 2383 vom Jahre 1304, p. 2363 und 2366 vom Jahre 1326, p. 2367 und 2384 vom Jahre 1336.

von Salzdahlum verlehnt²⁶), der Ritter Johannes Friese verkaufte der Anstalt 1305 eine Hufe zu Hedeper, eine Hofstelle daselbst schenkten ihr 1307 die Grafen von Hallermund²⁷), zwei Hufen zu Timmerlah, bisher an die Familie Elye verlehnt, schenkten 1305 die Gebrüder Johann und Hildemar von Oberg²⁸), einen Hof und drei Hufen zu Röchingen Herzog Albrecht der Fette 1306²⁹), sieben Hufen zu Eickhorst die sechs Töchter Heinrichs von Wenden 1307³⁰), später noch zwei Hufen und 10 Morgen daselbst³¹). 1314 erwarb das Hospital ein Holz in der Nähe von Eickhorst, das zwischen der Rottwiese und dem Sündernholze belegen war³²). 1325 erkaufte es von den Gebrüdern Slengerbus einen Hof und die Leinweberhufe zu Hötzum³³), 1330 vom Kloster Marienthal einen Hof und neun Morgen Landes zu Berklingen³⁴), 1337 eine zinspflichtige Hufe in Wohlbwische³⁵), 1343 ein Gut zu Wendebüttel im Papenteich belegen³⁶), 1358 einen Hof und eine Hufe zu Bornum bei Kissenbrück vom Johanniterorden³⁷) auch den Distelberg bei Eickhorst³⁸) und erkaufte 1398 von der Familie Tönnies eine Hufe zu Lehndorf³⁹). Spätere Gütererwerbungen des Hospitals sind bis jetzt nicht bekannt.

Von nutzbaren Rechten, welche dasselbe an sich brachte, kennen wir folgende. Eine Berechtigung auf einen halben Chorus Salz aus der Saline zu Lüneburg ward 1295 erworben⁴⁰). Außerdem erhielt es den Zehnten auf der Feldmark der Altenwik 1257 von den Herren von

---

26) Urkunden das. 2370 und 2371.
27) Urkunden das. 2373 und 2374.
28) Urkunde das. 2375.
29) Urkunde des Landesarchivs nach Bege, Burgen, S. 62.
30) Urkunden bei Pistorius VIII, 2379 und in den Br. Anzeigen 1747, S. 731.
31) Urkunden bei Pistorius VIII, 2379 und in den Br. Anzeigen 1747, S. 731.
32) Urkunde in den Br. Anzeigen 1747, S. 732.
33) Urkunde bei Pistorius VIII, 2340.
34) Urkunde das. 2346.
35) Urkunde des Landesarchivs nach Bege, Burgen, S. 109.
36) Urkunde bei Pistorius VIII, 2376.
37) Urkunde das. 2380 flg.
38) Urkunde in den Br. Anzeigen 1747, S. 733.
39) Degedingsbuch der Altstadt III, zu 1398 Nr. 312.
40) Urkunde bei Pistorius VIII, 2353.

Dahlem⁴¹), 1265 den zu Hötzum vom Bischof Volrad zu Halberstadt⁴²), 1284 den zu Bechelde, welchen bis dahin die Familien Böneke und Holtnicker zu Lehn gehabt, vom Bischof Siegfried zu Hildesheim⁴³), 1292 den halben Zehnten zu Binsleve, bisher an die Familien von den sieben Thürmen und von Pawel verlehnt, vom Bischof Volrad zu Halberstadt zur Buße für eine von dessen Leuten in Melverode (Melvingerode) an Bürgern der Stadt verübte Gewaltthat⁴⁴), 1295 den Zehnten zu Wedesbüttel vom Kloster Stötterlingenburg durch Kauf⁴⁵), 1316 schenkte Bischof Albrecht von Halberstadt den seit 1299 von der Familie Elye besessenen Zehnten „in Velten bei Honrode"⁴⁶) an's Hospital, welches schon 1304 auch den „halben Zehnten auf dem Lappenberge bei Braunschweig" erworben hatte⁴⁷). Den Zehnten zu Bornum bei Kissenbrück erkaufte es vom Johanniterorden 1358⁴⁸) und drei Viertel des Zehntens zu Hedeper um 1406⁴⁹).

Hier gehörte dem Hospitale ein Hof in der Altenwik, welchen das Degebingsbuch jenes Weichbildes das Vorwerk Unsrer lieben Frau nennt, an der Stelle des jetzigen Ackerhofes belegen⁵⁰). Dies scheint das „Allodium in der Altenwik" zu sein, welches Herzog Albrecht der Große dem Hospitale bereits 1254 geschenkt hat, als dieses die seit 1250 ihm verpfändete Mühle am Wendenthore zurückgab⁵¹). Daß dem Hospitale auch mehrere Häuser gehörten, erweisen die Degebingsbücher, nicht minder, daß es aus manchen Häusern Zinse einzunehmen hatte. Zinse erhob es auch von mehreren ausstehenden Capitalien vom Rathe der Stadt⁵²), ferner von Grundstücken zu Salzdahlum, Denstorf, Klein-Vahlberg und Berklingen⁵³).

---

41) Urkunde daf. 2345.
42) Urkunde daf. 2344.
43) Urkunde daf. 2351.
44) Urkunde daf. 2352.
45) Urkunde daf. 2354.
46) Urkunden daf. 2377 und 2382.
47) Urkunde in den Br. Anzeigen 1747, S. 730.
48) Urkunde bei Pistorius VIII, 2380.
49) Urkunde der Michaeliskirche Nr. 48.
50) Degebingsbuch der Altenwik zu 1443 Nr. 8, 1444 Nr. 7 und öfter.
51) Urkunden bei Pistorius VIII, 2337 und in den Br. Anzeigen 1747, S. 725 flg.
52) Urkunden in den Copialbüchern des Rathes, z. B. III, 18¹. 87¹ und V, 35. 107¹.
53) Urkunden von 1317 im Degebingsbuch der Altstadt II, fol. 49, von 1319 bei Pistorius VIII, 2375 und von 1375 bei Bege, Burgen, S. 86.

2. Die Hospitäler.

Schon 1249 befand sich neben dem Hospitale eine Capelle Unsrer lieben Frau, deren Priester die Seelsorge über die in der Anstalt wohnenden Armen und Gebrechlichen vom Pfarrer zu St. Magnus überlassen war [54]). Jenes Kirchlein lag an der Straße hinter den Lieben Frauen am Ostende des jetzigen Hauptgebäudes des Waisenhauses. Es ward vor 1455 niedergerissen und weiter westlich nahe bei der langen Brücke wieder erbaut, wo die dem Stadtplane beigefügte Abbildung dasselbe zeigt. An der Stelle der alten Kirche ward das sogenannte Rumpfhaus erbaut, in welchem die hülfsbedürftigen Männer und Frauen, welche in die Anstalt aufgenommen waren, Verpflegung fanden. Den Hochaltar der alten Kirche versetzte man in dies Rumpfhaus [55]).

Die Kirche, Unsrer lieben Frau geweiht, hielt ihre Weihe im Anfange des Septembers am Sonntag nach dem Aegidiustage [56]). Ihren Hochaltar, der in beiden Localen der Jungfrau Maria geweiht war, beschenkte bereits im ersten Viertel des 14. Jahrhunderts Ecbert Scheveling, 1403 Cord von Burgdorf und 1502 der Priester Nicolaus Nordhausen [57]). Den Allerheiligenaltar dotirte 1326 der Priester Heinrich von St. Stephan und Ecbert Scheveling [58]). Der Bernwardsaltar, welchen die Gebrüder Pawel nach dem letzten Willen des Gereke Pawel 1392 fundirten, lag in der Südwestecke der Kirche bei der Thür, die von der langen Brücke her in die Kirche führte [59]). Der Bonifaciusaltar, welchen Heyno Kirchhof 1406 begründen und dotiren ließ, stand im südlichen Theil der Kirche vor dem Chore nach der südlichen Thür zu [60]). Den Altar Johannis des Täufers stifteten 1424 Cord von Ursleve und die Gebrüder Hermann und Albrecht von Bechelde [61])

---

54) Urkunde bei Pistorius VIII, 2350.

55) Urkunde der Martinikirche Nr. 183 vom Jahre 1455 und Urkunde von 1458 im Copialbuch St. Ulrici II, S. 163.

56) Shigtbof S. 256. Ueber die Altäre der Kirche hat bereits Rehtmeier, Kirchenhistorie I, S. 208 gute Angaben.

57) Urkunden der Martinikirche Nr. 101 und Nr. 112, im Copialbuch des Rathes III, fol. 70¹ und Urkunde im Fundationsbuche der geistlichen Stiftungen, fol. 121.

58) Urkunde der Martinikirche Nr. 47.

59) Urkunden von 1392 im Copialbuch des Rathes II, fol. 106¹ und von 1403 im Copialbuch III, fol. 68.

60) Urkunden von 1395 und von 1408 im Copialbuch des Rathes III, fol. 34 und 77, und Urkunde der Martinikirche Nr. 109 vom Jahre 1406.

61) Urkunde der Martinikirche Nr. 184.

und noch einen Altar, dessen Schutzheiliger unbekannt ist, 1495 Hans Kahle⁶²). Das Patronat der meisten Altäre ging, nachdem die Familien der Stifter dieselben einige Male verliehen hatten, an den Rath der Altstadt über. Wahrscheinlich auf dem Hochaltar des Kirchleins stand ein Marienbild, vor welchem nach einem 1415 gemachten Vermächtniß zu gewissen Zeiten ein Wachslicht angezündet werden mußte⁶³); vor demselben ward seit 1416 auch eine ewige Lampe gehalten⁶⁴). Eine Krone mit sieben Lichtern, welche an den Hauptfesten brennen sollte, verehrte der Capelle 1454 die Brüderschaft der Steindecker und Steinhauer⁶⁵).

An dem Kirchlein versah anfangs ein Priester⁶⁶) den Gottesdienst, 1295 bereits zwei⁶⁷) und 1326 werden ihrer drei erwähnt, auch ein Schüler, ein Glöckner und ein Vorsänger waren damals vorhanden⁶⁸); 1458 endlich finden sich neben dem Pfarrer sechs Vicare und zwei Schüler⁶⁹). Der mit der Seelsorge betraute Priester wurde vom Rathe dem Abt von St. Aegidien präsentirt und von diesem, als dem Beauftragten des Bischofs von Halberstadt, in sein Amt eingeführt, wie es 1271 bestimmt war⁷⁰).

Als Hauptpriester der Capelle werden genannt: Heydenricus 1249⁷¹), Gerbrecht 1320⁷²), Jan von Peyne 1403⁷³), Heinrich Wisagen 1454⁷⁴) und Nicolaus Nordhausen 1494 und 1502⁷⁵).

Auch diese Capelle und ihre Altäre waren mit Gütern ausgestattet. Für sie wurden 1268 zwei Hufen Landes auf dem Stadtfelde⁷⁶),

---

62) Fundationsbuch der geistlichen Stiftungen, fol. 57.
63) Urkunden im Copialbuch des Rathes III, fol. 89¹. 96.
64) Urkunden das. fol. 89¹. 96.
65) Copialbuch der Dachdeckergilde, S. 22 flg.
66) Urkunde von 1249 bei Pistorius, Amoenitates VIII, 2350.
67) Urkunde das. 2353.
68) Urkunde im Degedingbuch der Altstadt I, S. 143.
69) Urkunde im Copialbuch St. Ulrici II, S. 163.
70) Urkunde bei Pistorius VIII, 2349.
71) Urkunde das. 2350.
72) Degedingbuch der Altstadt I, S. 112.
73) Urkunde der Martinikirche Nr. 101.
74) Copialbuch der Dachdeckergilde, S. 22.
75) Urkunden des Stadtarchivs Nr. 1171 und im Copialbuch des Rathes V, fol. 135¹.
76) Urkunde bei Pistorius VIII, 2348.

2. Die Hospitäler.

1269 drei zu Denstorf⁷⁷), 1270 vier zu Sottrum bei Wohldenberg⁷⁸), 1275 sieben zu Hedeper⁷⁹), 1284 ein Garten zwischen dem Wenden- und Fallersleberthore⁸⁰) und 1316 eine Hufe zu Salzdahlum⁸¹) als Eigenthum erworben. Der Allerheiligenaltar ward 1326 mit vier Hufen zu Werle, mit zwei zu Schliestedt und drei zu Wendebüttel ausgestattet⁸²), dem Bernwardsaltar 1392 ein Sattelhof im Westendorfe zu Scheppenstedt sammt zwei Kothöfen, einer Worth und 4½ Hufen Landes und ein Kothof mit 2½ Hufen in Ahlum (Odenum) überwiesen⁸³). Den Novalzehnten zu Wedesbüttel schenkten die sechs Söhne des Ritters Jordan von Campe der Hospitalkirche 1341⁸⁴), und mit dem Zehnten zu Wetzleben wurde 1324 der Johannisaltar in ihr dotirt⁸⁵).

Der große Reichthum des Hospitals und seiner Kirche, so mochte man glauben, würde noch vermehrt werden, wenn man die Anstalt in ein Kloster umwandle. Der Rath, so scheint es, war anfangs dieser Ansicht und theilte sie den Herzögen zur Genehmigung mit. Aber Albrecht von Grubenhagen scheint der einzige Herzog gewesen zu sein, der sich mit dieser Umwandlung 1370 einverstanden erklärte⁸⁶). Die übrigen Fürsten mögen anderer Ansicht gewesen sein, und so blieb es beim Alten. Dennoch soll die Anstalt in Folge davon eine etwas andere Einrichtung erhalten haben⁸⁷). Ein Theil der Aufkünfte ward den Armen und Gebrechlichen entzogen, um dem Wohlleben Einzelner Vorschub zu leisten. Wir finden im Hospitale jetzt „arme und Herrenpfründner". Jene wohnten in dem Rumpfhause über dem östlich vorbeifließenden Okerarm, diese hatten bequemere Wohnungen und speisten an einem besonderen Tische, dem Herrentische. Sie nannten sich Brü-

---

77) Urkunde bei Pistorius VIII, 2343.
78) Urkunde das. 2348.
79) Urkunde das. 2357.
80) Urkunde in den Br. Anzeigen von 1747, S. 728.
81) Urkunden bei Pistorius VIII, 2372 und 2387.
82) Urkunde der Martinikirche Nr. 47.
83) Urkunde im Copialbuch II, fol. 106¹; vergl. Br. Anzeigen 1750, S. 1468.
84) Urkunde bei Pistorius VIII, 2365.
85) Urkunden der Martinikirche Nr. 134. 136.
86) Urkunden bei Rehtmeier, Kirchenhistorie I, Beil. S. 138.
87) Die folgenden Mittheilungen giebt Bode im Br. Magazin von 1831, S. 604 ohne Angabe der Quellen.

VI. Milde Stiftungen für Arme und Kranke.

der der Liebfrauengilde⁸⁸). Diesen Misbrauch der ihrer eigentlichen Bestimmung zum Theil entfremdeten Mittel des Hospitals billigte die Bürgerschaft nicht. Dies geht daraus hervor, daß seitdem Vermächtnisse der Anstalt gewöhnlich mit der Bedingung überwiesen wurden, daß nicht die Herren, sondern die armen Pfründner daran Theil nehmen sollten. Darum kehrte man im 16. Jahrhundert zu der alten Einrichtung zurück, wonach nur Arme und Gebrechliche dort ihre Pflege fanden, deren etwaige Hinterlassenschaft nach ihrem Tode der Anstalt zufiel⁸⁹).

Die Oberaufsicht über das Hospital hatten zwei vom Rath der Altstadt ernannte Vormünder, welche auch Provisoren⁹⁰) oder Procuratoren genannt werden. Ihnen waren die Privilegien zur Aufbewahrung anvertraut; unter ihrer Leitung stand der Hofmeister, welchen der Rath der Altstadt ernannte. Er hatte die auswärtigen Güter des Hospitals zu verwalten, außerdem besorgte er die ökonomischen Angelegenheiten des Haushaltes, gab die Präbenden aus und war dem Rath und den Vormündern zur Rechenschaft verpflichtet⁹¹). Die Führung des Haushaltes lag einer Schaffnerin ob⁹²).

---

88) Ihrer waren 1458 fünf, 1491 aber sieben.

89) So war es auch in den Hospitälern St. Thomas und St. Leonhard schon 1318 (Degebingsbuch der Altstadt I, S. 106).

90) Schon 1265 ist von den Provisoren die Rede in den Urkunden bei Pistorius VIII, p. 2347.

91) Ordinar. 52. 53 im Urkundenbuch I, fol. 162 flg. Von den Provisoren kennen wir aus Urkunden:

    Conrad, als Procurator des Hospitals 1291 und 1303 genannt (Degebingsbuch der Altstadt I, S. 15. 27).

    Halo und Hennig der Küchenmeister waren 1330, Ludolf 1337 die Procuratoren der Anstalt (Urkunden bei Pistorius VIII, p. 2346. 2362).

    Thile vom Damm und Conrad Elers werden als Provisoren 1358 genannt (Urkunde das. 2380).

    Thile vom Damm und Cord Döring als Vormünder 1367 (Urkunde das. 2382).

    Hennig von Borchtorp, Thile Becker und Hans Lindenberg 1403 (Urkunde der Martinikirche Nr. 101).

    Cord Elers und Cord von Ursleve 1406 und 1408 (Urkunden der Martinikirche Nr. 109. 112).

Seit 1440 standen nach der goddeshuse register der Anstalt als Provisoren vor:

    Heinrich von Rokeln 1441—1442 und Hans Dux 1442—1444.

    Albert von Bechelde 1444—1446 und Gerese Pawel 1444—1462.

    Heinrich von Walbed 1446—1483 und Cord von Broistedt 1462—1487.

3. Das Hospital St. Leonhard.

Dieses besonders zur Aufnahme armer Aussätziger (leprosi) bestimmte Hospital soll bereits in der ersten Hälfte des 13. Jahrhunderts entstanden sein[1]. Von ritterschaftlichen und bürgerlichen Familien ward es mit Gütern reichlich ausgestattet. So schenkten z. B. die Edlen von Dorstadt demselben Güter zu Stöckheim und zu Stenem, einem angeblich bei Lesse gelegenen Orte, die Herren von Veltheim überließen ihm sechs Hufen Landes, die in der Nähe der Anstalt belegen waren; auch die Familien von Garsnebüttel, von Ambleben und von Wenden werden unter den Förderern der Anstalt genannt[2]. Von den Herren von Asseburg erhielt sie durch Kauf einen Hof mit zwei Wiesen und einer Hufe zu Rautheim 1323[3]) und einen Hof zu Remlingen mit einer Hufe 1332 und durch Schenkung 1390 noch eine Hufe Landes[4].

Unter den Bürgern der Stadt förderten das Wohl dieser Anstalt namentlich Brandan von Alfeld, Heinrich Kirchhof, Conrad Backermann, Bertram von Stendal und Ecbert Scheveling von Lutter. Die beiden letztgenannten schenkten dem Hospital 1306 zwei in dessen Nähe belegene Hufen Landes[5]). 1395 erhielt dasselbe noch zwei Hufen zu Uehrde[6]) und den halben Zehnten zu Kletlinge (Kneitlingen?), letzteren durch die Familie von Velstede[7].

Mit dem Hospital war gewiß gleich anfangs eine Capelle verbunden, welche in Urkunden freilich erst im Anfang des 14. Jahrhunderts

---

Lubeke Breyer 1484—1487 und Hermann Boibel 1487—1488.
Hans Busemann 1488 und Otto Borcholt 1488.
Als Hofmeister werden in Urkunden genannt:
Heinrich von Sekere 1367 (Urkunde bei Pistorius VIII, p. 2382).
Jan 1388 (Urkunde bei Gebhardi, Stift St. Matthäi, S. 97).
Heinrich Buchenau 1447 und 1458, Burchard Kulebeke 1472 und Brand von Elze 1481 nennt der goddeshuse register.

92) Copialbuch des Rathes III, fol. 89¹. 96.
1) Bode im Br. Magazin 1831, S. 590 flg.
2) Bode a. a. O. S. 591.
3) Urkunde des Landesarchivs nach Bege, Burgen, S. 73.
4) Urkunde das. S. 76. 89.
5) Degedingsbuch der Altstadt I, S. 3. Diese zwei und die von den Veltheims geschenkten sechs Hufen Landes sind der Kern der Länderei der jetzigen Domaine St. Leonhard.
6) Br. Anzeigen 1747, S. 734.
7) Urkunde des Landesarchivs nach Bege, Burgen, S. 90.

vorkommt [8]). Sie war St. Leonhard geweiht, dessen Mitpatron St. Servatius war. Am 6. November ward dort die Kirchweihe gehalten, und am 12. August feierte man dem Schutzpatron ein Fest [9]). Ecbert Scheveling stattete die Capelle, an der nur ein Priester gewesen zu sein scheint [10]), 1314 mit zwei Hofstellen und 1½ Hufen zu Evessen aus [11]).

Zur Verpflegung der Aussätzigen, deren Nachlaß auch hier der Anstalt verblieb, befand sich neben derselben eine von Beguinen oder Klausnerinnen bewohnte Klause mit einer Capelle aller Heiligen, deren Kirchweihe auf das Fest der Verkündigung Unsrer lieben Frau fiel. Am Tage der Heimsuchung Mariä und am Ostermontag war dort ein Ablaß zu erwerben. Dann ging viel Volkes aus der Stadt dahin [12]).

Um die Mitte des 15. Jahrhunderts soll die Anstalt zu St. Leonhard dahin erweitert sein, daß sie nicht Aussätzigen allein, sondern verarmten Personen überhaupt zum Aufenthalt angewiesen wurde. Allerdings mag eine Urkunde von 1441 nur „der Armen zu St. Leonhard" gedenken [13]); daß aber 1445 „die Unreinen" d. i. Aussätzigen den Hauptbestandtheil der Bewohner der Anstalt zu St. Leonhard ausmachten, zeigt der große Brief [14]). Ebenso waren zu Anfang des 16. Jahrhunderts in der Anstalt besonders „ungesunde Leute und Sieche" [15]).

Das Hospital stand unter einem vom Rath der Altstadt ernannten Hofmeister, der sich in gleicher Stellung befand, wie der Hofmeister des Marienhospitals [16]), also namentlich auch den Siechen und den Klausnerinnen die Präbendengelder auszahlte, zu denen manche milde Gaben durch testamentarische Vermächtnisse oder fromme Stiftungen hinzukamen [17]). Die Oberaufsicht führten zwei vom Rath der Altstadt ernannte

---

8) Urkunde von 1814 bei Rehtmeier, Kirchenhistorie, Supplem. S. 57. Schiller, S. 174 setzt die Erbauung der Kirche in's Jahr 1190; eine Quelle ist nicht angegeben.
9) Shigtbok S. 256.
10) Dominus Hermannus de S. Leonardo kommt 1377 in einer Urkunde der Michaeliskirche Nr. 18 vor.
11) Urkunde bei Rehtmeier, Kirchenhistorie, Supplem. S. 57.
12) Shigtbok S. 257.
13) Auszug bei Bobe im Br. Magazin 1831, S. 592.
14) Großer Brief §. 80 im Urkundenbuch I, 228.
15) Shigtbok S. 256.
16) Ordinar. 54 im Urkundenbuch I, 163.
17) Degedingbuch der Altstadt III, zu 1407 Nr. 1, der Neustadt II, fol. 74. 75.

Vormünder oder Provisoren. Die ältesten bis jetzt bekannten gehören in's Jahr 1306 [18]).

4. Das Hospital St. Thomas [1]).

Die älteste diese Stiftung betreffende Nachricht gehört dem Jahre 1327 an. Damals erbaute und dotirte der Rath der Altstadt „mit Hülfe guter Leute", welche Almosen spendeten, namentlich der Bürger Hennig Karlsoye und Giseke von Abenstedt, dicht vor dem alten Petri-thore nahe am Stadtgraben (also auf dem Raume der Gärten an der Wallpromenade) eine Capelle. Diese wurde nach ihrer Vollendung, welche ein vom Bischof Heinrich von Hildesheim 1333 verheißener Ablaß mit gefördert haben mag, St. Thomas und Jacobus geweiht [2]).

Gleichzeitig ward dort eine milde Stiftung erbaut, in welcher arme Fremde, Verwiesene und Pilger gastliche Aufnahme finden sollten [3]). Sie lag auf einem Hofe [4]), welcher nach jener Capelle gewöhnlich der Thomashof genannt wurde. Arme Pilger, die nach Aachen wandern wollten, wurden hier gespeiset, beherbergt und, wenn sie krank kamen,

---

18) Als Vorsteher der Anstalt werden genannt:
    Rolef von Vortfeld und Johann von Getelde 1306 (Degedingsbuch der Altstadt I, S. 3).

Der goddeshuse register nennt außerdem als erste Provisoren:
    Hans Pawel 1412—1425, Cord von Beyerstedt 1425—1437, Cord von Broistedt 1437—1438, Achatius Grube 1438—1448, Hennig Salge 1448—1467, Lubeke Breyer 1467—1485, Bode Scheppenstedt 1485—1487, Hermann Kulsten 1487—1494, Hennig Westfal 1494—1500, Arnd Kogel 1500—1505 und Hennig Westfal 1505—1528.

Als zweite Provisoren kommen dort vor:
    Rolef von Detten 1412—1425, Lubeke von Gilzem 1425—1434, Heinrich von Belstede 1434—1475, Thile vom Damm 1475—1487, Thile Botel 1487—1488, Heinrich von Ohrum 1488—1490, Ulrich Hantelmann 1490—1504, Fricke Ryding 1504—1509, Dietrich Griffen 1509—1523 und Hennig Dammann 1523—1529.

1) Bode im Br. Magazin 1831, S. 607 flg. und Sack, Alterthümer, S. 51—62. Die Urkunden der Stiftung befinden sich im Stadtarchiv, Abschriften in einem 1705 geschriebenen Copialbuch.

2) Urkunde vom 2. September 1327 im Stadtarchiv Nr. 60. Degedingsbuch der Altstadt I, S. 206 und Urkunde von 1343 im Stadtarchiv Nr. 123 und Urkunden von 1333 das. Nr. 81 und 79.

3) Die Stiftung heißt 1382 dat gasthus vor St. Peters dore im Degedingsbuch der Altstadt I, S. 161, 1389 der pellegrime hus im Degedingsbuch der Neustadt.

4) 1337 ist die Rede von der curia domus hospitum, peregrinorum et exsulum in einer Urkunde des Stadtarchivs Nr. 75.

bis zur Genesung verpflegt. Wenn Pilger von Aachen zurückkamen, erhielten sie in jener Anstalt Semmeln, Bier und andere Erfrischungen. Aber in derselben befand sich stets auch eine Anzahl armer Hülfsbedürftiger, im 15. Jahrhundert auch armer Frauen, zur Verpflegung [5]). Der Nachlaß der dort Verstorbenen blieb nach einer Verordnung des Rathes vom Jahr 1381 der Stiftung [6]).

In der Capelle, deren Altar St. Thomas geweiht gewesen sein muß, befand sich ein heiliges Kreuz, vor welchem Spenden und Opfer dargebracht wurden [7]). Ihre Kirchweih ward am Sonntag vor Pfingsten feierlich begangen [8]). Das Patronat derselben gestand das Cyriacusstift, welches als Patron der Petrikirche, in deren Pfarre die Capelle lag, Ansprüche erhoben hatte, 1337 nach längerem Streite dem Rathe der Altstadt zu [9]). Seitdem hatte dieser in Erledigungsfällen dem Pfarrherrn zu St. Petri einen Priester für die Capelle zu präsentiren, jener aber ihn einzuführen [10]). Die Capelläne, von denen wir Heinrich Ropener 1388 und Jan von Zerstebe 1406 kennen lernen [11]), waren verpflichtet, alle während des Gottesdienstes auf dem Altar geopferten Gaben an jenen Pfarrherrn abzuliefern; an hohen Festen mußten sie dem Gottesdienste in der Petrikirche beiwohnen, dem dortigen Pfarrer jederzeit gestatten, in der Capelle Gottesdienst zu halten, und sich als dessen Capelläne ansehen [12]). Aber sie wußten sich zu entschädigen. Sie gewöhnten nun die gläubigen Beter, ihre Gaben vor dem heiligen Kreuze niederzulegen, und nahmen diese unbedenklich für sich hin. Der darüber entstandene Streit ward erst 1358 durch Bischof Heinrich von Hildesheim geschlichtet. Er bestimmte, daß für die Befugniß jene Spenden zu behalten die Capelle dem Pfarrherrn zu St. Petri eine Geldentschädigung von acht Mark Silber zu geben habe [13]).

---

5) Sack, Alterthümer, S. 59. 60.
6) Copialbuch der Stiftung fol. 5.
7) Urkunde des Stadtarchivs Nr. 189 von 1358.
8) Shigtbok S. 251.
9) Urkunde des Stadtarchivs Nr. 75.
10) Urkunde der Martinikirche Nr. 58; vergl. Degedingbuch der Altstadt I, S. 208, gedruckt bei Sack, Alterthümer, S. 55.
11) Copialbuch des Rathes II, fol. 89¹ und Urkunde der Martinikirche Nr. 107.
12) Urkunde des Stadtarchivs Nr. 75 und urkundliche Nachricht von 1344 bei Sack, Alterthümer, S. 52.
13) Urkunde des Stadtarchivs Nr. 189.

2. Die Hospitäler.

Auch diese Stiftung erwarb sich seit 1330 durch Schenkung oder Kauf allmälig einen nicht unbedeutenden Grundbesitz. Einen neben dem Hofe belegenen Garten erwarb sie um 1330 pfandweise vom Cyriacusstift [14]). Einen Hof mit einer Hufe Landes zu Hallendorf (Hedelendorpe) erkaufte sie 1331 von den Brüdern Johann und Gerbert von Gandersem [15]), 1333 noch zwei Höfe mit zwei Hufen daselbst von den Söhnen des Ritters Johann von Saldern [16]), drei Höfe in Ostgledinge bei Denstorf mit zehn Hufen Landes vom Kloster Katelnburg 1334 [17]). Im Jahre 1337 wird einer Schenkung des Bürgers und Mitstifters Hennig Karlsoye gedacht, welcher der Capelle zwei Höfe zu Bornum am Elme schenkte, zu denen fünf Hufen Landes gehörten [18]). Vom Kloster Katelnburg erwarb das Hospital 1339 das Eigenthum zweier Hufen auf dem Glinderfelde bei Lamme, welche die Familie von Blekenstedt von jenem Kloster zu Lehn gehabt zu haben scheint. Diese verzichtete damals auf jenen Besitz, übergab ihn der Stiftung und überließ ihr noch acht Morgen eigenes Land daselbst [19]). Drei eigene Hufen zu Stöckheim, bisher im Besitz des Heneke von Strobeke, verkaufte 1339 der Vormund der Strobekschen Kinder, Bernd Kahle, an das Spital [20]). Drei Höfe und drei Hufen zu Hallendorf, auf welche die Anwartschaft bereits 1332 erworben war, kamen 1340 in den Besitz der Stiftung, wahrscheinlich durch den Tod Ulrichs von Hallendorf [21]); noch einen Hof und eine Hufe daselbst verkaufte ihr 1341 Herwig von Scanlege [22]). Auf Bitten des Ritters Jan von Ambleben überwies Graf Conrad von Wernigerode dem Spital 1343 zwei Höfe und 1½ Hufen in Kapelstöckheim [23]) und in demselben Jahre verkaufte die Familie Steffens der Anstalt einen Hof und zwei Hufen zu Obersickte, welche sie von den Edlen zu Meynersem zu Lehn getragen [24]). 1345

---

14) Urkunde das. Nr. 65.
15) Urkunden das. Nr. 72. 76.
16) Urkunden das. Nr. 82. 83.
17) Copialbuch von St. Thomas, fol. 28.
18) Degebingsbuch der Altstadt I, S. 208.
19) Urkunden des Stadtarchivs Nr. 95. 96 und Degebingsbuch der Altstadt I, S. 227. 228.
20) Degebingsbuch der Altstadt I, S. 233.
21) Degebingsbuch der Altstadt I, S. 161. 255.
22) Degebingsbuch des Hagens I, fol. 25.
23) Urkunden des Stadtarchivs Nr. 124. 125.
24) Urkunden das. Nr. 126. 127.

ward ein Hof zu Engelnstedt mit zwei Hufen der Familie von Gadenstedt und dem Kloster Steberburg abgekauft[25]; mehrere Höfe zu Bungenstedt mit sechs Hufen Landes erwarb das Spital 1345 vom Kloster Heiningen durch Kauf[26], ebenso noch eine Hofstelle daselbst und einen Hof in Halchter 1346 von der Familie von Asseburg[27]. 1352 kaufte das Spital einen Hof mit einer Köthe und vier Hufen zu Hallendorf vom Knappen Heinrich von Herlingberg[28], vom Ritter Wilhelm von Sambleben 1353 vier Hufen zu Rautheim[29]; 1357 schenkten die Geschwister von Wendessen eine halbe Hufe auf dem Bungenstedter Felde[30], 1358 Thile Döring die Hälfte des zwischen Bevenrode und Waggum belegenen Sündernholzes[31]. An Dietrich von Reindorf gab das Spital einiges Land zu Ohrum und erhielt dafür 3½ Morgen zu Bungenstedt[32], von Herzog Magnus dem Jüngeren bekam es 1371 vier Hufen zu Wendessen zum Geschenk[33] und von Hermann von Bechelde erkaufte es 1380 den halben Zehnten zu Köchingen[34]. 1395 erwarb es neun Morgen Land vor dem Hohen- und Michaelisthore, die ihm eine jährliche Pacht von 68 Schillingen einbrachten[35]. Aus Häusern, Gärten und Ländereien hatte die Stiftung damals nicht unbedeutende Einnahmen an Zins, allein aus dem Gebiete der Altstadt soll sie um 1400 über 7 Mark und 2 Pfund Zins einzunehmen gehabt haben[36]. Im 15. Jahrhundert kamen nur wenige neue Erwerbungen dazu. 1413 kaufte es von Hans von Bornum einen Hof und eine Hufe zu Dettum[37], 1414 von den Brüdern Hennig, Ludeke und Hans Rehbein eine Mark Jahresrente aus zwei Hufen zu Winnigstedt[38] und 1416

---

25) Urkunden des Stadtarchivs Nr. 132. 133.
26) Urkunde das. Nr. 134.
27) Urkunden das. Nr. 138. 139 und in Sudendorf, Urkundenbuch II. 102.
28) Urkunden das. Nr. 163. 164.
29) Urkunden das. Nr. 166. 167.
30) Urkunde das. Nr. 175.
31) Urkunde das. Nr. 188.
32) Urkunde das. Nr. 229.
33) Urkunden der Martinikirche Nr. 78. 107.
34) Urkunde des Stadtarchivs Nr. 321.
35) Degedingbuch der Altstadt III zum Jahre 1395, Nr. 208.
36) Degedingbuch der Altstadt III, Nr. 348. 367. 393 und Sack, Alterthümer, S. 57.
37) Urkunde des Stadtarchivs Nr. 519.
38) Urkunden das. Nr. 522—524.

2. Die Hospitäler.

von Eylard von der Heyde die beiden Goldschmiedshufen zu Denstorf[39]). So belief sich die Summe der dem Spital gehörigen Grundstücke, so weit es sich nachweisen läßt, auf nahe an 60 Hufen Landes. Daß es beim hiesigen Rathe nicht unbedeutende Capitalien namentlich im 15. Jahrhundert anlegte, zu einer Zeit, wo man die Erwerbung von Grundstücken nicht mehr mit dem früheren Eifer betrieb, zeigen die Copialbücher des Rathes und der Stiftung[40]).

Auch ihre Verwaltung war zwei vom Rath der Altstadt ernannten Vormündern oder Provisoren und dem von ihnen erwählten und vom Rath bestätigten Hofmeister anvertraut. Ihre Stellung war dieselbe wie am Marienhospitale[41]).

---

39) Urkunde das. Nr. 548.

40) Copialbuch des Rathes III, fol. 17¹. 22. 72. 80¹ und 117¹ und Copialbuch der Stiftung, fol. 110—114.

41) Ordinar. 53 im Urkundenbuch I, 163. Die bekannt gewordenen Provisoren der Stiftung waren:

Goswin von Adenstedt 1332 (Urkunden des Stadtarchivs Nr. 65. 76).

Neben ihm scheint Ulrich von Hallendorf 1331 (Urkunde des Stadtarchivs Nr. 72) Vorsteher der Anstalt gewesen zu sein.

Hennig Karlsoye und Hennig Wiehe 1341 (Sack, Alterthümer, S. 62).

Hennig Karlsoye und Albert von Lesse 1345 (Urkunden des Stadtarchivs Nr. 134. 138).

Wittekind Mor und Albert von Lesse 1352 (Urkunde das. Nr. 163).

Heinrich Zerstelbing, Johann von Hallendorf und Conrad Berneberg 1358 (Urkunde des Stadtarchivs Nr. 189).

Thile von Kalve und Hennig Beltmann 1394 und 1406 (Degedingsbuch des Hagens II, 9 und Urkunde der Martinikirche Nr. 107).

Das Register der Gotteshäuser nennt als Provisoren:

Hermann von Bechelde —1417, Wasmod von Kemme 1417—1418, Reinecke von Holle 1418—1425, Rolef Hohof 1425—1437, Albert von Bansleve 1437—1438, Cord von Scheppenstedt 1438—1440, Cord Meynerdes 1440—1441, Cord von Kalve 1441—1456, Bernd vom Damm 1456—1462, Hermann von Gustedt 1462—1483, Cord von Hübbesum 1483—1487, Thile vom Damm 1487—1491, Hilbrecht Hilbrechtes 1491—1496, Ebert Gustedt 1496—1504, Ludolf Boben 1504—1516 und Bartold Lindemann 1516—1527.

Neben jenen werden dort als Provisoren genannt:

Ludeger Meyer —1423, Werner von Lafferde 1423—1465, Hans von Holle 1465—1472, Bobo Glümer 1472—1479, Heinrich von Lafferde 1479—1487, Ulrich Grashof 1487—1490, Hermann Engelnstedt 1490—1491, Ludeke Elze 1491—1507, Thile Lesse 1507—1526 und Hans Engelnstedt seit 1526.

5. Das Hospital St. Jodoci[1].

Diese Wohlthätigkeitsanstalt entstand in Folge der verheerenden Pest von 1350. Die Noth scheint damals so groß gewesen zu sein, daß Kranke und Sterbende, welchen die vorhandenen Hospitäler kein Obdach gewähren konnten, auf den Straßen umherlagen. Das veranlaßte 1351 mehrere wohlhabende Bürger zur Begründung dieses Hospitals. Dort sollten die armen Leute, welche obdachslos auf der Straße liegend gefunden wurden, aufgenommen und umsonst verpflegt werden. Wenn deren zu viele wären, sollte man wenigstens die Aermsten und Kränksten aufnehmen. Die Geheilten wurden entlassen, um Kranken, die größere Noth litten, Platz zu machen[2].

Dies Hospital ward auf einem freien Platze vor dem inneren Wendenthore neben dem äußeren Stadtgraben, also auf dem Raum der jetzigen Wallpromenade, erbaut. 1450 befanden sich in demselben zwanzig arme Leute[3]. Mit dem Hospital soll, wahrscheinlich schon seit der ersten Einrichtung, ein Beguinenhaus in Verbindung gebracht sein, dessen Bewohnerinnen die Pflege der Hülfsbedürftigen zur Pflicht gemacht war[4].

Mit dem Hospital war seit seiner Gründung eine Capelle verbunden. Als ihr Bau 1351 begonnen war, kaufte der Rath im Hagen zur Dotirung einen Hof zu Groß-Lafferde mit zwei Hufen Landes von Hartmann, dem Abt des Michaelisklosters zu Hildesheim[5]. Der Bau der Capelle, zu welchem bereits 1353 von Ludeke Lente ein Legat vermacht wurde[6], scheint 1358 beendet zu sein. Damals ward sie St. Autor, St. Jodocus, St. Margarethe und anderen Heiligen geweiht und ihr Margarethenaltar einem Priester überwiesen[7], welchem ein Schüler beim Gottesdienste half. Diesen nahm der Pfarrer zu St. Katharinen an, wie es scheint, auf Präsentation des Raths im Hagen. Dieser Priester erhielt jährlich eine Mark und freie Wohnung auf dem

---

[1] Bode im Br. Magazin 1831, S. 610 flg.
[2] Degedingsbuch des Hagens I, fol. 63.
[3] Br. Anzeigen 1747, S. 1899.
[4] Br. Magazin 1831, S. 613.
[5] Urkunde in Rehtmeiers Kirchenhistorie I, Beil. S. 139.
[6] Degedingsbuch des Hagens I, fol. 68.
[7] Priester waren dort Cord Kahle bis 1394, Johann Lessen seit 1394. Degedingsbuch des Hagens II, 13.

2. Die Hospitäler.

Katharinenpfarrhofe; täglich las er Messe und half dem Pfarrer zu St. Katharinen bei gottesdienstlichen Functionen gleich einem Capellan. Die nach der Messe auf dem Altar der Capelle niedergelegten Spenden kamen dem Pfarrherrn zu St. Katharinen zu, andere wurden zum Besten der Capelle verwandt, welcher auch die Einkünfte aus Groß-Lafferde zukamen [8]). Gegen eine Entschädigung gaben ihr die Provisoren der Katharinenkirche sogar den zum Gottesdienste nöthigen Wein sammt Licht; am Dienstag nach Pfingsten, wenn St. Jodocus Fest gefeiert ward, und zur Kirchweih am Sonntag vor dem Margarethentage ließ der Opfermann jener Kirche die Glocken läuten [9]).

Da diese Stiftung keinen bedeutenden Grundbesitz hatte, so wurde sie in Testamenten und sonstigen Vermächtnissen öfters bedacht. Die so gesammelten Gelder wurden entweder beim Rathe oder an Bürgerhäusern zinsbar belegt [10]). Der Rath bewilligte der Stiftung 1390 die Schoß- und Zollfreiheit in der Stadt [11]). Von sonstigen Vermächtnissen an dieselbe kennen wir nur einige. Hermann Kniestedt vermachte ihr 1402 eine jährliche Einnahme von 65 Scheffel Roggen und bestimmte, daß davon den armen Bewohnern derselben jeden Freitag Semmeln gegeben werden sollten, 1404 setzte er noch ein Capital aus, von dessen Zinsen „man das Getränk der Armen bessern sollte" [12]). Eine sehr nützliche Stiftung begründete daselbst 1450 Elisabeth, Luder Blockhorsts Wittwe. Sie setzte in ihrem Testamente eine bedeutende Summe Geldes aus, von deren Zinsen alle vier Wochen 36 armen Männern und Frauen ein freies Bad im Stoben des Hospitals bereitet und dann „ein redlich Essen mit Zukost und Bier" gegeben werden sollte. Mit dem dafür ausgesetzten Capitale kauften die Provisoren ein Viertheil des Zehntens zu Timmerlah und eine Jahresrente von einer Mark in der Fischerei zu Wenden [13]).

---

8) Urkunde von 1358 bei Rehtmeier, Kirchenhistorie I, Beil. S. 140 und Degebingsbuch des Hagens I, fol. 91.

9) Urkunde von 1360 im Degebingsbuch des Hagens I, fol. 102 und Shigtbol S. 254.

10) Copialbuch des Rathes III, fol. 104¹ und V, fol. 2¹. Degebingsbuch des Hagens I, fol. 134 und II, S. 36. 53. 64. 69. 130. 136. 164. 180. 207. 233 und öfter.

11) Degebingsbuch des Hagens I, fol. 176.

12) Degebingsbuch des Hagens II, S. 90. 110.

13) Urkunde in den Br. Anzeigen 1747, S. 1897 flg.

Gemeinsam mit der Katharinenkirche gehörte diesem Spital 1506 noch ein Bau- oder Ackerhof in Salder [14]). Sein Vermögen verwalteten zwei vom Rath des Hagens ernannte Provisoren [15]), unter denen ein Hofmeister stand, der den Haushalt leitete [16]).

6. Kleinere Spitäler waren endlich noch das 1432 urkundlich erwähnte Hospital der Armen auf dem Werder [17]), von dem weiter nichts bekannt ist, und das zur Pflege ermüdeter Wallfahrer und Pilger um 1479 erbaute Hospital St. Elisabeth, welches dicht vor dem alten Fallerslebenthore zwischen der Stadtmauer und dem Stadtgraben lag und später eine Versorgungsanstalt für alte Frauen geworden ist [18]). Mit diesem Hospital scheint auch eine Capelle verbunden gewesen zu sein, an welcher ein Capellan den Gottesdienst versehen haben soll [19]). Dieser Anstalt standen zwei Provisoren vor. Als solche sind in der Zeit vor der Reformation in der goddeshuse register genannt Hans Elers 1514—1533 und Hennig Schulte 1522—1528.

3. Die Beguinenhäuser.

Die freien Vereine, welche in den Niederlanden einzelne Frauen schon im 11. Jahrhundert für Werke der Barmherzigkeit gebildet hatten, fanden in unserer Stadt am Ende des 13. Jahrhunderts Eingang. Damals scheinen auch hier fromme Jungfrauen und Wittwen, denen das Klosterleben nicht zusagte oder die wegen Armuth die Einkleidung als Nonnen nicht erlangen konnten, zur Beobachtung eines züchtigen,

---

14) Urkunde des Stadtarchivs Nr. 1230.
15) Bekannt sind aus der goddeshuse register: Hermann Hornburg 1518, Ludeke Camman und Hennig Wedekind von 1518 bis zum Reformationsjahr 1528.
16) Ordinar. 70 im Urkundenbuch I, S. 166.
17) Copialbuch des Rathes III, fol. 121¹. Dies scheint das Hospital S. Antonii und Christophori zu sein. Rehtmeier, Kirchenhistorie I, S. 220.
18) Urkundliche Mittheilung bei Sack, Alterthümer, S. 60 und Bode im Br. Magazin 1831, S. 621. Shigtbok S. 254.
19) Rehtmeier, Kirchenhistorie I, S. 229.

eingezogenen und gottseligen Wandels zusammengetreten zu sein, ohne sich den Klostergelübden zu unterwerfen. Die Vereine solcher Schwestern, die man Beguinen nannte, widmeten sich zugleich der Verpflegung der Armen und Kranken[1]). Wir haben bereits an mehreren Hospitälern hieselbst solche Beguinen oder Klausnerinnen gefunden. Aber auch ohne Rücksicht auf Krankenpflege wurden hier seit Ende des 13. Jahrhunderts mehrere Beguinenhäuser errichtet, welche Versorgungsanstalten für hülfsbedürftige Jungfrauen und Wittwen waren und wegen des klösterlichen Lebens ihrer Bewohnerinnen auch wohl Convente genannt werden.

1. Das Petri-Beguinenhaus, am Petrikirchhofe und der Langenstraße belegen, ist die älteste dieser Anstalten. Sie wurde 1290 von Johann Faber von Monstede begründet. Er gab Haus und Hof mit allem Zubehör, wie es scheint durch ein testamentarisches Vermächtniß, zwölf hülfsbedürftigen Frauenspersonen, die zu einer Schwesterschaft vereinigt wurden, zur Wohnung. Dabei bestimmte er, daß diejenige Schwester das Haus verlassen solle, welche durch Unkeuschheit, Diebstahl, Widersetzlichkeit, Ungehorsam, unordentlichen Lebenswandel und Zänkerei ein Aergerniß gebe. Aufgenommen werden sollten nur Frauenzimmer von gutem Rufe, die Aufnahme erfolgte nur, wenn die Schwesterschaft damit einverstanden war. Auf solche Grundsätze hin ertheilte Bischof Siegfried von Hildesheim der Anstalt 1290 seine Bestätigung[2]). Obgleich dieselbe im Bereich der Andreaspfarre belegen war, so erhielten ihre Bewohnerinnen, denen der Weg nach ihrer entlegenen Pfarrkirche wohl oft recht beschwerlich werden mochte, durch eine Uebereinkunft der Pfarrherren zu St. Andreas und St. Petrus 1330 die Erlaubniß, zum Gottesdienste in die nahe Petrikirche gehen zu dürfen[3]). Ob die Anstalt in Folge von Schenkungen bereits im Mittelalter dahin erweitert ward, daß zwanzig Personen in sie aufgenommen werden konnten, ist nicht zu ermitteln[4]).

2. Der alte Convent, welcher noch jetzt hinter den Brüdern in dem Hause Nr. 45 sich befindet, war bereits 1316 vorhanden[5]).

---

1) Bode, Br. Magazin 1831, S. 625 flg.
2) Urkunde bei Rehtmeier, Kirchenhistorie, Supplem. S. 61.
3) Urkundliche Nachricht bei Rehtmeier, Kirchenhistorie I, S. 217.
4) Rehtmeier, Kirchenhistorie I, S. 218.
5) Degedingsbuch der Neustadt II, S. 2 und der Altstadt I, S. 128.

Frauen konnten sich in diese Stiftung einkaufen, verloren aber ihre Stelle, sobald sie der Unkeuschheit überführt wurden[6].

3. Der St. Annenconvent ist eine Stiftung der Familie von Veltheim. Nämlich am 19. November 1326 überließ Ritter Ludolf von Veltheim den 1312 von ihm erkauften in der Burg belegenen Hoftheil neben dem Küchenhofe „armen Leuten zu einer ewigen Wohnung"[7]. Nach dessen Tode erlangte seine Wittwe Mathilde, daß Herzog Otto der Milde die Anstalt dem Dechanten des Blasiusstifts zur schirmenden Obhut übertrug. Seiner Aufsicht sollten die dort lebenden armen und gebrechlichen Frauen unterworfen sein, er sollte die Vertheilung der Almosen anordnen und die eröffneten Stellen wieder besetzen[8]. Bei ihr soll auch eine von den Mönchen des Klosters Marienthal erbaute Annencapelle gestanden haben, deren Kirchweih am Sonntag vor Simon und Judä gefeiert zu werden pflegte[9]. 1407 stand diese Anstalt, die damals gewöhnlich der van Velten convent heißt, noch am Küchenhofe neben dem Marstalle[10]. Erst 1783 ist sie nach dem Papenstiege verlegt.

4. Der neue Convent lag hinter den Brüdern dem Franziskanerkloster gegenüber dicht neben dem nachmaligen Lessenconvent. Er wird 1331 zuerst erwähnt[11]. Auch in dieser Anstalt waren Beguinen[12].

5. Den Lessenconvent stiftete neben dem neuen Convent Albrecht von Lesse 1353, indem er sein Haus achtzehn armen Jungfrauen zur Wohnung bestimmte. Diesen standen zwei Meisterinnen vor, gewöhnlich die ältesten und erfahrensten aus der Schwesterschaft. Sie hatten das Recht, solche Schwestern, die ihnen nicht bequem waren, auszuweisen. Die Hinterlassenschaft der in dem Convent Gestorbenen verfiel der Anstalt[13].

6. Das Dammsche Beguinenhaus stiftete nach dem Willen Bertrams vom Damm dessen Sohn Achatius in einem kleinen neben

---

6) Degedingsbuch der Altstadt I, S. 172.
7) Urkunden bei Rehtmeier, Kirchenhistorie, Suppl. S. 59.
8) Urkunde das. S. 60.
9) Shigtbot S. 258.
10) Degedingsbuch des Sacks II, zu 1407, Nr. 22 und zu 1408, Nr. 7.
11) Degedingsbuch des Sacks I, S. 5.
12) Degedingsbuch des Sacks I, S. 50.
13) Degedingsbuch des Sacks I, S. 67. 133.

dem alten Convente belegenen Hause, damit man in demselben zu ewigen Zeiten einen oder zwei arme Menschen beherberge [14]).

Ebenfalls im Mittelalter entstanden ist noch ein bereits 1402 vorhandener am Schilde in der Altenwik belegener Convent [15]), ferner ein Beguinenhaus auf dem Werder, welchem 1520—1528 Christian Grovemoller und Hans Fricke als Provisoren vorstanden, wie der goddeshuse register meldet.

Dem Mittelalter scheinen endlich noch ihre Entstehung zu verdanken: der große Convent, welchen die Familie von Damm in unbekannter Zeit am jetzigen Bankplatze im Hause Nr. 466 stiftete und zur Verpflegung von zwölf Beguinen bestimmte [17]); sodann der Huneboffelsche Convent, hinter den Brüdern dem Grashofe gegenüber belegen und für zwanzig Beguinen bestimmt [16]), vielleicht identisch mit dem Neuen Convente. Alt ist ohne Zweifel auch das Beguinenhaus, welches Autor Giebel auf dem Werder für fünf Personen stiftete und der St. Annenconvent oder der kleine Convent daselbst, zur Aufnahme von zehn hülfsbedürftigen Personen eingerichtet [18]). Ueber das Alter der beiden Beguinenhäuser im Herrendorfe in Nr. 2369 und in Nr. 2365, in denen zehn resp. sechs Personen Unterkommen finden, ist bis jetzt nichts Genaueres bekannt [19]).

Zum Schluß haben wir noch einer Brüderschaft zu gedenken, welche 1473 bei Gelegenheit einer verheerenden Pest hier Aufnahme fand, da sie bereit war, den Kranken in jener Noth die nöthige Pflege und Wartung zu widmen und die Todten zu bestatten. Dies waren die Zellbrüder, Trollbrüder oder auch Lollharden von ihrem leisen Todtengesange und Alexiusbrüder nach ihrem Schutzheiligen benannt. Auf dem Damme der Mühle (jetzt Münze) gegenüber räumte man ihnen ein Haus ein (S. 238), welches noch jetzt das Alexiuspflegehaus genannt wird. Dort hatten sie eine St. Alexius

---

14) Urkunde des Stadtarchivs Nr. 434.
15) Kämmereibuch der Altenwik, fol. 4¹.
16) Rehtmeier, Kirchenhistorie I, S. 216.
17) Rehtmeier, Kirchenhistorie I, S. 219 und Bode, Stadtverwaltung 4, S. 10.
18) Rehtmeier, Kirchenhistorie I, S. 223. Bode, Stadtverwaltung 4, S. 15 und 10.
19) Bode, Stadtverwaltung 4, S. 22 und 24.

geweihte Capelle, deren Kirchweih am Sonntag Quasimodogeniti gehalten ward [20]). Bis zur Reformation setzte die Brüderschaft die Verpflegung armer Kranken fort; mit Ulrich Unverzagt, ihrem letzten Prediger und Vorsteher, starb die Brüderschaft in den Zeiten der Reformation aus, und das Alexiushaus erhielt eine andere Verwendung [21]).

20) Shgtbot S. 252.
21) Bode im Br. Magazin 1831, S. 623 flg.

VII. Gewerbe und Handel[1].

1. Die Gilden und Innungen.

Wo wie hier ein Ort um eine Fürstenburg entstand, da fanden sich ohne Zweifel bald nachher schon Leute ein, welche den Bewohnern der Burg und des ringsumher entstehenden Ortes die nöthigsten Lebensbedürfnisse zu beschaffen bereit waren. Gleich den Villen Karls des Großen mag auch die Villa Brunswik schon im 11. Jahrhundert ein Sitz der Gewerke geworden sein, welche für Wohnung, Nahrung und Kleidung sorgten[2]. Von der Thätigkeit der Bauhandwerker hieselbst in jener frühen Zeit zeugen die Kirchenbauten seit 1030 und der allmälig fortschreitende Anbau auf dem Stadtareale. Auch die für Nahrung, Kleidung und sonstigen Lebensbedarf sorgenden Handwerker werden hier vorhanden gewesen sein, sobald sich eine größere Anzahl von Bewohnern zusammengefunden hatte. Daß dies bereits im 11. Jahrhundert der Fall war, zeigt der Umstand, daß bereits vor 1100 hieselbst mehrere Gotteshäuser entstanden. Um 1157 war hier schon ein geordneter Marktverkehr im Gange; auf Marktbänken wurden Erzeugnisse der Gewerbsleute feilgeboten, ein Umstand, welcher darthut, daß die Gewerbe bereits eine gewisse Ausbildung erreicht hatten[3]. Als Heinrich der Löwe das Recht verliehen hatte, daß Jeder, der Jahr und Tag in der Stadt gelebt habe, ohne als Leibeigner in Anspruch

---

[1] Sack, „Handel und Gewerbe der Bewohner Braunschweigs in älteren Zeiten" in dessen Alterthümern, S. 83—150.
[2] Hüllmann, Städtewesen I, S. 319 flg.
[3] Urkunde von 1157 bei Rehtmeier, Kirchenhistorie, Supplem. S. 51—53.

genommen zu sein, als Freier gelten solle⁴), mag die Bevölkerung in der befestigten Stadt rasch zugenommen haben. Dadurch aber wurde die Nachfrage nach Wohnungen, Lebensmitteln, Kleidung und Hausrath immer bedeutender. Dieses, der Handelsverkehr nach Bremen und Lüneburg⁵) und die Baulust Heinrichs des Löwen bewirkten ein weiteres Aufblühen der hiesigen Gewerke gegen Ende des 12. Jahrhunderts.

So mag um 1200 die anfangs kleine Zahl der Gewerbsleute sich bedeutend vermehrt haben. Wohlstand und Freiheit erzeugte in ihnen Selbstgefühl, und der Wunsch jene Güter zu erhalten führte schon damals zu jenem dem Mittelalter eigenthümlichen Streben, sich in gewerbliche Corporationen zu einigen, d. h. Gilden und Innungen zu bilden. Denn nur durch den Schutz solcher Vereinigungen ward den Erzeugnissen des Gewerbfleißes der nöthige Absatz gesichert⁶), nur so mochte des freien Mannes Recht und Pflicht die Waffen zu tragen wieder errungen und demnächst Theilnahme an der Regierung der Stadtgemeinde gewonnen oder erkämpft werden können. Gewöhnlich waren jene Corporationen trotz gewisser Abgaben an die Herrschaft anfangs nur geduldet⁷); erst wenn sie eine Zeit lang bestanden hatten, pflegten sie die rechtliche Anerkennung des längst bestehenden Zustandes zu erlangen.

So mögen auch hier die Anfänge und Keime jener Vereinigungen bereits unter Heinrich dem Löwen, wenn nicht noch früher, vorhanden gewesen sein; die rechtliche Anerkennung erhielten sie, wie es scheint, erst von seinem Sohne Otto IV. Das Stadtrecht aus dem Anfange des 15. Jahrhunderts §. 195⁸) verordnet: „Die Innung soll bestehen, wie zu Kaiser Ottos Zeiten." Demnach scheint Otto IV. es gewesen zu sein, welcher den hiesigen Gewerbtreibenden das Innungsrecht wo nicht verlieh, so doch endgültig ordnete.

Da nur Mitglieder der Innung die von den Gewerbsgenossen zu fertigenden Waaren arbeiten und verkaufen durften, so sicherte allein die Zugehörigkeit zu ihr den Absatz der gefertigten Waaren und das

---

4) Jura Indaginis §. 9 im Urkundenbuch I, S. 2.
5) Jura Indaginis §. 2. 16 das.
6) Eine Urkunde von 1240 spricht von der gratia vendendi, quae vulgariter dicitur inninge. Urkundenbuch I, S. 9.
7) Hüllmann, Städtewesen I, S. 319 und Barthold, Städte I, S. 148.
8) Urkundenbuch I, S. 117.

Recht, sie in öffentlichen Verkaufslocalen feil zu halten⁹). Gleichzeitig werden sich auch die mehr vom Handel lebenden Bürger zu solchen Corporationen geeinigt haben, um etwaige Handelsstreitigkeiten von sachkundigen Mitbürgern vor der Gilde entscheiden zu lassen¹⁰).

Diese von Otto IV. gestatteten Einigungen bildeten sich hier im 13. und zu Anfang des 14. Jahrhunderts allmälig weiter aus. Die anfangs einfachen Bestimmungen erweiterten sich mehr und mehr. Nach den ältesten Anordnungen¹¹) durfte sich „Niemand einer Innung oder eines Handwerks unterwinden", wenn er nicht von den Meistern und Gewerksgenossen aufgenommen war. Aus dem Innungsbriefe der Goldschmiede von 1231¹²) ist zu ersehen, daß für die Aufnahme Gebühren zu entrichten waren, welche theils an den Rath, theils an die Innungsmeister gezahlt wurden, aber auch in Naturalien, wie Korn und Wachs, bestanden¹³). Eine der Hauptbedingungen zur Aufnahme war im 14. Jahrhundert eheliche Geburt; unehelich Geborene nahm man in keine hiesige Gilde auf. Der Aufzunehmende mußte ferner eine Zeit lang bei einem Innungsmeister gelernt und gearbeitet haben¹⁴); dagegen ist von der Anfertigung eines Meisterstücks noch keine Rede. Später verlangte man auch, daß der aufzunehmende Gildegenoß Bürger sei¹⁵). Fremde erlangten die Aufnahme gewöhnlich nur, wenn sie Vermögen hatten und sich mit der Wittwe oder Tochter eines hiesigen Innungsmeisters verheiratheten¹⁶). Diese Einrichtung setzte der Concurrenz vernünftige Schranken und sicherte den anerkannten Meistern ihr Auskommen.

Unfähig zur Aufnahme waren Alle, welche undeutscher, namentlich

---

9) **Hüllmann**, Städtewesen I, S. 318.

10) **Hüllmann**, Städtewesen I, S. 322.

11) Ottonisches Stadtrecht §. 55 im Urkundenbuch I, S. 7.

12) Urkundenbuch I, S. 8.

13) Wer in die Innung der Gerber und Schuhmacher aufgenommen sein wollte, zahlte, wenn er nicht eines Meisters Sohn war, eine Mark an den Rath und drei Mark an die Gildebrüder. Degedingsbuch der Altstadt II, fol. 31. Weitere Beispiele bei **Sack**, Alterthümer, S. 140.

14) Uebereinkunft der Beckenschläger mit dem Rathe der Neustadt vom Jahre 1388 im Degedingsbuch der Neustadt I, fol. 13¹. §. 6. 8.

15) Stadtrecht §. 202 im Urkundenbuch I, S. 117.

16) Degedingsbuch der Neustadt I, fol. 14. §. 1 und Degedingsbuch der Altstadt II, fol. 82.

slavischer Abkunft, Liten oder Unfreie, Söhne von Müllern, Schäfern, Leinwebern [17]), von Barbieren, Zöllnern, Badern, Bütteln und Pfeifern waren [18]); denn sie hielt das Vorurtheil für nicht vollkommen ehrenhaft Wer etwas that, wodurch er seine Ehre verlor, verlor auch sein Gilderecht [19]), dessen Verlust jedoch nur durch einen Spruch der Gildegeschworenen erkannt werden konnte [20]). Hinsichtlich der unehelich Geborenen, die anfangs gildeunfähig waren, schwankt später die Praxis. Zu Anfang des 15. Jahrhunderts konnten sie aufgenommen werden, wenn sie sich gut hielten. Später 1446 waren sie wieder gildeunfähig [21]).

Ueber die Organisation der hiesigen Gilden, welche nur mit Bewilligung des Rathes errichtet werden durften [22]), wissen wir Folgendes. Jede Gilde hatte Gildemeister zu Vorstehern, deren Zahl sich nach der Zahl der Weichbilder gerichtet zu haben scheint, in denen Gildegenossen wohnten [23]). Sie wurden jährlich von der Gilde gewählt und hatten zu schwören, daß sie ihrer Gilde recht vorstehen, dem Rathe beistehen und die Einigkeit in der Stadt erhalten helfen wollten [24]). Seit alter Zeit war es ihnen zur Pflicht gemacht, Streitigkeiten in der Gilde zu schlichten und Ungehörigkeiten zu strafen; falls sich ein Gildegenoß ihrem Ausspruch nicht fügte, so überwiesen sie die Sache anfangs dem herzoglichen Vogt, später auch wohl an den Rath [25]). An diesen hatten sie einen bestimmten Antheil der Gildeeinnahmen abzuliefern, gewöhnlich war es ein Drittel oder ein Viertel [26]).

Zur Besprechung ihrer Angelegenheiten hielt jede Gilde jährlich mehrere Zusammenkünfte, Morgensprachen genannt, über deren Einrich-

---

17) Urkunde von 1384 im Copialbuch des Rathes II, fol. 29.
18) Goldschmiedeordnung von 1483 bei Sack, Alterthümer, S. 103.
19) Stadtrecht §. 68 im Urkundenbuch I, S. 24 und Stadtrecht §. 201 das. I, S. 117.
20) Stadtrecht §. 205 das. I, S. 118.
21) Stadtrecht §. 200 das. I, S. 117. Gedenkbuch II, fol. 49. Vergl. Sack, Alterthümer, S. 103.
22) Stadtrecht §. 199 im Urkundenbuch I, S. 117.
23) Stadtrecht §. 203 das. I, S. 118.
24) Eide §. 3 im Urkundenbuch I, S. 50 und Stadtrecht §. 196 das. S. 117.
25) Urkunde von 1268 im Urkundenbuch I, S. 14 und Stadtrecht §. 18 das. I, S. 104. Urkunde des Stadtarchivs Nr. 69.
26) Die Leinweber lieferten „den vierten Pfennig", die Beckenschläger „den dritten Pfennig" an den Rath. Urkunde des Stadtarchivs Nr. 69 von 1390 und Urkunde im Degedingsbuch der Neustadt I, fol. 13. §. 7.

1. Die Gilden und Innungen.

tung aus ungedruckten Quellen Folgendes bekannt ist[27]). Der Morgensprache pflegte in einer Kirche an einem bestimmten Altare ein Gottesdienst vorherzugehen, welchem die betreffenden Gildegenossen beiwohnten. In der Versammlung besprach man wichtige Angelegenheiten der Gilde, dort schlichteten die Gildemeister Streitigkeiten, straften und rügten Ungehörigkeiten, nahmen neue Genossen auf, dort endlich wurden die Gildemeister alljährlich gewählt und die in Bücher eingetragenen Gildegesetze verlesen. Wenn ein Genoß bei solcher Gelegenheit ohne Grund fehlte, so verfiel er in Strafe. Dort durfte aber auch Niemand bewaffnet erscheinen, weil die leicht entstehenden Streitigkeiten sonst zu leicht einen blutigen Ausgang nahmen. Auch unpünktliches Kommen ward bestraft. Solcher Morgensprachen hielten die meisten Gilden jährlich drei, andere vier[28]). In ihnen führte ein Gildemeister den Vorsitz, er war der Worthalter der Gilde; mit seinen Collegen saß er auf der Meisterbank, die übrigen Gildemeister und die Gildegeschworenen scheinen das Collegium gebildet zu haben, welches Streitigkeiten entschied und die gesetzlichen Strafen verhängte, wenn Jemand Strafbares gethan oder gewisse Verbote übertreten hatte. Wenn z. B. ein Gildegenoß einen Mitmeister oder die ganze Innung vor dem Rath verklagte und dort mit seiner Klage abgewiesen ward, so verfiel er in eine bestimmte Strafe. Thätlichkeiten gegen einen Mitmeister wurden mit fünf, Injurien mit 2½ Schillingen gebüßt. Jene Strafe hatte auch der Gildebruder zu erlegen, der eine unehelich Geborene zur Frau nahm. Säumige Schuldner mußten auch der Gildecasse büßen, wenn der unbefriedigte Gläubiger ein Mitmeister war. Zahlten sie auch nach der britten Zahlungsfrist nicht, so wurden sie bis zu erfolgter Zahlung von der Morgensprache ausgeschlossen. Wer sich des Diebstahls oder des Meineides schuldig machte, ward aus der Gilde gestoßen; wer gestohlenes Gut kaufte, verlor dasselbe und zahlte obenein fünf Schilling Strafe. Wer der Leiche eines Mitmeisters nicht zu Grabe folgte, ward gestraft, ebenso wer mit einem Gesellen (knecht) Dobbelspiel trieb oder

---

27) Sack, Alterthümer, S. 132 flg.

28) Die vier Versammlungen pflegten auf die vier Quatember zu fallen, die drei Morgensprachen der Bäcker wurden 1378 gehalten am Donnerstag nach den heiligen drei Königen, am Donnerstag nach Pfingsten und am Donnerstag nach Michaelis.

einen Gesellen in Arbeit nahm, welcher in Unfrieden von seinem vorigen Meister hieselbst geschieden war oder sich des Diebstahls schuldig gemacht hatte. Für Verheimlichung der Wahrheit nahm man einen Gewerksmeister in 2½ Schilling Strafe, ebenso den Gildebruder, der sich in der Kirche oder auf dem Markte unzüchtig oder unredlich benahm und so seinem Gewerbe Unehre machte [29]).

Die Leistungen, welche die Gildegenossen in den Morgensprachen einzuzahlen hatten, kamen theils in die Gildecasse, theils an den Gildeboten, theils an den Vogt, theils endlich an die Armen [30]). Gegen Ende des Mittelalters mehrte sich die Zahl der Morgensprachen, kostspielige Gelage verbanden sich damit, denen die Behörden in der Reformationszeit beschränkend entgegentraten, indem sie „alles überflüssige Fressen und Saufen", das Sitte geworden sein mochte, strenge untersagten [31]).

Zu Gilden und Innungen traten natürlich nur solche Gewerke zusammen, die besonders wichtig waren und die von einer großen Anzahl von Meistern betrieben wurden. Nur solche Genossenschaften konnten darauf rechnen, durch ihre festgeschlossene Organisation mit der Zeit Theilnahme am Stadtregimente zu erringen. Vierzehn solcher Genossenschaften, von denen einige auch Handelsleute umfaßten, hatten seit 1386 am Stadtregimente Antheil (S. 300). Seitdem waren also die hiesigen Gilden und Innungen auch politische Corporationen. Es bestanden deren im Mittelalter folgende vierzehn:

1) Die Gilde der Wandschneider (pannicidae), d. i. der Tuchhändler en gros, bestand in Altstadt, Hagen und Neustadt, ihre Stiftungszeit ist nicht bekannt.

2) Die Gilde der Lakenmacher oder Tuchmacher bestand nur in den drei Weichbildern Hagen, Neustadt und Altewik. Die Tuchmacher des Hagens erhielten ihr Gilderecht von Herzog Heinrich dem Löwen bei der Begründung jenes Weichbildes [32]), die der Altewik 1245 von

---

29) Diese Beispiele sind aus einem Manuscript des verstorbenen Stadtdirectors Bode entnommen, betitelt Kunde der Vorzeit in Mittheilungen aus dem Archive der Stadt Braunschweig II, S. 111—113.
30) Sack, Alterthümer, S. 132 flg.
31) Sack, Alterthümer, S. 133.
32) Urkunde von 1268 im Urkundenbuch I, S. 14.

Herzog Otto dem Kinde³³) und die der Neustadt 1293 von Heinrich dem Wunderlichen³⁴).

3) Die Gilde der Lohgerber (cerdones) und

4) die Gilde der Schuhmacher (sutores) bestanden bereits 1309 in der Altstadt, dem Hagen und der Neustadt „seit alter Zeit", was Herzog Heinrich der Wunderliche damals anerkennt³⁵). 1329 vereinigten sich beide Genossenschaften zu einer Gilde, welche vier Gildemeister und sechs Gildegeschworne hatte³⁶). Seit 1386 war diese Doppelgilde im Rathe der Altstadt und der Altenwik vertreten, im Rath des Sacks befanden sich nur Vertreter der Schuhmachergilde (S. 300).

5) Die Gilde der Knochenhauer, deren Stiftungszeit unbekannt ist, kommt urkundlich zuerst 1339 vor, wo ihre Meister mit den hiesigen Juden wegen des Fleischverkaufes in Streit gerathen waren³⁷). Diese Gilde ist in allen Weichbildern der Stadt ziemlich gleichstark vertreten.

6) Der Gilde der Schmiede (officium fabrile) bestätigte Heinrich der Wunderliche 1293 alle Rechte, welche sie „von seinen Vorfahren seit Alters" habe³⁸). Mit Ausnahme der Neustadt war diese Gilde in den Rathscollegien aller Weichbilder vertreten (S. 300).

7) Die Innung der Wechsler. Ihre Stiftungszeit ist unbekannt. Sie beschränkte sich auf die Altstadt, nur da ist sie im Rathe vertreten.

8) Die Innung der Goldschmiede (aurifabri) bestand nur in der Altstadt, wo sie 1231 anerkannt wurde. Ihre Gildeordnung stammt aus dem Jahre 1368³⁹).

9) Die Gilde der Beckenschläger (bekkenwerchten), deren Stiftungszeit unbekannt ist, war seit 1386 im Rath der Neustadt vertreten. In diesem Weichbilde bewohnten sie schon im Anfang des 14. Jahrhunderts die nach ihnen benannte Beckenwerchtenstraße⁴⁰).

---

33) Urkunde im Urkundenbuch I, S. 10.
34) Urkunde das. S. 16.
35) Urkunde das. S. 26.
36) Degebingsbuch der Altstadt I, S. 154.
37) Degebingsbuch der Neustadt I, fol. 15 und Degebingsbuch der Altstadt I, S. 232.
38) Urkunde im Urkundenbuch I, S. 17.
39) Urkunde im Urkundenbuch I, S. 8 und Gedenkbuch I, fol. 24.
40) Ein Vertrag der Schmiede und Beckenwerchten von 1311 im Degebingsbuch der Altstadt I, S. 63 nennt die Letzteren, spricht aber noch nicht von einer Innung derselben. Vergl. Degebingsbuch der Neustadt I, fol. 69 zum Jahre 1326.

VII. Gewerbe und Handel.

10) Die Innung der **Bäcker** (pistores), seit 1386 in allen Weichbildern mit Ausnahme der Neustadt im Rathe vertreten, war, wie es scheint, zu Anfang des 14. Jahrhunderts vorhanden, wie eine damals mit dem gemeinen Rathe getroffene Uebereinkunft über das Gewicht des Roggen- und Weizenbrotes vermuthen läßt. Die Gildeordnung ist vom Jahre 1325 [41]).

11) Die Gilde der **Krämer** (institores) kommt urkundlich zuerst 1385 vor; doch giebt es eine viel ältere Uebereinkunft derselben mit den Schneidern, in welcher sie jedoch noch nicht als Gilde erscheinen [42]). Sie sind nur im Rath der Altstadt vertreten (S. 300).

12) Die Gilde der **Schneider** (scradere oder sartores) scheint 1325 durch eine Vereinigung aller hiesigen Meister dieses Gewerkes entstanden zu sein. Ihre Gildeordnung ist 1358 erneuert [43]).

13) Die Innung der **Kürschner** (korsnewerten), seit 1386 in Hagen und Sack im Rathe vertreten, ist wahrscheinlich zwischen 1325 und 1330 entstanden. Ihre Gildeordnung ward 1446 erneuert [44]).

14) Die **Leinweber** (linewever) ließen „ihr altes Recht" 1330 vor dem gemeinen Rathe aufnehmen und wurden damit als Gilde anerkannt [45]).

Außer diesen Gilden, welche mit Ausnahme der Leinwebergilde seit 1386 am Rathsregimente Theil nahmen, gab es hier schon früh noch eine Menge anderer Gewerke. Aber diese waren damals entweder noch nicht in Gilden und Innungen vereinigt, oder wenn dies geschehen war, so waren sie doch nicht rathsfähig, also als solche nicht zur Theilnahme an der Stadtregierung berechtigt. Als Gewerksleute solcher Art nennen wir beispielsweise die Müller, deren Gildestatut aus der Zeit um 1367 stammt [46]), die Färber, deren Hof im Hagen angeblich schon 1283 erwähnt wird [47]), die Messerschmiede (de mezzetwarken)

---

41) Degedingsbuch der Neustadt I, fol. 8¹. Die Gildeordnung steht im Gedenkbuch I, fol. 20¹.
42) Copialbuch des Rathes II, fol. 47¹ und Degedingsbuch der Altstadt II, fol. 31¹.
43) Gedenkbuch I, fol. 19¹ flg.
44) Gedenkbuch II, zum Jahre 1446.
45) Urkunde des Stadtarchivs Nr. 69 und Copien davon im Degedingsbuch der Neustadt I, fol. 11¹ und im Degedingsbuch der Altstadt S. 31 unter falschem Datum.
46) Gedenkbuch I, fol. 21¹.
47) Sack, Alterthümer, S. 91.

und Hutmacher (hoetwarken), die Badstubenbesitzer (stover) und die multer (vielleicht Brauer?)⁴⁸). Die Rademacher und Stellmacher, die Weißgerber und Handschuhmacher erscheinen als Gilden in ihren 1442 und 1446 erlassenen Gildeordnungen⁴⁹), die Gropen- und Apengießer waren hier vor 1400 vorhanden⁵⁰), ebenso die Pulvermacher und Büchsendreher⁵¹). Die Degedingsbücher nennen ferner Armbrustmacher, Harnischmacher, Sattler, Gürtler, Messingschläger, Glaser, Fenstermacher, Steinhauer, Nabler, Oelschläger, Maler, Zimmerleute, Böttcher, Holzschuhmacher, Kistenmacher, Kerzenmacher, Glockengießer, Pergamentmacher, Täschner, Salaunenmacher und Uhrmacher. Das Shigtbok⁵²) endlich erwähnt noch die Futtertuchmacher, die Klippkrämer, die Innebäcker, die Schwertfeger, die Sonnenkrämer, Senkler und Beutler.

2. Wohnungen, Verkaufs- und Arbeitslocale der Gewerbsleute ¹).

Manche Gewerbsleute hatten ihre Wohnungen und Arbeitslocale nur in gewissen Gegenden der Stadt aus Rücksicht theils auf ihr Geschäft, theils um der öffentlichen Wohlfahrt willen. Die Gerber und Tuchmacher z. B., die das Flußwasser nicht entbehren konnten, wohnten nur in Straßen, welche einem Ockercanale nicht fern lagen; jene, wie noch jetzt, vorzugsweise auf dem Damme, welcher nach ihnen auch der Gerberdamm genannt wurde²); diese dagegen am Wendengraben, der jetzigen nördlichen Wilhelmsstraße³). Schmiede und andere Feuerarbeiter wohnten der Feuersgefahr willen gewöhnlich nahe an den Stadtthoren⁴),

---

48) Diese sind genannt im Ordinarius §. 121, im Urkundenbuch I, S. 177.
49) Gedenkbuch II zu jenen Jahren.
50) Gedenkbuch II zu 1430 und I, fol. 14.
51) Degedingsbuch des Hagens I, fol. 36 und Sack, Alterthümer, S. 86.
52) Shigtbok S. 84 flg. 125.
1) Sack, Alterthümer, S. 112—132.
2) So z. B. 1483. Sack im Vaterländischen Archiv 1847, S. 240.
3) Kämmereibuch des Hagens fol. 8¹ flg.
4) Schmiedehäuser lagen z. B. am Wendenthor, am Fallerslebertthor (Kämmereibuch des Hagens fol. 9. 16¹), am Magni- und Aegidienthore (Kämmereibuch der Altenwit fol. 5 und Degedingsbuch des Hagens I, fol. 39).

in Eckhäusern am Ende der Straßen⁵) oder an freien Plätzen⁶). Die Messerschmiede bauten sich auf einem freien Raume westlich vor der Burg an; so entstand dort die Straße „vor oder bei den Mestwerchten" oder „vor der Burg"⁷). Die Beckenschläger oder Kupferschmiede hatten die nördlichste Straße der Neustadt nahe an der Stadtmauer und dem Stadtgraben inne, welche nach ihnen die Beckenwerchtenstraße hieß.

Auch Gewerbe anderer Art wurden wenigstens eine Zeit lang fast ausschließlich in den nach ihnen benannten Straßen betrieben. In der jetzigen Poststraße z. B. hatten die Wechsler ihre Locale, sie heißt im Mittelalter von dem in der Münzschmiede belegenen öffentlichen Wechselbüreau vor der wessele. Nach Gewerken sind ferner benannt die Schuhstraße, die Knochenhauerstraßen in der Altstadt und im Hagen, die Kannengießer-, die Weberstraße und der Hutfiltern von den einst dort wohnenden Hutmachern, so auch der Oelschlägern. In späteren Zeiten finden sich auf den genannten Straßen aber auch manche andere Gewerbtreibende⁸).

Manche Handwerker boten ihre Waaren in ihren Häusern feil, zum Kauf lockten sie durch Ausstellung derselben hinter Schaufenstern oder auf Leben, d. h. ausschlagenden Klappen, welche mit Schuppen überbaut zu werden pflegten⁹). Andere Gewerke hatten gemeinsame Ausstände oder Verkaufshallen, meist am Markte oder in dessen Nähe belegen, weil dort der Verkehr am lebhaftesten war. In solchen Hallen hatte jeder Innungs- oder Gewerbegenoß einen bestimmten Stand, für welchen er einen jährlichen Zins zu zahlen hatte. Solche gemeinsame Ausstände hatten namentlich die Gewerke, welche Nahrungsmittel verkauften, wie Bäcker, Hoken, Knochenhauer, Fischhändler und Krämer, aber auch die, welche mit Bekleidungsgegenständen handelten, z. B. Schuhmacher, Schneider, Kürschner, Leinwand- und Tuchhändler. In Buden, Scharren und auf Marktbänken boten sie ihre Waaren zum

---

5) Das Eckhaus des Dammes an der Hutfilternbrücke war 1404 ein Schmiedehaus. Degedingsbuch der Altstadt III zu 1404, Nr. 9. Andere Beispiele das. zum Jahre 1400, Nr. 446 und Degedingsbuch des Sackes I, S. 53 zum Jahre 1348.

6) So z. B. am Bäckerklint und an der Höhe. Kämmereibuch der Altstadt, S. 46.

7) Degedingsbuch des Sackes I, S. 21. 132. 164; das. II zu 1405, Nr. 2 und öfter.

8) Sack, Alterthümer, S. 112.

9) Das. S. 115.

2. Wohnungen, Verkaufs- und Arbeitslocale der Gewerbsleute.

Theil unter freiem Himmel feil; erst im Laufe des 14. Jahrhunderts entstanden ordentliche Gewand- oder Kleiderhäuser, Kram- und Hokenbuden, welche der Rath erbaute und den Innungen und Gilden gegen einen gewissen Erbenzins zur Benutzung überließ, welcher von den Feilhaltenden zusammenzubringen war [10]).

In der Altstadt war die großartigste Verkaufshalle nicht bloß dieses Weichbildes sondern der ganzen Stadt das noch vorhandene Gewandhaus, welches bereits 1307 als „Kaufhaus" und „Kleiderhaus" [11]), später als „Haus der Wantschneider" oder „Wanthaus" urkundlich erwähnt wird. Dort hatten um 1400 die Wantschneider der Altstadt vierundvierzig Ausstände [12]), welche in den Familien der Innungsgenossen gegen Zahlung eines Erbenzinses an den Rath der Altstadt erblich waren [13]). An der Südseite desselben befand sich in einem langen Hofe der neue Scharren mit vierunddreißig Ausständen für die Knochenhauer der Altstadt [14]), deren alter Scharren am Südende der davon benannten Scharrenstraße belegen war [15]). Südlich vom neuen Scharren lag eine Reihe kleiner Häuser, in welchen einstmals Garköche (garbrader) warme Speisen feil hielten [16]). An der Südseite des Altstadtmarktes nördlich vom Gewandhause lag eine Reihe von Buden oder Verkaufslocalen. Diese hatten ihre Eingänge theils vom Markte, theils von einer Gasse her, welche jene Buden vom Gewandhause trennte. Nach dem Markte zu lagen vierzehn Hokenbuden, zum Theil mit Kellern versehen, in denen die zum Verkauf gestellten Fleischwaaren aufbewahrt sein werden. Dem Gewandhause zugekehrt waren zwölf Krambuden [17]), in welchen die Gewürzkrämer ihre Waaren feilgehalten haben mögen, wovon die vor den Buden herlaufende Gasse den Namen der Pfefferstraße erhielt [18]).

---

10) Sack, Alterthümer, S. 114 flg.
11) Urkundliche Nachricht von 1307 im Degedingsbuch der Altstadt I, S. 39.
12) Domus pannicidarum heißt es 1347 im Gedenkbuch I, fol. 5; wanthus im Kämmereibuch der Altstadt, S. 25.
13) Kämmereibuch der Altstadt S. 25.
14) Kämmereibuch der Altstadt S. 14.
15) Degedingsbuch der Altstadt I, S. 84 zum Jahre 1315.
16) Sack, Alterthümer, S. 124.
17) Kämmereibuch der Altstadt S. 26. 30. Degedingsbuch der Altstadt I, S. 74 zum Jahre 1312.
18) Kämmereibuch der Altstadt S. 29; vergl. Sack, Alterthümer, S. 124.

VII. Gewerbe und Handel.

An der Ostseite des Altstadtmarktes lag der bereits 1268 erwähnte Schuhhof, ohne Zweifel von den dort belegenen Verkaufslocalen der Schuhmacher so benannt [19]). Vor der östlichen Häuserreihe stand bis nach dem Weinkeller unter dem Gewandhause hin eine Anzahl von Buden, in welchen die Schneider der Altstadt ihre Ausstände hatten [20]). In der Nähe befand sich an unbekannter Stelle ein Brotscharren, wo sechszehn Bäcker ausstanden [21]).

Westlich vom Rathhaus lag ein Hof, der schon zu Anfang des 14. Jahrhunderts der Kleiderhof, auch der Kürschnerhof genannt wird. Außer den Verkaufslocalen der Kleiderhändler befanden sich dort siebenzehn Ausstände für Kürschner und zwölf für Leinwandhändler [22]).

Auf dem Markte selbst stand eine Anzahl von Marktbänken, auf denen allerlei Waaren feilgeboten wurden, deren Benutzer dem Rathe einen Zins zu zahlen hatten. An den Krautbänken kaufte man Gemüse und andere Gärtnerwaaren, dort waren Brot und Fische, Schuhe und Kleidungsstücke feil [23]). Dort hielten ganze Fuder Bier, Hopfen und Fische, namentlich wird Häring, Stint, Hecht und Bleifisch genannt, und an der Martinikirchhofsmauer ward Honig feilgeboten [24]).

Aehnlich war es in den anderen Weichbildern der Stadt. Auch da waren an den Märkten oder in deren Nähe Ausstände für Gewerbe- und Handelsleute vorgerichtet. Auch im Hagen war schon früh ein Gewandhaus vorhanden [25]). Um 1400 waren sechsunddreißig Verkaufsstellen an den Umfangsmauern dieses Gebäudes für die Tuchhändler eingerichtet, während sich im mittleren Raum eben so viele Ausstände für die Tuchmacher des Hagens befanden. An jedem der beiden Eingänge stand eine Bude für einen Tuchscheerer [26]). In dem Brotscharren, welcher an der Westseite des Gewandhauses nördlich vom Rathhause lag, hatten zwölf Bäcker des Hagens ihre Verkaufslocale [27]); ebenfalls am

---

19) Degedingsbuch der Altstadt I, S. 9.
20) Degedingsbuch der Altstadt I, S. 10. 263. 154.
21) Kämmereibuch der Altstadt S. 14.
22) Degedingsbuch der Altstadt I, S. 41 und Kämmereibuch der Altstadt S. 25. 39. 35.
23) Urkundliche Angaben von 1355 bei Sack, Alterthümer, S. 116.
24) Kämmereibuch der Altstadt S. 36—40.
25) Das älteste abgebrannte Gebäude ward 1302 neu gebaut. Copialbuch der Katharinenkirche S. 3.
26) Kämmereibuch des Hagens fol. 4¹—7.
27) Kämmereibuch des Hagens fol. 7¹.

2. Wohnungen, Verkaufs- und Arbeitslocale der Gewerbsleute.   615

Markte an einer nicht näher bekannten Stelle lag der Schuhhof[28]). Nördlich vom Paulinerkloster endlich befand sich der Scharren mit einundvierzig Ausständen für die Knochenhauer, nach welchem noch jetzt die Straße im Hagenscharren heißt[29]).

In der Neustadt lag an der Südseite des Rathhauses ein Brotscharren mit sechs Verkaufslocalen[30]), dem gegenüber hatte das Gewandhaus seine Stelle, in welchem sich zweiundzwanzig Tuchstände (wantboden) befanden[31]). An dem daneben belegenen Marstalle finden wir eine Bude für einen Tuchscheerer[32]). Der Knochenhauerscharren liegt noch jetzt auf der alten Stelle westlich vom Rathhause zwischen der Jöddenstraße und der Zollbude. In ihm standen zweiunddreißig Fleischer aus, in einem besonderen Raume nach der Jöddenstraße zu, der durch eine Thür abgegrenzt war, waren vier Verkaufslocale für das Fleisch, welches für die Juden jener Straße bestimmt war[33]).

In der Altenwik befanden sich im unteren Stockwerke des am Markte belegenen Rathhauses einundzwanzig Ausstände für die Tuchmacher des Weichbildes, hinter demselben Gebäude lag nach dem Aegidienkloster zu der Knochenhauerscharren mit neunundzwanzig Ausständen[34]).

Im Sacke endlich stand der Knochenhauerscharren mit seinen dreiunddreißig Verkaufslocalen nördlich neben dem Rathhause dieses Weichbildes[35]).

Für einzelne Gewerbe, zu deren Betreibung ein bedeutender Arbeitsraum nöthig ist, waren Höfe und freie Plätze angewiesen. So hatten z. B. in mehreren Weichbildern die Gerber gemeinsame Arbeitsplätze an der Ocker. Der Gerberhof der Altstadt soll um 1400 auf dem Damme der jetzigen Münze gegenüber gelegen haben[36]), der des Sackes lag bei der Burgmühle auf dem Westufer des Flusses dem Paulinerkloster gegenüber[37]), der der Neustadt am Nordende des Rickerkulkes,

---

28) Degedingsbuch des Hagens I, fol. 76 und 18.
29) Kämmereibuch des Hagens fol. 25¹.
30) Kämmereibuch der Neustadt S. 5. 10.
31) Das. S. 9.
32) Das. S. 10.
33) Das. S. 9.
34) Kämmereibuch der Altenwik fol. 4. 7.
35) Kämmereibuch des Sackes fol. 1 und Degedingsbuch des Sackes I, S. 150.
36) Sack, Alterthümer, S. 128.
37) Das. S. 128.

welcher später an die Weißgerber, Senkler und Riemenschneider kam³⁸). Ein Gerbehof der Altenwik endlich lag auf der Stobenstraße in der Nähe des Marienhospitales³⁹). Die Färber des Hagens besaßen einen Färbehof auf dem Werder angeblich schon 1283⁴⁰); ein Färbehof der Neustadt soll auf dem Nickerkulke gelegen haben⁴¹). Solche Gewerksplätze waren auch die Sägehöfe oder Sägekuhlen und die Zimmerplätze, welche vor mehreren Stadtthoren, z. B. vor dem Neustadt-, Wenden-, Fallersleber-, Stein-, Aegidien- und Bruchthore belegen waren und den Zimmerleuten als Werkplätze dienten⁴²). Zum Trocknen des gefertigten Zeuges hatten die Tuchmacher mehrere Gärten, in der Neustadt auf dem Nickerkulk und in der Altenwik auf der Friesenstraße⁴³).

3. Die Gilde- und Krankenhäuser der Gewerbsleute¹).

Daß im Mittelalter Herbergen in unserem Sinne des Wortes bestanden als Ruhepunkte für wandernde Handwerker und als Orte zur Erholung für die hieselbst arbeitenden Gesellen, ist durch die bis jetzt dafür angeführten Zeugnisse²) nicht erwiesen. Beglaubigt ist aber das Bestehen von Gildehäusern³). Dort kamen die Meister und Genossen der Innung zur Morgensprache zusammen. Das Hauptlocal daselbst war die Gildestube. Dort sah man die Wappen der Gildemeister in den bemalten runden Fensterscheiben, an der getäfelten Decke befand sich das Wappen der Innung und Namen der Gildemeister, Bilder zierten die Wände. In der Mitte des Zimmers pflegte ein aus starkem Eichenholz gearbeiteter Tisch zu stehen, um denselben waren die

---

38) Kämmereibuch der Neustadt S. 31. Sack, Alterthümer, S. 128.
39) Sack, Alterthümer, S. 128.
40) Sack, Alterthümer, S. 91 und 128 und Kämmereibuch des Hagens fol. 9¹ und 3.
41) Sack, Alterthümer, S. 128 und 146 ohne Angabe einer Quelle.
42) Kämmereibuch des Hagens fol. 16¹. 30 und der Altstadt S. 13. Sack, Alterthümer, S. 129.
43) Sack, Alterthümer, S. 146.
1) Sack, Alterthümer, S. 145 flg.
2) Sack, Alterthümer, S. 145.
3) Der mestere hus heißt es 1378 bei Sack a. a. O.

Lehnstühle für die Innungsmeister gestellt, am oberen Ende der Tafel stand die für die Vorsteher bestimmte Meisterbank. In den Wandschränken und Laden der Gildestube bewahrte man das Eigenthum der Gilde auf, so namentlich die Documente, baares Geld[4]), Zeichen und Stempel, mit welchen man die Waaren zeichnen ließ[5]), auch das Gildesiegel[6]), die mit Schildern und Denkmünzen behangenen Willkommen, welche bei Gelagen als Zierde der Tafel und zur Begrüßung neu aufgenommener Genossen dienten. Dort wurden endlich auch Fahnen und andere Insignien aufbewahrt, welche der Gilde bei Processionen und anderen feierlichen Gelegenheiten zur Verherrlichung der Aufzüge dienten[7]).

Solche Gildehäuser hatten nach Sacks Angaben S. 146 die Gerber auf dem Schuhhofe der Altstadt und eine andere Gilde besaß ein solches auf der Güldenstraße. Ein Krankenhaus der Schuhmachergesellen befand sich 1531 auf dem Bruche in Nr. 397 und 398. Wo die Gilde- und Krankenhäuser der übrigen Gilden in der Zeit vor der Reformation gelegen haben, ist bis jetzt unbekannt geblieben.

---

4. Gewerbe- und Handelspolizei.

Um die Gewinnsucht der Handelsleute und Handwerker, welche die Unkenntniß mancher Käufer hinsichtlich der Güte und des Preises der Waaren nicht selten zu ihrem Vortheil allzusehr ausbeuteten, zu zügeln und zu beschränken, übte der Rath im Interesse des Publicums eine Gewerbs- und Handelspolizei, welche sich schon im 14. Jahrhundert auf fast alle Waaren ausdehnte, die auf dem Markte oder in den Wohnungen der Handwerker verkauft wurden. Die Aufsicht der Stadtbehörden bezog sich zunächst auf die Lebensmittel.

Um stets hinreichende Vorräthe von Korn zu haben, beschränkte der Rath den Anbau solcher Culturpflanzen, welche wegen größerer Einträglichkeit lieber gebaut wurden und so dem Kornbau zu viel

---

4) Sack, a. a. O. S. 145.
5) Sack, das. S. 141.
6) Sack, das. S. 142 mit den Tafeln XIV und XV.
7) Sack, das. S. 142 flg.

an Ackerfläche zu entziehen droheten. Dies muß mit dem Hopfenbau der Fall gewesen sein. Da die hiesigen Brauer jenes Gewächs zum Biere brauchten, so bauten es die Gärtner hieselbst in so großer Menge, daß das Korn, dessen Anbau dadurch nicht unwesentlich beeinträchtigt sein muß, im Preise stieg. Um eine Theurung zu vermeiden, befahl nun der Rath, Niemand solle mehr als ein Drittel der von ihm bebauten Ackerfläche mit Hopfen bebauen [1]). Um keinen Mangel an Korn eintreten zu lassen, nahm der Rath von eingeführtem Korn anfangs einen sehr geringen Zoll. Zu Anfang des 14. Jahrhunderts erhob man nur vom Weizen Zoll, nämlich vom Fuder nur 4 Pfennige. Um die Mitte jenes Jahrhunderts nahm man vom Fuder Korn 2 Schillinge, vom Scheffel 8 Pfennige [2]). Um Korntheurung zu vermeiden, erließ der Rath schon vor der Mitte des 14. Jahrhunderts mancherlei gesetzliche Bestimmungen über den Kornhandel. Es wurde verboten, auf einem hiesigen Markte für Fremde Korn zu kaufen; unter Umständen durfte der Rath verbieten, das zum Verkauf eingebrachte Korn wieder fortzufahren; solchem Verbot mußte sich jeder Verkäufer fügen. Um 1380 wurde den Fremden untersagt, von Fremden hier zu kaufen, was sich namentlich auf den Kornhandel bezogen zu haben scheint. Auch ward den Bürgern untersagt, den Kornwagen entgegen zu gehen, um das Korn noch vor der Ankunft hieselbst anzukaufen [4]). Diese Bestimmungen erhielt man auch im 15. Jahrhundert aufrecht [5]). 1415 als man auch Fremden erlaubt hatte, hier Korn zu kaufen, verordnete der Rath, daß selbst an dem von Fremden gekauften, schon zur Ausfuhr geladenen Korne Bürger die Vorhand haben sollten, wenn sie es zu ihrem Behuf und nicht zum Handel haben wollten, sobald sie denselben Kaufpreis zahlten und Mäklergeld und das Ladegeld erstatteten [6]).

Damit den Leuten das in die Mühle gebrachte Korn nicht verkürzt würde, wurde schon vor 1350 bestimmt, daß Müller kein Korn, keine

---

1) Stadtgesetze §. 103. 104 im Urkundenbuch I, S. 69 und Echteding §. 95 das. S. 135.
2) Zollrollen im Degedingsbuch der Neustadt I, fol. 8, §. 40 und fol. 80.
3) Stadtgesetze §. 44. 45 im Urkundenbuch I, S. 46.
4) Stadtgesetze §. 54. 56 das. S. 66.
5) Echteding §. 44—48 das. S. 131 und Stadtrecht §. 64 das. S. 107.
6) Echteding §. 153 im Urkundenbuch I, S. 141.

4. Gewerbe- und Handelspolizei.

Kleie und kein Mehl in der Mühle verkaufen sollten⁷), sonst solle es wie Diebstahl angesehen werden. Die Müller mussten dem Rathe schwören, das zu mahlende Korn treulich zu verwahren und durch ihre Gesellen verwahren zu lassen. Dasselbe schwuren die Einnehmer der Mahlmetze, welche der Rath in die Mühlen setzte⁸).

Die Preise und das Gewicht des Weizen- und Roggenbrotes stellte der Rath durch gütliche Uebereinkunft mit den Bäckern schon zu Anfang des 14. Jahrhunderts fest. Die noch vorhandene Scala zeugt von der Sorge der Stadtbehörden für die unbemittelten Leute, welcher es zu verdanken ist, daß bei theuren Kornpreisen das Brot doch verhältnißmäßig größer war, als bei wohlfeilen Preisen. Wenn z. B. der Scheffel Roggen 6 Schillinge kostete, so wog ein Brot, welches ¼ Pfennig kostete, 40 Loth; kostete der Scheffel 12 Schillinge, so wog ein solches Brot doch 24 Loth; kostete er gar 18 Schillinge, so hatte ein solches Brot ein Gewicht von 16 Loth. Jede Uebertretung sollte mit 5 Schillingen gebüßt werden⁹). Obwohl das Nachwägen des Brotes zuweilen zu ärgerlichen Scenen führte¹⁰), so wurden jene Bestimmungen doch auch im 15. Jahrhundert aufrecht erhalten¹¹).

Die Aufsicht der Stadtbehörden erstreckte sich auch auf den Verkauf von Fischen, von Fleisch und allerlei Hokenwaaren. Den Marktmeistern war es übertragen, danach zu sehen, daß nur gute Waaren dieser Art verkauft würden. Sachen, die faul oder anrüchig waren, ließen sie vom Markte entfernen, lebendige Fische mussten dort verkauft werden, gesalzene ließen sie dort höchstens drei Tage lang feil bieten¹²). Auch Butter und Honig unterlagen, wenn sie an den Markt kamen, der Beaufsichtigung der Botterstöter, welche namentlich auch auf die Vollwichtigkeit der Stücke sehen sollten¹³).

Auch der Handel mit Bier und Wein stand unter der Aufsicht des Rathes. Um dem hiesigen Biere seinen Ruf zu erhalten, bestimmte der

---

7) Stadtgesetze §. 42 im Urkundenbuch I, S. 46, §. 51. S. 66.
8) Eibbuch §. 24. 39 das. S. 92. 95.
9) Degebingsbuch der Neustadt I, fol. 8.
10) Cord von Hameln, der sich widersetzte und mit Steinen warf, ward deshalb 1392 verfestet. Gedenkbuch I, fol. 45.
11) Stadtrecht §. 231. 232 im Urkundenbuch I, S. 120.
12) Eibbuch §. 26 im Urkundenbuch I, S. 92.
13) Ordinar. 67 das. I, S. 165.

Rath schon vor 1350, Niemand solle fremdes Malz in die Stadt bringen, auch solle keinem Brauer erlaubt sein, Malz von einem Fremden zu kaufen [14]). Die Brauer braueten mehrere Sorten Bier; das Stübchen von der besten verkauften sie für 2 Pfennige, von einer geringeren, Covent genannt, für 1 Pfennig [15]). Wollten sie besseres Bier brauen, so mussten sie dessen Preis vom Weichbildsrath bestimmen lassen [16]). Auch die Preise fremder Biere, welche in den Wirthshäusern (Tavernen) geschenkt wurden [17]), wurden von den Stadtbehörden festgesetzt. So kostete um 1400 von den schweren Bieren von Zerbst, Eimbeck, Northeim, Duderstadt, Göttingen und Geismar das Stübchen 4 Pfennige, vom hildesheimischen, halberstädtischen, goslarschen, wernigerödischen und alfeldischen das Stübchen 3 Pfennige. Verschiedene Biersorten durcheinander zu füllen ward öfters strenge untersagt [18]). Auch die Weinpreise liess der Rath durch die Weinherren bestimmen, welche jedes anzustechende Fass vor dem Verkaufe probirten [19]).

Um den Handel mit Obst der Speculation zu entziehen, wurde 1413 verboten, es solle Niemand ausserhalb der Landwehr Obst aufkaufen, um es in der Stadt wieder zu verkaufen. Nur die Producenten selbst sollten dasselbe hier verkaufen dürfen [20]).

Die Sorge der Stadtbehörden erstreckte sich nicht allein auf den Verkauf der Lebensmittel, sondern auch auf andere Gegenstände des Bedarfs. So liess der Rath strenge darauf halten, dass die Tuchmacher ihre Waare aus reiner Wolle verfertigten und keine Vermengung mit Wollausschuss (ropwulle) vornahmen [21]). Schon 1325 bewog der Rath die Mönche des Cistercienserklosters Ribbagshausen im Interesse der

---

14) Stadtgesetze §. 46. 47 im Urkundenbuch I, S. 46.
15) Urkundliche Notiz von 1433 im Eibbuch der Altstadt Nr. VIII, S. 40.
16) Stadtgesetze §. 116 im Urkundenbuch I, S. 71 und Echtebing §. 70 das. S. 133.
17) Stadtgesetze §. 99 im Urkundenbuch I, S. 69 und Echtebing §. 67 das. S. 133.
18) Eibbuch §. 121 im Urkundenbuch I, S. 91 und Eid der Bierzapfer im Eibbuch der Altstadt Nr. VIII, S. 45.
19) Stadtgesetze §. 115 im Urkundenbuch I, S. 71. Eibe §. 19. 20 das. S. 90 flg. Echtebing §. 69 das. S. 133 und Ordinar. 9 das. S. 151.
20) Echtebing §. 161 im Urkundenbuch I, S. 142.
21) Stadtgesetze §. 110 im Urkundenbuch I, S. 70 und Echtebing §. 90 das. S. 135.

hiesigen Tuchmacher zu dem Versprechen, nicht mehr Tuch in ihrem Kloster machen zu wollen, als sie selbst bedürften [22]).

Von Luxusartikeln standen besonders die Fabrikate der Goldschmiede unter obrigkeitlicher Aufsicht. Alle Arbeiten derselben mussten einen bestimmten Feingehalt haben. Wenn Silberwaaren nicht von elslöthigem Silber gefertigt waren, so erhielten sie das amtliche Zeichen der Richtigkeit nicht und galten als gefälscht [23]).

Die Aufsicht des Rathes erstreckte sich auch auf Baumaterialien und Bauhandwerker. Zimmer- oder Bauholz, Latten und Schieferstein mußten die Bürger unmittelbar von den Producenten kaufen, aller Zwischenhandel damit war schon vor 1350 verboten [24]). 1360 wurde dies Verbot auf den Holzhandel im Allgemeinen ausgedehnt [25]). Damit Bauten nicht unnöthig vertheuert würden, mussten die Zimmermeister schwören, den Vortheil der Bauherren fördern zu wollen, insbesondere ihre Gesellen zur Arbeit anzuhalten, das Holz nicht absichtlich verhauen und altes noch brauchbares wieder mit benutzen zu lassen [26]). Auch der Arbeitslohn der Bauhandwerker, namentlich der Zimmerleute, Stein- und Schieferdecker, der Steinhauer, Maurer, der Steinsetzer und Lementirer und ihrer Gehülfen richtete sich gesetzlicher Bestimmung gemäß nach der Zahl der Arbeitsstunden [27]).

Aus Allem ergiebt sich, wie eifrig der Rath bedacht war, den Bürgern die zu Markte kommenden Waaren in guter Qualität und zu billigen Preisen zu verschaffen. In Beziehung auf den letzteren Zweck verordnete der Rath bereits vor 1350, daß kein Vorkäufer auf dem Markte Hühner, Butter, Eier und Käse kaufen dürfe, so lange das Marktbanner stecke [28]). So konnte die Concurrenz dieser Leute die Preise der ersten Lebensbedürfnisse nicht künstlich steigern. Wie auch jede Aufkäuferei mit Korn, Obst, Holz und sonstigen Baumaterialien verboten war, ist S. 618 und 620 angeführt.

---

22) Degedingsbuch des Hagens I, fol. 7.
23) Eidbuch §. 14 im Urkundenbuch I, S. 89. Ordinar. §. 39 das. S. 158. Stadtgesetze §. 39 das. S. 46. Eide §. 10 das. S. 77.
24) Stadtgesetze §. 57 im Urkundenbuch I, S. 47.
25) Stadtgesetze §. 111 im Urkundenbuch I, S. 70. §. 66 S. 67. Echteding §. 71 das. S. 133.
26) Eidbuch der Altstadt Nr. VIII, S. 51.
27) Echteding §. 119—128 im Urkundenbuch I, S. 137 flg.
28) Stadtgesetze §. 59 im Urkundenbuch I, S. 47. Echtebing §. 72 das. S. 133.

Sehr ersprießlich für das kaufende Publicum war auch die Sorge, welche der Rath für die Richtigkeit der im Verkehr gebräuchlichen Maße und Gewichte trug. Schon vor 1350 bestand das Gebot, Jeder solle richtiges Maß und Gewicht haben [29]. Ellen, ganz von Eisen gemacht, waren an den Rathhäusern oder an der dem Markte benachbarten Kirche angebracht, damit falsch scheinende Ellen dort gleich geprüft werden konnten [30]. Schon im 14. Jahrhundert hielt der Rath in jedem Weichbilde einen Musterscheffel, mit dem gegen eine geringe Gebühr nachgemessen werden konnte [31]. Auch die Gemäße anderer Art waren gesetzlich bestimmt. So sollte der Buttereimer 9, der Borntover 24 und der Ohm Wein 40 Stübchen halten [32]. 1461 wurde festgesetzt, eine Tonne solle 30, ein Faß 105 Stübchen halten. Nur wenn die Gefäße diese Größe hatten, wurden sie von einem Ahmer oder Zeichenmeister mit dem Rathszeichen versehen [33], ohne welches sie im Handel nicht gebraucht werden durften [34]. Gesetzlich waren auch folgende Gewichte bestimmt: eine Last zu 15 Centner, ein Schiffpfund zu 2½ Centner, ein Centner zu 114 Pfund, das Pfund zu 2 Mark, eine Mark zu 15 Unzen, die Unze zu 8 Drachmen und eine Drachme zu 3 Scrupel [35]. Im Interesse des Publicums wurde 1356 verordnet, auf den Rathswaagen, die in der Altstadt, Neustadt und dem Hagen eingerichtet wurden, könne allerlei Gut nachgewogen werden [36].

Nach der Ordnung auf den Märkten hatten mehrere Marktbeamten zu sehen. So zunächst die Marktmeister, welche die Güte der zum Verkauf gebrachten Lebensmittel zu prüfen, die von Marktstellen zu zahlenden Gelder zu erheben und die Ordnung des Verkehrs zu überwachen hatten [37]. Die Eiervögte sollten darauf achten, daß Vorkäufer nicht vor dem Abnehmen des Banners Eier, Butter, Käse, Gänse, Hühner, Flachs und Leingarn aufkauften, und daß Niemand sich unge-

---

29) Stadtgesetze §. 36 im Urkundenbuch I, S. 46.
30) Sack, Alterthümer, S. 126.
31) Degedingsbuch der Neustadt I, fol. 14.
32) Degedingsbuch der Neustadt I, fol. 10.
33) Eidbuch der Altstadt Nr. VIII, S. 44. Ordinar. §. 13 das. S. 152.
34) Stadtgesetze §. 114 im Urkundenbuch I, S. 71 und Echteding §. 35 das. I, S. 130.
35) Degedingsbuch der Neustadt I, fol. 10.
36) Degedingsbuch der Neustadt I, fol. 15 und Gedenkbuch I, fol. 11¹.
37) Eidbuch §. 26 im Urkundenbuch I, S. 92 und Ordinar. §. 106 das. 172.

4. Gewerbe- und Handelspolizei.

zeichneter Gewichte und Uenzel bediene⁸⁸). Der Botterstöter sah auf Güte und Reinlichkeit der Butter und maß Butter und Honig nach³⁹). Die Hopfenmesser sorgten für die Richtigkeit der Maße des Hopfens⁴⁰). An die Stelle der Pfünder, welche man in Altstadt, Neustadt und Hagen zum Nachwägen der Waaren hielt, scheinen später die Waagemeister in den drei Rathswaagen jener Weichbilder getreten zu sein⁴¹).

Zur Förderung des Verkehrs gab es hier ferner schon im 14. Jahrhundert drei Makler (underkoper), je einen in Altstadt, Neustadt und Hagen. Sie besorgten Kauf und Verkauf von Waaren aller Art; nur der Kornhandel war ihnen untersagt, da dieser drei Kornmaklern übertragen war. Strenge Redlichkeit war ihnen zur Pflicht gemacht. Namentlich sollten sie danach sehen, daß die Bürger durch Borgen nicht in Schaden kämen und daß Fremde hier nicht von Fremden zum Nachtheil der Bürger kauften⁴²). Von jedem Kaufe, den sie abschlossen, erhielten sie bestimmte Gebühren, welche halb der Käufer, halb der Verkäufer zu zahlen hatte⁴³). Später ist ihre Zahl auf zwölf erhöht⁴⁴).

Die Obrigkeit sorgte endlich auch dafür, daß die Bürger bei dem Absatze ihrer Waaren hieselbst nicht durch die Concurrenz Fremder beeinträchtigt wurden. Schon durch den Zoll, welchen Fremde beim Eingang ihrer Waaren erlegen mussten, wurde ihnen die Concurrenz mit den einheimischen Verkäufern erschwert. Für einzelne Gewerbe ward noch besonders gesorgt. Der Gilde der Krämer, die mit Gewürzen und Specereien handelten, that der Rath 1385 die Gnade, daß fremde Krämer ihre Waaren hier nur an den drei Markttagen zu Neujahr, am Walpurgis- und am St. Aegidiustage feil bieten dürften⁴⁵). Um den Absatz des hiesigen Bieres im Lande und in der Stadt zu sichern, war fremdes Bier, das schon durch den zu zahlenden Eingangszoll theurer

---

38) Eidbuch §. 27 und Ordinar. §. 107 und 110 im Urkundenbuch I, S. 93. 173.
39) Ordinar. §. 67 das. S. 165.
40) Eidbuch §. 55 das. S. 99.
41) Eidbuch §. 36 und Ordinar. §. 96 das. S. 94 und 171.
42) Stadtgesetze §. 93. 54 und Eidbuch §. 32 das. S. 66. 68 und 94.
43) Eidbuch der Neustadt Nr. VI, fol. 68¹ und Ordinar. §. 68 im Urkundenbuch I, S. 165.
44) Van den underkoperen im Liber proscriptionum II, p. 77.
45) Copialbuch des Rathes II, fol. 47¹ und Urkunde des Stadtarchivs, Nr. 350 vom Jahre 1395.

warb, nur in den Tavernen zu haben und den Schenkwirthen wurde aufgegeben, so wenig fremdes Bier als möglich zu schenken⁴⁶). Die Schenkwirthe des Landes durften gar kein fremdes Bier schenken, sondern waren durch herzoglichen Befehl auf hiesiges, helmstädtisches und schöningisches Bier beschränkt⁴⁷).

5. Handelsverbindungen und Handelsbündnisse.

Schon frühe nahm Braunschweig auch am Großhandel lebhaften Antheil. Bereits zur Zeit Heinrichs des Löwen stand die Stadt mit den nördlich und nordwestlich gelegenen Handelsstädten in Handelsverbindungen. Damals gingen Waaren von hier auf der Ocker, Aller und Weser nach Bremen und zu Lande nach Lüneburg, von wo sie nach den nordischen und den wendisch-slavischen Ländern weiter geführt sein mögen¹). Durch mehrfache Erleichterungen förderten Heinrich der Löwe und seine nächsten Nachfolger diesen Handel. Das Privilegium der Zollfreiheit durch das römische Reich, welches Otto IV. der Stadt 1199 verlieh²), ist in seinen Wirkungen wohl ziemlich bedeutungslos geblieben, da Ottos Wille im Reiche nur vorübergehend Nachachtung fand. Daß die Stadt schon zur Zeit Otto des Kindes nach Dänemark und England handelte, zeigen die von den Königen jener Länder ihr ertheilten Privilegien. Wie Waldemar II. von Dänemark ihr 1228 die Zollfreiheit und andere Gnaden in seinem Reiche zusagte (S. 97, N. 26), so versprach Heinrich III. von England den Leuten von Braunschweig freien Verkehr in seinem Lande (S. 98, N. 35). Zum Schutze desselben trat die Stadt mit Hamburg, Bremen und Stade, über welche jener Handel gehen mochte, um die Mitte des 13. Jahrhunderts in Handelsbeziehungen, aus denen sich ein engeres Verhältniß Braunschweigs zu jenen Städten bereits im 13. Jahrhundert entwickelte (S. 100. 103. 104). Dieser Handel nach Norden und

---

46) Eidbuch §. 21 im Urkundenbuch I, S. 91.
47) Urkunden des Stadtarchivs Nr. 672. 673. 678.
1) Jura Indaginis §. 2. 3. 16 im Urkundenbuch I, S. 2.
2) Urkunde des Stadtarchivs Nr. 1, gedruckt bei Rehtmeier, Chronik, S. 435.

5. Handelsverbindungen und Handelsbündnisse.

Nordwesten blieb das ganze Mittelalter hindurch sehr lebhaft³), die Oder und Aller dienten der Schifffahrt nachweislich noch in der zweiten Hälfte des 15. Jahrhunderts⁴).

Wichtig waren ferner die Handelsverbindungen, in welchen Braunschweig schon am Ende des 13. Jahrhunderts mit den flandrischen Städten Gent und Brügge, mit Brabant und Holland stand. Dahin führten hiesige Kaufleute Wolle, Wachs, Kupfer und Korn und machten dort so bedeutende Geschäfte, daß sie ganze Häuser und Keller zu Waarenniederlagen mietheten. Von dort bezog man niederländische Tuche⁵). Die Privilegien, welche den Braunschweigern in den flandrischen Städten eingeräumt waren, sind im Gedenkbuch I zum Jahre 1360 verzeichnet. Auch mit dem benachbarten Goslar stand Braunschweig in vielfachen Handelsbeziehungen; von dort bezog es außer den Bergwerksproducten des Harzes namentlich auch Schieferstein.

Durch ihren Großhandel ward die Stadt seit der Mitte des 13. Jahrhunderts immer wohlhabender und mächtiger. Das reizte den umwohnenden Landadel, ja selbst Fürsten zum Neide. Sie suchten der emporstrebenden Stadt, so oft sie konnten, Schaden zuzufügen. Leider war das Ansehen der Kaiser im Norden von Deutschland in der zweiten Hälfte des 14. Jahrhunderts meist zu gering, als daß es den fehdelustigen Adel hätte abschrecken können, vom Sattel zu leben und durch fortgesetzte Wegelagerei dem Handel der Städte empfindlich zu schaden⁶). Zwar hielt Braunschweig Söldner, namentlich Armbrustschützen, welche den abgehenden Waarenzügen das Geleit gaben, 1362 trat auch eine Bürgerwehr von etwa 230 Gewappneten zusammen, denen sich 1365 über 50 Bogenschützen aus dem Bürgerstande anschlossen (S. 147 flg.), mehrere Burgen wurden von der Stadt an den Heerstraßen erworben, auf welchen sich der städtische Handel bewegte (S. 148). Dennoch blieb es beim Alten. Da schloß Braunschweig, selbst bereits ein Glied der Hanse, seit 1370 Bündnisse mit den Nachbarstädten zur Sicherung der sie verbindenden Landstraßen, zuerst mit Hannover, Hildesheim, Hameln, Minden, Eimbeck und Goslar (S. 150). Große Bedrängniß

---

3) Sack, Alterthümer, S. 92 flg.
4) Urkunden des Stadtarchivs Nr. 807—809 vom Jahre 1459.
5) Urkunden bei Sartorius, Urkundliche Geschichte der Hansa, herausgegeben von Lappenberg II, 167. 254 und 255 und Sack, Alterthümer, S. 129.
6) Beispiele S. 132. 146 flg. 150.

erlitt sein Handel in den Jahren der Verhansung 1374—1380 (S. 161 flg.). Hülfe kam erst, als die Stadt 1380 in die Hanse wieder aufgenommen wurde, sich wieder im Stande fühlte, Landfriedensbrecher nachdrücklich zu strafen, und als das Landfriedensgebot der lüneburgischen Fürsten wenigstens in deren Landen die Ruhe einigermaßen gesichert hatte (S. 170). Neue Fehden mit dem Landadel (S. 171—173) veranlaßten 1384 die Stiftung der patricischen Lilienvente (S. 173), die Landfriedenseinigung mit mehreren benachbarten Fürsten, Rittern und Städten (S. 174) und die Befestigung des Stadtgebietes mit Landwehren (S. 175 flg.).

Als wirksamstes Mittel die Handelsstraßen zu sichern zeigten sich im 15. Jahrhundert die Städtebündnisse, deren Genossen sich verbindlich machten, die von ihnen ausgesandten Waaren bis zur nächsten Bundesstadt zu geleiten und so gegen Ueberfall zu sichern. Zu diesem Zweck einigte sich Braunschweig mit den bedeutenderen Städten Niedersachsens oftmals auf eine bestimmte Reihe von Jahren, später ward ein ordentlicher Städtebund[7] daraus, welcher sich dem Hansebunde anschloß. So einigte sich Braunschweig 1415 mit Hannover und Lüneburg auf vier Jahre, dann auch mit Magdeburg, Halberstadt, Quedlinburg und Aschersleben (S. 196). 1423 schloß die Stadt wieder einen solchen Bund auf fünf Jahre mit Hannover, Lüneburg und Uelzen, 1424 auf ebenso lange Zeit mit der Stadt Hildesheim und dem dortigen Bischof und bildete einen Bund „wider die Straßenräuber" mit Magdeburg und Halle (S. 208 flg.). 1426 am 21. April kam „die große Union der Hansestädte" in Niedersachsen zu Stande. Zu ihr gehörten außer den Vororten Braunschweig und Magdeburg die Städte Helmstedt, Halle, Aschersleben, Quedlinburg, Halberstadt, Goslar, Hannover, Hildesheim, Eimbeck, Nordheim, Osterode und Göttingen. Im Verlauf des nächsten Jahres traten Hameln, Alfeld, Bockenem und Gronau dem Bunde bei (S. 210), 1429 auch Merseburg, 1430 selbst Erfurt, Mühlhausen und Nordhausen (S. 212). Jene Städte schlossen sich 1450 an die Hansestädte Lübeck und Cöln zur Sicherung der Reichsstraßen (S. 228), erhielten aber doch ihren engeren Bund aufrecht. Zwar sind 1459 die thüringischen Städte nicht mehr im Bunde, dafür sind aber

---

[7] Bode, Geschichte des Bundes der Sachsenstädte, in Forschungen zur deutschen Geschichte II, S. 209—292.

5. Handelsverbindungen und Handelsbündnisse.

Stendal und Tangermünde in der Altmark beigetreten (S. 231). Mehrere kleinere Städte traten seitdem vom Bunde zurück; ihnen mochte die Haltung der vorgeschriebenen Zahl Söldner zu kostspielig sein. So bestand der Bund 1471 nur noch aus den 11 Städten Braunschweig, Magdeburg, Halle, Halberstadt, Stendal, Goslar, Hildesheim, Göttingen, Eimbeck, Nordheim und Helmstedt. Sie bildeten eine Abtheilung des Hansebundes. Als um 1500 die Fürstenmacht bedeutend gewachsen und stark genug geworden war, den Landfrieden zu erhalten, lockerte sich der Städtebund. Magdeburg, Braunschweig, Goslar, Hildesheim, Hannover, Eimbeck und Göttingen gehörten demselben noch im 16. Jahrhundert an.

Solche Städtebündnisse schloß Braunschweig als Genossin des Hansebundes, in dessen oberhalbischem oder sächsischem Drittel es mit Magdeburg Quartierstadt war. Ueber das Verhältniß der Stadt zur Hanse wissen wir Folgendes.

Wie die Noth unruhiger Zeiten und die Schutzlosigkeit der Handelsstraßen bereits um die Mitte des 13. Jahrhunderts auch Braunschweig nöthigte, mit den Nachbarstädten, mit welchen es in besonders lebhaftem Verkehre stand, Schutzverbindungen abzuschließen, ist oben erzählt. Urkunden bezeugen das Anknüpfen solcher Verbindungen mit Stade 1249, Hamburg 1254 und 1258 und Bremen 1256. Handelsschutz und Freiheit des Verkehrs scheinen sich die Obrigkeiten jener Städte und der Rath von Braunschweig für ihre Kaufleute gegenseitig zugesagt zu haben (S. 100. 104). Wie werthvoll solche Privilegien für Braunschweigs Handel nach Dänemark und England waren, ist leicht zu ermessen; denn über jene Städte führten die Braunschweiger ihre Waaren in jene Länder. Eine innige Verbindung mit jenen Städten war durch die Verhältnisse geboten; darum mag sie auch wohl mehr als temporär gewesen sein. Dies darf man vermuthen, obwohl Erneuerungen jener Zusagen und jenes Bundesverhältnisses nicht nachzuweisen sind.

Zu der Verbindung, welche mehrere „deutsche Seestädte" an den Küsten der Ostsee um 1290 zum Schutze und zur Ausdehnung ihres Handels abschlossen, die aber erst 1308 unter dem Namen der Hanse erscheint[8]), stand Braunschweig bereits am Ende des 13. Jahrhunderts

---

8) Sartorius, Geschichte der deutschen Hansa I, S. 71 flg. 90. 453.

in innigen Beziehungen. Dafür sprechen zwei Umstände. Als zur Zeit des ersten Aufstandes der Gilden gegen den Rath hieselbst um Pfingsten 1294 Blut vergossen war, ertheilten „die gemeinen Seestädte" an Lübeck, Hamburg und Lüneburg den Auftrag, zwischen den Parteien dahier zu vermitteln. Als dies bei der Hartnäckigkeit der Aufständischen nicht gelang, so bestimmten die Seestädte auf dem Tage zu Lübeck um Johannis wahrscheinlich des Jahres 1294, kein Kaufmann ihrer Verbindung in Flandern, Holland und Brabant solle mit den Braunschweigern dort irgendwelchen Handel treiben oder auch nur da weilen, wo sich ein Braunschweiger aufhielte. Die Rathsherren der Seestädte brachten dies dem Rath von Hildesheim zur Anzeige mit dem Vermerk, diese Bestimmung solle in Kraft bleiben, bis Jene das Unrecht sühnten und sich mit den Bundesstädten verglichen [9]. Dies Schreiben konnte nur erlassen werden, wenn Braunschweig damals bereits in innigen Handelsbeziehungen zu „den gemeinen Seestädten" stand. Etwaige Zweifel hierüber löst eine andere Urkunde vom 9. December 1294. Darin verspricht Rath und Gemeinde zu Braunschweig, die in Nowgorod handelnden Kaufleute ihrer Stadt sollten von den im deutschen Hofe daselbst gefällten Urtheilen nur an den Rath zu Lübeck appelliren [10]. Danach war also Braunschweig 1294 unzweifelhaft in der jenen Hof bildenden Verbindung der deutschen Seestädte. Wann es dieser Verbindung beitrat, ist nicht angegeben; wahrscheinlich geschah sein Beitritt gegen Ende des 13. Jahrhunderts. Als Mitglied des „Bundes der Seestädte", wie sich der Hansebund auch später noch nannte, erscheint Braunschweig urkundlich erst 1367, als der Rath zu Cöln auch dem hiesigen von einem Tage der Bundesstädte zu Cöln Anzeige machte [11]. Unter den Städten, „die in der deutschen Hanse sind", wird Braunschweig zuerst 1368 urkundlich erwähnt [12].

Als Hansestädte Niedersachsens werden 1368 außer Braunschweig genannt: Magdeburg, Hannover, Hildesheim, Hameln, Hamburg, Lüneburg, Bremen, Stade, Goslar, Eimbeck, Göttingen und Halberstadt, ferner die altmärkischen Städte Stendal, Gardelegen, Tangermünde und

---

9) Lappenberg, Hanseatisches Urkundenbuch, S. 167 flg.
10) Lappenberg, das. S. 182.
11) Lappenberg, das. S. 612.
12) Lappenberg, das. S. 648.

Salzwedel und die Städte Halle, Nordhausen und Erfurt [13]). Mit diesen und anderen Städten der Nachbarschaft schloß Braunschweig seit 1370 öfters Bündnisse zur Sicherung der Landstraßen, wie oben erzählt ist. Da in diesen Verbindungen, welche im 15. Jahrhundert zu einem ordentlichen Städtebunde wurden, Braunschweig und Magdeburg als die mächtigsten Stadtgemeinden die Hauptrolle spielten, so wurden sie die Vororte des oberhaibischen oder sächsischen Drittels der Hansestädte. Magdeburg erscheint noch 1443 allein als Hauptort des sächsischen Quartiers, 1447 wird neben ihm auch Braunschweig genannt [14]). Die Gesandten, welche Braunschweig zu den Hansetagen, die meist zu Lübeck gehalten wurden, entsandte, hatten oft in Folge besonderen Auftrages die kleineren Hansestädte der Nachbarschaft mit zu vertreten. Dies geschah namentlich dann, wenn die beiden Vororte der sächsischen Hansestädte der Meinung waren, daß nur einige Städte ihre Gesandten zu dem bevorstehenden Hansetage abzusenden brauchten [15]). In seiner hervorragenden Stellung im Hansebunde hat sich Braunschweig über das Mittelalter hinaus zu erhalten gewusst.

6. Handelsbetrieb.

Auf dem Stadtterrain trafen gewiß schon seit alten Zeiten drei Handelsstraßen zusammen. Dies war die Straße aus den oberen und mittleren Elbgegenden nach der Unterweser und Nordsee, die Straße vom Niederrhein an die Elbe bei Magdeburg und in das Slavenland und die Straße aus dem Südwesten Deutschlands an die Unterelbe, Nord- und Ostsee (S. 24). In dem Streben, den Verkehr dieser Straßen zu erhalten, wurde die Stadt von den Herzögen bereitwillig unterstützt, weil diese wegen des Zolles und Geleites dabei interessirt waren. So bestimmte Herzog Heinrich der Friedsame 1433, daß fremde

---

13) Lappenberg, Hanseatisches Urkundenbuch, S. 612 und 628.
14) Sartorius, Geschichte der Hansa II, S. 18. 21. 98.
15) Beispiele siehe bei Sartorius, a. a. O. S. 51.

Kauf- und Fuhrleute mit ihren Waaren stets auf den alten kaiserlichen Straßen durch Braunschweig gehen sollten; denn nur auf diesen Handelswegen solle ihnen stets Schutz und Beistand zu Theil werden[1]). Wie sehr ein solcher Straßenzwang die Nahrung der Stadt förderte und die Zollcassen füllte, ist leicht zu ermessen. Nur die von Goslar kommende nach Hildesheim, Hannover und Celle führende sogenannte Goslarsche Straße lief westlich an der Stadt vorüber, die auf ihr vorbeigeführten Waaren mögen dem Zoll nicht unterworfen gewesen sein. Für die Erhaltung der Landstraßen im Stadtgebiet sorgten besondere vom Rath ernannte Vorsteher, welche dem Rath zur Rechenschaft verpflichtet waren[2]). Die Mittel zur Erhaltung wurden durch milde Gaben beschafft, für deren Spendung Ablaß zugesagt war[3]).

Von Bedeutung für Braunschweigs Handel nach Nordwesten, namentlich nach Bremen, war im Mittelalter die Wasserstraße der Ocker, Aller und Weser. Von der Befahrung derselben zur Zeit Heinrichs des Löwen zeugt eine Urkunde[4]), bis gegen Ende des 15. Jahrhunderts ist die Benutzung derselben nachzuweisen (S. 231 flg.). Sie ward zu allen Zeiten aufwärts wie abwärts benutzt; für die Bergfahrt wurden Leinpfade angelegt, Mühlen abgekauft und weggeräumt und Schleusen gebaut, um an seichten Stellen die nöthige Wassertiefe zu erzielen. Auf diesem Wege führte die Stadt Bier[5]) und Korn nach Bremen. Von dem Korne musste sie auf Verlangen der Herzöge oder der Stadt Lüneburg in Celle, Rethen oder Ahlden ein Drittel ausladen und für den in Braunschweig gewöhnlichen Marktpreis verkaufen (S. 231). Auch alle anderen Waaren außer Salz und Eisen durfte Braunschweig stromabwärts führen; stromaufwärts war nur der Transport von Häringen und Fischen aus Bergen verboten (S. 232). In Celle hatten die Schiffe vom Schiffpfunde 3 lübecksche Pfennige als Wasserzoll, eben so viel als Geleitsgeld und endlich noch ein Willegeld zu zahlen (S. 232, Note 24. 25). Auch oberhalb Braunschweigs ward die Ocker

---

1) Urkunde im Copialbuch des Rathes I, fol. 5.
2) Ordinar. §. 63 und 70 im Urkundenbuch I, S. 164. 166.
3) Urkunden in den Testamentenbüchern und im Copialbuch I, fol. 78. Ablaßbriefe von 1281 im Stadtarchiv Nr. 19 und von 1502 im Copialbuch I, fol. 55¹ bei Hessenmüller, H. Lampe, S. 142.
4) Jura Indaginis §. 2 im Urkundenbuch I, S. 2.
5) Urkunde von 1371 in Rehtmeiers Chronik, S. 649.

6. Handelsbetrieb. 631

von Kähnen befahren, welche die im Oesel bei Reindorf gebrochenen Steine nach der Stadt führten⁶).

Wie Braunschweigs Kaufleute anderswo von ihren dort eingeführten Waaren Zoll zu zahlen hatten, so waren alle fremden Kaufleute, welche zu Wasser oder zu Lande hier Waaren einführten, zur Bezahlung des Zolles verpflichtet⁷). In alter Zeit wurde für alle Waaren ohne Unterschied derselbe Zollsatz erhoben; dieser betrug vom Schilling einen Scherf oder einen halben Pfennig, also 1/24 des Werthes oder 4 1/6 Procent vom Werth der zu verkaufenden Waare. Von Waaren, die keinen Schilling kosteten, und von solchen, welche ohne weiteren Aufenthalt durch die Stadt gefahren wurden, erhob man keinen Zoll; von durchgehenden Waaren war halber Zoll zu entrichten, sobald der Fuhrmann anhielt und ausspannte⁸). Die Bürger dagegen führten ihre außerhalb gekauften Waaren, auch Korn, welches sie auswärts gekauft oder als Zehntabgabe erhalten hatten, endlich den Ertrag der von ihnen vermeierten Güter zollfrei in die Stadt⁹).

Um 1300 mochten hier in Folge des gesteigerten Verkehres manche Waaren eingeführt werden, deren Werth der Zöllner nicht genau genug tariren konnte, um die der Herrschaft gebührenden Procente davon nehmen zu können. Ueber die Schätzung solcher Waaren mag mancher Streit zwischen ihm und den fremden Handelsleuten entstanden sein. Um das zu verhüten, erschien um 1300 die älteste Zollordnung¹⁰). In ihr finden sich genaue Bestimmungen über den von eingeführten Waaren zu erhebenden Zoll, welche immerhin nach den seit alter Zeit geltenden Normen gemacht sein mögen. Die Befugniß Zoll zu erheben ist dort in manchen Rücksichten weiter ausgedehnt als früher. Von Gütern, die hier umgeladen wurden, war jetzt ein Zoll von 2 Pfennigen à Schiffpfund¹¹) und von durchgeführten Pferden ein Durchgangs-

---

6) Urkunde Herzog Heinrichs des Friedsamen von 1438 im Copialbuch I, fol. 6.

7) Die Jura Indaginis §. 2 deuten dies nur an in den Worten: et Bruneswic deposita earum sarcina et soluto ibidem. Bestimmt steht es im Ottonischen Stadtrecht §. 57 im Urkundenbuch I, S. 7.

8) Ottonisches Stadtrecht §. 47. 48 im Urkundenbuch I, S. 6. 7.

9) Ottonisches Stadtrecht §. 46. 49. 51 das. S. 6 flg. Hiernach ist das S. 264 Gesagte zu berichtigen.

10) Sie steht im Degedingsbuche der Neustadt I, fol. 7 flg. und ist noch ungedruckt.

11) Zollordnung §. 12.

zoll von einem Pfennig zu entrichten [12]). Von eingeführtem Salze erhob man den Zoll so, daß von einem Wagen ein halber Himpte, vom Karren ein Vierfaß abgegeben wurde [13]). Von Tuchen, Pferden, Schweinen, Schafen, Ziegen und Fellen hatte auch der einheimische Käufer Zoll zu entrichten [14]). Oel, Schinken und Speck waren einem Ausfuhrzoll unterworfen [15]).

Zollbefrauden scheinen selbst die Stadtbehörden nicht für besonders strafbar gehalten zu haben, so lange der herrschaftliche Zöllner den Zoll erhob. Daher steht bei einigen Sätzen der Zollordnung der wunderliche Zusatz, der betreffende Zoll sei nur zu entrichten, „wenn der Zöllner darauf zukomme, anders aber nicht" [16]). Wie zum Schutz derer, welche den Zoll nicht entrichteten, scheint die Bestimmung getroffen zu sein, daß der Zöllner den, „welcher den Zoll entführe", höchstens mit neunfacher Bezahlung des Zolles strafen dürfe [17]). Eine spätere Zollrolle aus dem Ende des 14. Jahrhunderts änderte einige Bestimmungen des Tarifs [18]). Daß die älteren Grundsätze auch im 15. Jahrhundert in Gültigkeit blieben, zeigt deren Aufnahme in's Stadtrecht von 1403 [19]).

Die Waaren hiesiger Kaufleute waren im braunschweigischen, göttingenschen und grubenhagenschen Lande zollfrei in allen Zollstätten der welfischen Fürsten. Diese zuerst von Otto dem Milden 1318 gegebene Zusage [20]) wiederholt sich in den folgenden Huldbriefen regelmäßig. Für manche Waaren war auch Zollfreiheit in Celle und Gifhorn von den lüneburgischen Fürsten zugesagt [21]).

Die Waaren, welche für den städtischen Handel von Bedeutung waren, werden in den beiden Zollordnungen und in der Maklerordnung genannt. Gegenstände der Einfuhr waren Gewürze und Specereien,

---

12) Zollordnung §. 39.
13) Zollordnung §. 44. 45.
14) Zollordnung §. 20. 18. 16. 17. 12.
15) Zollordnung §. 10. 15.
16) Zollordnung §. 18. 20.
17) Zollordnung §. 47.
18) Sie steht im Degedingsbuche der Neustadt I, fol. 80.
19) Stadtrecht §. 178—193 im Urkundenbuch I, S. 116 flg.
20) Huldbrief §. 8 das. S. 31.
21) Huldbriefe von 1323 §. 8 das. S. 32, von 1345 §. 8 das. S. 38, von 1361 §. 8 das. S. 52, von 1367 §. 8 das. S. 53, von 1371 §. 13 das. S. 58, von 1374 §. 11 das. S. 60 und 62, von 1384 §. 8 das. S. 78 und von 1400 §. 11 das. S. 81.

6. Handelsbetrieb.

mit denen die Krämer handelten²²). In einer Zeit, wo die Nahrungsmittel meistens in Fleischspeisen bestanden, wo es an den leichter verdaulichen Gemüsen noch fehlte, bedurfte man, um jene schweren Speisen verdaulicher zu machen, viele Gewürze, namentlich Pfeffer und Salz²³). Der Pfefferhandel scheint sich hier in der an der Nordseite des alten Gewandhauses hinziehenden Pfefferstraße concentrirt zu haben; in den an jener Gasse belegenen Krambuden war jenes Gewürz und andere Sachen der Art zu haben²⁴). Nach einer Gewürzniederlage scheint sich die Familie Pepperkeller genannt zu haben, die schon im 14. Jahrhundert zu den angesehensten des Hagens gehörte, wo sie oft in dem Rathe gefunden wird. Auch Ingwer, Safran und Mandeln²⁵) mögen dort ihre Niederlage und Verkaufsstelle gehabt haben. Auch Salz ward eingeführt, aber nicht von Lüneburg²⁶), sondern wohl von der benachbarten Saline zu Salzdahlum, vielleicht auch von Schöningen und Salzgitter.

Vielleicht noch bedeutender war der Handel mit Fischen. Bei den zahlreichen Fasttagen, welche die Kirche vorschrieb, bedurfte man ihrer eine große Menge, weil sie als Fastenspeise erlaubt waren. Da die Flüsse und Teiche der Nachbarschaft den Bedarf nicht deckten, so holte man von Lüneburg, Hamburg und Bremen Elb- und Seefische. Von dorther bezog man außer Stockfisch²⁷) ohne Zweifel auch Häring, Bückinge und Meerschweine²⁸), ferner Stint, Stör, Lachs²⁹), auch Bleifisch, wie gesalzenen Hecht³⁰), Wels und Neunaugen³¹). Alle diese Fische wurden en gros last- oder tonnenweise, die Stockfische nach Hunderten, andere Fische eimerweise verkauft³²); der Detailverkauf fand

---

22) Zollordnung §. 49, dann aufgenommen in's Stadtrecht von 1403 §. 185 im Urkundenbuch I, S. 116.
23) Hüllmann, Städtewesen I, S. 21 flg.
24) Kämmereibuch der Altstadt S. 26. 29.
25) Angaben aus einer Kämmereirechnung von 1388 in Sack's Alterthümern, S. 14.
26) Zollordnung §. 44. 45. 49.
27) Zollordnung §. 49. 24.
28) Zollordnung §. 9. 43. 27. 31 und Stadtrecht §. 192 im Urkundenbuch I, S. 117.
29) Zollordnung §. 28. 32. 30 und Stadtrecht §. 192 das.
30) Kämmereibuch der Altstadt S. 38.
31) Zollrolle im Degedingsbuch der Neustadt fol. 80.
32) Ordnung van den underkoperen im Liber proscript. II, p. 77.

auf den Märkten neben dem Brunnen statt, wo für diesen Zweck die Fischbänke aufgeschlagen waren [33]).

Von Lebensmitteln, welche hier eingeführt wurden, nennen die Quellen Fleisch [34]) und Brot [35]), das aus der nächsten Umgegend in die Stadt gebracht wurde. Butter bezog man ebendaher, aber auch aus dem rindviehreichen Friesland, namentlich, wie es scheint, aus der dortigen Stadt Norden [36]). An Schlachtvieh führte das Land der Stadt Schweine, Schafe, Ziegen und Rindvieh zu [37]). Pferde bezog man auch über Lüneburg [38]), vermuthlich aus Nordalbingien.

Zur Bereitung des Brotes und Bieres ward Weizen, Roggen, Gerste und Hopfen eingeführt. Den Anbau des letzteren auf der städtischen Feldmark schränkten die Stadtbehörden ein, damit mehr Gemüse gebaut würde [39]). Honig kam aus dem Lüneburger Lande [40]). Von den fremden Bieren, welche hiesige Schenkwirthe bezogen, ist oben S. 620 die Rede gewesen. Wein scheint man vom Rhein und über Hamburg bezogen zu haben [41]).

Zur Anfertigung von Bekleidungsgegenständen lieferte das Land Flachs, Garn, Wolle [42]), Leinwand, fernere Gegenden Tuche und Seidenzeuge. Auch Metalle wurden hier zum Theil von Lüneburg her eingeführt, so z. B. Kupfer, Blei und Zinn wahrscheinlich aus Schweden zur Anfertigung von Hausrath [43]). Eisen [44]) bezog die Stadt

---

33) Kämmereibuch der Altstadt S. 37 flg.

34) Ordnung van den underkoperen im Liber proscript. II, p. 77 und Echtebing §. 168 im Urkundenbuch I, S. 143.

35) Zollordnung §. 46.

36) Zollordnung §. 8. 26. 49. Ordinar. §. 67 im Urkundenbuch I, S. 165. Echtebing §. 168 das. S. 143.

37) Zollordnung §. 16. 17. 19. Stadtrecht §. 191 im Urkundenbuch I, S. 117.

38) Zollordnung §. 18. 49. Stadtrecht §. 185 a. a. O. S. 116. Van den underkoperen im Liber proscript. II, p. 77. Echtebing §. 168 a. a. O. S. 143.

39) Zollordnung §. 40. 41. 49. 37. Stadtrecht §. 135. 136 im Urkundenbuch I, S. 116. Van den beckeren im Degebingsbuch der Neustadt fol. 9. Echtebing §. 94 flg. im Urkundenbuch I, S. 135.

40) Stadtrecht §. 186 im Urkundenbuch I, S. 116.

41) Zollordnung §. 35. 36. 49 und Stadtrecht §. 186 im Urkundenbuch I, S. 116.

42) Zollordnung §. 21. 22. 25. Stadtrecht §. 192 im Urkundenbuch I, S. 117. Echtebing §. 168 das. S. 143.

43) Zollordnung §. 9. 33. 49 und Stadtrecht §. 185 im Urkundenbuch I, S. 116. Liber proscript. II, p. 77.

44) Zollordnung §. 15. 34 und Stadtrecht §. 191 a. a. O. S. 117.

6. Handelsbetrieb.

wohl ebenfalls daher zur Benutzung für friedlichen wie kriegerischen Gebrauch. Aus dem Norden holte man auch fertiges Leder[45]), ferner von auswärts Felle von Schafen, Rindern und Böcken[46]). Zur Verarbeitung der letzteren kaufte man aus dem Norden allerhand Fettwaaren wie Zalsmer oder Thran[47]) und Talg[48]). Viel Wachs kam aus dem Lüneburgischen zur Anfertigung von Lichtern namentlich zum kirchlichen Gebrauch[49]). Oel ward ein- wie ausgeführt[50]).

Als Ausfuhrgegenstände werden Korn, Bier, Tuche, Leinen- und Kupferwaaren genannt[51]).

Für die Geldverhältnisse ist der Unterschied zwischen den verschiedenen Rechnungsmünzen, welche unter der Benennung Mark vorkommen, von großer Wichtigkeit. Größere Zahlungen geschahen gewöhnlich in der Usualsilbermark, d. h. in Marken von braunschweigischer Wichte und Witte. Diese soll 1382 noch $12\frac{3}{4}$ Loth feines Silber enthalten haben[52]), 1400 enthielt sie nur noch 11 und 1402 nur noch $10\frac{2}{3}$ Loth feines Silber, hatte also genau $\frac{2}{3}$ des Werthes einer feinen Mark, so daß einer solchen $1\frac{1}{2}$ Mark hiesiger Wichte und Witte entsprachen[53]). Da eine solche Mark 16 Loth hielt, so war die halbe Mark zu 8, der Ferding oder Ferto zu 4 Loth zu rechnen[54]). Davon verschieden war die Mark des Pfennigsilbers. Diese enthielt um 1400 nur $7\frac{5}{12}$ Loth feines Silber und $8\frac{7}{12}$ Loth Zusatz, das so gemischte Silber wird das schwere braunschweigische genannt. Die Zahlmark endlich bestand aus 30 Schillingen, jeder zu 12 Pfennigen gerechnet, sie wurden aus etwa $7\frac{5}{12}$ Loth feinen Silbers geprägt. Wie der Pfennig, so war auch der Scherf im Werthe eines halben und der Verling im Werthe eines viertel Pfennigs ebenfalls noch Silbermünzen[55]). 20 Schillinge dieser Art bildeten ein Pfund.

45) Zollordnung §. 49 und Stadtrecht §. 185 a. a. O. S. 116.
46) Zollordnung §. 12. Stadtrecht §. 190 a. a. O. S. 117.
47) Zollordnung §. 8. Stadtrecht §. 185 a. a. O.
48) Zollordnung §. 49.
49) Zollordnung §. 42. 49 und Echtebing §. 168 a. a. O. S. 143 und Stadtrecht §. 185 daf. S. 116.
50) Zollordnung §. 10. Stadtrecht §. 189 a. a. O. S. 117.
51) Zollordnung §. 20. 21. 7 und Urkunden von 1433 und 1459 im Copialbuch I, fol. 5 und 36.
52) Bode, Das ältere Münzwesen, S. 45.
53) Bode, a. a. O. S. 50 flg.
54) Degedingsbuch der Neustadt I, fol. 8.
55) Bode, a. a. O. S. 51—53. Ueber die weiteren Veränderungen im Ge-

VII. Gewerbe und Handel.

Hinsichtlich der Zahlungen galt seit 1428 als Grundsatz, daß sie in hiesigen Pfennigen oder in der Mark braunschweigischer Wichte und Witte geschehen sollten[56]. Schon lange zuvor durfte kein Verkäufer hiesige Pfennige bei Zahlungsannahmen verweigern[57], der Fremde konnte sich ihrer bei den Wechslern wieder entledigen und gegen fremde Münze oder feines Silber umtauschen. Unter solchen Umständen wurde das Wechselgeschäft bald ein nothwendiges und einträgliches Gewerbe. Die Läden der Wechsler standen sehr zweckmäßig in der jetzigen Poststraße, die damals bi den weslern oder vor der wessele hieß, also nicht fern vom Altstadtmarkte und dem Tuchhause[58].

Jahrmärkte, auf denen auch fremde Krämer zugelassen wurden, hielt man am Ende des 14. Jahrhunderts hier jährlich drei, jedesmal in Zwischenräumen von vier Monaten. Sie fielen auf den Neujahrstag, den Walpurgistag am 1. Mai und auf den Aegidientag am 1. September[59]. Nach späteren Angaben wurden auch Jahrmärkte gehalten an den Ablaß- und Kirchweihtagen der Pauliner und Franziskaner, an den Sonntagen Jubilate und Rogate, endlich am Johannistage[60]. Unbekannt ist die Zeit, wann die Pferdemärkte gehalten wurden, für die ein Raum auf dem Rennelberge vor dem Petrithore bestimmt war[61]. Die Erlaubniß, zwei große Jahrmärkte jeden in einer Dauer von 10 Tagen zu halten, den einen vom Freitag nach Himmelfahrt bis zum Sonnabend vor Pfingsten, den anderen vom Tage nach Mariä Empfängniß 9—18. December, erhielt die Stadt erst 1505 vom Kaiser Maximilian I. Herzog Heinrich der Aeltere bestätigte jenes Privilegium[62].

---

halt der hiesigen Münzen siehe den Abschnitt Fan der pagemünte im Shigtbok S. 165—220 und Bode, S. 54—59.

56) Echtebing §. 166 im Urkundenbuch I, S. 143.
57) Stadtrecht §. 37 im Urkundenbuch I, S. 46, Stadtrecht §. 45 daf. S. 66 und Echtebing §. 36 daf. S. 131.
58) Degebingsbuch der Altstadt I, S. 45, zum Jahre 1308.
59) Urkunde von 1385 im Copialbuch des Rathes II, fol. 47¹.
60) Urkundliche Angaben bei Sack, Alterthümer, S. 113 flg. Shigtbok S. 249 und 253.
61) Urkundliche Nachrichten in Sack's Alterthümern, S. 42.
62) Urkunden bei Rehtmeier, Chronik 1522 flg.

7. Die Juden in Braunschweig.

Mit dem Emporblühen des städtischen Handels fanden sich bereits im 13. Jahrhundert Juden ein, welche um Aufnahme in die Stadt und die Erlaubniß zum Handelsbetriebe nachsuchten. Der Jude David, seine Schwäger nebst ihren Familien und mit ihrem Gesinde baten 1296 Albrecht den Fetten um Zulassung in Braunschweig. Sie mögen den Herzog durch das Versprechen eines bedeutenden Schutzgeldes bewogen haben, daß er sich bei den Stadtbehörden für ihre Aufnahme verwandte. Diese erfolgte 1296 durch Rath und Gemeinde. Dabei versprach der Rath, jene Familien vor Schatzungen und sonstigem Uebermuth zu schützen[1]). Bald folgten andere Familien nach. Schon 1306 finden wir eine Jüdin Patze in einen Rechtshandel verwickelt, 1311 wohnte der Jude Isaak auf der Görbelingerstraße, 1312 war ihnen ein Steinhaus bei der Petrikirche eingeräumt[2]). Ein Vergleich, welchen die hiesigen Juden 1312 mit den Lakenmachern des Hagens, der Neustadt und der Altenwik schlossen[3]), zeigt, daß sie auch Leih- und Pfandgeschäfte trieben. Auch durften sie demnach nur in ganzen Stücken zu Pfande nehmen, aber weder Wolle noch Garn; für die Pfänder sollen sie angemessene Preise geben und kein Pfandgeschäft ohne Zuziehung von Zeugen abmachen. Als Vertreter der hiesigen Judenschaft werden bei dieser Gelegenheit genannt Copsin, Nathan von Magdeburg und Isaak von Goslar. Daraus ist zu ersehen, daß sich die eingewanderten Juden zum Theil nach ihrem früheren Wohnorte benannten.

Nicht lange nachher, etwa um 1330, bewohnten die Juden in der handelsthätigen Neustadt bereits eine ganze Straße, welche nach ihnen die Judenstraße genannt ward und noch jetzt die Jöddenstraße heißt[4]). Die mag ihnen der Rath jenes Weichbildes zur Wohnung angewiesen haben. Dort finden wir zweiundzwanzig Judenfamilien bei einander, ein Haus diente zum Schullocal, wahrscheinlich auch zur Synagoge[5]).

---

1) Degedingsbuch der Altstadt I, S. 18, gedruckt im Urkundenbuch I, S. 41.
2) Das. 35. 64. 67.
3) Degedingsbuch der Neustadt I, fol. 10; vergl. Stadtgesetze §. 40. 41 im Urkundenbuch I, S. 46.
4) Zinsregister im Degedingsbuch der Neustadt I, fol. 71.
5) An der Schule war 1403 ein sangmeister. Kämmereibuch der Neustadt, S. 12.

Mehrere Familien sind nach den Städten Goslar, Hildesheim, Magdeburg, Stendal, Prenzlau und Meißen benannt. Von dort mögen sie hieher gezogen sein. Jede Familie zahlte dem Rathe von der ihr überlassenen Wohnung einen Zins von 20—30 Schillingen, die Wittwen Meyer und Jussen zahlten sogar 45, Tzorneiß 60, Jacob Davids Sohn 52½ und Isaak, Davids Sohn sogar 82½ Schilling. An jener Straße waren ihnen auch vier Verkaufsstellen im Neustadtscharren eingeräumt, wo sie das geschächtete Fleisch kaufen konnten. Eine Thür sonderte diesen Raum von dem übrigen Scharren ab [6].

Daß im Lauf des 14. Jahrhunderts noch manche Judenfamilie hier Aufnahme fand, ist unzweifelhaft. Dem Juden Jordan von Helmstedt gestattete Herzog Magnus I. 1345 die Uebersiedelung nach Braunschweig [7], andere Familien, welche von 1351 bis 1360 hier Aufnahme fanden, nennt das Gedenkbuch I [8].

Wegen des Schutzgeldes, welches sie zahlten, erlaubten die Fürsten ihre Uebersiedelung nach Braunschweig gern. So zahlte z. B. der eben genannte Jordan von Helmstedt jährlich 2 löthige Mark Schutzgeld an den Herzog Magnus, dieser versprach dafür, ihn nicht heranzuziehen, wenn er „von den gemeinen Juden" eine Bede fordere, ihn gegen seine fürstlichen Vettern zu beschirmen und ihn an dem Recht Theil nehmen zu lassen, demgemäß alle Klagen gegen Juden vor die Synagoge gehörten [9]. 1346 sagte Herzog Magnus I. auch „den gemeinen Juden zu Braunschweig" seine Beschirmung zu und versprach sie bei ihrem Rechte zu erhalten [10]. Da es leider Sitte war, die Unthat eines Juden an der ganzen Judenschaft eines Ortes zu rächen, so trat Herzog Magnus I. dieser Unsitte 1349 mit der Bestimmung entgegen: ein Jude, der bei einer Missethat auf der That ertappt oder ihrer durch zwei Christen und zwei Juden überführt sei, solle seine Strafe leiden, aber nur er allein; die übrigen Juden sollten das nicht mit entgelten [11].

Der Juden Schutzgeld ward anfangs den Herzögen gezahlt, kam aber schon um die Mitte des 14. Jahrhunderts in andere Hand. 1348

---

6) Kämmereibuch der Neustadt S. 9.
7) Urkundenbuch I, S. 41.
8) Gedenkbuch I, fol. 7. 11¹. 12.
9) Urkunde von 1345 im Urkundenbuch I, S. 41.
10) Urkundenbuch I, S. 42.
11) Urkundenbuch I, S. 43.

soll Herzog Magnus I. diese Einnahmequelle an die Familie Elers verpfändet haben; erst 1444 löste Herzog Heinrich der Friedsame dieselbe wieder ein [12]). Der Antheil der grubenhagenschen Fürsten am Judenschutz ward 1370 dem Rathe der Stadt mit verpfändet [13]), ohne jemals wieder eingelöset zu sein. Seitdem sagen die Stadtgesetze mit Recht, der Rath habe die hiesigen Juden in seine Beschirmung genommen. Jeder, heißt es weiter, möge sich hüten, daß er sich an ihnen nicht vergreife [14]).

Auch an den Kaiser hatten die hiesigen Juden als „des Kaisers und des Reiches Kammerknechte" um 1400 den goldenen Opferpfennig oder das Kronengold (aurum coronarium) zu entrichten. Die Erhebung jener Einnahme von den Juden unserer Stadt und des Sachsenlandes überließ Kaiser Ruprecht 1403 an die Herzöge Bernhard und Heinrich. Diese behielten die eine Hälfte dieser Einnahme selbst und lieferten die andere an den Kaiser ab [15]). 1418 wurde jenes aurum coronarium wieder an das Reichsoberhaupt bezahlt, der Rath sammelte es und übersandte es dann an des Kaisers Kämmerer. Diese Abgabe betrug damals 155 Gulden [16]). Seit 1435 wurde es den hiesigen Juden zur Pflicht gemacht, eine vorgeschriebene Kleidung zu tragen, woran die Genossen ihrer Gemeinde sogleich zu erkennen wären [17]).

12) Urkunde in den Braunschw. hist. Händeln I, S. 81 und III, S. 1023.
13) Urkundenbuch I, S. 56.
14) Stadtgesetze §. 94 das. S. 68. Echteding §. 41 das. S. 131.
15) Urkunde in Ayrer, De jure recipiendi Judaeos, p. 79.
16) Urkunden des Stadtarchivs Nr. 561 und 688.
17) Urkunde im Gedenkbuch II, zum Jahre 1435.

VIII. Sicherheit und Ordnung.

1. Die Befestigungen der Stadt[1]).

Seit den Zeiten Heinrichs des Löwen war die Stadt mit Ausnahme der Altenwik mit Mauern umgeben (S. 75), diese ward erst zu Anfang des 13. Jahrhunderts in die städtischen Befestigungen, welche in Mauer und Graben bestanden, aufgenommen (S. 85).

Die Stadtmauer, von der jetzt nur noch geringe Reste übrig sind[2]), umschloß das innere Stadtgebiet und zog sich innerhalb des dasselbe umgebenden Mauergrabens her, wie es der Stadtplan zeigt. An der inneren Seite waren die Mauern mit Erde hinterfüllt, so daß ein ziemlich breiter Gang hinter denselben herlief, auf welchem sich die Vertheidiger bequem bewegen konnten, und der nur so hoch lag, daß diese durch die höhere Mauer und ihre Zinnen gedeckt waren. Auf diese Gänge führten an den Thoren abgeschrägte Böschungen oder auch wohl Treppen[3]). An einzelnen Stellen stießen Bürgerhäuser oder deren Hintergebäude, Höfe und Gärten an die Stadtmauer, an welche man hie und da selbst einzelne Gebäude anlehnte. Wer das that, hatte die Verpflichtung, die an seinem Grundstück herziehende Mauerstrecke allein im Stande zu erhalten; an anderen Stellen zahlte zu den nöthigen Reparaturen, welche von dem Ermessen bestimmter Aufseher abhingen,

---

1) Sack, Die Befestigung der Stadt Braunschweig, im Archiv des histor. Vereins für Niedersachsen 1847, S. 213 flg. und 1848, S. 1 flg.

2) Reste der Stadtmauer finden sich noch an den Fischbältern hinter der Südstraße, an dem Odercanale der Bammelsburg gegenüber und am Südende der Mauernstraße. Ueber die Stadtmauern siehe Sack, a. a. O. 1847, S. 253 flg.

3) So nach Sack, a. a. O. 1847, S. 257 flg.

der Rath ein Drittel, und die betreffenden Nachbarn zwei Drittel⁴). In angemessenen Entfernungen von einander befanden sich Thürme oder Bergfriede in der Stadtmauer, welche ohne Zweifel zur Aufnahme von Geschützen dienten⁵). Die auf den älteren Stadtplänen verzeichneten Mauerthürme zeigt der diesem Werke beigefügte Stadtplan. Ihrer gab es in der Stadtmauer eine bedeutende Anzahl. Zwischen dem Bruch- und Südmühlenthore finden sich drei Bergfriede, von da bis zum Michaelisthore nur einer, von da bis zum Hohenthore vier, von diesem bis zum Petrithore sieben; also 15 in der Mauer der Altstadt. Sieben Bergfriede schirmten die Mauer der Neustadt vom Petrithore bis zur Ocker am Wendenthore; neun lagen in der Stadtmauer des Hagens vom Wenden- bis zum Steinthore, und zehn in der der Altenwik vom Friesen- bis zum Wasserthore. Diese 41 Thürme verliehen der Stadtmauer ohne Zweifel ein imposantes Aussehen.

Außerhalb der Mauer zog sich der Wächtergang und vor demselben der Mauergraben meist parallel mit der Stadtmauer hin⁶). Die Mauergräben sind meistens noch erhalten, zugeschüttet sind nur die vom Wasserthore nach dem Aegidien-, Magnus- und Friesenthore hinziehenden Strecken desselben; der zwischen dem Michaelis- und Südmühlenthore ziehende Graben dagegen ist in Fischhälter umgewandelt. An der Erhaltung der Gräben mitzuarbeiten war jeder Einwohner der Stadt verpflichtet, einzelne Straßen wie z. B. die Beckenschlägerstraße zahlten, vermuthlich um jene Verpflichtung abzulösen, jährlich einen bestimmten Grabenzins⁷). Auch Strafgelder und Vermächtnisse vermehrten die Fonds, aus denen der Rath die Erhaltung der Mauergräben bestritt⁸).

Zehn wohlbefestigte Haupt- und einige Nebenthore⁹) schirmten die Zugänge zur Stadt. In die Altstadt führten von außen her das Südmühlen-, Michaelis-, Hohe- und Petrithor, in die Neustadt allein das Neustadtthor, in den Hagen das Wenden-, Fallersleber- und Steinthor und in die Altewik das Magni- und das Aegidienthor.

---

4) Ordinar. §. 13 im Urkundenbuch I, S. 152.
5) Sack, a. a. O. 1847, S. 261.
6) Sack, a. a. O. S. 262 flg.
7) Kämmereibuch der Neustadt S. 19. 28 und Degeb. der Neustadt I, fol. 66—70.
8) Sack, a. a. O. 1847, S. 262 flg.
9) Sack, a. a. O. 1847, S. 264 flg.

Sie sind theils nach Kirchen benannt, die in ihrer Nähe liegen, theils nach Straßen, deren Endpunkt sie bilden, theils nach ihrer sonstigen Lage. Nebenthore oder Pforten waren die Kerlingepforte, welche von der Knochenhauer- und Südstraße nach den Fischhältern führte, das Wasserthor auf dem jetzigen Lessingplatze, welches auf die Ockerwiesen im Süden der Stadt hinausführte, und das Friesenthor am Nordende der Friesenstraße. Auch im Inneren der Stadt lagen noch einige durch Bergfriede geschirmte Thore, welche anfangs Außenthore waren, aber seit der Befestigung der Altewik ihre Bedeutung verloren und nur als Grenzthore der Weichbilder zu nennen sind. Dahin gehört das Ulrichs- oder Löwenthor am Ostende des Kohlmarktes, das älteste östliche Grenzthor der Altstadt, das durch den langen Thurm geschützte Thor an der langen Brücke und das mit einem Bergfried versehene Thor an der Dammmühlenbrücke; beides spätere Grenzthore der nach Osten erweiterten Altstadt gegen die Altewik. Das Redingerthor am Südende des Bohlweges ward später das Grenzthor des Hagens gegen die Altewik [10]).

Die Hauptthore lagen in der Stadtmauer innerhalb des Mauergrabens und waren durch hohe viereckte Thürme geschützt. Unten in denselben befand sich ein Durchgang, welchen das Thor sperren konnte; über demselben erhob sich der Thurm mit mehreren Stockwerken, die zur Aufnahme von Geschützen bestimmt und mit Schießscharten versehen waren, schlanke Spitzdächer deckten den Bau, wie es ältere Abbildungen zeigen. An jedem Thore war ein besoldeter Thorwärter. Mit einem Horne gab er ein Zeichen, wenn ein Feind sich nahete, er hatte die Thorschlüssel in Verwahrung und controlirte die Wache von Bürgern oder Söldnern, welche Nachts auf dem Thorthurme war; er hatte den Zoll von eingehenden Waaren zu erheben und in die ihm übergebene Zollkiste zu stecken und das Oeffnen und Schließen des Thores zu besorgen. Auch das auf dem Thorthurme befindliche Geschütz war seiner Aufsicht anvertraut [11]).

Außerhalb der Thorthürme führten Brücken über den Mauergraben,

---

10) Die Nachweisungen aus den Quellen finden sich in dem Abschnitt IX. über die Topographie der Stadt.

11) Siehe die Eide der dorwerdere im Urkundenbuch I, S. 51. 77. 89 und 97. Ordinar. 98 das. S. 172 und Sack, a. a. O. 1847, S. 265 flg.

1. Die Befestigungen der Stadt.

deren Zugänge durch Zingeln, angeblich eine Art spanischer Reuter, und durch Schläge und Wartbäume zu sperren waren [12]).

Etwa seit der Mitte des 14. Jahrhunderts, wo das Schießpulver in der Kriegführung angewandt wurde, scheint der Rath die Vertheidigungsmittel der Stadt durch Hinzufügung einer zweiten äußeren Befestigungslinie vermehrt zu haben. An die Stelle der Zingeln und Schläge traten seitdem starke runde Thürme, gewöhnlich Zwinger genannt, mit schwerem Geschütze armirt und somit wohl im Stande, einen angreifenden Feind fern zu halten. Solche Zwinger lagen nachweislich vor dem inneren hohen Thore, vor dem Wenden- und Fallersleberthore, der Gieselermühle gegenüber scheint der Autorszwinger gelegen zu haben, so wie die Bammelsburg zwischen dem Neustadt- und Wendenthore außerhalb des Mauergrabens 1460 entstand [13]).

In derselben Zeit begann man die Stadt außerhalb des Mauergrabens mit hohen Erdwällen und einem zweiten Graben [14]), die einander parallel liefen, zu umgeben, um durch jene die Wirkungen feindlicher Kugeln bei Beschießungen zu hemmen oder zu schwächen. Man begann angeblich um 1354 mit der Ausbringung jener breiten und tiefen Gräben, welche jetzt außerhalb der Wallpromenade die Stadt umfließen. Die so gewonnene Erde benutzte man zur Errichtung hoher Erdwälle, die zwischen jenen neuen Gräben und dem Mauergraben aufgeschüttet und oben mit einer niederen Mauer zur Deckung der Vertheidiger versehen wurden. Diese erst in der zweiten Hälfte des 15. Jahrhunderts vollendeten [15]) Wälle zogen sich in fast geraden Linien von Thor zu Thor rings um die Stadt, an den Thoren gelangte man auf sie auf schräg ansteigenden Wegen. Nach der Stadtseite zu waren die Abhänge des Walles mit allerlei Bäumen, unter anderen mit Wallnußbäumen bepflanzt, wogegen die äußere Seite, wo die feindlichen Kugeln einschlagen konnten, unbepflanzt blieb. Das dort wachsende Gras weidete in Friedenszeiten das Vieh ab, manche Plätze wurden auch zum Bleichen benutzt [16]).

---

12) Sack, a. a. O. 1847, S. 270.
13) Sack, das. S. 283. 289. 290. 292 flg. 245. 249.
14) Sack, das. S. 292 flg.
15) Sack, das. S. 290.
16) Sack, das. S. 293. 295 flg. und Telom. Ornatomontanus bei Leibnitz, S. R. Br. II, p. 90.

Unmittelbar vor jedem Stadtthore führte ein gewölbter Durchgang unter dem Walle durch, welchen auf beiden Seiten Portale mit hohen Stirnwänden schlossen, zu deren Vertheidigung an der Außenseite oft noch ein Außenthor vorhanden war, welches dem inneren Thore schon in den Kämmereibüchern entgegen gesetzt wird. Das innere Portal des Wallburchgangs kommt seit 1400 zuweilen unter dem Namen des mittleren Thores vor [17]). Vor den äußeren Thoren führten Brücken über den Graben in's Freie hinaus. Neben ihnen begann man am Ende des Mittelalters runde Bollwerke oder Rondele anzulegen, um von da aus den Uebergang über den äußeren Graben mit vertheidigen zu können [18]).

Auch die vor den Thoren der Altstadt belegenen Vorstädte waren durch Bergfriede und Wartthürme geschützt. Die Vorstadt auf St. Cyriacusberge scheint ein Wartthurm geschützt zu haben, von welchem der dort belegene „Wartberg" den Namen erhalten haben mag. Den Steinweg vor dem hohen Thore schirmte schon 1354 der hohe Bergfried an der Diebesstraße, welche von dort nach dem Petrithore führte, und der Bergfried auf dem Kirchhofe der Heiligengeistcapelle. Den Rennelberg endlich schützte der Pfannenthurm, ein Bergfried bei dem Kalkofen und die Scholkenburg [19]). Ob auch die vor dem Wendenthore belegene Kikelburg und Sprutelingburg zur Vertheidigung dienten, ist nicht zu erweisen. Sicherer ist, daß solchen Zwecken einzelne im Stadtgebiet belegene Warten, wie die bei Lehndorf und die beim Kröppelholze dienten. Die in ihnen aufgestellten Wächter hatten bei herannahenden Gefahren Hornsignale zu geben. Ein Wartreiter beaufsichtigte sie [20]).

In noch weiterer Entfernung ließ der Rath etwa seit 1376 als dritte Vertheidigungslinie die Landwehren mit ihren Thürmen und Bergfrieden anlegen. Diese umschlossen seit Ende des 14. Jahrhunderts das Stadtgebiet fast ganz und sollten in jener fehdereichen Zeit theils das auf den städtischen Aengern weidende Vieh vor plötzlichen Ueberfällen sichern, theils Feinde im raschen Vordringen gegen die Stadt aufhalten. Die Landwehr bestand aus mehreren parallel neben einander herziehenden Gräben, das zwischen denselben wallartig aufgeworfene

---

17) Z. B. Kämmereibuch der Altstadt S. 109.
18) Sack, a. a. O. 1847, S. 296 flg.
19) Sack, das. S. 302—304.
20) Sack, das. S. 305.

Erdreich stieg mit steilen Böschungen aus den Gräben auf und war mit Bäumen und Strauchwerk bepflanzt, um das Hinüberreiten noch mehr zu erschweren. Wo eine Landstraße die Landwehr durchschnitt, lag jedesmal ein Thurm oder Bergfried, durch Gräben und Pallisaden geschützt, von wo aus die Straße durch Zingeln und Schlagbäume leicht gesperrt werden konnte[21]). Den Tractus der Landwehren haben wir oben S. 175 angegeben. Ihre Beaufsichtigung, die Anordnung der nöthigen Arbeiten und die Rechnungsführung über die so verursachten Ausgaben war einigen Rathsherren übertragen[22]). Die Oberaufsicht hatte der Rath. Um diese leichter üben zu können, waren die sieben Landwehrthürme und die zugehörigen Landwehrstrecken an die fünf Weichbildsräthe so vertheilt, daß der Rath der Altstadt über die Bergfriede zu Broitzem und auf dem Raffhofe, der der Neustadt über den zu Oelper, der des Hagens über die bei Rühme und Gliesmarode, der der Altenwik über den Scheppenstedter Thurm und der des Sackes über den zu Rüningen die Oberaufsicht führte[23]). Auf jedem jener Bergfriede hielt der betreffende Rath einen Thürmer, welcher den Thurm verwahrte, die Ein- und Auspassirenden überwachte, anbringende Feinde durch Schließung der Schlagbäume für den Augenblick fern hielt und nach Kräften für die Sicherheit des Stadtgebietes mit zu sorgen hatte[24]). Ferner hielt der Rath noch einige Landwehrreiter, welche vor dem Austreiben der städtischen Viehheerden nachzusehen hatten, ob an den Landwehren kein Feind laure und mit Ueberfall drohe[25]). Ein Grabenmeister leitete die an den Landwehrgräben etwa vorzunehmenden Arbeiten[26]). Um die von den Landwehrthürmen her gegebenen Signale zu beachten und, falls ein Feind der Stadt sich näherte, Sturm läuten zu lassen, befanden sich auf dem Martini- und dem Katharinenthurme Thurmmänner[27]).

---

21) Sack, a. a. O. 1847, S. 306 flg.
22) Ordinar. 15 im Urkundenbuch I, S. 153.
23) Ordinar. 99. 110. 111. 112 und 113 im Urkundenbuch I, S. 172 flg.
24) Ordinar. 99 a. a. O. und Eibbuch §. 46 daf. S. 96 flg.
25) Ordinar. 76 daf. S. 167.
26) Ordinar. 108 daf. S. 173.
27) Ordinar. 100 und 110 daf. S. 172 flg.

2. Streitkräfte der Stadt.

Der Braunschweiger Tilemann Zierenberger meldet am Ende des Mittelalters von Braunschweigs Kriegsmacht, die Stadt könne gegen einen Feind an 10,000 Bewaffnete in's Feld führen, dann bliebe doch noch eine bedeutende Anzahl von Bürgern übrig, die Stadt zu schirmen und zu vertheidigen[1]. Selbst wenn diese Angabe an einer bedeutenden Uebertreibung leiden sollte, so lässt sie doch auf eine ansehnliche Kriegsmacht der Stadt am Ende des Mittelalters schließen. Und eine solche that ihr in doppelter Hinsicht Noth. Theils musste sie äußerer Feinde sich erwehren, theils gegen etwaige Aufruhrversuche einer trotzigen Bürgerschaft voll Kraft und Selbstgefühl sich sichern. Darum verpflichtete der Rath alle Bürger zum Waffendienste; schuf aber in den Söldnern, welche er bereits vor 1350 hielt, ein Gegengewicht gegen den Theil der bewaffneten Bürgerschaft, welcher mit dem bestehenden Regimente etwa unzufrieden war. Auch die 1362 auf des Raths Aufforderung zusammentretende Verbindung von etwa 230 Gewappneten aus der Bürgerschaft mag gleich dem Corps der 52 Bogenschützen und gleich der etwa 20 Jahr später sich bildenden Lilienvente ein Gegengewicht gegen unruhige Elemente in der bewaffneten Bürgerschaft gebildet haben (S. 147 flg.).

Die gesammte Bürgerschaft war zum Waffendienste verpflichtet. Die dazu nöthigen Waffen, welche Jeder im Hause haben musste[2], bildeten nebst manchen anderen Gegenständen, welche man im Felddienste nicht entbehren konnte, das Heerwede, welches nach bestimmten gesetzlichen Bestimmungen vererbt wurde[3]. Jeder Bürger hatte die Verpflichtung, wenn ihn die Reihe traf, Nachts auf einem der Stadtthore Wachtdienst zu leisten. Dass man sich denselben so leicht als möglich machte, zeigt der oft gebrauchte Ausdruck „auf dem Thore

---

1) Telomonius Ornatomontanus in Leibnitz, S. R. Br. II, 91: Cum opportunum fuerit, adversus hostes progredi, ad decem milia armatorum educere possunt, relictis nihilominus pro suae civitatis custodia civibus, numero abundanti et copioso.

2) Stadtgesetze §. 61 im Urkundenbuch I, S. 47, §. 69 das. S. 67 und Echtebing §. 101 das. S. 136.

3) Die älteste Ordnung vom Heerwede ist aus dem Jahre 1303; sie steht im Urkundenbuch I, S. 25.

2. Streitkräfte der Stadt.

schlafen". Wer nicht auf Wache ziehen konnte, musste anfangs „einen frommen Knecht", später, falls „echte Noth" ihn hinderte, „einen Bürger" als Ersatzmann stellen[4]). Sobald das Lärmzeichen mit der Sturmglocke gegeben ward, musste jeder Bürger gewappnet nach dem Markte seines Weichbildes kommen, sich dort unter sein Banner stellen und die weiteren Befehle des Rathes erwarten. Dann mussten auch alle Reitpferde, Wagen und Wagenpferde von deren Eigenthümern nach dem betreffenden Weichbildsmarkte gebracht werden[5]). Wenn die Bürgerschaft in's Feld zog, so war sie nach Weichbildern geordnet und stand unter dem Befehl ihrer Rathsherren und des Stadthauptmannes. Wer die Fahne verließ, verfiel in schwere Strafe[6]); in Geldstrafen, wer ungehorsam war oder die kriegerische Zucht störte[7]). Damit in Fällen der Noth kein Bürger fehle, durfte keiner derselben ohne ausdrückliche Erlaubniß des Rathes die Stadt verlassen, um an einem Kriegszuge Theil zu nehmen, welcher die Stadt nicht anging[8]). Weiteres über die Organisation der Bürgerwehr ist bis jetzt nicht bekannt.

Seit der Mitte des 14. Jahrhunderts hielt der Rath auch Söldner, je nach den Umständen in größerer oder geringerer Zahl. Sie dienten theils als Schwergewappnete zu Pferde, theils als Büchsenschützen zu Fuß, sie kämpften bei Heerfahrten an der Bürger Seite, gaben den städtischen Waarenzügen das Geleit und dienten als Besatzung auf den Schlössern und Burgen des Rathes. Die für sie nöthigen Pferde hielt der Rath theils auf seinem Marstalle selbst, theils lieh er sie zu bestimmten Zwecken von Bürgern, theils hielten sich jene Söldner ihre Streitpferde selbst[9]).

Das Commando über die Söldner der Stadt hatte bei deren Verwendung zu Heerfahrten der Stadthauptmann, welchen der gemeine Rath in seinen Sold nahm[10]). Um 1400 richtete der Rath für denselben eine eigene Dienstwohnung dem Franziskanerkloster gegenüber ein[11]), auch Schossfreiheit scheint der Rath diesem ersten seiner Diener

---

4) Stadtgesetze §. 135. 152 das. S. 74 flg. und Echteding §. 99 das. S. 136.
5) Stadtgesetze §. 144. 150. 151 das. S. 75 und Echteding §. 103 das. S. 136.
6) Stadtgesetze §. 145. 147 das. S. 75.
7) Stadtgesetze §. 148. 149 das. S. 75 und Echteding §. 104. 105 das. S. 136.
8) Stadtgesetze §. 2 das. S. 44.
9) Ordinar. 74. 83 das. S. 167 und 169. Stadtgesetze §. 75 das. S. 47.
10) Ordinar. 74 das. S. 167.
11) Hemelik rekenscop p. 86.

zuweilen eingeräumt zu haben [12]). Als Stadthauptleute sind bekannt: Anno von Heymburg 1374 [13]), Heinrich Bock 1381, Hans von der Linden 1390 [14]), Heinrich von Osten 1391 und 1400, Heinrich Kokenbecker 1402 [15]), Hans von Ribbesbüttel 1413 [16]), Renert von Westhusen 1425, Hans von Ribbesbüttel 1426, Heinrich Kahle 1428, Hans von Ribbesbüttel 1460 [17]), Jan von Zelde 1463, Hans von Harlinge 1475 und Bruno Bock 1492 [18]).

---

3. Kriegerische Anstalten.

Zu kriegerischen Uebungen der bewaffneten Bürgerschaft sollen angeblich [1]) zwei Plätze vor den Thoren der Stadt gedient haben, das schon um 1350 erwähnte Turnierfeld vor dem Fallersleberthore [2]), etwa an der Stelle des jetzigen kleinen Exercierplatzes belegen, und der Rennelberg (mons cursorum) vor dem Petrithore, der bereits 1224 unter diesem Namen vorkommt [3]). Der Name dieser Localitäten mag allerdings auf Waffenübungen hinweisen, daß aber solche dort wirklich vorgenommen wurden, ist noch nicht erwiesen.

Zur Aufbewahrung der großen Geschütze oder Donnerbüchsen, der kleinen Büchsen, der Armbrüste, Pfeile, der Wurf- und Schleudermaschinen und des Pulvers, auch der Mauerbrecher und Bliden waren zu Anfang des 15. Jahrhunderts eingerichtet ein Gewölbe auf dem Martinithurme, die Thorthürme und Bergfrieden und ein Gewölbe unter dem Rathhause der Altstadt [4]); angeblich auch das Blidenhaus, welches

---

12) Copialbuch II, fol. 102.
13) Hemelik rekenscop p. 6.
14) Copialbuch II, fol. 102.
15) Urkunde des Stadtarchivs Nr. 886.
16) Copialbuch VI, fol. 11¹.
17) Urkunde des Stadtarchivs Nr. 815.
18) Urkunde des Stadtarchivs Nr. 979. Die ohne Quellen angeführten Namen nennt Sack im Vaterl. Archiv 1848, S. 47 flg.
1) Sack, Vaterl. Archiv 1848, S. 18 flg.
2) Degedingsbuch des Hagens I, fol. 95¹ zum Jahre 1359. Nach Sack, im Vaterl. Archiv 1848, S. 18 wird es schon 1345 erwähnt.
3) Orig. Guelf. III, 694.
4) Ordinar. 12 im Urkundenbuch I, S. 152.

3. Kriegerische Anstalten.

am Martinikirchhofe auf der Stelle des jetzigen landschaftlichen Hauses gelegen haben soll, und endlich ein Raum an der Ostseite des Altstadtmarktes neben dem Schuhhofe, wo eine Anzahl von Geschützen stand[5]). Die Aufsicht über diese Waffenniederlagen führten die vom Rath ernannten Müsemeister, d. i. Geschützmeister; dem Werkmeister waren die Armbrüste zur Aufbewahrung und Instanderhaltung anvertraut[6]).

Eine Gießerei oder Treibhütte der Stadt lag auf dem Bruche nicht weit von dem Thurme an der langen Brücke an einem Okerarm, welcher deshalb „die Drive" hieß. Obwohl diese Treibhütte 1405 vermiethet ward, so behielt sich doch der Rath einen Theil derselben zur Nutzung vor. Hier goß man Glocken, vermuthlich auch Geschütze und Donnerbüchsen. Seit der Bebauung des Bruches um 1440 scheint die Treibhütte wegen ihrer großen Feuergefährlichkeit nicht mehr benutzt zu sein, obwohl sie noch 1488 unter jenem Namen vorkommt. Man bediente sich seitdem der Gießereien der hier wohnhaften Stück- und Gropengießer, welche in den letzten oder äußersten Straßen der Stadt gewohnt zu haben scheinen[7]).

Die Magazine des Pulvers, welches hier schon seit 1350 im Gebrauche war[8]), waren den Müsemeistern zur Verwahrung anvertraut. Sie hatten es auch anzuschaffen. 1430 hielt sich der Rath einen eigenen Pulvermacher, welcher es auf kleinen Handmühlen bereitete. Erst 1534 ist hier eine Pulvermühle auf dem Bruche nachzuweisen[9]).

Für die Pferde, welche der Rath den städtischen Söldnern hielt, gab es schon vor 1400 eigene Marställe[10]) in der Altstadt, dem Hagen und angeblich auch in der Neustadt. Der älteste Marstall der Altstadt soll auf der Echternstraße in Nr. 593, ein jüngerer auf der Görbelingerstraße gelegen haben. Ob die Neustadt ihren Marstall in der jetzigen Marstallstraße hatte, ist nicht zu bestimmen. Der des Hagens lag auf dem Werder in Nr. 1473[11]). Um 1400 gingen diese Mar-

---

5) Sack, Alterthümer, S. 26 und Abbildung zu S. 116, auch Vaterl. Archiv 1848, S. 24 flg.
6) Ordinar. 12 und 83 im Urkundenbuch I, S. 152 und 169.
7) Sack, Vaterl. Archiv 1848, S. 30—34.
8) Sack, Vaterl. Archiv 1845, S. 187.
9) Ordinar. 12 im Urkundenbuch I, S. 152 und Sack, im Vaterl. Archiv 1848, S. 34 flg.
10) Sack, Vaterl. Archiv 1848, S. 37 flg.
11) Sack, a. a. O. S. 38 und Kämmereibuch des Hagens fol. 9¹.

ställe ein, nachdem der Rath einen gemeinsamen städtischen Marstall zwischen der Jodenstraße und dem Sacke auf dem Raume des jetzigen Packhofes hatte erbauen lassen [12]). Hier standen seitdem die Pferde der städtischen Söldner und diejenigen, welche der Rath bei Reisen und Festlichkeiten brauchte, dort befand sich auch eine Anzahl Wagen, Kutschen, Karren und Schlitten nebst Pferdefutter von allerlei Art, auch eine Reitbahn zum Einschulen der Pferde. Der Marstall stand als städtisches Institut unter der Oberaufsicht einiger Rathsherren [13]). Die Leitung desselben war anfangs dem Stadthauptmann übergeben, ihm waren der Stallwärter und dessen Knechte [14]) untergeordnet. Der Stallwärter führte die Aufsicht über die Oekonomie des Marstalles, er und seine Knechte hatten die Pferde zu besorgen; das Auf- und Abmessen und das Umstechen des vorräthigen Hafers besorgte der Haferwender [15]). Ein Schmied, welchen der Rath in Dienst und Lohn nahm, hatte den Hufschlag der Marstallspferde zu besorgen, aber auch die Gesundheit derselben zu überwachen und Krankheiten, so weit er es vermochte, durch angewandte Arzneimittel zu heilen [16]). Später, etwa um 1426, wird auch eines Marschalkes gedacht, der auch im Dienste des Rathes stand. Aus dem von ihm zu leistenden Eide ersieht man, daß ihm die Pferde des Marstalls anvertraut waren, sowohl wenn sie dort standen, als auch bei Heerfahrten nach außen. Auch das Futter, Marstallsgeräthschaften und Harnische, welche die städtischen Söldner zu Heerfahrten mitnahmen, wurden seiner sorgfältigen Ueberwachung anvertraut [17]). Daß dieser Beamte mit dem Stallwärter identisch ist, dessen Functionen denen des Marschalks sehr ähnlich sind, ist nicht vollständig zu erweisen, aber doch sehr wahrscheinlich. Der Marschalk kommt 1428 auch unter dem Namen des Marstallers vor [18]).

---

12) Die Kosten des Baues sind angegeben in Hemelik rekenscop S. 80 flg.
13) Ordinar. 44 im Urkundenbuch I, S. 159.
14) Ordinar. 87 das. S. 169. Eidbuch §. 35 das. S. 94.
15) Ordinar. 88 das. S. 169. Eidbuch §. 37 das. S. 95.
16) Eidbuch §. 54 das. S. 98 flg.
17) Eidbuch §. 60 das. S. 100.
18) Sack, Vaterl. Archiv 1848, S. 50.

4. Sicherheitspflege in der Stadt.

Bei der Rohheit der Sitten selbst in den Städten, bei der Unzulänglichkeit der Mittel, welche Obrigkeiten im Mittelalter zu Gebote standen, um dem Verbrechen kräftig entgegen zu treten, bei der Leichtigkeit, mit welcher sich Störer der Ruhe und Ordnung den gebührenden Strafen entziehen konnten, mussten gewissenhafte Stadtbehörden früh darauf bedacht sein, Maßregeln zu ergreifen, um das Leben und Eigenthum ihrer Bürger nicht blos gegen äußere, sondern auch gegen innere Feinde zu schützen und so auch polizeiliche Sicherheit und Ordnung in der Stadt zu begründen [1]).

Bedroht ward aber die Sicherheit der Person und des Eigenthums und der Bestand des städtischen Gemeinwesens auch hier öfters durch die rohe Derbheit der Bürger selbst. Namentlich waren es die Zünfte, welche ihrer Unzufriedenheit mit mangelhaften Zuständen, von denen keine Zeit frei ist, in blutigen Aufständen gegen den Rath Luft machten, wie die Geschichte der Stadt zeigt. Darum war der Rath schon um 1350 bedacht, Maßregeln zu ergreifen, welche derartigen Gefahren vorbeugen, Aufstände verhindern oder schnell unterdrücken helfen sollten.

Wohl wissend, daß Aufstände leicht entstehen, wenn entschlossenen unzufriedenen Männern Gelegenheit gegeben wird, öfters zusammenzukommen und sich gegenseitig zu unbesonnenen Thaten anzureizen, gebot der Rath, es solle sich Niemand unbescheidene, böswillige Reden gegen die Obrigkeit erlauben. Schonung und Besonnenheit auch in Worten wird jedem Bürger ebenso zur Pflicht gemacht [2]), wie Gehorsam gegen den Rath und dessen Beamte [3]). Schon frühe war es strenge verpönt, durch Reden Gilden und Gemeinde zur Unzufriedenheit mit dem Rath anzureizen [4]).

Noch gefährlicher waren Zusammenrottirungen Unzufriedener bei Nacht. Wer sie herbeiführte, verfiel deshalb dem Rathe mit Leib und

---

1) Hüllmann, Städtewesen IV, S. 5 flg.
2) Stadtgesetze §. 143 im Urkundenbuch I, S. 75 und Echteding §. 100 das. S. 186.
3) Stadtgesetze §. 24 das. S. 45, §. 148 das. S. 75. Echteding §. 22 das. S. 129.
4) Urkunde von 1293 das. S. 16. Stadtgesetze §. 1 das. S. 44. Echteding §. 1 das. S. 128.

Gut⁵). Um solche Versammlungen zu erschweren, wurden die Straßen Nachts mit schließbaren Ketten und Schlägen gegen einander abgesperrt. In der Altstadt dienten um 1400 31 Doppelketten und 35 Schläge zu jenem Zwecke, im Hagen 22 Ketten und Schläge, in der Neustadt 12 und in der Altenwik 11; im Sack allein waren solche Vorrichtungen nicht getroffen⁶). Diese Ketten und Schläge wurden von den Wächtern, welche mit auf gefährliche Zusammenrottirungen achten mußten, zu bestimmten Zeiten geschlossen und wieder geöffnet⁷). Wenn es trotzdem Nachts zu einem Auflaufe kam, so mögen die Bürgerwachen, welche sich Nachts auf den Stadtthoren befanden, eingeschritten sein. Blieb das ohne Erfolg, so erscholl die Sturmglocke. Auf dieses Signal mußte jeder Bürger bewaffnet auf dem Markte seines Weichbildes erscheinen, also auch diejenigen, welche sich etwa bei dem Aufruhr betheiligen wollten; denn sonst stand ihr „Leib und Gut in des Raths Gewalt"⁸). Der 1384 gestiftete Waffenbund der Lilienvente (S. 173), dessen der Rath „zu allen Zeiten mächtig sein" sollte, trug durch die Achtung, in der er stand, gewiß mit zur Erhaltung der inneren Ruhe und Ordnung in der Stadt bei.

Bedroht ward die Sicherheit der Person und des Eigenthums sowohl bei Tage, als auch im abendlichen und nächtlichen Dunkel, welches noch nicht durch Erleuchtung der Straßen erhellt wurde, durch Diebereien und Gewaltthätigkeiten. Letztere wurden theils aus bösem Willen, theils aus Rohheit und Muthwillen verübt. Auch dagegen ergriff der Rath Maßregeln. Beim Eintritt der Nacht wurde, wie es scheint nur auf dem Martinithurme, die Wächterglocke geläutet⁹). Dann hatten sich die Wächter auf ihren Sammelplätzen einzufinden¹⁰). Wer noch auf der Straße zu thun hatte, mußte mit Licht versehen sein bei Strafe eines Schillings¹¹). Später beschränkte der Rath dies Gebot auf die Winterszeit vom 16. October bis Fastnacht, erhöhete aber die

---

5) Stadtgesetze §. 2 im Urkundenbuch I, S. 64 und Echteding §. 2 das. S. 128.
6) Porner, Gedenkbuch fol. 32 ¹.
7) Ordinar. §. 95 im Urkundenbuch I, S. 171.
8) Stadtgesetze §. 144 das. S. 75.
9) Kämmereibuch der Altstadt S. 102. Der Opfermann zu St. Martini erhielt dafür jährlich 6 Schilling. In den Kämmereibüchern der übrigen Weichbilder ist von dieser Ausgabe nicht die Rede.
10) Ordinar. §. 95 im Urkundenbuch I, S. 171.
11) Stadtgesetze §. 153 das. S. 75.

4. Sicherheitspflege in der Stadt.

Strafe auf zwei Schillinge und fügte die Bestimmung hinzu, wer sich dieser Strafe nicht unterwerfe, der solle aus der Stadt gewiesen werden [12]).

Auch durch das Recht freier Männer, Waffen zu tragen, ward in jenen rohen, gewaltthätigen Zeiten die öffentliche Sicherheit oft stark gefährdet. Abschaffen ließ sich das Tragen der Waffen schon darum nicht, weil die Bürger zum Waffendienste verpflichtet waren; der Rath konnte es nur nach Möglichkeit beschränken. Das Tragen der Baseler und der langen Stechmesser ward Bürgern und Fremden um 1350 geradezu verboten [13]), 1401 verordnete der Rath, Niemand solle Messer tragen, deren Klinge über eine Spanne lang sei [14]). Weil aber auch diese noch gefährlich genug werden konnten, so war schon seit Ende des 14. Jahrhunderts eine Strafe darauf gesetzt, wenn Jemand ein Schwert oder ein Messer zog, ohne in Leibesnoth, d. h. in Nothwehr gewesen zu sein [15]). Den Gildegenossen scheint bereits 1325 eingeschärft zu sein, zu ihren Morgensprachen unbewaffnet zu kommen; auch ihren Gesellen wird zuweilen Besonnenheit im Gebrauch der Waffen anempfohlen [16]). Fremden und Nichtbürgern ward es um 1400 untersagt, hier Waffen wie Schwerter, Barden und Jendriche (?) zu tragen [17]).

Um Landstreichern, Gaunern und anderem verdächtigen Gesindel den Eintritt in die Stadt zu wehren, hielt der Rath Thorwärter, welche angewiesen waren, verdächtige Personen nicht ohne Erlaubniß einzulassen. Bei denen, welche die Stadt verließen, sollten sie danach sehen, ob sie nicht geraubtes oder gestohlenes Gut mit sich nahmen [18]). Dennoch mag Mancher herein gekommen sein, der die Sicherheit gefährden konnte. Um solche Leute weniger gefährlich zu machen, machte man die Bürger, welche ihnen Herberge und Unterkommen gewährten, für das verantwortlich, was jene während ihres Aufenthalts in der Stadt verübten. So waren die Wirthe genöthigt, selbst ein wachsames Auge

---

12) Echteding §. 162 im Urkundenbuch I, S. 142.
13) Stadtgesetze §. 98 das. S. 69.
14) Echteding §. 112 das. S. 137.
15) Stadtgesetze §. 37 das. S. 66. Stadtrecht §. 57 das. S. 106 und Echteding §. 29 das. S. 130.
16) Sack, Alterthümer, S. 139.
17) Echteding §. 111 im Urkundenbuch I, S. 136.
18) Ordinar. §. 98 das. S. 172.

auf verdächtige Fremde zu richten [19]). Wahrscheinlich weil Dieberei besonders oft von Leuten verübt ward, die milde Gaben sich erbettelten, so sah sich der Rath 1400 veranlaßt, das Betteln ganz zu verbieten [20]), da die Wohlthätigkeitsanstalten sich der wahrhaft Hülfsbedürftigen genugsam angenommen haben mögen.

Und doch gab es Zeiten, wo auch diese Maßregeln nicht genügten. Wenn z. B. am 28. Juni, am Tage vor dem Peter-Paulstage, eine Menge Fremder hieher kam, um an der Wallfahrt nach Königslutter Theil zu nehmen, oder wenn bei Gelegenheit einer Huldigung oder eines fürstlichen Familienfestes viele Ritter, Herren und Knappen mit ihrem Gefolge hieher kamen, so wurden, weil dann leicht Unordnungen und Störungen der Sicherheit vorkamen, vom Rathe die Stadtthore stärker besetzt und Nachts selbst in den Straßen Bürgerwachen aufgestellt, um augenblicklich jedem Unfug steuern zu können [21]).

Zu den Maßregeln, welche der Rath im Interesse der öffentlichen Sicherheit ergriff, gehört auch die Abhaltung des Vehmgerichts, welches anfangs namentlich gegen Diebstahl, später auch gegen Gewaltthaten jeder Art gerichtet war. Das dort übliche summarische Verfahren war ganz geeignet, den Uebelthätern einige Furcht vor der gerechten Strafe einzuflößen, welche die Behörden ihnen auferlegen konnten (S. 130 flg.).

Bedroht ward das Eigenthum der Bürger endlich noch durch Feuersbrünste, welche bei den unvollkommenen Löschanstalten und bei der damaligen Bauart doppelt gefährlich waren. Denn die Häuser waren meistens aus Fachwerk erbaut, wie es noch jetzt der Fall ist, Steinhäuser waren im Ganzen selten; unter den Dächern waren die meisten wohl nur Strohdächer, doch mögen auch schon manche mit Schiefer gedeckt gewesen sein [22]). Unter solchen Umständen war Vorsicht doppelt nöthig. Wie sie der Rath jedem Bürger zur Pflicht machte [23]), so that auch er das Mögliche zur Abwendung oder Minderung der Feuersgefahr. Dem Gewitter, dessen zündender Blitz eine Feuersbrunst herbeiführen

---

[19]) Stadtgesetze §. 72 im Urkundenbuch I, S. 47; §. 8 das. S. 67 und Echtebing §. 84 das. S. 134.
[20]) Echtebing §. 116 das. S. 187.
[21]) Ordinar. §. 124 das. S. 178.
[22]) Echtebing §. 120 und 121 das. S. 137.
[23]) Stadtgesetze §. 62 das. S. 47; §. 70 das. S. 67 und Echtebing §. 73 das. S. 133.

konnte, ließ der Rath, im Aberglauben seiner Zeit befangen, entgegenläuten [24]). Gewerbe, in deren Werkstätten mit Feuer gearbeitet wurde, ließ der Rath wegen der Feuersgefahr nur in solchen Häusern betreiben, die an den Thoren, an Straßenecken oder an freien Plätzen lagen (S. 611). Den Beckenschlägern, auf der äußersten Straße der Neustadt wohnhaft, ward es vom Rathe untersagt, in ihren Häusern Kupfer oder Messing zu schmelzen, weil das zu feuergefährlich war [25]). Auch der Guß der Metallplatten, welche auf Gräber gelegt zu werden pflegten, durfte nicht ohne besondere Erlaubniß des Rathes vorgenommen werden [26]). Ohne Zweifel der Feuersgefahr wegen durften auch die Brauer im Sommer von Pfingsten bis zum 1. September kein Malz dörren [27]); später ward dies Verbot auf die Zeit von Johannis bis zum 1. September beschränkt [28]).

Wenn Nachts ein Feuer entstand und die Wächter dies durch Feuerruf meldeten, so beriefen die Sturmglocken die Bürgerschaft des betreffenden Weichbildes zur Hülfe. Die Wächter trugen dann die Feuerhaken nach der Brandstätte und halfen mit beim Löschen [29]). Dabei durften sich nur die Bürger des Weichbildes betheiligen, in welchem das Feuer war [30]); denn sonst wären ohne Zweifel zu viele Menschen zugeströmt und hätten Verwirrung herbeigeführt, wie sie höchstens Dieben erwünscht sein mochte.

5. Sorge für Reinlichkeit und Gesundheit.

Eine der wichtigsten Sorgen, die dem Rathe oblag, insofern er auch Polizeibehörde war, war die für die Reinlichkeit auf Straßen und öffentlichen Plätzen. So wie diese manchem Bürger ein Antrieb sein

---

24) Ordinar. §. 95 im Urkundenbuch I, S. 171.
25) Degedingsbuch der Neustadt I, fol. 14 und Degedingsbuch der Altstadt I, S. 330.
26) Notiz von 1424 im Degedingsbuch der Neustadt I, fol. 18 ¹.
27) Stadtgesetze §. 48 im Urkundenbuch I, S. 47.
28) Stadtgesetze §. 59 daf. S. 67. Echteding §. 51 daf. S. 182.
29) Ordinar. §. 95 daf. S. 171.
30) Stadtgesetze §. 146 daf. S. 75.

mochte, auch in seinem Hause auf Reinlichkeit zu halten, so war sie andererseits sehr wichtig, um reine Luft und einen guten Gesundheitszustand in der Stadt zu erhalten. Zur Erreichung jenes Zweckes dienten hier im Mittelalter mehrere Mittel.

Schon in der ersten Hälfte des 14. Jahrhunderts finden sich sogenannte Steinwege vor den Häusern, welche die Hausbesitzer legen und im Stande erhalten mussten[1]. Auch der Raum zwischen den beiderseitigen Steinwegen in der Mitte der Straße scheint gepflastert gewesen zu sein; denn sonst würde eine Reinerhaltung der Straße, wie sie der Rath forderte[2], kaum möglich gewesen sein. An den Seiten oder in der Mitte der Straßen waren Gossen angelegt, in denen Unreinigkeiten und Wasser abflossen. Um das dazu nöthige Gefäll zu erhalten, durfte Niemand an seinem Steinwege Veränderungen so vornehmen, dass derselbe eine höhere oder tiefere Lage erhielt. So wurde verhütet, dass die Straßen bei Regen- oder Thauwetter nicht in undurchdringliche Morästе verwandelt wurden.

Den auf den Straßen befindlichen Schmutz und Unrath musste jeder Hauseigenthümer vor seinem Hause zusammenkehren lassen; von den Märkten, den Steinwegen vor öffentlichen Gebäuden und von den Brücken ließ ihn der Rath durch seine Knechte zusammenfegen[4]. Eine besonders gründliche Reinigung des Steinpflasters scheint zwei oder drei Mal im Jahre vorgenommen zu sein, nämlich vor dem Walpurgistage am Ende des April, vor dem St. Margarethentage in der ersten Hälfte des Juli und vor dem Allerheiligentage am Ende des Octobers[5]. Jeder musste dann den zusammengekehrten Schmutz seines Pflasters aus dem Thore vor die Zingeln oder nach dem Bruche, welcher bis 1443 noch unbebaut war, bringen lassen, wo er an einer bestimmten Stelle abzuladen war[6]. Von den Steinwegen und Plätzen mussten seit 1428 die Wasserfahrer den Straßenschmutz zu bestimmten Zeiten,

---

1) Stadtgesetze §. 66. 67 das. S. 47; §. 74 und 75 das. S. 67 und Echteding §. 78. 79 das. S. 184.
2) Stadtgesetze §. 64 das. S. 47; §. 72 das. S. 67 und Echteding §. 75 das. S. 134.
3) Stadtgesetze §. 67 das. S. 47; §. 75 das. S. 67 und Echteding §. 79 das. S. 134.
4) Ordinar. §. 102 das. S. 172.
5) Echteding §. 76 das. S. 134.
6) Echteding §. 74 das. S. 133 und Stadtgesetze §. 68 das. S. 47.

angeblich alle 14 Tage in der Nacht, abfahren⁷). Um die Straßen möglichst rein zu erhalten, was freilich, da das Vieh ausgetrieben wurde, doch nicht ganz möglich war, verbot man, die Schweine auf der Straße umherlaufen zu lassen. Wer dies Verbot übertrat, dessen Thiere wurden vom Frohnboten weggenommen und nur gegen Zahlung einer Geldstrafe wieder frei gegeben⁸).

Um Verunreinigungen der Straße durch Menschen zu verhüten, wurden an verschiedenen Orten der Stadt „Pißkammern" angelegt. Eine solche befand sich z. B. im Sacke neben dem Rathhause dieses Weichbildes, eine zweite in der Altstadt bei den Schneiderbuden, eine dritte hinter den dortigen Wechselbuden⁹). Dafür ward aber strenge darauf gesehen, daß Niemand Kirchen, Plätze, Straßen und Häuser verunreinige¹⁰).

Eins der nothwendigsten Erfordernisse für eine große Stadt ist genügender Vorrath an weichem Wasser und an Trinkwasser. Fließendes Wasser reinigt am besten die Gossen von Schmutz und Unrath; Wassermangel aber hat, abgesehen von anderen Unannehmlichkeiten, gewöhnlich Unreinlichkeit im Gefolge, und diese ist bekanntlich die Quelle mancher Art von Krankheiten.

Weiches Wasser lieferte zunächst die Ocker den Straßen und Stadttheilen, die ihr nahe lagen. Um den Fluß rein zu erhalten, war es bei einer hohen Strafe von 20 Schillingen verboten, Unrath hineinzuwerfen¹¹). Der Rath des Hagens beeidete jährlich zwei an den Ockercandeln wohnende Bürger seines Weichbildes, etwaige Uebertreter dieses Verbotes zur Anzeige zu bringen¹²). Um den Fluß auch rein vom Schlamm zu erhalten, befanden sich da, wo sich die Gossen einer oder mehrerer Straßen in ihn ergossen, Kisten, in welchen der Schlamm aufgefangen wurde¹³).

Weil aber in der heißen Sommerszeit die Ocker am Wassermangel

---

7) Sack, Alterthümer, S. 17.
8) Stadtgesetze §. 61 im Urkundenbuch I, S. 67; Echteding §. 55 das. S. 182 und Ordinar. §. 94 das. S. 171.
9) Sack, Alterthümer, S. 26 und 126.
10) Stadtgesetze §. 89 im Urkundenbuch I, S. 48 und §. 40 das. S. 66.
11) Stadtgesetze §. 65 das. S. 47 und §. 73 das. S. 67 und Echteding §. 77 das. S. 134.
12) Ordinar. §. 70 das. S. 166.
13) Sack, Alterthümer, S. 17.

litt, so benutzte der Rath schon um die Mitte des 14. Jahrhunderts auch zwei nahe Wasserbassins, Joghetbrunnen genannt, um die Stadt von dort aus mit gutem weichen Wasser zu versorgen. Der eine lag vor dem Hohenthore unweit des Weges nach Broitzem, der andere, vielleicht auch „der neue" oder „der heilige Born" genannt, vor dem Fallersleberthore am Hagenbruche. Beide lagen so hoch, daß man das Wasser durch Röhren bequem in die Stadt führen konnte. Der erstere speiste den Joghetborn auf dem Altstadtmarkte und den Brunnen auf dem Kohlmarkte bei der Ulrichskirche; der letztere dagegen den Hagenmarktsbrunnen [14].

Wie die genannten Brunnen weiches Wasser lieferten, so lieferte eine Anzahl öffentlicher Brunnen, die sich zum Theil schon zu Anfang des 14. Jahrhunderts nachweisen lassen, den Bewohnern der Nachbarbarschaft, welche keinen Brunnen im Hause hatten, das nöthige Trinkwasser. Diese Brunnen haben sich, weil sie immer eine Nothwendigkeit waren, bis auf die jetzige Zeit auf den alten Stellen erhalten. Trinkwasser war demnach überall leicht zu erhalten. Mehr Schwierigkeit hatte für einzelne Stadttheile, welche der Ocker etwas fern lagen, die Beschaffung des weichen Wassers, wovon man z. B. bei Wäschen große Quantitäten bedurfte. Diesem Bedürfnisse dienten die Wasserfahrer und die Waschstiegen.

Für die Alt- und Neustadt, wo das Ockerwasser am leichtesten fehlte, stellte der Rath zwei Wasserfahrer (waterförer) an, welche den Leuten das Wasser in's Haus brachten und dafür je nach der Entfernung des Hauses von der Ocker für die Kufe eine Vergütung von 1½ bis 3 Pfennigen erhielten. Einer von ihnen holte das Wasser aus der Ocker am Südmühlenthore, der andere vom Petrithore [15]. Für unbemittelte Leute waren an der Ocker an mehreren Stellen Vorrichtungen zum Waschen angelegt, die sogenannten Waschstiegen. Eine solche befand sich z. B. zwischen dem Redingerthore und der zur Langenbahnstraße führenden Brücke an dem jetzt ganz überwölbten Ockercanale daselbst [16].

Um den gefährlichen und damals leider so häufigen Hautkrankheiten entgegenzuwirken, wurde in der Stadt schon früh eine Anzahl von öffentlichen Badeanstalten oder Badestuben, Stoven genannt, ange-

---

[14] Sack, Die Göbebrunnen, in den Alterthümern S. 12 flg.
[15] Ordinar. §. 69 im Urkundenbuch I, S. 165.
[16] Kämmereibuch des Hagens fol. 22¹.

5. Sorge für Reinlichkeit und Gesundheit.

legt. Dort befanden sich heizbare mit Badevorrichtungen versehene Zimmer. Ein Bademeister (de bader) sorgte für die Ordnung in den Badezimmern. Diese Leute, denen der Stoven anfangs gegen einen Erbenzins vom Rathe überlassen zu sein scheint, kamen allmälig in den vollen Besitz dieser nützlichen Anstalten [17]. An mehreren Thorbrücken lagen solche Stoven, wie auf dem Stadtplane zu sehen ist. Auch auf dem Werder lag ein Stoven schon 1344 [18], ein anderer am Ostende der Stecherstraße neben dem Engelhardsstege [19], ein dritter auf der danach benannten Stobenstraße in der Altenwik [20], ein vierter endlich am jetzigen Kohlmarkte, damals am Kirchhof bei St. Ulrich, welcher unter dem Namen des Wedewen-, des Frauen-, des Linden- und des Löwenstobens vorkommt und nur zu Bädern für Frauen eingerichtet gewesen zu sein scheint [21]. Der Rath befreite die Besitzer von Stoben wohl von der Verpflichtung, Schoß und andere städtische Lasten zu zahlen, wenn sie ihren Stoven zu bestimmten Zeiten den Armen öffneten, für die ein Bad oft ein bringendes Bedürfniß sein mochte [22]. Um die Armen noch mehr zum Baden zu veranlassen, setzten wohlgesinnte Leute im Testamente nicht selten Summen aus, für die einer Anzahl von Armen und Kranken an bestimmten Tagen ein freies Bad und zur Befriedigung des dadurch geweckten Appetits Getränke und Lebensmittel, wie Semmeln mit Butter oder Häring und ein Maß Bier oder eine Geldgabe zur Anschaffung derselben verabreicht werden sollte [23].

Für die Reinigung der Pferde gab es in der Stadt mehrere Viehtränken, die zum Theil noch vorhanden sind, wie z. B. am alten Petrithore, am inneren Hohenthore, am Michaelisthore und am Hagenscharren. Andere Tränken, wie die an der Hutfilternbrücke, sind hinweggeräumt.

Wie alle bisher genannten Einrichtungen die Reinlichkeit förderten und dadurch Krankheiten vorbauten, so gab es auch Einrichtungen, welche den Einwohnern der Stadt in Krankheitsfällen Hülfe, und in

---

17) Sack im Br. Magazin 1853, Stück 1. 2.
18) Sack, a. a. O. S. 10.
19) Sack, das. S. 9 und Kämmereibuch der Neustadt S. 6.
20) Kämmereibuch der Altenwik fol. 4.
21) Sack, a. a. O. S. 5.
22) Sack, das. S. 10.
23) Sack, das. S. 3. 4. 9.

der Noth Beistand gewähren und die Verbreitung der Krankheiten verhindern sollten.

Aerzte, die ihre Studien auf einer medicinischen Facultät gemacht hatten, gab es hier bereits im 14. Jahrhundert. So nahm der Rath 1396 Nicolaus von Magdeburg auf ein Jahr zum Arzte an und versprach ihm einen bestimmten Lohn [24]). Auch später werden hiesige Aerzte erwähnt [25]). Bei ihrer Anstellung hatten sie zu schwören, daß sie den Bürgern in ihren Krankheiten mit Rath und That beistehen und hinsichtlich der Apothekerwaaren den nöthigen Rath geben wollen [26]). Auch Augenärzte, Chirurgen und Hebammen waren hier bereits in den Zeiten des Mittelalters vorhanden [27]).

Apotheken gab es hier nachweislich seit 1330; denn in diesem Jahre kommt ein hiesiger Bürger Jacob von der Apotheke vor [28]). Die Apotheken, deren eine am Westende der Hagenbrücke dem Neustadtrathhause gegenüber lag [29]), gehörten dem Rathe, welcher sie gegen einen Jahreszins den Apothekern überwies [30]).

Die Anstalten zur Verpflegung nothleidender Kranken, die Hospitäler und Siechenhäuser, sind bereits bei den milden Stiftungen behandelt. Um die Erzeugung und Verbreitung ansteckender Krankheiten zu verhüten, wurde 1410 die Bestattung Gestorbener in den Kirchen strenge untersagt und ein so schleuniges Begräbniß der Todten auf den Kirchhöfen innerhalb der Stadt verordnet, daß jede Leiche spätestens 24 Stunden nach dem Sterbefalle bestattet sein mußte [31]). Bei manchen Kirchen gab es Leichenhäuser, die dazu benutzt sein mögen, Todte aufzubewahren, die man bei der Winterkälte nicht sogleich bestatten konnte.

---

24) Gedenkbuch I, fol. 47.
25) Z. B. Mag. Spreen 1433 im Copialbuch IV, 37. 44.
26) Eidbuch der Altstadt S. 48.
27) Sack, Alterthümer, S. 102 und Urkunde des Stadtarchivs Nr. 651a vom Jahre 1429. Unter dem Namen „der Aberlasser" kommen Chirurgen seit 1342 hier vor. Degedingsbuch des Hagens I, fol. 27. 65. 111. Eine Hebamme (bademoder) wird um 1400 erwähnt im Kämmereibuch der Neustadt S. 11.
28) Degedingsbuch der Altstadt I, S. 155.
29) Degedingsbuch der Neustadt III, fol. 22¹.
30) Eidbuch der Altstadt S. 46 flg.
31) Echteding §. 144 im Urkundenbuch I, S. 140.

6. Sorge für den Wohlstand.

Der Rath richtete seine Sorge mit Recht auch auf die Erhaltung des Wohlstandes, welchen die Bürger durch Gewerbe und Handel und andere gewinnbringende Beschäftigungen erworben hatten; denn auf demselben beruhete die finanzielle Kraft des städtischen Gemeinwesens. Darum wurden Maßregeln ergriffen, durch die der Verschwendung gewehrt und der Wohlstand erhalten werden könne. Verschwendet wurde im Mittelalter in den Städten namentlich durch großartige Kleiderpracht, durch leidenschaftlich getriebene Glücksspiele und durch kostbare Ausstattung einzelner Festlichkeiten. Daher war der Rath auch hier seit der Mitte des 14. Jahrhunderts bemüht, diejenigen zu ihrem eigenen Vortheil zu beschränken, welche ihren Wohlstand durch übermäßige Verschwendung bei solchen Gelegenheiten untergruben.

Hinsichtlich der Kleidung scheint hier bis in den Anfang des 14. Jahrhunderts übermäßiger Luxus nur ausnahmsweise vorgekommen zu sein. Wenigstens findet sich in den älteren Stadtrechten noch keine gegen den Kleiderluxus gerichtete Verordnung. Als aber seit 1300 mit dem steigenden Wohlstande der Bürgerschaft Gefallen an übermäßiger Kleiderpracht immer mehr sich zeigte, schritten die Stadtbehörden mit Strafbestimmungen dagegen ein. Aus der wachsenden Zahl der letzteren ist zu ersehen, wie eifrig die Stadtbehörden die stets zunehmende Prunksucht der Bürger bekämpften.

Zunächst faßte der Rath mit kleinlicher Sorgfalt das Futter und den Besatz der Kleider in's Auge. Kurz vor 1350 untersagte er bei der hohen Strafe von 5 Mark, Kleider zu tragen, die mit Seide ausgenäht oder gefüttert seien[1]. Gold, Silber und Perlen sollten weder Männer, noch Frauen auf den Kleidern als Besatz tragen; nur Kindern unter 8 Jahren war solcher Schmuck gestattet[2]. Besatz auf Kleidern der Jungfrauen und Frauen sollte nur ¼ Mark kosten; war er theurer, so verfielen sie in eine Strafe von 2 Mark[3]. Verboten wurden damals auch Luxusschuhe (dorhowene scô, de klene uthgesteken

---

[1] Stadtgesetze §. 20 im Urkundenbuch I, S. 45.
[2] Stadtgesetze §. 19 das. S. 45; §. 24 das. S. 65. Wer diese Strafe nicht bezahlte, ward der Stadt verwiesen. Stadtrecht §. 55 das. S. 106.
[3] Stadtgesetze §. 18 das. S. 45.

sin)⁴). Später wurde sogar das Tragen von Tüchern verboten, die mit Gold, grüner, rother oder blauer Seide gestreift seien⁵).

Gegen Röcke, die zu unanständig kurz waren, erließ der Rath schon 1349 die Bestimmung, dieselben sollten mindestens eine Hand breit über die Kniee hinabreichen. Wer sie kürzer verfertigte oder trug, verfiel in Strafe⁶).

Seit etwa 1360 wandte sich der Rath fast ausschließlich gegen den Kleiderluxus des weiblichen Geschlechtes. Jede Aeußerung unangemessener Putzsucht wurde mit Strafen belegt. So ward gegen Ende des 14. Jahrhunderts Frauen und mündigen Jungfrauen das Tragen von Röcken und Leibchen von Goldbrocat, Seide und anderen kostbaren Stoffen untersagt⁷). Da man Balltoiletten den Frauen und Jungfrauen nicht verbieten konnte, so beschränkte man wenigstens die übermäßige Pracht derselben. Nur ein Tanzkleid (dantzelrock) einer Dame durfte mit Gold, Silber oder Perlen besetzt sein, die übrigen mussten solcher Zierrathen entbehren. Der Besatz jenes kostbaren Tanzkleides sollte sammt dem Arbeitslohn für das Aufnähen ursprünglich nur eine halbe Mark kosten. Allein dieser Satz ward allmälig auf ³/₄, dann auf eine ganze, endlich vor 1380 gar auf 1½ Mark erhöht. Das Tragen der Leibgürtel, die man mit besonderer Pracht ausgestattet haben mag, wurde ganz untersagt⁸). Wie mit Röcken und Tanzkleidern, so scheinen die Frauen jener Zeit auch viel unnöthigen Aufwand mit ihren Mänteln, namentlich mit deren Besatz gemacht zu haben. Der Rath erlaubte jeder Bürgerin, welche eine Leibzucht von mindestens 10 Mark nachweisen konnte, zwei Mäntel (hoyken) zu haben, einer derselben durfte gefüttert sein. Besetzt werden durften beide; aber der Besatz eines jeden sollte anfangs nur eine, später anderthalb Mark kosten⁹). Eine Bürgerin mit geringerer Leibzucht konnte zwar auch zwei Mäntel haben, musste aber den Besatz geringer halten¹⁰). Jungfrauen dagegen war nur ein Mantel mit Besatz im Werthe einer halben Mark, auch nur ein Rock, dessen Besatz erst eine halbe, später ³/₄ Mark werth sein durfte, gestat-

---

4) Stadtgesetze §. 21 im Urkundenbuch I, S. 45.
5) Stadtrecht §. 73 das. S. 107.
6) Stadtgesetze §. 97 das. S. 69.
7) Stadtgesetze §. 137 das. S. 74.
8) Stadtgesetze §. 126. 127 das. S. 72 flg.
9) Stadtgesetze §. 117 das. S. 71.
10) Stadtgesetze §. 118 das. S. 72.

6. Sorge für den Wohlstand.

tet¹¹). Kinder unter 8 Jahren konnten die Eltern nach Belieben kleiden¹²).

Auch an Kopfputz, namentlich an Häubchen (kogelen) scheint jene Zeit viel Geld verwendet zu haben. In dieser Beziehung bestimmte der Rath eine Summe, welche der Werth jener Putzsachen nicht übersteigen durfte. Ein Alltagshäubchen (ein werkeldages kogelen) sollte höchstens $1/8$, ein Häubchen für Sonn- und Festtage nicht über eine Mark kosten¹³). Hatte eine Frau keine Leibzucht, so durfte sie anfangs nur Häubchen tragen, die einen, später solche, die anderthalb Verdinge kosteten¹⁴). Auch für andere Arten von Kopfputz war ein bestimmter Maximalwerth verordnet¹⁵).

Nicht unpraktisch war die Einrichtung, aus dem Tragen gewisser Luxusgegenstände einen Schluss auf das Vermögen zu machen und danach die Vermögenssteuer mit zu bestimmen. Hatte z. B. eine Frau zwei Seidengewänder (sorkoten), so musste ihr Mann mindestens 30 Mark verschossen¹⁶).

Dass aber alle diese Bestimmungen nicht genügten, um den Luxus in Kleidern vernünftig zu beschränken, zeigt die älteste 1409 am Montag nach Misericordias erlassene Kleiderordnung. In dieser finden sich folgende Anordnungen. Geschmeide auf Röcken, Mänteln und Hauben sollten nur Frauen solcher Bürger tragen, die „sich und der Stadt zu Gute" ein Pferd hielten¹⁷). Mäntel und Röcke, die über sechs Mark kosteten, waren verboten¹⁸); in diesem höchsten Werthe durften sie nur von einer Frau getragen werden, deren Mann ein Pferd hielt. Auch für die bei vornehmen Frauen beliebten Hauben, Dusinge, Spangen und andere Schmucksachen wurden Maximalwerthe bestimmt¹⁹). Geringeren Werth mussten diese Dinge bei Frauen haben, deren Männer kein Pferd hielten, aber doch über 100 Mark verschossten, noch geringeren bei Frauen, deren Mann unter 100 Mark verschosste, den geringsten

---

11) Stadtgesetze §. 120 im Urkundenbuch I, S. 72.
12) Stadtgesetze §. 121 das. S. 72.
13) Stadtgesetze §. 119 das. S. 72.
14) Stadtgesetze §. 122 a. a. O.
15) Stadtgesetze §. 126 das. S. 73.
16) Stadtgesetze §. 122 das. S. 72.
17) Echtebing §. 132 das. S. 138.
18) Echtebing §. 133 a. a. O.
19) Echtebing §. 134 das. S. 139.

endlich, wenn der Mann nicht über 30 Mark verschosste[20]). Kinder unter 12 Jahren konnten nach Belieben gekleidet werden[21]).

Daß trotz aller dieser Bestimmungen der Luxus dennoch fortwährend im Steigen war, zeigen spätere gesetzliche Bestimmungen hinsichtlich des Werthes der zu tragenden Kleider und Luxussachen[22]). Daß die Gefallsucht dabei das treibende Motiv war, ersieht man aus Tilemann Zierenberger. Er berichtet am Ende des Mittelalters von den hiesigen Frauen, sie wendeten bei ihrem Anzuge besondere Sorgfalt auf ihre Füße und Brüste; jene suchten sie so klein und zierlich, diese so groß und schwellend als möglich darzustellen[23]).

Die Ueppigkeit der Frauen reizte natürlich auch das Gesinde zur Verschwendung. Als man selbst Dienstmägde mit seidenen Gewändern gekleidet sah, so bestimmte der Rath, solche Mägde solle die Herrschaft ohne Weiteres entlassen[24]). Mägde, welche vergoldete Spangen, Knöpfe und Schalen (?) trugen, wurden zum Schoß herangezogen[25]). In der Gesindezucht war damals mancher Grundsatz in Geltung, den man jetzt schmerzlich vermisst. Ging ein Dienstbote hieselbst zur Unzeit absichtlich aus dem Dienste, so durfte kein Bürger einen solchen im nächsten Jahr in Dienst nehmen; sonst verfiel er in die schwere Strafe von 3 Pfund Geldes[26]).

Gleicher Luxus wie in der Kleidung trat hier auch bei Festlichkeiten des Familienlebens früh zu Tage, so namentlich bei Verlobungen, Hochzeiten und Kindtaufen; auch bei ernsteren Feierlichkeiten, wie bei Beerdigungen und bei der Einkleidung junger Mönche und Nonnen, fehlte es an Zeichen der Prunksucht nicht.

Dem Luxus bei Hochzeiten trat schon das Ottonische Stadtrecht entgegen. Wer eine Hochzeit (brutlichte) veranstaltete, der sollte nicht mehr als 12 Schüsseln haben, d. h. er sollte nicht mehr als 12 Personen dazu einladen. Damit Tanz das Fest verschönern könne, war auch erlaubt, drei Spielleute dazu zu nehmen[27]). Seit dem 14. Jahrhundert

---

20) Echteding §. 186—138 im Urkundenbuch I, S. 139.
21) Echteding §. 140 das. S. 139.
22) Gesetze von 1421 in den Nachträgen zum Echteding.
23) Leibnitz, S. R. Br. II, 91.
24) Stadtgesetze §. 123 im Urkundenbuch I, S. 72.
25) Echteding §. 65 das. S. 133.
26) Stadtgesetze §. 109 das. S. 70 und Echteding §. 66 das. S. 133.
27) Ottonisches Stadtrecht §. 20 das. S. 5.

6. Sorge für den Wohlstand.

wurden die gesetzlichen Bestimmungen gegen den Luxus bei Verlobungen und Hochzeiten immer eingehender, wie die Ordnung Van der brutlachte unde dem brudbade zeigt [28]), deren Bestimmungen in den später erlassenen Stadtgesetzen theils wiederholt, theils erweitert wurden.

Bereits im 14. Jahrhundert fing man auch hier an, mit glänzenden Aussteuern der zu verheirathenden Töchter zu prunken. Man richtete sie großartiger ein, als es die Vermögensumstände erlaubten. Daher erging z. B. die Bestimmung, daß derjenige Bürger seiner Tochter kein volles Paar Kleider mitgeben dürfe, welcher ihr keine 10 Pfund Geldes mitgeben könne [29]). Im Allgemeinen galt als Verschwendung, mehr als 40 Mark an die Kleider und Aussteuer (ingedome) einer zu verheirathenden Frauensperson zu wenden [30]). Diese Bestimmung ward auch im 15. Jahrhundert aufrecht erhalten [31]).

Auch die Geschenke, welche sich Brautleute gegenseitig machten, waren oft übermäßig groß. Wie der Mann seiner neuvermählten Gattin eine Morgengabe darbrachte [32]), so sandte dagegen schon vor der Hochzeit die Braut allerlei Kleinodien und andere Gaben als Geschenke an ihren Bräutigam, dessen Eltern, Geschwister und allenfalls an dessen Hausgenossen. Die Gabe für den Bräutigam durfte höchstens 1 Mark kosten [33]), die für jeden seiner Familiengenossen 10 Schillinge, und für das Gesinde in dessen Hause à 2 Schillinge [34]).

Auch auf die Ausschmückung der Braut zur Hochzeit verwandte man viel Geld; namentlich scheinen außer den Kleidern und Putzgegenständen die Schuhe eine große Rolle gespielt zu haben. Daher schon um 1350 die Bestimmung, daß sie nicht über 5 Schillinge kosten dürften [35]). Später ließ man diese Anordnung fallen.

Die größte Verschwendung zeigte sich natürlich bei der Einrichtung der Hochzeit selbst und in den ihr vorangehenden Festlichkeiten. In den

---

28) Diese zwischen 1331—1350 erlassene Ordnung steht im Urkundenbuch I, S. 43.

29) Stadtgesetze §. 87 im Urkundenbuch I, S. 48.

30) Stadtgesetze §. 12 das. S. 44.

31) Stadtrecht §. 254 das. S. 121. Echteding §. 12 das. S. 128.

32) Stadtrecht §. 37 das. S. 23.

33) Ordnung vom Brautgelage §. 1. 2 das. S. 43. Stadtgesetze §. 13 das. S. 45.

34) So nach einer Bestimmung von 1426 im Echteding §. 13 das. S. 128.

35) Ordnung vom Brautgelage §. 4 das. S. 43. Stadtgesetze §. 13 das. S. 45.

letzten beiden Wochen vor seiner Hochzeit pflegte der Bräutigam seine Freunde und Kumpane ein oder zwei Mal zum Essen einzuladen. Doch durfte das nur ein Essen zu 10 Schüsseln oder Gedecken sein, nur 4 Stübchen Wein durften vertrunken werden [36]. Ebenfalls vor der Hochzeit scheint das Brautbad veranstaltet zu sein, zu welchem höchstens 20 Frauen eingeladen werden durften [37].

Zur eigentlichen Hochzeitsfeier (de brutlacht) durfte man nach gesetzlichen Bestimmungen, welche vor 1350 erlassen waren, 60 Personen einladen. Beim hochzeitlichen Mahle waren 60 Schüsseln oder Gedecke, 6 Gerichte und ein Wildbraten, 6 Drosten oder Aufwärter, 6 Schenken und 6 Frauen zur Bedienung gestattet; beim Tanze, der nur bis zum Läuten der Wächterglocke dauern durfte, sollten 6 Spielleute musiciren, und zwei dunne brodere oder Köche hatten die Mahlzeiten zu bereiten. Nur wenn mit einer von auswärts kommenden Braut noch mehrere Personen als Begleitung ungebeten kamen, so wurden diese in jene Zahl nicht eingerechnet [38].

Später wurde Einzelnes noch weiter beschränkt. Um 1385 gestattete das Gesetz zwar wie früher 60 Hochzeitsgäste, aber nur 8 Drosten und 8 Spielleute; die Zahl der Gäste am letzten Hochzeitsabend beschränkte man damals auf 30 Personen [39]. Um 1387 ward bestimmt, daß die aufwartenden Drosten in die Zahl der gestatteten 60 Personen mit eingerechnet werden sollten. Diese durfte man am Hochzeitsabend, am Morgen darauf und am nächsten Abend zum Essen haben; dafür ward aber strenge verboten, Niemandem Wein, Bier oder irgendwelche Speise aus dem Hochzeitshause zuzusenden [40].

Diese Bestimmungen blieben auch nach 1400 in Kraft, nur einzelnes Neue ward hinzugefügt. Außer den 60 Gästen konnten zur Hochzeit und für den nächstfolgenden Abend noch je 8 Jungfrauen, wie es scheint, zum Tanze eingeladen werden [41]. Beim Hochzeitsmahle durfte man nur 6 Gerichte geben, Wildbraten war verboten; aus sil-

---

36) Ordnung vom Brautgelage §. 7 im Urkundenbuch I, S. 43 und Stadtrecht §. 243 das. S. 121.

37) Ordnung vom Brautgelage §. 8 das. S. 43.

38) Ordnung vom Brautgelage §. 6. 9. 11 das. S. 43. Vergl. Stadtrecht §. 239 das. S. 120.

39) Stadtgesetze §. 17. 19 das. S. 64.

40) Stadtgesetze §. 138 das. S. 74.

41) Echteding §. 14 das. S. 128.

6. Sorge für den Wohlstand.

bernen Gefäßen durfte nur das Brautpaar essen⁴²). Die Lichte, welche man auf der Hochzeit brannte, sollten einpfündige sein, nur zwei zweipfündige waren erlaubt⁴³). Hochzeitsgeschenke, die schon damals gebräuchlich waren, durfte man nur der Braut und dem Bräutigam geben, namentlich Silber, Gold und andere nützliche Dinge⁴⁴). Dagegen beschenkten Bräutigam und Braut das Gesinde ihrer elterlichen Häuser⁴⁵). Zum Brautbade durften seit 1400 nur 6 Frauen mit ihren Mägden mitgehen, nach dem Bade war ein Essen für 20 Frauen zu geben erlaubt⁴⁶). Wenn die Hochzeit beendet war, so hatte der junge Ehemann vor dem Rathe zu schwören, daß die gesetzlichen Bestimmungen in keiner Hinsicht übertreten seien. Schwur er das nicht, so nahm man ihn in eine Strafe von 5 Pfund Geldes⁴⁷).

Um 1484 unterschied man bei der Feier einer Hochzeit die Vorgabe (de vorgift), bei welcher die Braut dem Bräutigam öffentlich zugesagt ward, dann die Hochzeit (de brutlacht oder de warschup) oder die Trauung in der Kirche, wo man dann eine Brautmesse halten ließ, an welche sich das Hochzeitsmahl und der Tanz anschloß. Bei jenem war Wildbraten ein Luxusgericht, in der Fastenzeit aß man frische Fische. Gestattet waren vier Gerichte, wobei Backwerk, Käse und Früchte nicht mitgerechnet wurden. Bei der Vorgabe und beim Brauttanze waren 60 Personen erlaubt, beim Hochzeitsmahl 80, außerdem 12 Jungfrauen und 12 Drosten⁴⁸).

Auch Kindtaufen feierte man durch einen Schmaus, zu welchem vornehmlich die Gevattern eingeladen werden mochten. Da auch bei solchen Gelegenheiten unnützer Luxus getrieben ward, so bestimmte 1410 eine Verordnung des Rathes, daß man bei einer Taufe nicht mehr als 6 Fremde zu Gaste haben solle⁴⁹). Den Bürgern und Bürgerinnen wurde sogar untersagt, außerhalb der Stadt bei Kindtaufen Pathenstelle zu vertreten⁵⁰).

---

42) Stadtrecht §. 244 und 241 im Urkundenbuch I, S. 121.
43) Stadtrecht §. 245 das. S. 121.
44) Stadtrecht §. 246 das. S. 121.
45) Stadtrecht §. 247 a. a. O.
46) Stadtrecht §. 251 a. a. O.
47) Stadtrecht §. 252 a. a. O.
48) Ordnung vom Brautgelage das. S. 245.
49) Echteding §. 147 das. S. 140.
50) Echteding §. 118 das. S. 137.

Selbst dem unnöthigen Aufwand bei Leichenbegängnissen trat der Rath entgegen, indem er 1410 bestimmte, daß, wenn man dem Todten eine Vigilie halte, nur den dabei gegenwärtigen Schülern eine Spende gegeben werden dürfe [51]). Bei dem Begräbniß und bei der Gedächtnißfeier 30 Tage nach dem Todesfalle durften die Hinterbliebenen nur 10 Personen zu Gaste haben [52]).

Da die Aufnahme von Jünglingen und Jungfrauen in ein Kloster von deren Eltern als ein großes Glück und als hohe Ehre betrachtet ward, so feierten sie diesen Act oft mit einem Aufwande, der ihre Kräfte überstieg. Namentlich liebte man es, in großem Zuge nach dem betreffenden Kloster zu ziehen, wo „die Einopferung" geschehen sollte. Allen Theilnehmern an jenem Zuge bereitete man dann eine Mahlzeit [53]). Dagegen verordnete der Rath schon vor 1350, daß mit dem im Kloster einzukleidenden Kinde nur 6 Frauen mit ihren Mägden mitgehen dürften [54]). Um 1380 wurden die bei solchen Gelegenheiten üblichen Mahlzeiten ganz verboten [55]).

Auch den Tag, an welchem ein in's Kloster getretener Jüngling nach empfangener Priesterweihe seine erste Messe hielt, pflegten die Anverwandten durch ein Mahl zu feiern. Auch dies untersagte der Rath gegen Ende des 14. Jahrhunderts [56]).

Unter den Glücksspielen scheint das Dobbelspiel hier in einer Weise betrieben zu sein, daß bei der Leidenschaftlichkeit, mit der man ihm meistens oblag, zu fürchten war, der Wohlstand, ja die Existenz mancher Familie könne dadurch gefährdet werden. Darum schritt der Rath schon früh gegen dieses Spiel ein, von dessen Einrichtung die hiesigen Quellen nichts berichten.

Die älteste Verordnung wider dasselbe ward 1340 erlassen. Sie zeigt, daß man es gestattete, aber insofern beschränkte, als man zu hohes Spiel mit Strafen belegte. Fünf Schillinge sollten der höchste Satz sein, den man erlaubter Weise gewinnen oder verlieren durfte. Ueber-

---

51) Echteding §. 145 im Urkundenbuch I, S. 140.
52) Echteding §. 146 das. S. 140.
53) Sack, Schulen, S. 35.
54) Stadtgesetze §. 91 und 92 im Urkundenbuch I, S. 68.
55) Stadtgesetze §. 139 das. S. 74. Später war die Mahlzeit wieder erlaubt, außer den sechs Frauen durften auch zwei Männer aus der nächsten Verwandtschaft daran Theil nehmen. Echteding §. 17 das. S. 129.
56) Stadtgesetze §. 141 das. S. 74.

6. Sorge für den Wohlstand.

tretungen wurden vom Rathe gerügt. Wer einen höheren Gewinn gemacht hatte, musste denselben bis auf die erlaubten 5 Schillinge an den Rath abliefern und ward je nach der Größe seiner Uebertretung auf eine gewisse Zeit der Stadt verwiesen. Erst wenn er nach Abbüßung der Strafzeit noch 2 Pfund Strafe gezahlt hatte, ward er wieder in die Gemeinde aufgenommen[57]). In gleicher Weise strafte der Rath auch den, welcher eine zu hohe Summe verloren hatte[58]). Wer eine Anklage wegen ungesetzlichen Spieles entkräften wollte, musste einen Reinigungseid schwören[59]). Der um des Spieles willen Verwiesene durfte sich während seiner Verweisung der Stadt auf eine Meile Entfernung nicht nähern[60]).

Spätere Verordnungen bedrohten auch den mit Strafe, welcher beim Dobbelspiel den Spielern Geld zu weiterem Spiel darlieh, ja selbst den Wirth des Hauses, in welchem das geschah[61]). Auch für ungesetzliche Spiele außerhalb des Weichbildes und auf den drei hiesigen „Freiheiten" wurden die Bürger gestraft[62]). Rathsherren, Rathsgeschworene und die Diener des Rathes, auch die Gildemeister wurden verpflichtet, alle ihnen bekannten Contraventionen zur Anzeige zu bringen[63]).

Um den Reiz der Uebertretung der Spielgesetze abzuschwächen, bestimmte der Rath später, dass der Spieler, welcher über 5 Schillinge in einem Spiele verliere, nicht gehalten sei, diesen Verlust dem Gewinner zu bezahlen[64]). Wer mit einem Fremden ungesetzlich dobbelte, zahlte 10 Mark Strafe und ward auf ein halbes Jahr aus der Stadt verwiesen[65]). Auch Juden, Dienstboten, Fremden und Pfaffen war jenes Glücksspiel verboten, so lange sie sich hier aufhielten[66]).

Um 1400 ward der Rath in der Bestrafung der Dobbelspieler milder. Junge Leute unter 18 Jahren betrachtete man als unberechtigt

---

57) Dobbelordnung §. 3 im Urkundenbuch I, S. 35. Von den Strafgeldern erhielt auch der Vogt einen Antheil, das. §. 8.
58) Das. §. 4.
59) Das. §. 5.
60) Das. §. 6.
61) Das. B, §. 1.
62) Das. B, §. 3 und Stadtgesetze §. 78 im Urkundenbuch I, S. 48.
63) Das. B, §. 4. 5.
64) Stadtgesetze §. 79 im Urkundenbuch I, S. 48.
65) Stadtgesetze §. 80 das.
66) Stadtgesetze §. 81 und 82 das. und §. 124. 183 das. S. 72 flg.

zu solchem Spiel; ihnen brauchte man den gemachten Gewinn nicht zu bezahlen, konnte aber auch keine Spielschuld von ihnen fordern [67]). Da das Spiel auf die Gasthäuser beschränkt ward, so mussten die Wirthe über Beobachtung der gesetzlichen Bestimmungen wachen und Uebertretungen anzeigen [68]); doch gestattete man jetzt Spiele zu 10 Schillingen [69]).

Endlich 1415 musste der Rath noch einigen Misbräuchen entgegentreten, welche sich bei jenem Spiel eingeschlichen hatten. Da durch mehrfach wiederholtes Spiel oft große Summen verloren gegangen sein mochten, so verordnete der Rath, wenn Jemand in einem Tage über eine Mark verdobbele, so solle er dem Rath eine Mark Strafe zahlen und 6 Wochen Gefängnißstrafe erdulden; wer solches Spiel in seinem Hause duldete oder gar förderte, zahlte 10 Mark Strafe und ward auf ein Jahr aus der Stadt verwiesen. Damals ward auch den Schenkwirthen und den Bierbrauern untersagt, Dobbelspiel in ihren Häusern zu gestatten [70]). Ohne Zweifel werden alle diese Verordnungen nicht im Stande gewesen sein, die leidenschaftliche Lust an diesem Spiele zu unterdrücken. Die wohlgemeinten Absichten des Rathes waren mit solchen Mitteln nicht zu erreichen.

---

[67]) Stadtgesetze §. 100 im Urkundenbuch I, S. 69.
[68]) Stadtgesetze §. 87. 88. 132 daſ. S. 68 und 73.
[69]) Stadtgesetze §. 83. 129—131 daſ. S. 68—73. Echteding §. 58 daſ. S. 132.
[70]) Echteding §. 150—152 daſ. S. 140 flg.

IX. Topographie.

1. Allgemeine Vorbemerkungen.

Die Stadt Braunschweig (Bruneswich, d. h. Brunos Wik) erwuchs an der Oder[1]) aus mehrfachen Ansiedelungen um die Burg Dankwarderobe. Aus diesen Ansiedelungen wurden mit der Zeit fünf Weichbilder, jedes eine Stadt im Kleinen, jedes mit eigenem Rathhaus, mit eigenem Markt, mit eigener Obrigkeit. Daher heißt Braunschweig schon im Mittelalter eine „Stadt der fünf Städte"[2]). Von jenen Weichbildern liegen drei, Altstadt, Neustadt und Sack nebst der Burg Dankwarderobe auf der Westseite der Oder, die beiden anderen, Hagen und Altewik nebst der Klosterfreiheit von St. Aegidien auf deren Ostseite, wie es der Stadtplan zeigt. Die Weichbilder waren in Bauerschaften eingetheilt, deren Name und Ausdehnung aus den Kämmerei- und Degedingsbüchern zu ersehen ist.

Um 1400 zerfiel die Altstadt in die vier Bauerschaften zu St. Michaelis, des hohen Thores, in St. Petrus- und St. Ulrichsbauer-

---

[1]) Den Namen Oder (Ovekra) erklärt man gewöhnlich durch „Krähenfluß". Er soll zusammengesetzt sein aus den althochdeutschen Wörtern owa = Wasser, Strom und crâ = Krähe. Dagegen ist einzuwenden, daß das Wort, wenn es jenen Sinn haben sollte, crâowa oder crôwa heißen müßte. Außerdem ist jener Name nicht besonders charakteristisch; denn Krähen halten sich nicht vorzugsweise an Flüssen, sondern auf Feldern, Wiesen und in Wäldern auf, wo sie Würmer, Mäuse, Insecten und Getreide finden. Nach Neueren soll das Wort celtischen Ursprungs sein und „Felsenfluß" bedeuten, weil es aus ova, oba = Fluß und cra = Felsen zusammengesetzt sei. Dieser Name bezöge sich dann auf den oberen Lauf des Flusses im felsigen Oderthale. So nach Mahn in Herrigs Archiv für neuere Sprachen Bd. 28, S. 154.

[2]) Telomonius Ornatomontanus bei Leibnitz, S. R. Br. II, 90.

schaft. Die Neustadt bestand damals aus den Bauerschaften vor der Hagenbrücke, des Radeklints und des Rickerkulkes; der Hagen aus denen des Wenden-, des Fallersleber- und des Steinthores. Altewik und Sack waren um 1400 nicht weiter in Bauerschaften eingetheilt. Doch später zerfiel auch jedes dieser Weichbilder in zwei solche Bezirke, der Sack in die Bauerschaften vor der Burg und in die des Sackes, später in die der Schuhstraße und die der Kannengießerstraße. In der Altewik bestanden die Bauerschaften zu St. Aegidien und die zu St. Magnus. So gab es also etwa seit Mitte des 15. Jahrhunderts hier 14 Bauerschaften, von denen die zwölf um 1400 vorhandenen der Stadtplan zeigt [3]).

Jede Bauerschaft umfaßte mehrere Straßen. Die in diesen belegenen Wohnungen von größerem Umfang heißen Häuser, die kleineren Buden. Wie in jenen Kaufleute, Wechsler, größere Gewerbtreibende und sonstige wohlhabende Leute zu wohnen pflegten, so wurden diese von den Ackerbürgern und kleineren Gewerbtreibenden bewohnt [4]). Die einzelnen Häuser bezeichnete man im Mittelalter nicht mit Nummern, sondern nach ihrer Lage. Man gab zu diesem Zwecke zunächst an, in welcher Häuserreihe einer Straße eine Wohnung lag, unterschied also bei manchen Straßen die nördliche und südliche, bei anderen die östliche und westliche Häuserreihe. Zur genaueren Bezeichnung fügte man hinzu, es sei das sovielte Haus von einer bestimmten Ecke oder von einem allgemein gekannten durch Beinamen und Wahrzeichen oder durch seine Bauart leicht kenntlichen Hause, wobei hinzugefügt ward, nach welcher Seite hin man zähle. Oder man gab auch wohl an, welcher Straße, welcher Twete, welchem Brunnen es gegenüber liege.

Nach dem Zeugnisse des Tilemann Zierenberger [5]), der um 1500 schrieb, gewährte Braunschweig im Innern, wie von außen einen stattlichen Anblick. Im Innern — so erzählt er — zeugten die reich geschmückten Gotteshäuser, die stattlichen Rathhäuser, die prächtigen, schmuckreichen Häuser mit ihren sinnigen Inschriften und Wappenbildern, die

---

3) Quellen sind die Kämmerei- und Degedingsbücher der fünf Weichbilder. Ribbentrop, Beschreibung der Stadt Braunschweig I, S. CVIII.

4) Sack, Alterthümer, S. 1. Eine weitere Eintheilung der Bauerschaften in Worben, wovon dort S. 2 die Rede ist, gab es nicht. Die Annahme derselben beruht auf einem Misverständniß.

5) Leibnitz, S. R. Br. II, 90.

gepflasterten Märkte und Straßen mit Steinwegen an den Häusern und das rege Verkehrsleben von Wohlstand und Gewerbthätigkeit. Gleich stattlich war die Ansicht der Stadt nach seinem Bericht von außen. Oberhalb des Mauergrabens erhoben sich die Mauern mit ihren Zinnen und Bergfrieden, stattliche Thore mit ihren Thürmen führten durch dieselben. Aus der Häusermasse ragten außerdem die Thürme und Thürmchen der zahlreichen Kirchen und Capellen hervor.

Seit dem Anbau des Bruches um 1440 hatte die Stadt ihren jetzigen Umfang. Sie erfüllte das Innere einer ziemlich regelmäßigen kreisförmigen Figur. Länge und Breite derselben sind darum ziemlich gleich, wie auch Zierenberger anerkennt. Ungenau nennt er ihre Gestalt eine viereckte; ihren Umfang schätzt er auf 2000 Schritte ab. Reducirt man dies auf römische Millien, deren fünf eine deutsche Meile ausmachten, so betrug danach der Umfang der Stadt 2/5 Meilen, was im Ganzen richtig ist.

Auch ihre Lage beschreibt Zierenberger richtig. Sie liegt, sagt er, an der Ocker in einer Gegend, welche im Süden das Harzgebirge, im Osten das Magdeburger, im Westen das Hildesheimer, im Norden das Lüneburger Land zu Grenzen hat. So lag also Braunschweig so ziemlich im Mittelpunkte des altsächsischen Landes, zu dessen ältesten und bedeutendsten Städten es von jenem Schriftsteller mit Recht gerechnet wird. Betrachten wir nach diesen allgemeinen Vorbemerkungen die Theile der Stadt im Einzelnen.

2. Die Burg Dankwarderode[1]).

Im Mittelpunkte der Stadt von den Weichbildern Hagen, Sack und Altstadt rings umschlossen liegt noch jetzt der ehrwürdige Fürstensitz der Brunonen und Welfen, welchen schon eine vor 1068 ausgestellte Urkunde Thoneguarderoth nennt[2]). Das „Castrum Tanquarberoth"

---

1) Ueber die Burg handeln: Ribbentrop, Beschreibung der Stadt Braunschweig I, S. 101—105; ein Aufsatz im Br. Magazin 1812, Stück 2; Schröder und Assmann, Die Stadt Braunschweig II, S. 195 flg.; Sack im Archiv des Vereins für Niedersachsen 1847, S. 220—228; und Schiller, Die mittelalterliche Architektur, S. 7 flg. 58 flg.

2) Orig. Guelf. II, 334.

wird zuerst in einer Urkunde von 1134 erwähnt[3]); daß ein Tanquard oder Dankward der Gründer war, zeigt der Name.

Von den Brunonen kam die Burg durch Lothar an die Welfen. Heinrich der Löwe scheint sie 1166 mit Wall und Graben umgeben zu haben (S. 61), in ihr erlebte er 1195 das Ende seiner Tage. Sie blieb im Besitze seiner Nachkommen bis auf den heutigen Tag.

Die Burg (urbs), in der das Stadtrecht nicht galt und darum die Burgfreiheit genannt[4]), lag am westlichen Ufer der Ocker. Wie der Fluß ihre Ostseite deckte, so schirmte sie im Süden, Westen und Norden ein Graben, der erst 1798 völlig zugeworfen ist[5]), welchen der Stadtplan zeigt. Er trennte die Burg von der Dompropstei und der kleinen Burg im Süden, vom Weichbild des Sackes im Westen und Norden. Auf der Nordseite des jetzigen bevernschen Schlosses verließ er die Ocker, zog in westlicher Richtung auf die kleine Burg zu, das Blasiusstift im Süden begrenzend, floß dann in nördlicher Richtung den Papenstieg entlang[6]) bis an den Küchenhof[7]) und von da in östlicher Richtung über den jetzigen Ruhfäutgenplatz und unterhalb der Burgmühle wieder in die Ocker.

Ueber diesen Burggraben führten nach dem Stadtplane von 1671 mehrere Brücken und Stege. Ein Uebergang führte vom Blasiusstift nach dessen Propsteihof, ein anderer bei der altehrwürdigen Linde und dem Kornhause des Stifts zu einer Stiftsherrncurie, eine dritte Brücke führte aus der Burg in die Straße der Mestwerchten und nach dem Sacke[8]), noch eine nach der Höhe und die fünfte auf den Zugang zum langen Stege zu, der nach dem Hagenscharren über die Ocker führte. Ueber die Ocker führten nach Osten zwei Brücken, eine an der Burgmühle und eine, der Schulstieg genannt, nach der Burgtwete[9]).

Daß die Burg auch von einer Mauer umgeben war, zeigt frei-

---

3) Orig. Guelf. II, 520.
4) Urkunde von 1428 bei Erath, Erbtheilungen, S. 40.
5) Sack im Vaterl. Archiv 1847, S. 226.
6) Diese Strecke wird 1345 urkundlich erwähnt. Rehtmeier, Kirchenhistorie I, Beil. S. 72.
7) Diese Strecke wird 1333 urkundlich erwähnt. Rehtmeier, Kirchenhistorie I, Supplem. S. 59.
8) Sie kommt im Degedingsbuch des Sackes I, S. 62 zum Jahre 1347 vor.
9) Vialia Scolsteghe werden schon 1293 genannt in einer Urkunde im Ordinar. S. Blasii fol. 34 ^{1}. Nr. 40.

2. Die Burg Dankwarderode.

lich der Stadtplan nicht. Aber in einer Urkunde von 1333 [10]) ist von dem murus urbis so die Rede, daß urbs nur die Burg bezeichnen kann. Wenn ferner die Gedenktafel des Blasiusstifts [11]) berichtet, Dankward habe die Burg bemauern lassen, so weisen diese Worte wenigstens auf eine Mauer der Burg hin, welche später ohne Zweifel vorhanden war und deren diese in der Ebene gelegene Burg kaum entbehren konnte.

Durch jene Mauer führten drei Thore. Das nach dem Sacke führende Westthor hieß das Burgthor [12]), es lag innerhalb der Brücke, welche vor dem Hause Nr. 2593 über den Burggraben führte. Auch das Thor, welches an der Nordostecke des Burgplatzes nach der Mühle führte, hieß damals das Burgthor [13]), daß es den Namen des Düstern Thores [14]) im Mittelalter führte, läßt sich bis jetzt nicht erweisen. An dem nach der Burgtwete führenden Schulstiege wird bereits 1293 ein Thor erwähnt [15]); nach Neueren soll es das Blasiusthor [16]) geheißen haben, daß dieser Name im Mittelalter vorkommt, ist noch nicht erwiesen.

Auf dem innerhalb des Burggrabens belegenen Raume lagen zwei Hauptgebäude, ein weltliches und ein kirchliches, jenes die Fürstenburg der Brunonen und Welfen, dieses das Stift St. Blasius; jene bewohnten sie im Leben, dieses im Tode.

Die Fürstenburg oder Pfalz lag auf der Stelle der jetzigen Burgcaserne. An der Stelle des ältesten gewiß sehr einfachen Gebäudes, in welchem die Brunonen gewohnt hatten, erbaute Heinrich der Löwe nach seinem Pilgerzuge einen stattlichen Palast und ein moyshus, welches Speisesaal, Küche und Vorrathshaus enthalten zu haben scheint [17])

---

10) Diese Strecke wird 1333 urkundlich erwähnt. Rehtmeier, Kirchenhistorie Supplem. S. 59.

11) Leibnitz, S. R. Br. III, 148.

12) Schon 1356 nennt dies borchdor das Degedingsbuch des Sackes I, S. 76. Es ward 1586 neu gebaut und 1799 abgerissen. Sack im Vaterl. Archiv 1847, S. 227. Irrthümliches berichtet über dies Thor Ribbentrop, Beschreibung von Braunschweig I, S. 101.

13) Degedingsbuch des Sackes I, S. 205 zum Jahre 1395.

14) Ribbentrop, Beschreibung von Braunschweig I, S. 43.

15) Urkunde im Ordinar. S. Blasii fol. 34¹. Nr. 40.

16) Ribbentrop, Beschreibung von Braunschweig I, S. 42 und Sack, Vaterl. Archiv 1847, S. 228.

17) Schröder und Aßmann, Die Stadt Braunschweig II, S. 197.

(S. 68). Von diesem durch eine Feuersbrunst 1252 heimgesuchten Palaste (S. 101) sollen sich nach Neueren Ueberreste im Innern der jetzigen Burgcaserne erhalten haben, nämlich ein Fragment der ursprünglichen Rückseite, welches in einer fünf Fuß dicken Mauer besteht, durch welche „eine von romanischen Pfeilern eingeschlossene Arkade" als ursprüngliches Mittelportal führt[18]. Nach jener Feuersbrunst hergestellt biente jener Fürstensitz bis in den Anfang des 14. Jahrhunderts den welfischen Fürsten zur Residenz. Der Stiftskirche zunächst lag der eigentliche Palast (de pallas)[19], welcher 1345 auch die Kemnade genannt wird[20] und der fürstlichen Familie zur Wohnung diente. Von da führte ein Gang hinüber zum Chore der Stiftskirche, in deren nördlichem Kreuzflügel noch die Thür zu sehen ist, durch welche die aus dem Palaste kommenden fürstlichen Personen das Heiligthum betraten. Nördlich vom Palast lag das Moshaus[21], ebenfalls von Heinrich dem Löwen erbaut[22]. Am Palast „hart bei dem Dome"[23] lag die anfangs für den Hausgottesdienst der fürstlichen Familie bestimmte Doppelcapelle St. Georgs und St. Gertruds, ebenfalls von Heinrich dem Löwen erbaut (S. 67. 416)[24].

Vor dem Palaste stand auf dem Burghofe das eherne Standbild des Löwen, das 1166 von jenem Fürsten auf einem steinernen Postamente errichtet war (S. 66)[25]. Auf der Nordseite des Burghofes zwischen den beiden oben genannten Burgthoren, die nach dem Sacke und nach dem Ruhfäutgenplatze führten, lagen einige an ritterliche Geschlechter, welche in der Burg Hofdienste leisteten, als Beneficien überlassene Höfe. Dort findet sich schon 1312 der Küchenhof im Besitze des Ritters Ludolf von Veltheim, einen daneben belegenen Hof besaß damals die Familie von Uetze[26]. Auf der Stelle des jetzigen Bieweg-

---

[18] Schiller, Die mittelalterliche Architektur, S. 61.
[19] Chronic. rhythmicum bei Leibnitz, S. R. Br. III, 54.
[20] Urkunde in Erath, Erbtheilungen, S. 12.
[21] Urkunde das.
[22] Botho zum Jahre 1172 bei Leibnitz, S. R. Br. III, 348.
[23] Botho das.
[24] Daß die Capelle auf der Nordseite der Stiftskirche lag, zeigt die älteste Ansicht der Stadt von 1547. Sie scheint an der Ostseite des Palastes gelegen zu haben.
[25] Schiller, Die mittelalterliche Architektur, S. 7—10.
[26] Urkunde bei Rehtmeier, Kirchenhistorie, Supplem. S. 59.

schen Hauses lag der Hof derer von Bartensleben, an welchem das Gerichtsbild des Rolands stand[27]).

Solche Höfe des Lehnsadels lagen auch auf der Westseite des Thurmes des Blasiusstifts; so die drei Höfe der Familie von Scadewald[28]), der Edlen von Warberg[29]) und der Herren von Ambleben[30]). Noch andere, wie der der Herren von Athlevessen und derer vom Knesebeck lagen in der Nähe des Thores, das auf den Schulstieg führte[31]), der der Herren von Berfelde endlich lag in der kleinen Burg, dem südwestlichen Vorhofe der Burg, neben der Maria-Magdalenencapelle[32]).

Dem Chor des Blasiusstifts gegenüber lag „der hohe Grashof"[33]), also wahrscheinlich auf der Stelle des Hauses Nr. 40 in der Burg, in welchem sich jetzt das Clubblocal des Officiercorps befindet. Neben demselben, dem Viridarium, lag schon 1295 die Amtswohnung für den Vicar des Bartholomäusaltars im Blasiusstift[34]).

Das zweite Hauptgebäude der Burg war das Blasiusstift. Die Kirche, deren Erbauung S. 383 erzählt ist, zeigt den architektonischen Geschmack mehrerer Jahrhunderte in ihren Theilen. Die ältesten Theile dieser 246 Fuß langen und 110 Fuß breiten Kirche[35]), die als romanische Pfeilerbasilika erbaut ward, sind der hohe Chor und die Kreuzflügel mit der unter jenem befindlichen Krypta, das Mittelschiff und die beiden unteren Geschosse des Thurmbaues. Der hohe Chor, 83 Fuß lang und 50 Fuß hoch, erhebt sich über der Krypta etwa 11 Fuß hoch über dem 61 Fuß hohen, 123 Fuß langen und 32 Fuß breiten Mittelschiff, mit welchem die beiden Kreuzflügel gleiche Höhe haben. Auf sechs Haupt- und acht kleineren Zwischenpfeilern erheben sich die Wände des Mittelschiffes, welches durch mehrere romanische Fensterpaare das nöthige Licht erhält. Schlichte Gratgewölbe ohne Rippen, aber mit dem leisen Einknick des Spitzbogens versehen, bilden die Decke der älte-

---

27) Urkunden der Martinikirche Nr. 272. 273 vom Jahre 1517 und Sack im Vaterl. Archiv 1847, S. 224. Vergl. auch Br. Magazin 1817, S. 679.
28) Urkunde von 1294 im Ordinar. S. Blasii fol. 27¹. Nr. 10.
29) Urkundliche Mittheilungen bei Bege, Burgen, S. 149.
30) Nachricht von 1391 im Br. Magazin 1817, S. 681.
31) Urkunde von 1420 im Copialbuch von St. Ulrich II, S. 82.
32) Memorienregister von St. Blasius, S. 27.
33) Urkunden von 1348 in Sudendorfs Urkundenbuch II, S. 149 und 164.
34) Ordinar. S. Blasii fol. 28. Nr. 12 und fol. 34¹. Nr. 40.
35) Schiller, Die mittelalterliche Architektur, S. 10—25.

sten Theile der Kirche. Unter dem Chore, der gleich dem südlichen Kreuzflügel schon in alter Zeit mit Wandgemälden geschmückt ward, befindet sich die dreischiffige romanische Krypta, deren Decke von zwei Pfeilern und sechs Säulen getragen wird. Chor und Kreuzflügel enden in Absiden. An der Stelle des ursprünglichen südlichen Seitenschiffes, das gleich dem nördlichen nur die halbe Höhe und Breite des Mittelschiffes hatte, erbaute in der ersten Hälfte des 14. Jahrhunderts Herzog Otto der Milde die noch vorhandene südliche Doppelhalle im gothischen Style, welche durch sieben etwa 20 Fuß hohe Fenster Licht erhält. Strebepfeiler stützen die Wandfläche, welche über den Fenstern mit acht gothischen Giebeln verziert ist. Ueber der südlichen Eingangsthür befindet sich außer einem kreisrunden Fenster noch eine von der Erbauung dieses Theiles der Kirche handelnde Inschrift. Sie lautet:

Anno domini Mcccxliiii obiit dux Otto Felicis et Adaucti [36]), Agnes conthoralis sua obiit Mcccxxxiiii v Kal. Decembres, a quibus fundata est hec capella. Anno incarnationis dominice Mcccxlvi.

An der Stelle des nördlichen Seitenschiffes ward 1469 die jetzige Doppelhalle erbaut, welche auf sieben gewundenen Säulen ruht und von flachen Netzgewölben überspannt wird. Acht hohe und breite Fenster, welche oben in einem stumpfen Winkel enden, geben dem Inneren das nöthige Licht. Zwei Spitzbogenfenster, schmaler aber weniger hoch als jene, befinden sich über der nördlichen Eingangsthür, zwischen ihnen steht die Jahreszahl 1469 in arabischen Ziffern. Statt der Dachgiebel erhebt sich über den Fenstern dieser nördlichen Doppelhalle eine zierliche Brustwehr von steinernem Maßwerk, über den stützenden Strebepfeilern mit Thürmchen geschmückt.

Von dem 158 Fuß hohen Thurmbau sind die beiden unteren Geschosse im romanischen, das obere mit dem Glockenhause im gothischen Style erbaut. Die Thür des 28 Fuß tiefen, 87 Fuß langen und 35 Fuß hohen Unterbaues stammt aus dem Anfang dieses Jahrhunderts, im oberen Geschosse finden sich romanische Fenster, das mittlere durch eine Theilungssäule in zwei Fenster getheilt. Unter demselben ist ein großes mit romanischem Rundbogenfriese umspanntes Rundfenster. Auf dem oberen Geschosse erheben sich zwei achteckige Thürme mit gothischen

---

36) Der diesen Heiligen geweihte Tag ist der 30. August.

Fensteröffnungen, von denen nur ein Stockwerk fertig geworden ist, welches Rothdächer decken. Zwischen beiden Thürmen befindet sich ein reichdurchbrochenes Glockenhaus mit gothischem Giebel geschmückt.

An die Südseite des hohen Chores und des südlichen Kreuzflügels stießen die Kreuzgänge, welche einen länglich viereckten Hof umschlossen. Auf diesem lag die Annencapelle, welche mit der westlichen Seite der Kreuzgänge in Verbindung stand (S. 415). Aus dem südlichen Kreuzflügel führte eine noch vorhandene Thür aus der Kirche in den Kreuzgang. Mit demselben standen andere Stiftsgebäude in Verbindung. Namentlich erhob sich über demselben ein Stockwerk, in welchem sich der Capitelsaal, das Refectorium, die Stiftsbibliothek, das Archiv und andere Räume befunden haben mögen. Alle diese Localitäten hießen vermuthlich das Kloster (claustrum), weil die Stiftsherren dort anfangs in klösterlicher Weise zusammengewohnt zu haben scheinen[37]). Westlich von den Kreuzgängen lag ein Kirchhof, den im Norden die Stiftskirche, im Süden der Kornspeicher[38]) begrenzte. Einziger Ueberrest desselben ist die uralte Linde, welche wenigstens ein halbes Jahrtausend alt sein mag. Auf der Stelle des jetzigen bevernschen Schlosses mag der bereits 1254 erwähnte[39]) Propsteihof (curia praepositi) gelegen haben. Unbekannt ist die Lage des Dechaneihofs (curia decani), dessen eine Urkunde von 1294 sammt der Wohnung des Kämmerers gedenkt[40]). Ebenso wenig ist über die Lage der Stiftsschule bekannt. Der Schlafsaal der Schüler (dormitorium puerorum), in dessen Bereich der Magister bereits 1251 eine Kammer hatte, lag gewiß nahe an der Kirche in den Stiftsgebäuden, damit die Knaben rechtzeitig zur Frühmesse auf dem Chore der Stiftskirche erscheinen konnten[41]). Auch die Stiftsherren hatten einst ein eigenes Schlafhaus, welches um 1350 erwähnt wird[42]). Innerhalb des Burggrabens lag neben dem Küchenhofe noch der 1326 gegründete Annenconvent mit der Annencapelle (S. 600). Unweit dessel-

---

37) Urkunde von 1251 im Ordinar. S. Blasii fol. 31. Nr. 27.

38) Das granarium canonicorum wird in Urkunden von 1290 und 1343 erwähnt. Ordinar. S. Blasii fol. 24¹. Nr. 99 und Copialbuch St. Ulrici II, S. 34. Neben demselben führt schon 1290 ein Steg über den vorbeifließenden Burggraben.

39) Urkunde bei Pistorius, Amoenitates VIII, 2341. Vergl. Ribbentrop, Beschreibung der Stadt Braunschweig I, S. 219.

40) Ordinar. S. Blasii fol. 34¹. Nr. 39.

41) Ordinar. S. Blasii fol. 31. Nr. 27.

42) Gedenkbuch I, fol. 6¹.

ben soll an dem über den Papenstieg hinziehenden Burggraben nahe dem nach dem Sacke führenden Burgthore der Stiftsherren Dobbel- oder Klipphaus gelegen haben [43]).

Außerhalb des Burggrabens lag südwestlich vor der Burg noch die kleine Burg, wo die Maria-Magdalenencapelle noch jetzt vorhanden ist. Neben derselben finden wir den Hof der Herren von Verfelde (S. 677. N. 32). Nach der Lockerung der klösterlichen Zucht, als die Stifts- herren nicht mehr unter einem Dache zusammenwohnen wollten, schei- nen hier Stiftscurien für sie angelegt zu sein. Eine derselben, welche dem Stege gegenüber lag, der über den Burggraben in die kleine Burg führte, besaß am Ende des 13. Jahrhunderts der Stiftsherr Conrad Kronesben. Dieser verkaufte sie für 10 Mark an die Stiftsschule. Dort sollte man für die Schüler kochen und brauen, dort ihr Korn aufbewahren, dort sie in Krankheiten verpflegen. Man nannte diesen Hof später „den Hof der Chorschüler" oder „den Kinderhof" [44]). Ehe- malige Wohnungen der Stiftsherren mögen die Häuser der kleinen Burg sein, welche ein offenbar mittelalterliches Gepräge tragen, nament- lich Nr. 15. Letzteres, das jetzige Vereinsmöbelmagazin der hiesigen Tischler, trägt die Inschrift: O rex glorie Christe veni cum pace. Anno domini Mccclxxxviii Johannis. Jesus. Dieses und die Häu- ser Nr. 12, 13 in der kleinen Burg und Nr. 12 auf dem Wilhelms- platze sind mit dem Treppenfriese an den Grundbalken des oberen Stockwerkes und mit Schnitzwerk an den Balkenträgern verziert, einer Zierde, welche nur Häuser haben, welche vor der Reformationszeit er- baut sind.

3. Die Altstadt.

Aufgefundene heidnische Aschenkrüge thun dar, daß der Raum, auf dem die Altstadt erwuchs, schon vor Karl dem Großen bewohnt war. Den Darstellungen Bothos von ihrer Begründung ist kein Glauben

---

43) Degedingbuch des Sackes I, S. 51 zum Jahre 1347. Sack im Erinne- rungsblatt an Braunschweigs tausendjährige Jubelfeier d.
44) Urkunde im Ordinar. S. Blasii fol. 24¹. Nr. 99.

3. Die Altstadt.

zu schenken. Auf dem Raume dieses Weichbildes lag kein herrschaftlicher Hof; denn wäre ein solcher vorhanden gewesen, so würde der um denselben erwachsende Ort dessen Namen bekommen haben. Die Nähe der Burg Dankwarderode, als Feste und Fürstensitz gleich wichtig, gewährte Handwerkern und Kaufleuten hier einen geschützten Marktverkehr, diese fanden in den Bewohnern und Gästen der Burg Käufer für ihre Waaren. So erwuchs südwestlich vor derselben ein Ort, welcher im Gegensatz zur Villa oder Wik Bruneswik anfangs „die Stadt", und zum Unterschiede von den jüngeren Anbauten der Neustadt „die Altstadt" genannt wurde [1]).

Dieses vornehmste der städtischen Weichbilder zerfiel nach Angabe des Kämmereibuchs in vier Bauerschaften. Die zu St. Michaelis[2]) umfaßte den südwestlichen, die des Hohenthors[3]) den westlichen, die zu St. Petri[4]) den nordwestlichen, die zu St. Ulrich[5]) den östlichen und südöstlichen Theil des Weichbildes, wie es der Stadtplan zeigt. Durch die Stadtmauer, welche die Altstadt im Süden und Westen umschloß, führten mehrere Thore in's Freie, dahin gehört zunächst

Das Südmühlenthor. Dieses zuerst 1378 urkundlich erwähnte Thor lag am südöstlichen Ende der nach der Südmühle hinführenden Straße zwischen den Häusern Nr. 473 und 480 mitten in der Straße. Den Eingang schirmte ein Thurm von mehreren Stockwerken, der Südmühlenthurm genannt, welcher 1378 an den Müller der benachbarten Südmühle mit der Bedingung vermiethet ward, daß er dort keine losen Weiber wohnen lasse[6]). 1443 ward dieser Bergfried abgebrochen[7]), 1586 ward aber das Thor, damals Bruchthor genannt, nach der daran befindlich gewesenen Inschrift wieder gebaut. Dicht außerhalb desselben lag links die vordere Südmühle, rechts ein Vorwerk an der Stadtmauer, außerhalb welcher die Fischhälter noch jetzt vorhanden sind[8]).

---

1) Die um 1150 bereits mit Stadtrecht begabte Altstadt kommt als Antiqua civitas zuerst 1231 vor. Urkundenbuch I, S. 8.
2) Kämmereibuch der Altstadt S. 4—18.
3) Das. S. 19—41.
4) Das. S. 42—49.
5) Das. S. 50—69.
6) Zinsregister von 1378 bei Sack, Vaterl. Archiv 1847, S. 280. Ribbentrop, Beschreibung der Stadt Braunschweig I, S. 115.
7) Kämmereirechnung der Altstadt von 1443 im Vaterl. Archiv 1847, S. 280.
8) Kämmereibuch der Altstadt S. 10.

Das Michaelisthor⁹), welches als valva St. Michaelis bereits 1292¹⁰) urkundlich vorkommt, lag innerhalb der Michaelisthorbrücke, angeblich zwischen den Häusern 561 und 563. Es hatte schon 1378 einen inneren und einen äußeren Thorthurm, von einem inneren und einem äußeren Thor ist 1401 die Rede¹¹), jenes innerhalb, dieses außerhalb des Mauergrabens belegen, über welchen eine Brücke führte, an welcher das Wappen der Lilienvente, eine Lilie zwischen zwei Löwen, mit der Jahreszahl 1435 stand¹²). Der innere Thorthurm, welcher 1476 reparirt wurde, war ein massives vierectes Gebäude¹³). Ueber dem Thorgewölbe erhoben sich 2 Stockwerke, ein spitzes Ziegeldach mit Knopf und Wetterfahne deckte das obere Stockwerk. An der westlichen Seite des Thurmes standen über der Thoröffnung in zwei Nischen die Statuen von St. Michael und St. Lorenz; unter denselben befand sich das Fallgatter. Im obersten Geschosse waren Schießscharten angebracht und mit Geschossen wohl bewehrt. Außerhalb des Thores lag an der Ocker eine Badstube¹⁴).

Das Hohethor¹⁵), am westlichen Ende der Sonnenstraße zwischen den Häusern Nr. 660 und Nr. 663 belegen, wird zuerst 1254 unter dem Namen der valva alta urkundlich erwähnt¹⁶). Da 1401 außer dem inneren auch ein mittleres Thor vorhanden war¹⁷), so muß auch ein äußeres dagewesen sein. Der innere Thorthurm war ein massiver viereckter Bau von wenigstens 3 Stockwerken über dem Thorgewölbe. Im zweiten derselben befand sich nach außen hin eine Nische mit der Statue St. Martins zu Pferde. Dort und im obersten Stockwerke waren Schießscharten angebracht. Das Spitzdach des Thurmes war mit Blei gedeckt und erhob sich an jeder der 4 Thurmseiten über

---

9) Ribbentrop, Beschreibung der Stadt Braunschweig I, S. 97 und Sack im Vaterl. Archiv 1847, S. 281.

10) Memorienregister St. Blasii S. 45 und Degedingsbuch der Altstadt I, S. 17.

11) Kämmereibuch der Altstadt S. 109.

12) Sack a. a. O. S. 282. Nach anderer Angabe stand an der Brücke die Jahreszahl 1385. Braunschw. Anzeigen 1757, S. 1286.

13) Becks Kupferkalender von 1716.

14) Kämmereibuch der Altstadt S. 7.

15) Ribbentrop a. a. O. I, S. 99 und Sack a. a. O. S. 283.

16) Urkunde bei Pistorius, Amoenitates VIII, 2336. Auch 1255 kommt es in einer Urkunde im Degedingsbuch der Altstadt I, S. 156 vor.

17) Kämmereibuch der Altstadt S. 109.

3. Die Altstadt.

einem Erker[18]). An dem äußeren Thore lag ein runder Thurm, zwei Stockwerke hoch und mit einem trichterförmigen Dache bedeckt. An der westlichen Seite seines oberen Stockwerkes war die steinerne Statue angeblich des Herzogs Wilhelm des Aelteren angebracht, zu beiden Seiten die Wappenbilder des Herzogs und der Stadt, über jenem die Inschrift: Anno domini Mccclxxii post festum assumptionis Marie completum[19]). Dieser Thurm soll auch der Zwinger geheißen haben. An dem Mauergraben lag vor dem inneren Thore eine Badstube[20]).

Das Petrithor[21]), schon 1196 urkundlich erwähnt[22]), lag am Nordwestende des Südklintes innerhalb des Mauergrabens mitten in der Straße zwischen den Häusern Nr. 893 und Nr. 900. 1345 ist bereits von zwei Thoren die Rede[23]), offenbar ist das innere und das äußere gemeint[24]). Das innere schirmte ein Thurm. In demselben erhob sich über der Thoröffnung nur ein mit Schießscharten versehenes Stockwerk, in dem mit Schiefer oder Blei gedeckten Spitzdache war an jeder Seite des massiven viereckten Baues ein Erker[25]). An demselben mußten öfters Reparaturbauten vorgenommen werden[26]). Außerhalb des Mauergrabens lag auch an diesem Thore eine Badstube[27]).

Den Mittelpunkt der Altstadt bildete der Markt, welcher erst 1341 der Altstadtmarkt genannt wird[28]). An dessen Westseite lagen die Martinikirche und das Altstadtrathhaus.

Die Martinikirche[29]), 241 Fuß lang und 86 Fuß breit, war anfangs eine romanische Pfeilerbasilika, wie es im Inneren das Mittel-

---

18) Becks Kupferkalender von 1716.
19) Braunschw. Anzeigen 1754, S. 44. Siehe die Abbildung des Thores auf dem Stadtplan.
20) Kämmereibuch der Altstadt S. 21.
21) Sack im Vaterl. Archiv 1847, S. 284—286.
22) Ordinar. S. Blasii fol. 6¹. Nr. 20.
23) Degedingsbuch der Altstadt I, S. 317.
24) Diese werden 1401 im Kämmereibuch der Altstadt S. 109 genannt.
25) Zeichnung von Beck vom Jahre 1753 im Besitz des Herrn Registrator Sack.
26) Z. B. 1354, 1391, 1450 und 1503. Sack a. a. O. S. 284 flg.
27) Kämmereibuch der Altstadt S. 45.
28) De market heißt er bereits in einer urkundlichen Notiz zum Jahre 1268 im Degedingsbuch der Altstadt I, S. 10. Forum antique civitatis wird er 1341 in einer Urkunde der Martinikirche Nr. 60 genannt. Daß er schon 1204 der Markt hieß, zeigt die nach ihm ecclesia forensis benannte Martinikirche.
29) Ribbentrop, Beschreibung der Stadt Braunschweig I, S. 161 flg. Schiller, Die mittelalterliche Architektur, S. 66—80.

schiff und die Kreuzflügel, im Aeußeren die beiden achteckigen 230 Fuß hohen Thürme noch darthun. Diese erheben sich auf einem oblongen Unterbau von 69 Fuß Breite und 80 Fuß Höhe, durch welchen ein romanisches Rundbogenportal in die Kirche führt. Die Stockwerke der Thürme sind mit Rundbogenfenstern versehen, deren jedes durch eine Säule getheilt wird, spitze Helmdächer decken die Thürme. Das auf 12 romanischen Pfeilern ruhende etwa 45 Fuß hohe Mittelschiff und die beiden ursprünglichen Kreuzflügel sind von romanischen Gratbögen ohne Gurten bedeckt. Die Seitenschiffe dagegen decken Spitzbogengewölbe mit Rippen. Die Fenster der ganzen Kirche, je 9—10 Fuß breit und an 30 Fuß hoch, sind im Spitzbogen geschlossen, über jedem erselben erhebt sich ein mit Maßwerk gegliederter, mit Krabben und Blumenkronen verzierter gothischer Giebel. Auch der dem Markte zugekehrte Chorbau im gothischen Stile, der mit 5 Fenstern versehen, etwa 21 Fuß aus der Kirche vorspringt, trägt 5 solcher Giebel. In den 4 Strebepfeilern zwischen den Fenstern desselben befinden sich 4 Tabernakel mit Statuen, von denen nur zwei mittelalterlichen Ursprungs sind, die der Maria mit dem Jesusknaben und die eines Bischofs, wahrscheinlich St. Martins. Vor dem nordöstlichen Strebepfeiler steht in einem kleinen Thürmchen die Statue noch eines Bischofs, die man jetzt durch eine davor angebrachte Gaslaterne ganz entstellt hat. Die beiden durch die nördliche Mauer führenden Hauptthüren sind mit Reliefs und Statuen geschmückt, die östliche, einst die Thür des nördlichen Kreuzflügels, die Brautthür genannt, zeigt im Bogenfelde im Relief den Tod Marias, das Giebelfeld über dem Fenster und zu dessen Seiten schmücken 11 Statuen in Tabernakeln, die 5 klugen und die 5 thörichten Jungfrauen und Christum den Seelenbräutigam, der oben in der Spitze des Giebels steht, darstellend. Der weiter nach Westen gelegene Eingang dieser Seite, der zum Taufstein führt, heißt die Taufthür. Das Bogenfeld derselben zeigt im Relief das Lamm Gottes mit der Kreuzesfahne, um dasselbe schlingt sich ein Kranz, den die Symbole der vier Evangelisten umgeben, unten der Löwe des St. Marcus und der Stier des St. Lucas, oben der Adler St. Johannis und der Engel des St. Matthäus. Auch die Südseite der Kirche ist mit Statuen geschmückt. Diese stehen theils am Portal des südlichen Kreuzflügels, dem sogenannten Priesterthor, theils an den 4 Strebepfeilern der 21 Fuß weit aus der Kirche vorspringenden Annencapelle, an welchen in Tabernakeln die

Statuen Marias und der heiligen drei Könige, die auch am Priesterthore stehen, angebracht sind. Fünf geschmückte Giebel zieren auch diese Capelle. So hatte dies Gotteshaus schon im Mittelalter den Charakter einer schönen mit Schmuck weder überladenen, noch desselben entbehrenden Kirche.

Nördlich von ihr stand das weltliche Hauptgebäude der Stadt, das Altstadtrathhaus [30]), ohne Zweifel eins der schönsten gothischen Rathhäuser in Deutschland. Es besteht aus zwei massiven Gebäuden, jedes über 60 Fuß lang, welche in einem rechten Winkel an einander gebaut und dem Altstadtmarkte zugekehrt sind. Der von Süden nach Norden gekehrte Bau ist der ältere und soll aus der Mitte des 13. Jahrhunderts stammen [31]). Der von Westen nach Osten gerichtete Theil, welcher an die Breitestraße reicht, wurde 1393—1396 erbaut [32]). Die leichten luftigen Lauben mit ihren offenen Arkaden und den großen Spitzbogenfenstern sind beiden Flügeln um 1450 als herrlichster Schmuck des ganzen Bauwerks hinzugefügt [33]). Kräftige und doch nicht massenhaft erscheinende Strebepfeiler, welche bis zu den Dachgiebeln emporreichen, sind mit Tabernakeln in der Höhe der Laubenbrüstung versehen, in welchen je zwei Statuen stehen. Dort erblickt man die um 1455 meistens von Hans Hesse gefertigten Standbilder deutscher Kaiser und welfischer Fürsten mit ihren Gemahlinnen, am Eckpfeiler der Martinikirche gegenüber Heinrich I. und Mathilde, am Pfeiler daneben Otto I. und Adelheid, am dritten Otto II. und Theophania, am vierten Otto III. mit seiner sagenhaften Gemahlin. Den Winkelpfeiler ziert allein die Statue des Kaisers Lothar, für seine Gemahlin Richenza gebrach es dort am nöthigen Raum. An dem nach Osten gekehrten Flügel des Gebäudes steht Otto IV. und Beatrix, Heinrich der Löwe und Mathilde, sein Sohn Wilhelm von Lüneburg und Helene, endlich an dem Eckpfeiler an der Breitenstraße deren Sohn Otto das Kind mit seiner Gemahlin Mathilde. Die Giebel mit ihren Blumenkronen, Krabben und den phantastischen Fratzen als Wasserausgüssen, die zierlichen Rosetten und das reiche Maßwerk der gothischen Fensteröffnungen, die

---

30) Ribbentrop, Beschreibung der Stadt Braunschweig I, S. 206—217; Schiller, Die mittelalterliche Architektur, S. 93—104 und Sack, Alterthümer der Stadt und des Landes Braunschweig, 2te Abtheilung.

31) 1302 wird es zuerst urkundlich erwähnt. Sack a. a. O. S. 6—8.

32) Sack das. S. 9—13.

33) Sack das. S. 14.

Gallerie der Laubenbrüstung und die offenen Bogenhallen des unteren Stockwerks geben dem Gebäude den Charakter großartiger Harmonie und edler Einfachheit. Diese wird durch die beiden Giebel erhöht, welche das Gebäude im Süden und Osten abschließen und treppenförmig in 7 Absätzen bis über die Dachfirste emporsteigen. Der südliche Giebel enthält im oberen Theile eine mit dem Stadtwappen gezierte Nische, im unteren Theile ist ein schlankes Spitzbogenfenster; der östliche dagegen zeigt oben in der oberen Nische die Statue der Jungfrau Maria mit dem Jesuskinde, in der unteren einen Schild mit dem fürstlichen Wappen, zwei daneben und drei weiter unten befindliche Tabernakel entbehren des Schmucks der Statuen. Auf jedem Giebel steht eine Fahne, eine mit dem Stadtlöwen, die andere mit dem Namenszuge eines Herzogs Wilhelm versehen. Im oberen Stockwerke des Rathhauses befanden sich außer dem Hauptsaale, der Dornze, noch mehrere kleine Säle, nämlich die Schotteldornse und die Fastnachtsdornse; im Erdgeschoß war schon 1388 die Kämmerei, welche um 1436 durch eine gewölbte steinerne Decke feuerfest gemacht ward. Daneben lagen dort andere Räume, namentlich eine Muserie, wo man Salpeter, Schwefel, Pulver, Waffen und Geschütze aufbewahrte. Die unterirdischen Räume dienten theils als Weinkeller, theils zur Aufbewahrung Gefangener, theils waren sie anderweit vermiethet [34].

Auf der Nord- und Westseite des Rathhauses lag ein Hof. Auf dessen nördlichem Theile ward nach 1380 die Autorscapelle erbaut (S. 544), auf dem westlichen ward ein Theil des Raumes von Kürschnern und Kleiderhändlern schon 1307 zu Ausständen benutzt [35], ein anderer Theil scheint 1382 zum Zimmerplatz gedient zu haben [36].

Auf der nördlichen Seite des Marktes lag an der Ecke der Breitenstraße das Haus zum Schranke, später im Gegensatz zum neuen Schranke „der alte Schrank" genannt. An demselben wurden die Feuerhaken aufbewahrt [37]; hier sollen angeblich auch Gesetze und Verordnungen

---

[34] Sack, Alterthümer II, S. 19—22.

[35] De klederhof, 1307 im Degedingsbuch der Altstadt I, S. 41 so genannt, heißt 1309 auch de korsnehov das. S. 51 und Kämmereibuch der Altstadt S. 25. 39. Er lag tigen S. Mertenes kerken in der norderen reghe vom Rathhaus to der Scernerestraten word. Degedingsbuch der Altstadt III, 1408 Nr. 31 und 1407 Nr. 36.

[36] Sack a. a. O. S. 12.

[37] Degedingsbuch der Altstadt III, Nr. 362 zum Jahre 1399 und Nr. 50 zum Jahre 1389. Ordinar. 95.

bekannt gemacht und ausgehangen sein³⁸). Dem Marktbrunnen gegenüber lag in der nördlichen Häuserreihe 1404 noch das hohe Haus an einer nicht genauer zu bestimmenden Stelle³⁹).

Auf der Ostseite des Marktes stand das Haus zu den 7 Thürmen, nach welchem sich bereits 1268 eine hiesige Familie benannte. Auf beiden Seiten desselben lagen Höfe, im Norden ein Grashof, im Süden schon 1268 der Schuhhof auf dem Areal des Hauses Nr. 94. Südlich von demselben lagen bis zur Ecke noch drei Bürgerhäuser⁴⁰).

Der an der Südseite des Marktes belegenen Verkaufslocale, in denen sich nach dem Markte zu 14 Hokenbuden, nach dem Gewandhause zu und von diesem nur durch die schmale Pfefferstraße getrennt 12 Krambuden befanden, ist S. 613 gedacht worden. Aus diesen Buden wurden schon im 14. Jahrhundert kleine Häuser, Bürger übernahmen dieselben später gegen Erlegung eines Worthzinses, und so blieben jene Häuser seitdem im Privatbesitz⁴¹).

Vor der östlichen Häuserreihe des Marktes standen die Schneiderbuden schon 1268⁴²), deren S. 614 gedacht ist. Mitten auf dem Markte wird bereits 1345 ein Brunnen oder Joghetborn genannt⁴³), der aus Holz gemacht war und sein Wasser durch hölzerne Röhren schon damals aus einem vor dem hohen Thore belegenen Reservoir erhielt. Der jetzige Metallbrunnen⁴⁴) ist laut Inschrift 1408 am 25. November errichtet und wahrscheinlich hier gegossen. Vor seiner Restauration bestand derselbe aus einem säulenartigen Untersatze von Sandstein, der ein bleiernes Wasserbecken trug. Aus diesem stieg eine kräftige Röhre auf, von einem Knauf umschlungen, um die sich noch 2 Wasserbecken legten, deren Durchmesser nach oben hin immer kleiner wurden. Die Röhre endet noch jetzt in einen Zinnenkranz und trägt eine gothisch durchbrochene Laterne, über der sich ein zierlich durchbrochenes Helmdach erhebt, dessen Fahne den Stadtlöwen zeigt. Eidechsen und Löwenköpfe

---

38) Sack, Alterthümer, S. 114 flg.

39) Kämmereibuch der Altstadt S. 62.

40) Degedingsbuch der Altstadt I, S. 9. Sack, Alterthümer, S. 3—5 und Degedingsbuch der Altstadt III, 1399 Nr. 323 und 1406 Nr. 51.

41) Sack, Alterthümer, S. 123.

42) Degedingsbuch der Altstadt I, S. 10 und III, Nr. 285 zum Jahre 1398.

43) Sack, Alterthümer, S. 13.

44) Sack, Alterthümer, S. 16—28. Barthel in Schröder und Aßmann, Die Stadt Braunschweig II, S. 206—211 und Schiller, Die mittelalterliche Architektur, S. 170 flg.

speien das Wasser in die genannten drei Becken. Von diesen ist das obere mit Arabesken verziert, das zweite zeigt 20 Wappenbilder des Reichs, der sieben Kurfürsten, der Lande Braunschweig und Lüneburg und der Stadt Braunschweig und fingirte Wappen heidnischer, alttestamentlicher und mittelalterlicher Helden. Jedem Wappen ist der bezügliche Namen als Inschrift beigefügt. Am untersten Becken befinden sich in 4 Abtheilungen 20 Propheten und Heilige mit Spruchbändern in den Händen, deren Inschriften jetzt zum Theil unleserlich geworden sind. In der Mitte jeder Abtheilung erkennt man eine Herrscherfigur, auf einem Throne sitzend und mit einer Krone geschmückt, von denen die des Königs David noch am kenntlichsten ist. Ueber den Bildern ist Jahr und Tag des Gusses angegeben, außerdem stehen dort mehrere Stellen des alten Testaments, welche Beziehung auf das Wasser haben und meist in plattdeutsche Reime gebracht sind.

Von den den Altstadtmarkt umgebenden Häusern sind die der Süd- und Nordseite meistens noch mittelalterliche, welche der in der Stadt bis zur Reformation übliche Treppenfries mit geschnitzten Balkenträgern noch kenntlich macht. Diesen Fries sieht man in der südlichen Häuserreihe noch an den Häusern Nr. 767 und Nr. 766, an den übrigen Nr. 765 bis 762 scheint er durch die Bretter, welche die Geschmacklosigkeit früherer Zeiten darüber genagelt hat, verdeckt zu sein. Dieselbe Verdeckung alten Schmuckes scheint auch an den Häusern der Nordseite Nr. 3—6 vorgenommen zu sein; die Entfernung der unschönen Hüllen würde das ehrwürdige Alter der Häuser gleich auf den ersten Blick erkennen lassen. Das Haus Nr. 766 trägt auch eine Inschrift, von der das Anfangswort fehlt: [Anno] domini M°cccc° in dem lxx jare in den Paschen.

Südlich vom Markte lag das Gewandhaus, bereits zu Anfang des 14. Jahrhunderts als Kaufhaus oder Kleiderhaus, später als Haus der Wantschneider oder Wanthaus öfters erwähnt (S. 613). Unter dem Ostende dieses Gebäudes, das seine modernen Giebelfronten erst 1595 erhalten hat, lag ein Weinkeller schon 1329 [45]. In dessen Nähe befand sich um 1400 ein Keller, das Drachenloch geheißen (dat drakenhol) [46]. Auf der Südseite des Gewandhauses lag schon damals der neue Scharren der Knochenhauer, der erst neulich in Privatbesitz übergegangen ist. Von Osten her trat man unmittelbar in denselben,

---

[45] Degedingsbuch der Altstadt I, S. 154.
[46] Kämmereibuch der Altstadt S. 30. Vergl. Sack, Alterthümer, S. 120.

von Westen her war über den Eingang ein Haus gebaut, in welchem des Rathes Schreiber wohnte[47]). Südlich vom Scharren lag schon 1330 eine Reihe kleiner Häuser oder Buden[48]). Das westlichste, ein Eckhaus am Martinikirchhofe, bewohnte der Opfermann der Martinikirche, das Haus daneben (Nr. 426) der Bobel, die 6 folgenden kleinen Häuser, die dem Rathe zinspflichtig waren, sollen anfangs Garköche bewohnt haben, später städtische Diener, welche zur Schließung der Ketten und Schläge in den Straßen verpflichtet waren[49]).

Von dem Gewandhause führte in östlicher Richtung nach dem Kohlmarkte eine Straße, welche im Mittelalter nach dem in der Münzschmiede befindlichen Wechselbureau und nach den in dieser Straße wohnenden Wechslern vor oder to der wessele genannt wurde[50]). Diese Straße reichte vom Gewandhause bis an die Schuhstraße[51]), in ihrem Mittelpunkte lag also die Münzschmiede, in welche die Münze angeblich 1385 verlegt worden ist[52]). Sie stand an der südöstlichen Ecke der Schützenstraße auf der Stelle des jetzigen Jübelschen Hauses Nr. 162, einzelne Theile des alten Gebäudes sind noch erhalten. In ältester Zeit soll die Münzschmiede das Rathhaus der Altstadt gewesen sein[53]); später, etwa seit 1400, diente dies Gebäude, wie sein nachmaliger Name sagt, zur Münzstätte und zum Wechselbureau. Letzteres ward an einen Banquier oder Wechsler vermiethet[54]).

An jener Straße hat auch die Waage der Altstadt gestanden; sie lag in der nördlichen Häuserreihe; Genaueres läßt sich über ihre Lage bis jetzt nicht angeben[55]). Als ältere Häuser dieser Straße zeigen sich die Häuser Nr. 98 und Nr. 99. Jenes ist nach der jetzt wieder sichtbar gewordenen Inschrift 1515, dieses 1467 erbaut; an beiden Häusern ist der Treppenfries als Verzierung angebracht.

47) Kämmereibuch der Altstadt S. 4.
48) Degedingsbuch der Altstadt I, S. 155.
49) Kämmereibuch der Altstadt S. 4—6.
50) Schon 1308 wird ein Haus dieser Straße dat stenhus bi den weslern genannt. Degedingsbuch der Altstadt I, S. 45.
51) Degedingsbuch der Altstadt III, 1402 Nr. 85 und 1406 Nr. 51. 30. 49.
52) Sack im Erinnerungsblatt und im Braunschw. Magazin 1840, S. 30 und Vaterl. Archiv 1851, S. 267.
53) Braunschw. Anzeigen von 1758, S. 981 flg.
54) Kämmereibuch der Altstadt S. 67.
55) Dat Wachhus vor der wessele in der noderen rege wird erwähnt in einer urkundlichen Notiz aus dem Jahre 1407 in Sacks Alterthümern S. 113. Vergl. Hemelik rekenscop S. 49.

Der jetzige Kohlmarkt muß, ungeachtet im Mittelalter die St. Ulrichskirche darauf stand, doch auch als Markt gedient haben, ja er scheint sogar der älteste Markt der Altstadt gewesen zu sein, an dem das älteste Rathhaus auf der Stelle der späteren Münzschmiede gelegen haben soll. Des „alten Marktes den Wechslern gegenüber" gedenkt das älteste Degedingsbuch der Altstadt [56]). Da 1204 die Martinikirche bereits auch den Namen der Marktkirche führte, so muß als Marktplatz damals bereits der Altstadtmarkt benutzt sein. Auch der Name Kohlmarkt kommt schon 1343 vor [57]). Was über das Gebäude der Ulrichskirche, die mitten auf dem Platze stand, bekannt ist, ist S. 483 flg. angegeben, im Kalender von 1861 und im Erinnerungsblatt an Braunschweigs Jubelfeier sind Ansichten derselben mitgetheilt [58]). Die Umgebung der Kirche heißt 1303 St. Ulrichs Kirchhof [59]), an demselben lag der noch vorhandene Joghetborn, auch St. Ulrichsbrunnen genannt [60]). Am Kohlmarkt lag schon 1356 das Haus zum goldenen Stern [61]), welches seinen Namen noch jetzt führt. Das Haus zur Sonne (Nr. 165) ist in seiner jetzigen Form nicht alt, scheint aber schon im Mittelalter diesen Namen geführt zu haben. Im Haus Nr. 276 befand sich noch 1758 eine Badstube, welche schon 1336 „der Wittwenstoben" und 1338 „der niedere Stoben" auf St. Ulrichs Kirchhofe genannt wird [62]). Nicht fern von demselben tragen die Häuser Nr. 290, 278 und 279 ein mittelalterliches Gepräge; alle schmückt der Treppenfries und an den beiden letztgenannten steht die Inschrift Anno domini Mccccxci. Daneben befindet sich ein gesenktes Wappen mit dem Stadtlöwen. Auch die beiden Pfarrhäuser der ehemaligen Ulrichskirche sind vor der Reformation erbaut. Die Inschrift an ihnen lautet: Anno quingentesimo decimo quarto Georgius Irrenberch Brunovicensis rector hujus ecclesie in honorem divi Udalrici episcopi.... Der Schluß ist verbaut.

---

56) Degedingsbuch der Altstadt I, S. 229 zum Jahre 1339.

57) Degedingsbuch der Altstadt I, S. 271 und 275. Auch der Name Kohlenmarkt soll öfters in den Quellen vorkommen. Sack, Alterthümer, S. 115.

58) Wie alt ist das Original dieser Abbildung? Oder ist sie nur aus der Phantasie gezeichnet?

59) Degedingsbuch der Altstadt I, S. 31 und Kämmereibuch der Altstadt S. 60.

60) Nach Sack, Alterthümer, S. 26 wird er zuerst 1391 genannt.

61) Gedenkbuch I, fol. 11.

62) Degedingsbuch der Altstadt I, S. 195, Degedingsbuch des Hagens I, S. 17 und Braunschw. Anzeigen 1758, S. 887.

3. Die Altstadt.

Den Kohlmarkt schloß gegen Osten ein Thor, welches bald das Ulrichsthor, bald das Löwenthor genannt wird [63] und mitten in der Straße am Eingang zum Hutfiltern stand. Dies Thor, das anfangs die Grenze der Altstadt bezeichnet zu haben scheint, war mit einem Thurme versehen, welcher der Löwenthurm hieß, weil der Rath dort durch einen der Rathsschreiber einen Löwen halten ließ [64].

Am südwestlichen Ende des Kohlmarkts scheint der Amestieg gelegen zu haben. Wie es scheint, war dies ein Gang, welcher vom Ulrichskirchhofe zur Ocker hinabführte, vielleicht mit einer Fülle zum Wasserschöpfen oder mit einem Häuschen für Wäscherinnen versehen. Zwischen den Häusern Nr. 280 und 281 führt noch jetzt ein an der Straße durch eine Thür gesperrter schmaler Gang zur Ocker hinab. Sollte dies vielleicht der Amestieg gewesen sein? [65].

Vom Kohlmarkte nach Westen führte eine Straße, deren Häuser als bei oder hinter St. Jacob belegen bezeichnet werden [66]. 1399 heißt sie die Jacobsstraße und nach Anlegung der Martinischule, welche in dem dort belegenen alten Leihhause (Nr. 448) ihr ältestes Local hatte, auch wohl die Schulstraße [67]. Die Jacobscapelle umgab ein Kirchhof, dessen Ostseite das Gebäude begrenzte, in welchem sich bis 1595 die Martinischule befand [68]. Eine Gasse, jetzt Dasekenstraße genannt, verband die Straße der Garköche mit der Jacobsstraße. In derselben zeigt das Häuschen Nr. 442 den mittelalterlichen Treppenfries; bei dem Nachbarhause Nr. 443 scheint er nur verdeckt zu sein.

Südlich von dem Jacobskirchlein etwa auf dem Areal der Häuser Nr. 452, 453, vielleicht auch Nr. 460—462 [69] lag ein freier Platz,

---

63) Die valva S. Odalrici kommt urkundlich 1359 vor (Gebhardi, Vom Stift St. Matthäi, S. 67). Das Lawendor nennt eine Kämmereirechnung von 1388 zuerst (Braunschw. Magazin 1840, S. 30).

64) Sack im Erinnerungsblatt, wo sich auch eine Abbildung dieses 1545 umgebauten Thurmes befindet. Auch Braunschw. Magazin 1840, S. 25 flg.

65) Kämmereibuch der Altstadt S. 60. Urkundliche Notiz von 1415 im Vaterl. Archiv 1847, S. 256.

66) Degebingsbuch der Altstadt I, S. 204 und 262 zu den Jahren 1337 und 1341.

67) Degebingsbuch der Altstadt III, Nr. 398 zum Jahre 1399.

68) Degebingsbuch der Altstadt III, Nr. 368 zum Jahre 1399. Eine Ansicht der Kirche und der Schule giebt der Kalender von 1861 und Sack im Erinnerungsblatt.

69) Degebingsbuch der Altstadt III, Nr. 506 und 1402 Nr. 46.

anfangs der Steinmarkt [70]), später der Eiermarkt genannt [71]), welcher zur Aufbewahrung der Bau- und Mühlsteine des Rathes gedient haben soll [72]). Auf ihm lag an der der Knochenhauerstraße gegenüber liegenden Ecke das Pfarrhaus von St. Jacob, welches jetzt der zweite Prediger der Martinikirche bewohnt [73]). Auf dem Hofe des alten Leihhauses weist eine Inschrift nach, daß das betreffende Gebäude 1488 erbaut sei.

Der jetzige Bankplatz, erst vor wenigen Jahren entstanden, war damals noch mit den drei Häusern Nr. 459, 463 und 485 besetzt. Dieser Häusercomplex hieß damals auf dem Schilde [74]) und schied den Steinmarkt von der Straße, in der man zum Südmühlenthore ging. Von einer Steinstraße kann unter solchen Umständen nicht eher die Rede sein, als bis man den Steinmarkt mit Häusern bebaute und zu einer Straße verengte. Wann das geschah, ist noch unermittelt. Auch die vom Ulrichskirchhofe nach Süden ziehende Straße, jetzt der Ziegenmarkt genannt, scheint im Mittelalter unter diesem Namen noch nicht vorzukommen.

Von den Häusern „auf dem Schilde" gelangte man südlich an's Südmühlenthor. Die Häuser innerhalb desselben bezeichnete man als „vor dem Südmühlenthore" belegen [75]). Von da zieht in westlicher Richtung die Südstraße, als südlichste Straße der Altstadt so genannt. Ihre Verlängerung nach Westen hin hieß damals noch nicht der Prinzenwinkel. Einen Ausgang nach dem Gieseler, wo jetzt die Häuser Nr. 533, 534 und 536 liegen, hatte die Südstraße vor der Reformation nicht; daß derselbe auch 1671 noch nicht dawar, zeigt der Stadtplan von jenem Jahre. Dafür aber zog sich der Knochenhauerstraße gegenüber etwa zwischen den Häusern Nr. 509 und 510 oder auf dem Areal des letzteren ein Weg an die Stadtmauer, durch welche bei dem westlichsten Fischhälter die Kerlinge- oder Katlingepforte nach der Gieselermühle hinausführte [76]).

---

70) Degedingsbuch der Altstadt I, S. 150 zum Jahre 1328. Vergl. Sack, Schulen, S. 101.
71) Botho zum Jahre 861 bei Leibnitz, S. R. Br. III, 300.
72) Sack im Erinnerungsblatt.
73) Degedingsbuch der Altstadt III, 1401 Nr. 19.
74) Degedingsbuch der Altstadt III, 1401 Nr. 506.
75) Kämmereibuch der Altstadt S. 10.
76) Das Haus neben der Pforte hieß 1337 das Vorwerk. Degedingsbuch der

3. Die Altstadt.

Von jener Pforte zog in nörblicher Richtung auf das Jacobspfarrhaus und den Steinmarkt zu die Knochenhauerstraße[77]). In ihrer westlichen Häuserreihe liegen noch zwei stattliche mittelalterliche Häuser, Nr. 520 und 518. Beide sind in zwei Stockwerken mit dem Treppenfriese verziert, außerdem aber auch mit Inschriften und Heiligenbildern geschmückt. Nr. 520, jetzt angemessen restaurirt, trägt die Inschrift: Anno domini Mcccc im jar lxx in die beati Viti completa est. Drei Balkenköpfe über der Thür im dritten Stockwerk sind mit Köpfen verziert, andere mit Lilien, Kleeblättern und sonstigem Zierrath. Jene drei werden von Statuen getragen, von denen die beiden äußeren heilige Frauen, unter ihnen St. Barbara mit dem Thurme, die mittlere einen Heiligen darstellt. Das Haus Nr. 518 trägt die Inschrift: Anno domini Mcccclxxxix jar. Acht Statuen tragen die Balkenköpfe, sechs befinden sich an der Vorderfronte des Hauses; an der Südseite der Ritter St. Georg, wie er den Lindwurm tödtet, St. Lorenz mit dem Roste und noch ein Heiliger; nach der Nordecke zu ein Heiliger mit einem Buche, St. Barbara mit einem Thurme, auf der Ecke St. Christophorus mit dem Jesusknaben auf der Schulter und einer Keule in der Hand. Ueber demselben befindet sich eines Menschen Kopf, dem die Zunge aus dem geöffneten Munde hängt. An der Seite nach der Petersilienstraße zu stehen zwei Statuen von Bischöfen, die eine mit aufgeschlagenem Buch scheint St. Ludger darzustellen. In die Balkenköpfe der Hauptfronte sind noch einige Bilder eingeschnitzt, so ein Lanzenknecht, ein Mann mit einem Beil, ein Ochs und ein Wappen.

Die im Mittelalter noch nicht erwähnte Petersilienstraße führt von diesem Hause nach Westen zur Michaeliskirche[78]). Von dieser zieht bis an's Westende der Südstraße eine Straße, die vor der Reformation „bei St. Michael" genannt wird. Dort lag ein Haus, das Vorwerk bei St. Michael genannt, zwei andere Häuser hießen zur hohlen Eiche[79]). Vom Südende dieser Straße gelangte man rechts nach dem

---

Altstadt I, S. 202 auch III, 1408 Nr. 20 und 1404 Nr. 28. Erwähnt wird sie auch 1298 im Degedingsbuch der Altstadt II, fol. 29 und 1334 im Degedingsbuch der Altstadt I, S. 187.

77) Sie wird 1341 zuerst erwähnt im Degedingsbuch der Altstadt I, S. 265.

78) Die architektonische Beschreibung giebt Schiller, Die mittelalterliche Architektur, S. 4—7.

79) Degedingsbuch der Altstadt I, S. 275. 322 und 329 zu den Jahren 1343 und 1345.

Michaelisthore, die innerhalb deſſelben liegenden Häuſer lagen nach damaliger Bezeichnung „vor dem Michaelisthore". Dort wohnte 1409 Hennig Salge in dem **Haus zu den Böcken**[80]).

Vom Michaelisthore nach Norden zieht die **Echternſtraße**, weder von der erſt am Ende des 14. Jahrhunderts hier vorkommenden Familie von Echte, noch darum ſo genannt, weil dort, wie man gemeint hat, die Geächteten wohnten[81]), ſondern weil ſie als äußerſte ſüdweſtliche Straße der Stadt vom Mittelpunkte derſelben aus gerechnet achter, d. h. hinter allen anderen belegen war; darum heißt ſie auch z. B. 1304 die platea finalis[82]). Faſt am ſüdlichen Ende dieſer Straße lag das **rothe Kloſter**. Es beſtand aus vier in der öſtlichen Zeile belegenen Häuſern und wurde von „den gemeinen offenbaren Weibern" bewohnt, welche der Henker, der dort auch wohnte, in Ordnung zu halten hatte. Dieſe hatte 1396 Hennig von Edemiſſen erbauen laſſen[83]), nachdem eine ſolche Anſtalt dort bereits längere Zeit hindurch beſtanden hatte[84]). Ihr gegenüber lag das Haus des Opfermannes zu St. Michaelis, auch das mit Heiligenbildern geſchmückte Pfarrhaus jener Kirche lag bereits 1401 auf der jetzigen Stelle[85]). Auf dem Areal des Hauſes Nr. 588 lag angeblich das ſchon 1310 erwähnte Vorwerk, welches die Familie Elie von den Herren von Bortfeld zu Lehn hatte und von welchem ſie ihnen jährlich 6 Scheffel Roggen und 4 Scheffel Hafer zu entrichten hatte[86]).

Jener Straße parallel zog von der Michaelistirche bis in die Nähe des Petrithores „die güldene Straße", jetzt **Güldenſtraße** genannt[87]). In der öſtlichen Zeile derſelben lag an einer nicht genauer zu bezeichnenden Stelle das Haus zum Lamme, auf welchem ein Lamm als

---

80) Sack, Schulen S. 136 und Alterthümer S. 68.

81) Sack, Alterthümer, S. 7.

82) Degedingsbuch der Altſtadt I, S. 31. So nimmt ſchon Ribbentrop I, 98 den Sinn dieſes Namens.

83) Ordinar. 91 im Urkundenbuch I, S. 170. Kämmereibuch der Altſtadt S. 8. 11. 12 und Hemelik rekenscop p. 50.

84) Degedingsbuch der Altſtadt III, 1396 Nr. 245.

85) Kämmereibuch der Altſtadt S. 12.

86) Degedingsbuch der Altſtadt I, S. 52 und Sack im Vaterl. Archiv 1847, S. 247.

87) Als platea aurea kommt ſie 1297, als guldene strato 1310 im Degedingsbuch der Altſtadt I, S. 20. 54 vor.

Wahrzeichen stand⁸⁸). Auf dieser Straße, welcher auch das 1460 erwähnte Haus zum rothen Löwen angehörte⁸⁹), haben sich mehrere mittelalterliche Häuser erhalten, alle am Treppenfriese und den geschnitzten Balkenträgern kenntlich, zum Theil auch mit Inschriften versehen. An Nr. 608 liest man: Anno domini Mccclxxx, drei Balken sind mit Köpfen verziert, als deren Träger erscheinen Maria, ein Pilger und St. Petrus. An Nr. 619 las man sonst: Anno domini Mcccxlvii completum est. An Nr. 642, dem Eckhause zur Heinenstraße, steht an der Südseite am Treppenfries: Anno domini Mccccc nono. An Nr. 645 war vor der Vernagelung des alterthümlichen Schmuckes an dem zweiten Stockwerk zu lesen: Anno domini Mccclxxxviii feria quarta post Pentecosten. Jetzt zeigt dies Haus den Treppenfries nur noch an dem alterthümlich erhaltenen obersten Stockwerk. Nr. 646 daneben mit gleichem Schmuck und der Inschrift: Anno domini Mccccxii wird jetzt niedergerissen. Auf dem nördlichen Theile der Straße sind die Häuser Nr. 717 und 716 mit Treppenfries und geschnitzten Balkenträgern verziert, Nr. 723 trägt die Inschrift: Anno M°ccccc°xxvi. Jesus. Maria. Lange Hans.

Vom südlichen Theil der „güldenen Straße" führte nach dem Martinikirchhofe die Heidenstraße (de heydestrate)⁹⁰), jetzt die Heinenstraße genannt. An ihr lag ein 1398 von Eilard von der Heide bewohntes Haus, welches das kleine Himmelreich genannt wurde⁹¹). Neben einem der vier Eckhäuser dieser Straße stand dagegen auch ein Häuschen, das die Hölle hieß⁹²). Die Gründe dieser Benennungen sind unbekannt.

Vom hohen Thore führte eine Straße nach dem Martinikirchhofe, welche anfangs die Hohethorsstraße geheißen haben, seit 1471 aber den Namen der Sonnenstraße erhalten haben soll⁹³). Mittelalterliches Gepräge tragen in dieser Straße die Nr. 739, 740 und das

---

88) Dies Haus kommt schon 1339 im Degedingsbuch der Altstadt I, S. 232 vor. Vergl. Degedingsbuch der Altstadt III, Nr. 201 und 492.

89) Sack im Br. Magazin 1840, S. 31.

90) Nach Sack, Schulen, S. 110 kommt sie schon 1338 vor. Vergl. Degedingsbuch der Altstadt III, Nr. 91 zum Jahre 1392.

91) Degedingsbuch der Altstadt III, Nr. 94. 242. 285.

92) Das. zum Jahre 1405 Nr. 18.

93) Sack im Kalender von 1861 und im Erinnerungsblatt.

Eckhaus Nr. 741, welches in beiden Stockwerken mit dem Treppenfriese verziert ist.

An den Martinikirchhof stieß im Norden die Kirche, im Osten das Gewandhaus, die Wohnung des Rathsschreibers und das Haus des Opfermannes zu St. Martinus (S. 689), im Süden das Blidenhaus (S. 648) und die Wohnung des Pfarrers zu St. Martinus [94]. Im Westen begrenzten den Kirchhof mehrere Häuser, zunächst das Haus Nr. 630, dessen Treppenfries in beiden Stockwerken zum Theil vernagelt ist. Diesem gegenüber lag an der nordöstlichen Ecke der Heidenstraße das Turnierhaus, ein massiver alterthümlicher Bau mit einer Gallerie, welche vor der ganzen Breite des Hauses durchlief [95]. An der Ecke der Sonnenstraße und des Kirchhofs soll die Pfeiferburg oder der Pfeiferthurm gelegen haben, welche 1465 mit einem steinernen Thurme geziert war [96]. Auf dem Kirchhofe selbst, der mit Linden bepflanzt gewesen sein mag, und den eine Mauer umgab [97], stand die S. 543 beschriebene Paulscapelle.

Vom Kirchhofe führte nach Norden die Scharrenstraße, de scernerestrate schon 1315 nach dem alten an der Stelle des Hauses Nr. 757 belegenen Scharren der Fleischer genannt [98]. Ein Haus dieser Straße hieß tom Salghen oder bi dem Salghen, wie es scheint ein Eigenthum jener Familie [99]. Eine namenlose Twetge führte von da nach der Güldenstraße [100]. Mehrere Häuser der Scharrenstraße sind aus der Zeit vor der Reformation. Einige, wie Nr. 741, 747 und 790 zeigen nur den Treppenfries an einem oder an zwei Stockwerken, andere sind auch mit Inschriften und Bildwerken verziert. So trägt Nr. 754 in der oberen Etage die Inschrift: Anno domini Mccccxxxviii altero die Viti. An den Balkenköpfen des unteren Stockwerks, welches gleich dem oberen den Treppenfries zeigt, steht: Help sancta Anna sulf

---

94) Sack im Kalender von 1861 und im Erinnerungsblatt. Degebingsbuch der Altstadt III zum Jahre 1406 Nr. 16.

95) Abbildungen davon stehen im Kalender von 1861 und im Erinnerungsblatt.

96) Sack im Vaterl. Archiv 1847, S. 247.

97) Sack im Erinnerungsblatt.

98) Degebingsbuch der Altstadt I, S. 84. Platea carnificum heißt sie 1304 das. S. 31.

99) Gedenkbuch I, fol. 5 zum Jahre 1347.

100) Schon 1339 wird dieselbe erwähnt im Degebingsbuch der Altstadt I, S. 237.

3. Die Altstadt.

dridde. Damit wird die heilige Anna, ihre Tochter St. Maria und Christus angerufen, das Haus zu schützen. Nr. 749 zeigt jetzt nur noch eine Anzahl von Köpfen in allerlei Stellungen als Träger des obersten Stockwerkes, früher zeigte eine Inschrift auch das Erbauungsjahr 1503. Das schönste mittelalterliche Haus der Scharrenstraße Nr. 791 hat die Inschrift: Anno domini M°cccc°lxx in die sancti Urbani. Die 18 Balkenköpfe beider Etagen sind mit Köpfen geziert, zwischen denselben zeigt sich der Treppenfries, die Stelle der Balkenträger vertreten 9 Heiligenbilder, unter denen Maria mit dem Jesusknaben leicht kenntlich ist. Eine Menge von wunderlichen Köpfen und Thieren sind als Schmuck noch hie und da angebracht, durch eine passende Malerei sind sie jetzt deutlich und erkennbar geworden.

Parallel mit der Scharrenstraße läuft die breite Straße [101]) vom Markte nach dem Bäckerklinte. In der westlichen Straßenzeile lag schon 1341 das Haus zur eisernen Thür, wahrscheinlich an der Stelle von Nr. 771 [102]); in der östlichen befand sich 1403 einem Steinhause gegenüber ein Haus, auf dem „ein kleiner Thurm stand" [103]). Unbekannt ist die Lage des in dieser Straße belegenen Hauses zum Engel, welches schon 1340 vorkommt [104]). Nr. 878 hieß früher der wilde Mann, wie Nr. 773 das Haus Salzdahlum, ob schon im Mittelalter, ist unerwiesen [105]). Die Häuser Nr. 772 und 773 sind auf den ersten Blick als mittelalterliche zu erkennen. Treppenfries, 37 zum Theil wunderliche Menschenköpfe und Inschriften machen sie kenntlich. An Nr. 773 steht: Anno domini Mccccxvii in die Mertini completum est. Im letzten Felde rechts erblickt man eine Darstellung des Luderziehens [106]). An Nr. 772 steht: Jesus Maria. Anno domini Mccccxcii feria quarta ante Letare. O rex glorie Christe, veni cum pace.

Scharren- und Breitestraße vereinigen sich an ihrem Nordende auf

---

101) Als lata platea kommt sie schon 1231, als de brede strate 1310 urkundlich vor. Degedingsbuch der Altstadt I, S. 55 und Urkundenbuch I, S. 8.

102) Degedingsbuch der Altstadt I, S. 262 und III, 1405 Nr. 23, 1407 Nr. 27.

103) Degedingsbuch der Altstadt III, 1403 Nr. 12.

104) Degedingsbuch der Altstadt I, S. 243 und Gedenkbuch I, fol. 2. 3.

105) Ribbentrop, Beschreibung der Stadt Braunschweig I, S. 90 und Sack, Schulen, S. 105.

106) Eine Abbildung davon giebt Sack, Alterthümer, S. 30. Taf. V.

dem Klinte, der seit 1399 auch der Bäckerklint genannt wird [107]). Das Steinhaus auf dessen Westseite hatte um 1400 eine eiserne Thür [108]).

Der Platz, auf welchem das Nordende der Gülden- und Echternstraße sich vereinigt, hieß schon 1400 auf dem Schilde [109]). Der jetzige Südflint hieß damals auf dem Schilde bei St. Petersthore, aber 1344 auch auf dem Klinte vor St. Petersthore [110]). An der Verbindung beider Schilde lag sonst das Haus zum braunen Hirsch Nr. 836, daß dieser Name schon dem Mittelalter angehört, ist unerwiesen [111]). Auf jenen Plätzen stehen noch mehrere mittelalterliche Häuser. Nr. 835 hat trotz neueren Umbaues noch Spuren mittelalterlichen Treppenfrieses aufzuweisen. Denselben finden wir an Nr. 838 mit der Inschrift: Anno domini M°cccc°lxix post festum Jacobi completum est. An den letzten Balkenköpfen sind 2 Köpfe als Schmuck angebracht. Sechs Statuen tragen die Balkenköpfe, über der Hausthür ein Bischof mit dem Modell einer bethürmten Kirche, daneben nach Norden hin erscheint St. Christophorus, Maria mit dem Jesusknaben, ein Pilger, St. Petrus und ein Mann mit einem Paßglase in der Hand. An Nr. 802 steht die Inschrift: Anno domini M°cccclxxxii in die festo Paska completum est. Nr. 850 zeigt unten eine alte Spitzbogenthür, darüber Arabesken und zwei Schilde, in dem einen stehen drei Fische, in dem anderen eine Hausmarke. Ein Stamm, mit Ranken umschlungen, ziert als Fries das mittlere Stockwerk mit der Inschrift: Anno dom. Mccccxxiiii. Ein ähnlicher einfacherer Fries ziert auch das darüber liegende Stockwerk. Den Treppenfries zeigt auch Nr. 847. Das Eckhaus Nr. 846 zeigt auf der Westseite die Inschrift [Anno] domini Mccclxvii Viti edificata est domus ista. Amen. In der Mitte dieser Inschrift steht auf einem Balkenkopfe S. Maria, vor welchem Worte ein schwebender Engel dargestellt ist. An der Ecke dieses mit dem Treppenfriese verzierten Hauses steht über einem Walfischknochen ein Mann in kurzem Wams, über welches eine Tasche ge-

---

107) Schon 1292 kommt ein Bürger der Altstadt Van dem clinte vor. Degebingsbuch der Altstadt I, S. 18. 1297 kommt clivus in der Altstadt als Wohnort vor. Das. S. 20. 22; vergl. S. 89 und 229. Bäckerklint erst 1399 im Degebingsbuch der Altstadt III, Nr. 349.
108) Kämmereibuch der Altstadt S. 44.
109) Degebingsbuch der Altstadt III, Nr. 452.
110) Das. Nr. 335 und I, S. 306.
111) Ribbentrop a. a. O. I, S. 97.

schnallt ist, mit der einen Hand an seiner Mütze grüßend, mit der anderen ein hohes Paßglas haltend. Bild und Walfischknochen beziehen sich auf die 1492 in diesem Hause gemachte Erfindung der Mumme. Ueber der Thür des östlichen Nebenhauses steht: Anno domini M°cccc°lxxxviii. Ueber der Inschrift erblickt man St. Anna mit der Marie und dem Jesusknäblein auf den Armen. Gegenüber sind Nr. 841 und 842 mittelalterliche Häuser. Jenes ist am Treppenfriese kenntlich [112]), dieses trägt über der Thür die Inschrift: Anno domini Mccccxcviii in den pasken. Zwei Figuren stehen zu beiden Seiten der Inschrift, an der rechten St. Petrus mit dem Schlüssel. Auch außerhalb des alten Petrithores ist über den Eingang zur Tränke ein Haus gebaut, wahrscheinlich der ehemalige Stoben, dessen unvollständige Inschrift zwischen dem Treppenfriese lautet: xcvii completum est in vigilia sancti Michaelis.

Vom Bäckerklinte führt eine Straße nach Osten, die „bei St. Peter" hieß [113]). An ihr liegt die dreischiffige Petrikirche, welche sich auf vier achtseitigen Pfeilern etwa 50 Fuß hoch erhebt und von Spitzbogengewölben mit Rippen und Schlußsteinen bedeckt ist. Sie hat im Innern eine Länge von 145 und eine Breite von etwa 60 Fuß, von denen 28 auf das Mittelschiff und 16 auf jedes Seitenschiff kommen. Die Fenster, 6 Fuß breit und an 30 Fuß hoch, ziert gothisches Maßwerk. Statt der äußeren Strebepfeiler sind die Umfangsmauern im Innern durch Wandpfeiler verstärkt. Ueber jedem Fenster der Seitenschiffe erheben sich mit Krabben und Kronen verzierte Giebelfelder, über den Chorfenstern fehlen dieselben. In den Ecken, wo Chor und Seitenschiffe zusammenstoßen, finden sich zwei Capellen, die am südlichen Seitenschiff erbaute ist die Annencapelle, die gegenüberliegende dient als Sacristei. Der mit einem frühgothischen Portal und mit Spitzbogenfenstern, in welchen sich noch die Theilungssäule befindet, versehene Thurm ist etwa 200 Fuß hoch [114]). Eine Mauer trennte den Kirchhof von der Straße. Durch dieselbe führte ein Thor nach dem Pfarrhause [115]). An der Straße „bei St. Peter" lag der Gördelingerstraße

---

112) Nr. 842 ist das letzte Haus in der Altstadt. Das Nachbarhaus Nr. 939 gehört schon in die Neustadt. Degedingsbuch der Altstadt I, S. 220.
113) So heißt sie schon 1321 im Degedingsbuch der Neustadt II, S. 7.
114) Die architektonische Beschreibung der Kirche bei Schiller, S. 113 flg.
115) Copialbuch des Rathes II, 29 zum Jahre 1383.

gegenüber die alte Münzschmiede, die 1419 zu einer Taverne umgestaltet wurde und einen Ausgang nach der Langenstraße erhielt, welchen das „Haus zur Eule" noch jetzt hat[116]). Weiter östlich lag an jener Straße endlich noch der alte Convent[117]). Wie dieser, so haben noch vier Häuser, der Petrikirche gegenüber belegen, den Treppenfries und geschnitzte Balkenträger und bekunden damit auch ohne Jahreszahl ihren mittelalterlichen Ursprung; es sind die Nr. 864, 865, 869 und 870. Ueber der Thür des Convents stehen 4 Statuen, unter ihnen Maria und Petrus.

Von der alten Münzschmiede aus zog nach Süden die Goberinge- oder Gobelingestraße[118]) bis an den Altstadtmarkt. Auf dieser Straße lagen an nicht näher zu bezeichnenden Stellen „der Knechte Haus"[119]), „Unsrer Frauen Gildehaus", angeblich an der Stelle des Hauses Nr. 26[120]), die Häuser „zum grünen Fisch" und „zum Bocke"[121]). Den Treppenfries haben auf dieser Straße Nr. 29 und Nr. 77. Das letztere zeigt Köpfe an den Enden der Balken, vier vollständige Figuren erscheinen als Träger derselben, links ein Fuchs, der sich umsieht, indem er eine Flasche und eine Pfeife fortträgt; daneben ein Fuchs mit einer gestohlenen Gans im Maule, am dritten ein Mann mit Schwert und Streitart, am vierten ein Mann mit Sturmhaube, auf dessen Schild ein springender Löwe abgebildet ist. Von der Mitte der Straße führten schmale Gassen westlich nach der Breitenstraße, östlich nach dem Barfüßerkloster.

Die Klosterkirche[122]), seit der Mitte des 14. Jahrhunderts im spätgothischen Style erbaut, ist ein einfacher aber großartig edler Bau, namentlich durch einen imposanten Chorbau ausgezeichnet. An das

---

116) Copialbuch II, 29. Kämmereibuch der Altstadt S. 46. 53. Degedingsbuch der Altstadt III, 1402 Nr. 57. Degedingsbuch der Neustadt III, fol. 87¹. Sack im Braunschw. Magazin 1840, S. 30.

117) Degedingsbuch der Altstadt I, S. 128 und Kämmereibuch der Altstadt S. 53.

118) Die erste Namensform findet sich schon 1268 im Degedingsbuch der Altstadt I, S. 10; die andere 1310 das. S. 53.

119) 1396 nach dem Degedingsbuch der Altstadt III Nr. 242.

120) Degedingsbuch der Altstadt III, Nr. 467 zum Jahre 1401. Sack, Alterthümer, S. 110.

121) Kämmereibuch der Altstadt S. 51 und Sack, Alterthümer, S. 68.

122) Das Architektonische beschreibt Schiller, Die mittelalterliche Architektur, S. 162—168.

128 Fuß lange, etwa 34 Fuß breite und 70 Fuß hohe Mittelschiff, dem 50 Fuß hohe und 16 Fuß breite Seitenschiffe zugefügt sind, schließt sich ein 100 Fuß langer Chorbau. Eine Anzahl spätgothischer Fenster, im Chor 45, im Schiffe über 30 Fuß hoch, erhellen das Innere; wie sie alles Schmucks entbehren, so erheben sich über denselben keine verzierten Giebel; dagegen stützen Strebepfeiler die Mauern, und der westliche Giebel der Kirche, auf der kein Thurm, sondern nur ein Dachreiter stand, steigt bis zu einer Höhe von 112 Fuß auf. Die Kirche mit allen ihren S. 524 flg. genannten Nebengebäuden lag sammt den sie umgebenden Kirch- und Grashöfen noch im Gebiete der Altstadt.

Die Straße westlich vom Kloster hieß schon 1361 bei den Barfüßerbrüdern, dort hatten die Familien Holtnicker und die von Weferlingen ihre Höfe [123]. Dem Kloster gegenüber liegt das Haus Nr. 124, welches jetzt noch eine verstümmelte Inschrift zeigt: [in] vigilia sancti Johannis baptiste completa est domus ista und mit Treppenfries, geschnitzten Balkenträgern und kleinen wunderlichen Menschen- und Thiergestalten verziert ist. Die jetzt abgerissenen Häuser Nr. 55, 56, 57, welche östlich von dem noch vorhandenen Brunnen, und Nr. 127, welches am Kloster stand, waren in jenen Zeiten noch vorhanden. Weiter südlich bei der jetzigen Lindentwete bezeichnete man die Häuser als „dem Thore der Barfüßerbrüder gegenüber" belegen [124], welches in dem Durchgange bei Nr. 130 noch vorhanden ist. Nr. 132 zeigt den Treppenfries.

Ein noch südlicher gelegener Theil der Straße, in welchen die nur mit den westlichen Häusern in der Altstadt liegende Kannengießerstraße mündete, hieß „bei St. Bartholomäus" [125] von der dort belegenen Bartholomäuscapelle (S. 541), der jetzigen Kirche der reformirten Gemeinde. Ihrer östlichen Eingangsthür gegenüber lag an der Ecke der Kannengießerstraße (Nr. 136 oder 147) das Haus zur Tasche [126].

Mit der von da aus bis an den Kohlmarkt sich erstreckenden Schützenstraße (schuttenstrate) [127] verbindet sich die nach der

---

123) Degedingsbuch der Altstadt I, S. 90. 126. 207. 303.
124) Degedingsbuch des Sackes II, 1403 Nr. 1.
125) Degedingsbuch der Altstadt I, Nr. 267. 307. 312 zum Jahre 1341.
126) Urkunde des Stadtarchivs Nr. 378 vom Jahre 1401 und Degedingsbuch der Altstadt III, 1405 Nr. 5. 52.
127) Degedingsbuch der Altstadt I, S. 80 zum Jahre 1314.

Görbelingerstraße führende Clopperstraße [128]), jetzt der Jungfernstieg genannt, und die westlichen Häuser der Neuenstraße, deren Häuser Nr. 151 und 152 die Grenze der Altstadt gegen das Sacker Weichbild bilden. In der östlichen Häuserzeile der Schützenstraße lag schon 1313 das Haus zum goldenen Adler (de guldene arn) [129]). Ihm etwa gegenüber liegt das Haus Nr. 105. In dessen südlicher Brandmauer steht ein runder Thurm en relief, den ein Spitzdach deckt, welches ein Giebel schmückt. An jener Mauer steht straßenwärts die Inschrift: Anno domini Mcccclxxxx jar. Damit übereinstimmend besagt die Inschrift am ersten Stockwerke des Hauses, das gleich dem zweiten mit dem Treppenfries geziert ist: Anno domini Mcccclxxxx des mandages na pinxten is dut gebuwet. Jesus, Maria. Diesem Haus gegenüber führt eine schmale Gasse [130]) hin nach dem südlichen Theil der Schuhstraße, welche bis zu den Häusern Nr. 175 und 176 in die Altstadt gehörte.

Von da wenden wir uns über den Kohlmarkt durch den Lauenthurm in den Theil der Altstadt, welcher anfangs unbebaut, dann zu einer Vorstadt, endlich zu einem Theile der Altstadt sich umgestaltete, nämlich zum Hutfiltern, dem Gerberdamm und dem Kattreppeln.

Oestlich von dem Löwen- oder Ulrichsthore lag eine Straße, welche man nach der dort über die Ocker führenden kurzen Brücke [131]) zu benennen pflegte. Anfangs hieß sie „vor der kurzen Brücke" [132]), später 1427 „bei den Hutwalkern" und 1472 „in den Hutfiltern" [133]), weil sich dort besonders Hutmacher niedergelassen zu haben scheinen. Alt ist das Eckhaus Nr. 201, dessen Wasserseite den Treppenfries zeigt.

Jenseit jener Brücke gehörte noch in die Altstadt der Damm bis an die Brücke bei der Dammmühle, der jetzigen Münze, damals die Mühlenbrücke genannt [134]), welche ein Bergfried schirmte, der auf der

---

128) Degebingsbuch der Altstadt III, 1391 Nr. 89 und 1402 Nr. 9.

129) Degebingsbuch der Altstadt I, S. 78 und 167 und Kämmereibuch der Altstadt S. 55.

130) Die Twetge wird schon 1323 erwähnt. Degebingsbuch der Altstadt I, S. 136.

131) Brevis pons wird sie schon 1305 im Degebingsbuch der Altstadt I, S. 33 genannt.

132) Ante breven pontem 1311 im Degebingsbuch der Altstadt I, S. 57, vor der korten brügge das. S. 144.

133) Sack, Alterthümer, S. 112.

134) Degebingsbuch der Altstadt III zum Jahre 1398 Nr. 285.

Stelle des Hauses Nr. 220 stand [135]). Auf diesem Raume wurde 1473 den Zell- oder Alexiusbrüdern vom Rathe Wohnung angewiesen, neben welcher sie sich rechts vom Eingange auf den Hof eine Capelle erbaut haben sollen [136]). Von den vielen schon um 1300 auf dem Damme wohnenden Gerbern heißt er auch der Gerberdamm [137]). Das schönste mittelalterliche Haus dieser Straße ist Nr. 205. Hier finden wir 10 mit Figuren verzierte Balkenträger. Rechts hat ein Mönch ein offenes Buch in der Hand, es folgt ein Geistlicher, an dem ein Löwe emporspringt, dann eine Frau mit 2 Kindern auf dem Schoße, dann ein dicker Mann, der in der erhobenen Rechten eine Flasche hält, über der Thür steht Bischof Ulrich mit dem Fisch, an dem folgenden Balken ein Mann in langem Schleppgewande mit einem Kasten in der Hand, dann Maria mit dem Jesusknaben und Joseph, hinter ihr Ochs und Esel, dann ein knieender Alter, ferner ein Mann mit einer Garbe in der Hand, endlich ein junger Mensch mit einem Trinkhorn in der Hand. Der Treppenfries scheint von den Balken abgehauen zu sein.

Von jener kurzen Brücke zieht sich bis zur langen Brücke am jetzigen Waisenhause der Kattreppeln hin. Diese Straße führte im Mittelalter den Namen „bei St. Johannis" [138]) von der an sie stoßenden Johanniscapelle, von welcher auf dem Stadtplane eine Abbildung steht, die einem Beck'schen Kupferkalender entnommen ist. Nach den beiden Endbrücken bezeichnete man die Lage der Häuser an den Enden der Straße auch wohl durch den Zusatz „vor der langen" oder „vor der kurzen Brücke" [139]). Oestlich von der letzteren lag an der Stelle des Hauses Nr. 261 schon 1326 eine Tränke, welche zur Ocker hinabführte [140]). Auf den Priorathof der Johanniter führte ein bereits 1321 erwähntes Thor, das Johannisthor genannt, welches erst 1784 abge-

---

135) Degedingsbuch der Altstadt III zum Jahre 1404 Nr. 27 und Sack im Vaterl. Archiv 1847, S. 289. Kämmereibuch der Altstadt S. 67.

136) S. 288. Ribbentrop, Beschreibung der Stadt Braunschweig I, S. 32.

137) Degedingsbuch der Altstadt I, S. 91 und urkundliche Angaben bei Sack, Vaterl. Archiv 1847, S. 240.

138) Degedingsbuch des Sackes I, S. 34 zum Jahre 1340 und Degedingsbuch der Altstadt III, Nr. 10. 11.

139) Degedingsbuch der Altstadt I, S. 79 zum Jahre 1314 und S. 254 zum Jahre 1340.

140) Degedingsbuch der Altstadt I, S. 144. Sie ist erst um 1826 beim Neubau des Hauses Nr. 261 weggeräumt.

riſſen iſt 141). Nordweſtlich vor der langen Brücke, die 1480 aus Stein erbaut worden sein ſoll 142), ſtand der lange Thurm ſchon 1388, welcher zum Gefängniß und zur Richtſtätte grober Verbrecher aus höheren Ständen diente. Er iſt 1723 abgebrochen, nachdem er längere Zeit auch als Pulverthurm benutzt worden war 143). Neben demſelben ſcheint eine Pforte nach dem um 1440 bebauten Bruche geführt zu haben. Daß dieſelbe den Namen des Bruchthores oder der Katlingenpforte führte 144), iſt bis jetzt unerwieſen.

Daß auf dem Bruche bereits vor deſſen Bebauung eine Treibhütte ſtand, in der man Geſchütze und Glocken goß, iſt S. 649 erwähnt.

In der Altſtadt lagen endlich noch an unbekannten Stellen zwei Häuſer mit Beinamen, das „Haus zum neuen Herzen", welches 1334 Heinrich von Achim verkaufte 145), und das 1339 erwähnte „Haus zum Beile" 146).

---

4. Der Sack.

Am engſten mit der Altſtadt verwachſen und gleich dieſer ganz auf der Weſtſeite der Oker gelegen war „der Sack". Dieſes jüngſte der ſtädtiſchen Weichbilder entſtand erſt im 13. Jahrhundert auf einem Raume, der bis dahin zur Burg gehört hatte, von welchem die Anbauer deshalb noch Jahrhunderte lang einen Worthzins an die Herren im Burgſtift, welchen die Herrſchaft dieſe Einnahme übertragen haben mag, zu entrichten hatten 1). Erſt um 1290 erſcheint der Sack als

---

141) Degebingsbuch der Altſtadt I, S. 127.
142) Görges, Alterthümer und Denkwürdigkeiten II, S. 344.
143) Kämmereibuch der Altſtadt S. 58. Vergl. Rehtmeier, Kirchenhiſtorie I, S. 143; Ribbentrop, Beſchreibung der Stadt Braunſchweig I, S. 34 und Sack im Vaterl. Archiv 1847, S. 237 und in Görges Alterthümern II, S. 338 flg.
144) Sack im Vaterl. Archiv 1847, S. 238 und Ribbentrop, Beſchreibung der Stadt Braunſchweig I, S. 35.
145) Degebingsbuch der Altſtadt I, S. 173 und 213.
146) Daſ. I, S. 285.
1) Dies erweiſen die beiden Degebingsbücher dieſes Weichbildes faſt auf jeder Seite.

4. Der Sack.

Weichbild (oppidum)²), als dessen ältestes Rathscollegium bis jetzt das von 1299 bekannt ist³). Seinen Namen scheint dies Weichbild von seiner Lage bekommen zu haben; es ist von Alt- und Neustadt und der Burg Dankwarderode gleichsam wie im Sacke eingeschlossen⁴). Anfangs war es wegen seines geringen Umfanges nicht weiter in Bauerschaften eingetheilt; erst 1445 finden wir hier eine Bauerschaft vor der Burg und eine des Sacks; noch später eine nach der Schuhstraße und eine nach der Kannengießerstraße benannte (S. 672). Das ganze Weichbild war in die Ulrichskirche eingepfarrt.

Den Mittelpunkt desselben bildete im Mittelalter die Straße, welche noch jetzt der Sack heißt. Dort belegene Häuser werden schon 1289 und 1291 erwähnt⁵). Auf der Stelle des Sackkellers lag das erst 1739 abgerissene⁶) Rathhaus dieses Weichbildes, welches 1350 bereits vorhanden war⁷). Die Langseite desselben war, wie die Abbildung zeigt⁸), der Neuenstraße, die Breitseite der Schuhstraße zugekehrt⁹). An dem Gebäude ward im Anfang des 15. Jahrhunderts ein bedeutender Umbau vorgenommen, in Folge davon ist 1420 vom „neuen Rathhause" die Rede¹⁰). Dieses hatte zwei Stockwerke, das untere war massiv, das obere meist von Fachwerk. An der massiven Mauer der Westseite lagen Feuerleitern und Feuerhaken, an der Südseite war der Haupteingang in's obere Stockwerk, dort zeigten vier Wappenschilder den Stadtlöwen. Das zwischen zwei Seitengiebeln aufsteigende Dach zierten drei hohe Spitzthürmchen und ein niedriger Dachreiter, jene am unteren Ende der Dachseite, dieser auf der Dachfirste. Im Innern befand sich die Rathsstube oder Dornze, die Küche, eine Muserie oder Waffenkammer, das Archiv und ein Scharren für die Knochenhauer des Weichbildes, vor

---

2) Urkunde im Ordinar. S. Blasii fol. 27. Nr. 5: in oppido nostro, quod Sac dicitur.

3) Copialbuch St. Ulrici I, fol. 169.

4) Sack im Vaterl. Archiv 1847, S. 234. Dagegen Braunschw. Anzeigen 1746, St. 80.

5) Degedingsbuch der Altstadt I, S. 12 und 15.

6) Schmidt im Braunschw. Magazin 1812, St. 2.

7) Ordinar. S. Blasii fol. 71¹. Nr. 79.

8) Kalender von 1862 und Erinnerungsblatt an die tausendjährige Jubelfeier.

9) Degedingsbuch des Sacks II zum Jahre 1435 Nr. 21, zum Jahre 1405 Nr. 2 und 1414 Nr. 8.

10) Das. II, 1420 Nr. 6.

welchem schon 1341 „Kalbaunenbänke" auf der Straße standen[11]). Unter dem Gebäude befand sich ein Weinkeller, gewöhnlich der Sackkeller, zuerst 1354 der neue Keller genannt. Dicht vor demselben ward 1354 eine Pißkammer angelegt. Südlich vom Rathhaus lag der 1354 erbaute Brunnen[12]), welcher 1433 durch einen Umbau die Form erhielt, wie sie im Kalender für 1862 zu sehen ist. In einem Häuschen neben dem Rathhaus wohnte der Bodel[13]).

Den Raum zwischen Sack und Papenstieg erfüllte fast ganz der große Hof, welcher dem Blasiusstifte gehörte. Die auf demselben stehenden Gebäude waren 1345 durch Alter so in Verfall gerathen, daß sie das Stift nicht ohne bedeutende Kosten wiederherstellen lassen konnte. Um nun die bisher aus jenem Hofe eingenommenen 4 Pfund Geldes nicht einzubüßen, theilte man das Areal damals in 18 Theile, überwies jedem Canonicus einen und ließ ihn dafür einen bestimmten Zins zahlen. Zehn dieser Theile lagen am Sacke, acht am Papenstiege dem dort hinziehenden Burggraben zugekehrt. Jeder Canonicus sollte den ihm überwiesenen Theil mit einem Gebäude bebauen lassen und dies vermiethen. Erhielt er dafür mehr Zins, als er dem Stift geben mußte, so war das sein Vortheil. Nach dem Tode des Stiftsherrn fiel sein Eigenthumsrecht an's Stift zurück; dies sollte dann das Haus gegen Jahreszins vermiethen dürfen, an wen es wollte[14]). Der große Hof sammt allen auf ihm erbauten Häusern hieß nach seinen Eigenthümern auch der Papenstieg[15]), und diesen Namen führten um 1400 selbst die am Sacke belegenen Häuser desselben[16]).

In der westlichen Häuserzeile des Sacks standen mehrere durch Beinamen ausgezeichnete Gebäude. Dahin gehört das Haus „zum rothen Schlüssel", als Eckhaus der Neuenstraße und des Sacks dem Rathhause gegenüber gelegen, jetzt Nr. 2670 und 2671[17]), ferner das

---

11) Degebingsbuch des Sacks I, S. 37 und 150.

12) Das. I, S. 74.

13) Kämmereibuch des Sacks.

14) Urkunde bei Rehtmeier, Kirchenhistorie I, Beil. S. 72 und Schmidt im Braunschw. Magazin 1812, St. 2.

15) Schon 1339 heißt es im Degebingsbuch des Sacks I, S. 80: de grote hof, de de papenstich het.

16) Degebingsbuch des Sacks II zum Jahre 1409 Nr. 12; 1413 Nr. 3; 1414 Nr. 1; 1422 Nr. 2 und 1427 Nr. 10.

17) Das Degebingsbuch des Sacks I, S. 20 nennt dasselbe schon 1336.

Haus „zum grünen Baum", weiter nördlich gelegen auf der Stelle von Nr. 2677 oder 2678 [18]), das Haus „zum schwarzen Hahn" etwa Nr. 2679 oder 2680 [19]), dann dem Eingange zum jetzigen Packhof gegenüber „der schwarze Löwe" Nr. 2681 [20]), und „der rothe Löwe" [21]) Nr. 2682. Gegenüber lag diesen Häusern auf der Ostseite des Sacks das Haus „zur schiefen Ecke" [22]) Nr. 2838. Das älteste Haus des Sacks liegt der Apotheke gegenüber; es ist Nr. 2632, der Treppenfries ist an ihm noch sichtbar.

An den Sack stieß im Norden der städtische Marstall, seit etwa 1400 auf dem Raume des jetzigen Packhofes gelegen und bis an die Judenstraße reichend.

Die vom Nordende des Sacks nach Westen ziehende Straße heißt noch 1405 die Sackstraße, später heißt sie „auf dem Schilde" [23]). An ihr lag das Schmiedehaus „zur schönen Ecke" schon 1348, es bildete die Ecke zwischen der Kannengießerstraße und der Straße hinter den Brüdern [24]). Gegenüber lag „der rothe Adler" am Eingang zur Kannengießerstraße Nr. 2688 schon 1340 [25]). Das Haus Nr. 2685 zeigt den Treppenfries, geschnitzte Balkenträger und das Ende einer Inschrift mit den Worten: ante Pantaleonis festum completum est. Darunter ein Mann mit offenem Buche in der Hand.

Die vom Schilde nach Westen ziehende Straße, welche über die Brüdernkirche hinaus bis Nr. 2733 in's Weichbild des Sacks gehörte und jetzt „hinter den Brüdern" heißt, führte damals auch den Namen des Sacks [26]). An ihr lag in der südlichen Häuserreihe „bei den Barfüßerbrüdern" ein um 1400 öfters erwähntes Augustinerhaus [27]); welchem auswärtigen Augustinerkloster es zugehörte, ist nicht anzugeben.

---

18) 1341 erwähnt im Degebingsbuch des Sacks I, S. 38 und das. II, zum Jahre 1411 Nr. 7 und 1432 Nr. 2; vergl. Braunschw. Magazin 1812, St. 2.

19) 1339 genannt im Degebingsbuch des Sacks I, S. 80.

20) Degebingsbuch des Sacks II, 1410 Nr. 11.

21) Das. I, S. 38.

22) Das. I, S. 209 zum Jahre 1397 und Degebingsbuch des Hagens II, 1435 Nr. 14.

23) Das. II, 1405 Nr. 16 und 1435 Nr. 6.

24) Das. I, S. 53 und II, 1405 Nr. 4 und 1404 Nr. 12.

25) Das. I, S. 32 und II, 1405 Nr. 16.

26) Kämmereibuch der Altstadt S. 77.

27) Degebingsbuch des Sacks II, 1409 Nr. 15.

Vom Grashofe des Franziskanerklosters führte ein Thor in diese Straße²⁸). An der Westgrenze des Säckerweichbildes lagen hier die Höfe Nr. 2733 und 2734. Jener scheint den Herren von Bortfeld gehört zu haben, kam dann 1356 an Ritter Ludolf von Hohnhorst und an die Bürger Tile von Damm und Cord Elers, welche den hohnhorstschen Antheil 1364 an sich kauften. Der andere Hof gehörte dem Kloster Wienhausen²⁹).

Vom Schilde nach Südwesten zog eine Straße, die im Mittelalter bald Sackstraße, bald Kannengießerstraße genannt wird³⁰). Sie gehörte bis zu den Häusern Nr. 2702 und 2703 in das Weichbild des Sacks, das südwestliche Ende dagegen in die Altstadt. Die Häuser Nr. 140 und 141, 2700, 2705 und 2721 haben den Treppenfries und geschnitzte Balkenträger, gehören also der Zeit vor der Reformation an; an den Häusern Nr. 2710—2712 ist der Treppenfries durch aufgenagelte Bretter verdeckt.

Vom Schilde nach Norden führt der Meymbernshof, wie er schon 1329 heißt. In dies Weichbild gehörte nur der südliche Theil der Straße bis zu den Häusern Nr. 2757 und 2758, der nördliche lag in der Neustadt³¹).

Wenden wir uns vom nördlichen Ende des Sacks nach Osten, so gelangen wir nach der Straße, welche schon 1333 auf der Höhe hieß³²). Sie gehört fast ganz in dies Weichbild, nämlich bis zu den Häusern Nr. 2789 und 2790, die weiter nach Norden gelegenen gehören zur Neustadt. Von der Höhe zog nach Osten eine Straße an die Ocker, auf welcher schon 1356 der Marstall lag, welcher seit Einrichtung des neuen Marstalls um 1400 der alte genannt wird³³). Neben dem Eingang zum Marstall liegen die Häuser Nr. 2811 und 2812, welche mit dem Treppenfriese, geschnitzten Balkenträgern und einer

---

28) Valva ad partem australem (sc. claustri) versus saccum wird schon 1343 erwähnt in einer Urkunde des Stadtarchivs Nr. 122. Vergl. Degedingsbuch des Sacks I, S. 10 zu 1334.

29) Urkunden des Stadtarchivs Nr. 172 und 205.

30) Degedingsbuch des Sacks II, 1403 Nr. 22; 1406 Nr. 3; 1407 Nr. 1. 21; 1408 Nr. 2. 3. 17. 18.

31) Degedingsbuch der Altstadt I, S. 153.

32) Degedingsbuch des Sacks I, S. 9.

33) Urkunde von 1356 in Sudendorfs Urkundenbuch II, S. 293 und Degedingsbuch des Sacks II, 1414 Nr. 17. 20 und 1430 Nr. 7.

4. Der Sack.

Inschrift geziert sind, wonach dieselben im Jahre 1469 am Vitustage erbaut sind. Mit dem Hause Nr. 2821 reichte das Weichbild des Sacks bis an die Ocker, über welche dort der lange Steg zum Hagenscharren und zum Hagen hinüberführte [34]).

Die vom Rathhause nach Westen führende Straße, schon 1313 die neue Straße genannt, gehört bis zu den Häusern Nr. 2652 und 2653 in dies Weichbild [35]). In ihrer südlichen Häuserzeile lag das Haus „zum rothen Kreuze", an welchem ein rothes Kreuz angebracht war [36]). Dort lag auch das Haus „zum Herzen" oder „zum rothen Herzen" [37]). Als mittelalterlich kennzeichnet der Balkenfries die Häuser Nr. 2644 und 2652.

Vom Rathhause nach dem Burgthore zog sich die Straße „vor den Messetwerchten", so benannt nach den vielen dort wohnenden Messerschmieden und sonstigen Waffen- und Metallarbeitern [38]). Der Burggraben trennt sie vom Burgthor; darum heißt sie auch „vor der Burg" [39]). Die über diesen Graben führende Brücke ward die Messetwerchtenbrücke genannt [40]). Alterthümlich ist auf dieser Straße Nr. 2603 mit dem Treppenfries vor beiden Stockwerken.

Vom Rathhause nach Südwesten zog endlich noch die Straße der Schuhmacher oder die Schuhstraße [41]), welche bis zu den Häusern Nr. 2617 und 2618 in dies Weichbild, übrigens aber in die Altstadt gehörte. In dem hierher gehörigen Theil der Schuhstraße lagen angeblich die Häuser „der Regenbogen" und „die Kellerluke" schon 1337. Ob das Haus Nr. 2622 „der Schwan", 2618 „der schwarze Bock" schon in der Zeit vor der Reformation hießen, ist noch unerwiesen [42]). Das Haus Nr. 2628 führte früher die Inschrift: Anno domini Mcccc unde xcvi.

---

34) Degedingsbuch des Sacks I, S. 17. 18 zum Jahre 1386.
35) Degedingsbuch der Altstadt I, S. 75.
36) Degedingsbuch des Sacks I, S. 168 und Kämmereibuch der Altstadt S. 77.
37) Degedingsbuch der Altstadt III, Nr. 475 und 1401 Nr. 36.
38) Degedingsbuch der Neustadt II, fol. 49¹ zum Jahre 1357.
39) So schon 1338 im Degedingsbuch des Sacks I, S. 27.
40) Degedingsbuch der Neustadt II, fol. 49¹ zu 1857.
41) Platea sutorum kommt schon 1291 im Degedingsbuche der Altstadt I, S. 15, de Scowerten strate 1311 das. S. 59 vor.
42) Sack im Erinnerungsblatt.

5. Die Neustadt.

Das dritte Weichbild auf dem Westufer der Oker ist die in der Nordwestecke der Stadt belegene Neustadt. Auch sie scheint unter dem Schutze der Burg Dankwarderode erwachsen zu sein, namentlich als Heinrich der Löwe die Anbauten auf der Westseite des Flusses mit Graben und Mauer befestigt hatte. Seit den Zeiten dieses Fürsten mag die Neustadt zu einem Weichbild erwachsen sein; daß sie dies 1231 war, zeigt der damals zuerst vorkommende Name der Altstadt[1]); von der Neustadt ist urkundlich zuerst 1257 die Rede[2]). Dies Weichbild zerfiel in die 3 Bauerschaften vor der Hagenbrücke, des Rabeklintes und des Rickerkulkes[3]).

Im Bereiche desselben lag nur ein Stadtthor, welches anfangs das Andreasthor[4]), später, nachweislich seit etwa 1330, das Neustadtthor[5]) genannt wurde. Es lag innerhalb der jetzigen Neustadtmühlenbrücke mitten in der Straße zwischen den Häusern Nr. 1191 und 1200. Es ward 1433 durch einen Neubau ersetzt. Außerhalb des Stadtgrabens lag noch ein äußeres Thor[6]). Dort lagen auch rechts von der Brücke, die über denselben führt, an der Stelle des jetzigen Mühlenhofes die beiden Neustadtmühlen[7]) an einem Wasserarme, der hier den Mauergraben in nordwestlicher Richtung verläßt, um sich mit dem Umflutgraben zu vereinigen. Diesseit des Wassers lag die vordere, jenseits die hintere Mühle[8]). Der vorderen gegenüber lag links von der Thorbrücke ein Stoben, welcher dem Rathe 1401 einen jährlichen Erbenzins von 3 Mark einbrachte[9]).

---

1) Urkundenbuch der Stadt Braunschweig I, S. 8.
2) Pistorius, Amoenitates VIII, p. 2345.
3) Kämmereibuch der Neustadt S. 5. 14. 24.
4) So heißt es schon 1290 nach einer urkundlichen Mittheilung im Braunschw. Magazin 1817, S. 589; so auch 1298 im Degedingsbuch der Altstadt I, S. 22 und 1311 das. S. 65.
5) Degedingsbuch der Neustadt I, fol. 66 und II, zum Jahre 1335.
6) Kämmereibuch der Neustadt S. 39 und Sack im Vaterl. Archiv 1847, S. 286 flg.
7) Sie kommen zuerst 1328 vor im Degedingsbuch der Altstadt I, S. 148.
8) Degedingsbuch der Neustadt II, zum Jahre 1335 und Degedingsbuch des Sacks I, S. 27. Das Zinsregister im Degedingsbuch der Neustadt I, fol. 66 nennt sie de overe und de nedere mole.
9) Dieser stoven kommt schon 1334 vor im Degedingsbuch der Neustadt II, zum Jahre 1335 und Kämmereibuch der Neustadt S. 26.

Das erste Haus innerhalb des Thores nach Osten zu war vom Rath dem Hirten eingeräumt, welcher die seit 1308 vereinigten Heerden des Sacks und der Neustadt weidete [10]). Ein zweites Hirtenhaus lag daneben [11]). Der jetzige Wollmarkt, früher Schweinemarkt genannt, hieß im Mittelalter die Marktstraße [12]), die nordwestlichsten Häuser derselben werden als „vor dem Neustadtthore" belegen bezeichnet [13]). Treppenfries und geschnitzte Balkenträger zeigen dort die Häuser Nr. 1202, 1204, 1184, 1185 und 1186. Die drei letzteren sind nach der daran befindlichen Inschrift 1509 erbaut.

Eine Wage (dat wachhus) wird neben der Andreaskirche schon 1401 erwähnt [14]), das jetzige kürzlich restaurirte Gebäude ist kein mittelalterliches; denn es ist erst 1534 erbaut. So meldet es die Inschrift an der südlichen Seite des Hauses: Anno domini Mccccxxxiiii jar de rat in der nienstat buwede dut hus is war. Aelter ist das der Wage westlich gegenüber gelegene Haus Nr. 1182, das an dem Treppenfries die unvollständige Inschrift zeigt: Anno domini Mccccxix in die....

An die Marktstraße stößt auch die St. Andreas geweihete Pfarrkirche der Neustadt. Sie scheint um 1200 als romanische Pfeilerbasilika gegründet zu sein, dem ursprünglichen Bau gehört das Mittelschiff mit den Kreuzflügeln und dem unteren Theile des Thurmbaues an. Die Seitenschiffe, der Chor und die oberen Theile des Thurmes sind später im gothischen Style erbaut. Die Kirche, 190 Fuß lang, 71½ Fuß breit, 40 Fuß hoch, ruht auf 12 vierecten Pfeilern; die Fenster sind gothisch, Strebepfeiler stützen die Wandflächen, und Giebel mit Figuren zieren das Mauerwerk über den Fenstern der Seitenschiffe. Die Thürme, beide in gothischem Style erbaut, ruhen auf oblonger Basis, der südliche ist über 300 Fuß hoch [15]). Am Andreaskirchhofe wohnte der Pfarrer und der Opfermann [16]), dort lag auch die S. 476 erwähnte Pfarrbibliothek dieser Kirche.

---

10) Kämmereibuch der Neustadt S. 25 und Degedingsbuch der Altstadt II, fol. 29¹.
11) Kämmereibuch der Neustadt S. 31.
12) Degedingsbuch der Neustadt III, fol. 154¹ zum Jahre 1424.
13) Das. I, fol. 66.
14) Kämmereibuch der Neustadt S. 30.
15) Schiller, Die mittelalterliche Architektur I, S. 80—92.
16) Kämmereibuch der Neustadt S. 26.

Das Nordende der Straße, auf welcher das Wagehaus liegt, verengt sich. An der schmalsten Stelle liegt auf der östlichen Seite das Haus Nr. 1390. Außer dem Treppenfriese und den geschnitzten Balkenträgern zeigt es die Inschrift: Anno domini Mcccclxix. Drei Statuen des Andreas, der Mutter Gottes mit dem Jesuskindlein und des Petrus befinden sich über der wohlerhaltenen Rundbogenthür. Die beiden Häuser gegenüber, Nr. 1386 und 1387, deren ersteres noch Spuren des Treppenfrieses zeigt, hießen am Ende des Mittelalters die Gellerburg. An denselben stand die Inschrift: Du droch (Schalk), dit is de Ghellerborch, na here van Ghelleren bin ik ghenant, ik ruke de braden vaken ungeladen. Mcccxxxv. Daneben war das Bild eines lüstern aussehenden Menschenkopfes ausgehauen [17]). Auch das Haus Nr. 1385 zeigt Spuren des mittelalterlichen Treppenfrieses.

Von da aus führt nach dem Rathhause eine Straße, welche jetzt die Küchenstraße, früher auch vor der Zollbude hieß. Diese Namen sind den an ihr gelegenen Gebäuden der Rathsküche und der Zollbude entlehnt; doch lassen sie sich als mittelalterliche nicht nachweisen. Daß beide Gebäude westlich am Rathhause lagen, zeigt der Stadtplan [18]). Treppenfries und geschnitzte Balkenträger finden sich dort an Nr. 1382, 1394, 1391 und 1392, die beiden letzteren haben auch Inschriften, Nr. 1391: Anno domini Mcccclxxxix in die Viti. Nr. 1392: Anno domini Mcccclxxviii. An dieser Straße lag auch in Nr. 1381 der Scharren für die 32 Knochenhauer der Neustadt, durch eine Thür davon getrennt befanden sich nach der Judenstraße zu noch vier Ausstände, wo die Juden geschächtetes Fleisch kaufen konnten [19]).

In die Neustadt gehörte auch der nördliche Theil des Meimbernshofes bis zu den Häusern 1367 und 1368 [20]). Von da führt nach Osten die Judenstraße [21]), so benannt von den seit etwa 1300 dort wohnenden Juden, von denen sich dort um 1320 schon über 20 Familien vorfinden, welche daselbst ein eigenes Schulhaus besaßen, mit

---

17) Braunschw. Anzeigen von 1754, S. 1866 und Sack im Vaterl. Archiv 1847, S. 249 flg.
18) Beide kommen 1401 schon vor im Kämmereibuch der Neustadt S. 7 und Gedenkbuch I, fol. 45¹. Ribbentrop, Beschreibung der Stadt Braunschweig I, S. 63. 66.
19) Kämmereibuch der Neustadt S. 9.
20) Das. S. 11.
21) Platea Judaeorum heißt sie im Memorienregister von St. Blasius S. 45.

5. Die Neustadt.

dem gewiß auch eine Synagoge verbunden war[22]). Die Straße konnte unter Umständen durch zwei Thüren gesperrt werden[23]). An dieselbe reichte auch der Marstall, welcher mit seinem Südende an den Sack stieß. Westlich von demselben lag das schon erwähnte Schulhaus der Juden[24]). Am östlichen Ende der Straße lag dem Rathhaus gegenüber ein Steinhaus (Nr. 1353), welches die Grenze der Neustadt gegen das Weichbild des Sacks bildete. Westlich daneben lag das Gewandhaus der Neustadt, wo sich 22 Ausstände für die Tuchhändler dieses Weichbildes befanden[25]). Neben demselben lag eine Scheerbude[26]).

Diesen Häusern gegenüber befand sich an der Südseite des Neustadtrathhauses ein schon um 1320 vorhandener Brodscharren[27]). Einen Theil desselben gestaltete Jacob von Broitzem 1397 zu einer Wechselbude um, die auch auf der Südseite des Rathhauses oder hinter demselben lag[28]). Daneben stand das Haus, in welchem 1401 der Bobel wohnte[29]).

Das Rathhaus, von welchem das Erinnerungsblatt an die Jubelfeier und der Stadtplan dieses Werkes Abbildungen geben, die einem Beck'schen Kupferkalender entnommen sind, war nachweislich bereits 1299 vorhanden[30]). An- und Umbauten gestalteten den ursprünglichen Bau im 15. Jahrhundert um. Die an verschiedenen Thüren angebrachten Jahreszahlen 1422 und 1439 weisen darauf hin[31]), ebenso die Zahl 1452, welche an den nördlich angebrachten Lauben stand. Den Kern des Rathhauses bildete ein großes von Süden nach Norden gerichtetes Oblongum, ein nach Westen gerichteter Anbau von zwei Stock-

---

22) Degedingsbuch der Neustadt I, fol. 71¹.

23) Kämmereibuch der Neustadt S. 7 und Sack im Vaterl. Archiv 1847, S. 242.

24) Kämmereibuch der Neustadt S. 10.

25) Degedingsbuch der Neustadt I, fol. 73 und Kämmereibuch der Neustadt S. 6 und 9.

26) Kämmereibuch der Neustadt S. 10.

27) Degedingsbuch der Neustadt I, fol. 73 und Kämmereibuch der Neustadt S. 5 und 10.

28) Degedingsbuch der Neustadt III, fol. 89¹.

29) Kämmereibuch der Neustadt S. 5.

30) Eine Urkunde Herzog Albrechts des Fetten vom Michaelistage 1299 redet von domus consulum Nove civitatis. Sack's Urkundensammlung S. 123.

31) In den Jahren 1423 und 1424 lieh der Rath der Neustadt 70 Mark zum Rathhausbau. Degedingsbuch der Neustadt III, fol. 152. 153.

werken enthielt angeblich eine Ritterstube und die Küche, während der Mittelbau oben den Hauptsaal, in welchem eine Inschrift die Jahreszahl 1423 zeigte, unten aber den alten Fleischscharren enthalten haben soll. Ueber einer Thür des letzteren stand angeblich die Jahreszahl 1422, am westlichen Flügel 1439. Der Reichenstraße war der 1452 erbaute Laubengang zugekehrt, der in der Fronte mit 3 gothischen Bogenfenstern nach Art des Altstadtrathhauses geschmückt war, dessen Strebepfeiler aber nicht mit Statuen verziert waren. Nach der östlichen Seite hin hatte das Hauptgebäude drei Anbaue, die mit ihren Giebelfronten an die Straße traten[32]). Der unter dem Gebäude befindliche Weinkeller, bereits um 1350 vorhanden, hatte seinen Eingang unter dem Laubengange, der Rath pflegte ihn an einen Bürger zu verpachten[33]).

Von der Südostecke des Rathhauses zieht nach Osten bis an die Ocker die Stecherstraße[34]), an deren Ostende in der südlichen Häuserzeile an der Ocker eine 1339 schon erwähnte Badstube, „der Stecherstoben" belegen war[35]). Die von dort nach dem Hagenmarkte hinüberführende Brücke hieß der Engelhardssteg[36]). Mittelalterliche Häuser, durch Treppenfries und geschnitzte Balkenträger kenntlich, sind dort die Nr. 1340, 1347, 1348, 1330—1332, 1334 und 1350.

Von der nordöstlichen Ecke des Rathhauses zieht nach Osten die Straße, welche schon um 1325 auf der Hagenbrücke hieß[37]). Der westliche Theil derselben bis zu den Häusern Nr. 1316 und 1317 gehörte in die Neustadt, der östliche in den Hagen. Das westliche Eckhaus der südlichen Häuserreihe, welches dem Brunnen vor dem Rathhause gegenüber lag[38]), hieß 1441 „die alte Apotheke". Das jetzige

---

32) Schiller, Die mittelalterliche Architektur, S. 168—170 und Sack im Erinnerungsblatt. Erst 1773 ist das Gebäude im antikisirten Zopfstyl umgebaut und des herrlichen Laubenganges beraubt.

33) Degedingsbuch der Neustadt II zum Jahre 1352 und Copialbuch des Raths II, fol. 24 zum Jahre 1383.

34) De stekerstrate kommt im Degedingsbuch der Neustadt III zum Jahre 1347 vor.

35) Degedingsbuch der Neustadt II zum Jahre 1339 und III, fol. 118. Kämmereibuch der Neustadt S. 6.

36) Vialis Engelardi kommen schon 1289 vor. Degedingsbuch der Altstadt I, S. 12. Degedingsbuch der Neustadt III, fol. 46.

37) Degedingsbuch der Neustadt I, fol. 68. Schon 1323 kommt pons Indaginis vor. Degedingsbuch der Neustadt II, zum Jahre 1323.

38) Degedingsbuch der Neustadt III, fol. 22¹ und Sack, Alterthümer, S. 27.

5. Die Neustadt.

Gebäude, Anno domini Mcccc unde ix in die Urbani errichtet, trägt eine nicht vollständige Inschrift an der dem Rathhause zugekehrten Seite. Die Eckbalken sind mit den Statuen St. Annas und des St. Andreas, in dessen Pfarrbezirk dies Haus noch liegt, geschmückt. Aelter ist das Haus Nr. 1317, an dessen Brandgiebel die Inschrift steht: Anno domini Mccclxxxiii. Den mittelalterlichen Treppenfries zeigt auch das Haus Nr. 1319.

Vom Rathhaus nach Norden zog sich des Reiches Straße. So heißt sie im ältesten um 1320 geschriebenen Zinsregister der Neustadt[39]. Ein Haus daselbst, dessen Lage nicht genauer bezeichnet werden kann, hieß 1444 „zur Sonne"[40]. Treppenfries und geschnitzte Balkenträger beweisen, daß die Häuser Nr. 1292, 1293 und 1307 dem Mittelalter angehören.

An das Nordende dieser Straße schloß sich des Kaisers Straße oder die Kaiserstraße[41], wo das Haus Nr. 1221 mittelalterlich ist. Die von dieser nach Norden sich abzweigende Sackgasse wird 1426 die Kerne genannt[42], wogegen die nach Nordosten an die Oker führende Straße schon 1310 der Nickerkulk heißt[43]. Anfangs scheint der dortige Raum, vielleicht wegen seiner niedrigen Lage, unbebaut gewesen zu sein; nur eine St. Nicolaus geweihete Capelle soll dort gestanden haben[44]. Erst um 1300 mag dort der Anbau wie es scheint mit Anlegung eines Hofes begonnen haben. Um 1320 war derselbe schon bedeutend fortgeschritten; damals findet sich dort bereits eine Anzahl von Bewohnern, von denen mehrere dem Rathe Grabenzins zahlten[45]. In der Nähe der über die Oker führenden Nickerkulksbrücke stand ein

---

39) Degebingsbuch der Neustadt I, fol. 65 ¹.
40) Das. III, fol. 27.
41) So heißt sie schon 1321 im Degebingsbuch der Neustadt II, zu diesem Jahre und I, fol. 66.
42) Degebingsbuch der Neustadt III, fol. 157 ¹.
43) Degebingsbuch der Altstadt I, S. 54.
44) So meint mit Ribbentrop, Beschreibung der Stadt Braunschweig I, S. 60 auch Sack, Alterthümer, S. 36. Aber in Urkunden und sonstigen Quellen steht von einer solchen Capelle kein Wort. Die Nachricht ist sagenhaft und scheint aus einem Misverständniß des Wortes Nickelnkull — corrumpirt aus Nickerkull, d. i. Teufelskull — entstanden zu sein.
45) Degebingsbuch der Altstadt I, S. 54; Degebingsbuch der Neustadt II zu 1312 und I, fol. 67.

Thurm⁴⁶), neben welchem 1430 ein Gerbehof lag⁴⁷). Ein Haus dieser Straße hieß die Kerne 1401, welches auf einem Baumgarten der Familie von der Molen erbaut war⁴⁸). Da wo Rickerkulk und Kaiserstraße zusammenstoßen, liegt ein bis an die Ocker reichender Winkel, jetzt der Vorhof, damals der große Hof genannt⁴⁹). Dem Mittelalter gehören dort an die Häuser Nr. 1233 B. C., 1242, 1243, 1257, 1269, 1271 und 1272.

Den westlichen Theil der Neustadt durchschnitten 3 Straßen, die gleich Rabien eines Kreises auf dem Rabeflinte als ihrem Centrum zusammentrafen, die lange Straße, die Weberstraße und die Beckenwerchtenstraße. Die lange Straße und Beckenwerchtenstraße kommen zuerst um 1320 im Zinsregister der Neustadt⁵⁰), die Weberstraße als platea textorum schon 1322 vor⁵¹), in ihr lag an einer nicht genauer zu bezeichnenden Stelle 1409 das Haus „zur alten Pforte"⁵²). Eine Twete verband sie mit der benachbarten Straße der Beckenschläger. In dieser lag neben dem schon 1357 erwähnten öffentlichen Brunnen⁵³) ein Haus, welches „die Kupferschmiede" genannt wurde⁵⁴), also auf der Stelle der jetzigen Nettelbeckschen Brauerei belegen gewesen sein muß. Ein anderes Haus dieser Straße hieß „der hohe Giebel"⁵⁵). Dort sind als mittelalterliche Häuser am Treppenfries und an den geschnitzten Balkenträgern noch kenntlich Nr. 1052, 1053, 1074 und 1080 auf der Beckenwerchtenstraße, letzteres mit der Inschrift: Anno domini Mccccxxxii, ferner Nr. 1014, 1026, 1027 und 993 auf der Weberstraße, endlich Nr. 905, 918, 975, 928, 932, 963 auf der Langenstraße.

Am Westende jener drei Straßen lag der Rabeflint⁵⁶). Die Straße, welche jetzt von diesem Platze in nördlicher Richtung nach dem

---

46) Degedingsbuch der Neustadt I, fol. 67; III, fol. 46 und Kämmereibuch der Neustadt S. 31.
47) Degedingsbuch der Neustadt III, fol. 168.
48) Das. fol. 67 und Kämmereibuch der Neustadt S. 28.
49) Copialbuch des Rathes VI, fol. 41¹.
50) Degedingsbuch der Neustadt I, fol. 68.
51) Das. II, zum Jahre 1322.
52) Das. III, fol. 123.
53) Das. III, fol. 49.
54) Kämmereibuch der Neustadt S. 17.
55) Degedingsbuch der Neustadt III, fol. 50¹ zum Jahre 1358.
56) Er wird um 1320 im Zinsregister der Neustadt zuerst erwähnt. Degedingsbuch der Neustadt I, fol. 69.

"neuen Wege" und dem Petrithore führt, war gleich dem neuen Wege im Mittelalter noch nicht vorhanden[57]), ebenso wenig die kurze Straße, welche jetzt den Radeklint mit dem Bäckerklinte verbindet[58]). Am östlichen Eingang der kurzen Straße, welche von jenem Platze nach dem alten Petrithore hinführt, in welcher sich Alt- und Neustadt begrenzten, lag der grüne Löwe. Ob das Haus Nr. 941 schon im Mittelalter so hieß, ist zweifelhaft[59]). Das Haus Nr. 955 am Eingang in die Langestraße zeigt den mittelalterlichen Treppenfries, geschnitzte Balkenträger und die Statuen der Maria mit dem Jesusknäblein und des St. Petrus mit dem Schlüssel. Eine Inschrift nennt das Erbauungsjahr 1507 und Hermann Kemnade, den muthmaßlichen Erbauer.

An einer nicht genauer zu bezeichnenden Stelle der Neustadt lag das Haus „zur goldenen Klinke", welches seit 1397 öfters in den Stadtbüchern vorkommt und 1442 von Brand Dankworth, einem Rathsherrn der Neustadt, bewohnt ward[60]).

6. Der Hagen.

Der Hagen ist eine Gründung Heinrichs des Löwen. Aus vollbewußter Entschließung gab er als Grundherr des dortigen Areals Hof- und Hausstellen an zuziehende Anbauer und begabte dieselben, damit bürgerliche Freiheit zum Eintritt in dies Verhältniß anlocke, mit Weichbildsrecht[1]). Die Befestigung des erwachsenden Weichbildes anfangs mit Verhauen und Schlagbäumen, später mit Gräben und Mauern (S. 61) förderte den Anbau gleichfalls. Dies Weichbild, welches in die drei Bauerschaften des Wendenthores, des Fallersleberthores und des Steinthores zerfiel[2]), war von den übrigen Weichbildern völlig getrennt;

---

57) Das zeigt auch noch der Plan der Stadt vom Jahre 1671, welcher in Ribbentrops Beschreibung der Stadt Braunschweig steht.
58) Ribbentrop, Beschreibung der Stadt Braunschweig I, S. 66.
59) Sack im Braunschw. Magazin 1840, S. 81.
60) Degedingsbuch der Neustadt III, fol. 90. 150¹. 23¹.
1) Dieses haben wir in der Gestalt, wie Herzog Otto das Kind dasselbe bestätigte. Urkundenbuch I, S. 1.
2) Kämmereibuch des Hagens fol. 2. 15 und 22. Die Grenzen zeigt der Stadtplan, soweit sie sich nach dem Kämmereibuche und den Degedingsbüchern bestimmen lassen.

die Ocker schied dasselbe im Westen von der Neustadt, dem Sack und der Burg Dankwarderobe, ein Ockercanal von der Altenwik, und der Mauergraben begrenzte es nach außen. Eine Mauer umschloß es im großen Bogen im Süden, Osten und Norden, im Westen vertrat der Fluß deren Stelle. Durch jene Mauer führten vier Thore, das Wendenthor nach Norden, Fallersleber- und Steinthor nach Osten aus der Stadt, das Redingerthor im Süden in die Altewik.

Das Wendenthor, als valva Slavorum schon 1254 genannt³), lag am nördlichen Ende der Wendenstraße innerhalb des Mauergrabens zwischen den Häusern Nr. 1491 und 1496. Durch einen 1476 vorgenommenen Umbau erhielt es die Gestalt, welche aus einer Beckschen Zeichnung bekannt ist. Ueber der Durchfahrt erhob sich ein höher viereckter Thurm von drei Stockwerken. Am untersten befanden sich außerhalb zwei Nischen, in einer derselben stand das Bild der heiligen Katharina, zu beiden Seiten derselben war das Stadt- und das Landeswappen angebracht. Die beiden oberen Stockwerke waren mit Schießscharten versehen. Den Thurm deckte ein schlankes Spitzdach, an den Seiten mit vier Erkern, auf der Spitze mit Knopf und Wetterfahne geschmückt⁴). Diesem inneren Thore entsprach schon 1401 ein äußeres Thor⁵).

Das Fallersleberthor, als valva Vallerslevensis 1284 zuerst genannt⁶), in alter Zeit angeblich auch wohl „das Hagenthor" geheißen⁷), lag am östlichen Ende der Fallersleberstraße zwischen den Häusern Nr. 1687 und 1694. Auch hier wird 1401 ein äußerer Thorthurm erwähnt, welcher 1483 von Neuem erbaut sein soll⁸).

Das Steinthor, als valva lapidea bereits 1290 genannt⁹), lag am Ostende des Steinwegs innerhalb des Mauergrabens. Das Thor hatte über der Durchfahrt einen massiven viereckten Thurm von drei Stockwerken, über dessen vier Giebeln sich ein hohes schlankes Spitzdach erhob, wie es die Abbildung auf dem Stadtplane zeigt. Ein

---

3) Urkunde bei Pistorius, Amoenitates VIII, p. 2337.
4) Ribbentrop, Beschreibung der Stadt Braunschweig I, S. 59 und Sack im Vaterl. Archiv 1847, S. 288.
5) Nachträge zum Kämmereibuch des Hagens im Kämmereibuch der Stadt.
6) Braunschw. Anzeigen 1747, S. 728.
7) Das. 1777, Stück 59.
8) Sack im Vaterl. Archiv 1847, S. 289.
9) Degedingsbuch des Hagens I, fol. 1.

6. Der Hagen.

äußeres Thor kommt auch hier 1401 vor [10]). Dicht außerhalb dieses wie des Fallersleberthores lagen Badstuben [11]).

Das Redingerthor, welches 1268 als valva, quae Redingedor vulgariter appellatur, vorkommt [12]), lag am Südende des Bohlwegs östlich vom Hause Nr. 2031 mitten in der Straße. Die vor demselben befindliche Brücke führte aus dem Hagen in die Altewik. Zur Deckung des Thores zog sich die im Süden des grauen Hofes herlaufende Mauer auch westlich vom Thore noch bis an die Oker fort, an welcher ein Bergfried einen passenden Abschluß derselben bildete. Vor dem Thore lag östlich die Rehburg, wie es der Stadtplan zeigt [13]), angeblich ein Bergfried zum Schutze desselben.

Dicht daneben führte zu dem Okerarme, welcher Hagen und Altewik trennte, eine Treppe hinab, wie noch jetzt. Dort scheint eine für Wäscherinnen bestimmte Fülle gelegen zu haben, davon mag sie den Namen de Waschestege erhalten haben [14]). Nach dem Damme zu lagen noch drei Häuser Nr. 2028—2030, welche in's Weichbild des Hagens gehörten [15]). Außerhalb des Redingerthores soll auch der Redingshagen gelegen haben [16]), dort sucht man auch zwischen den beiden Okerarmen östlich vom Thore auf einer langen schmalen Landzunge das Muckshol und die Ovelgünne oder Appelgunne [17]).

Durch das Redingerthor treten wir auf den Bohlweg [18]), welcher unter diesem Namen erst 1350 vorkommt [19]). An dem südlichen und mittleren Theile desselben lag ein nicht unbedeutendes Areal, das ursprünglich Zubehör der benachbarten Burg Dankwarderode gewesen sein mag und noch bis in's 14. Jahrhundert als herrschaftlich erscheint. Mit der Zeit ging dasselbe theils in den Lehnbesitz ritterschaftlicher Ministerialengeschlechter über, welche von den ihnen dort überwiesenen Höfen

---

10) Sack im Vaterl. Archiv 1847, S. 290 und Note 5 dieses Abschnittes.
11) Degedingsbuch des Hagens I, fol. 1 und Kämmereibuch des Hagens S. 6.
12) Urkunde des Stadtarchivs Nr. 15.
13) Sack im Vaterl. Archiv 1847, S. 241 und 252.
14) Kämmereibuch des Hagens fol. 22ᵇ.
15) Das. fol. 25.
16) Sack im Vaterl. Archiv 1847, S. 241.
17) Sack das. S. 251 flg. und Ribbentrop, Beschreibung der Stadt Braunschweig I, S. 195.
18) Dürre im Braunschw. Magazin 1860, St. 12—14.
19) Degedingsbuch des Hagens I, fol. 55.

in der fürstlichen Pfalz Hofdienste zu leisten hatten; theils kam es entweder durch die Fürsten selbst, oder durch jene Geschlechter mit Einwilligung der fürstlichen Lehnsherren in geistliche Hand. So finden wir am Bohlwege Höfe der Cistercienser von Ribbagshausen und Marienthal, der Templer, des deutschen Ordens und der Dominicaner oder Pauliner. Als Braunschweig um 1300 aufhörte, Residenz der Welfenfürsten zu sein, kamen jene Rittersitze theils in geistliche Hand, theils an Bürger, welche die Herrenhöfe mit Bürgerhäusern und Buden bebauten und so den ursprünglich herrschaftlichen Grundbesitz an manchen Stellen in städtischen umwandelten [20]).

Auf der Ostseite des Bohlwegs lag innerhalb des Redingerthores auf dem südlichen Theile des jetzigen Schloßplatzes „der graue Hof" [21]), der seinen Namen von der grauen Kleidung der Cistercienser zu Ribbagshausen, denen er gehörte, erhalten zu haben scheint. Diese erkauften sich dort 1268 Johann Stapels Haus und Hof [22]), erwarben 1286 den nördlich daneben belegenen Hof der Herren von Werle [23]) und 1337 den nördlich an diesen stoßenden langen Hof der Herren von Asseburg, welchen von 1309 bis 1337 das Kloster Marienthal besessen hatte [24]). Der so erweiterte graue Hof reichte bis an einen schmalen Graben, welcher den südlichen Theil des Bohlwegs durchschnitt und nach Osten ziehend sich mit dem Graben verband, welcher in nördlicher Richtung über den Ritterbrunnen und am Steingraben entlang hinzog [25]).

Nördlich vom grauen Hofe lag „der Hof der Gottesritter", d. h. der Ritter des deutschen Ordens zu Lucklum [26]). Er war zusammengesetzt aus dem 1279 erworbenen Stephanshofe der Herren von Honlage und einem Hofe, welchen bis 1304 die Herren von Campe

---

20) Braunschw. Magazin 1860, S. 99.
21) So heißt er 1425 in einer Urkunde des Copialbuchs von St. Ulrici II, S. 101 und in einem Testamentenbuche zum Jahre 1388.
22) Urkunde des Stadtarchivs Nr. 15.
23) Urkunde des Landesarchivs nach Bege, Burgen, S. 56.
24) Urkundliche Nachrichten bei Bege, Burgen, S. 64. 9. 72. Degedingsbuch des Hagens II, S. 70 und 148 und Meibom. Chron. Marienthal in S. R. Germ. III, p. 269.
25) So zeigt es noch der Stadtplan von 1671.
26) Degedingsbuch des Hagens I, fol. 125 und 171; II, S. 184. 284. 304. 87. 96 und öfters.

besessen hatten, worauf ihn Herzog Heinrich der Wunderliche dem Orden schenkte²⁷).

Nördlich folgte dann der Hof der Familie von Ingeleben²⁸), auf diesen der große Hof, um 1400 im Besitz derer von Weverlinge, dann an die Stadt verkauft, welche ihn einem Bürger überließ²⁹). Den nördlichsten Theil des jetzigen Schloßplatzes nahm der Tempelhof ein, auf welchem die Tempelkirche St. Matthäus mit ihren Nebengebäuden stand (S. 535 flg.).

Diesen auf der Ostseite des Bohlwegs belegenen Höfen gegenüber lagen auch auf der Westseite der Straße mehrere Höfe, welche die Herzöge als Lehen an Ministerialenfamilien ausgethan hatten, so die Höfe der Familien von Veltheim, von Varsfelde und von Sambleben. 1290 kamen diese 3 Höfe an's Blasiusstift, welches den Raum an Bürger zu Hausstellen verkaufte und sich nur einen jährlichen Worthzins an den dort zu erbauenden Häusern vorbehielt³⁰). Weiter nördlich folgte „der lange Hof", bis 1426 ein Eigenthum des Gertrudenkalands, damals an den Rath im Hagen verkauft³¹), nachdem sich auch hier bereits seit langer Zeit Bürger angesiedelt hatten³²).

Der südlichste Theil des Bohlweges vom Rebingerthore bis an die Steinbrücke, welche über den Graben am grauen Hofe führte, hieß „vor dem Rebingerthore", die nördlicher liegende Strecke bis an die Templerkirche „bei St. Matthäus" oder „bei der Tempelkirche". Von da kommen wir auf den Bohlweg im engeren Sinne des Wortes, womit man die Strecke von jener Kirche bis an den Steinweg bezeichnete³³). In diesen Theil der Straße mündete von Westen her eine Twete, deren Eingang zwischen den Häusern Nr. 2072 und 2073 noch zu sehen ist. Sie hieß im Anfang des 15. Jahrhunderts „die Burgtwete" oder „Phebusstrate" und führte über den Schulstieg in die Burg³⁴).

---

27) Bege, Burgen, S. 133.
28) Degedingsbuch des Hagens I, fol. 171.
29) Degedingsbuch des Hagens II, S. 41 und Hemelik rekenscop p. 84.
30) Braunschw. Magazin 1860, S. 113 flg.
31) Urkunde im Copialbuch St. Ulrici II, S. 91.
32) Braunschw. Magazin 1860, S. 115.
33) Das. S. 119.
34) Degedingsbuch des Hagens II, S. 168 und 260. 53. 300. 303. Eine Urkunde von 1409 im Copialbuch St. Ulrici II, S. 63 nennt die Phebusstrate ab antiquo nuncupata. Braunschw. Magazin 1860, S. 102 und 116.

Nördlich von ihr lag auch auf der Westseite des Bohlweges 1353 der große Hof oder der große Steinhof⁸⁵), so genannt entweder von der steinernen Kemnabe auf demselben⁸⁶), oder davon, daß er als Niederlage und Verkaufslocal für die im Nußberge gebrochenen Steine, nach denen auch der Steinweg und das Steinthor benannt sein sollen, gedient haben mag. In der östlichen Häuserreihe lag dem Ausgange der Burgtwete gegenüber 1409 das Haus zur rothen Lilie, auf der Stelle von Nr. 2017 oder 2018⁸⁷).

Weiter nördlich führte eine Straße vom Bohlwege nach der schon 1301 erwähnten Burgmühle⁸⁸). Nördlich von dieser Straße lag auf der Westseite des Bohlweges auf der Stelle des jetzigen Zeughauses bis 1307 der Drostenhof, ein fürstliches Lehen, welchen der jedesmalige Truchseß des fürstlichen Hofes als Amtswohnung inne hatte, auf welchem außer dem Wohnhause auch eine Capelle stand. Seitdem Truchseß Jordan diesen Hof mit Einwilligung der Lehensherren an die Dominicaner abgetreten hatte, erstand dort das Paulinerkloster mit seinen Nebengebäuden, die, wenn auch umgestaltet und verbaut, noch vorhanden sind (S. 528). In dessen Nähe lag ein Baumgarten der Pauliner und ein Gerbehof; aber die Lage kann nicht genauer bezeichnet werden⁸⁹).

Die dem Kloster gegenüber belegenen Häuser hießen im Mittelalter „tigen den Peweleren", eins derselben war das Haus zur Mailaube⁴⁰). Nördlich vom Kloster zog die Straße hin, in welcher schon 1347 der Scharren für die Knochenhauer des Hagens stand⁴¹). Sie endete im Westen an der Ocker. Ueber diese führte nach dem Hause Nr. 2821, welches bereits zum Weichbild des Sackes gehörte, der lange Steg hinüber⁴²). Am Eingang zu demselben stehen als die ältesten

---

85) Degedingsbuch des Hagens I, fol. 68¹.
86) Das. I, fol. 91¹. Ueber die Lage des Hofes siehe Braunschw. Magazin 1860, S. 116.
37) Degedingsbuch des Hagens II, S. 168.
38) Molendinum Amelii trans aquam versus valvam urbis (d. i. der Burg) in Bruneswic heißt sie in einer Urkunde Herzog Albrechts des Fetten von 1301 bei Rehtmeier, Chronik, S. 594.
39) Jener kommt 1365 im Degedingsbuch des Hagens I, fol. 117, dieser 1570 in einer Urkunde des Copialbuches I, fol. 122 vor. Braunschw. Magazin 1860, S. 116 flg.
40) Degedingsbuch des Hagens II, S. 69.
41) Das. I, fol. 46¹.
42) 1336 nennt denselben das Degedingsbuch des Sackes I, S. 17 flg. Erst

6. Der Hagen.

Häuser der Straße die Häuser Nr. 2085 und 2086, jenes führt die Inschrift: Anno domini Mcccclxi sint disse twe hus ghebuwet. Auf dem Bohlwege sind durch Treppenfries und geschnitzte Balkenträger als mittelalterliche Häuser kenntlich Nr. 2040, 2052 und 2013.

Der Raum zwischen dem Hagenscharren und dem Hagenmarkte, zwischen der Oker und dem nördlichsten Theile des Bohlwegs hieß sonst der Rosenwinkel[43]), welcher im Laufe des 14. Jahrhunderts mit Bürgerhäusern bebaut wurde. Darum bezeichnete man die Häuser auf dem nördlichsten Theile des Bohlwegs damals entweder als im oder gegenüber dem Rosenwinkel belegen[44]).

Von da aus gelangt man zum Markte dieses Weichbildes, dem Hagenmarkte, als forum Indaginis schon 1268 erwähnt[45]). Auf demselben stand außer dem bereits 1366 urkundlich erwähnten Brunnen[46]), welcher gleich dem des Altstadtmarktes im gothischen Style gearbeitet und mit Wappen und einer Statue St. Katharinas verziert war, nahe am Thurmbau der Katharinenkirche ein Complex meistens öffentlicher Gebäude, unter denen das Rathhaus und das Gewandhaus die hervorragendsten waren.

Von dem Rathhause des Hagens, welches 1690 zum Opernhause umgebaut wurde[47]), ist nur noch ein kleiner Theil der nördlichen Wand, welche dem Hagenmarkte zugekehrt ist, übrig. An den alterthümlichen gothischen Fenstern und an einer Statue St. Katharinas ist dieselbe noch zu erkennen. Dies Gebäude ward um 1400 erbaut[48]). Nach einer Beck'schen Ansicht desselben, welche im Kalender für 1862 mitgetheilt ist, war dasselbe vor seiner Südfronte mit Lauben verziert. Ueber den Hallen des unteren Stockwerks scheint sich ein kurzer Laubengang erhoben zu haben, welchem gothische Bogenfenster Licht gaben, Giebel mit Krabben und Pflanzenkronen erhoben sich über denselben,

---

1779 trat an dessen Stelle die weiter aufwärts belegene Steinbrücke. Ribbentrop, Beschreibung der Stadt Braunschweig I, S. 44.

43) Copialbuch des Raths II, fol. 31.
44) Kämmereibuch des Hagens fol. 25¹ und Braunschw. Magazin 1860, S. 118.
45) Degedingsbuch der Altstadt I, S. 8.
46) Rehtmeier, Chronik, S. 635; vergl. Kämmereibuch des Hagens fol. 8. Ribbentrop, Beschreibung der Stadt Braunschweig I, S. 53 flg. und Sack, Alterthümer, S. 25 flg.
47) Ribbentrop, Beschreibung der Stadt Braunschweig I, S. 53.
48) Hemelik rekenscop p. 58.

Strebepfeiler mit Statuen geschmückt reichten bis an's untere Ende der Giebel und trugen kleine durchbrochene Thürmchen mit verzierten Spitzdächern. Saal, Dornse, Keller, Gefängniß, Küche und Klippstube für die Constabel- oder Gelagsbrüder soll auch dies Rathhaus enthalten haben [49]).

Oestlich stieß daran das Gewandhaus. Dieses von Süden nach Norden gekehrte mit vielen Fenstern und hohem Dach versehene Gebäude ist trotz seinem Einbau in das Opernhaus namentlich vom Katharinenkirchhofe aus noch recht wohl zu erkennen. Ein älteres Gewandhaus ward um 1300 durch einen Brand zerstört, 1302 war man bereits mit dem Neubau beschäftigt [50]). Das damals neu erbaute Kauf- oder Wandhaus [51]) hatte zwei Eingänge auf seinen Breitseiten, einen südlichen nach dem Bohlwege, einen nördlichen nach der Wendenstraße zu [52]). Ueber die innere Einrichtung desselben für den Tuchhandel ist S. 614 die Rede gewesen. Vor jedem der beiden Haupteingänge lag eine Scheerbude, welche der Rath zu vermieten pflegte [53]). Oestlich neben der nördlichen stand noch eine Bude, in welcher um 1400 der Rathsschreiber des Hagens wohnte [54]), westlich von ihr stand ebenfalls vor dem Eingange in's Gewandhaus eine Bude, die als Wechsellocal an einen Banquier vom Rathe vermietet zu werden pflegte [55]). Sie lag nahe am Eingang zu dem noch vorhandenen Brotscharren, welcher westlich vom Gewandhaus und nördlich vom Rathhaus lag und sich fast unbenutzt noch jetzt da befindet [56]).

Nicht weit vom nördlichen Ende des Gewandhauses stand am Katharinenkirchhofe der Wendenstraße gegenüber seit 1385 das Wagehaus des Hagens. Wo das Local der alten Wage dieses Weichbildes war, ist nicht anzugeben [57]).

---

49) Sack im Kalender von 1862 und im Erinnerungsblatt an die tausendjährige Jubelfeier.

50) Copialbuch der Katharinenkirche S. 3.

51) Degedingsbuch des Hagens I, fol. 27 und 109 zu den Jahren 1342 und 1361.

52) Das. S. 109.

53) Ihrer gedenkt das Degedingsbuch des Hagens I, fol. 27 und II, S. 1 zu den Jahren 1342 und 1393. Kämmereibuch des Hagens fol. 7.

54) Kämmereibuch des Hagens fol. 3.

55) Das. fol. 11¹.

56) Das. fol. 7¹ und Degedingsbuch des Hagens II, S. 19.

57) Degedingsbuch des Hagens I, fol. 166 und II, S. 184.

6. Der Hagen.

Unter den den Hagenmarkt umgebenden Häusern ist der **Weinkeller** zu nennen. Da vor ihm eine Pferdetränke zur Ocker hinabführte [58]), so muß er dem Flusse ziemlich nahe gelegen haben, vermuthlich auf der Stelle des Hauses Nr. 2104. Am Markte lag auch ein **Schuhhof**, welcher mit einer Mauer umgeben war und den Gerbern und Schuhmachern des Hagens gehörte [59]). Am Markte lag angeblich schon 1406 das Haus **zum Löwen** [60]), welches diesen Namen auch jetzt noch führt.

Von der benachbarten Hagenbrücke gehörte in dies Weichbild nur der östliche Theil auf dem rechten Ufer der Ocker bis zu den Häusern Nr. 1396 und Nr. 2113 [61]).

Vom Markte nach Norden zog bis an's Wendenthor die **Wendenstraße**, welche unter dem Namen der platea Slavorum bereits 1268 erwähnt wird [62]). Auf ihr lag ein Haus, welches 1357 die Capelle genannt wurde, über dessen Lage Genaueres nicht angegeben werden kann [63]). Ein Theil der Straße hieß tigen dem Schilde [64]), dies mag ihr nördlicher Theil gewesen sein, welcher der schildartigen Häusermasse, die zwischen der Mitte der Wendenstraße und dem nördlichen Theil des Werders belegen ist, gegenüber liegt. In diesem Theil der Straße lag schon 1350 das Haus **zur Kette** [65]), dies war eins der Eckhäuser, welche den Eingang in den Gobershagen bilden, also Nr. 1482a oder Nr. 1486. Vielleicht hatte es diesen Namen von einer an ihm befestigten Kette, welche Nachts zur Absperrung der Straße diente. Der **Gobers-** oder **Goidershagen** [66]) aber ist die kurze Gasse, welche von der Wendenstraße zur Nickerkulksbrücke führt und jetzt Geiershagen heißt. Auf der Wendenstraße tragen noch mehrere Häuser

---

58) Er wird 1376 schon erwähnt im Gedenkbuch I, fol. 36¹. Degedingsbuch des Hagens II, S. 32. 44.

59) 1338 wohnte neben demselben Hermann von Wettlenstedt, 1355 wohnte auf der Westseite des Hofes Hennig von Ysenbüttel. Degedingsbuch des Hagens I, fol. 18. 76.

60) Sack im Braunschw. Magazin 1840, S. 31.

61) Kämmereibuch des Hagens fol. 8.

62) Degedingsbuch der Altstadt I, S. 8¹.

63) Degedingsbuch des Hagens I, fol. 86.

64) Das. II, S. 58.

65) Das. I, fol. 54 und Kämmereibuch des Hagens fol. 8¹.

66) Das. II, S. 32, 111 zum Jahre 1397 und Kämmereibuch des Hagens fol. 8¹; vergl. Ribbentrop, Beschreibung der Stadt Braunschweig I, S. 59.

ein mittelalterliches Gepräge, auch hier finden wir den Treppenfries und die geschnitzten Balkenträger an Nr. 1605, 1411, 1415, 1421, 1425, 1489, 1574, 1590 und 1591. Unter denselben sind einige mit Inschriften versehen. An Nr. 1411 steht: Jesus, Maria. Anno domini Mccccxci, an Nr. 1425: Anno domini Mcccccxi und an Nr. 1415: Anno domini Mv°xii in vigilia Laurentii. Ueber dem Bogen der Hausthür erblickt man drei Heiligenbilder, in der Mitte die Mutter Maria und neben ihr St. Katharina, auch an den Grenzmauern stehen noch zwei Heiligenbilder, in dem dem Werder zugekehrten ist St. Christophorus leicht zu erkennen.

Westlich von der Wendenstraße lag auf einer Insel der danach benannte Werder, welcher schon 1305 als Insula erwähnt wird[67]). Eine Badestube finden wir dort 1344[68]), deren Lage nicht mit Sicherheit anzugeben ist; wenn sie gleich den übrigen Stoben an der Oker lag, so ist zu vermuthen, daß sie die Stelle des Hauses Nr. 1459 einnahm. Nicht fern von da lag in der westlichen Häuserreihe, wahrscheinlich in Nr. 1461, ein Beguinenhaus oder Convent[69]). An derselben Seite lag in Nr. 1473 der Marstall des Hagens, welcher um 1400 in einen Färbehof umgewandelt und 1404 verkauft wurde[70]).

Aus der Mitte der Wendenstraße führt nach Osten eine Twete, welche im Mittelalter verschiedene Namen führte. Bald heißt sie die Twete beim Wendengraben, bald die Bocksgasse, bald die Bockstwete[71]). Diesen Namen scheint sie von dem Hause zu den Böcken erhalten zu haben, das auf dem Wendengraben wahrscheinlich am Eingang in diese Twete lag[72]).

Durch diese Twete gelangte man auf den Wendengraben[73]), der sich vom Nordende der Wendenstraße bis an die Fallersleberstraße erstreckte und seinen Namen von dem Graben erhielt, welcher in der Mitte dieser sehr breiten Straße hinzog und über welchen an mehreren

---

67) Degedingsbuch der Altstadt I, S. 33. Der Name Werder findet sich erst 1387 im Degedingsbuch des Hagens I, fol. 17.
68) Degedingsbuch des Hagens I, fol. 32¹.
69) Das. II, S. 151. 306.
70) Kämmereibuch des Hagens fol. 3. 9¹. Degedingsbuch des Hagens II, S. 145.
71) Degedingsbuch des Hagens II, S. 66. 220. 225. 308.
72) Das. II, S. 77. 84. 232.
73) Er wird schon 1322 im Degedingsbuch des Hagens I, fol. 6 genannt.

Stellen Brücken und Stege führten. Oft heißt diese Straße, auf der besonders viele Tuchmacher wohnten, auch „bei dem Graben"[74]. Auf derselben lag am Eingang zur Bockstwete auf der nördlichen Seite der Twete das Haus zu den Böcken Nr. 1549 (s. Note 72), auf der südlichen Seite das Haus zur Schlüsselburg Nr. 1539, welches die Inschrift zeigt: Anno domini Mccccx jar und mit dem Bilde einer ummauerten und von 3 Thürmen geschützten Burg geschmückt ist, über welcher 5 Schlüssel angebracht sind[75]. Beiden Häusern, die der Treppenfries und die geschnitzten Balkenträger als mittelalterlich bezeichnen, gegenüber lag nördlich vom Eingange in die Knochenhauerstraße das Haus „zur kalten Tute"[76].

Diese Straße[77], in der die Häuser Nr. 1666, 1630, 1631, 1632 dem Mittelalter angehören, führte im rechten Winkel vom Wendengraben in die Fallersleberstraße[78], welche sich vom Hagenmarkte bis an's Fallersleberthor hinzog. Außerhalb desselben lag nördlich das noch vorhandene Hospital St. Elisabeth, südlich eine Badstube[79], beide an der Ocker. An dem westlichen Theil dieser Straße lag die Katharinenkirche, von einem geräumigen Kirchhof umgeben.

Die ältesten Theile dieses Gotteshauses sind das Mittelschiff, die beiden Kreuzflügel und das untere Thurmgeschoß, alle im romanischen Rundbogenstyle erbaut. Wie diese Theile der Kirche eine romanische gewölbte Pfeilerbasilika bilden, so ziert den Unterbau des Thurmes ein sehr schönes Rundbogenportal. Späterer Zeit gehören die gothischen Seitenschiffe und die mittleren Thurmgeschosse sammt dem prächtigen Glockenhause an, noch jünger sind die obersten reingothischen Thurmgeschosse, die beiden östlichsten Quadrate beider Seitenschiffe und die Chornische. Durch Umbau haben auch die Stirnwände beider Kreuzflügel ihr romanisches Aussehen verloren und so kommt es, daß die Kirche von außen den Charakter eines gothischen Baues trägt. Fast überall stützen Strebepfeiler die Wandflächen der 210 Fuß langen, 74

---

74) Degedingsbuch des Hagens II, S. 1. 25 und Kämmereibuch des Hagens fol. 9.

75) Ribbentrop, Beschreibung der Stadt Braunschweig I, S. 56 und Sack im Vaterl. Archiv 1847, S. 250.

76) So heißt es 1419 im Degedingsbuch des Hagens II, S. 246 und 313.

77) 1399 kommt sie im Degedingsbuch des Hagens II, S. 54 vor.

78) De Vallerslevestrate kommt 1268 im Degedingsbuch der Altstadt I, S. 8 vor.

79) Degedingsbuch des Hagens I, fol. 3 zum Jahre 1310.

Fuß breiten und etwa 48 Fuß hohen Kirche, 25 Fuß hohe Fenster geben dem Inneren hinlängliches Licht; Giebel, zum Theil reich verziert mit Bildwerken, Krabben und Pflanzenkronen, erheben sich über denselben, und 2 Thürme, der höchste von 241 Fuß Höhe, geben dem Ganzen einen würdigen Abschluß[80]). Einige mittelalterliche Häuser umgeben die Kirche. Im Osten zeigen Nr. 1872 und 1873 den Treppenfries und geschnitzte Balkenträger nebst der Inschrift: Anno domini Mccccclxix vor pinxsten. Im Norden ist mittelalterlich Nr. 1618. Auf der Fallersleberstraße sind außerdem am Treppenfriese und an den geschnitzten Balkenträgern noch als mittelalterliche Häuser kenntlich Nr. 1627, 1783, 1784, 1857, 1860 und 1866. Nr. 1857 trägt die Inschrift: Help God unde Maria unde sunte Anna. Anno domini Mccccxvi.

Vom östlichen Ende der Fallersleberstraße führte nach dem Steinthore die nahe an der Stadtmauer herziehende Mauernstraße[81]), auf welcher „die gemeinen offenbaren Weiber" ebenfalls concessionirte Häuser bewohnten[82]).

Parallel mit derselben verbanden noch zwei Straßen den Steinweg mit der Fallersleberstraße, die schon 1304 erwähnte Scheppenstedter Straße[83]) und die Straße „auf dem Graben"[84]), später der Steingraben, jetzt die südliche Wilhelmstraße genannt. Eine Gasse, die Kernje oder Abelnkerne genannt, verband schon 1346 den Graben mit der Scheppenstedter- und Mauernstraße[85]). Alterthümliche Häuser sind Nr. 1965 und 1966 auf der Wilhelmstraße, und Nr. 1807, 1817 und 1818 auf der Scheppenstedterstraße, auf welcher das Hinterhaus von Nr. 1786 die Inschrift trägt: Anno domini Mcccclxxxx.

Diese Straßen münden mit ihren Südenden auf den Steinweg, welcher sich vom Bohlwege bis an das innere Steinthor erstreckte[86]), außerhalb dessen schon 1290 eine Badstube lag[87]). Den mittelalter-

---

80) Schiller, Die mittelalterliche Architektur, S. 48—57.
81) 1345 kommt de murenstrate im Degedingsbuch des Hagens I, fol. 36 vor.
82) Ordinar. 91 im Urkundenbuch S. 170.
83) Degedingsbuch des Hagens I, fol. 1¹.
84) So heißt sie 1354 im Degedingsbuch des Hagens I, fol. 72; vergl. Kämmereibuch des Hagens fol. 16.
85) Degedingsbuch des Hagens I, fol. 39. 72, II, S. 224. 92. Abelnkerne heißt sie 1467. Sack, Alterthümer, S. 9.
86) De Steynwech kommt 1347 im Degedingsbuch des Hagens I, fol. 45 vor.
87) Degedingsbuch des Hagens I, fol. 1.

lichen Treppenfries und geschnitzte Balkenträger finden wir hier nur an dem Hause Nr. 1959.

An den Steinweg schloß sich, nach Süden fortlaufend, der Ritterborn schon 1328[88]). An demselben lag zwischen dem Graben des Ritterborns und der den Hagen umschließenden Stadtmauer sich ausdehnend der Kampfhof, also auf dem Areal des herzoglichen Schloßgartens belegen[89]). Er scheint ursprünglich für Kampfspiele und ritterliche Uebungen bestimmt gewesen zu sein, welche die Bewohner der am Bohlwege und in der Burg belegenen Ritterhöfe dort vorgenommen haben mögen. Als Braunschweig nicht mehr Sitz eines fürstlichen Hoflagers war, als die zu Hofdiensten verpflichteten Ministerialen sich nur selten hier aufhielten, kam der Kampfhof an den Rath, welcher ihn 1401 schon an einen Bürger zu vermiethen pflegte[90]).

7. Die Altewik.

Die Altewik erwuchs auf dem östlichen Ockerufer aus der altbrunonischen Villa Bruneswik, welche schon 1031 eine eigene Pfarrkirche zu St. Magnus erhielt (S. 47). 1178 heißt ihr und der Nicolaicapelle Pfarrbezirk die Wik Bruneswich[1]) (vicus Bruneswich), als „alte Wik" (vetus vicus) erscheint sie urkundlich zuerst 1196[2]) und Weichbildsrecht erhielt sie vermuthlich erst um 1200, als auch sie durch Otto IV. mit schützenden Mauern im Osten und Süden umzogen ward. Gegen den Hagen und die Altstadt hin bildete die Ocker und ein Canal dieses Flusses die Grenze dieses Weichbildes. Um 1445 zerfiel dasselbe in die beiden Bauerschaften zu St. Aegidien und zu St. Magnus, deren Grenzen noch im Dunkeln liegen (S. 672). Durch die Mauer dieses Weichbildes führten zwei Hauptthore, das Magni- und das Aegidienthor, und zwei Nebenthore oder Pforten, das Friesen- und das Wasserthor.

---

88) Degedingsbuch des Hagens I, fol. 9¹.
89) Kämmereibuch des Hagens fol. 24 und Degedingsbuch des Hagens II, S. 198.
90) Kämmereibuch des Hagens fol. 24¹.
1) Rehtmeier, Kirchenhistorie I, Beil. S. 38.
2) Orig. Guelf. III, 605.

Das Magnithor, als valva S. Magni um 1350 urkundlich erwähnt[3]), lag nach dem Stadtplane von 1671 am östlichen Ende der Straße, welche sich auf der Südseite des Magnikirchhofes herzog, zwischen den Häusern Nr. 2262 und 2265. Das alte Thor ward zwischen 1469 und 1477 angeblich durch ein neues ersetzt. Nach der von Beck im vorigen Jahrhundert angefertigten Abbildung bestand das Thor aus einem massiven viereckten Thurm von mehreren Stockwerken, deren oberstes, von Fachwerk erbaut, auf allen Seiten über den Mauerkörper etwas vortrat und von einem schlanken Spitzdach bedeckt war, welches Zinnapfel und Wetterfahne schmückte. Am Thore erblickte man die Statue eines gerüsteten Ritters, zu beiden Seiten desselben das Stadt- und das Landeswappen mit der Jahreszahl 1492[4]). Auch ein äußeres Thor war 1401 vorhanden, welches jedenfalls jenseits des vor dem inneren Thore durchfließenden Mauergrabens lag; aber genauer läßt sich seine Lage nicht bezeichnen[5]).

Das Aegidienthor oder Sunte Yliendor[6]) lag am Südende der Kuhstraße zwischen den Häusern Nr. 2554 und 2557. An diesem mit einem niedrigen Thurme versehenen Thore, vor welchem der Mauergraben durchzog, stand außer der Jahreszahl 1414 auch die Statue eines Bischofs, welcher das Modell einer Kirche in der einen Hand trug und den heiligen Autor vorgestellt haben soll, auch war es mit dem Stadt- und dem Landeswappen geschmückt[7]). Außerhalb des Grabens findet sich 1401 noch ein äußeres Thor[8]).

Das Wasserthor lag dem Westende der Mönchenstraße gegenüber nahe an der Ocker, war 1401 noch im Stande, ward aber 1414 zugemauert[9]). Das Friesenthor endlich lag bereits 1349[10]) am Nordende der Friesenstraße, also ziemlich nahe dem oben beschriebenen Steinthore und hatte seinen eigenen Thorwärter[11]).

---

3) Memorienregister von St. Blasius S. 6.
4) Ribbentrop, Beschreibung der Stadt Braunschweig I, S. 12 und Sack im Vaterl. Archiv 1847, S. 277.
5) Kämmereibuch der Altenwik fol. 19.
6) Degedingsbuch des Sacks I, S. 26 und Kämmereibuch der Altenwik fol. 19.
7) Ribbentrop, a. a. O. I, S. 4. Sack im Vaterl. Archiv 1847, S. 278.
8) Kämmereibuch der Altenwik fol. 19.
9) Das. fol. 2. Papenbol S. 50.
10) Degedingsbuch des Hagens I, fol. 50.
11) Kämmereibuch der Altenwik fol. 2.

7. Die Altewik.

Beim Eintritt in das Aegidienthor kam man in eine Straße, die im Mittelalter vor St. Ilien hieß, deren nordwestliche Verlängerung zum Aegidienmarkte, dem Hauptplatze dieses Weichbildes, hinführte. Hier steht noch jetzt eins der stattlichsten Häuser Nr. 2572, nach seiner Inschrift 1516 erbaut. Am St. Ilienmarkte, wie er 1458 heißt[12]), lag das 1464 neu erbaute und erst 1752 abgebrochene Rathhaus des Weichbildes auf dem Raume der Häuser Nr. 2578 und 2577. Das untere Stockwerk enthielt um 1400 die Ausstände für die 21 Tuchmacher der Altenwik, auch der Keller unter demselben war vermiethet. An's Rathhaus stieß auch ein Scharren für 29 Knochenhauer dieses Weichbildes[12]).

Vom Markte führte in westlicher Richtung nach dem Hospital an der langen Brücke eine kurze Straße, welche im Mittelalter noch nicht der Rosenhagen hieß. Am Westende derselben, wo die „kleine Brücke"[14]) über einen Okerarm führte, befand sich an der Stelle des Hauses Nr. 2378 eine Anstalt zum Wasserschöpfen, eine sogenannte Watertucht[15]). Jenseit dieser Brücke lag bis zur langen Brücke hin das Hospital B. Mariae Virginis sammt seinem Kirchlein, dessen Chor der kleinen, dessen Haupteingangsthür der langen Brücke zugekehrt war[16]). Dem Hospital und seiner Kirche gegenüber bildeten Bürgerhäuser die südliche Zeile der Straße; doch führte damals an der Stelle des Hauses Nr. 2381 ein Gang nach der schon 1392 vorhandenen Kappenburg, einem Bergfried an der Oker in der Nähe der Aegidienmühle belegen, später (1418) an einen Fischer vermiethet[17]). Die lange Brücke, schon 1245 genannt, bildete die Grenze der Altenwik gegen die Altstadt; ihren westlichen Zugang schirmte der schon früher erwähnte lange Thurm, wie es die Abbildung auf dem Stadtplane zeigt[18]).

---

12) Degedingsbuch der Altenwik zum Jahre 1458 Nr. 15.
13) Ribbentrop, Beschreibung der Stadt Braunschweig I, S. 22 und Sack im Kalender von 1861 und im Erinnerungsblatt an die tausendjährige Jubelfeier, wo sich auch eine Abbildung des Rathhauses befindet. Kämmereibuch der Altenwik fol. 4.
14) Pons modicus versus testudinem novi hospitalis kommt schon 1282 vor in einer Urkunde des Stadtarchivs Nr. 20. De luttike brügge heißt sie 1444 im Degedingsbuch der Altenwik zu jenem Jahre Nr. 4.
15) Sack, Alterthümer, S. 17.
16) Degedingsbuch der Altenwik zu 1446 Nr. 7 und zu 1454 Nr. 16.
17) Urkundliche Nachricht bei Sack, im Vaterl. Archiv 1847, S. 243 und Hemelik rekenscop p. 100.
18) Orig. Guelf. IV, 204 und Rehtmeier, Kirchenhistorie I, Beil. S. 136.

Vom Markte nach Norden zog sich die Stobenstraße, so genannt nach einer an ihr belegenen Badstube (stoven), die in der Nähe der jetzt verschwundenen Stobenbrücke lag [19]). An dieser Straße stand das Haus „to den Stoteren" Nr. 2114 [20]). Demselben schräg gegenüber führte die Liebfrauentwete über die Hospitalbrücke wie noch jetzt zu dem Marienhospitale [21]). An dem Eingange vom Markte in die Stobenstraße ist das Haus Nr. 2398 mit dem Treppenfriese und geschnitzten Balkenträgern und mit der Inschrift versehen: Anno domini Mvcxi. Gleiches Gepräge zeigen in jener Straße die Häuser Nr. 2308, 2313 und 2127, nur diese gehören der katholischen Zeit an.

Von der Stobenbrücke führte nach Osten eine Straße, welche damals der Damm [22]) hieß, jetzt die Langedammstraße genannt. Sie endete im Osten an einem Hofe, der auf der Stelle des jetzigen Ackerhofes lag und bald der Spitalhof, bald das Vorwerk Unserer lieben Frau genannt wurde, auf welchem einst eine Mariencapelle gestanden haben soll [23]). Da wo diese Straße mit der nach Süden sich erstreckenden wüsten Worth zusammentrifft, lag das Eckhaus „zum schiefen Rade" [24]) an der Stelle des noch mittelalterlichen Hauses Nr. 2295. Ueber die wüste Worth (de wöste word) [25]) gelangte man in die Straße bei den Oelschlägern [26]). Diese ward mit der Stobenstraße in Verbindung gebracht durch die Bedekenstraße, von der darin belegenen Wohnung des Büttels später auch die Böttelstraße [27]), jetzt die Karrenführerstraße genannt. Im Oelschlägern rühren aus der Zeit vor der Reformation her die Häuser Nr. 2279, die untere Etage von Nr. 2331, Nr. 2333 und Nr. 2336, alle am Treppenfriese und an geschnitzten Balkenträgern kenntlich.

Am östlichen Ende „des Dammes" und der Straße „bei den Oelschlägern" liegt ein kleiner Platz vor dem Eingang zur Friesenstraße,

---

19) Kämmereibuch der Altenwik fol. 4.
20) Degebingsbuch der Altenwik 1446 Nr. 6.
21) Das. 1455 Nr. 7 und 1444 Nr. 10.
22) Das. 1444 Nr. 9.
23) Das. 1443 Nr. 8. 1444 Nr. 7 und öfters. Braunschw. Anzeigen 1756, S. 885. Vergl. Ribbentrop, Beschreibung der Stadt Braunschweig I, S. 16.
24) Das. 1451 Nr. 16.
25) Kämmereibuch der Altenwik fol. 12.
26) Das. fol. 5.
27) Das. fol. 1. Böttelstraße heißt sie z. B. auf dem Stadtplan von 1671.

welcher im Mittelalter auf dem Schilde, angeblich später auch der Ziegenmarkt genannt wurde[28]). Von da führt nach der Magnikirche jetzt die Ferkenstraße, welche im Mittelalter unter diesem Namen nicht vorkommt. In ihrer südlichen Häuserreihe lag in Nr. 2249 schon 1402 ein Beguinenconvent[29]). Diesem gegenüber liegen die vor der Reformationszeit erbauten Häuser Nr. 2244, 2245 und 2246.

Vom Schilde führt nach Norden die Friesenstraße[30]), ohne Zweifel nach einer Colonie von betriebsamen Friesen so genannt, welche wollene Waaren, namentlich Tuche verfertigten. Schon im 11. Jahrhundert waren ihre Waaren so gesucht, daß man Verfertiger derselben gar gern in die Städte als Einwohner aufnahm[31]). An der westlichen Seite des südlichen Eingangs in die Friesenstraße erstreckte sich der schon genannte Spitalshof, wie noch jetzt der Ackerhof, bis an eine zum Wasser hinabführende Twete, die Wassertwete genannt, durch welche eine vom Magnikirchhofe herabkommende Gosse ihr Wasser in den Ockercanal führte[32]). Eine Pforte, die Wasserpforte, scheint den Eingang derselben zu Zeiten gesperrt zu haben[33]). An der östlichen Seite der Friesenstraße lag der Warberger Hof[34]), wahrscheinlich der Hof, auf welchem jetzt die katholische Kirche steht, und das Haus zum Thorwege[35]). Die Gärten, welche hinter der östlichen Häuserzeile lagen, begrenzte im Osten die Stadtmauer, welche vom Magnithore bis an das Friesenthor hinzog und schon 1402 mit drei Bergfrieden befestigt war[36]). Mittelalterlich sind dort nur die Nr. 2202 und 2203.

Oestlich von den Oelschlägern zog sich bis an's Magnithor die Magnusstraße[37]), deren Häuser jetzt als beim Magnikirchhofe belegen aufgeführt werden. Ihr gegenüber erhebt sich, von einem mit An-

---

28) Degedingsbuch der Altenwik zu 1449 Nr. 12. So heißt er auch noch auf dem Stadtplan von 1671.
29) Kämmereibuch der Altenwik fol. 4 und Degedingsbuch derselben 1460 Nr. 18.
30) Kämmereibuch der Altenwik fol. 4.
31) Barthold, Städtewesen I, S. 135.
32) Degedingsbuch der Altenwik 1446 Nr. 1 und 1461 Nr. 9.
33) Kämmereibuch der Altenwik fol. 13.
34) Degedingsbuch der Altenwik 1457 Nr. 1.
35) Das. 1460 Nr. 5.
36) Kämmereibuch der Altenwik fol. 9.
37) Degedingsbuch der Altenwik 1454 Nr. 10 und 1462 Nr. 31.

ben bepflanzten Kirchhofe umschlossen, die Magnikirche mit ihren beiden niedrigen Thürmen. Die ältesten Theile des jetzigen Gebäudes, das Mittelschiff und der Unterbau des Thurmes gehören der Mitte, die Seitenschiffe und die oberen Theile des Thurmes dem Ende des 13. und dem 14. Jahrhundert, der Chor endlich dem 15. Jahrhundert an. Die Kirche ist im gothischen Style erbaut, entbehrt aber auf der Süd- seite der Strebepfeiler, die am Chore und an der Nordseite vorhanden sind; die Dachgiebel fehlen hier ganz. Schmucklose Einfachheit bildet den Charakter dieses Gotteshauses 38). Unter den hinter der Kirche belegenen Häusern sind vor der Reformation erbaut Nr. 2362, 2364, 2365 und 2367.

Aus der Magnusstraße führt nach Norden eine Twete, die das Herrendorf genannt wurde 39) und vielleicht die Stätte bezeichnet, wo der älteste Anbau in dem Dorfe oder der Wik Bruneswik statt fand. Dem Herrendorfe und dem mittelalterlichen Hause Nr. 2256 gegenüber verband sich mit der Magnusstraße der Klint (clivus) 40). Auf der östlichen Seite desselben war schon 1449 die sogenannte „lange Wand" vorhanden, welche an dem Hirtenhause 41) endete, das 1402 im süd- östlichen Winkel der Straße lag (Nr. 2503). Der langen Wand gegen- über lag der Kempenhof 42). Die Grundstücke auf der Ostseite der Straße begrenzte hinten die Mauer, welche innerhalb eines jetzt zuge- schütteten Stadtgrabens vom Aegidien- nach dem Magnithore hinzog und mit mehreren Bergfrieden versehen war 43).

Von der Mitte des Klintes, auf welchem Nr. 2469 mittelalterlich gebaut ist, führte die Ritterstraße 44) in westlicher Richtung auf die

---

38) Schiller, Die mittelalterliche Architektur, S. 104—110.
39) Degedingsbuch der Altenwik 1451 Nr. 17.
40) Kämmereibuch der Altenwik fol. 9. Degedingsbuch der Altenwik 1454 Nr. 10. Vom lateinischen clivus den Namen Klint abzuleiten, verbietet der Auslaut dieses Wortes. Es soll celtischen Stammes sein und einen Abhang oder Hügel bedeuten. Im Irischen bezeichnet das Participium und Adjectiv claonta (gesprochen wie cluinta) geneigt, abhängig. Mahn in Herrigs Archiv für neuere Sprachen, Bd. 28, S. 156 flg.
41) Degedingsbuch der Altenwik 1449 Nr. 7, 1460 Nr. 30. Kämmereibuch derselben fol. 1.
42) Degedingsbuch der Altenwik 1458 Nr. 7.
43) Kämmereibuch der Altenwik fol. 9.
44) Degedingsbuch der Altenwik 1443 Nr. 3.

Kuhstraße⁴⁵), aus welcher die Mantelstraße⁴⁶) auf den Marktplatz dieses Weichbildes zurückführt. Auf der Kuhstraße sind als mittelalterliche Häuser noch zu erkennen Nr. 2546, welches nach der daran befindlichen Inschrift 1526 erbaut ist, Nr. 2428, 2433 und 2543, letzteres mit der Inschrift: Anno domini Mccclxxvi. Nr. 2351, das Eckhaus der Kuh- und Karrenführerstraße, trägt die Inschrift: Anno domini Mccclxxxiiii. Mehrere Heiligenbilder zieren das Haus, drei im zweiten, eins im obersten Stockwerk. Oben ist St. Andreas mit seinem Kreuze leicht zu erkennen, unten eben so leicht St. Anna mit dem Marien- und Jesuskinde. Der Bischof neben derselben mit Buch und Hirtenstab scheint St. Magnus zu sein.

Außerhalb b. h. westlich von der Stobenbrücke lag noch im Gebiet der Altenwik derjenige Theil des jetzigen Dammes, welcher zwischen jener und der Dammmühlenbrücke liegt und „der Damm der Nicolauskirche gegenüber" genannt wird. Dieses mit einem Kirchhof⁴⁷) umgebene Kirchlein lag auf dem Raume der Häuser Nr. 2131 bis 2134, dem Redingerthor schräg gegenüber⁴⁸), zwischen ihr und der Stobenbrücke lag ein Haus mit 2 Buden, zwischen ihr und der Dammbrücke dagegen 4 Häuser⁴⁹). Weiter westlich zog sich an der Ocker, deren Bassin hier die Ulkniß hieß, der kleine Damm⁵⁰) hin und bildete dort die Grenze der Altenwik. Dieser gehörten auch die Häuser der nördlichen Straßenseite an, freilich mit einigen Ausnahmen. Die Häuser 2028—2030 sind S. 719 schon dem Hagen zugetheilt, die Nr. 2144—2146 gehörten in die Altewik, die westlichsten aber Nr. 216—219 in die Altstadt, die allein an dieser Stelle auf die Ostseite der Ocker hinüberreichte⁵¹).

Im Bereich der Altenwik liegt endlich noch

Der Klosterbezirk von St. Aegidien.

Gewöhnlich heißt er St. Ilienhof⁵²), aber auch wohl St. Aegidien-

---

45) Kämmereibuch der Altenwik fol. 5.
46) Daf. fol. 5. 13.
47) Degedingsbuch der Altenwik 1443 Nr. 6.
48) Daf. 1456 Nr. 13 und 1463 Nr. 14.
49) Daf. 1443 Nr. 6, 1446 Nr. 5 und 1447 Nr. 11.
50) Kämmereibuch der Altstadt S. 58.
51) Daf. S. 66.
52) Kämmereibuch der Altenwik fol. 9.

hof⁵³) und war als eine den Fürsten gehörige Freiheit gleich der Burg Dankwarderode und dem Bezirk des Cyriacusstifts von städtischen Lasten befreit⁵⁴). Der Bezirk des Klosters mag mit einer Mauer umgeben gewesen sein, die seit etwa 1200 durch die Stadtmauer zum Theil verdrängt zu sein scheint. Durch dieselben muß das Klosterthor geführt haben, von welchem bereits 1307 die Rede ist⁵⁵).

Hauptgebäude dieses Bezirks war das **Benedictinerkloster St. Aegidien**⁵⁶). Die gothische Kirche desselben, von 1278 bis 1434 erbaut, ist das prächtigste gothische Bauwerk unserer Stadt. 250 Fuß lang, in den drei gleich hohen Schiffen an 80 Fuß breit, auf 8 schlanken Säulen 67 Fuß hoch emporsteigend, in Kreuzesform gebaut, mit herrlichem Chor versehen, den ein auf 8 Säulen ruhender Umgang umschließt, erhält das Schiff durch 8 fast 40 Fuß hohe und etwa 10 Fuß breite, der Chor durch 7 an 33 Fuß hohe Fenster Licht. Ein großartiges Portal, mit hohem Stirngiebel geschmückt, führt von Norden her in die Kirche, über den gothischen Fenstern der Seitenschiffe erheben sich Giebel mit Krabben und Pflanzenkronen, zum Theil selbst mit Statuen geschmückt; mächtige Strebepfeiler steigen an den Mauerflächen der Seitenschiffe empor; am Chor vertreten die Stelle derselben bogenartige Widerlagen, die sich von der Umfangsmauer des unteren Umganges gegen die oberen Chorwände lehnen. Ueber der Vierung erhob sich ein schlanker Dachreiter, da ein eigentlicher Thurmbau nicht vorhanden war, wie es die Abbildung auf dem Stadtplane zeigt. Die Kreuzgänge, das Refectorium und der Capitelsaal sind zum Theil noch erhalten. Auch von einer Propstei ist die Rede, welche dem Aegidienmarkte gegenüber lag und 1402 an einen Bürger vermiethet ward⁵⁷).

An der Ocker lag wenigstens in späterer Zeit die Aegidienschule auf der Stelle der jetzigen Garnisonschule, wie Stadtpläne des 17. Jahrhunderts darthun. An ihr lag auch die bereits 1320 vorhandene **Aegidienmühle**⁵⁸). Hinter dem Kloster gehörte zu dessen Bezirke noch die **Mönchestraße**⁵⁹), deren östliches Eckhaus in der südlichen Häuser-

---

53) Urkunde von 1428 bei Erath, Erbtheilungen, S. 40.
54) Das. und Kämmereibuch der Altenwik fol. 9.
55) Urkunde im Copialbuch des Raths VI, fol. 1¹.
56) Schiller, Die mittelalterliche Architektur, S. 119—132.
57) Kämmereibuch der Altenwik fol. 13.
58) Liber proscriptionum I, Nr. 42.
59) Degedingbuch der Altenwik 1458 Nr. 1.

reihe an's Aegidienthor stieß⁶⁰). Hinter dieser Häuserreihe zog die Stadtmauer her, in welcher sich auf der Strecke bis zum Wasserthore an der Ocker vier Bergfriede befanden. Wie der westlichste die Schelle hieß, so ward einer der drei übrigen die Weißenburg genannt⁶¹).

8. Die Vorstädte.

Der allgemeinen Sitte des Mittelalters, bedeutende Städte mit Vorstädten zu versehen, folgte man auch hier. Schon ehe die Räume innerhalb der Stadtmauer mit Anbauten erfüllt waren, wurden vor den vier Thoren der Altstadt vier Vorstädte angebaut. Dies waren der Bruch vor dem Südmühlenthore, der Cyriacusberg vor dem Michaelisthore, der Steinweg vor dem Hohenthore und der Rennelberg vor dem Petrithore. Mit Ausnahme des Bruchs sind diese Vorstädte bei der Anlage der neueren Festungswerke am Ende des 17. und zu Anfang des 18. Jahrhunderts weggeräumt; aber in verjüngter Gestalt sind anmuthige Gartenhäuser, Fabriken und öffentliche Anstalten nicht blos auf dem Raume jener Vorstädte, sondern rings um die Stadt her im 19. Jahrhundert wieder erstanden.

Der Bruch, als Niederung anfangs unbebaut, mit Weiden bewachsen, dann mit zwei Treibhütten besetzt, ward im fünften Decennium des 15. Jahrhunderts bebaut. Es bildeten sich dort allmälig die drei Straßen, welche noch jetzt gleich den drei Seiten eines fast gleichschenkligen Dreiecks etwa 120 Häusern Raum gewähren¹).

Der Cyriacusberg²), oft auch blos „der Berg"³) genannt, war sammt der zugehörigen Vorstadt eine der drei fürstlichen Freiheiten, welche dem Rathe der Stadt anfangs nicht untergeordnet waren⁴). Später wurden die Bewohner dieser Vorstadt gleich den Bewohnern

---

60) Degedingsbuch der Altenwik 1462 Nr. 33.

61) Kämmereibuch der Altenwik fol. 7 und Urkunde von 1443 im Copialbuch I, fol. 24. Sack im Vaterl. Archiv 1847, S. 243.

1) Kämmereibuch der Altstadt, S. 16. 17. 67. Sack, Schulen, S. 101.

2) Urkunde von 1428 bei Crath, Erbtheilungen, S. 40.

3) Schoßregister der Altstadt von 1386.

4) Urkunde von 1428 bei Crath, Erbtheilungen, S. 40.

der Stadt mit zum Schoß herangezogen⁵). Der genannte Berg lag vor dem Michaelisthore auf dem Raume des jetzigen Holzhofes vor dem Wilhelmithore und auf dem Theile des jetzigen Eisenbahnhofes, wo der Güterschuppen erbaut ist⁶).

Den Kern dieser Vorstadt bildete das Cyriacusstift mit seiner Stiftskirche und zahlreichen Nebengebäuden⁷) (S. 419—421). Bei der Zerstörung desselben bestand die Vorstadt auf dem Berge angeblich aus 41 Häusern⁸). Eine mit Holzthürmen befestigte Pallisadenreihe scheint dieselbe umschlossen zu haben, ein Thor, das Bergthor genannt, führte, wie die älteste Stadtansicht zeigt, auf der Westseite derselben nach dem Michaelisthore zu. Im Norden und Osten umfloß „den Berg" die vorbeiströmende Ocker.

Der Steinweg⁹) lag dicht vor dem Hohenthore jenseit des Mauergrabens auf dem Raume der jetzigen Wallpromenade und war eine Vorstadt, die 1528 aus mehr als zwanzig Häusern bestand. Diese bildeten eine von Osten nach Westen ziehende Straße. In deren südlicher Häuserzeile standen damals 11 Häuser, darunter das Wirthshaus zum Morian; auf der Nordseite 13 Häuser und die Capelle zum heiligen Geist von einem geräumigen Kirchhof umgeben, auf welchem der Rector und der Opfermann der Capelle wohnten und in dessen südöstlicher Ecke ein hölzerner Bergfried stand¹⁰). Südlich vom genannten Kirchhofe führte in nördlicher Richtung nach dem Rennelberge vor dem Petrithore die Diebsstraße, als platea furum schon 1308 erwähnt¹¹).

In den Häusern dieser Vorstadt wohnten 1388 im Ganzen 31 schoßpflichtige Einwohner, 1402 zahlten dort 49, 1403 nur 47 dortige Einwohner diese Abgabe¹²).

---

5) Schoßregister der Altstadt von 1378 und 1403 bei Görges, Vaterl. Alterthümer II, S. 119.

6) So zeigt es die älteste Ansicht der Stadt vom Jahre 1547 und ältere Pläne.

7) Sack bei Görges, Vaterl. Alterthümer II, S. 108, wo leider keine Quellennachweise gegeben sind.

8) Sack das. S. 108.

9) Sack im Braunschw. Magazin 1840, St. 21. 22. Er kommt 1337 im Degedingsbuch der Altstadt I, S. 203 vor.

10) Siehe die Zeichnung im Braunschw. Magazin 1840, S. 176 und 169. Kämmereibuch der Altstadt, S. 19. 22.

11) Urkunde in Rehtmeier, Kirchenhistorie, Supplem. S. 20.

12) Sack im Braunschw. Magazin 1840, S. 170.

8. Die Vorstädte. 739

Der Rennelberg [13]) erstreckte sich vom Petrithore bis nach dem Kreuzkloster hin. Mons cursorum nennt ihn eine Urkunde [14]) von 1224, sein Name ist also älter, als das Kreuzkloster und scheint sich auf die Turnier-, Stech- und Rennspiele [15]) zu beziehen, welche dort zu Ostern, Johannis und Michaelis veranstaltet sein sollen [16]). Auch von dem Rennen und Laufen der dort zu Markte gebrachten Pferde könnte der Namen allenfalls hergenommen sein [17]).

Die Stiftung des Kreuzklosters 1230 mag dem Anbau auf dem Rennelberge besonders förderlich gewesen sein. Um dasselbe mögen sich mit besonderer Vorliebe Leute angebaut haben, welche vor dem Petrithore Land- und Gartenbau trieben oder Sachen fertigten, deren die Klosterbewohner bedurften, so namentlich Bäcker, Schuhmacher, Schmiede, Kürschner, Rademacher und Krämer [18]).

Ein Theil der Häuser dieser Vorstadt lag südlich, ein anderer nördlich vom Rennelbergsplatze, südwestlich von demselben erhob sich auf mäßiger Anhöhe das Kreuzkloster. Die südliche Häuserzeile, welche bis an den noch so genannten Ziegelhof hinreichte, in der noch 1671 dreizehn Häuser standen, ward in der Mitte unterbrochen durch die Diebsstraße, welche sich nach dem Steinwege vor dem Hohenthore hinzog. Die nördliche Häuserreihe, aus 13 bis 14 Häusern bestehend, durchbrach die Kuhstraße [19]) (die jetzige Maschgasse), die sich an der Oker entlang zum Wehr hinzog, über welches man sich begeben mußte, um aus dem Neustadtthore in diese Straße zu gelangen. An ihr lagen nur wenige Häuser, dagegen viele Gärten [20]). Vom nordöstlichen Ende der Kuhstraße führte die Rottstrate (Rotestrate) nach der Marsch oder Masch [21]). In der ganzen Vorstadt zum Rennelberge zahlten 1386 37 Personen Schoß, um 1400 dagegen 70 [22]).

Nahe beim Rennelberge nach der Kuhstraße zu lag der Linden-

---

13) Sack, Alterthümer, S. 33 flg.
14) Orig. Guelf. III, 694.
15) Erath, Erbtheilungen, S. 19, Anm. 44. Rehtmeier, Kirchenhistorie I, 19.
16) Kämmereibuch der Altstadt von 1354.
17) Sack, Alterthümer, S. 34.
18) Sack, Alterthümer, S. 35 flg.
19) Degedingsbuch der Neustadt III, fol. 64.
20) Das. fol. 69¹ und Sack, Alterthümer S. 36.
21) Das. fol. 126.
22) Sack, Alterthümer, S. 86 flg.

berg[23]), neben welchem noch ein kleiner Lindenberg[24]) erwähnt wird. Unbekannt ist, welche Stelle des Rennelberges um 1400 zum Pferdemarkte benutzt wurde[25]), unbekannt auch der Hovetberg[26]). Südlich neben dem Kreuzkloster lag eine Ziegelei des Rathes, welche 1388 schon im Betriebe war. Hier brannte man Ziegelsteine zum Mauern der Wände und zum Decken der Dächer[27]).

Der Rennelberg war auch nicht ganz unbefestigt. Ein „Bergfried bei dem heiligen Kreuze"[28]) mag in der Nähe des Kreuzklosters gestanden haben. Vielleicht identisch damit ist der Bergfried dieser Vorstadt, welcher 1473 der Pfannenthurm hieß, noch ein Thurm soll bei dem Kalkofen gestanden haben und beide schon 1380 mit Schützen besetzt worden sein[29]).

Zwischen dem Mauergraben und dem äußeren Graben[30]) lag auf dem Areal der jetzigen Wallpromenade links vom Wege nach dem Rennelberge der Thomashof[31]). Rechts vom Wege befand sich der Behmgraben, an welchem die Behmgerichte gehalten zu werden pflegten (S. 130 flg.).

---

23) Degebingsbuch der Neustadt III, fol. 70¹ und Kämmereibuch der Altstadt S. 44.
24) Degebingsbuch der Neustadt III, fol. 69¹.
25) Degebingsbuch der Altstadt III, 1404 Nr. 6 und Sack, Alterthümer, S. 42.
26) Daf. 1402 Nr. 16.
27) Sack, Alterthümer, S. 44.
28) Er soll 1467 in den Stadtbüchern erwähnt sein.
29) Sack im Vaterl. Archiv 1847, S. 303.
30) Dieser hieß um 1400 „die kleine Ocker". Degebingsbuch der Altstadt III, Nr. 250.
31) Degebingsbuch der Altstadt III, Nr. 250.

Register.

(Auf Seiten, deren Zahl ein Stern beigefügt ist, kommt der betreffende Gegenstand mehrmals vor.)

A.

Aachen, Pilger nach, S. 591. 592.
Abbenrod, Berthold, Prior zu St. Aegidien. 508.
Abbenrode am Elme. 464*. 557.
Abbensen. 362.
Abbet oder des Abtes, Dietrich. 153. 475.
— Wedege. 288.
Abelnkerne. 728.
Abgaben, Freiheit von. 413. 512. 513. 736.
Ablaß. 228*. 335. 424. 435. 455. 457. 465. 466. 475. 478*. 486. 490*. 491*. 492. 495. 497. 498. 501*. 503*. 504. 514*. 529. 535. 544. 546. 550. 557. 560. 581. 590. 591. 630.
Ablehnung einer Wahl 298, eines Amtes 302.
Accise. 165. 184. 304. 329 flg. 347.
v. Achem. 274.
v. Achim, Engelbert, Pfarrer zu St. Michaelis. 496. 497. 499.
v. Achim, Heinrich. 704.
Achim. 197. 320. 862.
Addition. 178.
Adelheid, Gemahlin Herzog Albrechts des Großen. 110.
Adelheid, Aebtissin d. Kreuzklosters. 517.
Adenbüttel. 155. 360.
Adenem, Adenum, Adenheim. 140. 406. 510. 582. S. auch Ahlum.
Adenstedt. 409. 438.
v. Adenstedt, Gisecke. 448. 449. 591.
— Goswin. 595.
— Hans. 494.
— Heinrich. 455.
— Hennig. 516.
— Johann. 418.
— Rötger, Dechant zu St. Cyriacus. 431.
v. Adenstedt, Thile. 804. 550.
— Volkmar. 550.
Adersheim. 441. 444. 500. 562.
Adler, Haus zum goldenen. 702.
— Haus zum rothen. 707.
Advocatus, s. Vogt.
Advocatie oder Weichbild. 282 flg.
St. Aegidius, Kirchenpatron. 502. 504.
Aegidienkloster. 1. 8. 21. 56. 57. 82. 83. 86. 89. 108. 109. 144. 185. 199. 230. 237. 238*. 251. 260. 335. 336. 372*. 378. 443. 463. 480. 502—515. 540. 561. 562. 564. 568. 569. 574. 735 flg.
— Aebte. 506—508. 586.
— Altäre. 504.
— Aemter. 508 flg.
— Brüderschaften. 513. 514.
— Eigenthum. 509—512.
— Erbauung. 502—504.
— Feste. 514.
— Freiheit u. Klosterbezirk. 270. 671. 735 flg.
— Heiligthümer. 504 flg.
— Personal, geistl. 505 flg.
— Prioren. 508.
— Privilegien. 512.
— Propstei. 736.
— Schule. 564. 736.
— Vogt. 509.
— Zucht. 513.
Aegidienhof. 735.
Aegidienmarkt. 111. 731.
Aegidienmühle. 736.
Aegidienthor. 367. 730. 737.
Aelterleute an Kirchen. 376.
Aerzte. 660.
Agnes, Gem. d. Pfalzgr. Heinrich. 76.
— Tochter d. Pfalzgr. Heinrich. 93.
— Gem. Otto d. Milden. 140. 384. 389. 678.

Ahlden. 231. 630.
Ahlum. 34. 35. 140. 154*. 406*. 407. 409. 411*. 412. 510. 582. 587.
Ahrens, Gerhard. 387.
Aichmeister. 303. 622.
Ailimundesroth. 35.
Albertus Stadensis. 5.
Albrecht II., Kaiser. 219.
Albrecht der Große, Herzog. 102—108. 128. 276. 370. 406. 416. 581. 584.
Albrecht der Fette, Herzog. 110. 112 flg. 118. 119 flg. 125. 126. 127—133. 289. 290. 291*. 292. 293. 407. 416. 418. 440*. 511. 528. 546. 558. 582*. 583. 637.
Albrecht v. Grubenhagen. 149. 227. 233. 289. 293. 587.
Albrecht v. Lüneburg. 152. 163. 169. 174.
Albrecht, Abt zu St. Aegidien. 506.
Albrecht, Guardian der Barfüßer. 526.
Albrecht, Lector der Barfüßer. 526.
Albrechtes, Hans. 161.
v. Alden, Lambert. 175.
Albenburg, Bischof Gerold. 564.
Alekenla bei Runstedt. 511.
Alexander III., Papst. 509. 512.
— IV., Papst. 105. 370. 478.
Alexiusbrüder, Alexiuscapelle u. Alexiuspflegehaus. 601 flg. 703.
Alfeld. 210. 626.
Alferse. 362.
v. Alfersen, Reiner, Dechant zu St. Cyriacus. 431.
v. Algerstorpe, Albert. 440.
— Bernh. 163.
Algotesdorp. 437.
Aller. 23. 24. 64. 231. 232. 624. 625. 630.
Allerheiligenaltäre. 422. 442. 497. 585. 587.
Allerheiligencapelle. 590.
Alnem ob. Alnum bei Scheppenstedt. 404. 407.
v. Alten, Siegfried pleb. S. Mart. 451.
v. Altencelle, Dietrich. 529.
Altewik. 3. 15. 29. 47. 60. 69. 70. 80. 82. 85. 99. 107. 108. 111. 123. 124. 133. 137. 141. 142. 150. 155. 161. 177. 206. 250. 260. 263. 277*. 281. 282. 284. 285. 293. 297. 298. 299. 300. 310. 315. 316. 318. 324. 325. 328 flg. 369. 370. 378. 403. 481. 509. 512. 640. 641. 671. 729—737.
Altfeld bei Lehndorf. 172.
— Goding zum. 349.
Altmark. 227.
Altstadt. 2. 29. 42. 48. 60. 62. 64. 65. 71. 82. 86. 99. 100. 102. 107. 108. 109. 111. 124. 130. 133. 141. 148. 155. 177. 201. 202*. 203. 220. 225. 228. 250. 252. 261. 277. 279. 280. 281. 296. 297. 298. 299. 300. 315. 316. 317. 318*. 324. 328 flg. 369. 641. 671. 680—704.
Altstadtmarkt. 159. 160. 231. 253. 334. 683—688. 690.
Altstadtmarktsbrunnen. 658. 687.
v. Alvede, Brandan. 589.
— Dietrich. 121.
— Hans. 423.
— Johann. 447.
— Jordan. 168.
v. Alvensleben. 217. 236.
Alversdorf. 410. 437. 509. 510. 511.
Alvesse, Alvedissen. 154. 275. 474.
Alvesse bei Wipshausen. 362.
von bem Amberga, Familie. 153.
— Heinrich. 459.
— Johann. 454.
— Johann, Dechant des Matthäuslandes. 556.
Ambleben. 209. 215. 364. 406.
v. Ambleben, Familie. 589. Hof. 677.
— Jan. 593.
— Rötger. 356.
— Wilhelm. 557.
St. Ambrosius, Altar. 447.
v. Amelingsdorf, Georg, Dechant des Matthäuslandes. 537. 555.
Amestieg. 691.
Amnestie. 221. 225.
Amtleute, herzogliche. 229.
Anbau hieselbst in heidn. Zeit. 13.
St. Andreas, Patron. 467. 543. Altäre. 387. 423. 447. 458. 468. 469. 479. 492.
Andreas, Abt zu St. Aegidien. 506.
Andreas, der Schütze. 147.
Andreaskirche. 3. 71. 200. 201. 336*. 466—477. 711.
— Altäre. 468—470.
— Bibliothek. 476—477. 711.
— Erbauung. 466—468.
— Feste. 475—476.
— Kirchenschmuck. 470 flg.
— Patronat. 472 flg.
— Personal. 471.
— Pfarrherren. 472 flg.
— Provisoren. 475.
— Vermögen. 473 flg.
Andreaskirchhof. 253. 316. 711. Capelle das. 550.
Andreasthor. 124. 710.
Anevang. 265.
Anfall, gemeiner. 344.
v. Anhalt, Heinrich, Propst zu St. Blasius. 397.
— Siegfried, Propst das. 398.
Anhalten gestohlener Sachen. 263.

St. Anna, Patronin. 415. Altäre. 336. 387. 423. 447. 449. 459. 469. 479. 485. 492. 526. 540.
Annalen zur Stadtgeschichte. 4.
Annencapellen. 414 flg. 447. 449. 453. 492. 600. 699.
Annenconvent in der Burg. 139. 600. 679.
— auf dem Werder. 601.
Anno, Vogt. 268.
Anselm, Propst zu St. Cyr. 420. 432.
Ansprake, Höriger. 134. 206. 271.
St. Antonius, Altar. 479.
Apelberstibe. 437.
Apelnstedt. 406. 410. 417. 437. 444.
Apengießer. 611.
Apostel, Altäre der zwölf. 448. 479.
Apostellichter. 460.
Apotheken. 660. 714.
v. d. Apotheke, Jacob. 660.
Appelgunne. 719.
Appellation an's Hofgericht. 124; an den Rath. 303.
Arbeitslocale der Gewerbsleute. 611 flg.
Arbeitslohn. 621.
v. Arberge, Ludolf, Dechant d. Matthäuskalandes. 555.
Archidiaconen. 199*. 371. 372. 373. 472.
Arkerober Feld. 48.
Armbrüste. 298. 648. 649.
Armbrustmacher. 611.
Armbrustschützen. 147. 625.
Armenpflege. 144. 309. 310. 336. 540. 578—580. 599. 659.
Arnbes, Dietrich, Dech. zu Blasius. 396.
Arnold, Abt zu St. Aegidien. 507.
Arnoldi. 274.
Arnoldus Lubecensis. 5.
Aschenkrüge, heidnische. 680.
Aschersleben. 174. 196. 210. 626*.
Asleburg. 403.
Aspenstedt. 437.
Asseburg. 141. 148. 178. 183. 187. 320. 335. 348. 349—351; Gericht. 351, Note 17.
v. Asseburg, Familie. 174. 589. 594.
— Hof am Boblwegk. 271. 720.
— Bernd. 444.
— Burchard der Marschall. 269.
— Burchard. 441. 520.
— Burchard d. Jüng., Marschall. 269.
— Cord. 173. 178. 351. 358.
— Ecbert. 530.
— Günzel. 441. 520.
Aßmann. 10.
Astfeld. 405.
v. Astfeld, Familie. 128. 274. 275.
— Wedege. 128.
Athelold, Propst des alten Burgstifts. 49. 381. 382.

v. Athleveffen, Burghof. 677.
Atta. 477.
Attila. 377.
Atzum (Athleveffen). 371. 406. 410*. 437. 438*. 439*. 443*. 444.
Auacrus. 14.
Aufgebot zum Schutze des Landfriedens. 174.
Aufkäuferei verboten. 618. 620. 621.
Auflassung, s. Grundstücke.
Aufläufe und Aufstände. 116. 118. 151—168. 221. 243. 246—253. 298. 628. 651.
Aufseher über Mauergraben und Landwehren. 303.
Augenärzte. 660.
Augraben. 176.
St. Augustinus, Altar. 447.
Augustinerhaus. 707.
Aurum coronarium. 639.
Ausfuhrgegenstände. 645 flg.
Ausgaben der Stadtcasse. 333—345.
Ausrüstung der Bürger. 127.
Aussätzige. 589.
Aussehen der Stadt. 672 flg.
Ausstände der Gewerbsleute. 314.
Aussteuern. 665.
Außenhöfe der Burg. 259. 719.
Autonomie der Stadt. 285.
St. Autor. 6. 54 flg. 83 flg. 85. 225. 230. 502. 543.
— Altäre. 386. 449. 544. 547. 596.
— Feste. 116. 144. 200. 201. 309*. 335. 377—379.
— Leben u. Wunder. 376 flg. 507 flg.
— Sarg. 225. 230. 378. 379.
Autorscapelle. 168. 544. 545.
Autorszwinger. 643.

B.

Backermann, Conrad. 288. 290. 321. 589.
Backmeister, Heneke. 500.
Bäcker. 128. 148. 220. 223. 224. 277. 300. 380. 610. 619.
Bäckerklint. 223. 698.
Bäckerscharren. 315. 614*. 615. 713. 724.
Bademeister, Bader. 606. 611. 659.
Baden, Markgraf Hermann. 93.
Badstuben, s. Stoven.
Badstubenbesitzer. 380. 485.
Bahrum. 553.
v. Bahrum, Ludolf, Pfarrer zu St. Martinus. 452.
Baiern. 53. 57. 60. 73.
— Herzog Otto. 93. 96.
Balduin, Dechant zu St. Blasius. 395.
Bammelsburg. 643.

Bann, verhängt über die Stadt. 138. 204. 374. 575.
— verhängt über städtische Geistliche. 200. 202. 205. 230.
Bansleben. 166.
v. Bansleben, Albert. 496. 595.
— Eggeling. 542.
— Hennig. 545.
— Hermann, Prior d. Pauliner. 530.
St. Barbara, Altäre. 468. 474. 547.
v. Barbeke, Hans. 475.
— Ludolf. 475.
Barbiere. 606.
Barbe. 148. 653.
Barbenwerper, Hennig. 249. 253. 479. 489.
Barbewik. 23. 45. 74.
Barfüßer hieselbst. 90. 109. 144. 202. 231. 308. 336. 502. 573.
bei den Barfüßern, Straße. 701.
Barfüßerkloster. 158. 182. 184. 199. 200. 204. 206. 502. 523—528. 700.
— Altäre. 525 flg.
— Capellen. 524.
— Erbauung. 523 flg.
— Guardiane. 526.
— Kirchweih. 528.
— Lectoren. 527.
— Nebengebäude. 524 flg.
— Stiftungen. 527 flg.
— Vermögen. 527.
— Viceguardiane. 527.
Barfüßerthor. 701. 708.
Barkmann, Friedrich, Rect. St. Nicol. 540.
Barlichter. 460.
Barnstorf, Bernestorp. 410. 438. 442. 444.
St. Bartholomäus, Altäre. 386. 403. 422. 442. 470. 492. 516. 541. 677.
bei St. Bartholomäus, Straße. 701.
Bartholomäus, Cardinal. 373.
Bartholomäuscapelle. 413. 541—543.
Bartold, Prior der Pauliner. 530.
Bartoldus advocatus. 282.
v. Bartensleben, Familie. 147. 150. 173. 216. 527.
— Günther. 364.
— Günzel und Werner. 356.
— Hof in der Burg. 677.
Barwede. 35.
Basel, Concil zu. 513.
Baserd, Ludeke. 500.
Baß, Erich. 526.
Batenneft. 148.
Baucommission, städtische. 303.
Bauermeister. 116. 130. 310. 326. 337. 340.
Bauerschaften. 221. 311. 671. 672. 681. 705. 710. 717. 729.

Bauhandwerker. 621.
Bauherren. 250. 303. 306.
Baum, Haus zum grünen. 707.
Baumaterialien. 621.
Baumhauer, Lambert. 252.
Bauwerke, öffentliche. 333.
Beatrix, Gem. Otto IV. 87. 88. 89.
Bechtsbüttel. 438.
Beckenschläger, Beckenwerchten. 220*. 222. 223*. 247. 277. 300. 332. 380. 606. 609. 612. 655.
Beckenwerchtenstraße. 332. 609. 612. 716.
Becker, Claus. 121.
— Eggeling. 470.
— Heinrich, Rector zu St. Jacob. 539.
— Hennig. 374.
— Johann, Dech. zu St. Blasius. 396.
— Thile. 588.
Bebbing, Hennig. 556.
Bebbingen. 223. 469. 474.
Beben. 144. 187. 207. 229. 246.
Beber, Thile. 500.
Beerdigungen. 135. 512. 527. 530. 561. 660. 668.
Befestigung der Stadt. 61. 66. 75. 82. 85 flg. 366. 640—645.
Beguinen. 596. 598 flg.
Beguinenhäuser. 598—602.
Beichte. 202.
Beil, Haus zum. 704.
Beinrobe. 20.
Beinum. 184.
Beirath. 283.
Belagerungsgeräthe. 148.
Belehnung ohne Gabe. 208.
Bendarz. 65. 495.
St. Benebict, Altar. 504.
Benedict VIII., Papst. 513.
Benedictiner. 502. 505. 513—515.
Bennestorp. 438. 439.
Bennico, Propst d. alten Burgstifts. 382.
v. Berberge, Familie. 152. Lutharb. 153.
Berchem. 57. 509.
Bere, Hans. 475.
Berendorpe. 356.
Berewand. 148.
Berg, Graf Wilhelm von. 163.
Berge, auf dem. 737.
Bergen. 232.
— Conrad, Prior zu St. Aegid. 508.
Bergfeld. 444. Familie. 424.
v. Bergfelde, Ludolf, Dech. zu St. Blasius. 396.
Bergfriede. 148. 333. 641. 644. 648. 733 flg. 737. 738. 740.
Bergfrede, Henele. 500.
Bergthor. 738.
v. Beringerobe, Heinrich, Propst d. Kreuzklosters. 518.
Beriwibi. 35.

Berkhan, Hermann. 497.
Bertlingen. 140. 509. 510*. 582. 583. 584.
Berneberg, Konrad. 595.
Bernhard, Herzog, S. Magnus II. 162. 174. 181. 183. 184. 186—212. 324. 350. 358. 359*. 575. 639.
Bernhard v. Lüneburg, S. Friedrich des Frommen. 231. 232. 234.
Bernhard der Ascanier, Herzog v. Sachsen. 74. 87.
Bernhard, Pfarrer zu St. Ulrich. 487.
— Pfarrer zu St. Petrus. 493.
St. Bernward. 449. 524. Altäre. 585. 587.
Berthold, Abt zu St. Aegidien. 507.
— Propst des Kreuzklosters. 518.
— Scholasticus zu St. Blas. 400. 572.
— der Kürschner. 121.
v. Berwelde, Familie. 161. 170. 454.
— Friedrich, Custos zu St. Blas. 400.
— Heinrich. 229.
— Lubeke. 542.
— Hof derer von. 677. 680.
Berwinkel vor dem Wendenthore. 324.
Besoldung der städt. Diener. 308. 310. 337.
Besthaupt. 262.
Betrug. 288.
Betteln und Bettler. 309. 579. 654.
Bettmar. 19. 430. 439. 444. 445.
Beutelherren. 179. 306. 307. 310. 326. 331. 345. 346.
Beutler. 611.
Bewaffnung der Bürger. 86. 148. 646.
Bewirthung fürstl. Personen. 171.
Bewohner, älteste B. der Stadt. 41. 261. 603. Zunahme derselben. 45. 61. 65. 90. 91. 263. 271. 604.
v. Beyerrod, Johannes. 229.
Beyerstedt. 56. 111. 382. 407*. 437. 442. 443. 444. 469. 473. 474. 509. 510. 511.
v. Beyerstedt, Familie. 163.
— Cord. 591.
Bibliothek des Rathes. 344; der Andreaskirche. 472. 476. 477. 548.
Bienrode. 48. 49. 381.
Bier. 215. 223. 330. 347. 614. 623. 630.
Bieraccise. 184. 330. 347.
Bierbrauer. 207. 347. 380. 620. 655. 670.
Bierhandel. 619. 630.
Bierherren. 250*.
Bierkeller. 250.
Biersorten. 620.
Bierzoll. 140. 291. 322 flg.
Bilderchronik. 7.
Bildwerke, Häuser mit. 684. 685. 693. 694. 695. 696. 697*. 698. 699. 700. 703. 707. 712. 715. 717. 723. 726. 727. 735.
Binder. 406.
Binder, Berthold, Dechant zu St. Cyriac. 432. 540.
— Hennig. 465.
Bischofsdorf, Biscopesdorp bei Uehrde und Gevensleben. 440. 520. 560.
Biwende. 439. 581. 582*.
— Groß- oder Wester-. 411. 442. 444.
— Klein- oder Oster-. 444. 482. 549. 582.
v. Biwende, Heinrich, Propst des Kreuzklosters. 518.
— Helmold. 581.
— Volkmar. 489.
St. Blasius, Patron. 46. 51. 77. 381. 384.
— Altäre. 385. 497.
Blasiusstift. 1. 7. 8. 9. 26. 67. 76. 80. 106. 109. 122. 126. 135. 142. 176. 185. 198. 199. 200*. 201*. 202*. 203. 204*. 205*. 217. 238. 259. 261. 276. 358. 372. 377. 380. 383—408. 443. 488. 539. 541. 574. 677—680.
— Altäre und Capellen. 385—388.
— Begräbniß fürstlicher Personen. 78. 89. 93. 101. 108. 111. 133. 140. 149. 151. 185. 236. 238. 241.
— Capitel. 392. 395.
— Canonici oder Stiftsherren. 389. 391—392. 408. 571. 706.
— Custodes. 399 flg.
— Dechanten. 395—397. 408. 418. 452. 476. 498. 570. 571. 600.
— Erbauung. 67. 383—385.
— Feste. 400—402.
— Güterbesitz. 402—414. 706. 721.
— Kirche. 677—679.
— Kirchendiener. 390. 401.
— Kirchenschmuck. 388 flg.
— Lehnsleute. 129.
— Patronat. 390 flg.
— Pröpste. 397—399. 408. 570.
— Quellen der Geschichte. 383.
— Scholastici. 400.
— Schule. 564. 680.
— Stiftsgebäude. 408. 570. 679 flg. 706.
— Vicare und Vicarien. 393—395.
— Vicedomini. 399.
— Zehnten. 407. 408.
Blasiusthor. 675.
Blavod, Hermann, Dechant d. Matthäuskalandes. 556.
Blei. 634.
Bleichplätze. 643.
Bleifisch. 614. 633.
v. Blekenstedt. 274. 593.

Bliben. 148. 648.
Blibenhaus. 648.
Blivot. 152. Albert. 153.
— Johannes. 560.
Blumenhagen, Hans. 469. 473.
— Wittwe. 459.
Blut, heiliges, zu St. Aegid. 503. 514.
Bock, Familie. 153. 178. 349.
— Bruno. 648.
— Heinrich. 648.
— Timme. 356.
Bock, Haus zum. 700.
— Haus zum schwarzen. 709.
Böcken, Häuser zu den. 694. 727.
Bocksgasse, Bockstwete. 726.
Bobe, Rector zu St. Nicolaus. 540.
Bobe. 1.
Bobel. 337 flg. 689. 706. 713. 732.
Bodellus. 268.
Boben, Ludolf. 455. 595.
Bobenburg. 150.
Bobenrobe. 439.
Bobenstebt. 463. 464. 555.
v. Bobenstebt, Heinrich, Hennig. 549.
— Hermann, Kämmerer d. Matthäus-
  kalandes. 556.
— Mathilde. 549.
v. Bobenteich, Familie. 146.
Bogenschützen. 148. 625. 646.
Bohlweg. 129. 260. 408. 719—723.
Boibel, Hermann. 588.
Boiling, Martin. 485.
Bokeln. 403. 404.
Bokenem. 210. 626.
Bologna. 344.
Bolfing, Heinrich. 500.
Boltesem. 407.
Bönete, Familie. 128. 154. 274. 291.
  584.
— Heinrich. 129.
St. Bonifacius, Altar. 585.
Bonifacius IX. 185. 371. 372. 515.
Borcholt, Otto. 589.
Borgholt, Alre. 223. 224.
Bornhövde. 96.
Borntover. 622.
Bornum. 140. 155. 464.
— bei Kissenbrück. 146. 583. 584.
— am Elme. 146. 183. 357. 469. 474.
  558. 593.
v. Bornum, Hans. 545. 594.
— Johann. 129. 404.
— Konrad. 387. 410.
Bornumhausen, Gericht. 233.
v. Borsne. 99. Hermann. 268. 277.
  282.
Börssum. 403. 407. 415.
Bortfeld. 140. 146. 453*. 474. 520. 562.
v. Bortfeld, Familie. 140. 440. 524. 694.
  708.

v. Bortfeld, Burchard. 195.
— Gebhard. 405.
— Gebhard, Comthur der Johanniter.
  533.
— Heinrich. 172. 195.
— Lubeke, Ludolf. 386. 405. 489.
— Rolef. 591.
— Burghof. 270.
Bosse, Hans. 469.
Bote, Arnd. 249.
Botel, Thile. 591.
Boten des Rathes. 338. 340. 344.
Botho. 9.
Böttelstraße. 732.
Bötticher. 611.
Bovines. 89.
Bovo, Abt von Corvey. 35.
Brabant. 119. 625. 628.
Brakel, Heinrich. 374.
Bramborst. 410. 416.
Brand, Müller. 363.
Brandenburg, Mark. 161. 225. 226.
— Markgrafen, Albrecht. 60. 87.
— — Friedr. d. J. 226 flg. 236.
  364.
— — Johann. 244. 97.
— — Otto. 97. 105.
— Bischof Folkward. 49. Heinrich. 455.
v. Brandenburg, Cord. 249. 588.
— Thile. 494.
Brandenburg, Familie. 161. Heinrich.
  459.
Brandes, Dietrich, Dechant d. Matthäus-
  kalandes. 556.
— Heinrich. 489.
— Johann. 305.
Brautbad. 666 flg.
Bräutigamsschmaus. 666.
Brautleute, Geschenke der. 665.
Brautmesse. 667.
Brautschmuck und Brautschuhe. 665.
Brazium. 264. 269.
v. Bredenowe, Werner. 548.
Bregen, Dithmar. 154.
Breiger, Ludeke. 253.
Breitestraße. 544. 697.
v. d. Breitenstraße. 274. 275. 282.
Brekevelb, Hermann. 489.
Breling, Heinrich. 494.
Bremen, Erzbisch. Adalbag. 45. Heinrich.
  235. Nicolaus. 207.
— Stadt. 22. 23. 45. 64. 103. 104.
  134. 166. 218. 227. 231. 232. 240.
  241. 624. 627. 628. 633.
— Stiftsdechant. 227. 443.
Bremen, Johann, Guardian d. Barfüßer.
  526.
Breslau. 236.
Breyer, Hennig, Pfarrer zu St. Michaelis.
  499.

Breyer, Lubeke. 588. 591.
— Thile. 550.
Brief, der große. 221. 311 flg.
— der neue. 253.
Broistedt. 155. 549.
v. Broistedt, Corb. 591.
Broistedt, Berthold. 489.
— Hans. 482.
Broitsem. 111. 140. 155. 175. 176. 177. 275. 371. 405*. 407*. 416. 438. 510*. 511. 534.
— Landwehrthurm bei. 338.
— Steinbruch bei. 320. 364.
v. Broitsem, Familie. 443. 444.
— Corb. 249. 522.
— Hans. 443.
— Jacob. 713.
v. b. Broke, Gerlach, Pfarrer zu St. Katharinen. 462.
— Gerlach. 168. 465. 475.
— Thile. 363. 459. 522.
— Ulrich. 475.
Brotgewicht. 128. 614. 619. 634.
Broyke, Hennig. 482.
Bruch der Altstadt. 59. 144. 194. 318. 366. 649. 656. 673. 704. 737.
— der Altenwik, der Neustadt und des Hagens. 364.
Bruchthor. 681.
Brücken, Erhaltung der. 333. 366.
— Burgbrücken. 674.
— kleine. 731.
— kurze. 702; vor der k. B. 702. 703.
— lange. 82. 161. 642. 704. 731.
— — vor der. 703.
Brüdernkirche, s. Barfüßerkloster.
Brüdern, hinter den. 707.
Brüderschaften, geistliche. 380. 513 flg.
— von St. Michaelis. 380. 501—502.
— Unserer lieben Frau. 380.
Brügge. 119. 130. 625.
Bruning, Canonicus zu St. Blas. 369.
Brunnen, öffentliche. 658.
Bruno, Herzog. 27 flg. 31. 32. 33. 35. 36. 40. 41. 538.
— comes in Brunswich. 38. 43. 382.
— princeps. 29 flg. 39. 43.
— Graf im Darlingau. 40.
Bruno, Pfarrer zu St. Andreas. 387. 468. 472.
— Lector der Barfüßer. 527.
Brunonen. 259. 382. 425. 674.
Brunow, Ludwig, Propst des Gertrudenkalandes. 560.
Bruns, Grete. 459.
Brunsrode. 438.
v. Brunsrode, Hermann. 290.
— Johann. 267.
— Johann, Custos zu St. Blas. 399.
Brunstorp. 438.

Brutbad, brutlacht, brutlichte. 664—666.
Buchenau, Heinrich. 589.
Büchsen. 648.
Büchsendreher. 611.
Bücking. 633.
Büddenstedt. 411. 437. 443. 510.
— Klein-. 437.
Buden. 325. 672.
Buber, Johann. 484.
Bülow, Hennig. 432.
v. Bültensleben. 210.
Bültum. 409. 410.
Bündnisse der Stadt mit Fürsten. 139. 174. 195. 206. 208*. 210*. 217. 233. 243.
— mit Abligen. 170.
— mit Städten. 102. 103. 150. 171. 174. 208. 210. 231. 237. 240. 241. 242. 246. 625 flg.
Bungenstedt. 437. 594*.
— Heinrich, Kämmerer des Matthäuskalandes. 556.
— Hennig, Dechant desselben. 556.
Burchard, Propst zu St. Blasius. 397.
Burbian, Friedrich, Dechant das. 397.
Burg, s. Dankwarderobe.
— vor der. 709.
— kleine. 674. 680.
Burgdorf bei Schladen. 86; am Lichtenberge. 408.
v. Burgdorf, Familie. 197. 362.
— Alerd. 362.
— Corb. 585.
— Hennig. 249. 588.
Burgfreiheit. 225. 674.
Burggraben. 413. 674. 706. 709.
Burghöfe. 259. 408. 676. 677.
Burghut auf Schlössern der Stadt. 348. 349. 351. 356. 357*. 647.
Burgmannen. 124. 259.
Burgmauer. 29. 674 flg.
Burgmühle. 317. 722.
Burgstift, altes. 40. 45. 46. 49. 50. 52. 57. 67. 69. 380—383.
Burgthore. 675.
Burgtwete. 561. 674*. 721.
Burgund, Herzog Karl. 240.
Bürger (borgere, borgenses). 271. 278.
— Gerichtsstand der. 265.
— Rechte der. 64. 96. 100. 132. 133. 136. 263. 272.
Bürgergelder. 303. 331. 346.
Bürgergemeinde. 272. 277.
Bürgermeier. 144. 149. 164. 172. 207. 229.
Bürgermeister. 130. 221*. 235. 282. 283. 287. 302. 305. 306. 307. 310. 312*.
Bürgerrecht. 64. 164. 206. 271. 298. 331.

Bürgerrolle. 135. 271.
Bürgerwache. 652. 654.
Bürgschaft. 145. 165. 216.
Bursfelde. 54. 406. 502.
Buschappel, Sander. 500.
Buschmann, Hans. 494.
Busemann, Hans. 589.
Butheil. 262.
Butter. 619. 634.
Buttereimer. 622.
Butterstöter. 619. 623.
Büttel, s. Bobel. 606; beim Vehmgericht. 131.

C.

St. Cäcilie, Altar. 447.
Cäcilie, Gemahlin Wilhelm des Aelteren. 214.
Calbecht. 510.
Calenberg. 200. 236. 239. 242.
Calvera. 38.
Calvörde. 236.
Campe, Haus zum. 148. 188. 348. 352—354.
vom Campe, Hof am Bohlweg. 271. 720.
— Balduin, Dech. zu St. Blas. 396.
— Balduin, Propst das. 397.
— Balduin. 98. 515.
— Balbewin. 146.
— Jordan. 587.
— Rewerb. 466.
Cancri, Heinrich, Lector b. Barfüßer. 527.
Candelaber zu St. Blas. 67. 382. 386. 388.
Cantoren an Schulen. 565. 569. 571.
Capelle, Haus zur. 725.
Capellen, Eggeling. 161.
Capellen. 535—552.
— in der Burg. 414—419.
Catensen. 360.
Cavenheim. 381.
Celle. 23. 165. 182. 201. 206. 211. 231. 232*. 630*. 632.
Centner. 622.
Chirurgen. 660.
Christinencapelle. 535.
Chroniken zur Stadtgeschichte. 4—9.
Cistercienser. 135. 514. 515. 560.
Citeaux. 135. 514.
Cives hieselbst. 271; in Dörfern. 63.
Civiljurisdiction. 131.
Civilklagen. 132. 265.
Civitas Bruneswich. 62. 63.
Clauen. 275.
Claus, der reiche. 161.
Clawes, Berthold und Hennig. 489.
St. Clemens, Altar. 46. 381.
Clemens V. 443.
Clericus, Familie. 274.
Clerus. 109. 121. 375. 378. 395.

Clivus. 734.
Clopperstraße. 702.
Clüver, Heinrich. 400. 572.
Collecta. 325.
Cöln, Erzbischof Philipp. 71. 72.
— Stadt. 23. 71. 86. 228. 234. 240. 626. 628.
v. Cöln, Johannes. 404.
Comthure der hies. Johanniter. 533.
Concordantia praelatorum. 564 flg.
Concurrenz Fremder. 623.
Conrabi, Familie. 274.
Constabler. 308. 340. Gelage. 180.
Consules. 64. 278.
Convent, alter. 139. 599. 700.
— großer. 601.
— neuer. 600.
Convente. 593—602.
Copialbücher. 3. 446. 456. 467. 477. 483. 591.
Copsin der Jude. 637.
Corbes, Johann. 494.
Corvey. 23. 35. 36. 87.
St. Cosmas u. Damianus, Altäre. 423. 485.
Coßmannscamp. 521.
Costnitz. 203.
Crachto, Propst zu St. Cyriacus. 433.
Cramme. 154. 437. 532. 534. 549.
v. Cramm, Heinrich. 178. 355.
Craetze. 360.
Criminaljurisdiction. 130.
Crispus, s. Kruse, Heinrich. 540.
— Johann. 383.
St. Crucis, s. Kreuzkloster.
Curb, der Müller. 120. 124.
Curie der Herrschaft. 64.
Curien des Blasiusstifts. 392. 680.
Cursorum mons. 738 flg.
de Cusa, Nicolaus, Cardinal. 228.
Custodienregister von St. Cyriacus. 419.
St. Cyriacus, Altar. 388.
Cyriacusberg. 737.
Cyriacusfreiheit. 224. 270. 737.
Cyriacuslicht. 423.
Cyriacusschule. 561.
Cyriacusstift. 1. 51. 69. 106. 109. 142. 199. 200*. 201*. 202*. 204. 217. 228. 238. 261. 378. 380. 395. 415. 419—445. 574. 592. 593. 738.
— Altäre und Capellen. 421—423.
— Capitel. 428—430.
— Custodes. 434. 438 flg. 445.
— Dechanten. 429—432. 438. 442. 445. 522.
— Diener. 428. 434.
— Einnahmen. 442. 444.
— Erbauung. 419—420.
— Feste. 434—436.
— Güterbesitz. 436—445.

Cyriacusstift, Kirchenschmuck. 423 flg.
— Nebengebäude. 421.
— Patronat. 425 flg.
— Personal, geistliches. 426—427.
— Pröpste. 429. 432—434. 438. 442. 445.
— Quellen der Geschichte. 419 flg.
— Stiftsherren. 427 flg.
— Vicare. 428—430.
— Vicedomini. 434.

D.

Dächer, von Stroh oder Stein. 654.
Dageworde, Lambert, Pfarrer zu St. Ulrich. 487. 490. und Dechant zu St. Cyriacus. 432.
Dalborp, Dietrich. 496.
v. Dalem, Heinrich. 489. Roland, Pfarrer zu St. Magnus. 481.
Dalhem. 35.
Dahlum. 140. 154. 437. 581.
— Klein-. 406. 416. 442. 582.
v. Dalem, Ministerialenfamilie. 267. 511. 582. 584.
— Balduin. 406.
— Balduin I. II. III. Vögte. 267.
— Balduin der Marschall. 269.
— Balduin, Custos zu St. Blasius. 399. 462.
— Heinrich. 267.
— Johannes, Hans. 406. 173.
— Ludolf I. II. Vögte. 267.
— Ludolf. 479.
Dallangibutli. 35.
Damm. 316. 534. 611. 702. 703. 732.
— Kleiner. 735.
vom Damm, Familie. 443. 601.
— Achatius. 600.
— Bernh. 144. 146. 595.
— Bertram. 168. 178. 358. 600.
— Fricke. 197. 361. 455.
— Thile. 146. 159*. 160. 455. 550. 588. 595. 708.
v. Damme, Albrecht u. Bernhard. 541 flg.
Dammann, Hennig. 591.
Dammherren. 250.
Damminsel. 60.
Dammmühlenbrücke. 642.
Dänemark. 212. Waldemar II. von. 97. 624.
Dänen. 27 flg. 45.
Daniel, Abt zu St. Aegidien. 506.
Dankward. 26. 27 flg. 30 flg. 32. 38. 40. 538. 674. 675. comes in Brunswich. 39 flg. 43. 382.
Dankwarderobe. 17. 21. 25 flg. 27 flg. 32. 33. 38. 40. 42. 44. 46. 49. 52. 57. 58. 59. 61. 67. 68. 73. 77. 78. 87. 92. 95. 101. 129. 216. 254. 259. 270. 369. 380. 509. 671. 673—680.

Dankwarderobe, Zubehör. 259. 261. 676. 677. 719.
Dankwardevörde, Dankwardsfurth. 21. 26. 27 flg.
Dankwards, Ludolf, Pfarrer zu St. Petrus. 493.
Dankworth, Brand. 717.
Danndorf. 356.
v. Dannenberg, Heinrich, Dechant zu St. Cyriacus. 432.
Dannenbüttel. 510.
Dantzelröcke. 662.
Darlingau. 17 flg. 20. 34. 35. 40. 43. 44. 437.
Dasekenstraße. 691.
v. Dassel, Dietrich. 372.
David, Propst zu St. Blasius. 397.
— der Münzmeister. 269.
— der Jude. 123. 637.
Davidis, Familie. 140. 274.
Debeken, Hans. 224.
Deersheim, Dersem. 402. 403.
Degedingsbücher. 2. 3. 107. 127. 138. 326. 343.
Degenhard, Propst des Gertrudenkalandes. 560.
Deister. 243.
Denkte. 34. 140. 155*. 349. 351. 412. 453. 561.
v. Denkte, Berthold. 482.
Denstorf. 371. 412. 520. 584. 587. 595.
v. Denstorf, Daniel. 494.
Destedt. 214.
Dethmar, Dechant zu St. Blasius. 396.
Dettum. 140. 146. 155. 183. 410. 412. 442. 453. 463. 464. 474. 481. 500. 594.
v. Dettum, Albrecht. 482.
— Brun. 545.
— Heinrich. 481.
— Hermann, Pfarrer zu St. Martinus. 451.
— Rolef. 591.
Detten, Hans und Hermann. 542.
Dibbersen, Dibigessen. 360. 406. 408*. 409.
Diebsbehlerei. 288.
Diebskeller. 159. 252.
Diebstahl. 95. 130. 131. 263. 265. 287. 288. 607. 608. 652. 654.
Diebsstraße. 521. 644. 738 flg.
Dienersold. 342.
Dienstgelder des Clerus an den Bischof. 370.
Dienstmannen, s. Ministerialen.
v. Diepholz, Grafen. 243.
Dietrich, König der Franken. 24.
— Sohn der jüngeren Gertrud. 54.
— päpstlicher Legat. 56.
— hiesiger Vogt. 267.

Dietrich, Dechant zu St. Blasius. 396.
— Propst zu St. Cyriacus. 433.
— Canonicus das. 422*.
— Propst des Kreuzklosters. 518.
— I. II. Aebte des Aegibienklosters. 506. 507.
— Pfarrer zu St. Martinus. 451.
— Pfarrer zu St. Ulrich. 487.
— Pfarrer zu St. Michaelis. 499.
— Viceguardian der Barfüßer. 527.
— Rector zu St. Jacobus. 539.
— Rector zu St. Bartholomäus. 542.
Dietwech. 23.
Ding. 266.
Dingleute. 266.
Dingstatt des Hagens. 367.
Dinklar. 157.
St. Dionysius, Altar. 387.
Discreti. 283.
Dobbelhaus. 680.
Dobbelspiel. 138. 298. 557. 607. 668—670.
Dominicaner, s. Predigermönche.
Dominicus, Cardinal. 513.
de Domo, Familie. 140. 154. 274.
— Etheler. 405.
Dompropstei. 674.
Donnerbüchsen. 194. 253. 343. 648.
Donnerstag, der grüne. 308.
Doppelcapelle. 68.
Dorfschenken. 215.
Döring, Familie. 154. 290. 443. 534.
— Dietrich. 122. 522. 549. 560.
— Hans. 164.
— Konrad, Korb. 454. 455. 560. 588.
— Thile. 144. 159*. 249. 449. 455. 522. 594.
Dormitorium. 392. 565. 566. 570.
Dormitoriales. 565.
Dörnten. 275.
Dorstadt, Kloster. 581.
— Edle von. 192. 407. 589.
— hiesige Lehnsleute. 129. 275.
v. Dorstadt, Arnold. 369.
— Konrad, Prior der Johanniter. 533.
Dorstadt, Heinrich, Prior der Dominicaner. 530.
Drachenloch, drakenhol. 688.
Drachme. 622.
Drake, Johann. 121.
Drabanus, Mag. Johann. 569.
Dreieinigkeit, Altäre der. 387. 448. 449. 458. 469*. 479. 484. 492. 496. 516. 536. 547.
Heil. drei Könige, Altäre. 448. 449. 458. 496. 545.
— Montag nach. 301.
Dreyer, Bernhard. 542.
Dreyergilde. 380.
v. Dreyhleben, Busse. 323.

Drispenstedt. 243.
Drive. 649.
Droste, Johann, Rector zu St. Spiritus. 548.
Drosten (Aufwärter). 666.
Drostenhof. 260. 722.
Druxberge. 443.
Dubinge. 438.
Dungelbeck, Heinrich. 121.
Dunne brodere. 666.
Duringesrod. 18.
Dus, Busso. 157.
Dusem bei Lesse. 162.
v. Duseme, Günther, Kämmerer d. Matthäuskalandes. 556.
Dusinge. 663.
Düstere Thor. 675.
Duttenstedt. 415.
Düvel, Heinrich, Dechant des Matthäuskalandes. 556.
Dux, Hans. 588.

E.

Eberhard, Abt zu St. Aegibien. 503. 507.
Eberstein, Schloß. 195. 235.
Ecbert I. 43. 49—51. 382.
Ecbert II. 51. 382. 419. 515.
Ecbert. 274.
v. Echte. 694.
Echteding, Gericht. 265 flg.
Echteding, Stadtgesetz. 3. 189. 308.
Echternstraße. 649. 694.
Ecke, Haus zur schiefen. 707.
— Haus zur schönen. 707.
Eckehard, Propst. 382.
— Custos zu St. Blasius. 399.
— Prior zu St. Aegibien. 508.
Eckermann, Hans. 159. 161.
Ebbesse, Ebbesheim. 510. 511.
v. Ebbesse. 411.
v. Edemissen, Hennig. 694.
Edesbüttel, Edersbutle. 510.
Egganrode. 381.
Eggeling, Rector zum Heil. Geist. 548.
Eggelsen. 147.
Ehmen. 511.
Ehrenämter. 305.
Ehrengeschenke. 340.
Ehrenmahlzeiten. 340.
Eiche, Haus zur hohlen. 693.
Eichthal. 367.
Eickhorst. 581. 583.
Eidbücher. 4. 189. 190.
Eidhelfer. 131.
Eiermarkt. 28 flg. 40. 692.
Eiervögte. 340. 622.
Eike, Cylo. 274. Hermann. 129.
Eilarbesbüttel. 438.
v. Eilenburg, Graf Heinrich I. II. 54. 57.
Eilstringe. 510.

Eimbeck. 150. 175. 210. 233. 237. 242*. 246. 398. 406. 625. 626. 627*. 628.
Einfuhrgegenstände. 632—635.
Einnahmen des Rathes. 314—332.
Einnehmer der Bürgergelder. 303. 346.
Einopferung in's Kloster. 668.
Einquartierung der Söldner. 163. 312.
Eisen, Handel mit. 231. 232. 630. 634.
Eisenbüttel, Eiserbutle. 52. 365. 438*. 439. 488.
v. Eisenbüttel, Binian und Grete. 497.
Elethe. 437.
Elthi. 48.
v. Elbagsen, Hartmann. 153.
v. Elbinge, Dedeken. 492.
Elemannus, Rector zu Mar. Magdal. 415.
Elendsgilde. 535. 580.
Elers, Familie. 146. 274. 293. 639.
— Brand. 168.
— Cord. 168. 588. 708.
— Hans. 598.
— Hildebrand. 292.
— Konrad. 145. 588.
Elias, Dechant zu St. Cyriacus. 431.
St. Elisabeth, Altar. 458.
— Fest. 336. 466.
— Hospital. 598. 727.
Elisabeth, Tochter Otto des Kindes. 101.
— Gemahlin Albrechts des Gr. 108.
— Gem. Wilhelms des Jüng. 246.
— I. II. Aebtiss. des Kreuzklosters. 517.
Ellardesheim. 38.
Ellernholz an der Ocker. 251. 441.
Elm, Treffen am. 157.
Elmsburg. 403.
Gr. Elbede. 488.
v. Elbede, Cord. 542.
Elpe, Elie, Familie. 140. 274. 544. 583. 584. 694.
— Heinrich. 129. 454.
— Konrad. 129.
Elze. 360. 362.
v. Elze, Hans. 542.
— Hildebrand. 387.
— Johann. 374.
— Rötger. 362.
— Tilete. 494.
Elze, Ludeke. 595.
v. Emberen, Johann, Pfarrer zu St. Andreas. 199. 204. 472. 477.
Engel, Haus zum. 697.
Engelaltar. 516.
Engelbert, Mag. 572.
Engelhard, Pfarrer zu St. Martinus. 451.
— Vicedom. zu St. Blasius. 399.
— 274.
Engelhardssteg. 659. 714.
Engelhusius, Chronik des. 8.
Engelke, Claus. 485. 490.
Engelnstedt. 140. 405. 594.

v. Engelnstedt, Familie. 161.
— Hans. 595.
— Heinrich. 475.
— Hermann. 595.
England, König Heinrich II. 73.
— König Heinrich III. 98. 624.
Equord. 409. 510.
St. Erasmus, Altar. 387. 449.
Erbenzins. 318. 322.
Erbloses Gut. 263. 266. 578.
Erbrecht. 95. 262.
Erbschaftssteuer. 331.
Erbstreit zwischen den Herzögen Albrecht und Heinrich. 112 flg.
— lüneburgischer. 182.
Erdburg bei Watenbüttel. 557.
Erdwälle um die Stadt. 643.
Erembert, Comtbur der Johanniter. 533.
Erfurt. 73. 212. 213. 231. 626. 629.
— Dechant zu. 443.
— Marienstift. 370.
— Schottenkloster. 227.
Ergenstedt, Ergestibe. 405. 437.
Erich v. Grubenhagen. 184. 186. 192. 195.
— Söhne. 291.
— der Aeltere v. Calenberg. 254.
Erkerode. 509*.
Ernst v. Göttingen. 133. 140. 289. 291. 293. 323. 349. 554.
— Bruder Magnus II. 151. 157. 164. 355.
— v. Grubenhagen. 136. 137. 289.
— Sohn Erichs v. Grubenhagen. 227.
Ernst, Prior zu St. Aegidien. 508.
— Pfarrer zu St. Martinus. 451.
Ertmerus. 99. 274.
Erve. 272.
Erxleben. 217*.
Esbeck. 355.
v. Escherde, Johann. 179.
Eschershausen. 233.
v. Eschwege, Hermann. 398.
v. Essen, Johann. 14.
Essenrode. 438.
v. Estorp. 161.
St. Eusemia, Altäre. 449. 491.
Eugenius IV. 522.
Eule, Haus zur. 700.
St. Eustachius, Altar. 541.
v. Evensen, Lambert. 455. 557.
— Thile. 304.
— Ulrich. 500.
Everikesbutli. 48.
Evernhausen, Johann, Pfarrer zu St. Katharinen. 462.
Evershausen, Johann. 432.
Evessen. 443. 590.
Excerpta Blas. 7. 383.
— chronol. de ducibus. 8.

Excommunication. 109. 370.
Execution gerichtl. Urtheile. 303.
Exemtion vom Recht der Diöcesane. 105. 370. 512.
Eynem, Mag. Dietrich. 481.

F.

Faber, Drewes. 223.
— Johann. 599.
Fährmühle. 154. 363.
Fallersleben. 20. 172. 357. 409.
v. Fallersleben, Familie. 153.
— Adelheid. 463.
— Eckhard. 458.
— Johann. 387. 463.
Fallersleberstraße. 727.
Fallersleberthor. 318. 718.
Fallstein. 362.
Fälschung. 288.
Färber. 610.
Färberhöfe. 616. 726.
Faß. 622.
Fasten. 395.
Fastnacht. 251. 308. 340*.
Faulacker, Johann. 121.
Fehdebuch. 138.
Fehden. 146. 150. 157. 163. 170. 171. 172. 210. 217. 227. 242. 243 flg.
Fehderecht. 295.
Feierlichkeiten, kirchliche. 335.
Feldbergen. 440. 442. 449.
Felix, s. Salge.
Fellen, Handel mit. 635.
Fenstermacher. 611.
Ferding, Ferto. 246. 635.
Ferkenstraße. 738.
Ferling. 246.
Feste, hohe kirchliche. 335. 376—380.
Festlichkeiten, große. 87. 101. 102.
Fettwaaren. 635.
Feuerarbeiter. 611. 655.
Feuersbrünste, große. 101. 102. 108. 111.
Feuersgefahr. 654 flg.
Finalis plates. 694.
Finanzbeamte der Stadt. 345—347.
Finanzbücher. 456.
Finanzcommission. 179. 326.
Finanzen der Stadt. 228. 326.
Finanzherren. 345.
Finanzverwaltung. 107. 118. 298. 310. 314—347.
Fingerbank, Heinrich. 363.
Fisch, Haus zum grünen. 700.
Fischbänke. 634.
Fische. 341. 614. 619. 630. 633 flg.
Fischer des Rathes. 339.
Fischer, Heinrich. 500. 550.
Fischerei in der Oker. 323 flg. 332. 339. 464. 531.
Fischbälter. 116. 641. 681.

Fischhandel. 232.
Fischpfennige. 404.
Fiscus, herrschaftl. 263. 266. 267. 278. 293.
Flachs. 634.
Flandern. 103. 119. 130. 628.
— Robert, Graf. 130.
Flaschendreyer, Konrad. 387.
Flechtorf. 364.
Fleisch, Handel mit. 619. 634.
Fleisch essen. 513.
Flist, Konrad, Dechant zu St. Cyr. 432.
Florelen, Hennig. 500.
— Johann, Pfarrer zu St. Mich. 499.
Florinus, Dechant zu St. Blas. 396.
— Stiftsherr das. 405.
Flöthe. 155. 275.
Forster, Thile. 475.
Franciskanerkloster, s. Barfüßerkloster.
St. Franciskus. 524.
Franke. 274.
Frankfurt a. M. 101. 234.
Frauenstoben. 659.
Frederekes, Fricke. 153.
Freie. 132. 138. 195. 262. 263. 272. 603 flg.
Freiheiten, die drei fürstlichen. 212. 214. 224. 252. 270. 325. 669. 736. 737.
Gr. Freilstedt. 560.
Fremde. 271. 495. 591.
Fricke, Hans. 601.
— Hermann. 417.
Friedepfennige. 266.
Friedewirken. 265. 284.
Friedrich I. 66. 71—74.
— II. 88. 89. 93. 98. 99. 102.
— III. 226. 229. 235. 240. 244.
— Herzog. 151. 156. 162. 165. 167. 169—185. 324. 350. 355. 357. 358.
— v. Grubenhagen. 175. 181. 184. 192.
— der Fromme. 207. 217. 232.
— der Unruhige. 233. 235. 239. 241. 245. 364.
— Dechant zu St. Cyr. 431.
— Abt zu St. Aegid. 506.
— Prior das. 508.
— Guardian der Barfüßer. 526.
— Rector zum Heil. Geist. 548.
Friese, Johannes. 583.
Friesenstraße. 325. 733.
Friesenthor. 324. 642. 730.
Friesland. 54. 56. 634.
Fritherikeroth. 48.
Fritze, Dietrich. 204. 344. 574.
Frohnbote. 268. 657.
Frohndienste. 262.
Frohnleichnam, Altäre. 387. 411. 412. 459. 460. 526.
Frohnleichnamslicht. 460.
Frohnleichnamsmesse. 476.

Frohnleichnamsprocession. 206 flg. 308.
Frühling, früher. 258.
Frühmessenaltäre. 447. 455. 468. 484. 497.
Fulda. 23. 75.
Fümmelse. 444. 499.
v. Fümmelse, Hennig. 804.
Fürstenburg. 675.
Fürstenmacht im Sinken. 286.
Fuse. 23.
Futtertuchmacher. 611.

G.

St. Gabriel, Capelle. 46. 381.
Gabenstedt, s. Godenstede.
Gamsen. 403.
v. Gandera, Hermann. 137.
v. Gandersem, Familie. 140. 323. 440. 553.
— Gerbert. 598.
— Heinrich. 416. 454.
— Johann. 593.
— Wedekind. 129. 370. 416.
Gandersheim. 23. 34. 36. 351. 473.
Gänsewinkel. 367.
Gardelegen. 144. 218. 628.
Garlöche. 618. 689.
— Straße der. 691.
Garmissen, Germerdissen, Germersen. 440. 442.
Garn. 634.
v. Garsnebüttel, Familie. 589.
— Rolef. 188. 358.
— Wedekind. 580.
Gartenzins. 318. 382.
Gärtner. 228. 501. 528.
Gärtnerwaaren. 614.
Gebhardi. 2.
Gedächtnißfeier. 668.
Gedenkbuch. 3. 138.
— Porners. 314.
Geier, Dietrich. 542.
Geismar, Stadt. 227.
v. Geismar, Jan. 569.
Geist, Altar des heil. 387.
— Capelle des heil. 124. 204. 365. 582. 546—550. 644. 738.
— Spital des heil. 139.
Geitelbe. 154. 275. 381. 406. 411.
— bei Hillerse. 454.
Gelage am Autorsfeste. 116. 180. 248. 340.
— des Clerus. 375.
— der Gilden. 608.
— verschiedene andere. 180. 222. 248. 251. 340. 341.
Geld, Aufbewahrung des baaren. 304.
Geldverhältnisse. 635. 636.
Geleit. 147. 232. 625. 647.
Geleitgeld. 630.

Gellerburg. 712.
Geldwort, Lübeke. 129.
Gemeinde. 115—120. 123. 156. 166. 167. 169. 219. 221. 247. 248. 250*. 253*. 272. 274*. 277. 296. 298— 300. 311.
Gemeindeverwaltung, Antheil an der. 263. 279. 280. 296.
Gemüse. 614. 634.
Gent. 103. 119. 625.
St. Georg, Altar. 387.
Georg, Propst zu St. Blas. 399.
Georgscapelle. 68. 86. 413. 416. 452. 553. 676.
Gerber. 148. 158. 220. 277. 300. 331. 380. 531. 605. 609. 611. 615. 617. 703.
Gerberdamm. 611. 703.
Gerberhöfe. 316. 615 flg. 716. 722.
Gerbrecht, Rector zu B. M. V. 586.
Gerhard v. Steterburg. 5. 76.
Gericht der Herzöge. 229.
Gericht, geistliches. 372. 373.
Gerichtsbarkeit der Fürsten. 64. 263.
— freiwillige. 263. 265.
Gerichtsbücher. 138.
Gerichtsdiener. 337. 373.
Gerichtsboten. 373.
Gerichtsprivilegien. 195. 197. 372.
Gerichtsverfassung. 96. 116. 289.
Germens, Ludolf. 121.
Gernegast, Hermann, Prior der Johann. 534.
Gerold. 564.
Gerswide. 437.
St. Gertrud. 417.
Gertrud, Gemahlin Graf Ludolfs. 47. 49—51. 380. 382*.
— Tochter Ecbert I. 52—57. 260. 377. 382. 502. 509.
— Enkelin desselben. 57. 502. 509.
— Tochter Kaiser Lothars. 57. 58.
— I.—V., Aebtissinnen des Kreuzklosters. 517.
— I.—III., Priorinnen das. 517.
Gertrudencapelle. 68. 126. 417—419. 558. 676.
Gerwinus. 152. 470.
Geschenke an Fürsten. 144. 171. 341.
— des Clerus an den Diöcesan. 370.
Geschlechter, altbürgerliche. 114. 152. 153. 164. 167. 169. 173 flg. 220. 272 flg.
Geschütze. 148. 194*. 250. 343. 642. 648.
Gesellen. 608.
Gesetzgebung. 222. 311.
Gesinde der Fürsten. 136. 171.
Gesinde, Geschenke an das. 665. 667.
— Kleidung. 664.
— Zucht. 664.
Gesindel. 653.

Dürre, Geschichte Braunschweigs. 48

Gestalt der Stadt. 673.
Gesundheitspflege. 655—660.
v. Getelde, Albert, Pfarrer zu St. Martinus. 451.
— Johann. 591.
Gevatterstehen. 667.
Geveharb, Pfarrer zu St. Magnus. 480.
Gevensleben. 155. 406*. 463. 464.
Gewaltthat. 95. 265. 280. 288. 652. 654.
Gewandhäuser. 148. 315*. 333. 613—615. 688. 713. 724.
Gewappnete. 147. 148. 174. 182. 647.
Gewerbe. 96. 115. 166. 603—624.
Gewerbepolizei. 279. 280. 617 flg.
Gewicht. 622.
Gewitter. 654.
Gewürze. 632 flg.
Gewürzkrämer. 613.
Giebel, Haus zum hohen. 716.
— Autor. 601.
Gieselermühle. 184.
Gießherren. 306. 346.
Gifhorn. 165. 166. 171. 172. 178. 206. 348. 357. 403. 632.
Gilbebote. 608.
Gildehäuser. 616.
Gildemeister. 106. 114. 115—120. 158. 164. 169. 221. 222. 235. 246—250. 296. 298. 299. 312. 606.
Gilden. 114—120. 148. 156. 164. 166. 167. 219. 221. 248. 249*. 250. 272. 276. 296. 299. 300. 331. 378. 380. 603—611. 651.
Gildenstraße, Gülbenstraße. 317. 694.
Gilderarth, Rolof. 500.
Gilderäthe. 115—121.
Gilzum. 140. 453.
v. Gilzum. 161. Lubeke. 489. 591.
Girzewerber. 366.
Gisela, Gemahlin Brunos. 43.
Gitter. 275*.
v. Glabebeck, Ludolf, Propst zu St. Blaf. 398.
Glaser. 611.
v. Gleichen, Hermann, Propst zu St. Cyr. 433.
Gleidingen. 437.
— Groß- oder Süd-. 19. 146. 468. 474.
— Klein- oder Ost-. 407. 593.
Glentorp. 166.
Glevie. 148. 174. 182. 195. 342.
Gliesmarobe, Glismoberoth. 48. 169. 175. 177.
— Damm. 250.
— Thurm. 177. 338.
Glinderfeld bei Lamme. 593.
Glockengeläut, Zweck desselben. 130. 244. 301. 305. 308. 309. 310. 327. 336. 579. 647. 652. 654. 655.

Glockengießer. 611.
Glücksspiele, f. Dobbelspiel.
Glümer, Bobo. 522*. 595.
Glufinge. 439.
Gnadenjahr der Stiftsherren. 392. 427. 571.
Gobelen, Hennig. 500.
Gobelheim. 35.
Gobenstede. 275. 407.
v. Gobenstede, Familie. 594.
— Berthold. 408.
— Burchard. 172.
— Dietrich. 417.
— Lippold, Dech. zu St. Cyr. 431.
— Lippold. 414.
— Ulrich. 547. 549.
— Volmar, Dech. zu St. Cyr. 431.
Goes, Hermann, Prior zu St. Aeg. 508.
Goibershagen. 725.
Goldschmidt, Hermann, Dech. zu St. Cyr. 431.
Goldschmiede. 99. 220. 253. 277. 280. 300. 332. 380. 528. 530. 605. 609. 621.
v. Goltern, Heinrich, Abt zu St. Aegid. 507.
Goltern, Johannes, Abt daf. 508.
Görbelingerstraße. 649. 700.
St. Gorgoniuscapelle. 414.
Goslar. 45. 53. 56. 60. 61. 74. 86. 87. 103. 137. 150. 165. 174. 183. 188. 210*. 233. 237. 242*. 625*. 627*. 628.
v. Goslar, Hennig. 344.
— Hildebrand, Dech. zu St. Cyr. 431.
— Ludolf, Prior der Johann. 533.
— Isaac der Jude. 274.
Gossel, Konrad. 452.
Gossen. 656.
Goswin, Abt zu St. Aegidien. 57. 502. 506.
Gottesritter, Hof der. 720.
Gottesurtheile. 131.
Gottfried, Dech. zu St. Blaf. 396.
— Propst zu St. Cyr. 433.
— I.—IV., Aebte zu St. Aegid. 507.
— Canonicus zu Verden. 544.
— Rector der Blasiusschule. 572.
— Vogt zu Stabe. 100.
Göttingen, Fürsten. 239. 289. 291*. 293.
— Land. 239. 242.
— Stadt. 165. 183. 210. 236. 237. 242*. 246. 626. 627*. 628.
v. Göttingen, Familie. 153.
— Hans. 160.
— Johann. 137.
Gottschalt, Heinrich, Pfarr. zu St. Michael. 499.
v. d. Gowische, Familie. 355.
— Hermann. 178.

v. b. Gowische, Otto. 178.
Graben, bei oder auf bem. 727. 728.
Grabenmeister. 339. 645.
Grabenzins. 332. 641. 715.
Grabplatten, Guß der. 655.
Graburnen, heidnische. 15.
Gralfest. 234.
Grambow, Daniel. 166.
Grashöfe, der hohe. 677; an der Süd-mühle. 318. 366.
Grashof, Ulrich. 595.
v. Graslege, Heinrich, Rector der Aegi-dienschule. 569.
— Theodolf. 468.
Grauehof. 66. 550. 720.
Gravestorp, Johann, Subprior der Do-minicaner. 530.
— Lubeke. 542.
Greene. 208.
St. Gregorius, Altäre. 447. 541.
Gregor IX. 97. 403.
— XII. 394. 567. 568.
Grethe, Gau. 44.
Grevenstein, Lubeke. 224.
Grevinge, Gerb. 166.
Grieß, Hennig. 479.
Grise, Claus. 541.
— Dietrich. 591.
Grohnbe bei Hameln. 206.
Gronau. 210. 626.
v. Gronau, Bernd, Pfarrer zu St. Pe-trus. 493.
Grope, Ludolf. 489.
Gropenpeter, Eckhard. 489.
Gropengießer. 611. 649.
Groschen, meißnische. 246.
Grote, bremer. 246.
Grote, Familie. 274.
Grotejan. 152. Jan. 161.
Grove, Heinrich. 500.
— Heiso, Dech. zu St. Blas. 396.
Grovemöller, Christian. 601.
Grube, Familie. 448. 450. 453.
— Achatius. 146. 577. 591.
— Berthold. 458.
— Claus. 542.
— Ludolf. 448. 453.
v. Gruben, Heinrich, hies. Marschall. 269.
Grubencapelle zu St. Martinus. 448.
Grubenhagen. 122. 227.
— Fürsten zu. 239. 289. 291. 292. 293.
Grundhörigkeit. 261.
Grundstücke, Besitz. 272. 325.
— Erwerbung. 185.
— Handel mit. 96.
— Uebertragung. 265. 266. 268. 284. 303.
Grusener. 148.
Guinuthun. 48.

Gulden, rheinische. 246.
Gumprecht, Hans. 494.
Gürtler. 611.
Gustedt. 410.
v. Gustedt. 153.
— Bruno. 146. 160.
— Ebert. 595.
— Hennig. 147.
— Hermann. 128. 160. 168. 536. 595.
— Thile. 168. 595.
— Wilken. 359.
Güterbesitz der Stadt. 348—367.

H.

Haberlah. 411.
v. Haberlah, Bernh. 422.
Haberland, Albert. 539.
Hachum. 482. 511.
Hackelnberg. 129. 140.
Haferbede. 207.
Haferwender. 650.
Hagelspende. 309. 336.
Hagemann, Heinrich. 481.
Hagen. 3. 17. 60. 61—63. 65 flg. 68. 70. 94. 102. 106. 107. 111. 124. 133. 146. 153. 155. 169. 177. 220. 224. 225. 234. 250. 252. 260*. 271. 278 —281. 296. 297. 299. 300. 315. 316. 318*. 324. 325. 328 flg. 369. 456. 463. 641. 671. 717—729.
v. Hagen. 581.
— Bernhard. 405.
— Gereke. 470.
— Hennig. 475.
— Lubeke. 489.
Hagenbruch und Hagenborn. 367.
Hagenbrücke. 118. 660. 714 flg. 725.
Hagenmarkt. 66. 245. 247. 334. 723—725.
Hagenmarktsbrunnen. ,658.
Hagenthor. 718.
Hahn, Haus zum schwarzen. 707.
v. schwarzen Hahn, Heinrich. 486.
Hahn, Familie. 424.
Hainwebel. 197. 361.
Hako. 588.
Halberstadt, Bischöfe von. 76. 87. 97. 98. 104. 139. 164. 174. 209. 226. 276. 351*. 372. 626.
— Bischof Albrecht I. 550. 584.
— Albrecht II. 139. 384. 457. 492. 529.
— Albrecht III. 164. 557.
— Branthago. 477.
— Johann. 209. 457.
— Ludolf. 478. 503.
— Ludwig. 351.
— Meinhard. 580.
— Reinhard. 56. 502.
— Volrad. 503. 504. 584*.

Halberstadt, Diöcesangrenze. 20. 88. 368 flg.
— Lehnsleute des Stifts. 128.
— Stadt. 103. 134. 174. 196. 210. 237. 242. 626*. 627*. 628.
— Stift. 161. 352. 370.
v. Halberstadt, Aschwin. 459.
— Hans. 460.
— Johann. 412.
Halchter. 437. 444. 594.
Haldensleben. 79.
Halfpape, Heinrich, Dech. zu St. Cyr. 432.
Halle, Stadt. 209. 210. 237. 626. 629.
Hallendorf, Hebelenborpe. 147. 469. 474. 593*. 594.
v. Hallendorf, Johann. 595.
— Ulrich. 593. 595.
Hallermund, Grafen von. 583.
Halto. 458.
Hamburg. 45. 102. 103. 104. 119. 134. 166. 168. 241. 242. 370. 372. 624. 627. 628*. 633. 634.
v. Hamburg, Wilken, Pfarrer zu St. Andreas. 473.
Hameln. 150. 210. 212. 244. 625. 626. 628.
v. Hameln, Berthold, Dechant des Matthäuskl. 555. 556.
— Corb. 619.
— Gerwin. 477. 548.
Hämelscheburg. 245.
Hamersleben. 406.
Handel. 96. 136. 166. 263. 276. 617—639.
— nach Bremen. 104. 218. 231. 604. 624.
— nach Dänemark. 97. 624.
— nach England. 98. 624.
— nach Flandern. 130. 625.
— nach Goslar. 625.
— nach Hamburg. 103. 104.
— nach Lüneburg. 604. 624.
— nach Magdeburg. 132. 170.
— nach Stade. 100.
Handelsbetrieb. 629—636.
Handelsbündnisse, s. Bündnisse. 624—629.
Handelsgegenstände. 632 flg.
Handelspolizei. 617 flg.
Handelsstraßen. 24. 629 flg.
Handelswaaren. 104. 136. 147. 632 flg.
Handschuhmacher. 611.
Handwerk. 276.
Hannover. 50. 103. 150. 171. 174. 183. 196. 208. 210. 236. 242*. 246. 625. 626*. 627. 628.
Hansabund. 109. 119. 122. 153. 163. 165. 167. 240. 625. 626. 627 flg. 629.
Hansastädte. 161. 165. 166. 167. 183. 210. 299. 626. 627. 628 flg.
Hantelmann, Corb. 550.
— Johann, Dech. zu St. Blas. 397.

Hantelmann, Ulrich. 591.
Harbegsen. 236.
Harbenacke, Hennig. 482. 489.
v. Harbenberg, Familie. 187.
Haring, Hermann, Lector der Barfüßer. 527.
Häring, Handel mit. 232. 307. 340. 614. 630. 633.
Harneyd, Propst des Kreuzklosters. 518.
Harnisch. 266.
Harnischmacher. 611.
v. Harlinge, Hans. 648.
Hartmann, Abt zu St. Aegib. 506.
Harzburg. 63. 89. 843.
Hasenwinkel. 123.
Hassio. 25.
Hatheguardus. 47. 262. 477. 481.
Haltorp. 166. 438. 442. 444.
Hauben. 663.
v. Haula, Adelheid. 511.
Hauptleute der Gemeinde. 221. 222. 235. 246. 250. 311. 312.
Haus, das hohe. 687.
Häuser. 325. 654. 672.
v. Hause, s. de Domo. 274.
Hausarrest. 160. 224. 254.
Hausbau, sächs. und thüring. 18 flg.
Hausfriedensbruch. 265.
Hausthüren, Ausheben der. 413.
Hauswirthe, Pflicht der. 653. 656*.
Hautkrankheiten. 658.
Havel, Corb. 449.
— Nicolaus, Cust. zu St. Cyr. 434.
Havelhorst, Johann, Pfarrer zu St. Martinus. 449. 452.
— Ludolf, Kämmerer des Matthäuskl. 556.
Havelberg, Bischof von. 87.
Hebammen oder Babemütter. 660.
Hecht. 614. 633.
Hebeper. 440. 442. 444. 453. 500. 583. 584. 587.
Heerte. 882. 405. 406. 437.
Hehlingen. 356.
Heidberg. 511.
Heidblek bei Honbelage. 527.
Heidenkirchhof. 16. 367.
Heidenstraße. 16. 695.
Heiligendorf. 432.
— Groß- und Klein-. 438.
v. Heimburg, Anno. 157. 648.
v. Heinbe, Hennig. 500.
Heinenstraße. 695.
Heiningen. 61. 594.
Heinrich I. 25. 42.
— IV. 52.
— V. 56.
— VI. 74.
— König, Sohn Friedrich II. 94. 96.
— der Stolze. 57.

Heinrich der Löwe. 58—79. 259. 260*. 278. 279. 385. 388. 437. 446. 456. 532. 535. 543. 603. 604. 608. 624. 675.
— der Pfalzgraf. 74. 75. 76. 79. 80. 86. 87. 91 flg. 386. 403*. 439. 532.
— der Wunderliche v. Grubenhagen. 109. 110. 112 flg. 118 flg. 126. 129. 136. 384. 418. 558. 609*. 721. S. Söhne. 136. 277. 289. 293.
— Sohn Heinr. des Wunderl. 136.
— Sohn Erichs v. Grubenh. 227.
— Sohn Albrecht des Feisten. 137.
— Sohn Magnus II. 174. 181. 182. 183. 186—191. 192. 195.
— der Friedsame. 207. 211. 212—214. 215—238. 350. 359. 363. 364. 384. 629. 689.
— der Aeltere. 242—244. 254. 636.
Heinrich, Münzmeister. 269.
— Vogt von Stade. 100.
— I. II. III., Aebte zu St. Aegidien. 503. 504. 506. 507.
— I. II., Pröpste zu St. Blas. 397.
— Dech. zu St. Cyr. 431.
— Propst das. 433.
— Pfarrer zu St. Kathar. 462.
— Pfarrer zu St. Petrus. 493.
— Rector der Aegid.-Schule. 564. 569.
— Propst des Gertrudenkal. 560.
— Rector der Gertrudencapelle. 418.
— Rector zu St. Bartholomäus. 542.
— Mag. 572.
Heirathszwang. 262.
Helene, Gemahlin Heinr. d. Friedsamen. 216. 238.
Helingmann, Hennig. 418.
Helmold. 4.
Helmschläger, Hermann. 387.
Helmstedt. 81. 103. 113. 165. 210. 215. 237. 254. 626. 627.
v. Helmstedt. 274.
— Isaak der Jude. 274.
Hemelik rekenscop. 3. 178. 190. 307. 314.
Hennig, der lange. 494.
— I. II., Pröpste des Kreuzklost. 518.
Henkel, Heinrich. 489.
— Hennig. 374.
Henker. 309. 694.
v. Henneberg, Graf Friedrich. 237.
Hentze, der Schütze. 147.
Herberge, fürstl. 512.
Herbord, Heinrich. 520.
Herbordes, Mag. Heinrich. 198. 202. Pfarrer zu St. Ulrich. 487.
— Junge. 198.
Herbeke, Johann. 493.
Hereberoth. 488.
Hergerstedt. 489.

Herlingbergischer Krieg. 118.
v. Herlingsberg, Heinrich. 351. 594.
Hermann, Abt von Ribbagshausen. 183.
— Dechant zu St. Cyr. 431.
— Dechant des Matthäuskal. 555.
— Custos zu St. Blas. 400.
— Abt zu St. Aegid. 507.
— Lector der Barfüßer. 527.
— Rector zu St. Jacobus. 539.
Hermannfried. 24.
Hermesborg, Johann. 479. 481.
Herrendorf. 601. 734.
Herrschaft über die Stadt. 127. 259. 261. 263.
Herrschaft oder Land Braunschweig. 151. 163.
Herrschaftliche Beamte hieselbst. 262—269. 285.
— Rechte hieselbst. 262—264. 290.
Herwede. 127. 266. 646.
Herwich, Dechant zu St. Blas. 395.
— Propst des Kreuzkl. 518.
— Kämmerer des Matthäuskal. 556.
— Rector zu St. Jacobus. 539.
Herzen, Haus zum neuen. 704.
— Haus zum rothen. 709.
Heselenborp. 411.
Hesse, Hans. 685.
Hessen, Land. 227; Landgrafen. 227. 233.
— Heinrich. 150.
— Hermann. 183. 240.
— Ludwig. 211. 214. 217. 226.
Hessen, Burg. 148. 162. 164. 178. 245. 348. 354 flg. 411.
Hessendamm. 250. 354.
Heubein, Arnold, Propst des Kreuzkl. 518.
v. d. Heyde, Familie. 140. 193.
— Adelheid. 549.
— Eilard. 168. 291. 549. 557. 595. 695.
— Johann, Prior der Johann. 533.
Heydenricus rect. cap. B. M. V. 586.
v. Heyme, Gebhard. 363.
Heyse. 469.
Heytmoller, Johann. 481.
Hibbenlah. 25. 369. 404.
St. Hieronymus, Altar. 447.
Hilbrechts, Hilbrecht. 550. 595.
Hildebrand. 129.
— Vicedom. zu St. Blas. 399. 404.
Hildesheim, Bischöfe von. 71. 76. 87. 104. 113. 187. 175. 183. 187. 196. 199. 205. 208. 210. 213. 226. 275. 343. 363. 372. 409. 519. 544.
— Diöcesangrenze. 20. 38. 368 flg.
— Lehnsleute hieselbst. 128.
— Stadt. 45. 82. 103. 134. 150. 165. 174. 183. 208. 210*. 233. 236. 237. 242*. 243*. 246. 625. 626. 627*. 628*.

Hildesheim, Stift. 161. 233. 369.
— Bischof Adelhog. 67. 74. 369. 383. 385.
— Barthold. 242. 244.
— Bernward. 45.
— Bruno. 495.
— Erich. 137.
— Ernst. 233.
— Gerhard. 183. 356. 490. 501.
— Godehard. 40. 46. 48. 381. 483.
— Hartbert. 81.
— Heinrich II. 455.
— Heinrich III. 349. 524. 561. 591. 592.
— Hennig. 384. 486.
— Hezilo. 49. 419.
— Johann III. 187. 196. 205.
— Johann IV. 424.
— Konrad II. 67. 98. 384. 401. 515.
— Magnus. 490. 519.
— Otto I. 109. 386. 503. 519.
— Otto II. 137. 418. 546. 548.
— Siegfried I. 89. 403.
— Siegfried II. 408. 420. 550. 584. 599.
Hilleburg, Aebt. des Kreuzklost. 517.
Hillerse. 38. 232.
Hilmers, Hans. 269.
Hilwardshausen. 514.
Himmelreich, Haus zum kleinen. 695.
v. Himstedt. 153.
— Hans. 160.
Hirsch, Haus zum braunen. 698.
Hirten. 339.
Hirtenhäuser. 316. 711. 734.
v. Hitzacker, Albert, Pfarrer zu St. Ulrich. 487.
— Bernhard, Scholasticus zu St. Blas. 400. 572.
Hochzeiten, Luxus bei. 664—667.
Hochzeitsordnung. 143. 298.
Hof, der graue, s. Grauehof.
— der große auf dem Papenstiege. 413. 706.
— der große auf dem Nickerkulfe. 716.
— der große auf dem Bohlwege. 721.
— der große Steinhof das. 722.
— der lange das. 721.
Hofgericht der Herzöge. 124.
— der Kaiser. 188. 194. 203.
— der Päpste. 198. 203.
Hofmeister in milden Stiftungen. 588. 590. 595. 598.
Hofrecht. 261. 262.
Höhe. 21. 674. 708.
Hoheitsrechte über die Stadt. 142. 150. 181. 186. 191. 207. 212. 214. 239 flg. 255. 286.
Hohenassel. 412.
Hohethor. 317. 409. 413. 682 flg.

Hohethorstraße. 695.
Hohngedichte. 204.
Hohnhorst. 437.
v. Hohnhorst, Ludolf. 147. 708.
Hohof, Rolef. 362. 595.
Hokenbuden. 315 flg. 333. 366. 613. 687.
Hokenwaaren. 619.
Holland. 119. 625. 628.
— Lübbeke. 246—254. 313.
Holle. 406.
v. Holle, Berthold. 468. 473.
— Hans und Reinecke. 595.
Holle, Jordan. 455.
Hölle, Haus zur. 695.
Holmann, Konrad. 452.
Holstein, Grafen von. 104.
Holtdorp. 407.
Holtnicker, Familie. 128. 140. 154. 164. 274. 275. 293. 448. 466. 534. 544. 584. 700.
— Cord. 168.
— Elias. 549.
— Heinrich, Pfarrer zu St. Martinus. 451.
— Hermann. 281. 522. 538.
— Johann. 129.
— Junge. 329. 547.
— Jürgen. 516.
— Konrad. 128. 129. 386. 454. 547. 549.
Holzelem. 412.
Holzhandel. 621.
Holzschuhmacher. 611.
Homburg, Herrschaft. 233.
Hondelage, Honloge. 510. 527.
v. Hondelage, Familie. 150. 153. 527.
— Hof am Bohlwege. 271. 720.
— Albert, Pfarrer zu St. Magnus. 480.
— Barthold, Dech. zu St. Chr. 431.
— Hans. 357.
— Hermann. 465.
— Jan, Comthur der Johann. 533.
— Johannes. 128.
— Ludolf, Propst zu St. Chr. 433.
— Ludolf, Custos zu St. Blas. 399.
— Ludolf. 172. 388.
v. Hone, Hildebrand. 171.
Honenstedt bei Ingeleben. 404. 406.
Honig. 614. 619. 634.
Honigpfennige. 437.
Honrode, Hanroth. 48. 140. 146. 155. 403. 437. 481. 584.
Hopfen. 223. 330. 614. 618. 634.
Hopfenbau. 618. 634.
Hopfenmesser. 628.
Hopfenzins. 329.
Hörige der Herzöge. 206.
Hornburg. 74. 85. 148. 164. 348. 351 flg. 442. 562.

Hornburg, Corb. 465.
— Hans. 466.
— Hennig. 598.
— Johann, Pfarrer zu St. Andr. 473.
— Johann, Pfarrer zu St. Petr. 494.
— Lüber, Propst zu St. Cyr. 433.
— Lüber. 249. 252. 253. 388.
Hospitäler. 100. 535. 580—598.
Hötzum, Hotselem. 412. 534. 582*. 583. 584.
Hovelberg. 740.
Hoya, Grafen von. 163. 243.
— Gerhard. 163.
— Gerhard, Propst zu St. Blas. 398.
Hoyer, Familie. 146.
Hoyken, s. Mäntel.
Hucnatel, Heinrich, Abt zu St. Aegidien. 507.
v. Hübbesum, Corb. 522. 595.
Hufe, d. todte. 413.
Hugo, Cardinal. 87. 457. 478.
Hühnerbruch. 145. 146. 324. 367. 404.
Hulebil, Hermann, Pfarrer zu St. Petr. 493.
Huldigungen und Huldebriefe. 95. 110. 111. 118. 122. 125. 133. 136. 140. 149. 150. 151. 181. 186*. 208. 216. 217. 239*. 241. 245. 294.
Huldigungsordnung. 141. 143. 294 flg.
Hülfe Gottes, Altar der. 485.
Hülperode. 412.
Huneborstel, Friedrich. 387.
— Convent. 601.
Hunesheim. 48.
Hungersnoth. 233.
Hurnihusen. 49. 381.
Hürperner. 481.
Hussiten. 211. 213.
Hutfiltern. 534. 612. 702.
Hutfilternbrücke, s. Kurze Brücke. 317.
Hutmacher. 380. 611. 702.
Hutwaltern, bei den. 702.

J.

Jbanroth. 48. 49.
St. Jlien, s. Aegidienkloster.
— vor. 731.
St. Jlienbezirk oder Hof. 325. 369. 512. 735.
St. Jlienholz. 318. 366. 512.
St. Jlienmarkt, s. Aegidienmarkt. 731.
St. Jlienthor, s. Aegidienthor. 367. 730.
Jlsebe. 510.
v. Jlsebe, Johann. 534.
Jlsenburg. 57. 405. 502.
Immendorf. 520.
Immenhof zu Neubrück. 196.
Immenrod, Corb. 164.
Ingedome. 665.
Ingeleben. 409. 412*. 463. 464. 481.

v. Ingeleben, Ludolf, Kämmerer b. Matthäuskal. 556.
— Ludolf. 159. 164. 176. 465.
— Hof am Bohlweg. 721.
Innebäcker. 611.
Innocenz III. 88. 513.
Innungen. 90. 99. 115. 276. 277. 603 —611. S. auch Gilden.
Inschriften an hies. Gebäuden. 182. 184. 206. 678. 680. 683. 688. 690*. 693. 695. 696. 697*. 698*. 699*. 701. 702. 707. 709*. 711*. 712*. 715*. 716. 717. 723. 726. 727. 728*. 732. 734.
Insula. 726. S. Werder.
de Insula, Familie. 275.
Interdict. 105. 109. 370. 374. 512.
Irmgard, Tochter des Pfalzgr. Heinrich. 93.
— Priorin des Kreuzklosters. 517.
Irrenberg, Georg, Pfarrer zu St. Ulrich. 487.
Isaak, Juden dieses Namens. 637 flg.
v. Jsenbüttel. 150.

St. Jacobus, Altäre. 387. 449. 485. 486. 497. 504. 526. 538. 591.
Jacob, Meister. 468.
St. Jacob, bei oder hinter. 691.
— Wilhelm von. 558.
Jacob, Propst des Kreuzkl. 518.
Jacob der Jude. 638.
Jacobs, Adelheid. 533.
Jacobscapelle. 28 flg. 40. 41. 413. 538 flg. 691.
St. Jacobs Pfarrhaus. 692.
Jacobsstraße. 538. 575. 691.
Jagdhunde, fürstl. 512.
Jahr und Tag. 263.
Jahrmärkte. 623. 626.
Jan. 589.
Jendriche. 653.
Jerxheim. 111. 149. 157. 183. 358. 406. 407. 437.
Jobenstraße, Judenstraße. 316. 637. 712.
St. Jodocuscapelle. 596.
St. Jodocusspital. 145. 232. 596—598.
Joghetbrunnen. 334. 658. 687. 690. 723.
St. Johannes der Evangelist, Altäre. 386. 479. 492. 547.
St. Johannes der Täufer, Kirchenpatron. 46. 77. 100. 381. 384. 421. 532. 543.
— Altäre. 385. 422. 442. 458. 463. 469. 474. 479. 485. 486. 504. 547. 585. 587.
bei St. Johannis, Straße. 703.
Johann, Herzog von Lüneburg. 105.
— Herzog von Grubenhagen. 136.
Johann XXII. 137.
— XXIII. 203. 205. 394. 395. 429. 574.

Johann, Propst zu St. Blas. 398.
— Custos das. 400.
— Mag., Scholasticus das. 400.
— Pröpste des Kreuzklost. 517. 518.
— Prior zu St. Aegidien. 508.
— Custos zu St. Cyriacus. 434.
— Vicedom. das. 434.
— Prior der Pauliner. 530.
— Lector das. 530.
— Pfarrer zu St. Martinus. 451.
— Pfarrer zu St. Michaelis. 422. 498.
— Rector zu Mar. Magdal. 415.
— Mag. 572.
— Schreiber Herzog Ernsts von Grubenhagen. 137.
Johanniscapelle. 204. 532—535.
Johannishof. 194. 532.
Johannisspital. 100. 108. 139. 154. 155. 532. 535. 580.
Johannisthor. 703.
Johanniter. 130. 171. 532. 546. 554. 583. 584.
Jordan, Truchseß. 129. 528. 722.
Jordanus, Familie. 99. 274.
— Pfarrer zu St. Andreas. 472. 476.
Jordan der Jude von Helmstedt. 142. 638.
Juden hieselbst. 123. 142. 143. 264. 274. 292. 315. 316. 323. 609. 615. 637—639.
Judenscharren. 638. 712.
Judenschoß oder Judenzins. 216. 264. 292. 308. 323. 638.
Judenschule. 637. 712. 713.
Judenschutz. 264. 292. 323. 637. 638*. 639.
Judensynagoge. 142. 638. 712.
Judex, der herzogl. Gerichtsbeamte. 64. 106. 264. 282.
Jungfernstieg. 702.
Jungfrauen, 11000, Altäre. 448. 458. 480.
— Fest. 336. 466.
Jürgen, Propst des Kreuzklosters. 518.
Jürgeses, Johann. 489.
Jurisdiction. 265. 287. 290.
— Civil-. 131. 205. 263. 265. 287.
— Criminal-. 130. 205. 263. 265. 287. 288.
— geistliche. 205. 395.
Jusse, Wittwe. 688.
St. Juvanitius, Altar. 484.
Jütland. 212.
Jutta, Gemahlin Otto des Milden. 140.

K.

Kahle, Familie. 153. 274. 444.
— Bernhard. 388. 410. 448. 453. 466. 593.
— Bertram. 144.
Kahle, Dietrich, Propst zu St. Blas. 398.
— Gerlach. 455.
— Gerlof. 550.
— Hans. 222. 304. 364. 366. 455. 522. 586.
— Heinrich. 648.
— Hermann. 222. 455.
— Herwich. 465.
Kaiserstraße. 60. 332. 715.
Kalande. 380. 416. 418. 520. 534. 536. 552—562. 721.
Kalbe. 81.
Kalberlah. 561.
Kaldaunenbänke. 706.
Kalkbrennerei. 207. 363.
Kalkofen beim Nennelberge. 644.
v. Kalm, Berthold, Abt von St. Aegid. 507.
— Dietrich, Pfarrer zu St. Magnus. 481.
Kalm, Hennig. 222. 252. 459.
— Johann, Pfarrer zu St. Katharinen. 462.
— Werneke. 222.
— Thile. 249.
Kalme. 453.
v. Kalve. 274.
— Arnold. 281.
— Cord. 522. 595.
— Thile. 595.
Kammann, Hennig. 598.
Kämmerer. 302. 303. 304. 310. 332. 340. 346.
Kämmereibücher. 3. 190. 314. 366.
Kämpenhof. 734.
Kampfhof. 270. 367. 729.
Kanbawer, Peter, Prior der Johanniter. 533.
Kannengießer, Familie. 161.
Kannengießerstraße. 489. 612. 706.
Kannenschläger, Wasmod. 170.
Kappenburg. 731.
Karl der Große. 24.
— IV. 166.
Karl, Familie. 274.
Karlsope, Hennig. 591. 593. 595.
Karnestaff, Ludolf. 121.
Karrenführerstraße. 732.
Karshof. 367.
Karstens, Heinrich, Propst des Kreuzklost. 518.
— Ludwig, Propst des Gertrudental. 560.
— Thile. 469. 470. 475.
Karthäuser. 557.
Katelnburg, Graf Dietrich von. 54.
— Kloster. 233. 520. 598.
Katenhusen, Hans. 465.
Katharina, Gem. Magnus II. 151.
St. Katharina, Altäre. 388. 410. 547.

Katharinenkirche. 3. 68. 185. 201. 204. 258. 260. 325. 336*. 339. 456—466. 727.
— Altäre. 458 flg.
— Erbauung. 456—458.
— Glocken. 461.
— Kirchenfeste. 465 flg.
— Kirchenschmuck. 459—461.
— Personal, geistliches. 461.
— Pfarrherren. 462. 564. 596. 597.
— Provisoren. 465.
— Vermögen u. Einnahmen. 463—465.
Katlingepforte. 692.
Kattreppeln. 317. 534. 703.
Kaufhaus. 613.
Kaufleute. 167. 380.
Keller, der neue. 706.
Kellerlute, Haus zur. 709.
v. Kemme, Henning. 161.
— Wasmod. 304. 447. 458. 545. 595.
Kemnabe in der Burg. 676.
Kemnabe, Hermann. 717.
Kepere. 148.
Kerberg, Johann, Rector der Barf. 527.
Kerlingepforte. 642. 692.
Kerne, Straßen. 715. 716. 728.
Kerzeker, Konrad und Gottfried. 489.
Kerzenmacher. 611.
Kestenmeier, Familie. 490.
Kette, Haus zur. 725.
Ketten in den Straßen. 334. 652. 689.
Ketzergraben. 213.
Kitelburg. 644.
Kinderhof. 408. 570. 680.
Kindtaufen. 667.
Kippelt, Familie. 161.
Kirchenwesen. 368—562.
v. Kirchhof, Familie. 140. 145. 274. 290. 521. 544.
— Ecbert. 122.
— Eggeling. 129. 522.
— Heino. 545. 585.
— Heinrich. 168. 291. 349. 414. 455. 589.
— Ludolf. 387.
— Sophie, Aebtif. des Kreuzkl. 517.
Kirchner, Johann. 373 flg.
Kissenbrück. 349. 464. 482. 511. 549.
v. Kissenbrück, Hans. 288.
Kistenmacher. 611.
Klausen. 98. 590.
Kleiber, leinene. 613.
Kleiberhaus. 613.
Kleiberhof. 148. 315. 579. 614.
Kleiderordnungen. 661 flg. 663 flg.
Kleidungsstücke. 614.
Kletlinge. 589.
Klinke, Haus zur goldenen. 717.
Klinte. 21. 317. 325. 698. 734.
vom Klinte, Familie. 274.

Klipphäuser. 252. 680.
Klippkrämer. 611.
Klöster, Aufnahme in. 668.
— Beschränkungen ders. 133.
Klöster bei den Stiftskirchen. 392. 421.
Kloster, das rothe. 694.
Klosterthor bei St. Aegidien. 736.
Knaben, Bischof und Abt der. 567 flg.
Knechte, Haus der. 700.
v. d. Knesebeck. 146. Hof. 677.
Kniestedt, Hermann. 597.
Knochenhauer. 148. 220. 223. 224. 252. 253*. 277. 300. 380. 460. 470. 609. 613.
Knochenhauer, Berthold. 489.
— Hermann, Prior der Johann. 534.
— Jürgen, Pfarrer zu St. Michaelis. 499.
Knochenhauerscharren. 315. 613. 615*. 688. 696. 705. 712. 722. 731.
Knochenhauerstraßen. 612. 693. 727.
Koch, der reitende. 337.
— Dietrich, Abt zu St. Aegid. 508.
Köche. 666.
Köchingen. 19. 407*. 409. 430. 445. 453. 588. 594.
Kogel, Arnd. 591.
Koghelen. 663.
Kohlhase, Henning. 481.
Kohlmarkt. 334. 484. 658. 690.
Kokenbecker, Heinrich. 648.
Komann, Konrad, Prior zu St. Aegid. 508.
König, Konrad, Propst zu St. Cyr. 434.
Königslutter. 89. 230. 309. 442. 654.
Königstieg. 82. 442. 562.
Konow, Gottfried, Pfarrer zu St. Ulrich. 487.
Konrad III. 60. 61.
— Kanzler Phil. v. Schwaben. 83.
— hief. Marschall. 269.
— Propst zu St. Cyr. 433.
— Prioren zu St. Aegid. 508.
— Quardian der Barfüßer. 526.
Kopfputz. 663.
v. d. Koppersmeben, Familie. 152.
Kornbau. 617 flg. 634 flg.
Kornhandel. 118. 218. 231. 618. 630. 634.
Kornmakler. 623.
Kornzoll. 618.
Kovot, Thile. 304.
Krähenholz. 172.
Krambuden. 315 flg. 333. 366. 613. 687.
Kramer. 274. Albert. 465.
— Hans. 249.
— Lubeke. 475.
Krämer. 148. 220. 224. 247. 253. 277. 300. 380. 610. 628. 633.
Krankenhäuser der Gilden. 617.

48*

Krankenpflege. 578—580. 599.
Krautbänke. 614.
Krautmeinsdorf. 411. 464*. 521.
Krelinge, Krielinge. 406. 510.
Kreuz, d. heilige, Kirchenpatron. 46. 98. 381. 419. 421. 515.
— Altäre. 46. 381. 385. 406. 422. 442. 449. 470. 485. 516. 547*.
Kreuze, heilige, in den Kirchen. 386. 388. 422. 424. 480. 516. 592.
Kreuze, Haus zum rothen. 709.
Kreuzeserhebung. 310. 335. 379.
Kreuzkloster. 1. 7. 98. 362. 503. 515—522. 560. 739.
— Aebtissinnen. 517.
— Altäre. 516.
— Bewohner. 516.
— Erbauung. 515.
— Priorinnen. 517.
— Pröpste. 518 flg.
— Provisoren. 522.
— Vermögen. 519—522.
— Zucht. 519.
Kreuzlichter. 423.
Kreuzstift in Hildesheim. 443. 463.
Krevet, Berthold. 479.
Krieg, Entscheidung über. 222. 248. 311. 312.
Kriegsdienste. 147. 148.
Kriter, Heinrich. 560.
Kronengold. 639.
Kronesben, David. 122. 292.
— Konrad. 680.
Umme krüde gan. 309.
Krüger, Gese. 485.
— Tilemann, Pfarrer zu St. Michael. 499.
Krull, Hans. 455. 550.
Kruse, s. Crispus, Dietrich. 527.
— Johannes. 558.
Krypten der Stiftskirchen. 387 flg. 420. 677.
Küblingen. 155.
v. Küblingen, Cord. 168.
Küchenhof in der Burg. 270. 600. 674. 676.
Küchenmeister, Hennig. 588.
Küchenrath. 221. 247. 249. 250*. 307. 308. 310*. 313. 327*. 341. 345. 346.
Küchenstraße. 712.
Kuhbebe. 207.
Kuhfurth. 441.
Kuhstraßen. 734 flg. 739.
Kulebele, Burchard. 589.
Kulsten, Pfarrer zu St. Andreas. 473.
— Hermann. 591.
Kunstyn. 494.
Kupfer. 634.
— Schmelzen des. 654.
Kupferschmiede, s. Beckenwerchten.

Kupferschmiede, Hans zur. 716.
Kürschner. 220*. 228. 247. 277. 300. 315. 610.
Kürschnerhof. 614.
Kurwächter. 338.
Küster, Hermann, Kämmerer d. Matthäikalandes. 556.

L.

Lachmann. 10.
Lachs. 307. 340. 638.
Lafferde, Groß-. 596.
v. Lafferde, Heinrich. 252. 482. 595.
— Werner. 595.
Lafferdes, Mag. Johann. 569.
Lafferdescamp. 442.
Lage der Stadt. 673.
Lakenmacher oder Tuchmacher. 106. 220*. 222. 228. 253. 276. 277. 300. 315. 380. 460. 470. 480. 530. 608. 727.
Lamberti, Johann, Pfarrer zu St. Petrus. 494.
Lamme, Haus zum. 694.
Lamme. 175. 406. 520. 593.
Lampe, Arnd. 453.
— Arnold. 374.
— Gertrud, Priorin des Kreuzklosters. 517.
— Hans. 542.
— Konrad, Rector zu St. Jacob. 539.
Landfrieden. 169 flg. 174. 196. 208 flg. 217. 227. 233. 237. 240. 626.
Landfriedensgericht. 175. 177.
Landfriedensrichter. 174. 175.
Landsberg, Markgraf Konrad. 87.
Landstände. 206.
Landvolks, Freiheiten des. 350.
Landwehrbereiter. 337. 645.
Landwehren. 175 flg. 190. 193. 215. 303. 310. 334. 365. 626. 644 flg.
Landwehrthürme. 177. 215. 334. 338. 365. 645.
Lange, Familie. 274. 275.
— Heinrich. 407.
— Hildebrand. 129.
— Johann. 820.
Langedammstraße. 732.
v. Langelbe, Friedrich. 237.
v. Langele, Heinrich. 276.
Langestraße. 316. 716.
Lapidea valva. 718.
Lappenberg. 370. 584.
Last. 622.
Lauenburg. 74. 79.
Lauersbüttel, Lawerdesbüttel. 173. 360.
Lauingen. 85. 145.
Lebensmittel, Handel mit. 634 flg.
Lebenstedt. 275. 453*. 482.
v. Lebenstedt, Eckhard. 407.
Lechide. 510.

Leder, Handel mit. 635.
Ledinkhusen, Familie. 152.
Leges municipales Brunsvic. 7.
Lehndorf, Lenthorp. 19. 49. 175. 177. 275. 365. 371. 381 flg. 409. 414. 439. 519 flg. 549. 562. 583.
v. Lehndorf, Familie. 424.
Lehnsleute, Bürger als. 127—129. 136. 189 flg. 154. 186. 188. 208. 262. 275 flg.
Lehre, Leri. 85. 407. 488.
Lehrerdamm. 250.
Lehrerwohld. 172.
Vier heil. Lehrer, Altäre der. 447. 470.
Leibchen. 662.
Leibgedinge, Leibzucht. 180. 222. 310. 341.
Leibgürtel. 662.
Leichenhäuser. 660.
Leiferde. 19. 72. 76.
v. d. Leine, Arnd. 469.
— Thile. 455.
Leinwand. 634.
Leinwandhändler. 315. 614.
Leinweber. 247. 331. 380. 606*. 610.
Lelm. 509.
Lementirer. 621.
Lemmeken, Johann. 121.
Lengede. 409. 410.
v. Lengede, Hermann. 415.
Lenthe, Johann. 487.
— Lubeke. 596.
Leo, Cardinal. 87.
St. Leonhard, Hospital. 139. 589—590.
Leonhard, Pfarrer zu St. Magnus. 400. 480. 572.
Leonhardi, Konrad. 556.
Leprosenhaus. 139. 589.
Lesse. 405. 412. 441. 442.
v. Lesse, Albrecht. 145. 595. 600.
— Thile. 595.
Lessenconvent. 145. 600.
Lettner. 389.
Leuchter, siebenarmige. 388. 470. 547.
Leute, ehrwürdige. 167.
— fromme. 247.
Levekige. 521.
v. Levertzem, Lübert. 492.
Leveste. 151.
Liberei zu St. Andreas. 477.
Licht, Ausgehen mit. 652.
Lichtenberg. 63. 71. 86. 173. 355.
Lickhus. 804.
Liebenburg. 148. 348. 356. 412.
Liebesgaben des Clerus an den Bischof. 370.
Liebfrauencapellen. 496. 497. 504.
Liebfrauengilde. 380. 525. 527. 530. 588. 700.
Liebfrauenlicht. 460. 470.

Liebfrauenmesse. 423. 450. 455. 470. 547.
Liebfrauenstift in Halberstadt. 443.
Liebfrauentwete. 782.
Liebingen. 19. 406.
Lilie, Haus zur rothen. 722.
Lilienvente. 173. 626. 646. 652. 682.
Limbech, Limbeke. 48. 510.
Lindau, Gericht. 233.
Linde hieselbst. 258. 674.
v. Linde, Dietrich, Pfarrer zu St. Andr. 473.
Lindebe. 275.
Lindemann, Bertholb. 595.
Linden. 140. 354. 509. 510. 562.
v. d. Linden, Hans. 648.
Lindenberg bei Thiede. 187. 251. 306. 320. 359.
— vor dem Steinthore. 318.
— vor dem Petrithore. 739 flg.
Lindenberg, Bele. 526.
— Hans. 588.
Lindenstoven. 535. 659.
v. d. Lippe, Grafen. 187. 243.
— Bernhard. 188.
Lippmann, Heinrich. 556.
Liten. 261. 271. 606.
Liudgard, Gem. Ludwig II. 81.
St. Liutrubis. 50.
St. Livinus, Altäre. 448. 485. 487. 492.
Lobmachtersen. 411. 519.
Lochtenhusen. 509.
Locati. 565. 569. 570.
Loccum, Kloster. 440.
Loben, Familie. 146.
Lollharden. 601.
Longinnuscapelle. 551.
St. Lorenz, Altäre. 387. 448. 469. 474. 496.
St. Lorenzkloster bei Schöningen. 355.
Loseken, Mag. Heinrich, Pfarrer zu St. Andreas. 473.
Lothar v. Süpplingenburg. 56. 57. 259. 362. 425. 674.
Lovesam, Johann. 398.
Löwe in der Burg. 66. 676. 691.
Löwen, Haus zum. 725.
— Haus zum grünen. 717.
— Haus zum rothen. 695. 707.
— Haus zum schwarzen. 707.
Löwenbrücke. 82.
Löwenstoven. 659.
Löwenthor, Löwenthurm, Lauenthurm. 82. 116. 119. 316 flg. 642. 691.
Lübeck, Bischof Heinrich. 503. 506. 564.
— Stadt. 74. 102. 119. 134. 166 flg. 228. 240 flg. 628 flg.
Lücke, Hermann. 485.
Luckemann, Canon. zu St. Blas. 417.
— Bruno, Pfarrer zu St. Andreas. 472.

v. Luckenem, Familie. 140. 274 flg.
— Gertrud, Aebt. des Kreuzkl. 517.
— Heinrich, Scholasticus zu St. Blas. 400. 572.
— Johann. 129.
Lucklum. 510. 553.
Ludeger, Dechant zu St. Cyr. 431.
— 443.
Ludemann, Luttele. 500.
Luderziehen. 697.
Ludewigs, Claus. 324. 458. 466.
St. Ludgeri, Kloster. 35.
Ludolf, Sachsenherzog. 27 flg. 33. 34. 35 flg.
Ludolfinger. 34. 42.
Ludolf, Graf. 43. 44—48. 260. 262. 481.
Ludolf, Vogt hieselbst. 76. 268.
Ludolf, Meister. 161.
— Münzmeister. 269. 275. 365.
— Propst des Kreuzkl. 518.
— Guardian der Barfüßer. 526.
— Custodes zu St. Blas. 399.
— 588.
Ludolves, Johann. 454.
Ludwig der Deutsche. 37.
— Dechant zu St. Cyr. 431.
Lüneburg, Stadt. 45. 64. 73. 79. 99. 102 flg. 119. 165 flg. 168. 171. 174. 183. 196. 208. 218. 231. 234. 241. 242*. 409. 411. 417. 442. 454. 464. 544. 583. 626*. 628*. 630. 633. 634.
v. Lüneburg, Johann. 466.
— Johann, Comthur der Johanniter. 533.
— Johann, Rector der Jacobscapelle. 539.
Lüneburgische Fürsten. 352. 354. 357.
— Chronik. 8.
Luslen, Hennig. 160.
Luffen, Jutta. 551.
Lutherdes, Familie. 443.
— Dietrich, Custos zu St. Cyr. 419. 434.
— Heinrich. 197. 361. 526.
Lutter a. Bbg. 210. 363.
v. Lutter, Aschwin. 146.
— Cord. 354.
— Konrad. 153. 457. 465.

M.

Maaß. 128. 622.
v. Mackenrode, Gobele oder Gottfried. 387. 412. 415.
Machtersem. 50. 140. 275*. 382*. 510.
v. Machtersem, Hennig. 469. 474.
Magdeburg, Dombechant. 185.
— Erzbischöfe. 97 flg. 143. 157. 174. 216.
— Erzbischof Albrecht. 87. 89.

Magdeburg, Erzbischof Ernst. 242.
— — Günther. 213.
— — Johann. 236*.
— — Ludolf. 81.
— — Otto. 143.
— — Peter. 157.
— Stadt. 23. 45. 81. 104. 133. 137. 157. 165. 170. 196. 209*. 210*. 213. 216. 218. 225. 231. 236 flg. 240—242. 626—629.
v. Magdeburg, Nicolaus der Arzt. 660.
— Moses der Jude. 274.
Magetheide. 23.
Magnikirche. 111. 260. 477—483. 509. 734.
— Altäre. 479 flg.
— Erbauung. 47 flg. 477—479.
— Feste. 482 flg.
— Kirchenschmuck. 480.
— Patronat. 480.
— Personal, geistliches. 480.
— Pfarrherren. 480 flg.
— Provisoren. 482.
— Vermögen. 481 flg.
Magnithor. 730.
St. Magnus, Altäre. 423. 441. 442. 477. 479.
Magnus I. 133. 140—149. 289. 291—293. 323 flg. 349. 354 flg. 357. 411. 536. 638 flg.
Magnus II. 149—151. 289. 293. 357. 387. 411. 512. 594.
Magnusstraße. 733.
Mahlmetze. 331.
Mahner, Klein-. 275.
Mailaube, Haus zur. 722.
Mainz, Erzbischöfe. 118. 187.
— Stadt. 23. 74 flg. 98.
Makler. 136. 623.
Maklerordnung. 136. 632.
Maler. 611.
Malz. 207. 330. 620. 655.
Malzzins. 193. 264.
Mandeln. 307. 340.
v. Mandere, v. Mahner, Alexander. 458.
— Heinrich, Prior zu St. Aegid. 508.
— Heinrich, Rector zum Heil. Geiste. 548 flg.
Mann, Haus zum wilden. 697.
Mantelstraße. 735.
Mäntel. 662.
Marcellin. 14.
Margarethe, Gemahlin Otto des Quaden. 171.
— Gemahlin Herzog Heinrichs v. Lüneburg. 216.
— Tochter Heinrichs des Friedsamen. 237.
— Aebtif. des Kreuzklosters. 517.
St. Margarethe, Altäre. 468. 473. 596.

St. Maria, Altäre. 46. 56. 67. 98. 381. 384 flg. 387. 390. 402. 415. 417. 421 flg. 442. 448. 459*. 460. 468 flg. 479. 491 flg. 502. 504. 515. 524. 526. 547. 585.
Ave Marienglocke. 336. 455. 461.
St. Maria Magdalena, Altäre. 423. 458. 469. 496. 498. 547.
— Capelle. 415. 680.
Marienborn. 439.
Mariencapelle. 204. 581. 585—588.
Marienhospital. 100. 108. 139. 370. 500. 520. 534. 580—588.
Marienthal. 551. 582 flg. 600. 720.
Mark, Münze. 246. 622. 635.
Markt, der alte. 690.
Märkte. 366.
Marktbänke. 603. 612. 614.
Marktbanner. 621.
Marktgelder. 622.
Marktkirche. 77 flg. 445. 690.
Marktmeister. 339. 619. 622.
Marktpfennige. 822.
Marktpolizei. 116. 279. 622.
Marktstraße der Neustadt. 711.
Marktverkehr. 63. 603. 622.
Marktzoll. 193. 208 flg. 291. 321 flg.
v. Marnholte, v. Mahrenholz, Familie. 170. 173 flg. 196. 353. 360 flg.
— Berthold. 320. 361.
— Cord. 196.
— Everd. 361.
— Heinrich. 196. 359.
Marquard, Meister. 461.
Marquardes, Lector der Barfüßer. 527.
— Johann, Rector zum Heil. Geiste. 548.
Marquarderoth, Markerode, Markwerberode. 48. 169. 176 flg.
Marschall. 124. 134. 268. 269. 650.
Marschallsgericht. 268.
Marställe der Stadt. 179. 189. 190. 253. 306. 310. 341 flg. 366. 647. 649. 650. 707 flg. 713. 726.
Marstaller. 650.
Marstallstraße. 649.
Marstemgau. 24.
St. Martinus, Altäre. 387. 447.
Martin V. 204. 448. 574.
Martin, Abt zu St. Aegid. 507.
— Prior das. 508.
— Familie. 129. 274.
Martinikirche. 3. 77. 86. 135. 201*. 230. 238. 304. 336*. 339. 413. 445 —456. 683—685. 690.
— Altäre. 447—449.
— Erbauung. 445—447.
— Feste. 455.
— Kirchendiener. 451. 689.
— Kirchenschmuck. 449 flg.

Martinikirche, Kirchhof. 180. 200. 304. 696.
— Kirchthurm. 648. 652.
— Patronat. 452.
— Personal, geistliches. 450.
— Pfarrherren. 451 flg. 696.
— Provisoren. 454.
— Stiftungen. 455 flg.
— Vermögen. 452—454.
Martinischule. 691.
Masch. 146. 367. 739.
Mascherode. 511.
St. Matthäus, Altäre. 387. 412. 422. 429. 442. 526.
Matthäuscapelle. 8. 228. 535.
bei St. Matthäus. 721.
St. Matthias, Altäre. 387. 422. 440. 442. 459. 485. 504.
Matthias, Provinc. der Minor. 231.
Matthiä, Hennig. 440.
— Hildebrand. 440.
— Lubeke. 129.
— Ludolf. 440.
Mathilde, Gemahlin Heinrich des Löwen. 67. 73. 74. 79. 385. 388. 402.
— Gem. Otto des Kindes. 98.
— Gem. Wilhelm des Aelt. 296.
— Aebtissinnen des Kreuzkl. 517.
— Priorin des Kreuzkl. 517.
Mauerbrecher. 648.
Mauergraben. 308. 332 flg. 641.
Maurenstraße. 728.
Maurer. 621.
Maximilian I. 636.
Medele. 438.
v. Medinge, Ecbert, Dechant zu St. Blas. 395.
— Engelbert, Dech. zu St. Blas. 396. 399.
— Eugenius, Propst das. 398.
Meerschweine. 633.
Mehrem. 510.
Meierzins. 437.
Meimbernshof. 317. 708. 712.
Meine. 561.
Meineid. 607.
Meinerdes, Cord. 595.
Meinerdingerode. 404.
Meinersen. 561.
v. Meinersen, Familie. 154. 275. 407*. 593.
— Luthard. 128.
Meynheit. 272. S. Gemeinde.
Meinolvesroth. 404.
v. Meinum, Margarethe. 597.
Meißen, Markgraf Friedrich. 87.
v. Meißen, Moses. 274.
Meißner, Johann, Dech. zu St. Cyr. 482.
v. Melchow, Ludolf, Dechant zu St. Blas. 396.

Melverode. 20. 43. 177. 214. 404. 509. 511. 584.
Memorien fürstl. Personen. 382. 416.
Memorienregister St. Blasii. 7. 383.
— St. Cyriaci. 419.
Menricus. 274.
Mercator. 274. S. Kramer.
Merkethus, Heinrich. 400. 572.
Merseburg, Bischof von. 87. Hunold. 49.
— Stadt. 212. 626.
Messe, erste — eines Priesters. 668.
Messer als Waffen. 653.
Messerschmiede. 380. 610. 612.
Messing schmelzen. 655.
Messingschläger. 611.
Mestmaker, Arnb. 489.
Mestwerchten, vor den. 612. 674. 709.
Mestwerchtenbrücke. 709.
Mette, faule. 194.
Metz. 377.
Metzenpfennige. 331.
Metzingen. 437.
Meybomscamp. 521.
Meyer, Berthold, Abt zu St. Aeg. 507.
— Ludeger. 494. 595.
— Ludolf. 542.
— Wittwe. 638.
Meyse, Hans. 161.
St. Michael, Altäre. 46. 381. 386. 410. 422. 442. 496.
St. Michael, bei. 693.
St. Michael, von. 274.
Michaeliskirche. 204. 230. 495—502. 693.
— Altäre. 496 flg.
— Brüderschaft. 501.
— Erbauung. 65. 108. 495 flg.
— Feste. 500 flg.
— Kirchenschmuck. 497 flg.
— Kirchhof. 271.
— Personal, geistliches. 498. 694.
— Pfarrherren. 498 flg. 548. 694.
— Provisoren. 501.
— Vermögen. 499 flg.
Michaeliskloster in Hildesheim. 511. 596.
Michaelistag. 50.
Michaelisthor. 159. 316. 682.
— vor dem. 694.
Minden, Bischöfe. 185. 243.
— Bischof Bruno. 49.
— Stadt. 23. 71. 150. 183. 625.
Ministerialen. 97. 124. 259. 265. 268 flg. 719 flg.
Minoriten. 90. 109. 135. S. Barfüßer.
v. d. Mölen, Familie. 152. 324. 716.
— Eggeling. 168.
— Hans. 153. 168.
Mönchstraße. 317. 736.
Monetarius, Familie. 269. 274. 365.
v. Monstede, v. Münstedt, Familie. 152.
— Johann. 129. 198. 407.

v. Monstede, v. Münstedt, Johann, Pfarrer zu St. Ulrich. 487.
— Johann Faber. 599.
Mor, Wittekind. 595.
Morb. 288.
Mordbrenner. 186. 234. 264. 291 fg. 323.
Mordorf, Morthorpe. 48. 510.
Morgengabe. 665.
Morgensprachen. 606 flg. 616. 653.
Morheim. 509.
Morian, Haus zum. 738.
Moringen. 234. 296*. 364.
St. Moritz, Altäre. 46. 381. 479.
v. Mörtze, Heinrich. 417.
Mosthaus, Moyshus. 68. 201. 254. 417. 675 flg.
Muckshol. 719.
Mühe, Hans. 482.
Mühlen. 185. 190. 193. 206. 250. 264. 284. 292. 310. 318. 325. 331. 333. 366.
Mühlenbaumeister. 306.
Mühlenherren. 250*.
Mühlenkulk bei der Burgmühle. 324. 531.
Mühlenlohn. 344.
Mühlenzins. 140. 180. 184. 190. 193. 269. 292. 330.
Mühlenzinsbote. 269. 292.
Mühlhausen. 212. 231. 240. 626.
Mühlsteine. 306.
Mul, Corb. 304.
Muldese, San. 44.
Müller. 380. 606. 610. 618 flg.
Mullumstedt. 35.
Mülter. 380. 611.
Mumme. 699.
Mummerei. 204. 251. 567.
Münstedt, Munnenstibi. 244. 438. 469. 474.
Münster. 71. Bischof Otto. 550.
Muntaries, Lubemann. 288.
Münze. 123 flg. 140. 142. 192 flg. 206. 246 flg. 250. 284 flg. 323. 346. 454. 512. 521.
Münzer, Herwich. 276.
Münzergesellschaft. 264. 277.
Münzherren. 306.
Münzmeister, herrschaftl. 269. 291.
— städtische. 337.
Münzrecht erworben. 191 flg.
Münzschmiede, alte. 122. 148. 700.
— neue. 247. 307. 316. 328. 333. 345 flg. 366. 689.
Musekenherren. 250.
Musemeister. 303. 649*.
Muserie. 343.
Muspel, Heinrich, Dechant des Matthäuskalandes. 556.
Musterellen und Musterscheffel. 622.

N.

Nachtwächter. 825. 338. 652*. 655.
Nadler. 611.
Näherrecht beim Verkauf von Grundstücken. 303. 413.
Namen mit von. 273 flg.
Nathan der Jude. 637.
Nebenthore. 642.
Regenborn, Dietrich. 545. 551.
Reindorf. 22. 155. 437. 444*.
v. Reindorf, Dietrich. 594.
— Ludwig. 511.
Retlingen. 500.
Netweg. 193. Hans. 550.
— Ludolf. 533.
Neubrück. 196. 206. 218. 320. 335. 348. 359 flg. 362.
Neuestraße. 317. 702. 709.
Neunaugen. 633.
Neustadt. 8. 42. 60. 71. 102. 107. 111. 124. 133. 152. 155. 177. 200. 225. 250. 252. 261. 271. 277. 280 flg. 296 flg. 299 flg. 315 flg. 319. 324. 328 flg. 369. 641. 671. 710—717.
Neustadtmühlen. 120. 710.
Neustadtthor. 120. 124. 409. 710 flg.
Neustadtrathhaus, s. Rathhäuser.
Neuß. 240.
Niderkull. 316. 332. 715.
Niderkullsbrücke. 715.
Niderkullsthurm. 716.
St. Nicolaus, Altäre. 386. 422. 442. 449. 458. 468. 469. 485. 525. 540.
Nicolaus V. 227. 513. 519.
Nicolaus, päpstlicher Capellan. 373.
— Propst des Kreuzll. 518.
— Prior zu St. Aegid. 508.
— Prior der Johann. 533.
— Pfarrherr zu St. Martinus. 451.
— Pfarrherr zu St. Katharinen. 462.
Nicolausabend, Feier des. 567.
Nicolauscapelle. 69. 108. 509. 540. 735.
Niedersächsische Chronik. 8.
Rienstedt bei Jerxheim. 442. 444.
Niger, Familie. 274.
Norbassel. 411. 482.
Norden in Friesland. 54. 634.
Nordhausen. 212. 231. 240. 626. 629.
— Nicolaus. 585 flg.
v. Nordheim, Graf Heinrich der Fette. 54.
— Otto. 54.
— Stadt. 210. 237. 246. 626 flg.
— Stift St. Blasius. 370. 514.
Nordheim, Ludolf, Viceguardian der Barfüßer. 527.
Nordthuringau. 17. 44.
Nortenhof, Northum. 172. 407.
v. Northen, Gieseler, Pfarrer zu St. Martinus. 452.

Norwegen. 45.
Notare. 229 flg. 373.
Notberg, Brand und Corb. 168.
Nothhelfer, Altar und Capelle der 14 N. 535. 546.
Nothzucht. 265.
v. Nowen, Brand und Gese. 488. 490. 547.
Nowgorod; der deutsche Hof in. 628.
Nürnberg. 211. 235.
Nußberg. 25. 48. 177. 250. 306. 320. 365.
Rybing, Fricke. 591.

O.

Obacrus. 14. 176 flg. S. Oder.
Oberg. 244. 415. 474.
v. Oberg. 172. 174.
— Curd, Propst zu St. Blas. 398.
— Curd. 520.
— Günzel, Pfarrer zu St. Martinus. 451.
— Hilmar. 358. 583.
— Johann, Custos zu St. Blas. 399.
— Johann. 583.
— Wulbrand, Propst zu St. Blasius. 398. 414.
Oebisfelde. 172.
v. Oebisfelde, Familie. 274.
Obotriten. 45.
Obsthandel. 620.
Oder. 17—24. 38. 64. 624. 631. 671.
— Austreten der. 236. 245.
— Fischerei in. 323.
— Kanäle. 334. 657.
— Kleine. 740.
— Schifffahrt auf. 150. 207. 215. 217. 231 flg. 625. 630.
Odae, Konrad Sohn. 404.
v. Odenem, v. Odelem, Gerberg. 479.
— Heinrich. 479.
— Hennig. 469. 474.
— Johann. 482.
— Thile. 161. 465.
Odenem, Odonhem. 35. 587.
Odolricus, Propst zu St. Blas. 397.
Odwines, Johann. 128.
Official. 185. 230. 308. 333. 372 flg. 485.
Offleben. 355.
Oeffnung der Schlösser. 350.
Ohm. 622.
Ohrum. 24 flg. 411 flg. 415. 594.
v. Ohrum, Heinrich. 591.
v. Oldenborp. 274.
— Helmold. 388. 410.
Oldenborp, Bogt. 288.
Oelper. 19. 175 flg. 371. 405. 410 flg. 445. 553.
— Bergfried. 316.

Oelper, Damm. 250.
— Thurm. 176 flg. 193. 339.
v. Oelper, Heinrich. 448.
Oel. 685.
Oelschläger. 611.
— Thile. 500.
Oelschlägern, in den. 612. 732.
Opfermann. 336. 375 flg.
Opfermannsschüler. 375.
Ordinarius St. Blasii. 383.
— St. Matthaei. 8.
— Senat. Brunsvic. 7. 191. 307. 314.
Orgeln. 378. 389. 450. 457. 461. 471. 480. 516. 526. 529. 548.
Origines Guelficae. 2.
v. Orlamünde, Graf Siegfried. 57.
Ornatomontanus. 9.
Ortghis, Pfarrer zu St. Andreas. 472.
Ortsnamen auf leben. 18.
Osbesbüttel. 410.
Oesel. 22. 207. 215. 320. 363. 631.
Osnabrück. 71. Bischöfe. 243*.
Osleben, Klein-. 406.
Osse, Brand. 144.
— Ludemann. 288.
v. Osten, Heinrich. 648.
Osterlicht. 423.
Osterode, Stadt. 210. 626.
v. Osterode, Berthold. 161.
Oesterreich, Herzog Heinrich von. 60.
Ostfalen. 25.
Ostfalengau. 17. 20. 44.
Otto I. 85.
Otto III. 43.
Otto IV. 78 flg. 81. 84 flg. 88—90. 389. 403. 439. 446. 505. 510. 520. 523. 604. 624.
Otto bellicosus v. Lüneburg. 231 flg. 240.
Otto claudus v. Lüneburg. 205—207. 209 flg. 213. 217*. 359.
Otto cocles v. Göttingen. 184. 186 flg. 192. 208.
Otto das Kind. 92—102. 261. 403. 580. 609. 624.
Otto der Erlauchte. 27 flg. 31. 35.
Otto der Milde. 133—140. 289. 291. 293. 323. 349. 384. 387 flg. 410 flg. 481. 520. 529 flg. 546. 600. 632. 678.
Otto der Quade v. Göttingen. 150. 152. 156. 161 flg. 164 flg. 168—171. 175. 181. 357.
Otto der Templer. 130. 534. 536.
Otto, Graf in Braunschweig. 54. 388.
Otto strenuus v. Lüneburg. 113. 132. 384. 418. 558.
Otto v. Lüneburg. 189.
Otto v. Osterode. 201. 204. 207 flg. 291. 363.

Otto Ottonis, Pfarrer zu St. Katharinen. 462.
Ottonroth, Ottenrode. 48.
Ovelgönne. 719.
Ovemann, Hans. 489.

P.

Pachtgelder von Plätzen. 318. 382.
Padderele. 148.
Paderborn, Bischöfe. 71. 243.
— Bischof Bernhard. 138.
— Bischof Rupert. 183.
Palast in der Burg. 68. 101. 675 flg.
Pamme, Gerwin. 304.
St. Pantaleon, Altar. 485.
Pape, Familie. 274.
Papenbom. 567 flg.
Papenmeyer, Arnold, Abt zu St. Aegid. 508.
Papenstieg. 160. 408. 674. 706.
Papestorp, Familie. 146. 166.
— Johann. 560.
Paporte. 173.
Papst, Geldgaben für den. 228.
Papstdorf. 162.
Pascum, pretium, Schulgeld. 566.
Pasquille. 204.
Pathen. 667.
Patmer, Johann, Propst zu St. Blasius. 398.
Patricier. 273.
Patronat der hiesigen Pfarrkirchen. 142. 261. 375. 413. 429. 439.
v. Pattenhusen, Familie. 274.
Patze, die Jüdin. 687.
St. Paulus, Kirchenpatron. 46. 69 flg. 381. 421. 529. 543.
— Altäre. 388. 410. 448. 469. 497. 504. 547.
Paulus, Lector der Pauliner. 530.
Paulinerkloster. 127. 189. 204. 260. 270. 528—531. 722.
Pauliner oder Predigermönche. 129. 134. 202. 336. 528. 560. 573.
— Baumgarten der. 722.
Den Paulinern gegenüber. 722.
Paulscapelle. 70. 543. 544.
Pawel (ad S. Paulum), Fam. 70. 128. 140. 155. 274. 276. 562. 584.
— Andreas. 219.
— Gerese. 168. 449. 453. 522. 585. 588.
— Hans. 591.
— Hennig. 168.
— Wedege. 448.
Pegavienses, Annales. 4.
Pensionen. 344.
Pepperseller, Familie. 153. 154. 633.
— Gerhard. 153.
— Hans. 153.

Pergamentmacher. 611.
Perzeles, Arnd. 469.
Pest in Braunschweig. 144. 149. 232. 235. 238. 242. 309. 335. 378 flg.
Pestmesse. 232 flg.
Bei St. Peter, Straße. 699.
Peters, Familie. 274.
Petersen, Ludolf, Pfarrer zu St. Martinus. 452.
Petersilienstraße. 693.
Petri. 13.
— Dietrich, Propst des Kreuzklosters. 518.
— Dietrich, Dechant des Matthäuskal. 556.
Petribeguinenhaus. 139. 599.
Petrikirche. 69. 429. 439. 491—495. 599. 699.
— Altäre. 492.
— Erbauung. 491 flg.
— Feste. 494 flg.
— Heiligthümer und Ornat. 492 flg.
— Personal, geistliches. 493.
— Pfarrherren. 493 flg. 592.
— Provisoren. 494.
— Vermögen. 494.
Petrikirchhof. 699.
Petripfarrhaus. 699.
Petrithor. 111. 130. 317. 403. 683.
St. Petrus, Kirchenpatron. 46. 381. 491. 543.
— Altäre. 385. 422. 448. 469. 480. 497. 504. 547.
Petrus I., II., Aebte zu St. Aegid. 507.
Peutel, Hermann, Scholasticus u. Propst zu St. Blas. 398. 400. 572.
Peyne. 165. 482.
v. Peyne, Familie. 140. 152. 274.
— Bruno, Dechant des Matthäuskal. 556.
— Dietrich, Comthur der Johanniter. 533.
— Dietrich, Pfarrherr zu St. Ulrich. 487.
— Hennig. 465.
— Jan, Rector B. M. V. 586.
— Johann, Rector zum Heil. Geiste. 548.
— Ludolf. 509.
— Meyne. 465.
Pfaffenkrieg. 197—202. 488.
Pfahlbörser. 177.
Pfalz, fürstliche. 675.
Pfalzgraf, Konrad. 76.
Pfand- und Leibgeschäfte. 637.
Pfandrecht. 95.
Pfandschlösser. 156. 177. 188.
Pfannenthurm. 644. 740.
Pfarrcapellen. 537—543.
Pfarrer, plebanus. 375.

Pfarrhäuser. 325.
Pfarrpriester und Pfarrschüler. 375. 450 flg. 461 flg.
Pfefferstraße. 613. 633. 687.
Pfeifer. 336. 606.
Pfeiferburg oder Pfeiferthurm. 696.
Pfennige. 192. 246. 309. 635.
Pferde der städtischen Söldner. 341 flg. 649 flg.
Pferdehandel. 96. 634.
Pferdemarkt. 521. 638. 738. 740.
Pferdetränken. 659. 725.
Pflegehäuser, s. Hospitäler.
Pforte, Haus zur alten. 716.
Pforten. 642.
Pfund. 622. 635.
Pfünder. 623.
Phebusstrate. 721.
St. Philippus u. Jacobus, Altäre. 386. 412. 422. 442. 449. 459. 497.
Philipp von Schwaben. 81—85. 86 flg. 377.
Pilger. 167. 591. 598.
Pißkammer. 657. 706.
Pistor, Heydeke. 482.
Pistorius. 2.
Pius II. 443.
Pladeringe, Proceßkosten. 343.
Platen, Panzer. 148.
Plätze, öffentliche. 366.
v. Plauen, Elisabeth. 537.
Plettenberg, Hunold. 163.
Plockhorst. 406.
Plockhorst, Berthold. 494.
— Elisabeth und Luder. 597.
Pölde. 53.
v. Pölde, Heyne. 288.
Polizei, geheime. 251.
Polizeigesetze. 96. 189.
Polizeivergehen. 263.
St. Polycarpus, Altar. 538.
Pomert, Heinrich. 228.
Porner, Hans. 314. 456.
— Karsten, Pfarrer zu St. Petrus. 493.
Präneste, Bischof Johannes von. 519.
v. Prenzlau, Jacob. 274.
Priesterwahl. 64. 78. 86. 261. 375. 452. 462.
Prinzenwinkel. 692.
Privatcapellen. 551 flg.
Privatschulen. 576.
Privatunterricht. 203.
Processionen. 122. 144. 200 flg. 308. 336. 378. 380. 401 flg. 476. 567.
Procuratoren des geistl. Gerichts. 373.
Proscriptionum libri. 3. 138.
Provisoren. 376. S. bei den Kirchen.
Pueri subjugales. 565.
Pulver. 647.
Pulvermacher. 611. 649.

Pulvermagazine. 649.
Pulvermühlen. 649
Puft, Johann. 485.

Q.

Quafimodogeniti, Woche nach. 308.
Queblinburg. 45. 88 flg. 103. 174. 196. 210. 236. 626*.
Querum. 169. 175.
St. Quirinus, Kirchenpatron. 419. 421.
— Altäre. 422. 442.
Quirre, Ludolf, Pfarrer zu St. Andreas. 472. 477.

R.

Rabe, Haus zum schiefen. 732.
Rabeklint. 111. 716 flg.
Rabemacher. 611.
Raffthurm. 176 flg. 275. 338. 519.
Raimund, Cardinal. 424. 461.
v. Rammelsberg, Familie. 153.
Rasoris, Heinrich, Dechant zu St. Cyr. 432.
Rath. 107. 114. 116—121. 130—132. 138. 141. 167—169. 191. 221*. 230. 235. 246. 248—250. 253. 272—274. 296 flg. 298 flg. 312.
— der Altstadt. 274. 277. 280. 289. 377. 441. 447. 452. 454. 488. 518. 522. 546. 550. 586. 588. 590—592.
— der Altenwik. 482.
— des Hagens. 153. 280. 536. 551. 596. 598. 721.
— der Neustadt. 152. 280.
— des Sackes. 153. 488. 705.
— enger, s. Küchenrath.
— gemeiner. 250. 283. 287. 294. 306. 311.
— — Aemter des g. R. 306. 345—347.
— regierender ob. sitzender. 298. 300. 301. 307. 310 flg. 327. 345.
— weiter. 250. 253. 283. 298. 313.
Rathes, Amtsantritt des. 301 flg.
— Amtsbauer des. 281. 297. 299. 312.
— Amtseid des. 284. 298.
— Amtsthätigkeit des. 279. 280. 307—313.
— Aufstreben des. 285 flg.
— Ausgaben des. 333—345.
— Beeidigung des. 302.
— Briefschaften und Bücher des. 302.
— Büreaukosten des. 340.
— Diener des. 308. 310. 337.
— Einnahmen des. 248. 314—332. 606.
— Entstehung des. 278 flg.
— Erfrischungen des. 340.
— Erneuerung des. 301. 311.

Rathes, Geschenke des. 307—310. 336. 340 flg.
— Gewohnheiten des. 307—313.
— Grundstücke des. 314. 366 flg.
— Mahlzeiten des. 346.
— Ordinarius des. 7.
— Pflichten des. 284.
— Silbergeschirr und Kleinobien des. 302. 346.
— Sitzungen des. 305 flg. 344.
— Kirchl. Stiftungen des. 336.
— Verfassung des. 219—222. 278—285. 299 flg.
— Verkündigung des. 301.
— Vorberathungen des. 305.
— Vorsteher des. 282. 298.
— Wahl des. 311 flg.
Rathhaus der Altstadt. 141. 148. 283. 304. 316. 341. 648. 685 flg. 689.
— der Altenwik. 315 flg. 615. 731.
— des Hagens. 196. 253. 723.
— der Neustadt. 118. 120 flg. 252. 254. 301 flg. 306. 310 flg. 333. 366. 713 flg.
— des Sackes. 225. 249. 317. 657. 705 flg.
Rathsälteste. 301. 305. 307*. 341.
Rathsämter. 250. 298. 302—304.
Rathsgeschworne, Zugeschworne. 298. 300 flg. 304—307. 327. 340. 345.
Rathsherren. 64. 99. 136. 149. 175. 188. 190. 278. 284.
— Zahl der R. in den Weichbildern. 280 flg. 296. 299—301.
Rathsküche. 304. 307. 310. 366.
Rathsscheffel. 143.
Rathsschreiber. 689. 724.
Raub. 95. 172. 265.
Rautheim. 48. 154 flg. 406. 410. 437. 439. 442 flg. 444. 488. 509. 511. 589. 594.
Rebeen, Familie. 176.
— Hennig, Lubeke, Hans. 594.
Receß der Bevollmächtigten. 247—249. 253 flg. 313.
Rechenschaft ablegen. 250. 307. 310. 345. 346*.
Rechnungsbücher der Stadt. 345 flg.
Van dem rechte, Statut. 127.
Rechtsbücher. 127.
Rectores ecclesiarum. 375.
Redbessen, Hermann. 475.
Reden gegen den Rath. 651.
v. Reden, Otto, Custos zu St. Blasius u. Pfarrer zu St. Martinus. 399. 451.
Redingerthor. 111. 550. 642. 719. 735.
— vor dem. 721.
Redingshagen. 719.
Regen, viel. 236. 245.
Regenbogen, Haus zum. 709.

Regensburg, Bischof Albrecht von. 546.
Regenstein, Grafen von. 174. 192.
— Ulrich von. 226.
Register der Gotteshäuser. 3.
Registrum memoriarum, s. Memorienregister.
Rehburg. 719.
Rehtmeier. 1. 2. 368.
Reiche (Ryke), Johann, Pfarrer zu St. Katharinen. 462.
— Ulrich. 129.
Reichenstraße. 60. 715.
Reichsunmittelbarkeit, Streben der Stadt nach der. 188. 194. 211. 218 flg. 226. 240.
Reimarus, Dechant zu St. Cyr. 430. 487.
Reimbold, Scholasticus zu St. Blas. und Pfarrer zu St. Katharinen. 387. 400. 458. 462. 463. 572.
Reimchronik, Chron. rhythmicum. 6.
Reinbagerod. 48.
Reinecke, Peter, Dech. des Matthäuskal. 556.
Reinerbes, Leonhard, Dech. desselb. 556.
Reiners Annalen. 5.
Reiners. 463.
Reinigungseide. 136. 142.
Reinlichkeit der Straßen. 655—660.
Reislingen. 356.
Rekenscop, hemelik. 3.
Reliquien. 230. 238.
Remlingen. 140. 155. 409. 410. 412. 441. 442*. 444. 453. 463*. 464. 557. 589.
v. Remlingen, Familie. 274.
— Bernh. 479. 550.
— Friedrich. 423. 441.
— Lubeke. 482.
Remmelings, Hennig. 494.
Remmerbes, Ludolf. 387.
Renger, Abt zu St. Aegid. 506.
Rennau. 20.
Rennelberg. 98. 404. 409. 644. 648. 739 flg.
Rennepfennige. 337 flg.
Rentenkauf. 222.
Rentner. 167.
Reppner. 409. 416.
v. Reppner, Wilken. 500.
Rese (Gigas), Familie. 274.
Retharb, Propst des alten Burgstifts. 382.
Rethen. 281. 360. 630.
Retiger, Dech. des alten Burgstifts. 381.
v. Reventlow, Gereke. 166.
Reyner, Scholasticus zu St. Blas. 400. 572.
— Pfarrer zu St. Petrus. 493.
Rheinische Städte. 108.
Ribbentrop. 10.

v. Ribbesbüttel, Dietrich. 354.
— Hans. 354. 648.
Ribolde. 148.
Richenza, Gem. Kaiser Lothars. 56 flg. 382.
— Tochter Heinrich des Löwen. 67.
Richteherren. 303. 326. 371.
Richter, Stellvertreter des Vogts. 268.
Ricklingen. 236.
Rickmann, Grete. 541.
Riddagshausen, Chronik von. 9.
— Dorf. 488. 509.
— Kloster. 94. 105. 109. 177. 183. 201. 320. 365. 370. 407. 410. 439. 509. 550. 620. 720.
Riemenschneider. 616.
— Richard, Rector zu St. Jacobus. 539.
Rieseberg. 146.
Rindviehheerden. 339.
Ringelheim, Kloster. 409.
v. Ringelem, Familie. 152.
— Eggeling. 465.
— Ludolf. 147. 153.
v. Rinteln, Johann, Pfarrer zu St. Petrus. 493.
Rischau. 411. 445.
v. Rittberg, Graf Johann. 243.
Ritter, Altäre der 10000 R. 386. 412. 448. 458. 470. 497. 577.
Ritterbrunnen (Ridderborn). 66. 729.
Ritterorden, Kirchen der geistlichen. 532 —537.
Ritterstraße. 734.
Riubun, s. Rühme.
Röcke, Länge der. 662.
— Stoff der. 662.
Rode, Friedrich. 489.
— Hennig. 304. 489. 550.
vom Rode, Hans. 475.
Rodeland bei der Asseburg. 351.
v. Roden, s. v. Rodem.
Rodencamp. 521.
Rodensleve. 35.
Rodenstoven. 329.
Rodenzins. 329.
Roderich, Cardinal. 489.
v. Rokeln, Heinrich. 588.
Roland in der Burg. 677.
Roleves, Familie. 153.
Rolfsbüttel. 197. 360.
Rondeele. 644.
Ropener, Heinrich, Rector zu St. Thomas. 592.
Ropertus, Mag., Scholast. zu St. Blas. 400. 572.
Ropwulle. 620.
Rose, Johann, Dechant des Matthäuskal. 555.
Rosenhagen. 781.

Rosenwinkel. 723.
Rostock. 241.
Rotanbiki. 38.
Rotenfeld. 444.
Rothe, tome. 509.
Rothenburg bei Broitfem. 176. 338.
Rothen, Rothne, s. Rautheim.
v. Rothne, Berthold. 443.
Rottorf. 20. 581.
v. Rottorpe. 463.
Rottorp, Mag. Luber, Scholast. zu St. Blas. 400. 572.
Rottstraße. 739.
Rovere, Jordan. 374.
Rovers, Bernhard. 418.
Royber, Hennig. 475.
Roysen, Jacob. 522.
Rubers, Gese, Aebt. des Kreuzkl. 517.
Rudem, Riubun, s. Rühme.
v. Rudem, Adelheid. 448.
— Wasmod. 448. 458.
Rudolf, Dech. zu St. Cyr. 430.
— Propst zu St. Blas. 397.
Ruff, Familie. 128. 276. 581.
Rühme. 48. 175 flg. 177. 481.
Rummelsheim. 442.
Rumpfhaus. 585. 587.
Runibergun. 24.
Rüningen. 19. 154 flg. 175—177. 338. 371. 405 flg. 410. 437. 439. 444. 445. 549.
Runstedt. 440. 510. 511.
Ruotnun, s. Rautheim.
Rüper. 444.
Ruprecht, Kaiser. 188. 194. 639.
Rüscher, Familie. 153.
— Heinrich. 520.
Rutenberg, Dietrich. 470.
Rutgerus, Dechant zu St. Cyr. 431.
Rütze, Familie. 153.
— Lambrecht. 153.

S.

Saalsdorf. 510.
Sachsen. 17. 24. 52. 58. 73. 103.
— Herzöge von. 163.
— Albrecht von. 163. 169. 244.
Sachteleven, Johann. 482.
Sack, Weichbild. 3. 60. 70. 91. 107. 111. 123. 124. 126. 137. 141 flg. 150. 155. 177. 206. 225. 247. 250. 260 flg. 263. 271. 277 flg. 281. 284 flg. 293. 297. 299 flg. 315. 317. 324 flg. 328 flg. 369. 413. 641. 671. 704—709.
Sack, Straßen. 705 flg. 707.
Sackbrunnen. 706.
Sackkeller. 706.
Sackstraße. 707 flg.
Sägehöfe. 318. 366. 616.

Sagittarius, Johann, Rector zu St. Bartholomäus. 542.
Salaunenmacher. 611.
Salber, Salbere. 412. 598.
Salder, Ludwig, Propst des Gertrudenkl. 560.
v. Salbere, Familie. 178. 274. 362. 500.
— Aschwin. 353. 387.
— Aschwin, Propst zu St. Blas. 398.
— Burchard. 178. 355*.
— Heinrich. 229. 353. 356.
— Hildebrand. 229. 441.
— Johann. 353. 355. 593.
— Lippold. 178. 355.
— Siegfried. 441.
Salghen (Felix), Familie. 129. 140. 322. 544.
— Elias. 291.
— Elisabeth. 447.
— Haus zum. 696.
— Heinrich. 522.
— Hennig. 449. 489. 543. 591.
— Johann. 447. 453.
— Ludolf. 291.
Salve regina. 455. 466. 470. 476. 483. 490.
Salz, Handel mit. 231. 232. 630. 633.
Salzdahlum. 35. 140. 276*. 349. 406. 407. 409. 438. 443*. 452. 511. 581. 582. 584. 587. 633.
— Haus. 697.
v. Salzdahlum. 583.
Salzgau. 44.
Salzgitter. 633.
Salzhemmendorf. 438.
Salzwedel. 629.
Sambleben. 404*. 416. 417.
v. Sambleben, Hof derer. 270 flg. 721.
— Ludwig. 554.
— Wilhelm. 290. 482. 594.
Sasse, Valentin. 469.
Sattler. 611.
Sauingen. 405. 542.
v. Sauingen, Hans. 363.
Saulager. 367.
Scabewold, Siegfried. 405. 407. 473.
— Hof der Familie. 270. 677.
Schäfer. 606.
Schalen. 664.
Schalling, Bertha, Priorin des Kreuzkl. 517.
— Eggeling. 161.
Schandelah (Scanlege). 20. 363. 534. 537.
— Klein-. 537.
v. Schandelah (v. Scanlege), Familie. 153.
— Herwich. 593.
Scharfrichter. 337.

Scharrenstraße. 696.
Scharzfeld. 53.
Schattenberg, Bertram. 374.
Schatzkasten der Stadt. 229.
Schauenburg, Grafen von. 151. 243.
Schaufenster. 303. 612.
Schauteufel laufen. 222. 310.
Scheerbuden. 316. 366. 614 flg. 713. 724.
Schelle. 737.
Schenke, Aschwin. 356.
— Erich. 172.
Schenkwirthe. 304. 322. 346 flg. 670.
Scheppau. 20. 172.
Scheppenstedt. 155*. 405. 412*. 442. 444. 558. 561. 587.
— Klein-. 439.
— Damm. 250. 334.
— Thurm. 177*. 338.
v. Scheppenstedt, Familie. 274.
— Bode. 545. 591.
— Cord. 304. 522. 539. 595.
— Hans. 455. 550.
— Rolef. 479. 482.
Scheppenstedterstraße. 728.
Scherf. 246. 635.
Schermer, Lubeke. 468. 474.
Scherpentiner. 253.
Scheveling, Ecbert. 422. 440. 448. 512. 585*. 589 flg.
Scheverlingenburg (Walle). 53. 88. 89. 403.
Schezla. 23.
Schiedsgericht. 131 flg. 287. 290. 293.
— geistliches. 306.
Schiedsgerichtsordnung. 136.
Schieds- oder Sühnemänner. 132.
Schiefbein, Hermann. 161.
Schieferdecker. 621.
Schiffpfund. 622.
Schilde an den Straßenecken. 334.
Schilde, auf dem. 692. 698. 707. 725. 733.
Schilling, der braunschweigische. 246. 635.
— der goslarsche. 246.
— der göttingische. 246.
— der hildesheimsche. 246.
— der lübecksche. 246.
Schirmherrschaft der Herzöge über die Stadt. 134.
v. Schirstedt, Heinrich. 229.
Schlachtvieh, Handel mit. 634.
Schlaben. 148. 348. 356.
Schlafschüler. 375. 565 flg. 569.
Schlagbäume. 645.
Schläge in den Straßen. 333. 643. 652. 689.
Schlagschatz. 264. 291.
Schlammkisten. 657.
Schleswig, Herzog Adolf. 226.
Schleudermaschinen. 648.
Schliestedt. 488. 557. 582*. 587.
Schlösser, Erhaltung der städtischen. 335. 342.
Schlüssel, Haus zum rothen. 706.
Schlüsselburg, Haus zur. 727.
Schmausereien im Blasiusstift. 567. 568.
Schmedenstedt. 244; Familie. 494.
v. Schmedenstedt, Heinrich. 500.
Schmiede, Gilde der. 148. 220. 223*. 224. 247. 277. 300. 380. 609. 611.
Schneider, Gilde der. 148. 220. 224. 300. 380. 610.
Schneiderbuden. 614. 657. 687.
Schoderstedt. 35. 510.
Schöffen. 266. 279.
Scholastici am alten Burgstift. 381. 563.
— zu St. Blas. 389. 392. 564 flg. 570.
Scholtenburg. 644.
Schöningen. 87. 170. 355. 410. 553. 561. 633.
v. Schöuingen, Heinrich. 204.
— Heinrich, Pfarrer zu St. Martinus. 451. 545.
Schorkopf, Hennig, Pfarrer zu St. Andr. 473.
Schoss. 107. 119. 124. 165. 180. 188*. 220. 221. 263. 284. 293. 310. 325 flg. 332. 663. 664. 737.
— Befreiung vom. 329. 339. 344. 597. 647. 659.
— Ertrag des. 328 flg. 382.
— Schwören zum. 326 flg.
— Zahlung des. 328.
Schossbuch, Schossregister. 326—328. 344.
Schrader, Johann. 569.
Schrank am Martinikirchhofe. 148. 305.
Schranke, Haus zum. 686.
— Haus zum alten. 686.
Schreiber. 116.
— des Vogtes. 268.
Schreibschulen. 203. 205. 573. 575.
Schuhe. 614. 661. 665.
Schuhhöfe. 158. 247. 614 flg. 649. 687. 725.
Schuhmacher, Gilde der. 148. 158. 220. 223*. 224. 247. 277. 300. 331. 380. 485. 605. 609.
Schuhstraße. 317. 488. 612. 702. 709.
Schulden der Stadt. 156 flg. 165. 169. 178—180. 188—190. 220. 344 flg.
Schulklagen. 265.
Schuldner, Verfahren gegen. 95. 268*. 607.
Schulen. 202 flg. 203—205. 573—575.
Schule am alten Burgstift. 381. 563 flg.
— am Blasiusstift. 389. 408. 564. 570—572.
— am Cyriacusstift. 421. 564. 569.
— zu St. Aegidien. 564. 568 flg.

Schule zu St. Martinus. 575.
— zu St. Katharinen bei den Paulinern. 581. 575.
Schulcommission. 576 flg.
v. d. Schulenburg, Familie. 179.
Schüler. 375. 565 flg. 571. 577.
Schulgeld. 566. 569. 576.
Schullehrer. 565. 576 flg.
Schulmeister oder Rectoren. 455. 565 flg. 569. 577.
Schulordnungen. 564 flg. 568. 576.
Schulstieg (scolesteghe). 408. 674. 721.
Schulstraße. 691.
Schulte, Hennig. 598.
Schulunfug. 567 flg.
Schulunterricht. 566. 577.
Schulwesen. 563—577.
Schulzucht. 566.
Schunter. 20. 38. 176.
Schützen. 147. 174. 182. 196. 320. 342. 625. 647.
Schützendienste thun, eine Strafe. 328.
Schützenstraße. 701 flg.
v. Schwalenberg, Barthold. 459.
— Heinrich, Propst zu St. Cyr. 433.
Schwan, Haus zum. 709.
Schwanflügel, Johann, Dech. zu St. Blas. 396.
— Konrad, Pfarrer zu St. Katharinen. 462.
Schwarz (Niger), Familie. 274 flg.
v. Schwarzburg, Heinrich, Propst zu St. Blas. 898.
Schweineheerden. 339.
Schwerin, Graf Heinrich v. 96. 97.
Schwerter ziehen und tragen. 653.
Schwertfeger. 611.
v. Schwichelb, Familie. 172. 210. 363.
— Brand. 210.
— Corb. 210. 229.
— Johann. 184.
Schwülper. 197. 320*. 348. 361.
— Klein-. 154.
Scithingi. 24.
Scrupel. 622.
St. Sebastian. 298.
Sebastianscapelle. 544.
Sebecke. 406.
Seborch, Johann, Pfarrer zu St. Kathar. 462.
Seehausen. 510.
Seelenlichter. 423.
Seelmessenaltäre. 469. 479. 497.
v. Seesen, Thile. 489. 522.
Seestädte, die deutschen. 627 flg.
— die gemeinen. 628.
v. Seggerde, Familie. 146.
— Ulrich. 542.
Seibengewänder (sorkoten). 684. 663 flg.
Seinstedt. 438. 443. 474. 511.

v. Seinstedt, Familie. 140.
— Dietrich, Rector zum Heil. Geiste. 548.
Seler (Sicuri). 381. 406. 412. 463. 464*. 494. 542.
v. Seler, Heinrich. 589.
Selbsthülfe. 136.
Semmenstedt. 409. 410.
v. Semmenstedt, Hennig. 163.
Sendgericht. 185. 303. 371—373.
Sendwroger. 303. 371.
Seniores et discreti. 283 flg.
Senkler. 611. 616.
Sephinge. 35.
St. Servatius. 590.
Settinge. 186.
Shigtbok. 9. 115.
Sicherheitspflege. 279 flg. 325. 651—655.
Sickte. 35. 49. 349. 381. 406 flg. 437 flg. 442. 444. 482.
— Nieder-. 482. 557.
— Ober-. 481. 593.
Siebmacher. 148.
Siegfried, Propst des Kreuzkl. 518.
Sierße. 140. 412.
v. Sirbessen, Hermann. 164.
Sigismund, Kaiser. 194. 209. 211. 213. 218. 229.
Silberwaaren, Gehalt der. 621.
Sillium. 406.
St. Simon und Judas, Altäre. 423. 458. 463. 532.
Simonie. 513. 519.
Sixtus V. 370.
Slachmann, Corb. 465.
Slabvorde. 35.
Slavorum, valva. 718.
Slengerbus, Familie. 129. 583.
Smullen, Engelbert. 398.
v. Sneen, Johann. 374.
Socii secundarii. 565.
Söberen. 406.
Soest. 23. 134.
Soest, Hermann. 545.
Söhlde. 406.
Söldner der Stadt. 147. 163. 177. 179. 312. 341. 342*. 625. 646. 647. 649.
Söllingen. 52. 882. 406*. 407. 510.
v. Söllingen, Heinrich, Abt zu St. Aeg. 507.
Solschen. 510.
v. Soltau, Konrad, Pfarrer zu St. Kathar. 462.
v. Solvelbe, Claus, Pfarrer zu St. Andr. 472.
Sommer, ungewöhnliche. 233. 238. 241. 245.
Sonne, Häuser zur. 690. 715.
Sonnenberg. 140. 405. 416. 437. 440. 444. 553. 557.

Sonnenberg, Familie. 152.
— Ambrosius. 160.
— Hermann. 153.
Sonnenkrämer. 611.
Sonnenstraße. 695 flg.
Sonnenuhren. 339.
Sophiae, Familie. 274.
— Konrad. 281.
Sosat, Johann. 121.
Sossmar. 444.
Sottrum. 587.
Spange, Heinrich, Propst zu St. Cyriac. 433.
Spangen. 663 flg.
Spenden an die Armen. 144. 309 flg. 336. 552. 559.
Sperling, Senior zu St. Cyr. 432.
v. Spiegelberg, Graf Moritz. 217. 582.
Spitalshof B. M. V. 732 flg.
Sprakensen, Cord. 557.
Spranke, Arnd. 489.
— Berthold. 577.
Springbrunnen. 334; s. Joghetborn.
Sprutelingburg. 644.
Stabe. 17. 100. 103. 241. 624. 627. 628.
Stadenses, Annales. 5.
Stadt, Br. Erhebung zur. 61 flg.
Stadtareals, Eigenthümer des. 259.
Stadtarchiv. 1.
Stadtcasse. 107. 283. 284. 289. 314. 331. 332. 337. 340. 342—346.
Städtebund, sächsischer. 626 flg.
Stadteinnehmer, die sieben, s. Beutelherren.
Stadtgebiet. 865.
Stadtgemeinde. 272.
Stadtgesetze. 3. 7. 127. 143. 189.
Stadtgraben. 643; s. Mauergraben.
Stadthauptmann. 157. 159. 194. 248. 333. 337. 340. 342. 647*. 648. 650.
Stadtmauer. 66. 75. 333. 366. 640 flg.
Stadtoldendorf. 233.
Stadtrecht. 3. 62—64. 71. 95. 105. 127. 189. 262 flg.
Stadtsecretair. 204. 301 flg. 308—310. 326 flg.
Stadtsiegel. 304. 306.
Stadtterrain. 17. 21—24.
Stadtthore. 119. 120. 309. 641—643. 681—683. 710. 718 flg. 729 flg.
Stadtweg, Chronik. 8.
v. Stalberge, Johann, Pfarrer zu St. Petrus. 493.
Stallwärter. 611. 651.
v. Stammeren, Arnold u. Elisabeth. 504.
Standesclassen der Stadtbewohner. 270—278.
Stange, Johann, Abt zu St. Aegid. 508.
Stapel, Familie. 129. 140. 153—155. 275*.

Stapel, Cord. 329. 549. 557.
— Gereke. 144.
— Hans. 164.
— Heine. 534.
— Hermann. 128.
— Johann. 534. 550. 720.
— Jordan. 153.
— Konrad. 582.
— Stephan. 458.
Stapelrecht. 163.
Stappensen, Heinrich, Pfarrer zu St. Petrus. 493.
Statuta eccl. S. Cyriaci. 419. 427.
Stecherstoben. 714.
Stecherstraße. 659. 714.
Stecklenburg, Capelle zur. 205. 413.
Stederburg, Castrum. 25. 72.
— Kloster. 369. 441. 594.
— Lehnsleute. 129. 154. 155. 275.
— Annalen von. 5.
Stederdorf. 408. 409.
Stedere. 407.
Steffens (Stephani), Familie. 153. 155. 274. 593.
— Dietrich. 458. 463.
— Gerhard. 281.
Stege, Erhaltung der. 333. 366.
— die langen. 317. 674. 709. 722.
Steimke. 356.
v. Steinberg, Familie. 150. 162. 172.
— Hans. 184.
Steinbrechermeister. 320.
Steinbrüche der Stadt. 207. 215. 306. 310. 320. 359. 363—366.
Steinbrück. 244.
Steindecker und Steinmetzen. 526 flg. 586. 620 flg.
Steine tragen zum Mauerbau. 233. 328.
Steinem. 589.
Steinfeld, Nicolaus, Lector der Barfüßer. 527.
v. Steinfurt, Ludolf, Pfarrer zu St. Andr. 472. 477.
Steinhauer. 611.
Steinhof, der große. 722.
Steinhof an der Oker. 520.
Steinmarkt. 159. 692.
Steinsetzer. 621.
Steinstraße. 692.
Steinthor. 250. 318. 718.
Steinweg, Eggeling, Pfarrer zu St. Mich. 499. 501.
Steinweg, Straße. 728.
— Vorstadt. 546. 644. 738.
Steinwege in den Straßen. 333. 656.
Stellmacher. 611.
Stendal. 227. 231. 237. 242. 513. 627*. 628.
v. Stendal, Bertram. 589.
— David der Jude. 274.

St. Stephan, Altäre. 46. 381. 386. 412. 414. 448. 497. 504. 551.
v. St. Stephan, Heinrich. 585.
Stephanshof. 720.
Stern, Haus zum goldnen. 485. 690.
Steuerbewilligung. 248.
Steuererhebung. 263. 325. 326.
Steuern des Clerus an den Diöcesan. 370.
Stibbien. 154.
v. Stibbien, Clemann. 482.
Stiftscurien zu St. Blas. 680.
Stiftungen, milde. 578—602.
Stiftsvogt zu St. Blas. 403.
Stint. 614. 633.
Stipendien, städtische. 344.
Stoben (stoven). 53. 232. 366. 488. 597. 658 flg. 682. 683*. 690. 699. 710. 714. 719. 726—728. 732.
Stobenbrücke. 161. 732.
Stobenstraße. 659. 732.
v. Stockem (Stöckheim), Heinrich. 572.
— Hermann, Pfarrer zu St. Michael. 499.
— Konrad. 153.
— Hof derer. 270.
Stockfisch. 633.
Stöckheim (Stockem). 214. 510. 589. 593.
— Damm zu. 250.
— Groß-. 371. 499.
— Klein-. 20.
— Kapelstockem. 593.
Stockmann, der Kürschner. 225.
Stör. 633.
Stoteren, Haus zu den. 732.
Stötterlingenburg, Kloster. 354. 584.
v. Stöven, Johann, Prior der Johann. 533. 554.
Stöver, Mag. Konrad. 558.
Strafgelder. 263. 265. 280. 311. 331. 332. 641.
Stralsund. 241.
Straße, goslarsche. 630.
— kaiserliche. 23. 215. 630.
— königliche (regia). 23.
Straßen, Erhaltung der. 630.
Straßen in der Stadt. 366.
Straßenkehrer. 339.
Straßenpflaster. 333. 656.
Straßenraub und Straßenräuber. 102. 103. 163. 171. 173. 186. 209. 210. 217. 218. 226 flg. 233—236. 245. 626.
Straßenschmutz. 656.
Straßenzoll. 193. 321.
Straßenzwang. 630.
Streitigkeiten des hies. Clerus. 230.
Streitkräfte der Stadt. 646.
Streitwagen. 250.
v. Strobele, Familie. 443.

v. Strobele, Corb. 455.
— Eggeling. 146. 168. 414. 550.
— Henele. 593.
— Heyse. 454.
— Hilmar. 414. 455. 550.
— Zabel. 454.
Strunk, Johann, Dech. des Matthäuskal. 555.
Stückgießer. 649.
Sturmglocke bei Aufständen geläutet. 244.
Suburbium. 259.
Succentor. 565. 569.
Südmühlen. 500. 534. 681.
Südmühlenthor. 316 flg. 681.
— vor dem. 692.
Südstraße. 692.
Sühngericht. 122.
Suibert. 14.
v. Sunder, Ludwig. 245.
Sunne, Johann. 489.
— Ludolf, Guardian der Barf. 526.
Sunstedt. 510.
Süpplingen. 403.
v. Süpplingen, Knop. 163.
Süpplingenburg. 171. 534.
Suring, Hennig und Hermann. 500.
— Ludeke. 245.
Swülber, Johann, Scholast. zu St. Blas. 400. 572.
— Ludeke. 475.
Syndicus der Stadt. 240. 248. 337.

T.

Tabula Blasiana. 9. 383.
Tafelmaler, Barward. 466. 468. 475.
Talg. 635.
Tangermünde. 281. 627. 628.
Tanquerode, Tanquarberoth, Thoncguarberoth, 25. 26; f. Dankwarderobe.
Tanquarbevorbe, 21; f. Dankwardebörde.
Tanz durch die Stadt. 223.
— auf den Rathhäusern. 341.
Tasche, Haus zur. 701.
Täschner. 611.
Tauflicht. 460.
Taverner, f. Schenkwirthe.
Tavernen. 620. 624.
Tempelhof. 66. 130. 535. 554. 721.
Tempelritter. 535 flg.
Templerkirche. 535—537. 554.
— bei der. 721.
Testament Heinrich des Friedsamen. 239.
— Heinrich des Löwen. 79.
— Otto IV. 89.
Testamente. 135. 641. 659.
That, Ertappung auf der. 229.
Thebildis, Familie. 275.
St. Theobald. 448.
Thiede. 155. 187. 453. 463. 464. 511.
v. Thiede, Achilles. 550.

Thomas, der Apostel, Altäre. 387.
  411. 412. 458. 463. 485. 487. 497.
  516. 547. 591.
St. Thomas v. Aquino, Kirchenpatron.
  529.
St. Thomas v. Canterbury. 384. 417.
Thomascapelle. 551.
Thomashof. 139. 147. 591—595. 740.
Thor, das düstere. 675.
Thore, Beaufsichtigung der. 302. 642.
— Bewachung der. 130. 309. 642.
  646. 654.
— Erhaltung der. 333.
Thorlinga. 17.
Thorschlüssel. 117—120. 250. 302. 642.
Thorwärter. 338. 642. 653.
Thorwege, Haus zum. 733.
Thran. 635.
Thune. 173. 237.
Thür, Haus zur eisernen. 697.
Thüringen. 227.
— Landgraf Hermann. 87.
Thüringer. 17. 24.
Thüringesgibutle. 18. 48. 481.
Thurm, der lange. 642. 704. 731.
Thürme in der Stadtmauer. 641. 648.
Thürmen, Haus zu den sieben. 687.
von den sieben Thürmen, Familie. 128.
  276. 584.
— Alexander. 522.
Thurmmänner. 339. 645.
Thurmuhren. 339. 471.
Tiberbruch bei Neubrück. 359.
Tiedemann, Ludwig, Propst des Kreuzkl.
  518.
Timmerlah. 19. 154. 155. 175. 406.
  442—444. 453*. 499. 510. 534. 582
  flg. 597.
Timmern. 405. 562.
Timmonis, Timmete, Familie. 275.
— Heinrich. 128.
Tithe. 438.
Tobing, Luder, Propst zu St. Blasius.
  398.
Todtschlag. 229. 265.
Tonne. 622.
Tunies, Familie. 583.
— Hans. 494.
— Luder. 494.
Topographie der Stadt. 671—740.
Trampeleve, Hermann. 121.
Tränken. 703.
Trappe, Heinrich. 487.
Treibhütte. 649. 704.
v. d. Treppen, Familie. 140.
— Dietrich. 447. 452.
Trier. 54. 71. 83. 377.
Trollbrüder. 601.
Truchseß, Amtshof des. 129. 270.
Tücher, seidene. 662.

Tuchhandel. 119 flg.
Tuchhändler. 608.
Tuchmacher. 100. 608. 611. 613—616.
  620. S. auch Lakenmacher.
Tulisurgium. 13.
Tumeler. 148.
Turnier. 235.
Turnierfeld. 648.
Turnierhaus. 696.
Tute, Haus zur kalten. 727.
Twelken. 406. 410. 437. 439. 463*.
  464. 510.
v. Twelken, Familie. 153.
Twieflingen. 166. 170. 437. 510.
— Klein-. 406.
Twischowe, Holz. 362.
Tzorneiß, der Jude. 638.

U.

Ueberschwemmung. 149.
Uefingen. 405. 443. 542*.
Uehrde (Uredu). 35. 381. 404*. 406.
  417. 581 flg. 589.
v. Uehrde, Familie. 146.
— Claus. 161.
— Heinrich. 581.
Uhrmacher. 611.
Ulenhot, Hennig. 494.
Ulmiß. 735.
St. Ulrich, Kirchenpatron. 484.
Ulrich, Propst zu St. Cyr. 433.
— Dechant das. 431.
— Vicedom. das. 434.
— Stiftsherr zu St. Blas. 412.
bei St. Ulrich, Familie. 48. 128. 276.
— Rudolf. 581.
Ulrichsbrunnen. 690.
Ulrichskirche. 3. 46. 48. 198 flg. 200
  flg. 202. 205. 228. 413. 483—490.
  690. 705.
Ulrichskirchhof. 488. 535. 659. 690*.
Ulrichspfarrhaus. 690.
Ulrichstag, Aufzug am. 567 flg.
Ulrichsthor. 116. 316 flg. 642. 691.
Uelzen. 171. 182. 208. 241. 242. 626.
v. Uelzen, Johann, Pfarrer zu St. Ulrich.
  487.
Umfang der Stadt. 673.
Unehelich Geborne. 222. 391. 427. 605
  —607.
Unehrenhafte. 606. 608.
Unfreie. 606.
Ungarn. 25. 42.
Union des Clerus. 374.
— der Hansestädte. 210. 626.
Universitas civium ob. civitatis. 272.
Unrath, nicht in die Oder zu werfen.
  657.
Untheilbarkeit des Landes Braunschweig.
  151. 212.

49*

Unverhowen, Johann. 423. 441.
— Konrad. 475.
Unverzagt, Gerwin. 475.
— Ulrich. 602.
Unze. 622.
Unzufriedenheit, Erregung von. 651.
Urfehde schwören. 168. 209.
Urkunden. 1. 304. 383. 419. 445. 456. 466. 477. 491. 495. 502. 515.
Urkundenbücher. 2. 383.
v. Ursleve, Cord. 585. 588.
— Hermann, Pfarrer zu St. Petrus. 493.
— Hermann. 409. 421. 440.
v. Uslar, Heiso, Dechant zu St. Blasius. 396.
Uthmen, Martin, Guardian der Barfüßer. 526.
v. Uetze, Familie. 170. 193. 361.
— Hof in der Burg. 270 flg. 676.
— Heinrich. 209.
— Jasper. 361.

V.

Vahlberg. 382.
— Groß-. 245.
— Klein-. 454. 584.
— Mittel-. 407*.
— Mönche-. 56. 509*.
— West-. 407. 510.
v. Vahlberg, Familie. 99. 275.
— Bosse. 489.
— Dietrich. 475.
— Ludeke. 550.
— Rolef. 163.
St. Valentin, Altäre. 470. 546.
St. Valentin, Capelle. 546.
Vallstedt (Veledstide). 63. 410. 432. 437—439. 440. 442—444. 453. 520. 561.
— Groß-. 437.
— Klein-. 437. 438.
v. Varsfelde, Berthold. 527.
— Gottfried. 267.
— Hof am Bohlwege. 271. 721.
— Swider. 163.
Bechelde. 154. 180. 275. 335. 358. 534. 584.
— Damm zu. 250. 334.
— Mühle zu. 358.
— Steinthurm zu. 359.
— Vogtbruch zu. 359.
v. Bechelde, Familie. 422. 424.
— Albrecht. 252. 455. 522*. 585. 588.
— Cord. 550.
— Hermann. 182. 201. 448 flg. 453. 545. 550. 585. 594 flg.
— Ilse. 448.

Bedekenstraße. 732.
Behmding. 130 flg. 283. 287. 288. 290. 293. 654.
— Verfahren vor dem. 131.
Behmenoten. 130 flg. 288.
Behmgraben. 131. 287. 740.
Behmgraf. 131. 288.
Behmschreiber. 130 flg. 288.
Beleten, Veltenhof. 48. 154 flg. 176. 404. 481. 582. 584.
Velhower, Statius. 304.
Velittunum. 47.
Velkoper, Gereke. 489.
v. Velstede, Familie. 128. 140. 153. 275*. 544. 589.
— Bertram. 168.
— Heinrich. 146. 591.
— Hennig. 144. 154.
— Hermann. 168.
— Johann. 128*.
— Konrad. 386.
— Ludolf, Abt zu St. Aegid. 507.
— Rolef. 168.
— Rudolf. 455.
— Wedege. 455*. 492. 542.
Veltenconvent. 600.
Veltheim. 47.
— an der Ohe. 412. 440. 442*. 444.
v. Veltheim (v. Veltem), Familie. 150. 166. 171—173. 178. 213. 355. 357 flg. 409. 445. 582. 589. 600.
— Höfe der von V. 270 flg. 721.
— Bertram. 520.
— Bertram, Propst zu St. Cyr. 433.
— Friedrich. 403. 414.
— Heinrich. 229.
— Ludolf. 600. 676.
— Ludwig. 443.
— Mathilde. 600.
Veltmann, Hennig. 547. 595.
Verbrechen. 265.
Verden, Bischöfe von. 110. 185.
— Bischof Dithmar. 57. 506.
— Bischof Konrad. 110.
v. Verdingessen, Johann, Pfarrer zu St. Kathar. 462.
Verfassung der Stadt. 64. 107. 119. 247 flg. 259—313.
Verfestete. 124. 135. 295. 350. 496. 591.
Verfestung. 138. 160. 224 flg. 253. 298. 653. 669 flg.
Verfügung, freie V. über Privatbesitz. 262.
Verhausung der Stadt. 163—167. 626.
Verkaufslocale der Gewerbsleute. 611 flg.
Verkehr im Sachsenlande. 45.
Verkehrswege das. 22.
Verling. 635.
Vermögen, bewegliches. 326.
Veronica zu St. Petrus. 492.

Verpfändungen der Altenwik u. des Sackes. 137. 141 flg. 150. 284. 293.
— des Judenschutzes. 292.
— des Mühlenzinses. 184 flg. 284. 292.
— des Münzrechts. 142. 284. 291 flg.
— der Vogtei. 137. 142. 284*. 289*.
— des Zolls. 284. 290 flg.
Versammlungsrecht. 221. 308. 312.
Verunreinigung der Straße. 657.
Verwer, Claus. 465.
Verwundung. 265.
Vicus Bruneswich. 729. 734.
Vicare an Pfarrkirchen. 375. 471.
Vieh, Austreiben des. 657.
Villa Brunswich. 259. 260. 481. 603. 729.
Vindicationsklagen. 265.
Vinsleve. 276. 406*. 410. 582. 584.
v. Vinsleve, Ulrich. 556.
Visbeck, Gerhard, Prior der Johanniter. 533.
— Heinrich, Dechant des Matthäuskl. 536 flg. 555.
St. Vitus, St. Veit, Patron. 467.
Vogel. 10.
Vogelsang hieselbst. 324.
Vogelsang. 356.
Vogelsdorf. 162.
Vogt, Berthold. 475.
— Johannes, Propst des Kreuzkl. 518.
Vogtding. 265*.
Vogtei, Vögte. 63. 80. 95. 99. 128. 131. 134. 137. 142. 145. 264—268. 284. 286—290. 321. 606. 608.
Vögte, bürgerliche und städtische. 64. 99. 281. 282*. 303. 308. 321.
Vögte auf Schlössern der Stadt. 348. 350. 353. 359.
Vogtsdahlum oder Groß-Dahlum. 76. 166. 178. 197. 358.
Völkenrode. 19.
Volkmarode. 511.
v. Volkmarode, Ludolf. 385. 386.
Volkmarsdorf. 356. 510.
Volkmerode, Konrad, Rector der Matthäuscapelle. 537.
Vollbüttel, Vollenesbutle. 361.
Vollmächtige. 247. 248. 250.
Volpert, Propst zu St. Cyr. 433.
Volzer, Helmold. 418.
Volzum. 349. 412. 442. 444. 510. 582.
Von vor dem Namen. 273 flg.
Vordorf. 155. 453.
Vorgabe (de vorgift). 667.
Vorhof. 716.
vom Vorhofe, Friedrich. 121.
Vorkäufer. 621. 622.
Vormünder an den Kirchen. 876.
Vormundschaft über minorenne Herzöge. 152.
Vorschoß. 827.

Vorsfelde. 123. 148. 348. 355 flg.
Vorstädte. 369. 644. 737—740.
Vorwerk auf der Echternstraße. 521. 694.
— bei St. Michael. 693.
— an der Südmühle. 681.
— Unsrer lieben Frau. 584. 732.

W.

Waarenhallen. 314. 332 flg. 366.
Wabe. 176 flg.
Wachs. 635.
Wachslichter geopfert. 336. 378.
Wachtepfennige. 325. 332.
Wächtergang. 641.
Wächterglocke. 652.
Wackersleben. 409. 411. 439. 510.
Waffen der Bogenschützen und der Bürgerwehr. 148.
Waffendienst. 263. 646.
Waffenrecht. 262. 653.
Waffentragen. 577. 607. 653.
Wagehäuser. 128. 145. 315. 316. 323. 366. 622. 689. 711. 724.
Wagemeister. 339. 623.
Wagenburg. 250. 253.
Wagenführer, Ulrich. 500.
Wagenschilling. 229.
Waggum. 403. 438. 521. 594.
Wahle (Wolede). 405. 430*. 439. 440. 444 flg.
— Groß-. 407.
— Klein-. 407.
v. Wahle (v. Wolethe), Johann. 405. 519.
— Sophie. 519.
Walbeck. 56.
v. Walbeck, Fricke. 545.
— Hans. 545.
— Heinrich. 545. 588.
Wälder, Schonung der. 350.
Wale, Familie. 178. 353. 355.
— Rabode. 170.
Wallburchgang. 644.
Walle (Scheverlingenburg). 53. 403. 410.
Wälle. 643.
Wallfahrer. 309. 598. 654.
v. Walmoden, Familie. 174.
— Hennig. 162. 166. 172. 357.
Walpurgis, Aebt. des Kreuzklost. 517.
Wand, die lange. 734.
Wandhaus, s. Gewandhäuser.
Wandschneider, Tuchhändler. 106. 220. 250. 277. 300. 315. 380. 608. 613.
v. Wanzleben, Gumpert. 351.
Wappenbrief der Stadt. 219.
Warberg. 81.
v. Warberg, Hof in der Burg. 271. 677.
— Hermann. 411.
— Konrad. 440.
— Thile. 497. 520.

Warberger Hof. 733.
v. Warendorp, Gerd. 484.
Warle. 406. 453. 582*. 587.
Warneburg bei Schlaben. 206.
Warschup. 667.
Wartbäume. 643.
Wartberg. 644.
Warten. 644.
Wartleute. 342.
Wartreiter. 644.
Wartbüttel. 360. 438. S. Werkesbutle.
Waschstiegen. 658. 719.
Waser, Haus bei dem. 153.
Wasserfahrer. 656. 658.
Wasserfahrt auf der Oder. 207. 215. 217. 231 flg. S. auch Oder.
Wasserpforte. 733.
Wasserthor. 324. 642. 730.
Wassertwete. 733.
Wasservorrath, Sorge für. 657 flg.
Wasserzoll. 630.
Watenbüttel. 19. 416. 557.
Watenstedt. 155. 409. 412. 437. 439. 440. 464. 520.
— bei Bahrum. 406. 581.
v. Watenstedt, Herwich. 533. 534.
— Wilten. 494.
Watertucht. 731.
Watzum (Watteleſſem). 406. 409. 410*. 412. 439. 519 flg.
v. Watzum, Berthold. 417. 418.
— Hof der Familie in der Stadt. 270.
Weberstraße. 612. 716.
Wechselbuden. 315. 366. 657. 713.
Wechsler. 220. 250. 253. 277. 300. 380. 609. 612. 636. 689.
Weddel. 19. 20. 155.
Weddeschat. 180. 222. 310. 341.
Wedekind, Pfarrer zu St. Petrus. 493.
— Hennig. 598.
Wedem. 404. 405.
Wedesbüttel. 584. 587.
Weferlingen (an der Aſſe). 439. 444. 520*.
Weferlingen bei Helmſtedt. 132.
v. Weferlingen, Familie. 150. 166. 443. 721.
— Hof derer. 189. 270. 701. 721.
— Baſilius. 353.
— Konrad. 554.
— Ulrich. 216. 245.
Wegelagerung. 146. 161. 163. 170. 171. 173.
Weggeld. 334. 354.
Wegpfennige. 321.
Weiber, die gemeinen offenbaren. 694. 728.
— die loſen. 681.
Weichbilder. 64. 71. 134. 671.
Weichbildscaſſen. 314. 317. 332. 337. 346 flg.

Weichbildsrecht. 107. 278; ſ. Stadtrecht.
Wein verſchenkt. 336. 340. 341.
Weinaccise. 184. 329.
Weingärten. 366. 557.
Weinhandel. 619. 634.
Weinherren. 303. 329. 620.
Weinkeller. 159 flg. 250. 316. 366. 688. 706. 714. 725.
Weinpreiſe. 303. 620.
Weinzoll. 229.
Weiſeſten, die W. u. Namhaftigſten. 283.
Weißbrotſpende. 577.
Weißgerber. 611. 616.
Weißenburg. 737.
Welpesholt. 56.
Wels. 633.
Wendeburg. 146. 412. 437. 439.
v. Wendeburg, Heinrich, Prior der Johanniter. 533.
Wendebüttel. 583. 587.
Wenden, Wenethen. 48. 76. 173. 597.
v. Wenden, Fam. 157. 161. 172. 197. 267. 358. 370. 589; ſ. v. Dalem.
— Balduin der Jüng. 581. 582*.
— Heinrich. 147. 354. 439. 530. 581. 582. 583.
— Ludolf, Propſt zu St. Cyr. 433.
— Ludolf. 354. 439. 509.
— Othrav. 163.
— Peter. 365. 488.
— Ribbag. 231. 442.
— Sievert. 353.
Wenden im Werber. 356.
Wendiſche Abkunft. 606.
Wendengraben. 611. 726 flg.
— Twete bei dem. 726.
Wendenmühle. 584.
Wendenstraße. 725.
Wendenthor. 718.
Wendenthurm. 176. 177. 338.
Wendessen, Wenethesheim. 140. 403. 437. 594.
v. Wendessen, Familie. 594.
— Bosse. 557.
— Lubeke. 448.
Wendezelle. 362.
v. Wendhausen, Familie. 146. 153.
— Balduin, Custos zu St. Blaſ. 399.
— Jordan. 417.
— Ludolf. 153. 168.
Wendhauſen, Johann, Propſt des Gertrudenſal. 560.
Wenemar. 452.
Wenſe. 442*.
Wenzel, Kaiſer. 175.
Wenzeslaus, Herzog von Sachsen. 152. 169. 182.
v. Werben, Heinrich, Prior der Johann. 533.
Werben, Abt von. 87.

Werbenhagen. 13.
Werder. 60. 66. 598. 601. 649. 659. 726.
Werder bei Borsfelde. 356.
v. Werder. 275.
— Heino, Propst zu St. Cyr. 434.
Werken, Theilnahme an guten. 135. 503. 514. 553. 560.
Werkesbutle. 361.
Werkmeister. 337. 649.
Werla. 25. 38. 72.
v. Werle, Familie. 275. 290.
— Höfe hieselbst. 271. 551. 720.
— Bertram. 290. 582.
— Besele. 146.
— Heinrich. 290. 582.
— Helmerich, Dech. zu St. Cyr. 431.
— Helmold und Ludolf. 481.
Werner, Propst zu St. Blasius. 397.
— Custos das. 399.
— Vicedom. zu St. Cyr. 434.
Werners, Heinrich. 477.
v. Wernigerode, Grafen. 174. 362.
v. Wernigerode, Albrecht, Propst zu St. Blas. 398.
— Heinrich. 210.
— Konrad. 138 flg. 593.
Wernigerode, Stadt. 103.
Wessele, Bor der. 612. 636. 689.
Westendorp, Hennig. 569.
Westerheim, Westrem bei Atzum. 410. 411. 437. 441.
Westfal, Hennig. 591.
— Johann, Pfarrer zu St. Martinus. 451.
Westfälische Städte. 103.
v. Westhausen, Renert. 648.
Wetmarshagen. 438.
v. Wettin, Familie. 146.
Wettlenstedt. 362. 520*.
v. Wettlenstedt, Familie. 153.
— Berthold. 405.
— Heinrich. 407.
— Hermann. 153.
— Johann. 405. 520.
— Roland, Dech. zu St. Blas. 396.
Wetzleben. 412. 587.
v. Wetzleben, Ulrich. 542.
Wibrechtshausen, Kloster. 463.
Wichmann, Konrad, Guardian der Barf. 526.
Wibekind, Custos zu St. Blas. 399.
Wiedelah. 210. 363.
Wiehe, Hennig. 595.
Wienhausen. 232. 510. 708.
Wierthe, Wirite. 140. 154. 510.
v. Wierthe, Familie. 355.
— Rabod. 178. 353.
— Wale. 353.
Wildbraten verschenkt. 337.

Wilhelm, König v. Holland. 101.
— Sohn Heinrich des Löwen. 79. 87. 92.
— Sohn Albrechts des Großen. 110. 111. 113. 510.
— Sohn Heinrich des Wunderl. 136. 137.
— Sohn von Otto strenuus. 139. 352. 355.
— der Aeltere. 205—207. 211—214. 217. 234 flg. 239—241. 363 flg. 445.
— der Jüngere. 235. 239. 241—255.
Wilhelm, Vicedom. zu St. Blas. 399.
Willegelb. 232. 630.
Willekinus, Marschall hieselbst. 269.
— Vicedom. zu St. Cyr. 434.
— Lector der Pauliner. 530.
Winand, Vogt hieselbst. 268.
— Dechant zu St. Blas. 395.
— Stiftsherr das. 415.
Windmühlen. 244.
Winnigstedt. 275. 404. 439. 444. 594.
— Ost-. 409.
v. Winnigstedt, Albert. 455. 494.
— Dietrich. 525. 548.
— Hans. 163. 178.
— Rudolf. 520.
Winsen. 179. 182. 308. 380.
v. Winsperg, Konrad. 218.
Winter, ungewöhnliche. 233. 237.
Wipshausen. 360.
Wirbeshof und Wirbeslem. 382.
Wisagen, Heinrich. 586.
Wismar. 241. 503.
Witte, Brand. 500.
Wittekop, Heinrich. 465.
Witten, Johann, Abt zu St. Aegid. 507.
v. Wittinge. 153.
Wittmar. 349. 350.
v. Wittmar, Hermann. 431.
Wittmarhorn. 349.
Wittmershagen, Tilemann, Prior zu St. Aegid. 508.
Wittwenstoben, Wedewenstoben. 659. 690.
Wobeck. 355.
— Klein-. 410. 510.
v. Wobeck, Brand. 358.
— Heinrich. 358.
Woel, Hennig. 482.
v. Wohlenberg, Grafen. 89.
— Heinrich. 89. 405.
— Hermann. 405. 439.
Wohlenberg, Johann, Dech. zu St. Blas. 396.
— Johann, Pfarrer zu St. Ulrich. 487.
Wohld. 172. 363; s. Lehrerwohld.
Wohlwische. 583.
— Hans. 154.
Wohlstand, Sorge für den. 661—670.
Wohnungen der Gewerbsleute. 611 flg

Wolf, der Münzmeister. 269.
Wolfenbüttel, Schloß. 53. 148. 150. 152. 156 flg. 162. 164. 169 flg. 171. 179. 207. 213. 229. 239. 241*. 244. 348. 357.
v. Wolfenbüttel, Burchard. 520.
— Konrad. 412.
— Wedekind. 53.
— Lehnsleute derer von W. 129. 275.
Wolfsburg. 150. 156. 216. 364.
Wolfshagen. 510. 511*.
Wolfrom, Wulveram, Familie. 275. 365. 549.
— Gese. 549.
— Hermann. 440.
— Jan. 440.
Wolle. 634.
Wollmarkt. 711.
Wolters, Heinrich und Hennig. 210.
Woltmann, Dietrich. 485.
— Mathilde. 537.
Woltorp. 444. 468. 473*.
Wortführer oder Worthalter des Rathes. 141. 282. 287. 290. 298.
Worth, hohe. 43.
— wüste. 111. 732.
Worthzins. 260. 261*. 293. 317. 332. 337. 408. 413. 512. 687. 704. 721.
Wulfeskop, Martin und Mette. 485.
Wulfhilde. 57.
Wunderbaum. 98. 515.
Wunstorp, Heinrich. 240.
Wurfmaschinen. 648.
Würzburg. 88. 113.
— Bischof Bruno. 30.

Y.

Ypern. 119.

Z.

Zahlungen. 636.
Zalsmer. 685.
Zehnten im Stadtgebiete. 369. 370. 583 flg.
Zehntfreiheit. 512.
Zeichenmeister. 303. 622.
v. Zelde, Jan. 648.
Zellbrüder. 238. 601.
Zellemann, Bele. 450.
Zerbst. 244.
v. Zerstede, Johann. 592.
Zerstelbing, Heinrich. 595.
Zeughaus der Stadt. 249 flg.
Ziegeleien der Stadt. 189. 251. 310. 319. 367*. 739 flg.
Ziegelmeister. 819.
Ziegelschreiber. 319.
Ziegenmärkte. 692. 733.
Zierenberger. 9. 577.
Ziese, s. Accise.
Zieseherren. 346.
Ziesekiste. 347.
Zimmerleute. 611. 621.
Zimmermann, Gese u. Hildebrand. 529.
— Johann. 505.
Zimmerplätze. 616.
Zingeln. 643. 645. 656.
Zinn. 634.
Zinne, die hohe. 824.
Zinsbücher. 3. 190. 314. 466.
Zins. 344.
Zinsen bei Anleihen. 165. 179. 180. 310. 341.
Zinsherren. 306. 345.
Zoll. 96. 123 flg. 128. 144. 180. 184. 206. 215. 220. 229. 232. 264. 284 flg. 290 flg. 321. 347. 454. 618. 631 flg. 642.
Zollbude. 319 flg. 328. 330 flg. 346 flg. 366. 712.
— vor der. 712.
Zolldefrauden. 632.
Zolleinnahmen. 165. 290. 821.
Zollfreiheit. 81. 97. 134. 207. 597. 624. 631 flg.
Zöllner. 269. 290. 606.
Zollordnungen. 143. 269. 681 flg.
Zollschreiber. 337. 347. *
Zuchtstiere und Zuchteber. 389.
Zunftregiment. 115.
Zusammenrottirungen, nächtliche. 651 flg.
Zweidorf. 406. 410. 412.
v. Zweidorf, Heinrich. 304.
— Lubbert und Thile. 249.
Zwieherrisch Regiment über Braunschweig. 126.
Zwinger. 643. 683.

Nachweisungen zum Plane.

I. Die Burg Dankwarderode.

1 Der Palast und die Kemnade.
2 Das Moshaus.
3 Capelle St. Georgs und St. Gertruds (?)*).
4 Stiftskirche St. Blasius.
5 Die Stiftsgebäude mit der Annencapelle.
6 Der Kornspeicher des Stifts.
7 Der Löwenstein.
8 Der Roland.
9 Der Küchenhof.
10 Das Burgthor.
11 Das Burgthor bei der Mühle.
12 Die kleine Mühle.
13 Der Hof des Dompropstes.
14 Der Schulstieg.
15 St. Maria-Magdalenencapelle.
16 Der hohe Grashof (?).
17 Thor am Schulstiege.
18 St. Annenconvent.

II. Weichbild der Altstadt.

1) St. Michaelis Bauerschaft. 2) Hohethors Bauerschaft. 3) St. Peters Bauerschaft. 4) St. Ulrichs Bauerschaft.

1 Altstadtrathhaus.
2 Capelle St. Autors.
3 Der Kleiber- und Kürschnerhof.
4 Pfarrkirche St. Martinus.
5 Capelle St. Paulus.
6 Das Gewandhaus.
7 Die Pfefferstraße (?).
8 Hoken- und Krambuden.
9 Fleischscharren.
10 Haus des Opfermanns zu Martinus.
11 Haus des Bobels.
12 Altstadtmarkt.
13 Der Joghetborn auf dem Markte.
14 Der Schuhhof.
15 Haus zu den 7 Thürmen.
16 Haus zum alten Schranke.
17 Der Joghetborn bei St. Ulrich.
18 Münzschmiede.
19 Pfarrkirche St. Ulrich.
20 Stoven bei St. Ulrich.
21 Pfarrhaus oder wedeme zu St. Ulrich.
22 Amestieg (?).
23 Haus zum goldenen Sterne.
24 Der Lauen- oder Löwenthurm mit dem Löwen- oder Ulrichsthor.
25 Vor der kurzen Brücke, später Hutfiltern.
26 Kurze Brücke.
27 Tränke an der kurzen Brücke.
28 Capelle St. Johannis.
29 Priorathof der Johanniter.
30 Heckerlingthurm (?).
31 Schmiedethurm (?).
32 Die hintere Sübmühle.

---

*) Die Lage der mit (?) bezeichneten Localitäten ist fraglich und beruht nur auf Wahrscheinlichkeit.

33 Die vordere Südmühle.
34 Südmühlen- oder Bruchthor.
35 Vorwerk.
36 Des Rathes Fischhälter.
37 Die Kerlingepforte.
38 Pfarrkirche dann Capelle St. Jacobus.
39 Martinschule.
40 St. Jacobs Pfarrhaus.
41 Auf dem Schilbe.
42 Michaelisthor.
43 Das rothe Kloster.
44 Pfarrkirche St. Michaelis.
45 Pfarrhaus St. Michaelis.
46 Das Vorwerk.
47 St. Michaelisburg.
48 Haus zur hohlen Eiche (?).
49 Haus zum kleinen Himmelreich (?).
50 Das Blidenhaus.
51 Pfarrhaus zu St. Martinus.
52 Das Turnierhaus.
53 Die Pfeiferburg.
54 Der alte Scharren.
55 Haus zur eisernen Thür auf der breiten Straße.
56 Hohethor.
57 Haus zum braunen Hirsch.
58 Petrithor.
59 Haus zur eisernen Thür auf dem Bäckerklint.
60 Pfarrkirche St. Petrus.
61 St. Petrus Pfarrhaus.
62 Die alte Münzschmiede.
63 Der alte Convent.
64 Franziskanerkloster.
65 Capelle St. Bartholomäus.
66 Haus zu der Tasche (?).
67 Weinkeller unter dem Gewandhause.
68 Des Raths Grashof und Garten bei der Südmühle.
69 Die Dammmühle.
70 Bergfried bei der Dammmühle.
71 Die lange Brücke.
72 Der lange Thurm.
73 Die Ulkniß.
74 Das Gerhus und der Schrank bei St. Martinus.
75 Der Kohlenmarkt.
76 St. Ulrichskirchhof.
77 Der Klint vor dem Petersthore.
78 Bei St. Peter.
79 Bei St. Bartholomäus.
80 Bei St. Martinus.

III. Weichbild der Neustadt.

1) Bauerschaft vor der Hagenbrücke. 2) Bauerschaft des Rabeklintes. 3) Bauerschaft des Rickerkulls.

1 Rathhaus der Neustadt.
2 Brotscharren, Wechselbude und Haus des Bodels.
3 Das Gewandhaus.
4 Der neue Marstall.
5 Der Juden Schulhaus oder Synagoge.
6 Zollbude.
7 Rathsküche.
8 Fleischscharren.
9 Der Stecherstoben.
10 Der Engelhardstieg.
11 Die alte Apotheke (?).
12 Haus zur Gellerburg.
13 Das Wagehaus.
14 Pfarrkirche St. Andreas.
15 Pfarrhaus zu St. Andreas.
16 Opfermannshaus zu St. Andreas.
17 Andreas- oder Neustadtthor.
18 Haus zur Kupferschmiede.
19 Haus zum grünen Löwen.
20 Stoben am Neustadtthor.
21 Vordere Neustadtmühle.
22 Hintere Neustadtmühle.
23 Der Gerbehof auf dem Rickerkull.
24 Vor dem Neustadtthore.
25 St. Petri Beguinenhaus.

IV. Weichbild des Sackes.

1 Rathhaus des Sackes.
2 Scharren der Knochenhauer.
3 Rathhausbrunnen.
4 Haus des Bodels.
5 Der große Hof am Papenstieg.
6 Vor den Messetwerchten.

7 Die Meffetwerchtenbrücke.
8 Haus zum rothen Schlüssel.
9 Haus zum grünen Baume.
10 Haus zum schwarzen Hahn.
11 Haus zum schwarzen Löwen.
12 Haus zum rothen Löwen.
13 Haus zum rothen Adler.
14 Haus zur schönen Ecke.
15 Das Augustinerhaus.
16 Haus zur schiefen Ecke.
17 Hof derer von Bortfeld.
18 Hof des Klosters Wienhausen (?).
19 Der alte Marstall.
20 Der lange Stieg.
21 Haus zum rothen Kreuz.
22 Der neue Scharren.
23 Der neue Convent.
24 Der Lessen-Convent.

V. Weichbild des Hagens.

1) Wendenthors Bauerschaft. 2) Fallersleberthors Bauerschaft. 3) Steinthors Bauerschaft.

1 Rathhaus des Hagens.
2 Gewandhaus.
3 Scheerbude.
4 Brotscharren.
5 Wechslerbude.
6 Scheerbude.
7 Wohnung des Rathsschreibers.
8 Wagehaus.
9 Joghetborn auf dem Hagenmarkte.
10 Haus zum Löwen.
11 Weinkeller.
12 Tränke am Engelhardsstieg.
13 Der Rosenwinkel.
14 Haus zur Capelle (?).
15 Auf dem Schilde.
16 Haus zur Kette (?).
17 Stoben auf dem Werder (?).
18 Beguinenconvent.
19 Marstall, dann Färbehof.
20 Haus zu den Böcken.
21 Haus zur Schlüsselburg.
22 Haus zur kalten Tute.
23 Wendenthor.
24 Fallersleberthor.
25 Hospital St. Elisabeth.
26 Stoben.
27 Stoben.
28 Steinthor.
28ᵃ Der Kampfhof.
29 Templerkirche St. Matthäus.
30 Tempelhof.
31 Hof derer von Weferlingen.
32 Hof derer von Ingeleben.
33 Hof des deutschen Ordens (der Goddesridderehof).
34 Der graue Hof des Klosters Ribbagshausen.
35 Capelle St. Stephans und Thomas.
36 Rebingerthor.
37 Steinbrücke auf dem Bohlwege.
38 Haus zur Rehburg.
39 Burgtwete.
40 Der große Steinhof.
41 Haus zur rothen Lilie.
42 Paulinerkloster.
43 Knochenhauerscharren.
44 Burgmühle.
45 Haus zur Mailaube.
46 Beim Rosenwinkel.
47 Bei den Paulinern.
48 Bei St. Matthäus oder bei der Tempelkirche.
49 Vor dem Rebingerthore.
50 Vor dem Steinthore.
51 Muckshol und Ovelgünne.
52 Waschestiege.
53 Pfarrkirche St. Katharinen.
54 Pfarrhaus zu St. Katharinen.
55 Wendenmühle.
56 Gobereshagen.

VI. Weichbild der Altenwik.

1 Das Friesenthor.
2 Das Magnusthor.
3 Das St. Aegidienthor.
4 Der Marktbrunnen.
5 Rathhaus mit Gewandhaus und Knochenhauerscharren.

6 Die kurze Brücke.
7 Liebfrauenkirche.
8 Liebfrauen- oder Marienhospital.
9 Die Kappenburg.
9ᵃ Capelle St. Nicolaus.
10 Stoven (?).
11 Haus zu dem Stoteren.
12 Liebfrauentwete.
13 Hospitalsbrücke.
14 Spitalshof oder Vorwerk Unserer lieben Frauen.
15 Haus zum schiefen Rade.
16 Wüste Worth.
17 Haus des Bobels.
18 Auf dem Schilde.
19 Convent oder Beguinenhaus.
20 Wassertwete.
21 Haus zum Thorwege.
22 Der Warberger Hof.
23 Pfarrkirche zu St. Magnus.
24 Pfarrhaus zu St. Magnus.
25 Opfermannshaus zu St. Magnus.
26 Herrendorf.
27 Der Kämpenhof.

VII Klosterfreiheit St. Aegidien (St. Ylienhof).

1 Benedictinerabtei St. Aegidien.
2 Propstei.
3 Aegidienmühle.
4 Aegidienschule.
5 Schelle.
6 Wasserthor.

EIG

or

Lightning Source UK Ltd.
Milton Keynes UK
UKOW07f1942020715

254531UK00009B/201/P